U0857183
正版图书★品质保障

中华人民共和国审计法规与审计准则及政策解读

(2013年权威解读版)

中华人民共和国审计法规编委会　编

编审委员会主任

俞光远(全国人大常委会预算工委法案室原主任)
翟继光(中国政法大学教授,著名税法专家)

编审委员会成员

卢富添　郭欣慰　王洋林　赵德芳
谢云旺　伍玉联　余启平　王　玲
李劲松　卢培伟　高广彬　吴东华
张志军　段家星　阮耀明　李善愚

立信会计出版社
LIXIN ACCOUNTING PUBLISHING HOUSE

图书在版编目(CIP)数据

中华人民共和国审计法规与审计准则及政策解读:2013年权威解读版/中华人民共和国审计法规编委会编.
—上海:立信会计出版社,2013.3
ISBN 978-7-5429-3819-0

Ⅰ.①中… Ⅱ.①中… Ⅲ.①审计法—汇编—中国
②审计标准—汇编—中国 Ⅳ.①D922.279 ②F239.221

中国版本图书馆CIP数据核字(2013)第030236号

策划编辑 蔡伟莉
责任编辑 蔡伟莉 何颖颖

中华人民共和国审计法规与审计准则及政策解读(2013年权威解读版)

出版发行 立信会计出版社
地　　址 上海市中山西路2230号 邮政编码 200235
电　　话 (021)64411389 传　　真 (021)64411325
网　　址 www.lixinaph.com 电子邮箱 lxaph@sh163.net
网上书店 www.shlx.net 电　　话 (021)64411071
经　　销 各地新华书店

印　　刷 北京通州皇家印刷厂
开　　本 787毫米×1092毫米 1/16
印　　张 63 插　　页 4
字　　数 1541千字
版　　次 2013年3月第1版
印　　次 2013年3月第1次
书　　号 ISBN 978-7-5429-3819-0/D
定　　价 368.00元

编写说明

本书是由权威审计法规与审计准则专家组织具有丰富实践经验的专业人员编写而成，并由国家权威部门组织审定的审计法律法规专业工具书。该书收集了截至2013年1月31日国家出台的最新最权威的审计法规、审计准则与政策解读，分为五个部分，共收录现行有效的审计法规、审计准则与政策解读200余部。

第一部分为审计基本法律法规，收录规范审计事项的基本法律法规以及相关事项的法律法规；第二部分为国家审计准则与政策解读，收录审计署发布的国家审计准则与相关政策解读；第三部分为内部审计准则与政策解读，收录中国内部审计协会发布的内部审计准则与相关政策解读；第四部分为外部审计准则与政策解读，收录中国注册会计师审计准则与相关政策解读；第五部分为其他审计制度与政策解读，收录其他审计制度与相关政策解读。

本书适宜审计机关、企事业单位审计部门从事审计工作使用，也适宜广大企事业单位遵守审计法律法规和相关政策参考使用，同时，本书也可以作为广大高等院校审计专业学生学习审计制度以及审计教学科研人员研究审计制度的参考书。

编　者
2013年2月

目　录

第一部分　审计基本法律法规

第二部分　国家审计准则与政策解读

第三部分　内部审计准则与政策解读

第四部分 外部审计准则与政策解读

第五部分 其他审计制度与政策解读

第一部分

审计基本法律法规

中华人民共和国审计法

（1994 年 8 月 31 日第八届全国人民代表大会常务委员会第九次会议通过　根据 2006 年 2 月 28 日第十届全国人民代表大会常务委员会第二十次会议《关于修改〈中华人民共和国审计法〉的决定》修正）

目　　录

第一章　总　　则

第一条　为了加强国家的审计监督，维护国家财政经济秩序，提高财政资金使用效益，促进廉政建设，保障国民经济和社会健康发展，根据宪法，制定本法。

第二条　国家实行审计监督制度。国务院和县级以上地方人民政府设立审计机关。

国务院各部门和地方各级人民政府及其各部门的财政收支，国有的金融机构和企业事业组织的财务收支，以及其他依照本法规定应当接受审计的财政收支、财务收支，依照本法规定接受审计监督。

审计机关对前款所列财政收支或者财务收支的真实、合法和效益，依法进行审计监督。

第三条　审计机关依照法律规定的职权和程序，进行审计监督。

审计机关依据有关财政收支、财务收支的法律、法规和国家其他有关规定进行审计评价，在法定职权范围内作出审计决定。

第四条　国务院和县级以上地方人民政府应当每年向本级人民代表大会常务委员会提出审计机关对预算执行和其他财政收支的审计工作报告。审计工作报告应当重点报告对预算执行的审计情况。必要时，人民代表大会常务委员会可以对审计工作报告作出决议。

国务院和县级以上地方人民政府应当将审计工作报告中指出的问题的纠正情况和处理结果向本级人民代表大会常务委员会报告。

第五条　审计机关依照法律规定独立行使审计监督权，不受其他行政机关、社会团体和个人的干涉。

第六条　审计机关和审计人员办理审计事项，应当客观公正，实事求是，廉洁奉公，保守秘密。

第二章　审计机关和审计人员

第七条　国务院设立审计署，在国务院总理领导下，主管全国的审计工作。审计长是

审计署的行政首长。

第八条 省、自治区、直辖市、设区的市、自治州、县、自治县、不设区的市、市辖区的人民政府的审计机关，分别在省长、自治区主席、市长、州长、县长、区长和上一级审计机关的领导下，负责本行政区域内的审计工作。

第九条 地方各级审计机关对本级人民政府和上一级审计机关负责并报告工作，审计业务以上级审计机关领导为主。

第十条 审计机关根据工作需要，经本级人民政府批准，可以在其审计管辖范围内设立派出机构。

派出机构根据审计机关的授权，依法进行审计工作。

第十一条 审计机关履行职责所必需的经费，应当列入财政预算，由本级人民政府予以保证。

第十二条 审计人员应当具备与其从事的审计工作相适应的专业知识和业务能力。

第十三条 审计人员办理审计事项，与被审计单位或者审计事项有利害关系的，应当回避。

第十四条 审计人员对其在执行职务中知悉的国家秘密和被审计单位的商业秘密，负有保密的义务。

第十五条 审计人员依法执行职务，受法律保护。

任何组织和个人不得拒绝、阻碍审计人员依法执行职务，不得打击报复审计人员。

审计机关负责人依照法定程序任免。审计机关负责人没有违法失职或者其他不符合任职条件的情况的，不得随意撤换。地方各级审计机关负责人的任免，应当事先征求上一级审计机关的意见。

第三章　审计机关职责

第十六条 审计机关对本级各部门（含直属单位）和下级政府预算的执行情况和决算以及其他财政收支情况，进行审计监督。

第十七条 审计署在国务院总理领导下，对中央预算执行情况和其他财政收支情况进行审计监督，向国务院总理提出审计结果报告。

地方各级审计机关分别在省长、自治区主席、市长、州长、县长、区长和上一级审计机关的领导下，对本级预算执行情况和其他财政收支情况进行审计监督，向本级人民政府和上一级审计机关提出审计结果报告。

第十八条 审计署对中央银行的财务收支，进行审计监督。审计机关对国有金融机构的资产、负债、损益，进行审计监督。

第十九条 审计机关对国家的事业组织和使用财政资金的其他事业组织的财务收支，进行审计监督。

第二十条 审计机关对国有企业的资产、负债、损益，进行审计监督。

第二十一条 对国有资本占控股地位或者主导地位的企业、金融机构的审计监督，由国务院规定。

第二十二条 审计机关对政府投资和以政府投资为主的建设项目的预算执行情况和决算，进行审计监督。

第二十三条 审计机关对政府部门管理的和其他单位受政府委托管理的社会保障基

金、社会捐赠资金以及其他有关基金、资金的财务收支，进行审计监督。

第二十四条　审计机关对国际组织和外国政府援助、贷款项目的财务收支，进行审计监督。

第二十五条　审计机关按照国家有关规定，对国家机关和依法属于审计机关审计监督对象的其他单位的主要负责人，在任职期间对本地区、本部门或者本单位的财政收支、财务收支以及有关经济活动应负经济责任的履行情况，进行审计监督。

第二十六条　除本法规定的审计事项外，审计机关对其他法律、行政法规规定应当由审计机关进行审计的事项，依照本法和有关法律、行政法规的规定进行审计监督。

第二十七条　审计机关有权对与国家财政收支有关的特定事项，向有关地方、部门、单位进行专项审计调查，并向本级人民政府和上一级审计机关报告审计调查结果。

第二十八条　审计机关根据被审计单位的财政、财务隶属关系或者国有资产监督管理关系，确定审计管辖范围。

审计机关之间对审计管辖范围有争议的，由其共同的上级审计机关确定。

上级审计机关可以将其审计管辖范围内的本法第十八条第二款至第二十五条规定的审计事项，授权下级审计机关进行审计；上级审计机关对下级审计机关审计管辖范围内的重大审计事项，可以直接进行审计，但是应当防止不必要的重复审计。

第二十九条　依法属于审计机关审计监督对象的单位，应当按照国家有关规定建立健全内部审计制度；其内部审计工作应当接受审计机关的业务指导和监督。

第三十条　社会审计机构审计的单位依法属于审计机关审计监督对象的，审计机关按照国务院的规定，有权对该社会审计机构出具的相关审计报告进行核查。

第四章　审计机关权限

第三十一条　审计机关有权要求被审计单位按照审计机关的规定提供预算或者财务收支计划、预算执行情况、决算、财务会计报告，运用电子计算机储存、处理的财政收支、财务收支电子数据和必要的电子计算机技术文档，在金融机构开立账户的情况，社会审计机构出具的审计报告，以及其他与财政收支或者财务收支有关的资料，被审计单位不得拒绝、拖延、谎报。

被审计单位负责人对本单位提供的财务会计资料的真实性和完整性负责。

第三十二条　审计机关进行审计时，有权检查被审计单位的会计凭证、会计账簿、财务会计报告和运用电子计算机管理财政收支、财务收支电子数据的系统，以及其他与财政收支、财务收支有关的资料和资产，被审计单位不得拒绝。

第三十三条　审计机关进行审计时，有权就审计事项的有关问题向有关单位和个人进行调查，并取得有关证明材料。有关单位和个人应当支持、协助审计机关工作，如实向审计机关反映情况，提供有关证明材料。

审计机关经县级以上人民政府审计机关负责人批准，有权查询被审计单位在金融机构的账户。

审计机关有证据证明被审计单位以个人名义存储公款的，经县级以上人民政府审计机关主要负责人批准，有权查询被审计单位以个人名义在金融机构的存款。

第三十四条　审计机关进行审计时，被审计单位不得转移、隐匿、篡改、毁弃会计凭证、会计账簿、财务会计报告以及其他与财政收支或者财务收支有关的资料，不得转移、隐匿所持有的违反国家规定取得的资产。

审计机关对被审计单位违反前款规定的行为，有权予以制止；必要时，经县级以上人民政府审计机关负责人批准，有权封存有关资料和违反国家规定取得的资产；对其中在金融机构的有关存款需要予以冻结的，应当向人民法院提出申请。

审计机关对被审计单位正在进行的违反国家规定的财政收支、财务收支行为，有权予以制止；制止无效的，经县级以上人民政府审计机关负责人批准，通知财政部门和有关主管部门暂停拨付与违反国家规定的财政收支、财务收支行为直接有关的款项，已经拨付的，暂停使用。

审计机关采取前两款规定的措施不得影响被审计单位合法的业务活动和生产经营活动。

第三十五条 审计机关认为被审计单位所执行的上级主管部门有关财政收支、财务收支的规定与法律、行政法规相抵触的，应当建议有关主管部门纠正；有关主管部门不予纠正的，审计机关应当提请有权处理的机关依法处理。

第三十六条 审计机关可以向政府有关部门通报或者向社会公布审计结果。

审计机关通报或者公布审计结果，应当依法保守国家秘密和被审计单位的商业秘密，遵守国务院的有关规定。

第三十七条 审计机关履行审计监督职责，可以提请公安、监察、财政、税务、海关、价格、工商行政管理等机关予以协助。

第五章 审计程序

第三十八条 审计机关根据审计项目计划确定的审计事项组成审计组，并应当在实施审计三日前，向被审计单位送达审计通知书；遇有特殊情况，经本级人民政府批准，审计机关可以直接持审计通知书实施审计。

被审计单位应当配合审计机关的工作，并提供必要的工作条件。

审计机关应当提高审计工作效率。

第三十九条 审计人员通过审查会计凭证、会计账簿、财务会计报告，查阅与审计事项有关的文件、资料，检查现金、实物、有价证券，向有关单位和个人调查等方式进行审计，并取得证明材料。

审计人员向有关单位和个人进行调查时，应当出示审计人员的工作证件和审计通知书副本。

第四十条 审计组对审计事项实施审计后，应当向审计机关提出审计组的审计报告。审计组的审计报告报送审计机关前，应当征求被审计对象的意见。被审计对象应当自接到审计组的审计报告之日起十日内，将其书面意见送交审计组。审计组应当将被审计对象的书面意见一并报送审计机关。

第四十一条 审计机关按照审计署规定的程序对审计组的审计报告进行审议，并对被审计对象对审计组的审计报告提出的意见一并研究后，提出审计机关的审计报告；对违反国家规定的财政收支、财务收支行为，依法应当给予处理、处罚的，在法定职权范围内作出审计决定或者向有关主管机关提出处理、处罚的意见。

审计机关应当将审计机关的审计报告和审计决定送达被审计单位和有关主管机关、单位。审计决定自送达之日起生效。

第四十二条　上级审计机关认为下级审计机关作出的审计决定违反国家有关规定的，可以责成下级审计机关予以变更或者撤销，必要时也可以直接作出变更或者撤销的决定。

第六章　法律责任

第四十三条　被审计单位违反本法规定，拒绝或者拖延提供与审计事项有关的资料的，或者提供的资料不真实、不完整的，或者拒绝、阻碍检查的，由审计机关责令改正，可以通报批评，给予警告；拒不改正的，依法追究责任。

第四十四条　被审计单位违反本法规定，转移、隐匿、篡改、毁弃会计凭证、会计账簿、财务会计报告以及其他与财政收支、财务收支有关的资料，或者转移、隐匿所持有的违反国家规定取得的资产，审计机关认为对直接负责的主管人员和其他直接责任人员依法应当给予处分的，应当提出给予处分的建议，被审计单位或者其上级机关、监察机关应当依法及时作出决定，并将结果书面通知审计机关；构成犯罪的，依法追究刑事责任。

第四十五条　对本级各部门（含直属单位）和下级政府违反预算的行为或者其他违反国家规定的财政收支行为，审计机关、人民政府或者有关主管部门在法定职权范围内，依照法律、行政法规的规定，区别情况采取下列处理措施：

（一）责令限期缴纳应当上缴的款项；

（二）责令限期退还被侵占的国有资产；

（三）责令限期退还违法所得；

（四）责令按照国家统一的会计制度的有关规定进行处理；

（五）其他处理措施。

第四十六条　对被审计单位违反国家规定的财务收支行为，审计机关、人民政府或者有关主管部门在法定职权范围内，依照法律、行政法规的规定，区别情况采取前条规定的处理措施，并可以依法给予处罚。

第四十七条　审计机关在法定职权范围内作出的审计决定，被审计单位应当执行。

审计机关依法责令被审计单位上缴应当上缴的款项，被审计单位拒不执行的，审计机关应当通报有关主管部门，有关主管部门应当依照有关法律、行政法规的规定予以扣缴或者采取其他处理措施，并将结果书面通知审计机关。

第四十八条　被审计单位对审计机关作出的有关财务收支的审计决定不服的，可以依法申请行政复议或者提起行政诉讼。

被审计单位对审计机关作出的有关财政收支的审计决定不服的，可以提请审计机关的本级人民政府裁决，本级人民政府的裁决为最终决定。

第四十九条　被审计单位的财政收支、财务收支违反国家规定，审计机关认为对直接负责的主管人员和其他直接责任人员依法应当给予处分的，应当提出给予处分的建议，被审计单位或者其上级机关、监察机关应当依法及时作出决定，并将结果书面通知审计机关。

第五十条　被审计单位的财政收支、财务收支违反法律、行政法规的规定，构成犯罪的，依法追究刑事责任。

第五十一条　报复陷害审计人员的，依法给予处分；构成犯罪的，依法追究刑事责任。

第五十二条　审计人员滥用职权、徇私舞弊、玩忽职守或者泄露所知悉的国家秘密、

商业秘密的，依法给予处分；构成犯罪的，依法追究刑事责任。

第七章　附　　则

第五十三条　中国人民解放军审计工作的规定，由中央军事委员会根据本法制定。

第五十四条　本法自1995年1月1日起施行。1988年11月30日国务院发布的《中华人民共和国审计条例》同时废止。

中华人民共和国审计法实施条例

（1997年10月21日中华人民共和国国务院令第231号公布
2010年2月2日国务院第100次常务会议修订通过）

第一章　总　　则

第一条　根据《中华人民共和国审计法》（以下简称审计法）的规定，制定本条例。

第二条　审计法所称审计，是指审计机关依法独立检查被审计单位的会计凭证、会计账簿、财务会计报告以及其他与财政收支、财务收支有关的资料和资产，监督财政收支、财务收支真实、合法和效益的行为。

第三条　审计法所称财政收支，是指依照《中华人民共和国预算法》和国家其他有关规定，纳入预算管理的收入和支出，以及下列财政资金中未纳入预算管理的收入和支出：

（一）行政事业性收费；

（二）国有资源、国有资产收入；

（三）应当上缴的国有资本经营收益；

（四）政府举借债务筹措的资金；

（五）其他未纳入预算管理的财政资金。

第四条　审计法所称财务收支，是指国有的金融机构、企业事业组织以及依法应当接受审计机关审计监督的其他单位，按照国家财务会计制度的规定，实行会计核算的各项收入和支出。

第五条　审计机关依照审计法和本条例以及其他有关法律、法规规定的职责、权限和程序进行审计监督。

审计机关依照有关财政收支、财务收支的法律、法规，以及国家有关政策、标准、项目目标等方面的规定进行审计评价，对被审计单位违反国家规定的财政收支、财务收支行为，在法定职权范围内作出处理、处罚的决定。

第六条　任何单位和个人对依法应当接受审计机关审计监督的单位违反国家规定的财政收支、财务收支行为，有权向审计机关举报。审计机关接到举报，应当依法及时处理。

第二章　审计机关和审计人员

第七条　审计署在国务院总理领导下，主管全国的审计工作，履行审计法和国务院规定的职责。

地方各级审计机关在本级人民政府行政首长和上一级审计机关的领导下，负责本行政区域的审计工作，履行法律、法规和本级人民政府规定的职责。

第八条　省、自治区人民政府设有派出机关的，派出机关的审计机关对派出机关和省、自治区人民政府审计机关负责并报告工作，审计业务以省、自治区人民政府审计机关领导为主。

第九条　审计机关派出机构依照法律、法规和审计机关的规定，在审计机关的授权范围内开展审计工作，不受其他行政机关、社会团体和个人的干涉。

第十条　审计机关编制年度经费预算草案的依据主要包括：

（一）法律、法规；

（二）本级人民政府的决定和要求；

（三）审计机关的年度审计工作计划；

（四）定员定额标准；

（五）上一年度经费预算执行情况和本年度的变化因素。

第十一条　审计人员实行审计专业技术资格制度，具体按照国家有关规定执行。

审计机关根据工作需要，可以聘请具有与审计事项相关专业知识的人员参加审计工作。

第十二条　审计人员办理审计事项，有下列情形之一的，应当申请回避，被审计单位也有权申请审计人员回避：

（一）与被审计单位负责人或者有关主管人员有夫妻关系、直系血亲关系、三代以内旁系血亲或者近姻亲关系的；

（二）与被审计单位或者审计事项有经济利益关系的；

（三）与被审计单位、审计事项、被审计单位负责人或者有关主管人员有其他利害关系，可能影响公正执行公务的。

审计人员的回避，由审计机关负责人决定；审计机关负责人办理审计事项时的回避，由本级人民政府或者上一级审计机关负责人决定。

第十三条　地方各级审计机关正职和副职负责人的任免，应当事先征求上一级审计机关的意见。

第十四条　审计机关负责人在任职期间没有下列情形之一的，不得随意撤换：

（一）因犯罪被追究刑事责任的；

（二）因严重违法、失职受到处分，不适宜继续担任审计机关负责人的；

（三）因健康原因不能履行职责1年以上的；

（四）不符合国家规定的其他任职条件的。

第三章　审计机关职责

第十五条　审计机关对本级人民政府财政部门具体组织本级预算执行的情况，本级预算收入征收部门征收预算收入的情况，与本级人民政府财政部门直接发生预算缴款、拨款关系的部门、单位的预算执行情况和决算，下级人民政府的预算执行情况和决算，以及其他财政收支情况，依法进行审计监督。经本级人民政府批准，审计机关对其他取得财政资金的单位和项目接受、运用财政资金的真实、合法和效益情况，依法进行审计监督。

第十六条　审计机关对本级预算收入和支出的执行情况进行审计监督的内容包括：

（一）财政部门按照本级人民代表大会批准的本级预算向本级各部门（含直属单位）批复预算的情况、本级预算执行中调整情况和预算收支变化情况；

（二）预算收入征收部门依照法律、行政法规的规定和国家其他有关规定征收预算收入情况；

（三）财政部门按照批准的年度预算、用款计划，以及规定的预算级次和程序，拨付本级预算支出资金情况；

（四）财政部门依照法律、行政法规的规定和财政管理体制，拨付和管理政府间财政转移支付资金情况以及办理结算、结转情况；

（五）国库按照国家有关规定办理预算收入的收纳、划分、留解情况和预算支出资金的拨付情况；

（六）本级各部门（含直属单位）执行年度预算情况；

（七）依照国家有关规定实行专项管理的预算资金收支情况；

（八）法律、法规规定的其他预算执行情况。

第十七条 审计法第十七条所称审计结果报告，应当包括下列内容：

（一）本级预算执行和其他财政收支的基本情况；

（二）审计机关对本级预算执行和其他财政收支情况作出的审计评价；

（三）本级预算执行和其他财政收支中存在的问题以及审计机关依法采取的措施；

（四）审计机关提出的改进本级预算执行和其他财政收支管理工作的建议；

（五）本级人民政府要求报告的其他情况。

第十八条 审计署对中央银行及其分支机构履行职责所发生的各项财务收支，依法进行审计监督。

审计署向国务院总理提出的中央预算执行和其他财政收支情况审计结果报告，应当包括对中央银行的财务收支的审计情况。

第十九条 审计法第二十一条所称国有资本占控股地位或者主导地位的企业、金融机构，包括：

（一）国有资本占企业、金融机构资本（股本）总额的比例超过50%的；

（二）国有资本占企业、金融机构资本（股本）总额的比例在50%以下，但国有资本投资主体拥有实际控制权的。

审计机关对前款规定的企业、金融机构，除国务院另有规定外，比照审计法第十八条第二款、第二十条规定进行审计监督。

第二十条 审计法第二十二条所称政府投资和以政府投资为主的建设项目，包括：

（一）全部使用预算内投资资金、专项建设基金、政府举借债务筹措的资金等财政资金的；

（二）未全部使用财政资金，财政资金占项目总投资的比例超过50%，或者占项目总投资的比例在50%以下，但政府拥有项目建设、运营实际控制权的。

审计机关对前款规定的建设项目的总预算或者概算的执行情况、年度预算的执行情况和年度决算、单项工程结算、项目竣工决算，依法进行审计监督；对前款规定的建设项目进行审计时，可以对直接有关的设计、施工、供货等单位取得建设项目资金的真实性、合法性进行调查。

第二十一条 审计法第二十三条所称社会保障基金，包括社会保险、社会救助、社会福利基金以及发展社会保障事业的其他专项基金；所称社会捐赠资金，包括来源于境内外的货币、有价证券和实物等各种形式的捐赠。

第二十二条　审计法第二十四条所称国际组织和外国政府援助、贷款项目，包括：

（一）国际组织、外国政府及其机构向中国政府及其机构提供的贷款项目；

（二）国际组织、外国政府及其机构向中国企业事业组织以及其他组织提供的由中国政府及其机构担保的贷款项目；

（三）国际组织、外国政府及其机构向中国政府及其机构提供的援助和赠款项目；

（四）国际组织、外国政府及其机构向受中国政府委托管理有关基金、资金的单位提供的援助和赠款项目；

（五）国际组织、外国政府及其机构提供援助、贷款的其他项目。

第二十三条　审计机关可以依照审计法和本条例规定的审计程序、方法以及国家其他有关规定，对预算管理或者国有资产管理使用等与国家财政收支有关的特定事项，向有关地方、部门、单位进行专项审计调查。

第二十四条　审计机关根据被审计单位的财政、财务隶属关系，确定审计管辖范围；不能根据财政、财务隶属关系确定审计管辖范围的，根据国有资产监督管理关系，确定审计管辖范围。

两个以上国有资本投资主体投资的金融机构、企业事业组织和建设项目，由对主要投资主体有审计管辖权的审计机关进行审计监督。

第二十五条　各级审计机关应当按照确定的审计管辖范围进行审计监督。

第二十六条　依法属于审计机关审计监督对象的单位的内部审计工作，应当接受审计机关的业务指导和监督。

依法属于审计机关审计监督对象的单位，可以根据内部审计工作的需要，参加依法成立的内部审计自律组织。审计机关可以通过内部审计自律组织，加强对内部审计工作的业务指导和监督。

第二十七条　审计机关进行审计或者专项审计调查时，有权对社会审计机构出具的相关审计报告进行核查。

审计机关核查社会审计机构出具的相关审计报告时，发现社会审计机构存在违反法律、法规或者执业准则等情况的，应当移送有关主管机关依法追究责任。

第四章　审计机关权限

第二十八条　审计机关依法进行审计监督时，被审计单位应当依照审计法第三十一条规定，向审计机关提供与财政收支、财务收支有关的资料。被审计单位负责人应当对本单位提供资料的真实性和完整性作出书面承诺。

第二十九条　各级人民政府财政、税务以及其他部门（含直属单位）应当向本级审计机关报送下列资料：

（一）本级人民代表大会批准的本级预算和本级人民政府财政部门向本级各部门（含直属单位）批复的预算，预算收入征收部门的年度收入计划，以及本级各部门（含直属单位）向所属各单位批复的预算；

（二）本级预算收支执行和预算收入征收部门的收入计划完成情况月报、年报，以及决算情况；

（三）综合性财政税务工作统计年报、情况简报，财政、预算、税务、财务和会计等规章制度；

（四）本级各部门（含直属单位）汇总编制的本部门决算草案。

第三十条 审计机关依照审计法第三十三条规定查询被审计单位在金融机构的账户的，应当持县级以上人民政府审计机关负责人签发的协助查询单位账户通知书；查询被审计单位以个人名义在金融机构的存款的，应当持县级以上人民政府审计机关主要负责人签发的协助查询个人存款通知书。有关金融机构应当予以协助，并提供证明材料，审计机关和审计人员负有保密义务。

第三十一条 审计法第三十四条所称违反国家规定取得的资产，包括：

（一）弄虚作假骗取的财政拨款、实物以及金融机构贷款；

（二）违反国家规定享受国家补贴、补助、贴息、免息、减税、免税、退税等优惠政策取得的资产；

（三）违反国家规定向他人收取的款项、有价证券、实物；

（四）违反国家规定处分国有资产取得的收益；

（五）违反国家规定取得的其他资产。

第三十二条 审计机关依照审计法第三十四条规定封存被审计单位有关资料和违反国家规定取得的资产的，应当持县级以上人民政府审计机关负责人签发的封存通知书，并在依法收集与审计事项相关的证明材料或者采取其他措施后解除封存。封存的期限为7日以内；有特殊情况需要延长的，经县级以上人民政府审计机关负责人批准，可以适当延长，但延长的期限不得超过7日。

对封存的资料、资产，审计机关可以指定被审计单位负责保管，被审计单位不得损毁或者擅自转移。

第三十三条 审计机关依照审计法第三十六条规定，可以就有关审计事项向政府有关部门通报或者向社会公布对被审计单位的审计、专项审计调查结果。

审计机关经与有关主管机关协商，可以在向社会公布的审计、专项审计调查结果中，一并公布对社会审计机构相关审计报告核查的结果。

审计机关拟向社会公布对上市公司的审计、专项审计调查结果的，应当在5日前将拟公布的内容告知上市公司。

第五章 审计程序

第三十四条 审计机关应当根据法律、法规和国家其他有关规定，按照本级人民政府和上级审计机关的要求，确定年度审计工作重点，编制年度审计项目计划。

审计机关在年度审计项目计划中确定对国有资本占控股地位或者主导地位的企业、金融机构进行审计的，应当自确定之日起7日内告知列入年度审计项目计划的企业、金融机构。

第三十五条 审计机关应当根据年度审计项目计划，组成审计组，调查了解被审计单位的有关情况，编制审计方案，并在实施审计3日前，向被审计单位送达审计通知书。

第三十六条 审计法第三十八条所称特殊情况，包括：

（一）办理紧急事项的；

（二）被审计单位涉嫌严重违法违规的；

（三）其他特殊情况。

第三十七条 审计人员实施审计时，应当按照下列规定办理：

（一）通过检查、查询、监督盘点、发函询证等方法实施审计；

（二）通过收集原件、原物或者复制、拍照等方法取得证明材料；

（三）对与审计事项有关的会议和谈话内容作出记录，或者要求被审计单位提供会议记录材料；

（四）记录审计实施过程和查证结果。

第三十八条 审计人员向有关单位和个人调查取得的证明材料，应当有提供者的签名或者盖章；不能取得提供者签名或者盖章的，审计人员应当注明原因。

第三十九条 审计组向审计机关提出审计报告前，应当书面征求被审计单位意见。被审计单位应当自接到审计组的审计报告之日起10日内，提出书面意见；10日内未提出书面意见的，视同无异议。

审计组应当针对被审计单位提出的书面意见，进一步核实情况，对审计组的审计报告作必要修改，连同被审计单位的书面意见一并报送审计机关。

第四十条 审计机关有关业务机构和专门机构或者人员对审计组的审计报告以及相关审计事项进行复核、审理后，由审计机关按照下列规定办理：

（一）提出审计机关的审计报告，内容包括：对审计事项的审计评价，对违反国家规定的财政收支、财务收支行为提出的处理、处罚意见，移送有关主管机关、单位的意见，改进财政收支、财务收支管理工作的意见；

（二）对违反国家规定的财政收支、财务收支行为，依法应当给予处理、处罚的，在法定职权范围内作出处理、处罚的审计决定；

（三）对依法应当追究有关人员责任的，向有关主管机关、单位提出给予处分的建议；对依法应当由有关主管机关处理、处罚的，移送有关主管机关；涉嫌犯罪的，移送司法机关。

第四十一条 审计机关在审计中发现损害国家利益和社会公共利益的事项，但处理、处罚依据又不明确的，应当向本级人民政府和上一级审计机关报告。

第四十二条 被审计单位应当按照审计机关规定的期限和要求执行审计决定。对应当上缴的款项，被审计单位应当按照财政管理体制和国家有关规定缴入国库或者财政专户。审计决定需要有关主管机关、单位协助执行的，审计机关应当书面提请协助执行。

第四十三条 上级审计机关应当对下级审计机关的审计业务依法进行监督。

下级审计机关作出的审计决定违反国家有关规定的，上级审计机关可以责成下级审计机关予以变更或者撤销，也可以直接作出变更或者撤销的决定；审计决定被撤销后需要重新作出审计决定的，上级审计机关可以责成下级审计机关在规定的期限内重新作出审计决定，也可以直接作出审计决定。

下级审计机关应当作出而没有作出审计决定的，上级审计机关可以责成下级审计机关在规定的期限内作出审计决定，也可以直接作出审计决定。

第四十四条 审计机关进行专项审计调查时，应当向被调查的地方、部门、单位出示专项审计调查的书面通知，并说明有关情况；有关地方、部门、单位应当接受调查，如实反映情况，提供有关资料。

在专项审计调查中，依法属于审计机关审计监督对象的部门、单位有违反国家规定的

财政收支、财务收支行为或者其他违法违规行为的，专项审计调查人员和审计机关可以依照审计法和本条例的规定提出审计报告，作出审计决定，或者移送有关主管机关、单位依法追究责任。

第四十五条 审计机关应当按照国家有关规定建立、健全审计档案制度。

第四十六条 审计机关送达审计文书，可以直接送达，也可以邮寄送达或者以其他方式送达。直接送达的，以被审计单位在送达回证上注明的签收日期或者见证人证明的收件日期为送达日期；邮寄送达的，以邮政回执上注明的收件日期为送达日期；以其他方式送达的，以签收或者收件日期为送达日期。

审计机关的审计文书的种类、内容和格式，由审计署规定。

第六章 法律责任

第四十七条 被审计单位违反审计法和本条例的规定，拒绝、拖延提供与审计事项有关的资料，或者提供的资料不真实、不完整，或者拒绝、阻碍检查的，由审计机关责令改正，可以通报批评，给予警告；拒不改正的，对被审计单位可以处 5 万元以下的罚款，对直接负责的主管人员和其他直接责任人员，可以处 2 万元以下的罚款，审计机关认为应当给予处分的，向有关主管机关、单位提出给予处分的建议；构成犯罪的，依法追究刑事责任。

第四十八条 对本级各部门（含直属单位）和下级人民政府违反预算的行为或者其他违反国家规定的财政收支行为，审计机关在法定职权范围内，依照法律、行政法规的规定，区别情况采取审计法第四十五条规定的处理措施。

第四十九条 对被审计单位违反国家规定的财务收支行为，审计机关在法定职权范围内，区别情况采取审计法第四十五条规定的处理措施，可以通报批评，给予警告；有违法所得的，没收违法所得，并处违法所得 1 倍以上 5 倍以下的罚款；没有违法所得的，可以处 5 万元以下的罚款；对直接负责的主管人员和其他直接责任人员，可以处 2 万元以下的罚款，审计机关认为应当给予处分的，向有关主管机关、单位提出给予处分的建议；构成犯罪的，依法追究刑事责任。

法律、行政法规对被审计单位违反国家规定的财务收支行为处理、处罚另有规定的，从其规定。

第五十条 审计机关在作出较大数额罚款的处罚决定前，应当告知被审计单位和有关人员有要求举行听证的权利。较大数额罚款的具体标准由审计署规定。

第五十一条 审计机关提出的对被审计单位给予处理、处罚的建议以及对直接负责的主管人员和其他直接责任人员给予处分的建议，有关主管机关、单位应当依法及时作出决定，并将结果书面通知审计机关。

第五十二条 被审计单位对审计机关依照审计法第十六条、第十七条和本条例第十五条规定进行审计监督作出的审计决定不服的，可以自审计决定送达之日起 60 日内，提请审计机关的本级人民政府裁决，本级人民政府的裁决为最终决定。

审计机关应当在审计决定中告知被审计单位提请裁决的途径和期限。

裁决期间，审计决定不停止执行。但是，有下列情形之一的，可以停止执行：

（一）审计机关认为需要停止执行的；

（二）受理裁决的人民政府认为需要停止执行的；

（三）被审计单位申请停止执行，受理裁决的人民政府认为其要求合理，决定停止执行的。

裁决由本级人民政府法制机构办理。裁决决定应当自接到提请之日起 60 日内作出；有特殊情况需要延长的，经法制机构负责人批准，可以适当延长，并告知审计机关和提请裁决的被审计单位，但延长的期限不得超过 30 日。

第五十三条　除本条例第五十二条规定的可以提请裁决的审计决定外，被审计单位对审计机关作出的其他审计决定不服的，可以依法申请行政复议或者提起行政诉讼。

审计机关应当在审计决定中告知被审计单位申请行政复议或者提起行政诉讼的途径和期限。

第五十四条　被审计单位应当将审计决定执行情况书面报告审计机关。审计机关应当检查审计决定的执行情况。

被审计单位不执行审计决定的，审计机关应当责令限期执行；逾期仍不执行的，审计机关可以申请人民法院强制执行，建议有关主管机关、单位对直接负责的主管人员和其他直接责任人员给予处分。

第五十五条　审计人员滥用职权、徇私舞弊、玩忽职守，或者泄露所知悉的国家秘密、商业秘密的，依法给予处分；构成犯罪的，依法追究刑事责任。

审计人员违法违纪取得的财物，依法予以追缴、没收或者责令退赔。

第七章　附　　则

第五十六条　本条例所称以上、以下，包括本数。

本条例第五十二条规定的期间的最后一日是法定节假日的，以节假日后的第一个工作日为期间届满日。审计法和本条例规定的其他期间以工作日计算，不含法定节假日。

第五十七条　实施经济责任审计的规定，另行制定。

第五十八条　本条例自 2010 年 5 月 1 日起施行。

中华人民共和国注册会计师法

（1993 年 10 月 31 日第八届全国人民代表大会常务委员会第四次会议通过）

第一章　总　　则

第一条　为了发挥注册会计师在社会经济活动中的鉴证和服务作用，加强对注册会计师的管理，维护社会公共利益和投资者的合法权益，促进社会主义市场经济的健康发展，制定本法。

第二条　注册会计师是依法取得注册会计师证书并接受委托从事审计和会计咨询、会计服务业务的执业人员。

第三条　会计师事务所是依法设立并承办注册会计师业务的机构。

注册会计师执行业务，应当加入会计师事务所。

第四条　注册会计师协会是由注册会计师组成的社会团体。中国注册会计师协会是注

册会计师的全国组织，省、自治区、直辖市注册会计师协会是注册会计师的地方组织。

第五条 国务院财政部门和省、自治区、直辖市人民政府财政部门，依法对注册会计师、会计师事务所和注册会计师协会进行监督、指导。

第六条 注册会计师和会计师事务所执行业务，必须遵守法律、行政法规。

注册会计师和会计师事务所依法独立、公正执行业务，受法律保护。

第二章 考虑和注册

第七条 国家实行注册会计师全国统一考试制度。注册会计师全国统一考试办法，由国务院财政部门制定，由中国注册会计师协会组织实施。

第八条 具有高等专科以上学校毕业的学历、或者具有会计或者相关专业中级以上技术职称的中国公民，可以申请参加注册会计师全国统一考试；具有会计或者相关专业高级技术职称的人员，可以免予部分科目的考试。

第九条 参加注册会计师全国统一考试成绩合格，并从事审计业务工作二年以上的，可以向省、自治区、直辖市注册会计师协会申请注册。

除有本法第十条所列情形外，受理申请的注册会计师协会应当准予注册。

第十条 有下列情形之一的，受理申请的注册会计师协会不予注册：

（一）不具有完全民事行为能力的；

（二）因受刑事处罚，自刑罚执行完毕之日起至申请注册之日止不满五年的；

（三）因在财务、会计、审计、企业管理或者其他经济管理工作中犯有严重错误受行政处罚、撤职以上处分，自处罚、处分决定之日起至申请注册之日止不满二年的；

（四）受吊销注册会计师证书的处罚，自处罚决定之日起至申请注册之日止不满五年的；

（五）国务院财政部门规定的其他不予注册的情形的。

第十一条 注册会计师协会应当将准予注册的人员名单报国务院财政部门备案。国务院财政部门发现注册会计师协会的注册不符合本法规定的，应当通知有关的注册会计师协会撤销注册。

注册会计师协会依照本法第十条的规定不予注册的，应当自决定之日起十五日内书面通知申请人。申请人有异议的，可以自收到通知之日起十五日内向国务院财政部门或者省、自治区、直辖市人民政府财政部门申请复议。

第十二条 准予注册的申请人，由注册会计师协会发给国务院财政部门统一制定的注册会计师证书。

第十三条 已取得注册会计师证书的人员，除本法第十一条第一款规定的情形外，注册后有下列情形之一的，由准予注册的注册会计师协会撤销注册，收回注册会计师证书：

（一）完全丧失民事行为能力的；

（二）受刑事处罚的；

（三）因在财务、会计、审计、企业管理或者其他经济管理工作中犯有严重错误受行政处罚、撤职以上的处分的；

（四）自行停止执行注册会计师业务满一年的。

被撤销注册的当事人有异议的，可以自接到撤销注册、收回注册会计师证书的通知之日起十五日内向国务院财政部门或者省、自治区、直辖市人民政府财政部门申请复议。

依照第一款规定被撤销注册的人员可以重新申请注册，但必须符合本法第九条、第十条的规定。

第三章　业务范围和规则

第十四条　注册会计师承办下列审计业务：

（一）审查企业会计报表，出具审计报告；

（二）验证企业资本，出具验资报告；

（三）办理企业合并、分立、清算事宜中的审计业务，出具有关的报告；

（四）法律、行政法规规定的其他审计业务。

注册会计师依法执行审计业务出具的报告，具有证明效力。

第十五条　注册会计师可以承办会计咨询、会计服务业务。

第十六条　注册会计师承办业务，由其所在的会计师事务所统一受理并与委托人签订委托合同。

会计师事务所对本所注册会计师依照前款规定承办的业务，承担民事责任。

第十七条　注册会计师执行业务，可以根据需要查阅委托人的有关会计资料和文件，查看委托人的业务现场和设施，要求委托人提供其他必要的协助。

第十八条　注册会计师与委托人有利害关系的，应当回避；委托人有权要求其回避。

第十九条　注册会计师对在执行业务中知悉的商业秘密，负有保密义务。

第二十条　注册会计师执行审计业务，遇有下列情形之一的，应当拒绝出具有关报告：

（一）委托人示意其作不实或者不当证明的；

（二）委托人故意不提供有关会计资料和文件的；

（三）因委托人有其他不合理要求，致使注册会计师出具的报告不能对财务会计的重要事项作出正确表述的。

第二十一条　注册会计师执行审计业务，必须按照执业准则、规则确定的工作程序出具报告。

注册会计师执行审计业务出具报告时，不得有下列行为：

（一）明知委托人对重要事项的财务会计处理与国家有关规定相抵触，而不予指明；

（二）明知委托人的财务会计处理会直接损害报告使用人或者其他利害关系人的利益，而予以隐瞒或者作不实的报告；

（三）明知委托人的财务会计处理会导致报告使用人或者其他利害关系人产生重大误解，而不予指明；

（四）明知委托人的会计报表的重要事项有其他不实的内容，而不予指明。

对委托人有前款所列行为，注册会计师按照执业准则、规则应当知道的，适用前款规定。

第二十二条　注册会计师不得有下列行为：

（一）在执行审计业务期间，在法律、行政法规规定不得买卖被审计单位的股票、债券或者不得购买被审计单位或者个人的其他财产的期限内，买卖被审计的单位的股票、债券或者购买被审计单位或者个人所拥有的其他财产；

（二）索取、收受委托合同约定以外的酬金或者其他财物，或者利用执行业务之便，

谋取其他不正当的利益；

（三）接受委托催收债款；

（四）允许他人以本人名义执行业务；

（五）同时在两个或者两个以上的会计师事务所执行业务；

（六）对其能力进行广告宣传以招揽业务；

（七）违反法律、行政法规的其他行为。

第四章　会计师事务所

第二十三条　会计师事务所可以由注册会计师合伙设立。

合伙设立的会计师事务所的债务，由合伙人按照出资比例或者协议的约定，以各自的财产承担责任。合伙人对会计师事务所的债务承担连带责任。

第二十四条　会计师事务所符合下列条件的，可以是负有限责任的法人：

（一）不少于三十万元的注册资本；

（二）有一定数量的专职从业人员，其中至少有五名注册会计师；

（三）国务院财政部门规定的业务范围和其他条件。

负有限责任的会计师事务所以其全部资产对其债务承担责任。

第二十五条　设立会计师事务所，由国务院财政部门或者省、自治区、直辖市人民政府财政部门批准。

申请设立会计师事务所，申请者应当向审批机关报送下列文件：

（一）申请书；

（二）会计师事务所的名称、组织机构和业务场所；

（三）会计师事务所章程，有合伙协议的并应报送合伙协议；

（四）注册会计师名单、简历及有关证明文件；

（五）会计师事务所主要负责人、合伙人的姓名、简历及有关证明文件；

（六）负有限责任的会计师事务所的出资证明；

（七）审批机关要求的其他文件。

第二十六条　审批机关应当自收到申请文件之日起三十日内决定批准或不批准。

省、自治区、直辖市人民政府财政部门批准的会计师事务所，应当报国务院财政部门备案。国务院财政部门发现批准不当的，应当自收到备案报告之日起三十日内通知原审批机关重新审查。

第二十七条　会计师事务所设立分支机构，须经分支机构所在地的省、自治区、直辖市人民政府部门批准。

第二十八条　会计师事务所依法纳税。

会计师事务所按照国务院财政部门的规定建立职业风险基金，办理职业保险。

第二十九条　会计师事务所受理业务，不受行政区域，行业的限制；但是，法律、行政法规另有规定的除外。

第三十条　委托人委托会计师事务所办理业务，任何单位和个人不得干预。

第三十一条　本法第十八条至第二十一条的规定，适用于会计师事务所。

第三十二条　会计师事务所不得有本法第二十二条第（一）项至第（四）项、第（六）项、第（七）项所列的行为。

第五章 注册会计师协会

第三十三条 注册会计师应当加入注册会计师协会。

第三十四条 中国注册会计师协会的章程由全国会员代表大会制定，并报国务院财政部门备案；省、自治区、直辖市注册会计师协会的章程由省、自治区、直辖市会员代表大会制定，并报省、自治区、直辖市人民政府财政部门备案。

第三十五条 中国注册会计师协会依法拟订注册会计师执业准则、规则，报国务院财政部门批准后施行。

第三十六条 注册会计师协会应当支持注册会计师依法执行业务，维护其合法权益，向有关方面反映其意见和建议。

第三十七条 注册会计师协会应当对注册会计师的任职资格和执业情况进行年度检查。

第三十八条 注册会计师协会依法取得社会团体法人资格。

第六章 法律责任

第三十九条 会计师事务所违反本法第二十条、第二十一条规定的，由省级以上人民政府财政部门给予警告，没收违法所得，可以并处违法所得一倍以上五倍以下的罚款；情节严重的，并可以由省级以上人民政府财政部门暂停其经营业务或者予以撤销。

注册会计师违反本法第二十条、第二十一条规定的，由省级以上人民政府财政部门给予警告；情节严重的，可以由省级以上人民政府财政部门暂停其执行业务或者吊销注册会计师证书。

会计师事务所、注册会计师违反本法第二十条、第二十一条的规定，故意出具虚假的审计报告、验资报告，构成犯罪的，依法追究刑事责任。

第四十条 对未经批准承办本法第十四条规定的注册会计师业务的单位，由省级以上人民政府财政部门责令其停止违法活动，没收违法所得，可以并处违法所得一倍以上五倍以下的罚款。

第四十一条 当事人对行政处罚决定不服的，可以在接到处罚通知之日起十五日内向作出处罚决定的机关的上一级机关申请复议；当事人也可以在接到处罚决定通知之日起十五日内直接向人民法院起诉。

复议机关应当在接到复议申请之日起六十日内作出复议决定。当事人对复议决定不服的，可以在接到复议决定之日起十五日内向人民法院起诉。复议机关逾期不作出复议决定的，当事人可以在复议期满之日起十五日内向人民法院起诉。

当事人逾期不申请复议，也不向人民法院起诉，又不履行处罚决定的，作出处罚决定的机关可以申请人民法院强制执行。

第四十二条 会计师事务所违反本法规定，给委托人、其他利害关系人造成损失的，应当依法承担赔偿责任。

第七章 附 则

第四十三条 在审计事务所工作的注册审计师，经认定为具有注册会计师资格的，可

以执行本法规定的业务，其资格认定和对其监督、指导、管理的办法由国务院另行规定。

第四十四条 外国人申请参加中国注册会计师全国统一考试和注册，按照互惠原则办理。外国会计师事务所在中国境内设立常驻代表机构，须报国务院财政部门批准。外国会计师事务所与中国的会计师事务所共同举办中外合作会计师事务所，须经国务院对外经济贸易主管部门或者国务院授权的部门和省级人民政府审查同意后报国务院财政部门批准。

除前款规定的情形外，外国会计师事务所需要在中国境内临时办理有关业务的，须经有关的省、自治区、直辖市人民政府财政部门批准。

第四十五条 国务院可以根据本法制定实施条例。

第四十六条 本法自1994年1月1日起施行。1986年7月3日国务院发布的《中华人民共和国注册会计师条例》同时废止。

中华人民共和国预算法

（1994年3月22日第八届全国人民代表大会第二次会议通过）

第一章 总 则

第一条 为了强化预算的分配和监督职能，健全国家对预算的管理，加强国家宏观调控，保障经济和社会的健康发展，根据宪法，制定本法。

第二条 国家实行一级政府一级预算，设立中央，省、自治区、直辖市，设区的市、自治州，县、自治县、不设区的市、市辖区，乡、民族乡、镇五级预算。

不具备设立预算条件的乡、民族乡、镇，经省、自治区、直辖市政府确定，可以暂不设立预算。

第三条 各级预算应当做到收支平衡。

第四条 中央政府预算（以下简称中央预算）由中央各部门（含直属单位，下同）的预算组成。

中央预算包括地方向中央上解的收入数额和中央对地方返还或者给予补助的数额。

第五条 地方预算由各省、自治区、直辖市总预算组成。

地方各级总预算由本级政府预算（以下简称本级预算）和汇总的下一级总预算组成；下一级只有本级预算的，下一级总预算即指下一级的本级预算。没有下一级预算的，总预算即指本级预算。

地方各级政府预算由本级各部门（含直属单位，下同）的预算组成。

地方各级政府预算包括下级政府向上级政府上解的收入数额和上级政府对下级政府返还或者给予补助的数额。

第六条 各部门预算由本部门所属各单位预算组成。

第七条 单位预算是指列入部门预算的国家机关、社会团体和其他单位的收支预算。

第八条 国家实行中央和地方分税制。

第九条 经本级人民代表大会批准的预算，非经法定程序，不得改变。

第十条 预算年度自公历1月1日起，至12月31日止。

第十一条 预算收入和预算支出以人民币元为计算单位。

第二章 预算管理职权

第十二条 全国人民代表大会审查中央和地方预算草案及中央和地方预算执行情况的报告；批准中央预算和中央预算执行情况的报告；改变或者撤销全国人民代表大会常务委员会关于预算、决算的不适当的决议。

全国人民代表大会常务委员会监督中央和地方预算的执行；审查和批准中央预算的调整方案；审查和批准中央决算；撤销国务院制定的同宪法、法律相抵触的关于预算、决算的行政法规、决定和命令；撤销省、自治区、直辖市人民代表大会及其常务委员会制定的同宪法、法律和行政法规相抵触的关于预算、决算的地方性法规和决议。

第十三条 县级以上地方各级人民代表大会审查本级总预算草案及本级总预算执行情况的报告；批准本级预算和本级预算执行情况的报告；改变或者撤销本级人民代表大会常务委员会关于预算、决算的不适当的决议；撤销本级政府关于预算、决算的不适当的决定和命令。

县级以上地方各级人民代表大会常务委员会监督本级总预算的执行；审查和批准本级预算的调整方案；审查和批准本级政府决算（以下简称本级决算）；撤销本级政府和下一级人民代表大会及其常务委员会关于预算、决算的不适当的决定、命令和决议。

设立预算的乡、民族乡、镇的人民代表大会审查和批准本级预算和本级预算执行情况的报告；监督本级预算的执行；审查和批准本级预算的调整方案；审查和批准本级决算；撤销本级政府关于预算、决算的不适当的决定和命令。

第十四条 国务院编制中央预算、决算草案；向全国人民代表大会作关于中央和地方预算草案的报告；将省、自治区、直辖市政府报送备案的预算汇总后报全国人民代表大会常务委员会备案；组织中央和地方预算的执行；决定中央预算预备费的动用；编制中央预算调整方案；监督中央各部门和地方政府的预算执行；改变或者撤销中央各部门和地方政府关于预算、决算的不适当的决定、命令；向全国人民代表大会、全国人民代表大会常务委员会报告中央和地方预算的执行情况。

第十五条 县级以上地方各级政府编制本级预算、决算草案；向本级人民代表大会作关于本级总预算草案的报告；将下一级政府报送备案的预算汇总后报本级人民代表大会常务委员会备案；组织本级总预算的执行；决定本级预算预备费的动用；编制本级预算的调整方案；监督本级各部门和下级政府的预算执行；改变或者撤销本级各部门和下级政府关于预算、决算的不适当的决定、命令；向本级人民代表大会、本级人民代表大会常务委员会报告本级总预算的执行情况。

乡、民族乡、镇政府编制本级预算、决算草案；向本级人民代表大会作关于本级预算草案的报告；组织本级预算的执行；决定本级预算预备费的动用；编制本级预算的调整方案；向本级人民代表大会报告本级预算的执行情况。

第十六条 国务院财政部门具体编制中央预算、决算草案；具体组织中央和地方预算的执行；提出中央预算预备费动用方案；具体编制中央预算的调整方案；定期向国务院报告中央和地方预算的执行情况。

地方各级政府财政部门具体编制本级预算、决算草案；具体组织本级总预算的执行；提出本级预算预备费动用方案；具体编制本级预算的调整方案；定期向本级政府和上一级政府财政部门报告本级总预算的执行情况。

第十七条 各部门编制本部门预算、决算草案；组织和监督本部门预算的执行；定期向本级政府财政部门报告预算的执行情况。

第十八条 各单位编制本单位预算、决算草案；按照国家规定上缴预算收入，安排预算支出，并接受国家有关部门的监督。

第三章 预算收支范围

第十九条 预算由预算收入和预算支出组成。

预算收入包括：

（一）税收收入；

（二）依照规定应当上缴的国有资产收益；

（三）专项收入；

（四）其他收入。

预算支出包括：

（一）经济建设支出；

（二）教育、科学、文化、卫生、体育等事业发展支出；

（三）国家管理费用支出；

（四）国防支出；

（五）各项补贴支出；

（六）其他支出。

第二十条 预算收入划分为中央预算收入、地方预算收入、中央和地方预算共享收入。

预算支出划分为中央预算支出和地方预算支出。

第二十一条 中央预算与地方预算有关收入和支出项目的划分、地方向中央上解收入、中央对地方返还或者给予补助的具体办法，由国务院规定，报全国人民代表大会常务委员会备案。

第二十二条 预算收入应当统筹安排使用；确需设立专用基金项目的，须经国务院批准。

第二十三条 上级政府不得在预算之外调用下级政府预算的资金。下级政府不得挤占或者截留属于上级政府预算的资金。

第四章 预算编制

第二十四条 各级政府、各部门、各单位应当按照国务院规定的时间编制预算草案。

第二十五条 中央预算和地方各级政府预算，应当参考上一年预算执行情况和本年度收支预测进行编制。

第二十六条 中央预算和地方各级政府预算按照复式预算编制。

复式预算的编制办法和实施步骤，由国务院规定。

第二十七条 中央政府公共预算不列赤字。

中央预算中必需的建设投资的部分资金，可以通过举借国内和国外债务等方式筹措，但是借债应当有合理的规模和结构。

中央预算中对已经举借的债务还本付息所需的资金，依照前款规定办理。

第二十八条 地方各级预算按照量入为出、收支平衡的原则编制，不列赤字。

除法律和国务院另有规定外，地方政府不得发行地方政府债券。

第二十九条 各级预算收入的编制，应当与国民生产总值的增长率相适应。

按照规定必须列入预算的收入，不得隐瞒、少列，也不得将上年的非正常收入作为编制预算收入的依据。

第三十条 各级预算支出的编制，应当贯彻厉行节约、勤俭建国的方针。

各级预算支出的编制，应当统筹兼顾，确保重点，在保证政府公共支出合理需要的前提下，妥善安排其他各类预算支出。

第三十一条 中央预算和有关地方政府预算中安排必要的资金，用于扶助经济不发达的民族自治地方、革命老根据地、边远、贫困地区发展经济文化建设事业。

第三十二条 各级政府预算应当按照本级政府预算支出额的百分之一至百分之三设置预备费，用于当年预算执行中的自然灾害救灾开支及其他难以预见的特殊开支。

第三十三条 各级政府预算应当按照国务院的规定设置预算周转金。

第三十四条 各级政府预算的上年结余，可以在下年用于上年结转项目的支出；有余额的，可以补充预算周转金；再有余额的，可以用于下年必需的预算支出。

第三十五条 国务院应当及时下达关于编制下一年预算草案的指示。

编制预算草案的具体事项，由国务院财政部门部署。

第三十六条 省、自治区、直辖市政府应当按照国务院规定的时间，将本级总预算草案报国务院审核汇总。

第三十七条 国务院财政部门应当在每年全国人民代表大会会议举行的一个月前，将中央预算草案的主要内容提交全国人民代表大会财政经济委员会进行初步审查。

省、自治区、直辖市、设区的市、自治州政府财政部门应当在本级人民代表大会会议举行的一个月前，将本级预算草案的主要内容提交本级人民代表大会有关的专门委员会或者根据本级人民代表大会常务委员会主任会议的决定提交本级人民代表大会常务委员会有关的工作委员会进行初步审查。

县、自治县、不设区的市、市辖区政府财政部门应当在本级人民代表大会会议举行的一个月前，将本级预算草案的主要内容提交本级人民代表大会常务委员会进行初步审查。

第五章 预算审查和批准

第三十八条 国务院在全国人民代表大会举行会议时，向大会作关于中央和地方预算草案的报告。

地方各级政府在本级人民代表大会举行会议时，向大会作关于本级总预算草案的报告。

第三十九条 中央预算由全国人民代表大会审查和批准。

地方各级政府预算由本级人民代表大会审查和批准。

第四十条 乡、民族乡、镇政府应当及时将经本级人民代表大会批准的本级预算报上一级政府备案。县级以上地方各级政府应当及时将经本级人民代表大会批准的本级预算及下一级政府报送备案的预算汇总，报上一级政府备案。

县级以上地方各级政府将下一级政府依照前款规定报送备案的预算汇总后，报本级人

民代表大会常务委员会备案。国务院将省、自治区、直辖市政府依照前款规定报送备案的预算汇总后，报全国人民代表大会常务委员会备案。

第四十一条 国务院和县级以上地方各级政府对下一级政府依照本法第四十条规定报送备案的预算，认为有同法律、行政法规相抵触或者有其他不适当之处，需要撤销批准预算的决议的，应当提请本级人民代表大会常务委员会审议决定。

第四十二条 各级政府预算经本级人民代表大会批准后，本级政府财政部门应当及时向本级各部门批复预算。各部门应当及时向所属各单位批复预算。

第六章 预算执行

第四十三条 各级预算由本级政府组织执行，具体工作由本级政府财政部门负责。

第四十四条 预算年度开始后，各级政府预算草案在本级人民代表大会批准前，本级政府可以先按照上一年同期的预算支出数额安排支出；预算经本级人民代表大会批准后，按照批准的预算执行。

第四十五条 预算收入征收部门，必须依照法律、行政法规的规定，及时、足额征收应征的预算收入。不得违反法律、行政法规规定，擅自减征、免征或者缓征应征的预算收入，不得截留、占用或者挪用预算收入。

第四十六条 有预算收入上缴任务的部门和单位，必须依照法律、行政法规和国务院财政部门的规定，将应当上缴的预算资金及时、足额地上缴国家金库（以下简称国库），不得截留、占用、挪用或者拖欠。

第四十七条 各级政府财政部门必须依照法律、行政法规和国务院财政部门的规定，及时、足额地拨付预算支出资金，加强对预算支出的管理和监督。

各级政府、各部门、各单位的支出必须按照预算执行。

第四十八条 县级以上各级预算必须设立国库；具备条件的乡、民族乡、镇也应当设立国库。

中央国库业务由中国人民银行经理，地方国库业务依照国务院的有关规定办理。

各级国库必须按照国家有关规定，及时准确地办理预算收入的收纳、划分、留解和预算支出的拨付。

各级国库库款的支配权属于本级政府财政部门。除法律、行政法规另有规定外，未经本级政府财政部门同意，任何部门、单位和个人都无权动用国库库款或者以其他方式支配已入国库的库款。

各级政府应当加强对本级国库的管理和监督。

第四十九条 各级政府应当加强对预算执行的领导，支持政府财政、税务、海关等预算收入的征收部门依法组织预算收入，支持政府财政部门严格管理预算支出。

财政、税务、海关等部门在预算执行中，应当加强对预算执行的分析；发现问题时应当及时建议本级政府采取措施予以解决。

第五十条 各部门、各单位应当加强对预算收入和支出的管理，不得截留或者动用应当上缴的预算收入，也不得将不应当在预算内支出的款项转为预算内支出。

第五十一条 各级政府预算预备费的动用方案，由本级政府财政部门提出，报本级政府决定。

第五十二条 各级政府预算周转金由本级政府财政部门管理，用于预算执行中的资金周转，不得挪作他用。

第七章 预算调整

第五十三条 预算调整是指经全国人民代表大会批准的中央预算和经地方各级人民代表大会批准的本级预算，在执行中因特殊情况需要增加支出或者减少收入，使原批准的收支平衡的预算的总支出超过总收入，或者使原批准的预算中举借债务的数额增加的部分变更。

第五十四条 各级政府对于必须进行的预算调整，应当编制预算调整方案。中央预算的调整方案必须提请全国人民代表大会常务委员会审查和批准。县级以上地方各级政府预算的调整方案必须提请本级人民代表大会常务委员会审查和批准；乡、民族乡、镇政府预算的调整方案必须提请本级人民代表大会审查和批准。未经批准，不得调整预算。

第五十五条 未经批准调整预算，各级政府不得作出任何使原批准的收支平衡的预算的总支出超过总收入或者使原批准的预算中举借债务的数额增加的决定。

对违反前款规定作出的决定，本级人民代表大会、本级人民代表大会常务委员会或者上级政府应当责令其改变或者撤销。

第五十六条 在预算执行中，因上级政府返还或者给予补助而引起的预算收支变化，不属于预算调整。接受返还或者补助款项的县级以上地方各级政府应当向本级人民代表大会常务委员会报告有关情况；接受返还或者补助款项的乡、民族乡、镇政府应当向本级人民代表大会报告有关情况。

第五十七条 各部门、各单位的预算支出应当按照预算科目执行。不同预算科目间的预算资金需要调剂使用的，必须按照国务院财政部门的规定报经批准。

第五十八条 地方各级政府预算的调整方案经批准后，由本级政府报上一级政府备案。

第八章 决　　算

第五十九条 决算草案由各级政府、各部门、各单位，在每一预算年度终了后按照国务院规定的时间编制。

编制决算草案的具体事项，由国务院财政部门部署。

第六十条 编制决算草案，必须符合法律、行政法规，做到收支数额准确、内容完整、报送及时。

第六十一条 各部门对所属各单位的决算草案，应当审核并汇总编制本部门的决算草案，在规定的期限内报本级政府财政部门审核。

各级政府财政部门对本级各部门决算草案审核后发现有不符合法律、行政法规规定的，有权予以纠正。

第六十二条 国务院财政部门编制中央决算草案，报国务院审定后，由国务院提请全国人民代表大会常务委员会审查和批准。

县级以上地方各级政府财政部门编制本级决算草案，报本级政府审定后，由本级政府提请本级人民代表大会常务委员会审查和批准。

乡、民族乡、镇政府编制本级决算草案，提请本级人民代表大会审查和批准。

第六十三条 各级政府决算经批准后，财政部门应当向本级各部门批复决算。

第六十四条 地方各级政府应当将经批准的决算，报上一级政府备案。

第六十五条 国务院和县级以上地方各级政府对下一级政府依照本法第六十四条规定报送备案的决算，认为有同法律、行政法规相抵触或者有其他不适当之处，需要撤销批准该项决算的决议的，应当提请本级人民代表大会常务委员会审议决定；经审议决定撤销的，该下级人民代表大会常务委员会应当责成本级政府依照本法规定重新编制决算草案，提请本级人民代表大会常务委员会审查和批准。

第九章 监　　督

第六十六条 全国人民代表大会及其常务委员会对中央和地方预算、决算进行监督。

县级以上地方各级人民代表大会及其常务委员会对本级和下级政府预算、决算进行监督。

乡、民族乡、镇人民代表大会对本级预算、决算进行监督。

第六十七条 各级人民代表大会和县级以上各级人民代表大会常务委员会有权就预算、决算中的重大事项或者特定问题组织调查，有关的政府、部门、单位和个人应当如实反映情况和提供必要的材料。

第六十八条 各级人民代表大会和县级以上各级人民代表大会常务委员会举行会议时，人民代表大会代表或者常务委员会组成人员，依照法律规定程序就预算、决算中的有关问题提出询问或者质询，受询问或者受质询的有关的政府或者财政部门必须及时给予答复。

第六十九条 各级政府应当在每一预算年度内至少二次向本级人民代表大会或者其常务委员会作预算执行情况的报告。

第七十条 各级政府监督下级政府的预算执行；下级政府应当定期向上一级政府报告预算执行情况。

第七十一条 各级政府财政部门负责监督检查本级各部门及其所属各单位预算的执行；并向本级政府和上一级政府财政部门报告预算执行情况。

第七十二条 各级政府审计部门对本级各部门、各单位和下级政府的预算执行、决算实行审计监督。

第十章 法律责任

第七十三条 各级政府未经依法批准擅自变更预算，使经批准的收支平衡的预算的总支出超过总收入，或者使经批准的预算中举借债务的数额增加的，对负有直接责任的主管人员和其他直接责任人员追究行政责任。

第七十四条 违反法律、行政法规的规定，擅自动用国库库款或者擅自以其他方式支配已入国库的库款的，由政府财政部门责令退还或者追回国库库款，并由上级机关给予负有直接责任的主管人员和其他直接责任人员行政处分。

第七十五条 隐瞒预算收入或者将不应当在预算内支出的款项转为预算内支出的，由上一级政府或者本级政府财政部门责令纠正，并由上级机关给予负有直接责任的主管人员和其他直接责任人员行政处分。

第十一章　附　　则

第七十六条　各级政府、各部门、各单位应当加强对预算外资金的管理。预算外资金管理办法由国务院另行规定。各级人民代表大会要加强对预算外资金使用的监督。

第七十七条　民族自治地方的预算管理，依照民族区域自治法的有关规定执行；民族区域自治法没有规定的，依照本法和国务院的有关规定执行。

第七十八条　国务院根据本法制定实施条例。

第七十九条　本法自1995年1月1日施行。1991年10月21日国务院发布的《国家预算管理条例》同时废止。

中华人民共和国预算法实施条例

（国务院令第186号，1995年11月22日）

第一章　总　　则

第一条　根据《中华人民共和国预算法》（以下简称预算法），制定本条例。

第二条　县级以上地方政府的派出机关，根据本级政府授权进行预算管理活动，但是不作为一级预算。

第三条　预算法第四条第一款所称“中央各部门”，是指与财政部直接发生预算缴款、拨款关系的国家机关、军队、政党组织和社会团体；所称“直属单位”，是指与财政部直接发生预算缴款、拨款关系的企业和事业单位。

第四条　预算法第五条第三款所称“本级各部门”，是指与本级政府财政部门直接发生预算缴款、拨款关系的地方国家机关、政党组织和社会团体；所称“直属单位”，是指与本级政府财政部门直接发生预算缴款、拨款关系的企业和事业单位。

第五条　各部门预算由本部门所属各单位预算组成。本部门机关经费预算，应当纳入本部门预算。

第六条　预算法第八条所称“中央和地方分税制”，是指在划分中央与地方事权的基础上，确定中央与地方财政支出范围，并按税种划分中央与地方预算收入的财政管理体制。

分税制财政管理体制的具体内容和实施办法，按照国务院的有关规定执行。

第七条　县级以上地方各级政府应当根据中央和地方分税制的原则和上级政府的有关规定，确定本级政府对下级政府的财政管理体制。

第八条　预算收入和预算支出以人民币元为计算单位。预算收支以外国货币收纳和支付的，按照中国人民银行公布的当日人民币基准汇价折算。

第二章　预算收支范围

第九条　预算法第十九条第二款所称“依照规定应当上缴的国有资产收益”，是指各部门和各单位占有、使用和依法处分境内外国有资产产生的收益，按照国家有关规定应当

上缴预算的部分。

预算法第十九条第二款所称“专项收入”，是指根据特定需要由国务院批准或者经国务院授权由财政部批准，设置、征集和纳入预算管理、有专项用途的收入。

第十条 预算法第十九条第三款所称“经济建设支出”，包括用于经济建设的基本建设投资支出，支持企业的挖潜改造支出，拨付的企业流动资金支出，拨付的生产性贷款贴息支出，专项建设基金支出，支持农业生产支出以及其他经济建设支出。

预算法第十九条第三款所称“事业发展支出”，是指用于教育、科学、文化、卫生、体育、工业、交通、商业、农业、林业、环境保护、水利、气象等方面事业的支出，具体包括公益性基本建设支出、设备购置支出、人员费用支出、业务费用支出以及其他事业发展支出。

第十一条 预算法第二十条第一款所称“中央预算收入”，是指按照分税制财政管理体制，纳入中央预算、地方不参与分享的收入，包括中央本级收入和地方按照规定向中央上解的收入。

预算法第二十条第一款所称“地方预算收入”，是指按照分税制财政管理体制，纳入地方预算、中央不参与分享的收入，包括地方本级收入和中央按照规定返还或者补助地方的收入。

预算法第二十条第一款所称“中央和地方预算共享收入”，是指按照分税制财政管理体制，中央预算和地方预算对同一税种的收入，按照一定划分标准或者比例分享的收入。

第十二条 预算法第二十条第二款所称“中央预算支出”，是指按照分税制财政管理体制，由中央财政承担并列入中央预算的支出，包括中央本级支出和中央返还或者补助地方的支出。

预算法第二十条第二款所称“地方预算支出”，是指按照分税制财政管理体制，由地方财政承担并列入地方预算的支出，包括地方本级支出和地方按照规定上解中央的支出。

第十三条 地方各级预算上下级之间有关收入和支出项目的划分以及上解、返还或者补助的具体办法，由上级地方政府确定，并报本级人民代表大会常务委员会备案。

第十四条 经国务院批准设立的专用基金应当实行预算管理；尚未纳入预算管理的，应当逐步纳入预算管理。

第三章 预算编制

第十五条 预算法第二十四条所称“预算草案”，是指各级政府、各部门、各单位编制的未经法定程序审查和批准的预算收支计划。

第十六条 各级政府编制年度预算草案的依据：

（一）法律、法规；

（二）国民经济和社会发展计划、财政中长期计划以及有关的财政经济政策；

（三）本级政府的预算管理职权和财政管理体制确定的预算收支范围；

（四）上一年度预算执行情况和本年度预算收支变化因素；

（五）上级政府对编制本年度预算草案的指示和要求。

第十七条 各部门、各单位编制年度预算草案的依据：

（一）法律、法规；

（二）本级政府的指示和要求以及本级政府财政部门的部署；

（三）本部门、本单位的职责、任务和事业发展计划；
（四）本部门、本单位的定员定额标准；
（五）本部门、本单位上一年度预算执行情况和本年度预算收支变化因素。

第十八条　中央预算的编制内容：
（一）本级预算收入和支出；
（二）上一年度结余用于本年度安排的支出；
（三）返还或者补助地方的支出；
（四）地方上解的收入。

中央财政本年度举借的国内外债务和还本付息数额应当在本级预算中单独列示。

第十九条　地方各级政府预算的编制内容：
（一）本级预算收入和支出；
（二）上一年度结余用于本年度安排的支出；
（三）上级返还或者补助的收入；
（四）返还或者补助下级的支出；
（五）上解上级的支出；
（六）下级上解的收入。

第二十条　各级政府预算按照复式预算编制，分为政府公共预算、国有资产经营预算、社会保障预算和其他预算。

复式预算的编制办法和实施步骤，由国务院另行规定。

第二十一条　各级政府预算中，预备费设置的比例由本级政府在预算法第三十二条规定的幅度内确定。

第二十二条　预算法第三十三条所称“预算周转金”，是指各级政府为调剂预算年度内季节性收支差额，保证及时用款而设置的周转资金。各级政府预算周转金从本级政府预算的结余中设置和补充，其额度应当逐步达到本级政府预算支出总额的4％。

第二十三条　各级政府预算的上年度专项结余，应当用于上年度结转项目的支出；上年度净结余，应当用于补充预算周转金和下年度需要安排的预算支出。

第二十四条　国务院于每年11月10日前向省、自治区、直辖市政府和中央各部门下达编制下一年度预算草案的指示，提出编制预算草案的原则和要求。

财政部根据国务院编制下一年度预算草案的指示，部署编制预算草案的具体事项，规定预算收支科目、报表格式、编报方法，并安排财政收支计划。

第二十五条　中央各部门应当根据国务院的指示和财政部的部署，结合本部门的具体情况，提出编制本部门预算草案的要求，具体布置所属各单位编制预算草案。

中央各部门负责本部门所属各单位预算草案的审核，并汇总编制本部门的预算草案，于每年12月10日前报财政部审核。

第二十六条　省、自治区、直辖市政府根据国务院的指示和财政部的部署，结合本地区的具体情况，提出本行政区域编制预算草案的要求。

第二十七条　县级以上地方各级政府财政部门审核本级各部门的预算草案，编制本级政府预算草案，汇编本级总预算草案，经本级政府审定后，按照规定期限报上一级政府。

省、自治区、直辖市政府财政部门汇总的本级总预算草案，应当于下一年1月10日前报财政部。

第二十八条 财政部审核中央各部门的预算草案，编制中央预算草案；汇总地方预算草案，汇编中央和地方预算草案。

第二十九条 县级以上各级政府财政部门审核本级各部门的预算草案时，发现不符合编制预算要求的，应当予以纠正；汇编本级总预算时，发现下级政府预算草案不符合国务院和本级政府编制预算要求的，应当及时向本级政府报告，由本级政府予以纠正。

第三十条 中央预算草案经全国人民代表大会批准后，为当年中央预算。财政部应当自全国人民代表大会批准中央预算之日起30日内，批复中央各部门预算。中央各部门应当自财政部批复本部门预算之日起15日内，批复所属各单位预算。

第三十一条 地方各级政府预算草案经本级人民代表大会批准后，为当年本级政府预算。

县级以上地方各级政府财政部门应当自本级人民代表大会批准本级政府预算之日起30日内，批复本级各部门预算。地方各部门应当自本级财政部门批复本部门预算之日起15日内，批复所属各单位预算。

第三十二条 依照本条例第三十条、第三十一条规定批复的预算，为当年部门预算、单位预算。

第四章　预算执行

第三十三条 政府财政部门负责预算执行的具体工作，主要任务是：

（一）研究落实财政税收政策的措施，支持经济和社会的健康发展；

（二）制定组织预算收入和管理预算支出的制度和办法；

（三）督促各预算收入征收部门、各预算缴款单位完成预算收入任务；

（四）根据年度支出预算和季度用款计划，合理调度、拨付预算资金，监督检查各部门、各单位管好用好预算资金，节减开支，提高效率；

（五）指导和监督各部门、各单位建立健全财务制度和会计核算体系，按照规定使用预算资金；

（六）编报、汇总分期的预算收支执行数字，分析预算收支执行情况，定期向本级政府和上一级政府财政部门报告预算执行情况，并提出增收节支的建议；

（七）协调预算收入征收部门、国库和其他有关部门的业务工作。

第三十四条 预算法第四十四条所称“上一年同期的预算支出数额”，是指上一年度同期预算安排用于各部门、各单位正常运转的人员经费、业务经费等必需的支出数额。

第三十五条 各级财政、税务、海关等预算收入征收部门，必须依照有关法律、行政法规和财政部的有关规定，积极组织预算收入，按照财政管理体制的规定及时将预算收入缴入中央国库和地方国库；未经财政部批准，不得将预算收入存入在国库外设立的过渡性账户。各项预算收入的减征、免征或者缓征，必须按照有关法律、行政法规和财政部的有关规定办理。任何单位和个人不得擅自决定减征、免征、缓征应征的预算收入。

第三十六条 一切有预算收入上缴任务的部门和单位，必须依照有关法律、行政法规和财政部的有关规定，将应当上缴的预算收入，按照规定的预算级次、预算科目、缴库方式和期限缴入国库，不得截留、占用、挪用或者拖欠。

第三十七条 政府财政部门应当加强对预算拨款的管理，并遵循下列原则：

（一）按照预算拨款，即按照批准的年度预算和用款计划拨款，不得办理无预算、无用款计划、超预算、超计划的拨款，不得擅自改变支出用途；

（二）按照规定的预算级次和程序拨款，即根据用款单位的申请，按照用款单位的预算级次和审定的用款计划，按期核拨，不得越级办理预算拨款；

（三）按照进度拨款，即根据各用款单位的实际用款进度和国库库款情况拨付资金。

第三十八条　各级政府、各部门、各单位应当加强对预算支出的管理，严格执行预算和财政制度，不得擅自扩大支出范围、提高开支标准；严格按照预算规定的支出用途使用资金；建立健全财务制度和会计核算体系，按照标准考核、监督，提高资金使用效益。

第三十九条　财政部负责制定与预算执行有关的财务会计制度。各部门、各单位应当按照政府财政部门的要求，加强对预算收入和预算支出的管理核算。

第四十条　国库是办理预算收入的收纳、划分、留解和库款支拨的专门机构。国库分为中央国库和地方国库。

中央国库业务由中国人民银行经理。未设中国人民银行分支机构的地区，由中国人民银行商财政部后，委托有关银行办理。

地方国库业务由中国人民银行分支机构经理。未设中国人民银行分支机构的地区，由上级中国人民银行分支机构商有关的地方政府财政部门后，委托有关银行办理。

具备条件的乡、民族乡、镇，应当设立国库。具体条件和标准由省、自治区、直辖市政府财政部门确定。

第四十一条　中央国库业务应当接受财政部的指导和监督，对中央财政负责。地方国库业务应当接受本级政府财政部门的指导和监督，对地方财政负责。

省、自治区、直辖市制定的地方国库业务规程应当报财政部和中国人民银行备案。

第四十二条　各级国库应当依照有关法律、行政法规和财政部、中国人民银行的有关规定，加强对国库业务的管理，及时准确地办理预算收入的收纳、划分、留解和预算支出的拨付。

各级国库和有关银行必须遵守国家有关预算收入缴库的规定，不得延解、占压应当缴入国库的预算收入和国库库款。

第四十三条　各级国库必须凭本级政府财政部门签发的拨款凭证于当日办理库款拨付，并将款项及时转入用款单位的存款账户。

各级国库和有关银行不得占压财政部门拨付的预算资金。

第四十四条　预算法第四十八条第四款所称“以其他方式支配已入国库的库款”，是指部门、单位和个人未经本级政府财政部门同意，调拨、周转、冻结、扣拨、退付已入国库的库款。

第四十五条　中央预算收入、中央和地方预算共享收入退库的办法，由财政部制定。地方预算收入退库的办法，由省、自治区、直辖市政府财政部门制定。各级预算收入退库的审批权属于本级政府财政部门。中央预算收入、中央和地方预算共享收入的退库，由财政部或者财政部授权的机构批准。地方预算收入的退库，由地方政府财政部门或者其授权的机构批准。具体退库程序按照财政部的有关规定办理。

办理预算收入退库，应当直接退给申请单位或者申请个人，按照国家规定用途使用。任何部门、单位和个人不得截留、挪用退库款项。

第四十六条　各级政府应当加强对本级国库的管理和监督，各级政府财政部门负责协

调本级预算收入征收部门与国库的业务工作。

第四十七条 各级政府依据法定权限作出的决定和规定的行政措施，凡涉及财政减收增支的，应当在预算批准前提出并在预算中作出相应安排。在预算执行中一般不制定新的减收增支政策和措施；确需制定的，应当采取相应的增收节支措施。

第四十八条 国务院各部门制定的规章，凡涉及减免应缴预算收入，设立和改变收费项目，罚没财物处理，企业成本、费用开支标准和范围，国有资产处置、收益分配，会计核算以及行政事业经费开支标准的，必须符合国家统一的规定。

第四十九条 地方政府依据法定权限制定的规章和规定的行政措施，不得涉及减免中央预算收入、中央和地方预算共享收入，不得影响中央预算收入、中央和地方预算共享收入的征收；违反规定的，有关预算收入征收部门有权拒绝执行，并应当向上级预算收入征收部门和财政部报告。

第五十条 各级政府应当加强对预算工作的领导，定期听取财政部门有关预算执行情况的汇报，研究解决预算执行中出现的问题。

第五十一条 政府财政部门有权对本级各部门及其所属各单位的预算执行进行监督检查，对各部门预算收支的情况和效果进行考核。

政府财政部门有权对本级各预算收入征收部门征收预算收入的情况进行监督检查，对擅自减征、免征、缓征及退还预算收入的，责令改正。

第五十二条 政府财政部门应当每月向本级政府报告预算执行情况，具体报告内容和方式由本级政府规定。

第五十三条 省、自治区、直辖市政府财政部门应当按照下列期限和方式向财政部报告本行政区域预算执行情况：

（一）预算收支旬报，按照财政部规定的内容编制，于每旬终了后3日内报送财政部；

（二）预算收支月报，按照财政部规定的内容编制，于每月终了后5日内报送财政部；

（三）每月预算收支执行情况文字说明材料，于每月终了后10日内报送财政部；每季预算收支执行情况的全面分析材料于季度终了后15日内报送财政部；

（四）年报即年度决算的编报事项，依照预算法和本条例的有关规定执行。设区的市、自治州政府和县级政府的财政部门和乡、民族乡、镇政府向上一级政府财政部门编报预算收支执行情况的内容和报送期限，由上一级政府财政部门规定。

第五十四条 各级财政、税务、海关等预算收入征收部门应当每月按照财政部门规定的期限和要求，向财政部门和上级主管部门报送有关预算收入计划执行情况，并附说明材料。

第五十五条 中央国库与地方国库应当按照有关规定向财政部门编报预算收入入库、解库及库款拨付情况的日报、旬报、月报和年报。

第五十六条 政府财政部门、预算收入征收部门和国库应当建立健全相互之间的预算收入对账制度，在预算执行中按月、按年核对预算收入的收纳及库款拨付情况，保证预算收入的征收入库和库存金额准确无误。

第五十七条 各部门依照有关法律、行政法规和国家有关规定，对所属各单位的预算执行情况，进行监督检查。

第五十八条 各部门应当按照本级政府财政部门规定的期限，向本级政府财政部门报送本部门有关预算收支、企业缴款完成情况等报表和文字说明材料。

第五十九条　政府财政部门对要求追加预算支出、减少预算收入的事项应当严格审核；对需要动用预备费的，必须经本级政府批准。

第五章　预算调整

第六十条　预算调整方案由政府财政部门负责具体编制。预算调整方案应当列明调整的原因、项目、数额、措施及有关说明，经本级政府审定后，提请本级人民代表大会常务委员会审查和批准。

第六十一条　接受上级返还或者补助的地方政府，应当按照上级政府规定的用途使用款项，不得擅自改变用途。

政府有关部门以本级预算安排的资金拨付给下级政府有关部门的专款，必须经本级政府财政部门同意并办理预算划转手续。

第六十二条　各部门、各单位的预算支出，必须按照本级政府财政部门批复的预算科目和数额执行，不得挪用；确需作出调整的，必须经本级政府财政部门同意。

第六十三条　年度预算确定后，企业、事业单位改变隶属关系，引起预算级次和关系变化的，应当在改变财务关系的同时，相应办理预算划转。

第六章　决　　算

第六十四条　预算法第五十九条所称“决算草案”，是指各级政府、各部门、各单位编制的未经法定程序审查和批准的预算收支的年度执行结果。

第六十五条　财政部应当在每年第四季度部署编制决算草案的原则、要求、方法和报送期限，制发中央各部门决算、地方决算及其他有关决算的报表格式。

县级以上地方政府财政部门根据财政部的部署，部署编制本级政府各部门和下级政府决算草案的原则、要求、方法和报送期限，制发本级政府各部门决算、下级政府决算及其他有关决算的报表格式。

第六十六条　地方政府财政部门根据上级政府财政部门的部署，制定本行政区域决算草案和本级各部门决算草案的具体编制办法。

各部门根据本级政府财政部门的部署，制定所属各单位决算草案的具体编制办法。

第六十七条　政府财政部门、各部门、各单位在每一预算年度终了时，应当清理核实全年预算收入、支出数字和往来款项，做好决算数字的对账工作。不得把本年度的收入和支出转为下年度的收入和支出，不得把下年度的收入和支出列为本年度的收入和支出；不得把预算内收入和支出转为预算之外，不得随意把预算外收入和支出转为预算之内。

决算各项数字应当以经核实的基层单位汇总的会计数字为准，不得以估计数字替代，不得弄虚作假。

第六十八条　各单位应当按照主管部门的布置，认真编制本单位决算草案，在规定期限内上报。

各部门在审核汇总所属各单位决算草案基础上，连同本部门自身的决算收入和支出数字，汇编成本部门决算草案并附决算草案详细说明，经部门行政领导签章后，在规定期限内报本级政府财政部门审核。

第六十九条　各级预算收入征收部门应当按照财政部门的要求，及时编报收入年报及

有关资料。

第七十条 财政部应当根据中央各部门决算草案汇总编制中央决算草案，报国务院审定后，由国务院提请全国人民代表大会常务委员会审查和批准。

县级以上地方各级政府财政部门根据本级各部门决算草案汇总编制本级决算草案，报本级政府审定后，由本级政府提请本级人民代表大会常务委员会审查和批准。

乡、民族乡、镇政府根据财政部门提供的年度预算收入和支出的执行结果，编制本级决算草案，提请本级人民代表大会审查和批准。

第七十一条 对于年度预算执行中上下级财政之间按照规定需要清算的事项，应当在决算时办理结算。

第七十二条 县级以上各级政府决算草案经本级人民代表大会常务委员会批准后，本级政府财政部门应当自批准之日起20日内向本级各部门批复决算。各部门应当自本级政府财政部门批复本部门决算之日起15日内向所属各单位批复决算。

第七十三条 县级以上地方各级政府应当自本级人民代表大会常务委员会批准本级政府决算之日起30日内，将本级政府决算及下一级政府上报备案的决算汇总，报上一级政府备案。

第七章 监　督

第七十四条 县级以上各级政府应当接受本级人民代表大会及其常务委员会对预算执行情况和决算的监督，乡级人民政府应当接受本级人民代表大会对预算执行情况和决算的监督；按照本级人民代表大会或其常务委员会的要求，报告预算执行情况；认真研究处理本级人民代表大会代表或者常务委员会组成人员有关改进预算管理的建议、批评和意见，并及时答复。

第七十五条 各级政府应当加强对下级政府预算执行的监督，对下级政府在预算执行中违反法律、行政法规和国家方针政策的行为，依法予以制止和纠正；对本级预算执行中出现的问题，及时采取处理措施。

下级政府应当接受上级政府对预算执行的监督；根据上级政府的要求，及时提供资料，如实反映情况，不得隐瞒、虚报；严格执行上级政府作出的有关决定，并将执行结果及时上报。

第七十六条 各部门及其所属各单位应当接受本级财政部门有关预算的监督检查；按照本级财政部门的要求，如实提供有关预算资料；执行本级财政部门提出的检查意见。

第七十七条 各级审计机关应当依照《中华人民共和国审计法》以及有关法律、行政法规的规定，对本级预算执行情况，对本级各部门和下级政府预算的执行情况和决算，进行审计监督。

第八章 附　则

第七十八条 预算法第七十四条所称“擅自动用国库库款或者擅自以其他方式支配已入国库的库款”，是指：

（一）预算收入征收部门不经政府财政部门或者政府财政部门授权的机构同意退库的；

（二）预算收入征收部门将所收税款和其他预算收入存入在国库之外设立的过渡性账

户、经费账户和其他账户的；

（三）经理国库业务的银行未经有关政府财政部门同意，动用国库库款或者办理退库的；

（四）经理国库业务的银行违反规定将国库库款挪作他用的；

（五）不及时收纳、留解预算收入，或者延解、占压国库库款的；

（六）不及时将预算拨款划入用款单位账户，占压政府财政部门拨付的预算资金的。

第七十九条 本条例自发布之日起施行。

全国人民代表大会常务委员会关于加强中央预算审查监督的决定

（1999 年 12 月 25 日第九届全国人民代表大会常务委员会第十三次会议通过）

为履行宪法赋予全国人民代表大会及其常务委员会的职责，贯彻依法治国的基本方略，规范预算行为，厉行节约，更好地发挥中央预算在发展国民经济、促进社会进步、改善人民生活和深化改革、扩大开放中的作用，必须加强对中央预算的审查和监督。为此，特作如下决定：

一、加强和改善预算编制工作。要坚持先有预算，后有支出，严格按预算支出的原则，细化预算和提前编制预算。各部门、各单位应当按照预算法的要求编好部门预算和单位预算，有关部门要按时批复预算、拨付资金。积极创造条件做到：中央本级预算的经常性支出按中央一级预算单位编制，中央预算建设性支出、基金支出按类别以及若干重大项目编制，中央财政对地方总的补助性支出按补助类别编制。在每个财政年度开始前将中央预算草案全部编制完毕。

二、加强和改善中央预算的初步审查工作。对中央预算的审查，应当按照真实、合法、效益和具有预测性的原则进行。国务院财政部门应当及时向全国人民代表大会财政经济委员会和全国人民代表大会常务委员会预算工作委员会通报有关中央预算编制的情况，在全国人民代表大会会议举行的一个半月前，将中央预算初步方案提交财政经济委员会，由财政经济委员会对上一年预算执行情况和本年度中央预算草案的主要内容进行初步审查。国务院财政部门应积极创造条件，做到提交审查的材料包括：科目列到类、重要的列到款的预算收支总表和中央政府性基金预算表，中央各预算单位收支表，建设性支出、基金支出的类别表和若干重大的项目表，按类别划分的中央财政返还或补助地方支出表，中央财政对农业、教育、科技、社会保障支出表等，以及有关说明。

三、全国人民代表大会会议期间，财政经济委员会根据各代表团和有关专门委员会的意见对中央及地方预算草案进行审查，并提出审查结果报告。全国人民代表大会关于中央及地方预算的决议，国务院应当贯彻执行。

四、加强对预算超收收入使用的监督。中央预算超收收入可以用于弥补中央财政赤字和其他必要的支出。中央预算执行过程中，需要动用超收收入追加支出时，应当编制超收收入使用方案，由国务院财政部门及时向财政经济委员会和预算工作委员会通报情况，国务院应向全国人民代表大会常务委员会作预计超收收入安排使用情况的报告。

五、严格控制不同预算科目之间的资金调剂，各部门、各单位的预算支出应当按照预算科目执行。中央预算安排的农业、教育、科技、社会保障预算资金的调减，须经全国人民代表大会常务委员会审查和批准，以后根据需要还可以逐步增加新的项目。

六、加强对中央预算调整方案的审查工作。因特殊情况必须调整中央预算时，国务院应当编制中央预算调整方案，并于当年7月至9月之间提交全国人民代表大会常务委员会。国务院财政部门应当及时向财政经济委员会和预算工作委员会通报中央预算调整的情况，在常务委员会举行会议审批中央预算调整方案的一个月前，将中央预算调整方案的初步方案提交财政经济委员会，由财政经济委员会进行初步审查。

七、中央决算草案应当按照全国人民代表大会批准的预算所列科目编制，按预算数、调整或变更数以及实际执行数分别列出，变化较大的要作出说明。中央决算草案应在全国人民代表大会常务委员会举行会议审查和批准的一个月前，提交财政经济委员会，由财政经济委员会结合审计工作报告进行初步审查。

八、加强对中央预算执行的审计。国务院审计部门要按照真实、合法和效益的要求，对中央预算执行情况和部门决算依法进行审计，审计出的问题要限时依法纠正、处理。国务院应当向全国人民代表大会常务委员会提出对中央预算执行和其他财政收支的审计工作报告，必要时，常务委员会可以对审计工作报告作出决议。

九、加强对中央预算执行情况的监督。在全国人民代表大会及其常务委员会领导下，财政经济委员会和预算工作委员会应当做好有关工作。国务院有关部门应及时向财政经济委员会、预算工作委员会提交落实全国人民代表大会关于预算决议的情况，对部门、单位批复的预算，预算收支执行情况，政府债务、社会保障基金等重点资金和预算外资金收支执行情况，有关经济、财政、金融、审计、税务、海关等综合性统计报告、规章制度及有关资料。

十、加强对预算外资金的监督。要采取措施将中央预算外资金纳入中央预算，对暂时不能纳入预算的要编制收支计划和决算。预算外资金的收支情况要向全国人民代表大会常务委员会报告。

十一、要依法执行备案制度。国务院应将全国人民代表大会授权其制定的经济体制改革和对外开放方面有关预算的暂行规定或条例，中央预算与地方预算有关收入和支出项目的划分、地方向中央上解收入、中央对地方返还或者给予补助的具体办法，省、自治区、直辖市政府报送国务院备案的预算的汇总，以及其他应报送的事项，及时报送全国人民代表大会常务委员会备案。

十二、预算工作委员会是全国人民代表大会常务委员会的工作机构，协助财政经济委员会承担全国人民代表大会及其常务委员会审查预决算、审查预算调整方案和监督预算执行方面的具体工作，受常务委员会委员长会议委托，承担有关法律草案的起草工作，协助财政经济委员会承担有关法律草案审议方面的具体工作，以及承办本决定第十一条规定的和常务委员会、委员长会议交办以及财政经济委员会需要协助办理的其他有关财政预算的具体事项。经委员长会议专项同意，预算工作委员会可以要求政府有关部门和单位提供预算情况，并获取相关信息资料及说明。经委员长会议专项批准，可以对各部门、各预算单位、重大建设项目的预算资金使用和专项资金的使用进行调查，政府有关部门和单位应积极协助、配合。

国务院关于2011年度中央预算执行和其他财政收支的审计工作报告

——2012年6月27日在第十一届全国人民代表大会常务委员会第二十七次会议上

审计署审计长 刘家义

全国人民代表大会常务委员会：

我受国务院委托，向全国人大常委会报告2011年度中央预算执行和其他财政收支的审计情况，请审议。

根据《中华人民共和国审计法》的规定，2011年，审计署按照中央要求和部署，全面忠实履行职责，积极促进政策法规落实，推动科学发展；加大揭露和查处违法违规问题及经济犯罪案件力度，全力维护经济安全，推进反腐倡廉建设；注重从体制、机制和制度层面提出建议，努力推动深化改革和民主法治建设。从审计情况看，2011年，在党中央、国务院的坚强领导下，中央预算执行和其他财政收支情况总体较好，实现了“十二五”时期良好开局。

——加强和改善宏观调控，保障经济平稳较快发展。实施积极的财政政策，中央公共财政支出比上年增长17%，其中使用的超收收入增长39%，年末国债余额增长7%；加快转变经济发展方式，中央财政科技、节能环保和交通运输支出分别增长18%、13%和27%；提高区域发展的协调性，对新疆、西藏及其他藏区支出增长54%，扎实推进主体功能区规划落实。

——着力保障重点支出，推动民生和社会事业加快发展。中央财政教育、卫生、社会保障、文化等民生方面支出比上年增长30%，人均基本公共卫生服务经费由15元提高到25元，城镇居民医保和新农合财政补助标准由每人每年120元提高到200元；“三农”支出增长22%，农村中小学公用经费年生均提高100元，1228万名中西部家庭困难寄宿生获得资助。

——深化财税改革和预决算公开，促进公共财政体系更加完善。推动所有政府性收入纳入预算管理，对地方政府性债务进行全面审计和清理，完善结构性减税政策；继续优化转移支付结构，健全县级基本财力保障机制，在1080个县实行省直管县财政管理方式改革；推行预决算公开，92个中央部门公开了年度预决算，98个中央部门公开了“三公经费”。

——切实加大整改力度，推进财政财务管理不断规范。各部门、各单位依法认真整改上年审计查出的问题，被挪用和滞留资金143.94亿元已全部追回或拨付，挽回和避免损失60.66亿元；有699人受到党纪政纪处分，81人被依法逮捕、起诉或判刑；根据审计建议，完善制度规定1581项。具体整改情况，国务院已向全国人大常委会专题报告，审计署已向社会公告。

一、中央财政管理审计情况

从审计情况看，2011年，财政部和发展改革委等部门认真组织实施积极的财政政策，

健全公共财政体系，加强预算和投资管理，规范预算执行和重大投资项目公示试点工作，财政宏观调控作用不断增强，预算约束和投资管理水平逐步提高，但仍存在一些需要进一步规范的问题。

（一）中央预算管理完整性方面。

1. 有些收支未纳入预算管理。包括：中国清洁发展机制基金管理中心2006年以来收取的温室气体减排量交易收入101.25亿元；商务部、卫生部和农业部2008年以来接受的国外无偿援助资金收入62.09亿元、支出10.92亿元；财政部委托进出口银行管理的外国政府贷款利息收入372.83万欧元、支出173.82万欧元；贸促会控股的中国专利代理（香港）有限公司应上缴的投资股利分红1.7亿港元。

2. 财政部在向全国人大报告2011年中央预算执行情况时，少报19.22亿元超收收入安排情况。

3. 批复的2011年部门预算中统筹使用结转结余资金与实际差异较大。主要是：中央公共财政国库集中支付上年累计结余628.92亿元，编入部门预算的仅有300.21亿元（占48%）；12个部门的12项政府性基金上年累计结余52.72亿元，均未编入部门预算。

4. 部门预决算报表未完整反映政府采购情况。在预算报表中，未要求编列政府性基金安排的政府采购情况；在追加预算中未要求单独编列政府采购预算；决算报表中未要求编制政府采购决算。

（二）中央公共财政预算的细化和执行方面。

1. 年初预算未全部细化落实到部门和地区。主要是：中央本级支出预算中，代编支出982.65亿元和据实结算政策性补贴等支出1027.89亿元未细化落实到部门及项目，占12%；发展改革委归口管理的中央本级基建支出，年初预算细化到位率仅为47%，未达到75%的要求；在批复的中央部门预算中，30个部门代编的85个项目支出预算874.5亿元（占45%）未细化，而是在执行中进行了二次分配；在转移支付预算中，有16 309.69亿元（占50%）未细化落实到省区市，有8951.41亿元（占28%）未在全国人大审查批准后90日内下达。

2. 个别投资计划安排不够合理。发展改革委在产业振兴和技术改造投资计划中，对不属于支持范围或未严格执行相关产业政策的6个项目安排投资2922万元，应重点支持的清洁生产技术等11个战略性新兴产业核心领域却未安排投资。

3. 向一些项目安排的财政补助投资未达规定比例，且分配散、金额小。2011年，发展改革委安排25个省区市基层就业和社会保障服务设施建设试点投资中，有21个省区市获得的财政补助投资比例未达规定要求；安排中小企业技术改造专项的1903个项目中，有752个项目的财政补助投资占项目总投资的比例不足规定的一半，最低仅1%；将9.19亿元电子信息产业振兴和技术改造投资计划切块下达给279个项目，各项目财政补助投资比例最高达50%、最低仅0.7%，其中106个项目的补助比例低于规定标准，影响政策实施效果。

4. 在执行中调整预算项目用途。2011年，财政部将义务教育转移支付预算中的“落实教育规划纲要补助经费”70亿元调整为高等教育支出；调整了17.28亿元中央财政代编预算的项目用途。

5. 投资计划下达程序不规范。2011年，发展改革委未严格按规定程序下达投资计划468.37亿元，有13个投资专项没有专项发展规划、未事先编制工作方案或未批复资金申请报告，62个项目尚未批复可行性研究报告、初步设计或用地申请，3个项目存在以虚假资料申报或未通过专家评审等问题。

6. 投资计划和预算下达时间滞后。按要求，投资计划下达和预算追加原则上应于9月30日前完成，部分特殊事项最迟不得超过12月20日。但2011年中央预算投资计划中，有149.54亿元（占4%）是9月30日后才下达的；追加的部门预算中，有592.64亿元（占36%）是9月30日后办理的，其中146.45亿元是12月20日后办理的；还有21个部门2010年决算是超过规定期限批复的。

7. 部分预算执行率低。由于客观情况与年初预期差距较大，至2011年底中央本级代编和据实结算政策性补贴预算有22%未执行，形成结余结转资金447.18亿元；中央预算投资安排的6个项目进展缓慢，7000多万元财政资金闲置或滞留。去年审计指出中央财政养殖业保险保费补贴预算执行率低后，财政部2011年将此项预算从42.95亿元减至26.5亿元，但执行率仍仅为24.7%，比去年还低0.3个百分点，其中“育肥猪保险保费补贴”预算执行率为零。

（三）财政转移支付管理方面。

1. 一般性转移支付力度仍应加大。中央均衡性转移支付比地方财政2011年标准收支缺口少3935.67亿元，不利于缩小地区间财力差异；在2011年中央对地方一般性转移支付中，有123.41亿元指定了具体项目和用途。

2. 专项转移支付管理制度不健全。2011年的287项专项转移支付中，有33项尚未制定管理办法；在已建立管理办法的254项中，有180项未建立绩效评价制度；在已建立绩效评价制度的74项中，有19项未将资金使用绩效作为分配依据。

3. 部分专项转移支付未实现预期目标。抽查144户取得“淘汰落后产能奖励资金”的企业中，有45户虚假申报套取资金2.41亿元，13家未按规定淘汰落后产能；抽查35个已完工的金太阳示范工程补助项目，有10个建成即闲置，16个实际年发电量低于设计标准。

（四）中央政府性基金预算管理方面。

1. 基金预算代编规模偏大、执行率低。2011年，财政部代编中央本级基金预算396.27亿元，占本级基金预算的16%，当年实际执行不足50%；补助地方基金预算也有27%未执行。

2. 执行中改变了预算级次。2011年，财政部将17.36亿元中央本级基金预算下划为对地方的转移支付；将原列入地方转移支付的8.96亿元基金预算上划为中央本级支出。

3. 基金征缴不到位。铁路建设基金尚未将以合资形式建设和运营的铁路线纳入基金征收范围；南水北调工程基金欠缴58.24亿元。

（五）中央国有资本经营预算管理方面。

1. 国有资本经营预算范围不完整。至2011年底，4100户中央部门所属企业尚未纳入国有资本经营预算；42户中央金融类企业虽按其出资人分别向财政部、中投公司和人民银行上缴利润，但尚未实行国有资本经营预算管理。

2. 现行国有资本经营收益收缴比例仍偏低。尽管2011年提高了中央企业国有资本经营收益收缴比例，但个别企业的收益上缴比例仍低于其上市公司的分红比例。

3. 国有资本经营预算与公共财政预算功能定位不够清晰，在补助对象、支持投向上存在交叉重复。有些方面的专项支出，在财政部代编的国有资本经营预算、国资委分配的国有资本经营预算、公共财政预算中都分别安排了资金。

4. 2011年，国有资本经营预算有603亿元年初未落实到具体项目，财政部拨付资金也主要集中在11月和12月，其中12月拨付327.42亿元（占当年预算的42%）。

（六）国库管理方面。

1. 部分国外无偿援助资金专用账户未按规定归口国库部门统一管理。截至2011年底，有9个专用账户仍由财政部国际司管理，当年收支分别为2.66亿元和1.36亿元。

2. 国库集中支付相关操作不够完善。主要是对直接支付和授权支付的划分不够明确，加之向授权支付代理银行支付的手续费上不封顶，不利于控制费用，如财政部2011年将铁道部直接支付的部分支出调整为授权支付，导致多支付手续费1168万元。

（七）财税审批和管理方面。

政府采购审批监管不严格。由于政府采购标准的制定和采购代理机构的资格认定、审批、授予、考核、处罚都由财政部负责，缺乏有效监督制约，在财政部授予甲级资格的633户采购代理机构中，有129户社会保险费缴纳证明与实际缴纳情况不符；未按规定向国务院报告6家集中采购机构的考核结果，也未依法处理涉嫌违规单位和个人。此外，还以财政部国库司便函形式，审批（核）1319项采购方式变更和采购进口产品事项。

（八）中央决算草案编制方面。总的看，中央决算草案比较完整地反映了中央预算执行结果，但也发现决算草案编制中一些不够严格和规范的问题，有的影响到收支数字的准确性。

1. 截至2011年底，有137.85亿元财政借款未及时清理，也未在决算草案中编报。

2. 编报程序和科目不完全符合制度要求。从程序看，财政部先编制中央决算草案，经全国人大常委会批准后，再调整实际发生的会计账目，不符合规定的决算编制程序。从科目看，在一般性转移支付中列报的“基层公检法司转移支付”等5个科目，不属于规定的政府支出科目。

对上述问题，财政部、发展改革委和有关部门正在逐项研究，加以整改。其中，对少报超收收入安排情况问题，财政部已在编制决算草案时作了调整；对部分国外无偿援助资金专用账户管理不规范问题，财政部已按规定归口管理。

二、中央部门预算执行和决算草案审计情况

此次共审计50个中央部门，延伸审计270个所属单位，审计预算支出1460.24亿元，占这些部门预算支出总额的30%。从审计情况看，这些部门认真贯彻国务院要求，着力加强预算管理改革和制度建设，不断推进预决算通报、公开和监督检查等工作。总体上，部门预算执行和财务管理的规范性逐步提高，违法违规问题不断减少，挤占挪用、多申领预算资金等违规问题金额分别比上年减少13%、61%。审计发现的主要问题是：

（一）预算执行未完全到位。此次审计1460.24亿元部门支出预算中，有212.87亿元（占15%）当年未执行。自然科学基金会等4个部门本级和社科院近代史研究所等10个部门所属单位在实施预算共计35.69亿元的项目中，还通过虚列支出、以拨作支等方式，人为提高预算执行率91.3个百分点，使35.63亿元预算资金在下级单位或项目承担单位沉淀。

（二）预算和财务管理不够严格。国土资源部等2个部门本级和环境保护部环境规划院等5个部门所属单位多申领财政资金2191.91万元；商务部等3个部门本级及工业和信息化部中国软件评测中心等42个部门所属单位违规转移套取资金1.57亿元，其中2884.1

万元用于发放补贴；人口计生委等5个部门本级和民航局清算中心等10个部门所属单位自行设立项目违规收费2.07亿元。此外，还发现7.7亿元非税收入未按“收支两条线”规定及时上缴，政府采购、资产管理和账务处理等不规范问题涉及金额43.94亿元。

（三）一些预算管理制度和规定不够明确完善。突出表现在：一是基本支出定员定额管理制度有待改进，定额标准尚不统一，一定程度上造成部门之间苦乐不均；二是基本支出和项目支出界限不清，有的基本支出内容列入了项目支出预算，出现基本支出“项目化”倾向；三是“三公经费”概念不清晰、口径和标准不够规范，不利于发挥约束和控制作用，也容易造成社会公众误读。审计发现，海关总署等12个部门本级和中国地震局地质研究所等54个部门所属单位直接在项目支出中列支基本支出3.93亿元；民航局等20个部门本级和国土资源部土地规划院等62个部门所属单位在预算科目、支出项目间调剂使用预算资金7.75亿元，个别部门还存在超标准列支“三公经费”现象。

此外，从部门决算草案审计情况看，2011年各部门决算编报比较规范，发现的问题主要是账务处理或报表填列错误，使决算草案部分内容不够准确，涉及部门36个、金额14.19亿元，占审计资金总量的0.09%。对其中1.39亿元的问题，相关部门在审计过程中已调整账目和报表；对其他问题，审计长已签署意见，要求予以纠正。

对审计指出的问题，相关部门和单位采取了106项整改措施，已通过收回资金、调整会计账日和决算报表等整改问题金额9.58亿元。

三、县级财政性资金审计情况

为了解地方财力保障情况，组织对18个省区市县级财力总体状况进行了审计调查。从审计情况看，2011年，中央财政安排县乡各类奖补资金1569.68亿元，是2005年的3倍多；18个省级财政投入437.11亿元用于保障县级基本财力；重点调查的54个县（财力状况好中差各约占三分之一）实现财政性收入1116.84亿元，比上年增长17%，县级财政保障能力不断提高。审计发现的问题：

（一）县级财政性收入中非税收入占比较高，稳定性和可持续性较差。当前县级政府独享税种的税源较为分散，县级财政性收入主要来源于非税收入。2011年，重点调查的54个县实现的财政性收入中，有675.11亿元（占60%）是非税收入，且大多有专项用途，财政不能统筹安排。

（二）一些县在招商引资中变相减免财政性收入，有的存在虚增财政收入现象。54个县中，有53个在2008年至2011年间出台221份与国家政策相悖的优惠政策文件，将相关企业上缴的税收、土地出让收入等70.43亿元返还企业。同时，一些县在无真实收入来源的情况下，通过列收列支的方式空转土地出让收入或以财政借款等方式缴税，造成虚增财政收入33.13亿元。

（三）县级财政支出压力较大，一些地方民生资金计提不足。按照国家有关农业、教育、科技等法定支出的增长要求以及各级政府达标增支要求，54个县2010年公共财政支出中，有922.03亿元（占77%）属于上述政策性达标支出，其中45个中西部县这一比例达81%，留给县级政府自主安排的财力占比较小；对于从土地出让收益中各计提10%用于保障性住房、教育、农田水利建设的规定，足额计提的有13个县，其他县少提10.57亿元（占应计提额的35%）。

（四）对超收收入缺乏制度约束，财政管理还不够规范。截至2011年底，54个县均未对本级超收收入作出制度规定，其中31个县2011年底将超收收入24.61亿元全部安排为支出，大部分当年实际并未使用；有 6 个县尚未开展部门预算改革；有 7 个县尚未实行国库集中支付；54 个县 2011 年财政报表少反映收入 83.29 亿元、支出 44.50 亿元，虚列支出 66.56 亿元。

针对上述问题，有关部门和地方正在结合省以下财政管理体制改革，研究健全和完善县级财政管理制度，有关地方正在纠正财政管理中存在的不规范问题。

四、重点民生项目及其他专项审计情况

（一）保障性安居工程审计情况。2011 年，审计的 18 个省区市安排保障性安居工程建设资金 2811.62 亿元、累计保障中低收入住房困难家庭 1227.63 万户，分别比 2009 年增长 233%和 112%，相关制度建设也取得积极成效。但部分地方仍存在建设资金筹集不到位、审核和退出机制不健全等问题。重点审计的 66 个市县中，有 36 个少提取或少安排保障性安居工程资金 53.14 亿元（相当于其应提取或安排数的 14%），有 11 个未落实配套资金 6.12 亿元，还有 29.55 亿元专项资金被截留或挪用；抽查的保障对象中，有 5400 多户未经资格审核即被纳入保障范围，有 2.1 万户不符合条件或重复享受保障待遇。审计指出问题后，相关地方已按规定补提或归还资金 28.20 亿元，取消违规享受保障家庭 3800 多户。

（二）农村医疗卫生服务体系建设审计调查情况。从审计调查 45 个县的情况看，2009 年以来，各级财政安排这些县农村医疗卫生服务体系建设项目总投资 75.42 亿元，新增医疗卫生机构 410 个，基本实现农村医疗卫生服务网络全面覆盖的目标。审计发现，基层卫生队伍建设相对滞后，有的医院存在超过规定比例加价售药问题。截至 2011 年 6 月底，45 个县平均 4.5 个村卫生室才有 1 人具有乡村医生执业（助理）医师资格，与每个村卫生室至少 1 名的要求差距较大；抽查 62 家县级医院中，有 23 家超过规定比例加价售药多收取药费 6732 万元，相当于其应收药费的 23%，加价最高的达 12 倍。此外，还发现医疗项目建设中存在套取、挪用或滞留财政资金等问题金额 1.64 亿元。针对审计指出的问题，有关地方及时下拨或归还了资金，对药品和价格组织排查，并采取措施加强基层卫生队伍建设。

（三）现代农业生产发展资金审计情况。2008 年至 2011 年，审计的 18 个省区市累计收到中央财政专项资金 179.89 亿元，促进新增粮食种植面积 4895.45 万亩，扶持地方优势特色主导产业 56 个，有力推动了农业增产增收。但在实施中，一些地方未完全落实资金整合、绩效考评、报账制等要求，影响到政策目标的实现。其中，有 14 个省在难以达到资金统筹整合要求的情况下，虚报资金整合金额 188.41 亿元（占其上报数的 60%）；重点抽查的 54 个县中，有 24 个未实行报账制或报账审核不够规范，还有 20 个县的 45 个项目套取挪用资金 3770.91 万元。在审计期间，有关地方已整改违规问题金额 2332.62 万元，正在着手完善相关政策制度，进一步规范项目和资金管理。

（四）国家科技重大专项审计调查情况。截至 2011 年底，审计调查的 8 个国家科技重大专项中央财政累计投入 347.61 亿元，共立项课题 3294 个，攻克了多项核心技术难题，取得较好的阶段性成果。但至 2011 年底，8 个重大专项有 93%的应验收课题未完成验收；有 2 个专项的 134 个“十一五”课题尚未验收，又被批准或推荐为“十二五”滚动支持课题，不符合滚动课题在已 验收课题中择优确定的要求；抽查 84 个课题的 2401 项（篇）成果中，有 582 项是用其他科研课题的成果充抵的。对审计指出的问题，相关部门正在研究改进科技项目和经费管理办法，督促相关单位整改。

五、重大投资项目审计情况

主要组织对京沪高铁、西气东输二线工程和中央支持新疆发展项目、中小学校舍安全工程等进行了审计。总的看，这些项目基本能够按计划组织实施，资金使用和工程质量管理得到进一步加强，其中已建成项目的经济效益和社会效益初步显现。但在招投标、投资控制和资金使用、工程管理等方面还存在一些问题。

（一）招投标管理不规范问题仍较突出。审计共发现此类问题金额 389.05 亿元，如抽查中央支持新疆发展项目发现，有 1194 份合同招投标不规范；在京沪高铁全线的土建招标中，铁道部违规将资格预审申请文件的获取时间由至少 5 个工作日缩短至 13 小时，从获取到递交时间由规定的一般不少于 7 天缩短至不到 24 小时。

（二）一些项目投资和进度控制不够严格。审计共发现重复计列费用、价款结算不严等造成投资增加 10.29 亿元，滞留和挪用建设资金 131.30 亿元，拖欠工程款和劳务费 121.08 亿元。一些项目未能按计划推进，如 54 个县的中小学校舍安全工程，至 2011 年底有 54％的校舍加固和 48％的校舍新建任务未完成。

（三）一些项目质量管理存在薄弱环节。主要是质量安全措施落实不到位，如西气东输二线工程，有 171 座已运营站场和阀室（占抽查数的 87％）的消防或防雷工程未经验收或验收不合格；在其上海支线建设中，有 48 名无损检测、监理等不可替换关键岗位人员被随意替换，占关键人员总数的 70％。

针对审计指出的问题，相关部门和地方已拨付和收回资金 9.83 亿元，完善了招投标、投资控制等 6 项制度，加快了中小学校舍安全工程的排查和治理工作。

六、汶川、玉树、舟曲灾后恢复重建跟踪审计情况

（一）汶川灾后恢复重建跟踪审计情况。2008 年 9 月起，审计署组织全国 11 000 多名审计人员进行了连续 3 年的跟踪审计，促进节约资金和挽回损失 123.91 亿元，建立健全制度 2700 多项，推动 4000 多个项目改进了建设管理。从审计情况看，截至 2011 年 9 月底，重点审计的 51 个县已完成投资总额 8586.28 亿元，占中期调整后规划总投资的 90％，有 38 933 个项目已完工投入使用，为灾区经济社会发展奠定了坚实基础。前两年的审计结果已向全国人大报告。2011 年，审计署重点审计了规划总投资 2031.80 亿元的 939 个项目，发现有 63 个项目、26 个施工单位、4 个勘察设计单位、8 个监理单位不同程度地存在管理不合规、勘察设计不到位等问题；对其中 188 个项目的工程结算或竣工决算审计，共核减工程价款 4.77 亿元，约占送审金额的 7％。对审计中指出的问题，各相关方面依法、依纪进行了严肃处理和认真整改。

（二）玉树灾后恢复重建跟踪审计情况。截至 2011 年 10 月底，青海省本级累计收到重建资金 293.82 亿元；累计完成投资 199 亿元，占总投资的 63％。从跟踪审计情况看，重建资金和工程建设管理情况总体较好，但由于气候条件差、施工期短等，玉树县计划于 2011 年年底前 100％开工、90％完工的重建城镇居民住房，截至 10 月底仅有 68％开工、44％完工，难以实现预定目标。此外，还发现 3 个项目施工质量未达设计要求，11 个项目监理未完全履职，3 个道路工程的施工单位多计工程量增加投资 938.44 万元。审计指出上述问题后，有关方面已于 2012 年 4 月全面启动剩余城镇居民住房建设，扣回多计款项，并处理了相关责任人员。

（三）舟曲灾后恢复重建跟踪审计情况。截至 2012 年 2 月底，累计筹集重建资金 48.14 亿元；规划的 170 个项目全部开工，累计完成投资 29.76 亿元（占规划总投资的

60%）。总的看，重建资金基本做到专账管理，工程建设基本规范，但仍有5843.10万元资金未拨付到位，合同金额3423.7万元的8个项目未按规定招标，还有2079.15万元工程款支付时直接汇入个人账户。根据审计建议，有关地方和单位及时收回、拨付相关款项，加强了项目建设管理。

七、土地和资源环境保护审计情况

为促进落实国家有关土地和资源环境保护政策，对11个省市2009年至2010年土地管理及土地出让收入等资金征收使用情况、环境保护领域利用国外贷款项目绩效状况进行了审计，还关注了重要资源能源开发利用等情况。从审计结果看，近年来，各地普遍建立了耕地和环境保护目标责任制，加强了土地管理和资源环境保护工作，取得较好成效。审计发现的主要问题：

（一）违规批地用地问题仍时有发生，土地出让收入等资金管理还不够严格。审计重点抽查的24个市县中，有14个未批先用、以租代征等违规用地22.35万亩，相当于相关地方同期新增建设用地指标的17%；有9个违规协议出让或违反招拍挂制度出让土地9200多亩，占抽查出让土地总量的9%；有4个2010年供应“三类住房”（保障性住房、棚户区改造和中小套型普通商品住房）用地未达到规定的标准。此外，还发现少征、滞留和违规使用土地出让收入等问题金额198.41亿元，未纳入预算管理的土地出让收入97.19亿元（占同期实际征缴总额的9%）。

（二）一些地区和行业发展方式落后，资源环境保护措施不到位。在资源开发方面，主要是一些资源存在无序开采、低水平利用等问题，如抽查24户石墨开采企业中只有2户有合法采矿权，36户石墨开采加工企业中只有4户是深加工企业，石墨资源利用率比国际通常水平低25个百分点。在环境保护和治理方面，至2011年10月底，三峡库区应于2010年底前完成的14条长江支流的综合治理工程尚未纳入投资计划。

（三）一些地方环境保护项目建设统筹规划不够，污水垃圾处理等工作滞后。审计抽查环境保护领域利用国外贷款的113个工程中，有31个因对建设规模、技术及经济可行性等研究和论证不充分，投资12.6亿元的污水处理等设备长期闲置或损失；抽查18个北方缺水城市和10个南方缺水城市的污水处理厂，平均污水再生利用率分别为3.3%和0.3%，远低于20%和5%的“十一五”节水规划目标；抽查的20个大中城市“十一五”期间实际新增垃圾日处理能力，仅完成计划任务的42%；抽查65家县级和112家乡级医疗机构中，分别有51%和81%的机构医疗废物处置不当，造成附带有毒有害或传染病源体的“三废”进入环境或产业链。

审计指出问题后，相关地方已收回和规范管理资金56.62亿元，纠正违规征地问题涉及土地17.59万亩，制订和完善相关制度18项，还对10名责任人员进行了处理。

八、金融审计情况

从对8家商业银行新增贷款投放和2家金融机构资产负债损益的审计情况看，这些金融机构能够较好地贯彻落实稳健的货币政策，合理调整贷款投向结构，稳步推进金融业综合经营试点，有效提升了经营管理水平和风险防控能力。但在资金借贷和金融创新管理等方面仍存在一些问题。

（一）在资金借贷方面，审计发现向手续不齐或资本金不到位项目发放贷款、客户挪用贷款资金等问题金额300亿元，其中132.77亿元被挪用于开发商业地产。一些中小企业为缓解资金困难，参与民间借贷活动日益增多，审计调查的746家企业2011年底民间借贷余额 134.85 亿元，相当于其从银行等金融机构融资规模的 50%；抽查当年发生的 1593 笔借贷业务，有 75%的合同还款期限不足半年，24%的借款利率在一年期贷款基准利率 4 倍以上，多是操作不规范的私下交易，有的存在非法集资、高利转贷等问题。

（二）在金融创新管理方面，主要是一些金融机构通过同业代付、理财等创新业务增加了流动性，但未纳入信贷规模统计和管理，不利于调控和监管；一些金融机构内部治理机制尚不适应金融改革和业务发展需要，特别是对业务拓展中层层设立的子公司管控不到位，在一定程度上存在管理失效问题。

（三）在信用评级行业发展方面，我国目前大多数信用评级机构规模较小，仅在国内开展业务，国际投资活动主要依靠外国信用评级机构；在国内评级市场上，一定程度存在评级机构通过虚高评级换取高收费或抢占市场份额的现象，审计抽查 16 家债券发行企业在信用评级及申请发债中所提供的资料，均不同程度存在弄虚作假问题。

对审计指出的问题，相关金融机构已整改违规问题金额 256.97 亿元，完善规章制度 188 项，处理责任人员 190 名。

九、企业审计情况

从审计情况看，此次审计的 15 户中央企业能够贯彻执行中央决策部署，加强自主创新，优化发展结构，改进内部管理，经营业绩和竞争力不断提高。审计发现的主要问题：

（一）一些企业落实节能减排要求不到位，执行“三重一大”决策制度也不够严格。宝钢、武钢和鞍钢集团的下属企业近年来未经审批违规新建和未按规定淘汰产能的年能耗量，平均占 3 户企业 2010 年能耗总量的 17%；审计抽查企业 617 项重大决策中，有 74 项存在违规问题，已形成损失及潜在损失 34.61 亿元。此外，还有 11 户企业违规用地共计 10.75 万亩，其中开发房地产、酒店等违规用地 5898 亩。

（二）财务核算和经营活动中存在一些不够规范的问题。审计发现，这些企业 2010 年收入不实 38.25 亿元、利润不实 59.08 亿元，分别占其当年收入、利润总额的 0.07%和 1.47%，其中 7 户少缴税费 4.71 亿元，还有 6 户违规购买商业保险、发放补贴等涉及资金 4.58 亿元。在物资购销等经营活动中，发现签订虚假合同、违规出借资金、多付工程款等涉及金额 563.78 亿元。

审计指出问题后，相关企业已补缴税款 1.98 亿元，挽回损失 5.11 亿元，建立健全制度 233 项，并对 87 人进行了处理。

十、审计查出的重大违法违规问题和经济犯罪案件

在审计中，审计署共向有关部门移送重大违法违规问题和经济犯罪案件 112 起，涉及 300 多人，有关部门正在依法立案查处。上述案件主要有以下特点：

（一）大多为利用公权谋取私利、侵蚀公共资源、损害群众利益等问题，有向民生领域渗透的趋势。这些案件涉及司局级及以上人员 22 人（占 7%）；“一把手”利用职权牟取私利、参与作案的职务腐败问题也较突出，有 43 起（占 38%）。金融、土地、国有资产管理和工程建设等领域案件依然较多，有 92 起（占 82%）；还有 14 起（占 13%）发生在医疗、社保、教育等民生领域。

（二）借道“中介服务”等第三方进行权钱交易成为一些领域腐败犯罪新形式。审计共发现此类案件 14 起，有关单位和个人从中非法获利 5.76 亿元。主要表现为，一些公司或个人利用掌握的资源或“人脉”，通过中介方介入本来可按正常程序开展的行政审批、财税优惠、信贷发放、招投标及资源配置等活动，协助取得项目或资金，并未提供实质中介服务却收取“顾问费”、“咨询费”等。如招商证券公司投资银行部原执行董事李黎明在负责发行债券和保荐上市业务期间，假借需第三方财务顾问或利用“关系资源”承揽项目之名虚构中介业务，通过其控制公司骗取中介费近3000万元，还违规持有拟上市公司股权，涉嫌内幕交易。审计已将此案移送证监会和公安机关查处。

（三）新业务新技术的快速发展与相关监管机制、法规制度建设的滞后，使不法分子有机可乘。如在融资渠道趋紧的形势下，一些企业和个人通过有组织地违规受让或收集无真实贸易背景的银行承兑汇票，之后伪造交易业务等资料向银行贴现以套取资金。审计查出的4起违规金融票据融资案件，相关人员、“倒票”企业分别从中获利7500多万元和4700多万元，涉及的188家银行基层分支机构均不同程度存在审核把关不严、关键岗位工作人员违规操作等问题。

对于本报告反映的具体审计情况，目前已公告50个中央部门、15户中央企业、2家金融机构和12个专项的审计结果，以及57起办结案件情况。下一步，审计署将继续做好审计结果公告工作，并按国务院要求督促有关方面认真整改。全面整改结果，国务院将在年底前向全国人大常委会专题报告。

十一、加强财政管理的意见

（一）深化财政体制改革，健全统一完整的政府预算体系。进一步理顺政府与市场的关系，按照公共产品的受益范围界定各级政府的事权和支出责任。切实将政府收支全部纳入预算，超收收入和重大预算调整事项应向全国人大常委会报告，逐步建立政府财务报告制度。按照事权与财权相匹配原则，调整优化中央与地方收入分配结构，切实解决转移支付在中央财政支出中占比高、专项转移支付在转移支付中占比高的问题，建立健全规范的转移支付制度。

（二）加强财政制度建设，提高预算执行效果和预算公开质量。从根本上解决预算编制不细化、执行中调整预算级次和项目用途等问题，关键在于建章立制，明确标准和依据，落实管理责任和权限。当前，应加快完善基本支出定员定额标准体系，准确界定基本支出和项目支出范围，规范和统一部门预算公开内容；加强与政府职能和财政政策相衔接，完善项目储备库建设，确保按期实现预算确定的目标。

（三）优化财政支出结构，进一步加大对民生领域的投入。政府预算安排应体现财政的公共性，优先保障与人民生活直接相关或民生供需矛盾特别突出的领域。为此，应建立健全财政民生支出的绩效考核体系，研究确定全国范围基本公共服务项目和最低保障水平，缩小民生保障标准的地区差异；进一步完善符合我国实际的社会保障制度模式，建立稳定的财政投入机制，促进社会保障相关制度的衔接和公平推进。

（四）清理规范税收优惠和变相减免财政性收入等政策，维护税法的统一公平。近年审计发现，一些地方在招商引资中普遍变相减免或返还财政性收入，不利于建立公平的市场竞争环境。为此，应组织对税收优惠政策进行清理规范，更多地鼓励企业通过深化改革提高竞争力，推动地方通过深入发掘和发挥特色优势，在国家主体功能区规划指导下健康协调发展。

（五）加强财政政策与其他政策的协调配合，发挥宏观调控的整体合力。应根据宏观调控的总体目标，确定财税、信贷、产业、贸易、投资、土地、就业、环境保护等政策的重点任务，增强政策措施的协调性、配套性和可操作性，使各项政策互为补充、有机衔接。建立健全跨地区、跨部门、跨领域的信息共享平台和协调配合机制，加强资源整合，解决信息“孤岛”、信息系统重复建设等问题，切实增强宏观调控的及时性和有效性。

附件：已发布的单项审计结果公告

国务院关于加强预算外资金管理的决定

（国发［1996］29号，1996年7月6日）

各省、自治区、直辖市人民政府，国务院各部委、各直属机构：

改革开放以来，预算外资金增长较快，对经济建设和社会事业发展起到了一定的积极作用。但是，近几年来有的地方违反《中华人民共和国预算法》和国务院的有关规定，擅自将财政预算资金通过各种非法手段转为预算外资金，有些部门和单位擅自设立基金或收费项目，导致国家财政收入流失，预算外资金不断膨胀。同时，上于管理制度不健全，预算外资金的使用脱离财政管理和各级人大监督，乱支滥用现象十分严重。这些问题不仅了国家财政资金分散和政府以共分配秩序混乱，而且加剧了固定资产和消费基金膨胀，助长了不正之风和腐败现象的发生。根据中共中央十四届五中全会精神，现就进一步加强预算外资金管理作出如下决定：

一、严格执行《中华人民共和国预算法》，禁止将预算资金转移到预算外

各级人民政府要严格按照《中华人民共和国预算法》和财政法规的要求，切实加强对财政预算资金和预算外资金的管理，完善对财政资金的监督检查制度。任何地区、部门和单位都不得隐瞒财政收入，将财政预算资金转为预算外资金。财政部门要严格按照“控制规模、限定投向、健全制度、加强监督”的原则，加强财政周转金管理。各部门、各单位未经财政部门批准，不得擅自将财政拨款转为有偿使用，更不得设置账外账和“小金库”。财政部门尤其不能设置“小金库”。

二、将部分预算外资金纳入财政预算管理

各地区、各部门要认真贯彻《中共中央办公厅、国务院办公厅关于转发财政部〈关于对行政性收费、罚没收入实行预算管理的规定〉的通知》（中办发［1993］19号）精神，将财政部已经规定的83项行政性收费项目纳入财政预算。

从1996年起将养路费、车辆购置附加费、铁路建设基金、电力建设基金、三峡工程建设基金、新菜地开发基金、公路建设基金、民航基础设施建设基金、农村教育事业附加费、邮电附加、港口建设费、市话初装基金、民航机场管理建设费等13项数额较大的政府性基金（收费）纳入财政预算管理。基金（收费）收入要按现行体制及时上缴中央金库或地方金库，使用由主管部门提出计划，财政部门按规定拨付，属于基本建设用途的，由财政部门按计划批准的项目计划安排支出，实行收支两条线管理，加强财政、审计监督。基金（收费）收支在预算上单独编列反映，按规定专款专用，不得挪作他用，也不能平衡预算。具体管理办法由财政部会同有关部门制定。

地方财政部门按国家规定收取的各项税费附加，从1996年起统一纳入地方财政预算，作为地方财政的固定收入，不再作为预算外资金管理。

今后要积极创造条件，将应当纳入财政预算管理的预算外资金逐步纳入财政预算管理。

三、预算外资金管理范围

预算外资金，是指国家机关、事业单位和社会团体为履行或代行政府职能，依据国家法律、法规和具有法律效力的规章而收取、提取和安排使用的未纳入国家预算管理的各种财政性资金。其范围主要包括：法律、法规规定的行政事业性收费、基金和附加收入等；国务院或省级人民政府及其财政、计划（物价）部门审批的行政事业性收费；国务院以及财政部审批建立的基金、附加收入等；主管部门从所属单位集中的上缴资金；用于乡镇政府开支的乡自筹和乡统筹资金；其他未纳入预算管理的财政性资金。

社会保障基金在国家财政建立社会保障预算制度以前，先按预算外资金管理制度进行管理，专款专用，加强财政、审计监督。

按照《企业财务通则》和《企业会计准则》的规定，国有企业税后留用资金不再作为预算外资金管理。事业单位和社会团体通过市场取得的不体现政府职能的经营、服务性收入，不作为预算外资金管理，收入可不上缴财政专户，但必须依法纳税，并纳入单位财务收支计划，实行收支统一核算。

四、加强收费、基金管理，严格控制预算外资金规模

收取或提取预算外资金必须依照法律、法规和有关法律效力的规章制度所规定的项目、范围、标准和程序执行。

行政事业性收费要严格执行中央、省两级审批的管理制度。收费项目按隶属关系分别报国务院和省、自治区、直辖市人民政府的财政部门会同计划（物价）部门批准；确定和调整收费标准，按隶属关系分别报国务院和省、自治区、直辖市人民政府的计划（物价）部门会同财政部门批准；重要的收费项目和标准制定及调整应报请国务院或省级人民政府批准。省、自治区、直辖市人民政府批准的行政事业性收费项目和收费标准报财政部、国家计委备案。省、自治区、直辖市以下各级人民政府（包括计划单列市）及其部门无权审批设立行政事业性收费项目或调整收费标准。行政性收费中的管理性收费、资源性收费、全国性的证照收费和公共事业收费，以及涉及中央和其他地区的地方性收费，具体征收管理办法的制定和修改由财政部、国家计委会同有关部门负责。地方性法规中已明确的收费，具体征收管理办法的制定和修改由省级财政、计划（物价）部门会同有关部门负责。未按规定报经批准的或不符合审批规定的各种行政事业性收费，都属乱收费行为，必须停止执行。财政部、国家计委要会同有关部门抓紧起草《行政性收费管理条例》，报国务院审批发布。

征收政府性基金必须严格按国务院规定统一财政部审批，重要的报国务院审批。基金立项的申请和批准要以国家法律、法规和中共中央、国务院有关文件规定为依据，否则一律不予立项。地方无权批准设立基金项目，也不得以行政事业性收费的名义变相批准设立基金项目。对地方已经设立的基金项目，必须按照《国务院办公厅转发财政部、审计署、监察部对各种基金进行清理登记意见的通知》（国办发［1995］25 号）的规定进行清理登记，由财政部负责审查处理，重要的报国务院审批。

财政部门要建立健全行政事业性收费和政府性基金的票据管理与监督制定。各部门和各单位在执收时，必须按隶属关系使用中央或省级财政部门统一印制或监制的票据。

五、预算外资金要上缴财政专户，实收收支两条线管理

预算外资金是国家财政性资金，不是部门和单位自有资金，必须纳入财政管理。财政部门要在银行开设统一的专户，用于预算外资金收入和支出管理。部门和单位的预算外收入必须上缴同级财政专户，支出由同级财政按预算外资金收支计划和单位财务收支计划统筹安排，从财政专户中拨付，实行收支两条线管理。

对部门和单位的预算外资金收支按不同性质实行分类管理。国家机关和受政府委托的部门、单位统一收取和使用的专项用于公共工程和社会公共事业的基金、收费，以及以政府信誉强制建立的社会保障基金等，收入金额缴入同级财政专户，支出按计划和规定和途专款专用，不得挪他用，收支结余可结转下年度专项使用；各部门和各单位的其他预算外资金，收入缴入同级财政专户，支出由财政结合预算内资金统筹安排，其中少数费用开支有特殊需要的预算外资金，经财政部门核定收支计划后，可按确定的比例或按收支结余的数额定期缴入同级财政专户。

预算外资金结余，除专项资金按规定结转下年度专项使用以外，财政部门经同级政府批准可按隶属关系统筹调剂使用。

有预算外收支活动的部门和单位经财政部门批准可在指定银行开设预算外资金支出账户，确有必要的，也可再开设一个收入过渡性账户。未经财政部门审核同意，银行不得为部门和单位开设预算外资金账户。

部门和单位上缴财政专户的预算外资金，必须按财政部门规定的时间及时缴入财政部门在银行开设的预算外资金专户，不得拖欠、截留和坐收坐支。逾期未缴的，由银行从单位资金账户中直接划入财政专户。

六、加强预算外资金收支计划管理

财政部门要建立预算外资金预决算管理制度。各部门、各单位要按规定编制预算外资金收支计划和单位财务收支计划，并及时报送同级财政部门，对预算内拨款和预算外收入统一核算，统一管理。财政部门要在认真审核单位预算外资金收支计划和单位财务收支计划的基础上，编制本级预算外资金收支计划，报经同级人民政府批准后组织实施。年度终了，财政部门要审批单位的预算外资金收支决算，编制本级预算资金收支决算，并报同级政府审批，在此基础上，编制包括预算内、外收支的综合财政计划。

七、严格预算外资金支出管理，严禁违反规定乱支挪用

各部门、各单位要严格按国家规定和经财政部门核定的预算外资金收支计划和单位财务收支计划使用预算外资金。专项用于公共工程、公共事业的基金和收费，以及其他专项资金，要按计划和规定用途专款专用，由财政部门审核后分期拨付资金；用于工资、奖金、补贴、津贴和福利等方面的支出，必须严格执行财政部门核定的项目、范围和标准；用于固定资产投资的支出，要按国家规定立项，纳入国家固定资产投资计划，并按计划部门确定的国家投资计划和工程进度分期拨付；用于购买专项控制商品方面的支出，要报财政部门审查同意后，按国家有关规定办理控购审批手续。严禁将预算外资金转交非财务机构管理、账长设账、私设“小金库”和公款私存；严禁用预算外资金搞房地产等计划外投资，从事股票、期货等交易活动以及各种形式的高消费。

财政部门要认真履行职责，建立健全各项管理制度，积极做好各项服务工作，有时拨付预算外资金，切实加强对预算外资金的管理。

八、建立健全监督检查与处罚制度

各级人民政府要接受同级人民代表大会对预算外资金使用情况的监督。各级财政部门要加强对预算外资金收入和支出的管理，建立健全各项收费、基金的稽查制度，并会同人民银行共同做好预算外资金账户的开设和管理工作。

各级计划（物价）部门要按照收费管理的职责分工，认真做好收费标准的审核工作，

严肃查处各种乱收费行为。各级审计、监察等部门要根据国家政策和宏观管理的要求，与财政部门协调配合，对同级各部门和下级政府预算外资金的财务管理进行监督检查，促进资金的合理使用。

对违反预算外资金管理规定者，要依照国家法律、法规予以处罚：

对隐瞒财政预算收入，将预算资金转为预算外的，要将违反规定的收入全部上缴上一级财政。同时，要追究有关部门和本级政府领导人的责任，依据情节轻重予处分直至撤销其职务。

对违反国家规定擅自设立行政事业性收费、基金项目或扩大范围、提高标准的，违法金额一律没收上缴财政。同时追究有关领导的责任，依据情节轻重给予处分直至撤销其职务。

对用预算外资金私设"小金库"、搞房地产等计划外投资、从事股票、期货交易和不按规定要求开设预算外资金账户等违反规定的活动，以及滥发奖金和实物的，除责令追回资金上缴同级财政外，还要依照有关规定予以处罚，并依据情节轻重给予当事人和有关领导处分。

对擅自将财政预算拨款挪作他用或转为有偿使用的，其资金一律追回上缴上一级财政，并相应核减以后年度的财政预算拨款，同时给予有关责任人相应的处分。

财政、计划（物价）、银行等部门工作人员在预算外资金管理工作中要忠于职守、秉公办事。对玩忽职守的，由所在单位或上级主管部门给予行政处分。

以上违反规定者，情节严重构成犯罪的，要移送司法机关依法追究刑事责任。

九、各级政府必须重视和加强预算外资金的管理

加强预算外资金管理是当前和今后一个时期各级人民政府的一项重要任务。各级人民政府要根据本决定精神，按照《国务院批转财政部等部门关于清理检查预算外资金意见的通知》（国发［1996］12号）要求，立即组织力量对预算外资金认真进行清理整顿，属于国家规定应纳入预算管理的资金，要坚决按规定执行。对不符合国家规定设立的收费和基金项目一律取消。今后国家原则上不再出台新的基金。各级人民政府要把预算外资金管理工作列入重要的议事日程，定期听取有关预算外资金管理情况的汇报，及时解决管理中出现的问题，协调好政府有关部门之间的工作关系，统一认识，密切配合，共同做好预算外资金的管理工作。各级人民政府要按本决定的要求，认真部署，尽快落实。各地区、各部门要在1996年底前将加强预算外资金管理的情况上报国务院，同时抄送财政部。

本决定自发布之日起实行。凡与本决定不一致的政策和规定，一律以本决定为准。

中华人民共和国会计法

（1985年1月21日第六届全国人民代表大会常务委员会第九次会议通过，根据1993年12月29日第八届全国人民代表大会常务委员会第五次会议《关于修改〈中华人民共和国会计法〉的决定》修正，1999年10月31日第九届全国人民代表大会常务委员会第十二次会议修订）

目　　录

第一章　总　　则

第一条　为了规范会计行为，保证会计资料真实、完整，加强经济管理和财务管理，提高经济效益，维护社会主义市场经济秩序，制定本法。

第二条　国家机关、社会团体、公司、企业、事业单位和其他组织（以下统称单位）必须依照本法办理会计事务。

第三条　各单位必须依法设置会计账簿，并保证其真实、完整。

第四条　单位负责人对本单位的会计工作和会计资料的真实性、完整性负责。

第五条　会计机构、会计人员依照本法规定进行会计核算，实行会计监督。

任何单位或者个人不得以任何方式授意、指使、强令会计机构、会计人员伪造、变造会计凭证、会计账簿和其他会计资料，提供虚假财务会计报告。

任何单位或者个人不得对依法履行职责、抵制违反本法规定行为的会计人员实行打击报复。

第六条　对认真执行本法，忠于职守，坚持原则，做出显著成绩的会计人员，给予精神的或者物质的奖励。

第七条　国务院财政部门主管全国的会计工作。

县级以上地方各级人民政府财政部门管理本行政区域内的会计工作。

第八条　国家实行统一的会计制度。国家统一的会计制度由国务院财政部门根据本法制定并公布。

国务院有关部门可以依照本法和国家统一的会计制度制定对会计核算和会计监督有特殊要求的行业实施国家统一的会计制度的具体办法或者补充规定，报国务院财政部门审核批准。

中国人民解放军总后勤部可以依照本法和国家统一的会计制度制定军队实施国家统一的会计制度的具体办法，报国务院财政部门备案。

第二章　会计核算

第九条　各单位必须根据实际发生的经济业务事项进行会计核算，填制会计凭证，登记会计账簿，编制财务会计报告。

任何单位不得以虚假的经济业务事项或者资料进行会计核算。

第十条　下列经济业务事项，应当办理会计手续，进行会计核算：

（一）款项和有价证券的收付；

（二）财物的收发、增减和使用；

（三）债权债务的发生和结算；

（四）资本、基金的增减；

（五）收入、支出、费用、成本的计算；

（六）财务成果的计算和处理；

（七）需要办理会计手续、进行会计核算的其他事项。

第十一条 会计年度自公历 1 月 1 日起至 12 月 31 日止。

第十二条 会计核算以人民币为记账本位币。

业务收支以人民币以外的货币为主的单位，可以选定其中一种货币作为记账本位币，但是编报的财务会计报告应当折算为人民币。

第十三条 会计凭证、会计账簿、财务会计报告和其他会计资料，必须符合国家统一的会计制度的规定。

使用电子计算机进行会计核算的，其软件及其生成的会计凭证、会计账簿、财务会计报告和其他会计资料，也必须符合国家统一的会计制度的规定。

任何单位和个人不得伪造、变造会计凭证、会计账簿及其他会计资料，不得提供虚假的财务会计报告。

第十四条 会计凭证包括原始凭证和记账凭证。

办理本法第十条所列的经济业务事项，必须填制或者取得原始凭证并及时送交会计机构。

会计机构、会计人员必须按照国家统一的会计制度的规定对原始凭证进行审核，对不真实、不合法的原始凭证有权不予接受，并向单位负责人报告；对记载不准确、不完整的原始凭证予以退回，并要求按照国家统一的会计制度的规定更正、补充。

原始凭证记载的各项内容均不得涂改；原始凭证有错误的，应当由出具单位重开或者更正，更正处应当加盖出具单位印章。原始凭证金额有错误的，应当由出具单位重开，不得在原始凭证上更正。

记账凭证应当根据经过审核的原始凭证及有关资料编制。

第十五条 会计账簿登记，必须以经过审核的会计凭证为依据，并符合有关法律、行政法规和国家统一的会计制度的规定。会计账簿包括总账、明细账、日记账和其他辅助性账簿。

会计账簿应当按照连续编号的页码顺序登记。会计账簿记录发生错误或者隔页、缺号、跳行的，应当按照国家统一的会计制度规定的方法更正，并由会计人员和会计机构负责人（会计主管人员）在更正处盖章。

使用电子计算机进行会计核算的，其会计账簿的登记、更正，应当符合国家统一的会计制度的规定。

第十六条 各单位发生的各项经济业务事项应当在依法设置的会计账簿上统一登记、核算，不得违反本法和国家统一的会计制度的规定私设会计账簿登记、核算。

第十七条 各单位应当定期将会计账簿记录与实物、款项及有关资料相互核对，保证会计账簿记录与实物及款项的实有数额相符、会计账簿记录与会计凭证的有关内容相符、会计账簿之间相对应的记录相符、会计账簿记录与会计报表的有关内容相符。

第十八条 各单位采用的会计处理方法，前后各期应当一致，不得随意变更；确有必要变更的，应当按照国家统一的会计制度的规定变更，并将变更的原因、情况及影响在财务会计报告中说明。

第十九条 单位提供的担保、未决诉讼等或有事项，应当按照国家统一的会计制度的规定，在财务会计报告中予以说明。

第二十条 财务会计报告应当根据经过审核的会计账簿记录和有关资料编制，并符合本法和国家统一的会计制度关于财务会计报告的编制要求、提供对象和提供期限的规定；其他法律、行政法规另有规定的，从其规定。

财务会计报告由会计报表、会计报表附注和财务情况说明书组成。向不同的会计资料使用者提供的财务会计报告，其编制依据应当一致。有关法律、行政法规规定会计报表、会计报表附注和财务情况说明书须经注册会计师审计的，注册会计师及其所在的会计师事务所出具的审计报告应当随同财务会计报告一并提供。

第二十一条 财务会计报告应当由单位负责人和主管会计工作的负责人、会计机构负责人（会计主管人员）签名并盖章；设置总会计师的单位，还须由总会计师签名并盖章。

单位负责人应当保证财务会计报告真实、完整。

第二十二条 会计记录的文字应当使用中文。在民族自治地方，会计记录可以同时使用当地通用的一种民族文字。在中华人民共和国境内的外商投资企业、外国企业和其他外国组织的会计记录可以同时使用一种外国文字。

第二十三条 各单位对会计凭证、会计账簿、财务会计报告和其他会计资料应当建立档案，妥善保管。会计档案的保管期限和销毁办法，由国务院财政部门会同有关部门制定。

第三章 公司、企业会计核算的特别规定

第二十四条 公司、企业进行会计核算，除应当遵守本法第二章的规定外，还应当遵守本章规定。

第二十五条 公司、企业必须根据实际发生的经济业务事项，按照国家统一的会计制度的规定确认、计量和记录资产、负债、所有者权益、收入、费用、成本和利润。

第二十六条 公司、企业进行会计核算不得有下列行为：

（一）随意改变资产、负债、所有者权益的确认标准或者计量方法，虚列、多列、不列或者少列资产、负债、所有者权益；

（二）虚列或者隐瞒收入，推迟或者提前确认收入；

（三）随意改变费用、成本的确认标准或者计量方法，虚列、多列、不列或者少列费用、成本；

（四）随意调整利润的计算、分配方法，编造虚假利润或者隐瞒利润；

（五）违反国家统一的会计制度规定的其他行为。

第四章 会计监督

第二十七条 各单位应当建立、健全本单位内部会计监督制度。单位内部会计监督制度应当符合下列要求：

（一）记账人员与经济业务事项和会计事项的审批人员、经办人员、财物保管人员的职责权限应当明确，并相互分离、相互制约；

（二）重大对外投资、资产处置、资金调度和其他重要经济业务事项的决策和执行的相互监督、相互制约程序应当明确；

（三）财产清查的范围、期限和组织程序应当明确；

（四）对会计资料定期进行内部审计的办法和程序应当明确。

第二十八条 单位负责人应当保证会计机构、会计人员依法履行职责，不得授意、指使、强令会计机构、会计人员违法办理会计事项。

会计机构、会计人员对违反本法和国家统一的会计制度规定的会计事项，有权拒绝办理或者按照职权予以纠正。

第二十九条 会计机构、会计人员发现会计账簿记录与实物、款项及有关资料不相符的，按照国家统一的会计制度的规定有权自行处理的，应当及时处理；无权处理的，应当立即向单位负责人报告，请求查明原因，作出处理。

第三十条 任何单位和个人对违反本法和国家统一的会计制度规定的行为，有权检举。收到检举的部门有权处理的，应当依法按照职责分工及时处理；无权处理的，应当及时移送有权处理的部门处理。收到检举的部门、负责处理的部门应当为检举人保密，不得将检举人姓名和检举材料转给被检举单位和被检举人个人。

第三十一条 有关法律、行政法规规定，须经注册会计师进行审计的单位，应当向受委托的会计师事务所如实提供会计凭证、会计账簿、财务会计报告和其他会计资料以及有关情况。

任何单位或者个人不得以任何方式要求或者示意注册会计师及其所在的会计师事务所出具不实或者不当的审计报告。

财政部门有权对会计师事务所出具审计报告的程序和内容进行监督。

第三十二条 财政部门对各单位的下列情况实施监督：

（一）是否依法设置会计账簿；

（二）会计凭证、会计账簿、财务会计报告和其他会计资料是否真实、完整；

（三）会计核算是否符合本法和国家统一的会计制度的规定；

（四）从事会计工作的人员是否具备从业资格。

在对前款第（二）项所列事项实施监督，发现重大违法嫌疑时，国务院财政部门及其派出机构可以向与被监督单位有经济业务往来的单位和被监督单位开立账户的金融机构查询有关情况，有关单位和金融机构应当给予支持。

第三十三条 财政、审计、税务、人民银行、证券监管、保险监管等部门应当依照有关法律、行政法规规定的职责，对有关单位的会计资料实施监督检查。

前款所列监督检查部门对有关单位的会计资料依法实施监督检查后，应当出具检查结论。有关监督检查部门已经作出的检查结论能够满足其他监督检查部门履行本部门职责需要的，其他监督检查部门应当加以利用，避免重复查账。

第三十四条 依法对有关单位的会计资料实施监督检查的部门及其工作人员对在监督检查中知悉的国家秘密和商业秘密负有保密义务。

第三十五条 各单位必须依照有关法律、行政法规的规定，接受有关监督检查部门依法实施的监督检查，如实提供会计凭证、会计账簿、财务会计报告和其他会计资料以及有关情况，不得拒绝、隐匿、谎报。

第五章 会计机构和会计人员

第三十六条 各单位应当根据会计业务的需要，设置会计机构，或者在有关机构中设置会计人员并指定会计主管人员；不具备设置条件的，应当委托经批准设立从事会计代理记账业务的中介机构代理记账。

国有的和国有资产占控股地位或者主导地位的大、中型企业必须设置总会计师。总会计师的任职资格、任免程序、职责权限由国务院规定。

第三十七条　会计机构内部应当建立稽核制度。

出纳人员不得兼任稽核、会计档案保管和收入、支出、费用、债权债务账目的登记工作。

第三十八条　从事会计工作的人员，必须取得会计从业资格证书。

担任单位会计机构负责人（会计主管人员）的，除取得会计从业资格证书外，还应当具备会计师以上专业技术职务资格或者从事会计工作三年以上经历。

会计人员从业资格管理办法由国务院财政部门规定。

第三十九条　会计人员应当遵守职业道德，提高业务素质。对会计人员的教育和培训工作应当加强。

第四十条　因有提供虚假财务会计报告，做假账，隐匿或者故意销毁会计凭证、会计账簿、财务会计报告，贪污，挪用公款，职务侵占等与会计职务有关的违法行为被依法追究刑事责任的人员，不得取得或者重新取得会计从业资格证书。

除前款规定的人员外，因违法违纪行为被吊销会计从业资格证书的人员，自被吊销会计从业资格证书之日起五年内，不得重新取得会计从业资格证书。

第四十一条　会计人员调动工作或者离职，必须与接管人员办清交接手续。

一般会计人员办理交接手续，由会计机构负责人（会计主管人员）监交；会计机构负责人（会计主管人员）办理交接手续，由单位负责人监交，必要时主管单位可以派人会同监交。

第六章　法律责任

第四十二条　违反本法规定，有下列行为之一的，由县级以上人民政府财政部门责令限期改正，可以对单位并处三千元以上五万元以下的罚款；对其直接负责的主管人员和其他直接责任人员，可以处二千元以上二万元以下的罚款；属于国家工作人员的，还应当由其所在单位或者有关单位依法给予行政处分：

（一）不依法设置会计账簿的；

（二）私设会计账簿的；

（三）未按照规定填制、取得原始凭证或者填制、取得的原始凭证不符合规定的；

（四）以未经审核的会计凭证为依据登记会计账簿或者登记会计账簿不符合规定的；

（五）随意变更会计处理方法的；

（六）向不同的会计资料使用者提供的财务会计报告编制依据不一致的；

（七）未按照规定使用会计记录文字或者记账本位币的；

（八）未按照规定保管会计资料，致使会计资料毁损、灭失的；

（九）未按照规定建立并实施单位内部会计监督制度或者拒绝依法实施的监督或者不如实提供有关会计资料及有关情况的；

（十）任用会计人员不符合本法规定的。

有前款所列行为之一，构成犯罪的，依法追究刑事责任。

会计人员有第一款所列行为之一，情节严重的，由县级以上人民政府财政部门吊销会计从业资格证书。

有关法律对第一款所列行为的处罚另有规定的，依照有关法律的规定办理。

第四十三条 伪造、变造会计凭证、会计账簿，编制虚假财务会计报告，构成犯罪的，依法追究刑事责任。

有前款行为，尚不构成犯罪的，由县级以上人民政府财政部门予以通报，可以对单位并处五千元以上十万元以下的罚款；对其直接负责的主管人员和其他直接责任人员，可以处三千元以上五万元以下的罚款；属于国家工作人员的，还应当由其所在单位或者有关单位依法给予撤职直至开除的行政处分；对其中的会计人员，并由县级以上人民政府财政部门吊销会计从业资格证书。

第四十四条 隐匿或者故意销毁依法应当保存的会计凭证、会计账簿、财务会计报告，构成犯罪的，依法追究刑事责任。

有前款行为，尚不构成犯罪的，由县级以上人民政府财政部门予以通报，可以对单位并处五千元以上十万元以下的罚款；对其直接负责的主管人员和其他直接责任人员，可以处三千元以上五万元以下的罚款；属于国家工作人员的，还应当由其所在单位或者有关单位依法给予撤职直至开除的行政处分；对其中的会计人员，并由县级以上人民政府财政部门吊销会计从业资格证书。

第四十五条 授意、指使、强令会计机构、会计人员及其他人员伪造、变造会计凭证、会计账簿，编制虚假财务会计报告或者隐匿、故意销毁依法应当保存的会计凭证、会计账簿、财务会计报告，构成犯罪的，依法追究刑事责任；尚不构成犯罪的，可以处五千元以上五万元以下的罚款；属于国家工作人员的，还应当由其所在单位或者有关单位依法给予降级、撤职、开除的行政处分。

第四十六条 单位负责人对依法履行职责、抵制违反本法规定行为的会计人员以降级、撤职、调离工作岗位、解聘或者开除等方式实行打击报复，构成犯罪的，依法追究刑事责任；尚不构成犯罪的，由其所在单位或者有关单位依法给予行政处分。对受打击报复的会计人员，应当恢复其名誉和原有职务、级别。

第四十七条 财政部门及有关行政部门的工作人员在实施监督管理中滥用职权、玩忽职守、徇私舞弊或者泄露国家秘密，商业秘密，构成犯罪的，依法追究刑事责任；尚不构成犯罪的，依法给予行政处分。

第四十八条 违反本法第三十条规定，将检举人姓名和检举材料转给被检举单位和被检举人个人的，由所在单位或者有关单位依法给予行政处分。

第四十九条 违反本法规定，同时违反其他法律规定的，由有关部门在各自职权范围内依法进行处罚。

第七章　附　　则

第五十条 本法下列用语的含义：

单位负责人，是指单位法定代表人或者法律、行政法规规定代表单位行使职权的主要负责人。

国家统一的会计制度，是指国务院财政部门根据本法制定的关于会计核算，会计监督、会计机构和会计人员以及会计工作管理的制度。

第五十一条 个体工商户会计管理的具体办法，由国务院财政部门根据本法的原则另行规定。

第五十二条 本法自2000年7月1日起施行。

中华人民共和国行政复议法

（1999年4月29日第九届全国人民代表大会常务委员会第九次会议通过）

第一章 总 则

第一条 为了防止和纠正违法的或者不当的具体行政行为，保护公民、法人和其他组织的合法权益，保障和监督行政机关依法行使职权，根据宪法，制定本法。

第二条 公民、法人或者其他组织认为具体行政行为侵犯其合法权益，向行政机关提出行政复议申请，行政机关受理行政复议申请、作出行政复议决定，适用本法。

第三条 依照本法履行行政复议职责的行政机关是行政复议机关。行政复议机关负责法制工作的机构具体办理行政复议事项，履行下列职责：

（一）受理行政复议申请；

（二）向有关组织和人员调查取证，查阅文件和资料；

（三）审查申请行政复议的具体行政行为是否合法与适当，拟订行政复议决定；

（四）处理或者转送对本法第七条所列有关规定的审查申请；

（五）对行政机关违反本法规定的行为依照规定的权限和程序提出处理建议；

（六）办理因不服行政复议决定提起行政诉讼的应诉事项；

（七）法律、法规规定的其他职责。

第四条 行政复议机关履行行政复议职责，应当遵循合法、公正、公开、及时、便民的原则，坚持有错必纠，保障法律、法规的正确实施。

第五条 公民、法人或者其他组织对行政复议决定不服的，可以依照行政诉讼法的规定向人民法院提起行政诉讼，但是法律规定行政复议决定为最终裁决的除外。

第二章 行政复议范围

第六条 有下列情形之一的，公民、法人或者其他组织可以依照本法申请行政复议：

（一）对行政机关作出的警告、罚款、没收违法所得、没收非法财物、责令停产停业、暂扣或者吊销许可证、暂扣或者吊销执照、行政拘留等行政处罚决定不服的；

（二）对行政机关作出的限制人身自由或者查封、扣押、冻结财产等行政强制措施决定不服的；

（三）对行政机关作出的有关许可证、执照、资质证、资格证等证书变更、中止、撤销的决定不服的；

（四）对行政机关作出的关于确认土地、矿藏、水流、森林、山岭、草原、荒地、滩涂、海域等自然资源的所有权或者使用权的决定不服的；

（五）认为行政机关侵犯合法的经营自主权的；

（六）认为行政机关变更或者废止农业承包合同，侵犯其合法权益的；

（七）认为行政机关违法集资、征收财物、摊派费用或者违法要求履行其他义务的；

（八）认为符合法定条件，申请行政机关颁发许可证、执照、资质证、资格证等证书，或者申请行政机关审批、登记有关事项，行政机关没有依法办理的；

（九）申请行政机关履行保护人身权利、财产权利、受教育权利的法定职责，行政机关没有依法履行的；

（十）申请行政机关依法发放抚恤金、社会保险金或者最低生活保障费，行政机关没有依法发放的；

（十一）认为行政机关的其他具体行政行为侵犯其合法权益的。

第七条 公民、法人或者其他组织认为行政机关的具体行政行为所依据的下列规定不合法，在对具体行政行为申请行政复议时，可以一并向行政复议机关提出对该规定的审查申请：

（一）国务院部门的规定；

（二）县级以上地方各级人民政府及其工作部门的规定；

（三）乡、镇人民政府的规定。

前款所列规定不含国务院部、委员会规章和地方人民政府规章。规章的审查依照法律、行政法规办理。

第八条 不服行政机关作出的行政处分或者其他人事处理决定的，依照有关法律、行政法规的规定提出申诉。

不服行政机关对民事纠纷作出的调解或者其他处理，依法申请仲裁或者向人民法院提起诉讼。

第三章 行政复议申请

第九条 公民、法人或者其他组织认为具体行政行为侵犯其合法权益的，可以自知道该具体行政行为之日起六十日内提出行政复议申请；但是法律规定的申请期限超过六十日的除外。

因不可抗力或者其他正当理由耽误法定申请期限的，申请期限自障碍消除之日起继续计算。

第十条 依照本法申请行政复议的公民、法人或者其他组织是申请人。

有权申请行政复议的公民死亡的，其近亲属可以申请行政复议。有权申请行政复议的公民为无民事行为能力人或者限制民事行为能力人的，其法定代理人可以代为申请行政复议。有权申请行政复议的法人或者其他组织终止的，承受其权利的法人或者其他组织可以申请行政复议。

同申请行政复议的具体行政行为有利害关系的其他公民、法人或者其他组织，可以作为第三人参加行政复议。

公民、法人或者其他组织对行政机关的具体行政行为不服申请行政复议的，作出具体行政行为的行政机关是被申请人。

申请人、第三人可以委托代理人代为参加行政复议。

第十一条 申请人申请行政复议，可以书面申请，也可以口头申请；口头申请的，行政复议机关应当当场记录申请人的基本情况、行政复议请求、申请行政复议的主要事实、理由和时间。

第十二条　对县级以上地方各级人民政府工作部门的具体行政行为不服的，由申请人选择，可以向该部门的本级人民政府申请行政复议，也可以向上一级主管部门申请行政复议。

对海关、金融、国税、外汇管理等实行垂直领导的行政机关和国家安全机关的具体行政行为不服的，向上一级主管部门申请行政复议。

第十三条　对地方各级人民政府的具体行政行为不服的，向上一级地方人民政府申请行政复议。

对省、自治区人民政府依法设立的派出机关所属的县级地方人民政府的具体行政行为不服的，向该派出机关申请行政复议。

第十四条　对国务院部门或者省、自治区、直辖市人民政府的具体行政行为不服的，向作出该具体行政行为的国务院部门或者省、自治区、直辖市人民政府申请行政复议。对行政复议决定不服的，可以向人民法院提起行政诉讼；也可以向国务院申请裁决，国务院依照本法的规定作出最终裁决。

第十五条　对本法第十二条、第十三条、第十四条规定以外的其他行政机关、组织的具体行政行为不服的，按照下列规定申请行政复议：

（一）对县级以上地方人民政府依法设立的派出机关的具体行政行为不服的，向设立该派出机关的人民政府申请行政复议；

（二）对政府工作部门依法设立的派出机构依照法律、法规或者规章规定，以自己的名义作出的具体行政行为不服的，向设立该派出机构的部门或者该部门的本级地方人民政府申请行政复议；

（三）对法律、法规授权的组织的具体行政行为不服的，分别向直接管理该组织的地方人民政府、地方人民政府工作部门或者国务院部门申请行政复议；

（四）对两个或者两个以上行政机关以共同的名义作出的具体行政行为不服的，向其共同上一级行政机关申请行政复议；

（五）对被撤销的行政机关在撤销前所作出的具体行政行为不服的，向继续行使其职权的行政机关的上一级行政机关申请行政复议。

有前款所列情形之一的，申请人也可以向具体行政行为发生地的县级地方人民政府提出行政复议申请，由接受申请的县级地方人民政府依照本法第十八条的规定办理。

第十六条　公民、法人或者其他组织申请行政复议，行政复议机关已经依法受理的，或者法律、法规规定应当先向行政复议机关申请行政复议、对行政复议决定不服再向人民法院提起行政诉讼的，在法定行政复议期限内不得向人民法院提起行政诉讼。

公民、法人或者其他组织向人民法院提起行政诉讼，人民法院已经依法受理的，不得申请行政复议。

第四章　行政复议受理

第十七条　行政复议机关收到行政复议申请后，应当在五日内进行审查，对不符合本法规定的行政复议申请，决定不予受理，并书面告知申请人；对符合本法规定，但是不属于本机关受理的行政复议申请，应当告知申请人向有关行政复议机关提出。

除前款规定外，行政复议申请自行政复议机关负责法制工作的机构收到之日起即为受理。

第十八条 依照本法第十五条第二款的规定接受行政复议申请的县级地方人民政府，对依照本法第十五条第一款的规定属于其他行政复议机关受理的行政复议申请，应当自接到该行政复议申请之日起七日内，转送有关行政复议机关，并告知申请人。接受转送的行政复议机关应当依照本法第十七条的规定办理。

第十九条 法律、法规规定应当先向行政复议机关申请行政复议、对行政复议决定不服再向人民法院提起行政诉讼的，行政复议机关决定不予受理或者受理后超过行政复议期限不作答复的，公民、法人或者其他组织可以自收到不予受理决定书之日起或者行政复议期满之日起十五日内，依法向人民法院提起行政诉讼。

第二十条 公民、法人或者其他组织依法提出行政复议申请，行政复议机关无正当理由不予受理的，上级行政机关应当责令其受理；必要时，上级行政机关也可以直接受理。

第二十一条 行政复议期间具体行政行为不停止执行；但是，有下列情形之一的，可以停止执行：

（一）被申请人认为需要停止执行的；

（二）行政复议机关认为需要停止执行的；

（三）申请人申请停止执行，行政复议机关认为其要求合理，决定停止执行的；

（四）法律规定停止执行的。

第五章　行政复议决定

第二十二条 行政复议原则上采取书面审查的办法，但是申请人提出要求或者行政复议机关负责法制工作的机构认为有必要时，可以向有关组织和人员调查情况，听取申请人、被申请人和第三人的意见。

第二十三条 行政复议机关负责法制工作的机构应当自行政复议申请受理之日起七日内，将行政复议申请书副本或者行政复议申请笔录复印件发送被申请人。被申请人应当自收到申请书副本或者申请笔录复印件之日起十日内，提出书面答复，并提交当初作出具体行政行为的证据、依据和其他有关材料。

申请人、第三人可以查阅被申请人提出的书面答复、作出具体行政行为的证据、依据和其他有关材料，除涉及国家秘密、商业秘密或者个人隐私外，行政复议机关不得拒绝。

第二十四条 在行政复议过程中，被申请人不得自行向申请人和其他有关组织或者个人收集证据。

第二十五条 行政复议决定作出前，申请人要求撤回行政复议申请的，经说明理由，可以撤回；撤回行政复议申请的，行政复议终止。

第二十六条 申请人在申请行政复议时，一并提出对本法第七条所列有关规定的审查申请的，行政复议机关对该规定有权处理的，应当在三十日内依法处理；无权处理的，应当在七日内按照法定程序转送有权处理的行政机关依法处理，有权处理的行政机关应当在六十日内依法处理。处理期间，中止对具体行政行为的审查。

第二十七条 行政复议机关在对被申请人作出的具体行政行为进行审查时，认为其依据不合法，本机关有权处理的，应当在三十日内依法处理；无权处理的，应当在七日内按照法定程序转送有权处理的国家机关依法处理。处理期间，中止对具体行政行为的审查。

第二十八条 行政复议机关负责法制工作的机构应当对被申请人作出的具体行政行为

进行审查，提出意见，经行政复议机关的负责人同意或者集体讨论通过后，按照下列规定作出行政复议决定：

（一）具体行政行为认定事实清楚，证据确凿，适用依据正确，程序合法，内容适当的，决定维持；

（二）被申请人不履行法定职责的，决定其在一定期限内履行；

（三）具体行政行为有下列情形之一的，决定撤销、变更或者确认该具体行政行为违法；决定撤销或者确认该具体行政行为违法的，可以责令被申请人在一定期限内重新作出具体行政行为：

1. 主要事实不清、证据不足的；

2. 适用依据错误的；

3. 违反法定程序的；

4. 超越或者滥用职权的；

5. 具体行政行为明显不当的。

（四）被申请人不按照本法第二十三条的规定提出书面答复、提交当初作出具体行政行为的证据、依据和其他有关材料的，视为该具体行政行为没有证据、依据，决定撤销该具体行政行为。

行政复议机关责令被申请人重新作出具体行政行为的，被申请人不得以同一的事实和理由作出与原具体行政行为相同或者基本相同的具体行政行为。

第二十九条　申请人在申请行政复议时可以一并提出行政赔偿请求，行政复议机关对符合国家赔偿法的有关规定应当给予赔偿的，在决定撤销、变更具体行政行为或者确认具体行政行为违法时，应当同时决定被申请人依法给予赔偿。

申请人在申请行政复议时没有提出行政赔偿请求的，行政复议机关在依法决定撤销或者变更罚款，撤销违法集资、没收财物、征收财物、摊派费用以及对财产的查封、扣押、冻结等具体行政行为时，应当同时责令被申请人返还财产，解除对财产的查封、扣押、冻结措施，或者赔偿相应的价款。

第三十条　公民、法人或者其他组织认为行政机关的具体行政行为侵犯其已经依法取得的土地、矿藏、水流、森林、山岭、草原、荒地、滩涂、海域等自然资源的所有权或者使用权的，应当先申请行政复议；对行政复议决定不服的，可以依法向人民法院提起行政诉讼。

根据国务院或者省、自治区、直辖市人民政府对行政区划的勘定、调整或者征用土地的决定，省、自治区、直辖市人民政府确认土地、矿藏、水流、森林、山岭、草原、荒地、滩涂、海域等自然资源的所有权或者使用权的行政复议决定为最终裁决。

第三十一条　行政复议机关应当自受理申请之日起六十日内作出行政复议决定；但是法律规定的行政复议期限少于六十日的除外。情况复杂，不能在规定期限内作出行政复议决定的，经行政复议机关的负责人批准，可以适当延长，并告知申请人和被申请人；但是延长期限最多不超过三十日。

行政复议机关作出行政复议决定，应当制作行政复议决定书，并加盖印章。

行政复议决定书一经送达，即发生法律效力。

第三十二条　被申请人应当履行行政复议决定。

被申请人不履行或者无正当理由拖延履行行政复议决定的，行政复议机关或者有关上

级行政机关应当责令其限期履行。

第三十三条 申请人逾期不起诉又不履行行政复议决定的，或者不履行最终裁决的行政复议决定的，按照下列规定分别处理：

（一）维持具体行政行为的行政复议决定，由作出具体行政行为的行政机关依法强制执行，或者申请人民法院强制执行；

（二）变更具体行政行为的行政复议决定，由行政复议机关依法强制执行，或者申请人民法院强制执行。

第六章 法律责任

第三十四条 行政复议机关违反本法规定，无正当理由不予受理依法提出的行政复议申请或者不按照规定转送行政复议申请的，或者在法定期限内不作出行政复议决定的，对直接负责的主管人员和其他直接责任人员依法给予警告、记过、记大过的行政处分；经责令受理仍不受理或者不按照规定转送行政复议申请，造成严重后果的，依法给予降级、撤职、开除的行政处分。

第三十五条 行政复议机关工作人员在行政复议活动中，徇私舞弊或者有其他渎职、失职行为的，依法给予警告、记过、记大过的行政处分；情节严重的，依法给予降级、撤职、开除的行政处分；构成犯罪的，依法追究刑事责任。

第三十六条 被申请人违反本法规定，不提出书面答复或者不提交作出具体行政行为的证据、依据和其他有关材料，或者阻挠、变相阻挠公民、法人或者其他组织依法申请行政复议的，对直接负责的主管人员和其他直接责任人员依法给予警告、记过、记大过的行政处分；进行报复陷害的，依法给予降级、撤职、开除的行政处分；构成犯罪的，依法追究刑事责任。

第三十七条 被申请人不履行或者无正当理由拖延履行行政复议决定的，对直接负责的主管人员和其他直接责任人员依法给予警告、记过、记大过的行政处分；经责令履行仍拒不履行的，依法给予降级、撤职、开除的行政处分。

第三十八条 行政复议机关负责法制工作的机构发现有无正当理由不予受理行政复议申请、不按照规定期限作出行政复议决定、徇私舞弊、对申请人打击报复或者不履行行政复议决定等情形的，应当向有关行政机关提出建议，有关行政机关应当依照本法和有关法律、行政法规的规定作出处理。

第七章 附　　则

第三十九条 行政复议机关受理行政复议申请，不得向申请人收取任何费用。行政复议活动所需经费，应当列入本机关的行政经费，由本级财政予以保障。

第四十条 行政复议期间的计算和行政复议文书的送达，依照民事诉讼法关于期间、送达的规定执行。

本法关于行政复议期间有关“五日”、“七日”的规定是指工作日，不含节假日。

第四十一条 外国人、无国籍人、外国组织在中华人民共和国境内申请行政复议，适用本法。

第四十二条 本法施行前公布的法律有关行政复议的规定与本法的规定不一致的，以本法的规定为准。

第四十三条　本法自 1999 年 10 月 1 日起施行。1990 年 12 月 24 日国务院发布、1994 年 10 月 9 日国务院修订发布的《行政复议条例》同时废止。

中华人民共和国行政复议法实施条例

（国务院令第 499 号，2007 年 5 月 29 日）

第一章　总　　则

第一条　为了进一步发挥行政复议制度在解决行政争议、建设法治政府、构建社会主义和谐社会中的作用，根据《中华人民共和国行政复议法》（以下简称行政复议法），制定本条例。

第二条　各级行政复议机关应当认真履行行政复议职责，领导并支持本机关负责法制工作的机构（以下简称行政复议机构）依法办理行政复议事项，并依照有关规定配备、充实、调剂专职行政复议人员，保证行政复议机构的办案能力与工作任务相适应。

第三条　行政复议机构除应当依照行政复议法第三条的规定履行职责外，还应当履行下列职责：

（一）依照行政复议法第十八条的规定转送有关行政复议申请；

（二）办理行政复议法第二十九条规定的行政赔偿等事项；

（三）按照职责权限，督促行政复议申请的受理和行政复议决定的履行；

（四）办理行政复议、行政应诉案件统计和重大行政复议决定备案事项；

（五）办理或者组织办理未经行政复议直接提起行政诉讼的行政应诉事项；

（六）研究行政复议工作中发现的问题，及时向有关机关提出改进建议，重大问题及时向行政复议机关报告。

第四条　专职行政复议人员应当具备与履行行政复议职责相适应的品行、专业知识和业务能力，并取得相应资格。具体办法由国务院法制机构会同国务院有关部门规定。

第二章　行政复议申请

第一节　申　请　人

第五条　依照行政复议法和本条例的规定申请行政复议的公民、法人或者其他组织为申请人。

第六条　合伙企业申请行政复议的，应当以核准登记的企业为申请人，由执行合伙事务的合伙人代表该企业参加行政复议；其他合伙组织申请行政复议的，由合伙人共同申请行政复议。

前款规定以外的不具备法人资格的其他组织申请行政复议的，由该组织的主要负责人代表该组织参加行政复议；没有主要负责人的，由共同推选的其他成员代表该组织参加行政复议。

第七条 股份制企业的股东大会、股东代表大会、董事会认为行政机关作出的具体行政行为侵犯企业合法权益的，可以以企业的名义申请行政复议。

第八条 同一行政复议案件申请人超过5人的，推选1至5名代表参加行政复议。

第九条 行政复议期间，行政复议机构认为申请人以外的公民、法人或者其他组织与被审查的具体行政行为有利害关系的，可以通知其作为第三人参加行政复议。

行政复议期间，申请人以外的公民、法人或者其他组织与被审查的具体行政行为有利害关系的，可以向行政复议机构申请作为第三人参加行政复议。

第三人不参加行政复议，不影响行政复议案件的审理。

第十条 申请人、第三人可以委托1至2名代理人参加行政复议。申请人、第三人委托代理人的，应当向行政复议机构提交授权委托书。授权委托书应当载明委托事项、权限和期限。公民在特殊情况下无法书面委托的，可以口头委托。口头委托的，行政复议机构应当核实并记录在卷。申请人、第三人解除或者变更委托的，应当书面报告行政复议机构。

第二节　被申请人

第十一条 公民、法人或者其他组织对行政机关的具体行政行为不服，依照行政复议法和本条例的规定申请行政复议的，作出该具体行政行为的行政机关为被申请人。

第十二条 行政机关与法律、法规授权的组织以共同的名义作出具体行政行为的，行政机关和法律、法规授权的组织为共同被申请人。

行政机关与其他组织以共同名义作出具体行政行为的，行政机关为被申请人。

第十三条 下级行政机关依照法律、法规、规章规定，经上级行政机关批准作出具体行政行为的，批准机关为被申请人。

第十四条 行政机关设立的派出机构、内设机构或者其他组织，未经法律、法规授权，对外以自己名义作出具体行政行为的，该行政机关为被申请人。

第三节　行政复议申请期限

第十五条 行政复议法第九条第一款规定的行政复议申请期限的计算，依照下列规定办理：

（一）当场作出具体行政行为的，自具体行政行为作出之日起计算；

（二）载明具体行政行为的法律文书直接送达的，自受送达人签收之日起计算；

（三）载明具体行政行为的法律文书邮寄送达的，自受送达人在邮件签收单上签收之日起计算；没有邮件签收单的，自受送达人在送达回执上签名之日起计算；

（四）具体行政行为依法通过公告形式告知受送达人的，自公告规定的期限届满之日起计算；

（五）行政机关作出具体行政行为时未告知公民、法人或者其他组织，事后补充告知的，自该公民、法人或者其他组织收到行政机关补充告知的通知之日起计算；

（六）被申请人能够证明公民、法人或者其他组织知道具体行政行为的，自证据材料证明其知道具体行政行为之日起计算。

行政机关作出具体行政行为，依法应当向有关公民、法人或者其他组织送达法律文书而未送达的，视为该公民、法人或者其他组织不知道该具体行政行为。

第十六条 公民、法人或者其他组织依照行政复议法第六条第（八）项、第（九）项、第（十）项的规定申请行政机关履行法定职责，行政机关未履行的，行政复议申请期限依照下列规定计算：

（一）有履行期限规定的，自履行期限届满之日起计算；

（二）没有履行期限规定的，自行政机关收到申请满 60 日起计算。

公民、法人或者其他组织在紧急情况下请求行政机关履行保护人身权、财产权的法定职责，行政机关不履行的，行政复议申请期限不受前款规定的限制。

第十七条 行政机关作出的具体行政行为对公民、法人或者其他组织的权利、义务可能产生不利影响的，应当告知其申请行政复议的权利、行政复议机关和行政复议申请期限。

第四节 行政复议申请的提出

第十八条 申请人书面申请行政复议的，可以采取当面递交、邮寄或者传真等方式提出行政复议申请。

有条件的行政复议机构可以接受以电子邮件形式提出的行政复议申请。

第十九条 申请人书面申请行政复议的，应当在行政复议申请书中载明下列事项：

（一）申请人的基本情况，包括：公民的姓名、性别、年龄、身份证号码、工作单位、住所、邮政编码；法人或者其他组织的名称、住所、邮政编码和法定代表人或者主要负责人的姓名、职务；

（二）被申请人的名称；

（三）行政复议请求、申请行政复议的主要事实和理由；

（四）申请人的签名或者盖章；

（五）申请行政复议的日期。

第二十条 申请人口头申请行政复议的，行政复议机构应当依照本条例第十九条规定的事项，当场制作行政复议申请笔录交申请人核对或者向申请人宣读，并由申请人签字确认。

第二十一条 有下列情形之一的，申请人应当提供证明材料：

（一）认为被申请人不履行法定职责的，提供曾经要求被申请人履行法定职责而被申请人未履行的证明材料；

（二）申请行政复议时一并提出行政赔偿请求的，提供受具体行政行为侵害而造成损害的证明材料；

（三）法律、法规规定需要申请人提供证据材料的其他情形。

第二十二条 申请人提出行政复议申请时错列被申请人的，行政复议机构应当告知申请人变更被申请人。

第二十三条 申请人对两个以上国务院部门共同作出的具体行政行为不服的，依照行政复议法第十四条的规定，可以向其中任何一个国务院部门提出行政复议申请，由作出具体行政行为的国务院部门共同作出行政复议决定。

第二十四条 申请人对经国务院批准实行省以下垂直领导的部门作出的具体行政行为不服的，可以选择向该部门的本级人民政府或者上一级主管部门申请行政复议；省、自治区、直辖市另有规定的，依照省、自治区、直辖市的规定办理。

第二十五条 申请人依照行政复议法第三十条第二款的规定申请行政复议的，应当向省、自治区、直辖市人民政府提出行政复议申请。

第二十六条 依照行政复议法第七条的规定，申请人认为具体行政行为所依据的规定不合法的，可以在对具体行政行为申请行政复议的同时一并提出对该规定的审查申请；申请人在对具体行政行为提出行政复议申请时尚不知道该具体行政行为所依据的规定的，可以在行政复议机关作出行政复议决定前向行政复议机关提出对该规定的审查申请。

第三章 行政复议受理

第二十七条 公民、法人或者其他组织认为行政机关的具体行政行为侵犯其合法权益提出行政复议申请，除不符合行政复议法和本条例规定的申请条件的，行政复议机关必须受理。

第二十八条 行政复议申请符合下列规定的，应当予以受理：

（一）有明确的申请人和符合规定的被申请人；

（二）申请人与具体行政行为有利害关系；

（三）有具体的行政复议请求和理由；

（四）在法定申请期限内提出；

（五）属于行政复议法规定的行政复议范围；

（六）属于收到行政复议申请的行政复议机构的职责范围；

（七）其他行政复议机关尚未受理同一行政复议申请，人民法院尚未受理同一主体就同一事实提起的行政诉讼。

第二十九条 行政复议申请材料不齐全或者表述不清楚的，行政复议机构可以自收到该行政复议申请之日起5日内书面通知申请人补正。补正通知应当载明需要补正的事项和合理的补正期限。无正当理由逾期不补正的，视为申请人放弃行政复议申请。补正申请材料所用时间不计入行政复议审理期限。

第三十条 申请人就同一事项向两个或者两个以上有权受理的行政机关申请行政复议的，由最先收到行政复议申请的行政机关受理；同时收到行政复议申请的，由收到行政复议申请的行政机关在10日内协商确定；协商不成的，由其共同上一级行政机关在10日内指定受理机关。协商确定或者指定受理机关所用时间不计入行政复议审理期限。

第三十一条 依照行政复议法第二十条的规定，上级行政机关认为行政复议机关不予受理行政复议申请的理由不成立的，可以先行督促其受理；经督促仍不受理的，应当责令其限期受理，必要时也可以直接受理；认为行政复议申请不符合法定受理条件的，应当告知申请人。

第四章 行政复议决定

第三十二条 行政复议机构审理行政复议案件，应当由2名以上行政复议人员参加。

第三十三条 行政复议机构认为必要时，可以实地调查核实证据；对重大、复杂的案件，申请人提出要求或者行政复议机构认为必要时，可以采取听证的方式审理。

第三十四条 行政复议人员向有关组织和人员调查取证时，可以查阅、复制、调取有关文件和资料，向有关人员进行询问。

调查取证时，行政复议人员不得少于 2 人，并应当向当事人或者有关人员出示证件。被调查单位和人员应当配合行政复议人员的工作，不得拒绝或者阻挠。

需要现场勘验的，现场勘验所用时间不计入行政复议审理期限。

第三十五条　行政复议机关应当为申请人、第三人查阅有关材料提供必要条件。

第三十六条　依照行政复议法第十四条的规定申请原级行政复议的案件，由原承办具体行政行为有关事项的部门或者机构提出书面答复，并提交作出具体行政行为的证据、依据和其他有关材料。

第三十七条　行政复议期间涉及专门事项需要鉴定的，当事人可以自行委托鉴定机构进行鉴定，也可以申请行政复议机构委托鉴定机构进行鉴定。鉴定费用由当事人承担。鉴定所用时间不计入行政复议审理期限。

第三十八条　申请人在行政复议决定作出前自愿撤回行政复议申请的，经行政复议机构同意，可以撤回。

申请人撤回行政复议申请的，不得再以同一事实和理由提出行政复议申请。但是，申请人能够证明撤回行政复议申请违背其真实意思表示的除外。

第三十九条　行政复议期间被申请人改变原具体行政行为的，不影响行政复议案件的审理。但是，申请人依法撤回行政复议申请的除外。

第四十条　公民、法人或者其他组织对行政机关行使法律、法规规定的自由裁量权作出的具体行政行为不服申请行政复议，申请人与被申请人在行政复议决定作出前自愿达成和解的，应当向行政复议机构提交书面和解协议；和解内容不损害社会公共利益和他人合法权益的，行政复议机构应当准许。

第四十一条　行政复议期间有下列情形之一，影响行政复议案件审理的，行政复议中止：

（一）作为申请人的自然人死亡，其近亲属尚未确定是否参加行政复议的；

（二）作为申请人的自然人丧失参加行政复议的能力，尚未确定法定代理人参加行政复议的；

（三）作为申请人的法人或者其他组织终止，尚未确定权利义务承受人的；

（四）作为申请人的自然人下落不明或者被宣告失踪的；

（五）申请人、被申请人因不可抗力，不能参加行政复议的；

（六）案件涉及法律适用问题，需要有权机关作出解释或者确认的；

（七）案件审理需要以其他案件的审理结果为依据，而其他案件尚未审结的；

（八）其他需要中止行政复议的情形。

行政复议中止的原因消除后，应当及时恢复行政复议案件的审理。

行政复议机构中止、恢复行政复议案件的审理，应当告知有关当事人。

第四十二条　行政复议期间有下列情形之一的，行政复议终止：

（一）申请人要求撤回行政复议申请，行政复议机构准予撤回的；

（二）作为申请人的自然人死亡，没有近亲属或者其近亲属放弃行政复议权利的；

（三）作为申请人的法人或者其他组织终止，其权利义务的承受人放弃行政复议权利的；

（四）申请人与被申请人依照本条例第四十条的规定，经行政复议机构准许达成和解的；

（五）申请人对行政拘留或者限制人身自由的行政强制措施不服申请行政复议后，因申请人同一违法行为涉嫌犯罪，该行政拘留或者限制人身自由的行政强制措施变更为刑事拘留的。

依照本条例第四十一条第一款第（一）项、第（二）项、第（三）项规定中止行政复议，满 60 日行政复议中止的原因仍未消除的，行政复议终止。

第四十三条 依照行政复议法第二十八条第一款第（一）项规定，具体行政行为认定事实清楚，证据确凿，适用依据正确，程序合法，内容适当的，行政复议机关应当决定维持。

第四十四条 依照行政复议法第二十八条第一款第（二）项规定，被申请人不履行法定职责的，行政复议机关应当决定其在一定期限内履行法定职责。

第四十五条 具体行政行为有行政复议法第二十八条第一款第（三）项规定情形之一的，行政复议机关应当决定撤销、变更该具体行政行为或者确认该具体行政行为违法；决定撤销该具体行政行为或者确认该具体行政行为违法的，可以责令被申请人在一定期限内重新作出具体行政行为。

第四十六条 被申请人未依照行政复议法第二十三条的规定提出书面答复、提交当初作出具体行政行为的证据、依据和其他有关材料的，视为该具体行政行为没有证据、依据，行政复议机关应当决定撤销该具体行政行为。

第四十七条 具体行政行为有下列情形之一，行政复议机关可以决定变更：

（一）认定事实清楚，证据确凿，程序合法，但是明显不当或者适用依据错误的；

（二）认定事实不清，证据不足，但是经行政复议机关审理查明事实清楚，证据确凿的。

第四十八条 有下列情形之一的，行政复议机关应当决定驳回行政复议申请：

（一）申请人认为行政机关不履行法定职责申请行政复议，行政复议机关受理后发现该行政机关没有相应法定职责或者在受理前已经履行法定职责的；

（二）受理行政复议申请后，发现该行政复议申请不符合行政复议法和本条例规定的受理条件的。

上级行政机关认为行政复议机关驳回行政复议申请的理由不成立的，应当责令其恢复审理。

第四十九条 行政复议机关依照行政复议法第二十八条的规定责令被申请人重新作出具体行政行为的，被申请人应当在法律、法规、规章规定的期限内重新作出具体行政行为；法律、法规、规章未规定期限的，重新作出具体行政行为的期限为 60 日。

公民、法人或者其他组织对被申请人重新作出的具体行政行为不服，可以依法申请行政复议或者提起行政诉讼。

第五十条 有下列情形之一的，行政复议机关可以按照自愿、合法的原则进行调解：

（一）公民、法人或者其他组织对行政机关行使法律、法规规定的自由裁量权作出的具体行政行为不服申请行政复议的；

（二）当事人之间的行政赔偿或者行政补偿纠纷。

当事人经调解达成协议的，行政复议机关应当制作行政复议调解书。调解书应当载明行政复议请求、事实、理由和调解结果，并加盖行政复议机关印章。行政复议调解书经双方当事人签字，即具有法律效力。

调解未达成协议或者调解书生效前一方反悔的，行政复议机关应当及时作出行政复议决定。

第五十一条 行政复议机关在申请人的行政复议请求范围内，不得作出对申请人更为不利的行政复议决定。

第五十二条 第三人逾期不起诉又不履行行政复议决定的，依照行政复议法第三十三条的规定处理。

第五章 行政复议指导和监督

第五十三条 行政复议机关应当加强对行政复议工作的领导。

行政复议机构在本级行政复议机关的领导下，按照职责权限对行政复议工作进行督促、指导。

第五十四条 县级以上各级人民政府应当加强对所属工作部门和下级人民政府履行行政复议职责的监督。

行政复议机关应当加强对其行政复议机构履行行政复议职责的监督。

第五十五条 县级以上地方各级人民政府应当建立健全行政复议工作责任制，将行政复议工作纳入本级政府目标责任制。

第五十六条 县级以上地方各级人民政府应当按照职责权限，通过定期组织检查、抽查等方式，对所属工作部门和下级人民政府行政复议工作进行检查，并及时向有关方面反馈检查结果。

第五十七条 行政复议期间行政复议机关发现被申请人或者其他下级行政机关的相关行政行为违法或者需要做好善后工作的，可以制作行政复议意见书。有关机关应当自收到行政复议意见书之日起60日内将纠正相关行政违法行为或者做好善后工作的情况通报行政复议机构。

行政复议期间行政复议机构发现法律、法规、规章实施中带有普遍性的问题，可以制作行政复议建议书，向有关机关提出完善制度和改进行政执法的建议。

第五十八条 县级以上各级人民政府行政复议机构应当定期向本级人民政府提交行政复议工作状况分析报告。

第五十九条 下级行政复议机关应当及时将重大行政复议决定报上级行政复议机关备案。

第六十条 各级行政复议机构应当定期组织对行政复议人员进行业务培训，提高行政复议人员的专业素质。

第六十一条 各级行政复议机关应当定期总结行政复议工作，对在行政复议工作中做出显著成绩的单位和个人，依照有关规定给予表彰和奖励。

第六章 法律责任

第六十二条 被申请人在规定期限内未按照行政复议决定的要求重新作出具体行政行为，或者违反规定重新作出具体行政行为的，依照行政复议法第三十七条的规定追究法律责任。

第六十三条 拒绝或者阻挠行政复议人员调查取证、查阅、复制、调取有关文件和资料的，对有关责任人员依法给予处分或者治安处罚；构成犯罪的，依法追究刑事责任。

第六十四条 行政复议机关或者行政复议机构不履行行政复议法和本条例规定的行政复议职责，经有权监督的行政机关督促仍不改正的，对直接负责的主管人员和其他直接责任人员依法给予警告、记过、记大过的处分；造成严重后果的，依法给予降级、撤职、开除的处分。

第六十五条 行政机关及其工作人员违反行政复议法和本条例规定的，行政复议机构可以向人事、监察部门提出对有关责任人员的处分建议，也可以将有关人员违法的事实材料直接转送人事、监察部门处理；接受转送的人事、监察部门应当依法处理，并将处理结果通报转送的行政复议机构。

第七章 附 则

第六十六条 本条例自 2007 年 8 月 1 日起施行。

审计机关审计复议的规定

（审计署令第 1 号，2000 年 1 月 28 日）

第一条 为保证审计机关依法行使审计监督权，防止和纠正违法或者不当的审计具体行政行为，保护公民、法人或者其他组织的合法权益，根据《中华人民共和国审计法》和《中华人民共和国行政复议法》（以下简称《行政复议法》），制定本规定。

第二条 审计复议机关办理审计复议事项，适用本规定。

本规定所称审计复议机关，是指有权受理复议申请，依法对审计具体行政行为进行审查并作出决定的审计机关。

第三条 被审计单位认为审计机关的具体行政行为侵犯其合法权益，可以依照有关法律、法规和本规定，向审计复议机关申请复议。

第四条 向审计机关申请复议的审计具体行政行为包括：

（一）审计机关作出的责令限期缴纳、上缴应当缴纳或者上缴的收入、限期退还违法所得、限期退还被侵占的国有资产等审计处理行为；

（二）审计机关作出的罚款、没收违法所得等审计处罚行为；

（三）审计机关采取的通知有关部门暂停拨付有关款项、责令暂停使用有关款项等强制措施行为；

（四）法律、法规规定可以申请复议的其他具体行政行为。

第五条 被审计单位可以自知道该审计具体行政行为之日起六十日内提出审计复议申请。

因不可抗力或者其他正当理由耽误法定申请期限的，申请期限自障碍消除之日起继续计算。

第六条 被审计单位申请审计复议时，该被审计单位是审计复议的申请人。

申请人可以委托代理人代为参加审计复议。

委托代理人参加审计复议应当向审计复议机关提交授权委托书。

第七条 被审计单位对审计机关的具体行政行为不服申请审计复议，作出该审计具体行政行为的审计机关是被申请人。

第八条 申请人申请审计复议应当书面申请。申请人口头申请的，审计复议机关应当告知其以书面形式申请。复议申请书应当写明申请人的基本情况、复议请求、申请复议的主要事实和理由、申请时间等。

第九条 审计复议机关负责法制工作的机构是审计复议机构，具体办理审计复议事项，履行下列职责：

（一）审查、受理审计复议申请；

（二）查阅文件和资料，向有关组织和人员调查取证；

（三）审查申请审计复议的审计具体行政行为是否合法、适当，拟订审计复议决定；

（四）向审计复议机关提出对《行政复议法》第七条所列有关规定的处理意见；

（五）对被申请人违反《行政复议法》和本规定的行为依照法定的权限和程序提出处理建议；

（六）办理因不服审计复议决定提起行政诉讼的应诉事项；

（七）法律、法规和规章规定的其他职责。

第十条 审计复议机关履行复议职责，应当遵循合法、公正、公开的原则，坚持依法行政、有错必纠，保障法律、法规的正确实施。

第十一条 对审计署作出的具体行政行为不服的，向审计署申请审计复议。

对审计署依法设立的派出机构以自己的名义作出的具体行政行为不服的，向审计署申请审计复议。

第十二条 对地方审计机关作出的审计具体行政行为不服的，可以向上一级审计机关申请审计复议，也可以向本级人民政府申请审计复议。但对地方审计机关办理地方政府授权交办的事项和依照地方性法规、规章和有关规定办理的审计事项所作出的具体行政行为不服的，应当向该审计机关的本级人民政府申请复议。

对地方审计机关依法设立的派出机构以自己的名义作出的具体行政行为不服的，向设立该派出机构的审计机关或者该审计机关的本级人民政府申请审计复议。

第十三条 对审计机关与其他行政机关以共同的名义作出的具体行政行为不服的，向其共同的上一级行政机关申请复议。

第十四条 被审计单位对审计机关作出的具体行政行为不服的，应当先依法申请审计行政复议。在法定行政复议期限内不得向人民法院提起行政诉讼。

第十五条 审计复议机关收到审计复议申请后，应当在五日内进行审查，对不符合法定条件的审计复议申请，决定不予受理，并书面告知被审计单位；对符合法定条件，但是不属于本机关受理的审计复议申请，应当告知被审计单位向有关审计复议机关提出。

除前款规定外，审计复议申请自审计复议机关负责法制工作的机构收到之日起即为受理。

第十六条 申请人依法提出审计复议申请，审计复议机关无正当理由不予受理的，上级审计机关应当责令其受理；必要时，上级审计机关也可以直接受理。

第十七条 审计复议期间审计具体行政行为不停止执行；但是有下列情形之一的，可以停止执行：

（一）被申请人认为需要停止执行的；

（二）审计复议机关认为需要停止执行的；

（三）申请人申请停止执行，审计复议机关认为要求合理，决定停止执行的；

（四）法律规定停止执行的。

第十八条 审计复议机关办理审计复议事项原则上采取书面审查的办法，但是申请人提出要求或者审计复议机构认为必要时，可以采取适当的方式向有关组织和人员调查情况，听取申请人、被申请人和其他有关单位和个人的意见。

第十九条 审计复议机构应当自复议受理之日起七日内，将审计复议申请书副本发送被申请人。被申请人应当自收到申请书副本之日起十日内，提出复议答辩书，并提交作出审计具体行政行为的证据、依据和其他有关材料。

申请人及其委托代理人可以查阅被申请人提出的答辩书、作出审计具体行政行为的证据、依据和其他有关材料，除涉及国家秘密、商业秘密或者个人隐私外，审计复议机关、被申请人不得拒绝。

第二十条 在审计复议过程中，被申请人不得自行向申请人和其他有关组织或者个人收集证据。

第二十一条 审计复议决定作出前，申请人要求撤回审计复议申请的，经说明理由，可以撤回；申请人撤回审计复议申请的，审计复议终止。

审计复议机关应当将申请人撤回审计复议申请的情况记录在案。

第二十二条 审计复议机构应当对被申请人作出的审计具体行政行为进行审查，拟出审计复议决定稿，经审计复议机关的负责人同意或者集体讨论通过后，分别作出下列审计复议决定，制作审计复议决定书：

（一）审计具体行政行为认定事实清楚，证据确凿，适用依据正确，程序合法，内容适当的，决定维持；

（二）审计具体行政行为有下列情形之一的，决定撤销、变更或者确认该行为违法；决定撤销或者确认审计具体行政行为违法的，可以责令被申请人在一定期限内重新作出审计具体行政行为：

1. 主要事实不清、证据不足的；
2. 适用依据错误的；
3. 违反法定程序的；
4. 超越或者滥用职权的；
5. 审计具体行政行为明显不当的。

（三）被申请人不按照本规定第十九条规定提出书面答复、提交当初作出审计具体行政行为的证据、依据和其他有关材料的，视为该审计具体行政行为没有证据、依据，决定撤销该审计具体行政行为。

审计复议机关责令被申请人重新作出审计具体行政行为的，被申请人不得以同一事实和理由作出与原审计具体行政行为相同或者基本相同的审计具体行政行为。

第二十三条 申请人在申请审计复议时可以一并提出行政赔偿请求，审计复议机关按照国家有关法律的规定办理。

第二十四条 审计复议机关应当自受理审计复议申请之日起六十日内作出审计复议决定；情况复杂，不能在规定期限内作出审计复议决定的，经审计复议机构的负责人批准，可以适当延长，并告知申请人和被申请人；但是延长期限最多不超过三十日。

审计复议机关作出审计复议决定，应当制作审计复议决定书。

第二十五条　审计复议决定书可以直接送达，也可以邮寄送达。直接送达的，以受送达人在送达回证上注明的签收日期为送达日期。邮寄送达的，以受送达人在回执上注明的收件日期为送达日期。

第二十六条　审计复议决定书一经送达即发生法律效力。

第二十七条　被申请人应当履行审计复议决定。

被申请人不履行或者无正当理由拖延履行审计复议决定的，审计复议机关或者有关上级主管部门应当责令其限期履行。

第二十八条　申请人对审计复议决定不服的，可以依照《行政诉讼法》的规定向人民法院提起行政诉讼。但对审计署作出的审计具体行政行为不服提起审计复议后，又对审计复议决定不服的，也可以向国务院申请裁决，国务院作出的裁决为最终裁决，申请人不得再向人民法院起诉。

第二十九条　申请人、委托代理人弄虚作假、欺骗审计复议机关、扰乱复议工作秩序或者有其他违规行为的，审计复议机关可以给予警告、责令改正，并可以移送公安机关依法处置。

第三十条　申请人逾期不起诉、不申请裁决，又不履行审计复议决定的，按照下列规定分别处理：

（一）维持审计具体行政行为的审计复议决定，由作出审计具体行政行为的审计机关申请人民法院强制执行；

（二）变更审计具体行政行为的审计复议决定，由审计复议机关申请人民法院强制执行。

第三十一条　审计复议机关及其工作人员、被申请人有违反《行政复议法》规定的行为的，应当依照该法追究责任。

第三十二条　个人对审计机关作出的罚款不服的，按照有关法律、法规规定办理。

第三十三条　本规定由审计署负责解释。

第三十四条　本规定自发布之日起施行。审计署于 1996 年 12 月 16 日发布的《审计机关审计行政复议的规定》（审法发〔1996〕358 号）同时废止。

审计机关审计项目质量检查暂行规定

第一条　为了促进审计机关正确履行职责，加强对审计项目质量的监督和管理，保证审计质量，根据《中华人民共和国审计法》以及其他有关法律、法规，制定本规定。

第二条　本规定所称审计项目质量检查，是指审计机关依据有关法律、法规和规章的规定，对本级派出机构、下级审计机关完成审计项目质量情况进行审查和评价。

第三条　审计署领导全国的审计项目质量检查工作。

地方各级审计机关负责本级行政区域内的审计项目质量检查工作。

审计机关负责法制工作的机构具体办理审计项目质量检查事项。

第四条 审计署负责组织对省、自治区、直辖市审计厅（局），各特派员办事处、各派出审计局审计项目质量的检查。必要时，可以对其他地方各级审计机关审计项目质量进行抽查。

地方审计机关负责组织对本级派出机构、本地区下一级审计机关审计项目质量的检查。

第五条 审计机关审计项目质量检查工作实行计划管理。

审计署制定对省、自治区、直辖市审计厅（局），各特派员办事处、各派出审计局审计项目质量检查的计划。

地方审计机关制定对本级派出机构、本地区下一级审计机关审计项目质量检查的计划。

第六条 审计机关组成审计项目质量检查组，并在实施检查前，向被检查审计机关送达审计项目质量检查通知书。

第七条 审计机关对本级派出机构、下一级审计机关审计项目质量检查的内容是：

（一）审计工作中执行有关法律、法规的情况；

（二）建立和执行审计质量控制制度的情况；

（三）执行各项审计准则的情况；

（四）审计项目成果反映的客观性、真实性以及成果所发挥作用的情况；

（五）上级审计机关统一组织的审计项目的实施和反映情况。

（六）其他有关审计项目质量的事项。

第八条 审计项目质量检查，主要通过检查审计档案的方式进行，必要时可以到被审计单位核查。

第九条 审计项目质量检查结束后，向被检查审计机关下达审计项目质量检查结论。

第十条 上级审计机关认为被检查审计机关审计项目质量较好的，可以给予表扬；有问题的，应当责成被检查审计机关予以纠正或者采取相应的改进措施；质量问题严重的，给予通报批评。

被检查审计机关对于审计项目质量检查中发现的问题，应当认真整改。

第十一条 每年 11 月底之前，省、自治区、直辖市审计厅（局），应当将对本地区审计机关审计项目质量检查情况的综合报告，报审计署。

第十二条 本规定由审计署负责解释。

第十三条 本规定自发布之日起施行。

中华人民共和国行政诉讼法

（1994 年 4 月 4 日第七届全国人民代表大会第二次会议通过）

第一章 总　　则

第一条 为保证人民法院正确、及时审理行政案件，保护公民、法人和其他组织的合法权益，维护和监督行政机关依法行使行政职权，根据宪法制定本法。

第二条 公民、法人或者其他组织认为行政机关和行政机关工作人员的具体行政行为侵犯其合法权益，有权依照本法向人民法院提起诉讼。

第三条 人民法院依法对行政案件独立行使审判权，不受行政机关、社会团体和个人的干涉。

人民法院设行政审判庭，审理行政案件。

第四条 人民法院审理行政案件，以事实为根据，以法律为准绳。

第五条 人民法院审理行政案件，对具体行政行为是否合法进行审查。

第六条 人民法院审理行政案件，依法实行合议、回避、公开审判和两审终审制度。

第七条 当事人在行政诉讼中的法律地位平等。

第八条 各民族公民都有用本民族语言、文字进行行政诉讼的权利。

在少数民族聚居或者多民族共同居住的地区，人民法院应当用当地民族通用的语言、文字进行审理和发布法律文书。

人民法院应当对不通晓当地民族通用的语言、文字的诉讼参与人提供翻译。

第九条 当事人在行政诉讼中有权进行辩论。

第十条 人民检察院有权对行政诉讼实行法律监督。

第二章 受案范围

第十一条 人民法院受理公民、法人和其他组织对下列具体行政行为不服提起的诉讼：

（一）对拘留、罚款、吊销许可证和执照、责令停产停业、没收财物等行政处罚不服的；

（二）对限制人身自由或者对财产的查封、扣押、冻结等行政强制措施不服的；

（三）认为行政机关侵犯法律规定的经营自主权的；

（四）认为符合法定条件申请行政机关颁发许可证和执照，行政机关拒绝颁发或者不予答复的；

（五）申请行政机关履行保护人身权、财产权的法定职责，行政机关拒绝履行或者不予答复的；

（六）认为行政机关没有依法发给抚恤金的；

（七）认为行政机关违法要求履行义务的；

（八）认为行政机关侵犯其他人身权、财产权的。

除前款规定外，人民法院受理法律、法规规定可以提起诉讼的其他行政案件。

第十二条 人民法院不受理公民、法人或者其他组织对下列事项提起的诉讼：

（一）国防、外交等国家行为；

（二）行政法规、规章或者行政机关制定、发布的具有普遍约束力的决定、命令；

（三）行政机关对行政机关工作人员的奖惩、任免等决定；

（四）法律规定由行政机关最终裁决的具体行政行为。

第三章 管　辖

第十三条 基层人民法院管辖第一审行政案件。

第十四条 中级人民法院管辖下列第一审行政案件：

（一）确认发明专利权的案件、海关处理的案件；

（二）对国务院各部门或者省、自治区、直辖市人民政府所作的具体行政行为提起诉讼的案件；

（三）本辖区内重大、复杂的案件。

第十五条 高级人民法院管辖本辖区内重大、复杂的第一审行政案件。

第十六条 最高人民法院管辖全国范围内重大、复杂的第一审行政案件。

第十七条 行政案件由最初作出具体行政行为的行政机关所在地人民法院管辖。经复议的案件，复议机关改变原具体行政行为的，也可以由复议机关所在地人民法院管辖。

第十八条 对限制人身自由的行政强制措施不服提起的诉讼，由被告所在地或者原告所在地人民法院管辖。

第十九条 因不动产提起的行政诉讼，由不动产所在地人民法院管辖。

第二十条 两个以上人民法院都有管辖权的案件，原告可以选择其中一个人民法院提起诉讼。原告向两个以上有管辖权的人民法院提起诉讼的，由最先收到起诉状的人民法院管辖。

第二十一条 人民法院发现受理的案件不属于自己管辖时，应当移送有管辖权的人民法院。受移送的人民法院不得自行移送。

第二十二条 有管辖权的人民法院由于特殊原因不能行使管辖权的，由上级人民法院指定管辖。

人民法院对管辖权发生争议，由争议双方协商解决。协商不成的，报它们的共同上级人民法院指定管辖。

第二十三条 上级人民法院有权审判下级人民法院管辖的第一审行政案件，也可以把自己管辖的第一审行政案件移交下级人民法院审判。

下级人民法院对其管辖的第一审行政案件，认为需要由上级人民法院审判的，可以报请上级人民法院决定。

第四章　诉讼参加人

第二十四条 依照本法提起诉讼的公民、法人或者其他组织是原告。

有权提起诉讼的公民死亡，其近亲属可以提起诉讼。

有权提起诉讼的法人或者其他组织终止，承受其权利的法人或者其他组织可以提起诉讼。

第二十五条 公民、法人或者其他组织直接向人民法院提起诉讼的，作出具体行政行为的行政机关是被告。

经复议的案件，复议机关决定维持原具体行政行为的，作出原具体行政行为的行政机关是被告；复议机关改变原具体行政行为的，复议机关是被告。

两个以上行政机关作出同一具体行政行为的，共同作出具体行政行为的行政机关是共同被告。

由法律、法规授权的组织所作的具体行政行为，该组织是被告。由行政机关委托的组织所作的具体行政行为，委托的行政机关是被告。

行政机关被撤销的，继续行使其职权的行政机关是被告。

第二十六条　当事人一方或者双方为二人以上，因同一具体行政行为发生的行政案件，或者因同样的具体行政行为发生的行政案件、人民法院认为可以合并审理的，为共同诉讼。

第二十七条　同提起诉讼的具体行政行为有利害关系的其他公民、法人或者其他组织，可以作为第三人申请参加诉讼，或者由人民法院通知参加诉讼。

第二十八条　没有诉讼行为能力的公民，由其法定代理人代为诉讼。法定代理人互相推诿代理责任的，由人民法院指定其中一人代为诉讼。

第二十九条　当事人、法定代理人，可以委托一至二人代为诉讼。

律师、社会团体、提起诉讼的公民的近亲属或者所在单位推荐的人，以及经人民法院许可的其他公民，可以受委托为诉讼代理人。

第三十条　代理诉讼的律师，可以依照规定查阅本案有关材料，可以向有关组织和公民调查，收集证据。对涉及国家秘密和个人隐私的材料，应当依照法律规定保密。

经人民法院许可，当事人和其他诉讼代理人可以查阅本案庭审材料，但涉及国家秘密和个人隐私的除外。

第五章　证　　据

第三十一条　证据有以下几种：

（一）书证；

（二）物证；

（三）视听资料；

（四）证人证言；

（五）当事人的陈述；

（六）鉴定结论；

（七）勘验笔录、现场笔录。

以上证据经法庭审查属实，才能作为定案的根据。

第三十二条　被告对作出的具体行政行为负有举证责任，应当提供作出该具体行政行为的证据和所依据的规范性文件。

第三十三条　在诉讼过程中，被告不得自行向原告和证人收集证据。

第三十四条　人民法院有权要求当事人提供或者补充证据。

人民法院有权向有关行政机关以及其他组织、公民调取证据。

第三十五条　在诉讼过程中，人民法院认为对专门性问题需要鉴定的，应当交由法定鉴定部门鉴定；没有法定鉴定部门的，由人民法院指定的鉴定部门鉴定。

第三十六条　在证据可能灭失或者以后难以取得的情况下，诉讼参加人可以向人民法院申请保全证据，人民法院也可以主动采取保全措施。

第六章　起诉和受理

第三十七条　对属于人民法院受案范围的行政案件，公民、法人或者其他组织可以先向上一级行政机关或者法律、法规规定的行政机关申请复议，对复议不服的，再向人民法院提起诉讼；也可以直接向人民法院提起诉讼。

法律、法规规定应当先向行政机关申请复议，对复议不服再向人民法院提起诉讼的，依照法律、法规的规定。

第三十八条 公民、法人或者其他组织向行政机关申请复议的，复议机关应当在收到申请书之日起两个月内作出决定。法律、法规另有规定的除外。

申请人不服复议决定的，可以在收到复议决定书之日起十五日内向人民法院提起诉讼。复议机关逾期不作决定的，申请人可以在复议期满之日起十五日内向人民法院提起诉讼。法律另有规定的除外。

第三十九条 公民、法人或者其他组织直接向人民法院提起诉讼的，应当在知道作出具体行政行为之日起三个月内提出。法律另有规定的除外。

第四十条 公民、法人或者其他组织因不可抗力或者其他特殊情况耽误法定期限的，在障碍消除后的十日内，可以申请延长期限，由人民法院决定。

第四十一条 提起诉讼应当符合下列条件：

（一）原告是认为具体行政行为侵犯其合法权益的公民、法人或者其他组织；

（二）有明确的被告；

（三）有具体的诉讼请求和事实根据；

（四）属于人民法院受案范围和受诉人民法院管辖。

第四十二条 人民法院接到起诉状，经审查，应当在七日内立案或者作出裁定不予受理。原告对裁定不服的，可以提起上诉。

第七章　审理和判决

第四十三条 人民法院应当在立案之日起五日内，将起诉状副本发送被告。被告应当在收到起诉状副本之日起十日内向人民法院提交作出具体行政行为的有关材料，并提出答辩状。人民法院应当在收到答辩状之日起五日内，将答辩状副本发送原告。

被告不提出答辩状的，不影响人民法院审理。

第四十四条 诉讼期间，不停止具体行政行为的执行。但有下列情形之一的，停止具体行政行为的执行：

（一）被告认为需要停止执行的；

（二）原告申请停止执行，人民法院认为该具体行政行为的执行会造成难以弥补的损失，并且停止执行不损害社会公共利益，裁定停止执行的；

（三）法律、法规规定停止执行的。

第四十五条 人民法院公开审理行政案件，但涉及国家秘密、个人隐私和法律另有规定的除外。

第四十六条 人民法院审理行政案件，由审判员组成合议庭，或者由审判员、陪审员组成合议庭。合议庭的成员，应当是三人以上的单数。

第四十七条 当事人认为审判人员与本案有利害关系或者有其他关系可能影响公正审判，有权申请审判人员回避。

审判人员认为自己与本案有利害关系或者有其他关系，应当申请回避。

前两款规定，适用于书记员、翻译人员、鉴定人、勘验人。

院长担任审判长时的回避，由审判委员会决定；审判人员的回避，由院长决定；其他人员的回避，由审判长决定。当事人对决定不服的，可以申请复议。

第四十八条 经人民法院两次合法传唤，原告无正当理由拒不到庭的，视为申请撤诉；被告无正当理由拒不到庭的，可以缺席判决。

第四十九条 诉讼参与人或者其他人有下列行为之一的，人民法院可以根据情节轻重，予以训诫、责令具结悔过或者处一千元以下的罚款、十五日以下的拘留；构成犯罪的，依法追究刑事责任：

（一）有义务协助执行的人，对人民法院的协助执行通知书，无故推拖、拒绝或者妨碍执行的；

（二）伪造、隐藏、毁灭证据的；

（三）指使、贿买、胁迫他人作伪证或者威胁、阻止证人作证的；

（四）隐藏、转移、变卖、毁损已被查封、扣押、冻结的财产的；

（五）以暴力、威胁或者其他方法阻碍人民法院工作人员执行职务或者扰乱人民法院工作秩序的；

（六）对人民法院工作人员、诉讼参与人、协助执行人侮辱、诽谤、诬陷、殴打或者打击报复的。

罚款、拘留须经人民法院院长批准。当事人不服的，可以申请复议。

第五十条 人民法院审理行政案件，不适用调解。

第五十一条 人民法院对行政案件宣告判决或者裁定前，原告申请撤诉的，或者被告改变其所作的具体行政行为，原告同意并申请撤诉的，是否准许，由人民法院裁定。

第五十二条 人民法院审理行政案件，以法律和行政法规、地方性法规为依据。地方性法规适用于本行政区域内发生的行政案件。

人民法院审理民族自治地方的行政案件，并以该民族自治地方的自治条例和单行条例为依据。

第五十三条 人民法院审理行政案件，参照国务院部、委根据法律和国务院的行政法规、决定、命令制定、发布的规章以及省、自治区、直辖市和省、自治区的人民政府所在地的市和经国务院批准的较大的市的人民政府根据法律和国务院的行政法规制定、发布的规章。

人民法院认为地方人民政府制定、发布的规章与国务院部、委制定、发布的规章不一致的，以及国务院部、委制定、发布的规章之间不一致的，由最高人民法院送请国务院作出解释或者裁决。

第五十四条 人民法院经过审理，根据不同情况，分别作出以下判决：

（一）具体行政行为证据确凿，适用法律、法规正确，符合法定程序的，判决维持。

（二）具体行政行为有下列情形之一的，判决撤销或者部分撤销，并可以判决被告重新作出具体行政行为：

1. 主要证据不足的；
2. 适用法律、法规错误的；
3. 违反法定程序的；
4. 超越职权的；
5. 滥用职权的。

（三）被告不履行或者拖延履行法定职责的，判决其在一定期限内履行。

（四）行政处罚显失公正的，可以判决变更。

第五十五条 人民法院判决被告重新作出具体行政行为的，被告不得以同一的事实和理由作出与原具体行政行为基本相同的具体行政行为。

第五十六条 人民法院在审理行政案件中，认为行政机关的主管人员、直接责任人员违反政纪的，应当将有关材料移送该行政机关或者其上一级行政机关或者监察、人事机关；认为有犯罪行为的，应当将有关材料移送公安、检察机关。

第五十七条 人民法院应当在立案之日起三个月内作出第一审判决。有特殊情况需要延长的，由高级人民法院批准，高级人民法院审理第一审案件需要延长的，由最高人民法院批准。

第五十八条 当事人不服人民法院第一审判决的，有权在判决书送达之日起十五日内向上一级人民法院提起上诉。当事人不服人民法院第一审裁定的，有权在裁定书送达之日起十日内向上一级人民法院提起上诉。逾期不提起上诉的，人民法院的第一审判决或者裁定发生法律效力。

第五十九条 人民法院对上诉案件，认为事实清楚的，可以实行书面审理。

第六十条 人民法院审理上诉案件，应当在收到上诉状之日起两个月内作出终审判决。有特殊情况需要延长的，由高级人民法院批准，高级人民法院审理上诉案件需要延长的，由最高人民法院批准。

第六十一条 人民法院审理上诉案件，按照下列情形，分别处理：

（一）原判决认定事实清楚，适用法律、法规正确的，判决驳回上诉，维持原判；

（二）原判决认定事实清楚，但适用法律、法规错误的，依法改判；

（三）原判决认定事实不清，证据不足，或者由于违反法定程序可能影响案件正确判决的，裁定撤销原判，发回原审人民法院重审，也可以查清事实后改判。当事人对重审案件的判决、裁定，可以上诉。

第六十二条 当事人对已经发生法律效力的判决、裁定，认为确有错误的，可以向原审人民法院或者上一级人民法院提出申诉，但判决、裁定不停止执行。

第六十三条 人民法院院长对本院已经发生法律效力的判决、裁定，发现违反法律、法规规定认为需要再审的，应当提交审判委员会决定是否再审。

上级人民法院对下级人民法院已经发生法律效力的判决、裁定，发现违反法律、法规规定的，有权提审或者指令下级人民法院再审。

第六十四条 人民检察院对人民法院已经发生法律效力的判决、裁定，发现违反法律、法规规定的，有权按照审判监督程序提出抗诉。

第八章 执　　行

第六十五条 当事人必须履行人民法院发生法律效力的判决、裁定。

公民、法人或者其他组织拒绝履行判决、裁定的，行政机关可以向第一审人民法院申请强制执行，或者依法强制执行。

行政机关拒绝履行判决、裁定的，第一审人民法院可以采取以下措施：

（一）对应当归还的罚款或者应当给付的赔偿金，通知银行从该行政机关的账户内划拨；

（二）在规定期限内不履行的，从期满之日起，对该行政机关按日处五十元至一百元的罚款；

（三）向该行政机关的上一级行政机关或者监察、人事机关提出司法建议。接受司法建议的机关，根据有关规定进行处理，并将处理情况告知人民法院；

（四）拒不履行判决、裁定，情节严重构成犯罪的，依法追究主管人员和直接责任人员的刑事责任。

第六十六条 公民、法人或者其他组织对具体行政行为在法定期限内不提起诉讼又不履行的，行政机关可以申请人民法院强制执行，或者依法强制执行。

第九章 侵权赔偿责任

第六十七条 公民、法人或者其他组织的合法权益受到行政机关或者行政机关工作人员作出的具体行政行为侵犯造成损害的，有权请求赔偿。

公民、法人或者其他组织单独就损害赔偿提出请求，应当先由行政机关解决。对行政机关的处理不服，可以向人民法院提起诉讼。

赔偿诉讼可以适用调解。

第六十八条 行政机关或者行政机关工作人员作出的具体行政行为侵犯公民、法人或者其他组织的合法权益造成损害的，由该行政机关或者该行政机关工作人员所在的行政机关负责赔偿。

行政机关赔偿损失后，应当责令有故意或者重大过失的行政机关工作人员承担部分或者全部赔偿费用。

第六十九条 赔偿费用，从各级财政列支。各级人民政府可以责令有责任的行政机关支付部分或者全部赔偿费用。具体办法由国务院规定。

第十章 涉外行政诉讼

第七十条 外国人、无国籍人、外国组织在中华人民共和国进行行政诉讼，适用本法。法律另有规定的除外。

第七十一条 外国人、无国籍人、外国组织在中华人民共和国进行行政诉讼，同中华人民共和国公民、组织有同等的诉讼权利和义务。

外国法院对中华人民共和国公民、组织的行政诉讼权利加以限制的，人民法院对该国公民、组织的行政诉讼权利，实行对等原则。

第七十二条 中华人民共和国缔结或者参加的国际条约同本法有不同规定的，适用该国际条约的规定。中华人民共和国声明保留的条款除外。

第七十三条 外国人、无国籍人、外国组织在中华人民共和国进行行政诉讼，委托律师代理诉讼的，应当委托中华人民共和国律师机构的律师。

第十一章 附 则

第七十四条 人民法院审理行政案件，应当收取诉讼费用。诉讼费用由败诉方承担，双方都有责任的由双方分担。收取诉讼费用的具体办法另行规定。

第七十五条 本法自一九九〇年十月一日起施行。

最高人民法院关于执行《中华人民共和国行政诉讼法》若干问题的解释

（2000 年 3 月 10 日）

为正确理解和适用《中华人民共和国行政诉讼法》（以下简称行政诉讼法），现结合行政审判工作实际，对执行行政诉讼法的若干问题作出如下解释：

一、受案范围

第一条 公民、法人或者其他组织对具有国家行政职权的机关和组织及其工作人员的行政行为不服，依法提起诉讼的，属于人民法院行政诉讼的受案范围。

公民、法人或者其他组织对下列行为不服提起诉讼的，不属于人民法院行政诉讼的受案范围：

（一）行政诉讼法第十二条规定的行为；

（二）公安、国家安全等机关依照刑事诉讼法的明确授权实施的行为；

（三）调解行为以及法律规定的仲裁行为；

（四）不具有强制力的行政指导行为；

（五）驳回当事人对行政行为提起申诉的重复处理行为；

（六）对公民、法人或者其他组织权利义务不产生实际影响的行为。

第二条 行政诉讼法第十二条第（一）项规定的国家行为，是指国务院、中央军事委员会、国防部、外交部等根据宪法和法律的授权，以国家的名义实施的有关国防和外交事务的行为，以及经宪法和法律授权的国家机关宣布紧急状态、实施戒严和总动员等行为。

第三条 行政诉讼法第十二条第（二）项规定的“具有普遍约束力的决定、命令”，是指行政机关针对不特定对象发布的能反复适用的行政规范性文件。

第四条 行政诉讼法第十二条第（三）项规定的“对行政机关工作人员的奖惩、任免等决定”，是指行政机关作出的涉及该行政机关公务员权利义务的决定。

第五条 行政诉讼法第十二条第（四）项规定的“法律规定由行政机关最终裁决的具体行政行为”中的“法律”，是指全国人民代表大会及其常务委员会制定、通过的规范性文件。

二、管　　辖

第六条 各级人民法院行政审判庭审理行政案件和审查行政机关申请执行其具体行政行为的案件。

专门人民法院、人民法庭不审理行政案件，也不审查和执行行政机关申请执行其具体行政行为的案件。

第七条 复议决定有下列情形之一的，属于行政诉讼法规定的“改变原具体行政行为”：

（一）改变原具体行政行为所认定的主要事实和证据的；

（二）改变原具体行政行为所适用的规范依据且对定性产生影响的；

（三）撤销、部分撤销或者变更原具体行政行为处理结果的。

第八条 有下列情形之一的，属于行政诉讼法第十四条第（三）项规定的“本辖区内重大、复杂的案件”：

（一）被告为县级以上人民政府，且基层人民法院不适宜审理的案件；

（二）社会影响重大的共同诉讼、集团诉讼案件；

（三）重大涉外或者涉及香港特别行政区、澳门特别行政区、台湾地区的案件；

（四）其他重大、复杂案件。

第九条 行政诉讼法第十八条规定的“原告所在地”，包括原告的户籍所在地、经常居住地和被限制人身自由地。

行政机关基于同一事实既对人身又对财产实施行政处罚或者采取行政强制措施的，被限制人身自由的公民、被扣押或者没收财产的公民、法人或者其他组织对上述行为均不服的，既可以向被告所在地人民法院提起诉讼，也可以向原告所在地人民法院提起诉讼，受诉人民法院可一并管辖。

第十条 当事人提出管辖异议，应当在接到人民法院应诉通知之日起10日内以书面形式提出。

对当事人提出的管辖异议，人民法院应当进行审查。异议成立的，裁定将案件移送有管辖权的人民法院；异议不成立的，裁定驳回。

三、诉讼参加人

第十一条 行政诉讼法第二十四条规定的“近亲属”，包括配偶、父母、子女、兄弟姐妹、祖父母、外祖父母、孙子女、外孙子女和其他具有扶养、赡养关系的亲属。

公民因被限制人身自由而不能提起诉讼的，其近亲属可以依其口头或者书面委托以该公民的名义提起诉讼。

第十二条 与具体行政行为有法律上利害关系的公民、法人或者其他组织对该行为不服的，可以依法提起行政诉讼。

第十三条 有下列情形之一的，公民、法人或者其他组织可以依法提起行政诉讼：

（一）被诉的具体行政行为涉及其相邻权或者公平竞争权的；

（二）与被诉的行政复议决定有法律上利害关系或者在复议程序中被追加为第三人的；

（三）要求主管行政机关依法追究加害人法律责任的；

（四）与撤销或者变更具体行政行为有法律上利害关系的。

第十四条 合伙企业向人民法院提起诉讼的，应当以核准登记的字号为原告，由执行合伙企业事务的合伙人作诉讼代表人；其他合伙组织提起诉讼的，合伙人为共同原告。

不具备法人资格的其他组织向人民法院提起诉讼的，由该组织的主要负责人作诉讼代表人；没有主要负责人的，可以由推选的负责人作诉讼代表人。

同案原告为5人以上，应当推选1至5名诉讼代表人参加诉讼；在指定期限内未选定的，人民法院可以依职权指定。

第十五条 联营企业、中外合资或者合作企业的联营、合资、合作各方，认为联营、合资、合作企业权益或者自己一方合法权益受具体行政行为侵害的，均可以自己的名义提

起诉讼。

第十六条 农村土地承包人等土地使用权人对行政机关处分其使用的农村集体所有土地的行为不服，可以自己的名义提起诉讼。

第十七条 非国有企业被行政机关注销、撤销、合并、强令兼并、出售、分立或者改变企业隶属关系的，该企业或者其法定代表人可以提起诉讼。

第十八条 股份制企业的股东大会、股东代表大会、董事会等认为行政机关作出的具体行政行为侵犯企业经营自主权的，可以企业名义提起诉讼。

第十九条 当事人不服经上级行政机关批准的具体行政行为，向人民法院提起诉讼的，应当以在对外发生法律效力的文书上署名的机关为被告。

第二十条 行政机关组建并赋予行政管理职能但不具有独立承担法律责任能力的机构，以自己的名义作出具体行政行为，当事人不服提起诉讼的，应当以组建该机构的行政机关为被告。

行政机关的内设机构或者派出机构在没有法律、法规或者规章授权的情况下，以自己的名义作出具体行政行为，当事人不服提起诉讼的，应当以该行政机关为被告。

法律、法规或者规章授权行使行政职权的行政机关内设机构、派出机构或者其他组织，超出法定授权范围实施行政行为，当事人不服提起诉讼的，应当以实施该行为的机构或者组织为被告。

第二十一条 行政机关在没有法律、法规或者规章规定的情况下，授权其内设机构、派出机构或者其他组织行使行政职权的，应当视为委托。当事人不服提起诉讼的，应当以该行政机关为被告。

第二十二条 复议机关在法定期间内不作复议决定，当事人对原具体行政行为不服提起诉讼的，应当以作出原具体行政行为的行政机关为被告；当事人对复议机关不作为不服提起诉讼的，应当以复议机关为被告。

第二十三条 原告所起诉的被告不适格，人民法院应当告知原告变更被告；原告不同意变更的，裁定驳回起诉。

应当追加被告而原告不同意追加的，人民法院应当通知其以第三人的身份参加诉讼。

第二十四条 行政机关的同一具体行政行为涉及两个以上利害关系人，其中一部分利害关系人对具体行政行为不服提起诉讼，人民法院应当通知没有起诉的其他利害关系人作为第三人参加诉讼。

第三人有权提出与本案有关的诉讼主张，对人民法院的一审判决不服，有权提起上诉。

第二十五条 当事人委托诉讼代理人，应当向人民法院提交由委托人签名或者盖章的授权委托书。委托书应当载明委托事项和具体权限。公民在特殊情况下无法书面委托的，也可以口头委托。口头委托的，人民法院应当核实并记录在卷；被诉机关或者其他有义务协助的机关拒绝人民法院向被限制人身自由的公民核实的，视为委托成立。当事人解除或者变更委托的，应当书面报告人民法院，由人民法院通知其他当事人。

四、证　　据

第二十六条 在行政诉讼中，被告对其作出的具体行政行为承担举证责任。

被告应当在收到起诉状副本之日起 10 日内提交答辩状，并提供作出具体行政行为时的证据、依据；被告不提供或者无正当理由逾期提供的，应当认定该具体行政行为没有证据、依据。

第二十七条　原告对下列事项承担举证责任：

（一）证明起诉符合法定条件，但被告认为原告起诉超过起诉期限的除外；

（二）在起诉被告不作为的案件中，证明其提出申请的事实；

（三）在一并提起的行政赔偿诉讼中，证明因受被诉行为侵害而造成损失的事实；

（四）其他应当由原告承担举证责任的事项。

第二十八条　有下列情形之一的，被告经人民法院准许可以补充相关的证据：

（一）被告在作出具体行政行为时已经收集证据，但因不可抗力等正当事由不能提供的；

（二）原告或者第三人在诉讼过程中，提出了其在被告实施行政行为过程中没有提出的反驳理由或者证据的。

第二十九条　有下列情形之一的，人民法院有权调取证据：

（一）原告或者第三人及其诉讼代理人提供了证据线索，但无法自行收集而申请人民法院调取的；

（二）当事人应当提供而无法提供原件或者原物的。

第三十条　下列证据不能作为认定被诉具体行政行为合法的根据：

（一）被告及其诉讼代理人在作出具体行政行为后自行收集的证据；

（二）被告严重违反法定程序收集的其他证据。

第三十一条　未经法庭质证的证据不能作为人民法院裁判的根据。

复议机关在复议过程中收集和补充的证据，不能作为人民法院维持原具体行政行为的根据。

被告在二审过程中向法庭提交在一审过程中没有提交的证据，不能作为二审法院撤销或者变更一审裁判的根据。

五、起诉与受理

第三十二条　人民法院应当组成合议庭对原告的起诉进行审查。符合起诉条件的，应当在 7 日内立案；不符合起诉条件的，应当在 7 日内裁定不予受理。

7 日内不能决定是否受理的，应当先予受理；受理后经审查不符合起诉条件的，裁定驳回起诉。

受诉人民法院在 7 日内既不立案，又不作出裁定的，起诉人可以向上一级人民法院申诉或者起诉。上一级人民法院认为符合受理条件的，应予受理；受理后可以移交或者指定下级人民法院审理，也可以自行审理。

前三款规定的期限，从受诉人民法院收到起诉状之日起计算；因起诉状内容欠缺而责令原告补正的，从人民法院收到补正材料之日起计算。

第三十三条　法律、法规规定应当先申请复议，公民、法人或者其他组织未申请复议直接提起诉讼的，人民法院不予受理。

复议机关不受理复议申请或者在法定期限内不作出复议决定，公民、法人或者其他组织不服，依法向人民法院提起诉讼的，人民法院应当依法受理。

第三十四条　法律、法规未规定行政复议为提起行政诉讼必经程序，公民、法人或者其他组织既提起诉讼又申请行政复议的，由先受理的机关管辖；同时受理的，由公民、法人或者其他组织选择。公民、法人或者其他组织已经申请行政复议，在法定复议期间内又向人民法院提起诉讼的，人民法院不予受理。

第三十五条 法律、法规未规定行政复议为提起行政诉讼必经程序，公民、法人或者其他组织向复议机关申请行政复议后，又经复议机关同意撤回复议申请，在法定起诉期限内对原具体行政行为提起诉讼的，人民法院应当依法受理。

第三十六条 人民法院裁定准许原告撤诉后，原告以同一事实和理由重新起诉的，人民法院不予受理。

准予撤诉的裁定确有错误，原告申请再审的，人民法院应当通过审判监督程序撤销原准予撤诉的裁定，重新对案件进行审理。

第三十七条 原告或者上诉人未按规定的期限预交案件受理费，又不提出缓交、减交、免交申请，或者提出申请未获批准的，按自动撤诉处理。在按撤诉处理后，原告或者上诉人在法定期限内再次起诉或者上诉，并依法解决诉讼费预交问题的，人民法院应予受理。

第三十八条 人民法院判决撤销行政机关的具体行政行为后，公民、法人或者其他组织对行政机关重新作出的具体行政行为不服向人民法院起诉的，人民法院应当依法受理。

第三十九条 公民、法人或者其他组织申请行政机关履行法定职责，行政机关在接到申请之日起 60 日内不履行的，公民、法人或者其他组织向人民法院提起诉讼，人民法院应当依法受理。法律、法规、规章和其他规范性文件对行政机关履行职责的期限另有规定的，从其规定。

公民、法人或者其他组织在紧急情况下请求行政机关履行保护其人身权、财产权的法定职责，行政机关不履行的，起诉期间不受前款规定的限制。

第四十条 行政机关作出具体行政行为时，没有制作或者没有送达法律文书，公民、法人或者其他组织不服向人民法院起诉的，只要能证明具体行政行为存在，人民法院应当依法受理。

第四十一条 行政机关作出具体行政行为时，未告知公民、法人或者其他组织诉权或者起诉期限的，起诉期限从公民、法人或者其他组织知道或者应当知道诉权或者起诉期限之日起计算，但从知道或者应当知道具体行政行为内容之日起最长不得超过 2 年。

复议决定未告知公民、法人或者其他组织诉权或者法定起诉期限的，适用前款规定。

第四十二条 公民、法人或者其他组织不知道行政机关作出的具体行政行为内容的，其起诉期限从知道或者应当知道该具体行政行为内容之日起计算。对涉及不动产的具体行政行为从作出之日起超过 20 年、其他具体行政行为从作出之日起超过 5 年提起诉讼的，人民法院不予受理。

第四十三条 由于不属于起诉人自身的原因超过起诉期限的，被耽误的时间不计算在起诉期间内。因人身自由受到限制而不能提起诉讼的，被限制人身自由的时间不计算在起诉期间内。

六、审理与判决

第四十四条 有下列情形之一的，应当裁定不予受理；已经受理的，裁定驳回起诉：

（一）请求事项不属于行政审判权限范围的；

（二）起诉人无原告诉讼主体资格的；

（三）起诉人错列被告且拒绝变更的；

（四）法律规定必须由法定或者指定代理人、代表人为诉讼行为，未由法定或者指定代理人、代表人为诉讼行为的；

（五）由诉讼代理人代为起诉，其代理不符合法定要求的；

（六）起诉超过法定期限且无正当理由的；

（七）法律、法规规定行政复议为提起诉讼必经程序而未申请复议的；

（八）起诉人重复起诉的；

（九）已撤回起诉，无正当理由再行起诉的；

（十）诉讼标的为生效判决的效力所羁束的；

（十一）起诉不具备其他法定要件的。

前款所列情形可以补正或者更正的，人民法院应当指定期间责令补正或者更正；在指定期间已经补正或者更正的，应当依法受理。

第四十五条　起诉状副本送达被告后，原告提出新的诉讼请求的，人民法院不予准许，但有正当理由的除外。

第四十六条　有下列情形之一的，人民法院可以决定合并审理：

（一）两个以上行政机关分别依据不同的法律、法规对同一事实作出具体行政行为，公民、法人或者其他组织不服向同一人民法院起诉的；

（二）行政机关就同一事实对若干公民、法人或者其他组织分别作出具体行政行为，公民、法人或者其他组织不服分别向同一人民法院起诉的；

（三）在诉讼过程中，被告对原告作出新的具体行政行为，原告不服向同一人民法院起诉的；

（四）人民法院认为可以合并审理的其他情形。

第四十七条　当事人申请回避，应当说明理由，在案件开始审理时提出；回避事由在案件开始审理后知道的，应当在法庭辩论终结前提出。

被申请回避的人员，在人民法院作出是否回避的决定前，应当暂停参与本案的工作，但案件需要采取紧急措施的除外。

对当事人提出的回避申请，人民法院应当在3日内以口头或者书面形式作出决定。

申请人对驳回回避申请决定不服的，可以向作出决定的人民法院申请复议一次。复议期间，被申请回避的人员不停止参与本案的工作。对申请人的复议申请，人民法院应当在3日内作出复议决定，并通知复议申请人。

第四十八条　人民法院对于因一方当事人的行为或者其他原因，可能使具体行政行为或者人民法院生效裁判不能或者难以执行的案件，可以根据对方当事人的申请作出财产保全的裁定；当事人没有提出申请的，人民法院在必要时也可以依法采取财产保全措施。

人民法院审理起诉行政机关没有依法发给抚恤金、社会保险金、最低生活保障费等案件，可以根据原告的申请，依法书面裁定先予执行。

当事人对财产保全或者先予执行的裁定不服的，可以申请复议。复议期间不停止裁定的执行。

第四十九条　原告或者上诉人经合法传唤，无正当理由拒不到庭或者未经法庭许可中途退庭的，可以按撤诉处理。

原告或者上诉人申请撤诉，人民法院裁定不予准许的，原告或者上诉人经合法传唤无正当理由拒不到庭，或者未经法庭许可而中途退庭的，人民法院可以缺席判决。

第三人经合法传唤无正当理由拒不到庭，或者未经法庭许可中途退庭的，不影响案件的审理。

第五十条 被告在一审期间改变被诉具体行政行为的，应当书面告知人民法院。

原告或者第三人对改变后的行为不服提起诉讼的，人民法院应当就改变后的具体行政行为进行审理。

被告改变原具体行政行为，原告不撤诉，人民法院经审查认为原具体行政行为违法的，应当作出确认其违法的判决；认为原具体行政行为合法的，应当判决驳回原告的诉讼请求。

原告起诉被告不作为，在诉讼中被告作出具体行政行为，原告不撤诉的，参照上述规定处理。

第五十一条 在诉讼过程中，有下列情形之一的，中止诉讼：

（一）原告死亡，须等待其近亲属表明是否参加诉讼的；

（二）原告丧失诉讼行为能力，尚未确定法定代理人的；

（三）作为一方当事人的行政机关、法人或者其他组织终止，尚未确定权利义务承受人的；

（四）一方当事人因不可抗力的事由不能参加诉讼的；

（五）案件涉及法律适用问题，需要送请有权机关作出解释或者确认的；

（六）案件的审判须以相关民事、刑事或者其他行政案件的审理结果为依据，而相关案件尚未审结的；

（七）其他应当中止诉讼的情形。

中止诉讼的原因消除后，恢复诉讼。

第五十二条 在诉讼过程中，有下列情形之一的，终结诉讼：

（一）原告死亡，没有近亲属或者近亲属放弃诉讼权利的；

（二）作为原告的法人或者其他组织终止后，其权利义务的承受人放弃诉讼权利的。

因本解释第五十一条第一款第（一）、（二）、（三）项原因中止诉讼满 90 日仍无人继续诉讼的，裁定终结诉讼，但有特殊情况的除外。

第五十三条 复议决定维持原具体行政行为的，人民法院判决撤销原具体行政行为，复议决定自然无效。

复议决定改变原具体行政行为错误，人民法院判决撤销复议决定时，应当责令复议机关重新作出复议决定。

第五十四条 人民法院判决被告重新作出具体行政行为，被告重新作出的具体行政行为与原具体行政行为的结果相同，但主要事实或者主要理由有改变的，不属于行政诉讼法第五十五条规定的情形。

人民法院以违反法定程序为由，判决撤销被诉具体行政行为的，行政机关重新作出具体行政行为不受行政诉讼法第五十五条规定的限制。

行政机关以同一事实和理由重新作出与原具体行政行为基本相同的具体行政行为，人民法院应当根据行政诉讼法第五十四条第（二）项、第五十五条的规定判决撤销或者部分撤销，并根据行政诉讼法第六十五条第三款的规定处理。

第五十五条　人民法院审理行政案件不得加重对原告的处罚，但利害关系人同为原告的除外。

人民法院审理行政案件不得对行政机关未予处罚的人直接给予行政处罚。

第五十六条　有下列情形之一的，人民法院应当判决驳回原告的诉讼请求：

（一）起诉被告不作为理由不能成立的；

（二）被诉具体行政行为合法但存在合理性问题的；

（三）被诉具体行政行为合法，但因法律、政策变化需要变更或者废止的；

（四）其他应当判决驳回诉讼请求的情形。

第五十七条　人民法院认为被诉具体行政行为合法，但不适宜判决维持或者驳回诉讼请求的，可以作出确认其合法或者有效的判决。

有下列情形之一的，人民法院应当作出确认被诉具体行政行为违法或者无效的判决：

（一）被告不履行法定职责，但判决责令其履行法定职责已无实际意义的；

（二）被诉具体行政行为违法，但不具有可撤销内容的；

（三）被诉具体行政行为依法不成立或者无效的。

第五十八条　被诉具体行政行为违法，但撤销该具体行政行为将会给国家利益或者公共利益造成重大损失的，人民法院应当作出确认被诉具体行政行为违法的判决，并责令被诉行政机关采取相应的补救措施；造成损害的，依法判决承担赔偿责任。

第五十九条　根据行政诉讼法第五十四条第（二）项规定判决撤销违法的被诉具体行政行为，将会给国家利益、公共利益或者他人合法权益造成损失的，人民法院在判决撤销的同时，可以分别采取以下方式处理：

（一）判决被告重新作出具体行政行为；

（二）责令被诉行政机关采取相应的补救措施；

（三）向被告和有关机关提出司法建议；

（四）发现违法犯罪行为的，建议有权机关依法处理。

第六十条　人民法院判决被告重新作出具体行政行为，如不及时重新作出具体行政行为，将会给国家利益、公共利益或者当事人利益造成损失的，可以限定重新作出具体行政行为的期限。

人民法院判决被告履行法定职责，应当指定履行的期限，因情况特殊难于确定期限的除外。

第六十一条　被告对平等主体之间民事争议所作的裁决违法，民事争议当事人要求人民法院一并解决相关民事争议的，人民法院可以一并审理。

第六十二条　人民法院审理行政案件，适用最高人民法院司法解释的，应当在裁判文书中援引。

人民法院审理行政案件，可以在裁判文书中引用合法有效的规章及其他规范性文件。

第六十三条　裁定适用于下列范围：

（一）不予受理；

（二）驳回起诉；

（三）管辖异议；

（四）终结诉讼；

（五）中止诉讼；

（六）移送或者指定管辖；

（七）诉讼期间停止具体行政行为的执行或者驳回停止执行的申请；

（八）财产保全；

（九）先予执行；

（十）准许或者不准许撤诉；

（十一）补正裁判文书中的笔误；

（十二）中止或者终结执行；

（十三）提审、指令再审或者发回重审；

（十四）准许或者不准许执行行政机关的具体行政行为；

（十五）其他需要裁定的事项。

对第（一）、（二）、（三）项裁定，当事人可以上诉。

第六十四条 行政诉讼法第五十七条、第六十条规定的审限，是指从立案之日起至裁判宣告之日止的期间。鉴定、处理管辖争议或者异议以及中止诉讼的时间不计算在内。

第六十五条 第一审人民法院作出判决和裁定后，当事人均提起上诉的，上诉各方均为上诉人。

诉讼当事人中的一部分人提出上诉，没有提出上诉的对方当事人为被上诉人，其他当事人依原审诉讼地位列明。

第六十六条 当事人提出上诉，应当按照其他当事人或者诉讼代表人的人数提出上诉状副本。

原审人民法院收到上诉状，应当在5日内将上诉状副本送达其他当事人，对方当事人应当在收到上诉状副本之日起10日内提出答辩状。

原审人民法院应当在收到答辩状之日起5日内将副本送达当事人。

原审人民法院收到上诉状、答辩状，应当在5日内连同全部案卷和证据，报送第二审人民法院。已经预收诉讼费用的，一并报送。

第六十七条 第二审人民法院审理上诉案件，应当对原审人民法院的裁判和被诉具体行政行为是否合法进行全面审查。

当事人对原审人民法院认定的事实有争议的，或者第二审人民法院认为原审人民法院认定事实不清楚的，第二审人民法院应当开庭审理。

第六十八条 第二审人民法院经审理认为原审人民法院不予受理或者驳回起诉的裁定确有错误，且起诉符合法定条件的，应当裁定撤销原审人民法院的裁定，指令原审人民法院依法立案受理或者继续审理。

第六十九条 第二审人民法院裁定发回原审人民法院重新审理的行政案件，原审人民法院应当另行组成合议庭进行审理。

第七十条 第二审人民法院审理上诉案件，需要改变原审判决的，应当同时对被诉具体行政行为作出判决。

第七十一条 原审判决遗漏了必须参加诉讼的当事人或者诉讼请求的，第二审人民法院应当裁定撤销原审判决，发回重审。

原审判决遗漏行政赔偿请求，第二审人民法院经审查认为依法不应当予以赔偿的，应当判决驳回行政赔偿请求。

原审判决遗漏行政赔偿请求，第二审人民法院经审理认为依法应当予以赔偿的，在确认被诉具体行政行为违法的同时，可以就行政赔偿问题进行调解；调解不成的，应当就行政赔偿部分发回重审。

当事人在第二审期间提出行政赔偿请求的，第二审人民法院可以进行调解；调解不成的，应当告知当事人另行起诉。

第七十二条 有下列情形之一的，属于行政诉讼法第六十三条规定的“违反法律、法规规定”：

（一）原判决、裁定认定的事实主要证据不足；

（二）原判决、裁定适用法律、法规确有错误；

（三）违反法定程序，可能影响案件正确裁判；

（四）其他违反法律、法规的情形。

第七十三条 当事人申请再审，应当在判决、裁定发生法律效力后2年内提出。

当事人对已经发生法律效力的行政赔偿调解书，提出证据证明调解违反自愿原则或者调解协议的内容违反法律规定的，可以在2年内申请再审。

第七十四条 人民法院接到当事人的再审申请后，经审查，符合再审条件的，应当立案并及时通知各方当事人；不符合再审条件的，予以驳回。

第七十五条 对人民检察院按照审判监督程序提出抗诉的案件，人民法院应当再审。

人民法院开庭审理抗诉案件时，应当通知人民检察院派员出庭。

第七十六条 人民法院按照审判监督程序再审的案件，发生法律效力的判决、裁定是由第一审人民法院作出的，按照第一审程序审理，所作的判决、裁定，当事人可以上诉；发生法律效力的判决、裁定是由第二审人民法院作出的，按照第二审程序审理，所作的判决、裁定是发生法律效力的判决、裁定；上级人民法院按照审判监督程序提审的，按照第二审程序审理，所作的判决、裁定是发生法律效力的判决、裁定。

人民法院审理再审案件，应当另行组成合议庭。

第七十七条 按照审判监督程序决定再审的案件，应当裁定中止原判决的执行；裁定由院长署名，加盖人民法院印章。

上级人民法院决定提审或者指令下级人民法院再审的，应当作出裁定，裁定应当写明中止原判决的执行；情况紧急的，可以将中止执行的裁定口头通知负责执行的人民法院或者作出生效判决、裁定的人民法院，但应当在口头通知后10日内发出裁定书。

第七十八条 人民法院审理再审案件，认为原生效判决、裁定确有错误，在撤销原生效判决或者裁定的同时，可以对生效判决、裁定的内容作出相应裁判，也可以裁定撤销生效判决或者裁定，发回作出生效判决、裁定的人民法院重新审判。

第七十九条 人民法院审理二审案件和再审案件，对原审法院受理、不予受理或者驳回起诉错误的，应当分别情况作如下处理：

（一）第一审人民法院作出实体判决后，第二审人民法院认为不应当受理的，在撤销第一审人民法院判决的同时，可以发回重审，也可以迳行驳回起诉；

（二）第二审人民法院维持第一审人民法院不予受理裁定错误的，再审法院应当撤销第一审、第二审人民法院裁定，指令第一审人民法院受理；

（三）第二审人民法院维持第一审人民法院驳回起诉裁定错误的，再审法院应当撤销第一审、第二审人民法院裁定，指令第一审人民法院审理。

第八十条 人民法院审理再审案件，发现生效裁判有下列情形之一的，应当裁定发回作出生效判决、裁定的人民法院重新审理：

（一）审理本案的审判人员、书记员应当回避而未回避的；

（二）依法应当开庭审理而未经开庭即作出判决的；

（三）未经合法传唤当事人而缺席判决的；

（四）遗漏必须参加诉讼的当事人的；

（五）对与本案有关的诉讼请求未予裁判的；

（六）其他违反法定程序可能影响案件正确裁判的。

第八十一条 再审案件按照第一审程序审理的，适用行政诉讼法第五十七条规定的审理期限。

再审案件按照第二审程序审理的，适用行政诉讼法第六十条规定的审理期限。

第八十二条 基层人民法院申请延长审理期限，应当直接报请高级人民法院批准，同时报中级人民法院备案。

七、执　　行

第八十三条 对发生法律效力的行政判决书、行政裁定书、行政赔偿判决书和行政赔偿调解书，负有义务的一方当事人拒绝履行的，对方当事人可以依法申请人民法院强制执行。

第八十四条 申请人是公民的，申请执行生效的行政判决书、行政裁定书、行政赔偿判决书和行政赔偿调解书的期限为1年，申请人是行政机关、法人或者其他组织的为180日。

申请执行的期限从法律文书规定的履行期间最后一日起计算；法律文书中没有规定履行期限的，从该法律文书送达当事人之日起计算。

逾期申请的，除有正当理由外，人民法院不予受理。

第八十五条 发生法律效力的行政判决书、行政裁定书、行政赔偿判决书和行政赔偿调解书，由第一审人民法院执行。

第一审人民法院认为情况特殊需要由第二审人民法院执行的，可以报请第二审人民法院执行；第二审人民法院可以决定由其执行，也可以决定由第一审人民法院执行。

第八十六条 行政机关根据行政诉讼法第六十六条的规定申请执行其具体行政行为，应当具备以下条件：

（一）具体行政行为依法可以由人民法院执行；

（二）具体行政行为已经生效并具有可执行内容；

（三）申请人是作出该具体行政行为的行政机关或者法律、法规、规章授权的组织；

（四）被申请人是该具体行政行为所确定的义务人；

（五）被申请人在具体行政行为确定的期限内或者行政机关另行指定的期限内未履行义务；

（六）申请人在法定期限内提出申请；

（七）被申请执行的行政案件属于受理申请执行的人民法院管辖。

人民法院对符合条件的申请，应当立案受理，并通知申请人；对不符合条件的申请，应当裁定不予受理。

第八十七条 法律、法规没有赋予行政机关强制执行权，行政机关申请人民法院强制执行的，人民法院应当依法受理。

法律、法规规定既可以由行政机关依法强制执行，也可以申请人民法院强制执行，行政机关申请人民法院强制执行的，人民法院可以依法受理。

第八十八条 行政机关申请人民法院强制执行其具体行政行为，应当自被执行人的法定起诉期限届满之日起 180 日内提出。逾期申请的，除有正当理由外，人民法院不予受理。

第八十九条 行政机关申请人民法院强制执行其具体行政行为，由申请人所在地的基层人民法院受理；执行对象为不动产的，由不动产所在地的基层人民法院受理。

基层人民法院认为执行确有困难的，可以报请上级人民法院执行；上级人民法院可以决定由其执行，也可以决定由下级人民法院执行。

第九十条 行政机关根据法律的授权对平等主体之间民事争议作出裁决后，当事人在法定期限内不起诉又不履行，作出裁决的行政机关在申请执行的期限内未申请人民法院强制执行的，生效具体行政行为确定的权利人或者其继承人、权利承受人在 90 日内可以申请人民法院强制执行。

享有权利的公民、法人或者其他组织申请人民法院强制执行具体行政行为，参照行政机关申请人民法院强制执行具体行政行为的规定。

第九十一条 行政机关申请人民法院强制执行其具体行政行为，应当提交申请执行书、据以执行的行政法律文书、证明该具体行政行为合法的材料和被执行人财产状况以及其他必须提交的材料。

享有权利的公民、法人或者其他组织申请人民法院强制执行的，人民法院应当向作出裁决的行政机关调取有关材料。

第九十二条 行政机关或者具体行政行为确定的权利人申请人民法院强制执行前，有充分理由认为被执行人可能逃避执行的，可以申请人民法院采取财产保全措施。后者申请强制执行的，应当提供相应的财产担保。

第九十三条 人民法院受理行政机关申请执行其具体行政行为的案件后，应当在 30 日内由行政审判庭组成合议庭对具体行政行为的合法性进行审查，并就是否准予强制执行作出裁定；需要采取强制执行措施的，由本院负责强制执行非诉行政行为的机构执行。

第九十四条 在诉讼过程中，被告或者具体行政行为确定的权利人申请人民法院强制执行被诉具体行政行为，人民法院不予执行，但不及时执行可能给国家利益、公共利益或者他人合法权益造成不可弥补的损失的，人民法院可以先予执行。后者申请强制执行的，应当提供相应的财产担保。

第九十五条 被申请执行的具体行政行为有下列情形之一的，人民法院应当裁定不准予执行：

（一）明显缺乏事实根据的；

（二）明显缺乏法律依据的；

（三）其他明显违法并损害被执行人合法权益的。

第九十六条 行政机关拒绝履行人民法院生效判决、裁定的，人民法院可以依照行政诉讼法第六十五条第三款的规定处理，并可以参照民事诉讼法第一百零二条的有关规定，对主要负责人或者直接责任人员予以罚款处罚。

八、其　他

第九十七条　人民法院审理行政案件，除依照行政诉讼法和本解释外，可以参照民事诉讼的有关规定。

第九十八条　本解释自发布之日起施行，最高人民法院《关于贯彻执行〈中华人民共和国行政诉讼法〉若干问题的意见（试行）》同时废止；最高人民法院以前所作的司法解释以及与有关机关联合发布的规范性文件，凡与本解释不一致的，按本解释执行。

中华人民共和国行政处罚法

（1996 年 3 月 17 日第八届全国人民代表大会第四次会议通过）

第一章　总　则

第一条　为了规范行政处罚的设定和实施，保障和监督行政机关有效实施行政管理，维护公共利益和社会秩序，保护公民、法人或者其他组织的合法权益，根据宪法，制定本法。

第二条　行政处罚的设定和实施，适用本法。

第三条　公民、法人或者其他组织违反行政管理秩序的行为，应当给予行政处罚的，依照本法由法律、法规或者规章规定，并由行政机关依照本法规定的程序实施。

没有法定依据或者不遵守法定程序的，行政处罚无效。

第四条　行政处罚遵循公正、公开的原则。

设定和实施行政处罚必须以事实为依据，与违法行为的事实、性质、情节以及社会危害程度相当。

对违法行为给予行政处罚的规定必须公布；未经公布的，不得作为行政处罚的依据。

第五条　实施行政处罚，纠正违法行为，应当坚持处罚与教育相结合，教育公民、法人或者其他组织自觉守法。

第六条　公民、法人或者其他组织对行政机关所给予的行政处罚，享有陈述权、申辩权；对行政处罚不服的，有权依法申请行政复议或者提起行政诉讼。

公民、法人或者其他组织因行政机关违法给予行政处罚受到损害的，有权依法提出赔偿要求。

第七条　公民、法人或者其他组织因违法受到行政处罚，其违法行为对他人造成损害的，应当依法承担民事责任。

违法行为构成犯罪，应当依法追究刑事责任，不得以行政处罚代替刑事处罚。

第二章　行政处罚的种类和设定

第八条　行政处罚的种类：

（一）警告；

（二）罚款；

（三）没收违法所得、没收非法财物；

（四）责令停产停业；

（五）暂扣或者吊销许可证、暂扣或者吊销执照；

（六）行政拘留；

（七）法律、行政法规规定的其他行政处罚。

第九条 法律可以设定各种行政处罚。

限制人身自由的行政处罚，只能由法律设定。

第十条 行政法规可以设定除限制人身自由以外的行政处罚。

法律对违法行为已经作出行政处罚规定，行政法规需要作出具体规定的，必须在法律规定的给予行政处罚的行为、种类和幅度的范围内规定。

第十一条 地方性法规可以设定除限制人身自由、吊销企业营业执照以外的行政处罚。

法律、行政法规对违法行为已经作出行政处罚规定，地方性法规需要作出具体规定的，必须在法律、行政法规规定的给予行政处罚的行为、种类和幅度的范围内规定。

第十二条 国务院部、委员会制定的规章可以在法律、行政法规规定的给予行政处罚的行为、种类和幅度的范围内作出具体规定。

尚未制定法律、行政法规的，前款规定的国务院部、委员会制定的规章对违反行政管理秩序的行为，可以设定警告或者一定数量罚款的行政处罚。罚款的限额由国务院规定。

国务院可以授权具有行政处罚权的直属机构依照本条第一款、第二款的规定，规定行政处罚。

第十三条 省、自治区、直辖市人民政府和省、自治区人民政府所在地的市人民政府以及经国务院批准的较大的市人民政府制定的规章可以在法律、法规规定的给予行政处罚的行为、种类和幅度的范围内作出具体规定。

尚未制定法律、法规的，前款规定的人民政府制定的规章对违反行政管理秩序的行为，可以设定警告或者一定数量罚款的行政处罚。罚款的限额由省、自治区、直辖市人民代表大会常务委员会规定。

第十四条 除本法第九条、第十条、第十一条、第十二条以及第十三条的规定外，其他规范性文件不得设定行政处罚。

第三章 行政处罚的实施机关

第十五条 行政处罚由具有行政处罚权的行政机关在法定职权范围内实施。

第十六条 国务院或者经国务院授权的省、自治区、直辖市人民政府可以决定一个行政机关行使有关行政机关的行政处罚权，但限制人身自由的行政处罚权只能由公安机关行使。

第十七条 法律、法规授权的具有管理公共事务职能的组织可以在法定授权范围内实施行政处罚。

第十八条 行政机关依照法律、法规或者规章的规定，可以在其法定权限内委托符合本法第十九条规定条件的组织实施行政处罚。行政机关不得委托其他组织或者个人实施行政处罚。

委托行政机关对受委托的组织实施行政处罚的行为应当负责监督，并对该行为的后果承担法律责任。

受委托组织在委托范围内，以委托行政机关名义实施行政处罚；不得再委托其他任何组织或者个人实施行政处罚。

第十九条 受委托组织必须符合以下条件：

（一）依法成立的管理公共事务的事业组织；

（二）具有熟悉有关法律、法规、规章和业务的工作人员；

（三）对违法行为需要进行技术检查或者技术鉴定的，应当有条件组织进行相应的技术检查或者技术鉴定。

第四章 行政处罚的管辖和适用

第二十条 行政处罚由违法行为发生地的县级以上地方人民政府具有行政处罚权的行政机关管辖。法律、行政法规另有规定的除外。

第二十一条 对管辖发生争议的，报请共同的上一级行政机关指定管辖。

第二十二条 违法行为构成犯罪的，行政机关必须将案件移送司法机关，依法追究刑事责任。

第二十三条 行政机关实施行政处罚时，应当责令当事人改正或者限期改正违法行为。

第二十四条 对当事人的同一个违法行为，不得给予两次以上罚款的行政处罚。

第二十五条 不满十四周岁的人有违法行为的，不予行政处罚，责令监护人加以管教；已满十四周岁不满十八周岁的人有违法行为的，从轻或者减轻行政处罚。

第二十六条 精神病人在不能辨认或者不能控制自己行为时有违法行为的，不予行政处罚，但应当责令其监护人严加看管和治疗。间歇性精神病人在精神正常时有违法行为的，应当给予行政处罚。

第二十七条 当事人有下列情形之一的，应当依法从轻或者减轻行政处罚：

（一）主动消除或者减轻违法行为危害后果的；

（二）受他人胁迫有违法行为的；

（三）配合行政机关查处违法行为有立功表现的；

（四）其他依法从轻或者减轻行政处罚的。

违法行为轻微并及时纠正，没有造成危害后果的，不予行政处罚。

第二十八条 违法行为构成犯罪，人民法院判处拘役或者有期徒刑时，行政机关已经给予当事人行政拘留的，应当依法折抵相应刑期。

违法行为构成犯罪，人民法院判处罚金时，行政机关已经给予当事人罚款的，应当折抵相应罚金。

第二十九条 违法行为在二年内未被发现的，不再给予行政处罚。法律另有规定的除外。

前款规定的期限，从违法行为发生之日起计算；违法行为有连续或者继续状态的，从行为终了之日起计算。

第五章 行政处罚的决定

第三十条 公民、法人或者其他组织违反行政管理秩序的行为，依法应当给予行政处罚的，行政机关必须查明事实；违法事实不清的，不得给予行政处罚。

第三十一条　行政机关在作出行政处罚决定之前，应当告知当事人作出行政处罚决定的事实、理由及依据，并告知当事人依法享有的权利。

第三十二条　当事人有权进行陈述和申辩。行政机关必须充分听取当事人的意见，对当事人提出的事实、理由和证据，应当进行复核；当事人提出的事实、理由或者证据成立的，行政机关应当采纳。

行政机关不得因当事人申辩而加重处罚。

第一节　简易程序

第三十三条　违法事实确凿并有法定依据，对公民处以五十元以下、对法人或者其他组织处以一千元以下罚款或者警告的行政处罚的，可以当场作出行政处罚决定。当事人应当依照本法第四十六条、第四十七条、第四十八条的规定履行行政处罚决定。

第三十四条　执法人员当场作出行政处罚决定的，应当向当事人出示执法身份证件，填写预定格式、编有号码的行政处罚决定书。行政处罚决定书应当当场交付当事人。

前款规定的行政处罚决定书应当载明当事人的违法行为、行政处罚依据、罚款数额、时间、地点以及行政机关名称，并由执法人员签名或者盖章。

执法人员当场作出的行政处罚决定，必须报所属行政机关备案。

第三十五条　当事人对当场作出的行政处罚决定不服的，可以依法申请行政复议或者提起行政诉讼。

第二节　一般程序

第三十六条　除本法第三十三条规定的可以当场作出的行政处罚外，行政机关发现公民、法人或者其他组织有依法应当给予行政处罚的行为的，必须全面、客观、公正地调查，收集有关证据；必要时，依照法律、法规的规定，可以进行检查。

第三十七条　行政机关在调查或者进行检查时，执法人员不得少于两人，并应当向当事人或者有关人员出示证件。当事人或者有关人员应当如实回答询问，并协助调查或者检查，不得阻挠。询问或者检查应当制作笔录。

行政机关在收集证据时，可以采取抽样取证的方法；在证据可能灭失或者以后难以取得的情况下，经行政机关负责人批准，可以先行登记保存，并应当在七日内及时作出处理决定，在此期间，当事人或者有关人员不得销毁或者转移证据。

执法人员与当事人有直接利害关系的，应当回避。

第三十八条　调查终结，行政机关负责人应当对调查结果进行审查，根据不同情况，分别作出如下决定：

（一）确有应受行政处罚的违法行为的，根据情节轻重及具体情况，作出行政处罚决定；

（二）违法行为轻微，依法可以不予行政处罚的，不予行政处罚；

（三）违法事实不能成立的，不得给予行政处罚；

（四）违法行为已构成犯罪的，移送司法机关。

对情节复杂或者重大违法行为给予较重的行政处罚，行政机关的负责人应当集体讨论决定。

第三十九条　行政机关依照本法第三十八条的规定给予行政处罚，应当制作行政处罚决定书。行政处罚决定书应当载明下列事项：

（一）当事人的姓名或者名称、地址；

（二）违反法律、法规或者规章的事实和证据；

（三）行政处罚的种类和依据；

（四）行政处罚的履行方式和期限；

（五）不服行政处罚决定，申请行政复议或者提起行政诉讼的途径和期限；

（六）作出行政处罚决定的行政机关名称和作出决定的日期。

行政处罚决定书必须盖有作出行政处罚决定的行政机关的印章。

第四十条 行政处罚决定书应当在宣告后当场交付当事人；当事人不在场的，行政机关应当在七日内依照民事诉讼法的有关规定，将行政处罚决定书送达当事人。

第四十一条 行政机关及其执法人员在作出行政处罚决定之前，不依照本法第三十一条、第三十二条的规定向当事人告知给予行政处罚的事实、理由和依据，或者拒绝听取当事人的陈述、申辩，行政处罚决定不能成立；当事人放弃陈述或者申辩权利的除外。

第三节 听证程序

第四十二条 行政机关作出责令停产停业、吊销许可证或者执照、较大数额罚款等行政处罚决定之前，应当告知当事人有要求举行听证的权利；当事人要求听证的，行政机关应当组织听证。当事人不承担行政机关组织听证的费用。听证依照以下程序组织：

（一）当事人要求听证的，应当在行政机关告知后三日内提出；

（二）行政机关应当在听证的七日前，通知当事人举行听证的时间、地点；

（三）除涉及国家秘密、商业秘密或者个人隐私外，听证公开举行；

（四）听证由行政机关指定的非本案调查人员主持；当事人认为主持人与本案有直接利害关系的，有权申请回避；

（五）当事人可以亲自参加听证，也可以委托一至二人代理；

（六）举行听证时，调查人员提出当事人违法的事实、证据和行政处罚建议；当事人进行申辩和质证；

（七）听证应当制作笔录；笔录应当交当事人审核无误后签字或者盖章。

当事人对限制人身自由的行政处罚有异议的，依照治安管理处罚条例有关规定执行。

第四十三条 听证结束后，行政机关依照本法第三十八条的规定，作出决定。

第六章 行政处罚的执行

第四十四条 行政处罚决定依法作出后，当事人应当在行政处罚决定的期限内，予以履行。

第四十五条 当事人对行政处罚决定不服申请行政复议或者提起行政诉讼的，行政处罚不停止执行，法律另有规定的除外。

第四十六条 作出罚款决定的行政机关应当与收缴罚款的机构分离。

除依照本法第四十七条、第四十八条的规定当场收缴的罚款外，作出行政处罚决定的行政机关及其执法人员不得自行收缴罚款。

当事人应当自收到行政处罚决定书之日起十五日内，到指定的银行缴纳罚款。银行应当收受罚款，并将罚款直接上缴国库。

第四十七条 依照本法第三十三条的规定当场作出行政处罚决定，有下列情形之一的，执法人员可以当场收缴罚款：

（一）依法给予二十元以下的罚款的；

（二）不当场收缴事后难以执行的。

第四十八条　在边远、水上、交通不便地区，行政机关及其执法人员依照本法第三十三条、第三十八条的规定作出罚款决定后，当事人向指定的银行缴纳罚款确有困难，经当事人提出，行政机关及其执法人员可以当场收缴罚款。

第四十九条　行政机关及其执法人员当场收缴罚款的，必须向当事人出具省、自治区、直辖市财政部门统一制发的罚款收据；不出具财政部门统一制发的罚款收据的，当事人有权拒绝缴纳罚款。

第五十条　执法人员当场收缴的罚款，应当自收缴罚款之日起二日内，交至行政机关；在水上当场收缴的罚款，应当自抵岸之日起二日内交至行政机关；行政机关应当在二日内将罚款缴付指定的银行。

第五十一条　当事人逾期不履行行政处罚决定的，作出行政处罚决定的行政机关可以采取下列措施：

（一）到期不缴纳罚款的，每日按罚款数额的百分之三加处罚款；

（二）根据法律规定，将查封、扣押的财物拍卖或者将冻结的存款划拨抵缴罚款；

（三）申请人民法院强制执行。

第五十二条　当事人确有经济困难，需要延期或者分期缴纳罚款的，经当事人申请和行政机关批准，可以暂缓或者分期缴纳。

第五十三条　除依法应当予以销毁的物品外，依法没收的非法财物必须按照国家规定公开拍卖或者按照国家有关规定处理。

罚款、没收违法所得或者没收非法财物拍卖的款项，必须全部上缴国库，任何行政机关或者个人不得以任何形式截留、私分或者变相私分；财政部门不得以任何形式向作出行政处罚决定的行政机关返还罚款、没收的违法所得或者返还没收非法财物的拍卖款项。

第五十四条　行政机关应当建立健全对行政处罚的监督制度。县级以上人民政府应当加强对行政处罚的监督检查。

公民、法人或者其他组织对行政机关作出的行政处罚，有权申诉或者检举；行政机关应当认真审查，发现行政处罚有错误的，应当主动改正。

第七章　法律责任

第五十五条　行政机关实施行政处罚，有下列情形之一的，由上级行政机关或者有关部门责令改正，可以对直接负责的主管人员和其他直接责任人员依法给予行政处分：

（一）没有法定的行政处罚依据的；

（二）擅自改变行政处罚种类、幅度的；

（三）违反法定的行政处罚程序的；

（四）违反本法第十八条关于委托处罚的规定的。

第五十六条　行政机关对当事人进行处罚不使用罚款、没收财物单据或者使用非法定部门制发的罚款、没收财物单据的，当事人有权拒绝处罚，并有权予以检举。上级行政机关或者有关部门对使用的非法单据予以收缴销毁，对直接负责的主管人员和其他直接责任人员依法给予行政处分。

第五十七条 行政机关违反本法第四十六条的规定自行收缴罚款的，财政部门违反本法第五十三条的规定向行政机关返还罚款或者拍卖款项的，由上级行政机关或者有关部门责令改正，对直接负责的主管人员和其他直接责任人员依法给予行政处分。

第五十八条 行政机关将罚款、没收的违法所得或者财物截留、私分或者变相私分的，由财政部门或者有关部门予以追缴，对直接负责的主管人员和其他直接责任人员依法给予行政处分；情节严重构成犯罪的，依法追究刑事责任。

执法人员利用职务上的便利，索取或者收受他人财物、收缴罚款据为己有，构成犯罪的，依法追究刑事责任；情节轻微不构成犯罪的，依法给予行政处分。

第五十九条 行政机关使用或者损毁扣押的财物，对当事人造成损失的，应当依法予以赔偿，对直接负责的主管人员和其他直接责任人员依法给予行政处分。

第六十条 行政机关违法实行检查措施或者执行措施，给公民人身或者财产造成损害、给法人或者其他组织造成损失的，应当依法予以赔偿，对直接负责的主管人员和其他直接责任人员依法给予行政处分；情节严重构成犯罪的，依法追究刑事责任。

第六十一条 行政机关为牟取本单位私利，对应当依法移交司法机关追究刑事责任的不移交，以行政处罚代替刑罚，由上级行政机关或者有关部门责令纠正；拒不纠正的，对直接负责的主管人员给予行政处分；徇私舞弊、包庇纵容违法行为的，比照刑法第一百八十八条的规定追究刑事责任。

第六十二条 执法人员玩忽职守，对应当予以制止和处罚的违法行为不予制止、处罚，致使公民、法人或者其他组织的合法权益、公共利益和社会秩序遭受损害的，对直接负责的主管人员和其他直接责任人员依法给予行政处分；情节严重构成犯罪的，依法追究刑事责任。

第八章 附　　则

第六十三条 本法第四十六条罚款决定与罚款收缴分离的规定，由国务院制定具体实施办法。

第六十四条 本法自1996年10月1日起施行。

本法公布前制定的法规和规章关于行政处罚的规定与本法不符合的，应当自本法公布之日起，依照本法规定予以修订，在1997年12月31日前修订完毕。

附：刑法有关条文

第一百八十八条司法工作人员徇私舞弊，对明知是无罪的人而使他受追诉、对明知是有罪的人而故意包庇不使他受追诉，或者故意颠倒黑白做枉法裁判的，处五年以下有期徒刑、拘役或者剥夺政治权利；情节特别严重的，处五年以上有期徒刑。

审计署审计结果公告试行办法

（审法发［2002］49号，2002年3月19日）

第一条 为了规范审计结果公告工作，提高审计工作透明度，充分发挥审计监督作用，根据《中华人民共和国审计法》，制定本办法。

第二条 本办法适用于审计署向社会公告审计结果工作。

第三条 本办法所称审计结果公告，是指审计署以专门出版物方式，向社会公开有关审计报告、审计意见书、审计决定书等审计结论性文书所反映内容的公告。

第四条 审计结果公告主要包括下列内容：

（一）中央预算执行情况和其他财政收支的审计结果；

（二）政府部门或者国有企业事业组织财政收支、财务收支的单项审计结果；

（三）有关行业或者专项资金的综合审计结果；

（四）有关经济责任审计结果。

第五条 审计结果公告通过《中华人民共和国审计署审计结果公告》发布。审计结果公告不定期刊印发行。

审计结果公告的具体组织工作，由审计署办公厅负责。

第六条 审计结果公告应当符合下列审批程序：

（一）中央预算执行情况和其他财政收支的审计结果需要公告的，必须经过国务院批准同意；

（二）向国务院呈报的重要审计事项的审计结果需要公告的，应当在呈送的报告中向国务院说明，国务院在一定期限内无不同意见的，才能公告；

（三）其他审计事项的审计结果需要公告的，由审计署审批决定。

审计署机关各单位、派出审计局、驻地方特派员办事处不得发布审计结果公告。

第七条 发布审计结果公告可以不再征求被审计单位意见。

第八条 公告审计结果应当具备下列条件：

（一）事实清楚，证据确凿，定性准确，评价客观公正；

（二）在审计意见书、审计决定书等相关审计结论性文书生效后进行；

（三）保守国家秘密和被审计单位及相关单位的商业秘密，并遵守国务院的有关规定；

（四）涉及不宜公布内容的，必须对相关内容进行删除或者修改。

第九条 未经批准擅自发布审计结果公告的，应当依法追究有关单位和个人的责任。

第十条 本办法自发布之日起施行。

国务院办公厅关于印发审计署主要职责内设机构和人员编制规定的通知

（国办发［2008］84号，2008年7月10日）

审计署主要职责内设机构和人员编制规定根据第十一届全国人民代表大会第一次会议批准的国务院机构改革方案和《国务院关于机构设置的通知》（国发〔2008〕11号），设立审计署，为国务院组成部门。

一、职责调整

（一）取消办理地方性审计法规、规章的备案审查职责。

（二）调整对社会审计机构审计业务质量的监督范围，不再核查社会审计机构对审计机关审计监督对象以外的单位出具的相关审计报告。

（三）加强对经济责任、关系国计民生的资源能源、环境保护和社会保障资金、境外中央国有资产、财政资金使用效益的审计职责。

二、主要职责

（一）主管全国审计工作。负责对国家财政收支和法律法规规定属于审计监督范围的财务收支的真实、合法和效益进行审计监督，维护国家财政经济秩序，提高财政资金使用效益，促进廉政建设，保障国民经济和社会健康发展。对审计、专项审计调查和核查社会审计机构相关审计报告的结果承担责任，并负有督促被审计单位整改的责任。

（二）起草审计法律法规草案，拟订审计政策，制定审计规章、审计准则和指南并监督执行。制定并组织实施审计工作发展规划和专业领域审计工作规划，制定并组织实施年度审计计划。参与起草财政经济及其相关的法律法规草案。对直接审计、调查和核查的事项依法进行审计评价，做出审计决定或提出审计建议。

（三）向国务院总理提出年度中央预算执行和其他财政收支情况的审计结果报告。受国务院委托向全国人大常委会提出中央预算执行和其他财政收支情况的审计工作报告、审计发现问题的纠正和处理结果报告。向国务院报告对其他事项的审计和专项审计调查情况及结果。依法向社会公布审计结果。向国务院有关部门和省级人民政府通报审计情况和审计结果。

（四）直接审计下列事项，出具审计报告，在法定职权范围内做出审计决定或向有关主管机关提出处理处罚的建议：

1. 中央预算执行情况和其他财政收支，中央各部门（含直属单位）预算的执行情况、决算和其他财政收支。

2. 省级人民政府预算的执行情况、决算和其他财政收支，中央财政转移支付资金。

3. 使用中央财政资金的事业单位和社会团体的财务收支。

4. 中央投资和以中央投资为主的建设项目的预算执行情况和决算。

5. 中国人民银行、国家外汇管理局的财务收支，中央国有企业和金融机构、国务院规定的中央国有资本占控股或主导地位的企业和金融机构的资产、负债和损益。

6. 国务院部门、省级人民政府管理和其他单位受国务院及其部门委托管理的社会保障基金、社会捐赠资金及其他有关基金、资金的财务收支。

7. 国际组织和外国政府援助、贷款项目的财务收支。

8. 法律、行政法规规定应由审计署审计的其他事项。

（五）按规定对省部级领导干部及依法属于审计署审计监督对象的其他单位主要负责人实施经济责任审计。

（六）组织实施对国家财经法律、法规、规章、政策和宏观调控措施执行情况、财政预算管理或国有资产管理使用等与国家财政收支有关的特定事项进行专项审计调查。

（七）依法检查审计决定执行情况，督促纠正和处理审计发现的问题，依法办理被审计单位对审计决定提请行政复议、行政诉讼或国务院裁决中的有关事项。协助配合有关部门查处相关重大案件。

（八）指导和监督内部审计工作，核查社会审计机构对依法属于审计监督对象的单位出具的相关审计报告。

（九）与省级人民政府共同领导省级审计机关。依法领导和监督地方审计机关的业务，组织地方审计机关实施特定项目的专项审计或审计调查，纠正或责成纠正地方审计机关违反国家规定做出的审计决定。按照干部管理权限协管省级审计机关负责人。负责管理派驻地方的审计特派员办事处。

（十）组织审计国家驻外非经营性机构的财务收支，依法通过适当方式组织审计中央国有企业和金融机构的境外资产、负债和损益。

（十一）组织开展审计领域的国际交流与合作，指导和推广信息技术在审计领域的应用，组织建设国家审计信息系统。

（十二）承办国务院交办的其他事项。

三、内设机构

根据上述职责，审计署设13个内设机构：

（一）办公厅（经济责任审计司）。

负责文电、会务、机要、档案等机关日常运转工作，承担财务、保卫、信访、政务公开和信息化等工作；拟订审计工作的政策、规划和年度计划；牵头起草审计结果报告、审计工作报告及审计发现问题的纠正和处理结果报告；联系特约审计员；起草经济责任审计行政法规草案，组织开展经济责任审计工作，承担中央有关部委经济责任审计工作联席会议有关工作。

（二）法规司。

承担有关法律法规草案、规章制度、审计准则和指南的起草工作；审理有关审计业务事项；承担机关有关规范性文件的合法性审核工作；承担机关行政复议、行政应诉等工作。

（三）财政审计司。

组织审计中央预算执行和其他财政收支情况，组织审计省级人民政府预算执行、决算和其他财政收支情况，开展相关专项审计调查。

（四）行政事业审计司。

组织审计国务院主管部门和省级人民政府管理的教科文卫专项资金，开展相关专项审计调查。联系协调派出审计局的审计业务工作。

（五）农业与资源环保审计司。

组织审计国务院主管部门和省级人民政府管理的农业专项资金、资源能源和生态环境保护资金，开展相关专项审计调查。

（六）固定资产投资审计司。

组织审计中央投资和以中央投资为主的建设项目的预算执行情况和决算，开展相关专项审计调查。

（七）金融审计司。

组织审计中央国有金融机构和国务院规定的中央国有资本占控股或主导地位金融机构的资产、负债和损益，开展相关专项审计调查。

（八）企业审计司。

组织审计中央国有企业和国务院规定的中央国有资本占控股或主导地位企业的资产、负债和损益，开展相关专项审计调查。

（九）社会保障审计司。

组织审计国务院主管部门、省级人民政府管理和其他单位受国务院及其部门委托管理的社会保障基金、社会捐赠资金，开展相关专项审计调查。

（十）外资运用审计司。

组织审计国际组织和外国政府援助、贷款项目的财务收支，开展相关专项审计调查。

（十一）境外审计司。

组织审计国家驻外非经营性机构的财务收支，依法通过适当方式组织审计中央国有企业和金融机构的境外资产、负债和损益，开展相关专项审计调查。

（十二）国际合作司。

组织开展与外国审计机关和国际审计组织的交流和合作，开展对外宣传，负责外事工作。

（十三）人事教育司。

承担机关、派出机构和直属单位的人事管理、机构编制、教育培训和审计专业技术职称考评等工作；承办协管省级审计机关负责人的有关事项。

机关党委负责机关、派出审计局和在京直属单位的党群工作。

离退休干部办公室负责机关、派出审计局的离退休干部工作，指导直属单位的离退休干部工作。

四、人员编制

审计署机关行政编制为682名（含两委人员编制6名、援派机动编制3名、离退休干部工作人员编制15名以及派出审计局人员编制）。其中：审计长1名、副审计长4名，总审计师1名（副部级），司局级领导职数102名（含派出审计局领导职数60名、机关党委专职副书记1名、离退休干部办公室领导职数1名）。

五、其他事项

（一）审计署跨部门设立派出审计局。派出审计局根据审计署的授权，依法进行审计工作。派出审计局人员有权列席、参加被审计单位领导班子和其他方面的有关会议。被审计单位应为派出审计局提供必要的、长期使用的办公用房和其他办公设施。

（二）审计署跨地区派驻审计特派员办事处，行政编制为2710名。审计特派员办事处根据审计署的授权，依法进行审计工作。

（三）地方各级审计机关领导干部的管理，实行双重领导、以地方党委为主的体制。省级党委在任免、调动、奖惩省级审计机关负责人时，应事先征求审计署的意见。审计署要协助省级党委加强对省级审计机关领导班子的考察了解，经常反映情况，主动提出领导班子配备、调整的建议。

（四）审计署审计长担任联合国审计委员会委员期间，审计署承担相应的审计工作。

（五）所属事业单位的设置、职责和编制事项另行规定。

六、附　　则

本规定由中央机构编制委员会办公室负责解释，其调整由中央机构编制委员会办公室按规定程序办理。

审计署办公厅关于国家机关事业单位隐匿销毁会计资料情节严重构成犯罪问题的批复

（审办法发［2002］6号，2002年2月4日）

审计署驻济南特派员办事处：

你办《关于国家机关事业单位会计人员能否构成隐匿或故意销毁会计资料罪的犯罪主

体的请示》收悉。我们就此向全国人大常委会法制工作委员会进行了函询。全国人大常委会法制工作委员会复函我署进一步明确：任何单位和个人隐匿、销毁会计资料，情节严重的，均构成犯罪，并由公安机关立案侦查。请你办按照全国人大常委会法制工作委员会意见执行。

附件：

全国人民代表大会常务委员会法制工作委员会关于对“隐匿、销毁会计凭证、会计账簿、财务会计报告构成犯罪的主体范围”问题的答复意见

审计署：

你署2001年11月22日来函（审函〔2001〕126号）收悉，经研究，现答复如下：

根据全国人大常委会1999年12月25日刑法修正案第一条的规定，任何单位和个人在办理会计事务时对依法应当保存的会计凭证、会计账簿、财务会计报告，进行隐匿、销毁，情节严重的，构成犯罪，应当依法追究其刑事责任。

根据刑事诉讼法第十八条关于刑事案件侦查管辖的规定，除法律规定的特定案件由人民检察院立案侦查以外，其他刑事案件的侦查应由公安机关进行。隐匿、销毁会计凭证、会计账簿、财务会计报告，构成犯罪的，应当由公安机关立案侦查。

法工委复字（2002）3号

2002年1月14日

审计署关于深入学习宣传贯彻党的十八大精神的意见

（审办发〔2012〕153号，2012年11月18日）

各省、自治区、直辖市和计划单列市、新疆生产建设兵团审计厅（局），署机关各单位、各特派员办事处、各派出审计局，南京审计学院：

党的十八大是在我国进入全面建成小康社会决定性阶段召开的一次重要会议。深入学习宣传贯彻党的十八大精神，对于坚定不移走中国特色社会主义道路，全面建成小康社会，加快推进社会主义现代化，指导今后一个时期审计监督工作具有重大意义。根据中央要求，结合审计工作实际，现就学习宣传贯彻党的十八大精神提出以下意见：

一、充分认识学习宣传贯彻党的十八大精神的重大意义，切实把思想统一到中央的要求部署上来

（一）要深刻认识重大意义。党的十八大全面总结了中国特色社会主义建设取得的伟大成就，科学制定了适应时代要求和人民愿望的大政方针，描绘了全面建成小康社会的宏

伟蓝图，为我们继续推动党和国家事业发展指明了前进方向，是我们党团结带领全国各族人民坚定不移地走中国特色社会主义道路、在新的历史起点上继续发展中国特色社会主义的政治宣言和行动纲领。深入学习宣传贯彻党的十八大精神，关系党和国家工作全局，关系中国特色社会主义事业长远发展，也关系到审计工作的发展方向，是我们做好一切工作的根本指针，学习宣传贯彻党的十八大精神，是各级审计机关当前和今后一个时期的首要政治任务。

（二）要深刻领会精神实质。各级审计机关要认真研读党的十八大文件，原原本本地学习党的十八大报告和党章，深刻领会党的十八大的重大意义，深刻领会党的十八大的主题，深刻领会过去 5 年和 10 年党和国家取得的新的历史性成就，深刻领会科学发展观的历史地位和指导意义，深刻领会中国特色社会主义的丰富内涵，深刻领会夺取中国特色社会主义新胜利的基本要求，深刻领会全面建成小康社会和全面深化改革开放的目标，深刻领会社会主义经济建设、政治建设、文化建设、社会建设、生态文明建设等方面的重大部署，深刻领会全面提高党的建设科学化水平的重大任务。

（三）要切实统一思想和行动。审计机关的各级组织和广大党员干部要认真学习宣传和全面贯彻党的十八大精神，坚持用中国特色社会主义道路、理论体系、制度武装头脑、引领航向、投身实践，切实把思想统一到党的十八大精神上来，把力量凝聚到实现党的十八大确定的各项任务上来，把党的十八大精神落实到审计事业发展的各项工作中。

二、进一步深化学习实践活动，迅速掀起学习贯彻党的十八大精神热潮

各级审计机关要在党委、政府的统一领导下，结合本单位实际，对深入学习贯彻党的十八精神作出安排，不断深化学习实践活动，切实以十八大精神统领审计工作、指导审计实践。

（一）要抓好党的十八精神的传达学习。各级审计机关要按照中央要求和署党组的部署，高度重视，迅速行动，及时把党的十八大精神传达到全体党员、全体审计干部。审计署将安排专题培训班，组织署机关及派出审计局全体干部集中、深入地学习十八大精神；其他各类培训班，都要把学习十八大精神作为一项重要的内容予以安排。要以各司局、各支部、各现场审计组及联合国审计组临时党支部为单位，就近就地、及时深入地开展好学习活动。各特派办党组要结合当前审计工作实际，采取集中培训、对异地审计人员就地组织传达和学习等方式进行。各单位对离退休干部可根据各自具体情况，采取集中传达学习和个别传达辅导相结合的方式安排好传达和学习。地方审计机关要结合实际，采取中心组学习、集中培训、理论研讨、形势报告、党课教育等多种形式，抓住重点，列出专题，认真组织学习，迅速掀起学习宣传贯彻党的十八大精神的热潮。

（二）要组织开展中国特色社会主义理论体系学习实践活动。针对当前审计干部的思想、作风和工作实际，以提高能力、保持先进性和纯洁性为主线，以建立创先争优长效机制、推动党员发挥先锋模范作用为抓手，在审计系统开展中国特色社会主义理论体系学习实践活动，主要目的是恢复和发扬党的优良传统，进一步提高党员干部的先进性、纯洁性和工作能力。学习实践活动重点是读书学习、对照检查和整改提高。读书学习的主要内容是：党的十八大报告和新党章、党的十一届三中全会以来历次党代会报告及重要文件，通过学习加深对党的十八大提出的一系列新思想、新观点、新理论的理解，全面完整地把握中国特色社会主义制度产生的实践基础，深入理解中国特色社会主义制度的精神实质，坚定走中国特色社会主义道路的信心和决心。对照检查的主要方式是：对照党章深入查找自身不足，看思想上、行动上与先进性、纯洁性有什么差距，通过对照正确认识自己，努力改造自己，改进工作。整改提高的主要目的是：通过召开专题民主生活会，开展批评与自我批评和民主评议，找出问题，制定措施，限时整改，督促检查，推动党员干部学习、遵守和践行党章，做合格党员干部。

（三）要加强学习交流。加强对学习宣传贯彻党的十八大精神活动的统筹安排，署机关党委和培训中心要及时将审计署组织安排的各类学习活动的录像、资料发送给各级审计机关，各单位应及时上报学习中取得的好的经验。要充分利用署内外媒体，开设富有特色的专栏和专题，全方位、多角度地宣传各级审计机关学习贯彻党的十八大精神情况，营造浓厚的学习氛围。

三、依法履行审计监督职责，切实推进全面建成小康社会各项要求落实到位

学习宣传贯彻党的十八大精神，要紧密联系审计工作实际，坚持学以致用，落实到具体的审计工作实践中。当前和今后一个时期，审计工作要以党的十八大精神为指导，以推进法治、维护民生、推动改革、促进发展作为出发点和落脚点，依法履行审计监督职责，推动五位一体总体布局的全面实施，推动全面建成小康社会目标的如期实现，切实发挥国家审计保障国家经济社会健康运行、推动完善国家治理的作用。重点是突出10个方面的工作：加大对重大经济政策和宏观调控措施贯彻落实情况的审计力度，促进政令畅通；加大对重大违法违规、经济犯罪和腐败问题的查处力度，推进反腐倡廉建设；加大对权力运行的监督和制约力度，促进责任追究和问责机制的健全完善；加大对经济社会运行中突出矛盾和潜在风险的揭示力度，维护国家安全；加大对环境保护和资源能源利用情况的审计力度，服务生态文明建设；加大对重点民生资金和民生项目的审计力度，保障惠民强民富民政策落实，维护人民群众的根本利益；加大绩效审计和绩效评估力度，促进效益、速度和质量的统一，推动经济发展方式转变；加大对有法不依、执法不严问题的揭示力度，促进依法行政和民主法治建设；加大对审计信息的依法公开力度，促进公开透明，让权力在阳光下运行；加大从体制机制制度层面揭示问题、分析原因和提出建议的力度，促进深化改革和制度创新。

四、坚持走中国特色社会主义审计道路，发展和完善中国特色社会主义审计制度

中国特色社会主义道路、中国特色社会主义理论体系和中国特色社会主义制度，是党和人民90多年奋斗、创造、积累的根本成就，必须倍加珍惜，始终坚持，不断发展。中国特色社会主义审计监督制度是中国特色社会主义制度的组成部分。审计工作要坚持以中国特色社会主义道路、理论体系、制度为指导，努力深化实践，总结探索规律，不断丰富完善中国特色社会主义审计制度，为促进中国特色社会主义制度发展做出贡献。

（一）要坚持从实际出发。既要学习借鉴别国经验，又要立足于我国的实际情况，把握中国特色社会主义的需要，把握维护人民群众根本利益的需要，把握全面建成小康社会的需要，把握民主法治建设和反腐倡廉的需要，不断发展和完善符合中国国情、具有中国特色的社会主义审计监督制度。

（二）要注重探索和把握规律。理论来源于实践，要深入总结30年来中国审计实践创造的新鲜经验、取得的重大成果，从审计实践中探索规律，提炼精华，及时把工作当中好的做法和经验加以完善，并运用到新的审计实践中。

（三）要坚持实践创新。创新推动发展，发展永无止境。要以创新的思维、创新的勇气、创新的姿态、创新的行动推动审计理念、方式、管理创新，以创新驱动制度发展，不

断发展和完善中国特色社会主义审计制度。

五、大力弘扬审计人员核心价值观，筑牢审计事业发展根基

深入开展社会主义核心价值体系学习教育，用社会主义核心价值体系引领社会思潮、凝聚社会共识，是党的十八大提出的明确要求。各级审计机关要以社会主义核心价值体系为引领，大力弘扬和积极践行“责任、忠诚、清廉、依法、独立、奉献”的审计人员核心价值观，为审计事业发展提供思想基础、精神动力、行为引领和人才支撑，并推动各项审计基础建设不断强化。

（一）要深入推进审计队伍建设。教育和引导审计人员努力做合格党员、合格公务员和合格审计干部，坚定理想信念，把先进性、纯洁性体现在审计实践行动上，体现在对党、国家、人民、历史和法律的无限忠诚上。要加强干部培养锻炼，严格执行审计“八不准”纪律和各项廉政规定，切实提升审计能力。

（二）要深入推进审计法治化建设。坚持依法审计、文明审计，严格执行审计法律法规，实事求是、客观公正地反映和处理问题。要健全完善审计规章制度，构建有中国特色的审计指南体系，持续关注审计实践中的新情况和新问题，对相关制度规范不断加以改进和完善。

（三）要深入推进审计信息化建设。着力构建国家电子审计体系，积极应用计算机审计技术，提升联网审计能力，开展信息系统审计，加强国家审计信息资源体系建设，研究建设数字化审计指挥中心，切实增强信息化环境下查找问题和分析问题的能力。

（四）要深入推进审计文化建设。学习好、宣传好和弘扬好审计人员核心价值观，真正做到内化于心、外化于行，不断提高审计队伍的责任感、归属感和荣誉感，提升审计队伍的“精气神”，做到以责立志，以德立身，以能立业，以行立信。

（五）要深入推进审计理论建设。系统总结中国审计监督制度建立30年的经验，把握审计发展规律，编纂中国共产党审计工作史，建立健全中国特色社会主义审计理论体系，发展完善中国特色社会主义审计制度，提炼中国审计精神，为审计实践发展提供基础和指导。

六、审计机关领导干部要率先垂范，做学习和实践的表率

在学习贯彻党的十八精神中，审计机关的领导干部要率先垂范，从我做起，做到真学真懂真信真用。要自觉做坚定理想信念的表率，坚定马克思主义和共产主义理想信念，时刻牢记全心全意为人民服务的宗旨。要自觉做认真学习实践的表率，带头学习贯彻十八大精神，带头落实科学发展观，带头研究审计规律，以自身的模范行动，引领审计干部投身到审计事业中来。要自觉做坚持民主集中制的表率，审计机关各级领导特别是一把手要在坚持民主集中制上率先垂范，科学决策，民主决策。要自觉做弘扬优良作风的表率，恢复继承和大力弘扬党多年以来形成的理论联系实际、密切联系群众、批评和自我批评等优良作风，切实防止作风飘浮、脱离群众、官僚主义等倾向，做到求真务实。

各级审计机关要深入学习贯彻落实党的十八大精神，紧密地团结在以习近平同志为总书记的党中央周围，深入落实科学发展观，牢固树立科学审计理念，进一步解放思想，求真务实，团结奋进，为全面建成小康社会奋斗目标做出积极贡献！

审计署
2012年11月18日

全国审计工作会议在京召开

全国审计工作会议12月24日至25日在京召开。审计署审计长刘家义在会上作了题为《深入贯彻落实党的十八大精神，全力做好新时期审计工作》的讲话。副审计长董大胜、余效明、石爱中，总审计师孙宝厚，副审计长侯凯，中央纪委驻署纪检组长陈蕾，中央经济责任审计工作联席会议办公室主任、审计署总经济师李勇库等署领导出席会议。

在讲话中，刘家义对过去工作进行了全面总结。在即将过去的一年里，全国各级审计机关全面落实科学发展观，依法履行职责，较好地完成了各项任务。1月至11月，全国共审计10万多个单位，促进增收节支和挽回损失1600多亿元，移送案件线索970多件，推动建立健全制度4800多项。通过审计，促进归还和拨付民生资金300多亿元，核减投资和结算额600多亿元。刘家义表示，成绩的取得，是党中央、国务院及地方各级党委、政府正确领导的结果，是各部门、各单位理解配合的结果，是全国人民大力支持的结果，也是全体审计人员开拓创新、努力实践的结果。

针对明年的审计工作，刘家义强调，要着力抓好以下十个方面的工作。一是加大对中央重大经济政策和宏观调控措施贯彻落实相关情况的跟踪审计力度，促进政令畅通。二是加大对重大违法违规、经济犯罪和腐败问题的查处力度，推进廉政建设和反腐败斗争。三是加大对权力运行的监督和制约力度，促进责任追究和问责机制的健全完善。四是加大对经济社会运行中的突出矛盾和潜在风险的揭示力度，维护国家经济社会安全。五是加大对资源节约和环境保护情况的审计力度，促进生态文明建设。六是加大对重点民生资金和民生项目的审计力度，维护人民群众的根本利益。七是加大绩效审计力度，促进效益、速度和质量的统一，推动经济发展方式转变。八是加大对有法不依、执法不严问题的揭示力度，促进依法行政和民主法治建设。九是加大对审计信息和整改情况的依法公开力度，促进公开透明和权力在阳光下运行。十是加大从体制机制制度层面揭示问题、分析原因和提出建议的力度，促进健全制度和深化改革。

刘家义强调，要切实加强审计机关自身建设，以中国特色社会主义理论为指导，认真贯彻落实党的十八大精神和中央关于改进工作作风、密切联系群众的“八项规定”，统一思想，提升能力，改进作风，创新实践，以更加昂扬的斗志，更加饱满的精神，更加务实的作风，更加有力的举措，与时俱进，奋发有为，不断开创审计事业新局面，为全面建成小康社会作出新贡献。

董大胜对此次会议进行了总结，并就贯彻落实会议精神提出了要求。他强调，要深入学习贯彻党的十八大精神，认真落实温家宝总理对审计工作的要求；要把思想统一到会议精神上来，全面完成各项审计任务。他提出，要进一步改进工作方法，提高审计工作水平，在审计深度上挖掘、在审计技术上创新、在审计管理上提升，整合审计资源，确保审计质量。要加强审计法治化建设，健全完善法律规范，严格执行法律规范，强化法治思维和责任意识，切实做到依法审计。要强化措施，切实转变工作作风，认真学习贯彻中央关于改进工作作风、密切联系群众的“八项规定”。

会上，审计署通报表彰了全国社会保障资金审计先进集体、先进个人及优秀审计项

目，同时，对 2012 年优秀审计项目进行了表彰。

各省、自治区、直辖市审计厅局，各计划单列市、副省级城市、省会城市和新疆生产建设兵团审计局，署机关各单位、各特派办、各派出审计局主要负责人，审计署特约审计员，以及应邀出席会议的中央纪委、中央组织部、全国人大预算工委、国务院办公厅、公安部、财政部、国家公务员局、解放军审计署等单位的有关负责同志，共计 200 多名代表参加了会议。

深入贯彻落实党的十八大精神
全力做好新时期审计工作

——刘家义在全国审计工作会议上的讲话（2012 年 12 月 24 日）

同志们：

党中央、国务院十分重视审计工作。今天上午，国务院召开了全国审计工作电视电话会议，温家宝、李克强、马凯等国务院领导同志出席会议，温家宝总理作了重要讲话，对审计工作提出了新的更高的要求。这次会议的主要任务，就是深入学习贯彻党的十八大精神，全面落实中央经济工作会议要求和国务院领导同志的重要指示，回顾总结过去工作，研究部署下一步审计工作。下面，我讲三个问题。

一、过去工作的回顾

2012 年，在党中央、国务院和各级党委、政府的坚强领导下，审计机关全面落实科学发展观，紧紧围绕科学发展这个主题和转变经济发展方式这条主线，依法履行职责，加强自身建设，较好地完成了各项任务。1 月至 11 月，全国共审计 10 万多个单位，促进增收节支和挽回损失 1600 多亿元，移送案件线索 970 多件，推动建立健全制度 4800 多项。审计中，我们突出了以下重点：

——着力监督检查预算的完整性和执行的规范性，促进健全统一完整的国家预算体系。我们把财政政策实施、预算执行与决算草案的审计融为一体，不断深化转移支付资金和地方财政收支审计，努力把握预决算的整体情况，反映政策执行、资金管理和行政绩效等情况，积极推进预算管理的科学化、法治化和财政体制改革不断深化。

——着力监督检查惠民富民强民政策的落实情况，促进民生改善和社会事业发展。我们密切关注涉及群众切身利益的问题，组织对社会保障资金、农村中小学布局调整、保障性安居工程等重点民生项目，三峡、南水北调、高速公路、中央支持新疆发展、青海玉树、甘肃舟曲和云南彝良灾后恢复重建等重大投资项目进行专项审计，促进归还和拨付民生资金 300 多亿元，核减投资和结算额 600 多亿元，也为决策和管理提供了重要参考。

——着力监督检查部门单位及工作人员守法守规守纪尽责情况，促进依法行政、依法管理。我们切实关注权力运行和责任履行情况，不断深化经济责任审计，推进任期内轮审制度，探索党政领导干部同步审计。1 月至 11 月，审计领导干部 2 万多人，其中省部级 31 人。查出领导干部负有直接责任的违规问题金额 170 多亿元，280 多人被移送纪检监察等部门处理。

——着力揭示反映经济社会发展中的突出矛盾和风险隐患，推动转变经济发展方式和维护国家经济安全。今年以来，我们更加关注促进经济结构调整相关政策措施的落实情况，组织对商业银行新增贷款结构进行跟踪审计调查，对国家科技重大专项、节能减排、环境保护领域利用国外贷援款项目、对外援助支出和驻外机构等进行专项审计，及时揭示和反映财政、金融、国有资产、资源环境、社会稳定等方面的薄弱环节及风险隐患，及时提出堵塞漏洞、妥善处置和避免损失的建议，取得较好效果。

——着力查处重大违法违规问题和案件线索，促进反腐倡廉建设。我们把查处重大违法违规问题作为重要任务，注重把握违法问题的发生规律，突出对重点领域和关键环节的审计，坚持查深查透，依法揭露和处理。1月至11月，全国审计机关共移送案件线索970多件，涉及1500多人。同时，还配合和协助纪检监察、司法机关，查处了一批重特大腐败案件。

——着力揭示反映体制机制制度问题，促进深化改革和制度创新。我们注重检查法规制度的执行情况，促进提高制度的执行力，还加大分析力度，提出完善制度、加强管理的建议。1月至11月，全国审计机关提交报告和信息20多万份，发布审计结果公告5000多篇，促进建立健全制度4800多项。

同时，我们认真履行联合国审计委员会主席职责，推动联合国大会通过决议，在联合国实行预算改革和绩效审计。

这些成绩的取得，是党中央、国务院及地方各级党委、政府正确领导的结果，是各部门各单位理解配合的结果，是全国人民大力支持的结果，也是全体审计人员近十年特别是最近五年开拓创新、努力实践的结果。五年来，全国共审计70多万个单位，促进增收节支和挽回损失8000多亿元，移送重大违法违规案件线索9400多件，推动健全完善制度3万多项。回顾五年来的发展历程，最根本的是我们在党中央、国务院和地方各级党委、政府领导下，在思想上、行动上自觉与中央保持高度一致，牢牢把握了以下六个方面：

一是必须坚持以中国特色社会主义理论为指导，牢固树立和认真践行科学审计理念。五年来，我们深入落实科学发展观，注重把握审计发展规律，认识到审计是国家治理大系统中一个具有预防、揭示和抵御功能的“免疫系统”，是公共财政的“卫士”；审计的根本目的是维护人民利益，首要任务是维护国家经济安全，基本职责是推动完善国家治理，主要作用是推进民主法治和反腐倡廉建设、促进改革创新和科学发展。基于这些认识和理念，对审计工作的长远目标和现实任务进行精心谋划，并大力推动落实，有效提升了审计工作的层次和水平。

二是必须坚持围绕中心、服务大局，充分发挥审计在推动全面建设小康社会中的作用。五年来，我们自觉融入经济社会发展大局，加强对政策落实、权力行使、经济运行、民生保障、资源环境等情况的审计监督，注重揭示和反映制约经济社会健康运行的突出矛盾，站在推动科学发展的高度积极提出建议，更加有力地发挥了审计作用。

三是必须坚持揭露查处与预防促进“两手抓、两手硬”，积极推动完善国家治理。五年来，我们坚持一手抓重大违法违规案件、重大失职渎职行为、重大决策失当、重大损失浪费、重大管理漏洞等事项的揭露和查处，推进廉政建设和反腐败斗争，维护经济秩序和国家利益，促进责任制和问责机制的健全完善；一手抓产生问题的深层次原因、各种风险隐患的分析和反映，积极从体制机制制度层面提出建议，推进民主法治建设、完善制度和深化改革。

四是必须坚持从实际出发，探索完善审计法律规范和方式方法。五年来，我们坚持与时俱进，立足我国国情和审计工作实际，推动修订审计法实施条例、制定经济责任审计规定，完善国家审计准则；着力构建财政审计工作大格局，推行跟踪审计方式，创新审计组织形式，推进审计信息化建设，保证了审计工作不断适应新要求、实现新发展。

五是必须坚持全国审计工作“一盘棋”，努力形成审计监督的整体合力。五年来，我们注重加强对全国审计工作的思路引导、业务领导和工作指导，统一组织地方政府性债务、社会保障资金、汶川地震救灾重建等重大事项审计，加强对下级审计机关领导班子建设的协管和指导，全国审计工作的整体性和战斗力得到增强。

六是必须坚持抓好审计队伍建设，着力提高审计干部的综合素质。五年来，我们大力弘扬“责任、忠诚、清廉、依法、独立、奉献”的审计人员核心价值观，坚持依法审计、文明审计，严格执行“八不准”审计纪律，落实“实、高、新、严、细”作风要求，不断深化干部人事制度改革，加大培训和交流力度，培养了一支政治坚定、业务精通、作风优良、严守纪律的审计队伍。

回顾过去的工作，我们也深刻认识到审计工作发展仍面临一些困难和问题，主要是科学审计理念还没有完全落实到位，审计队伍素质还不完全适应形势发展的需要，个别审计机关和少数审计人员还存在纪律不严、能力不强、精神不振等问题，全国审计工作发展还不平衡，审计规范化建设、信息化建设和理论研究等工作还要进一步加强，审计管理和组织方式还有待进一步改进。对此，我们要认真研究，切实加以解决。

二、明年审计工作的总体要求和重点任务

当前，我国处于经济社会发展的关键期和深化改革的攻坚期，面临难得的历史机遇，也有诸多风险和挑战。党的十八大为党和国家事业发展指明了前进方向，中央经济工作会议对明年经济工作作出了部署，国务院刚刚召开的全国审计工作电视电话会议全面安排了新时期的审计工作。我们一定要贯彻落实好，进一步增强责任感和使命感，砥砺奋进，忠实履职，不辜负党和国家的重托、人民群众的厚望。明年审计工作的总体要求是，以邓小平理论、“三个代表”重要思想和科学发展观为指导，深入学习贯彻党的十八大精神，按照中央经济工作会议和国务院的部署，紧扣主题主线，围绕提高经济增长的质量和效益这个中心，全面履行审计监督职责，着力推进改革、促进发展、维护民生、揭示风险、查处案件、强化问责，推动中央政策措施的贯彻落实和国家治理的完善，为经济持续健康发展和社会和谐稳定作出更大贡献。

关于审计署明年的审计项目计划和对地方审计工作的指导意见，请大家深入讨论研究，提出修改意见。各地要按照审计署的部署和地方党委、政府的要求，结合实际，合理安排好各项任务。总的来讲，要始终坚持“两手抓、两手硬”，切实增强审计工作的整体性、宏观性和时效性，更加注重反映总体情况，揭示深层次问题，分析根本原因，从体制机制层面提出建议，为深化改革、制定政策、实施决策、强化管理、完善制度提供及时准确的信息和依据，更好地适应我国发展战略机遇期条件和内涵的根本变化，在更高层面发挥审计监督的作用。明年，我们要着力抓好以下十个方面的工作：

（一）加大对中央重大经济政策和宏观调控措施贯彻落实相关情况的跟踪审计力度，促进政令畅通。按照明年经济工作稳中求进的总基调，中央决定实施积极的财政政策和稳健的货币政策，明确了“三农”、结构调整、城镇化、民生保障、经济体制改革等重大任务。审计机关要把促进相关政策措施的贯彻落实作为重中之重，分析经济社会发展走势，研究政策背景，把握政策意图，及时发现和纠正上有政策、下有对策，有令不行、有禁不止等行为，深入揭示政策措施不衔接、不配套，不适应、不利于甚至阻碍经济社会科学发展等问题，促进政策措施的落实和完善。

（二）加大对重大违法违规、经济犯罪和腐败问题的查处力度，推进廉政建设和反腐败斗争。打击犯罪、惩治腐败，是国家审计的重要职责。我们要深入研究违法违规问题的发展态势，不断提高审计的揭露和突破能力。对被审计单位存在的重大问题，一定要查深查透，如实报告，依法处理。如果在我们法定的职责权限范围内没有查出来，查出来了没有如实报告，报告了没有依法处理，不仅是工作上的失职，在客观上还可能成为不法行为的“护身符”，甚至产生包庇和纵容犯罪的后果，隐藏了很大的风险。对此，我们要有清醒的认识，坚持原则，无私无畏，对犯罪分子绝不手软，坚决查处。

（三）加大对权力运行的监督和制约力度，促进责任追究和问责机制的健全完善。审计工作要敢于担当，善于作为。要按照党的十八大和两办规定要求，稳步推进领导干部经济责任审计，并将各地区各部门落实中央“八项规定”相关要求的情况作为经济责任审计的重要内容。在其他各项审计中，都要关注权力行使与责任落实，促进健全有权必有责、用权受监督、失职要问责、违法要追究的监督机制，推动完善有利于科学发展的干部考核办法和奖惩机制。

（四）加大对经济社会运行中的突出矛盾和潜在风险的揭示力度，维护国家经济社会安全。要切实增强敏感性和预见性，高度关注当前发展面临的经济增速放缓与产能相对过剩矛盾加剧、经济发展需求与资源环境约束问题突出、财政金融领域潜在风险增加等情况，深入揭示问题背后的原因，积极提出解决矛盾和化解风险的建议。要根据审计掌握的情况，密切关注工业化、信息化、城镇化和农业现代化发展趋势，关注可能出现的“两高一资”反弹、地方政府性债务等风险隐患，及时反映苗头性、倾向性问题，防范系统性和区域性金融风险，避免经济问题引发社会问题。

（五）加大对资源节约和环境保护情况的审计力度，促进生态文明建设。我们要以对历史和子孙后代高度负责的态度，加大资源环境审计力度。要放眼全局、着眼长远，加强对主体功能区规划实施、节能减排政策执行等情况的审计，促进生产力布局与资源环境承载能力相适应，形成节约资源和保护环境的空间格局。要统筹兼顾、标本兼治，加强对资源管理利用及重点区域环境治理情况的审计，切实维护资源环境安全，积极推进资源有偿使用和生态补偿制度的建立完善，促进生态文明制度建设。

（六）加大对重点民生资金和民生项目的审计力度，维护人民群众的根本利益。要结合社会建设及相关领域改革，有重点地加强对“三农”、社会保障、教育、医疗和保障性安居工程等民生项目的审计，着力监督检查民生相关政策落实情况，特别是低收入群众基本生活保障情况，揭露和查处严重损害群众利益的问题，揭示和反映政策落实不到位、目标未实现及资金分配不合理、管理不严格、制度不完善等问题，推动实现社会公平正义。

（七）加大绩效审计力度，促进效益、速度和质量的统一，推动经济发展方式转变。我们要把绩效理念贯穿于审计工作始终，揭露和查处违背国家产业政策和结构调整方针、严重铺张浪费、财政资金损失、国有资产流失、重大资源毁损及效益低下等问题，促进勤俭节约，把钱用在刀刃上。在监督和评价政策实施、资金使用、资源利用、行政运行、企业经营等方面绩效时，不仅要看经济效益、社会效益，而且要深入分析环境和生态效益，促进实现有速度、高质量、高效益、可持续发展。

（八）加大对有法不依、执法不严问题的揭示力度，促进依法行政和民主法治建设。

我们要着力监督检查法律法规的执行情况，揭露和查处经济运行中徇私枉法、以权压法、以言代法等问题，推动提高运用法律思维和法治方式处理问题的能力，促进法律法规的严格执行，切实维护法律尊严。要积极提出加强法制建设的建议，推动行之有效的制度措施上升为法律法规，促进有法可依、有法必依、执法必严、违法必究，推进依法治国、依法行政。

（九）加大对审计信息和整改情况的依法公开力度，促进公开透明和权力在阳光下运行。要坚持把查处问题、推动整改和促进公开相结合，逐步完善审计结果公告和审计信息发布制度，为社会公众了解政府部门履行职责情况、参与国家治理提供信息和渠道。对审计查出的问题要分清责任，落实整改主体，提出整改期限，公告整改结果，推动建立健全整改报告制度、督查制度和责任追究制度。

（十）加大从体制机制制度层面揭示问题、分析原因和提出建议的力度，促进健全制度和深化改革。要围绕增强改革的系统性、整体性和协同性的要求，切实加大审计监督的深度和分析研究的力度，着力反映制约结构调整和发展方式转变的深层次矛盾，反映影响科学发展的体制障碍、机制扭曲、制度缺陷和管理漏洞，积极提出建议，推进重点领域和关键环节改革的不断深化。

三、切实加强审计机关自身建设

加强审计机关自身建设，就是要以中国特色社会主义理论为指导，认真贯彻落实党的十八大精神和中央关于改进工作作风、密切联系群众的“八项规定”，统一思想，提升能力，改进作风，创新实践，推动审计工作在新时期实现新发展。

（一）深入学习贯彻党的十八大精神，切实用于指导和推动审计实践。各级审计机关要把学习贯彻党的十八大精神作为首要政治任务。一要领会精神实质。要深入学习把握习近平总书记讲的五个“深刻领会”，在深刻理解中国特色社会主义制度深刻内涵的基础上，加深对中国特色社会主义审计制度的产生背景以及政治基础、经济基础、理论基础、法律基础和文化基础的理解，不断深化对审计本质和规律的认识，强化对科学审计理念的把握和践行。二要解决实际问题。认真开展中国特色社会主义理论学习活动，以保持先进性和纯洁性为主线，以建立创先争优长效机制、推动党员发挥先锋模范作用为抓手，以整顿作风、对照检查和整改提高为重点，以恢复和发扬党的优良传统为目标，切实解决审计机关党员干部在精神状态、理想信念、能力素质、工作作风等方面存在的突出问题。三要推动工作发展。系统研究梳理中国共产党审计工作史，进一步总结和提炼中国特色社会主义审计理论、审计制度、审计精神，使审计工作更好地遵循规律、科学发展。

（二）进一步创新方式方法，不断提升审计工作效能。要适应新形势、新任务，努力实现审计管理系统化、审计方式现代化、审计资源集约化。一要改进审计管理。加强审计计划、组织实施和成果利用的统筹协调，强化立项调研、方案制定、现场实施、复核审理、定性处理、审计报告、结果公告等环节控制，做到计划更加科学、实施更加规范、成果更加有效。二要创新审计方式。在积极实践的基础上，强化总结、提升和形成制度等方面工作，推进和完善多专业融合、多视角分析、多方式结合的审计组织方式，细化和规范跟踪审计，加强和深化联网审计、信息系统审计，搞好审计数据资源的开发运用。三要统筹全国审计资源。上级审计机关要进一步加强思路引导和战略谋划，加大调查研究、计划协调、资源共享、经验交流和业务指导工作力度；下级审计机关要进一步增强全局意识，加强工作汇报、成果上报和经验总结。通过审计资源的优化配置，努力做到上下统筹、整体推进。

（三）坚决贯彻落实“八项规定”，着力打造党和人民放心满意的审计队伍。要以品德为核心、作风为基础、能力为重点、业绩为导向，切实加强审计队伍建设，让党和人民放心满意。从当前实际看，要着力抓好以下几点：一要用铁的纪律，打造审计铁军。“打铁还需自身硬”。审计机关要监督别人，要在维护法律尊严、推进依法行政中发挥作用，必须严格执行宪法、审计法等法律法规，严格遵守审计工作“八不准”纪律、保密纪律和各项廉政纪律，严格依法履行审计职责。绝不能因为党和人民信任我们，就骄傲自满、放松自我，要对党、对国家、对人民、对历史、对法律高度负责，无限忠诚，时刻自律自省自警，自觉接受各方面监督。二要锤炼作风，振奋精神。积极践行审计人员核心价值观，大力弘扬审计精神，做到崇法求真、尚廉求进、善于谏言、无私无畏、尽责担当、严谨细致、勇于创新。要对照中央“八项规定”的要求，深入查找不足，制定具体措施，严治庸懒散，力戒骄娇暮，提振精气神。三要多措并举，提升能力。要把学习作为提升能力的重要基础，树立终身学习理念，培养战略思维、辩证思维和创新思维，做到讲全局、谋全局、懂全局。要把培训作为提升能力的重要手段，建立完善分层分类培训体系，积极运用网络、案例教学和模拟实验等方式，切实提高培训效率和效果。要把实践作为提升能力的重要途径，坚持多岗位锻炼干部，培育更多的“四手”人才、领军人才和骨干人才，形成优势互补、梯次合理的人才队伍。要把完善机制作为提升能力的重要保障，进一步深化干部人事制度改革，让优秀人才脱颖而出。

审计机关的领导干部要以身作则，率先垂范，带头做讲真话、干实事、敢作为、勇担当的表率，带头做坚持民主集中制、深入实际、深入基层、深入群众的表率，带头做贯彻执行党的方针政策和“八项规定”的表率，带头做遵纪守法、清正廉洁的表率，带头做学习实践、锐意进取的表率。我们再次重申，在党风廉政建设、求真务实、勤奋敬业上，全国审计机关向署党组看齐，全体审计干部向审计长看齐，请同志们加强监督。希望各级审计机关的领导班子和领导干部也要作出同样的承诺，并切实践行。

同志们，新起点开启新征程，新目标赋予新使命。让我们高举中国特色社会主义伟大旗帜，紧密团结在以习近平同志为总书记的党中央周围，以更加昂扬的斗志，更加饱满的精神，更加务实的作风，更加有力的举措，与时俱进，奋发有为，不断开创审计事业新局面，为全面建成小康社会作出新贡献！

第二部分

国家审计准则与政策解读

中华人民共和国国家审计准则

（审计署令第8号）

目　录

第一章　总　　则

第一条　为了规范和指导审计机关和审计人员执行审计业务的行为，保证审计质量，防范审计风险，发挥审计保障国家经济和社会健康运行的“免疫系统”功能，根据《中华人民共和国审计法》、《中华人民共和国审计法实施条例》和其他有关法律法规，制定本准则。

第二条　本准则是审计机关和审计人员履行法定审计职责的行为规范，是执行审计业务的职业标准，是评价审计质量的基本尺度。

第三条　本准则中使用“应当”、“不得”词汇的条款为约束性条款，是审计机关和审计人员执行审计业务必须遵守的职业要求。

本准则中使用“可以”词汇的条款为指导性条款，是对良好审计实务的推介。

第四条　审计机关和审计人员执行审计业务，应当适用本准则。其他组织或者人员接受审计机关的委托、聘用，承办或者参加审计业务，也应当适用本准则。

第五条　审计机关和审计人员执行审计业务，应当区分被审计单位的责任和审计机关的责任。

在财政收支、财务收支以及有关经济活动中，履行法定职责、遵守相关法律法规、建

立并实施内部控制、按照有关会计准则和会计制度编报财务会计报告、保持财务会计资料的真实性和完整性，是被审计单位的责任。

依据法律法规和本准则的规定，对被审计单位财政收支、财务收支以及有关经济活动独立实施审计并作出审计结论，是审计机关的责任。

第六条 审计机关的主要工作目标是通过监督被审计单位财政收支、财务收支以及有关经济活动的真实性、合法性、效益性，维护国家经济安全，推进民主法治，促进廉政建设，保障国家经济和社会健康发展。

真实性是指反映财政收支、财务收支以及有关经济活动的信息与实际情况相符合的程度。

合法性是指财政收支、财务收支以及有关经济活动遵守法律、法规或者规章的情况。

效益性是指财政收支、财务收支以及有关经济活动实现的经济效益、社会效益和环境效益。

第七条 审计机关对依法属于审计机关审计监督对象的单位、项目、资金进行审计。

审计机关按照国家有关规定，对依法属于审计机关审计监督对象的单位的主要负责人经济责任进行审计。

第八条 审计机关依法对预算管理或者国有资产管理使用等与国家财政收支有关的特定事项向有关地方、部门、单位进行专项审计调查。

审计机关进行专项审计调查时，也应当适用本准则。

第九条 审计机关和审计人员执行审计业务，应当依据年度审计项目计划，编制审计实施方案，获取审计证据，作出审计结论。

审计机关应当委派具备相应资格和能力的审计人员承办审计业务，并建立和执行审计质量控制制度。

第十条 审计机关依据法律法规规定，公开履行职责的情况及其结果，接受社会公众的监督。

第十一条 审计机关和审计人员未遵守本准则约束性条款的，应当说明原因。

第二章　审计机关和审计人员

第十二条 审计机关和审计人员执行审计业务，应当具备本准则规定的资格条件和职业要求。

第十三条 审计机关执行审计业务，应当具备下列资格条件：

（一）符合法定的审计职责和权限；

（二）有职业胜任能力的审计人员；

（三）建立适当的审计质量控制制度；

（四）必需的经费和其他工作条件。

第十四条 审计人员执行审计业务，应当具备下列职业要求：

（一）遵守法律法规和本准则；

（二）恪守审计职业道德；

（三）保持应有的审计独立性；

（四）具备必需的职业胜任能力；

（五）其他职业要求。

第十五条 审计人员应当恪守严格依法、正直坦诚、客观公正、勤勉尽责、保守秘密的基本审计职业道德。

严格依法就是审计人员应当严格依照法定的审计职责、权限和程序进行审计监督，规范审计行为。

正直坦诚就是审计人员应当坚持原则，不屈从于外部压力；不歪曲事实，不隐瞒审计发现的问题；廉洁自律，不利用职权谋取私利；维护国家利益和公共利益。

客观公正就是审计人员应当保持客观公正的立场和态度，以适当、充分的审计证据支持审计结论，实事求是地作出审计评价和处理审计发现的问题。

勤勉尽责就是审计人员应当爱岗敬业，勤勉高效，严谨细致，认真履行审计职责，保证审计工作质量。

保守秘密就是审计人员应当保守其在执行审计业务中知悉的国家秘密、商业秘密；对于执行审计业务取得的资料、形成的审计记录和掌握的相关情况，未经批准不得对外提供和披露，不得用于与审计工作无关的目的。

第十六条 审计人员执行审计业务时，应当保持应有的审计独立性，遇有下列可能损害审计独立性情形的，应当向审计机关报告：

（一）与被审计单位负责人或者有关主管人员有夫妻关系、直系血亲关系、三代以内旁系血亲以及近姻亲关系；

（二）与被审计单位或者审计事项有直接经济利益关系；

（三）对曾经管理或者直接办理过的相关业务进行审计；

（四）可能损害审计独立性的其他情形。

第十七条 审计人员不得参加影响审计独立性的活动，不得参与被审计单位的管理活动。

第十八条 审计机关组成审计组时，应当了解审计组成员可能损害审计独立性的情形，并根据具体情况采取下列措施，避免损害审计独立性：

（一）依法要求相关审计人员回避；

（二）对相关审计人员执行具体审计业务的范围作出限制；

（三）对相关审计人员的工作追加必要的复核程序；

（四）其他措施。

第十九条 审计机关应当建立审计人员交流等制度，避免审计人员因执行审计业务长期与同一被审计单位接触可能对审计独立性造成的损害。

第二十条 审计机关可以聘请外部人员参加审计业务或者提供技术支持、专业咨询、专业鉴定。

审计机关聘请的外部人员应当具备本准则第十四条规定的职业要求。

第二十一条 有下列情形之一的外部人员，审计机关不得聘请：

（一）被刑事处罚的；

（二）被劳动教养的；

（三）被行政拘留的；

（四）审计独立性可能受到损害的；

（五）法律规定不得从事公务的其他情形。

第二十二条 审计人员应当具备与其从事审计业务相适应的专业知识、职业能力和工作经验。

审计机关应当建立和实施审计人员录用、继续教育、培训、业绩评价考核和奖惩激励制度，确保审计人员具有与其从事业务相适应的职业胜任能力。

第二十三条 审计机关应当合理配备审计人员，组成审计组，确保其在整体上具备与审计项目相适应的职业胜任能力。

被审计单位的信息技术对实现审计目标有重大影响的，审计组的整体胜任能力应当包括信息技术方面的胜任能力。

第二十四条 审计人员执行审计业务时，应当合理运用职业判断，保持职业谨慎，对被审计单位可能存在的重要问题保持警觉，并审慎评价所获取审计证据的适当性和充分性，得出恰当的审计结论。

第二十五条 审计人员执行审计业务时，应当从下列方面保持与被审计单位的工作关系：

（一）与被审计单位沟通并听取其意见；

（二）客观公正地作出审计结论，尊重并维护被审计单位的合法权益；

（三）严格执行审计纪律；

（四）坚持文明审计，保持良好的职业形象。

第三章 审计计划

第二十六条 审计机关应当根据法定的审计职责和审计管辖范围，编制年度审计项目计划。

编制年度审计项目计划应当服务大局，围绕政府工作中心，突出审计工作重点，合理安排审计资源，防止不必要的重复审计。

第二十七条 审计机关按照下列步骤编制年度审计项目计划：

（一）调查审计需求，初步选择审计项目；

（二）对初选审计项目进行可行性研究，确定备选审计项目及其优先顺序；

（三）评估审计机关可用审计资源，确定审计项目，编制年度审计项目计划。

第二十八条 审计机关从下列方面调查审计需求，初步选择审计项目：

（一）国家和地区财政收支、财务收支以及有关经济活动情况；

（二）政府工作中心；

（三）本级政府行政首长和相关领导机关对审计工作的要求；

（四）上级审计机关安排或者授权审计的事项；

（五）有关部门委托或者提请审计机关审计的事项；

（六）群众举报、公众关注的事项；

（七）经分析相关数据认为应当列入审计的事项；

（八）其他方面的需求。

第二十九条 审计机关对初选审计项目进行可行性研究，确定初选审计项目的审计目标、审计范围、审计重点和其他重要事项。

进行可行性研究重点调查研究下列内容：

（一）与确定和实施审计项目相关的法律法规和政策；

（二）管理体制、组织结构、主要业务及其开展情况；

（三）财政收支、财务收支状况及结果；

（四）相关的信息系统及其电子数据情况；

（五）管理和监督机构的监督检查情况及结果；

（六）以前年度审计情况；

（七）其他相关内容。

第三十条　审计机关在调查审计需求和可行性研究过程中，从下列方面对初选审计项目进行评估，以确定备选审计项目及其优先顺序：

（一）项目重要程度，评估在国家经济和社会发展中的重要性、政府行政首长和相关领导机关及公众关注程度、资金和资产规模等；

（二）项目风险水平，评估项目规模、管理和控制状况等；

（三）审计预期效果；

（四）审计频率和覆盖面；

（五）项目对审计资源的要求。

第三十一条　年度审计项目计划应当按照审计机关规定的程序审定。

审计机关在审定年度审计项目计划前，根据需要，可以组织专家进行论证。

第三十二条　下列审计项目应当作为必选审计项目：

（一）法律法规规定每年应当审计的项目；

（二）本级政府行政首长和相关领导机关要求审计的项目；

（三）上级审计机关安排或者授权的审计项目。

审计机关对必选审计项目，可以不进行可行性研究。

第三十三条　上级审计机关直接审计下级审计机关审计管辖范围内的重大审计事项，应当列入上级审计机关年度审计项目计划，并及时通知下级审计机关。

第三十四条　上级审计机关可以依法将其审计管辖范围内的审计事项，授权下级审计机关进行审计。对于上级审计机关审计管辖范围内的审计事项，下级审计机关也可以提出授权申请，报有管辖权的上级审计机关审批。

获得授权的审计机关应当将授权的审计事项列入年度审计项目计划。

第三十五条　根据中国政府及其机构与国际组织、外国政府及其机构签订的协议和上级审计机关的要求，审计机关确定对国际组织、外国政府及其机构援助、贷款项目进行审计的，应当纳入年度审计项目计划。

第三十六条　对于预算管理或者国有资产管理使用等与国家财政收支有关的特定事项，符合下列情形的，可以进行专项审计调查：

（一）涉及宏观性、普遍性、政策性或者体制、机制问题的；

（二）事项跨行业、跨地区、跨单位的；

（三）事项涉及大量非财务数据的；

（四）其他适宜进行专项审计调查的。

第三十七条　审计机关年度审计项目计划的内容主要包括：

（一）审计项目名称；

（二）审计目标，即实施审计项目预期要完成的任务和结果；

（三）审计范围，即审计项目涉及的具体单位、事项和所属期间；

（四）审计重点；

（五）审计项目组织和实施单位；

（六）审计资源。

采取跟踪审计方式实施的审计项目，年度审计项目计划应当列明跟踪的具体方式和要求。

专项审计调查项目的年度审计项目计划应当列明专项审计调查的要求。

第三十八条 审计机关编制年度审计项目计划可以采取文字、表格或者两者相结合的形式。

第三十九条 审计机关计划管理部门与业务部门或者派出机构，应当建立经常性的沟通和协调机制。

调查审计需求、进行可行性研究和确定备选审计项目，以业务部门或者派出机构为主实施；备选审计项目排序、配置审计资源和编制年度审计项目计划草案，以计划管理部门为主实施。

第四十条 审计机关根据项目评估结果，确定年度审计项目计划。

第四十一条 审计机关应当将年度审计项目计划报经本级政府行政首长批准并向上一级审计机关报告。

第四十二条 审计机关应当对确定的审计项目配置必要的审计人力资源、审计时间、审计技术装备、审计经费等审计资源。

第四十三条 审计机关同一年度内对同一被审计单位实施不同的审计项目，应当在人员和时间安排上进行协调，尽量避免给被审计单位工作带来不必要的影响。

第四十四条 审计机关应当将年度审计项目计划下达审计项目组织和实施单位执行。

年度审计项目计划一经下达，审计项目组织和实施单位应当确保完成，不得擅自变更。

第四十五条 年度审计项目计划执行过程中，遇有下列情形之一的，应当按照原审批程序调整：

（一）本级政府行政首长和相关领导机关临时交办审计项目的；

（二）上级审计机关临时安排或者授权审计项目的；

（三）突发重大公共事件需要进行审计的；

（四）原定审计项目的被审计单位发生重大变化，导致原计划无法实施的；

（五）需要更换审计项目实施单位的；

（六）审计目标、审计范围等发生重大变化需要调整的；

（七）需要调整的其他情形。

第四十六条 上级审计机关应当指导下级审计机关编制年度审计项目计划，提出下级审计机关重点审计领域或者审计项目安排的指导意见。

第四十七条 年度审计项目计划确定审计机关统一组织多个审计组共同实施一个审计项目或者分别实施同一类审计项目的，审计机关业务部门应当编制审计工作方案。

第四十八条 审计机关业务部门编制审计工作方案，应当根据年度审计项目计划形成过程中调查审计需求、进行可行性研究的情况，开展进一步调查，对审计目标、范围、重点和项目组织实施等进行确定。

第四十九条 审计工作方案的内容主要包括：

（一）审计目标；

（二）审计范围；

（三）审计内容和重点；

（四）审计工作组织安排；

（五）审计工作要求。

第五十条 审计机关业务部门编制的审计工作方案应当按照审计机关规定的程序审批。在年度审计项目计划确定的实施审计起始时间之前，下达到审计项目实施单位。

审计机关批准审计工作方案前，根据需要，可以组织专家进行论证。

第五十一条 审计机关业务部门根据审计实施过程中情况的变化，可以申请对审计工作方案的内容进行调整，并按审计机关规定的程序报批。

第五十二条 审计机关应当定期检查年度审计项目计划执行情况，评估执行效果。

审计项目实施单位应当向下达审计项目计划的审计机关报告计划执行情况。

第五十三条 审计机关应当按照国家有关规定，建立和实施审计项目计划执行情况及其结果的统计制度。

第四章 审计实施

第一节 审计实施方案

第五十四条 审计机关应当在实施项目审计前组成审计组。

审计组由审计组组长和其他成员组成。审计组实行审计组组长负责制。审计组组长由审计机关确定，审计组组长可以根据需要在审计组成员中确定主审，主审应当履行其规定职责和审计组组长委托履行的其他职责。

第五十五条 审计机关应当依照法律法规的规定，向被审计单位送达审计通知书。

第五十六条 审计通知书的内容主要包括被审计单位名称、审计依据、审计范围、审计起始时间、审计组组长及其他成员名单和被审计单位配合审计工作的要求。同时，还应当向被审计单位告知审计组的审计纪律要求。

采取跟踪审计方式实施审计的，审计通知书应当列明跟踪审计的具体方式和要求。

专项审计调查项目的审计通知书应当列明专项审计调查的要求。

第五十七条 审计组应当调查了解被审计单位及其相关情况，评估被审计单位存在重要问题的可能性，确定审计应对措施，编制审计实施方案。

对于审计机关已经下达审计工作方案的，审计组应当按照审计工作方案的要求编制审计实施方案。

第五十八条 审计实施方案的内容主要包括：

（一）审计目标；

（二）审计范围；

（三）审计内容、重点及审计措施，包括审计事项和根据本准则第七十三条确定的审计应对措施；

（四）审计工作要求，包括项目审计进度安排、审计组内部重要管理事项及职责分工等。

采取跟踪审计方式实施审计的，审计实施方案应当对整个跟踪审计工作作出统筹安排。

专项审计调查项目的审计实施方案应当列明专项审计调查的要求。

第五十九条 审计组调查了解被审计单位及其相关情况，为作出下列职业判断提供基础：

（一）确定职业判断适用的标准；

（二）判断可能存在的问题；

（三）判断问题的重要性；

（四）确定审计应对措施。

第六十条 审计人员可以从下列方面调查了解被审计单位及其相关情况：

（一）单位性质、组织结构；

（二）职责范围或者经营范围、业务活动及其目标；

（三）相关法律法规、政策及其执行情况；

（四）财政财务管理体制和业务管理体制；

（五）适用的业绩指标体系以及业绩评价情况；

（六）相关内部控制及其执行情况；

（七）相关信息系统及其电子数据情况；

（八）经济环境、行业状况及其他外部因素；

（九）以往接受审计和监管及其整改情况；

（十）需要了解的其他情况。

第六十一条 审计人员可以从下列方面调查了解被审计单位相关内部控制及其执行情况：

（一）控制环境，即管理模式、组织结构、责权配置、人力资源制度等；

（二）风险评估，即被审计单位确定、分析与实现内部控制目标相关的风险，以及采取的应对措施；

（三）控制活动，即根据风险评估结果采取的控制措施，包括不相容职务分离控制、授权审批控制、资产保护控制、预算控制、业绩分析和绩效考评控制等；

（四）信息与沟通，即收集、处理、传递与内部控制相关的信息，并能有效沟通的情况；

（五）对控制的监督，即对各项内部控制设计、职责及其履行情况的监督检查。

第六十二条 审计人员可以从下列方面调查了解被审计单位信息系统控制情况：

（一）一般控制，即保障信息系统正常运行的稳定性、有效性、安全性等方面的控制；

（二）应用控制，即保障信息系统产生的数据的真实性、完整性、可靠性等方面的控制。

第六十三条 审计人员可以采取下列方法调查了解被审计单位及其相关情况：

（一）书面或者口头询问被审计单位内部和外部相关人员；

（二）检查有关文件、报告、内部管理手册、信息系统的技术文档和操作手册；

（三）观察有关业务活动及其场所、设施和有关内部控制的执行情况；

（四）追踪有关业务的处理过程；

（五）分析相关数据。

第六十四条 审计人员根据审计目标和被审计单位的实际情况，运用职业判断确定调查了解的范围和程度。

对于定期审计项目，审计人员可以利用以往审计中获得的信息，重点调查了解已经发生变化的情况。

第六十五条　审计人员在调查了解被审计单位及其相关情况的过程中，可以选择下列标准作为职业判断的依据：

（一）法律、法规、规章和其他规范性文件；

（二）国家有关方针和政策；

（三）会计准则和会计制度；

（四）国家和行业的技术标准；

（五）预算、计划和合同；

（六）被审计单位的管理制度和绩效目标；

（七）被审计单位的历史数据和历史业绩；

（八）公认的业务惯例或者良好实务；

（九）专业机构或者专家的意见；

（十）其他标准。

审计人员在审计实施过程中需要持续关注标准的适用性。

第六十六条　职业判断所选择的标准应当具有客观性、适用性、相关性、公认性。

标准不一致时，审计人员应当采用权威的和公认程度高的标准。

第六十七条　审计人员应当结合适用的标准，分析调查了解的被审计单位及其相关情况，判断被审计单位可能存在的问题。

第六十八条　审计人员应当运用职业判断，根据可能存在问题的性质、数额及其发生的具体环境，判断其重要性。

第六十九条　审计人员判断重要性时，可以关注下列因素：

（一）是否属于涉嫌犯罪的问题；

（二）是否属于法律法规和政策禁止的问题；

（三）是否属于故意行为所产生的问题；

（四）可能存在问题涉及的数量或者金额；

（五）是否涉及政策、体制或者机制的严重缺陷；

（六）是否属于信息系统设计缺陷；

（七）政府行政首长和相关领导机关及公众的关注程度；

（八）需要关注的其他因素。

第七十条　审计人员实施审计时，应当根据重要性判断的结果，重点关注被审计单位可能存在的重要问题。

第七十一条　需要对财务报表发表审计意见的，审计人员可以参照中国注册会计师执业准则的有关规定确定和运用重要性。

第七十二条　审计组应当评估被审计单位存在重要问题的可能性，以确定审计事项和审计应对措施。

第七十三条　审计组针对审计事项确定的审计应对措施包括：

（一）评估对内部控制的依赖程度，确定是否及如何测试相关内部控制的有效性；

（二）评估对信息系统的依赖程度，确定是否及如何检查相关信息系统的有效性、安全性；

（三）确定主要审计步骤和方法；

（四）确定审计时间；

（五）确定执行的审计人员；

（六）其他必要措施。

第七十四条 审计组在分配审计资源时，应当为重要审计事项分派有经验的审计人员和安排充足的审计时间，并评估特定审计事项是否需要利用外部专家的工作。

第七十五条 审计人员认为存在下列情形之一的，应当测试相关内部控制的有效性：

（一）某项内部控制设计合理且预期运行有效，能够防止重要问题的发生；

（二）仅实施实质性审查不足以为发现重要问题提供适当、充分的审计证据。

审计人员决定不依赖某项内部控制的，可以对审计事项直接进行实质性审查。

被审计单位规模较小、业务比较简单的，审计人员可以对审计事项直接进行实质性审查。

第七十六条 审计人员认为存在下列情形之一的，应当检查相关信息系统的有效性、安全性：

（一）仅审计电子数据不足以为发现重要问题提供适当、充分的审计证据；

（二）电子数据中频繁出现某类差异。

审计人员在检查被审计单位相关信息系统时，可以利用被审计单位信息系统的现有功能或者采用其他计算机技术和工具，检查中应当避免对被审计单位相关信息系统及其电子数据造成不良影响。

第七十七条 审计人员实施审计时，应当持续关注已作出的重要性判断和对存在重要问题可能性的评估是否恰当，及时作出修正，并调整审计应对措施。

第七十八条 遇有下列情形之一的，审计组应当及时调整审计实施方案：

（一）年度审计项目计划、审计工作方案发生变化的；

（二）审计目标发生重大变化的；

（三）重要审计事项发生变化的；

（四）被审计单位及其相关情况发生重大变化的；

（五）审计组人员及其分工发生重大变化的；

（六）需要调整的其他情形。

第七十九条 一般审计项目的审计实施方案应当经审计组组长审定，并及时报审计机关业务部门备案。

重要审计项目的审计实施方案应当报经审计机关负责人审定。

第八十条 审计组调整审计实施方案中的下列事项，应当报经审计机关主要负责人批准：

（一）审计目标；

（二）审计组组长；

（三）审计重点；

（四）现场审计结束时间。

第八十一条 编制和调整审计实施方案可以采取文字、表格或者两者相结合的形式。

第二节 审计证据

第八十二条 审计证据是指审计人员获取的能够为审计结论提供合理基础的全部事

实，包括审计人员调查了解被审计单位及其相关情况和对确定的审计事项进行审查所获取的证据。

第八十三条　审计人员应当依照法定权限和程序获取审计证据。

第八十四条　审计人员获取的审计证据，应当具有适当性和充分性。

适当性是对审计证据质量的衡量，即审计证据在支持审计结论方面具有的相关性和可靠性。相关性是指审计证据与审计事项及其具体审计目标之间具有实质性联系。可靠性是指审计证据真实、可信。

充分性是对审计证据数量的衡量。审计人员在评估存在重要问题的可能性和审计证据质量的基础上，决定应当获取审计证据的数量。

第八十五条　审计人员对审计证据的相关性分析时，应当关注下列方面：

（一）一种取证方法获取的审计证据可能只与某些具体审计目标相关，而与其他具体审计目标无关；

（二）针对一项具体审计目标可以从不同来源获取审计证据或者获取不同形式的审计证据。

第八十六条　审计人员可以从下列方面分析审计证据的可靠性：

（一）从被审计单位外部获取的审计证据比从内部获取的审计证据更可靠；

（二）内部控制健全有效情况下形成的审计证据比内部控制缺失或者无效情况下形成的审计证据更可靠；

（三）直接获取的审计证据比间接获取的审计证据更可靠；

（四）从被审计单位财务会计资料中直接采集的审计证据比经被审计单位加工处理后提交的审计证据更可靠；

（五）原件形式的审计证据比复制件形式的审计证据更可靠。

不同来源和不同形式的审计证据存在不一致或者不能相互印证时，审计人员应当追加必要的审计措施，确定审计证据的可靠性。

第八十七条　审计人员获取的电子审计证据包括与信息系统控制相关的配置参数、反映交易记录的电子数据等。

采集被审计单位电子数据作为审计证据的，审计人员应当记录电子数据的采集和处理过程。

第八十八条　审计人员根据实际情况，可以在审计事项中选取全部项目或者部分特定项目进行审查，也可以进行审计抽样，以获取审计证据。

第八十九条　存在下列情形之一的，审计人员可以对审计事项中的全部项目进行审查：

（一）审计事项由少量大额项目构成的；

（二）审计事项可能存在重要问题，而选取其中部分项目进行审查无法提供适当、充分的审计证据的；

（三）对审计事项中的全部项目进行审查符合成本效益原则的。

第九十条　审计人员可以在审计事项中选取下列特定项目进行审查：

（一）大额或者重要项目；

（二）数量或者金额符合设定标准的项目；

（三）其他特定项目。

选取部分特定项目进行审查的结果，不能用于推断整个审计事项。

第九十一条 在审计事项包含的项目数量较多，需要对审计事项某一方面的总体特征作出结论时，审计人员可以进行审计抽样。

审计人员进行审计抽样时，可以参照中国注册会计师执业准则的有关规定。

第九十二条 审计人员可以采取下列方法向有关单位和个人获取审计证据：

（一）检查，是指对纸质、电子或者其他介质形式存在的文件、资料进行审查，或者对有形资产进行审查；

（二）观察，是指察看相关人员正在从事的活动或者执行的程序；

（三）询问，是指以书面或者口头方式向有关人员了解关于审计事项的信息；

（四）外部调查，是指向与审计事项有关的第三方进行调查；

（五）重新计算，是指以手工方式或者使用信息技术对有关数据计算的正确性进行核对；

（六）重新操作，是指对有关业务程序或者控制活动独立进行重新操作验证；

（七）分析，是指研究财务数据之间、财务数据与非财务数据之间可能存在的合理关系，对相关信息作出评价，并关注异常波动和差异。

审计人员进行专项审计调查，可以使用上述方法及其以外的其他方法。

第九十三条 审计人员应当依照法律法规规定，取得被审计单位负责人对本单位提供资料真实性和完整性的书面承诺。

第九十四条 审计人员取得证明被审计单位存在违反国家规定的财政收支、财务收支行为以及其他重要审计事项的审计证据材料，应当由提供证据的有关人员、单位签名或者盖章；不能取得签名或者盖章不影响事实存在的，该审计证据仍然有效，但审计人员应当注明原因。

审计事项比较复杂或者取得的审计证据数量较大的，可以对审计证据进行汇总分析，编制审计取证单，由证据提供者签名或者盖章。

第九十五条 被审计单位的相关资料、资产可能被转移、隐匿、篡改、毁弃并影响获取审计证据的，审计机关应当依照法律法规的规定采取相应的证据保全措施。

第九十六条 审计机关执行审计业务过程中，因行使职权受到限制而无法获取适当、充分的审计证据，或者无法制止违法行为对国家利益的侵害时，根据需要，可以按照有关规定提请有权处理的机关或者相关单位予以协助和配合。

第九十七条 审计人员需要利用所聘请外部人员的专业咨询和专业鉴定作为审计证据的，应当对下列方面作出判断：

（一）依据的样本是否符合审计项目的具体情况；

（二）使用的方法是否适当和合理；

（三）专业咨询、专业鉴定是否与其他审计证据相符。

第九十八条 审计人员需要使用有关监管机构、中介机构、内部审计机构等已经形成的工作结果作为审计证据的，应当对该工作结果的下列方面作出判断：

（一）是否与审计目标相关；

（二）是否可靠；

（三）是否与其他审计证据相符。

第九十九条 审计人员对于重要问题，可以围绕下列方面获取审计证据：

（一）标准，即判断被审计单位是否存在问题的依据；

（二）事实，即客观存在和发生的情况。事实与标准之间的差异构成审计发现的问题；

（三）影响，即问题产生的后果；

（四）原因，即问题产生的条件。

第一百条 审计人员在审计实施过程中，应当持续评价审计证据的适当性和充分性。

已采取的审计措施难以获取适当、充分审计证据的，审计人员应当采取替代审计措施；仍无法获取审计证据的，由审计组报请审计机关采取其他必要的措施或者不作出审计结论。

第三节 审计记录

第一百零一条 审计人员应当真实、完整地记录实施审计的过程、得出的结论和与审计项目有关的重要管理事项，以实现下列目标：

（一）支持审计人员编制审计实施方案和审计报告；

（二）证明审计人员遵循相关法律法规和本准则；

（三）便于对审计人员的工作实施指导、监督和检查。

第一百零二条 审计人员作出的记录，应当使未参与该项业务的有经验的其他审计人员能够理解其执行的审计措施、获取的审计证据、作出的职业判断和得出的审计结论。

第一百零三条 审计记录包括调查了解记录、审计工作底稿和重要管理事项记录。

第一百零四条 审计组在编制审计实施方案前，应当对调查了解被审计单位及其相关情况作出记录。调查了解记录的内容主要包括：

（一）对被审计单位及其相关情况的调查了解情况；

（二）对被审计单位存在重要问题可能性的评估情况；

（三）确定的审计事项及其审计应对措施。

第一百零五条 审计工作底稿主要记录审计人员依据审计实施方案执行审计措施的活动。

审计人员对审计实施方案确定的每一审计事项，均应当编制审计工作底稿。一个审计事项可以根据需要编制多份审计工作底稿。

第一百零六条 审计工作底稿的内容主要包括：

（一）审计项目名称；

（二）审计事项名称；

（三）审计过程和结论；

（四）审计人员姓名及审计工作底稿编制日期并签名；

（五）审核人员姓名、审核意见及审核日期并签名；

（六）索引号及页码；

（七）附件数量。

第一百零七条 审计工作底稿记录的审计过程和结论主要包括：

（一）实施审计的主要步骤和方法；

（二）取得的审计证据的名称和来源；

（三）审计认定的事实摘要；

（四）得出的审计结论及其相关标准。

第一百零八条 审计证据材料应当作为调查了解记录和审计工作底稿的附件。一份审计证据材料对应多个审计记录时，审计人员可以将审计证据材料附在与其关系最密切的审计记录后面，并在其他审计记录中予以注明。

第一百零九条 审计组起草审计报告前，审计组组长应当对审计工作底稿的下列事项进行审核：

（一）具体审计目标是否实现；

（二）审计措施是否有效执行；

（三）事实是否清楚；

（四）审计证据是否适当、充分；

（五）得出的审计结论及其相关标准是否适当；

（六）其他有关重要事项。

第一百一十条 审计组组长审核审计工作底稿，应当根据不同情况分别提出下列意见：

（一）予以认可；

（二）责成采取进一步审计措施，获取适当、充分的审计证据；

（三）纠正或者责成纠正不恰当的审计结论。

第一百一十一条 重要管理事项记录应当记载与审计项目相关并对审计结论有重要影响的下列管理事项：

（一）可能损害审计独立性的情形及采取的措施；

（二）所聘请外部人员的相关情况；

（三）被审计单位承诺情况；

（四）征求被审计对象或者相关单位及人员意见的情况、被审计对象或者相关单位及人员反馈的意见及审计组的采纳情况；

（五）审计组对审计发现的重大问题和审计报告讨论的过程及结论；

（六）审计机关业务部门对审计报告、审计决定书等审计项目材料的复核情况和意见；

（七）审理机构对审计项目的审理情况和意见；

（八）审计机关对审计报告的审定过程和结论；

（九）审计人员未能遵守本准则规定的约束性条款及其原因；

（十）因外部因素使审计任务无法完成的原因及影响；

（十一）其他重要管理事项。

重要管理事项记录可以使用被审计单位承诺书、审计机关内部审批文稿、会议记录、会议纪要、审理意见书或者其他书面形式。

第四节 重大违法行为检查

第一百一十二条 审计人员执行审计业务时，应当保持职业谨慎，充分关注可能存在的重大违法行为。

第一百一十三条 本准则所称重大违法行为是指被审计单位和相关人员违反法律法规、涉及金额比较大、造成国家重大经济损失或者对社会造成重大不良影响的行为。

第一百一十四条 审计人员检查重大违法行为，应当评估被审计单位和相关人员实施重大违法行为的动机、性质、后果和违法构成。

第一百一十五条 审计人员调查了解被审计单位及其相关情况时，可以重点了解可能与重大违法行为有关的下列事项：

（一）被审计单位所在行业发生重大违法行为的状况；

（二）有关的法律法规及其执行情况；

（三）监管部门已经发现和了解的与被审计单位有关的重大违法行为的事实或者线索；

（四）可能形成重大违法行为的动机和原因；

（五）相关的内部控制及其执行情况；

（六）其他情况。

第一百一十六条 审计人员可以通过关注下列情况，判断可能存在的重大违法行为：

（一）具体经济活动中存在的异常事项；

（二）财务和非财务数据中反映出的异常变化；

（三）有关部门提供的线索和群众举报；

（四）公众、媒体的反映和报道；

（五）其他情况。

第一百一十七条 审计人员根据被审计单位实际情况、工作经验和审计发现的异常现象，判断可能存在重大违法行为的性质，并确定检查重点。

审计人员在检查重大违法行为时，应当关注重大违法行为的高发领域和环节。

第一百一十八条 发现重大违法行为的线索，审计组或者审计机关可以采取下列应对措施：

（一）增派具有相关经验和能力的人员；

（二）避免让有关单位和人员事先知晓检查的时间、事项、范围和方式；

（三）扩大检查范围，使其能够覆盖重大违法行为可能涉及的领域；

（四）获取必要的外部证据；

（五）依法采取保全措施；

（六）提请有关机关予以协助和配合；

（七）向政府和有关部门报告；

（八）其他必要的应对措施。

第五章 审计报告

第一节 审计报告的形式和内容

第一百一十九条 审计报告包括审计机关进行审计后出具的审计报告以及专项审计调查后出具的专项审计调查报告。

第一百二十条 审计组实施审计或者专项审计调查后，应当向派出审计组的审计机关提交审计报告。审计机关审定审计组的审计报告后，应当出具审计机关的审计报告。遇有特殊情况，审计机关可以不向被调查单位出具专项审计调查报告。

第一百二十一条 审计报告应当内容完整、事实清楚、结论正确、用词恰当、格式规范。

第一百二十二条 审计机关的审计报告（审计组的审计报告）包括下列基本要素：

（一）标题；

（二）文号（审计组的审计报告不含此项）；

（三）被审计单位名称；

（四）审计项目名称；

（五）内容；

（六）审计机关名称（审计组名称及审计组组长签名）；

（七）签发日期（审计组向审计机关提交报告的日期）。

经济责任审计报告还包括被审计人员姓名及所担任职务。

第一百二十三条 审计报告的内容主要包括：

（一）审计依据，即实施审计所依据的法律法规规定；

（二）实施审计的基本情况，一般包括审计范围、内容、方式和实施的起止时间；

（三）被审计单位基本情况；

（四）审计评价意见，即根据不同的审计目标，以适当、充分的审计证据为基础发表的评价意见；

（五）以往审计决定执行情况和审计建议采纳情况；

（六）审计发现的被审计单位违反国家规定的财政收支、财务收支行为和其他重要问题的事实、定性、处理处罚意见以及依据的法律法规和标准；

（七）审计发现的移送处理事项的事实和移送处理意见，但是涉嫌犯罪等不宜让被审计单位知悉的事项除外；

（八）针对审计发现的问题，根据需要提出的改进建议。

审计期间被审计单位对审计发现的问题已经整改的，审计报告还应当包括有关整改情况。

经济责任审计报告还应当包括被审计人员履行经济责任的基本情况，以及被审计人员对审计发现问题承担的责任。

核查社会审计机构相关审计报告发现的问题，应当在审计报告中一并反映。

第一百二十四条 采取跟踪审计方式实施审计的，审计组在跟踪审计过程中发现的问题，应当以审计机关的名义及时向被审计单位通报，并要求其整改。

跟踪审计实施工作全部结束后，应当以审计机关的名义出具审计报告。审计报告应当反映审计发现但尚未整改的问题，以及已经整改的重要问题及其整改情况。

第一百二十五条 专项审计调查报告除符合审计报告的要素和内容要求外，还应当根据专项审计调查目标重点分析宏观性、普遍性、政策性或者体制、机制问题并提出改进建议。

第一百二十六条 对审计或者专项审计调查中发现被审计单位违反国家规定的财政收支、财务收支行为，依法应当由审计机关在法定职权范围内作出处理处罚决定的，审计机关应当出具审计决定书。

第一百二十七条 审计决定书的内容主要包括：

（一）审计的依据、内容和时间；

（二）违反国家规定的财政收支、财务收支行为的事实、定性、处理处罚决定以及法律法规依据；

（三）处理处罚决定执行的期限和被审计单位书面报告审计决定执行结果等要求；

（四）依法提请政府裁决或者申请行政复议、提起行政诉讼的途径和期限。

第一百二十八条 审计或者专项审计调查发现的依法需要移送其他有关主管机关或者单位纠正、处理处罚或者追究有关人员责任的事项，审计机关应当出具审计移送处理书。

第一百二十九条 审计移送处理书的内容主要包括：

（一）审计的时间和内容；

（二）依法需要移送有关主管机关或者单位纠正、处理处罚或者追究有关人员责任事项的事实、定性及其依据和审计机关的意见；

（三）移送的依据和移送处理说明，包括将处理结果书面告知审计机关的说明；

（四）所附的审计证据材料。

第一百三十条 出具对国际组织、外国政府及其机构援助、贷款项目的审计报告，按照审计机关的相关规定执行。

第二节 审计报告的编审

第一百三十一条 审计组在起草审计报告前，应当讨论确定下列事项：

（一）评价审计目标的实现情况；

（二）审计实施方案确定的审计事项完成情况；

（三）评价审计证据的适当性和充分性；

（四）提出审计评价意见；

（五）评估审计发现问题的重要性；

（六）提出对审计发现问题的处理处罚意见；

（七）其他有关事项。

审计组应当对讨论前款事项的情况及其结果作出记录。

第一百三十二条 审计组组长应当确认审计工作底稿和审计证据已经审核，并从总体上评价审计证据的适当性和充分性。

第一百三十三条 审计组根据不同的审计目标，以审计认定的事实为基础，在防范审计风险的情况下，按照重要性原则，从真实性、合法性、效益性方面提出审计评价意见。

审计组应当只对所审计的事项发表审计评价意见。对审计过程中未涉及、审计证据不适当或者不充分、评价依据或者标准不明确以及超越审计职责范围的事项，不得发表审计评价意见。

第一百三十四条 审计组应当根据审计发现问题的性质、数额及其发生的原因和审计报告的使用对象，评估审计发现问题的重要性，如实在审计报告中予以反映。

第一百三十五条 审计组对审计发现的问题提出处理处罚意见时，应当关注下列因素：

（一）法律法规的规定；

（二）审计职权范围：属于审计职权范围的，直接提出处理处罚意见，不属于审计职权范围的，提出移送处理意见；

（三）问题的性质、金额、情节、原因和后果；

（四）对同类问题处理处罚的一致性；

（五）需要关注的其他因素。

审计发现被审计单位信息系统存在重大漏洞或者不符合国家规定的，应当责成被审计单位在规定期限内整改。

第一百三十六条 审计组应当针对经济责任审计发现的问题，根据被审计人员履行职责情况，界定其应当承担的责任。

第一百三十七条 审计组实施审计或者专项审计调查后，应当提出审计报告，按照审计机关规定的程序审批后，以审计机关的名义征求被审计单位、被调查单位和拟处罚的有关责任人员的意见。

经济责任审计报告还应当征求被审计人员的意见；必要时，征求有关干部监督管理部门的意见。

审计报告中涉及的重大经济案件调查等特殊事项，经审计机关主要负责人批准，可以不征求被审计单位或者被审计人员的意见。

第一百三十八条 被审计单位、被调查单位、被审计人员或者有关责任人员对征求意见的审计报告有异议的，审计组应当进一步核实，并根据核实情况对审计报告作出必要的修改。

审计组应当对采纳被审计单位、被调查单位、被审计人员、有关责任人员意见的情况和原因，或者上述单位或人员未在法定时间内提出书面意见的情况作出书面说明。

第一百三十九条 对被审计单位或者被调查单位违反国家规定的财政收支、财务收支行为，依法应当由审计机关进行处理处罚的，审计组应当起草审计决定书。

对依法应当由其他有关部门纠正、处理处罚或者追究有关责任人员责任的事项，审计组应当起草审计移送处理书。

第一百四十条 审计组应当将下列材料报送审计机关业务部门复核：

（一）审计报告；

（二）审计决定书；

（三）被审计单位、被调查单位、被审计人员或者有关责任人员对审计报告的书面意见及审计组采纳情况的书面说明；

（四）审计实施方案；

（五）调查了解记录、审计工作底稿、重要管理事项记录、审计证据材料；

（六）其他有关材料。

第一百四十一条 审计机关业务部门应当对下列事项进行复核，并提出书面复核意见：

（一）审计目标是否实现；

（二）审计实施方案确定的审计事项是否完成；

（三）审计发现的重要问题是否在审计报告中反映；

（四）事实是否清楚、数据是否正确；

（五）审计证据是否适当、充分；

（六）审计评价、定性、处理处罚和移送处理意见是否恰当，适用法律法规和标准是否适当；

（七）被审计单位、被调查单位、被审计人员或者有关责任人员提出的合理意见是否采纳；

（八）需要复核的其他事项。

第一百四十二条 审计机关业务部门应当将复核修改后的审计报告、审计决定书等审计项目材料连同书面复核意见，报送审理机构审理。

第一百四十三条　审理机构以审计实施方案为基础，重点关注审计实施的过程及结果，主要审理下列内容：

（一）审计实施方案确定的审计事项是否完成；

（二）审计发现的重要问题是否在审计报告中反映；

（三）主要事实是否清楚、相关证据是否适当、充分；

（四）适用法律法规和标准是否适当；

（五）评价、定性、处理处罚意见是否恰当；

（六）审计程序是否符合规定。

第一百四十四条　审理机构审理时，应当就有关事项与审计组及相关业务部门进行沟通。

必要时，审理机构可以参加审计组与被审计单位交换意见的会议，或者向被审计单位和有关人员了解相关情况。

第一百四十五条　审理机构审理后，可以根据情况采取下列措施：

（一）要求审计组补充重要审计证据；

（二）对审计报告、审计决定书进行修改。

审理过程中遇有复杂问题的，经审计机关负责人同意后，审理机构可以组织专家进行论证。

审理机构审理后，应当出具审理意见书。

第一百四十六条　审理机构将审理后的审计报告、审计决定书连同审理意见书报送审计机关负责人。

第一百四十七条　审计报告、审计决定书原则上应当由审计机关审计业务会议审定；特殊情况下，经审计机关主要负责人授权，可以由审计机关其他负责人审定。

第一百四十八条　审计决定书经审定，处罚的事实、理由、依据、决定与审计组征求意见的审计报告不一致并且加重处罚的，审计机关应当依照有关法律法规的规定及时告知被审计单位、被调查单位和有关责任人员，并听取其陈述和申辩。

第一百四十九条　对于拟作出罚款的处罚决定，符合法律法规规定的听证条件的，审计机关应当依照有关法律法规的规定履行听证程序。

第一百五十条　审计报告、审计决定书经审计机关负责人签发后，按照下列要求办理：

（一）审计报告送达被审计单位、被调查单位；

（二）经济责任审计报告送达被审计单位和被审计人员；

（三）审计决定书送达被审计单位、被调查单位、被处罚的有关责任人员。

第三节　专题报告与综合报告

第一百五十一条　审计机关在审计中发现的下列事项，可以采用专题报告、审计信息等方式向本级政府、上一级审计机关报告：

（一）涉嫌重大违法犯罪的问题；

（二）与国家财政收支、财务收支有关政策及其执行中存在的重大问题；

（三）关系国家经济安全的重大问题；

（四）关系国家信息安全的重大问题；

（五）影响人民群众经济利益的重大问题；

（六）其他重大事项。

第一百五十二条 专题报告应当主题突出、事实清楚、定性准确、建议适当。

审计信息应当事实清楚、定性准确、内容精炼、格式规范、反映及时。

第一百五十三条 审计机关统一组织审计项目的，可以根据需要汇总审计情况和结果，编制审计综合报告。必要时，审计综合报告应当征求有关主管机关的意见。

审计综合报告按照审计机关规定的程序审定后，向本级政府和上一级审计机关报送，或者向有关部门通报。

第一百五十四条 审计机关实施经济责任审计项目后，应当按照相关规定，向本级政府行政首长和有关干部监督管理部门报告经济责任审计结果。

第一百五十五条 审计机关依照法律法规的规定，每年汇总对本级预算执行情况和其他财政收支情况的审计报告，形成审计结果报告，报送本级政府和上一级审计机关。

第一百五十六条 审计机关依照法律法规的规定，代本级政府起草本级预算执行情况和其他财政收支情况的审计工作报告（稿），经本级政府行政首长审定后，受本级政府委托向本级人民代表大会常务委员会报告。

第四节 审计结果公布

第一百五十七条 审计机关依法实行公告制度。审计机关的审计结果、审计调查结果依法向社会公布。

第一百五十八条 审计机关公布的审计和审计调查结果主要包括下列信息：

（一）被审计（调查）单位基本情况；

（二）审计（调查）评价意见；

（三）审计（调查）发现的主要问题；

（四）处理处罚决定及审计（调查）建议；

（五）被审计（调查）单位的整改情况。

第一百五十九条 在公布审计和审计调查结果时，审计机关不得公布下列信息：

（一）涉及国家秘密、商业秘密的信息；

（二）正在调查、处理过程中的事项；

（三）依照法律法规的规定不予公开的其他信息。

涉及商业秘密的信息，经权利人同意或者审计机关认为不公布可能对公共利益造成重大影响的，可以予以公布。

审计机关公布审计和审计调查结果应当客观公正。

第一百六十条 审计机关公布审计和审计调查结果，应当指定专门机构统一办理，履行规定的保密审查和审核手续，报经审计机关主要负责人批准。

审计机关内设机构、派出机构和个人，未经授权不得向社会公布审计和审计调查结果。

第一百六十一条 审计机关统一组织不同级次审计机关参加的审计项目，其审计和审计调查结果原则上由负责该项目组织工作的审计机关统一对外公布。

第一百六十二条 审计机关公布审计和审计调查结果按照国家有关规定需要报批的，未经批准不得公布。

第五节 审计整改检查

第一百六十三条 审计机关应当建立审计整改检查机制，督促被审计单位和其他有关单位根据审计结果进行整改。

第一百六十四条 审计机关主要检查或者了解下列事项：

（一）执行审计机关作出的处理处罚决定情况；

（二）对审计机关要求自行纠正事项采取措施的情况；

（三）根据审计机关的审计建议采取措施的情况；

（四）对审计机关移送处理事项采取措施的情况。

第一百六十五条 审计组在审计实施过程中，应当及时督促被审计单位整改审计发现的问题。

审计机关在出具审计报告、作出审计决定后，应当在规定的时间内检查或者了解被审计单位和其他有关单位的整改情况。

第一百六十六条 审计机关可以采取下列方式检查或者了解被审计单位和其他有关单位的整改情况：

（一）实地检查或者了解；

（二）取得并审阅相关书面材料；

（三）其他方式。

对于定期审计项目，审计机关可以结合下一次审计，检查或者了解被审计单位的整改情况。

检查或者了解被审计单位和其他有关单位的整改情况应当取得相关证明材料。

第一百六十七条 审计机关指定的部门负责检查或者了解被审计单位和其他有关单位整改情况，并向审计机关提出检查报告。

第一百六十八条 检查报告的内容主要包括：

（一）检查工作开展情况，主要包括检查时间、范围、对象和方式等；

（二）被审计单位和其他有关单位的整改情况；

（三）没有整改或者没有完全整改事项的原因和建议。

第一百六十九条 审计机关对被审计单位没有整改或者没有完全整改的事项，依法采取必要措施。

第一百七十条 审计机关对审计决定书中存在的重要错误事项，应当予以纠正。

第一百七十一条 审计机关汇总审计整改情况，向本级政府报送关于审计工作报告中指出问题的整改情况的报告。

第六章 审计质量控制和责任

第一百七十二条 审计机关应当建立审计质量控制制度，以保证实现下列目标：

（一）遵守法律法规和本准则；

（二）作出恰当的审计结论；

（三）依法进行处理处罚。

第一百七十三条 审计机关应当针对下列要素建立审计质量控制制度：

（一）审计质量责任；

（二）审计职业道德；

（三）审计人力资源；

（四）审计业务执行；

（五）审计质量监控。

对前款第二、三、四项应当按照本准则第二至五章的有关要求建立审计质量控制制度。

第一百七十四条 审计机关实行审计组成员、审计组主审、审计组组长、审计机关业务部门、审理机构、总审计师和审计机关负责人对审计业务的分级质量控制。

第一百七十五条 审计组成员的工作职责包括：

（一）遵守本准则，保持审计独立性；

（二）按照分工完成审计任务，获取审计证据；

（三）如实记录实施的审计工作并报告工作结果；

（四）完成分配的其他工作。

第一百七十六条 审计组成员应当对下列事项承担责任：

（一）未按审计实施方案实施审计导致重大问题未被发现的；

（二）未按照本准则的要求获取审计证据导致审计证据不适当、不充分的；

（三）审计记录不真实、不完整的；

（四）对发现的重要问题隐瞒不报或者不如实报告的。

第一百七十七条 审计组组长的工作职责包括：

（一）编制或者审定审计实施方案；

（二）组织实施审计工作；

（三）督导审计组成员的工作；

（四）审核审计工作底稿和审计证据；

（五）组织编制并审核审计组起草的审计报告、审计决定书、审计移送处理书、专题报告、审计信息；

（六）配置和管理审计组的资源；

（七）审计机关规定的其他职责。

第一百七十八条 审计组组长应当从下列方面督导审计组成员的工作：

（一）将具体审计事项和审计措施等信息告知审计组成员，并与其讨论；

（二）检查审计组成员的工作进展，评估审计组成员的工作质量，并解决工作中存在的问题；

（三）给予审计组成员必要的培训和指导。

第一百七十九条 审计组组长应当对审计项目的总体质量负责，并对下列事项承担责任：

（一）审计实施方案编制或者组织实施不当，造成审计目标未实现或者重要问题未被发现的；

（二）审核未发现或者未纠正审计证据不适当、不充分问题的；

（三）审核未发现或者未纠正审计工作底稿不真实、不完整问题的；

（四）得出的审计结论不正确的；

（五）审计组起草的审计文书和审计信息反映的问题严重失实的；

（六）提出的审计处理处罚意见或者移送处理意见不正确的；

（七）对审计组发现的重要问题隐瞒不报或者不如实报告的；

（八）违反法定审计程序的。

第一百八十条 根据工作需要，审计组可以设立主审。主审根据审计分工和审计组组长的委托，主要履行下列职责：

（一）起草审计实施方案、审计文书和审计信息；

（二）对主要审计事项进行审计查证；

（三）协助组织实施审计；

（四）督导审计组成员的工作；

（五）审核审计工作底稿和审计证据；

（六）组织审计项目归档工作；

（七）完成审计组组长委托的其他工作。

第一百八十一条 审计组组长将其工作职责委托给主审或者审计组其他成员的，仍应当对委托事项承担责任。受委托的成员在受托范围内承担相应责任。

第一百八十二条 审计机关业务部门的工作职责包括：

（一）提出审计组组长人选；

（二）确定聘请外部人员事宜；

（三）指导、监督审计组的审计工作；

（四）复核审计报告、审计决定书等审计项目材料；

（五）审计机关规定的其他职责。

业务部门统一组织审计项目的，应当承担编制审计工作方案，组织、协调审计实施和汇总审计结果的职责。

第一百八十三条 审计机关业务部门应当及时发现和纠正审计组工作中存在的重要问题，并对下列事项承担责任：

（一）对审计组请示的问题未及时采取适当措施导致严重后果的；

（二）复核未发现审计报告、审计决定书等审计项目材料中存在的重要问题的；

（三）复核意见不正确的；

（四）要求审计组不在审计文书和审计信息中反映重要问题的。

业务部门对统一组织审计项目的汇总审计结果出现重大错误、造成严重不良影响的事项承担责任。

第一百八十四条 审计机关审理机构的工作职责包括：

（一）审查修改审计报告、审计决定书；

（二）提出审理意见；

（三）审计机关规定的其他职责。

第一百八十五条 审计机关审理机构对下列事项承担责任：

（一）审理意见不正确的；

（二）对审计报告、审计决定书作出的修改不正确的；

（三）审理时应当发现而未发现重要问题的。

第一百八十六条 审计机关负责人的工作职责包括：

（一）审定审计项目目标、范围和审计资源的配置；

（二）指导和监督检查审计工作；

（三）审定审计文书和审计信息；

（四）审计管理中的其他重要事项。

审计机关负责人对审计项目实施结果承担最终责任。

第一百八十七条 审计机关对审计人员违反法律法规和本准则的行为，应当按照相关规定追究其责任。

第一百八十八条 审计机关应当按照国家有关规定，建立健全审计项目档案管理制度，明确审计项目归档要求、保存期限、保存措施、档案利用审批程序等。

第一百八十九条 审计项目归档工作实行审计组组长负责制，审计组组长应当确定立卷责任人。

立卷责任人应当收集审计项目的文件材料，并在审计项目终结后及时立卷归档，由审计组组长审查验收。

第一百九十条 审计机关实行审计业务质量检查制度，对其业务部门、派出机构和下级审计机关的审计业务质量进行检查。

第一百九十一条 审计机关可以通过查阅有关文件和审计档案、询问相关人员等方式、方法，检查下列事项：

（一）建立和执行审计质量控制制度的情况；

（二）审计工作中遵守法律法规和本准则的情况；

（三）与审计业务质量有关的其他事项。

审计业务质量检查应当重点关注审计结论的恰当性、审计处理处罚意见的合法性和适当性。

第一百九十二条 审计机关开展审计业务质量检查，应当向被检查单位通报检查结果。

第一百九十三条 审计机关在审计业务质量检查中，发现被检查的派出机构或者下级审计机关应当作出审计决定而未作出的，可以依法直接或者责成其在规定期限内作出审计决定；发现其作出的审计决定违反国家有关规定的，可以依法直接或者责成其在规定期限内变更、撤销审计决定。

第一百九十四条 审计机关应当对其业务部门、派出机构实行审计业务年度考核制度，考核审计质量控制目标的实现情况。

第一百九十五条 审计机关可以定期组织优秀审计项目评选，对被评为优秀审计项目的予以表彰。

第一百九十六条 审计机关应当对审计质量控制制度及其执行情况进行持续评估，及时发现审计质量控制制度及其执行中存在的问题，并采取措施加以纠正或者改进。

审计机关可以结合日常管理工作或者通过开展审计业务质量检查、考核和优秀审计项目评选等方式，对审计质量控制制度及其执行情况进行持续评估。

第七章　附　　则

第一百九十七条 审计机关和审计人员开展下列工作，不适用本准则的规定：

（一）配合有关部门查处案件；

（二）与有关部门共同办理检查事项；

（三）接受交办或者接受委托办理不属于法定审计职责范围的事项。

第一百九十八条 地方审计机关可以根据本地实际情况，在遵循本准则规定的基础上制定实施细则。

第一百九十九条 本准则由审计署负责解释。

第二百条 本准则自 2011 年 1 月 1 日起施行。附件所列的审计署以前发布的审计准则和规定同时废止。

附件：废止的审计准则和规定目录

附件

废止的审计准则和规定目录

1. 中华人民共和国国家审计基本准则（2000 年审计署第 1 号令）
2. 审计机关审计处理处罚的规定（2000 年审计署第 1 号令）
3. 审计机关审计方案准则（2000 年审计署第 2 号令）
4. 审计机关审计证据准则（2000 年审计署第 2 号令）
5. 审计机关审计工作底稿准则（试行）（2000 年审计署第 2 号令）
6. 审计机关审计报告编审准则（2000 年审计署第 2 号令）
7. 审计机关审计复核准则（2000 年审计署第 2 号令）
8. 审计机关专项审计调查准则（2001 年审计署第 3 号令）
9. 审计机关公布审计结果准则（2001 年审计署第 3 号令）
10. 审计机关审计人员职业道德准则（2001 年审计署第 3 号令）
11. 审计机关国家建设项目审计准则（2001 年审计署第 3 号令）
12. 审计机关审计重要性与审计风险评价准则（2003 年审计署第 5 号令）
13. 审计机关分析性复核准则（2003 年审计署第 5 号令）
14. 审计机关内部控制测评准则（2003 年审计署第 5 号令）
15. 审计机关审计抽样准则（2003 年审计署第 5 号令）
16. 审计机关审计事项评价准则（2003 年审计署第 5 号令）
17. 国有企业财务审计准则（试行）（审法发〔1999〕10 号）
18. 审计机关审计项目质量控制办法（试行）（2004 年审计署第 6 号令）
19. 审计署关于国有金融机构财务审计实施办法（审金发〔1996〕331 号）
20. 审计署关于中央银行财务审计实施办法（审金发〔1996〕332 号）
21. 审计机关对社会保障基金审计实施办法（审行发〔1996〕350 号）
22. 审计机关对社会捐赠资金审计实施办法（审行发〔1996〕351 号）
23. 审计机关对国外贷援款项目审计实施办法（审外资发〔1996〕353 号）
24. 审计机关审计行政强制性措施的规定（审法发〔1996〕359 号）
25. 审计机关指导监督内部审计业务的规定（审管发〔1996〕367 号）
26. 审计署关于派出审计局开展审计工作的暂行办法（审发〔1998〕314 号）
27. 中央预算执行审计工作程序实施细则（审财发〔1999〕32 号）
28. 审计机关审计项目计划管理办法（审办发〔2002〕104 号）

解读《中华人民共和国国家审计准则》

《中华人民共和国国家审计准则》（以下简称《审计准则》）于2010年7月8日经审计长会议审议通过，2010年9月1日刘家义审计长签署审计署第8号令予以公布，自2011年1月1日起施行。为了更好地指导学习、宣传和贯彻落实修订后的国家审计准则，特作如下解读：

一、修订的意义

《审计准则》的修订和颁布，是继审计法和审计法实施条例修订后我国审计法制建设的又一件大事，是完善我国审计法律制度的重大举措，是国家审计准则体系建设史上一个重要的里程碑，对规范审计机关和审计人员执行审计业务的行为，保证审计质量，防范审计风险，发挥审计保障国家经济和社会健康运行的“免疫系统”功能有十分重大的意义。《审计准则》适用于审计机关开展的各项审计业务，对执行审计业务基本程序作了系统规范，体现了很强的综合性；《审计准则》以贯彻落实科学发展观为指针，坚持运用科学的审计理念和先进的审计技术方法，体现了很强的科学性；《审计准则》系统总结了我国国家审计二十多年来的实践经验，将行之有效的做法确定下来，体现了很强的实用性；《审计准则》充分借鉴国际政府审计准则的内容和外国审计机关有益做法，体现了很强的国际性。

二、修订的必要性

近些年来，我国社会经济形势发生了深刻变化，审计工作也得到了深入发展。一是审计法和审计法实施条例修订后，原有准则需做相应修订，以便与审计法律法规保持一致。二是近年来，各级审计机关深入贯彻落实科学发展观，树立科学审计理念，不断加大审计监督力度，创新审计监督方式方法，积累了许多经验，需要加以总结并通过准则予以规定。三是审计实践也证明，原有准则中的一些规定不能完全适应新形势下审计工作发展要求，同时原有准则体系比较庞杂，有些准则间部分内容存在交叉重复。原有的准则和规定不能适应审计工作要求，需要加以修订。

三、修订遵循的原则

（一）依照审计法和审计法实施条例的规定，与原有准则保持一定连续性。2006年全国人大常委会修改的审计法和2010年国务院修订的审计法实施条例对审计机关的审计职责、审计权限和审计程序等都作出了一些新的规定。此次修订的《审计准则》，作为部门规章，严格依照了审计法和审计法实施条例的规定，并明确了执行的具体要求，确保审计法律法规全面贯彻落实。同时，对于原有准则，特别是《审计机关审计项目质量控制办法（试行）》中一些经过实践证明比较成熟的规定，均吸收到修订后的《审计准则》中，保持审计规范的连续性和稳定性。

（二）总结多年来审计实践经验，体现中国国家审计特色。近年来，在各级党委、政府的正确领导下，各级审计机关坚持“依法审计、服务大局、围绕中心、突出重点、求真务实”的审计工作方针，认真履行法定审计职责，创新审计工作方式方法，在监督财政财务收支真实、合法基础上，全面推进绩效审计，深入开展经济责任审计，加强专项审计调查和跟踪审计，严肃查处重大违法行为，注重从体制、机制、制度和政策层面发现和分析问题并提出审计建议，加大公布审计结果力度，促进被审计单位整改，较好地发挥了审计监督的建设性作用。实践证明，这些基本做法和经验是符合我国国情和审计工作发展要求的。修订的《审计准则》主要从我国实际出发，立足于总结审计实践经验，体现中国国家审计的特色。

（三）借鉴外国政府审计准则的有益内容，努力与国际通行做法相衔接。国际审计组织和有的外国审计机关相继颁布了审计准则，其中有些基本审计理念和技术方法对我国审计机关也有借鉴意义。此次修订准则，重点借鉴了外国政府审计准则的有益内容，并适当参考了社会审计和内部审计准则的相关要求。一方面，有利于完善我国审计规范，推动审计事业发展；另一方面，借鉴外国政府审计的一些好的内容，努力使修订的《审计准则》与国际通行做法相衔接，便于加强国际审计交流与合作。

（四）坚持约束与指导相结合，增强《审计准则》的指导作用。修订的《审计准则》适用于中央到县的各级审计机关，适用于审计机关开展的各项审计业务。考虑到各地实际情况和审计项目的不同特点，修订的《审计准则》坚持约束与指导相结合的原则，将一些条款设定为约束性条款、一些条款设定为指导性条款，注重对执行审计业务过程中相关实质性环节的管理和指导，增强《审计准则》的适用性和指导作用，便于各级审计机关和广大审计人员贯彻执行。

四、《审计准则》的体系结构

修订前的国家审计准则体系由一个国家审计基本准则、若干个通用审计准则和专业审计准则构成。这种体系结构比较零散，相关准则间的内容存在交叉，不便于审计人员系统学习和掌握。此次修订，参考《审计机关审计项目质量控制办法（试行）》的体系结构，将原有国家审计基本准则和通用审计准则规范的内容统一纳入《审计准则》，形成一个完整单一的国家审计准则。在审计准则的下一层次研究开发审计指南，进一步细化相关审计业务操作的具体要求。据此构建起由宪法、审计法和审计法实施条例、审计准则和审计指南等不同级次规定组成的审计法律规范体系。

按照上述体系结构，《审计准则》正文分为七章，即总则、审计机关和审计人员、审计计划、审计实施、审计报告、审计质量控制和责任、附则。共200条。同时，《审计准则》在吸收原有审计准则和相关规定中能够继续适用的内容后，废止了审计署以前发布的28项审计准则和相关规定，并在《审计准则》附件中列明了废止的规定名称。

五、修订的主要内容

（一）关于《审计准则》的适用。

1.《审计准则》的适用范围。《审计准则》是审计机关和审计人员履行法定审计职责的行为规范，是执行审计业务的职业标准，是评价审计质量的基本尺度，适用于各级审计机关和审计人员执行的各项审计业务和专项审计调查业务。同时，其他组织或者人员接受审计机关的委托、聘用，承办或者参加审计业务，也应当适用《审计准则》。但审计机关和审计人员配合有关部门查处案件、与有关部门共同办理检查事项、接受交办或者接受委托办理不属于法定审计职责范围的事项，不适用《审计准则》，应当按照其他有关规定和要求办理。《审计准则》第二条、第四条、第八条和第一百九十七条对此作了规定。

2.《审计准则》条款的具体应用。考虑到我国各级审计机关的实际情况和具体审计项目之间的差异，为增强《审计准则》的适用性，将使用“应当”、“不得”词汇的条款规定

为约束性条款，即各级审计机关和审计人员执行审计业务都必须遵守的职业要求；而使用“可以”词汇的条款为指导性条款，是对良好审计实务的推介。审计机关和审计人员未遵守约束性条款的，应当说明原因，并在审计记录中加以记载。《审计准则》第三条、第十一条和第一百一十一条对此作了规定。

（二）关于审计人员的独立性和职业道德要求。

1. 审计人员的独立性。依法独立行使审计监督权是审计工作的基本要求。宪法、审计法和审计法实施条例从审计机关组织和领导体制、审计职责和权限、审计经费和审计人员履行职务的保护等方面，对审计机关和审计人员依法独立行使审计监督权作出了规定。《审计准则》第十六条至二十三条主要明确了审计人员保持独立性的要求，规定了审计机关针对可能损害审计独立性的情形应当采取的措施，并对审计机关聘请外部人员的相关要求作了规定。

2. 审计职业道德要求。各级审计机关十分重视加强审计职业道德建设，在长期审计实践中形成了具有审计职业特色的道德规范和要求。国际审计组织和许多外国审计机关也制定了审计职业道德规范和守则。在立足我国审计工作实际情况，借鉴国际政府审计职业道德规范内容的基础上，《审计准则》第十五条明确了严格依法、正直坦诚、客观公正、勤勉尽责、保守秘密五项基本审计职业道德，并规定了审计人员遵守各项基本职业道德的要求。

（三）关于审计计划。

1. 年度审计项目计划的编制程序和要求。年度审计项目计划是审计机关对年度审计工作做出的统筹部署和安排，对依法履行审计监督职责，保障审计工作科学和有序运行有着十分重要的作用。为了加强对编制年度审计项目计划工作的指导，确保计划的科学性和可行性，在总结我国年度审计项目计划管理经验的基础上，《审计准则》第三章从调查审计需求、对初选审计项目进行可行性研究和评估、配置审计项目资源，以及年度审计项目计划审定、调整和执行情况检查等方面，明确了年度审计项目计划编制和执行的要求。同时，为更好地指导审计机关确定专项审计调查项目计划，《审计准则》第三十六条对开展专项审计调查的项目提出了指导性原则，即对于预算管理或者国有资产管理使用中涉及宏观性、普遍性、政策性或者体制、机制问题的事项，跨行业、跨地区、跨单位的事项，涉及大量非财务数据的事项等，可以作为专项审计调查项目予以安排。

2. 审计工作方案的编制。根据审计实践，审计机关统一组织多个审计组共同实施一个审计项目或者分别实施同一类项目，一般需要编制审计工作方案，以加强对这些项目组织实施工作的管理，便于审计结果的汇总和综合利用，确保年度审计项目计划的执行。审计机关业务部门应当根据年度审计项目计划形成过程中调查审计需求、进行可行性研究的情况，开展进一步调查，对审计目标、范围、重点和项目组织实施等进行确定，编制审计工作方案，按照审计机关规定的程序审批后，在实施审计起始时间之前下达项目实施单位。《审计准则》第四十七条至第五十一条对此作了规定。

（四）关于审计实施。

1. 审计实施方案的编制要求。为增强审计实施方案的科学性和可操作性，发挥其指导作用，在总结我国审计实践经验并借鉴外国政府审计有益做法的基础上，《审计准则》第四章第一节将编制审计实施方案作为项目审计实施的第一个环节加以了规定。

一是明确了编制审计实施方案的实质性要求。根据全面审计、突出重点的审计工作基本要求，运用审计风险理论和重要性原则，首先要求审计组调查了解被审计单位及其相关情况，包括相关内部控制及其执行情况和信息系统控制情况。其次，审计组根据调查了解的情况，结合适用的标准，判断被审计单位可能存在的问题，即风险领域或者风险点。第三，审计人员运用职业判断，根据可能存在问题的性质、数额及其发生的具体环境，判断其重要性，评估可能存在的重要问题，即重要风险领域或者重要风险点。在判断重要性时，对财政收支、财务收支合法性和效益性进行审计的项目一般不需确定量化的重要性水平（金额标准），可只对重要性作出定性判断。第四，在评估被审计单位存在重要问题可能性的基础上，确定审计事项和审计应对措施，包括对各审计事项的审计步骤和方法、审计时间、执行审计的人员等，形成审计实施方案。《审计准则》第五十七条至第七十三条对此作了规定。

二是强调及时调整审计实施方案。对大中型或者业务比较复杂的审计项目，审计组调查了解被审计单位及其各项业务情况往往不能通过一次调查了解就全部完成，实践中需要将调查了解工作贯穿审计实施过程的始终。随着调查了解的不断深入和审计工作的展开，审计人员应当持续关注已作出的重要性判断和对存在重要问题可能性的评估是否恰当；对原先作出的不恰当判断和评估结果及时修正，并考虑其他相关情况的变化，调整审计事项和审计应对措施，即及时调整审计实施方案。《审计准则》第七十七条和第七十八条对此作了规定。同时，考虑到调查了解工作的持续性和调查了解已属于项目审计实施工作的组成部分，《审计准则》不再将审前调查作为项目审计工作的一个单独阶段。

三是调整了审计实施方案的审批权限。为了使审计组能够根据实际情况及时采取审计应对措施，提高审计工作效率，《审计准则》第七十九条和第八十条规定，一般审计项目的审计实施方案应当经审计组组长审定，并及时报审计机关业务部门备案；重要审计项目的审计实施方案应当报经审计机关负责人审定。审计组调整审计实施方案中的审计目标、审计组组长、审计重点和现场审计结束时间，应当报经审计机关主要负责人批准。

2. 获取审计证据的要求。获取审计证据是审计实施阶段的核心工作，也是审计机关和审计人员作出正确审计结论的基础。《审计准则》第四章第二节规定了获取审计证据的要求。

一是明确了审计证据应当具有的基本特性。《审计准则》第八十四条至第八十六条从质量和数量两个方面，明确了审计证据应当具有适当性和充分性。适当性是对审计证据质量的衡量，包括审计证据的相关性和可靠性；充分性是对审计证据数量的衡量。

二是对采取不同审查方法获取审计证据提出了指导意见。《审计准则》第八十八条至第九十一条规定，审计人员可以在审计事项中选取全部项目进行审查（详查）或者选取部分特定项目进行审查（抽查），也可以进行审计抽样，以获取审计证据。同时，明确了各种审查方法适用的情形以及审查结果是否可用于推断审计事项总体特征。

三是规定了审计人员获取审计证据的具体方法和要求。《审计准则》第九十二条规定了审计人员可以采取检查、观察、询问、外部调查、重新计算、重新操作和分析等 7 种基本方法获取审计证据。同时，为了确保审计人员对重要问题查深查透，《审计准则》第九十九条规定审计人员应当围绕认定问题所依据的标准、事实、影响和原因 4 个方面获取审计证据。

3. 审计记录的类型和内容。为了支持审计人员编制审计实施方案和审计报告，证明审计人员遵循相关法律法规和《审计准则》，便于对审计人员的工作实施指导、监督和检

查，《审计准则》第四章第三节对审计记录作了规定。

一是调整了审计记录的类型。在总结我国项目审计中需要记录的事项和原有做法的基础上，《审计准则》第一百零一条和第一百零三条规定，审计人员应当对审计实施过程、得出的审计结论和与审计项目有关的重要管理事项作出记录，并将审计记录划分为 3 种类型，即调查了解记录、审计工作底稿和重要管理事项记录，取消了审计日记的做法。

二是规范了各类记录的内容和要求。调查了解记录的主要内容包括对被审计单位及其相关情况的调查了解情况、对被审计单位存在重要问题可能性的评估情况和据此确定的审计事项及其应对措施，是编制审计实施方案的重要基础。审计工作底稿主要记录实施审计的步骤和方法、取得的审计证据的名称和来源、审计认定的主要事实和得出的审计结论及其相关标准，并经审计组组长审核，以支持审计人员编制审计报告；审计人员对审计实施方案确定的每一审计事项均应当编制审计工作底稿，而不是仅对审计发现的问题编制审计工作底稿。重要管理事项记录用于记载与审计项目相关并对审计结论有重要影响的管理事项。《审计准则》第一百零四条至第一百一十一条对此作了规定。

4. 检查重大违法行为的特别规定。在总结我国审计机关多年来查处重大违法行为和经济犯罪案件线索实践经验的基础上，《审计准则》第四章第四节对检查重大违法行为作出了特别规定，包括检查重大违法行为过程中应当评估的因素、调查了解的重点内容、需关注的异常情况以及采取的应对措施等。审计机关和审计人员在检查重大违法行为时，除遵守《审计准则》第四章第一节至第三节的规定外，还应当遵守上述这些特别规定，以便有效检查重大违法行为，打击经济犯罪，维护国家财政经济秩序和经济安全，促进廉政建设。

（五）关于审计报告。

1. 专项审计调查报告及其编审。依照审计法和审计法实施条例关于专项审计调查的规定，为督促被调查单位整改专项审计调查发现的问题，公布专项审计调查结果，更好地发挥专项审计调查的作用，《审计准则》将专项审计调查报告作为向被调查单位出具的一种审计文书。专项审计调查报告除符合审计报告要素和内容要求外，还应当根据专项审计调查目标重点分析宏观性、普遍性、政策性或者体制、机制问题并提出改进建议。一般情况下，审计组实施专项审计调查后，应当提出专项审计调查报告，以审计机关名义征求被调查单位意见后，向审计机关提交专项审计调查报告。审计机关按照审定审计报告的程序对专项审计调查报告进行审定后，送达被调查单位。专项审计调查中发现属于审计监督对象的单位违反国家规定的财政收支、财务收支行为，依法应当由审计机关在法定职权范围内作出处理处罚决定的，审计机关应当出具审计决定书；依法需要移送其他有关主管机关或者单位纠正、处理处罚或者追究有关人员责任的，审计机关应当出具审计移送处理书。《审计准则》第五章第一节和第二节相关条款对此作了规定。

2. 审理机构对审计项目的审理。为了贯彻审计法实施条例关于审计机关专门机构对审计报告以及相关审计事项进行审理的新规定，《审计准则》将审计机关法制工作机构原来对审计结论性文书的复核调整为审理机构对审计项目的审理。审理机构以审计实施方案为基础，重点关注审计实施的过程及结果，审理的主要内容包括：审计实施方案确定的审计事项是否完成，审计发现的重要问题是否在审计报告中反映，主要事实是否清楚，相关证据是否适当、充分，适用法律法规和标准是否适当，审计评价、定性、处理处罚意见是否恰当，以及审计程序是否符合规定。审理过程中，审理机构应当与审计组及相关业务部门进行沟通；必要时，可以参加与被审计单位交换意见的会议或者向被审计单位和有关人员了解相关情况。审理机构审理后应当出具审理意见书，并根据情况，可以要求审计组补充重要审计证据，对审计报告、审计决定书进行修改。《审计准则》第一百四十二条至第一百四十六条对此作了规定。

3. 专题报告与综合报告。为了加强审计成果的开发利用，提升审计成果的质量和水平，《审计准则》第五章第三节对专题报告和综合报告进行了规范，规定了可以采用专题报告、审计信息等方式向本级政府和上一级审计机关报告的事项范围，明确了可以编制审计综合报告的情形和审计综合报告、经济责任审计结果的报送对象，以及审计机关在起草、报送审计结果报告和审计工作报告等方面的要求。

4. 审计整改检查。为了贯彻落实审计法和审计法实施条例的规定，促进被审计单位整改，确保审计效果，充分发挥审计监督作用，《审计准则》第五章第五节对审计整改检查作出具体规范，明确要求审计机关建立审计整改检查机制，督促被审计单位和其他有关单位根据审计结果进行整改，并对审计机关检查的主要内容、检查的方式和时间、检查报告以及检查后应采取的措施等作出了规定。

（六）关于审计质量控制和责任。

为了加强全员全过程审计质量控制，明确审计责任，《审计准则》第六章要求审计机关应当针对审计质量责任、审计职业道德、审计人力资源、审计业务执行、审计质量监控5个要素建立审计质量控制制度，并通过审计业务质量检查等方式对审计质量控制制度的建立和执行情况进行检查和评估。同时，从审计项目质量控制的角度，规定审计机关实行审计组成员、审计组主审、审计组组长、审计机关业务部门、审理机构、总审计师和审计机关负责人对审计业务的分级质量控制，并分别明确了审计组成员、审计组主审、审计组组长、审计机关业务部门、审理机构和审计机关负责人的工作职责和应承担的责任。

（七）关于信息技术环境下审计的特别规定。

考虑到信息技术环境下开展审计工作的特殊性，《审计准则》作出了一些特别规定。如审计组信息技术方面胜任能力的要求；调查了解相关的信息系统控制、评估对信息系统的依赖程度，检查相关信息系统的有效性、安全性等要求；审计人员在检查中应当避免对被审计单位相关信息系统及其电子数据造成不良影响的要求；电子审计证据的特殊取证要求；审计发现被审计单位信息系统存在重大漏洞或者不符合国家规定的处理措施等。

此外，根据各级审计机关开展跟踪审计的实际需要，总结近年来的实践经验，《审计准则》对采取跟踪审计方式实施的审计项目，从编制年度审计项目计划、制发审计通知书、编制审计实施方案、出具审计报告等方面作了一些特殊规定。

审计机关审计档案工作准则

（审计署令第3号，2001年8月1日）

第一条 为了规范审计档案工作，保证审计档案的质量，发挥审计档案的作用，根据《中华人民共和国档案法》、《中华人民共和国审计法》和《中华人民共和国国家审计基本准则》，制定本准则。

第二条 本准则所称审计档案，是指审计机关在项目审计或者专项审计调查活动中直接形成的，具有保存价值的以纸质、磁质、光盘和其他介质形式存在的历史记录。

审计档案是国家档案的重要组成部分。

第三条 本准则所称审计档案工作，是指审计机关建立审计档案并进行收集、整理、保管、利用、编研、统计、鉴定和移交的活动。

第四条 审计档案工作实行统一领导、分级管理的原则。审计署主管全国的审计档案工作，同时接受国家档案行政管理部门的监督和指导；地方各级审计机关的审计档案工作，接受上一级审计机关和同级档案行政管理部门的监督和指导。

第五条 审计机关应当设立档案管理机构或者配备专职（兼职）档案工作人员负责本单位的审计档案工作。

第六条 审计机关档案管理机构和档案工作人员的职责是：

（一）贯彻执行国家档案工作法律、法规，拟定审计档案工作规章制度；

（二）对本机关各部门审计文件材料的立卷和归档工作进行监督和指导；

（三）按照国家有关规定，做好审计档案的收集、整理、保管、利用、编研和统计工作；

（四）定期对本机关库存审计档案进行鉴定，如期移交应由同级档案馆保管的审计档案；

（五）监督和指导下级审计机关的审计档案工作；

（六）开展审计档案工作的检查、总结、培训、研究等活动。

第七条 审计档案的建立实行审计组负责制。

第八条 应归入项目审计档案的文件材料是：

（一）立项性文件材料，如审计通知书、审计实施方案；

（二）证明性文件材料，如审计证据（含承诺书）、审计工作底稿；

（三）结论性文件材料，如审计报告、审定审计报告的会议纪要、审计报告征求意见书、复核意见书、审计意见书、审计决定书、审计建议书、移送处理书、审计处罚决定书、审计听证告知书、审计文书送达回证；

（四）其他备查文件材料。

第九条 审计文件材料按审计项目立卷，一个审计项目可立一个卷或者若干卷，不得将几个审计项目合并立为一个卷。

跨年度的审计项目，在项目审计终结的年度立卷。

第十条 审计案卷内文件材料按结论性文件材料、证明性文件材料、立项性文件材料、其他备查文件材料四个单元进行排列。

结论性文件材料，采用逆审计程序并结合文件材料的重要程度进行排列。

证明性文件材料，按与审计方案所列审计事项或者会计报表科目对应的顺序排列。

立项性文件材料，按文件材料形成的时间顺序，并结合文件材料的重要程度进行排列。

其他备查文件材料，按文件材料形成的时间顺序，并结合文件材料的重要程度进行排列。

第十一条 审计案卷内的每份或者每组文件之间的排列规则是：

（一）正件在前，附件在后；

（二）定稿在前，修改稿在后；

（三）批复在前，请示在后；

（四）批示在前，报告在后；

（五）重要文件在前，次要文件在后；

（六）汇总性文件在前，基础性文件在后。

第十二条 审计组确定的立卷责任人应当及时收集审计项目的文件材料；审计终结后，立卷责任人对审计项目形成的全部文件材料按立卷方法和规则进行归类整理，经审计组组长（或业务部门负责人）复查，并经档案管理机构或者档案工作人员检查后，依照有关规定进行编目和装订。

第十三条 审计复议案件的文件材料由复议机构按案件单独立卷归档。

为了便于查找和利用，档案管理机构应当将审计复议案件归档情况在被复议的审计项目案卷备考表中加以说明。

第十四条 审计项目案卷的归档，应当以审计项目案卷为单位进行交接，归档时间不得迟于该审计项目结束后的次年 4 月底。

第十五条 审计机关应当根据审计项目案卷的保存价值确定保管期限。

第十六条 审计档案在划定保管期限的基础上，应当采用“年度—组织机构—保管期限—审计类别”的方法排列和编目。审计案卷排列方法应当统一，前后保持一致，不可任意变动。

第十七条 审计档案的密级及其保密期限，按卷内文件的最高密级及其保密期限确定，由档案工作人员按有关规定作出标识。

第十八条 审计机关应当按照国家有关规定设置专用、坚固的审计档案库房，配备必要的设备，建立健全审计档案保管制度，定期对审计档案保管情况进行检查，确保审计档案的安全。

第十九条 审计机关应当建立科学的管理制度，采取先进技术，编制适用的检索工具和参考材料，加强审计档案信息化管理，积极开展审计档案的利用工作。

第二十条 借阅审计档案，仅限定在审计机关内部，审计机关以外的单位不得查阅，但有特殊情况需要查阅审计档案或者要求出具审计档案证明的，须经该审计机关主管领导批准。

第二十一条 审计机关应当按照有关规定向档案馆移交审计档案。

第二十二条 审计机关应当及时对本机关和本地区的审计档案收进、移出、保管、利用等情况进行统计与分析，并按规定向上一级审计机关和同级档案行政管理部门报送审计档案工作基本情况统计表。

第二十三条 对损毁、丢失、涂改、伪造、出卖、转卖、擅自提供审计档案者或者因玩忽职守造成审计档案损失的档案工作人员，由主管部门对直接负责人和其他有关责任人依法给予行政处分；构成犯罪的，依法追究刑事责任。

第二十四条 专项审计调查档案比照项目审计档案立卷归档。电子审计档案另行规定。

第二十五条 本准则由审计署负责解释。

第二十六条 本准则自发布之日起施行。审计署于 1996 年 12 月 16 日发布的《审计机关审计档案工作的规定》（审办发〔1996〕356 号）同时废止。

审计机关封存资料资产规定

（审计署令第 9 号）

第一条 为了规范审计机关封存被审计单位有关资料和违反国家规定取得的资产的行为，保障审计机关和审计人员严格依法行使审计监督职权，提高依法审计水平，维护国家利益和被审计单位的合法权益，根据审计法、审计法实施条例和其他有关法律法规，制定本规定。

第二条 审计机关对被审计单位有关资料和违反国家规定取得的资产采取封存措施适用本规定。

审计机关在审计证据可能灭失或者以后难以取得的情况下，采取的先行登记保存措施，依照行政处罚法和有关行政法规的规定执行。

第三条 审计机关采取封存措施，应当遵循合法、谨慎的原则。

审计机关应当严格依照审计法、审计法实施条例和本规定确定的条件、程序采取封存措施，不得滥用封存权。

审计机关通过制止被审计单位违法行为、及时取证或者采取先行登记保存措施可以达到审计目的的，不必采取封存措施。

第四条 有下列情形之一的，审计机关可以采取封存措施：

（一）被审计单位正在或者可能转移、隐匿、篡改、毁弃会计凭证、会计账簿、财务会计报告以及其他与财政收支或者财务收支有关的资料的；

（二）被审计单位正在或者可能转移、隐匿违反国家规定取得的资产的。

第五条 审计机关依法对被审计单位的下列资料进行封存：

（一）会计凭证、会计账簿、财务会计报告等会计资料；

（二）合同、文件、会议记录等与被审计单位财政收支或者财务收支有关的其他资料。

上述资料存储在磁、光、电等介质上的，审计机关可以依法封存相关存储介质。

第六条 审计机关依法对被审计单位违反国家规定取得的现金、实物等资产或者有价证券、权属证明等资产凭证进行封存。

第七条 审计机关采取封存措施，应当经县级以上人民政府审计机关（含县级人民政府审计机关和省级以上人民政府审计机关派出机构，下同）负责人批准，由两名审计人员实施。

第八条 审计机关采取封存措施，应当向被审计单位送达封存通知书。

封存通知书包括下列内容：

（一）被审计单位名称；

（二）封存依据；

（三）封存资料或者资产的名称、数量等；

（四）封存期限；

（五）被审计单位申请行政复议或者提起行政诉讼的途径和期限；

（六）审计机关的名称、印章和日期。

在被审计单位正在转移、隐匿、篡改、毁弃有关资料或者正在转移、隐匿违反国家规定取得的资产等紧急情况下，审计人员报经县级以上人民政府审计机关负责人口头批准，可以采取必要措施，当场予以封存，再补送封存通知书。

第九条 审计机关采取封存措施时，审计人员应当会同被审计单位相关人员对有关资料或者资产进行清点，开列封存清单。

封存清单一般登记封存资料的名称、数量，封存资产的名称、规格、型号、数量等。封存资料存储在磁、光、电等介质上的，还应当列明存储介质的名称、规格等。

封存清单一式两份，由审计人员和被审计单位相关人员核对后签名或者盖章，双方各执一份。

第十条 审计机关应当对存放封存资料或者资产的文件柜、保险柜、档案室、库房等加贴封条。

封条上应当注明审计机关名称、封存日期并加盖审计机关印章。

第十一条 审计机关具备保管条件的，可以自行保管封存的资料或者资产；不具备保管条件的，可以指定被审计单位对存放封存资料、资产的设备或者设施进行保管或者看管；特殊情况下，也可以委托与被审计单位无利害关系的第三人保管。

审计机关指定被审计单位保管或者看管存放封存资料、资产的设备或者设施的，应当在封存通知书中一并载明被审计单位的保管责任。

第十二条 被审计单位或者受托保管的第三人应当履行保管责任，除本规定第十三条规定的情形外，不得擅自启封，不得损毁或者转移存放封存资料、资产的设备或者设施。

第十三条 遇有自然灾害等突发事件，可能导致封存的资料或者资产损毁的，负有保管责任的被审计单位或者第三人，应当将封存的资料或者资产转移到安全的地方，并将情况及时报告采取封存措施的审计机关。

第十四条 封存的期限一般不得超过7个工作日；有特殊情况需要延长的，经县级以上人民政府审计机关负责人批准，可以适当延长，但延长的期限不得超过7个工作日。

第十五条 审计机关封存资料或者资产后，审计人员应当及时进行审查，获取审计证据，或者提请有关主管部门对被审计单位违反国家规定取得的资产进行处理。

第十六条 审计机关在封存期限届满或者在封存期限内完成对有关资料或者资产处理的，审计人员应当与被审计单位相关人员共同清点封存的资料或者资产后予以退还，并在双方持有的封存清单上注明解除封存日期和退还的资料或者资产，由双方签名或者盖章。

第十七条 审计机关违反规定采取封存措施，给国家利益或者被审计单位的合法权益造成重大损害的，依照有关法律法规的规定追究相关人员的责任。

第十八条 被审计单位或者负有保管责任的第三人有下列行为之一的，依照有关法律法规的规定追究相关人员的责任：

（一）除本规定第十三条规定的情形外，擅自启封的；

（二）故意或者未尽保管责任，导致封存的资料被转移、隐匿、篡改、毁弃的；

（三）故意或者未尽保管责任，导致封存的资产被转移、隐匿、损毁的。

第十九条 本规定由审计署负责解释。

第二十条 本规定自2011年2月1日起施行。

中央预算执行情况审计监督暂行办法

（国务院令第 181 号，1995 年 7 月 15 日）

第一条 为了做好对中央预算执行和其他财政收支的审计监督工作，根据《中华人民共和国审计法》（以下简称《审计法》），制定本办法。

第二条 审计署在国务院总理领导下，对中央预算执行情况进行审计监督，维护中央预算的法律严肃性，促进中央各部门（含直属单位，下同）严格执行预算法，发挥中央预算在国家宏观调控中的作用，保障经济和社会的健康发展。

第三条 对中央预算机行情况进行审计，应当有利于国务院财中央财政收支的管理和全国人民代表大会常务委员会对中央预算执行和其他财政收支的监督；有利于促进国务院财政税务部门和中央其他部门依法有效地行使预算管理职权，有利于实现中央预算执行和其他财政收支审计监督工作的法制化。

第四条 审计署依法对中央预算执行情况，省级预算执行情况和决算，以及中央级其他财政收支的真实、合法和效益，进行审计监督。

第五条 对中央预算执行情况进行审计监督的主要内容：

（一）财政部按照全国人民代表大会批准的中央预算向中央各部门批复预算的情况、中央预算执行中调整情况和预算收支变化情况；

（二）财政部、国家税务总局、海关总署等征收部门，依照有关法律、行政法规和国务院财政税务部门的有关规定，及时、足额征收应征的中央各项税收收入、中央企业上缴利润、专项收入和退库拨补企业计划亏损补贴等中央预算收入情况；

（三）财政部按照批准的年度预算和用款计划、预算级次和程序、用款单位的实际用款进度，拨付中央本级预算支出资金情况；

（四）财政部依照有关法律、行政法规和财政管理体制，拨付补助地方支出资金和办理结算情况；

（五）财政部依照有关法律、行政法规和财政部的有关规定，管理国内外债务还本付息情况；

（六）中央各部门执行年度支出预算和财政、财务制度，以及相关的经济建设和事业发展情况；有预算收入上缴任务的部门和单位预算收入上缴情况；

（七）中央国库按照国家有关规定，办理中央预算收入的收纳和预算支出的拨付情况；

（八）国务院总理授权审计的按照有关规定实行专项管理的中央级财政收支情况。

第六条 对中央级其他财政收支进行审计监督的主要内容：

（一）财政部依照有关法律、行政法规和财政部的有关规定，管理和使用预算外资金和财政有偿使用资金的情况；

（二）中央各部门依照有关法律、行政法规和财政部的有关规定，管理和使用预算外资金的情况。

第七条 为了做好中央预算执行情况审计监督工作，对省级政府预算执行和决算中，执行预算和税收法律、行政法规，分配使用中央财政补助地方支出资金和省级预算外资金管理和使用情况等关系国家财政工作全局的问题，进行审计或者审计调查。

第八条　根据《审计法》有关审计工作报告制度的规定，审计署应当在每年第一季度对上一年度国家税务总局、海关总署所属机构和中央有关部门实施中央预算情况和其他财政收支，进行就地审计；第二季度对上一年度中央预算执行情况进行审计。审计署对预算执行中的特定事项，应当及时组织专项审计调查。

审计署每年第二季度应当向国务院总理提出对上一年度中央预算执行和其他财政收支的审计结果报告。

审计署应当按照全国人民代表大会常务委员会的安排，受国务院委托，每年向全国人民代表大会常务委员会提出对上一年度中央预算执行和其他财政收支的审计工作报告。

第九条　国务院财政税务部门和中央其他部门应当向审计署报送以下资料：

（一）全国人民代表大会批准的中央预算和财政部向中央各部门批复的预算，税务、海关征收部门的年度收入计划，以及中央各部门向所属各单位批复的预算；

（二）中央预算收支执行和税务、海关收入计划完成情况月报、决算和年报，以及预算外资金收支决算和财政有偿使用资金收支情况；

（三）综合性财政税务工作统计年报，情况简报，财政、预算、税务、财务和会计等规章制度；

（四）中央各部门汇总编制的本部门决算草案。

第十条　对国务院财政税务部门和中央其他部门在组织中央预算执行和其他财政收支中，违反预算的行为或者其他违反国家规定的财政收支行为，审计署在法定职权范围内，依照有关法律、行政法规的规定，出具审计意见书或者作出审计决定，重大问题向国务院提出处理建议。

第十一条　国务院财政税务部门和中央其他部门发布的财政规章、制度和办法有同有关法律、行政法规相抵触或者有不适当之处，应当纠正或者完善的，审计署可以提出处理建议，报国务院审查决定。

第十二条　违反《审计法》的规定，拒绝或者阻碍审计检查的，由审计署责令改正，可以通报批评，给予警告；拒不改正的，依法追究责任。

第十三条　中国人民解放军审计署对中国人民解放军预算执行和其他财政收支的审计结果报告，报中央军事委员会的同时，并报审计署。

第十四条　省、自治区、直辖市审计机关，可以参照本办法，结合本地方的实际情况，制定地方预算执行情况审计监督实施办法，报同级人民政府批准，并报审计署备案。

第十五条　本办法自发布之日起施行。

国务院办公厅关于利用计算机信息系统开展审计工作有关问题的通知

（国办发［2001］88号，2001年11月16日）

各省、自治区、直辖市人民政府，国务院各部委、各直属机构：

为了适应我国国民经济信息化的发展，并将高新技术运用于审计工作之中，更有效地

对财政收支、财务收支进行审计监督，根据《中华人民共和国审计法》、《中华人民共和国审计法实施条例》的有关规定，现就利用计算机信息系统开展审计工作的有关问题通知如下：

一、审计机关有权检查被审计单位运用计算机管理财政收支、财务收支的信息系统（以下简称计算机信息系统）。被审计单位应当按照审计机关的要求，提供与财政收支、财务收支有关的电子数据和必要的计算机技术文档等资料。审计机关在对计算机信息系统实施审计时，被审计单位应当配合审计机关的工作，并提供必要的工作条件。

被审计单位拒绝、拖延提供与审计事项有关的电子数据资料，或者拒绝、阻碍检查的，由审计机关按照《中华人民共和国审计法实施条例》第四十九条的规定处理。

二、被审计单位的计算机信息系统应当具备符合国家标准或者行业标准的数据接口；已投入使用的计算机信息系统没有设置符合标准的数据接口的，被审计单位应将审计机关要求的数据转换成能够读取的格式输出。

审计机关发现被审计单位的计算机信息系统不符合法律、法规和政府有关主管部门的规定、标准的，可以责令限期改正或者更换。在规定期限内不予改正或者更换的，应当通报批评并建议有关主管部门予以处理。审计机关在审计过程中发现开发、故意使用有舞弊功能的计算机信息系统的，要依法追究有关单位和人员的责任。

三、被审计单位应当按照关于纸质会计凭证、会计账簿、会计报表和其他会计资料以及有关经济活动资料保存期限的规定，保存计算机信息系统处理的电子数据，在规定期限内不得覆盖、删除或者销毁。

四、审计机关对被审计单位电子数据真实性产生疑问时，可以对计算机信息系统进行测试。测试计算机信息系统时，审计人员应当提出测试方案，监督被审计单位操作人员按照方案的要求进行测试。

审计机关应积极稳妥地探索网络远程审计。

五、审计人员应当严格执行审计准则，在审计过程中，不得对被审计单位计算机信息系统造成损害，对知悉的国家秘密和商业秘密负有保密的义务，不得用于与审计工作无关的目的。审计人员泄露知悉的国家秘密和被审计单位的商业秘密，由审计机关给予相应的行政处分；构成犯罪的，移送司法机关依法处理。

各地区、各有关部门要高度重视利用计算机信息系统开展审计工作，对审计机关的工作给予支持和配合。审计机关要加强业务和技术培训，培养熟悉利用计算机信息系统开展审计工作的专业人员，保障审计工作顺利进行。

国务院办公厅关于做好地方政府性债务审计工作的通知

（国办发明电［2011］6号，2011年2月13日）

各省、自治区、直辖市人民政府，国务院各部委、各直属机构：

近年来，各地区、各有关部门积极筹集资金，着力保障地方经济和社会发展、改善民生、应对亚洲和国际金融危机冲击，取得了明显成效，但也出现了一些亟须高度关注的问题。为加强地方政府性债务管理、建立规范的地方举债融资机制、有效防范和化解潜在风险，国务院决定，由审计署统一组织全国各级审计机关对全国地方政府性债务情况进行一次全面审计，以摸清全国地方政府性债务的规模、结构、类型、成因和管理情况。各地区、各有关部门要从全局出发，充分认识此项工作的重要性，统一思想，高度重视，加强领导，明确责任，密切合作，确保审计工作顺利进行。审计署要把地方政府性债务审计作为今年工作的重中之重，精心组织，周密部署，集中力量，下大力气保质保量地完成。财政部、发展改革委、人民银行、银监会等部门和机构，要加强与审计署的协调配合，如实、客观、完整地提供资料、数据和情况，深入细致地做好相关工作。各省（区、市）人民政府要积极支持、配合审计署工作，精心组织地方审计机关按照审计署的统一安排实施审计，支持和要求地方审计机关实事求是、如实报告审计情况，确保审计数据和情况的真实、准确和完整，并做好人力、物力和财力等方面的保障，务必在规定时间内、按要求、高质量地完成好本地区政府性债务审计任务。

附件：地方政府性债务审计工作方案

国务院办公厅
二〇一一年二月十三日

附件：

地方政府性债务审计工作方案

为落实中央经济工作会议和国务院领导同志指示精神，做好地方政府性债务审计工作，根据《中华人民共和国审计法》、《中华人民共和国审计法实施条例》，提出如下工作方案。

一、审计工作目标

此次审计按照“摸清规模，分清类型，分析结构，揭示问题，查找原因，提出建议”的工作思路，实现以下工作目标：一是分年度摸清全国省、市、县三级地方政府性债务的规模、结构及增减变化情况；二是根据政府偿债责任分清债务类型；三是分析债务偿还能力，揭示存在的风险隐患；四是揭示和反映有关部门和地方在债务管理中存在的突出问题；五是深入分析地方政府性债务形成的主要原因，提出加强地方政府性债务管理，建立健全规范的地方举债融资机制，有效防范和化解潜在风险的意见和建议。

二、审计范围和对象

（一）审计的债务范围。

此次对地方政府性债务的审计，主要是对地方政府负有偿还责任的债务进行审计。我国法律规定，地方政府不得进行债务担保（法律和国务院另有规定除外）。按照财政部会计报告准则，担保债务不计入担保单位的资产负债表，而是作为或有债务在会计报表附注中加以说明。为全面摸清地方政府可能承担的债务风险情况，此次审计也要对地方政府担保债务、其他相关债务进行审计。

1. 地方政府负有偿还责任的债务，是指地方政府（含政府部门和机构）、经费补助事业单位、公用事业单位、政府融资平台公司和其他相关单位举借，确定由财政资金偿还，

政府负有直接偿债责任的债务。一是地方政府债券、国债转贷、外债转贷、农业综合开发借款、其他财政转贷债务中确定由财政资金偿还的债务；二是政府融资平台公司、政府部门和机构、经费补助事业单位、公用事业单位及其他单位举借、拖欠或以回购等方式形成的债务中，确定由财政资金（不含车辆通行费、学费等收入）偿还的债务；三是地方政府粮食企业和供销企业政策性挂账。

2. 地方政府负有担保责任的债务，是指因地方政府（含政府部门和机构）提供直接或间接担保，当债务人无法偿还债务时，政府负有连带偿债责任的债务。一是政府融资平台公司、经费补助事业单位、公用事业单位和其他单位举借，确定以债务单位事业收入（含学费收入）、经营收入（含车辆通行费收入）等非财政资金偿还，且地方政府（含政府部门和机构）提供直接或间接担保的债务。二是地方政府（含政府部门和机构）举借，以非财政资金偿还的债务，视同政府担保债务。

3. 其他相关债务，是指政府融资平台公司、经费补助事业单位和公用事业单位为公益性项目举借，由非财政资金偿还，且地方政府（含政府部门和机构）未提供担保的债务（不含拖欠其他单位和个人的债务）。政府在法律上对该类债务不承担偿债责任，但当债务人出现债务危机时，政府可能需要承担救助责任。

（二）审计的地区和时间范围。

审计的地区范围是：31 个省（自治区、直辖市）和 5 个计划单列市本级及所属市（地、州、盟、区，以下简称市）、县（市、区、旗，以下简称县）三级政府。

审计的时间范围是：债务发生的起始年、1997 年、1998 年、2002 年以及 2007 年、2008 年、2009 年和 2010 年。

（三）审计对象。

审计对象是：省、市、县三级地方政府（含政府部门和机构）、经费补助事业单位、公用事业单位、政府融资平台公司和其他相关单位。

三、审计内容和重点

（一）调查了解地方政府性债务在支持地方经济、社会发展方面所发挥的积极作用，以及各地在加强债务管理方面所采取的主要措施。

1. 地方政府通过举债融资，在支持地方经济和社会发展、改善民生以及应对亚洲和国际金融危机冲击等方面发挥的积极作用；在夯实地方经济社会发展基础方面取得的主要成效。

2. 地方政府债务管理的模式、管理制度，以及在加强政府性债务管理方面采取的主要措施及成效。

3. 地方政府在清理化解历史债务，清理规范融资平台公司及其债务方面采取的主要措施和取得的成效。

（二）摸清各级次、各年度地方政府负有偿还责任的债务、负有担保责任的债务和其他相关债务（以下简称三类债务）的规模、结构及变化情况。

1. 三类债务的年末余额及年度增减变化情况。

2. 三类债务的债务人构成情况。包括：地方政府（含政府部门和机构）、经费补助事业单位、公用事业单位、融资平台公司和其他单位等各类债务人年末债务余额的规模、比重及年度增减变化情况。

3. 三类债务的来源构成情况。包括：银行贷款、发行债券（地方政府债券、企业债券、银信政等）、上级财政转贷和借款（外债转贷、国债转贷、农业综合开发借款、其他财政转贷等）、其他单位及个人借款或拖欠的规模、比重及年度增减变化情况。

4. 三类债务余额的资金投向情况。摸清年末债务余额中尚未支出到项目的债务、用于项目支出的债务和用于非项目支出的债务规模、比重及年度增减变化情况。用于项目支出的债务，按项目市场化属性分为：用于公益性项目的债务和用于非公益性项目的债务；按项目的行业性质分为：用于工业、能源、交通运输、市政建设、农林水、生态建设和环境保护、教育、卫生、科学文化、保障性住房、农网改造、乡村公路和桥梁等项目的债务。用于非项目支出的债务，主要是指化解地方金融风险、未用于项目的流动资金贷款等债务。

5. 三类债务未来各年度需偿付的债务本金情况。调查 2011 年、2012 年、2013 年、2014 年、2015 年 5 个年度，2016 年至 2020 年，2021 年至 2025 年，2026 年以后 3 个时间段内分别需要偿还的债务本金额，分析未来可能出现的偿债高峰期。

（三）重点分析各级次、各年度地方政府负有偿还责任债务的总体风险状况，并对债务规模比较大的行业、部门和融资平台公司等单位债务风险状况进行分析。

1. 地方各级政府负有偿还责任债务的总体风险状况。

（1）债务率（年末债务余额占当年综合可用财力的比率）分析。如债务率超过 100%（多数国家确定的债务率指标控制上限），表明该地区债务风险较高；如低于 100%，表明该地区债务风险较低。

（2）偿债率（当年偿还债务本息占当年综合可用财力的比率）分析。如偿债率超过 20%（国际常用的偿债率指标控制上限），表明该地区到期债务的偿债压力较大，风险较高；如低于 20%，表明该地区偿债压力较小，风险较低。

（3）逾期债务率和借新还旧偿债率分析。如逾期债务率（年末逾期债务额占年末债务总余额的比重）较高，表明政府已出现偿债困难，存在较高风险。如借新还旧偿债率（举借新债偿还债务本息额占当年债务还本付息总额的比重）较高，表明政府对举借新债偿还债务的依赖程度较高，存在一定偿债风险。

2. 对交通运输、市政建设、高校、医院和融资平台公司等重点行业和单位的三类债务情况和偿债风险进行分析。

（1）交通运输部门债务情况及偿债风险。

一是摸清交通运输部门三类债务的规模及其比重情况；二是分析交通运输部门利用自身经营收入偿还到期政府担保债务和其他相关债务的能力；三是分析债务逾期情况和举借新债偿还旧债情况；四是分析其中政府担保债务、其他相关债务实际转化为地方政府负有偿还责任债务的情况。

（2）用于市政建设的债务情况及偿债风险。

一是摸清用于市政建设的三类债务的规模及其比重情况；二是分析用于市政建设的政府性债务余额中，以土地出让收入为偿债资金来源的债务规模及偿债能力，是否存在债务偿还过度依赖土地出让收入，易受房地产政策调控影响，引发偿债风险的问题；三是分析债务逾期情况和举借新债偿还旧债情况；四是分析其中政府担保债务、其他相关债务实际转化为地方政府负有偿还责任债务的情况。

（3）高校、医院等单位债务情况及偿债风险。

一是摸清高校、医院等单位三类债务的规模及其比重情况；二是分析高校、医院等单位利用事业收入、经营收入等偿还到期政府担保债务和其他相关债务的能力；三是债务逾期情况和举借新债偿还旧债情况；四是分析其中政府担保债务、其他相关债务实际转化为地方政府负有偿还责任债务的情况。

（4）融资平台公司债务情况、运营状况及偿债风险。

一是摸清融资平台公司的个数、类别及三类债务的规模、比重情况；二是调查融资平台公司资产质量、财务状况、盈利能力，包括：融资平台公司不能或不宜变现的资产（如学校、广场、党政机关办公楼以及市政道路、设施等）所占比重，以及注册资本不到位、抽逃资本、资产不实等影响资产质量的情况，根据资产负债率及盈利情况，分析融资平台公司偿债能力。

（四）债务举借、管理和债务资金使用方面存在的主要问题。

1. 审查地方政府性债务管理制度是否健全，债务的举借、使用、偿还管理是否规范，有无债务缺乏归口管理、多头举债、造成规模底数不清，债务资金管理不到位、使用审批手续不健全，偿债责任不落实、风险预警和控制机制不完善等问题。

2. 审查地方政府债务资金使用是否合规有效，有无违反国家产业政策规定投向“两高一剩”、低水平重复建设项目，违规进入资本市场、房地产市场的问题；有无投资建设“形象工程”、楼堂馆所的问题；有无未按核准用途使用债务资金的问题；有无长期闲置债务资金的问题。

3. 审查地方政府（含政府部门和机构）及主要依靠财政拨款的经费补助事业单位，在2010年6月《国务院关于加强地方政府融资平台公司管理有关问题的通知》（国发［2010］19号）下发后，有无以承诺函、宽慰函等形式，或以财政性收入、行政事业等单位的国有资产为政府融资平台公司融资行为违规提供直接或间接担保的问题。

4. 审查融资平台公司是否存在以虚假或不合法的抵（质）押物作为担保，或高估抵押物价值获得贷款，以及用同一抵押物重复抵押获得超出抵押物价值的贷款等问题；有无注册资本不到位、将贷款用作项目资本金、抽逃资本、资产不实的问题。在发行债券过程中，有无通过违规注资、虚报收入等方式粉饰业绩发行债券，或主管部门审批不严等问题。

5. 审查地方政府（含政府部门和机构）、经费补助事业单位、公用事业单位、政府融资平台公司有无违反国家规定，以各种形式向单位职工或社会公众集资的问题。

（五）地方政府性债务形成原因分析。

结合被审计地区经济社会发展实际，从财政体制、地方举债融资和风险防范机制、领导干部业绩考核制度等方面对债务形成的原因进行分析。

结合债务资金的构成和投向，重点分析2010年末政府负有偿债责任的债务余额形成原因。分清以前年度举借形成的债务余额规模，2010年当年举借用于偿还以前年度债务本息、续建以前年度项目、化解以前年度地方金融风险和当年新开工项目（其中：用于2010年中央扩内需项目配套的债务）形成的债务余额规模，以及尚未支出的债务资金额。

（六）提出审计建议。

针对审计发现的问题，着眼于促进地方经济社会发展，有效防范和化解地方政府性债务风险，维护财政和金融安全，提出妥善处理存量债务，健全完善地方政府性债务管理制度，建立规范的地方举债融资机制的审计建议。

四、有关要求

（一）统一思想，提高认识。此次地方政府性债务审计，是国务院部署的一项重要工作，是全国审计机关的一项重要任务，也是推动地方加快转变经济发展方式、实现科学发展的重大举措。通过审计，摸清当前地方政府性债务基本情况，不仅可以为中央经济决策提供重要参考，也可以为地方各级政府加强本地区政府性债务管理提供基础数据和情况，具有十分重大的意义。各有关部门、地方各级政府、各级审计机关要充分认识此项工作的极端重要性，牢固树立大局意识和宏观意识，以高度的政治责任感和历史使命感，克服一切困难，保质保量地完成审计工作任务。

（二）明确目标，突出重点。各有关部门、地方各级政府要认真学习国务院领导同志指示精神，按照“摸清规模，分清类型，分析结构，揭示问题，查找原因，提出建议”的工作思路，切实做好审计工作。通过审计，要全面摸清地方政府性债务的规模、结构，分类型、分级次、分年度摸清情况；要深入分析债务形成的原因，是否合理合规；要调查有关部门和地方对债务的管理情况，反映存在的突出问题；要分析偿债能力，揭示是否存在风险隐患，积极提出防范和化解风险的建议。

（三）精心组织，确保质量。本次地方政府性债务审计由审计署统一组织全国各级审计机关实施。审计署要于 2011 年 2 月下旬统一向各省（自治区、直辖市及计划单列市）人民政府下达审计通知书，并抄送各市、县人民政府；3 月 1 日前开始审计，6 月底之前向国务院提交审计报告。审计中要严格执行审计法律法规，确保审计的债务数据和其他相关数据真实、准确和完整，防止漏报、重报、多报。各级审计机关要认真组织，突出重点，确保审计工作目标的实现。

（四）及时沟通，加强协调。各级审计机关要做好与地方政府及各级财政、发展改革、人民银行、银监等相关部门的沟通联系，协调解决工作中的问题。审计署要加强组织领导和工作指导。各级审计机关要及时向审计署报告工作进展情况、发现的重大案件线索和其他重大事项。

（五）依法审计，严守纪律。各级审计机关要严格执行审计纪律及各项廉政规定，切实做到依法审计、文明审计。审计人员要严格遵守保密纪律，未经批准，任何单位和个人不得对外披露审计情况和审计数据。

具体审计方案及相关报表由审计署另行制定。

审计机关审计统计工作的规定

（审综发［1996］第 369 号，1996 年 12 月 17 日）

第一条 为了规范审计统计工作，保障审计统计资料的准确性、及时性和完整性，根据《中华人民共和国审计法》和《中华人民共和国统计法》，制定本规定。

第二条 审计统计工作的基本任务是：对审计工作发展情况和工作成果进行统计调查，开展统计分析，提供统计资料，实行统计监督，为加强审计工作管理和促进宏观调控服务。

第三条 各级审计机关，国务院各部门和地方人民政府各部门、国有金融机构和企业事业组织的内部审计机构，社会审计机构，必须依照国家有关法律规定，如实提供审计统计资料和相关情况。

第四条 审计统计工作实行统一领导，分级负责，归口管理。

审计署主管全国的审计统计工作；审计署派出机构负责组织本单位的审计统计工；地方各级审计机关负责组织本地区的审计统计工作。

第五条 各级审计机关和审计机构，应指定一个部门具体负责和管理审计统计工作，并配备审计统计人员。

审计署设立审计统计机构；省、自治区和直辖市审计机关应当配备专职审计统计人员；设区的市、自治州、县、自治县和不设区的市、市辖区的审计机关应当配备专职或兼职审计统计人员。

内部审计机构和社会审计机构应当配备专职或兼职审计统计人员。

第六条 审计统计人员应当具备与其从事的工作相适应的审计、统计、计算机等方面的专业知识和业务能力。

审计统计人员应当保持相对稳定。

审计机关应当对审计统计人员有计划地进行专业培训。

第七条 各级审计机关和审计机构应当领导、监督审计统计机构和审计统计人员，认真贯彻统计法规和统计制度，履行职责，准确、及时地提供审计统计资料，完成各项审计统计工作任务，并保障其必要的工作条件。

审计机关和审计机构如发现统计数据计算或者来源有错误，应当责成审计统计机构、审计统计人员和有关人员核实、订正。

第八条 审计统计人员有权要求有关单位和审计人员提供审计统计资料和相关情况，检查审计统计资料的准确性，要求改正不确实的审计统计资料。有关单位和审计人员不得拒绝或阻挠。

审计统计人员不得虚报、瞒报、伪造、篡改或拒报审计统计资料；未经批准，不得自行编制、发布统计调查表；未经核定和批准，不得自行公布审计统计资料。

第九条 审计署负责制定全国性审计统计调查计划，规定统一的审计统计制度，制定统一的统计指标、统计标准、统计方法和基本审计统计报表表式，报国家统计局备案。

各级审计机关和审计机构应当按照审计署的规定，组织实施审计统计工作。

第十条 省级以上审计机关可以临时组织地区性或专业性审计统计调查，但应征得本级审计统计管理部门的同意，并按规定向本级统计主管部门备案，且不得与审计署下达的基本审计统计报表重复或抵触。

违反规定自行编制、发布的审计统计调查表，有关单位有权拒绝填报。

第十一条 各级审计机关和审计机构应当建立、健全审计统计的各项基础工作制度，严格审计统计工作程序。

审计统计机构和审计统计人员应当会同审计业务部门和审计人员，根据审计意见书、审计决定等审计公文中的数据资料，登记审计统计台账，依据审计统计台账填制审计情况统计报表，切实保证数出有据，并健全审计统计档案。

第十二条 为了反映审计项目计划执行情况和审计工作成果，揭示审计工作管理和社会经济运行中带普遍性、倾向性的问题，发挥审计统计的信息监督和咨询服务作用，应当实行按季度上报审计统计分析报告的制度。

第十三条　审计统计资料应当按照国家规定，实行保密制度。定期上报和通报审计统计资料时，应当经单位负责人审核、签署或盖章。

第十四条　审计机关应当对审计统计工作质量实行年度考核、半年报表汇审和不定期抽查制度。

第十五条　审计机关依据考核、检查的结果，应当对于有下列情况之一的审计统计机构和审计统计人员予以表彰：

（一）改进和完善审计统计制度、方法，有重要贡献的；

（二）提供审计统计资料准确、及时、完整，成绩优异的；

（三）开展审计统计分析成效显著，对促进加强审计管理和宏观调控发挥重要作用的；

（四）有其他特殊贡献，需要予以表彰的。

第十六条　发现审计统计机构和有关责任人员违反统计法规和统计制度，情节严重，造成不良后果的，应当严肃处。

第十七条　本规定由审计署负责解释。

第十八条　本规定自1997年1月1日起施行。

审计机关审计信息工作的规定

（审办发［1996］372号，1996年12月17日）

第一条　为了加强审计信息工作，提高审计信息质量，根据《中华人民共和国审计法》和国务院办公厅《政务信息工作暂行办法》，制定本规定。

第二条　审计信息工作的主要任务是：反映审计工作中的重要情况和审计查出的重大问题，交流审计工作经验和方法，宣传审计工作成果和作用，为领导科学决策，审计机关指导工作，以及扩大审计的社会影响服务。

第三条　审计信息工作必须坚持党的基本路线和实事求是的原则。

第四条　审计信息工作坚持分层次服务，各级审计机关以为本级政府和上一级审计机关服务为重点，同时努力为上一级政府、有关部门和下级审计机关服务。

第五条　审计信息工作应当围绕国家经济工作中心和财经活动中的重点、难点、热点问题，通过审计和审计调查，反映建立社会主义市场经济体制进程和审计事业发展中出现的新情况、新问题。

第六条　各级审计机关应当加强对审计信息工作的领导，提出要求，布置任务，组织协调，支持和指导审计信息机构发挥整体功能，做好审计信息工作。

第七条　审计署负责对审计系统审计信息工作进行指导。

各级审计机关及其派出机构应当确定负责审计信息工作的机构，加强审计信息工作的管理。

第八条　负责审计信息工作的机构履行下列主要职责：

（一）依据党和国家的方针、政策，结合本地区、本部门的工作部署，研究制定审计信息工作计划，并组织实施；

（二）做好信息的采集、筛选、加工、传送、反馈和存储等日常工作；

（三）结合政府的中心工作、审计工作的重点和领导关心的问题，以及从信息中发现的重要情况，组织专题调研，挖掘深层次的信息；

（四）为本级政府和上级审计机关提供信息服务；

（五）组织开展审计信息工作经验交流，了解和指导下级单位的审计信息工作；

（六）组织本级和下级审计信息工作人员的业务培训；

（七）组织审计工作的对外宣传报道。

第九条　审计信息网络是审计信息工作的基础，信息直报点是审计信息网络的组成部分。各级审计机关应当根据本地区的实际情况和需要，建立和完善审计信息网络。

第十条　审计信息队伍由专职和兼职审计信息工作人员组成。各级审计机关负责审计信息工作的机构应当配备专职审计信息工作人员。专职审计信息工作人员的人数根据工作需要在编制范围内确定。

第十一条　地方各级审计机关应当及时向本级政府和上级审计机关报送信息。审计机关各部门、各派出机构应当及时向本级审计机关报送信息。下级审计机关对上级审计机关要求报送的信息，应当严格按照要求报送。

第十二条　上级审计机关负责信息工作的机构，应当定期向下级审计机关通报信息采用情况，并根据工作实际，适时提出信息报送参考要点。

第十三条　审计机关根据需要，组织相互之间的信息业务研讨和经验交流，在依法保守秘密的前提下，实现信息资源共享。

第十四条　下级审计机关向本级政府和上级审计机关报送的信息，必须经本级审计机关主要或分管领导审核、签发。

第十五条　上级审计机关采用下级审计机关报送的揭露问题的信息，应当征求下级审计机关的意见。

第十六条　各级审计机关应当对审计信息工作实行考核制度，对成绩突出的单位和个人给予表彰。

第十七条　审计信息应当符合下列要求：

（一）反映的情况真实、可靠，重大问题上报前必须核实；

（二）信息中的事例、数字、单位准确，单位名称规范；

（三）重要情况和突发性事件迅速报送，必要时连续报送；

（四）实事求是，喜忧兼报，防止弄虚作假，以偏概全；

（五）主题鲜明，文题相符，言简意赅；

（六）反映工作中的情况、问题、思路、举措等，应当有新意；

（七）反映的情况和问题力求有一定的深度，努力做到有情况、有分析、有预测、有建议，既有定量分析，又有定性分析；

（八）适应领导需要，为科学决策提供依据。

第十八条　各级审计机关应当加快审计信息工作现代化手段的建设，实现信息迅速、准确、安全地处理、传递和存储。

第十九条　本规定由审计署负责解释。

第二十条　本规定自 1997 年 1 月 1 日起施行。

审计署聘请外部人员参与审计工作管理办法（试行）

（审法发〔2006〕39号 2006年6月28日）

第一条 为了充分履行审计职责，规范聘请外部人员参与审计工作的行为，根据《中华人民共和国审计法》和《中华人民共和国审计法实施条例》，制定本办法。

第二条 审计署遇有审计力量不足、相关专业知识受到限制等情形时，可以从社会中介机构和其他专业机构聘请或者直接聘请外部人员参与审计（含专项审计调查，下同）工作。

第三条 审计署可以聘请外部人员参与下列审计：

（一）国家建设项目审计；

（二）企业和金融机构资产、负债、损益及其主要负责人任期经济责任审计；

（三）事业单位、社会团体和其他社会组织财务收支及其主要负责人任期经济责任审计；

（四）国际贷援款项目审计；

（五）其他适宜聘请外部人员参与的审计。

第四条 对于涉及国家秘密、商业秘密的审计项目或者事项，聘请外部人员参与审计时，应当严格保密管理。

第五条 受聘的外部人员应当对其工作结果负责，审计署应当对利用其结果所形成的审计结论负责。

第六条 受聘的外部人员参与审计工作，应当遵守国家审计法律、法规和规章，遵守相关的审计工作纪律和审计职业道德。

第七条 聘请外部人员所需经费，应当纳入财政预算管理，一般由审计署支付，不得由被审计单位承担。

法律、法规或者国务院及其有关部门另有规定或者要求的，从其规定和要求。

第八条 审计署聘请外部人员的有关工作由相关业务司牵头，办公厅、法制司参与，共同组织实施。必要时机关党委也可以参与。

审计署派出机构有关审计项目需要聘请外部人员参与审计的，应当向该审计项目的主管业务司提出申请，由主管业务司牵头组织聘请。

第九条 聘请外部人员实行计划管理。由主管业务司对本司及相关派出机构计划年度内拟聘请外部人员的数量、专业要求和费用预算等情况进行测算汇总，向办公厅提出聘请申请，经办公厅审核平衡并报署领导批准后，纳入年度审计项目计划。应当由审计署支付聘请费用的，同时纳入年度审计项目经费预算。

执行中需要调整聘请外部人员或者经费预算的，也应当履行相应的审批手续。

第十条 从社会中介机构和其他专业机构聘请外部人员的，拟聘请人员所在机构一般应当符合下列条件：

（一）依法设立，能够独立享有民事法律权利、承担民事法律责任；

（二）具备与审计事项相适应的资质、等级；

（三）社会信誉好，近三年未因业务质量问题和违法违规行为受到有关部门处理处罚。

第十一条 拟聘请的外部人员一般应当符合下列条件：

（一）具有与审计事项相适应的专业技能和资格；

（二）从事相关专业工作三年以上；

（三）职业道德良好，近三年未受到有关部门处理处罚，未受到纪律处分或者行政处分。

第十二条 主管业务司就特定审计事项可以向拟聘请人员或者其所在机构提出除上述条件之外的其他特殊聘请要求。

第十三条 聘请外部人员应当遵循公平、公正、公开原则，一般采用招标方式进行选聘。对于特殊专业人员且不宜实行招标的，可以通过其他方式选聘。从社会中介机构和其他专业机构聘请外部人员的，应当要求应聘机构提供拟参与审计工作的具体人选。相关业务司应当逐步建立聘请外部人员备选库，同等条件下应当优先选择备选库中符合聘请条件的机构或者人员。相关业务司可以根据需要组织拟聘请人员参加相应的业务考试。

第十四条 凡与被审计单位或者审计事项有利害关系的外部人员，应当要求其回避。

第十五条 聘请外部人员时，应当由相关业务司代表审计署与其签订聘请协议。从社会中介机构和其他专业机构聘请外部人员的，应当与拟聘请人员所在机构签订聘请协议。聘请协议应当明确以下内容：

（一）审计目标、内容和职责范围；

（二）工作时限和要求；

（三）受聘人员的权利；

（四）费用及支付方式；

（五）回避和保密承诺；

（六）违约责任；

（七）其他应当约定的事项。

从社会中介机构和其他专业机构聘请外部人员的，还应当在协议中列明拟参与审计的人员姓名及其资质条件等信息。

第十六条 相关业务司、派出机构应当对受聘人员进行国家审计法律、法规、规章和相关审计业务培训，并对其进行审计工作纪律、审计职业道德教育。

第十七条 相关业务司、派出机构应当将受聘人员编入相关审计项目的审计组，但不得担任审计组组长。

审计组组长在审计实施中应当加强对受聘人员的督导和业务复核，审计组所在部门和审计署相关部门应当加强对受聘人员工作的监督检查，有效保证其审计质量。

第十八条 受聘人员在审计实施中享有审计法第三十一条、第三十二条和第三十三条规定的要求被审计单位提供资料、检查和调查取证等相关权限。

受聘人员有权如实向审计机关反映审计中发现的问题和处理建议，对审计机关有关人员阻止受聘人员如实反映情况的，受聘人员可越级直至向审计署领导反映有关情况，提出相应意见和建议。对于反映真实情况的受聘人员应予保护和奖励。

第十九条 审计项目完成后，相关业务司应当组织对受聘人员参与审计工作的业务质量和履行聘请协议情况进行考评，并作为以后能否继续参与竞聘的重要依据。

第二十条 需要向受聘人员支付费用的，由相关业务司根据考评结果向办公厅提出费用支付意见，经办公厅审核并报署领导批准后，按聘请协议支付。

第二十一条 相关业务司根据考评结果，应当将业务能力强和职业道德水平高的受聘人员列入聘请外部人员备选库。

第二十二条 受聘人员应当在审计项目完成后，将审计实施过程中所形成的全部纸质原件和电子资料，及时移交相关业务司。受聘人员不得将其参与审计工作的相关结果用于与所审计事项无关的目的。

第二十三条 受聘人员有下列情形之一的，应当依法依纪作出处理处罚：

（一）隐瞒审计发现的问题或者与被审计单位串通舞弊的；

（二）利用受聘工作从被审计单位获取不正当利益的；

（三）将审计结果用于与审计事项无关目的的；

（四）违反保密纪律或回避规定的；

（五）拒绝接受审计机关指导和监督的；

（六）不履行聘请协议规定的其他义务的。

第二十四条 审计人员有下列情形之一，造成严重后果的，应当依法依纪作出处理处罚：

（一）未按本办法规定履行聘请外部人员相关职责的；

（二）通过聘请外部人员工作获取不正当利益的；

（三）要求受聘人员或者与其串通实施违反审计工作有关规定的活动的；

（四）有其他违法违纪行为的。

第二十五条 聘请外部专家对与其专业相关的特定事项仅提供咨询意见或者专业鉴定意见，而不参与审计工作的，参照本办法的有关规定执行。

第二十六条 本办法由审计署负责解释。

第二十七条 本办法自发布之日起施行。

审计机关指导监督社会审计机构的规定

（审管发［1996］365号 1996年12月17日）

第一条 为了加强对社会审计机构的指导、监督，促进社会审计工作的健康发展，适应社会主义市场经济的需要，根据《中华人民共和国审计法》第三十条及其他有关规定，制定本规定。

第二条 本规定所称社会审计机构，是指依法独立进行社会审计的机构及对其实行行业管理的注册会计师协会。

第三条 审计机关依照法律和有关规定，会同财政部门，履行对社会审计机构指导、监督的职责。

审计署会同财政部，负责对全国社会审计机构的指导、监督工作。

省、自治区、直辖市审计厅（局）会同财政厅（局），负责对本地区社会审计机构的指导、监督工作。

第四条 审计机关在审计过程中，发现被审计单位报送的社会审计机构、注册会计师出具的审计、验资等报告有不实和其他违法、违规问题，应当依法予以纠正，并通知注册会计师协会对有关社会审计机构和责任人员进行处理。

第五条 审计机关依法负有对社会审计机构财务收支进行审计监督的职责。

第六条 审计机关应当按照规定汇总、报送有关社会审计工作的情况。

第七条 审计机关会同财政部门，为社会审计工作的健康发展创造良好条件。对不利于社会审计正常执业的问题，应当与有关方面协调解决。

第八条 审计机关会同财政部门及其他有关部门，共同草拟、制定或审批有关社会审计的法律、法规和重要的规章、规则。

第九条 审计机关会同财政部门，对注册会计师协会按照其章程履行职责等情况进行监督。

第十条 审计机关委派在注册会计师协会担任领导职务的人员，应当定期向审计机关报告工作情况。

第十一条 审计机关对暂时挂靠本机关的社会审计机构，应当按照有关规定，加强对其人事、财务等工作的管理和监督。

第十二条 本规定由审计署负责解释。

第十三条 本规定自1997年1月1日起施行。

审计机关审计听证的规定

（审计署令第1号，2000年1月28日）

第一条 为规范审计机关的审计处罚程序，保证审计质量，维护公民、法人或者其他组织的合法权益，根据《中华人民共和国行政处罚法》和《中华人民共和国审计法》，制定本规定。

第二条 审计机关进行审计听证应当遵循公正、公平、公开的原则。

第三条 审计机关对被审计单位和有关责任人员（以下简称当事人）作出下列审计处罚前，应当向当事人送达审计听证告知书，告知当事人在收到审计听证告知书之后三日内有权要求举行审计听证会：

（一）对被审计单位处以违反国家规定的财务收支金额百分之五以上且金额在十万元以上罚款；

（二）对违反国家规定的财务收支行为负有直接责任的有关责任人员处以二千元以上罚款。

第四条 审计听证告知书主要包括以下内容：

（一）当事人的名称或姓名；

（二）建议作出的审计处罚；

（三）审计处罚的事实依据；

（四）审计处罚的法律依据；

（五）当事人有要求审计听证的权利；

（六）当事人申请审计听证的期限；

（七）审计听证主持人的姓名；

（八）审计机关的名称（印章）和日期。

第五条　审计听证告知书可以直接送达、委托送达或者邮寄送达。

第六条　当事人要求举行审计听证会的，应当自收到审计听证告知书之日起三日内，向审计机关提出书面申请，列明听证要求，并由申请人签名或者盖章。逾期不提出审计听证要求的，视为放弃审计听证权利。

当事人直接送达、委托送达审计听证申请的，以审计机关收到审计听证申请之日为送达日；当事人邮寄送达审计听证申请的，以该申请寄出的邮戳日期为送达日。

第七条　审计机关收到审计听证申请后，应当进行审核。对符合审计听证条件的，应当组织审计听证；对不符合审计听证条件的，裁定不予审计听证。

第八条　审计机关应当在举行审计听证会七日前向当事人送达审计听证会通知书，告知当事人举行审计听证会的时间、地点。

裁定不予审计听证的，审计机关应当作出不予审计听证裁定书，载明理由告知当事人。

第九条　除涉及国家秘密、商业秘密或者个人隐私外，审计听证会应当公开举行。

第十条　审计听证会应当由审计机关指定的非本案审计人员主持。

第十一条　审计机关应当根据实际情况确定审计听证会的主持人、书记员。

主持人负责审计听证会的组织、主持工作。一般审计事项的审计听证会由一人主持；重大审计事项的审计听证会由三人主持，但审计机关应指定首席主持人。

书记员负责审计听证会的记录工作，可以由一至二人组成。

第十二条　当事人认为主持人或者书记员与本案有直接利害关系的，有权申请其回避并说明理由。

当事人申请主持人回避应当在审计听证会举行之前提出；申请书记员回避可以在审计听证会举行时提出。

当事人申请回避可以以书面形式提出，也可以以口头形式提出。以口头形式提出的，由书记员记录在案。

第十三条　主持人的回避，由听证机关决定；书记员的回避，由主持人决定。

主持人应当回避，需要重新确定主持人的，听证机关可以裁定延期审计听证；主持人不需回避的，听证机关裁定审计听证如期举行。

第十四条　当事人可以亲自参加审计听证，也可以委托一至二人代理参加审计听证。委托他人代理参加审计听证会的，代理人应当出具当事人的授权委托书。

当事人的授权委托书应当载明代理人的代理权限。

第十五条　当事人接到审计听证通知书后，不能按时参加审计听证会的，应当及时告知听证机关。

当事人无正当理由不按时参加审计听证会的，视为放弃听证权利，听证机关予以书面记载。在审计听证会举行过程中当事人放弃申辩或者无故退出审计听证会的，听证机关可以宣布终止听证，并记入审计听证笔录。

第十六条　审计听证会应当制作笔录。笔录应当交当事人确认无误后，由当事人签字

或者盖章。当事人如认为笔录有差错，可以要求补正。

具备条件的审计机关应当对审计听证会情况进行录音、录像。

第十七条 审计听证会参加人和旁听人员应当遵守以下听证纪律：

（一）审计听证会参加人应当在主持人的主持下发言、提问、辩论；

（二）未经主持人允许，审计听证会参加人不得提前退席；

（三）未经主持人允许，任何人不得录音、录像或摄影；

（四）旁听人员要保持肃静，不得发言、提问或者议论。

第十八条 主持人在审计听证会主持过程中，有以下权利：

（一）对审计听证会参加人的不当辩论或者其他违反审计听证会纪律的行为予以制止、警告；

（二）对违反审计听证会纪律的旁听人员予以制止、警告、责令退席；

（三）对违反审计听证纪律的人员制止无效的，移交公安机关依法处置。

第十九条 审计听证会应当按照下列程序进行：

（一）主持人宣布审计听证会开始；

（二）主持人宣布案由并宣读参加审计听证会的主持人、书记员、听证参加人的姓名、工作单位和职务；

（三）主持人宣读审计听证会的纪律和应注意的事项；

（四）主持人告知当事人或其代理人有申请书记员回避的权利，并询问当事人或其代理人是否申请回避；

（五）参与审计的人员提出当事人违法违规的事实、证据、建议作出的审计处罚及其法律依据；

（六）当事人进行陈述、申辩；

（七）在主持人允许下，双方进行质证、辩论；

（八）双方作最后陈述；

（九）书记员将所作的笔录交听证双方当场确认并签字或者盖章；

（十）主持人宣布审计听证会结束。

第二十条 在听证会举行过程中当事人申请书记员回避的，由主持人当场作出是否回避的裁定。

第二十一条 有下列情形之一的，可以延期举行审计听证会：

（一）当事人有正当理由未到场的；

（二）需要通知新的证人到场，或者有新的事实需要重新调查核实的；

（三）其他需要延期的情形。

第二十二条 审计听证会结束后，听证主持人应当根据审计听证情况和有关法律、法规的规定，向审计机关提交审计听证报告。审计听证报告连同审计听证笔录、案卷材料一并报送审计机关。

第二十三条 审计听证报告主要包括以下内容：

（一）听证案由；

（二）主持人、书记员和听证参加人的姓名、工作单位和职务；

（三）审计听证的时间、地点；

（四）审计听证建议；

（五）听证主持人签名或盖章。

审计听证建议主要包括以下内容：

（一）确有应受审计处罚的违法行为的，根据情节轻重及具体情况，建议作出审计处罚；

（二）违法事实不成立或者没有处罚的法律、法规依据的，建议不给予审计处罚；

（三）违法行为情节轻微，依法可以不予审计处罚的，建议不予审计处罚。

第二十四条 审计机关应当对听证主持人提出的审计听证建议进行审查，作出决定。

审计机关不得因当事人要求审计听证、在审计听证中进行申辩和质证而加重处罚。

第二十五条 审计听证笔录和审计听证报告应当归入审计档案。

第二十六条 本规定由审计署负责解释。

第二十七条 本规定自发布之日起施行。

审计机关审计行政应诉管理的规定

（审法发［1996］第357号，1996年12月16日）

第一条 为了维护审计机关依法行使职权，促进审计行政争议的有效解决，根据《中华人民共和国审计法》、《中华人民共和国行政诉讼法》，制定本规定。

第二条 本规定所称审计行政应诉，是指审计机关以被告身份参加行政诉讼的活动。

第三条 审计机关在审计行政应诉中，应当接受人民法院的监督，坚持以事实为根据、以法律为准绳，严格依法办事。

第四条 审计机关应当区分下列情况应诉：

（一）复议机关决定维持原审计具体行政行为的，由作出原审计具体行政行为的审计机关应诉；

（二）复议机关决定改变原审计具体行政行为的，由复议机关应诉。

第五条 审计机关的法制机构是本机关的行政应诉代理机构。未设立法制机构的审计机关，应当确定本机关的行政应诉代理机构或者专职代理人员。

第六条 审计行政应诉代理机构的职责是：

（一）组织、办理具体的审计行政应诉案件；

（二）指导下级审计机关的审计行政应诉工作；

（三）了解、研究审计行政应诉工作中带有普遍性的问题，并有针对性地向本机关领导提出改进审计行政执法工作的建议。

第七条 审计机关接到起诉状副本后，应诉代理机构应当根据法定代表人的授权，委托诉讼代理人。

第八条 诉讼代理人可以由本机关工作人员担任，也可以聘请律师担任。

第九条 法定代表人应当与诉讼代理人签订授权委托书。授权委托书应当具体明确诉讼代理人的代理事项、权限和期限。

第十条 审计机关、复议机构应当将与作出审计具体行政行为有关的材料移交给诉讼代理人，配合诉讼代理人做好应诉前的准备工作。

第十一条 诉讼代理人应当根据案件的具体情况草拟答辩状。

答辩状应当事实清楚，理由充分，观点明确，针对性强，法律依据准确。

第十二条 审计行政应诉代理机构应当在收到起诉状副本之日起10日内向人民法院提交下列材料：

（一）答辩状；

（二）作出审计具体行政行为的有关材料；

（三）法定代表人身份证明；

（四）授权委托书；

（五）人民法院要求提交的其他材料。

第十三条 诉讼代理人在开庭审理前，应当草拟代理词。

代理词应当客观陈述事实，正确引用法律、法规，理由确实充分，要求合理合法。

第十四条 法定代表人、诉讼代理人应当根据人民法院的通知按时出庭，并应当服从法庭指挥，遵守法庭纪律。

第十五条 庭审期间，诉讼代理人应当对法庭的审理情况作出记录。

第十六条 在案件审理过程中，诉讼代理人应当保守国家秘密。

第十七条 审计机关不服人民法院第一审判决的，应当在判决书送达之日起15日内向上一级人民法院提起上诉；不服第一审裁定的，应当在裁定书送达之日起10日内向上一级人民法院提起上诉。

第十八条 审计机关应当严格执行人民法院已经生效的判决或者裁定。

第十九条 被审计单位不执行人民法院已经生效的判决或者裁定的，审计机关可以按照《审计机关审计处理处罚的规定》的有关规定处理，还可以依法申请人民法院强制执行。

第二十条 诉讼期间，不停止审计具体行政行为的执行。但有下列情形之一的，停止审计具体行政行为的执行：

（一）审计机关认为需要停止执行的；

（二）被审计单位申请停止执行，人民法院裁定停止执行的；

（三）法律、法规规定停止执行的。

第二十一条 案件结案后，审计行政应诉代理机构应当写出结案报告。结案报告应当载明下列主要内容：

（一）审计机关与被审计单位争议的事实及理由；

（二）人民法院审理的主要过程；

（三）判决或者裁定的结果；

（四）其他需要说明的事项。

第二十二条 下级审计机关应当自审计行政应诉案件结案之日起1个月内，将案件的有关材料报上一级审计机关备案。

地方审计机关应当于半年和年度终了后，将本地区半年和年度的审计行政诉讼情况报告上一级审计机关。

第二十三条 本办法由审计署负责解释。

第二十四条 本办法自1997年1月1日起施行。《审计机关办理行政诉讼的暂行规定》同时废止。

审计署关于严禁通过社会审计组织获取非法收入的通知

（审纪监发［2001］99号，2001年12月13日）

各省、自治区、直辖市和计划单列市审计厅（局），署机关各单位、各特派员办事处、各派出审计局：

按照《中共中央办公厅、国务院办公厅关于中央党政机关与所办经济实体和管理的直属企业脱钩有关问题的通知》（中办发〔1998〕27号）关于“各类审计、会计师事务所一律与各部门脱钩”的要求，各级审计机关对过去兴办的社会审计组织进行了脱钩改制，目前已基本完成。社会审计组织真正成了自主经营、自担风险、自我约束、自我发展的社会中介机构。但是，仍有一些审计机关和审计人员利用审计职权或影响，为社会审计组织介绍审计业务，从中获取非法收入，直接影响了审计机关的形象和声誉。从群众来信反映的情况看，主要问题：一是有的审计机关与社会审计组织脱钩后，仍然存在明脱暗不脱的现象；二是有的审计机关利用审计职权，将一些审计项目交给社会审计组织预审或审计，从中收取协作费或参与收费分成；三是有的审计人员利用工作便利条件，为社会审计组织介绍审计业务，从中收取介绍费、回扣；四是个别审计人员甚至参与社会审计组织审计，从中收取劳务费。

为保证中央关于社会审计组织与各部门彻底脱钩的要求落到实处，促进审计机关和审计人员为政清廉，现将有关事项通知如下：

一、尚未与社会审计组织在人、财、物和业务等方面彻底脱钩的审计机关，必须于2002年3月31日前彻底脱钩。

二、审计机关不准将审计工作计划内的审计项目，交给社会审计组织预审或审计，不得通过社会审计组织取得非法收入。

三、审计机关和审计人员不准利用职权为社会审计组织介绍审计业务或直接参与其审计，从中收取业务介绍费、劳务费或参与收费分成。

四、违反上述规定的，要严肃查处，并追究所在单位主管领导及直接责任人的责任。情节轻微的，要作出检查，进行批评教育；情节严重、性质恶劣、影响较大的，要依照《国家公务员暂行条例》，给予行政处分。

审计署办公厅关于国家工商总局同意将审计机关列为查询企业档案不交费单位的通知

（审办办发［2002］14号，2002年1月29日）

各省、自治区、直辖市和计划单列市、新疆生产建设兵团审计厅（局），署机关各单位、各特派员办事处、各派出审计局：

现将国家工商行政管理总局《关于对商请将审计机关列为查询企业档案不交费单位的复函》（办函字［2002］第6号）转发给你们，请将此复函作为审计工作中查询企业档案不交费的依据。

附件：关于对商请将审计机关列为查询企业档案不交费单位的复函

附件：

关于对商请将审计机关列为查询企业档案不交费单位的复函

办函字［2002］第6号

国家工商行政管理总局

2002年1月17日

审计署办公厅：

你厅《关于商请将审计机关列为查询企业档案不交费单位的函》（审办函［2001］165号）收悉。经研究，同意将审计机关列为查询企业档案不交费的单位。

特此函告。

中共中央办公厅、国务院办公厅关于印发《党政主要领导干部和国有企业领导人员经济责任审计规定》的通知

（中办发［2010］32号，2010年10月12日）

各省、自治区、直辖市党委和人民政府，中央和国家机关各部委，解放军各总部、各大单位，各人民团体：

《党政主要领导干部和国有企业领导人员经济责任审计规定》（以下简称《规定》），已经中央同意，现印发给你们，请遵照执行。

《规定》的颁布施行，是贯彻落实党的十七大和十七届四中全会精神的重要举措，是加强经济责任审计法规制度建设、规范经济责任审计行为、促进经济责任审计工作科学发展的现实需要，对于增强领导干部依法履行经济责任意识、完善领导干部管理和监督机制、促进惩治和预防腐败体系建设具有重要意义。地方各级党委和政府要切实加强对经济责任审计工作的领导，党政主要领导干部和国有企业领导人员要依法依规自觉接受、主动配合经济责任审计。各地区各部门要按照中央的统一部署和要求，结合实际情况，研究制定加强领导干部经济责任审计的具体措施。

《规定》执行过程中的重要情况和建议，要及时报告中央。

党政主要领导干部和国有企业领导人员经济责任审计规定

第一章 总 则

第一条 为健全和完善经济责任审计制度，加强对党政主要领导干部和国有企业领导人员（以下简称领导干部）的管理监督，推进党风廉政建设，根据《中华人民共和国审计法》和其他有关法律法规，以及干部管理监督的有关规定，制定本规定。

第二条 党政主要领导干部经济责任审计的对象包括：

（一）地方各级党委、政府、审判机关、检察机关的正职领导干部或者主持工作一年以上的副职领导干部；

（二）中央和地方各级党政工作部门、事业单位和人民团体等单位的正职领导干部或者主持工作一年以上的副职领导干部；上级领导干部兼任部门、单位的正职领导干部，且不实际履行经济责任时，实际负责本部门、本单位常务工作的副职领导干部。

第三条 国有企业领导人员经济责任审计的对象包括国有和国有控股企业（含国有和国有控股金融企业）的法定代表人。

第四条 本规定所称经济责任，是指领导干部在任职期间因其所任职务，依法对本地区、本部门（系统）、本单位的财政收支、财务收支以及有关经济活动应当履行的职责、义务。

第五条 领导干部履行经济责任的情况，应当依法接受审计监督。

根据干部管理监督的需要，可以在领导干部任职期间进行任中经济责任审计，也可以在领导干部不再担任所任职务时进行离任经济责任审计。

第六条 领导干部的经济责任审计依照干部管理权限确定。

地方审计机关主要领导干部的经济责任审计，由本级党委与上一级审计机关协商后，由上一级审计机关组织实施。

审计署审计长的经济责任审计，报请国务院总理批准后实施。

第七条 审计机关依法独立实施经济责任审计，任何组织和个人不得拒绝、阻碍、干涉，不得打击报复审计人员。

第八条 审计机关和审计人员对经济责任审计工作中知悉的国家秘密、商业秘密，负有保密义务。

第九条 各级党委和政府应当保证审计机关履行经济责任审计职责所必需的机构、人员和经费。

第二章 组织协调

第十条 各级党委和政府应当加强对经济责任审计工作的领导，建立经济责任审计工作联席会议（以下简称联席会议）制度。联席会议由纪检、组织、审计、监察、人力资源社会保障和国有资产监督管理等部门组成。

联席会议下设办公室，与同级审计机关内设的经济责任审计机构合署办公，负责日常工作。联席会议办公室主任为同级审计机关的副职领导或者同职级领导。

第十一条 联席会议的主要职责是研究制定有关经济责任审计的政策和制度，监督检查、交流通报经济责任审计工作开展情况，协调解决工作中出现的问题。

第十二条 联席会议办公室的主要职责是研究起草有关经济责任审计的法规、制度和

文件，研究提出年度经济责任审计计划草案，总结推广经济责任审计工作经验，督促落实联席会议决定的有关事项。

第十三条 经济责任审计应当有计划地进行。组织部门每年提出下一年度经济责任审计委托建议，经联席会议办公室研究后提出经济责任审计计划草案，由审计机关报请本级政府行政首长审定后，纳入审计机关年度审计工作计划并组织实施。

第三章 审计内容

第十四条 经济责任审计应当以促进领导干部推动本地区、本部门（系统）、本单位科学发展为目标，以领导干部守法、守纪、守规、尽责情况为重点，以领导干部任职期间本地区、本部门（系统）、本单位财政收支、财务收支以及有关经济活动的真实、合法和效益为基础，严格依法界定审计内容。

第十五条 地方各级党委和政府主要领导干部经济责任审计的主要内容是：本地区财政收支的真实、合法和效益情况；国有资产的管理和使用情况；政府债务的举借、管理和使用情况；政府投资和以政府投资为主的重要项目的建设和管理情况；对直接分管部门预算执行和其他财政收支、财务收支以及有关经济活动的管理和监督情况。

第十六条 党政工作部门、审判机关、检察机关、事业单位和人民团体等单位主要领导干部经济责任审计的主要内容是：本部门（系统）、本单位预算执行和其他财政收支、财务收支的真实、合法和效益情况；重要投资项目的建设和管理情况；重要经济事项管理制度的建立和执行情况；对下属单位财政收支、财务收支以及有关经济活动的管理和监督情况。

第十七条 国有企业领导人员经济责任审计的主要内容是：本企业财务收支的真实、合法和效益情况；有关内部控制制度的建立和执行情况；履行国有资产出资人经济管理和监督职责情况。

第十八条 在审计以上主要内容时，应当关注领导干部在履行经济责任过程中的下列情况：贯彻落实科学发展观，推动经济社会科学发展情况；遵守有关经济法律法规、贯彻执行党和国家有关经济工作的方针政策和决策部署情况；制定和执行重大经济决策情况；与领导干部履行经济责任有关的管理、决策等活动的经济效益、社会效益和环境效益情况；遵守有关廉洁从政（从业）规定情况等。

第十九条 有关部门和单位、地方党委和政府的主要领导干部由上级领导干部兼任，且实际履行经济责任的，对其进行经济责任审计时，审计内容仅限于该领导干部所兼任职务应当履行的经济责任。

第四章 审计实施

第二十条 审计机关应当根据年度经济责任审计计划，组成审计组并实施审计。

第二十一条 审计机关应当在实施经济责任审计 3 日前，向被审计领导干部及其所在单位或者原任职单位（以下简称所在单位）送达审计通知书。遇有特殊情况，经本级政府批准，审计机关可以直接持审计通知书实施经济责任审计。

第二十二条 审计机关实施经济责任审计时，应当召开有审计组主要成员、被审计领导干部及其所在单位有关人员参加的会议，安排审计工作有关事项。联席会议有关成员单位根据工作需要可以派人参加。

审计机关实施经济责任审计，应当进行审计公示。

第二十三条　审计机关在经济责任审计过程中，应当听取本级党委、政府和被审计领导干部所在单位有关领导同志，以及本级联席会议有关成员单位的意见。

第二十四条　审计机关在进行经济责任审计时，被审计领导干部及其所在单位，以及其他有关单位应当提供与被审计领导干部履行经济责任有关的下列资料：

（一）财政收支、财务收支相关资料；

（二）工作计划、工作总结、会议记录、会议纪要、经济合同、考核检查结果、业务档案等资料；

（三）被审计领导干部履行经济责任情况的述职报告；

（四）其他有关资料。

第二十五条　被审计领导干部及其所在单位应当对所提供资料的真实性、完整性负责，并作出书面承诺。

第二十六条　审计机关履行经济责任审计职责时，可以依法提请有关部门和单位予以协助，有关部门和单位应当予以配合。

第二十七条　审计组实施审计后，应当将审计组的审计报告书面征求被审计领导干部及其所在单位的意见。根据工作需要可以征求本级党委、政府有关领导同志，以及本级联席会议有关成员单位的意见。

被审计领导干部及其所在单位应当自接到审计组的审计报告之日起10日内提出书面意见；10日内未提出书面意见的，视同无异议。

第二十八条　审计机关按照《中华人民共和国审计法》及相关法律法规规定的程序，对审计组的审计报告进行审议，出具审计机关的经济责任审计报告和审计结果报告。

第二十九条　审计机关应当将经济责任审计报告送达被审计领导干部及其所在单位。

第三十条　审计机关应当将经济责任审计结果报告等结论性文书报送本级政府行政首长，必要时报送本级党委主要负责同志；提交委托审计的组织部门；抄送联席会议有关成员单位。

第三十一条　被审计领导干部所在单位存在违反国家规定的财政收支、财务收支行为，依法应当给予处理、处罚的，由审计机关在法定职权范围内作出审计决定。

审计机关在经济责任审计中发现的应当由其他部门处理的问题，依法移送有关部门处理。

第三十二条　被审计领导干部对审计机关出具的经济责任审计报告有异议的，可以自收到审计报告之日起30日内向出具审计报告的审计机关申诉，审计机关应当自收到申诉之日起30日内作出复查决定；被审计领导干部对复查决定仍有异议的，可以自收到复查决定之日起30日内向上一级审计机关申请复核，上一级审计机关应当自收到复核申请之日起60日内作出复核决定。

上一级审计机关的复核决定和审计署的复查决定为审计机关的最终决定。

第五章　审计评价与结果运用

第三十三条　审计机关应当根据审计查证或者认定的事实，依照法律法规、国家有关规定和政策，以及责任制考核目标和行业标准等，在法定职权范围内，对被审计领导干部履行经济责任情况作出客观公正、实事求是的评价。审计评价应当与审计内容相统一，评

价结论应当有充分的审计证据支持。

第三十四条 审计机关对被审计领导干部履行经济责任过程中存在问题所应当承担的直接责任、主管责任、领导责任，应当区别不同情况作出界定。

第三十五条 本规定所称直接责任，是指领导干部对履行经济责任过程中的下列行为应当承担的责任：

（一）直接违反法律法规、国家有关规定和单位内部管理规定的行为；

（二）授意、指使、强令、纵容、包庇下属人员违反法律法规、国家有关规定和单位内部管理规定的行为；

（三）未经民主决策、相关会议讨论而直接决定、批准、组织实施重大经济事项，并造成重大经济损失浪费、国有资产（资金、资源）流失等严重后果的行为；

（四）主持相关会议讨论或者以其他方式研究，但是在多数人不同意的情况下直接决定、批准、组织实施重大经济事项，由于决策不当或者决策失误造成重大经济损失浪费、国有资产（资金、资源）流失等严重后果的行为；

（五）其他应当承担直接责任的行为。

第三十六条 本规定所称主管责任，是指领导干部对履行经济责任过程中的下列行为应当承担的责任：

（一）除直接责任外，领导干部对其直接分管的工作不履行或者不正确履行经济责任的行为；

（二）主持相关会议讨论或者以其他方式研究，并且在多数人同意的情况下决定、批准、组织实施重大经济事项，由于决策不当或者决策失误造成重大经济损失浪费、国有资产（资金、资源）流失等严重后果的行为。

第三十七条 本规定所称领导责任，是指除直接责任和主管责任外，领导干部对其不履行或者不正确履行经济责任的其他行为应当承担的责任。

第三十八条 各级党委和政府应当建立健全经济责任审计情况通报、审计整改以及责任追究等结果运用制度，逐步探索和推行经济责任审计结果公告制度。

第三十九条 有关部门和单位应当根据干部管理监督的相关要求运用经济责任审计结果，将其作为考核、任免、奖惩被审计领导干部的重要依据，并以适当方式将审计结果运用情况反馈审计机关。

经济责任审计结果报告应当归入被审计领导干部本人档案。

第六章 附　　则

第四十条 审计机关和审计人员、被审计领导干部及其所在单位，以及其他有关单位和个人在经济责任审计中的职责、权限、法律责任等，本规定未作规定的，依照《中华人民共和国审计法》、《中华人民共和国审计法实施条例》和其他法律法规的有关规定执行。

第四十一条 审计机关开展领导干部经济责任审计适用本规定。有关机构依法履行国有资产监督管理职责时，按照干部管理权限开展的经济责任审计，参照本规定组织实施。部门和单位可以根据本规定，制定内部管理领导干部经济责任审计的规定。

第四十二条 中央经济责任审计工作联席会议应当根据本规定，制定实施细则或者贯彻实施意见。

第四十三条 本规定由审计署负责解释。

第四十四条 本规定自印发之日起施行。1999年5月中共中央办公厅、国务院办公厅印发的《县级以下党政领导干部任期经济责任审计暂行规定》和《国有企业及国有控股企业领导人员任期经济责任审计暂行规定》(中办发［1999］20号)同时废止。

最高人民检察院政治部、监察局关于认真开展检察机关领导干部任期经济责任审计工作的通知

(［2002］高检监察发第1号,2002年4月27日)

各省、自治区、直辖市人民检察院政治部、监察处,新疆生产建设兵团人民检察院政治部、监察处:

为贯彻中共中央办公厅、国务院办公厅《关于印发〈县级以下党政领导干部任期经济责任审计暂行规定〉和〈国有企业及国有控股企业领导人员任期经济责任审计暂行规定〉的通知》(中办发［1999］20号)、《关于转发中央纪委等部门〈关于认真贯彻落实中办发［1999］20号文件切实做好经济责任审计工作的意见〉的通知》精神(中办发［2000］16号),最高人民检察院于2001年选择山东、福建、四川三省开展了检察机关领导干部任期经济责任审计试点工作,收到了一定成效。根据2002年全国检察机关纪检监察工作会议精神,今年要在全国地市和县级检察机关推行领导干部任期经济责任审计工作。为做好这项工作,现就有关问题通知如下:

一、高度重视,加强组织领导

对领导干部实施任期经济责任审计,是贯彻落实中央关于反腐败要标本兼治、重在治本重要指示精神的具体体现,也是加强对检察机关领导干部监督制约的一项重要举措,对于保障检察机关干部人事制度改革的顺利进行、促进检察机关党风廉政建设和自身反腐败工作的深入开展具有重要意义。领导干部任期经济责任审计工作涉及面广、政策性强,各级检察机关要高度重视,加强领导,周密部署,防止搞形式主义和走过场。特别是要注意结合今年领导班子换届和地方检察院机构改革,做好对审计对象的经济责任审计工作。政工、纪检监察部门要加强配合,结合实际研究制定工作方案并认真组织实施,确保这项工作扎实有效地进行。

二、明确审计对象、范围和方式

检察机关实施经济责任审计的对象是:地市和县级检察院检察长、主管财务工作的副检察长、负责财务装备管理工作的内设机构负责人、直属事业单位的负责人以及其他负有经济管理责任的内设机构负责人。上述人员在任期届满或任期内办理调任、转任、轮岗、免职、辞职、退休、届中考察等事项前,都应当接受任期经济责任审计。

经济责任审计的范围包括:(1)单位预算的执行情况和决算或者财务收支计划的执行情况和决算;(2)单位预算外资金的收入、支出情况和管理情况;(3)扣押、冻结款物的管理情况;(4)专项基金的管理和使用情况;(5)国有资产的管理和使用情况;(6)有关财政财务收支的内部控制制度的建设及其执行情况;(7)其他需要审计的事项。

检察机关领导干部任期经济责任审计工作由政工部门和纪检监察部门分工负责。政工部门根据干部人事工作情况向纪检监察部门提出审计建议,纪检监察部门根据政工部门的

建议组织开展审计。对检察长、副检察长实施审计，由上一级检察院的政工部门向本院纪检监察部门提出审计建议，由该院纪检监察部门组织审计；对分州市院内设机构负责人、直属事业单位负责人或其他负有经济管理责任的内设机构负责人实施审计，由本院政工部门提出建议，由本院或上一级检察院纪检监察部门组织审计；对县级院内设机构负责人实施审计，由本院政工部门提出建议，由上一级检察院纪检监察部门组织审计。审计可采取自行组织专业技术力量进行，也可委托有关审计部门进行。

三、应当注意的几个问题

（一）要加强与审计部门的协调和联系。各级检察机关政工。纪检监察部门要加强与当地审计部门的联系，及时沟通信息，了解掌握地方审计工作计划和进展情况。对已纳人地方审计计划的检察机关领导干部，可不再另行组织审计。领导干部经济责任审计工作是一项专业性很强的工作，各地检察机关在开展审计工作中，要接受有关部门的指导，重视借助专业力量，保证审计工作的质量和效果。

（二）要重视审计结果的运用。审计工作结束后，审计小组应形成书面专题报告，提出具体审计意见，并征求被审计单位和审计对象的意见。政工部门和纪检监察部门对审计报告要认真研究，对审计对象作出实事求是的评价。对审计报告中提出的问题，应分别情况作出处理：属于管理方面的问题，要及时向有关部门提出整改建议；构成违纪违法的，要按照有关规定作出组织、纪律或法律处理。政工部门应将审计结果存入干部档案并作为对领导干部进行奖惩、提拔任用、评级考核事项的重要依据。

（三）坚持独立审计，保证审计公正。任何部门和个人不得干扰审计工作的正常进行，对在审计工作中设置障碍或对审计人员进行打击报复的，要按照有关规定追究责任。

各省级检察院应于年底前将本地开展审计工作的情况书面报告高检院监察局。各地在工作中遇到重大问题时，应及时向上级检察院报告。

最高人民检察院
政治部
监察局
二〇〇二年四月二十七日

中央五部委经济责任审计工作联席会议办公室关于印发《关于党政领导干部任期经济责任审计若干问题的指导意见》的通知

（经审办字［2003］6号，2003年7月8日）

各省（自治区、直辖市）和计划单列市、新疆生产建设兵团纪委、组织部、监察厅（局）、人事厅（局）、审计厅（局），中央和国家机关各部门、各事业单位、各人民团体、中央管理的各企业和金融机构：

为进一步规范经济责任审计工作、提高审计质量，现将《关于党政领导干部任期经济责任审计若干问题的指导意见》印发给你们，请遵照执行。

二〇〇三年七月八日

关于党政领导干部任期经济责任审计若干问题的指导意见

为进一步规范经济责任审计工作、提高审计质量，按照党的十六大报告精神，根据《县级以下党政领导干部任期经济责任审计暂行规定》、《中共中央办公厅国务院办公厅关于转发中央纪委等部门〈关于认真贯彻落实中办发〔1999〕20号文件切实做好经济责任审计工作的意见〉的通知》（中办发〔2000〕16号）、《党政领导干部选拔任用工作条例》、《县级以下党政领导干部任期经济责任审计暂行规定实施细则》和其他有关规定，就当前党政领导干部任期经济责任审计工作中的若干问题，提出以下指导意见：

一、正确认识和准确把握经济责任审计工作的地位和作用。对党政领导干部进行经济责任审计是新时期加强干部监督管理的一个重要环节，是从源头上预防和治理腐败、促进领导干部廉洁勤政的重要措施，是推进依法行政、依法治国的有效手段，是促进领导干部自觉实践“三个代表”重要思想的有效保证。经过有关各方几年来的共同努力，经济责任审计工作取得了明显成效，探索和积累了一些好的经验和做法。当前和今后一个时期，各级纪检、组织、监察、人事、审计部门要以“三个代表”重要思想为指导，认真贯彻党的十六大精神，按照中办、国办两个暂行规定的要求，全面推进县级以下党政领导干部和国有及国有控股企业领导人员经济责任审计，积极开展县以上党政领导干部经济责任审计试点工作。要进一步统一思想、提高认识，突出重点、稳步推进；要加强经济责任审计的法规建设，逐步完善经济责任审计制度；要加强协调、科学组织，有计划、有步骤地把经济责任审计工作引向深入，不断取得新成效。

二、当前经济责任审计工作的指导原则是积极稳妥、量力而行、提高质量、防范风险。经济责任审计要坚持以财政财务收支审计为基础，审计机关应在法定的职权范围内运用审计手段来实施经济责任审计。审计机关应通过对被审计领导干部所在单位（部门、地区）财政财务收支的真实、合法、效益情况的审计来评价领导干部履行经济责任情况。

三、经济责任审计应按照干部管理权限分级组织实施。各级党委管理的党政领导干部的任期经济责任审计，由本级党委组织部门委托同级审计机关组织实施。单位（部门）党委（党组）管理的行政领导干部的任期经济责任审计，由单位（部门）的组织（人事）部门委托有关部门组织实施。

当经济责任审计的管辖与财政财务收支审计的管辖不一致时，对被审计领导干部所在单位的违法违规问题的处理、处罚，应移交有财政财务收支审计管辖关系的审计机关进行，或经有管辖权的审计机关认可由实施经济责任审计的审计机关直接进行。

四、经济责任审计工作计划应统一协调，在保证审计质量的前提下，有重点地确定审计项目。

每年年底前，联席会议办公室根据组织（纪检、监察、人事）部门提出的下一年度经济责任审计项目的建议，与审计机关充分协商后，拟定年度经济责任审计工作计划草案，经济责任审计工作计划经联席会议或经济责任审计工作领导小组讨论同意后，列入审计机关的审计工作计划。

组织部门根据确定的审计工作计划以书面形式委托审计机关实施经济责任审计。遇有特殊情况确需调增审计项目的，组织部门应与审计机关充分协商，并经本级党委、政府或经济责任审计工作领导小组批准。

五、经济责任审计可以在领导干部离任时实施，也可以根据实际情况在领导干部任职期间内实施。组织（人事）部门可以根据具体情况，在领导干部的任职期间内适当安排任中审计。审计机关也可以经组织（人事）部门授权将经济责任审计项目在领导干部的任职期间内分期实施。

审计机关实施经济责任审计应当与现行的财政财务收支审计相结合，避免重复监督。审计机关应统筹安排财政财务收支审计和经济责任审计工作，尽量做到一次审计满足多种需要，并在财政财务收支审计中注意收集和保存与经济责任审计相关的资料。审计机关在进行经济责任审计时，应充分利用以前年度财政财务收支审计的审计结果，已进行过财政财务收支审计的年度，除进行必要的补充审计和取证外，一般不重复审计。

审计机关在进行经济责任审计时可以参考、利用被审计的领导干部所在单位内部审计机构的审计资料和审计结果。审计机关根据审计工作需要可以组织被审计的领导干部所在单位的内部审计人员按照审计机关的要求，配合经济责任审计工作，承担具体审计事项。

六、审计机关应根据审计要求做好审前调查工作，认真了解被审计的领导干部所在单位的基本情况和与被审计的领导干部履行经济职责有关的情况，听取纪检、组织、监察、人事等有关部门的意见，收集相关材料。纪检、组织、监察、人事等有关部门应及时将了解和掌握的有关被审计的领导干部的相关情况告知审计机关。

审计机关应在审前调查的基础上制定切实可行的审计方案。审计方案应明确审计目标、审计范围、审计重点、审计要求、审计组织、审计方式、延伸审计单位、其他审计事项等。县级以上党委、政府领导干部的经济责任审计项目的审计方案应征求委托部门的意见，并报请本级党委、政府主要领导同意，在审计过程中需要对其进行重大调整的，应征得有关方同意。

七、党政领导干部任期经济责任审计的重点内容主要包括：（一）被审计的领导干部任职期间所在单位（所在地区）的财政财务收支是否真实，有无作假账；（二）贯彻执行国家重要经济政策情况；（三）有无个人违反决策程序或决策造成重大损失情况；（四）个人遵守有关廉政规定情况等。

审查被审计的领导干部遵守廉政规定情况应当围绕其所在单位和分管、关联的单位、项目的财政财务收支中与廉政规定相关的事项进行。审计组可以采取多种方式了解相关情况，选择其中应重点审核的内容进行审计。

八、审计机关评价领导干部的经济责任履行情况应从实际出发，采取写实的方式描述审计结果，避免鉴定式的抽象评价。审计评价应明确、具体，并遵循以下原则：（一）审计评价应紧紧围绕被审计领导干部的相关经济责任进行，与被审计的领导干部不相关的经济责任不评价；（二）审计评价应在审计事项范围内进行，与审计事项不相关的事项不评价；（三）审计评价应依据审计查明的事实进行，证据不充分的事项不评价；（四）审计评价应依据重要性原则进行，对一般性的问题可以不评价；（五）审计评价既要反映被审计的领导干部的问题，又要反映其相关业绩，审计评价应避免相互矛盾。

九、经济责任审计成果的利用是经济责任审计的重要环节，纪检、组织、监察、人事等有关部门应充分利用经济责任审计成果，以真正发挥经济责任审计的作用。

组织、人事部门应将审计机关提交的领导干部经济责任审计结果报告，作为对被审计的领导干部业绩考评和职务任免的参考依据。领导干部任期经济责任审计结果应列入已建立的干部考核（廉政）档案。经济责任审计结束后，干部管理部门应根据审计结果与被审计的领导干部进行谈话，通报审计情况。对审计中发现的有违纪行为的领导干部，应给予党纪政纪处分的，由纪检、监察机关按照有关规定及时作出处理；构成犯罪的，应及时移交司法机关，依法追究其刑事责任。

经济责任审计结果可以采取适当的形式在一定的范围内实行公告或进行通报。

纪检、组织、监察、人事等部门应及时将经济责任审计成果利用情况反馈给审计机关。

中央五部委经济责任审计工作联席会议办公室
2003年7月9日印发

建设部经济责任审计工作实施细则

（建综［2003］141号，2003年7月15日）

第一条　为了加强对部属单位领导干部及部管理的社团组织法定代表人的管理和监督，促进其依法经营管理，保障国有资产保值增值，并正确评价其任期经济责任，根据《中共中央办公厅、国务院办公厅关于印发〈县级以下党政领导干部任期经济责任审计暂行规定〉和〈国有企业及国有控股企业领导人员任期经济责任审计暂行规定〉》（中办发〔1999〕20号）等有关文件精神，结合我部实际情况，修订本实施细则。

第二条　本细则所称部属单位，是指经中编办批准并登记的属建设部管理的事业单位。本细则所称社团组织是指经民政部核准登记并由建设部管理的一级学会、协会、研究会、基金会等社会团体。

第三条　本细则所称的部属单位领导干部，是指部属单位中担任法定代表人或者代理法定代表人的党政正职领导干部。

第四条　部属单位领导干部和部管理的社团组织法定代表人（以下简称为“被审计对象”）任期届满，或者任期内办理调任、转任、免职、辞职、退休等事项，应当接受部按规定组织的任期经济责任审计。

第五条　本细则所称经济责任审计，是指对“被审计对象”任期内最后一个年度执行部门预算等财务收支计划情况，包括资产、负债、损益状况，财务收支的真实性、合法性和效益性，及其对有关经济活动应负责任（包括主管责任和直接责任）进行审查，并对截止离任日的资产负债状况进行核实；以离任者与接任者在交接工作的某一时点上的资产、负债、所有者权益等为准，划分并确定经济责任；审计中发现问题的，审计时限可追溯至以前年度；发现违法违纪行为的，按相关法律法规规定移交有关机关处理。

第六条　根据干部管理或纪检监察工作的特殊需要，经部党组批准，可以对“被审计对象”进行整个任期的经济责任审计。

第七条　对“被审计对象”的经济责任审计工作，由部人事教育司商驻部纪检组监察局、综合财务司等有关部门提出审计计划。其中，对部属单位领导干部的经济责任审计，由综合财务司按照有关规定组织实施，具体审计工作委托社会中介审计机构承担；对部管理的社团组织法定代表人的经济责任审计，按照民政部民间组织管理局《关于推荐社团财务审计机构的通知》的规定，由人事教育司直接委托民政部指定的会计师事务所进行审计。综合财务司应了解和掌握审计结果等有关情况，并对审计工作程序的合法性进行监督。

第八条 综合财务司根据审计计划，拟订审计通知书，明确对“被审计对象”进行审计的具体内容、主要任务和具体要求，在实施审计3日前，下达给“被审计对象”所在单位，同时抄送“被审计对象”本人。

第九条 “被审计对象”所在单位要按照审计通知书的要求，及时、如实提供有关资料：“被审计对象”本人要对自己负有主管责任和直接责任的主要财务收支事项，及截止离任交接时点上的资产、负债、所有者权益等相关事项写出书面材料，于审计工作开始后五日内送交主审人员。

第十条 经济责任审计进点时，由综合财务司牵头，会同人事教育司、驻部纪检组监察局，召开审计进点见面会，请“被审计对象”本人、所在单位现任领导及有关人员参加，宣读审计通知书、提出注意事项，通报审计工作计划，由“被审计对象”汇报本人履行经济责任的有关情况及需要说明的问题。

第十一条 对“被审计对象”进行经济责任审计的具体内容是：预算及财务收支计划的执行情况和决算，专项基金的管理和使用情况，对外投资和资产的处置情况，国有资产的安全、完整及保值增值情况，与上述经济活动有关的内部控制制度及其执行情况，资产、负债、所有者权益（净资产）的真实性、合法性，其他需要审计的事项。

第十二条 受委托的社会中介审计机构按照国家有关规定，有权采取审查会计凭证、账薄、报表，查阅有关文件、合同及资料，核实现金、银行存款、实物、有价证券，及向有关单位和个人进行调查等方式进行审计。

审计结束后，受委托的社会中介审计机构应在征求“被审计对象”本人和所在单位意见的基础上出具审计报告，并对审计报告的真实性承担责任。

第十三条 综合财务司根据审计报告，在进一步核实有关问题的基础上，写出“被审计对象”任期经济责任审计有关财务问题处理决定，其主要内容是：至交接时点为止的资产、负债、净资产等状况，借以反映任期经济责任完成情况，分清离任者与接任者之间在交接时点上的经济责任；指出财务管理中存在的问题，提出纠正问题和改进工作的建议，以提高管理水平；对“被审计对象”的其他严重违法违纪问题，提出移交有关部门处理的意见。

第十四条 综合财务司写出的“被审计对象”任期经济责任审计有关财务问题处理决定，经人事教育司、驻部纪检组监察局会签后，报部领导审定，以部办公厅文件下发给“被审计对象”所在单位，抄送“被审计对象”本人。人事教育司和驻部纪检组监察局应将其作为考核使用干部、分析廉政建设情况、研究处理相关问题的依据。

第十五条 为了加强对经济责任审计工作的领导，建立由综合财务司、人事教育司、驻部纪检组监察局共同参加的联席会议制度。联席会议由综合财务司牵头召集，每年至少召开两次会议，交流、通报经济责任审计工作情况，解决经济责任审计工作中出现的问题。

第十六条　参加联席会议的单位，要在部党组的统一领导下，各司其职，各负其责。人事教育司要结合干部管理和监督的需要，从实际情况出发制定经济责任审计计划，正确运用审计成果。驻部纪检组监察局要按照廉政建设的要求，把经济责任审计工作纳入从源头上预防和治理腐败的总体安排，加强监督检查，及时查处审计中发现的违法违纪问题。综合财务司要按照有关规定，实施并管理经济责任审计具体工作，不断改进方法，提高审计工作质量。

第十七条　任期经济责任审计所需经费，按照“谁委托谁付费”的原则解决。在部属事业单位领导干部任期经济责任审计经费尚未列入部门预算之前，由综合财务司商所在单位负担。部管理的社团组织法定代表人的任期经济责任审计经费，由社团组织自行负担。

第十八条　修订后的《建设部经济责任审计工作实施细则》自发布之日起施行。原《建设部部属单位主要领导干部经济责任审计实施细则》（试行）（建综〔2002〕54号）同时废止。

中央企业经济责任审计管理暂行办法

（国务院国有资产监督管理委员会令第7号，2004年8月23日）

现公布《中央企业经济责任审计管理暂行办法》，自2004年8月30日起施行。

国务院国有资产监督管理委员会主任李荣融

二〇〇四年八月二十三日

中央企业经济责任审计管理暂行办法

第一章　总　　则

第一条　为加强对国务院国有资产监督管理委员会（以下简称国资委）履行出资人职责企业（以下简称企业）的监督管理，规范企业经济责任审计工作，客观评判企业负责人任期经济责任及经营绩效，根据《企业国有资产监督管理暂行条例》和国家有关法律法规，制定本办法。

第二条　企业及其独资或者控股子企业的经济责任审计工作，适用本办法。

第三条　本办法所称企业经济责任审计，是指依据国家规定的程序、方法和要求，对企业负责人任职期间其所在企业资产、负债、权益和损益的真实性、合法性和效益性及重大经营决策等有关经济活动，以及执行国家有关法律法规情况进行的监督和评价的活动。

第四条　本办法所称企业负责人是指企业主要负责人，即法定代表人。

第五条　国资委按照企业负责人管理权限负责组织对企业负责人的经济责任审计工作，并会同有关部门依法对企业经济责任审计工作进行监督。

第二章　审计工作组织

第六条　企业经济责任审计工作，按照企业负责人管理权限和企业产权关系，依据“统一要求、分级负责”的原则组织实施。

（一）企业负责人离任或任期届满，都应依据国家有关法律法规规定，组织开展经济责任审计工作。

（二）企业独资或者控股子企业负责人离任或者任期届满，企业应当组织开展经济责任审计工作；对于提拔到企业总部领导岗位的子企业负责人经济责任审计工作结果，应报国资委备案。

（三）企业应当建立对主要业务部门负责人的任期或定期经济责任审计制度。

第七条　根据出资人财务监督工作需要，对企业发生重大财务异常情况，如企业发生债务危机、长期经营亏损、资产质量较差，以及合并分立、破产关闭等重大经济事件的，应当组织进行专项经济责任审计，及时发现问题，明确经济责任，纠正违法违规行为。

第八条　国资委在企业经济责任审计工作中履行下列职责：

（一）根据国家有关法律法规，制定有关企业经济责任审计工作规章制度；

（二）负责企业负责人经济责任审计工作的组织实施；

（三）决定对发生重大财务异常情况企业进行专项经济责任审计；

（四）指导监督企业按照国家有关规定开展企业内部经济责任审计工作。

第九条　国资委组织实施企业经济责任审计工作，主要采取以下三种形式：

（一）按国家有关规定，委托国家有关审计机关具体实施审计工作；

（二）根据出资人财务监督工作需要，聘请具有相应资质条件的社会审计组织承担审计工作任务；

（三）根据实际工作需要，组织或者抽调企业内部审计机构人员实施有关审计工作。

第十条　企业在经济责任审计工作中履行下列职责：

（一）按照国家有关规定和国资委统一工作要求，制定本企业经济责任审计具体实施细则；

（二）组织实施独资或者控股子企业负责人任期经济责任审计工作；

（三）组织实施企业主要业务部门负责人任期或者定期经济责任审计工作；

（四）决定并组织实施对发生重大财务异常情况子企业的专项经济责任审计工作。

第十一条　中央有关部门干部管理权限内的企业负责人经济责任审计工作按照有关规定办理。

第十二条　按照重要性原则，企业总部及重要子企业应当纳入经济责任审计工作范围内，其他子企业可视不同情况决定审计工作范围，但审计户数不得低于50%，审计资产量不得低于被审计企业资产总额的70%。

第十三条　在经济责任审计工作中，企业或者承办审计业务的社会审计组织应当将经济责任审计工作与其他财务审计工作相结合，在确保审计结果客观公正的基础上，可以参考利用相关财务审计或者经济责任审计工作资料，避免重复审计。

第十四条　企业领导班子其他成员（不含企业负责人）离任或者任期届满，可根据出资人监管工作需要或者企业负责人建议开展相应的经济责任审计工作。

第三章 审计工作内容

第十五条 根据国家有关规定，结合出资人财务监督工作需要，企业负责人经济责任审计工作主要内容包括：

（一）企业负责人任职期间企业经营成果的真实性；

（二）企业负责人任职期间企业财务收支核算的合规性；

（三）企业负责人任职期间企业资产质量变动状况；

（四）企业负责人任职期间对企业有关经营活动和重大经营决策负有的经济责任；

（五）企业负责人任职期间企业执行国家有关法律法规情况；

（六）企业负责人任职期间企业经营绩效变动情况。

第十六条 企业经营成果的真实性是指企业负责人任职期间会计核算是否准确，企业财务决算编报范围是否完整，企业经济成果是否真实可靠，以及企业计提资产减值准备与资产质量是否相匹配。主要内容包括：

（一）企业财务会计核算是否准确、真实，是否存在经营成果不实问题；

（二）企业年度财务决算报告合并范围、方法、内容和编报质量是否符合规定，有无存在故意编造虚假财务决算报告等问题；

（三）企业是否正确采用会计确认标准或计量方法，有无随意变更或者滥用会计估计和会计政策，故意编造虚假利润等问题。

第十七条 企业财务收支核算合规性是指企业负责人任职期间财务收支管理是否符合国家有关法律法规规定，会计核算是否符合国家有关财务会计制度，年度财务决算是否全面、真实地反映企业财务收支状况。主要内容包括：

（一）企业收入确认和核算是否完整、准确，是否符合国家财务会计制度规定，有无公款私存、私设“小金库”，以及以个人账户从事股票交易、违规对外拆借资金、对外资金担保和出借账户等问题；

（二）企业成本开支范围和开支标准是否符合国家有关财务会计制度规定，有无多列、少列或不列成本费用等问题，以及企业工资总额来源、发放、结余和企业负责人收入情况；

（三）企业会计核算是否符合国家有关财务会计制度规定，是否随意改变资产、负债、所有者权益的确认标准或计量方法，有无虚列、多列、不列或者少列资产、负债、所有者权益的问题；

（四）企业会计账簿记录与实物、款项和有关资料是否相符，有无存在账外资产、潜亏挂账等问题，有无存在劳动工资核算不实等问题。

第十八条 企业资产质量变动情况是指企业负责人任职期间各项资产质量是否得到改善，是否存在严重损失、重大潜亏或资产流失等问题，企业国有资本是否安全、完整，以及对企业未来发展能力的影响。主要内容包括：

（一）企业负责人任职期间有关企业资产负债结构合理性及变化情况，以及对企业未来发展的影响；

（二）企业负责人任职期间企业资产运营效率及变化情况，以及对企业未来发展的影响；

（三）企业负责人任职期间企业有效资产及不良资产的变化情况，以及对企业未来发

展的影响；

（四）企业负责人任职期间企业国有资产保值增值结果，及企业在所处行业中水平变化的对比分析。

第十九条 企业有关经营活动和重大经营决策是指企业负责人任职期间做出的有关对内对外投资、经济担保、出借资金和大额合同等重大经济决策是否符合国家有关法律法规规定，及其企业内部控制程序，是否存在较多问题或者造成重大损失。主要内容包括：

（一）企业重大投资的资金来源、决策程序、管理方式和投资收益的核算情况，以及是否造成重大损失；

（二）对外担保、对外投资、大额采购与租赁等经济行为的决策程序、风险控制及其对企业的影响情况；

（三）涉及的证券、期货、外汇买卖等高风险投资决策的审批手续、决策程序、风险控制、经营收益或损失情况等；

（四）改组改制、上市融资、发行债券、兼并破产、股权转让、资产重组等行为的审批程序、操作方式和对企业财务状况的影响情况等，有无造成企业损失或国有资产流失问题。

第二十条 企业经济责任审计要认真检查企业负责人及企业执行国家有关法律法规情况，核实企业负责人及企业有无违反国家财经法纪，以权谋私，贪污、挪用、私分公款，转移国家资财，行贿受贿和挥霍浪费等行为，以及弄虚作假、骗取荣誉和蓄意编制虚假会计信息等重大问题。

第二十一条 企业经济责任审计在全面核实企业各项资产、负债、权益、收入、费用、利润等账务的基础上，依据国家有关经营绩效评价政策规定，对企业负责人任职期间经营成果和经营业绩，以及企业资产运营和回报情况进行客观、公正和准确的综合评判。

第四章 审计机构委托

第二十二条 企业负责人经济责任审计工作，采取委托国家有关审计机关或者聘请有关社会审计组织等方式具体组织实施。

（一）对于资产规模较大企业负责人经济责任审计工作，根据国家有关规定，委托国家审计机关组织实施；

（二）对于未委托国家审计机关实施企业负责人经济责任审计的，按照“公开、公平、公正”的原则，采取招标等合理方式，聘请具有相应资质条件的社会审计组织组织实施。

第二十三条 委托国家有关审计机关开展企业经济责任审计工作的，有关审计工作组织实施依据国家有关规定进行。

第二十四条 承办企业负责人经济责任审计的社会审计组织，应当具备以下资质条件：

（一）资质条件应与企业规模相适应；

（二）具备较完善的审计执业质量控制制度；

（三）拥有经济责任审计工作经验的专业人员；

（四）3 年内未承担同一企业年度财务决算审计业务；

（五）与企业或企业负责人不存有利害关系；

（六）近 3 年未有违法违规不良记录；

（七）能够适时调配较强的专业人员承担经济责任审计任务。

第二十五条 接受聘请的社会审计组织应严格依据国家有关法律法规，以及国资委对企业经济责任审计工作的统一要求，按照规定的方法、程序和内容，依据独立审计原则认真组织经济责任审计工作，并对审计报告的真实性、合法性负责。

第二十六条 国资委根据财务监督工作需要，可委托企业内部审计机构承担相关专项经济责任审计工作任务。

第二十七条 受委托承担国资委专项经济责任审计工作任务的企业内部审计机构和专业人员，应依据国资委统一工作要求，独立、客观、公正地开展审计工作，对审计工作结果承担相应的工作责任。

第五章 审计工作程序

第二十八条 国资委组织实施企业负责人经济责任审计基本工作程序如下：

（一）编制审计工作计划；

（二）确定审计机构；

（三）下达审计工作通知；

（四）拟定审计方案；

（五）成立审计项目组；

（六）组织实施审计；

（七）交换审计意见；

（八）出具审计报告；

（九）下达审计意见或审计决定。

第二十九条 根据干部管理部门提出的任期经济责任审计工作要求，以及出资人财务监管工作需要，编制企业经济责任审计工作计划，明确审计的对象、时间安排、范围、重点内容、方法与组织方式等内容。

第三十条 国资委应当在实施审计7日前通知被审计企业。被审计企业在接到审计通知书后，应做好接受审计的有关准备工作，如实地提供有关资料。

第三十一条 按照企业经济责任审计工作要求，审计机构应拟定审计方案，明确审计目标、审计范围、审计重点、审计要求、审计组织、延伸审计单位和其他审计事项等，并报国资委同意。

第三十二条 审计机构按照企业经济责任审计工作任务要求，成立由具有相关工作经验和一定专业知识的专业人员组成的审计项目组，组长应由具有经济责任审计工作经验和具备较高专业技术资格的业务负责人担任。

第三十三条 审计项目组在对企业负责人任职期间企业经营成果、财务收支、资产质量和有关经营活动、重大经营决策，以及经营绩效等资料审计过程中，也可采取向有关单位、个人调查等方式，充分听取企业董事会、监事会、纪检监察、工会和职工反映的情况和意见。

第三十四条 审计项目组完成现场审计后，审计机构应在10个工作日内向国资委提交审计报告。审计报告提交前，应当征求被审计企业负责人及其所在企业的意见，并将审计报告及企业负责人或其所在企业的书面意见一并上报。

第三十五条 审计项目组应当在计划工作时间内完成审计任务，确需延长审计时间的，应当商国资委同意，并及时通知被审计企业及其负责人。

第三十六条 国资委依据审计报告，对发现的重大问题，经研究核实后正式下达相关审计决定。

第三十七条 在经济责任审计工作中发现企业负责人有严重违法违纪问题的，应移交有关管理机构予以处理。

（一）对于需由企业负责人承担一般经济责任的，移交相应管理部门予以处理；

（二）对于企业负责人违反党纪政纪的，移交纪检监察机关予以处理；

（三）对于应依法追究企业负责人刑事责任的，移送司法机关处理。

第三十八条 相关审计机构在企业负责人经济责任审计工作中，采用其他审计资料和审计结果时，应进行必要的复核工作，并对其真实性、合法性承担相应的法律责任。

第六章 审计工作结果

第三十九条 企业经济责任审计应当分清企业负责人本人应当负有的直接责任和主管责任。

（一）直接责任是指企业负责人因对主管的资产经营活动和财务管理事项未履行或者未正确履行职责，致使企业经营管理不善，或由于决策失误而事后又处理不力以及违规操作等，造成所在企业经济损失或经济效益下降应负的经济责任。

（二）主管责任是指企业负责人在其任期内对其所在企业资产和财务状况，以及有关经济活动应当负有的直接责任以外的领导和管理责任。

第四十条 企业负责人应对下列行为负有直接责任：

（一）直接违反国家财经法规和财经纪律的；

（二）授意、指使、强令、纵容、包庇下属人员违反国家财经法规的；

（三）失职、渎职的；

（四）其他直接违法违规行为。

第四十一条 承办企业负责人经济责任审计的社会审计组织提交的审计报告，应当对企业负责人的经济责任做出客观、公正的评价，并对提交的审计报告真实性、客观性承担相应责任。

第四十二条 承办企业负责人经济责任审计的社会审计组织提交审计报告前，报国资委审核。国资委审定的内容主要包括：审计证据是否充分、审计评价是否适当、主要事实是否清楚和审计处理意见是否正确。

委托国家审计机关进行经济责任审计工作的，审计工作结果应送国资委，并抄送被审计企业。

第四十三条 企业对财务部门负责人开展经济责任审计工作的结果，应当向国资委备案。

第四十四条 企业经济责任审计工作结果，作为对企业负责人任免、奖惩的重要依据。

第四十五条 对于在经济责任审计工作中，发现因经济决策失误给企业造成重大损失，或者企业资产状况不实、经营成果虚假等问题，应当视其影响程度相应追究有关负责人责任，并予以经济处罚。

第四十六条 企业应根据经济责任审计工作所反映出的有关管理问题，及时加强整改工作，堵塞管理漏洞。企业内部审计机构应当对企业有关整改工作做好后续跟踪审计。

第四十七条 在经济责任审计工作中，发现企业领导班子有关成员存在严重问题的，经国资委批准后，可进一步开展延伸审计工作。

第七章 罚 则

第四十八条 被审计企业负责人或所在企业拒绝、阻碍经济责任审计，或拒绝、拖延提供相关资料或证明材料的，国资委或企业上级单位应当责令改正或给予警告，并对负有直接责任的主管人员和直接责任人给予行政或者纪律处分。

第四十九条 被审计企业负责人所在企业转移、隐匿、篡改、伪造、毁弃有关经济责任审计资料的，国资委或企业上级单位对负有直接责任的主管人和直接负责人给予行政或者纪律处分；涉嫌犯罪的，依法移送司法机关处理。

第五十条 对于打击报复或者陷害检举人、证明人、资料提供人和审计人员的，国资委或企业上级单位应当责令其改正，并给予行政或纪律处分；给被害人造成损失的，应当依法予以赔偿；涉嫌犯罪的，依法移送司法机关处理。

第五十一条 审计人员利用职权谋取私利、徇私舞弊、玩忽职守、索贿受贿和泄漏国家机密或者商业秘密的，应当给予行政或纪律处分；涉嫌犯罪的，依法移送司法机关处理。

第五十二条 承担经济责任审计的社会审计组织出具虚假不实的审计报告，或者违反国家有关审计工作要求，避重就轻、回避问题或明知有重要事项不予指明的，移交有关部门予以处罚；涉嫌犯罪的，依法移送司法机关处理。

第八章 附 则

第五十三条 各中央企业可结合本企业实际情况，制定具体实施细则。

第五十四条 各省、自治区、直辖市国有资产监督管理机构可参照本办法，结合本地区实际，制定相应的工作规范。

第五十五条 本办法自2004年8月30日起施行。

国资委直属单位领导干部任期经济责任审计办法（试行）

（国资厅发人事［2004］55号，2004年12月14日）

各直属单位：

现将《国资委直属单位领导干部任期经济责任审计办法（试行）》印发你们，请认真贯彻执行。

国务院国有资产监督管理委员会办公厅

二○○四年十二月十四日

国资委直属单位领导干部任期经济责任审计办法（试行）

第一条 为加强对委直属单位领导干部的管理和监督，正确评价领导干部任期工作业绩和经济责任，促进领导干部勤政廉政，全面履行职责，根据《中华人民共和国审计法》、《中共中央办公厅国务院办公厅关于印发〈县级以下党政领导干部任期经济责任审计暂行规定〉的通知》（中办发［1999］20号）和《中央纪委、中央组织部、监察部、人事部、审计署关于进一步做好经济责任审计工作的意见》（审办发［2001］7号），以及干部管理、监督的有关规定，结合我委实际，制定本办法。

第二条 本办法所称领导干部，是指委直属单位（包括各离退休干部局、直属事业单位）的行政正职领导干部（包括主持工作的副职）。

第三条 领导干部任期届满，或者任期内办理调任、转任、轮岗、免职、辞职、退休等事项前，应当接受任期经济责任审计。

第四条 领导干部任期经济责任，是指领导干部任职期间对其所在单位财务收支的真实性、合法性和效益性，以及有关经济活动应当负有的主管责任和直接责任。

直接责任是指领导干部对其任职期间内的下列行为应当负有的责任：

（一）直接违反国家财经法规的行为；

（二）授意、指使、强令、纵容、包庇下属人员违反国家财经法规的行为；

（三）失职、渎职的行为；

（四）其他违反国家财经纪律的行为。

主管责任是指领导干部应负直接责任以外的领导和管理责任。

第五条 领导干部任期经济责任审计的主要内容是：

（一）单位财务收支及其变动状况；

（二）财政拨款、预算外资金和其他资金的收入、支出和管理情况；

（三）专项基金的管理和使用情况；

（四）国有资产的管理、使用及保值增值情况；

（五）重大投资、开支的决策程序；

（六）投资及收益分配情况；

（七）内部控制制度及其执行情况；

（八）债权债务情况；

（九）其他需要审计的事项。

审查领导干部任职期间财务收支工作目标或各项经济指标的完成情况，遵守国家财经法规情况，领导干部个人有无侵占国家资产，违反领导干部廉政规定和其他违法违纪的问题，以此监督领导干部依法正确履行职责，客观、公正的评价其任期内经营、管理的业绩，促进其勤政、廉政，并维护其合法权益。

第六条 人事局、监察局、管理局（国资委机关审计办公室，以下简称“委机关审计办”）建立“国资委内部经济责任审计工作联席会议”制度，交流、通报领导干部任期经济责任审计工作情况，研究、解决领导干部经济责任审计中出现的问题。

第七条　委机关审计办独立开展领导干部任期经济责任审计工作，并负责对委直属单位执行本规定的情况进行监督、检查。人事局、监察局、管理局负责对委直属单位的组织人事、纪检部门执行本规定及利用委机关审计办审计结果的情况进行监督、检查。

第八条　根据干部管理、监督工作的需要和委党委的意见，由人事局向委机关审计办提出对领导干部进行任期经济责任审计的建议，并由委机关审计办组织实施。

第九条　领导干部任期经济责任审计按以下程序进行：

（一）根据本规定第三条，每年年底人事局将下年度需要进行任期经济责任审计的领导干部建议名单送委机关审计办，委机关审计办制定年度审计项目计划。特殊情况及临时需要进行经济责任审计的，由人事局通知委机关审计办。

（二）委机关审计办根据年度审计项目计划和人事局的通知，组织成立审计组，制定审计方案。

（三）委机关审计办在实施审计时，应提前三天向被审计的领导干部所在单位送达审计通知书，同时抄送被审计的领导干部本人。

（四）审计通知书送达后，被审计的领导干部所在单位应按照委机关审计办的要求，及时、全面、如实地向审计组提供与任期经济责任审计相关的材料。包括财务会计资料，统计资料，工作总结，会议纪要，经济合同，纪检、监察、审计机关检查报告等资料。

被审计的领导干部应按要求提交任职期间履行经济责任情况的述职报告。包括领导干部的职责范围，任职期间所在单位的财务收支各项工作目标、任务完成情况，遵守国家财经法规和领导干部廉政规定情况，其他需要向审计组说明的情况。

（五）委机关审计办在实施审计前，应听取人事局、监察局等部门对被审计单位及其领导干部的意见，人事局、监察局等部门应及时向委机关审计办通报有关情况。审计过程中，审计组可以采取书面、座谈等形式，向有关单位和个人就有关问题进行审计调查。

审计中如发现被审计的领导干部有违规、违纪问题，应依照法定程序移交监察局、人事局等有关部门调查核实。

审计结束后，审计组应向委机关审计办提交审计报告，提交之前应征求被审计单位和领导干部本人的意见并签字。审计报告的主要内容包括：

1. 被审计单位的基本情况；

2. 被审计的领导干部在任期内各项资金的收支使用情况和各项目标、任务完成情况以及资产的保值增值情况；

3. 被审计的领导干部及其所在单位违反国家财经法规和领导干部廉政规定的主要问题；

4. 被审计的领导干部对审计发现的违反国家财经法规和廉政规定的问题应负有的主管责任和直接责任；

5. 对被审计的领导干部及其所在单位存在的违反国家财经法规问题的处理、处罚意见和改进建议；

6. 实施审计工作的基本情况；

7. 审计反映的其他情况。

（六）委机关审计办审定审计报告后，对被审计的领导干部所在单位违反财经法规的问题，应在法定职权范围内作出审计决定或向有关主管部门提出处理、处罚意见。同时对领导干部本人任期内的经济责任作出客观评价，向委党委提交领导干部任期经济责任审计结果报告，并附被审计的领导干部及所在单位的意见，同时抄送人事局、直属机关党委、监察局。

第十条 人事局将领导干部任期经济责任审计结果报告，作为领导干部的调任、免职、辞职、退休等提出审查处理意见时的参考依据。应当给予党纪、政纪处分的，按干部管理权限由有关部门处理。涉嫌犯罪的，依法移送司法机关处理。

第十一条 实施领导干部任期经济责任审计时，被审计的领导干部及其所在单位要积极配合，不得拒绝、阻碍，不得转移、隐匿、篡改、毁弃或拖延、拒绝要求提供的有关材料；其他单位和个人不得干涉。如有违反，依法追究法律责任。

第十二条 审计人员执行审计任务受法律保护。审计人员在审计工作中应当严格遵守有关法律、行政法规，客观公正，实事求是，廉洁奉公，保守秘密，并遵守审计回避制度的规定。如有违反，依法追究其法律责任。

第十三条 委直属单位对其下属企事业单位主管领导的经济责任审计，可参照本办法由各单位组织实施。

第十四条 本办法自公布之日起施行。

民政部领导干部任期经济责任审计办法

（民办发［2005］6号，2005年5月27日）

各直属单位，部管社团，中国老龄协会：

《民政部领导干部任期经济责任审计办法》已经2005年5月11日第四次部长办公会议审议通过，现予以印发，请遵照执行。

民政部办公厅

二〇〇五年五月二十七日

民政部领导干部任期经济责任审计办法

为了加强对民政部领导干部的管理和监督，正确评价领导干部任期经济责任，促进领导干部勤政廉政，全面履行职责，根据《中共中央办公厅、国务院办公厅关于印发〈县级以下党政领导干部任期经济责任审计暂行规定〉和〈国有企业及国有控股企业领导人员任期经济责任审计暂行规定〉的通知》，根据《民政部内部审计工作规定》，结合民政部实际情况，制定本规定。

一、审计对象

本规定所称领导干部是指各直属单位、部管社团，以及代管单位的法定代表人。

二、审计内容

（一）本规定所称领导干部任期经济责任，是指领导干部任职期间对其所在单位预算执行情况、财务收支真实性、合法性和效益情况，以及对有关经济活动应当负有的责任，包括领导责任和直接责任。

（二）领导干部任期届满或任期内办理调任、转任、轮岗、免职、辞职、退休；企业化管理事业单位进行改制、改组、兼并、出售、拍卖、破产等国有资产重组的同时，应当接受任期经济责任审计。

（三）对领导干部任期经济责任实施审计的内容，包括对其所在部门或单位预算执行及财务收支的真实性、合法性、效益情况进行审计。对领导干部所在部门或单位财务收支实施审计的主要内容是：预算执行情况和决算或财务收支计划执行情况和决算；企业化管理事业单位资产、负债、损益的真实性；国有资产的管理、使用及保值增值情况；财务收支的内部控制制度及其执行情况等。

经过审计，查清领导干部任职期间财务收支工作目标完成情况，资金使用效益情况，企业化管理事业单位领导干部在任职期间与企业资产、负债、损益目标责任制有关的各项经济指标完成情况，领导干部个人在财务收支中有无侵占国家资产，违反领导干部廉政规定和其他违法违纪情况；分清领导干部本人应当负有的主管责任和直接责任；公正、客观评价领导干部任职期间的经济责任。

三、审计方式

（一）凡是需要对本办法规定的审计对象进行任期经济责任审计的，由人事教育司提出干部名单，报分管部领导批准后，由部内部审计机构发出审计通知书并负责实施审计。

（二）对本办法规定的单位所属二级部门领导或法定代表人进行任期经济责任审计，如需委托社会审计组织进行审计的，须报财务和机关事务司批准。

四、审计程序

（一）审计通知书应当在实施审计3日前，送达被审计领导干部所在单位，同时抄送被审计对象本人。

（二）审计通知书送达后，被审计领导干部所在单位应当按照审计的要求，及时并如实提供有关资料；领导干部本人应当按照要求，写出自己负有领导责任和直接责任的财务收支等事项的书面材料，并于审计工作开始后5日内送交审计组。

（三）审计组实施审计后，应当向财务和机关事务司提交审计报告，经讨论研究后征求被审计领导干部所在单位和本人意见。审计报告连同意见一并报部党组。

五、审计报告的使用

（一）审计报告应当对领导干部本人任期经济责任作出客观评价，对被审计领导干部所在单位违法、违纪的问题，应当在法定职权范围内做出决定或向有关部门提出处理或者处罚意见。

（二）审计报告应当作为人事部门对领导干部的调任、免职、辞职、退休等审查处理意见的参考依据。对依法应当给予党纪政纪处分的，移交纪检监察机关处理。对应当依法追究刑事责任的，移交司法机关处理。

六、审计报告分别抄送人教司，驻部纪检组、驻部监察局等有关部门

国防科工委委属事业单位领导人员任期经济责任审计实施办法

（科工审［2005］646号，2005年6月17日）

第一章 总 则

第一条 为加强对国防科工委委属事业单位领导人员任职期间的经济责任监督，正确评价领导人员任期经济责任，保证审计工作质量，保障国有资产的安全和完整，根据《中华人民共和国审计法》以及其他有关法律、法规，结合国防科工委实际制定本办法。

第二条 本办法所称委属事业单位领导人员，是指委属各高校及委属事业单位的主要负责人，即法定代表人。

第三条 本办法所称任期经济责任审计，是指委属事业单位领导人员在任职期间、任职届满或因调动、退休、辞职、免职、撤职等原因，对其管理单位资产、负债、权益和财务收支的真实性、合法性、效益性以及有关经济活动应当负有的责任进行的审计。未经审计，不得解除领导人员任职期间的经济责任。

第四条 委属事业单位领导人员经济责任审计的目的，是为了客观公正地评价领导人员在管理职责范围内的经济活动中的业绩和对存在问题应负的责任，促进委属事业单位财经管理，并为有关部门提供考察和使用干部的依据，加强干部管理。

第二章 审计工作组织

第五条 国防科工委在委属事业单位领导人员经济责任审计工作中履行下列职责：

（一）根据国家有关法律、法规，制定委属事业单位经济责任审计工作规章制度；

（二）负责委属事业单位领导人员经济责任审计工作的组织实施；

（三）决定对发生重大财务异常情况的委属事业单位进行专项经济责任审计；

（四）负责委属事业单位领导人员经济责任审计工作重要资料的整理归档。

第六条 国防科工委组织实施委属事业单位领导人员经济责任审计工作，主要采取以下三种形式：

（一）委托具有相应资质条件的社会审计组织承担审计工作任务；

（二）根据实际工作需要，组织或者抽调委属事业单位内部审计机构人员实施有关审计工作。

（三）国防科工委机关工作人员实施有关审计工作。

第七条 委属事业单位在经济责任审计中履行下列职责：

（一）按照国家有关规定和国防科工委工作要求，制定本单位经济责任审计工作具体实施细则；

（二）按照国防科工委审计要求，准备并如实提供单位领导人员经济责任审计的有关材料；

（三）按照国防科工委下发的经济责任审计意见或审计决定要求认真整改，并对整改情况做好后续跟踪审计工作。

第三章 审计内容

第八条 根据国家有关规定，委属事业单位领导人员经济责任审计主要内容包括：

（一）财政财务收支真实、合法、效益情况。

1. 年度预算的执行情况和决算情况；

2. 预算外资金的收入、支出和管理情况；

3. 专项资金的管理和使用情况；

4. 重大基本建设的资金管理使用情况；

5. 对外投资的管理和效益情况；

6. 债权债务情况；

7. 国有资产的安全完整、保值增值情况；

8. 与财政、财务收支相关的工作目标完成情况。

（二）重大经济决策情况。

1. 重大经济决策是否经过民主程序与集体研究决定，是否符合国家的方针政策；

2. 重大经济决策是否经过充分的可行性研究；

3. 重大经济决策是否取得预期效果；

4. 可能发生的损失或风险情况。

（三）内部控制制度建设及其执行情况。

1. 是否建立必要的内部控制制度；

2. 内部控制制度是否符合现行规定；

3. 内部控制制度是否得到正确、有效执行。

（四）单位遵守财经法规和领导人员个人经济上遵守廉政规定情况。

1. 执行“收支两条线”规定情况；

2. 是否存在挤占、挪用预算资金，随意改变资金使用方向的问题；

3. 是否存在私设“小金库”问题；

4. 是否存在“乱收费”问题；

5. 是否存在会计信息失真问题；

6. 领导干部个人经济上是否存在违反廉政规定的行为和其他经济问题。

第九条 委属事业单位领导人员要提供履行经济责任情况的述职报告，内容应当包括：

（一）任职情况。包括单位职能、本人职务、任职时间、职责范围。

（二）所在部门或单位年度工作目标责任及其完成情况。

（三）履行经济决策权的情况。主要陈述重大经济决策、固定资产投资和对外投资情况，有无因决策失误造成国有资产流失的问题和严重损失浪费的问题。

（四）履行经济职责的情况。主要陈述各年度预算执行情况、专项资金的管理和使用情况。有无执行不力、隐瞒截留财政收入、挤占挪用专项资金、财务收支不真实、不合法和经济效益差的问题。

（五）履行经济管理职责的情况。主要陈述履行经济管理职责的措施、办法和效果；制定的财政财务收支的规章制度，有无与国家政策、法规相抵触的内容；有无管理不善，渎职或失职造成单位、部门或下属机构财务管理混乱，影响干部职工利益和正常经济秩序的问题。

（六）履行经济监督权的情况。主要陈述是否建立并实行了有效的内部控制制度，认真行使对下属核算单位的监督职责，发现的主要问题、处理处罚情况及其落实情况。

（七）任职期间接受的历次审计中，单位或部门存在的违反国家物价政策、财经法规的问题，处理决定的落实情况及本人应负的经济责任。

（八）当前单位或部门负债、遗留的诉讼、索赔、经济担保、重大潜亏及其他未决经济事项。

（九）个人遵守廉政规定的情况。

（十）需要说明的其他情况。

第十条 领导人员经济责任审计中委属事业单位需提供如下资料：

（一）被审计领导人员述职报告；

（二）审计组要求提供的会计凭证、会计账簿、会计报表和其他会计资料；

（三）单位财务管理、资产管理等各项管理制度；

（四）债权、债务清单；

（五）被审计领导人员任期内单位重大经济合同、协议、投资项目的论证、决策资料；

（六）审计组需要提供的其他审计资料。

第十一条 审计报告的主要内容包括：

（一）被审计单位的基本情况；

（二）领导人员任期内主要业绩；

（三）领导人员任期内存在的主要经济问题；

（四）对领导人员的审计评价；

（五）审计意见或建议；

（六）其他需要说明的情况。

第四章 审计范围

第十二条 按照重要性原则，委属事业单位本级和重要的部门或二级单位应当纳入经济责任审计工作范围，审计资产量不得低于被审计单位资产总额的70%。

第十三条 需要延伸审计的重点单位或部门包括：

1. 有接受被审计单位财政资金拨款的单位；

2. 重大经济决策执行单位；

3. 组织人事部门、纪检监察机关要求延伸检查的单位；

4. 有举报被审计对象且线索基本清晰，需要检查的单位。

第十四条 对领导人员的任期经济责任审计以近3年的情况为主，必要时可延伸审计至以前年度。

第五章 审计机构和审计人员要求

第十五条 受托承担委属事业单位领导人员经济责任审计的社会审计组织，应当具备以下资质条件：

（一）资质条件应与被审计单位规模相适应；

（二）具备较完善的审计执业质量控制制度；

（三）拥有经济责任审计工作经验的专业人员；

（四）3年内未承担同一单位年度财务决算审计业务；

（五）与被审计单位负责人不存在利害关系；

（六）近3年未有违法违规不良记录；

（七）能够适时调配较强的专业人员承担经济责任审计任务。

第十六条 接受委托的社会审计组织应严格依据国家有关法律法规，以及国防科工委对委属事业单位经济责任审计工作的统一要求，按照规定的方法、程序和内容，依据独立审计原则认真组织经济责任审计工作，并对审计报告的真实性、合法性负责。

第十七条 受托承担国防科工委经济责任审计工作任务的委属事业单位内部审计机构和专业人员，应依据国防科工委统一工作要求，独立、客观、公正地开展审计工作，对审计工作结果承担相应的法律责任。

第十八条 审计机构和审计人员在审计中应当客观公正、实事求是、廉洁奉公、保守秘密，并遵守审计回避制度的规定。

第六章 审计程序

第十九条 委属事业单位领导人员任期届满或离任前1个月，由国防科工委人事教育司向国防科工委审计室提出领导人员任期经济责任审计委托书，国防科工委审计室按程序组织实施审计。

第二十条 国防科工委组织实施委属事业单位领导人员经济责任审计基本工作程序如下：

（一）编制审计工作计划；

（二）确定审计机构；

（三）下达审计通知；

（四）成立审计组；

（五）拟定审计方案；

（六）组织实施审计；

（七）交换审计意见；

（八）出具审计报告；

（九）下达审计意见或审计决定。

第二十一条 根据干部管理部门提出的任期经济责任审计工作要求，编制委属事业单位领导人员经济责任审计工作计划，明确审计的对象、时间安排、范围、重点内容、方法与组织方式等内容。

第二十二条 国防科工委应当在实施审计14日前通知被审计单位。被审计单位在接到审计通知书后，应做好接受审计的有关准备工作，如实提供有关资料。

第二十三条 按照审计工作要求，审计组应拟定审计方案，明确审计目标、审计范围、审计重点、审计要求、审计组织、延伸审计单位和其他审计事项等，并报国防科工委审计室同意。

第二十四条 审计组在对领导人员任职期间财务收支、重大经营决策等情况审计过程

中，可以采取向有关单位、个人调查等方式，充分听取被审计单位纪检监察、工会和职工反映的情况和意见。

第二十五条 审计组在提交审计报告前，应当征求被审计单位领导人员及其所在单位的意见，被审计单位领导人员及其所在单位应在收到审计报告征求意见稿之日起10日内，提出书面意见。在规定期限内没有提出书面意见的，视同无异议。

第二十六条 审计组送达的审计报告征求意见稿，其内容属于未定性的，任何人不得向外泄露。

第二十七条 审计组完成现场审计后，应在10个工作日内向国防科工委审计室提交审计报告以及被审计领导人员所在单位及本人的书面意见。

第二十八条 审计组应当在计划工作时间内完成审计任务，确需延长审计时间的，应当商国防科工委审计室同意，并及时通知被审计单位及其负责人。

第二十九条 国防科工委审计室依据审计报告拟定审计意见，委内相关司局会签并经委领导签发后，一般应在收到审计报告之日起两个月内下发委属事业单位领导人员经济责任审计意见；对发现的重大问题，经研究核实后正式下达相关审计决定。

第三十条 在经济责任审计工作中发现单位领导人员有严重违法违纪问题的，应移交有关管理机构予以处理。

（一）对于需由单位领导人员承担一般经济责任的，移交相应管理部门予以处理；

（二）对于单位领导人员违反党纪政纪的，移交纪检监察机关予以处理；

（三）对于应依法追究单位领导人员刑事责任的，移送司法机关处理。

第三十一条 审计组在对委属事业单位领导人员经济责任审计工作中，应当充分利用国家审计机关、上级内审机构和社会审计机构的审计成果。采用其他审计资料和审计结果时，应进行必要的复核工作，并对其真实性、合法性承担相应的法律责任。

第七章 审计评价

第三十二条 审计机构和审计人员应当根据财经法规及审计证据，对被审计事项的真实性、合法性和有效性进行界定和评判，作出结论性意见。经济责任审计评价应遵循以下原则：

（一）客观性原则。以审计事实为依据，不受外界的任何影响，不附加任何主观成分，按照客观事实作出公正的评价。

（二）准确性原则。要依据可靠证据和客观事实，采用写实、量化的方法给予评价，力求做到事实表述准确，问题定性准确，责任界定准确。

（三）重要性原则。对与经济责任的履行有重要影响的经济事项必须评价，对经济责任的履行无重大影响的事项，可较少评价或不予评价，并就事项性质和数额大小选择评价的重点。

（四）谨慎性原则。对审计证据不足的事项不评价，对一时搞不清的问题应当发表保留意见，以保证审计评价的正确性和稳妥性。

第三十三条 经济责任审计评价必须严格按照国家经济责任审计有关规定的要求，只能就经济责任作出客观评价，而且只对相关的经济责任作出实事求是的评价。

第三十四条 经济责任审计评价应区分前任与后任的责任，同时责任认定应当在取得相关证据的基础上进行，没有取得或无法取得相关责任证据的，应如实说明情况，客观公正地作出结论性意见。

第三十五条 经济责任审计的业绩评价应当采用对比评价法，将审计结果与国家和主管部门的要求相比，与领导人员的任期经济责任目标相比，与领导人员任职时单位的经济状况相比，与社会公认的原则相比。

第三十六条 评价被审计领导人员对所管理的经济活动中存在问题应负的责任，应当在分析主客观原因的基础上，按照有关规定，确定其应负有的直接责任和主管责任。

（一）直接责任是指单位领导人员因对主管的财务管理事项和其他经济事项未履行或者未正确履行职责，或者由于决策失误而事后又处理不力以及违规操作等，造成所在单位经济损失应负的经济责任。

（二）主管责任是指单位领导人员在其任期内对其所在单位资产和财务状况以及有关经济活动应当负有的直接责任以外的领导和管理责任。

第三十七条 委属事业单位领导人员应对下列行为负有直接责任：

（一）直接违反国家财经法规和财经纪律的；

（二）授意、指使、强令、纵容、包庇下属人员违反国家财经法规的；

（三）失职、渎职的；

（四）其他直接违法违规行为。

第三十八条 承办委属事业单位领导人员经济责任审计的社会审计组织提交的审计报告，应当对领导人员的经济责任做出客观、公正的评价，并对提交的审计报告真实性、客观性承担相应责任。

第三十九条 承办委属事业单位领导人员经济责任审计的社会审计组织提交审计报告前，要报国防科工委审计室审核。国防科工委审计室审定的内容主要包括：审计证据是否充分、审计评价是否适当、主要事实是否清楚和审计建议是否正确等。

第四十条 经济责任审计工作结果，作为对委属事业单位领导人员任免、奖惩的重要依据。

第四十一条 对于在经济责任审计工作中，发现因经济决策失误给单位造成重大损失，或者存在单位资产状况严重不实以及其他重大违规问题的，应当视其影响程度相应追究领导人员的责任。

第四十二条 委属事业单位应根据经济责任审计工作所反映出的有关管理问题，及时加强整改工作，堵塞管理漏洞。委属事业单位内部审计机构应当对有关整改工作做好后续跟踪审计。

第四十三条 在经济责任审计工作中，发现委属事业单位领导班子有关成员存在严重问题的，经国防科工委批准后，可进一步开展延伸审计工作。

第八章 法律责任

第四十四条 被审计单位领导人员或所在单位拒绝、阻碍经济责任审计，或拒绝、拖延提供相关资料或证明材料的，国防科工委应当责令改正或依法给予处罚，并对负有直接责任的领导人员和直接责任人给予行政或者纪律处分。

第四十五条 被审计单位转移、隐匿、篡改、伪造、毁弃有关经济责任审计资料，弄虚作假、隐瞒事实真相，或者拒不执行审计处理决定的，国防科工委对负有直接责任的领导人员和直接责任人给予行政或者纪律处分；构成犯罪的，依法移送司法机关处理。

第四十六条 对于打击报复或者陷害检举人、证明人、资料提供人和审计人员的，国防科工委应当责令其改正，并给予行政或纪律处分；给被害人造成损失的，应当依法予以赔偿；构成犯罪的，依法移送司法机关处理。

第四十七条 审计人员利用职权谋取私利、徇私舞弊、玩忽职守、索贿受贿、泄漏国家机密或者商业秘密，给国家和单位造成重大损失的，应当给予行政或纪律处分；构成犯罪的，依法移送司法机关处理。

第四十八条 承担经济责任审计的社会审计组织出具虚假不实的审计报告，或者违反国家有关审计工作要求，避重就轻、回避问题或明知有重要事项不予指明的，移交有关部门予以处罚；构成犯罪的，依法移送司法机关处理。

第九章 附　　则

第四十九条 各委属事业单位可结合本单位实际情况，制定本单位经济责任审计具体实施细则。

第五十条 本办法由国防科工委审计室负责解释。

第五十一条 本办法自发布之日起施行。国防科工委于2000年发布的《国防科工委委管单位领导人员任期经济责任审计工作暂行规定》（科工审字［2000］251号）同时废止。

中央企业经济责任审计实施细则

（国资发评价［2006］7号，2006年1月20日）

第一章 总　　则

第一条 为做好中央企业（以下简称企业）经济责任审计工作，规范经济责任审计行为，提高经济责任审计质量，根据《中央企业经济责任审计管理暂行办法》（国资委令第7号），制定本实施细则。

第二条 开展企业经济责任审计的主要目的是为适应出资人监督工作需要，加强对企业负责人的责任监督，建立与完善企业负责人经济责任的审计认定制度，客观评价企业负责人任职期间的经营业绩与经济责任，为企业负责人的任用、考核和奖惩提供参考依据，促进企业加强和改善经营管理，保证国有资产安全和国有资本保值增值。

第三条 企业经济责任审计的主要任务：

（一）财务基础审计。在对企业风险与内部控制进行了解测试的基础上，对企业资产、负债和经营成果的真实性、财务收支的合规性，以及企业资产质量的变动状况和重大经营决策等情况进行审计，以全面、客观、真实地反映企业的财务状况和经营成果。

（二）企业绩效评价。在财务基础审计的基础上，采用企业绩效评价指标体系，通过定量和定性相结合的评价方法，从企业的盈利能力、资产质量、债务风险、发展能力等财务绩效与管理绩效角度，对企业负责人任职期间企业的经营绩效进行全面分析和客观评价。

（三）经济责任评价。根据企业财务基础审计结果和绩效评价结论，综合考虑企业发展基础、经营环境等方面因素，对企业负责人任职期间的主要经营业绩和应当承担的经济责任进行评估，对企业负责人任职期间履行工作职责情况得出较为全面、客观和公正的评价结论。

第四条　在企业经济责任审计工作中，财务基础审计范围应当遵循重要性原则，并充分考虑审计风险，纳入经济责任审计范围的资产量一般不低于被审计企业资产总额的70%，户数不低于被审计企业总户数的50%。下列子企业应当纳入经济责任审计范围：

（一）资产或者效益占有重要位置的子企业；

（二）由企业负责人兼职的子企业；

（三）任期内发生合并、分立、重组、改制等产权变动的子企业；

（四）任期内关停并转或者出现经营亏损、资不抵债、债务危机等财务状况异常的子企业；

（五）任期内未经审计或者财务负责人更换频繁的子企业；

（六）各类金融子企业及内部资金结算中心等。

第五条　在企业经济责任审计过程中，财务基础审计应当充分利用企业近期内部与外部审计成果，提高审计效率。利用企业内部与外部审计成果应当注意以下问题：

（一）在利用内部审计工作成果时，应当对被审计企业内部审计环境及内部审计制度的有效性进行适当评估，以合理确信内部审计结论的可靠性。

（二）在利用外部中介机构审计成果时，必须采用一定的审计程序进行适当的审计评估，以合理确信所引用的审计结论的真实性及有效性。

（三）在审计企业资产状况时，可以借鉴相关年度的清产核资专项审计工作成果。当审计结果与清产核资专项审计结论不一致时，应当遵循谨慎性原则追加适当的审计程序。

（四）利用被审计企业及有关部门的纪检监察工作成果时，对于已经办结的案件，可以在给予必要审计关注的基础上直接利用纪检监察工作成果；对于正在办理的案件，应当注意与被审计企业及有关部门的纪检监察机构相互沟通配合。

第二章　工作组织

第六条　开展企业经济责任审计工作应当按照企业负责人管理权限和企业产权关系，依据“统一要求、分级负责”的原则进行。国资委管理权限范围内的企业负责人经济责任审计工作，由国资委负责组织实施，具体可采用直接组织实施或者委托国家审计机关实施等方式。

第七条　根据企业负责人管理权限，经批准发生合并重组、托管等情况的企业，国资委可视情况直接组织实施经济责任审计或者委托重组企业、托管企业组织实施经济责任审计工作。

重组企业或者托管企业受托组织实施经济责任审计，其工作标准、方法、程序需按照国资委统一规定和要求执行，审计结果应当报国资委确认。

第八条　国资委直接组织实施企业经济责任审计工作的，可以聘请具有相应资质条件的社会中介机构配合审计或者抽调企业内部审计机构人员具体实施审计。国资委聘请社会中介机构配合实施经济责任审计，按照“公开、公平、公正”的原则，采取企业推荐、国资委核准、邀请招标方式选定具有相应资质条件的社会中介机构，并根据已确定的审计目标、范围和具体要求，与选定的社会中介机构签订业务委托书。

第九条 根据经济责任审计工作任务，国资委派出工作人员会同配合审计工作的社会中介机构等组成审计项目组，具体实施经济责任审计工作。审计项目组一般下设财务审计组和绩效评价组。

第十条 审计项目组。审计项目组组长为审计项目的具体组织者，应当具有审计、会计、经济等方面的专业知识，由国资委派出；审计项目副组长分别由财务审计组和绩效评价组组长担任。审计项目组长应当履行以下主要职责：

（一）负责组织协调审计工作的有关事宜；

（二）负责审核财务审计方案和绩效评价工作计划；

（三）负责带领审计项目组（含财务审计组和绩效评价组）正式进驻企业，并落实有关工作要求；

（四）在审计工作中，及时协调并解决有关重要事项和问题；

（五）负责组织访谈、与企业及企业负责人交换审计意见；

（六）负责组织审核和修改经济责任审计报告。

第十一条 财务审计组。财务审计组主要由聘请的社会中介机构人员（或企业内部审计人员）组成，组长由社会中介机构（或企业内部审计机构）的财务审计项目负责人担任。财务审计组组长的主要职责是：

（一）组织对被审计企业有关财务效益状况、资产质量、重大经营活动和经营决策、遵守法律法规等情况进行审计；

（二）组织出具财务审计报告，并对财务审计报告承担责任；

（三）组织协助绩效评价工作（为绩效评价工作提供基础数据、相关资料等方面的支持，协助准备专家评议工作，协助草拟绩效评价报告）；

（四）协助草拟经济责任审计报告；

（五）协调处理财务审计组与绩效评价组的工作关系。

第十二条 绩效评价组。绩效评价组主要由委托方工作人员或者抽调企业内部审计人员及部分社会中介机构人员组成，组长一般由委托方专业人员担任。绩效评价组组长的主要职责是：

（一）组织对被审计企业的经营绩效进行评价；

（二）组织专家对企业经营及管理状况进行定性评议；

（三）综合财务审计结果和绩效评价结果，组织对企业负责人任期的经营业绩和经济责任进行评估，得出评价结论；

（四）配合组织与被审计企业沟通或征求意见，接收有关群众来信和接受群众访谈；

（五）组织草拟经济责任审计报告；

（六）协调处理绩效评价组与财务审计组的工作关系。

第十三条 财务审计组和绩效评价组组长应当具备下列基本条件：

（一）具有相关领域的中高级技术职称或相关专业执业（技术）资格，或者具备较丰富的企业财务管理或财务审计工作经验和经历；

（二）熟悉被审计企业所在行业的情况；

（三）具有较强的组织、综合分析和判断能力；

（四）坚持原则、清正廉洁、秉公办事。

第三章 工作程序

第十四条 审计项目组具体实施的经济责任审计工作，可以分为准备、实施、报告三个工作阶段。

第十五条 准备阶段。主要工作包括：确认任务、业务培训、进驻企业、审前调查、收集资料、修改完善审计方案等。

（一）审计项目组在开始实施审计前，应当对需要承担的经济责任审计工作任务、审计对象、范围和要求等进行确认，落实对企业进行财务基础审计、绩效评价和对企业负责人进行经济责任评价的工作任务和责任。

（二）组织审计人员业务培训，了解被审计企业的行业特征、企业特点，学习和掌握财务基础审计、绩效评价和经济责任评价等工作要求和相关专业知识。

（三）组织召开由被审计企业负责人及有关人员参加的经济责任审计见面会，明确工作要求及配合事项。

（四）开展审前调查，了解企业基本情况，完善审计工作方案或计划。

1. 财务审计组在本阶段应当对被审计企业的内部控制制度进行初步测试，进一步了解被审计企业的基本控制环境、内部控制状况和主要业务流程、接受外部审计及其他各种审计检查等基础情况，了解被审计企业负责人任期内发生的重大经营活动和其他重要情况，评估被审计企业的财务审计风险，确定财务审计的重点内容和具体工作范围。

2. 绩效评价组在本阶段应当了解被审计企业的基本组织状况与基本财务状况，了解被审计企业负责人的任职时间、任期目标、任期工作表现、职工中的口碑、任期内工作职责及完成情况等个人基本情况，并与企业监事会沟通，就审计方案征求监事会意见等。

（五）被审计企业在实施现场审计前，应当根据经济责任审计工作需要，向审计项目组提供相关资料。

1. 企业应提供的财务审计资料主要有：

(1) 任期内企业的财务会计资料、统计资料及有关审计报告、管理建议书等；

(2) 企业的基本情况，如企业组织结构、资本结构、重要资产产权证明、重要投资合同、贷款合同目录、主管部门有关政策批准文件等；

(3) 企业的管理情况，主要为以文字形式描述的企业内部决策程序及执行情况、内控制度及执行情况等，如内部财务核算制度、业务操作规程、授权与权限制度、费用开支审批办法等；

(4) 重大事项，包括重大诉讼、重大违纪事项、重要会议记录等；

(5) 关联方关系及其交易情况、会计政策变更、会计估计变更及原因说明等；

(6) 企业有关财产损失审批及税务部门批准处理的文件，税务部门出具的完税证明、银行对账单等外部资料；

(7) 在财务审计过程中，需要补充提供的其他资料。

2. 企业及企业负责人应提供的绩效评价资料主要有：

(1) 任期内企业的年度工作计划、工作报告和工作总结；

(2) 任期内企业经营目标及目标实现情况；

(3) 任期内企业管理绩效评议指标完成情况；

(4) 企业负责人任期述职报告，述职报告应包括任期内的主要业绩、存在的主要问题、工作中应当承担的经济责任，进一步改进企业经营管理的意见与建议等；

(5) 在经济责任审计过程中，需要补充提供的其他资料。

(六) 财务审计组根据审前调查情况，修改完善审计工作方案或计划，并将修改后的审计工作方案或计划经审计项目组长同意后，报国资委备案同意后组织落实。

第十六条 实施阶段。主要工作包括：财务基础审计、企业绩效评价、经济责任评价等内容。

第十七条 财务审计组在开始现场财务基础审计后，主要应当完成以下工作：

(一) 审计人员对企业内部控制系统的健全性和有效性进行符合性测试，识别内部控制的关键控制点和风险点，评价内部控制的水平，设计实质性测试的程序和范围。

(二) 审计人员根据对企业内部控制系统的了解、测试，明确实质性测试的重点与内容，并通过审查会计资料、查阅与审计范围有关的文件、盘点实物资产、向有关单位和个人询问、函证等程序，取得具有充分证明力的审计证据，为形成财务审计报告奠定基础。

(三) 审计人员在现场审计中，应当认真填写审计工作记录，整理编制审计工作底稿。审计工作底稿包括以下内容：

1. 审计人员在审计准备阶段所形成的材料、收集的有关证据、被审计企业提供基本情况和审计方案；

2. 与审计事项有关的证明材料及其鉴定意见；

3. 审计中发现的问题及产生的原因；

4. 判断审计事项的法律、法规、政策依据；

5. 审计人员对审计事项的评价、初步结论和处理意见、建议，以及被审计企业及其负责人的意见；

6. 在执行具体审计工作方案过程中所作的其他有关记录等。

主审人员和财务审计组组长应当对审计工作底稿进行复核，并对审计工作底稿的真实性、准确性负责。

(四) 实行审计周报制度，财务审计组每周定期向委托方汇报审计进展阶段及审计中发现的重大问题等情况。

(五) 财务审计组根据取得的审计证据形成财务审计结论，起草财务审计报告初稿。

第十八条 绩效评价组在开始现场审计后，主要应当完成以下工作：

(一) 进一步了解被审计企业及企业负责人的情况，向被审计企业有关人员征求意见、接收群众来信和访谈；

(二) 根据财务基础审计核实后的被审计企业财务数据，采用企业绩效评价体系对被审计企业的财务绩效进行评价，形成财务绩效定量评价结论；

(三) 对被审计企业的领导班子、主要业务部门及重要子企业负责人开展访谈工作；

(四) 组织开展职工问卷调查；

(五) 准备专家评议资料，邀请有关评议专家对被审计企业的管理绩效进行定性的专家评议。专家评议一般采用专家评议会方式，按下列程序进行：

1. 阅读相关资料，了解企业实际情况；

2. 财务审计组介绍财务审计情况及结果；

3. 绩效评价组介绍企业财务绩效定量评价情况及评价结果；

4. 评议专家根据企业实际情况和管理绩效评议参考标准，现场评议，独立打分；

5. 计算汇总评议打分结果；

6. 集体评议，现场形成专家评议结论。

（六）根据财务绩效定量评价结果和管理绩效定性评价结果，起草企业绩效评价报告初稿。

第十九条　报告阶段。主要工作包括：形成经济责任审计报告初稿，财务审计报告和经济责任审计报告初稿征求各方面意见，修改报告初稿，形成正式经济责任审计报告。

（一）审计项目组根据财务审计报告初稿和绩效评价报告初稿，综合分析评价企业负责人任期的经营业绩与经济责任，起草企业负责人经济责任审计报告。

（二）审计项目组提交的经济责任审计报告，经国资委同意后，形成经济责任审计报告初稿，并将经济责任审计报告初稿和财务审计报告初稿一并征求企业干部管理部门、相关监事会、企业及被审计人的意见。

（三）由审计项目组组长组织当面征求被审计企业和被审计人意见，审计项目组应将与被审计企业和被审计人交换意见的情况整理形成书面资料。

（四）在对各方面反馈意见进行分析核实的基础上，依据合理意见对审计报告初稿进行修改。

（五）经对审计报告初稿修改后，形成财务审计报告和经济责任审计报告征求意见稿，以书面形式正式征求被审计企业和被审计人的意见。一般应当在7个工作日内反馈意见，逾期不反馈意见，视为无不同意见。

（六）经过正式征求意见后，对审计报告进行再次修改，财务审计组出具正式的财务审计报告，并报国资委；国资委出具正式的经济责任审计报告，送达企业并抄送被审计人。

第二十条　在经济责任审计工作结束后，国资委根据审计报告，向被审计企业下达审计处理意见。

第二十一条　为改进工作，积累经验，不断提高经济责任审计工作质量，经济责任审计工作完成后，审计项目组应当对经济责任审计的组织、程序、方式、方法等方面进行总结，并将工作总结及时提交国资委。

第二十二条　经济责任审计工作结束后，审计项目组应当按照有关工作分工和审计档案管理规定，整理有关经济责任审计工作档案移交国资委和明确配合机构保管。

（一）应当明确由配合机构负责保管的资料有：审计计划、审计证据、审计工作底稿、审计报告及征求意见稿、有关意见反馈、有关审计问题的请示和报告等资料。

（二）应当移交国资委保管的资料有：财务审计工作方案、经济责任审计工作报告、企业及监事会等有关方面的反馈意见、审计决定执行情况、有关审计问题的请示和报告、批示等有关工作文件，以及与具体审计项目有关的群众来信、来访记录、举报材料等。

第四章　财务基础审计

第二十三条　财务基础审计主要包括被审计企业负责人任职期间企业财务收支状况真实性审计、资产质量审计、经营成果审计、企业重大经营活动和经营决策审计、经营合法合规性审计等内容。

第二十四条　财务收支状况真实性审计。根据国家统一财务会计制度、会计准则及相关法律法规，通过必要的审计程序，了解企业负责人任职期间企业的财务收支管理是否符合国家有关法律法规的规定，会计信息是否真实、完整，账实、账账、账表是否相符，判断企业会计核算的合规性，检查企业财务管理中存在的有关问题。

财务收支状况真实性审计应特别关注对货币资金、往来款项、存货、固定资产、应付工资等科目，以及资本性支出和收益性支出、合并会计报表的审计。

第二十五条 任职期间资产质量审计。结合内控审计和财务收支审计，查实企业的会计信息是否真实反映了企业资产的实际质量状况。重点审计企业负责人任职期间资产质量变动情况，特别是任职期间不良资产的变动情况，审计确认任职期初到任职期末各年的不良资产总额、任期内新增不良资产及任期内消化不良资产的情况。

本实施细则所称不良资产是指预期不能给企业带来经济利益的资产和企业尚未处理的资产净损失和潜亏（资金）挂账，以及按财务会计制度规定各类有问题资产预计损失金额。

第二十六条 对仍执行行业会计制度企业的不良资产审计时，应当重点关注以下内容：

（一）待处理资产净损失，重点审查任期末待处理的流动资产和固定资产净损失，以及固定资产毁损、报废的真实性、合规性；

（二）长期积压商品物资，重点审查任期末积压一年或一个经营周期以上但尚未丧失使用价值的商品物资；

（三）不良投资，重点审查由于被投资企业（或项目）濒临破产、倒闭、发生长期亏损（一般指连续三年以上）等原因造成难以收回的投资等，包括未确认的投资损失；

（四）三年以上应收款项可能导致的潜在损失；

（五）处于对外经济担保、未决诉讼、应收票据贴现等状态下的资产可能导致的潜在损失；

（六）潜亏，重点审查企业未足额计提或者摊销的成本费用；

（七）挂账，重点审查企业由于经营管理或者政策性等因素形成的，并经财务认定和记录，但又未纳入企业当年损益核算或者进行相应财务处理的损失、费用等；

（八）经营亏损挂账，重点审查因经营活动因素产生的累计未弥补亏损总额；

（九）关停并转企业和未纳入财务决算范围企业的不良资产；

（十）其他因素引起的资产损失。

第二十七条 对执行《企业会计制度》企业的不良资产审计中，应当重点关注以下内容：

（一）应提未提或少提的各项减值准备；

（二）应转销而未转销的待处理流动资产和固定资产损益、应提未提及应摊未摊的折旧和费用；

（三）不符合资本化条件的固定资产装修及修理支出尚未计入当期费用的金额；符合资本化条件的固定资产改良支出，因未遵循谨慎性原则随意延长折旧年限而少计入当期成本费用的金额；其他按照《企业会计制度》的规定应计入当期成本费用而结转下期的金额；

（四）对外经济担保、未决诉讼、应收票据贴现等或有事项状态下的资产，由于未按照《企业会计制度》的规定预计费用和负债而虚增的金额；

（五）关停并转企业和未纳入财务决算范围企业的不良资产；

（六）其他因素引起的资产损失。

第二十八条 在对企业不良资产审计中，还应当关注以下情况：

（一）审计分析企业清产核资结果是否如实披露。对于企业在清产核资中未披露的损失（除政策性原因允许企业暂不处理的损失外），一般视同为清产核资后企业负责人任期的不良资产损失。

（二）审计分析企业任期内资产质量变动的原因。分析产生不良资产的主、客观原因，客观原因主要指国际环境、国家政策、自然灾害等；主观因素主要指决策失误、经营不善等。

（三）审计分析企业任期内不良资产责任划分。按照企业负责人任期职责、任期时间及不良资产产生原因等情况，分清企业不良资产的责任，审计分析企业任职期间不良资产情形。

1. 核实任期以前存在的不良资产；
2. 核实任期内消化的任期以前的不良资产；
3. 核实任期间内新增不良资产；
4. 核实任期间因客观因素而新增的不良资产。

第二十九条 任职期间经营成果审计。在财务收支审计与资产质量审计的基础上，审计企业负责人任期内经营成果的真实性与完整性。同时审计确认企业负责人任期初至任期末各年的利润总额、净利润、主营业务收入、主营业务成本、期间费用等财务定量评价指标。审计中应当重点关注：

（一）任期企业收入确认和核算是否真实、完整、及时，是否符合国家财务会计制度规定，有无虚列、多列或透支未来收入，少列、漏列或者转移当期收入等问题。

（二）任期企业成本费用开支范围和开支标准是否符合国家财务会计制度规定，成本核算是否真实、完整，符合配比原则，有无错列、多列、少列或者漏列成本费用等问题。

（三）任期经营成果的调整。如果企业存在经营成果不实问题，应当根据审计结果对企业相关的会计数据进行调整，对任期产生的不良资产进行扣除，并做出调整后的新的会计报表。

（四）确认任期企业实际业绩利润。企业负责人任期实际业绩利润一般按照以下公式计算：

$$\begin{array}{c}\text{任期实际}\\\text{业绩利润}\end{array}=\begin{array}{c}\text{经过审计调整核实后的任期利润总额}\\\text{（已扣除任期产生的不良资产）}\end{array}+\begin{array}{c}\text{消化任期以前}\\\text{年度不良资产}\end{array}$$

第三十条 任职期间企业重大经营活动和经营决策审计。重点关注企业的重大经营活动和经营决策过程是否合法合规，以及所产生的结果等。

（一）对外投资、担保、大额采购、改组改制、融资上市、兼并破产等重大经营活动和重大经济决策是否符合国家有关法律法规、政策及有关规定；

（二）有关决策是否有相关管理控制制度；

（三）有关决策是否履行相关管理控制制度，并按照规定程序进行；

（四）有关决策协议或者合同内容是否符合企业实际，是否存在损害本企业的条款，其中有无个人谋利行为；

（五）有关决策的执行是否明确了具体的实施管理部门，有无进行过程监控；

（六）有关决策结果有无给企业造成损失等。

第三十一条 任职期间企业经营合法合规性审计。主要审计企业负责人任职期间的有

关经营、管理等行为是否符合国家有关法律法规的规定等。应当重点关注以下情况：

（一）公款私存，坐收坐支，私设“小金库”，资金账外循环；

（二）违规越权炒作股票、期货等高风险金融品种；

（三）违规对外拆借、出借账户；

（四）违规对外出借资金等。

第三十二条 财务基础审计在对被审计企业任职期间的基本财务状况、经营成果和经营决策等进行审计和出具财务审计报告的同时，还应当对被审计企业负责人任职期间的有关绩效评价基础数据进行核实，为绩效评价工作奠定基础。

第五章 企业绩效评价

第三十三条 在对企业负责人任职期间财务状况审计工作的基础上，绩效评价组应当运用国资委制定的企业绩效评价体系，对企业负责人任职期间的企业绩效状况进行评价，为做好企业负责人任期经营业绩和经济责任评价工作奠定基础。企业绩效评价分为财务绩效定量评价和管理绩效定性评价。

第三十四条 财务绩效定量评价是指根据审计核实后的企业财务数据，利用绩效评价指标体系，比照行业评价标准，对企业负责人任期的财务绩效进行的定量分析评价。根据企业绩效评价指标体系，财务绩效定量评价主要从企业的盈利能力、资产质量、债务风险、发展能力四个方面进行评价。

第三十五条 为保证评价结果的客观、科学，企业绩效评价所使用的评价基础数据应当根据评价需要进行评价调整。评价基础数据调整主要包括以下两个方面：

（一）根据财务基础审计结果对企业有关数据进行调整；

（二）根据评价要求，对非经营绩效因素进行调整。

第三十六条 管理绩效定性评价是通过对企业负责人任期内的企业发展战略规划、经营决策机制、内部风险控制、人力资源建设等方面的分析评议，反映企业采取的各项管理措施及其管理成效，对定量分析结果进行补充修正。

第三十七条 为客观公正的评价企业负责人任职期间的企业管理绩效状况，审计项目组采用聘请相关专家组成专家评议组方式，对企业的管理绩效指标进行评议，形成管理绩效定性评价结果。

（一）经济责任审计中，专家评议组一般由 7—9 人组成。

（二）评议专家一般从企业监管部门、行业协会、高等院校、社会中介机构、企业监事会等方面聘请。

（三）评议专家必须具备以下基本条件：

1. 有较丰富的企业管理、财务会计和资产管理等方面的知识；

2. 了解企业绩效评价业务，具有较强的综合分析判断能力；

3. 了解被评价企业所处行业的状况；

4. 坚持原则，清正廉洁，秉公办事。

（四）评议专家的主要职责。根据财务基础审计结果和财务绩效定量评价结果，对企业非财务的管理绩效指标进行评议，对企业负责人任期的经营业绩和经济责任进行评价，对经济责任审计中的有关问题提供咨询，并出具评议意见。

第三十八条 绩效评价组综合企业财务基础审计结果、财务绩效定量评价结果和管理绩效定性评价结果，形成企业绩效评价报告初稿。

第六章 经济责任评价

第三十九条 经济责任评价是指根据财务基础审计结果和企业绩效评价结果，综合考虑企业负责人任期内影响企业发展的相关因素，对企业负责人任期的经营业绩与经济责任进行客观公正的分析和评价。

第四十条 经济责任评价应遵循以下原则：

（一）客观性原则。业绩与经济责任评价要客观地反映企业负责人的实际业绩与问题，避免由于证据不足、个人主观印象等造成的人为误差。

（二）全面性原则。业绩与经济责任评价不但要充分考虑企业负责人的责任，还要充分考虑企业负责人的贡献，全面评估企业负责人任期的成绩与不足。

（三）公正性原则。根据有关问题的性质，比照公平、明确的评价标准，分清企业负责人应当承担的责任，做到责任定位准确、公正。

（四）发展性原则。对企业负责人的业绩与经济责任评价，不但要充分考虑其任期企业的效益、管理等情况，还要充分考虑企业负责人本任期行为对企业今后发展的贡献。

第四十一条 在经济责任审计工作中，应当客观公正地评价企业负责人任职期间对企业的主要贡献，重点关注企业的经营效益状况、基础管理水平、重大改制改革、发展战略及执行情况、内部控制建设与落实情况、企业可持续发展情况等内容。

第四十二条 在经济责任审计工作中，应当明确企业负责人对其任期内企业存在问题应承担的经济责任。经济责任是指企业负责人在任期内职责可控范围内应当负有的责任，分为直接责任、主管责任和领导责任。

（一）直接责任是指企业负责人因直接违反或通过授意、指使、强令、纵容、包庇下属人员违反国家财经法规以及失职、渎职等其他违反国家财经纪律的行为应负有的责任。

（二）主管责任是指根据企业内部分工，企业负责人对其分管部分工作以及企业经营、投资等重大事项，因未履行或者未正确履行职责应负有的经济责任。

（三）领导责任是指企业负责人对其所在企业应当负有的直接责任、主管责任以外的管理责任。

第四十三条 对于企业负责人任期经济责任的评价，既要考虑企业负责人的经营业绩，又要分析企业负责人的经济责任，并要充分考虑企业自身发展状况、历史负担、行业特点、持续发展等因素。

第四十四条 经济责任审计中，原则上以会计年度作为企业负责人经济责任审计期间，并以此确定审计和评价财务数据的期初数；但对于重大经营决策、重大财务事项等的责任界定，以企业负责人的实际任期为准。

（一）企业负责人的任职时间为某一年度的上半年，则以本年度初作为企业负责人经济责任审计期间的期初。

（二）企业负责人的任职时间为某一年度的下半年，则以下一年度初作为企业负责人经济责任审计期间的期初。

第七章 工作报告

第四十五条 经济责任审计工作报告由财务审计报告、绩效评价报告和经济责任审计

报告组成。

第四十六条 财务审计报告是财务审计组根据审计工作结果形成的反映企业会计信息真实性及企业资产质量、经营成果、重大经营管理决策及遵守国家法律法规等情况的阶段性工作报告。

第四十七条 财务审计报告应当由标题、收件人、正文、附件、签章、报告日期等基本要素组成。

（一）标题。标题中应当明确被审计企业名称、主要审计事项等审计主要内容。

（二）收件人应为委托人。

（三）报告正文。审计报告的正文内容一般包括：

1. 审计任务的说明。审计报告应当对本次审计的任务进行说明。主要包括：执行审计的依据、被审计企业名称、被审计企业负责人姓名、审计范围、内容、方式和时间，采用的主要审计方法，延伸或追溯审计的重要事项，以及对被审计企业及负责人配合与协助情况的评价等。

2. 被审计企业负责人及企业基本情况。主要包括：企业的经济性质、管理体制、业务范围及经营规模、财务隶属关系或资产监管关系、核算管理体制、财务收支状况等；被审计企业负责人姓名、职务、任职时间等基本内容。

3. 被审计企业的基本财务状况。主要包括：审计前后企业基本财务数据的变化及原因，任期内各年企业的财务状况、资产质量、收入效益、成本费用等主要财务指标的变化情况及原因等。

4. 截至任期末，经审计发现企业存在的主要问题，包括企业的问题和负责人的问题两方面。对于审计中发现的主要问题要进行分类整理，并载明发现问题的事实，产生问题的原因，所违反有关法律法规的具体内容，存在问题所造成的影响或后果等。

5. 审计建议。对审计发现的有关问题，审计组应当在职权范围内提出审计处理意见和审计建议。

6. 需要在审计报告中反映的其他情况。

（四）附件。附件包括：审定的任职期间各年度审计调整后的资产负债表及损益表、会计账项调整表、其他需要说明的重要事项等。

第四十八条 绩效评价报告是由绩效评价组结合前期了解掌握的企业有关情况，利用财务审计组审定的企业财务数据，对企业实施财务绩效定量评价和管理绩效定性评议后形成的关于企业整体绩效状况的阶段性工作报告。绩效评价报告是企业经济责任审计项目组内部的分析报告。

第四十九条 绩效评价报告应由标题、正文、附件、签章、报告日期等基本要素组成。

（一）标题。标题中应当明确企业名称和报告性质。

（二）报告正文。对照行业评价标准值，重点分析企业负责人任职期间，企业在盈利能力、资产质量、债务风险、发展能力等方面财务指标和评价得分的变化情况，并说明变化的主要原因；分析企业负责人任期在发展战略规划、改革改组改制、生产经营成果、内部控制机制、提高企业市场竞争能力和持续发展能力等方面的主要业绩；结合专家评议结果，形成对企业综合绩效状况的评价结论。

（三）附件。一般应包括：企业绩效评价计分表、采用的评价标准值、评价调整情况表等。

（四）签章。由绩效评价组组长签章。

（五）报告日期。指完成评价报告的日期。

第五十条　经济责任审计报告是经济责任审计工作最终的工作报告，应由标题、收件人、正文、附件、签章、报告日期等基本要素组成。

（一）标题。标题中应明确经济责任审计的企业名称和报告性质。

（二）收件人应为委托人。

（三）前言。简要概述依据、组织、时间、对象等情况。

（四）报告正文。主要包括企业的基本情况及根据财务审计报告和绩效评价报告对企业负责人经营业绩与经济责任的评价。

1. 基本情况。被审计企业、企业负责人及本次审计的基本情况。

2. 财务绩效分析。主要包括审计前后企业的主要财务指标及调整数，审计后企业基本财务数据的变化及原因、任期内的企业基本财务绩效状况等。

3. 任期企业负责人的主要业绩。主要为企业负责人任职期间所做的主要工作及成效。

4. 任期审计发现的主要问题。

5. 审计结论。根据审计中发现的问题与业绩，结合企业的历史沿革、发展战略等，对企业负责人任职期间的经营业绩与经济责任进行综合客观的评价，并明确其应当承担的经济责任。

6. 审计建议。结合审计发现的主要问题提出相关改进建议。

7. 其他需要在审计报告中反映的情况。

（五）附件。主要包括：财务审计报告，绩效评价报告；企业及负责人反馈意见；如审计人员认为有必要，可以提出审计建议或者管理建议等。

第五十一条　经济责任审计报告基本撰写要求：

（一）经济责任审计报告中涉及的相关内容必须在财务审计报告和绩效评价报告中有证据支撑；

（二）经济责任审计报告应当观点明确，内容清晰，业绩要讲透，问题要讲准，责任要讲清；

（三）报告应当语言严谨精练、论述清楚；

（四）篇幅一般应控制在1万字以内。

第八章　质量控制

第五十二条　审计项目组的质量控制主要包括以下内容：

（一）与被审计企业或者被审计人有利害关系的人员，不应当进入审计项目组；

（二）财务审计组应当取得企业关于保证所提供资料真实性、完整的书面承诺，以明确会计责任和审计责任；

（三）审计项目组应当建立严格的审计复核制度；

（四）审计项目组对于难以把握的专业难题，可以请专家出具意见书；对未经审计的项目或内容不予评议；审计中发现违纪和涉嫌违法问题时，要及时向委托方反映，由委托方依法移送纪检监察部门和司法机关处理；

（五）审计项目组在实施审计时，应当通过委托方与组织、人事、纪检部门联系，将了解的被审计企业财务管理情况与干部管理部门掌握的企业负责人考核情况有机结合，以客观评估企业负责人任期的经营业绩和经济责任。

第五十三条 审计程序上的质量控制，主要包括审计计划质量控制、审计项目实施过程质量控制、审计结论和报告质量控制三部分。

（一）审计计划质量控制。

1. 在制定项目审计计划前，应认真考虑风险、管理需要及审计资源等，并事先评估各审计项目的风险程度；

2. 制定项目审计计划时，应同时明确项目审计的工作目标、工作顺序、所分配的审计资源、后续审计的必要安排等；

3. 定期检查审计计划的执行情况，及时对计划进行修改和补充，保证审计计划的严肃性和落到实处。

（二）审计项目实施过程质量控制。

1. 加强过程指导与监督，应对各个层次的审计人员所从事的工作给予充分的指导和监督；

2. 合理分配现场审计任务，并根据审计任务明确工作责任，明确审计人员应完成的程序、目标及重要性；

3. 关注重大财务欺诈、关联方交易及非货币性交易等容易产生审计风险的重要事项。

4. 重视对审计取证和审计工作底稿编制的控制，及时做好有关记录；

5. 注重现场检查与复核工作；

6. 对于现场审计中遇到的有关问题要注意及时沟通。

（三）审计结论和报告质量控制。

1. 审计项目组应以前期有效审计工作为基础，以合格证据为依据，以有关法律法规和规章为评判标准，及时整理、分析和总结，得出恰当的审计和评价结论，形成财务审计报告、绩效评价报告和经济责任审计报告；

2. 重视并切实做好有关报告的层层复核工作；

3. 经与被审计企业及其负责人交换意见后，有关交换意见的报告征求意见稿应予以保留，并将被审计企业及其负责人对审计报告的书面意见、审计项目组的书面说明、审计报告修改之处及其他有关材料进行再次复核。

第九章 审计责任与工作纪律

第五十四条 企业经济责任审计中，委托方和被审计企业应当协调配合审计项目组共同做好经济责任审计工作。

（一）经济责任审计的委托方应做好整个审计工作的组织与协调工作，对审计项目实施过程进行监控，对审计过程中出现的有关问题进行协调解决，提出审计质量要求并对审计质量进行监督复核。

（二）被审计企业应积极做好审计配合工作：

1. 提供必要的工作条件，如实反映经营管理中与审计内容相关的事项；

2. 提交真实、完整、合法的会计凭证、会计账薄、财务会计报告和其他有关资料，特别是有关未决诉讼、抵押借款、投资融资、银行存款、担保等方面的资料；

3. 说明有无账外资产，有无转移、隐匿、篡改、毁弃会计资料以及其他资料的行为等；

4. 说明在财务、会计以及其他相关经济活动中，有无重大违反财经法纪问题。

第五十五条 企业经济责任审计中，审计人员和评价人员对其承担的工作任务负有相应的责任。

（一）财务审计人员应当对其承担的审计任务承担责任，其中：财务审计组组长应当对审计工作程序与进程、审计报告的真实性、合法性等承担责任；

（二）绩效评价人员应当对其承担的评价任务承担责任，其中：绩效评价组长应当绩效评价报告承担责任；

（三）评议专家应当对其评议结果承担责任；

（四）复核人员应当对其复核的相关内容承担责任。

第五十六条 审计过程中应认真遵守以下工作要求和工作纪律：

（一）审计人员应当认真遵守与委托方签订的审计业务约定书中所规定的各类约定，按照国家相关的法律法规和国资委有关工作规定以及《独立审计准则》的要求，按时完成受托项目的财务审计、绩效评价和经济责任评价工作。

（二）财务审计中，如对审计期间或审计范围进行延伸审计时，须征得委托方同意。

（三）财务审计报告应当如实反映审计结果，不得出具虚假不实的报告，不得避重就轻、回避问题或者明知有重要事项不予披露。

（四）有关审计项目进展情况、发现的问题、遇到的难点等，应当及时以书面形式报告委托方。

（五）审计项目组人员应当严格保守被审计企业的商业机密。除法律另有规定外，不得将被审计企业提供的资料泄露给委托方以外的第三方。

（六）审计项目组人员应自备个人所需的计算机等办公设备，不得向被审计企业提出不合理要求。

（七）被审计企业应按本单位一般接待及差旅标准为审计项目组提供必要的食宿条件及因公外出费用。审计项目组人员不得向被审计企业提出与审计工作无关的要求，不得在被审计企业报销任何私人费用。

（八）审计项目组人员不得索要或者接受被审计企业任何礼品、礼金和各种有价证券等。

（九）审计项目人员不得向被审计企业提出与审计工作无关的要求。

第十章 附 则

第五十七条 本实施细则适用于国资委直接组织开展经济责任审计工作的企业。

第五十八条 国资委委托重组企业或者托管企业组织实施经济责任审计，比照本实施细则执行。

第五十九条 企业内部组织开展经济责任审计工作，参照本实施细则执行。

教育部关于做好领导干部经济责任交接工作并将经济责任审计报告作为交接内容的通知

（教财［2007］2号，2007年1月4日）

部属各高等学校、各事业单位：

为贯彻落实《中共中央办公厅国务院办公厅关于印发〈县级以下党政领导干部任期经

济责任审计暂行规定〉和〈国有企业及国有控股企业领导人员任期经济责任审计暂行规定〉的通知》（中办发［1999］20号）和《中央纪委、中央组织部、监察部、人事部、审计署关于将党政领导干部经济责任审计范围扩大到地厅级的意见》（审经责发〔2004〕65号）精神，我部制定了领导干部任期经济责任审计制度，全面开展了领导干部任期经济责任审计工作。

领导干部任期经济责任审计在促进党风廉政建设、强化干部管理和监督机制、推动依法治教等方面具有重要的意义。

为了进一步规范直属高校、直属单位领导干部经济责任审计工作，充分发挥经济责任审计的作用，更好地利用审计结果，我部决定将直属高校、直属单位领导干部经济责任审计报告作为直属高校、直属单位领导干部工作交接的内容之一。现将有关事项通知如下：

一、经济责任审计报告交接的目的

1. 促进领导干部认真履行经济责任

经济责任是指领导干部任职期间对其所在学校（单位）财务收支真实性、合法性和效益性，以及有关经济活动应当负有的责任。

经济责任审计报告对领导干部任期内履行经济责任的情况做出了客观公正的审计评价。通过对经济责任审计报告的交接，使领导干部进一步明确自己应当承担的经济责任，牢固树立依法治教、依法治校的观念，增强认真履行经济责任的自觉性。

2. 促进领导干部全面掌握本单位的财经情况

经济责任审计报告真实反映了被审计领导干部所在单位资产状况和财务收支情况、债权和债务情况，客观评价了资金使用的合法和效益情况。通过对经济责任审计报告的交接，使领导干部了解和掌握本单位的财经情况，做到心中有数，家底清楚。

3. 促进落实审计意见、提高管理水平

经济责任审计报告指出了被审计领导干部所在学校（单位）在财务管理和经济活动中存在的问题，并提出了审计建议。通过对经济责任审计报告的交接，学校（单位）能够针对审计提出的问题和审计建议进行整改，提高财经工作管理水平。

二、经济责任审计报告交接的内容

1. 财务收支及有关重要经济活动的真实、合法和效益情况；

2. 重要经济指标的真实性及变化情况；

3. 各类资产的安全、完整情况；

4. 重大经济决策和经济事项决定的程序和效果情况；

5. 贯彻执行国家财经政策，建立内部控制制度情况。

经济责任审计报告对上述等方面的情况做了认真、全面的反映；对被审计学校（单位）财务管理情况做了客观的评价；对被审计学校（单位）违反国家财经法规的问题进行了披露。领导干部交接工作时要对经济责任审计报告中的内容全面进行交接。

三、经济责任审计报告交接的要求

1. 各校、各单位要高度重视、认真组织经济责任审计报告交接工作，将经济责任审计报告作为领导干部工作交接内容的要求落到实处。

2. 各校、各单位在接到教育部办公厅印发的领导干部经济责任审计意见函后，由学校（单位）主要领导主持交接工作，召集领导班子成员参加，必要时可要求有关管理部门负责人参加。

3. 交接经济责任审计报告后，要针对审计中发现的问题，认真分析产生的原因，制订整改措施，落实整改责任人和责任部门，限期整改，并要进一步健全完善学校各项财务规章制度。

教育部关于做好教育系统经济责任审计工作的通知

（教财〔2011〕2号，2011年2月17日）

各省、自治区、直辖市教育厅（教委），各计划单列市教育局，部属各高等学校，直属事业单位：

日前，中共中央办公厅、国务院办公厅印发了《党政主要领导干部和国有企业领导人员经济责任审计规定》（中办发〔2010〕32号，以下简称《规定》）。《规定》的发布施行，对于指导经济责任审计工作深入发展，加强经济责任审计法规制度建设具有重要意义。为全面贯彻落实《规定》，进一步做好教育系统经济责任审计工作，现将有关事项通知如下：

一、深入学习，全面贯彻落实《规定》

《规定》是以审计法及其实施条例为依据的专门规定，是指导经济责任审计工作的纲领性文件。要深入学习，提高认识，认真贯彻，不断深化经济责任审计。要充分认识到深化经济责任审计是加强干部管理和监督，推进党的建设科学化的重要途径；是促进领导干部贯彻落实科学发展，推进经济社会又好又快发展的重要保障；是加强权力运行制约和监督，健全社会主义民主法治的重要措施；是规范和完善经济责任审计，健全中国特色社会主义审计监督制度的重要举措。

近年来，教育系统积极开展经济责任审计，取得了一定成效，对促进领导干部正确履行经济责任、加强党风廉政建设等方面发挥了积极作用。要认真总结经验，找出存在的问题和不足，根据《规定》精神，完善和修订有关经济责任审计规章制度。健全经济责任审计工作联席会议制度，建立经济责任审计情况通报、审计整改以及责任追究等结果运用制度，逐步探索和推行经济责任审计结果公告制度，促进经济责任审计工作法制化、规范化、科学化。

二、明确经济责任，加大审计力度

《规定》明确了经济责任的内涵，界定了被审计领导干部在履行经济责任过程中对存在问题所应承担的直接责任、主管责任、领导责任。各级领导干部要了解和掌握经济责任内涵，明确应当履行的与财政收支、财务收支以及有关经济活动相关的责任和义务，牢固树立责任意识。

各地、各高校（单位）要根据《规定》将应审计对象全部纳入审计范围，同时，可以在其任职期间进行任中审计，建立和完善重大项目资金使用全过程审计监督制度，更加有效地发挥经济责任审计的作用。

三、依法界定审计内容

根据《规定》，各地、各高校（单位）要以促进领导干部推动本单位科学发展为目标，以领导干部守法、守纪、守规、尽责情况为重点，以领导干部任职期间本单位财政收支、

财务收支以及有关经济活动的真实、合法和效益为基础，严格依法确定审计内容。

审计内容主要包括：预算执行和其他财政收支、财务收支的真实、合法和效益情况；重要投资项目的建设和管理情况；重要经济事项管理制度的建立和执行情况；对下属单位财政收支、财务收支以及有关经济活动的管理和监督情况。同时要在审计内容基础上关注领导干部贯彻落实科学发展观，推动本单位科学发展情况；遵守有关经济法律法规、贯彻执行党和国家有关经济工作的方针政策和决策部署情况；制定和执行重大经济决策情况；与履行经济责任有关的管理、决策等活动的经济效益、社会效益和环境效益情况；遵守有关廉洁从政规定情况等。

四、公布审计结果，严格责任追究

按照《规定》要求，建立健全经济责任审计情况通报、审计整改以及责任追究等结果运用制度，逐步探索和推行经济责任审计结果公告制度等。

从 2011 年开始，对所属高校、事业单位领导干部的审计结果，视不同情况采取通报、公告和重大问题向党组织汇报等形式，提高审计工作和审计结果透明度，推动审计发现的问题及时得到整改。对审计发现的重大问题责任人，经济责任审计领导小组（或经济责任审计联席会议）要专门研究处理。对违纪违规行为，依据有关规定，做出处理、处罚或移送有关部门处理。要根据干部管理监督的相关要求，将审计结果作为考核、任免、奖罚被审计领导干部的重要依据。

五、加强审计机构和队伍建设

要进一步健全教育审计机构，配备与本单位审计工作需要相适应的审计人员。特别是规模较大、资金量较多的单位要重视和加强审计机构和审计队伍建设，为开展审计工作提供基本保证。

经济责任审计是一项政策性、业务性较强的工作，要加强对审计人员的培养，努力提高审计人员思想素质和专业能力。要建立教育内部审计管理和审计质量控制制度，认真执行中国内部审计准则和教育内部审计规范，保证审计工作质量，推进经济责任审计工作科学发展。

各省、自治区、直辖市教育行政部门要将重大审计情况及时报送我部财务司；部直属高校和事业单位要将半年期的审计情况于当年 7 月底和次年 1 月底前报送教育部经济责任审计领导小组。

中华人民共和国教育部
二〇一一年二月十七日

关于进一步加强内部管理领导干部经济责任审计工作指导意见

（经审办字［2007］2 号，2007 年 1 月 16 日）

为进一步加强内部管理领导干部经济责任审计工作，促进经济责任审计工作全面、健康、协调发展，中央五部委经济责任审计工作联席会议办公室就内部管理领导干部经济责任审计工作提出以下意见：

一、提高认识，增强责任感和使命感。部门、单位内部管理领导干部经济责任审计是经济责任审计工作的重要组成部分，加强内部管理领导干部经济责任审计工作不仅仅是内部监督管理的需要，更是党中央、国务院赋予各部门、单位的重要任务。各部门、单位要进一步提高认识，从落实权力制约制度、加强干部监督管理和构建社会主义和谐社会的战略高度来认识这项工作的重要意义，与国家审计机关共同努力，不断促进干部监督体系的完善。各部门、单位要增强责任感和使命感，切实采取有效措施，推动本部门、单位经济责任审计工作的深入开展。

二、树立大局观念，增强服务意识。各部门、单位要紧紧围绕党中央、国务院不同时期的工作重心开展经济责任审计工作，通过审计，引导领导干部贯彻落实党中央、国务院的方针政策；要立足于本部门、单位的实际开展经济责任审计工作，通过审计，促进领导干部正确履行经济职责，促进被监督单位依法行政和提高行政效能，促进被监督单位建立现代企业制度和法人治理结构并保障其有效运行；要进一步增强宏观意识和大局意识，不断拓展审计内容，结合干部监督管理、国有资产监督管理等具体要求，不断深化经济责任审计工作，为实现部门、单位的发展战略服务，为加强干部监督管理服务，为健全内部控制制度服务。

三、加强领导，健全管理机构。各部门、单位主要负责人要重视经济责任审计工作，切实加强领导，为经济责任审计工作的开展提供必要条件，积极创造条件，逐步建立健全审计机构，配备业务素质好的人员从事经济责任审计工作。按照中共中央办公厅、国务院办公厅有关经济责任审计规定的要求，逐步建立起由组织人事、纪检监察和审计机构参加的经济责任审计工作联席会议，指导、监督、检查本部门、单位的经济责任审计工作。

四、坚持创新，注重规范化建设。经济责任审计是适应社会主义市场经济发展而逐步建立起的新的审计监督制度，没有成熟的经验可以借鉴，需要审计和各相关部门在工作中大胆实践，不断探索和创新。要宏观着眼、微观入手，寻找出适合本部门、单位发展需要的经济责任审计方式、方法，并不断加以总结、完善和提高。同时，要加强经济责任审计的制度建设和规范化建设，控制审计风险，不断提高审计质量，促进经济责任审计工作的健康发展。

五、重视成果利用，增强审计效果。经济责任审计工作重在实效，一方面要求从事经济责任审计的机构要立足于部门、单位的发展和内部管理的需要，不断开阔审计视野，拓宽审计思路，深化审计内容，提升审计层次，确保审计质量，提供可以有效利用的审计成果，为本部门、单位的发展服务；另一方面要求部门、单位要增强管理意识，重视审计成果的转化利用，落实中央组织部、国务院国有资产监督管理委员会等部门的有关规定，促进审计成果利用的制度化。

六、加强业务管理与指导，提升整体工作水平。中央和各地方经济责任审计工作联席会议及其办公室要认真履行职责，加强对内部管理领导干部经济责任审计工作的监督、检查，研究解决部门、单位内部管理领导干部经济责任审计工作中遇到的困难和问题，进一步推动内部管理领导干部经济责任审计工作的深入开展。同时，要加强业务指导和培训，采取多种形式组织理论研讨、业务交流，推广典型经验，不断提升内部管理领导干部经济责任审计工作的整体水平。各部门、单位也要加大业务培训力度，不断提高审计人员业务素质，以适应经济责任审计工作发展的需要。

七、加强联系与沟通，搭建信息交流平台。中央和各地方经济责任审计工作联席会议及其办公室要与各部门、单位建立起有效的信息交流制度。各部门、单位要定期向经济责任审计工作联席会议办公室上报工作动态、年度工作情况；中央和各地方经济责任审计工作联席会议及其办公室要及时通报各部门、单位经济责任审计工作的有关情况，介绍一些行之有效的做法和经验。此外，各级经济责任审计工作联席会议办公室和各部门、单位要加强对内部管理领导干部经济责任审计的宣传工作，提高被监督者、部门和单位相关人员、部门和单位职工及社会公众对经济责任审计工作的认识，营造良好的审计环境和审计氛围，不断增强经济责任审计工作的效果，进一步扩大经济责任审计的影响。

卫生部办公厅关于印发《卫生部经济责任审计联席会议工作规则》和联席会议成员名单的通知

（卫办规财发〔2012〕59 号，2012 年 5 月 15 日）

部直属各单位，部机关各司局：

为加强对卫生部经济责任审计工作的组织协调，根据中共中央办公厅、国务院办公厅《党政主要领导干部和国有企业领导人员经济责任审计规定》（中办发〔2010〕32 号）和《卫生部直属单位主要领导干部经济责任审计规定》（卫规财发〔2012〕9 号）工作要求，我们研究制定了《卫生部经济责任审计联席会议工作规则》，确定了卫生部经济责任审计联席会议成员名单，现印发执行。

二〇一二年五月十五日

卫生部经济责任审计联席会议工作规则

第一章 总 则

第一条 为贯彻中央经济责任审计规定要求，加强卫生部经济责任审计工作的组织协调，对经济责任审计工作进行指导、监督和检查，根据中共中央办公厅、国务院办公厅《党政主要领导干部和国有企业领导人员经济责任审计规定》（中办发〔2010〕32 号）和《卫生部直属单位主要领导干部经济责任审计规定》（卫规财发〔2012〕9 号），建立卫生部经济责任审计联席会议（以下简称联席会议）制度，并制定本规则。

第二章 成员及职责

第二条 联席会议由卫生部规划财务司牵头。人事司、直属机关党委及驻部纪检组监察局为成员单位。根据工作需要，经联席会议研究可以调整联席会议成员单位。

第三条 联席会议由规划财务司主要负责人召集。联席会议参加人员为各成员单位司局级领导同志。

第四条　联席会议的主要职责是：

（一）贯彻落实中央有关经济责任审计的政策和要求；

（二）通报经济责任审计工作开展情况；

（三）研究经济责任审计工作中的重大事项。

第五条　联席会议下设办公室，负责联席会议日常工作。办公室设在具有内部审计职能的规划财务司。

联席会议办公室主任由规划财务司联席会议成员兼任，成员由规划财务司、人事司、直属机关党委及驻部纪检组监察局有关处室的负责同志组成。

第六条　联席会议办公室的主要职责是牵头组织联席会议，督促及落实联席会议决定的有关事项。

第三章　议事日程

第七条　联席会议采取定期和不定期会议制度。

（一）定期会议。每年召开1—2次。

（二）不定期会议。根据工作需要，由联席会议成员单位或联席会议办公室提议，经联席会议召集人同意召开。

第八条　联席会议由召集人或其委托的联席会议成员主持。联席会议成员和联席会议办公室成员参加会议，根据工作需要可邀请有关部门的人员列席。

第九条　联席会议办公室应当提前将联席会议讨论议题有关文件资料报送各成员单位，并通知需要列席会议的其他单位和相关人员，做好会议准备工作。

第四章　工作要求

第十条　联席会议成员单位应当建立健全协作配合工作机制，要各司其职，各尽其责，相互协调，密切配合，提高工作质量和效率。

规划财务司主要负责：（一）承担联席会议办公室日常工作；（二）按照中央有关经济责任审计的政策要求，牵头起草卫生部经济责任审计有关规定和文件；（三）具体组织实施领导干部经济责任审计；（四）负责将经济责任审计报告报送分管部领导，抄送联席会议各成员单位；（五）参与研究提出年度经济责任审计计划草案；（六）办理联席会议研究决定的有关事项；（七）运用经济责任审计典型案例对领导干部开展经常性教育，研究分析经济责任审计中反映的苗头性、倾向性和普遍性问题，提出加强管理监督的意见和措施；（八）对下级审计机关开展经济责任审计工作进行指导、监督和检查；（九）参与研究有关工作。

人事司主要负责：（一）根据干部管理的有关规定，委托规划财务司开展领导干部经济责任审计；（二）参与研究提出年度经济责任审计计划草案；（三）根据工作需要，参加领导干部经济责任审计进点会和经济责任审计结果通报会；（四）根据有关规定，将经济责任审计结果作为考核、任免、奖惩被审计领导干部的重要依据；将经济责任审计结果报告归入被审计领导干部本人档案；（五）办理联席会议研究决定的有关事项；（六）对下级人事部门执行经济责任审计工作有关规定，以及运用审计结果等情况进行指导、监督和检

查；（七）参与研究有关工作。

驻部纪检组监察局主要负责：（一）对经济责任审计中发现的应当移交纪检监察部门处理的问题，按照有关程序依纪依法予以处理，以适当方式将结果运用情况反馈联席会议办公室；（二）根据工作需要，参加领导干部经济责任审计进点会和经济责任审计结果通报会；（三）参与研究提出年度经济责任审计计划草案；（四）办理联席会议研究决定的有关事项；（五）对下级纪检监察部门执行经济责任审计工作有关规定，以及运用审计结果等情况进行指导、监督和检查；（六）参与研究有关工作。

直属机关党委主要负责：（一）对经济责任审计中发现的应当给予党纪处分的问题，按照有关程序依照党纪予以处理，以适当方式将结果运用情况反馈联席会议办公室；（二）根据工作需要，参加领导干部经济责任审计进点会和经济责任审计结果通报会；（三）参与研究提出年度经济责任审计计划草案；（四）办理联席会议研究决定的有关事项；（五）对下级相关部门执行经济责任审计工作有关规定，以及运用审计结果等情况进行指导、监督和检查；（六）参与研究有关工作。

第十一条 联席会议作出决定时，应当遵循民主集中制原则，充分酝酿，集体讨论，协商确定。对于情况清楚、意见明确的一般事项，可以采用传批的形式决定。

第十二条 联席会议发文形式：（一）以卫生部或卫生部办公厅名义行文（适用于联席会议制订、印发有关经济责任审计的规定，通报有关重要情况，以及其他需要联合行文的重大事项）需会签联席会议有关成员单位；（二）其他事项可以卫生部规划财务司代章名义行文，根据具体事项需要可会签联席会议有关成员单位。

第十三条 编印《卫生部经济责任审计工作动态》，由联席会议牵头单位领导同志签发，印发联席会议各成员单位和部直属各单位，抄送有关单位。

第十四条 联席会议以及列席会议成员应当遵守相关保密规定。

第五章 附 则

第十五条 本工作规则经联席会议全体讨论通过。

第十六条 本工作规则由联席会议办公室负责解释。

第十七条 本工作规则自发布之日起实施。

卫生部经济责任审计联席会议成员名单

召集人：李 斌 卫生部规划财务司司长

成 员：李长宁 卫生部人事司副司长

窦熙照 卫生部直属机关党委副书记、纪委书记

申红中 驻卫生部监察局副局长

王玉洵 卫生部规划财务司副巡视员

卫生部经济责任审计联席会议办公室成员名单

主 任：王玉洵 卫生部规划财务司副巡视员

成　员：任西岳　卫生部规划财务司审计处处长
　　　　刘宏韬　卫生部人事司干部处副处长
　　　　刘立晖　卫生部直属机关党委组织处副调研员
　　　　王　磊　驻卫生部监察局副主任科员

基金行业人员离任审计及审查报告内容准则

（证监会公告［2011］16号，2011年7月7日）

第一条 为了规范基金行业人员离任审计及审查报告内容，根据基金监管相关规定，制定本准则。

第二条 基金管理公司、基金托管银行、基金销售机构应当建立相关人员离任审计或者离任审查制度。

第三条 基金管理公司高级管理人员、基金经理、投资经理及基金托管银行基金托管部门高级管理人员、独立基金销售机构的高级管理人员或者执行事务合伙人、证券投资咨询机构负责基金销售业务的高级管理人员、其他基金销售机构负责基金销售业务的部门负责人离任的，应当接受离任审计或者离任审查，在离任审计或者离任审查期间不得到其他基金管理公司、基金托管银行基金托管部门或者基金销售机构任职。

第四条 基金管理公司、独立基金销售机构的董事长、总经理离任或者执行事务合伙人退伙的，基金管理公司、独立基金销售机构应当立即聘请具有从事证券相关业务资格的会计师事务所对其进行离任审计，并自离任之日起30个工作日内将离任审计报告报送中国证监会基金监管部及企业经营所在地中国证监会派出机构，同时存档备查。

第五条 基金管理公司、独立基金销售机构的董事长、总经理或者执行事务合伙人的离任审计报告，应当至少包括其任职期间的以下内容：

（一）审计工作实施情况，包括审计时间、范围、内容、审计方法等；

（二）审计对象的基本情况、基本职责以及实际履行职责的情况；

（三）企业内部对审计对象的年度考核情况；

（四）企业的经营状况，包括资产管理规模或者基金销售规模的变化情况、业务拓展情况、主要财务指标的变动情况及原因；

（五）企业内部控制建设和风险管理情况，包括企业制度、管理模式等方面的调整情况及效果；

（六）企业发生违法违规行为，受到刑事处罚、行政处罚、被采取行政监管措施等，审计对象应当承担责任的情况；

（七）审计对象受到刑事处罚、行政处罚、被采取行政监管措施、受到行业自律组织纪律处分的情况以及违反企业制度受到企业处分的情况；

（八）审计中发现的主要问题；

（九）审计结论。

第六条 基金管理公司的副总经理、督察长、基金经理或者投资经理离任的，基金管理公司应当立即对其进行离任审查，并自离任之日起30个工作日内将审查报告报送中国

证监会基金监管部及公司经营所在地中国证监会派出机构，同时存档备查，基金经理、投资经理的离任审查报告还应当同时报送行业协会。

第七条 基金管理公司副总经理、督察长的离任审查报告，应当参照本准则第五条第一项至第三项、第六项至第九项有关内容，副总经理的离任审查报告还应当包括其任期内分管业务的经营状况、内控建设和风险管理情况等，督察长的离任审查报告还应当包括其任期内基金管理公司合法合规、风险控制及监察稽核工作情况等。

第八条 基金经理、投资经理的离任审查报告应当至少包括其任职期间的以下内容：

（一）审查工作实施情况，包括审查时间、范围、内容、审查方法等；

（二）所管理基金或者投资组合的基本情况；

（三）所管理基金或者投资组合与业绩比较基准的对比情况；

（四）所管理基金或者投资组合的投资合规情况，是否发现有利益输送、利用非公开信息牟利及违反公平交易原则等情况；

（五）遵守投资管理人员行为规范的情况；

（六）基金管理公司发生违法违规行为，受到刑事处罚、行政处罚、被采取行政监管措施等，审查对象应当承担责任的情况；

（七）审查对象受到刑事处罚、行政处罚、被采取行政监管措施、受到行业自律组织纪律处分的情况以及违反基金管理公司制度受到基金管理公司处分的情况；

（八）审查中发现的主要问题；

（九）审查结论。

第九条 基金托管银行基金托管部门的总经理、副总经理离任的，基金托管银行应当立即对其进行离任审查，并自离任之日起30个工作日内将审查报告报送中国证监会基金监管部，同时存档备查。

基金托管银行基金托管部门总经理、副总经理的离任审查报告应当参照本准则第五条第一项至第三项、第六项至第九项有关内容，并应当包括其任期内主管或者分管业务的经营状况、内控建设和风险管理情况等。

第十条 独立基金销售机构的其他高级管理人员、证券投资咨询机构负责基金销售业务的高级管理人员、其他基金销售机构负责基金销售业务的部门负责人离任的，相关基金销售机构应当立即对其进行离任审查，并自离任之日起30个工作日内将离任审查报告报送中国证监会基金监管部及相关派出机构，同时存档备查。

上述人员的离任审查报告，应当参照本准则第五条第一项至第三项、第六项至第九项有关内容，并应当包括其任期内分管业务的经营状况、内控建设和风险管理情况等。

第十一条 基金管理公司、独立基金销售机构应当真实、准确、完整地向出具离任审计报告的会计师事务所提供相关材料。

会计师事务所应当勤勉尽责，对所依据的文件资料内容的真实性、准确性、完整性进行核查和验证，客观、公正地出具离任审计报告。

第十二条 离任审计、审查报告的内容应当全面、客观、公正地反映审计、审查对象任职期间履行职责情况及合规情况。

第十三条 审计、审查对象应当配合离任审计、审查工作。

离任审计、审查报告应当附审计、审查对象的书面意见，审计、审查对象拒绝对审计、审查报告发表意见的，应当注明。

第十四条 根据本企业、上级主管机关或者其他监管机构要求对审计、审查对象已经出具离任审计、审查报告的，如果审计、审查内容涵盖本准则规定的相关内容的，可以不进行重复审计或者审查。

第十五条 出具离任审计、审查报告的机构应当妥善保管离任审计、审查报告。

中国证监会在审核基金行业高级管理人员任职资格申请，行业协会在对基金经理、投资经理进行注册登记时，参考相关离任审计、审查报告。

第十六条 出具离任审计报告的会计师事务所未按本准则规定进行必要的核查、验证，离任审计报告内容不符合本准则要求或者出具的报告有虚假记载、重大遗漏的，中国证监会可以对会计师事务所相关负责人及直接责任人员采取行政监管措施，并要求重新出具离任审计报告；违反法律、行政法规或者规章的，按照相关规定进行处罚。

第十七条 基金管理公司、基金托管银行、基金销售机构未按规定建立离任审计、审查制度，出具的离任审查报告有虚假记载、重大遗漏或者不符合本准则要求的，中国证监会及其派出机构可以对负有主要责任的高级管理人员和直接责任人员采取行政监管措施，并要求重新出具离任审查报告；违反法律、行政法规或者规章的，按照相关规定进行处罚。

第十八条 离任审计、审查对象没有正当理由不配合离任审计、审查工作的，中国证监会及其派出机构可以对其采取相应行政监管措施。

第十九条 本准则自 2011 年 10 月 1 日起施行。

中央企业财务决算审计工作规则

（国资发评价［2004］173 号，2004 年 2 月 5 日）

目　　录

第一章　总　　则

第一条 为加强中央企业（以下简称企业）财务监督，规范企业年度财务决算审计工作，促进提高企业会计信息质量，依据《企业国有资产监督管理暂行条例》和国家有关财务会计制度规定，制定本规则。

第二条 本规则所称年度财务决算审计，是指按照有关规定委托具有资质条件的会计师事务所及注册会计师，以国家财务会计制度为依据，对企业编制的年度财务决算报告及

经济活动进行审查并发表独立审计意见的监督活动。

第三条 本规则所称年度财务决算报告，是指企业按照国家财务会计制度规定，根据统一的编制口径、报表格式和编报要求，依据有关会计账簿记录和相关财务会计资料，编制上报的反映企业年末结账日资产及财务状况和年度经营成果、现金流量、国有资本保值增值等基本经营情况的文件。企业年度财务决算审计报告是企业年度财务决算报告的必备附件。

第四条 国务院国有资产监督管理委员会（以下简称国资委）依法对企业年度财务决算的审计工作进行监督。

第二章 审计机构委托

第五条 为保障企业年度财务状况及经营成果的真实性，根据财务监督工作的需要，国资委统一委托会计师事务所对企业年度财务决算进行审计。

第六条 国资委统一委托会计师事务所，按照“公开、公平、公正”的原则，采取国资委公开招标或者企业推荐报国资委核准等方式进行。其中，国有控股企业采取企业推荐报国资委核准的方式进行。

第七条 国资委暂未实行统一委托会计师事务所进行年度财务决算审计工作的企业，应当按照“统一组织、统一标准、统一管理”的工作原则，经国资委同意，由企业总部按照有关规定，采用公开招标等方式，委托会计师事务所对企业及各级子企业年度财务决算进行审计。

第八条 对于企业总部统一委托会计师事务所的企业，应当事先报国资委同意，并在与所委托会计师事务所签定年度财务决算审计业务约定书之日起 15 日内，将约定书及会计师事务所有关资质证明材料报国资委审核备案。

（一）业务约定书应当明确企业与会计师事务所双方在年度财务决算审计工作中的权利、义务和责任。

业务约定书应当明确规定，会计师事务所不得将承揽企业的年度财务决算审计业务再转包或分包给其他会计师事务所。会计师事务所下属分所不得单独出具企业年度财务决算审计报告。

（二）会计师事务所相关资质证明材料包括：

1. 会计师事务所营业执照、执业证书复印件；

2. 注册会计师名单；

3. 会计师事务所最近 3 年执业情况总结；

4. 要求提供的其他有关证明材料。

第九条 企业年度财务决算审计工作，原则上统一委托 1 家会计师事务所承办；对于所属子企业分布地域较广的，可由企业总部委托多家会计师事务所共同承办（一般不超过 5 家）。

第十条 委托多家会计师事务所共同承办年度财务决算审计业务的，应当明确由承办企业总部审计业务的会计师事务所担任主审会计师事务所。主审会计师事务所承担的审计业务量一般不得低于 50%（特殊情形企业另行规定），同时负责该企业全部审计工作的组织、质量控制及集团合并报表的审计，并对出具的该企业年度财务决算审计报告负责。

对于多家会计师事务所共同承办年度财务决算审计的，企业应当做好主审会计师事务所与参审会计师事务所的分工协作，并在业务约定书中予以明确。

第十一条 企业委托的会计师事务所应当连续承担不少于2年的企业年度财务决算审计业务，因特殊情形需变更会计师事务所的，应当将变更原因及重新委托的会计师事务所有关情况及时报国资委同意。

被更换会计师事务所对变更有异议的，可以向国资委提交陈述报告。

第十二条 同一会计师事务所承办企业年度财务决算审计业务不应连续超过5年。

第十三条 企业与承办企业年度财务决算审计业务的会计师事务所及注册会计师之间不应当存有利害关系。

第十四条 承办企业年度财务决算审计的会计师事务所（含参审会计师事务所）应当具有较完善的内部执业质量控制管理制度，执业质量应当符合国家有关规定要求，并且其资质条件应当与企业规模相适应。

第三章 审计工作要求

第十五条 承办企业年度财务决算审计业务的会计师事务所及注册会计师实施审计的范围应当包括：

（一）资产负债表、利润及利润分配表、现金流量表、所有者权益变动表；

（二）会计报表附注；

（三）国资委要求的专项审计事项；

（四）企业要求的其他专项审计事项。

第十六条 企业应当为会计师事务所及注册会计师开展年度财务决算审计、履行必要审计程序、取得充分审计证据提供必要条件，不得干预会计师事务所及注册会计师的审计活动，以保证审计结论的独立、客观、公正。

第十七条 承办企业年度财务决算审计业务的会计师事务所及注册会计师，应当认真遵照《独立审计准则》以及其他职业规范，并按照国家有关财务会计制度规定和国资委对年度财务决算的统一工作要求，对企业年度财务决算实施审计。

第十八条 会计师事务所及注册会计师对企业年度财务决算出具的审计结论及意见应当准确恰当，审计结论与审计证据对应关系应当适当、严密，审计结论披露信息应当全面完整。

第十九条 会计师事务所应当在企业年度财务决算报告规定上报时间前完成审计业务工作，并出具审计报告。对不能按期完成企业年度财务决算审计工作的会计师事务所，企业报国资委同意后可予以更换。

第二十条 承办企业年度财务决算审计业务的会计师事务所，应当按照国家有关规定，妥善保管好年度财务决算审计工作底稿及相关材料，并做好归档管理工作，以备查用。

第二十一条 企业及各级子企业应当根据会计师事务所及注册会计师提出的审计意见进行财务决算调整；企业对审计意见或审计结论存有异议未进行财务决算调整的，应当在上报年度财务决算报告中向国资委专门说明。

第二十二条 企业总部设在港澳地区的企业年度财务决算审计工作，以所在地区法律规定为依据。

第二十三条 企业对下列特殊情形的子企业，应当建立完善的内部审计制度，并出具内部审计报告，以保证年度财务决算的真实、完整。

（一）按照国家有关规定，涉及国家安全不适宜会计师事务所审计的特殊子企业；

（二）依据所在国家及地区法律规定进行审计的境外子企业；

（三）国家法律、法规未规定须委托会计师事务所审计的有关单位。

第四章　审计事项披露

第二十四条　承办企业年度财务决算审计业务的会计师事务所及注册会计师，在审计工作中要按照国家有关财务会计制度、独立审计准则和年度财务决算工作要求，对企业重要财务会计事项予以关注，并在审计报告中予以披露；对于国资委提出的专项工作要求，可以专项报告的形式予以披露。

第二十五条　会计师事务所及注册会计师在年度财务决算审计中，应当重点关注企业年度财务决算编报范围是否齐全、报表合并口径和方法是否正确、合并内容是否完整及对资产和财务状况的影响，并应当对应纳入而未纳入合并范围的子企业对资产和财务状况的影响作重点说明。主要说明内容包括：

（一）未按照规定纳入合并报表范围的所属子企业户数情况；

（二）未按照规定将企业所属实行金融或者事业会计制度的子企业或者单位资产及效益并入年度财务决算报表情况；

（三）企业所属境外子企业和分支机构资产及效益是否并入年度财务决算报表情况；

（四）未按照规定对具有控制权或者重大影响力的长期投资情况进行权益法核算；

（五）其他需要说明的事项。

第二十六条　主审会计师事务所应当关注与披露企业所属各子企业的分户年度财务决算审计情况，逐户列明审计机构、审计结论及审计保留事项的原因，以及对企业财务状况的影响程度或金额。

第二十七条　会计师事务所及注册会计师应当关注与披露企业实际发生的各项经济业务是否按照国家统一的财务会计制度规定予以确认、计量和登记，会计核算方法和会计政策是否符合国家财务会计制度规定。具体披露内容应当包括：

（一）采用的会计核算方法和会计政策是否正确，年度间是否一致，发生变更是否经过核准或者备案；

（二）资产、负债和所有者权益的确认标准和计量方法是否准确；

（三）固定资产主要类型及计提折旧情况，在建工程项目及结算情况；

（四）各种资产损失情况及处理办法；

（五）各项减值准备的计提方法、变更情况及减值准备转回情况；

（六）企业从事高风险投资经营情况，如证券买卖、期货交易、房地产开发等业务占用资金和效益情况；

（七）财产抵押、对外担保、未决诉讼等或有事项，是否如实在年度财务决算中予以反映；

（八）财务成果的核算是否真实、完整，影响企业财务经营成果的各种因素是否合理及其金额；

（九）所有者权益增减变动因素是否真实可靠。

第二十八条　会计师事务所及注册会计师在审计过程中发现企业内部会计控制制度存

在重大缺陷的，应当予以披露，并按照要求出具管理建议书。

第二十九条　会计师事务所及注册会计师在年度财务决算审计报告或者报告附件中，根据国资委要求应当关注和披露下列有关专项审计事项：

（一）国有资本保值增值及主客观因素变动情况；

（二）企业年度财务决算中主要指标年初数与上年年末数不一致的情况及主要原因；

（三）按照国家政策开展清产核资、主辅分离、债务重组、改制改组、破产出售、资产处置、债转股等工作的企业，依据有关部门批复文件调整会计账务情况；

（四）企业本年度财务决算中依据会计师事务所对上年度财务决算出具的审计意见予以会计账务调整情况；

（五）企业本年度财务决算中依据会计师事务所审计意见所进行的主要账务调整事项；

（六）其他需要关注和披露事项。

第五章　审计意见处理

第三十条　企业对会计师事务所及注册会计师对年度财务决算出具的审计报告中提出的意见和问题，应当依据国家有关财务会计制度，认真对照检查，对确实存在问题的，应当采取有效整改措施。

第三十一条　对会计师事务所及注册会计师出具的审计结论有不同意见的，应当在年度财务决算报告中予以说明；存在较大分歧的，应当向国资委提交专项报告予以说明。

第三十二条　对会计师事务所及注册会计师出具的审计报告为保留意见的，企业应当在年度财务决算报告中，对保留事项予以说明。

第三十三条　对会计师事务所及注册会计师出具审计报告属否定意见和无法表示意见的，企业应当在上报年度财务决算报告时提交专项报告予以说明。

第六章　审计工作责任

第三十四条　企业应当对向会计师事务所及注册会计师提供的会计记录和财务数据的真实性、合法性和完整性承担责任。会计师事务所及注册会计师应当对出具的审计报告承担相应责任。

对按照国家有关规定不适宜会计师事务所审计的子企业或所属单位，注册会计师和会计师事务所可以依据内部审计报告发表审计意见。企业应对内部审计报告的真实性、完整性承担责任。

第三十五条　会计师事务所及注册会计师对企业年度财务决算的审计工作或者审计质量不符合统一工作要求，国资委可要求补充相关资料或者重新审计；审计结论及意见不准确或审计质量存在较多问题的，国资委可更换或者要求企业更换会计师事务所重新审计。

第三十六条　企业拒绝或者故意不提供有关财务会计资料和文件，影响和妨碍注册会计师正常审计业务，会计师事务所应当及时向国资委反映情况。

第三十七条　国资委将建立企业年度财务决算审计工作质量档案管理制度，对于在企业年度财务决算审计工作中存在以下问题或行为的会计师事务所，将予以通报或者限制其审计业务：

（一）对企业年度财务决算审计程序、范围、依据、内容、审计工作底稿等存在问题

和缺陷，以及审计结论避重就轻、含糊其辞、依据严重不足的，予以内部通报；

（二）对连续2年（含2年）或者同一年度承担的两家企业年度财务决算审计工作均被给予通报的，3年内不得承担企业有关审计业务；

（三）在企业年度财务决算审计中存在重大错漏，应当披露未披露重大财务事项，或者发生重大违法违规行为的，今后不得承担企业有关审计业务。

第三十八条 会计师事务所和注册会计师违反《中华人民共和国注册会计师法》等有关法律法规，与企业及相关人员串通，弄虚作假，出具不实或虚假内容的审计报告的，国资委将通报有关部门依法予以处罚。

第三十九条 国资委通过企业年度财务决算审核和监事会稽核等工作制度，对企业年度财务决算审计质量进行监督。

第七章 附 则

第四十条 各省、自治区、直辖市国有资产监督管理机构可以参照本规则，制定本地区相关工作规范。

第四十一条 本规则自公布之日起施行。

关于建立健全审计机关廉政工作体系的指导意见

（审纪监发［2004］67号，2004年11月20日）

为了贯彻落实党的十六届四中全会和中央纪委四次全会精神，建立健全与社会主义市场经济体制下审计事业发展相适应的教育、制度、监督并重的审计机关廉政工作体系，实现审计机关廉政工作的系统化、制度化和规范化，保障审计机关依法独立有效履行职责，现提出以下指导意见。

一、指导思想和基本原则

（一）指导思想：以邓小平理论和“三个代表”重要思想为指导，按照党中央、国务院、中央纪委和地方党委、政府的部署和要求，紧密结合审计工作特点，坚持“标本兼治、综合治理、惩防并举、注重预防”和“从严治理审计队伍”的方针，立足于教育，靠制度防腐，着眼于防范，建立健全与社会主义市场经济体制下审计事业发展相适应的教育、制度、监督并重的廉政工作体系，完善社会主义审计监督制度，为审计事业的健康发展提供政治、道德和纪律保证，推进审计机关依法独立有效地履行职责。

（二）基本原则：

——系统性原则。构建廉政工作体系，既要包括从严治标的措施，又要涵盖着力治本的内容；要正确把握教育、制度、监督三者之间的内在联系，以廉政教育为制度建设和监督制约奠定基础，以制度建设保证廉政教育和监督制约的实效，以监督促进教育和制度的落实，实现资源互补，整体推进，充分发挥体系的整体功能。

——前瞻性原则。要有战略眼光和超前意识，科学规划，稳步推进。既要有阶段性任务，又要制定长远目标。要通过调查研究，结合本单位实际，从治本的角度，制定切实可行的制度和规定，把问题解决在事前、事中，防患于未然。

——创新性原则。创新教育形式，充分发挥教育在体系建设中的基础性作用，切实增强教育的有效性。创新制度规范，建立健全防腐保廉的制度体系，形成用制度规范从政行为、按制度办事、靠制度管人的机制。创新监督方式，完善审计系统内部监督、层级监督和外部监督体系，增强监督的实效性。

——针对性原则。廉政教育要以各级领导干部为重点，以树立正确的世界观、人生观、价值观和权力观、地位观、利益观为根本，以艰苦奋斗、廉洁奉公为主题，以立党为公、执政为民为目标，筑牢拒腐防变的思想道德防线。廉政制度建设要在狠抓贯彻执行上下功夫，加强对制度规定落实情况的监督检查，对违反制度规定的行为进行严肃查处，坚决维护制度规定的严肃性。廉政监督要突出加强对权力运行的制约和监督，坚持以领导机关、领导干部特别是“一把手”为重点，紧紧抓住易于滋生腐败的重点环节和重点部位，综合运用多种监督形式，努力形成结构合理、配置科学、程序严密、制约有效的权力运行机制。

——实效性原则。体系建设既要有宏观架构，又要有微观措施；既要立足当前，又要着眼长远。制定规划措施应具有可操作性，力争在实际工作中行得通，用得上，避免把体系搞成空架子，流于形式。

二、总体目标、主要任务和实施步骤

（三）总体目标：

到2007年，审计机关廉政工作体系搭建起基础性框架，审计机关反腐倡廉工作系统化、制度化和规范化程度明显提高，审计监督职能得以有效发挥。

——审计机关廉政工作领导体制和工作机制基本健全，党风廉政建设责任制全面落实。

——规范性的审计工作运行机制和审计行为准则、防范性的保廉制度等一套比较完善的制度体系初步形成。

——审计机关廉政监督组织体系健全，纪检监察机构设置、人员配备适应工作要求，发现和解决腐败问题的能力明显增强。

——审计人员廉洁从审的自觉性明显提高，领导干部廉洁自律规定和审计纪律得到严格执行。

（四）主要任务：

——完善思想教育和道德约束措施，提高各级审计机关领导干部和广大审计人员的思想境界和道德水准，构筑思想道德防线，建立健全自律机制。

——进一步加大治本力度，深化改革，注重强化对源头的治理，惩防并举，注重防范，最大限度地从源头上消除各种产生腐败和不廉行为的土壤及条件，建立健全约束机制。

——以“权、钱、人”为重点，坚持外抓审计纪律，内抓审计管理，坚决查处各种违纪违法行为，完善事前、事中、事后监督与惩罚措施，建立健全惩治机制。

（五）实施步骤：

2004年组织调查研究，根据指导意见的要求，结合实际，着手制定各地区、各单位廉政工作体系具体实施方案。从2005年起，按照廉政工作体系实施方案的要求，分步骤、分阶段组织实施。2007年，在对廉政体系建设状况进行总结评估的基础上，完善相关措施，进一步建立健全廉政工作体系。

三、建立健全廉政教育防范机制

（六）完善教育制度。按照建立健全宣传教育工作大格局的要求，努力形成以党组（党委）统一领导，纪检监察部门组织协调，有关职能部门各负其责，广大审计人员积极参与的教育氛围。将廉政教育作为思想政治工作和审计业务工作的重要组成部分，纳入年度干部教育、培训计划。建立全员培训和分层次培训相结合的廉政教育制度，建立党组中心组廉政学习制度，重点抓好领导干部的廉政教育。落实廉政教育责任，加强督促和检查。

（七）明确教育内容。准确把握审计干部的思想实际，积极探索新形势下廉政教育的特点和规律，不断深化廉政教育的内容，充分体现时代性，增强实效性。认真组织以学习“三个代表”重要思想为主要内容的保持共产党员先进性教育，引导广大党员干部特别是领导干部更加坚定理想信念，树立正确的世界观、人生观、价值观和权力观、地位观、利益观。开展发扬党的优良传统教育，尤其是“两个务必”教育，使党员干部始终保持艰苦奋斗的作风。进行党纪政纪法纪和审计职业道德教育，增强党员干部的法治意识和纪律观念，真正做到依法行政。树立廉政勤政先进典型，弘扬正气；通过反面案例进行警示教育，引以为戒。坚持以审计文化支撑审计事业的发展，努力形成全体审计人员共同遵循的价值取向、行为方式、思想意识、精神追求、道德规范。

（八）创新教育形式。加强组织领导和协调工作，实现廉政教育与审计工作、干部管理、作风建设和党建工程相结合。切实增强教育的针对性和有效性，变灌输式为互动式，变说教式为引导式，变被动式为主动式，变封闭式为开放式。通过上党课、撰写学习体会文章、观看电视教育片、制作廉政网页、开设廉政网站、组织党纪条规测试和知识竞赛、请先进典型作报告等方式，营造反腐倡廉的浓厚氛围，努力构筑拒腐防变的思想道德防线。

四、建立健全审计行为约束机制

（九）规范审计行为。建立健全审计准则体系、审计业务管理体系、审计质量控制体系、审计技术方法体系和审计职业道德规范，规范审计监督行为，确保审计工作的法制化、规范化、科学化。

（十）健全制约机制。完善审计复核和审计业务会议制度，积极推行审计纪律“八不准”规定，有条件的地区要推行送达审计和计算机联网审计。

（十一）增强审计透明度。设立廉政监督员，设立举报电话和意见箱，公示审计纪律，推行审计结果公告制度，增强审计监督的透明度。

五、建立健全机关财务管理机制

（十二）规范财务管理。建立健全财务管理制度，细化部门预算，严格执行“收支两条线”规定，对大型设备、重要物资、大宗材料的购置和基本建设项目，实行政府采购和公开招投标制度。纪检监察机构要参与监督检查。

（十三）加强内部控制。对重大财务收支及其他经济活动，应由领导班子集体研究决定。指定有关职能部门对机关财务收支情况实行定期审计，并向纪检监察机构报告审计结果。

（十四）实行民主理财和财务公开。涉及基建、房改、职工生活福利和公务接待费用等财务事项，决策前要广泛征求群众意见，实施后要公示结果。

六、建立健全公平择优用人机制

（十五）坚持国家公务员择优录用制度。严格准入条件，规范公开考试录用程序，切实把好“进人关”，进一步提高审计干部队伍素质。

（十六）建立和完善领导干部公开选拔和竞争上岗制度。认真执行民主推荐、组织考察、领导酝酿、集体决定、任前公示和廉政谈话制度。健全领导干部用人失察责任追究制度，加强对公开选拔、竞争上岗工作的监督。坚持职务需求、资格条件、考察、任前公示“四公开”，落实群众的知情权、参与权、选择权、监督权。

（十七）完善干部考核评价制度。建立以体现科学的发展观和正确的政绩观为核心，客观公正、科学有效、简便易行的干部考核与业绩评价制度。注重考核评价内容的全面性，增强考核评价方法的科学性，确保考核评价结果的准确性。坚持品德与才干、定性与定量、领导与群众相结合的考核方法，建立科学的考核要素和量化指标体系，增强干部考核评价工作的科学性。

（十八）推行领导干部任期制和主要负责人任期经济责任审计制度，加大干部交流轮岗力度。

七、建立健全廉政监督制约机制

（十九）完善监督制度。建立健全民主集中制的各项具体制度，加强对执行情况的监督检查。完善领导干部民主生活会制度，充分发挥领导班子内部相互监督的作用。建立和完善党内情况通报制度、情况反映制度和重大决策征求意见制度，切实保障党员的民主权利。建立健全领导干部个人重大事项报告制度、述职述廉制度、廉政谈话和诫免制度。

（二十）突出监督重点。抓住权力相对集中、自由裁量权较大，涉及“权、钱、人”等易于产生腐败的重点部门、领域和环节，把行使重大事项决策权、人事权和用财权作为重点，加强对各级领导干部，特别是主要领导干部的监督。要加强事前防范监督，惩防并举，一旦发现领导干部违纪违法问题，要严肃查处。

（二十一）形成监督合力。完善班子内部的民主监督，凡涉及重大决策、重要干部任免、重大项目安排和大额资金使用，必须严格按程序运作，经集体讨论决定，并实行决策失误追究制度。建立下级单位定期向上级机关和纪检监察机构报告本部门廉政工作情况制度。强化群众监督，完善信访举报制度，有效保障群众的监督权。组织被审计单位及相关部门对审计机关进行评议，主动接受社会监督。

八、建立健全审计廉政责任机制

（二十二）完善廉政责任制度。根据中央有关责任制的规定，制定实施办法或实施细则。总结推广《廉政承诺制》和《廉政责任状》等做法，把廉政责任落实到各级领导班子、领导干部、有关职能部门、业务处室和审计组长身上，自上而下，层层负责，一级抓一级。各级领导干部和有关职能部门要按照职责分工，认真落实中央、地方党委、政府和审计署部署的反腐败抓源头工作任务，及时报告履行廉政责任的情况。逐步建立审计执法责任追究制度，严肃查处不依法审计和不廉洁审计的行为。

（二十三）建立领导干部定期述职述廉制度。结合年终工作总结召开述职述廉大会，由领导班子成员作述职述廉报告。述职大会后，组织对各级领导干部执行廉政纪律和履行党风廉政建设责任制情况进行民主测评，通报领导干部述廉情况和结果。

（二十四）组织考核检查。定期组织对内设机构和所属单位领导班子和领导干部履行党风廉政建设责任制情况进行考核检查。廉政责任考核工作，由领导班子成员带队，进行

检查和重点抽查，确保考核工作质量。

九、加强工作指导和组织协调

（二十五）加强工作指导。审计署党组对构建审计机关廉政工作体系要加强工作指导，并将其作为完善社会主义市场经济体制下审计制度的重要内容，作为落实《审计署2003至2007年审计工作发展规划》的重要任务，坚持“两手抓、两手都要硬”的方针，把构建廉政工作体系列入重要议事日程，与审计业务工作、党的建设、审计队伍建设、审计文化建设紧密结合，一起部署，一起检查；一起落实。

（二十六）强化组织协调。广泛发动，大力宣传建立和完善审计机关廉政工作体系的重要意义，调动各方面力量，形成各部门协调行动、审计干部积极参与的工作局面。实行任务分解，按照构建廉政工作体系的要求，将各项任务分解到有关职能部门，提出明确要求。加强协调配合，建立会议和汇报制度，定期沟通情况，及时研究改进措施。

（二十七）部门各负其责。审计机关职能部门按照分工，具体负责有关事项的落实工作，每年向党组作出专题汇报。进一步明确各级领导班子、领导干部在建立和完善审计机关廉政工作体系工作中应承担的领导责任，强化责任考核和追究，确保构建廉政工作体系任务的完成和总体目标的顺利实现。

（二十八）充分发挥纪检监察部门的职能作用。各级审计机关党组织和行政领导班子，要重视和支持纪检监察工作，充分发挥纪检监察部门在建立健全廉政体系工作中的作用。审计机关纪检监察部门及其工作人员要增强工作责任感和紧迫感，自觉用“三个代表”重要思想武装头脑，进一步加强思想政治建设、能力建设、作风建设和法制建设，努力建设一支政治坚定、纪律严明、业务精通、作风优良的高素质干部队伍，促进审计机关廉政建设工作进一步发展。

财政违法行为处罚处分条例

（2004年11月30日中华人民共和国国务院令第427号公布
根据2011年1月8日《国务院关于废止和修改部分行政法规的决定》修订）

第一条 为了纠正财政违法行为，维护国家财政经济秩序，制定本条例。

第二条 县级以上人民政府财政部门及审计机关在各自职权范围内，依法对财政违法行为作出处理、处罚决定。

省级以上人民政府财政部门的派出机构，应当在规定职权范围内，依法对财政违法行为作出处理、处罚决定；审计机关的派出机构，应当根据审计机关的授权，依法对财政违法行为作出处理、处罚决定。

根据需要，国务院可以依法调整财政部门及其派出机构（以下统称财政部门）、审计机关及其派出机构（以下统称审计机关）的职权范围。

有财政违法行为的单位，其直接负责的主管人员和其他直接责任人员，以及有财政违法行为的个人，属于国家公务员的，由监察机关及其派出机构（以下统称监察机关）或者任免机关依照人事管理权限，依法给予行政处分。

第三条 财政收入执收单位及其工作人员有下列违反国家财政收入管理规定的行为之

一的，责令改正，补收应当收取的财政收入，限期退还违法所得。对单位给予警告或者通报批评。对直接负责的主管人员和其他直接责任人员给予警告、记过或者记大过处分；情节严重的，给予降级或者撤职处分：

（一）违反规定设立财政收入项目；

（二）违反规定擅自改变财政收入项目的范围、标准、对象和期限；

（三）对已明令取消、暂停执行或者降低标准的财政收入项目，仍然依照原定项目、标准征收或者变换名称征收；

（四）缓收、不收财政收入；

（五）擅自将预算收入转为预算外收入；

（六）其他违反国家财政收入管理规定的行为。

《中华人民共和国税收征收管理法》等法律、行政法规另有规定的，依照其规定给予行政处分。

第四条　财政收入执收单位及其工作人员有下列违反国家财政收入上缴规定的行为之一的，责令改正，调整有关会计账目，收缴应当上缴的财政收入，限期退还违法所得。对单位给予警告或者通报批评。对直接负责的主管人员和其他直接责任人员给予记大过处分；情节较重的，给予降级或者撤职处分；情节严重的，给予开除处分：

（一）隐瞒应当上缴的财政收入；

（二）滞留、截留、挪用应当上缴的财政收入；

（三）坐支应当上缴的财政收入；

（四）不依照规定的财政收入预算级次、预算科目入库；

（五）违反规定退付国库库款或者财政专户资金；

（六）其他违反国家财政收入上缴规定的行为。

《中华人民共和国税收征收管理法》、《中华人民共和国预算法》等法律、行政法规另有规定的，依照其规定给予行政处分。

第五条　财政部门、国库机构及其工作人员有下列违反国家有关上解、下拨财政资金规定的行为之一的，责令改正，限期退还违法所得。对单位给予警告或者通报批评。对直接负责的主管人员和其他直接责任人员给予记过或者记大过处分；情节较重的，给予降级或者撤职处分；情节严重的，给予开除处分：

（一）延解、占压应当上解的财政收入；

（二）不依照预算或者用款计划核拨财政资金；

（三）违反规定收纳、划分、留解、退付国库库款或者财政专户资金；

（四）将应当纳入国库核算的财政收入放在财政专户核算；

（五）擅自动用国库库款或者财政专户资金；

（六）其他违反国家有关上解、下拨财政资金规定的行为。

第六条　国家机关及其工作人员有下列违反规定使用、骗取财政资金的行为之一的，责令改正，调整有关会计账目，追回有关财政资金，限期退还违法所得。对单位给予警告或者通报批评。对直接负责的主管人员和其他直接责任人员给予记大过处分；情节较重的，给予降级或者撤职处分；情节严重的，给予开除处分：

（一）以虚报、冒领等手段骗取财政资金；

（二）截留、挪用财政资金；

（三）滞留应当下拨的财政资金；

（四）违反规定扩大开支范围，提高开支标准；

（五）其他违反规定使用、骗取财政资金的行为。

第七条 财政预决算的编制部门和预算执行部门及其工作人员有下列违反国家有关预算管理规定的行为之一的，责令改正，追回有关款项，限期调整有关预算科目和预算级次。对单位给予警告或者通报批评。对直接负责的主管人员和其他直接责任人员给予警告、记过或者记大过处分；情节较重的，给予降级处分；情节严重的，给予撤职处分：

（一）虚增、虚减财政收入或者财政支出；

（二）违反规定编制、批复预算或者决算；

（三）违反规定调整预算；

（四）违反规定调整预算级次或者预算收支种类；

（五）违反规定动用预算预备费或者挪用预算周转金；

（六）违反国家关于转移支付管理规定的行为；

（七）其他违反国家有关预算管理规定的行为。

第八条 国家机关及其工作人员违反国有资产管理的规定，擅自占有、使用、处置国有资产的，责令改正，调整有关会计账目，限期退还违法所得和被侵占的国有资产。对单位给予警告或者通报批评。对直接负责的主管人员和其他直接责任人员给予记大过处分；情节较重的，给予降级或者撤职处分；情节严重的，给予开除处分。

第九条 单位和个人有下列违反国家有关投资建设项目规定的行为之一的，责令改正，调整有关会计账目，追回被截留、挪用、骗取的国家建设资金，没收违法所得，核减或者停止拨付工程投资。对单位给予警告或者通报批评，其直接负责的主管人员和其他直接责任人员属于国家公务员的，给予记大过处分；情节较重的，给予降级或者撤职处分；情节严重的，给予开除处分：

（一）截留、挪用国家建设资金；

（二）以虚报、冒领、关联交易等手段骗取国家建设资金；

（三）违反规定超概算投资；

（四）虚列投资完成额；

（五）其他违反国家投资建设项目有关规定的行为。

《中华人民共和国政府采购法》、《中华人民共和国招标投标法》、《国家重点建设项目管理办法》等法律、行政法规另有规定的，依照其规定处理、处罚。

第十条 国家机关及其工作人员违反《中华人民共和国担保法》及国家有关规定，擅自提供担保的，责令改正，没收违法所得。对单位给予警告或者通报批评。对直接负责的主管人员和其他直接责任人员给予警告、记过或者记大过处分；造成损失的，给予降级或者撤职处分；造成重大损失的，给予开除处分。

第十一条 国家机关及其工作人员违反国家有关账户管理规定，擅自在金融机构开立、使用账户的，责令改正，调整有关会计账目，追回有关财政资金，没收违法所得，依法撤销擅自开立的账户。对单位给予警告或者通报批评。对直接负责的主管人员和其他直接责任人员给予降级处分；情节严重的，给予撤职或者开除处分。

第十二条 国家机关及其工作人员有下列行为之一的，责令改正，调整有关会计账目，追回被挪用、骗取的有关资金，没收违法所得。对单位给予警告或者通报批评。对直接负责的主管人员和其他直接责任人员给予降级处分；情节较重的，给予撤职处分；情节严重的，给予开除处分：

（一）以虚报、冒领等手段骗取政府承贷或者担保的外国政府贷款、国际金融组织贷款；

（二）滞留政府承贷或者担保的外国政府贷款、国际金融组织贷款；

（三）截留、挪用政府承贷或者担保的外国政府贷款、国际金融组织贷款；

（四）其他违反规定使用、骗取政府承贷或者担保的外国政府贷款、国际金融组织贷款的行为。

第十三条 企业和个人有下列不缴或者少缴财政收入行为之一的，责令改正，调整有关会计账目，收缴应当上缴的财政收入，给予警告，没收违法所得，并处不缴或者少缴财政收入10%以上30%以下的罚款；对直接负责的主管人员和其他直接责任人员处3000元以上5万元以下的罚款：

（一）隐瞒应当上缴的财政收入；

（二）截留代收的财政收入；

（三）其他不缴或者少缴财政收入的行为。

属于税收方面的违法行为，依照有关税收法律、行政法规的规定处理、处罚。

第十四条 企业和个人有下列行为之一的，责令改正，调整有关会计账目，追回违反规定使用、骗取的有关资金，给予警告，没收违法所得，并处被骗取有关资金10%以上50%以下的罚款或者被违规使用有关资金10%以上30%以下的罚款；对直接负责的主管人员和其他直接责任人员处3000元以上5万元以下的罚款：

（一）以虚报、冒领等手段骗取财政资金以及政府承贷或者担保的外国政府贷款、国际金融组织贷款；

（二）挪用财政资金以及政府承贷或者担保的外国政府贷款、国际金融组织贷款；

（三）从无偿使用的财政资金以及政府承贷或者担保的外国政府贷款、国际金融组织贷款中非法获益；

（四）其他违反规定使用、骗取财政资金以及政府承贷或者担保的外国政府贷款、国际金融组织贷款的行为。

属于政府采购方面的违法行为，依照《中华人民共和国政府采购法》及有关法律、行政法规的规定处理、处罚。

第十五条 事业单位、社会团体、其他社会组织及其工作人员有财政违法行为的，依照本条例有关国家机关的规定执行；但其在经营活动中的财政违法行为，依照本条例第十三条、第十四条的规定执行。

第十六条 单位和个人有下列违反财政收入票据管理规定的行为之一的，销毁非法印制的票据，没收违法所得和作案工具。对单位处5000元以上10万元以下的罚款；对直接负责的主管人员和其他直接责任人员处3000元以上5万元以下的罚款。属于国家公务员的，还应当给予降级或者撤职处分；情节严重的，给予开除处分：

（一）违反规定印制财政收入票据；

（二）转借、串用、代开财政收入票据；

（三）伪造、变造、买卖、擅自销毁财政收入票据；

（四）伪造、使用伪造的财政收入票据监（印）制章；

（五）其他违反财政收入票据管理规定的行为。

属于税收收入票据管理方面的违法行为，依照有关税收法律、行政法规的规定处理、处罚。

第十七条 单位和个人违反财务管理的规定，私存私放财政资金或者其他公款的，责令改正，调整有关会计账目，追回私存私放的资金，没收违法所得。对单位处 3000 元以上 5 万元以下的罚款；对直接负责的主管人员和其他直接责任人员处 2000 元以上 2 万元以下的罚款。属于国家公务员的，还应当给予记大过处分；情节严重的，给予降级或者撤职处分。

第十八条 属于会计方面的违法行为，依照会计方面的法律、行政法规的规定处理、处罚。对其直接负责的主管人员和其他直接责任人员，属于国家公务员的，还应当给予警告、记过或者记大过处分；情节较重的，给予降级或者撤职处分；情节严重的，给予开除处分。

第十九条 属于行政性收费方面的违法行为，《中华人民共和国行政许可法》、《违反行政事业性收费和罚没收入收支两条线管理规定行政处分暂行规定》等法律、行政法规及国务院另有规定的，有关部门依照其规定处理、处罚、处分。

第二十条 单位和个人有本条例规定的财政违法行为，构成犯罪的，依法追究刑事责任。

第二十一条 财政部门、审计机关、监察机关依法进行调查或者检查时，被调查、检查的单位和个人应当予以配合，如实反映情况，不得拒绝、阻挠、拖延。

违反前款规定的，责令限期改正。逾期不改正的，对属于国家公务员的直接负责的主管人员和其他直接责任人员，给予警告、记过或者记大过处分；情节严重的，给予降级或者撤职处分。

第二十二条 财政部门、审计机关、监察机关依法进行调查或者检查时，经县级以上人民政府财政部门、审计机关、监察机关的负责人批准，可以向与被调查、检查单位有经济业务往来的单位查询有关情况，可以向金融机构查询被调查、检查单位的存款，有关单位和金融机构应当配合。

财政部门、审计机关、监察机关在依法进行调查或者检查时，执法人员不得少于 2 人，并应当向当事人或者有关人员出示证件；查询存款时，还应当持有县级以上人民政府财政部门、审计机关、监察机关签发的查询存款通知书，并负有保密义务。

第二十三条 财政部门、审计机关、监察机关依法进行调查或者检查时，在有关证据可能灭失或者以后难以取得的情况下，经县级以上人民政府财政部门、审计机关、监察机关的负责人批准，可以先行登记保存，并应当在 7 日内及时作出处理决定。在此期间，当事人或者有关人员不得销毁或者转移证据。

第二十四条 对被调查、检查单位或者个人正在进行的财政违法行为，财政部门、审计机关应当责令停止。拒不执行的，财政部门可以暂停财政拨款或者停止拨付与财政违法行为直接有关的款项，已经拨付的，责令其暂停使用；审计机关可以通知财政部门或者其他有关主管部门暂停财政拨款或者停止拨付与财政违法行为直接有关的款项，已经拨付的，责令其暂停使用，财政部门和其他有关主管部门应当将结果书面告知审计机关。

第二十五条 依照本条例规定限期退还的违法所得，到期无法退还的，应当收缴国库。

第二十六条　单位和个人有本条例所列财政违法行为，财政部门、审计机关、监察机关可以公告其财政违法行为及处理、处罚、处分决定。

第二十七条　单位和个人有本条例所列财政违法行为，弄虚作假骗取荣誉称号及其他有关奖励的，应当撤销其荣誉称号并收回有关奖励。

第二十八条　财政部门、审计机关、监察机关的工作人员滥用职权、玩忽职守、徇私舞弊的，给予警告、记过或者记大过处分；情节较重的，给予降级或者撤职处分；情节严重的，给予开除处分。构成犯罪的，依法追究刑事责任。

第二十九条　财政部门、审计机关、监察机关及其他有关监督检查机关对有关单位或者个人依法进行调查、检查后，应当出具调查、检查结论。有关监督检查机关已经作出的调查、检查结论能够满足其他监督检查机关履行本机关职责需要的，其他监督检查机关应当加以利用。

第三十条　财政部门、审计机关、监察机关及其他有关机关应当加强配合，对不属于其职权范围的事项，应当依法移送。受移送机关应当及时处理，并将结果书面告知移送机关。

第三十一条　对财政违法行为作出处理、处罚和处分决定的程序，依照本条例和《中华人民共和国行政处罚法》、《中华人民共和国行政监察法》等有关法律、行政法规的规定执行。

第三十二条　单位和个人对处理、处罚不服的，依照《中华人民共和国行政复议法》、《中华人民共和国行政诉讼法》的规定申请复议或者提起诉讼。

国家公务员对行政处分不服的，依照《中华人民共和国行政监察法》、《中华人民共和国公务员法》等法律、行政法规的规定提出申诉。

第三十三条　本条例所称“财政收入执收单位”，是指负责收取税收收入和各种非税收入的单位。

第三十四条　对法律、法规授权的具有管理公共事务职能的组织以及国家行政机关依法委托的组织及其工勤人员以外的工作人员，企业、事业单位、社会团体中由国家行政机关以委任、派遣等形式任命的人员以及其他人员有本条例规定的财政违法行为，需要给予处分的，参照本条例有关规定执行。

第三十五条　本条例自 2005 年 2 月 1 日起施行。1987 年 6 月 16 日国务院发布的《国务院关于违反财政法规处罚的暂行规定》同时废止。

审计署关于贯彻实施《财政违法行为处罚处分条例》的通知

（审法发〔2005〕9 号，2005 年 2 月 28 日）

各省、自治区、直辖市和计划单列市、新疆生产建设兵团审计厅（局），各特派员办事处：

《财政违法行为处罚处分条例》（以下简称《条例》）已经 2004 年 11 月 5 日国务院第 69 次常务会议通过，2004 年 11 月 30 日，温家宝总理签署国务院第 427 号令发布了该《条例》，自 2005 年 2 月 1 日起施行。《条例》的颁布施行，有利于维护国家财经秩序，有效制止各种财政违法行为，更好地促进我国社会主义市场经济的健康发展。为保证《条

例》的贯彻实施，现作出如下通知。

一、切实搞好《条例》的学习、宣传和培训工作

《条例》的颁布施行，不仅有利于维护国家财经秩序，同时也是我国审计法制建设的一件大事，必将有利于更好地促进审计机关依法审计，规范审计处理处罚行为，提高审计工作水平。因此，各级审计机关要充分认识贯彻实施好《条例》，对促进依法审计、维护国家财经秩序的重要意义。在当前及今后一个时期，要把《条例》的学习、宣传和培训工作作为一项重要任务，切实抓紧抓好。各级审计机关的领导要带头学习《条例》，正确理解和掌握《条例》的立法精神和主要内容。同时，要认真组织好本单位的学习宣传和培训工作，通过加强培训，尽快使全体审计人员深刻领会《条例》的立法原意，熟练掌握其内容，为在审计执法中更好地运用《条例》奠定基础。要将学习宣传《条例》纳入“四五”普法计划，并将学习掌握和贯彻执行《条例》情况作为“四五”普法验收的重要内容。要突出重点，着力抓好审计法制人员的培训。审计署计划在2005年3月举办省级审计机关和各特派办法制处长《条例》培训班，进行集中学习辅导。要通过多种形式，及时向社会宣传《条例》精神，为《条例》的顺利实施创造良好的社会环境。

二、建立和完善相关制度，规范审计执法程序

《条例》明确规定了审计机关及其派出机构的执法主体资格，同时为有效监控和及时查处财政违法行为，还进一步强化了审计机关等执法主体的执法手段和措施，明确规定审计机关在进行调查或者检查时，可以向与被调查、检查单位有经济业务往来的单位查询有关情况；可以向金融机构查询被调查、检查单位的存款；在有关证据可能灭失或者以后难以取得的情况下，可以先行登记保存；可以对财政违法行为及处理、处罚决定予以公告，等等。与此同时，《条例》还对采用这些手段和措施规定了严格的条件，并规定有关单位和个人对审计机关作出的处理、处罚不服的，可依照《行政复议法》、《行政诉讼法》的规定申请复议或者提起诉讼。因此，各级审计机关要严格遵守《条例》的这些规定，并结合各地实际，抓紧研究制定相关的配套制度，进一步规范审计执法程序，严格按照程序办事，切实防止审计执法中的违法行为。

三、以贯彻实施《条例》为契机，严格审计执法行为

各级审计机关要以《条例》的颁布施行为契机，采取有效措施，进一步加大审计力度，工作严谨细致，严格审计执法行为，做到有法必依，执法必严，违法必究，切实提高审计工作质量和水平。要按照《条例》的有关规定正确行使审计处理、处罚权，严肃查处各类财政违法行为，促进整顿和规范财经秩序。需要特别强调的是，这次《条例》对财政违法行为按照单位性质不同区分为国家机关及其工作人员、企业和个人两大类，并明确对国家机关及其工作人员的财政违法行为，一般不予以罚款，但加大了对有关责任人员的行政处分力度，对单位可给予警告或者通报批评，对其直接负责的主管人员和其他直接责任人员依法给予行政处分。各级审计机关要坚持正确的指导思想，严格依照《条例》的规定实施罚款处罚措施，切实防止由于财政管理体制和执法人员素质、执法环境等因素的影响，出现滥用罚款、以罚款代替处理等现象。要加强与财政部门、监察机关及其他有关监督检查机关的协调配合，相互利用监督成果，尽量减少重复检查，维护行政执法机关的形象。对审计中发现的不属于审计职权范围内的事项，应当视其情节轻重，分别依法移送监察机关或任免机关以及司法机关进行查处，不得故意隐瞒和拖延。

四、加强检查与调查研究，促进《条例》的有效贯彻落实

各级审计机关要及时将本部门、本地区学习和贯彻实施《条例》情况上报上级审计机关，并注意利用多种形式，开展审计执法情况的监督检查，及时发现和纠正执行中存在的问题。上级审计机关要加强对下级审计机关贯彻执行《条例》情况的督促检查和指导，帮助研究解决执行中遇到的困难和问题。各级审计机关都要对照《条例》的有关规定，严格内部管理，模范遵守国家财政、财务法律、法规和制度。审计署将适时组织各地对贯彻实施《条例》的有关情况进行专项检查，促进提高审计执法水平。要广泛开展调查研究，及时了解和掌握《条例》执行中遇到的新情况、新问题，确保《条例》的有效贯彻落实，为维护财经秩序，促进廉政建设，保障社会主义市场经济健康发展作出积极的贡献。

国外贷援款项目公证审计工作管理办法（暂行）

（审外资发［2005］13号，2005年3月7日）

根据《审计署2003至2007年审计工作发展规划》要求，审计署外资司（简称外资司）承担的国外贷援款项目公证审计业务将逐步由审计署国外贷援款项目审计服务中心（简称署外资审计中心）承担。为明确和规范署外资司、各省级审计机关、各特派员办事处和署外资审计中心各自的职责，保证国外贷援款项目公证审计工作的顺利进行，特制定如下办法：

一、外资司是审计署对全国国外贷援款项目公证审计工作进行管理的职能部门，负责国外贷援款项目公证审计的业务指导、制订审计规范、审计质量监督，负责办理国外贷援款项目公证审计的授权和委托，负责与国家主管部门沟通并达成国外贷援款项目公证审计框架协议，负责与国外贷援款机构的官方往来。

二、署外资审计中心是审计署从事国外贷援款项目公证审计业务的事业单位。接受审计署外资司的委托，具体实施国外贷援款项目的公证审计，独立对国外贷援款机构出具项目公证审计报告，就公证审计事项与国家主管部门和国外贷援款机构进行沟通。

三、外资司除每年保留少量与本司年度审计工作重点有关的国外贷援款项目公证审计外，从2005年起，将其执行的国外贷援款项目公证审计业务在3年内逐步移交给署外资审计中心。

四、从2005审计年度起，外资司和各特派员办事处出具的国外贷援款项目公证审计报告，将统一以署外资审计中心名义对外出具，外资司将有关国外贷援款项目的公证审计任务委托给各特派员办事处和署外资审计中心。审计署对各省级审计机关的国外贷援款项目审计授权方式和各省级审计机关出具公证审计报告的程序不变。

五、外资司和各特派员办事处出具的项目公证审计报告（中英文），经本单位负责人签发后（不需在公证审计报告审计师意见栏内签字或加盖公章），以书面和电子形式在规定时间内送署外资审计中心。署外资审计中心对公证审计报告进行复核、印制并盖章后提交给国外贷援款机构。外资司和各特派员办事处对各自审计项目和公证审计报告（中英文）的质量负责，署外资审计中心对公证审计报告格式和文字表述的规范性负复核责任。

六、为保证公证审计报告及时提交给国外贷援款机构，外资司和各特派员办事处应在

国外贷援款机构规定的提交公证审计报告截止期前15日，将公证审计报告（中英文）送署外资审计中心，待署外资审计中心对外出具公证审计报告后，在该审计报告副本上盖本单位公章送被审计单位。

七、各审计机构对拟出具有保留意见、拒绝发表意见和反对意见的公证审计报告应向外资司通报，对重大问题应按规定程序与外资司协商处理。

八、外资司将不定期地对授权或委托审计的国外贷援款项目公证审计质量进行检查，对违反审计规范和其他存在审计风险的问题进行纠正。

审计署审计报告审核审定暂行办法

（审法发［2005］27号，2005年7月21日）

第一条 为了规范审计署审计报告审核审定程序，明确审核审定责任，提高审计质量，防范审计风险，根据《审计机关审计项目质量控制办法（试行）》的有关规定，制定本办法。

第二条 审计署业务司、派出审计局直接实施的所有审计项目的审计报告，审计署业务司负责汇总特派办提交的审计报告，以及特派办直接实施需由审计署出具（但不需要经过业务司审核）的审计报告，均应按本办法规定进行审核审定。

第三条 审计署审计报告的审核审定，实行审计报告代拟部门和复核机构各司其职、总审计师统一把关、署领导分工负责、审计业务会议集体研究审定相结合的原则。

第四条 审计报告审核审定的程序：

（一）审计报告代拟部门在研究审核审计组或特派办提交的审计报告后，代拟审计署审计报告（含审计决定书、审计移送处理书，下同），一并送复核机构进行复核；

（二）复核机构进行复核后，提出复核意见，由审计报告代拟部门作出相应的修改并附采纳复核意见情况说明，送总审计师审核；

（三）总审计师审核后，经分管副审计长审核并提交审计业务会议审议。不需要召开审计业务会议的，直接送分管副审计长审定、签发。

第五条 总审计师在审核审计报告过程中，可视需要召集有关人员，聘请有关专家，召开专题会议。

第六条 自审计报告代拟部门收到审计组或特派办审计报告至审计署正式出具审计报告的时间，一般应控制在30个工作日以内。其中：审计报告代拟部门代拟审计报告、复核机构复核审计报告、总审计师审核审计报告的时间，分别控制在7个工作日以内；提交审计业务会议审议的时间控制在6个工作日以内，分管副审计长审定、签发时间控制在3个工作日以内。如遇特殊情况可适当延长控制时间，但每个环节延长时间一般不超过3个工作日。

第七条 凡列入审计署统一组织项目计划且符合本办法第二条规定的审计项目的审计报告，均应提交审计业务会议进行审议。

审计署业务司、派出审计局实施的非统一组织项目计划的其他项目的审计报告，有下列情况的也提交审计业务会议进行审议：

（一）审计查出金额巨大或情节严重的；

（二）涉及国家秘密或被审计单位商业秘密的；

（三）被审计单位与审计组对问题认定存在较大分歧的；

（四）审计问题定性、处理、处罚涉及的法律、法规等规定不明确，较难作出审计结论的；

（五）审计处理处罚决定执行后以及审计结果向社会公告后，可能引起社会关注或产生较大影响的。

第八条 确定召开审计业务会议后，由署办公厅负责安排会议时间、地点，通知参加会议人员，并于会前至少1个工作日分送会议材料。

第九条 审计报告代拟部门应为审计业务会议准备并经办公厅提交下列材料：

（一）审计署审计报告代拟稿，或审计署业务司汇总特派办的审计报告代拟稿，特派办直接实施需由审计署出具的审计报告代拟稿；

（二）审计组审计报告征求意见稿及被审计单位反馈意见；

（三）审计组审计报告修订稿及被审计单位反馈意见采纳情况说明；

（四）复核机构复核意见、总审计师审核意见及审计报告代拟部门采纳复核、审核意见情况的说明；

（五）其他相关材料，如重要问题的审计取证材料、相关的法律法规等。

第十条 审计业务会议由审计长主持，或者由其委托的副审计长主持。

第十一条 审计业务会议参加人员包括：审计长、副审计长、总审计师，办公厅、复核机构、审计报告代拟部门和相关业务部门负责人等。审计组、复核机构及办公厅有关人员，可以视具体情况列席会议。

第十二条 审计业务会议后，由审计报告代拟部门根据会议决定，修改审计报告代拟稿，送分管副审计长审定、签发。

第十三条 复核机构负责审计业务会议的记录工作。审计报告代拟部门应当将审计业务会议记录归入相应的审计项目档案。

第十四条 审计报告审核审定及相关的责任划分是：

（一）审计人员主要对审计报告列示问题所需审计证据的相关性、客观性、充分性和合法性负责；

（二）审计组组长主要对审计报告所列审计发现问题的真实性和完整性负责；

（三）审计报告代拟部门主要对审计署审计报告代拟稿中审计评价的恰当性，审计事实的准确性，审计定性和处理处罚及引用法规的正确性，审计建议的针对性、可行性，以及整个审计报告的规范性负直接责任；

（四）复核机构对本条第三项所列事项负间接责任；

（五）总审计师、分管副审计长、审计长对审核和审定、签发的审计报告负领导责任；

（六）审计业务会议对审计报告负集体决策责任。

第十五条 复核机构复核和总审计师审核时，发现未充分履行第十四条第三项职责，存在多处不当或差错的，可将审计报告退回审计报告代拟部门进行修改。

第十六条 发现违反本办法的行为，情况严重的，应予以通报批评，并追究有关人员的责任。相关审计项目不得参加优秀审计项目评选。

第十七条 对专项审计调查报告，应当参照本办法有关规定进行审核、审定。

第十八条 本办法自发布之日起施行。以前发布的有关规定同时废止。

审计署关于进一步深化财政审计工作的意见

（审财发［2005］33号，2005年9月2日）

署机关各单位、各特派员办事处、各派出审计局：

财政审计是国家审计机关的基本职责和永恒主题。《审计署2003至2007年审计工作发展规划》（以下简称“五年规划”）实施以来，财政审计在规范预算管理，提高财政资金使用效益，促进建立社会主义公共财政制度等方面发挥了积极作用。为进一步推动财政审计一体化进程，充分发挥财政审计的整体合力，实现“五年规划”确定的财政审计总体目标，现就进一步深化财政审计工作提出以下意见。

一、进一步统一思想认识，切实转变财政审计工作思路。当前，财政管理中存在的问题根源在于体制不完善，制度不健全，管理不规范，需要通过不断深化改革、加强管理逐步加以解决。为此，财政审计必须转变工作思路，在揭露问题的基础上，注重从体制、机制、制度的高度分析原因，提出建议，推动财政管理逐步走向制度化、规范化、科学化。今后一段时期的财政审计，要全面贯彻“依法审计，服务大局，围绕中心，突出重点，求真务实”的审计工作方针，按照“守土有责，把握总体，突出重点”的工作要求，坚持以“揭露问题，规范管理，促进改革”的工作思路开展工作，不断提高财政审计的整体效能。

二、今后三年财政审计的总体目标是，通过揭露财权缺乏制约、管理秩序不规范、职责履行不到位等问题，进一步完善财政权力的监督制约机制，促进中央各部门依法履行职责，规范预算管理，提高财政资金使用效益，建立社会主义公共财政制度。

中央本级支出审计，以促进建立科学的支出标准和预算定额为目标，深化部门预算制度改革。着力加强三个方面的工作：一是揭露和查处虚报冒领预算资金、私存私放资金、违规收费或截留坐支非税收入，以及管理不善、决策失误造成国有资产重大损失浪费等重大违法违规和管理薄弱的问题；二是促使中央部门预算编报、预算分配和批复基本符合国家规定，管理基本规范，在此基础上，推动部门预算改革，促进建立科学合理的预算的支出标准和预算定额；三是积极开展政府部门效益审计。

中央补助地方支出审计，以促进建立科学规范的财政转移支付制度为目标，着力加强三个方面的工作：一是规范转移支付资金管理；二是推动财政体制改革，主要是完善省以下财政体制；三是提高转移支付资金使用效益。通过审计，力争推动财政部门按地区和项目编制中央补助地方支出预算，理顺部门分配专项转移支付资金的职责，规范资金分配行为，提高财政资金使用效益。

三、改进审计工作模式，全面整合财政审计资源。财政审计要坚持“统一审计计划、统一审计方案，统一审计实施，统一审计报告，统一审计处理”的“五统一”原则。

——以计划为载体统一审计目标，整合审计力量。每年7月底之前，财政审计协调领导小组办公室根据财政审计总体目标，在征求有关方面意见的基础上，提出下一年度财政审计计划的建议，经财政审计协调领导小组研究后报办公厅，经审计长会议审定后执行。

中央本级支出审计，要做好财政部、发展改革委具体组织中央本级预算执行情况的审计和中央部门预算执行情况的审计之间的横向结合，研究确定审计目标，提出审计计划建议。财政审计协调领导小组统一协调组织财政司、行政事业司、投资司和各派出审计局的力量，开展中央本级支出审计。

中央补助地方支出审计，要把财政部、发展改革委具体组织中央补助地方预算执行情况和地方管理使用中央各类补助收入情况作为一个统一的整体研究确定审计目标，提出审计计划建议。从2006年起，对地方管理使用的各类中央补助资金开展全面审计。财政审计协调领导小组按计划统一协调组织实施，整合署机关和特派办财政、行政事业、农业、投资、社保等审计力量，每年集中审计若干省、自治区、直辖市（统称为省，下同）。特派办对其管辖范围内的省，在审计署统一组织开展中央补助地方支出审计之后，按照就近、就地原则，可自主安排进行审计。特派办自主安排的审计项目要纳入审计署的年度审计计划。中央补助地方支出审计以审计调查为主。对中央补助地方支出的审计，可以吸收地方审计机关的力量参加，同时，要注重运用地方审计机关的相关审计成果。

——以方案为载体整合审计内容。财政审计协调领导小组办公室负责提出年度财政审计总体方案。财政司负责提出财政部具体组织中央预算执行情况的审计工作方案；行政事业司负责提出中央部门预算执行审计工作方案；投资司负责提出发展改革委管理分配中央预算内和国债基本建设资金审计工作方案；财政审计协调领导小组办公室负责提出中央补助地方支出审计工作方案。财政审计总体方案和各项审计工作方案经财政审计协调领导小组研究并报审计长会议审定后严格执行。

对财政部、发展改革委、中央部门和中央补助地方支出的审计，要在审计内容上形成一个横向、纵向相互关联的统一整体，在审计目标取向一致的基础上，确定每年的审计内容和重点，并体现到审计工作方案和审计实施方案之中。

——以报告为载体整合审计成果。要通过严格审计质量控制和加大分析力度等措施，提升审计报告的质量和水平。审计报告要充分体现财政审计在促进体制改革、机制完善和制度改进等方面的审计成果。审计组要按照审计工作方案和审计实施方案的要求，精细组织实施，加大宏观分析力度，确保审计报告质量。行政事业司负责汇总提出中央部门预算执行审计报告，财政审计协调领导小组办公室负责汇总提出中央补助地方支出审计报告。对财政部和发展改革委的审计要充分运用和体现中央部门预算执行和中央补助地方支出的审计成果。

四、认真贯彻“全面审计，突出重点”的工作方针。财政审计协调领导小组在提出财政审计工作方案时，要根据财政审计目标，研究确定每年的审计重点，努力做到有所为，有所不为。

五、围绕社会关注的热点和难点问题开展审计和专项审计调查。财政审计协调领导小组要围绕社会关注的热点和难点问题，每年选择1～2项组织开展审计和专项审计调查，着力反映和促进解决关系国计民生的突出问题。

六、积极推行计算机审计，提高审计工作效率。财政审计协调领导小组、署机关各有关业务司和各派出机构，要全面运用审计管理系统加强工作联系和沟通。中央本级支出审计要开展联网审计试点，积极开发审计软件和模块，解决实际工作中遇到的技术难题。中央补助地方支出审计和其他专项审计也要积极创造条件推广运用现场审计实施系统，切实提高工作效率。

七、加强调查研究，为财政审计工作提供理论和实践支持。财政审计协调领导小组每年都要集中一段时间开展调查研究，走访国务院主管部门、相关理论研究机构和部分地区，从体制、机制和制度上研究目前财政管理中的薄弱环节和审计的着力点，为提出财政审计年度工作目标、审计项目安排和审计方案奠定扎实基础，充分发挥财政审计在规范财政管理，促进财政改革方面的积极作用。

中央审计项目授权地方审计机关审计管理办法

（审办发［2005］34号，2005年9月9日）

第一条 为了规范中央审计项目授权地方审计机关审计的管理工作，保证审计质量和成效，更好地发挥授权审计作用，根据《中华人民共和国审计法》第二十八条的有关规定，制定本办法。

第二条 中央审计项目授权地方审计机关审计，实行统一管理、一年一定的原则。

第三条 安排授权审计项目计划，应当以整合审计资源、发挥审计机关的整体效能为目标，注重与审计署统一组织审计项目计划的配合和协调，逐步扩大审计监督覆盖面，加强对中央部门和企事业单位分布在基层的分支机构的审计监督。

第四条 法律法规明确规定不能授权地方审计机关审计的事项，必要时由审计署统一组织或以其他形式安排地方审计机关参与审计。

第五条 中央审计项目只授权给省级审计机关（含新疆生产建设兵团、计划单列市审计局，下同），由省级审计机关直接进行审计或统一组织下级审计机关实施。省级审计机关对审计署负责并报告审计结果。

第六条 审计署在调查研究的基础上，于每年10月底前提出次年授权审计项目安排意见，明确授权审计项目安排的指导思想、拟授权范围或行业、选择被审计单位的原则和要求等。省级审计机关本着自愿原则，根据授权审计项目安排意见，选定审计项目，于11月底前向审计署提交授权审计项目立项申请书（格式见附件），说明拟安排项目的基本情况，立项理由，审计目标，审计内容、范围和重点，审计的组织分工等事项。

第七条 审计署收到省级审计机关申请授权的文件后，由办公厅统一汇总，进行综合平衡，并征求相关业务司、派出机构意见，形成授权审计项目计划草案，报审计长会议研究审定后，正式下达省级审计机关执行。

第八条 授权审计项目计划一经下达，必须确保在当年完成，并在计划规定的期限内向审计署报告审计结果。因特殊原因当年无法完成的，应当及时向审计署申请调减计划。

第九条 地方审计机关在实施授权审计项目过程中，应当严格执行审计法、相关审计准则和《审计机关审计项目质量控制办法（试行）》的规定，规范审计行为，确保审计质量。审计查出被审计单位违反国家财经法规的问题，应当严格按照国家有关法律法规进行处理。在违法违规问题的定性和处理处罚上，遇有政策界限不清，或与被审计单位有重大意见分歧的，省级审计机关应当报告审计署，由审计署有关职能机构研究提出意见。必要时由审计署统一提出处理处罚的原则。

第十条 省级审计机关统一组织下级审计机关实施授权审计项目时，由省级审计机关制定审计工作方案，签发审计通知书，提出审计报告，出具审计移送处理书，作出审计决定。省级审计机关的法制工作机构应当对相关审计文书进行复核，提出复核意见。正式印发的审计工作方案，应当抄报审计署。

第十一条 在实施授权审计项目过程中，发现下列问题之一的，省级审计机关应当及时向审计署报告，由审计署转送有关部门查处，或以《审计要情》、《重要信息要目》等形式上报：

（一）因决策失误、失职渎职、管理不善造成国有资金、资产损失金额较大；

（二）厅（局）级以上领导干部涉嫌严重违法犯罪，涉案金额较大；

（三）影响国家重要宏观政策执行的重大问题，涉及金额较大；

（四）其他性质特别恶劣，金额巨大的严重违法违规问题或案件。

第十二条 省级审计机关制发授权审计项目的审计报告、审计决定书及审计移送处理书时，应当抄送审计署及其有审计管辖权的派出机构。审计终结后，对涉及多个被审计单位的行业性授权审计项目，省级审计机关应当及时汇总审计成果，编制授权审计综合报告报送审计署。

第十三条 授权审计项目的审计档案由省级审计机关统一保存。

第十四条 授权审计项目可以参加审计署优秀审计项目的评选。

第十五条 审计署每年组织对授权审计项目计划执行情况、项目实施质量、审计成果等进行考核和重点抽查，并通报考核和抽查结果。

第十六条 在实施授权审计项目过程中，地方审计机关应当严格遵守审计工作纪律和各项廉政规定。发生以审计权力牟取私利问题的，审计署暂停对其授权并限期整改。因审计人员失职、渎职或故意行为造成审计项目重大质量问题的，依法追究有关领导和直接责任人员的责任。

第十七条 本办法由审计署负责解释。

第十八条 本办法自发布之日起执行。此前审计署有关授权审计的规定与本办法有抵触的，按本办法执行。

附件：授权审计项目立项申请书（略）

最高人民检察院关于进一步加强检察机关和审计机关工作联系的通知

（1990 年 8 月 7 日）

各省、自治区、直辖市人民检察院、审计局，军事检察院，审计署各派出机构：

为进一步加强检察机关和审计机关的工作联系，互相协调，密切配合，查处违法犯罪案件和违纪行为，维护国家法律、法规的统一实施，现将有关事项通知如下：

一、审计机关在审计监督活动中，对认为已触犯刑律、机构犯罪的被审计单位的有关人员，应当按照检察机关受理案件范围的规定，将案件连同《移送处理意见书》、涉及该事项的有关证据材料，送交有管辖权的检察机关处理。

二、检察机关对审计机关提请处理的案件，应当及时进行审查。对决定立案侦查的，应将查处结果通知审计机关；对决定不予立案的，应将有关材料退回审计机关处理。

三、检察机关在检察活动中，发现有关单位有违反国家财经法规行为，属于审计监督范围的，应将有关材料及《检察建议书》送交审计机关。

四、审计机关对已送交检察机关查处的案件，在商检察机关同意后，可以公开报道。

五、检察机关和审计机关要加强联系，经常互通情况，搞好协调和配合。对于执行本通知中遇到的重要情况或重大不同意见，应当及时报告各自上级机关。

最高人民法院关于建设工程承包合同案件中双方当事人已确认的工程决算价款与审计部门审计的工程决算价款不一致时如何适用法律问题的电话答复意见

（［2001］民一他字第2号，2001年4月2日）

河南省高级人民法院：

你院“关于建设工程承包合同案件中双方当事人已确认的工程决算价款与审计部门审计的工程决算价款不一致时如何适用法律问题的请示”收悉。经研究认为，审计是国家对建设单位的一种行政监督，不影响建设单位与承建单位的合同效力。建设工程承包合同案件应以当事人的约定作为法院判决的依据。只有在合同明确约定以审计结论作为结算依据或者合同约定不明确、合同约定无效的情况下，才能将审计结论作为判决的依据。

最高人民法院关于对《审计署关于咨询虚开增值税专用发票罪问题的函》的复函

（法函［2001］66号，2001年10月17日）

国家审计署：

你署审函［2001］75号《审计署关于咨询虚开增值税专用发票罪问题的函》收悉。经研究，现提出以下意见供参考：

地方税务机关实施“高开低征”或者“开大征小”等违规开具增值税专用发票的行为，不属于刑法第二百零五条规定的虚开增值税专用发票的犯罪行为，造成国家税款重大损失的，对有关主管部门的国家机关工作人员，应当根据刑法有关渎职罪的规定追究刑事责任。

此复

最高人民检察院、审计署关于进一步加强检察机关与审计机关在反腐败工作中协作配合的通知

（高检会［2004］5号，2004年11月19日）

各省、自治区、直辖市人民检察院、审计厅（局），审计署各派出机构：

2000年3月，《最高人民检察院、审计署关于建立案件移送和加强工作协作配合制度的通知》（审法发［2000］30号）下发后，各级检察机关与审计机关认真执行通知要求，在工作中相互支持配合，为及时准确地查处腐败犯罪行为，维护社会主义市场经济秩序，

促进廉政、勤政建设，作出了积极贡献。但是，由于目前审计监督工作与查办职务犯罪案件工作相衔接的工作机制还不够完善，实践中还存在信息沟通不够、案件线索移送与处理不及时、协作配合不规范等问题，影响了对腐败犯罪行为的打击力度和效果。为了解决上述问题，健全检察机关与审计机关协作配合的长效工作机制，现就进一步加强检察机关与审计机关在反腐败工作中协作配合的有关事项通知如下：

一、提高协作配合的积极性和主动性

检察机关是惩治贪污贿赂、渎职等职务犯罪的专门机关。审计机关是发现国家工作人员重大经济违法违规问题以及贪污贿赂、渎职等职务犯罪案件线索的重要部门。加强检察机关与审计机关的协作配合，实现审计监督与法律监督的紧密衔接，整合资源，优势互补，有助于形成反腐败工作的合力，对于深入推进反腐败斗争，维护社会主义市场经济秩序，保障社会主义现代化建设顺利进行具有十分重要的意义。各级检察机关和审计机关要从党和国家反腐败工作的大局出发，在充分发挥各自法定职能的基础上，进一步提高协作配合的积极性与主动性，健全协作配合机制，提高协作配合效率。

二、健全工作联系和协调机构

最高人民检察院与审计署联合成立协调配合领导小组，由最高人民检察院主管职务犯罪侦查工作的副检察长和审计署主管法制工作的副审计长组成。协调配合领导小组原则上每半年召开一次联席例会，相互交流、通报工作情况，研究解决检察机关与审计机关协作配合中出现的重大问题，协调重大个案的查处。在特殊情况下，经一方提议，联席例会也可随时召开。协调配合领导小组下设办公室，由最高人民检察院职务犯罪侦查部门负责人和审计署法制部门负责人组成，作为协调配合领导小组的日常办事机构，负责最高人民检察院与审计署之间日常工作的联系与协调、落实联席例会作出的决定。地方各级检察机关与审计机关也要建立相应的协调配合领导小组和联席例会制度，加强在反腐败工作中的联系与配合。

三、加强信息交流和情况通报

检察机关就查处国家工作人员贪污贿赂、国家机关工作人员渎职案件的阶段性情况，贪污贿赂、渎职等职务犯罪发生的原因、特点、手段、变化规律和趋势，以及所出台的与审计监督工作联系紧密的政策、措施、指导意见等，在允许的范围内要及时向审计机关通报。审计机关就审计监督中发现的国家工作人员严重违反国家规定的财政收支、财务收支行为的阶段性情况，严重违反国家规定的财政收支、财务收支行为发生的原因、特点、手段、变化规律和趋势，以及所出台的与查办职务犯罪工作联系紧密的政策、措施、指导意见等，在允许的范围内也要及时向检察机关通报。

四、完善案件线索移送制度

检察机关在查办案件过程中、审计机关在审计监督过程中，发现应当移送对方处理的案件线索，应当在7日内将所有相关的证据材料移送给对方处理。审计署发现的职务犯罪案件线索，移送给最高人民检察院；审计署各特派员办事处发现的一般性职务犯罪案件线索，移送给有管辖权的省级人民检察院，对于涉及重大问题的职务犯罪案件线索，需要由审计署专题报告国务院或需经最高人民检察院介入处理的，应当报告审计署，由审计署移送给最高人民检察院或者由审计署指定特派员办事处移送给有管辖权的省级人民检察院；省、市、县级审计机关发现的职务犯罪案件线索，分别移送给同级的人民检察院。最高人民检察院发现的违反国家财政、财务收支规定的违法案件线索，属于审计监督范围的，移送给审计署；省、市、县级检察机关发现的违反国家财政、财务收支规定的违法案件线索，属于审计监督范围的，分别移送给同级的审计机关。检察机关与审计机关对对方移送的案件线索应当及时进行审查，并在作出相应处理决定后7日内，向对方通报处理结果。

五、实行移送案件线索备案审查制度

各级检察机关与审计机关在接到对方移送的案件线索后7日内和作出相应处理决定后7日内，应当分别将相关材料报上一级检察机关与审计机关备案。涉及厅局级以上干部的案件线索和在全国有影响的案件线索，应当在接到移送后7日内和作出相应处理决定后7日内，分别层报最高人民检察院与审计署备案。上级检察机关与审计机关要及时对下级机关报送的备案材料进行审查，定期对下级机关的个案线索移送处理情况进行检查和督办，发现问题及时纠正。

六、及时解决协作配合中出现的争议

对于双方在协作配合中出现的争议，检察机关与审计机关要本着积极、慎重的态度，及时进行沟通，通过本级协调配合领导小组办公室协商解决。无法解决的，应提交本级联席例会解决。仍难以解决的，应分别上报上一级检察机关与审计机关进行协调，不得直接自行处理或拖延不办。

各级检察机关与审计机关应当严格按照本通知的规定执行。在执行过程中遇到的问题，请分别上报最高人民检察院与审计署。

水利部关于加强水利工程移民资金审计工作的通知

（水审计［2006］212号，2006年6月8日）

移民工作是水利工程建设的重要组成部分。做好新时期移民工作，是树立和落实科学发展观，坚持科学发展、统筹发展、和谐发展的内在要求和现实需要，对促进水利事业可持续发展具有深远影响。党中央、国务院历来高度重视移民问题，先后制定了多项政策法规指导和规范移民工作，严肃查处侵害移民利益的事件，切实维护移民的合法权益。“十一五”期间，治淮骨干工程以及尼尔基、百色等防洪控制性枢纽工程等将陆续竣工，新的一批大江大河治理工程将开工建设，为加强移民资金管理，促进各项水利工程建设的顺利进行，现就加强水利工程移民资金审计工作通知如下：

一、进一步提高对移民资金审计重要性的认识。移民资金使用关系移民切身利益，政策性强，社会影响大。加强移民资金审计，是保证移民资金安全、合法、有效使用，维护移民工作正常秩序，保障移民工作顺利进行的重要举措；是实现“工程安全、资金安全、干部安全”工作目标的有效手段；是保护移民合法权益、维护社会稳定大局的具体体现。各单位要从贯彻落实科学发展观、构建社会主义和谐社会的高度认识移民资金审计工作，与时俱进，开拓创新，不断完善工作机制，努力提高移民资金审计工作水平，及时解决审计实践中遇到的新情况、新问题，为水利发展保驾护航。

二、将移民资金审计作为水利工程建设管理的重要内容，纳入建设管理的基本程序，充分发挥审计的监督职能。对移民资金审计要实行关口前移，积极开展事前、事中审计，始终抓住资金流程这个主线，与有关地方人民政府和各专业管理部门密切合作，推进移民资金使用全过程跟踪审计。促进和保证移民资金管理使用的真实、合法、有效，防止和坚决纠正转移挪用或挤占移民资金等问题，揭露和坚决查处由于决策失误、管理不善等原因造成的损失浪费问题。在工程竣工验收前，移民资金决算必须由相应管辖权的审计部门进行审计，并将审计结果作为移民安置专项验收和工程竣工验收的依据。对移民资金决算未按规定进行审计的工程，不得组织验收。

三、精心组织、统筹安排，保证移民资金审计工作顺利开展。严格按照水利基本建设资金内部审计有关规定，明确责任单位和责任人，对移民资金与工程建设资金要统筹部署内部审计，对移民资金的内部审计要审查和评价移民资金内部控制的情况，审查和评价移民资金管理使用的质量、进度和效益。移民资金内部审计可以由有关单位审计部门组织水利工程移民专业审计力量组成审计组进行，也可以委托具有专业审计资质的社会审计机构承担。委托社会审计机构的，有关单位审计部门应当依照《水利部委托社会审计业务管理办法》及内部审计工作的有关规定，对受委托的社会审计机构承担的移民资金审计进行指导和监督。上级主管部门要开展对水利工程移民资金内部审计整改执行情况的监督检查，并作为移民安置专项验收的重要依据。由水利部负责组织验收的水利工程，其移民资金政府审计按国家审计署管辖规定由具有相应管辖权的政府审计机关组织实施。由地方水行政主管部门负责组织验收的水利工程，其移民资金政府审计按地方人民政府审计机关管辖权限实施。水利部门要积极协调，并将政府审计结果和执行情况提交水利工程竣工验收审计部门和竣工验收委员会。

请各单位按照本通知的要求，结合本地区水利工程建设管理实际情况，切实抓好移民资金审计工作的贯彻落实。对工作中好的做法与经验，应及时加以总结，并将有关情况向我部报告。

审计署、中国人民银行、中国银行业监督管理委员会、中国证券监督管理委员会关于审计机关查询被审计单位在金融机构账户和存款有关问题的通知

（审法发［2006］67号，2006年11月22日）

人民银行上海总部，各分行、营业管理部、省会（首府）城市中心支行，副省级城市中心支行；各省、自治区、直辖市和计划单列市、新疆生产建设兵团审计厅（局），审计署机关各单位、各特派员办事处，各派出审计局；各银监局，各政策性银行、国有商业银行、股份制商业银行，各金融资产管理公司，国家邮政局邮政储汇局，各省级农村信用联社，银监会直接监管的信托投资公司、财务公司、金融租赁公司，中央国债登记结算公司；证监会各省、自治区、直辖市、计划单列市监管局，各证券、期货交易所，中国证券登记结算公司，各证券公司、证券投资基金管理公司、期货经纪公司：

2006年2月28日，十届全国人大常委会第二十次会议审议通过了关于修改审计法的决定。修改后的审计法第三十三条第二、三款规定：“审计机关经县级以上人民政府审计

机关负责人批准，有权查询被审计单位在金融机构的账户。”“审计机关有证据证明被审计单位以个人名义存储公款的，经县级以上人民政府审计机关主要负责人批准，有权查询被审计单位以个人名义在金融机构的存款。”为进一步落实上述规定，规范审计机关查询被审计单位在金融机构的账户（以下简称查询单位账户）和被审计单位以个人名义在金融机构的存款（以下简称查询个人存款）工作，经审计署、人民银行、银监会、证监会研究，现就有关事项通知如下：

一、审计机关在审计（含专项审计调查，下同）过程中，有权依法向有关金融机构查询单位账户和个人存款，并取得证明材料，有关金融机构应当予以协助。审计机关查询的单位账户，包括被审计单位在政策性银行、商业银行、城市信用合作社、农村信用合作社、信托投资公司、财务公司、金融租赁公司、中央国债登记结算公司、证券公司、证券投资基金管理公司、期货经纪公司以及经国务院金融监督管理机构批准设立的其他金融机构（以下统称金融机构）开立的银行、资金、证券、基金、信托等各类账户。审计机关查询的个人存款，包括被审计单位以个人名义在金融机构办理的储蓄账户、结算账户以及买卖证券、基金等的资金账户的资金。

二、审计机关查询单位账户或者个人存款应当严格履行审批程序。查询单位账户应当经县级以上人民政府审计机关（含省级以上人民政府审计机关派出机构，下同）负责人批准，签发《协助查询单位账户通知书》；查询个人存款应当取得相关的证明材料（主要涉及个人与被审计单位之间的关系、款项的来源、款项使用情况、相关当事人确认的以个人名义存储公款的调查记录等），以此认定被审计单位以个人名义存储公款，并经县级以上人民政府审计机关主要负责人批准，签发《协助查询个人存款通知书》。

三、审计机关查询单位账户或者个人存款时，应当向有关金融机构送达《协助查询单位账户通知书》或者《协助查询个人存款通知书》。审计人员具体执行查询任务时，应当由两名以上审计人员参加，并出示审计人员的工作证件和审计通知书。

四、审计机关查询单位账户，应当向有关金融机构提供被审计单位的账户名称及账号。对因群众举报等原因，审计机关无法提供被审计单位准确的账户名称或者账号的，应当向有关金融机构做出说明，由金融机构协助查询。查询个人存款应当向有关金融机构提供存款人的姓名、账号或者身份证件号码。

五、审计机关查询单位账户或者个人存款的内容，主要包括其开户销户情况、交易日期、内容、金额和账户余额情况，以及交易资金流向等记录。

六、审计机关查询单位账户或者个人存款时，可以对相关资料进行抄录、复印、照相，但不得带走原件。取得有关证明材料后，应当注明来源，并由提供证明材料的金融机构盖章。对金融机构提供的有关资料，审计机关及其审计人员应当保密。

七、金融机构应当依法协助审计机关办理查询工作，如实提供相关资料，不得隐匿。金融机构协助复制存款资料等支付了成本费用的，可以按照相关规定向审计机关收取工本费。对审计机关查询单位账户或者个人存款的情况和内容，有关金融机构及其有关工作人员应当保密，不得告知被审计单位或者存款人。

八、审计机关需要到异地查询单位账户或者个人存款的，可以直接到异地金融机构进行查询，也可以委托当地审计机关查询。

九、审计机关和审计人员违反本通知的规定进行查询，由上级审计机关依法追究有关人员的责任；金融机构和有关工作人员未按本通知的规定协助查询，由有关金融监管机构依法追究有关人员的责任。

以上各项规定请各级审计机关、各金融机构认真贯彻执行。对执行中遇到的问题，请及时报告上级审计机关和相应的金融监管机构。1998年审计署、中国人民银行联合下发的《关于审计机关在审计执法过程中查询被审计单位存款问题的通知》（审发〔1998〕308号）同时废止。

审计署关于进一步规范审计移送工作的意见

（审法发［2006］66号，2006年12月1日）

署机关各业务司、各特派员办事处，各派出审计局：

为进一步规范审计移送行为，提高审计移送工作的质量和水平，更好地履行审计监督职责，根据《中华人民共和国审计法》和《行政执法机关移送涉嫌犯罪案件的规定》（国务院令第310号）等有关规定，现就规范审计署及其派出机构的审计移送工作提出以下意见：

一、审计发现的超越审计机关职权范围需要移送的事项，应区分不同情况办理移送：有关单位或个人涉嫌经济犯罪的案件，应移送公安机关或检察机关查处；没有涉嫌经济犯罪，但有关人员违反党纪政纪规定需要追究责任的，应移送纪检监察机关或相关干部管理部门查处；应由主管部门（单位）、监管部门或各级政府进行处理的其他问题，应移送有关部门（单位）或政府。审计署以《审计要情》形式上报有关案件线索和问题需要有关部门查处的，也应比照上述不同情况，在《审计要情》中提出具体的审计建议。

审计发现的有关移送处理事项，一般应通过《审计移送处理书》（格式见附件1.2.3）向有管辖权的部门（单位）、机关或政府进行移送，或通过《审计要情》等形式向上级反映。同一事项不得同时向多个部门（单位）、机关或政府移送，也不得既通过《审计要情》等形式反映，又通过《审计移送处理书》进行移送。

二、审计发现的涉嫌经济犯罪案件，应依照国家有关规定分别移送相关司法机关查处，其中涉嫌贪污贿赂、渎职以及国家机关工作人员利用职权实施的其他重大犯罪等职务犯罪案件，移送检察机关查处；涉嫌其他经济犯罪案件，移送公安机关查处。涉嫌经济犯罪案件只向一个机关移送。同一案件既涉嫌职务犯罪又涉嫌其他犯罪，检察和公安机关分别具有管辖权的，应向对主要涉嫌的犯罪有管辖权的机关移送，不得向两个或两个以上机关同时移送。

三、审计署各业务司、各派出审计局审计发现的涉嫌经济犯罪案件，全部以审计署名义移送给有管辖权的厅（局）级及以上的公安机关或检察机关，原则上不向市（地）级及以下的公安机关或检察机关移送案件。

各特派员办事处审计发现的涉嫌经济犯罪案件，应区别以下情况进行移送：涉案金额在1000万元以上的案件，涉及副厅（局）级以上领导干部且涉案金额在100万元以上的案件，其他性质特别恶劣或具有一定社会影响的案件，统一交由审计署移送；其他涉嫌经济犯罪的案件，由相关特派员办事处直接向有管辖权的公安机关或检察机关移送。

四、审计发现有关人员违反党纪政纪规定需要追究责任的，应向涉及的被反映人其担任职务的同级纪检监察机关移送，同时担任两个以上职务的，一般应向与其担任最高职务

同级的纪检监察机关移送。根据党政机关行文的规定以及纪检与监察部门合署办公的实际情况，审计发现需要向纪检监察机关移送的事项，一般应向监察机关移送。

五、审计发现需要由有关主管部门（单位）、监管部门或各级政府移送进行处理的，根据被审计单位级别或问题的性质向直接具有管辖权的主管部门（单位）、监管部门或各级政府移送。

各特派员办事处审计发现需要向部级监察机关、主管部门（单位）或监管部门以及省级政府移送的事项，统一交由审计署移送；其他需要移送的事项，由相关特派员办事处直接办理移送。

六、各单位在办理移送事项或通过《审计要情》等形式反映有关问题之前，对已经与有关部门、机关建立会商机制的，可以根据实际需要或经领导同意，经法制机构与相关部门、机关进行会商。

七、署机关各业务司、各派出审计局审计发现的所有应移送事项，由署法制司进行复核。各特派员办事处审计发现应交由审计署移送的事项，经特派员办事处复核机构复核和特派员办事处主要负责人审定后，将审计移送处理书代拟稿正式函送署主管业务司，抄送分管署领导。署主管业务司对审计移送处理书代拟稿审核修改，并作为发文主办单位办理发文，经法制司复核、分管署领导审核后，由审计长签发。署主管业务司发文办理的特派员办事处移送事项，审计移送处理书要抄送该特派员办事处。

八、各单位办理移送事项应明确责任，分工负责。审计人员、审计组组长及审计组所在部门负责人对审计移送处理书涉及有关事实的真实性和适用法律的准确性负责；复核人员、复核机构负责人对出具复核意见的恰当性负责；审计机关负责人对审计机关出具的审计移送处理书应严格审核把关。

九、署法制司和各特派员办事处法制机构分别负责定期对署机关及派出审计局、各特派员办事处移送事项的有关落实情况进行了解、跟踪和统计。署法制司负责对全署审计移送事项及落实情况进行统计汇总分析，并及时向署领导报告移送处理进展情况和结果。各特派员办事处应在向有关机关、部门送达审计移送处理书同时抄报审计署，并按要求向法制司报送《审计移送处理情况统计表》和《审计移送处理落实情况统计表》（见附件4，第4季度报表为全年累计数，即为年报）。

附件：1. 审计移送处理书格式（适用公安、检察机关）

2. 审计移送处理书格式（适用纪检监察机关）

3. 审计移送处理书格式（适用主管、监管部门或政府）

4. 审计移送处理和落实情况统计表

审计署办公厅关于加强聘请外部人员参与审计工作经费预算管理和支付管理的通知

（审办办发〔2007〕63号，2007年3月28日）

署机关各单位、各特派员办事处、各派出审计局：

根据《审计署关于印发〈审计署聘请外部人员参与审计工作管理办法〉的通知》（审

法发［2006］39号），经署领导同意，现就加强聘请外部人员参与审计工作经费（以下简称外聘经费）预算管理和支付管理通知如下：

一、每年7月底前，有关业务司应在测算聘请外部人员参与审计工作量的基础上，单独编制下一年度外聘人员工作方案和经费预算，送办公厅统筹平衡、报署领导审定后，纳入审计署向财政部上报的部门“一上”预算。外聘经费应按照使用单位的不同区分为业务司外聘经费和特派办外聘经费，按照聘请外部人员类别的不同区分为聘请社会中介机构与其他机构人员经费和聘请专家经费。

二、财政部“一下”预算控制指标下达后，办公厅依据署统一组织审计划（或草案）进行统筹平衡后，提出有关业务司下年度外聘经费预算控制指标，报署领导审定后，纳入审计署向财政部上报的部门“二上”预算。有关业务司应依据办公厅下达的预算控制指标进一步细化外聘工作方案，明确外聘人员工作的目标、任务进度安排、质量要求和检查保障措施，统筹管理业务司和特派办外聘人员及相关事务。

三、聘请社会中介机构与其他机构人员一般应采取招标的方式确定人选，并与拟聘请人员所在机构签定协议。从外部聘请专家的，可不采取招标方式，只签定协议即可。外聘协议应符合合同法的有关规定，应明确双方的权利和义务，包括审计目标、内容和职责范围，工作时限和要求，外聘经费的付款方式和办法以及违约责任等。

四、有关业务司应加强对外聘工作的考核和管控。要在外聘协议中明确考核和管控的具体要求。使用外聘人员的单位应依据外聘人员工作质量和进度及时出具外聘人员（单位）工作质量和进度确认书（格式附后）。

五、外聘人员经费由审计署统一对外支付。有关业务司应依据外聘协议、外聘人员（单位）工作质量和进度确认书，提出外聘经费付款申请，经办公厅审核会签后，由相关业务司报分管审计长审批。分管审计长同意后，有关业务司应将领导签批件的原件及复印件送办公厅，由办公厅通知其他机构、专家所在单位或专家本人。有外聘人员参与的年度项目计划执行完毕后，有关业务应向办公厅提交外聘工作情况报告，包括外聘工作方面执行情况、取得的主要成效、存在的不足和改进的建议等。

六、由其他资金支付的外聘经费，其预算管理和支付管理参照以上要求办理。

以上通知要求，请各单位遵照和、执行。执行中如遇有问题，请与办公厅财务处联系。

附件：外聘人员（单位）工作质量和进度确认书（格式）（略）

审计署关于在推进效益审计中注重查处奢侈浪费问题的通知

（审办发［2007年］17号，2007年4月5日）

各省、自治区、直辖市和计划单列市、新疆生产建设兵团审计厅（局），署机关各单位、各特派员办事处、各派出审计局：

今年处全国审计会议提出，要继续加大效益审计力度。在开展效益审计中，注意与真实、合法审计相结合，以专项审计调查为主要方式，以揭示损失浪费问题为主要内容，以

促进提高资金使用效益、减少损失浪费、节省资源和保护环境为主要目标。同时关注行政效能问题，结合建立问责制度，选择特定项目探索如何开展好行政绩效评估。

对全国审计工作会议作出的这一工作部署，各级审计机关正在认真贯彻落实，并已取得初步成效。根据党中央、国务院的指示精神和当前形式发展的要求，今年开展效益审计除继续按照既定部署组织外，要关注如下问题：重大工程建设中的损失浪费问题；领导干部决策失误造成的重大损失浪费问题；违反国家规定建设超标准、高档次的豪华楼堂馆和搞政绩工程、形象工程的问题；国有企业、金融机构、国家机关和事业单位由于管理不善导致国有资产流失、职务消费不规范等问题；超标准的公务接待、公费出国、公款旅游、公款请客送礼等铺张浪费问题。通过揭露和查处问题，促进抵御“败家子”作风，发扬艰苦奋斗的优良传统，建设节约型社会作出贡献。

各级审计机关对在推进效益审计中注重查处奢侈浪费问题要高度重视，全面安排，精心组织，抓出成效。要及时反映审计和审计调查发现的情况和问题，深刻剖析原因，提出完善制度和改进管理等建议。同时，要及时总结和反映这方面审计和审计调查的做法和经验，以推进效益审计不断发展。

审计署关于印发审计机关业务流程无纸化实施指南——计算机审计实务公告第6号的通知

（审计发［2007］25号，2007年4月13日）

各省、自治区、直辖市和计划单列市、新疆生产建设兵团审计厅（局），署机关各单位、各特派员办事处、各派出审计局：

审计机关业务流程无纸化实施指南——计算机审计实务公告第6号经署领导同意，现予印发，供参考。

二〇〇七年四月十三日

审计机关业务流程无纸化实施指南——计算机审计实务公告第6号

目　录

第六章 审计计划管理
第七章 审计支持
第八章 审计现场实施
第九章 审计现场与审计机关交互
第十章 法制工作机构复核
第十一章 档案管理
第十二章 统计管理
第十三章 被审计单位资料库管理
第十四章 公共信息交流
第十五章 其他信息化手段的应用
第十六章 附 则

第一章 概 述

第一条 审计机关业务流程无纸化是指审计机关在机关办公和现场审计中全面使用审计署金审工程（一期）建设成果，即《审计管理系统》（以下简称 OA）和《审计现场实施系统》（以下简称 AO），并通过以上两个系统进行交互，以电子文件资料的流转传递，部分以至全部取代纸质文件流转传递的过程。

审计机关业务流程无纸化的目的，是运用现代科技手段，提高办公效率和现场审计效率，提高审计质量，促进信息共享。

第二条 推行业务流程无纸化的审计机关，应当具备运行、使用 OA、AO 所需硬件设备、系统软件和网络环境。

第三条 审计机关业务流程无纸化主要在以下环节：

（一）公文起草、部门审核会签、领导签发、送印。

（二）内部成文及外部来文分发，指定办理人。

（三）制订、下达审计计划，分解成审计项目。

（四）审计组实施审计前下载相关文件、资料。

（五）实施审计过程中，运用 AO 引入资料数据，进行项目组管理，实施审计分析抽样，编制审计日记、审计底稿、审计证据，组内复核，形成审计组的审计报告，形成项目档案数据包、审计台账数据包、被审计单位数据包。

（六）审计现场与审计机关领导的交互过程中，审计组形成审计现场数据包，审计机关领导查阅、反馈意见。

（七）法制工作机构复核过程中，法制工作机构复核审计文书，法制工作机构与业务部门交互意见。

（八）档案管理过程中，归档资料的提交、检查、接收，档案的利用。

（九）统计管理过程中，审计台账数据包报送，统计报表报送、接收验收、汇总、发布。

（十）被审计单位资料库的及时更新。

（十一）通知、公告、电子邮件、即时通讯软件、机关内部网站等公共信息交流。

（十二）可以应用信息化手段的其他业务环节。

第四条 审计机关业务流程无纸化须遵守国家及其主管部门的管理制度。

审计机关业务流程无纸化是一个发展、渐进的过程。本实施指南的要求，可以分阶段实现。

第二章　名词定义

第五条　本规格说明书的名词定义如下：

（一）OA。《审计管理系统》，原称机关辅助办公系统，是一个为审计机关提供领导决策支持、公文流转办理、审计业务管理、信息资源共享、机关事务处理等功能的协同工作平台。

（二）AO。《现场审计实施系统》，（亦称审计师办公室，英文名称 Auditor Office 的缩写）是一个用于现场审计环境下，审计人员利用电子数据进行审计、对审计项目进行管理的实施作业平台。

（三）公文。包括：审计机关在行政管理和审计过程中形成的具有法定效力和规范体式的文书；审计机关收到的上下级审计机关、其他国家机关和相关单位传递的文书。

（四）起草签批。指以本机关（含其授权、批准的部门）名义形成制发公文的过程，包括起草、审核、签发、复核、印制、用印等程序。

（五）收文管理。指对收到公文的管理过程，包括签收、登记、分发、审核、拟办、批办、承办、催办等程序。

（六）审计计划和审计项目。审计机关的审计任务分为审计计划和审计项目两个层次表述，审计计划应当分解生成审计项目后，交具体审计机关或者部门执行，一个计划可以分解为一个或者多个审计项目。每个审计项目有一个唯一的编码。

（七）法制工作机构复核。指由审计机关法制部门（或审计机关指定的其他部门）对审计过程中产生的审计文书从依法行政角度进行的审核。

第三章　软件环境准备

第六条　审计机关应当结合本单位的实际情况，建立保障业务流程无纸化推进实施的工作制度；根据 OA、AO 的功能要求，研究确定恰当的工作流程，对相关软件和 OA 的关键功能模块进行设定，完成软件环境的适应性准备，保障无纸化业务流程顺畅进行。

第七条　为了确保审计机关工作人员在无纸化办公流程中角色的正确性，审计机关应当部署人力资源管理软件，正确、完整反映机关全体工作人员的姓名、职务、所在部门等与办公流程相关的信息。

审计机关应当建立日常维护制度，随时更新下列信息：

（一）机关工作人员的增加、减少，职务的调整；

（二）审计机关内部机构的设立、撤销、合并或者更名，以及由此带来的人员所在部门的变化。

第八条　公文起草签批模块投入使用前，审计机关应当根据研究确定的发文流程，完成下列事项：

（一）设计公文起草的参与对象、经过环节、先后顺序，定义工作流流程。

（二）参考 OA 预设的样式，对公文要素等信息进行适当调整后，形成本单位的发文审批单，并保存到数据库中。

（三）参考 OA 预设的文种和样式，对字体、字号、单位名称等进行适当调整后，形成本单位的公文文种模版。

审计机关应当建立日常维护制度，慎重而及时地调整上述事项。

第九条 公文收发办理模块投入使用前，审计机关应当根据研究确定的公文收发办理流程，完成下列事项：

（一）参考 OA 预设的样式，对公文要素及事项分类等信息进行适当调整后，形成本单位的收文登记单。

（二）根据本单位的部门设置、公文呈送接收关系，制定分发目标列表。分发目标可以按不同级别的人员、不同性质的内部机构、上级审计机关、下级审计机关、党政领导机关、本级政府的同级部门等分为若干分发目标组，以便提高分发效率。

（三）审计机关的部门作为第二级公文收发层次的，需要分部门设置公文呈送、接收关系，制定分发目标列表。

（四）根据 OA 的控制机制，对全部工作人员设定不同职级权限分数，以实现不同的人员对同一文件具有的公文列标题、阅读、打印、转发等不同的粒度控制。

（五）设计公文办理的参与对象、经办环节、先后顺序，定义工作流流程。

（六）参考 OA 预设的样式，对公文办理要素进行适当调整后，形成本单位的公文处理单。

审计机关应当建立日常维护制度，慎重而及时地调整上述事项。

第十条 审计机关应当在计划管理软件中编制当年审计计划、接收上级下达的计划、向下级机关下达计划，将本审计机关需要执行的审计计划分解为审计项目。

暂时不能完全实现上述要求的审计机关，应当由负责审计项目计划管理的工作人员在审计计划管理软件中，录入本机关当年审计计划，并分解审计计划为审计项目，按照审计署计划项目编码规则，生成全国唯一的审计项目编码。

第十一条 法制机构复核模块投入使用前，审计机关应当根据研究确定的法制工作机构复核流程，完成下列事项：

（一）确定需要复核的审计业务文书种类，需要附送的资料种类。

（二）设计复核工作的提交、接收、传送对象和顺序，定义工作流流程。

（三）设置包括复核意见、主要问题和退回理由等惯用语，以规范操作，方便使用，提高效率。

第十二条 察看现场模块投入使用时，审计机关应当建立制度、提出以下明确要求：

（一）按照正确的方法，在审计人员使用的计算机上安装 AO，审计人员在审计中，应当视审计目标、项目内容、数据条件使用其功能模块。

（二）审计项目实施过程中，定期报送审计现场数据包。

（三）审计机关的领导应当带头使用察看现场功能，及时对审计组报送的有关项目实施情况汇报和请示，作出反馈批示，指导现场审计工作。

第十三条 审计统计管理软件投入使用时，应当完成下列事项：

（一）设置审计统计管理软件网络版使用环境；设置上下级审计机关关系；设置机关统计员和部门兼职统计员，并赋予相应的权限。

（二）在统计员的计算机上安装客户端软件。

（三）已经部署数据传输通道（MQ）的审计机关，应当将审计统计管理软件配置为通

过数据传输通道报送和自动接收统计报表。没有部署数据传输通道的审计机关，可以使用文件方式报送和接收统计报表。

第十四条 被审计单位资料库投入使用时，应当完成下列事项：

（一）存储上一级审计机关按照属地原则切分下发的本审计机关所管辖的被审计单位。

（二）确定被审计单位与本审计机关各业务部门的被审计关系，将被审计单位细分到各业务部门。

（三）手工添加被审计单位资料库中尚未存在的被审计单位。

审计机关应当结合审计工作的开展和AO应用，建立日常维护制度，及时更新被审计单位资料信息。

第十五条 合理初始化或者按照业务流程无纸化的需求重新调整OA平台的下列设置：

（一）OA各个功能区的划分，各应用或者功能模块在各功能区的分配摆布。

（二）设置组织机构，建立本机关组织机构树，添加人员账号，分配权限角色。

（三）建立以内部部门为单位的子系统，分配相应的应用。

（四）根据审计机关确定的职责分工，赋予相关人员系统日志和行为审核的操作权限。

审计机关应当建立日常维护制度，及时而慎重地调整上述事项。

第四章 公文起草签批

第十六条 公文起草签批流程是审计机关为行使职权、办理事务而制作公文的过程。审计机关的工作人员，在自己的职权范围内参与该流程。

行政公文起草签批流程的载体是行政公文审批单，审计文书起草签批流程的载体是审计文书审批单。公文正文及其附件是审批单不可分割的组成部分。

第十七条 审计机关工作人员起草行政公文时，使用公文起草模块办理下列事项：

（一）在行政公文审批单中，以填写、截取相应文字、从组织树选择、下拉框选择的方式，添加本人职权范围内的信息。

（二）使用直接粘贴正文或者在线建正文方式，引入公文正文。

（三）添加附件。

（四）添加背景资料。

第十八条 审计机关的部门领导审核机关工作人员起草的行政公文，使用公文起草模块办理下列事项：

（一）审阅或者修改行政公文审批单中已经填写的各项信息。

（二）审阅或者修改正文、附件和背景资料。

（三）填写审批意见。

（四）根据情况，做出将公文提交审计机关领导阅核、送其他部门会签、送本部门其他领导阅核、退回拟稿人的选择。

第十九条 与行政公文起草部门工作相关的部门，接到公文会签请求时，在本部门的职权范围内，对行政公文审批单中的各项信息、正文、附件和背景资料进行审阅，填写会签意见后退回。

第二十条 审计机关应当建立办公室核稿制度，在公文起草签批过程中设计涉及公文核稿人员的流程。

第二十一条　审计机关的分管领导可以直接签发行政公文，也可以签注意见后转给其他领导签发。

审计机关领导认为所起草的行政公文需要退回修改时，应当退回。

第二十二条　审计机关的文秘部门，负责将审计机关领导签发的行政公文进行核稿、清稿、编号、套用模板、印刷等工作。印制完成后，文秘部门应当执行入阅文库和入档案库操作，结束公文起草签批流程。

第二十三条　审计文书与行政公文的起草签批过程基本一致，其区别在于：

（一）审计机关业务人员起草审计文书时，使用审计文书审批单，并在公文标题中正确反映文书种类。

（二）审计文书起草签批流转至法制工作机构部门复核环节时，转入法制复核流程；法制工作机构部门复核后重新回到公文起草签批流程，并增加复核意见书作为背景资料。

（三）总审计师或者指定的审计机关领导应当签署审核意见。

第二十四条　提倡审计机关的各级领导亲自撰写公文。各级领导亲自撰写公文时，除法制部门复核和办公室核稿环节以外，原由其下级工作人员履行的逐级审核环节可以省略。

第五章　公文收发办理

第二十五条　公文收发办理流程是审计机关接受上级任务、明确上级指示、交流机关工作情况、履行审计监督权力、保障机关正常运行的过程。公文收发办理无纸化要最大限度地促进信息的公开透明、促进公文信息的共享，保障审计机关工作人员在自己的职权范围内知悉公文信息的权力。

公文收发办理流程的载体是公文，各级领导的批示和说明办理情况、过程的信息可作为公文的辅助部分。

第二十六条　审计机关入库的公文来源和登记入库的方式如下：

（一）机关内部成文。起草签批流程完毕后，机关内部生成的文件自动携带公文登记要素进入阅文库。

（二）通过数据传输通道传递的上下级审计机关来文。使用公文入库模块的传输接收入库功能接收，所接收的公文自动携带公文登记要素进入阅文库。

（三）通过介质、电子邮件等其他渠道传输的外部来文。通过填写收文登记单，加载正文，录入公文登记要素及事项分类等信息后，进入阅文库。

（四）经本机关扫描纸质文件形成的电子文件。通过填写收文登记单，加载正文，录入公文登记要素及事项分类等信息后，进入阅文库。

第二十七条　公文进入阅文库后，机关文书应当补充调整已入库公文的事项分类等信息；在保持公文秘密等级和不违反保密规定的前提下，合理调整公文的权限分数，以实现最大程度的共享。

除受保密规定限制的以外，阅文库的公文应当向全体机关工作人员开放浏览权限。

根据保密规定，阅文库的公文应当适时解密。

第二十八条　机关文书根据机关工作人员职责范围，进行阅文分发。

阅文分发时，机关文书可将公文直接分发给机关工作人员。机关规模较大、部门人数较多的，可以设立部门文书转发公文。机关文书对个别文件的阅读范围难以确定时，可将文件分发给部门主管领导，根据主管领导的意见再行阅文分发。

工作人员应当知悉的公文，该工作人员应当阅读。

第二十九条 对需要办理的来文，机关文书应当进行办文分发。

办文分发应当由机关文书按照审计机关约定的内部职责分工，直接分发给承办部门或者分管的审计机关领导。接到需要办理来文的领导可以在文件处理单中批示意见，连同文件一同提交承办人。

机关文书对个别文件的办理责任单位难以确定时，可将文件分发给本部门主管领导，根据主管领导的意见再行办文分发。

第三十条 承办人根据文件内容以及领导批示意见，进行相应的处理工作，并将处理结果填入文件处理单承办结果栏中，结束公文办理流程。

承办人在办理来文的过程中，如果需要起草公文，则另行发起公文起草签批流程，并将该来文作为背景材料。

第六章 审计计划管理

第三十一条 审计计划管理流程是审计项目实施的前提和起始。年度审计项目是审计计划管理流程的载体。

第三十二条 审计机关履行审计计划管理的部门，设置机关计划管理员，负责使用审计计划管理软件，编制全机关的年度审计计划、接收上级下达的计划、向下级机关下达计划，向本级审计机关各业务部门分配审计计划。

第三十三条 机关计划管理员根据上级审计机关下达的审计计划、下级审计机关上报的计划草案、部门年度计划意见和审计机关领导的要求，在计划项目维护模块中录入计划列表。经平衡、调整、修改和审计机关领导批准后形成年度审计计划。

年度审计计划包括本机关执行的计划和下达给下级审计机关执行的计划。

在年度计划执行期内，机关计划管理员可根据审计机关领导的指示，对年度审计计划调增调减，并注明调整原因。

第三十四条 审计机关各业务部门设置的部门项目管理员（一般由部门负责人担任），负责将本部门执行的审计计划分解为项目，在审计项目列表中填入项目基本信息。

部门项目管理员应当确定每个审计项目的审计组长，或者至少为每个审计项目指定一个审计组成员，以保证AO相关功能的实现。

机关规模较小、业务部门人数较少的审计机关，可以不设置部门项目管理员，直接由机关计划管理员完成上述工作。

第三十五条 审计组长或者指定的审计组成员使用AO，从计划管理软件中获取审计项目基本信息，建立审计项目；或者从OA本人参与项目模块下载项目资料，导入AO，建立审计项目。

第三十六条 上级审计机关将审计计划管理软件导出的计划文件，通过网络或者介质下达给下级审计机关。

下级审计机关导入文件，将上级下发的计划融入本单位年度计划，或者再转发给下级审计机关。

下级审计机关也可将自定审计计划项目导出文件上报。

第三十七条 审计项目组应当及时向审计机关报告项目进展的相关信息，逐步实现利用审计计划管理软件掌握项目进度和人力、财力资源占用情况。

第七章　审计支持

第三十八条　审计支持流程是审计项目以及审计组主要成员确定后，利用 OA 对审计实施的支持支撑功能，取得相关审计资料和背景资料，帮助审计工作顺利实施的过程。审计组长或者其指定的人员负责办理该流程的有关事项，其结果供审计组人员共享。

第三十九条　审计人员实施审计前，应当从 OA 中将下列信息和资料导入 AO：

（一）审计组成员信息。审计人员编号使用本人身份证号，以保证其唯一性和统一性。

（二）审计项目基本信息。未部署计划管理软件需要手工建立审计项目的，审计项目编码应当遵循审计署制定的 32 位编码规则。

（三）相关文件。审计项目结束后项目归档时需要的、审计过程中可能使用的行政公文和审计文书。

（四）被审计单位资料。使用被审计单位资料库模块的打包功能，直接导出被审计单位全部或者部分数据资料，导入 AO。

（五）审计专家经验。除已嵌入 AO 的审计专家经验之外，如还需要其他专家经验，可从 OA 中打包下载，导入 AO，供审计实施中参考使用。

根据审计项目的性质和审计目标，搜集可能涉及的法规，引入 AO，以备审计实施中引用。

第四十条　结合审计机关广域网络的建设，逐步实现在异地审计现场利用审计机关局域网 OA 资源，获取审计支持。

第八章　审计现场实施

第四十一条　审计现场实施流程是审计组根据审计方案确定的任务，获取被审计单位资料、实施审计、形成审计组审计报告的过程。审计组成员按照本次审计分工，在自己的职责范围内参与该流程。

第四十二条　审计组长（或者副组长）使用 AO 的项目管理功能，在审计过程中实施以下事项：

（一）利用审计计划管理软件提供的项目信息自动建立审计项目，未部署审计计划管理软件的手工建立审计项目。

（二）组成包括所有成员在内的审计组，指定主审、复核人员、审计人员等角色，给定相应的权限。

（三）根据审计方案细化审计事项。

（四）进行审计进度和成本管理。

（五）引入或者生成项目相关资料，分发审计项目管理数据。

项目组其他成员使用 AO 的项目管理功能，导入审计组长（或者副组长）提供的项目管理数据，建立审计项目。

第四十三条　审计组应当在审计现场组建局域网，以方便交互信息、传递资料。

审计组成员较少的，可以使用介质交互信息、传递资料。

第四十四条　审计组长或者其指定的人员负责采集转换被审计单位的财务数据和业务

数据，并将全部数据分发给审计人员，或者按审计分工切分给审计人员。

使用AO联机模式作业的审计组，应当保证所采集转换的被审计单位的财务数据和业务数据在服务器上存储、处理。

审计人员使用AO的审计分析功能和审计抽样功能，分析处理电子数据，并结合实地察看、查阅纸质资料等手段，实施现场审计。

第四十五条 审计人员使用AO的审计底稿功能，记录审计日记；收集与审计事项相关的审计证据；对被审计单位违反国家规定的财政收支、财务收支行为以及对审计结论有重要影响的审计事项，编制审计底稿，并关联审计证据。

为保证审计档案中审计证据的完整性、有效性，审计人员可将需要归档的部分纸质证据、物证扫描或者拍照，以JPG格式（黑白照片以TIFF格式）保存为图片。相关原始证据应当按照档案管理的相关规定，以适当的形式保留。

第四十六条 审计过程中，审计人员通过AO的项目管理功能，将审计底稿提交复核人员。复核人员在AO的审计底稿模块中实现组内复核。

审计人员也可通过AO的项目管理功能，实现审计组内的信息共享。

第四十七条 审计组长（或者副组长）使用AO的项目管理功能收集审计组成员的审计底稿。在AO的审计底稿模块中生成审计组的审计报告。

第四十八条 审计项目终结前，审计组长或者其指定的人员应当使用AO完成以下事项：

（一）整理全部文件、资料，归集审计档案，生成项目档案数据包。

（二）根据审计机关的审计报告、审计决定等审计文书的结论，最终填写审计项目台账，生成本审计项目的审计台账数据包。

（三）根据对被审计单位的接触了解，更新被审计单位的基本情况；根据采集的被审计单位数据，添加被审计单位的财务资料和业务资料；根据审计过程和结论，添加被审计单位的审计项目资料，生成本次审计后新的被审计单位数据包，更新被审计单位资料库。

（四）整理本次审计过程中积累的审计师经验，生成专家经验数据包。

第九章　审计现场与审计机关交互

第四十九条 审计现场与审计机关交互流程是审计组及时报告现场工作并获得审计机关具体指示的过程。审计机关应当充分运用信息化手段，使交互流程在保障审计质量方面发挥作用。审计组和审计机关领导、部门领导在自己的职权范围内履行交互职责。

审计现场与审计机关交互流程的载体是AO生成的审计现场数据包。

第五十条 审计人员在审计现场应当按照审计机关的要求，通过AO的项目管理模块，将项目进度信息、审计日记、审计工作底稿、审计证据等文件资料生成审计现场数据包，上报给审计机关领导。

第五十一条 审计机关领导通过定期登录OA察看现场模块，察看审计现场上报的资料，并反馈批阅意见。

审计人员应当及时查看领导批阅意见。

第五十二条 结合电子政务网络和审计机关广域网络的建设，审计现场与审计机关之间应当逐步做到异地交互信息。交互通过公共通讯网络进行时，应当采取适当的安全措施。

不具备广域网络条件时，可以返回机关利用局域网交互，或者使用介质交互。

第十章　法制工作机构复核

第五十三条　法制工作机构复核流程是审计机关从依法行政的角度对业务部门代审计机关撰写的审计文书进行审核的过程。审计组和对其有业务管辖权的业务部门负有提供依据材料、说明情况的职责，法制工作机构履行法制复核的职责。

法制工作机构复核流程的载体是审计文书审批单，待复核审计文书正文及其附件是审计文书审批单不可分割的组成部分。

第五十四条　审计文书审批单和待复核审计文书正文及其附件，由公文起草签批流程传送至法制工作机构。

法制工作机构收到经业务部门领导审核的、需要进行复核的审计文书审批单后，指定人员进行复核。

法制工作机构内部对于复核意见的提出、审批，要求业务部门补报材料，退回业务部门，以及业务部门的再次提交等流程，在法制机构复核模块内进行。

第五十五条　复核工作结束，经法制工作机构领导签名，复核意见作为背景材料之一，随同审计文书审批单重新进入公文起草签批流程，送机关领导阅核签发。

第五十六条　审计机关要求法制工作机构提前介入，在审计实施过程即进行相关工作的，应当使用AO或者在审计现场与审计机关交互模块中办理。

第十一章　档案管理

第五十七条　档案管理流程是收集、整理、保存、利用反映审计机关公文和机关事务办理轨迹相关文档的过程。公文的起草者、审计项目和机关事务的参与者，与档案管理人员（含部门兼职档案管理员）共同参与该流程。

档案管理流程的载体是案卷。

第五十八条　审计机关或者各个部门，至少指定一位公文的起草者、审计项目和机关事务的参与者，负责创建案卷搜集整理资料。

以下档案应当至少包括下列电子文件：

（一）文书档案。公文起草签批模块形成的电子文稿及领导修改批示的内容。

（二）审计档案。AO生成的项目档案数据包。使用地方档案部门推荐的档案管理软件的，应当在AO中按地方档案部门的要求，将有关资料逐一另存。

（三）会计档案。会计核算软件生成的备份电子文件。

（四）基建档案。项目审批的电子文件和设计制图软件生成的电子图纸。

第五十九条　审计机关各个部门向档案部门提交、档案部门检查验收提出调整意见、部门修改后的再提交、档案部门正式接收入库、查询借阅退还等管理环节，应当通过局域网进行。

使用地方档案机关推荐的档案管理软件，无法在局域网实现上述环节的，可以酌减。

第六十条　审计机关应当建立健全档案管理制度，扩大档案信息共享范围，方便审计人员利用。在遵守密级管理的前提下，应当在内部办公网络上列示档案目录。

有条件的审计机关应当对有价值的原有纸质档案进行扫描等电子化处理。

第十二章 统计管理

第六十一条 统计管理流程是以数字形式反映审计成果的过程。审计项目的参与者通过编制审计工作底稿和填报审计台账的方式、部门兼职统计员和机关统计员通过编制汇总报表的方式参与该流程。

统计管理流程的载体是审计统计报表。

第六十二条 本审计机关的审计统计报表由机关统计员汇总审计台账形成。使用AO的审计项目，由审计组指定的人员生成审计台账数据包，通过网络或者介质传至审计统计管理软件；未使用AO的审计项目，由部门兼职统计员使用审计统计管理软件填报审计台账。

机关统计员使用审计统计管理软件，汇总本机关和下级审计机关的审计统计报表，形成本级审计机关统计报表。

第六十三条 结合审计机关广域网络的建设，逐步实现上下级审计机关之间通过数据传输通道的方式，报送、接收审计统计报表。

上下级审计机关之间尚未部署数据传输通道时，可以通过审计统计管理软件报表管理模块的报送文件、读入报表功能，导出、导入统计报表，实现报送和接收。

第六十四条 机关统计员应当使用审计统计管理软件的数据发布功能，将统计报表发布到OA的领导决策区或者信息资源区，为本机关领导决策提供信息支持。

第十三章 被审计单位资料库管理

第六十五条 被审计单位资料库管理流程是以累积的方式搜集被审计单位资料，以全面反映被审计单位发展变化脉络和审计经历的过程。审计项目的参与者通过编制被审计单位数据包参与该流程。审计机关及其业务部门应当重视被审计单位资料库的建设，逐步使被审计单位资料库成为审计机关制订年度审计计划的重要依据。

被审计单位资料库管理流程的载体是被审计单位列表。

第六十六条 审计人员在实施审计作业时，应当及时收集整理被审计单位资料，并按基本情况、财务资料、业务资料、审计资料分类。审计项目结束时，生成被审计单位数据包，通过网络或者介质传至OA，更新被审计单位资料库。

未使用AO的项目，审计人员可将需更新的被审计单位资料分类整理后，以文件的形式单独或者批量引入OA。

第六十七条 结合审计机关广域网络的建设，逐步开展上下级审计机关被审计单位资料的交互更新。通过数据切分工具和数据打包下发、导出功能，向下级审计机关提供被审计单位资料；通过数据上报和导出功能，供上级审计机关更新、汇总被审计单位资料。

第十四章 公共信息交流

第六十八条 公共信息交流流程是审计机关工作人员运用电子形式获取应知、欲知信息的过程。审计机关全体工作人员均有知悉公共信息的权力，共同参与该流程。

第六十九条 审计机关使用通知、公告、电子邮件和机关内部网站的相关频道，在本机关范围内发布信息。

与下级审计机关之间的网络连接具备条件的，通过适当的内容控制，发布信息的受众也可扩大至下级审计机关。

公告应当设置适当的时效。审计机关发出的公告，其删改权属于指定的管理人员。

第七十条 审计人员使用通知、电子邮件和即时通讯软件给指定接收者发布信息，或者传递文档资料。

审计人员有向机关全体人员发送公告的权力，并对公告内容及其引起的后果负责。

审计人员使用通知、公告发布信息，由系统保障实名制。

第七十一条 结合审计机关广域网络的建设，逐步扩大即时通讯软件的使用范围，特别是异地之间双方和多方的语音会话、视频会话。

第七十二条 建立审计机关内部网站，取代粘贴纸张式学习园地、宣传栏和黑板报。网站的频道至少应当包括：新闻简报、业务信息、规章制度、论坛、党建工作、公告板。省级审计机关应当设立处室网页频道。

每个频道每月至少更新 1 次信息，所有频道信息更新总数每月不少于 20 条。

在加强管理、保证网站形式生动活泼内容积极向上的同时，应当发挥审计机关各个部门和全体审计机关工作人员的积极性，多方汇集稿源。内部网站的加载权可以由机关指定的一名管理员统一行使，也可以在划分版块、限制权限的情况下由各个部门指定的人员行使。

第七十三条 在机关适当的位置摆放触摸屏或者设置显示屏，显示政务公开内容、审计机关因特网网页或者部分适合公开的内部网网页内容。

第十五章 其他信息化手段的应用

第七十四条 审计机关召开以讨论文档内容为主题的会议时，应当逐步推广使用电子会议软件。会议召开前事先分发电子文档；会议中使用计算机或者投影机展示、讨论文档内容。

第七十五条 审计机关应当在局域网内设立专用服务器（或者辟出专用存储空间），供各个部门和审计人员通过机关局域网，上传、存储、整理、下载、使用本部门和本人因公形成的电子资料。

审计机关应当选择适当的文件存储软件，建立恰当的存储环境，以获得相对于个人计算机、移动存储介质更高的安全性和可靠性。

第十六章 附 则

第七十六条 本指南所提及的“应当”和“可以”，均为对审计机关业务流程无纸化过程设计的要求，不代替应当由国家主管部门、各级审计机关颁布的规章制度所提出的要求。

第七十七条 本指南的内容来自于审计署及地方审计机关的实践总结。

本指南内容经审计署资源环保审计局，审计署驻太原、南京、武汉、兰州、昆明特派办，天津市审计局，江苏、广东省审计厅，苏州、安阳市审计局共同研究讨论。

第七十八条 本指南基于截至 2007 年 3 月 20 日 OA 和 AO 软件版本所能够提供的功能。

第七十九条 本指南的解释权归审计署计算机技术中心。

新华社审计监察工作规定

（新发文件［2007］厅字15号，2007年4月17日）

总社各部门、各单位，国内各分社及驻外总分社、大分社：

《新华社审计监察工作规定》已经2007年第7次社长办公会审议通过，现印发给你们，请遵照执行。

进一步加强和规范审计监察工作，对于维护我社财经纪律，加强财务管理，提高资金使用效益，促进廉政建设，从源头上预防腐败具有重要作用。各部门、各单位、各分社都要重视审计工作，严格按规定办事，更好地发挥审计工作的作用，促进我社管理水平不断提高。

新华社审计监察工作规定

第一条 为了加强和规范新华社审计监察工作，维护财经纪律，提高资金使用效益，促进廉政建设，保障新华社事业健康发展，根据《中华人民共和国审计法》和《审计署关于内部审计工作的规定》，结合新华社实际，制定本规定。

第二条 新华社审计监察工作是新华社审计监察机构和人员依据国家的法律法规和新华社的有关规章制度，独立对新华社所属单位的财务收支、经济活动及内控制度的真实性、合法性、效益性等进行审核、鉴证，评价其经济责任的监督活动。

第三条 社监察局主管全社的审计监察工作，依法独立行使审计监察职能。

监察局审计监察室是新华社审计监察工作的具体实施部门，按审计监察的职权范围开展工作，并接受国家审计署及有关部门的业务指导。

第四条 新华社各直属事业、企业单位和国内各分社，尚未配备审计人员的，可以根据内部管理的需要，配备兼职审计人员。各直属事业、企业和国内分社审计人员，在本单位领导授权范围内独立开展内部审计工作，对本单位领导负责，并接受监察局的业务指导。

第五条 监察局在审计监察工作中履行下列职责：

（一）制定审计监察工作规章制度和规范流程；

（二）对新华社各直属事业、企业单位，国内务分社和驻外总分社、大分社及需要审计的其他驻外分社的预算执行、财务收支、资产、负债、绩效、内控制度等情况，进行审计监督；

（三）对新华社各直属事业、企业单位，国内各分社和驻外总分社、大分社的单位负责人和分管经营、财务工作的负责人，在任职期间对本单位的财务收支以及有关经济活动应负经济责任的履行情况，进行审计监督；

（四）对与预算执行、财务收支、资产、负债、绩效、内控制度等情况有关的特定事项，向新华社各下属单位进行专项审计调查；

（五）协调有关部门聘请有资质的社会审计机构或者基建审计方面的专业人员，对新华社投资或以新华社投资为主的建设项目的预算执行情况和决算进行审计监督；

（六）对新华社控股或者是实际控制人的企业进行审计监督，新华社的具体投资单位予以协助；

（七）对被审计单位落实审计决定的情况，进行检查督办；

（八）指导全社各单位的内部审计工作；

（九）开展审计监察业务研讨，组织审计人员参加业务培训和后续教育；

（十）组织实施社党组授权的其他审计事项。

第六条 监察局在审计监察工作中行使下列职权：

（一）有权要求被审计单位提供预算、预算执行情况、决算、财务会计报告，运用电子计算机储存、处理的财务收支电子数据和必要的电子计算机技术文档，在金融机构开立账户的情况，社会审计机构出具的审计报告，以及其他有关资料；有权检查被审计单位的会计凭证、会计账簿、财务会计报告和运用电子计算机管理财务收支电子数据的系统，以及其他有关资料和资产。被审计单位不得拒绝、拖延、谎报。

被审计单位负责人对本单位提供的财务会计资料的真实性和完整性负责。

（二）有权就审计事项的有关问题向有关单位和个人进行调查，并取得有关证明材料。有关单位和个人应当支持、协助审计工作，如实反映情况，提供有关证明材料。

（三）有权要求被审计单位查询本单位在金融机构的账户情况，并如实提供有关资料。有证据证明被审计单位以个人名义存储公款的，监察局有权要求被审计单位查询本单位以个人名义在金融机构的存款，并如实提供有关资料。

（四）有权制止被审计单位转移、隐匿、篡改、毁弃会计凭证、会计账簿、财务会计报告以及其他有关资料，或转移、隐匿所持有的违反国家和新华社规定取得的资产等行为；必要时，报请分管社领导批准后，封存有关资料和违反国家和新华社规定取得的资产，暂停资金的使用。

有权制止被审计单位正在进行的违反国家和新华社规定的财务收支行为；制止无效的，报请分管社领导批准后，通知新华社有关主管部门采取必要的措施。

采取前两款规定的措施时，不得影响被审计单位合法的业务活动和经营活动。

（五）发现被审计单位所执行的上级主管部门有关财务收支的规定与法律、行政法规相抵触的，有权建议有关主管部门纠正。

（六）有权向有关部门通报或者向全社公布审计结果。通报或者公布审计结果，应当依法保守秘密和被审计单位的商业秘密。

（七）有权根据工作需要，聘请特约审计人员和兼职审计人员。

（八）履行内部审计监督职责，有关职能部门应当予以协助。

第七条 审计监察工作按照下列程序进行：

（一）监察局根据审计项目计划、人事局的通知或者社党组的要求确定审计事项，组成审计组，并在实施审计 3 个工作日前，向被审计单位送达审计通知书；遇有特殊情况，经监察局局长批准，审计组可以直接持审计通知书实施审计。

对领导干部任中经济责任审计，由监察局商人事局、计财局提出意见，报分管人事、财务和纪检监察工作的社领导审定后实施。

被审计单位应当配合审计组的工作，并提供必要的工作条件。

审计组应当提高审计工作效率。

（二）审计组在进驻被审计单位实施审计之前，应当进行审前调查，和有关职能部门沟通，制定审计项目实施方案，经监察局局长批准后执行。

在实施审计过程中，根据实际情况，审计组可以对审计项目实施方案进行必要的调整，经监察局局长批准后执行。

（三）审计组进驻被审计单位后，应当召开有被审计单位领导班子成员、财务人员以及其他相关人员参加的审计见面会。

（四）审计人员通过审查会计凭证、会计账簿、财务会计报告，查阅与审计事项有关的文件、资料，检查现金、实物、有价证券，向有关单位和个人调查等方式进行审计，并取得证明材料。

（五）审计组对审计事项实施审计后，应当向监察局提出审计报告。审计组的审计报告报送监察局前，应当按规定征求被审计对象的意见。被审计对象自接到审计报告之日起10个工作日内，将其书面意见送交审计组。审计组应当将被审计对象的书面意见一并报送监察局。

（六）监察局按照复核程序对审计组的审计报告及相关材料进行审议，审议后经监察局局长签署意见，出具监察局的审计报告。监察局的审计报告经社长办公会或社领导批准，正式发文。该报告是审计事项的最终结果。

监察局对违反国家规定的财务收支行为，应当作出审计决定，依法给予处理、处罚，或者向有关部门提出处理、处罚的意见。

（七）监察局应当将审计报告和审计决定送达被审计单位和有关主管部门。审计决定自送达之日起生效。

（八）被审计单位必须执行监察局依法作出的审计决定，并在规定期限内将审计决定的落实情况及有关证明材料报送监察局。

（九）监察局应当督促被审计单位执行审计决定，审核被审计单位上报的审计决定落实材料，必要时可以对审计决定落实情况进行检查。

（十）被审计对象对审计决定不服的，可以在审计决定送达之日起60个工作日内向监察局书面申请复议。

监察局审理室负责审计复议工作，组成复议小组及时处理，并在收到复议申请之日起60个工作日内提出书面复议报告，经监察局局长批准后，向申请复议的被审计对象通报。

复议期间，审计决定不停止执行。

（十一）监察局按照审计署和新华社的有关规定，建立审计档案。

第八条 审计人员的职责要求包括：

（一）应当具备与其从事的审计工作相适应的政治素质、政策水平、专业知识和业务能力。

（二）应当恪守审计职业道德规范，严守审计纪律，认真履行职责，严谨细致，弄清事实，分清责任，坚持原则，保守秘密。

（三）在执行审计任务中的吃、住、行等一切费用由监察局负责支出，不得由被审计单位支付任何费用，不得接受被审计单位的礼品、礼金及宴请等，自觉接受全社职工的监督。

（四）办理审计事项，与被审计单位或者审计事项有利害关系的，应当回避。

（五）依法执行职务，受法律保护。任何单位和个人不得设置障碍，不得打击报复审计人员。

（六）按照国家有关规定参加业务培训和继续教育，有关部门应当鼓励、支持和保障。

第九条 被审计单位违反本规定，拒绝或者拖延提供与审计事项有关的资料的，或者提供的资料不真实、不完整的，或者拒绝、阻碍检查的，或者拒不执行审计决定的，由监察局责令其改正，根据情节轻重，给予口头警告、通报批评、经济处分，同时依照新华社考核工作的有关规定，向考核部门提出减分建议；拒不改正的，依法依纪追究责任。

第十条 被审计单位违反本规定，转移、隐匿、篡改、毁弃会计凭证、会计账簿、财务会计报告以及其他与财务收支有关的资料的，或者转移、隐匿所持有的违反国家和新华社规定取得的资产，或者报复陷害审计人员的，由有关部门按照干部管理权限依法依纪对直接负责的主管人员和其他直接责任人员给予处分；构成犯罪的，移交司法机关处理。

第十一条 对被审计单位违反国家和新华社规定的财务收支行为，监察局依照法律、行政法规和新华社的有关规定，区别情况采取下列处理措施：

（一）责令限期缴纳应当上缴的款项；

（二）责令限期退还被侵占的国有资产；

（三）责令限期退还违法所得；

（四）责令按照国家统一的会计制度的有关规定进行处理；

（五）责令按照新华社的有关规定进行处理；

（六）其他处理措施。

对直接负责的主管人员和其他直接责任人员依法依纪应当给予处分的，由有关部门按照干部管理权限进行处理；构成犯罪的，移交司法机关处理。

第十二条 审计人员违反有关规定，工作中造成重大失误，产生不良影响的，由监察局批评教育或给予处罚，屡教不改的，调离审计工作岗位；审计人员滥用职权、玩忽职守、徇私舞弊或者泄漏所知悉的审计内部情况、商业秘密的，按照干部管理权限依法依纪给予处分；构成犯罪的，移交司法机关处理。

对认真履行职责、成绩显著的审计人员，监察局应当给予表彰和奖励。

第十三条 本规定自发布之日起施行，1999 年 3 月 17 日发布的新发文（1999）厅字第 28 号文件《新华社内部审计暂行规定》同时废止。

第十四条 本规定由监察局负责解释。

审计署关于加强地方审计机关社会保险基金审计监督工作的意见

（审社发［2007］30 号，2007 年 4 月 17 日）

各省、自治区、直辖市和计划单列市、新疆生产建设兵团审计厅（局）：

社会保障是构建社会主义和谐社会的重要内容。“十五”以来，地方各级党委、政府高度重视社会保障工作，在加强社会保险基金筹集、管理和监督，确保按时足额发放等方面做了大量工作，取得了明显成效。但审计也发现有些地方未能严格执行有关规定，社会

保险基金管理使用不规范的问题还比较突出，部分基金仍存在一定风险，不仅影响基金的安全，而且不利于社会稳定和社会主义市场经济的健康发展。为进一步强化对社会保险基金的审计监督，规范社会保险基金审计工作，根据审计法的有关规定及国务院关于加强社会保险基金管理和审计的要求，现就加强地方审计机关对社会保险基金的审计监督工作提出如下意见：

一、明确社会保险基金审计的总体目标。根据当前社会保险基金的管理使用状况，审计工作要全面掌握社会保险基金的收支规模、基金结余分布及基金管理运行情况，揭露资金筹集、管理、使用中存在的突出问题，促进加强基金管理和落实各项社保政策，保障基金的安全完整，维护人民群众的切身利益，力争经过连续几年的审计，确保社会保险基金征缴面进一步扩大，基金安全性方面不出现大的问题；通过审计调查，从社会保障制度、管理体制和基金运行机制等方面提出切实可行的审计建议，为促进我国社会保障体系建设和构建社会主义和谐社会服务。

二、确定社会保险基金审计的主要范围。根据全国社会保险基金现状，审计的范围主要是企业职工基本养老保险、城镇职工基本医疗保险、失业保险、工伤保险、生育保险等五项基金。对住房公积金、农村社会养老保险基金、新型农村合作医疗基金及地方建立的被征地农民社会保障、小城镇社会保险等其他社保基金的审计，各级审计机关也应根据实际情况，自行组织安排。审计面应覆盖到省、地、县三级，因特殊情况不能安排审计的，应当向上级审计机关说明原因。

三、突出社会保险基金审计的重点内容。当前，社会保险基金审计的重点，一是确认基金征缴的完整性，揭露基金征缴工作中存在的应收未收和征缴面较窄等问题；二是确认基金收入的真实性，揭露隐瞒、截留、坐支、转移收入等问题；三是确认基金支出的合规性，揭露挤占挪用、贪污浸占、违规支付、虚列支出、转移资金等问题；四是确认基金资产负债的真实、完整、安全性，揭露和反映基金管理中存在的问题，以及以前年度挤占挪用基金的回收情况和往来账长期挂账的清理情况；五是评价基金的保值增值情况，揭露违规运营及效益低下，损失浪费等问题；六是查找和分析现行社会保障制度存在的问题，提出改进和完善的意见和建议。

四、落实社会保险基金经常性审计制度。各级审计机关要把社会保险基金审计作为当前和今后一个时期审计工作的重点，近三年内，每年都要对企业职工基本养老保险、城镇职工基本医疗保险、失业保险、工伤保险、生育保险等五项基金实施审计。要紧密结合当地实际，合理分配审计资源，并在组织机构、项目经费和人员安排上保证审计任务的需要。

五、坚持社会保险基金审计逐级负责和责任追究制度。各级审计机关要对本级职责范围内的社会保险基金审计工作负总责，要严格按照《审计机关审计项目质量控制办法（试行）》组织开展审计工作，加强现场管理，实行全过程审计质量控制，防范审计风险。要严格审计程序，落实审计责任，对审计机关有关领导和工作人员在审计过程中出现漏查或瞒报重大问题的，以及违反有关审计法律法规和审计纪律的，要区分不同情况予以处理；构成犯罪的，移送司法机关追究刑事责任。

六、建立社会保险基金审计重大问题报告制度。地方各级审计机关对审计中查出的重大问题或重大违法犯罪案件线索，应及时向本级政府报告，必要时可同时向上级审计机关或审计署报告。

七、推行社会保险基金审计公告制度。各级审计机关组织实施辖区内的社会保险基金审计，要按照有关规定和程序实行审计结果公告。对于审计对象、审计范围、审计内容、审计程序、审计纪律等，也应根据当地实际，采取适当方式向社会或被审计单位公开，主动接受社会各界和群众监督。

八、提高社会保险基金审计的计算机应用水平。要充分利用社会保险数据化信息资源，应用计算机查询、检索、计算、分析、汇总等多种功能，积极开展计算机辅助审计。加强相关审计软件的研究开发、推广应用和技术培训，积极探索计算机联网审计的有效模式和方法，不断提高社会保险基金审计的技术含量和技术水平。

九、各级审计机关要加强调查研究，注意发现社会保险基金审计工作中出现的新情况、新问题，及时总结和推广各单位的好经验、好做法。通过举办业务培训班、专题座谈会、经验交流会等方式，加大业务培训力度，总结推广典型经验，促进提高工作效率和审计质量，不断提升社保审计工作的整体水平。

十、各级审计机关要加强与下级审计机关的沟通联系，切实掌握基层社保审计的开展情况，注意抓住工作中的薄弱环节，有针对性地进行业务指导和质量检查，对进展迟缓的审计机关，要采取必要措施进行督导。审计署将采取听取汇报、调阅检查审计档案、对重要问题进行复查等方式，不定期地抽查各单位的审计质量。上级审计机关要积极主动地帮助下级审计机关解决审计过程中遇到的困难和问题，确保社会保险基金审计工作的顺利开展。

教育部关于进一步加强省属高校领导干部经济责任审计工作的意见

（教财［2007］13号，2007年7月18日）

各省、自治区、直辖市教育厅（教委），各计划单列市教育局，新疆生产建设兵团教育局：

根据中共中央办公厅、国务院办公厅印发的《县级以下党政领导干部任期经济责任审计暂行规定》（中办发〔1999〕20号）和中央纪委、中央组织部、监察部、人事部、审计署印发的《关于将党政领导干部经济责任审计范围扩大到地厅级的意见》（审经责发〔2004〕65号）精神，我部先后印发了《关于切实做好经济责任审计工作的通知》（教财〔2000〕21号）、《教育部关于做好领导干部经济责任审计报告交接工作的通知》（教财〔2007〕2号），对教育系统经济责任审计工作提出了明确要求。各地积极开展了高校领导干部经济责任审计工作，取得了一定成效，在强化干部监督管理、促进领导干部正确履行经济责任、加强党风廉政建设等方面发挥着越来越重要的作用。为进一步加强省属高校领导干部经济责任审计工作，现提出如下意见：

一、各省级教育行政部门要充分认识经济责任审计工作的重要性

经济责任审计是促进高校领导干部全面贯彻落实国家的方针政策，增强责任意识，廉洁勤政，依法治校和提高管理水平的有效手段，也是党中央、国务院为加强领导干部监督管理，促进领导干部正确履行经济责任而采取的一项重要举措。各省级教育行政部门要充分认识这项工作的重要意义，将省属高校领导干部经济责任审计作为重要的任务抓紧

抓实。

二、省属高校领导干部经济责任审计范围

各省级教育行政部门对所属普通高等学校和成人高等学校的校级领导干部在任职期满或者任期内办理调任、转任、轮岗、免职、辞职、退休等事项前，都应进行经济责任审计。

根据《国务院办公厅关于加强民办高校规范管理引导民办高等教育健康发展的通知》（国办发〔2006〕101号）、《民办高等学校办学管理若干规定》（教育部令第25号）的有关精神，各省级教育行政部门也要加强对民办高校法定代表人任期经济责任审计工作的指导和监督，促进民办高校法定代表人认真履行经济责任，规范民办高校财务管理制度，保证民办高校资产的安全和完整。

三、省属高校领导干部经济责任审计程序

根据干部管理、监督工作的需要和党委、政府的意见，由组织人事、纪检监察部门向审计机关提出对高校领导干部进行经济责任审计的委托建议，审计机关依法实施审计。各省级教育行政部门的审计机构也可接受委托，按照以下程序开展审计：

1. 送达审计通知书。在实施经济责任审计三日前，向被审计领导干部及所在高校送达审计通知书。

2. 召开进点见面会。组织召开有被审计领导干部及学校有关部门负责人参加的审计进点会，通报审计工作的要求和具体安排，听取被审计领导干部介绍履行经济责任的情况。

3. 实施审计。审计人员通过审查会计凭证、账簿、财务会计报告和财务收支电子数据，查阅与审计事项有关的文件、资料，检查实物等方式进行审计，并取得证明材料。

4. 完成审计报告。现场审计结束后，审计组起草审计报告并征求被审计领导干部及所在高校的意见，完成审计报告。

5. 出具审计结果报告。各省级教育行政部门根据经济责任审计报告出具审计结果报告，报送委托部门。

四、省属高校领导干部经济责任审计的主要内容

省属高校领导干部经济责任审计要结合高校财务管理特点和经济活动实际，突出审计重点，加大审计力度。主要围绕以下内容开展审计：

1. 财务收支及重要经济活动的真实、合法、效益情况。核查各项资金的筹集、使用、管理是否符合国家有关财经法规、是否取得效益，以及债权、债务的真实性和管理情况。

2. 资产管理情况。核查各类资产（包括固定资产和无形资产）是否安全、完整，管理是否规范。

3. 重大经济决策的程序与效果。核查重大经济决策是否遵循了民主决策程序，是否取得重大经济成效或造成重大经济损失等，特别是大额资金支出、对外投资、经济担保、工程建设、银行贷款等重大经济事项的决策程序与效果。

4. 内控制度建设情况。核查是否贯彻执行国家各项财经法规，建立健全内部控制制度并得到有效执行。

5. 领导干部本人遵守廉政规定情况。

五、建立高校领导干部经济责任审计报告交接制度

各省级教育行政部门要高度重视经济责任审计结果的运用，建立高校领导干部经济责

任审计报告交接制度，将审计报告列为省属高校领导干部工作交接的内容。通过审计报告的交接，高校领导干部能够更加明确应承担的经济责任，增强履行经济责任的自觉性。

六、加强对审计查出问题整改情况的专项检查

各省级教育行政部门要针对经济责任审计报告中提出的问题和建议，督促学校进行认真整改和落实，并对整改情况组织专项检查，促进高校不断完善内控制度建设，提高财经工作管理水平。

根据上述意见的精神，请各省级教育行政部门及时向我部报送开展省属高校领导干部经济责任审计工作动态、年度工作情况。我部将不定期通报各省级教育行政部门开展这项工作的有关情况和一些行之有效的做法、经验。

国务院国有资产监督管理委员会关于加强中央企业经济责任审计工作的通知

（国资发评价［2008］53号，2008年3月5日）

各中央企业：

为进一步推动中央企业深入开展经济责任审计工作，规范审计工作行为，提高审计工作质量，充分发挥审计监督作用，促进中央企业依法经营、规范运作、健康发展，根据《中央企业经济责任审计管理暂行办法》（国资委令第7号）等有关规定，现就进一步加强中央企业经济责任审计工作的有关事项通知如下：

一、进一步提高对经济责任审计工作的认识

党的十七大明确要求加强领导干部的经济责任审计，增强监督实效。经济责任审计是实现“管资产和管人、管事”相结合、落实国有资产管理责任的重要措施，是客观、公正评价企业发展绩效，全面总结企业发展经验，深入揭示企业存在问题，促进企业提高管理水平的有效途径，也是促进企业负责人勤勉尽职、廉洁自律的重要手段。各中央企业要高度重视这项工作，充分认识其重要性，保障企业内部经济责任审计工作的有效开展，发挥经济责任审计工作在完善企业内部控制、建立健全激励与约束机制、提高经营管理水平、规范企业负责人履职行为等方面的作用。

二、加强经济责任审计工作制度建设

各中央企业要在认真总结工作经验的基础上，按照现代公司治理的要求，建立健全经济责任审计工作制度体系，促进实现经济责任审计工作的制度化和规范化。一是加强制度建设，根据《中央企业经济责任审计管理暂行办法》（国资委令第7号）和《中央企业经济责任审计实施细则》等有关规定，结合实际工作需要，完善本企业经济责任审计工作制度，明确职责，规范运作；二是结合《中央企业综合绩效评价管理暂行办法》（国资委令第14号），积极探索建立适合本企业的绩效评价体系，将绩效评价运用到经济责任审计工作中，科学评判经营者业绩，建立相应的约束激励机制；三是在全面了解子企业负责人任期情况的基础上，结合企业的分布、规模、行业等特点，制订切实可行的集团总体经济责任审计五年计划，保证经济责任审计工作的连续性和全面性。

三、加强经济责任审计工作的组织领导

经济责任审计工作政策性、专业性较强，程序严谨，标准要求高，各中央企业要切实加强领导。一是建立健全企业内审机构，严格按照“统一要求、分级负责”的原则，明确经济责任审计的领导机构和工作职责，加强审计队伍建设，维护内部审计人员权利，切实保障经济责任审计工作所必需的经费。二是企业负责人要将经济责任审计工作纳入企业经营管理的重要日程，加强审计工作协调和督促检查，支持内部审计机构独立履行经济责任审计职责，促进审计部门与干部管理部门、年薪管理部门的合作，及时研究解决审计工作中的困难和问题。三是根据现有审计力量，结合审计工作需要，采取内部审计、委托审计、联合审计和聘用外部审计人员等适当的方式组织实施经济责任审计工作。

四、全面开展主要负责人经济责任审计工作

各中央企业要认真做好各级子企业主要负责人的离任和任中经济责任审计工作，将离任审计与任中审计、事后监督和事中监督有机结合起来。一是做到“离任必审”，凡子企业主要负责人离任，必须开展离任经济责任审计工作，客观评价任职期间的经营业绩和经济责任，做到未经审计，不得解除经济责任和兑现任期全部效益薪金；二是积极开展任中经济责任审计工作，任期五年内未开展经济责任审计的企业应组织开展任中经济责任审计，将经济责任审计关口前移，充分发挥事中监督的重要作用；三是逐步开展境外投资项目主要负责人经济责任审计工作，积极探索开展境外投资项目经济责任审计工作的有效方法，逐步建立相关企业负责人的任中或离任经济责任审计制度。

五、积极开展企业副职和主要业务部门负责人经济责任审计工作

各中央企业在开展主要负责人经济责任审计工作的同时，应当建立企业副职和主要部门负责人的离任或任中经济责任审计制度，积极开展企业副职和主要业务部门负责人的经济责任审计工作，加强责任监督和管理。一要认真组织开展从子企业负责人岗位或业务部门提拔到集团副职领导人员的经济责任审计工作，并将审计结果报国资委备案；二是认真组织开展兼任子企业负责人的集团负责人任中或从子企业负责人岗位离任的经济责任审计工作；三是开展对重要业务部门负责人履行职责情况的经济责任审计工作；四是探索开展对拟提拔领导人员任职前经济责任审计工作，将审计结果作为考察干部的重要依据。

六、认真开展专项经济责任审计工作

各中央企业应结合日常监管工作，及时跟踪了解子企业的经营管理状况，对重大决策事项的执行情况或异常财务事项开展专项经济责任审计。一是认真开展重组子企业的经济责任审计工作，对子企业发生改制、改组、兼并、出售、拍卖、破产等重组行为的，应按照国资委有关规定进行经济责任审计；二是对在企业日常监管过程中发现的异常情况或内部控制制度执行中的薄弱环节，应开展专项经济责任审计，及时指出企业经营管理活动存在的问题，查错纠弊，堵塞漏洞，保障企业持续健康发展；三是结合企业的发展战略和重大经营决策，开展风险导向专项审计，提升风险应对能力，保障企业战略顺利实施。

七、切实提高经济责任审计工作质量

审计质量是审计工作的根本，各中央企业在经济责任审计工作中应当严把审计质量关。一是企业内部审计机构负责制订切实可行的审计工作计划，采取有效组织方式开展审计工作；二是严格规范经济责任审计工作程序和工作方法，注重经济责任审计深度，避免工作流于形式、“走过场”，全面揭示企业存在的问题并提出切实可行的整改建议；三是采取多种方式积极开展经济责任审计工作交流和培训，不断拓展工作思路，提高工作水平，推进企业内部经济责任审计工作；四是建立审计结果考核体系和审计责任追究制度，对违反经济责任审计工作程序、出具虚假不实经济责任审计报告、应披露而未披露问题等情况，要追究相关审计人员的责任。

八、进一步推动经济责任审计结果的应用和落实

开展经济责任审计，不但能够客观评价企业经营者的业绩与责任，而且能够及时发现和纠正企业存在的各种问题，帮助企业加强内控，提高管理水平。为此，各中央企业要进一步加强对经济责任审计结果的应用和落实。一是高度重视经济责任审计结果，将经济责任审计报告纳入个人档案管理，作为企业考核、任免和奖惩的重要依据；二是要根据经济责任审计意见和建议，制订切实可行的整改措施，对存在的问题进行客观分析，狠抓整改落实，形成以整改促管理的良性循环；三是要指定相应部门跟踪检查经济责任审计结果的落实情况，对审计结果的整改情况进行评价，对应落实而未落实问题，认真查找原因，督促落实并界定责任；四是要对因未履行职责和履职不当造成重大资产损失、企业资产状况不实、经营成果虚假等问题，追究相关负责人的责任，并将有关情况向国资委报告；五是积极探索建立审计结果公告制度，借助企业简报等媒介定期或不定期地公布审计结果，不断提高经济责任审计工作的透明度，发挥审计监督的警示作用。

九、加强对各级子企业经济责任审计工作的监督和指导

各中央企业要加强对子企业经济责任审计工作的指导。一是结合集团的管理重点和子企业负责人管理需要，制订集团年度经济责任审计工作计划，合理安排子企业的审计工作任务，督促子企业认真落实；二是加强对子企业经济责任审计项目的检查和复核，根据企业实际情况，适当开展优秀审计项目评选，促进集团审计工作整体水平提高；三是及时掌握子企业经济责任审计中发现的重大问题，并积极协调解决；四是督促子企业对审计发现的问题进行认真整改，适时开展跟踪检查。

十、积极开拓和研究经济责任审计的新领域和新方法

各中央企业应当在实践中加强审计相关知识学习和工作方法创新，积极推动经济责任审计工作深入开展，使审计成为企业依法经营的“经济卫士”。一是结合企业经营发展目标，积极拓展经济责任审计工作的领域，研究创新经济责任审计方法和审计手段，采取适合本企业实际的多种形式开展专家评议工作，有效提升审计工作的质量和效率；二是提高经济责任审计的信息化程度，本着降低成本、提高效率的原则，加快审计项目管理软件、审计作业软件的开发和应用，积极探索开展远程审计。

国家林业局办公室关于做好资产清查专项审计工作的通知

（办计字［2007］46号，2007年4月20日）

国家林业局各直属单位：

根据《财政部关于开展中央级行政事业单位资产清查专项审计工作的通知》（财办〔2007〕21号）通知，财政部委托北京中平建会计师事务所将于4月25日—5月31日对我局直属单位资产清查工作进行专项审计。为做好这项工作，现将有关事项通知如下：

一、各单位领导要高度重视这次专项审计工作，单位主要领导要亲自抓，分管领导要具体抓落实，单位内部资产清查的各职能部门要各负其责、密切配合，共同做好资产清查专项审计工作。

二、认真做好中介机构进点前的相关准备工作，抓紧完成资产清查阶段的收尾工作，加大工作力度，在保证质量的前提下加快工作进度。

三、积极配合中介机构做好相关工作，认真核对资产清查的数据资料，备齐资产清查损益证据、会计资料、内部管理制度等证明材料，为中介机构开展审计工作提供便利，确保资产清查工作的圆满完成。

特此通知。

审计署关于进一步加强审计机关领导干部学法用法工作的意见

（审法发［2007］33号，2007年4月30日）

各省、自治区、直辖市和计划单列市、新疆生产建设兵团审计厅（局），署机关各单位、各特派员办事处、各派出审计局：

为了进一步贯彻落实《审计机关开展法制宣传教育的第五个五年规划》，增强审计机关领导干部法律素质，提高依法执政能力，根据中共中央组织部、中共中央宣传部、司法部、全国普及法律常识办公室《关于进一步加强领导干部学法用法提高依法执政能力的意见》的精神，现就进一步加强审计机关领导干部学法用法工作提出如下意见：

一、提高思想认识，把领导干部学法用法工作纳入长期规划。各级审计机关要充分认识加强领导干部学法用法，提高依法审计能力的重要性和紧迫性，把领导干部学法用法纳入到本级审计机关领导班子建设、干部队伍建设、组织建设和作风建设的工作规划中去，并结合实际，制订切实可行的工作方案，认真组织贯彻落实，确保领导干部学法用法工作的顺利开展。

二、围绕中心目标，明确领导干部学法用法的重点内容。审计机关领导干部学法用法要紧紧围绕提高领导干部法律素质，增强依法执政能力这一中心目标，结合审计机关的工作实际，认真学习宪法，掌握宪法的基本知识和基本精神；认真学习党中央有关加强民主法治建设的重要方针政策；认真学习以审计法为核心的审计法律法规及与审计工作密切相关的法律法规；认真学习机关内部管理的法律法规和规章制度；认真学习国家新颁布的重要法律法规。

三、进一步完善党组理论学习中心组集体学法制度。各级审计机关的党组要把法制学习作为中心组学习的重要内容，作为领导班子建设和领导干部思想政治建设的重要方面，制订年度学法计划，认真组织实施。审计署党组中心组每年至少安排一次法制方面的学习，地方审计机关党组中心组要根据实际情况适当安排法制专题学习。

四、进一步健全领导干部法律培训制度。各级审计机关要借助先进的技术手段，不断创新培训方式，拓宽领导干部法律培训的覆盖面；要继续坚持和完善领导干部法制讲座制度，结合工作和形势需要，就有关重要政策和法律问题，开展专题法律知识讲座；要充分利用外部培训力量，积极参加本级、本地党校、行政学院以及干部学院的法制培训课程；要充分挖掘自身的培训资源，切实增强领导干部法律培训的针对性和实效性。审计署要将法制教育纳入署机关厅（局）级干部培训班、处长培训班和市县级审计局长培训班的必备课程，并创造条件适时地开展领导干部法制专题培训班，同时审计署要进一步加大党员年度集中学习和机关年度集中整训中法律培训内容的比重。地方审计机关也要将法律知识培训纳入到领导干部培训计划，做好领导干部学法用法培训工作。

五、切实加强对领导干部法律知识的考试考核。各级审计机关要根据干部管理权限，对领导干部进行法律知识考试考核。考试考核可采取闭卷考试、开卷考试及提交论文等形式。考试考核工作要严格管理，注重实效，力戒形式主义。各级审计机关要结合领导班子和领导干部综合考核工作，对领导干部完成年度或阶段性学法情况、法律知识考试情况和遵纪守法、依法执政、依法行政、依法办事等情况进行督促检查。

六、进一步健全领导干部学法用法工作的组织保障。各级审计机关要建立健全领导干部学法用法的领导和工作机制。各级审计机关的法制部门、党委宣传部门、人事教育部门、干部培训部门和普法依法治理领导小组办公室要明确工作职责，密切协调配合，共同做好领导干部学法用法工作。各级审计机关人事管理部门负责对领导干部学法用法工作的宏观指导和监督，把领导干部学法用法列入领导干部培训计划，加强对领导班子及领导干部法律素质和依法执政能力的考核；党委宣传部门负责党组中心组集体学法制度的落实和领导干部学法用法工作的舆论宣传。法制部门、普法依法治理领导小组办公室和干部培训部门具体承担领导干部学法用法工作的计划安排、组织实施，负责领导干部法制讲座、法制培训和考试等日常工作。各级审计机关要加强对领导干部学法用法工作的检查监督。加强分类指导，统筹安排，整体部署，积极探索建立领导干部学法用法的有效形式和监督激励机制。适时开展检查或督查，保障领导干部学法用法工作取得实效。

审计署办公厅关于规范地方审计机关申请协查事项办理程序的通知

（审办办发［2007］98号，2007年5月16日）

署机关各业务司、各特派员办事处、各派出审计局：

近来，陆续有地方审计机关申请我署为其协查有关事项。为了加强审计协作、整合审计资源、提高审计效率，经署领导同意，现就有关事项通知如下：

一、地方审计机关申请署协查事项，由办公厅协调并商有关业务司后，提出初步意见报署领导审批。署领导批准后由业务司或派出机构办理。

二、业务司或派出机构办理协查事项，需新增或调整审计任务时，应按照《审计署关于改进审计项目计划管理的实施办法》（审办发［2005］35号）等规定，向办公厅提交审计项目立项或调整申请。

三、办公厅收到审计项目立项或调整申请后，应及时与有关单位沟通，提出审核意见，报署领导审批。审计项目涉及派出审计局的，办公厅还将与行政事业审计司沟通。

审计署、财政部关于切实保证地方审计机关经费问题的意见

（审办发［2007］41号，2007年5月18日）

各省、自治区、直辖市和计划单列市审计厅（局）、财政厅（局），新疆生产建设兵团审计局、财务局：

多年来，在地方各级人民政府的正确领导和各级财政部门的大力支持下，地方各级审计机关认真履行宪法赋予的职责，积极开展审计监督，为推进依法治国、维护财经秩序、加强宏观管理和廉政建设发挥了重要作用。为进一步落实《中华人民共和国审计法》关于保证审计机关经费的规定，根据国务院领导同志的指示精神，现就切实保证地方审计机关经费的有关问题提出如下意见：

一、审计机关是综合性部门。为保证地方审计机关的正常运转，更好地促进各级审计机关审计工作的协调发展，地方各级财政部门在年度预算中应进一步安排好本级审计机关履行职责的日常经费。

二、为保障地方审计机关审计的独立性与审计质量、严明审计纪律和加强审计廉政建设，地方各级财政部门应对本级审计机关的审计外勤经费在部门预算中予以安排。地方审计机关应切断与被审计单位的任何经济联系，不得由被审计单位承担审计费用。

三、地方审计机关根据同级党委、政府交办的经济责任审计和投资审计等任务的情况，按照同级财政部门预算编制的有关要求，可向同级财政部门申请必要的聘请外部人员和专家经费。地方各级财政应根据当地的实际情况，在年度预算中统筹安排。

四、随着地方审计机关审计信息化工程建设的加快发展，地方各级财政部门可根据审计信息化工程的建设进程及对审计机关经费安排的情况，在地方审计机关的年度部门预算中安排必要的运行维护费用，以保证地方审计机关审计信息化工作的正常运转。

五、地方各级审计机关应加强内部的财务管理制度建设，建立健全内部财务管理办法，严格执行经批准的部门预算和国家有关规定。地方各级财政部门应会同同级审计机关研究制定有关经费的管理办法和开支标准，建立专项经费追踪问效机制，充分发挥财政资金的使用效益。

中国保险监督管理委员会关于进一步做好保险专业中介机构外部审计工作的通知

（保监发［2007］73号，2007年8月13日）

各保监局：

自2005年1月我会下发《保险中介机构外部审计指引》（保监发〔2005〕1号）以来，各保监局积极采取措施予以落实。2006年，全国共有1617家保险专业中介机构经过外部审计，占全国保险专业中介机构的76.64%。外部审计制度对提高监管效率、提升保险专

业中介机构的依法合规经营意识和经营管理水平起到了重要作用。为进一步发挥外部审计作用，更好地应对保险中介市场快速发展的新形势，现将有关事项通知如下：

一、提高认识，全面落实外部审计制度。各保监局要适应监管形势的新需要，将是否执行外部审计制度与换发许可证等事项相结合，在辖区内全面推行外部审计制度。

二、积极组织，确保外部审计的质量。各保监局可根据辖区内实际情况对保险中介机构聘请的会计师事务所的资质予以把关，对审计人员进行培训，并将监管要求及重点（包括《保险中介公司会计核算办法》执行情况）落实于审计项目中，督促会计师事务所向管理水平较差的保险专业中介机构出具管理建议书，不断提高审计工作的针对性和有效性。

三、结合监管，切实发挥外部审计作用。各保监局要将外部审计与日常监管紧密结合，既要把非现场监管、投诉等渠道反映的情况作为确定审计对象、内容的依据，又要重视对审计结论的分析和总结，并在此基础上对存在不同问题的机构采取相应的监管措施。各保监局应在每年 4 月 30 日之前将上一年度辖区内外部审计情况上报我会。

中国证券监督管理委员会关于发行境内上市外资股的公司审计有关问题的通知

（证监会计字［2007］30 号，2007 年 9 月 12 日）

各上市公司，相关会计师事务所：

今年以来，随着新会计、审计准则的实施，我国会计、审计准则与国际会计、审计准则之间已实现实质性趋同。鉴于这种情况，此前我会发布的相关信息披露规范中，有关发行境内上市外资股的公司在聘请具有证券期货相关业务资格会计师事务所审计的同时进行境外审计的要求不再实施。

自本通知发布之日起，《公开发行证券的公司信息披露内容与格式准则第 1 号——招股说明书（2006 年修订）》（证监发行字［2006］5 号）第八十七条、《公开发行证券的公司信息披露内容与格式准则第 2 号——年度报告的内容与格式（2005 年修订）》（证监公司字［2005］141 号）第九条中涉及发行境内上市外资股的公司境外审计要求的规定予以废止。

特此通知。

国际金融组织和外国政府贷款赠款项目公证审计专项经费管理办法

（财行［2007］645 号，2007 年 12 月 28 日）

各省、自治区、直辖市、计划单列市财政厅（局）、审计厅（局）：

为进一步加强国际金融组织和外国政府贷款、赠款项目公证审计（以下简称公证审计）管理，规范中央财政保障的公证审计专项经费的使用和管理，提高财政资金使用效

益，财政部、审计署联合制定了《国际金融组织和外国政府贷款赠款项目公证审计专项经费管理办法》，现印发给你们，请遵照执行。

附件：1. 国际金融组织和外国政府贷款赠款项目公证审计专项经费管理办法

2. 公证审计专项经费预算申请表

附件1：

国际金融组织和外国政府贷款赠款项目
公证审计专项经费管理办法

第一条 为了规范和加强国际金融组织和外国政府贷款、赠款项目公证审计专项经费（以下简称公证审计专项经费）的使用和管理，提高财政资金的使用效益，根据《中华人民共和国预算法》和财政部《中央对地方专项拨款管理办法》，制定本办法。

第二条 公证审计专项经费是中央财政为保障各省级审计机关组织实施国际金融组织和外国政府贷款、赠款等项目的公证审计工作而设立的专项经费。

第三条 公证审计专项经费的使用坚持统一管理、专项申请、逐年核定、专款专用的原则。公证审计专项经费由中央财政统一管理，各省、自治区、直辖市、计划单列市（以下简称各省）财政机关和审计机关按当年审计署授权的公证审计工作任务，分年提出专项经费申请，中央财政分年审核下达，专项用于开展本省公证审计的各项经费开支。

第四条 公证审计专项经费的安排范围。按审计署下达的公证审计工作任务，由各省审计机关直接组织开展的公证审计，包括：2006年12月31日以前签署贷款协议的国际金融组织和外国政府贷款、赠款项目的公证审计；2007年1月1日以后签署贷款协议的中央统还贷款项目和转贷转赠给国务院有关部门的贷赠款项目的公证审计。

2007年1月1日以后签署的地方政府自还贷款项目和转赠给地方政府的项目，公证审计经费由地方财政承担，不在中央下达的公证审计专项经费中安排使用。

第五条 公证审计专项经费的支出范围：各省审计机关履行公证审计所发生的住宿费、伙食费、交通费、培训费、邮寄费、装订费、翻译费、取证费、聘请社会审计人员以及技术专家费用等。

第六条 公证审计专项经费的支出标准

（一）住宿费、伙食费、交通费可参照各省实行的党政机关、事业单位差旅费的有关标准执行。

（二）聘请社会审计人员、技术专家费用和培训经费可参考各省级财政机关核定的标准编报，财政部将结合各省的实际情况核定有关经费支出标准。

第七条 公证审计专项经费的分配

（一）公证审计专项经费的分配原则：公平、公正、公开。

（二）公证审计专项经费的分配根据各省审计机关实际承担的公证审计任务和各省财政机关编报的公证审计专项经费预算，由中央财政统筹安排，审核下达。

1. 公证审计工作任务是指审计署授权各省审计机关当年承担公证审计的实际工作量和实际公证审计项目金额。

2. 公证审计预算是指各省财政机关和审计机关，根据当年各省审计机关实际承担公证审计工作任务并按照相关费用的开支标准和规定编制的经费预算。

3. 公证审计实际工作量是指按公证审计项目的数量和地域分布情况，实施异地审计的天数、人数，同城审计的天数、人数以及聘请社会专家的天数、人数。

第八条 公证审计专项经费的申请

各省级公证审计专项经费预算的申请报告，经各省级审计机关会签后，由各省级财政机关于当年 3 月 31 日前报送给财政部和审计署。

申请报告的主要内容包括：(1) 受审计署授权承担 2006 年 12 月 31 日以前签署贷款协议的国际金融组织和外国政府贷赠款项目数量、金额以及 2007 年 1 月 1 日以后签署贷款协议的中央统还贷款项目和转贷转赠给国务院有关部门的贷赠款项目数量、金额（标明起止年份)；(2) 当年承担公证审计项目的数量和审计项目金额；(3) 当年实施公证审计项目的工作任务和方案；(4) 公证审计经费预算。

第九条 公证审计专项经费的审核下达财政部和审计署分别对各省报送的申请报告进行审核。

（一）审计署负责审核确认各省承担公证审计项目的数量、金额以及当年实际承担的公证审计工作的数量和金额。

（二）财政部根据审计署审核确认后的公证审计项目数量和金额，核定各省公证审计专项经费，并于当年 6 月前通过中央财政专项转移支付方式下达到各省财政机关。

第十条 公证审计专项经费的使用管理

（一）各省财政机关在接到财政部下达的公证审计专项经费通知后，应根据本省实施当年公证审计的工作实际，有计划、有重点地安排使用公证审计专项经费，要保证公证审计专项经费及时、足额到位。

（二）各省审计机关要对公证审计专项经费实行单独核算，并严格按照公证审计专项经费的开支范围，合理安排公证审计项目的各项经费支出，不得用于公证审计项目以外的任何其他支出。

（三）各省审计机关当年承担的公证审计项目金额和数量一经批准，不得自行调整。项目执行中确需变更、终止的，应报财政部和审计署共同审核确定后，方可调整。

（四）各省公证审计专项经费当年使用出现结余的，可结转下年继续使用，不得挪作他用。

第十一条 公证审计专项经费的监督管理

（一）各省财政机关要会同有关部门对本省审计机关公证审计专项经费的使用情况进行定期监督检查，并将上一年度公证审计专项经费的使用情况，一并同当年的申请报告报送财政部和审计署。中央财政将以此作为考核各省公证审计专项经费管理工作的一项重要内容和安排下一年度公证审计专项经费的参考依据。对未按规定报送经费使用情况的省份，将暂缓本年度公证审计专项经费的安排和拨付。

（二）财政部和审计署将定期或不定期地对公证审计专项经费的使用情况进行检查。对存在挤占挪用专款、专款到位不及时、专款使用浪费以及其他违反本办法规定的，将减少或暂停分配以后年度的专项经费。

（三）各省审计机关组织实施公证审计过程中要严格执行“八不准”审计纪律，审计署将对各省的执行情况进行监督检查。对违反审计纪律的，将依据有关规定处理。

第十二条 各省财政厅（局）可根据本办法，会同各省审计厅（局），结合当地的实际制定具体实施办法。

第十三条 本办法自印发之日起执行。

第十四条 本办法由财政部、审计署负责解释。

附件2：

公证审计专项经费预算申请表

项目名称	项目编号	项目起止年度		子项目情况												公证审计专项经费预算												合计
				省级子项目情况			市级子项目情况			县级子项目情况			汇总			外勤审计经费预算					聘请外部人员参与审计经费预算					其他		
		起始年	终止年	子项目数量（个）	审计抽查项目数量（个）	项目审计金额（万元人民币）	子项目数量（个）	审计抽查项目数量（个）	项目审计金额（万元人民币）	子项目数量（个）	审计抽查项目数量（个）	项目审计金额（万元人民币）	子项目数量（个）	审计抽查项目数量（个）	项目审计金额（万元人民币）	外勤审计预算小计	审计人员人数（人）	外勤审计天数（天）	外勤审计工作量合计（人·天）	外勤经费标准（元/人·天）	聘请专家预算小计	聘请外部人员人数（人）	人均工作日（人·天）	工作量合计（人·天）	费用标准（元/人·天）	培训	其他杂项	

教育部关于加强和规范建设工程项目全过程审计的意见

（教财［2007］29号，2007年12月29日）

各省、自治区、直辖市教育厅（教委），各计划单列市教育局，新疆生产建设兵团教育局，部属各高等学校、各直属事业单位：

近年来，随着我国教育事业的发展，教育系统的基本建设投资不断增加，建设规模不断扩大。为了加强建设工程管理、提高资金使用效益，一些部门和单位开展了建设工程项目全过程审计工作，对建设工程项目从投资立项到竣工交付使用各阶段经济管理活动的真实、合法、效益进行监督、控制和评价。通过审计，对有效控制并真实反映工程造价，降低工程建设成本，提高投资效益，完善建设工程管理，维护教育部门和单位的合法权益，促进廉政建设等起到了积极的作用。为进一步加强和规范建设工程的全过程审计，提高建设资金的使用效益，根据《审计署关于内部审计工作的规定》（审计署令第 4 号）、《教育系统内部审计工作规定》（教育部令第 17 号）的有关规定，现提出如下意见：

一、各部门、各单位对本部门、本单位的大中型建设工程应实施全过程审计；也可根据重要性和成本效益原则，结合内部实际情况，对大中型建设工程项目部分阶段或环节进行全过程审计。

二、对建设工程项目实施全过程审计的内容包括对建设项目投资估算、勘察设计概算、施工预算、竣工结算、财务决算等各阶段经济管理活动的检查和评价。

三、各部门、各单位开展建设项目全过程审计，由内部审计机构或内部审计机构委托具有相应资质的工程造价咨询机构实施。委托造价咨询机构应当按照国家有关规定办理。委托费用按照财政部《基本建设管理若干规定》列入建设成本。内部审计机构应加强对受托工程造价咨询机构的管理和监督。

四、建设工程全过程审计应以促进控制工程造价和规范工程管理为重点，将技术经济审查、审计控制和审计评价相结合，将事前审计、事中审计和事后审计相结合。

五、各部门、各单位内部审计机构应根据建设工程项目全过程审计的实施情况，对建设工程各阶段的管理情况及其结果进行分析和评价，及时出具审计报告。各部门、各单位对审计报告中提出的加强和改进工程管理的意见和建议，应认真组织落实。

六、各部门、各单位的领导应充分认识建设工程项目全过程审计工作在规范建设工程管理、提高投资效益、促进廉政建设中的重要作用，认真组织实施。同时，根据本意见，结合本部门本单位的实际，制定或修订关于建设工程项目全过程审计的制度或实施办法。

教育部、国家发展改革委、审计署关于印发《治理义务教育阶段择校乱收费的八条措施》的通知

（教基一［2012］1 号，2012 年 1 月 20 日）

各省、自治区、直辖市教育厅（教委）、发展改革委、物价局、审计厅（局），新疆生产建设兵团教育局、发展改革委、物价局、审计局：

2010 年印发的《教育部关于治理义务教育阶段择校乱收费问题的指导意见》（教基一〔2010〕6 号），提出了治理工作的目标、原则和要求。各地相继出台了实施办法，经过努力，不同程度上缓解和遏制了择校乱收费。但是，从近期开展监督检查的情况看，一些地方治理目标不明确，政策执行不到位，效果不明显，群众对择校乱收费问题反映依然强

烈。为实现“力争经过3到5年的努力，使义务教育阶段择校乱收费得到明显缓解，使义务教育阶段择校乱收费不再成为群众反映强烈的问题”的工作目标，教育部、国家发展改革委、审计署共同制定了《治理义务教育阶段择校乱收费的八条措施》(以下简称《八条措施》)，现印发给你们，请遵照执行，并就有关事项通知如下：

一、加强组织领导，落实治理工作责任。《八条措施》是教育系统贯彻落实科学发展观，着力解决人民群众反映强烈突出问题，确保教育事业科学发展的重要举措。地方各级教育行政部门要高度重视，把治理择校乱收费工作列入重要议事日程，摆在重中之重位置，在省委、省政府领导下，加强对实施《八条措施》的组织领导和部署实施；按照“谁主管谁负责”和“管行业必须管行风”的原则，建立完善治理教育乱收费工作责任制，把治理择校乱收费作为对教育行政部门和学校政绩考核、行风评议的重要内容，完善考核机制和问责制度；各级教育纪检监察部门要切实履行法定职责，加强对治理工作的组织协调和检查指导，强化责任分工和责任考核。

二、狠抓落实，务求取得治理成效。本通知下发后，各地要立即组织相关部门认真落实《八条措施》，切实掌握政策要求；要因地制宜，结合本地区实际，深入研究贯彻意见，制订切实可行的治理工作实施方案，完善配套政策，制定落实措施，对于八条措施中相关指标加以量化明晰。做好任务分解，明确职责分工。要突出重点，分析难点，抓住主要矛盾，解决突出问题。对问题严重地区要加强个别指导，单独制订工作方案，重点督办，力求突破工作瓶颈，推动治理工作取得成效。

三、创新机制，提升治理工作科学化水平。各地、各学校要配合治理工作，完善公开承诺和收费公示制度，完善信访举报反馈机制、教育行风评议机制、行风问题督查督办机制、校务公开工作机制、典型乱收费案件通报机制，不断提升治理工作规范化、制度化、科学化水平。要进一步完善部门联席会议制度，充分发挥纪检监察、物价、审计、财政和教育部门在治理义务教育择校乱收费中的职能作用，形成统一部署、各司其职、齐抓共管、协作联动的工作格局，形成治理择校乱收费的工作合力，共同抓好《八条措施》的贯彻落实。

四、加强宣传，营造良好治理氛围。各级主管部门要加强《八条措施》和治理乱收费相关政策的宣传，向社会和群众做好政策内容宣讲；要加强与新闻媒体的联系，对媒体反映的社会关切的特别是治理义务教育阶段择校乱收费问题，要快查快办，及时反馈，主动公布结果；要加大治理义务教育择校乱收费先进典型的宣传力度，推广先进经验，广泛动员各级主管部门、各学校和师生员工积极开展治理教育乱收费工作，引导社会各界和家长加强监督，自觉抵制义务教育择校乱收费行为。

省级教育行政部门要将本地区以及所辖计划单列市和省会城市的实施方案于2012年3月底前报教育部备案。实施中的重大问题要及时报告教育部。

附件：治理义务教育阶段择校乱收费的八条措施

中华人民共和国教育部
中华人民共和国国家发展和改革委员会
中华人民共和国审计署
二〇一二年一月二十日

附件：

治理义务教育阶段择校乱收费的八条措施

为全面贯彻落实教育规划纲要，依法推进义务教育均衡发展，推行政务公开、校务公开，纠正损害群众利益的不正之风，着力解决人民群众反映强烈的突出问题，维护教育公平公正，办好人民满意的教育，根据《中华人民共和国义务教育法》等法律法规，特提出治理义务教育阶段择校乱收费的八条措施：

一、制止通过办升学培训班方式招生和收费的行为。坚决禁止学校单独或和社会培训机构联合或委托举办以选拔生源为目的的各类培训班（以下简称“占坑班”）。严禁公办学校教师参与各类“占坑班”活动。严厉查处学校和教师在举办“占坑班”过程中的收费行为，对于违反规定的学校和教师要依照有关规定追究责任。

二、制止跨区域招生和收费的行为。按照区域内适龄儿童少年数量和学校分布情况合理划定每所公办学校的招生范围，并根据学校招生规模、生源数量等变化情况，及时动态地进行调整并向社会公布，确保就近入学的新生占绝大多数。非正常跨区域招生比例高于10％的要制订专项计划，3年内减少到10％以下；低于10％的要巩固并努力继续减少。要将优质普通高中的招生名额按不低于30％的比例合理分配到区域内各初中，现在已经高于30％的要巩固提高并逐步扩大分配比例。在此过程中不得以跨区域为名收取学生择校费。

三、制止通过任何考试方式招生和收费的行为。小学生入学和小学升入初中招生工作要公开透明，主动接受社会监督。城市和有条件的农村义务学校招生工作要在教育部门设定的招生网上进行，禁止组织任何形式的考试。坚决禁止要求家长到学校或到学校指定单位缴纳各种名目的择校费行为。

四、规范特长生招生，制止通过招收特长生方式收费的行为。除省级教育行政部门批准的可招收体育和艺术特长生的学校以外，义务教育学校一律不得以特长生的名义招收学生。坚决禁止学校以招收特长生的名义收取任何费用。

五、严禁收取与入学挂钩的捐资助学款。规范学校或教育行政部门接受社会组织和个人捐赠行为，收取捐赠款时必须依法为其出具凭证。地方政府、有关部门和学校违规收取与入学升学挂钩的各种费用，一经查实，要坚决予以清退，无法清退的要收缴国库，对相关责任人要严肃问责。

六、制止公办学校以民办名义招生和收费的行为。禁止公办学校以与民办学校联合办学或举办民办校中校等方式，按照民办学校的收费政策，向学生收费。凡未做到“四独立”的义务教育改制学校和未取得民办学校资格的学校一律执行当地同类公办学校收费政策。

七、加强招生信息和学籍管理。坚持公平、公正、便民的原则，向社会公开学校性质、办学规模、经费来源、招生计划、招生条件、招生范围、招生时间、录取办法，主动接受社会监督。招生结果要报当地教育行政部门备案。要进一步完善学籍管理办法，积极推行中小学学籍管理电子化。建立学生信息库，特别要加强招生指定区域外转入学生的学籍管理，接受检查与监督。

八、加大查处力度。加强对治理择校乱收费措施执行情况的监督检查，对于违规收费的行为，要坚决予以查处，严肃追究校长和相关责任人的责任。要畅通监督渠道，设立举报电话、信箱，接受群众监督，做到有诉必查，有错必纠。对设立“小金库”行为要发现一起、查处一起、通报一起。教育部等有关部门组成联合工作组，对重点城市部分学校的整个招生过程进行专项督导检查。同时，吸收媒体参与监督，对典型案件及时曝光。

中国保险监督管理委员会关于向保监会派出机构报送保险公司分支机构内部审计报告有关事项的通知

（保监发［2008］56号，2008年7月8日）

各保监局、各保险公司：

为落实《保险公司内部审计指引》关于保险公司内部审计部门向保监局报告其对分支机构审计情况的有关规定，有效发挥内部审计辅助监管的作用，加强保监局对保险公司内部控制的监管，现就有关事项通知如下：

一、报送内容。向分支机构所在地保监局报送的审计报告应当包括如下内容：

1. 审计报告标题及编号。

2. 审计对象及审计目的。

3. 审计人员及审计期间。

4. 重要审计发现。主要报送审计对象在合法合规、财务真实性、内部控制的健全性和有效性等方面存在的重要问题。问题描述应当简明扼要、突出重点。对数量较多、性质相同的问题，应当进行分类汇总。

5. 审计对象对审计发现问题已经和即将采取的整改措施。

6. 审计项目负责人签章。

二、报送主体。分支机构内部审计报告原则上由省级分公司联系报送。

1. 分支机构审计由总公司或区域内部审计部门实施的，其内部审计报告应当及时发送当地省级分公司，由省级分公司按照报送时限转报当地保监局。

2. 对于由省级分公司及其下属机构组织实施的审计项目，其审计报告由省级分公司统一报送当地保监局。

三、报送联系人。各保险公司省级分公司应当确定1—2人作为审计报告报送的联系人，并于2008年9月1日前报当地保监局备案。联系人应当认真做好各项审计报告报送的联系和协调工作。联系人发生变动的，应当在10日内及时告知保监局。

四、报送时限。各省级分公司应当在每季度的第一个月内将上季度定稿完成的各项内部审计报告以书面和电子形式全面报送当地保监局。

五、报送要求。各保险公司应当及时、全面、真实地向监管机构报送相关内部审计报告。对于拒不报送、拖延报送、虚假或隐瞒报送内部审计报告的，保监会将依照有关规定给予处罚，并追究相关人员的责任。各保监局可以通过审计项目抽查、工作底稿复核等措施核查内部审计报告的真实性，并对审计发现问题的整改情况进行核实。

六、建立审计报告汇总分析制度。各保监局应当建立内部审计报告的收文、使用、归档和保密制度，定期对内部审计报告进行认真汇总分析，更好地掌握辖区内保险市场情况和保险公司内控情况，为辖区内市场分析和日常监管提供参考。

七、审计发现问题的处理。对于内部审计报告揭示的违反监管规定的问题，保监局认为有必要的，可以立案调查。违规行为情节较轻，保险公司及时纠正，没有造成危害的，免予处罚；情节较重，但保险公司整改及时，处理到位的，可酌情免予或减轻处罚；对于审计发现问题不认真组织整改的，应当根据调查结果，依照行政处罚程序从重处罚。

本《通知》自 2008 年 8 月 1 日起开始实施。

审计署、人力资源社会保障部、国家公务员局关于印发贯彻加强审计机关公务员队伍专业化建设意见实施办法的通知

（审人发〔2011〕170 号，2011 年 11 月 7 日）

各省、自治区、直辖市审计厅（局），人力资源社会保障厅（局）、公务员局，新疆生产建设兵团审计局、人事局，审计署机关各单位、各特派员办事处、各派出审计局，南京审计学院：

为推进《关于加强审计机关公务员队伍专业化建设的意见》的贯彻落实，进一步加快审计机关公务员队伍专业化建设进程，审计署、人力资源社会保障部、国家公务员局制定了《关于贯彻加强审计机关公务员队伍专业化建设意见的实施办法》。现予印发，请遵照执行。

审　计　署
人力资源社会保障部
国家公务员局
二〇一一年十一月七日

关于贯彻加强审计机关公务员队伍专业化建设意见的实施办法

为适应审计工作需要，加快审计机关公务员队伍专业化建设进程，为审计事业的科学发展提供组织保证和人才支持，根据《中华人民共和国审计法》、《中华人民共和国审计法实施条例》以及审计署、人力资源社会保障部、国家公务员局《关于加强审计机关公务员队伍专业化建设的意见》，制定本实施办法。

一、主要目标

（一）能够直接从事审计业务工作的公务员比例。

审计机关公务员执行审计业务，应当具备相应的专业知识、业务能力和工作经验，并不断提高与其从事业务相适应的职业胜任能力。到2013年，各级审计机关能够直接从事审计业务工作的公务员比例达到80%以上。

（二）专业技术资格比例。

到2013年，审计署具有与审计工作相关的中级及以上专业技术资格的公务员比例原则上要达到70%，其中高级专业技术资格的公务员比例原则上要达到25%。

省级审计机关具有与审计工作相关的中级及以上专业技术资格的公务员比例原则上要达到65%，其中高级专业技术资格的公务员比例原则上要达到20%。

市（地、州）、县（市、区）级审计机关具有与审计工作相关的中级及以上专业技术资格的公务员比例原则上要达到50%，其中高级专业技术资格的公务员比例原则上要达到10%。

（三）专业结构比例。

审计机关公务员队伍的专业结构要适应审计工作需要。到2013年，各级审计机关具有与审计工作相关的经济类、管理类以及法律、计算机、工程等专业背景的公务员比例应达到80%以上。其中法律、计算机、工程等专业背景的公务员比例，应在2010年的基础上有所提高。

（四）文化程度比例。

审计机关45岁及以下的公务员，一般应具有大学本科以上文化程度。到2013年，审计署大学本科以上文化程度的公务员比例达到90%以上；各省级审计机关大学本科以上文化程度的公务员比例达到80%以上；市（地、州）、县（市、区）级审计机关大学本科以上文化程度的公务员比例原则上达到60%以上。

（五）审计专业领军人才和审计业务骨干人才比例。

各级审计机关参照《审计署关于培养审计业务骨干人才和审计专业领军人才的实施意见（试行）》，制定高层次专业人才培养计划。到2013年，审计署符合审计业务骨干人才和审计专业领军人才条件的高层次审计专业人才的比例达到20%以上，省级审计机关符合审计业务骨干人才和审计专业领军人才条件的高层次审计专业人才的比例达到10%以上。

二、具体措施

（一）坚持标准，严把进人关。

1. 通过考试录用的公务员，应当具有大学本科以上文化程度。具有与审计工作相关专业技术资格或相关执（职）业资格的人员，同等条件下可优先录用。

2. 通过调入方式进入审计机关担任副职领导职务及以下的公务员，特别是从事审计业务工作的人员，除应具有法律法规规定的条件和资格外，一般应当具有大学本科以上文化程度、审计业务专业知识和相关技能，以及5年以上与审计工作相关的财经、法律、计算机、工程、管理等方面的工作经历。

3. 审计机关根据审计工作需要，经省级及以上公务员主管部门批准，可以对工程审计、资源环境审计、计算机审计等专业性较强的职位试行聘任制，按照公务员法和聘任合同管理所聘公务员。

（二）切实提高专业素质和业务能力。

1. 新录用的公务员，应自进入审计机关3年内通过审计专业技术资格考试。届时不具备初级及以上专业技术资格的公务员，一般不得从事审计复核、审理工作。

2. 审计机关担任项目主审的公务员，一般应具有与审计工作相关的中级及以上专业技术资格。

3. 审计机关年龄在45岁及以下的公务员，符合审计师资格考试报名条件但未取得审计师等中级及以上专业技术资格或相关执（职）业资格的，应自本办法下发之日起3年内取得审计师等中级及以上专业技术资格或相关执（职）业资格；尚不符合审计师资格考试报名条件的，应在符合条件后3年内取得相应资格。在上述规定时间内不能取得审计师等中级及以上专业技术资格的，不得担任审计组组长、主审。鼓励45岁以上的公务员报名参加审计师等专业技术资格或相关执（职）业资格考试。

4. 审计机关公务员拟取得审计专业技术初级、中级资格的，应参加全国统一的审计专业技术资格考试；拟取得高级审计师资格的，应按照国家有关规定，通过考试与评审相结合的方式取得。

（三）深化审计专业技术资格考试（评）工作。

1. 深化考试制度改革，增强审计专业技术资格考试命题工作的科学性，强化对参加考试人员能力的考察和测试。

2. 完善取得审计专业技术资格人员继续教育制度，实施分层次的继续教育培训。加强中、高级审计师研究能力培训，着力提升审计专业人才从审计实践中发现问题、分析问题、解决问题，并从理论高度系统地进行归纳总结、科学阐述的能力。

（四）加强教育培训工作。

1. 鼓励和引导各级审计机关公务员参加审计硕士等专业学位教育，充分发挥学历学位教育在培养复合型、应用型、高层次审计专业人才方面的作用。

2. 各级审计机关认真开展任职和初任培训、审计业务培训、审计项目培训、领导能力培训，审计署要做好对省级审计机关厅（局）级和部分正处级公务员、市（地、州）、县（市、区）级审计局局长的轮训工作。

3. 开展一定数量的考试辅导培训，帮助审计机关公务员考取审计专业技术资格。

4. 加强投资、企业、金融等行业模拟审计实验室建设，推广模拟教学、案例教学等培训方法。

5. 加强师资选聘和培养力度，形成规模适当、类别齐全的师资库，促进全国各级审计机关之间师资共享。

6. 加大教材和网络课件建设力度，形成包括纸质图书、网络课件、模拟教材等多种形式，涵盖政治类、公共类、法规类、审计类等多个门类的教育培训教材体系。

（五）加大在实践中发现、培养和使用审计专业人才力度。

畅通地方审计机关与审计署之间以及地方各级审计机关之间公务员挂职锻炼渠道，让人才在实践中得到锻炼培养。审计署原则上每年选派30名左右干部到地方审计机关挂职锻炼，省级审计机关选派30名左右干部到审计署挂职锻炼。

三、检查指导

（一）审计署领导全国审计机关公务员队伍专业化建设，省级审计机关负责统一组织本地区审计机关公务员队伍专业化建设工作。上一级审计机关对下一级审计机关专业化建设工作进行指导和检查，并将检查结果作为考核领导班子的重要内容。

审计署人才工作领导小组根据设定的目标要求和各地工作进展情况，对各地专业化建设工作进行重点指导和检查，及时宣传重大举措和先进典型，总结推广好做法、好经验；

对存在的问题及时提出意见，促进解决。

（二）建立情况报告制度。审计机关在专业化建设过程中遇到重大政策问题，应逐级上报，由上级审计机关会同有关部门协商解决。各级审计机关应于每年12月底前向上一级审计机关报告年度专业化建设工作情况。

（三）建立年度通报制度。对专业化建设达不到目标的地方审计机关，审计署要向当地党委、政府通报，并提出相关建议。

（四）各级审计机关要加强组织领导和统筹协调，建立长期规划与年度计划相衔接的专业化建设目标体系，分解任务，落实责任，加强查核，形成统一领导、部署有序、上下协调、稳步推进的良性工作机制。

审计署“十二五”审计工作发展规划

为贯彻落实党的十七大和十七届三中、四中、五中全会精神，充分发挥审计在推动科学发展、促进加快转变经济发展方式中的作用，根据《国民经济和社会发展第十二个五年规划纲要》，结合审计工作实际，制定审计署“十二五”审计工作发展规划。

一、审计工作的指导思想。以中国特色社会主义理论体系为指导，以科学发展观为灵魂和指南，紧紧围绕科学发展这一主题和加快转变经济发展方式这一主线，牢固树立科学的审计理念，坚持“依法审计、服务大局、围绕中心、突出重点、求真务实”的审计工作方针，认真履行宪法和法律赋予的职责，全面监督财政财务收支的真实、合法和效益，在推进社会主义经济、政治、文化和社会建设中发挥更大作用。

二、审计工作的总体目标。把推进法治、维护民生、推动改革、促进发展作为审计工作的出发点和落脚点，充分发挥审计保障国家经济社会健康运行的“免疫系统”功能，努力实现“十二五”期间，审计工作在服务经济社会科学发展，促进深化改革和民主法制建设，维护国家安全和促进反腐倡廉建设，推动深化改革和完善国家治理方面迈上新台阶；审计工作法治化、规范化、科学化和信息化建设迈上新台阶；审计队伍建设迈上新台阶；符合中国国情、与社会主义市场经济体制相适应的中国特色社会主义审计理论和制度建设迈上新台阶。

三、审计工作的主要任务。认真贯彻落实审计法和审计法实施条例，进一步加强审计监督，自觉把审计工作作为经济社会发展全局的重要组成部分，推进民主法治，维护国家安全，保障国家利益，促进国家经济社会全面协调可持续发展。

——继续坚持以真实性、合法性审计为基础，加大查处重大违法违规和经济犯罪问题的力度，促进反腐倡廉建设，强化对权力的监督与制约。

——加强对中央重大方针政策和宏观调控措施贯彻落实情况的跟踪审计，促进政令畅通，保障各项政策措施落实到位。

——加大对国家信息化建设情况的审计力度，建立和完善电子审计体系。

——全面推进绩效审计，促进加快转变经济发展方式，提高财政资金和公共资源管理活动的经济性、效率性和效果性，促进建设资源节约型和环境友好型社会，推动建立健全政府绩效管理制度，促进提高政府绩效管理水平和建立健全政府部门责任追究制。

——注重从体制、机制、制度层面发现和分析研究问题，提出审计意见和建议，促进政策、法律、制度的落实和完善。

——关注国家财政安全、金融安全、国有资产安全、民生安全、资源与生态环境安全、信息安全，揭示存在的风险，提出防范和化解风险的对策性建议，切实维护国家利益和国家安全。

四、探索创新审计方式和方法。深入总结审计实践经验，不断探索符合我国发展实际的审计方式和方法。

——着力构建财政审计大格局。整体谋划、系统安排财政审计项目，按照清晰统一的审计目标，对审计内容、审计重点、审计资源、组织实施和成果利用进行统筹管理，提高审计质量，提升审计工作报告和审计结果报告的层次和水平。

——深化多种审计类型的有效结合。坚持预算执行审计与决算（草案）审签相结合，财政财务收支真实、合法审计与绩效审计相结合，经济责任审计与财政、金融、企业审计等相结合，审计与专项审计调查相结合。坚持揭露问题与促进整改相结合，审计监督与其他部门监督、舆论监督相结合。通过结合，协调各种资源和要素，更加适应经济社会发展对审计的总体需求，切实提高审计的效果。

——深化预算执行审计，全面开展部门决算（草案）审计，力争 2012 年底前建立决算（草案）审计制度。

——加强跟踪审计。对关系国计民生的重大建设项目、特殊资源开发与环境保护事项、重大突发性公共事项、国家重大政策措施的执行实行全过程跟踪审计。

——构建和完善绩效审计评价及方法体系。不断摸索和总结绩效审计经验和方法，2012 年底前建立起中央部门预算执行绩效审计评价体系，2013 年底前建立财政绩效审计评价体系和其他审计绩效审计方法体系。

——努力创新审计组织方式。积极探索符合形势要求和审计工作需要的审计组织方式，加强系统内的协调配合，充分发挥审计监督的整体效能。

——创新审计方法的信息化实现方式。积极研究运用数据挖掘、智能信息处理、知识发现与管理等先进技术，探索内控测评、智能审计、风险评估，以及多专业融合、多视角分析、多方式结合等审计方法的信息化实现方式。

五、着力加强五项基础建设，夯实审计事业可持续发展的根基。

——全面推进干部队伍建设。坚持以人为本，改革创新，以品格为核心、能力为重点、作风为基础、业绩为导向，全面提高审计人员依法审计能力和审计工作水平，全面落实审计署、人力资源和社会保障部、国家公务员局联合下发的《关于加强审计机关公务员队伍专业化建设的意见》，着力打造政治过硬、业务精通、作风优良、廉洁自律、文明和谐的审计干部队伍。

——全面推进法治化建设。更加注重依法审计、文明审计，更加注重加强整改、完善制度，更加注重提高素质、严格管理，加强审计规章制度建设，构建审计指南体系，强化审计质量控制，深入开展普法宣传，进一步规范审计行为，提高审计工作的法治化、规范化水平。

——全面推进信息化建设。以数字化为基础，创新计算机审计的形式和内容，总结推广数字化审计模式，探索形成适应信息化环境的审计方式。

——全面推进理论建设。进一步强化审计基础理论、应用理论和技术方法研究，努力构建中国特色社会主义审计理论体系，为审计事业科学发展提供理论支撑和智力支持。

——全面推进文化建设。加强审计文化建设，弘扬审计精神，树立“责任、忠诚、清廉、依法、独立、奉献”的审计价值理念和文明形象，增强审计事业的凝聚力。

六、财政审计。以维护国家财政安全、促进深化财政体制改革、推动完善公共财政和政府预算体系、增强财政政策有效性、促进依法民主科学理财和提高预算执行效果为目标，以深化预算执行审计为主线，坚持“评价总体、揭露问题、规范管理、推动改革、提高绩效、维护安全”的审计思路，增强财政审计宏观性、整体性、建设性和时效性。

——中央财政管理审计，围绕中央预算执行的真实性、完整性和科学性，以预算管理和资金分配为重点，注重从体制、机制和制度上揭露问题，分析原因，提出建议，促进提高财政政策实施效果、推进深化财政体制改革、推动预算的统一和完整、提高财政资金使用绩效和财政管理的规范性。

——中央部门预算执行审计，贯彻“严格查处，立足整改，规范提高，促进发展”的工作原则，着力规范一级预算单位的预算管理，深化二、三级预算单位的审计监督，完善部门决算草案审签制度，探索对部门预算执行整体情况发表审计意见；以社会关注热点问题和重大项目绩效评价为切入点，开展部门预算执行绩效审计，关注压缩公款出国（境）、公务用车、公务接待费用降低行政成本政策执行情况，促进提高财政资金使用绩效和政府绩效管理水平；坚持中央部门预算执行审计结果公告制度，促进预算公开的基础工作，推动部门预决算公开、透明；推进联网审计和中央部门与垂直管理京外单位“上下联动”审计，逐步扩大审计覆盖面，提高审计效率。

——中央转移支付审计，注重从完善中央转移支付体制、机制方面研究和揭示问题，促进提高一般性转移支付规模和比例，规范专项转移支付管理，提高资金使用效益，推动建立统一、规范、透明的转移支付制度。

——税收征管审计，在促进税务部门、海关部门依法履职的基础上，加强对税收征管机制、专项优惠政策和重大税收制度运行情况及效果的调查、分析和评估，努力推动税制改革，促进税收政策制度更好地服务于经济发展方式转变和经济社会可持续发展。

——中央企业国有资本经营预算审计，揭示中央企业国有资本经营收益征收、分配、使用中存在的突出问题，分析国有资本投资方向和领域，确保国家重大决策的贯彻执行，推进国有经济布局和产业结构的战略性调整，促进完善国有资本经营预算管理制度和提高国有经济整体效益。

——地方财政收支审计，以预算执行及决算的真实性、完整性为基础，关注执行统一财税政策情况、中央转移支付资金预算管理和使用情况、财政体制运行情况和地方政府性债务情况。完善地方政府财政收支审计与地方党政主要领导人任期经济责任审计相结合的审计模式。对地方政府性债务实行动态化、常态化的审计监督，揭示问题，防范风险。推动规范地方政府举债融资行为，促进地方政府性债务纳入预算管理，增强透明度，接受人大监督。

——固定资产投资审计，围绕促进提高固定资产投资效益和反腐倡廉建设，加强对政府投资和以政府投资为主的建设项目的预算执行情况和竣工决算审计，积极开展关系国家利益和社会公共利益的重大建设项目跟踪审计，积极开展特定事项的专项审计调查。进一步加大对征地拆迁、工程招投标、设备材料采购、资金管理使用和工程质量管理等重点环节的审计力度，督促相关单位加强资金和项目管理，完善法律、法规和制度，提高投资效益，推进廉政建设，促进深化投资体制改革。

——农业资金审计，加强对关系广大农民切身利益、关系农村生产生活、关系农业生产综合能力提高和国家粮食安全等强农惠农资金和项目审计，揭露和查处严重损害农民利益、造成财政资金流失和严重损失浪费等问题，促进农业资金整合，确保强农惠农政策落到实处。

——社会保障资金审计，深化各项社会保险基金审计，加强对全国社会保障基金投资运营的审计监督，促进基金管理规范、安全，促进各项社会保险政策的落实和制度的完善，推进多层次的社会保险体系不断健全；关注社会保险基金预算编制和执行情况，推进社会保险基金预算制度不断完善；强化保障性安居工程资金和住房公积金审计，促进完善住房保障制度和保障性安居工程建设目标任务的完成；加大社会保障和就业财政专项资金、社会捐赠资金的审计力度，促进相关惠民政策的落实，促进社会救助体系建设和社会福利事业、慈善事业的发展。

——重大突发性公共事项审计，加强对资金、物资的筹集、分配、拨付、使用和效果的全过程跟踪审计，保障重大突发性公共事项应急处置、预防预警、恢复重建工作的顺利进行，推动相关地区经济和社会事业的恢复和发展。

——专项资金审计，加强对科技、教育、医疗卫生、文化建设等专项资金的审计，关注政策措施执行效果和资金使用效益，促进相关政策制度的不断完善和有效落实，推动科学发展和社会和谐。

七、金融审计。以维护安全、推动改革、促进发展为目标，揭示和防范金融风险，完善金融监管，推动建立健全高效安全的现代金融体系和系统性风险防范机制。

——加强对国有及国有资本占控股地位或主导地位金融机构的审计和审计调查，关注货币市场、保险市场、资本市场运行中的突出问题，反映金融服务、金融创新和金融监管中的新情况，并从体制、机制上分析原因，提出建议，促进深化金融改革，推动金融市场可持续健康发展。

——在做好金融机构资产负债损益的真实、合法和效益情况等全面审计的基础上，关注其法人治理结构及内控制度的建立和执行效果，有效揭示内部管理薄弱环节和制度缺陷，促进依法经营，加强管理，提高企业核心竞争力。

——加大对金融机构执行货币政策和其他宏观调控政策措施情况的审计和审计跟踪调查力度，促进金融机构调整优化资产结构，转变经营管理方式，提高为实体经济服务水平。

——加强对金融控股集团公司的审计，积极探索跨行业、跨市场金融活动的审计方法，提示系统性风险隐患，促进建立健全防范系统性风险的预警体系和处置机制。

——建立综合数据分析平台，实现对银行业、证券业、保险业等金融行业的经常性审计或审计调查，完善金融审计组织方式和审计方法体系，进一步改进信息化条件下以总行（总公司）为龙头的审计管理模式，有效整合审计资源，不断提高“集中分析，分散核查，专题研究”的工作水平。

八、企业审计。以维护国有资产安全，促进国有企业科学发展为目标，坚持“强化管理、推动改革、维护安全、促进发展”的审计思路，加快转变审计方式，加强对国有企业资金、权力和责任的审计，推动其转变发展方式、落实宏观政策、加强经营管理、防控重大风险、创新机制制度和推进反腐倡廉。

——全面监督国有企业财务收支的真实性、合法性和效益性，更加关注法人治理结构及内部控制制度的建立和执行情况，推动企业加强内部管理。

——加大对国有企业落实“三重一大”决策制度的审计力度，加强对重要经营领域和关键环节的监督，加强对重大决策、重大项目、资金使用、资源利用等相关权力和责任的监督，促进企业健全权力运行机制。

——加强对国有企业贯彻执行国家战略性结构调整、发展战略性新兴产业、提升核心竞争力、增强自主创新能力、实施节能减排、产业振兴规划等重大决策部署和宏观政策措施情况的跟踪审计，促进国家方针政策和相关法律法规的贯彻落实，为国有经济实现综合性、系统性和战略性转变发挥作用。

——注重揭示影响国有企业科学发展的突出矛盾和重大风险，深入分析企业经济活动与国家方针政策之间的内在关联，维护企业安全，促进深化改革和完善制度。

——有步骤、分阶段地推进与重点中央企业信息系统的联网，试点实时审计；统一整合和统筹调配审计资源，采取多种形式组织审计项目，建立“点（单个企业）、线（行业和上下游产业）、面（国有经济运行）”联动的企业审计模式，提高企业审计的主动性、时效性、宏观性和建设性。

九、资源环境审计。以促进贯彻落实节约资源和保护环境的基本国策为目标，检查国家资源环境政策法规贯彻落实、资金分配管理使用和资源环保工程项目的建设运营情况，维护资源环境安全，发挥审计在资源管理与环境保护中的积极作用，推动生态文明建设。

——加强对土地、矿产、淡水、海洋等重要资源保护与开发利用情况的审计，揭露和查处违规出让、无序开发、低效利用，破坏浪费资源、国有资源收益流失、危害资源安全等问题，促进资源依法有效保护和合理开发利用。

——加强对水、大气、土壤、重金属、固体废弃物、核能利用等污染防治情况的审计，揭露和查处防治规划政策措施不落实，违规处置、排放污染物，防治设施运营不正常，严重污染环境等问题，促进加强污染防治，不断改善环境质量。

——加强对森林、湿地、草原、生物等重点生态系统保护和防沙治沙、水土保持、防治石漠化等生态治理工程建设实施情况的审计，促进生态保护与修复，加强生态环境建设。

——加强对节能减排资金的分配、管理、使用和相关政策法规执行情况的审计，揭露和查处落实节能减排政策法规不到位、淘汰落后产能进展滞后、严重浪费能源资源等问题，促进转变经济发展方式，优化产业结构。

——加强审计机关内部资源环境审计相关资源的整合，积极构建资源环境审计与其他专业审计有机结合的多元工作格局，努力探索符合我国国情的资源环境审计理论与方法，不断完善资源环境审计制度与规范。

——认真履行亚洲审计组织环境审计委员会秘书处职责，加强亚洲环境审计协调服务；广泛开展环境审计国际交流，努力探索国际环境合作审计新模式；积极参与世界审计组织国际环境审计事务，不断扩大我国环境审计的国际影响。

十、涉外审计。以促进积极合理有效利用外资、防范涉外投资风险、维护境外国有资产安全、履行国际责任为目标，着力整合涉外审计资源，拓宽涉外审计领域，提高涉外审计质量。

——继续加强对国外贷援款项目的审计监督。提高国外贷援款项目的审计质量，全面推进涉及环境、民生和可持续发展等国外贷援款项目的绩效审计，促进积极合理有效利用国外贷援款，提高利用外资的质量和水平。

——探索我国对外援助物资采购、工程建设、资金管理等方面的审计，维护对外援助资金的安全，提高对外援助资金使用效益。

——深化驻外机构审计。结合部门预算执行审计，开展驻外非经营性机构审计，促进其加强财务管理，提高使用财政资金的绩效。积极推进境外经营性机构和境外投资的审计，维护境外国有资产安全。

——认真履行联合国审计委员会委员职责，完成所承担的审计任务。

十一、经济责任审计。认真贯彻落实中共中央办公厅、国务院办公厅下发的《党政主要领导干部和国有企业领导人员经济责任审计规定》（以下简称“两办规定”），坚持“全面推进、突出重点、健全制度、规范管理、提高质量、深化发展”的审计思路，以促进领导干部贯彻落实科学发展观，推动本地区、本部门（系统）、本单位科学发展为目标，以领导干部守法、守纪、守规、尽责情况为重点，进一步推动经济责任审计工作科学发展，发挥经济责任审计在加强干部管理监督、推动党风廉政建设、促进经济社会又好又快发展等方面的积极作用。

——深入推进党政主要领导干部和企业领导人员经济责任审计。全面推进县（市、区）、乡（镇）党政主要领导干部任期经济责任同步审计；逐步扩大市（地、州）党政主要领导干部经济责任同步审计；不断深化省（自治区、直辖市）长（主席）、部长经济责任审计；在对副省级城市党政主要领导干部进行任期经济责任同步审计试点的基础上，探索省（自治区、直辖市）党政主要领导干部任期经济责任同步审计；深化党政工作部门、审判机关、检察机关、事业单位、人民团体等单位主要领导干部和国有企业领导人员经济责任审计。

——建立经济责任审计规范化体系。按照两办规定健全经济责任审计制度和规范，进一步规范经济责任审计的内容、程序及成果运用等；探索经济责任审计的有关实施办法，进一步细化对不同类别领导干部经济责任审计的操作流程、审计组织方式和审计方法等；研究制定经济责任审计评价指标体系，建立健全经济责任审计情况通报、审计整改以及责任追究等结果运用制度，探索和推行经济责任审计结果公告制度，逐步建立起经济责任审计规范化体系。

——全面提升经济责任审计质量和水平。加强审计计划管理和质量控制，进一步完善审计内容和审计组织方式。坚持任中审计与离任审计相结合，加大任中审计力度。探索和推行党委、政府主要领导干部同步审计的组织方式和审计方法。合理调配和整合审计资源，实现不同审计项目之间的资源共享。依法规范审计评价，做到审计评价与审计内容相统一。

——加强对全国经济责任审计工作的指导。制定印发两办规定的贯彻实施意见，并对各地贯彻落实情况进行监督检查，研究解决贯彻执行过程中遇到的新情况、新问题；加强对部门和单位内部管理领导干部经济责任审计工作的指导，逐步建立和推行工作报告制度；加强对经济责任审计工作开展情况的调查研究，及时总结和推广先进经验；深入开展审计理论与实务研究，逐步构建经济责任审计理论体系，为审计实践提供理论支持和科学指导。健全完善经济责任审计工作组织协调机制，逐步建立制度健全、管理规范、运转有序、工作高效的联席会议工作机制。

——加强对审计署管理干部和省级审计机关主要领导干部的经济责任审计。建立和推行任期内轮审制度，促进审计机关加强管理和党风廉政建设。

十二、审计法治化建设。进一步完善中国特色审计法律规范体系，规范审计行为，推进依法审计。

——健全并完善中国特色审计法律法规和规章体系。会同有关部门做好《中央预算执行情况审计监督暂行办法》的修订工作，适时做好其他审计法规和规章的制定、修订工作，不断健全和完善中国特色审计法律规范体系。

——着力构建国家审计指南体系。以审计法律法规和国家审计准则为依据，立足我国审计实践，借鉴国内外先进经验，有步骤地开发审计指南，2014 年基本构建起涵盖通用审计指南和专业审计指南的国家审计指南体系。

——积极参与国家法律法规制定工作，提高立法协调水平，进一步发挥审计机关在立法工作中的作用，促进完善中国特色社会主义法律体系。

——严格执行审计法、审计法实施条例和国家审计准则，完善审计机关层级监督机制，依法纠正下级审计机关违反国家规定作出的审计决定，推动依法审计和文明审计。

——大力推行审计项目审理制度，逐步规范审理工作流程，明确审理工作标准，提高审理工作质量。

——探索建立审计质量岗位责任追究制度。明确审计质量岗位责任，严格责任追究，开展审计项目全过程质量控制，进一步规范审计行为，防范审计风险。

——加大审计业务质量检查力度，提升优秀审计项目评选水平，促进提高审计质量和水平。加强对社会审计机构相关审计报告质量的核查，推动注册会计师行业的健康发展。

——加强普法宣传教育，全面实施“六五”普法规划，建立法律知识学习培训长效机制，督促审计干部认真学习和遵守各项法律法规，提高审计干部依法办事和依法审计的意识和能力，推进审计机关严格依法行政，全面履行审计职责。

十三、审计结果利用和审计宣传。加强审计成果综合利用，提升审计成果层次；坚持审计结果公告制度，把审计监督与社会监督特别是社会舆论监督结合起来，不断提高审计工作的开放性和透明度，促进依法行政和政务公开。

——坚持和完善审计结果公告制度，逐步规范公告的形式、内容和程序，把对审计发现问题的整改情况作为审计结果公告的重要内容。

——坚持和完善特定审计事项阶段性审计情况公告、重大案件查处结果公告制度。

——加强审计成果的综合分析和开发利用，拓宽审计成果利用渠道，实现信息资源共享，开发提炼审计成果“精品”和“高端产品”，不断提高审计信息的质量和水平。

——按照政府信息公开条例的要求，积极稳妥地推进审计工作信息公开，逐步实现审计事务公开。

——加大审计宣传力度，增强审计宣传工作的针对性和协调性。加强对重大审计新闻事项或事件的宣传策划。密切与新闻单位的联系，增强新闻报道的主动性。加强舆情研判，将审计监督与新闻舆论监督密切协调。

——进一步深化改革，加强对审计出版单位的管理。提高审计报刊和出版物质量，拓宽发行渠道，充分发挥媒体对审计工作的宣传作用，不断扩大审计工作的影响。

十四、审计队伍建设。贯彻落实党的组织路线和干部工作、人才工作方针政策，逐步建立健全适应审计事业科学发展需要的干部管理和人力资源管理体制和机制，全面推进干部队伍建设，为审计事业科学发展提供坚强的组织保证。

——深化干部人事制度改革。进一步加大竞争性选拔干部的力度，推行差额选拔干部办法和票决制，完善干部选拔任用机制；加大对领导班子和领导干部的日常监督和管理，健全巡视制度和任期经济责任审计制度，完善对领导班子和领导干部的考核评价体系；进一步加大从基层一线考试录用公务员的力度，拓宽与地方党委政府、审计机关干部交流的渠道；健全干部交流制度，提高干部的综合素质；积极探索推进审计队伍专业化建设。

——加强领导班子建设。把领导班子思想政治建设放在首位，着力加强领导班子能力建设和作风建设；以加强“一把手”队伍建设为重点，科学配置领导班子，不断调整和优化领导班子结构，实现优势互补、合理搭配，发挥整体功能；加强后备干部队伍建设，建立健全后备干部动态管理工作机制，坚持重在培养、同样使用，加大培养选拔优秀年轻干部力度。

——加强审计人才队伍专业化建设。贯彻落实《关于加强审计机关公务员队伍专业化建设的意见》，不断优化人才结构，逐步提高法律、工程、环境保护和计算机应用等相关专业人员比例，合理配置人才资源；加大高层次审计专业人才培养力度，建设一支高素质的领军人才、骨干人才队伍；科学利用外部人才资源，探索建立外聘专家库和专家咨询制度，不断推进人才工作体制机制创新。

——加强教育培训。整合教育培训资源，大规模培训审计干部，持续提高审计干部素质；创新教育培训模式，改进培训方式，逐步健全以面授培训体系与网络培训体系相结合，以师资体系、教材体系和考试评价体系相配套，具有审计系统特色的干部职业教育培训体系。推进审计干部教育学院建设。按照共建协议，促进南京审计学院的教学科研能力建设。

——加强审计业务培训。举办审计专业培训班和专题研讨班，促进提升业务能力。为地方审计机关的业务培训提供必要的师资、教材与网络培训课件。

——加强审计硕士专业学位教育工作。积极发挥全国审计专业学位研究生教育指导委员会的作用，在国务院学位委员会、教育部和人力资源社会保障部的指导下，做好审计硕士专业学位研究生教育工作。

——进一步拓宽培养干部的渠道。加大选派优秀干部到地方党委政府、地方审计机关交流任职的力度；每年有计划地安排审计署与地方审计机关互派干部到对方挂职或参加对方组织的审计项目；有计划地安排缺乏基层工作经历的干部到基层、艰苦地区，到地方政府有关部门、企事业单位、重大项目建设单位等培养锻炼，不断提高干部的综合素质和实际工作能力。

——加强对直属单位的管理。建立健全直属单位综合管理、监督检查和业务指导的相关制度。按照中央统一部署和要求，积极推进直属事业单位和出版社的改革发展工作。发挥审计博物馆宣传国家审计和反腐倡廉教育基地的作用。

——切实做好离退休干部工作。继续落实好离退休干部的政治待遇和生活待遇，加强党建和思想政治建设，发挥党支部对离退休干部的教育引导作用，坚持以人为本，营造舒心和谐环境，不断提高服务与管理水平。

——加强机关党建和思想政治工作。认真贯彻《中国共产党党和国家机关基层组织工作条例》，建设学习型党组织，注重党建理论研究，抓好中国特色社会主义理论体系和核心价值理念教育，以“立足本职建功立业，争当‘四手’奋发有为”活动为抓手，积极开

展创先争优活动；推进基层党组织党务公开工作，切实保障党员的民主权利；加强和改进思想政治工作，创新方式方法，充分发挥工青妇组织的桥梁纽带作用，开展主题实践活动，不断提高审计干部的思想道德素质，培育“实、高、新、严、细”的良好作风，促进和谐机关和精神文明建设。

——加强反腐倡廉建设。深入贯彻审计署党组贯彻落实建立健全惩治和预防腐败体系工作规划的实施办法，认真执行党风廉政建设责任制，建立健全审计机关廉政风险防控工作机制，加强对廉政风险点的查找与防控，加快构建惩治和预防腐败体系；以《廉政准则》及其实施办法为重点内容，加强廉洁从政教育；会同有关部门制定和实施《审计领域违法违纪行为处分规定》，不断健全反腐倡廉制度体系；严格执行领导干部个人事项报告制度和审计纪律“八不准”规定，加强审计项目廉政监督检查，强化审计权力运行的监督制约。

十五、大力推进电子审计体系建设，努力提高审计工作的信息化水平。

——建立健全电子审计体系。积极开展对国家信息化政策执行、规划实施和工程建设的审计监督，大力推进国家电子政务重大工程资源共享、业务协同、服务效能和标准化水平的提高，促进国家信息化建设顺利实施；继续推进金审工程建设，不断完善以审计业务信息化和审计管理数字化为主要内容的审计信息化系统。

——提高审计业务信息化水平。完善并推广现场审计实施系统，积极开展信息系统审计，总结计算机审计方法体系和操作制度，建立健全标准规范；组织开展对重要单位的联网审计；积极探索统一组织项目、联网跟踪等审计组织方式。加强综合数据分析队伍建设。

——提高审计管理数字化水平。完善并推广审计管理系统，基本形成以审计项目计划实施、审计质量控制、审计成果利用、审计资源调配、机关事务处理为主线的审计管理数字化，创新信息化环境下的审计管理方式。

——建成国家审计数据中心。基本完成各类专业审计数据规划和数据库建设，结合数据积累，完善对宏观经济政策执行情况的跟踪审计，深化对政府预算执行的审计评价，探索对国家经济运行安全的审计评价。建设模拟审计实验室，为审计业务、审计管理和领导决策提供仿真预测等有效支持。

——建成审计信息网络及安全保障系统。建成符合国家信息安全保密要求的审计专网和审计内网；国家审计交换中心投入运行，实现中央地方审计机关互联互通、资源共享，促进审计业务协同；保障视频、数据、语音等网络应用的畅通与安全。

十六、整合审计资源，做好实现科学管理的各项工作。

——提升审计资源的配置效率。围绕经济社会发展大局，加强前期立项调研，发挥好审计项目计划的引领作用。明确审计目标和工作重点，提高审计工作覆盖面。统一境内外机构审计对象，实现审计情况有效衔接。发挥财政审计、环境审计、经济责任审计协调领导小组的作用，整合审计资源，统筹安排相关审计工作。加强审计外聘人员管理。

——提高审计项目计划的科学性。提高计划编制与下达工作的时效性。合理安排审计项目，细化审计目标、审计范围、所需审计资源和关键时间节点。

——完善审计统计制度，建立健全科学的审计统计指标体系，提升审计统计数据的准确性、时效性。强化审计统计数据有效利用，更好地为审计业务工作和审计机关领导提供政策建议和决策参考。

——积极参与国际审计事务，认真履行审计署在地区、世界审计组织中的职责，办好2013年世界审计组织第21届大会。加强境外专业考察和培训管理，切实提高境外学习、培训质量。及时掌握国际审计动态，拓展国外审计理论研究，借鉴先进经验。加强对外交流与合作，不断提升我国审计的国际地位。

——加强审计理论研究工作。围绕审计业务工作需要，深入研究审计事业发展中的重大理论问题、现实问题和难点问题，实现审计理论研究与审计业务工作有机结合；规范审计科研管理，提高审计理论研究工作的质量和水平。

——切实办好审计科研所博士后工作站，吸引一批高层次国家审计研究人才，促进提高审计理论研究的层次和水平。

——加强审计学会建设，充分发挥审计学会在深化审计理论研究方面的作用。加强审计学会的组织建设，健全办事机构，密切与审计业务部门和其他有关单位的联系和合作，根据审计实践需要确定研究方向和重点，不断改进组织开展理论研究的方式方法，为审计事业发展提供更有力的理论支撑。

——加强对内部审计工作的指导。进一步完善审计机关指导监督内部审计工作的相关规定，充分发挥内部审计协会在内部审计职业化管理中的作用，促进内部审计发挥在评价和改进组织风险管理、控制和治理效果中的作用，推动内部审计健康发展。

——建立审计工作绩效考核评价制度。加强审计机关预算管理，强化审计成本控制，推进预算公开，努力做到申请计划有概算、正式进点有预算、审计过程有核算、项目结束有决算、成果绩效有评估，切实提高审计工作绩效，适时向社会公告审计署绩效报告。

——规范机关后勤管理与服务。巩固和深化机关后勤管理制度改革，推进服务社会化，加强对特派办后勤服务管理的指导。落实综合治理工作目标责任，完善应急预案，提高突发事件应急处置能力，创建平安机关。厉行勤俭节约，降低机关运行成本，积极改善机关办公条件，提升资产管理水平，确保资产安全完整。

十七、切实履行主管全国审计工作的职责，进一步加强对全国审计业务工作的领导。

——完善署领导对地方联系点制度，加强与地方审计机关的联系，深入实际调查研究，及时总结推广基层工作的新鲜经验，研究解决工作中遇到的问题，搞好分类指导。

——指导地方加强审计规章制度建设，大力推行审计项目审理制度，推动地方开展审计项目质量检查和优秀审计项目评选等工作，促进提高审计工作质量和水平。

——加强审计业务领导，及时总结研究审计中遇到的新情况、新问题，推广新经验；每年根据党和国家工作中心，研究提出审计工作指导意见；加大对地方审计机关人员的业务培训力度。

——加强计划指导，促进整合审计力量。每年年底提出下一年度审计重点；按照自愿参加、量力而行的原则，适当安排和组织地方审计机关参与审计署统一组织的审计项目。

——按照统一管理、一年一定的原则，改进和加强审计业务授权管理。以整合审计资源、发挥审计机关的整体效能为目标，科学确定年度授权审计项目计划。加强授权审计项目考核和重点抽查，严格审计质量控制。

——做好省级审计机关领导班子建设协管工作。根据审计事业发展需要，深入调查研究，及时向地方党委、政府提出加强和推进地方审计机关领导班子建设的意见和建议。

——加强对地方审计队伍建设、机关党的建设、精神文明建设和廉政建设情况的调研，针对存在的共性问题，从政策制度上给予指导，提出切实可行的措施。加大对中西部

地区，特别是新疆、西藏地区审计机关的支持力度。

——加强对地方审计信息化建设总体规划和应用的指导。完成金审工程二期建设，启动金审工程三期建设，2015 年基本完成审计管理系统的推广运用。

——加大对地方审计工作情况的采集、研究和综合分析的力度，充分利用地方审计机关信息和成果，交流有关审计情况，实现审计成果共享。

十八、本规划自发布之日起施行。审计署将加强规划落实情况的监督检查，所属各单位根据本规划要求，研究制定具体落实措施并付诸实施，确保本规划的完成。地方审计机关可参考本规划制定本地区审计工作发展规划。

财政部、国家发展改革委、交通运输部、监察部、审计署关于公布取消公路养路费等涉及交通和车辆收费项目的通知

（财综［2008］84 号，2008 年 12 月 22 日）

国务院各部委、各直属机构，各省、自治区、直辖市、计划单列市财政厅（局）、发展改革委、物价局、交通厅（局、委）、监察厅（局、委）、审计厅（局），上海市城乡建设与交通委员会，天津市市政公路管理局，新疆生产建设兵团财务局、发展改革委、物价局、交通局、监察局、审计局：

根据《国务院关于实施成品油价格和税费改革的通知》（国发〔2008〕37 号）规定，现将取消公路养路费等涉及交通和车辆收费项目有关事项通知如下：

一、自 2009 年 1 月 1 日起，在全国范围内统一取消公路养路费、航道养护费、公路运输管理费、公路客货运附加费、水路运输管理费、水运客货运附加费。

海南省征收的燃油附加费改为高等级公路车辆通行附加费，具体征收办法由海南省制定，并报财政部、国家发展改革委、交通运输部备案。

二、交通规费征稽机构已预征的 2009 年度或因政策等原因需要退还的上述交通和车辆收费，要予以全额清退。其中，属于中央收入的收费，由交通运输部所属征稽机构负责清退；属于地方收入的收费，具体清退办法按照各省、自治区、直辖市规定执行。

三、出租汽车企业向出租汽车司机收取的承包费（“份钱”）或管理费中包含上述交通和车辆收费的，要相应核减。

四、交通规费征稽机构要按照现行政策规定，继续做好 2008 年 12 月份交通和车辆收费征收以及欠缴、漏缴交通和车辆收费的清理工作，确保应征不漏。有关征收和清缴收入要按照财政部门规定渠道全额上缴国库或财政专户。交通规费征稽机构在 2009 年及以后年度清理欠缴、漏缴交通和车辆收费时，可继续使用 2008 年度有关财政票据。

五、清缴和清退收费工作结束后，交通规费征稽机构应按规定到原核发《收费许可证》的价格主管部门办理《收费许可证》注销手续，并到原核发财政票据的财政部门办理票据缴销手续。

六、各地要逐步有序取消政府还贷二级公路（含二级公路上的桥梁、隧道，下同）车

辆通行费。对确定取消的政府还贷二级公路车辆通行费收费站点，要及时向社会公布具体位置和名称，接受社会监督。

七、今后除国家法律、行政法规和国务院规定外，任何地方、部门和单位均不得设立新的与公路、水路、城市道路维护建设以及机动车辆、船舶管理有关的行政事业性收费和政府性基金项目。各地区、各有关部门违反国家行政事业性收费、政府性基金审批管理规定，越权出台与公路、水路、城市道路维护建设以及机动车辆、船舶管理有关的收费基金项目均一律取消。

八、各地区、各有关部门和单位要严格执行本通知规定，认真落实公布取消的交通和车辆收费项目，不得以任何理由直接或变相拖延甚至拒绝执行。对不按规定取消或继续非法设立收费项目的，一律将其非法所得没收上缴中央国库，并追究有关人员的责任。

审计署关于印发加强和改进对地方审计工作指导意见的通知

（审办发［2009］10号，2009年1月16日）

各省、自治区、直辖市和计划单列市、新疆生产建设兵团审计厅（局），署机关各单位、各特派员办事处、各派出审计局：

《审计署关于加强和改进对地方审计工作指导的意见》已经审计长会议讨论通过，现印发给你们，请结合本地区、本单位实际贯彻落实。

审计署关于加强和改进对地方审计工作指导的意见

审计机关成立二十五年来，地方各级审计机关按照宪法和审计法的规定，围绕当地党委和政府工作中心，认真履行审计监督职责，不断提高审计质量和工作水平，有力地促进了地方政治、经济和社会发展。为了贯彻落实《审计署2008至2012年审计工作发展规划》的要求，提升审计监督的整体效能，推动审计事业全面、协调、可持续发展，充分发挥审计保障国家经济社会健康运行的“免疫系统”功能，根据审计法的有关规定，现就审计署进一步加强和改进对地方审计工作指导提出以下意见：

一、建立重要情况通报制度。及时向省级审计机关传达党中央、国务院及其领导同志对审计工作的重要指示，通报政治经济形势及审计工作指导思想、重大审计项目的组织实施、重要法规制度、重要审计情况等，促进地方审计机关及时了解把握国家大政方针和审计工作发展全局，增强宏观意识和大局意识，围绕地方经济工作中心，确定自身工作思路和重点，深入开展审计工作。（主要责任单位：办公厅）

二、继续实行署领导分片联系点和调研制度。署党组每年要作出计划，确定指导和调研的重点；署领导要确定重点联系省份，坚持深入基层开展定点调研，通报审计署重要审

计信息，及时了解地方审计机关重要情况和主要困难，解决具体问题，分类进行指导；推进有关审计工作方针政策和审计业务规范的贯彻落实，总结和推广基层好的经验，带动面上工作；每次调研，要写出有指导性的调研报告。（主要责任单位：办公厅）

三、加强审计法律规范建设的协调指导。加强调查研究，总结地方审计立法经验，指导地方因地制宜开展审计立法工作。加强审计法律、法规的宣传和普及工作，推动地方审计机关认真贯彻审计法、审计法实施条例及国家审计准则；定期组织对地方审计机关执行审计准则情况进行调研，及时掌握情况，总结经验，以促进提高审计业务质量；有计划地组织对地方审计机关审计项目质量进行检查，推动省级审计机关开展本级和下一级审计机关审计项目质量检查工作；进一步规范地方优秀审计项目评选工作，完善评选办法和评分标准，适当扩大地方优秀和表彰审计项目数量，加强对优秀审计项目的总结、点评和宣传推广，注重发挥其典型示范效应。（主要责任单位：法规司）

四、加强计划指导，促进整合审计力量。每年年底审计署制定下一年度审计工作指导意见，提出下一年度审计重点，供地方审计机关制定项目计划时参考；审计署安排年度审计项目计划时，要加强与地方审计机关的沟通协调；加强对地方审计机关审计计划管理工作的指导，及时总结交流经验，促进提高计划管理水平；整合全国审计资源，按照自愿参加的原则，适当安排和组织地方审计机关参与署统一组织的审计或专项审计调查项目，注重从审计思路上加以引导，注重从宏观层面揭示和反映共性问题，并及时总结推广好的审计经验和做法；严格控制统一组织项目的审计质量，抓好审前调查、审计方案、审计取证、审计工作底稿、审计报告、审计处理、审计整改等关键环节的具体指导，加强督促检查。（主要责任单位：办公厅、各业务司）

五、加强和改进审计业务授权管理。在总结审计业务授权管理工作经验的基础上，制订《审计署管辖范围内审计事项授权地方审计机关审计管理办法》；要从有效利用审计资源和有利于加强审计监督出发，科学确定年度授权审计项目计划，每年组织地方审计机关实施行业性授权审计，注意上下结合，重点解决一些带有普遍性、倾向性的问题；地方审计机关要及时向审计署报告授权审计结果，审计署每年组织对授权审计项目计划执行情况、项目实施质量、审计成果等进行抽查考核，并通报抽查考核结果。（主要责任单位：办公厅、有关业务司）

六、加强经验总结推广。审计署各司局要结合自身业务特点，有针对性地加强对地方审计机关对口部门的业务指导和交流；要加强调研，注意研究发现新情况、新问题，通过不定期举办审计专业培训班和专题研讨班等方式，研究新课题，推广好的经验和做法，促进提升业务层次和水平；统一组织或指导开展项目审计或专项审计调查，适时提出指导意见，对地方审计机关提出的业务问题，要及时研究答复；逐步研究制定专项审计操作指南，编发典型审计案例，发挥示范、带动和规范作用；要把指导情况纳入司局年度工作考核。（主要责任单位：各业务司）

七、加大对地方审计人员的培训力度。研究制定地方审计机关在职人员培训考核办法，强化职业培训和考试，提高审计人员的职业胜任能力。五年内对省级审计机关厅局级领导干部、正处长和市县级审计机关“一把手”轮训一遍。积极组织省级审计机关厅级领导干部开展专题研讨，加强对地（市）、县级审计机关“一把手”的培训，重点培训工作思路、审计管理等方面内容，促进提高依法行政和审计管理能力，有针对性地加大对省级审计机关正处长的专业培训力度，重点培训审计技术与方法、审计质量控制、计算机应用等方面内容，提高审计业务能力。采取送教上门的方式，派出师资，结合地方审计机关实际开展有针对性的专题培训；加强对地方培训工作的指导，采取代培代训、以审代训等方式，培养地方审计机关师资力量，建立师资信息库；充分发挥网络培训的优势，突出重点内容，扩大培训的覆盖面；加大计算机中级培训的力度，为有能力举办中级培训的省级审计机关进行师资培训，提供技术支持；有计划地加强对西部地区审计干部的培训，在培训教材、师资及培训费用等方面予以倾斜。（主要责任单位：人教司、培训中心）

八、建立健全署与省级审计机关人员双向交流制度。逐步完善审计署和地方审计机关干部双向交流制度，审计署每年选派一定数量的副司级领导干部到省级审计机关挂职，省级审计机关每年选派一定数量的副厅级领导干部到审计署机关、派出机构挂职；每年从审计署和地方审计机关各挑选一定数量的处级干部派往对方单位挂职；在建立经常性工作指导和业务交流机制的基础上，有计划地安排地方审计机关业务骨干到审计署交流锻炼或参加署统一组织的审计项目，同时从审计署机关和派出机构选派骨干到地方审计机关挂职或参加地方的审计项目，加强业务指导和交流；组织协调东中西部地区审计机关形成对口支援的长效机制。要有重点地加大西部地区审计干部到审计署交流的力度，每年有计划地接受西部地区选送部分审计人员到审计署机关、派出机构实践锻炼，培养西部地区审计机关业务骨干。（主要责任单位：人教司、办公厅）

九、推动加快信息化建设步伐。对全国审计机关金审工程建设实行统一规划，统一标准，分步实施。通过制发工程申报文档样本、编制审计信息化建设指导书、工程建设指导意见等，从审计信息化的组织领导、工程规划、项目实施及管理等方面，为地方提供指导；积极努力创造条件，帮助地方审计机关解决审计信息化建设中的实际困难和问题，特别对西部等困难地区省级审计机关予以重点支持；审计署开发的软件允许地方审计机关免费使用；每年要组织对应用计算机审计技术中发现的重大典型案例进行交流推广，促进提高审计人员的实际运用能力。（主要责任单位：信息办、计算中心）

十、加强审计信息管理，建立信息共享机制。省级审计机关要及时向审计署报送业务综合报告，重大情况随时上报，按要求上报全年审计工作情况；署机关有关部门要进一步加强对审计情况的综合分析和研究，充分利用审计成果；注意掌握地方审计机关工作情况，加强反映和宣传，及时总结推广典型经验；审计署及派出机构到地方实施有关审计项目时，要与地方审计机关沟通，注意利用地方审计机关信息和成果，交流有关审计情况，取得地方帮助。同时注意加强对地方审计宣传工作的指导。（主要责任单位：办公厅、各业务司）

十一、加强地方审计机关领导班子建设和干部队伍建设。审计署会同中央有关部门研究和探索审计人员专业资格，研究制定审计机关审计人员专业资格准入条件；根据新的情况，会同有关部门完善对地方审计机关领导干部双重管理办法，按照干部管理权限加强对省级审计机关负责人的协管工作。审计署要加强与地方党委的沟通联系，及时掌握地方审计机关领导班子建设和干部队伍建设情况，全面了解掌握省级审计机关领导班子的配备情况；及时与地方党委政府沟通，根据实际情况，提出领导干部选拔任用的意见和建议；及时了解掌握地方审计机关在班子建设中遇到的问题和困难，积极协调沟通，努力提供帮助；注重对地方审计队伍建设、机关党的建设、廉政建设情况进行调研，针对存在的共性问题，从体制、政策、法规上提出切实可行的措施；研究制定县级审计机关“一把手”任职资格条件，为加强基层审计机关建设打好基础。（主要责任单位：人教司）

十二、组织各方面力量，加强审计理论研究。要重视并充分发挥地方审计机关和审计学会在审计理论研究中的作用，加强对审计理论研究工作的组织和指导，尤其要指导地方结合审计工作实际加强应用理论研究，重点加大信息技术应用研究力度，组织计算机审计方法体系的研发，同时大力开展绩效审计理论和应用研究，推动绩效审计工作取得新突破，增强理论研究的系统性、计划性和针对性，提高研究的质量和整体水平；进一步完善审计科研协作制度，加强署科研所与地方审计机关科研机构、地方科研机构之间以及审计科研与审计业务部门、审计学会之间的协作，推动审计科研部门与院校、其他理论研究机构的合作，使各方能够充分发挥自身优势，形成研究合力；逐步建立健全审计系统科研项目的立项与评审验收制度，加强对理论研究成果的考核与奖励；通过理论研讨会、专题论坛等形式，交流、总结和推广优秀理论研究成果。（主要责任单位：科研所、审计学会）

审计署关于印发审计署管辖范围内审计事项授权地方审计机关审计的管理办法的通知

（审办发［2009］11号，2009年1月16日）

各省、自治区、直辖市和计划单列市、新疆生产建设兵团审计厅（局），署机关各单位、各特派员办事处、各派出审计局：

《审计署管辖范围内审计事项授权地方审计机关审计的管理办法》已经审计长会议讨论通过，现印发给你们，请遵照执行。

二〇〇九年一月十六日

审计署管辖范围内审计事项授权地方审计机关审计的管理办法

第一条 为了规范审计署审计管辖范围内的审计事项授权地方审计机关审计的管理工作，保证审计质量和成效，更好地发挥授权审计作用，根据《中华人民共和国审计法》第二十八条的有关规定，制定本办法。

第二条 审计署审计管辖范围内的审计事项授权地方审计机关审计的工作，实行统一管理、一年一定的办法。

第三条 安排授权审计项目（国外贷援款公证审计项目按已有规定执行，下同）计划，应当以整合审计资源、发挥审计机关的整体效能为目标，注重与审计署统一组织审计项目计划的配合和协调，逐步扩大审计监督覆盖面，加强对中央部门和企事业单位在基层的分支机构的审计监督。

第四条 审计署原则上只安排行业性授权审计项目，一般不对个别审计事项单独安排授权。

第五条　审计署审计管辖范围内的审计事项只授权省级审计机关（含新疆生产建设兵团、计划单列市审计局，下同），由省级审计机关直接实施或统一组织下级审计机关实施。省级审计机关对审计署负责并报告审计结果。

第六条　审计署在调查研究的基础上，于每年年底前提出次年授权审计项目安排意见，包括明确授权审计项目安排的指导思想、授权范围或行业、选定被审计单位的原则和要求等。省级审计机关根据授权审计项目安排意见，本着自愿原则，选定审计项目，向审计署提交授权审计项目立项申请书（格式见附件），说明选定的审计项目基本情况，立项理由，审计目标，审计内容、范围和重点，以及审计的组织分工等事项。

第七条　审计署收到省级审计机关申请授权的文件后，由办公厅统一汇总，进行综合平衡，并征求相关业务司、派出机构意见，形成授权审计项目计划草案，报审计长会议研究审定后，正式下达给省级审计机关执行。

第八条　授权审计项目计划一经下达，地方审计机关必须确保在当年完成，并在计划规定的期限向审计署报告审计结果。因特殊原因当年无法完成的，应当及时向审计署申请调减计划。

第九条　省级审计机关统一组织下级审计机关实施授权审计项目时，应当由省级审计机关制发审计工作方案，签发审计通知书，提出审计报告，出具审计移送处理书，作出审计决定。省级审计机关的法制工作机构应当对相关审计文书进行复核，提出复核意见。审计工作方案应当抄报审计署。

第十条　地方审计机关在实施授权审计项目过程中，应当严格执行审计法、相关审计准则和审计署关于审计质量控制的规定，规范审计行为，确保审计质量。审计查出被审计单位违反国家规定的财政收支、财务收支行为，应当严格依法进行处理处罚。在对违反国家规定的财政收支、财务收支行为的定性和处理处罚上，遇有政策界限不清，或与被审计单位有重大意见分歧的，省级审计机关应当报告审计署，由审计署有关职能机构研究提出意见。

第十一条　在实施授权审计项目过程中，发现有下列问题之一的，省级审计机关应当以《重要审计情况》及时向审计署报告，由审计署转送有关部门查处，或由审计署以《审计要情》、《重要信息要目》等形式上报：

（一）因决策失误、失职渎职、管理不善造成国有资金、资产损失金额较大；

（二）厅（局）级以上领导干部涉嫌严重违法犯罪，涉案金额较大；

（三）影响国家重要宏观政策执行的重大问题，涉及金额较大；

（四）其他性质特别恶劣，金额巨大的严重违法违规问题或案件。

第十二条　省级审计机关制发授权审计项目的审计报告、审计决定书及审计移送处理书时，应当抄报审计署并抄送审计署有审计管辖权的派出机构。审计终结后，对涉及多个被审计单位的行业性授权审计项目，省级审计机关应当及时汇总审计成果，编制授权审计综合报告报送审计署。

第十三条　对于未按上述要求报送包括不报送审计文书的审计机关，审计署将视情况作出处理，直至取消其承办授权事项的资格。

第十四条　授权审计项目的审计档案由省级审计机关统一保存并归档。

第十五条　授权审计项目可以参加审计署组织的地方优秀审计项目评选。

第十六条　审计署每年组织对授权审计项目计划执行、项目实施质量、审计成果等情

况进行考核和抽查，并通报考核和抽查结果。

第十七条 在实施授权审计项目过程中，地方审计机关应当严格遵守审计工作纪律和各项廉政规定。发生以审计权力谋取单位和个人私利问题的，审计署暂停对其授权、限期整改并依法依纪作出相应处理。因审计人员失职、渎职等行为造成审计项目重大质量问题的，依法追究有关领导和直接责任人员的责任。

第十八条 本办法由审计署负责解释。

第十九条 本办法自发布之日起执行。《中央审计项目授权地方审计机关审计管理办法》（审办发〔2005〕34号）同时废止。

附件：授权审计项目立项申请书（略）

政府投资项目审计规定

（审投发［2010］173号，2011年1月14日）

第一条 为进一步加强政府投资项目审计工作，规范政府投资项目审计行为，提升政府投资审计质量和成效，充分发挥审计保障国家经济社会健康运行的“免疫系统”功能，根据《中华人民共和国审计法》、《中华人民共和国审计法实施条例》和《中华人民共和国国家审计准则》等有关法律法规，制定本规定。

第二条 审计机关对政府投资和以政府投资为主的项目实施的审计和专项审计调查适用本规定。

第三条 审计机关依据《中华人民共和国审计法》和《中华人民共和国审计法实施条例》以及本级人民政府规定，确定政府投资项目审计的对象、范围和内容。

第四条 审计机关应当根据法律、法规、规章的规定和本级人民政府的要求以及上级审计机关的工作安排，按照全面审计、突出重点、合理安排、确保质量的原则，确定年度政府投资审计项目计划。

各级政府及其发展改革部门审批的政府重点投资项目，应当作为政府投资审计重点。

审计机关按照确定的审计管辖范围开展政府投资项目审计，防止不必要的重复审计。

第五条 审计机关对政府重点投资项目以及涉及公共利益和民生的城市基础设施、保障性住房、学校、医院等工程，应当有重点地对其建设和管理情况实施跟踪审计。

第六条 审计机关对政府投资项目重点审计以下内容：

（一）履行基本建设程序情况；

（二）投资控制和资金管理使用情况；

（三）项目建设管理情况；

（四）有关政策措施执行和规划实施情况；

（五）工程质量情况；

（六）设备、物资和材料采购情况；

（七）土地利用和征地拆迁情况；

（八）环境保护情况；

（九）工程造价情况；

（十）投资绩效情况；

（十一）其他需要重点审计的内容。

除重点审计上述内容外，还应当关注项目决策程序是否合规，有无因决策失误和重复建设造成重大损失浪费等问题；应当注重揭示和查处工程建设领域中的重大违法违规问题和经济犯罪线索，促进反腐倡廉建设；应当注重揭示投资管理体制、机制和制度方面的问题。

第七条 审计机关在真实性、合法性审计的基础上，应当更加注重检查和评价政府投资项目的绩效，逐步做到所有审计的政府重点投资项目都开展绩效审计。

第八条 对政府投入大、社会关注度高的重点投资项目竣工决算前，审计机关应当先进行审计。

审计机关应当提高工程造价审计质量，对审计发现的多计工程价款等问题，应当责令建设单位与设计、施工、监理、供货等单位据实结算。

第九条 审计机关对列入年度审计计划的竣工决算审计项目，一般应当在审计通知书确定的审计实施日起3个月内出具审计报告。确需延长审计期限时，应当报经审计计划下达机关批准。

第十条 审计机关开展政府投资项目审计，应当确定项目法人单位或其授权委托进行建设管理的单位为被审计单位。在审计通知书中应当明确，实施审计中将对与项目直接有关的设计、施工、监理、供货等单位取得项目资金的真实性、合法性进行调查。

采取跟踪审计方式实施审计的，审计通知书应当列明跟踪审计的具体方式和要求。

第十一条 审计机关在法定职权范围内对审计发现的违法违规问题进行处理处罚；对审计发现的需要追究有关人员责任的违法违纪案件线索，应当及时移送司法机关或纪检监察等机关处理；对不属于审计管辖范围内的、应当依法由其他有关部门纠正、处理处罚的事项，应当移送有关部门处理。

办理审计移送事项时，应当按规定移交相关证据材料。

审计机关应当进一步建立健全审计机关与纪检监察机关和司法机关的案件线索移送、协查和信息共享的协调沟通机制，发挥监督合力。

第十二条 审计机关应当及时向本级人民政府报告重点投资项目审计结果，并通报有关部门。政府投资项目审计中发现的重大问题，应当纳入本级预算执行审计结果报告。

审计机关在审计中发现有关部门履行职责不到位、政策法规不完善等问题，应当及时向本级人民政府或有关主管部门提出建议。

第十三条 审计机关实施政府投资项目审计，遇有相关专业知识局限等情况时，可以聘请符合审计职业要求的外部人员参加审计项目或者提供技术支持、专业咨询、专业鉴定。

审计机关应当制定有关聘请外部人员的工作规范，加强对聘请外部人员工作的督导和业务复核，保证审计质量。

审计机关聘请的外部人员在政府投资项目审计中违反有关法律法规规定的，审计机关应当停止其承担的工作，追究违约责任，移送有关部门处理；涉嫌犯罪的，移送司法机关追究刑事责任。

第十四条 审计机关应当根据《中华人民共和国国家审计准则》，建立健全政府投资项目审计质量控制制度，实行审计组成员、审计组主审、审计组组长、审计机关业务部

门、审理机构、总审计师和审计机关负责人对审计业务的分级质量控制，作出恰当的审计结论，依法进行处理处罚，防范审计风险。

第十五条 审计机关应当建立健全政府投资项目审计整改检查机制，督促被审计单位和其他有关单位根据审计结果进行整改。审计组在审计实施过程中，应当及时督促被审计单位整改审计发现的问题。

对于跟踪审计项目，审计机关应当将上次审计查出问题的整改情况作为审计的重要内容。

第十六条 审计机关应当依法实行公告制度，及时客观公正地向社会公告政府投资项目审计结果及整改情况；逐步实现所有政府重点投资项目审计结果及整改情况，除涉及国家秘密和商业秘密外，都按程序全面、如实向社会公告。

第十七条 审计机关应当充分运用信息化手段开展政府投资项目审计工作，努力搭建管理平台，逐步建立政府投资项目审计数据库，加快方法体系建设，扩大工程造价软件在竣工决算审计中的应用，并探索信息化条件下的联网审计，提高政府投资项目审计管理水平和效率。

第十八条 上级审计机关应当加强对下级审计机关政府投资项目审计工作的业务领导，及时总结和推广好的经验与做法，研究制定政府投资项目审计业务规范，提高规范化水平。

下一级审计机关应当按规定向上一级审计机关报告政府重点投资项目审计结果。

第十九条 审计机关应当重视和加强投资审计队伍建设，积极引进符合条件的投资审计相关专业人才，培养投资审计业务骨干人才和领军人才，改善投资审计队伍的专业结构，逐步提高投资审计人员的整体素质，使投资审计人员具备与政府投资项目审计工作相适应的专业知识、业务能力和实践经验，为投资审计发展提供人才保障。

第二十条 审计机关应当加强对投资审计人员的职业道德和廉政纪律教育，针对投资审计工作容易出现廉政风险的环节，加强内部控制，强化管理，确保严格执行审计纪律，维护审计机关廉洁从审的良好形象。

第二十一条 地方审计机关可以根据《中华人民共和国审计法》和《中华人民共和国审计法实施条例》，结合本地实际，制定地方政府投资项目审计的实施细则。

第二十二条 审计机关对国有资本占控股地位或者主导地位的企业和国家事业组织投资的项目审计，参照本规定执行。

第二十三条 本规定由审计署负责解释，自发布之日起施行。2006 年 1 月 20 日颁布的《政府投资项目审计管理办法》同时废止。

财政部、审计署关于印发《中央财政对地方审计专项补助经费管理暂行办法》的通知

（财行［2011］1 号，2011 年 1 月 28 日）

各省、自治区、直辖市、计划单列市财政厅（局）、审计厅（局）：

为规范和加强中央财政对地方审计专项补助经费的使用和管理，提高财政资金使用效

益，财政部、审计署联合制定了《中央财政对地方审计专项补助经费管理暂行办法》，现印发给你们，请遵照执行。

附件：中央财政对地方审计专项补助经费管理暂行办法

财政部 审计署

二〇一一年一月二十八日

附件：

中央财政对地方审计专项补助经费管理暂行办法

第一章 总 则

第一条 为了规范中央财政对地方审计专项补助经费（以下简称审计专项补助经费）的管理，提高财政资金的使用效益，根据《中华人民共和国预算法》和《中央对地方专项拨款管理办法》（财预〔2000〕128号）等有关规定，制定本办法。

第二条 本办法所称审计专项补助经费，是指中央财政为保证地方审计机关完成审计署统一组织或者授权审计项目、支持中西部地区审计机关审计信息系统运行维护、审计人员培训以及缓解中西部地区基层审计机关经费困难等而设立的专项转移支付补助经费。

第三条 审计专项补助经费的使用坚持统一管理、专项申请、逐年核定、专款专用的原则。

审计专项补助经费由中央财政统一管理，各省、自治区、直辖市、计划单列市（以下统称各省）财政部门和审计机关按照工作任务和工作计划，提出专项经费申请，中央财政审核下达。专项经费一经下达，任何单位和个人不得挤占、挪用或者抵顶地方财政部门安排的其他审计工作经费。

第二章 管理机构及职责

第四条 财政部是审计专项补助经费的主管部门，其主要职责是：

（一）会同审计署制定审计专项补助经费管理办法；

（二）会同审计署审核各省上报的审计专项补助经费预算申请；

（三）按照因素法审核下达审计专项补助经费；

（四）会同有关部门对各省审计专项补助经费的使用情况进行监督检查。

第五条 审计署协助财政部分配和管理审计专项补助经费，其主要职责是：

（一）审核地方审计机关承担审计署统一组织的审计项目或者授权审计项目的项目数量，并提供相关因素；

（二）会同财政部对各省审计专项补助经费的使用情况进行监督检查。

第六条 各省财政部门负责本省审计专项补助经费的审核、申请、划拨和监管工作，其主要职责是：

（一）根据有关规定，会同审计机关制定本地区审计专项补助经费管理细则；

（二）会同审计机关审核本地区审计专项补助经费预算，并向财政部提出预算申请；

（三）负责本地区审计专项补助经费的划拨和监督检查。

第七条 各省审计机关具体负责审计专项补助经费预算的编制工作，并监督下级审计机关做好审计专项补助经费的使用和管理工作。

第三章 补助经费使用范围

第八条 审计专项补助经费的使用范围是：

（一）审计署统一组织或者授权审计项目补助；

（二）中西部地区审计机关审计信息系统运行维护补助；

（三）中西部地区审计人员培训补助；

（四）中西部地区审计机关困难补助。

第九条 审计署统一组织或者授权审计项目补助，是指对地方审计机关参与审计署统一组织审计项目或者授权审计项目（不含国际金融组织和外国政府贷款、赠款项目公证审计）所支付费用的专项补助。

第十条 中西部地区审计机关审计信息系统运行维护补助，是指对中西部地区审计机关信息资产和信息系统运行维护费用的专项补助。

第十一条 中西部地区审计人员培训补助，是指对中西部地区审计机关开展业务培训所需费用的专项补助。

第十二条 中西部地区审计机关困难补助，是指对困难地区审计机关开展日常审计工作所需经费的专项补助。

第四章 经费分配方法

第十三条 审计专项补助经费按照因素法进行分配。

第十四条 审计署统一组织或者授权审计项目补助经费按照工作量、工作成本、工作实绩和其他因素进行分配。

（一）工作量因素，主要是指地方审计机关完成审计署统一组织审计项目和授权审计项目所需的工作量，包括：项目数量、项目金额、审计人员人数、外聘专家人数和实际工作天数。

（二）工作成本因素，主要是指本地区差旅费标准以及当地物价水平。

（三）工作实绩因素，主要是指上年审计项目的实际完成情况，包括：审计的质量和完成的时间等。

（四）其他因素，主要是指地方财力状况，上年度专款安排情况、专款到位率、专款使用效益等专款使用情况的报告。

第十五条 中西部地区审计机关审计信息系统运行维护补助经费按照补助范围内审计机关数量、审计信息系统建设规模情况、物价、财力和其他因素进行分配。

（一）审计机关数量因素，主要是指地市级审计机关和区县级审计机关的数量。

（二）信息系统建设规模因素，主要是指信息系统建设情况、资产规模情况和运行维护支出情况。

（三）物价因素，主要是指当地的物价水平情况。

（四）财力因素，主要是指地方财力状况和人均财力状况。

（五）其他因素，主要是指上年度专款安排情况、专款到位率、专款使用效益等专款使用情况的报告。

第十六条 中西部地区审计人员培训补助经费按照补助范围内审计机关人员情况、培训计划、物价、财力和其他因素进行分配。

（一）审计机关人员因素，主要是指审计机关数量和审计机关编制内实有人数等。

（二）培训计划因素，主要是指培训规模、人数、天数、聘请教师人数等。

（三）物价因素，主要是指当地的物价水平情况。

（四）财力因素，主要是指地方财力状况和人均财力状况。

（五）其他因素，主要是指上年度专款安排情况、专款到位率、专款使用效益等专款使用情况的报告。

第十七条 中西部地区审计机关困难补助经费按照各地审计机关办公条件、人员、财力和其他因素进行分配。

（一）审计机关办公条件因素，主要是指县级审计机关办公楼建设使用情况、办公设备配置使用情况和交通工具配备使用情况等。

（二）审计机关人员因素，主要是指县级审计机关编制内实有人数等。

（三）财力因素，主要是指地方财力状况和人均财力状况。

（四）其他因素，主要是指自然灾害、突发事件，上年度专款安排情况、专款到位率、专款使用效益等专款使用情况的报

第五章 经费的申报与下达

第十八条 各省财政部门根据对本地区审计专项补助经费的审核情况，于每年3月31日前向财政部报送申请报告，并抄送审计署。

申请报告的主要内容包括：申请理由、测算依据、经费的使用方向以及需由地方提供的相关因素和上年度专款使用情况的报告等。

第十九条 审计署对地方审计机关承担审计署统一组织的审计项目或者授权审计项目的项目数量、信息资产情况、人员培训情况以及困难地区审计机关情况进行审核汇总，并于4月15日前将审核汇总结果报送财政部。

第二十条 财政部对审计署报送的审核汇总结果和各省上报的审计专项补助经费预算审核确定后，于6月30日前通过财政专项转移支付方式下达。

第二十一条 各省财政部门接到财政部下达的审计专项补助经费分配通知后，会同省级审计机关合理安排审计专项补助经费支出，并于7月31日前拨付和下达。

第二十二条 各省审计专项补助经费当年使用出现结转资金的，按照规定结转下年继续使用。

第六章 经费的监督管理

第二十三条 地方审计机关使用审计专项补助经费，必须接受省级以上财政部门、审计机关的监督检查。

第二十四条 各省财政部门对本地区审计专项补助经费的使用情况进行监督检查，并

将监督检查结果报送财政部和审计署。中央财政以此作为考核各省审计专项补助经费管理工作的重要内容和安排下一年度审计专项补助经费的参考依据。对未按照规定报送使用情况的省份，暂缓下一年度审计专项补助经费的安排和拨付。

第二十五条 对弄虚作假骗取审计专项补助经费，以及截留、挤占、挪用审计专项补助经费等违法行为，依照《财政违法行为处罚处分条例》等国家有关规定追究法律责任。

第七章 附 则

第二十六条 本办法由财政部、审计署负责解释。

第二十七条 本办法自颁布之日起实施。

中国保险监督管理委员会关于实施《保险稽查审计指引》有关事项的通知

（保监稽查〔2012〕370号，2012年4月1日）

各保险公司、保险资产管理公司：

为规范保险稽查审计工作，提升稽查审计人员的能力和水平，我会印发了《保险稽查审计指引》（以下简称《指引》），作为保险机构内部稽核审计工作的基本规范。现将实施《指引》有关事项通知如下：

一、各公司要高度重视《指引》的实施工作，认真做好《指引》的学习、培训和执行等贯彻落实工作。

二、各公司要结合实际，充分考虑公司的性质、规模和特征等情况，从完善规章制度、理顺体制机制等方面入手，将《指引》的有关内容切实转化为公司的内控制度。

三、各公司要积极推进稽核审计信息化建设，按照《指引》有关保险稽查审计工作理念、流程、方法和标准，建立健全稽核审计信息系统，不断提升稽核审计工作的信息化水平。

四、各集团公司、总公司要切实强化对子公司、下级机构稽核审计工作的管控，并以贯彻落实《指引》为契机，做好内部稽核审计责任追究制度的完善及执行工作。

五、《指引》各手册自颁布之日起实施。各公司稽核审计工作内部流程、制度规范达不到《指引》相关手册标准的，应当在各手册颁布后6个月内完成制度完善相关工作，确保最迟于手册颁布半年后达到标准。

《指引》执行中如有任何问题，请及时与我会联系。

联 系 人：宣 伟

联系电话：010-66286380

中国保险监督管理委员会

二〇一二年四月一日

中国保监会关于印发《保险公司董事及高级管理人员审计管理办法》的通知

（保监发〔2010〕78号，2010年9月2日）

各保险公司、各保监局：

为加强对保险公司董事及高级管理人员的监督管理，促进保险公司建立健全风险防范机制，规范相关审计工作，我会制定了《保险公司董事及高级管理人员审计管理办法》，现予印发，请遵照执行。

中国保险监督管理委员会

二〇一〇年九月二日

保险公司董事及高级管理人员审计管理办法

第一章 总 则

第一条 为加强保险公司董事及高级管理人员的监督管理，促进保险公司建立健全风险防范机制，规范相关审计工作，根据《中华人民共和国保险法》和其他规定，制定本办法。

第二条 本办法所称董事及高级管理人员审计，是指对保险公司董事及高级管理人员在任职期间所进行的经营管理活动进行审计检查，客观评价其依据职责所应承担责任的审计活动。包括任中审计、离任审计和专项审计。

任中审计是指按照规定的间隔期限，对在任董事及高级管理人员进行的阶段性审计。

离任审计是指对因任期届满、工作调动、辞职、免职、撤职、退休等原因离开工作岗位的董事及高级管理人员，对其在本岗位任职期间的职务行为进行的评价性审计。

专项审计是指因公司出现重大违规、财务异常或舞弊等情形，对可能负有责任的董事及高级管理人员进行的特定审计。

第三条 保险公司董事及高级管理人员审计对象包括下列人员：

（一）董事长及其他执行董事；

（二）总公司管理层成员；

（三）省级分公司总经理、副总经理、总经理助理；

（四）分公司或中心支公司总经理；

（五）具有与上述人员相同职权的其他人员。

鼓励保险公司按照本办法的规定，对其他高级管理人员或关键岗位管理人员进行审计。

第四条 保险公司董事及高级管理人员审计内容主要包括审计对象在特定期间及职权范围内对以下事项所承担的责任：

（一）经营成果真实性；

（二）经营行为合规性；

（三）内部控制有效性。

鼓励保险公司在完成以上审计内容的同时，对审计对象进行经营决策科学性和经营绩效评价。

第五条 保险公司应当根据本办法要求，制定本公司董事及高级管理人员审计实施细则，加强董事及高级管理人员审计规划，合理配置审计资源，避免重复审计和审计遗漏。

保险公司应当将审计结果与董事及高级管理人员的考核、任用、奖惩挂钩，提高审计工作的权威性。

第二章　审计的组织与实施

第六条 对保险公司董事长、总经理和审计责任人进行审计，应当聘请外部审计机构实施。其中，对保险集团公司下属保险子公司和保险资产管理公司董事长和总经理进行审计的，可以由其集团公司审计部门组织实施。

对其他高级管理人员进行审计，由保险公司内部审计部门或外部审计机构组织实施。

未实行审计集中制的保险公司，应当按照下审一级的原则确定具体审计机构和人员。

第七条 实施保险公司董事及高级管理人员审计的外部审计机构应当由保险公司董事会负责选聘。董事会审计委员会应当对外部审计机构的独立性出具书面意见。

第八条 受聘进行保险公司董事及高级管理人员审计的外部审计机构应当具备以下条件：

（一）具备足够数量熟悉保险业务和保险监管规定、胜任该项审计工作的专业人员；

（二）与审计对象没有利害关系；

（三）有良好的职业声誉，最近 3 年未因执业行为受到处罚；

（四）中国保监会规定的其他条件。

第九条 保险公司应当制定董事及高级管理人员任中审计年度计划。对高管人员实施任中审计的间隔时间不得超过三年。

离任审计应当根据人员变动情况及时进行，原则上实行先审计后离任的原则。确有理由不能事先审计的，应当在审计对象离任 3 个月内完成审计并出具审计报告。聘用外部审计机构进行审计的，可适当延长审计时间，但最长不得超过 6 个月。

专项审计由公司根据实际情况确定审计时间和时限。

第十条 保险公司董事及高级管理人员在任中审计现场部分结束后 3 个月内出现需要进行离任审计情形的，可以不再单独组织实施离任审计。

对保险公司董事及高级管理人员进行审计时，其他审计项目已经审计过的内容，原则上可以借鉴其审计结论，不再重复审计，但有线索表明原有审计工作可能存在瑕疵的除外。

第三章　审计报告

第十一条 审计结束后，审计机构应当出具董事及高级管理人员审计报告。审计报告包括以下内容：

（一）审计依据、审计对象及其职责范围、审计人员；

（二）审计的范围、内容、方法；

（三）审计结果，主要指审计发现的问题及责任界定。

审计机构出具审计报告之前，应当征求审计对象的意见。审计对象的反馈意见作为审计报告的附件。

审计机构应当对审计报告的真实性、合法性和客观性负责。

第十二条　保险公司董事及高级管理人员审计报告应当区分审计对象的直接责任和领导责任。

直接责任是指审计对象对其职权范围内发生下列行为时应承担的责任：

（一）直接实施违反国家法律法规、监管规定及保险公司内部管理规定行为的；

（二）强令、指使、授意、纵容、包庇下属人员实施上述行为的；

（三）失职、渎职的；

（四）其他直接违法违规行为。

领导责任是指审计对象在其任期内对其职权范围内负有直接责任以外的管理责任。

第十三条　对总公司董事长和管理层成员的审计报告，应当按照规定程序和时限提交公司董事会，并同时提交监事会。审计报告经董事会审议后，在20个工作日内报中国保监会。

其他高级管理人员审计报告应当按照《关于向保监会派出机构报送保险公司分支机构内部审计报告有关事项的通知》（保监发〔2008〕56号）规定的程序和时限报所在地保监局。

第十四条　保险公司应当将董事及高级管理人员审计报告列入审计对象的人事信息管理，作为对其考核、任用、奖惩的重要依据。

对审计发现的问题，保险公司应当按规定程序追究相关责任人的责任，及时组织整改。

第十五条　中国保监会及其派出机构应当将保险公司董事及高级管理人员审计报告纳入高级管理人员信息系统进行归档管理。

中国保监会及其派出机构在董事及高级管理人员任职资格审查时，可以要求其原任职保险公司提交最近任职岗位的离任报告，也可以参考其过往任职期间审计报告的审计结论。

第四章　法律责任

第十六条　保险公司、外部审计机构及相关人员在进行董事及高级管理人员审计过程中，不得有下列行为：

（一）保险公司未按照本办法规定的范围、时限和要求，对保险公司董事及高级管理人员进行审计，并向中国保监会或其派出机构提交审计报告；

（二）保险公司向中国保监会或其派出机构报送的审计报告及相关材料存在虚假陈述，或者故意隐瞒或遗漏审计发现问题；

（三）中国保监会或其派出机构在任职资格审查时，要求被审查高管人员的原任职保险公司提交离任审计报告，原任职保险公司未按期提交或提交虚假报告；

（四）审计人员在审计过程中，因故意或重大过失，导致审计对象的重大责任未被发

现，或者故意隐瞒审计发现的问题；

（五）审计对象及其所在保险机构拒绝、阻碍审计，或者转移、隐匿、伪造、毁弃审计所需的资料或者证明材料，或者打击报复审计工作人员、检举人、证明人或者资料提供人。

保险公司及相关人员发生上述行为之一的，由中国保监会或其派出机构依照《保险法》第一百七十一条、第一百七十三条及其它监管规定予以处罚。

外部审计机构发生前款第（四）项所列情形的，中国保监会或其派出机构可以向其主管部门予以通报，并在行业内公布该审计机构名称，其他保险公司不得委托该审计机构实施审计。

第十七条 对于审计报告揭示的违反监管规定的问题，或者认为保险公司提交的审计报告未真实反映被审计对象问题的，中国保监会或其派出机构可以采取以下方式予以查明：

（一）要求审计机构进行说明；

（二）听取审计对象的陈述；

（三）委托外部审计机构进行复核审计，审计费用由保险公司承担；

（四）立案调查。

第十八条 对于审计报告揭示的违反监管规定的问题，中国保监会及其派出机构可以在调查取证后，依照《行政处罚法》的相关规定，采取以下方式处理：

（一）违规行为较轻，没有造成危害的，免于处罚；

（二）保险公司整改及时，处理到位，主动消除或者减轻违规行为危害后果的，可酌情减轻或免于处罚；

（三）配合监管机构查处违规行为有立功表现的，从轻或者减轻处罚；

（四）对审计发现问题不追究责任或不认真组织整改的，依法从重处罚。

第五章 附 则

第十九条 保险集团公司和保险资产管理公司适用本办法。

外国保险公司分公司适用本办法，但涉及董事会或董事长的有关规定除外。

第二十条 本办法自 2011 年 1 月 1 日起施行。

保监会就《保险公司董事及高级管理人员审计管理办法》答记者问

近日，《保险公司董事及高级管理人员审计管理办法》（以下简称《审计办法》）发布，并将于 2011 年 1 月 1 日起施行。日前，中国保监会有关部门负责人就《审计办法》回答了记者提问。

问：《审计办法》出台的背景和目的是什么？

近年来，随着保险监管的深入，全行业越来越充分认识到，加强对保险公司董事和高管人员履职过程的监管，真正“管住人”，是落实监管措施、实现有效监管的关键和重点。

建立高管审计制度是加强高管人员监管的必要措施。从全行业目前实际看，大部分公司对高管人员都建立了审计制度，也开展了离任审计等工作，但普遍存在不规范问题。各公司对高管审计的范围、频率、内容和组织方式各不相同，审计结果的运用也不统一，客观上影响了审计工作的效果。此外，部分保险公司总公司的董事长、执行董事和高管人员长期任职但从未进行过有针对性的审计，也存在一定的制度空白。制定《审计办法》，目的正在于规范和统一对各公司高管审计的范围、程序和内容，并对审计结果如何运用进行统一要求。通过内外部审计的方式，建立保险公司董事和高管人员的履职监督机制。

同时，我们也想通过《审计办法》的发布，加强对保险公司内部审计活动的监督。通过对保险公司内部审计的监管，督促其建立有效的内部监督机制，既是国内外的金融监管的普遍实践，也是国际规则的基本要求。国际保险监督官协会《保险监管核心原则》明确规定，“监管机构应当要求保险公司建立与其业务性质和规模相适应的内部审计体系”，“监管机构应当对内部审计的健全性和有效性进行审核，应当能够查阅保险公司内部审计报告”。2007 年，我会借鉴《核心原则》，制定了《保险公司内部审计指引》，要求保险公司按照现代公司治理的要求，建立健全内部审计体系。《审计办法》是在《指引》的体制框架之下，对公司重要审计业务活动进行指导，是对《指引》有关原则规定的延伸和细化，目的在于加强对内部审计的监督，进一步做实内部审计，促使其更有效地发挥辅助监管的作用。

问：高管人员审计和通常所说的经济责任审计有什么区别？

根据国家有关规定，经济责任审计主要是从党管干部或者国有资产管理的角度，由国有出资人对国资经营者进行经营绩效评判而实行的审计，着重强调经营决策科学性和经营绩效评价，只针对国有企业的主要负责同志。《审计办法》规定的高管人员审计，则是从监管的角度，根据监管的目标，对各种所有制形式的保险公司的经营成果真实性、经营行为合规性以及内部控制有效性等内容进行审计。两者在性质、目的、内容等方面都有很大区别。对于既要实施高管人员审计，又要实施主要负责人的经济责任审计的国有保险公司，为了避免重复审计造成资源浪费，《审计办法》规定对于可能重叠的具体审计内容，高管审计可以借鉴包括经济责任审计在内的其他审计的有效结论。

问：《审计办法》规定的审计对象和内容是什么？

为加强对重点监管对象的监管，《审计办法》规定，审计对象包括四个层次，一是保险公司董事长及其他执行董事。二是管理层成员。三是省级分公司总经理、副总经理和总经理助理。四是分公司或中心支公司总经理，以及具有与上述人员相同职权的其他人员。对于《保险公司董事及高管人员任职资格管理办法》规定的中心支公司副总经理、总经理助理及营销服务部负责人等其他高管人员，我们考虑这类基层负责人员数量庞大，如果全部要求进行审计，公司负担过重，而且审计部门对其上级进行审计时，一般也会涉及到这些人员，因此《审计办法》没有将其纳入审计对象范围。同时，根据公司自身实际需要，《审计办法》鼓励保险公司将其他高管人员纳入审计对象，按照本《办法》进行审计。

基于加强监管的目的，《审计办法》规定的审计内容主要包括，审计对象在特定期间及其职权范围内对公司经营成果真实性、经营行为合规性和内部控制有效性。我们认为，这三项是从监管角度评价和考察一个高管人员的主要方面。

问：在什么情况下保险公司需要对董事及高管人员实施审计？

《审计办法》规定的保险公司董事及高管人员审计包括任中审计、离任审计和专项审

计三大类。对于在一个岗位长期任职的高管人员，《审计办法》规定保险公司应当实施任中审计，任中审计的间隔不得超过三年。这个规定的目的在于给董事及高管人员一个明确的接受审计的预期，减少其违规经营的侥幸心理。凡因任期届满、工作调动、辞职、免职、撤职、退休等原因离开工作岗位的董事及高管人员，都要实施离任审计。鉴于离任审计报告是保险公司董事及高管人员任职资格审查的重要参考材料，而这一报告由离职人员原任职单位出具，为避免原任职单位故意拖延审计进程，同时防止董事及高管人员带“病”离职，《审计办法》规定离任审计应当根据人员变动情况及时进行，原则上实行先审计后离任，对确有理由不能事先审计的，应当在离任后 3 个月内完成审计并出具审计报告。对于因公司出现重大违规、财务异常或舞弊等情形，对可能负有责任的董事及高管人员，可以实施专项审计。

问：董事及高管人员审计的审计主体如何确定？

董事长和总经理是公司的主要负责人，审计责任人是公司的主要监督职责履行者，如何加强对他们的审计监督是一个难题。由公司内部审计部门对其进行审计，难以保证审计结果的公正性，而由监管部门进行审计操作难度较大。为此，《审计办法》规定对保险公司董事长、总经理以及审计责任人的审计应当聘请具有一定资质条件的外部审计机构实施，外部审计机构的选聘由董事会负责。

鉴于保险集团公司可以对其保险子公司和资产管理公司进行直接管理，其内部审计机构可以负责对下属子公司的审计，因此《审计办法》规定，对保险集团公司下属保险子公司和资产管理公司董事长、总经理以及审计责任人进行审计的，可以由其集团公司的审计部门组织实施。

对其他高管人员的审计，《审计办法》规定由公司内部审计机构组织实施。同时为提高审计的独立性，《审计办法》进一步规定，没有实行审计集中或垂直管理的保险公司，则必须按照“下审一级”的原则来确定具体的审计机构和人员。

问：董事及高管人员审计报告和审计结果如何运用？

《审计办法》针对不同审计对象规定了不同的审计报告路线。对总公司董事长和管理层成员的审计报告，要按照规定的程序和时限提交公司董事会，在经公司董事会审议后的 20 个工作日内报中国保监会。对分支机构的高管人员的审计报告，要按照规定的程序和时限报公司内部相关机构及分支机构所在地保监局。

关于审计结果运用，《审计办法》从保险公司和监管机构两方面做了原则性规定。首先，保险公司应当将董事及高管人员审计报告列入审计对象的人事档案管理，作为对其考核、任用、奖惩的重要依据。对审计发现的问题，要及时组织整改并按规定的程序追究相关责任人的责任。其次，保险监管部门应当将保险公司董事及高管人员审计报告纳入高管人员信息系统进行归档管理，在董事及高管人员任职资格审查时，可以参考其过往任职期间审计报告的审计结论，也可以要求其原任保险公司提交最近任职岗位的离任报告。

问：对于违反《审计办法》的行为，有哪些处罚措施？

《审计办法》作为一般规范性文件，没有直接规定处罚措施，而是按照《保险法》的相关规定予以处罚。《审计办法》规定，保险公司未按照规定的范围、时限和要求，对保险公司董事及高管人员进行审计并提交审计报告，或者提交存在虚假陈述、故意隐瞒或遗漏审计发现问题的报告的，将按照《保险法》第一百七十一条及第一百七十三条的规定进行处罚。对于其他违规行为，《审计办法》也作了列举，同样根据《保险法》的相关规定进行处罚。

对于外部审计机构发生故意隐瞒审计发现问题等情形的，《审计办法》规定中国保监会或其派出机构可以向其主管部门予以通报，并在行业内公布该审计机构名称，其他保险公司不得委托该审计机构实施审计。

中国保险监督管理委员会关于贯彻实施《保险公司董事及高级管理人员审计管理办法》有关事项的通知

（保监发〔2012〕102号，2012年11月2日）

各保险公司：

为进一步规范高管人员审计，更好地贯彻落实《保险公司董事及高级管理人员审计管理办法》（保监发〔2010〕78号，以下简称《办法》），现就《办法》施行中的有关事项通知如下，请遵照执行。

一、关于审计内容

（一）对于各类审计对象的审计内容应当符合《保险公司董事及高管人员审计指南》（以下简称《指南》，见附件）的规定。

（二）审计对象的职责范围与《指南》规定不一致的，可以在《指南》相关规定的基础上，根据实际情况选择使用，对审计内容进行适当的调整和补充。在高管审计报告中，应当明确说明该名高管人员的职责范围、适用的《指南》内容、以及调整补充的内容。

（三）对于《指南》暂未覆盖的高管人员的审计内容，应当依照公司对于该名高管人员的职责定位文件，参照《指南》相关规定予以确定。在高管审计报告中，应当明确说明该名高管人员审计内容的确定方式。

二、关于审计程序和审计报告

（一）外部审计机构开展《办法》规定的高管审计工作，应当依据中国注册会计师执业准则和《指南》的有关规定执行审计程序，并就审计发现出具报告。

（二）高管审计报告应当按照《保险高管审计指南第2号——高管审计报告》要求的格式和内容编制，并按照《办法》规定的程序和时限报送监管部门。

三、关于责任认定和责任追究

（一）保险公司应当按照《办法》要求，结合自身实际制定责任认定制度，明确区分主管、分管、协管高管人员的职权和责任，清晰界定直接责任和管理责任的认定标准。

（二）保险公司应当按照《办法》要求，结合自身实际制定责任追究制度，明确高管审计发现问题的责任追究程序、方式和处理措施等。

（三）对于高管审计中发现的重大问题，保险公司应当依照上述制度进行责任认定和责任追究。责任认定和责任追究的有关情况应当作为高管审计报告附件，一并报送监管部门。

四、其它事项

（一）高管人员应当每间隔三年进行一次任中审计。从取得高管任职资格之日起，截

至2012年1月1日任职已满三年的高管人员，其任中审计应当在2012年内完成，审计覆盖年限应当不低于三年。如近三年内已经开展过离任审计或专项审计的，其任中审计可以在上次审计期限结束起算的三年后开展。

（二）高管人员因工作调动或升职等原因离开原工作单位的，公司应当对其进行离任审计。高管人员工作分工或分管业务领域发生调整，但职级不变的，可以由公司自行决定是否进行离任审计。

（三）保险公司未设立董事会的，应当由总经理室或类似机构行使董事会关于高管审计的职责。

（四）执行董事的审计内容以其担任的高管职责为重点。

附件：保险公司董事及高管人员审计指南

中国保监会
2012年11月2日

附件

保险公司董事及高管人员审计指南

目　　录

保险高管审计指南第1号——总则

第一条　为加强保险公司董事及高级管理人员的监督管理，促进保险公司建立健全风险防范机制，规范相关审计工作，保监会根据《保险法》和相关法律法规，制定了《保险公司董事及高级管理人员审计管理办法》。为进一步规范和指导各保险公司开展高管审计，更好地落实《办法》，特发布本审计指南。

第二条　保险公司董事及高级管理人员审计主要根据审计对象在任职期间所进行的经营管理活动，就其工作职责的履行情况及所应承担的责任进行客观评价。审计内容主要包括审计对象在特定期间及职权范围内对经营成果真实性、经营行为合规性以及内部控制有效性等事项所承担的责任。

第三条 保险公司应当根据有关法律法规要求，对董事及高级管理人员的工作职责进行明确的界定与描述。审计应当关注董事及高级管理人员的任职资格是否符合监管机构的要求，是否取得监管机构的核准。

第四条 保险公司应当根据董事及高级管理人员的工作职责确定审计方案。本审计指南以保险公司高级管理人员的主要管理职能为基础，列举了部分高级管理人员的主要工作职责和相应的审计方法供各公司参考。各公司在计划、组织和实施董事及高级管理人员审计时，应当结合本公司实际情况确定具体的审计方案。

第五条 确定董事及高级管理人员审计范围应当充分考虑审计风险和遵循重要性原则。应当以审计对象所负责的本级单位为审计重点，对于所分管负责的下属分支公司，应当选取不少于两家单位进行审计。

第六条 董事及高级管理人员的审计应当根据实际情况和工作需要，合理使用抽样方法，综合运用分析性复核、询问、检查、查看等审计方法，同时借助保险公司的信息系统和使用计算机辅助审计技术进行数据提取和分析。

第七条 董事及高级管理人员的审计应当充分利用审计对象任职期间或近期内外部审计与检查成果，尤其应当特别关注近期接受监管机构或上级单位检查所发现问题、整改和处罚情况。对于其他审计项目与履行职责相关的内容，原则上可以借鉴审计结果，不再重复审计。

第八条 保险公司聘请外部审计机构开展高管审计相关工作的，应当由董事会负责选聘外部审计机构。保险公司应当按照有关要求，与外部审计机构明确审计的程序与内容。

第九条 外部审计机构接受保险公司委托后，应当依据中国注册会计师执业准则和本审计指南开展审计工作，出具报告，向董事会报告审计结果。董事会应当对外部审计机构的审计结果进行最终认定。

第十条 保险公司应当建立健全董事及高级管理人员的问责体系。问责体系应当包括董事及高级管理人员的责任认定标准、监督检查以及责任追究等内容。问责体系应当坚持实事求是、权责对应的原则。对董事及高级管理人员的审计结果应当作为责任追究的重要依据。

保险高管审计指南第 2 号——高管审计报告

审计机构在审计工作结束后应当按照《保险公司董事及高级管理人员审计管理办法》的有关规定，基于工作结果，出具董事及高级管理人员审计报告。

审计机构出具审计报告之前，应当征求审计对象的意见。审计对象的反馈意见应作为审计报告的附件。审计机构应当对审计报告的真实性、合规性和客观性负责。

高管审计结果应当与公司问责制度紧密结合。针对发现的问题，公司应对审计对象进行责任认定和责任追究。外部审计机构接受委托执行高管审计工作的，应由公司董事会根据高管审计发现的问题（如有）进行最终责任认定。

高管审计报告应当包括以下内容：标题、收件人、正文、签章、报告日期、附件及其他。其中，正文是高管审计报告的核心内容，一般应当包括以下项目。

（一）总体情况：应包含被审计对象的职务、任职期间、高管审计性质（任中审计、离任审计和专项审计）。外部审计机构接受委托执行高管审计程序的，应当包含接受委托的情况。

（二）审计依据：遵循中国注册会计师执业准则、《保险公司董事及高级管理人员审计管理办法》及《保险公司董事及高管人员审计指南》的声明。外部审计机构接受委托执行高管审计程序的，应当说明委托方与被委托方各自的责任。

（三）审计工作范围：包括审计对象职责范围和审计工作范围两部分内容。

其中，审计对象职责范围包括审计对象在任职期间的主要工作职责介绍，主要履职情况和所受主要奖惩情况（如有）。

审计工作范围包括审计工作涉及的业务单元、业务板块和流程。如有借鉴前期审计成果的，应当说明前期审计的相关情况以及借鉴部分的内容和结果。

对于被审计对象的职责范围与《指南》规定不一致的，应当说明被审计对象适用《指南》的内容以及调整补充的内容。

（四）审计程序：应当按照本指南的规定，按照“三性”（经营成果真实性、经营行为合规性、内部控制有效性）逐项列示所执行的主要工作程序，采用具体工作方法，取得的证据和测试的结果等。对于与指南规定不一致的内容，应当予以说明。

（五）报告结果与建议：汇总介绍高管审计工作发现的主要问题和整改建议（如有）。就所发现的问题应明确所违反的具体法律法规或规章制度，对于涉及财务、业务数据的，应说明发现问题对财务报表的影响。

附件：高管审计报告范本

附件

（高管审计报告范本）

××保险公司

〔　　　〕同志任中〔离任/专项〕审计报告

2012年×月×日

（注：本报告供会计师事务所开展外部审计使用，内部审计报告参照该报告编制）

目　　录

一、审计工作总体情况

根据××会计师事务所（以下简称“我们”或“××”）与××保险股份有限公司（以下简称为“贵公司”）签订的审计业务约定书，我们为贵公司的〔姓名〕〔职务〕（以下简称为“审计对象”）于××年×月×日至××年×月×日（以下称“任职期间”）进行任中〔离任/专项〕审计。

我们审计工作的内容主要为审计对象在特定期间及职权范围内对经营成果真实性、经营行为合规性和内部控制有效性等事项承担的责任。本报告中列示了执行审计工作过程中所注意到的上述三方面的审计发现、相应的改进建议以及管理层反馈。

二、审计依据

根据审计业务约定书，我们按照中国注册会计师执业准则、《保险公司董事及高级管理人员审计管理办法》及《保险公司董事及高管人员审计指南》等相关规定执行审计程序。

在本次审计工作中，委托方（贵公司）的责任是…

被委托方（“我们”或“××”）的责任是…

三、审计工作范围

（一）审计对象职责范围

1. 审计对象〔姓名〕任职期间的主要工作职责介绍：

2. 审计对象〔姓名〕任职期间的主要履职情况：

3. 审计对象〔姓名〕任职期间的主要奖惩情况：

〔由保险公司提供其职责说明内容，可以对其作适当归纳简化〕

（二）审计工作范围

本报告涉及的审计工作范围包括〔××保险公司上海分公司、北京分公司、……〕等〔×〕个业务单位，涵盖〔财务、销售、……〕等〔×〕个业务板块和流程。

〔如果审计对象的职责范围与《指南》规定不一致的，在审计工作范围部分，应当明确说明该高管人员的职责范围、适用的《指南》内容以及调整补充的内容。〕

四、审计程序

针对上述工作范围，我们执行了如下审计程序：

（一）经营成果真实性

1. 经营成果真实性的主要内容

2. 所采用的审计方法

3. 取得的重大证据和主要测试结果

4. 与《指南》相关规定的区别

（二）经营行为合规性

1. 经营行为合规性的主要内容

2. 所采用的审计方法

3. 取得的重大证据和主要测试结果

4. 与《指南》相关规定的区别

（三）内部控制有效性

1. 内部控制有效性的主要内容

2. 所采用的审计方法

3. 取得的重大证据和主要测试结果

4. 与《指南》相关规定的区别

五、报告结果与建议

我们就贵公司在审计对象任职期间的经营成果真实性、经营行为合规性、内部控制有效性三方面的审计发现进行了汇总如下，并提出了相应的改进建议。具体内容请参见本报告附件 2《审计发现、改进建议以及管理层反馈意见详述》。

机构/业务单元	经营成果真实类	经营行为合规类	内部控制有效类	小计
××分公司				
…				
××业务板块				
…				
合计				

六、其他注意事项

〔在该部分说明有关注意事项〕

××会计师事务所

2012 年×月×日

附件 1

×××〔先生/女士〕对于本报告的声明

一、被审计人员基本情况

被审计人员：××

被审计原因：〔任中审计/离任审计/专项审计〕

离任原因：××

任职单位及职务：××公司××部门，××职务

任职期间：20××年××月××日至 20××年××月××日

二、被审计人员声明

（一）对于经营成果真实性的声明

本人已将获悉的可能对本人任职期间所负责的主要机构/业务单元的经营成果真实性造成重大影响的事件向我们管理层和审计人员进行披露。除此以外，本人并未知晓任何可能对其造成重大影响的事件。

（二）对于经营行为合规性的声明

本人已将获悉的可能对本人任职期间所负责的主要机构/业务单元的经营行为合规性造成重大影响的事件向我们管理层和审计人员进行披露。除此以外，本人并未知晓任何可能对其造成重大影响的事件。

本人于任职期间，未有在职责范围内发生重大经济、刑事案件或重大违法违规情况；也无因重大违法违规事件被外部监管部门检查、处罚的情况。

〔或者〕〔本人于任职期间，除以下事项外，未有在职责范围内发生重大经济、刑事案件或重大违法违规情况；也无因重大违法违规事件被外部监管部门检查、处罚的情况。〕

时间　涉及单位或业务板块　主要情况简介

（三）对于内部控制有效性的声明

本人已将获悉的可能对本人任职期间所负责的主要机构/业务单元的内部控制有效性造成重大影响的事件向我们管理层和审计人员进行披露。除此以外，本人并未知晓任何可能对其造成重大影响的事件。

本人于任职期间，在职责范围内的各项业务流程的内部控制整体上是有效的。

〔或者〕〔本人于任职期间，在职责范围内的各业务流程相关的内部控制，除以下事项外，整体上是有效的。〕

时间　涉及内控流程　主要内控缺陷简介

三、对于审计报告的反馈意见

本人已充分阅读了本审计报告，对于其中附件2中提及的审计发现，审计人员已就此与本人和管理层进行沟通，并且管理层已在“管理层反馈”栏中反馈意见。

附件2

审计发现、改进建议以及管理层反馈意见详述

一、各类审计发现概要

经营成果真实类审计发现汇总

编号　审计发现描述　机构/业务单元　违反的具体法律法规/规章制度　索引页码

〔××方面〕

1.1 略

1.2 略

经营行为合规类审计发现汇总

编号　审计发现描述　机构/业务单元　违反的具体法律法规/规章制度　索引页码

〔××方面〕

1.1 略

〔××方面〕

2.1 略

2.2 略

内部控制有效类审计发现汇总

编号　审计发现描述　机构/业务单元　违反的具体法律法规/规章制度　索引页码

〔××方面〕

1.1 略

1.2 略

二、改进建议和管理层反馈

经营成果真实类

编号　审计发现描述　原因分析　改进建议　由哪个业务单元/层面协调改进　管理层反馈

1.1 略

1.2 略

经营行为合规类

编号　审计发现描述　原因分析　改进建议　由哪个业务单元/层面协调改进　管理层反馈

1.1 略

1.2 略

内部控制有效类

编号　审计发现描述　原因分析　改进建议　由哪个业务单元/层面协调改进　管理层反馈

1.1 略

1.2 略

保险高管审计指南第3号——董事长、总经理和审计责任人审计

各保险公司董事长、总公司及分支机构总经理和审计责任人的职责范围应当根据国家有关法律法规、保监会有关规定、各公司章程以及公司内部制度与规章确定。由于不同公司上述人员职责范围不尽统一，因此围绕经营成果真实性、经营行为合规性、内部控制有效性所进行的经营管理活动不尽相同。

为了制定适合审计对象的审计计划，各保险公司应当首先明确审计对象的职责范围，根据审计对象履职的情况制定相应的审计计划。考虑到财险公司和寿险公司的上述高管人员的绝大部分职责存在一致性，因此除非有特别说明，本指南内容将不再区分财险公司和寿险公司。

下文列举了上述高级管理人员经营成果真实性、经营行为合规性、内部控制有效性相关的岗位职责以及相应的审计内容，供各公司执行高管审计工作参考。

第一节　董事长审计

审计内容　审计要点及方法

一、工作职责基本情况

基本职责范围

1. 查看保监会对审计对象的任职批复，检查审计对象任职资格是否经过保监会的批准。

2. 查看审计对象任职期间内接受保监会或其他监管机构检查及考核的情况。

3. 获取公司内部确定董事长工作职责的相关规章制度或董事会、股东大会决议，了解董事长任职期间行使相应职权的情况的同时，对董事长行使相应职权是否得到董事会授权进行检查。包括但不限于：

• 主持股东大会会议

• 召集和主持董事会会议

• 督促、检查董事会决议的执行

• 签署公司股票、债券及其他有价证券

• 签署董事会重要文件和其他应由公司法定代表人签署的文件

• 行使法定代表人的职权

• 根据公司需要，在董事会闭会期间，在董事会的授权范围内，行使董事会的部分职权

• 指导公司的重大业务活动，持续关注公司业务经营管理状况，保证有足够的时间履行职责

• 提名公司总经理人选

• 董事会授予的其他职权

4. 获取审计对象任职期间公司各年度报送董事会、股东大会的工作总结。将各年度工作总结与查看到的任职期间董事长职位工作职责相比较，以判断工作总结与董事会、股东大会授权的工作职责是否存在明显不一致。

5. 检查审计对象任职期间向股东大会汇报工作的有关情况。

6. 检查公司重大决策、重大事项、重大人事任免、大额资金使用相关制度中对审计对象的相关职责的规定及其履行情况。

7. 询问董事长薪酬（包括工资、奖金、各项福利费以及补充养老计划等）发放审批程序，查看审计对象任职期间董事长薪酬（包括工资、奖金、各项福利费以及补充养老计划等）的审批文件并核对发放金额。

8. 对于离任审计，应当询问公司董事长离职的具体程序和办法，检查审计对象的离职程序是否符合公司的有关规定以及审计对象与公司之间的劳务合同规定。

经营成果真实性

1. 获取并查看审计对象任职期间监管机构对公司经营的检查报告，检查是否存在与经营成果真实性相关的重大缺陷或问题。

2. 询问并查看审计对象在任职期间，董事会是否收到与经营成果真实性相关的重大缺陷和问题报告，对此，审计对象采取的补救措施（若有）和处理结果。

3. 查看审计对象任职期间的年度审计报告，检查审计意见是否为无保留意见。如果审计意见为非标准意见，应针对出具非标准意见的情况，如重大的财务错报和漏报事项、审计范围受限事项等向审计对象进一步了解原因，判断公司是否存在经营问题或舞弊行为，以及公司是否进行适当整改。

4. 查看审计对象任职期间各财务年度的公司法定财务报告，与相关人员进行访谈及分析历年财务报表，询问审计对象任职期间公司盈利能力、资产质量状况、债务风险状况和经营增长状况等整体财务状况和经济指标。包括但不限于以下内容：

• 任职期间公司净资产和净利润的变动情况，净/总资产收益率情况

• 任职期间公司保费收入增长，保费收入结构变动情况

• 任职期间重大的会计政策和会计估计变更，及相应的审批情况

• 任职期间重大资产减值计提及相应的审批情况

• 任职期间偿付能力比率情况

• 任职期间重大诉讼和或有负债计提情况

•任职期间重大关联交易情况

•任职期间是否存在影响经营成果真实性的事项（若有）及后续处理方法

三、经营行为合规性

1. 询问审计对象任职期间是否为审计委员会、风险管理委员会、战略与投资委员会、薪酬委员会等董事会下设委员会履行职责提供了充分条件和听取各委员会的汇报；查看上述报告并检查针对报告中提到的违规违法行为（若有）的后续处理或整改措施。

2. 查看由审计对象签发的各项决议，了解并查看审计对象任职期间是否有违反中国法律和公司章程的行为。

3. 查看审计对象是否出现逾越公司合法授权以个人名义代表公司的行为，例如未经公司章程规定或者董事会的合法授权，以个人名义代表公司或者董事会行事。董事长以其个人名义行事时，在第三方可能合理地认为该董事长在代表公司或者董事会行事的情况下，该董事长应当事先声明其立场和身份。

四、内部控制有效性

1. 获取并查看审计对象任职期间公司呈交有关监管机构的内部控制自我评估工作报告，查看董事会的审批流程，检查是否有内部控制重大缺陷。

2. 查看审计对象任职期间是否定期听取审计责任人、审计委员会等相关人员和部门汇报审计和内控评估工作的计划与结果，以及跟进各年度公司内控评估发现的重大缺陷及重要缺陷（若有）及后续整改情况。

3. 查看审计对象任职期间外部审计师的管理建议书或内控鉴证意见情况，检查是否存在重大内部控制缺陷，以及公司对其中重大问题（若有）的后续跟进情况。

第二节　总公司及分支机构总经理审计

一、总公司层面审计内容及方法

审计内容　审计要点及方法

一、工作职责基本情况

基本职责范围

1. 查看保监会对审计对象的任职批复，检查审计对象任职是否经过保监会的批准。

2. 查看审计对象任职期间接受保监会检查及考核情况。

3. 获取公司内部关于确定管理层工作职责以及范围的相关规章制度或董事会、股东大会决议，查看审计对象任职期间经相关授权的工作职责及其变化情况。

4. 获取审计对象任职期间公司各年度报送董事会、股东大会的工作总结。将各年度上述总结内容与查看到的任职期间总经理工作职责相比较，以判断工作总结与董事会、股东大会授权的工作职责是否存在明显不一致。工作职责应包括但不限于：

•主持公司的生产经营管理工作，并向董事会汇报

•组织实施董事会决议、公司年度经营计划和投资方案

•审批公司内部管理机构设置方案和基本管理制度

•审批公司的具体规章

•提请董事会聘任或者解聘公司副总经理、财务负责人、首席精算师等管理人员，并按保监会关于任职资格的规定报保监会审核批准

• 聘任或者解聘除应由董事会聘任或者解聘以外的管理人员，并按保监会对于任职资格的规定报保监会审核批准

• 决定公司职工的聘用、解聘、工资、福利、奖惩办法

• 公司章程或董事会授予的其他职权

5. 对离任审计，查看审计对象离职的具体程序和办法，检查审计对象的离职程序是否符合公司的有关规定，以及审计对象与公司之间的劳务合同规定。

二、经营成果真实性

经营决策与预算考核

1. 查看公司经营决策相关文件，检查需要董事会或股东大会审批的重要决策是否经过董事会或股东大会批准，或者是否与经董事会或股东大会批准的相关文件相一致。

2. 了解审计对象任职期间内是否定期审阅公司各项财务报告、年度预算、精算报告。

财务信息真实性

1. 查看审计对象任职期间是否审核财务负责人提交的各类与财务管理相关的制度（包括准备金精算制度）并报董事会审议后执行。

2. 询问审计对象任职期间是否定期审阅公司各项财务报告、年度预算及其他与财务相关的向内外报送资料的重要报告，并抽样检查其审阅情况。

3. 查看审计对象任职期间各财务年度的公司法定财务报告，与相关人员访谈及分析历年财务报表，查看审计对象任职期间公司盈利能力状况、资产质量状况、债务风险状况和经营增长状况等整体财务状况和经济指标。包括但不限于以下内容：

• 任职期间公司净资产和净利润的变动情况，净/总资产收益率情况

• 任职期间公司保费收入增长，保费收入结构变动情况

• 任职期间重大会计政策和会计估计变更，及相应的审批情况

• 任职期间重大资产减值计提及相应的审批情况

• 任职期间偿付能力比率情况

• 任职期间重大诉讼和或有负债计提情况

• 任职期间重大关联交易情况

• 任职期间是否存在影响经营成果真实性的事项（若有）及后续处理方法

4. 查看审计对象任职期间的年度审计报告，检查审计意见是否为无保留意见。如果审计意见为非标准意见，应针对出具非标准意见的情况，如重大的财务错报和漏报事项、审计范围受限事项等向审计对象进一步了解原因，判断公司是否存在经营问题或舞弊行为，以及公司是否进行适当整改。

5. 查看并获取审计对象任职期间接受内外部监督、检查和处分的相关资料。检查是否存在与经营成果真实性相关的问题。包括但不限于：

• 银行存款、现金、固定资产、低值易耗品等资产是否账实一致

• 应收、应付及往来科目是否真实存在

• 是否存在截留、虚增保费或人为调整保费收入入账时间等违反权责发生制、影响考核结果及保费收入准确性的行为

• 是否存在虚提、虚列及跨期列支各项费用、佣金、手续费支出的行为

• 是否存在编制虚假赔案及人为调节短险未决赔款准备金的行为

如存在上述问题，通过访谈及查看相关支持材料确认这些问题是由审计对象直接参与

决策而产生的还是由下级管理层或员工未遵循公司规定而产生的。

6. 查看审计对象任职期间对公司所发现的与经营成果真实性相关的重大不妥事项所采取的汇报流程、补救措施及对违规责任人的追究情况。

三、经营行为合规性

1. 查看公司合规管理基本制度及合规管理组织架构中有关审计对象职责的规定。

2. 查看审计对象是否向董事会或监管机构提名合规负责人，并对其适当授权及为其履行职责提供充分条件。

3. 查看审计对象是否审核合规负责人提交的公司合规制度并报董事会审议和监管机构报备后执行。

4. 查看审计对象任职期间是否定期组织对公司合规风险的识别和评估工作，并审核下年度公司合规风险管理计划。

5. 查看审计对象任职期间是否审核并向董事会或监管机构提交公司年度合规报告。

6. 查看审计对象任职期间对公司所发现的不合规的经营管理行为所采取的汇报流程、补救措施及对违规责任人的追究情况。

7. 查看审计对象任职期间监管机构对公司的常规及专项检查，了解并查看监管机构检查所发现问题及后续整改情况，如存在问题，通过访谈及查看相关支持材料确认这些问题是由审计对象直接参与决策而产生的还是由下级管理层或员工未遵循公司规定而产生的。

8. 查看审计对象任职期间公司与监管机构的往来函件，查看公司是否有受处罚的情况，以及了解并查看后续整改情况。

9. 了解审计对象任职期间公司是否有重大诉讼。

四、内部控制有效性

1. 查看公司重要规章制度，如财务、承保、理赔的建设情况，总经理是否对重要规章制度的建立或重大更新进行了审批。

2. 查看审计对象任职期间是否定期审核内控合规负责人提交的公司重大内部控制制度并报董事会或监管机构审议后执行。

3. 查看审计对象任职期间是否定期听取并批准内控合规负责人对内部控制的统筹规划、组织推动、实时监控和定期排查等各类工作的汇报。

4. 查看审计对象任职期间是否定期听取审计责任人对公司内审工作的汇报。

5. 查看审计对象任职期间对公司内审及其他内部检查中发现的内部控制缺陷和经营管理中发现的风险问题（若有）所采取的汇报流程、整改措施及对相关内控违规人员的追究情况。

6. 查看审计对象任职期间是否向董事会或监管机构审核并提交了年度合规报告。

7. 查看审计对象是否向董事会或监管机构提名审计责任人，并为其履行职责提供充分条件。

8. 访谈并调阅相关资料，检查分支机构的设立、撤销及证照管理（主要包括工商营业执照、保险经营许可证、企业代码证、土地房产证和税务登记证等重要证照）是否符合监管规定。

9. 查看审计对象任职期间外部审计师的管理建议书或内控鉴证意见，检查是否存在重大内部控制缺陷，以及公司对其中重大问题（若有）的后续跟进情况。

二、分公司层面审计内容及方法

分支机构总经理所承担的行政职能与总公司总经理基本一致，同时，分支机构总经理也承担分管部分业务/财务方面的职能。在对分支机构总经理进行审计时，应当首先确定承担的具体职责，同时参考总公司总经理、分管业务/财务职责高级管理人员的相关审计内容，制定审计计划，确定相应的审计内容和方法。

第三节 审计责任人审计

审计内容 审计要点及方法

一、工作职责基本情况

基本职责范围

1. 查看审计责任人的任命是否经总经理和董事会审批，聘任是否向保监会报告，审计对象是否符合《保险公司内部审计指引（试行)》第九条的要求。

2. 获取审计责任人的职责范围说明，比较是否符合《保险公司内部审计指引（试行)》第十六条的要求。

3. 获取审计责任人向审计委员会和管理层提交的内部控制评估报告和审计工作报告。

4. 获取被审计期间一至两年的年度审计工作计划，查看审计工作计划是否包含了常规审计项目安排、专项审计计划，检查审计工作安排是否关注对经营和财务的真实性、合规性，内控和风险管理的健全性、合理性及有效性的监督、检查和评价。

二、经营成果真实性

审计工作应关注管理活动和财务活动的真实性及合规性

1. 抽查被审期间的审计项目，查看审计项目是否包含立项、审计方案、审计组组成。审计组应由能够胜任工作并具有充分工作经验和专业知识的人员组成，审计方案应包含审计内容和重点，应对经营和财务活动的真实性及合规性进行特别关注。

2. 抽查审计对象任职期间的审计项目，对其中关于经营和财务活动的真实性及合规性的审计过程和结论进行审阅，评价是否执行了充分的审计工作以及审计结论是否正确。

3. 询问被审计期间是否安排经营或财务活动真实性及合规性专项检查，审阅项目要求，查看报告，重点关注发现的问题及其整改建议。

4. 查看审计对象任职期间监管机构关于经营和财务活动的真实性及合规性的检查要求，询问内部审计相关的配合情况以及检查结果，检查是否及时根据监管机构要求调整和安排审计工作。

三、经营行为合规性

审计工作应当关注公司业务和财务工作的合规性

1. 查看公司的审计制度以及审计要求等规范性文件，是否对经营和财务活动的真实性及合规性有明确的审计要求。

2. 查看公司是否有内部审计制度，审计责任人是否监督该制度的执行。

四、内部控制有效性

审计制度的健全性及有效性

1. 询问公司的审计制度建设情况，重点关注是否有关于审计流程、审计结果汇报流程、审计人员独立性、被审计单位整改和后续审计要求、经济责任审计要求等方面规定。

2. 抽查部分审计项目的执行情况，查看审计流程是否符合相关规定，审计组成员尤其是审计组长和主审是否符合公司规定；查看审计责任人的参与情况，重点关注审计对象是否按公司规定充分参与项目立项以及项目报告。

3. 查看审计对象任职期间一至两年的审计项目完成清单，关注经济责任审计等常规审计是否按规定完成。

对内部控制执行适当审计

1. 询问了解审计是否关注公司内部控制的执行情况，是否对内部控制的执行情况进行专项审计。

2. 抽查部分内部控制专项审计，查看审计是否对内部控制执行情况进行关注和检查，发现的内部控制问题是否形成整改建议和汇报。

保险高管审计指南第 4 号——负责销售职能的高级管理人员审计

在对分管职能高级管理人员执行审计时，应首先关注基本情况以及基本职责的履行情况，主要包括：

查看审计对象的任职资格是否符合相关要求，并经保监会、董事会或上级公司批准

查看审计对象任职期间分管工作接受保监会等监管机构检查的情况

获取总经理或上级公司确定的审计对象的工作职责

获取审计对象任职期间的工作汇报或本公司工作汇报中关于审计对象负责部分内容，了解分管工作的完成情况

获取并查看审计对象所负责职能部分的规章制度是否健全，审计对象所在本级公司的规章制度的建立和审批流程是否符合要求

对负责销售职能高级管理人员的审计，应紧紧围绕其岗位职责开展，重点对销售预算及策略的制定，销售收入、费用的真实合规，销售队伍的管理等经营活动进行审计。

一、总公司层面审计内容及方法

审计内容　审计要点及方法

一、经营成果真实性

销售渠道中长期发展规划、年度工作计划和销售策略的制定

1. 查看任职期间本公司中长期发展规划、年度计划及销售策略是否与公司发展战略一致。

2. 查看任职期间年度销售经营计划以及实际完成情况。

3. 对照公司的定期业务经营分析要求，查看经营分析报告的编制是否及时，发现问题是否及时报请相关领导和部门协商解决，检查审计对象对经营情况的熟悉程度。

预算管理指标设定

1. 询问公司保费收入预算指标的确定方法，了解保费收入计划是否与公司发展战略一致。

2. 比较历年保费预算指标的变化情况以及完成情况，如果预算指标有大幅变化了解变化的原因以及决策过程；如果预算指标持续不能完成向审计对象了解原因以及采取的相应措施。

3. 了解总公司将预算指标向下级公司分配的程序和流程。

4. 了解公司保费收入预算是否综合考虑产品类型、缴费类型、渠道等因素。

5. 通过访谈，了解定期预算的调整流程及频率，判断预算管理的科学性与严谨性。

保费收入真实性

1. 询问审计对象对公司保费收入的管控情况，公司是否有定期的保费收入分析报告，针对分析报告中提到的不利情况，了解公司是否制定相应的整改办法。

2. 询问公司是否有明确的保费收入真实性检查要求，抽查部分检查报告，并了解公司是否针对其中发现的问题进行了相应的处理。

3. 如果公司全面应用业务系统，了解是否建立业务数据与财务数据的核对机制，查看相关制度。

4. 对公司保费收入数据按产品、渠道、缴费期限等进行趋势分析，对于异常变动数据询问审计对象是否了解原因并评价原因是否合理。

5. 了解审计对象任职期间公司接受保监会等监管机构检查的情况，是否存在关于保费收入真实性的重大问题，询问公司的处理办法以及整改措施。

6. 了解公司承保业务的权限规定，抽查需要总公司审批的大额承保的审批流程是否符合有关规定。

二、经营行为合规性

销售管理

1. 查看公司营业执照以及保监会批准文件，了解公司是否在保监会批准的范围内开展业务。

2. 了解公司对于中介机构及代理人资质的检查情况；了解公司是否对中介及个人代理营销费用有范围和比例予以明确规定，检查相关规定是否符合监管机构或行业协会的要求；了解公司附加佣金的范围及审批规定，检查该范围是否符合监管要求。

3. 询问公司对于中介资质以及代理人员资格的要求是否有明确的规定，查看公司对于中介资质以及代理人员资格的相关制度，了解相关规定是否与监管要求一致。

4. 查看公司代理人管理办法，了解是否严格禁止公司正式员工领取佣金和手续费。

5. 了解审计对象任职期间公司接受保监会等监管机构检查的情况，是否存在销售违规的重大问题，如代理人资质、中介机构资质、虚假宣传等。如有，询问公司的处理办法以及整改措施。

三、内部控制有效性

建立健全销售制度体系

1. 查看公司是否有完善的销售制度体系，对代理人、中介资格及展业要求有明确规定。

2. 了解公司是否有业务监督体系，建立明确的回访制度，明确回访时间和范围。

3. 了解公司是否制定了统一的业务推动制度，是否符合监管要求，了解业务是否按不同特点进行拆分，并针对不同的业务制定不同的推动标准。

4. 了解公司是否有明确的业务检查制度，对于分公司的业务质量是否有明确的检查要求。

5. 查看公司的权限管理制度，并询问各级公司以及各级管理人员之间是否被授予不同的业务权限；抽查超越本级公司权限的业务是否经过了适当的授权审批。

6. 了解公司针对销售人员的培训情况，包括审计对象在培训方案的制定、分解与执行过程中的角色和参与方式；查看公司是否进行定期持续的培训计划并检查培训记录等支持性文档。查看针对销售人员培训管理的内容，检查新入司人员培训及后续教育培训是否按照监管机构和公司规定执行。

二、分公司层面审计内容及方法

审计内容　审计要点及方法

一、经营成果真实性

预算执行情况

1. 查看总公司下发的保费收入及考核文件，了解并查看保费预算管理指标的执行情况。

2. 获取销售预算分配的程序与方法，检查预算指标的分配是否与分支机构销售能力相背离，关注是否存在人为调整指标的情况。

3. 访谈相关销售渠道部门人员，了解并查看未完成预算指标（如有）的具体原因。

保费收入真实性

1. 获取财务报表，并对保费收入、退保金、赔款支出、业务给付等数据进行趋势分析，检查是否存在异常。

2. 审核保费收入与现金流入是否匹配，检查是否存在保费收入提前计提或延期确认。

3. 查看业务系统相关数据，分析整体退保情况，重点分析承保后短期内集中退保的行为，检查是否存在贴费弥补退保损失的情况。

4. 抽查中介代理机构与公司业务往来的真实性、合规性，结合保费资金的流向，检查是否存在虚增保费及坐扣保费等情况。

5. 抽查保单追溯保险业务，检查相应的承保档案，通过现场审计，进一步检查保单追溯的原因、合规性，结合理赔情况，与承保清单核对，确定是否存在坐扣保费现象。

6. 对其他应付款科目挂账情况进行查看、分析，检查是否存在保费收入挂账情况，对所挂保费收入相关保单信息情况可以通过进入业务综合查询系统进行查询、整理、记录，抽调承保档案及现场访谈等方式，检查、确定保费挂账的真实性、合规性，检查是否存在截留、调整当期保费现象。

7. 利用财务系统查看任职期间业务类手工录入记账凭证，抽查手工类记账凭证中的保费收入类凭证，判断真实性。

销售渠道费用支出真实性

1. 从财务系统抽取手续费及佣金支出科目的记账凭证，关注银保手续费及佣金的支付对象、费用支出的真实性及对应资金去向和支付方式，筛选、分析上述科目费用列支情况。对手续费支出情况进行分析，查看金额较大的支出凭证。

2. 根据凭证所附业绩统计表的保单号等相关信息，在业务综合查询系统中进行抽样，检查是否存在重复计提、虚列手续费的情况；检查直接销售成本手续费率是否在代理合同规定费率范围内、支付对象是否具有代理资质；通过奖励情况查看保费业绩的真实性，检查有无编造虚假业绩套取奖励的现象。

3. 抽取业务及管理费各个科目进行分类汇总，对各个科目做趋势性以及横向对比分析，关注费用支出异常或金额较大的科目，对经营管理费用中的“会议费”、“宣传费”、“防预费”、“业务招待费”、“车船使用费”、“咨询费”、“办公用品”、“印刷费”等大额支付凭证进行抽样检查。

4. 检查提取的财务凭证，重点关注上述科目列支及发票的真实性、合规性及对应资金的支付去向；对有疑异的支付资金，访谈经办人员，检查是否存在通过列支上述科目虚列、套取资金等现象，如：通过访谈销售渠道车辆使用情况来比照车船使用费支出，通过查看会议记录、参会人员名单等来判断会议费支出是否合理。

5. 获取业务推动方案、销售人员名单，检查业务推动奖励费用的真实性，以及是否存在虚假及变相列支业务推动奖励的情形。

6. 通过核对销售人员名单、销售人员报酬明细及银行卡转账明细，查看是否存在编造虚拟人力或利用离司人员套取奖励现象。

销售渠道中长期发展规划及年度工作计划和销售策略的制定

1. 查看任职期间本公司中长期发展规划、年度计划及销售策略是否与总公司发展战略一致。

2. 查看任职期间年度销售经营计划以及实际完成情况。

3. 对照公司的定期业务经营分析要求，查看经营分析报告的编制是否及时，发现问题是否及时报请相关领导和部门协商解决，了解审计对象对经营情况的熟悉程度。

二、经营行为合规性

销售人员管理

1. 访谈销售管理负责人，了解销售组织体系和人员设置情况并获取部门组织架构图、人员配备名单等资料，获取销售管理相关制度文件。

2. 对照公司制度文件，核实部门、岗位设置是否符合要求，配备人员的资质是否达标，日常工作履职是否符合规定。

3. 通过核实相关财务业务记录，检查公司对销售人员的考核是否遵循内控制度，重点关注考核的例外情况。

4. 查看已签订和发布的保险营销员、业务员增员广告，检查增员广告合同内容是否符合监管规定。

5. 查看公司销售人员名单，抽查员工入职资料和与公司签署的代理（或劳动）合同是否符合公司和监管机构规定。

6. 询问公司对于销售人员资格的要求是否有明确的规定，检查公司关于销售人员资格的相关规定/制度是否与保监会要求一致。

7. 抽查销售人员资格证和展业证，检查是否符合监管部门规定的“两证”要求。

8. 检查是否存在截留、挪用、拖欠营销员佣金的情况。

9. 访谈经办销售人员离职事项的人员，了解离职销售人员资格证书管理情况，查看公司有无扣押资格证书情况。

中介机构管理

1. 查看中介机构代理协议签署情况，检查代理合同格式、内容是否符合总公司和监管机构的规定，是否包含了单证管理、反洗钱等相关事项，明确代理机构对单证、反洗钱的职责。

2. 在保监会和保监局网站上核查中介代理机构的代理资格是否合规，或者由被审计单位提供中介代理机构的有效代理资格证明，检查是否符合要求。

3. 询问公司对于中介机构资格的要求是否有明确的规定，查看公司关于中介机构资

格的相关制度，检查相关规定/制度是否与保监会要求一致。

4. 查看公司是否按规定对中介代理机构履行代理合作协议情况进行监督检查。如进行了监督检查，查看团险渠道对中介代理机构履行合作协议情况进行监督检查的季度和年度报告。

5. 检查所辖分支机构与中介代理机构业务往来及手续费支出的真实性、合规性，支付的手续费率是否在代理合同规定费率范围内，是否存在利用中介机构套取资金支付内部人员待遇及福利的情况。

6. 抽查单证管理系统中代理机构领用数据，审查单证的领用、核销、回库等管理流程的合理性。

7. 实地查看代理机构在出单、客户咨询、收集承保资料过程中，执行公司政策的情况。

8. 了解公司针对代理机构的培训情况，包括被审计对象在培训方案的制定、分解与执行过程中的角色和参与方式；查看公司是否进行定期持续的培训计划并检查培训记录等支持性文档。

销售行为

1. 查阅公司定期与不定期的销售政策，判断是否符合监管要求及上级公司的规定；查阅公司档案，验证政策的制定、审核、下发、调整等流程的控制情况。

2. 查看公司营业执照以及保监会批准文件，查看公司是否在保监会批准的范围内开展业务。

3. 询问业务经办人员，并查看各类业务宣传资料、媒体宣传材料，检查是否存在夸大产品的保险责任，与其他公司产品、银行产品片面比较的行为。

4. 访谈相关销售部门负责人，查看相关企划方案，检查是否存在在保单条款规定的保证收益以外向客户承诺固定或最低保单分红率、投资收益率等行为。

5. 查看客户回访及客户投诉资料，检查是否存在销售误导、代签名及挪用客户资金等情况。

6. 访谈并查看业务资料，检查是否存在擅自变更条款、超权限调整费率、扩大保险责任等行为。

7. 抽查电话销售录音资料，检查是否经过投保人同意，是否向投保人详细全面客观介绍公司产品，是否完整记录销售过程。

8. 检查销售人员单证领用及核销情况，是否存在销售人员挪用、侵占客户资金的情况。

9. 通过访谈或查阅相关资料，检查销售人员在销售环节是否履行客户身份识别、可疑交易识别等义务。

销售费用支付

1. 询问公司是否对中介及个人代理营销费用有明确的范围和比例规定，是否符合监管机构或行业协会要求；询问是否对附加佣金的使用范围和审批有严格规定，检查范围是否符合保监会要求。

2. 抽查销售费用发放表并与公司员工名单进行核对，检查是否向公司员工支付佣金或手续费。

3. 访谈并抽查部分销售费用支付的会计凭证，检查是否存在向投保单位、不具代理资格的单位、个人支付手续费的情况。

4. 访谈并抽查部分销售费用支付的会计凭证，检查是否存在超出协议规定比例支付销售费用的情况。

5. 对寿险公司，检查是否存在通过向长期无业绩人员支付续期佣金的方式套取费用的情况，如通过保险营销员管理系统中查询一年以上无业绩人员的续期佣金数据。

三、内部控制有效性

保单销售相关内部控制体制的建立及执行，并确保内部控制的长期有效

1. 查阅公司内部控制制度，访谈了解公司销售方式和渠道组成，核实销售流程制度的完整性及内部控制制度执行的有效性。

2. 查看公司的权限管理制度，评价各级公司、管理人员的业务权限是否合理；检查超越本级公司权限的业务是否经过了适当的授权审批。

3. 询问公司是否有定期或不定期的业务检查，查看公司接受监管机构检查的报告，了解是否存在与保单销售相关的重大问题和金额巨大或性质严重的处罚情况；针对业务检查和监管机构检查发现的重大问题，了解并查看公司的整改措施和整改报告。

4. 了解公司针对销售人员的培训情况，包括被审计对象在培训方案的制定、分解与执行过程中的角色和参与方式；查看公司是否进行定期持续的培训计划并检查培训记录等支持性文档。查看销售人员培训管理的内容，检查新入司人员培训及后续教育培训是否按照监管机构和公司规定执行。

5. 检查是否对销售人员的销售行为实施监督检查。询问是否对违规销售人员进行处理、处罚，并检查相关支持性文档。

保险高管审计指南第5号——负责运营职能的高级管理人员审计

对负责运营高级管理人员的审计主要包括产品开发、承保管理、理赔管理、保全管理、收付费管理、客户服务、再保险业务7个方面。因在总公司、分公司层面负责运营的高级管理人员职责存在一定差异，为方便审计工作的开展，对其中部分内容分总公司层面、分公司层面分别进行描述。在总公司层面重点审计以下内容：公司运营管理相关制度规定建设情况，需由总公司运营管理高管人员审计审批的业务处理情况，总公司对分支机构运营管理工作的督导情况；在分支机构层面重点审计组织执行总公司相关运营管理制度情况及制定相关管理细则、内控措施的情况。

考虑到各保险公司在经营管理模式上存在较大差异，对总公司、分公司层面职责内容的划分不一定符合各家公司的实际情况。因此，在执行具体的审计程序时，可结合公司的实际情况，参考总公司、分公司层面内容实施审计。

第一节 产品开发

一、总公司层面审计内容及方法

审计内容 审计要点及方法

一、经营成果真实性

精算声明书及精算报告

1. 访谈了解并查看相关资料，查看审计对象是否复核了任职期间的所有新开发产品的开发报告，并对每个产品签署产品开发意见书。

2. 检查审计对象是否签署了相关的精算报告、费率浮动管理办法或者产品参数调整办法。

3. 检查精算责任人出具的相关精算声明书、精算报告相关内容是否真实。

产品说明书 抽查部分产品说明书，核对相关内容是否真实，是否与产品条款内容保持一致。

二、经营行为合规性

产品开发

1. 访谈相关人员，检查产品设计定价是否遵循相关精算规定及管理办法。

2. 抽查相关产品资料，检查是否按照监管机构和公司规定设定产品保险责任，如在疾病保险中死亡给付金额高于疾病最高给付金额，医疗保险产品和疾病保险产品包含生存给付责任，意外险包括疾病死亡责任，含有保证续保条款的健康保险产品约定在续保时保险公司有调整保险责任和责任免除范围的权利，未成年人死亡保额的设定等。

3. 抽查相关产品资料，检查产品犹豫期设定是否按照监管机构要求。

产品审批报备

1. 访谈了解并查看相关资料，检查审计对象是否组织按照相关规定向保监会审批报备有关保险产品。

2. 访谈了解对已经保监会审批报备的保险产品进行变更，且改变保险责任、险种类别或者定价方法的，是否按照规定将保险条款和保险费率重新报送保监会审批或者备案。

产品上市及停售

1. 访谈了解并查看相关资料，检查是否按照相关规定执行产品的包装及支持工作。

2. 检查是否按照监管规定及市场需要做出停售相关保险产品的决定。

三、内部控制有效性

产品开发制度建设

1. 访谈相关人员并查看产品开发制度规定，检查是否建立产品开发的相关制度；检查该制度是否符合监管机构的相关要求。

2. 查看公司的产品开发指引，查看审计对象是否审核并批准了公司的产品开发指引，查看产品开发指引中是否包括了公司的定价流程、利润控制指标及各类风险控制方法。

产品开发程序

1. 了解并抽查产品开发流程，检查其是否遵循了相关程序。

2. 查看审计对象是否建立和维护公司的产品资料库，是否跟踪新产品的备案及销售情况。

3. 查看审计对象是否复核了公司的定期产品价值分析报告，是否提出了有关产品结构调整及新产品开发的建议。

二、分公司层面审计内容及方法

审计内容　审计要点及方法

一、经营成果真实性

（分公司层面不涉及此项内容）

二、经营行为合规性

产品开发

1. 访谈相关人员，检查所属机构是否擅自开发新产品，或违反上级公司规定擅自设计保险卡单。

2. 抽取部分在售保单或产品宣传材料，抽查是否存在变更总公司产品的主要内容（如：变更保险产品的条款，扩大或缩减保险责任范围等）进行产品销售。

产品上市及退市

1. 抽查部分产品的销售和停售时间是否符合上级公司规定。

2. 查看相关发文及有关销售记录，检查是否按照上级公司要求销售和停售有关产品。

产品报备 访谈了解并查看相关资料，检查审计对象是否按照规定向监管机构进行产品备案及报送在售产品数据。

三、内部控制有效性

市场及产品分析 检查审计对象是否按照上级公司要求组织对产品进行经验分析和费用分析，是否对同业产品、客户需求等情况进行分析，为总公司开发产品提供相应支持。

第二节 承保管理

一、总公司层面审计内容及方法

审计内容 审计要点及方法

一、经营成果真实性

承保（核保）管理相关费用真实性

查看总公司承保（核保）管理费用数据，对相关承保（核保）费用支出的真实性进行抽查。

承保（核保）业务处理真实性

抽查总公司处理的部分承保（核保）业务（包括：超分公司处理权限的承保（核保）件审批、疑难问题件等）数据，检查承保（核保）业务处理的真实性。

二、经营行为合规性

承保（核保）制度的合规性

查看公司相关承保（核保）管理制度、核保规则及实务规定，检查相关内容是否符合外部监管规定，是否包含了反洗钱的相关内容。

承保（核保）业务管理

抽查部分分公司上报的超权限承保（核保）业务审批情况，检查其业务处理是否符合权限管理规定，是否存在越权审批或其他违反监管规定处理业务的情况。

三、内部控制有效性

承保（核保）制度建设

1. 访谈并查看相关资料，检查总公司是否建立完善的承保（核保）制度、核保规则、体检制度、生调制度及实务处理手册，并及时传达至各分公司。

2. 访谈并查看相关制度，检查是否组织制定承保（核保）权限管理规定，对承保（核保）处理权限进行规定。

3. 访谈并查看相关制度，检查是否建立承保岗位员工的工作考核制度。

承保（核保）业务系统建设

1. 访谈并查看是否协调信息、财务等部门建立公司承保（核保）业务处理系统，并

保证承保（核保）业务能得到及时、有效处理。

2. 检查在业务系统中是否对承保（核保）用户及权限进行相应的设置。

承保（核保）岗位设置与岗位权限管理。

1. 访谈并查看有关承保（核保）岗位及权限设置的文件资料，检查岗位设置是否遵循不相容岗位相分离的原则，权限设置是否超出授权范围。

2. 观察并访谈承保（核保）人员，检查其岗位及权限设置是否合理。

信用评级管理 访谈并查看相关资料，检查是否针对业务员及客户建立“黑名单”制度，对其进行信用评级管理，降低承保风险。

承保（核保）监督管理

1. 检查审计对象是否在分公司督导落实总公司承保（核保）管理制度规定。

2. 访谈并查看相关资料，检查是否对分公司承保（核保）业务质量进行检查，对承保（核保）业务进行风险预警、跟踪。

3. 查看公司接受监管机构检查的报告，是否存在与承保（核保）业务管理相关的重大问题、金额巨大或性质严重的处罚情况；针对业务检查和监管机构检查发现的重大问题，了解并查看公司的整改措施和整改报告。

4. 获取反映核保人员核保质量的相关报表或资料，了解承保管理绩效考核的结果以及责任追究制度的实际执行情况。

承保（核保）人员培训 了解公司针对承保（核保）人员的培训情况，包括被审计对象在培训方案的制定、分解与执行过程中的角色和参与方式；查看公司是否进行定期持续的培训计划并检查培训记录等支持性文档。

二、分公司层面审计内容及方法

审计内容　审计要点及方法

一、经营成果真实性

考核指标的达成情况

1. 了解公司承保管理及 KPI 指标的制定流程，获取分公司年度承保管理考核指标。

2. 了解为保证年度考核指标达成而执行的指标分解过程。

3. 了解任职期间承保 KPI 的达成情况，分析存在的问题及其对公司经营绩效的影响。

承保（核保）管理相关费用真实性 查看承保（核保）管理费用数据，对相关费用支出真实性、合理性进行抽查。

承保（核保）业务处理真实性 抽查分公司本级及所辖机构处理的部分承保（核保）业务数据，检查承保（核保）业务的真实性。

二、经营行为合规性

承保（核保）业务管理

1. 查看分公司承保（核保）业务操作权限，并抽取部分超分公司权限样本，检查是否经过适当审批，检查档案资料的合规性与完整性。

2. 抽取部分承保（核保）件样本，检查其处理的合规性以及是否存在超权限承保（核保）的情况。

3. 抽取部分承保（核保）件样本，检查是否存在违背条款及实务规定，擅自扩大保险范围、扩大保险责任、降低保险费率、附加特别约定、个单团做、拆单、阴阳单、擅自批改等违规承保行为。

4. 抽查部分团体业务，检查是否存在虚拟投保人和被保险人，虚增保费以及坐扣、截留保费的情况。

5. 抽取部分高额核保件、体检件、生调件，检查其业务处理是否符合公司相关规定。

6. 抽取部分承保件，检查承保业务处理是否按照相关规定执行客户身份识别、可疑交易识别、客户身份资料检查和保存完整交易记录的流程。

承保录单管理

1. 获取公司现行录单的相关规则和标准流程。

2. 访谈、实地察看了解在保单录入环节确保信息系统内保单信息的真实性、准确性、完整性、及时性与规范性的管控措施。

3. 通过流程测试，抽查承保档案、各岗位员工代码、单证台账和理赔资料等辅助检查，核实是否执行险位拆分规定并正确录单；检查保单录入的及时性、保单保费录入的完整性，并检查是否有埋单、阴阳保单和为截留保费拆分保单等情况。

远程出单管理

1. 询问审计对象所在分公司的上级业务和中介管理部门，了解分公司中介远程出单点设置情况及管控措施和规定，评价中介远程出单的管控是否存在漏洞或风险。

2. 查看中介远程出单机构档案，评价对出单人员、单证、财务、档案管理是否规范；通过现场查看、盘点等方式检查单证保管、领用、核销等关键环节的控制是否健全。

客户数据平台管理

1. 审阅业务承保的实施细则，包括业务系统中“组织机构代码”录入规则、“黑灰”名单制度执行细则等。确认被审单位是否已经建立了“黑灰”名单制度和提高客户数据真实性的操作规范。

2. 通过 IT 随机抽查列入“黑灰”名单的投保客户，对其前、后期的承保条件进行复核性测试，对比其差异程度，并评价其控制执行情况。

产品使用情况

1. 通过询问、访谈获取使用非报备条款、费率承保的线索。

2. 审阅业务承保保单、批单、超权限承保报批申请及批复等业务档案资料，通过比对，检查是否存在条款费率报行不一的情况。

自律公约的执行情况

1. 获取当地的自律公约，包括适用的业务和险种范围、条款费用使用规定、各签约公司须遵守的最低费率或免赔条件、代理手续费支付标准等。

2. 抽查保险单、保险协议、保单批单等，以代理人业务为筛选条件，按业务总量和抽样规则，抽查代理人业务，检查是否遵守自律公约。

特殊风险管控情况

1. 通过系统以特殊风险承保作为筛选条件，对特殊风险的承保项目进行筛选。

2. 在筛选出的数据清单中按抽样规则，抽取承保档案资料并比对，确认投保信息是否真实，协议承保是否合规，是否存在放宽承保条件承保、打折销售、坐扣保费等情况存在。

分保安排情况

1. 获取分保后才能承保的业务种类和相应的核保流程，了解分保业务的操作流程和所需资料、危险单位的划分标准和原则。

2. 筛选分出业务并导出数据，并对自留额数据进行分析判断，确认是否存在超自留额分保。

共保管理

1. 获取现行的共保规则及规定。

2. 从业务系统筛选出联共保业务，按业务总量和抽样规则进行抽样测试，检查共保业务是否合规。

三、内部控制有效性

承保（核保）管理制度建设

1. 检查是否及时传达贯彻总公司承保（核保）管理相关规定，是否依据总公司规定制定相关实施细则。

2. 访谈并查看相关资料，检查是否制定承保（核保）业务品质及风险管理的相关措施。

承保（核保）岗位设置与岗位权限管理

1. 访谈并查看有关承保（核保）岗位及权限设置的文件，检查岗位设置是否遵循不相容岗位相分离的原则，是否配备核保、生调人员。

2. 观察并访谈承保（核保）人员，检查其岗位、账号及权限设置是否合理，是否存在“一号多用”问题；抽查部分离司、调岗人员，核查系统内是否还存在用其工号处理业务的情况。

3. 测试核保员的权限申请、级别调整和离岗人员的权限取消的流程。

承保（核保）监督管理

1. 检查审计对象是否在分公司督导落实执行总公司承保（核保）管理制度规定。

2. 访谈并查看相关资料，检查是否对分公司承保（核保）业务质量进行检查，是否对承保（核保）业务进行风险预警、跟踪。

3. 查看公司接受监管机构检查的报告，是否有与承保（核保）业务管理相关的重大问题和金额巨大或性质严重的处罚情况；针对业务检查和监管机构检查发现的重大问题，了解并查看公司的整改措施和整改报告。

承保（核保）人员培训

1. 了解公司针对承保（核保）人员的培训情况，包括被审计对象在培训方案的制定、分解与执行过程中的角色和参与方式；查看公司是否进行定期持续的培训计划并检查培训记录等支持性文档。

2. 获取核保岗位资格考试的相关规定并核查在岗核保人员的持证率情况。

第三节　理赔管理

一、总公司层面审计内容及方法

审计内容　审计要点及方法

一、经营成果真实性

理赔管理相关费用真实性

查看总公司理赔管理费用数据，对相关理赔条线费用支出真实性进行抽查。

理赔业务处理真实性

抽查总公司本级处理的部分理赔业务（包括：超分公司处理权限的案件审批，重大及疑难案件、理赔投诉案件等的指导、支持等）数据，检查理赔业务的真实性。

二、经营行为合规性

理赔制度的合规性

查看公司相关理赔管理制度及实务规定，检查相关内容是否符合相关监管规定，是否包含了反洗钱的相关内容。

理赔业务管理

抽查部分分公司上报的超权限理赔业务，检查其业务处理是否符合权限管理规定，是否存在越权审批及违反监管规定处理业务的情况。

三、内部控制有效性

理赔制度建设

1. 访谈并查看相关资料，检查总公司是否建立了完善的理赔制度及实务处理手册，并及时传达至各分公司。

2. 访谈并查看相关制度，检查是否制定理赔权限管理规定。

理赔业务系统建设

1. 访谈并查看是否协调信息、财务等部门建立公司理赔业务处理系统，并保证理赔业务能得到及时、有效处理。

2. 检查在业务系统中是否对理赔用户及权限进行相应的控制。

理赔岗位设置与岗位权限管理

1. 访谈并查看有关理赔处理岗位及权限设置的文件资料，检查岗位设置是否遵循不相容岗位相分离的原则，权限设置是否超出授权范围。

2. 观察并访谈理赔人员，检查其岗位及权限设置是否合理。

理赔监督管理

1. 检查审计对象是否在分公司督导落实总公司理赔管理制度规定。

2. 访谈并查看相关资料，检查是否对分公司理赔业务质量进行检查，是否对理赔业务进行风险预警、跟踪。

3. 查看公司接受监管机构检查的报告，是否有与理赔业务管理相关的重大问题和金额巨大或性质严重处罚情况；针对业务检查和监管机构检查发现的重大问题，了解并查看公司的整改措施和整改报告。

理赔人员培训

了解公司针对理赔人员的培训情况，包括被审计对象在培训方案的制定、分解与执行过程中的角色和参与方式；查看公司是否进行定期持续的培训计划并检查培训记录等支持性文档。

二、分公司层面审计内容及方法

审计内容 审计要点及方法

一、经营成果真实性

理赔工作计划及考核指标完成情况

1. 了解上级公司下发的有关理赔 KPI 经营指标及相关指标实际达成情况。

2. 审阅年度经营指标的分解下达过程及审批情况。

3. 分析计提未决赔款准备金相关数据的真实性，重点关注估损偏差率、注销复立案率、零估损案件数、理赔时效等指标核查原因，是否存在控制不当或人为调节因素。

4. 结合理赔各环节审计核查，扩大问题数据抽查范围（可要求分公司自查），评价对理赔质量、经营情况的影响。

理赔管理相关费用真实性

获取理赔管理费用数据，对相关费用支出真实性、合理性进行抽查。

理赔业务处理真实性

抽查分公司本级及所辖机构处理的部分理赔业务数据，检查理赔业务处理的真实性。

二、经营行为合规性

理赔业务管理

1. 获取分公司理赔业务操作权限，抽取部分超分公司权限样本，检查是否经过适当审批、档案资料是否合规、完整。

2. 抽取部分理赔件样本，检查其处理的合规性以及是否存在超权限进行理赔处理现象。

赔款给付

1. 访谈并抽查部分理赔业务会计资料，检查赔款支付方式、支付对象等是否符合监管规定及公司制度要求。

2. 抽取部分理赔件，检查理赔业务处理是否按相关规定执行客户身份识别、可疑交易识别、客户身份资料检查和保存完整交易记录等流程。

理赔服务供应链管理

1. 获取公司对公估公司、修理厂的相关要求。

2. 对合作供应商相关管理流程进行穿行测试，核实被审计机构的流程操作，在此基础上评价流程控制的合理性，重点关注：与公估人合作的方式，工号、代码是否集中统一授权管控，如何有效的跟踪监控。

三、内部控制有效性

理赔管理制度建设

1. 查看相关资料，检查是否及时传达贯彻总公司理赔管理相关规定，是否依据总公司规定制定相关实施细则，并评价其在理赔管理的各方面制度的健全性。

2. 访谈并查看相关资料，检查是否制定理赔业务品质及风险管理的相关举措。

3. 评价未决管理流程，能否合理保证未决估损数据的准确性。

理赔岗位设置与岗位权限管理

1. 访谈并查看有关理赔处理岗位及设置的文件资料，检查岗位设置是否坚持不相容岗位相分离，权限设置是否超出授权范围。

2. 观察并访谈理赔人员，检查其岗位及权限设置是否合理。

理赔监督管理

1. 检查审计对象是否组织对分公司执行总公司理赔管理制度规定进行督导落实，促进相关制度规定有效执行落实。

2. 访谈并查看相关资料，检查是否组织对分公司理赔业务质量进行检查，对理赔业务进行风险预警、跟踪。

3. 查看公司接受监管机构检查的报告，是否有与理赔业务管理相关的重大问题和金额巨大或性质严重的处罚情况；针对业务检查和监管机构检查发现的重大问题，了解并查看公司的整改措施和整改报告。

理赔人员培训

了解公司针对理赔人员的培训情况，包括被审计对象在培训方案的制定、分解与执行过程中的角色和参与方式；查看公司是否进行定期持续的培训计划并检查培训记录等支持性文档。

理赔业务标准和流程的制定及优化

1. 访谈被审计机构理赔管理负责人，了解其理赔组织体系和人员的设置情况，包括理赔管理部门的名称、职能、科室设置、岗位资格要求等情况，并获取理赔管理相关制度文件。

2. 从被审计机构人事部门获取理赔管理部门组织架构图、人员配备名单和相关资格证明。

3. 对照公司制度文件，核实被审计机构部门、岗位设置是否符合要求，配备人员的资质是否达标，日常工作履职是否符合规定。

4. 了解理赔信息录入的及时性和准确性的控制情况。

5. 了解被审计机构的立案、查勘、定损、核赔的实际操作流程，并对上述流程进行穿行测试，核查被审计机构的流程操作，在此基础上评价流程控制的合理性。重点关注：

- 立案、查勘、定损环节
- 核（价）损环节
- 核赔环节
- 理赔费用环节
- 特殊案件控制环节

理赔风险管控情况

1. 了解理赔风险监控工作的开展情况，了解防范理赔欺诈风险相关控制措施。

2. 获取公司下发重大、突发事项应急预案及定期风险检测的结果记录文档。

3. 核查实际执行情况及效果，结合其他方面检查情况评价相关风险揭示是否全面覆盖。

4. 核查防范理赔欺诈如减损奖励采取的方式方法，奖励措施是否合理，关注现金等物质奖励的账务处理是否规范。

内部的信息与沟通机制的建立

1. 评估被审计机构是否建立严格规范的文件及记录控制以及信息系统，保证重要信息的及时传递。

2. 核实被审计机构是否明确了对下属机构资源配置及指导支持上等工作职责及责任人，同时还要关注与承保部、财务部等相关联条线是否建立了常态化的信息沟通机制。

第四节 保全管理

一、总公司层面审计内容及方法

审计内容 审计要点及方法

一、经营成果真实性

保全管理相关费用真实性

获取总公司保全管理费用数据，对相关费用支出真实性进行抽查。

保全业务处理真实性

抽查总公司本级处理的部分保全业务数据，检查保全业务处理的真实性。

二、经营行为合规性

保全制度的合规性

查看公司相关保全管理制度及实务规定（如：合同给付管理、合同解除管理、合同变更管理、保单借（还）款及银行质押贷款管理），检查相关内容是否符合外部监管规定，是否包含了反洗钱相关的内容。

保全业务管理

抽查部分分公司上报的超权限保全业务，检查其业务处理是否符合权限管理规定，是否存在越权审批及违反监管规定处理业务的情况。

三、内部控制有效性

保全制度建设

1. 访谈并查看相关资料，检查总公司是否建有完善的保全制度及实务处理手册，并及时传达至各分公司。

2. 访谈并查看相关制度，检查是否组织制定保全权限管理规定，对保全处理权限进行规定和要求。

保全业务系统建设

1. 访谈并查看是否协调信息、财务等部门建立公司保全业务处理系统，并保证保全业务能得到及时、有效处理。

2. 检查在业务系统中是否对保全业务用户及权限进行相应的控制。

保全岗位设置与岗位权限管理

1. 访谈并查看有关保全处理岗位及设置的文件资料，检查岗位设置是否坚持不相容岗位相分离，权限设置是否超出授权范围。

2. 观察并访谈保全人员，检查其岗位及权限设置是否合理。

保全监督管理

1. 检查审计对象是否组织对分公司执行总公司保全管理制度规定进行督导落实，促进相关制度规定有效执行落实。

2. 访谈并查看相关资料，检查是否组织对分公司保全业务质量进行检查，对保全业务进行风险预警、跟踪。

3. 查看公司接受监管机构检查的报告，是否有与保全业务管理相关的重大问题和金额巨大或性质严重处罚情况；针对业务检查和监管机构检查发现的重大问题，了解并查看公司的整改措施和整改报告。

保全人员培训

了解公司针对保全人员的培训情况，包括被审计对象在培训方案的制定、分解与执行过程中的角色和参与方式；查看公司是否进行定期持续的培训计划并检查培训记录等支持性文档。

二、分公司层面审计内容及方法

审计内容　审计要点及方法

一、经营成果真实性

保全管理相关费用真实性

获取保全管理费用数据，对相关费用支出真实性、合理性进行抽查。

保全业务处理真实性

抽查分公司本级及所辖机构处理的部分保全业务（如：退保、撤单、生存金及红利给付、保单借款等）数据，检查保全业务处理的真实性。

二、经营行为合规性

保全业务管理

1. 查看分公司保全业务操作权限，并抽取部分超分公司权限样本，检查是否经过适当审批、检查档案资料的合规性与完整性。

2. 抽取部分保全件（如：退保、撤单、生存金及红利给付、保单借款、保单失效及复效处理等）及保全特殊件（强制复效、公司解约、强制撤单等非正常退保）样本，检查其处理的合规性以及是否存在超权限审批现象。

3. 抽取部分保全件，检查保全业务处理是否按照先关规定执行客户身份识别、可疑交易识别、客户身份资料检查和保存完整交易记录的流程。

4. 走访产品开发、理赔、信访等部门获取违规批改、注销保险单的审计线索。

5. 提取注销保单数据，以被保险人、注销日期等为筛选条件，通过与纸质保险单比对，审阅注销日期等，检查是否存在手续不全、违反正常程序的注销情况，是否存在以转移年度保费为目的年底注销、年初承保的情况，是否存在以批减应收保费为目的的集中注销情况。

6. 提取保单批改数据并筛选，同时抽取承保业务档案，重点检查批改信息是否真实、完整、准确，是否是保险合同当事人真实意愿的表达，批改手续是否齐全、完备、规范。检查是否存在通过批改套取资金，是否存在超过保险责任期批改（倒批改），是否存在通过批改承保条件，变相降低承保费率等违规行为。

保险金给付

访谈并查看部分保全业务会计资料，检查退保金、生存金、红利支付（包括：支付方式、支付对象等）是否符合监管规定及公司制度要求。

三、内部控制有效性

保全管理制度建设

1. 查看相关资料，检查及时传达贯彻总公司保全管理相关规定，是否依据总公司规定制定相关实施细则。

2. 访谈并查看相关资料，检查是否制定保全业务品质及风险管理的相关举措。

保全岗位设置与岗位权限管理

1. 访谈并查看有关保全处理岗位及设置的文件资料，检查岗位设置是否坚持不相容岗位相分离，权限设置是否超出授权范围。

2. 观察并访谈保全人员，检查其岗位及权限设置是否合理。

保全监督管理

1. 检查审计对象是否组织对分公司执行总公司保全管理制度规定进行督导落实，促进相关制度规定有效执行落实。

2. 访谈并查看相关资料，检查是否组织对分公司保全业务质量进行检查，对保全业务进行风险预警、跟踪。

3. 查看公司接受监管机构检查的报告，是否有与保全业务管理相关的重大问题和金额巨大或性质严重处罚情况；针对业务检查和监管机构检查发现的重大问题，了解并查看

公司的整改措施和整改报告。

保全人员培训

了解公司针对保全人员的培训情况，包括被审计对象在培训方案的制定、分解与执行过程中的角色和参与方式；查看公司是否进行定期持续的培训计划并检查培训记录等支持性文档。

第五节　收付费及单证、印章管理

一、总公司层面审计内容及方法

审计内容　审计要点及方法

一、经营成果真实性

收付费数据的真实性

1. 访谈了解是否建立收付费数据核对机制，定期对收付费信息进行检查核对。

2. 抽取部分收付费信息，检查对内、对外报送的收付费统计信息的真实性、准确性。

二、经营行为合规性

收付费管理

1. 审查公司收付费管理制度是否符合外部监管要求，即：对寿险公司业务规定，不允许在保险公司或委托代理机构营业场所外收取保险合同单次金额超过 1000 元人民币以上的业务，不允许保险代理机构及人员、保险营销员接受投保人委托代缴保险费、代领退保金，不得接受被保险人或受益人委托带领保险金。

2. 审查财产险公司收付费管理制度是否符合业内自律公约要求，即：对车险业务要求“见费出单”，严格管控代领保险赔款风险；严格加强应收保费管理。

3. 审查收付费管理制度中，是否包含有关可疑交易识别、报告的相关内容。

保险单证管理

1. 审查公司单证管理制度是否符合外部监管要求，即：对寿险公司投保单、保单、收据等由总公司统一设计、印制或授权省级公司印制，建立和完善单证管理信息系统，对分支机构单证管理情况进行监控。

2. 审查财产险公司重要单证是否符合行业监管部门及本公司单证设计规则，防伪措施是否齐全等。如：交强险单证要求全国统一，须按照保监会规定的印刷技术要求印刷，保险单上不得印制其他商业性保险的内容等。

印章管理 审查公司印章管理制度是否符合外部监管要求，即：对各级分支机构使用的印章由总公司统一设计，经总公司批准后刻制；审查是否建立严格的印章使用审批登记制度等。

收付费相关重大案件情况

1. 访谈了解审计期间，公司发生的与收付费管理、单证、印章管理相关的重大案件情况。

2. 查看相关重大案件资料，审阅并分析相关重大案件产生的原因，分析是否与审计对象职责相关。

三、内部控制有效性

收付费制度建设

访谈并查看相关资料，审查是否依据外部监管规定及公司风险管控要求建立了加强收付费管理的相关制度规定及程序，确保收付费环节资金安全，非现金收付费流程中资金不受保险公司员工、保险营销员、保险代理业务人员等个人控制。

保险单证管理制度建设

访谈并查看相关资料，审查是否依据外部监管规定及公司风险管控要求建立了加强单证管理的相关制度规定及相应控制措施。

印章管理制度建设

访谈并查看相关资料，审查是否依据外部监管规定及公司风险管控要求建立了加强与收付费相关的印章管理的相关制度规定及相应控制措施。

收付费相关环节监督管理

检查审计对象是否组织对分公司执行总公司收付费相关环节的制度规定进行督导落实，促进相关制度规定有效执行。

二、分公司层面审计内容及方法

审计内容　审计要点及方法

一、经营成果真实性

收付费数据的真实性

1. 访谈并查看是否定期对收付费信息进行检查核对。

2. 抽取部分收付费信息，检查对内、对外报送的收付费统计信息的真实性。

3. 抽取部分收付费信息数据及会计凭证，对柜面进行实地观察，检查是否有弄虚作假，篡改收付费信息的情况。

二、经营行为合规性

收付费管理

1. 审查寿险公司是否存有在保险公司或委托代理机构营业场所外收取保险合同单次金额超过 1000 元人民币以上的业务；是否存在保险代理机构及人员、保险营销员接受投保人委托代缴保险费、代领退保金、代领保险金的业务。

2. 审查财产险公司是否遵循收付费管理的相关制度要求，即：对要求“见费出单”，严格管控代领保险赔款风险；严格加强应收保费管理。

3. 审查收付费过程中，是否借助信息系统对可疑交易行为进行识别和报告工作。

保险单证管理

1. 访谈并盘查单证管理库，审查分公司是否严格执行总公司单证管理制度，是否存在擅自设计、印制、使用重要业务单证的情况。

2. 审查单证领用记录，检查是否对单证领用数量和有效期进行控制，实行定期核销、定期盘点。

3. 审查公司是否有明确的相关部门及岗位进行单证管理，单证库房是否符合消防安全的要求。

印章管理

1. 访谈并盘查印章管理人员使用印章，审查是否执行总公司印章管理规定，是否存在擅自刻制、使用印章的情况，印章使用是否执行审批登记制度等。

2. 审查对省级以下机构行政印章、合同专用章是否实施上收一级管理，指定专门部

门和岗位保管。

收付费相关重大案件情况

1. 访谈了解审计期间内公司发生的与收付费管理、单证、印章管理相关的重大案件。

2. 查看相关重大案件资料，分析相关重大案件产生的原因，评价是否与审计对象职责相关。

三、内部控制有效性

收付费制度建设

1. 访谈并查看相关资料，审查是否依据外部监管规定及总公司收付费制度制定了实施细则。

2. 审查寿险公司是否采取措施推进非现金收付费工作。

收付费相关环节监督管理

检查审计对象是否对分公司执行总公司收付费制度实施督导，促进相关制度有效执行落实。

第六节　客户服务管理

一、总公司层面审计内容及方法

审计内容　审计要点及方法

一、经营成果真实性

客户服务相关费用真实性

1. 查看客户服务费用的预算及执行情况。

2. 抽取部分客户服务费用数据，对相关费用支出的真实性、合理性进行检查。

客户投诉情况

访谈并查看客户投诉相关记录、报表，检查是否如实反映客户投诉情况，客户投诉处理报告是否真实、完整。

二、经营行为合规性

客户回访制度

访谈并查看相关制度，检查公司是否建立客户回访制度，客户回访制度是否符合监管规定。

客户投诉处理

1. 查看相关制度，检查公司是否建立客户投诉处理制度，客户投诉处理制度是否符合监管规定。

2. 抽查总公司直接受理的部分客户投诉案件，检查投诉处理是否符合外部监管及公司规定。

客户咨询投诉处理

1. 查看相关咨询投诉处理制度，检查相关制度是否符合监管规定。

2. 访谈并查看相关资料，检查是否制定了公司咨询投诉处理应急预案，相关预案是否符合监管规定。

客户服务承诺

1. 查看公司服务承诺资料，检查承诺内容是否客观、真实、清晰，是否符合外部监管规定。

2. 检查公司服务承诺资料和报告资料，检查向监管机构报告时间是否在服务承诺实施时间的10天内。

三、内部控制有效性

客户服务制度建设

1. 访谈并查看相关制度，检查审计对象是否组织建立健全公司的客户回访及客户投诉处理制度，是否完善客户投诉处理相关流程。

2. 访谈并查看相关资料，检查是否组织制定了咨询投诉处理应急预案，相关预案是否完备。

3. 访谈并查看相关资料，检查是否制定呼入、呼出、代理业务话务质量标准。

客户服务督导及质量考核

1. 访谈并查看相关资料，检查是否对分公司客户服务运行情况进行跟踪、监控。

2. 访谈并查看相关资料，检查是否对分公司客户服务工作质量进行考核，督促分公司执行相关客户服务制度。

二、分公司层面审计内容及方法

审计内容 审计要点及方法

一、经营成果真实性

客户服务相关费用真实性

1. 查看客户服务费用的预算及执行情况。

2. 抽取部分客户服务费用数据，对相关费用支出的真实性、合理性进行检查。

客户投诉情况

访谈并查看客户投诉相关记录、报表，检查是否如实反映并向上报告客户投诉情况，是否存在故意瞒报、漏报等情况。

二、经营行为合规性

服务支持销售和防范风险情况。

访谈分公司相关人员，查看被审计对象如何对全辖客户服务品质进行监控、如何协调处理重大疑难及对公司产生重大影响的客户投诉案件，并要求提供支持性资料。

客户回访情况

1. 访谈并抽取部分回访记录，检查是否按照监管机构和总公司的规定开展客户回访，如新单是否全部回访、回访话术是否合规、客户权益是否及时准确告知等。

2. 抽查部分客户回访问题件，检查是否按照监管机构和公司规定对客户回访问题件进行处理。

3. 访谈并查看客户信息管理制度，检查是否按照监管机构和总公司规定执行客户信息管理，如客户信息是否实行接触控制、客户信息是否分级管理，客户信息管理权限是否清晰、是否存在员工私自保存或泄漏客户信息等。

4. 调阅客户记录和客户提出的问题跟踪反馈记录及定期分析报告。

5. 核实客户回访工作人员配备和工作职责、工作流程。

客户投诉咨询处理

1. 访谈并查看相关资料，检查是否按照监管机构和总公司规定建立咨询投诉通道，并及时处理客户投诉及咨询。

2. 测试咨询投诉的处理流程，核实处理咨询投诉案件应遵循的原则，包括受理渠道、处理时限、进展告知、转办进程跟踪和承诺兑现情况。

3. 抽查外部转来投诉的处理档案，核实与当地行业协会投诉职能部门日常合作沟通机制。

4. 了解公司针对客服人员的培训情况，包括被审计对象在培训方案的制定、分解与执行过程中的角色和参与方式；查看公司是否进行定期持续的培训计划并检查培训记录等支持性文档。

5. 检查是否按照监管机构和总公司规定制定了咨询投诉处理应急预案，并在重大事故发生时启动应急预案。

客户满意度调查

1. 获取客户满意度调查相关制度、工具和评价满意度的基本标准。

2. 获取一次完整客户服务满意度调查形成的档案材料，查看如调查问卷、调查数据的处理、满意度指标计算、满意度调查报告等资料，从中核实关注重点、原因分析、问题解决方案、整改落实、报送路径等事项是否合规。

三、内部控制有效性

客户服务制度建设情况

1. 查看公文流转记录，检查是否及时传达贯彻总公司有关客户服务的制度规定。

2. 访谈并查看相关资料，检查是否制定有关客户服务方面的实务及实施细则。

客户服务督导及质量考核

1. 检查客服中心是否定期组织、开展针对辖区内的客户服务品质检查。

2. 检查分公司是否按照总公司要求开展客户服务考核工作，考核指标是否全面。

第七节　再保险管理

审计内容　审计要点及方法

一、经营成果真实性

再保险相关数据、报告真实性

1. 访谈并复核再保险分保业务数据，审查业务统计与报送数据是否真实。

2. 审阅分保账单（保费账、准备金账、现金赔款账等），检查是否真实、完整、准确、及时的记录再保业务账单信息。

3. 审查是否如实向保监会上报再保险业务情况报告，如实反映有关再保险业务的各类准备金提取办法和金额。

二、经营行为合规性

再保合同及再保策略管理

1. 查看公司的再保险策略报告，查看审计对象是否定期参与公司再保险策略的拟定、再保险计划的制定以及组织监控计划的实施。

2. 查看审计对象是否定期复核公司自留额、自动接收限额、分保方式、分保比例等关键指标，并提出更新意见。

3. 查看审计对象是否参与或关注新再保合同的谈判。

4. 查看审计对象是否定期复核公司已有再保合同的管理、再保系统日常维护以及再保账单的结算。

再保业务处理及账单管理

1. 访谈并查看相关资料，检查公司办理合约分保或者临时分保时是否符合相关规定：以比例再保险方式分出财产险直接保险业务时，每一危险单位分给同一家再保险接受人的比例，不得超过公司承保直接保险合同部分的保险金额或者责任限额的80%；每一临时分保合同分给投保人关联企业的保险金额或者责任限额，不得超过直接保险业务保险金额或者责任限额的20%。

2. 从财务系统中导出账单明细，随机抽取审计样本，核对再保险分出人发出的纸质分保账单，检查账单数据，包括保费、手续费、赔款金额录入的准确性，以及是否存在恰当的录入与复核的职责分离。

危险单位划分 检查公司对危险单位的划分是否符合保监会的相关规定，是否在规定时间将危险单位的划分方法报保监会备案。

三、内部控制有效性

再保制度建设情况 访谈并查看相关资料，检查审计对象是否依据外部监管规定，组织制定公司的再保业务制度、再保实务及再保业务流程，并适时组织进行优化。

再保执行督导。

访谈并查看相关资料，检查审计对象是否对分公司执行总公司再保制度情况进行督导。

保险高管审计指南第6号——负责投资职能的高级管理人员审计

对负责投资业务高级管理人员的审计，应紧紧围绕其岗位职责开展，重点对投资计划的制定、投资资产的管理、投资业绩的考核以及投资风险的评估等经营活动进行审计。

审计内容　审计要点及方法

一、经营成果真实性

拟定公司投资管理政策、制度、流程

1. 查看任职期间公司颁布和运行的投资管理政策、制度、流程。

2. 询问并查看投资管理组织架构基本情况（包括投资研究、交易管理、委托资产投资、权益投资、固定收益投资、国际业务投资、风险评估分析、信息披露等）。

3. 询问投资管理政策、制度及流程的制定、执行过程以及审计对象的参与情况，并检查相关支持性文档。

4. 询问审计对象任职期间是否定期审核提交各类投资管理制度并报董事会审议后执行，并检查相关支持性文档。

制定年度投资指引方案，负责投资指引执行跟踪分析并修订完善

1. 查看任职期间董事会批准的委托资产和自有资产投资指引。

2. 询问委托资产和自有资产投资指引的制定、分解、执行、修订过程以及审计对象的参与情况，并检查相关支持性文档。

建立投资授权管理体制，参与投资决策

1. 查看审计对象任职期间的投资授权管理政策。

2. 查看审计对象任职期间参与的投资决策委员会会议决议，检查审计对象的参与情况。

3. 询问审计对象是否参与任命各账户投资经理，并按照投资指引对其适当授权，检查相关支持性文档。

制定和完善分账户、分类别资产绩效评估规则，负责定期考核

1. 询问并查看审计对象任职期间制定的分账户、分类别资产配置、绩效评估规则。

2. 查看审计对象任职期间向董事会提交各账户、各类别资产定期投资业绩评估报告，检查审计对象是否进行审核。

负责投资业务信用风险和市场风险的评估研究和管理

1. 询问相关人员审计对象任职期间如何组织对投资信用风险、市场风险的识别和评估工作。

2. 查看审计对象任职期间向董事会提交各账户、各类别资产信用风险和市场风险的评估报告，检查审计对象是否进行审核。

负责研究并制定金融工具估值方法，负责公司投资业务风险管理信息披露

1. 询问相关人员公司是否颁布了金融工具估值方法及投资风险管理信息披露制度、流程。

2. 检查公司的投资风险管理信息披露规定是否符合相关法律法规的要求。

3. 查看任职期间公司财务报告中风险管理信息披露的内容，检查其是否符合公司的投资风险管理信息披露规定的要求。

负责投资管理人、托管人的选择、协调和考核管理

1. 查看审计对象任职期间颁布和运行的投资管理人、托管人管理制度（包括选择、协调和评价考核等）。

2. 询问投资管理人、托管人选择的标准、评估流程，以及审计对象的参与情况。

3. 检查审计对象对投资管理人、托管人评估报告的审批情况。

4. 询问委托投资协议、托管协议的谈判、审批流程，以及审计对象的参与情况。

5. 检查审计对象对委托投资协议、托管协议的审批情况。

协助进行资产负债管理

1. 查看审计对象任职期间颁布的与投连产品业务支持、流动性管理、资产负债管理相关的制度。

2. 查看审计对象任职期间为投连产品、偿付能力管理提供的投资报告，检查审计对象的审批情况。

二、经营行为合规性

监督各组合资产配置、投资范围是否符合法律法规、投资指引的要求，监督投资管理业务各环节是否符合法律法规的要求

1. 询问并检查公司对于各组合资产配置、投资范围符合法律法规、投资指引中投资限制的控制方法。

2. 查看审计对象任职期间是否定期组织对投资合规风险的识别和评估工作。

3. 查看任职期间公司财务报告及其他投资报告，检查各组合的资产配置、投资范围是否符合法律法规及投资指引的投资限制。

4. 查看任职期间公司向监管机构报送的所有相关报告（包括但不限于年度合规工作报告），检查是否存在投资方面的违规行为，检查所采取的补救措施、按规定的报告行为、以及对违规责任人的追究情况。

5. 查看审计对象任职期间监管机构对公司的常规或专项检查的回复，了解并查看监管机构检查是否发现投资管理方面问题（如有）及后续整改情况。

6. 查看审计对象任职期间公司与监管机构的往来函件，检查公司是否有因投资管理方面受处罚的情况。

三、内部控制有效性

投资管理业务内部控制体制建立与执行，以确保内控控制的长期有效

1. 查看公司对审计对象任职的相关任命文件。

2. 查看公司总经理室（或公司党委）对审计对象职责分工的文件或会议记录。

3. 查看审计对象任职期间报送给总经理和/或治理层的工作总结和报告，以及公司对审计对象的考核结果。

4. 查看审计对象任职期间所接受内外部监督、检查、处分的相关资料。

5. 将各年度工作总结内容与询问到的任职期间审计对象的工作职责相比较，以判断工作内容与经授权的工作职责是否存在明显不一致。

6. 查看审计对象任职期间是否定期审核各投资业务部门所制定的重大内部控制制度并报董事会审议后执行。

7. 查看审计对象任职期间是否定期听取并批准投资管理部门对内部控制的统筹规划、组织推动、实时监控和定期排查等各类工作的汇报。

8. 查看审计对象任职期间内部审计部门的内部审计报告中提出投资管理相关的重大发现。

9. 查看审计对象任职期间外部审计师的管理建议书或内控鉴证意见中提出的投资管理相关的管理建议或重大缺陷发现。

保险高管审计指南第7号——负责精算职能的高级管理人员审计

对负责精算职能高级管理人员的审计，应紧紧围绕其岗位职责开展，重点对经验分析和假设制定、负债评估、价值评估以及资产负债管理等经营活动进行审计。

审计内容　审计要点及方法

一、经营成果真实性

经验分析和假设制定

1. 查看公司年度经验分析结果文档，查看审计对象是否定期复核公司的死亡率、疾病发生率、退保率、费用率、折现率及非寿险相关假设的经验分析过程。

2. 对于准备金计量涉及的重大会计政策和会计估计，查看公司是否在精算责任人和财务负责人同意后，提交公司董事会或总经理办公会审批。

3. 查看审计对象是否定期根据公司的经验分析结果，提出相关假设的建议，例如死亡率、疾病发生率、退保率、费用率、折现率以及非寿险相关假设等。

4. 查看审计对象是否合理考虑相关假设在负债评估、内含价值、资产负债管理等不同场合的应用。

5. 查看公司销售渠道的基本法，查看审计对象是否参与了公司基本法的制定和修改。

负债评估

1. 查看审计对象是否复核新产品的法定准备金建模。

2. 查看审计对象是否复核新产品的会计准备金建模。

3. 查看审计对象是否组织和完成会计准备金评估工作，并对最终结果进行审核和签字确认。

价值评估（仅适用寿险）

1. 查看审计对象是否复核新产品的内含价值建模。

2. 查看审计对象是否组织和完成内含价值评估工作，并对最终结果进行审核和签字确认。

3. 查看审计对象是否完成内含价值变动分析，为公司规划计划编制工作提供支持。

4. 查看审计对象是否向管理层提交年度内含价值分析报告，从利润、价值、资本需求等多角度分析公司年度经营结果和价值管理工作。

5. 查看审计对象是否定时跟踪和分析公司现有业务价值和新业务价值，为公司价值管理指标的设定和考核提供必需数据。

财务核算和预测

1. 查看审计对象是否根据监管要求完成分红账户的损益核算和分红特储的计提。

2. 查看审计对象是否定期组织分析公司利润构成和来源，并向管理层提出参考意见。

3. 查看公司的分红政策文档，查看审计对象是否参与公司分红政策的制定。

4. 查看审计对象是否组织人员配合公司进行未来几年的财务预测，并分析未来几年的利润来源，并对未来业务发展方向等关键假设做出建议。

5. 查看审计对象是否审阅并批准公司的动态偿付能力报告，并对报告使用的重要假设和预测结果进行审阅。

资产负债管理

1. 查看审计对象是否组织制定公司中长期资产负债管理规划，并提出战略规划中的资产负债管理需求。

2. 查看公司投资指引，查看审计对象是否参与公司投资指引制定工作。

3. 查看审计对象是否定期参与制定公司战略资产配置规划，并根据负债情况提出调整建议。

4. 查看审计对象是否跟踪公司资产的配置和收益情况，和公司投资收益率假设比较，并提出建议。

二、经营行为合规性

1. 查看公司的经验分析制度文档，查看审计对象是否参与制订了公司经验分析制度、流程和方法。

2. 查看审计对象是否定期组织人员对公司基本法应用情况进行评估和审阅，并根据有关问题提出修改建议。

3. 查看审计对象是否组织和完成月度、年度法定准备金及会计准备金评估工作，并对最终结果进行审核和签字确认。

4. 查看审计对象是否组织和完成年度精算报告编制工作，包括偿付能力报告以及动态偿付能力报告的制定。

5. 查看审计对象是否定期与财务人员沟通，适时跟进会计政策的变动，确保公司的会计准备金评估方法符合最近的监管法规要求。

6. 查看审计对象是否定期与承保、理赔及再保人员进行沟通，及时跟进公司经营流程的变化，确保公司的负债评估考虑以上经营变化。

7. 查看审计对象是否组织和完成年度内含价值监管报告编制工作。

8. 查看审计对象是否定期复核公司资产负债管理模型的建设、研究和维护，复核公司资产负债匹配情况，审阅公司资产负债管理报告并提出意见。

9. 查看审计对象是否复核各类评估文件资料的归档。

三、内部控制有效性

1. 查看董事会或者总经理对审计对象的任职批复，检查审计对象任职资质是否经过适当级别审批。

2. 查看审计对象任职期间接受公司治理层检查及考核情况。

3. 查看公司内部确定审计对象的工作职责以及范围的相关规章制度或董事会、总经理办公会等决策机构会议决议，检查其任职期间经相关授权的管理工作职责变化情况。

4. 查看审计对象任职期间报送给总经理和治理层的工作总结和报告。

5. 查看公司法定准备金评估流程文档，查看审计对象是否建立并定期完善法定准备金评估流程和内部控制体系。

6. 查看公司会计准备金评估流程文档，查看审计对象是否建立并定期完善会计准备金评估流程和内部控制体系。

7. 查看审计对象是否就准备金相关的会计政策和评估结果向董事会和管理层进行有效沟通。

8. 查看公司内含价值评估流程文档，查看审计对象是否建立并定期完善内含价值评估流程和内部控制体系。

保险高管审计指南第 8 号——负责财务职能的高级管理人员审计

对负责财务工作的高级管理人员的审计，应紧紧围绕其岗位职责开展，重点对财务制度管理、预算管理、资产负债管理、税务管理以及会计核算等经营活动进行审计。

审计内容　审计要点及方法

一、经营成果真实性

财务预算指标的制定及执行情况

年度/半年财务报告、年度纳税申报表、年度/季度偿付能力报告等相关信息真实性、完整性

1. 访谈了解审计对象是否组织制定了公司的财务预算，是否通过盈利预测将其量化分解。

2. 获取经上级公司批准的年度经营预算，查看年度财务预算是否经董事会或经营管理委员会（总经理）批准。

3. 通过对预算指标完成情况对比分析，评价经营决策是否得到有效的贯彻实施，是否存在传达不及时，贯彻不到位的情况。

4. 查看审计对象任职期间年度/半年财务报表、年度纳税申报表、年度/季度偿付能力报告等，查看是否经审计对象审签，并对关键经营指标及其相关基础数据进行抽查复核，评价关键经营指标是否真实。

（1）资产负债真实性。查看审计对象所在公司银行存款调节表、固定资产、低值易耗品等的对账单及资产账簿，抽查盘点固定资产、低值易耗品等实物资产，验证账账、账实

是否相符；核查应收、应付等过渡性科目核算的真实性。

(2) 损益真实性。查看相关业务、财务报表，核对相关数据，鉴证财务、业务关联数据的一致性，揭示是否存在违反权责发生制原则人为调整业务收入与支出、虚提、虚列各项准备金、费用、佣金及手续费等影响审计期间审计对象所在公司经营结果的事项。

5. 搜集经董事会或经营管理层审批的各项财务预算指标以及实际达成情况，核查是否与审计对象上报的述职报告或工作总结反映的数据一致。

二、经营行为合规性

1. 建立和完善财务管理体系

2. 有关规章制度和操作流程的构建

3. 建立财务条线督导管理制度

4. 对内外部检查发现的问题及时进行整改

5. 财务管理、会计核算信息系统建设及运用情况

(1) 访谈了解审计对象任职期间相关财务管理制度和操作流程建设和完善情况，核查是否及时修订完善相关财务规章制度，审阅建立和完善的各项规章和操作流程是否符合国家法律法规及监管要求，是否符合公司经营发展的管控需求。

1) 预算管理

访谈了解审计对象是否了解所在公司的经营发展策略以及对所在公司制定年度预算的参与程度，查看预算考核文件以及所在公司年度经营计划制定、分解流程；检查预算编制程序是否符合规定的程序，检查年度财务预算的编制是否通过盈利预测将其量化、分解落实；预算指标设置是否合理；是否组织建立了预算管理制度，是否建立了对所辖分支机构预算执行考核的制度。

查看公司年度和季度财务预算规划，评估其是否明确了相关参与人员的职责、权限、完成时间、质量要求以及奖惩措施，并检查其执行情况；查看年度财务整体预算是否经董事会或经营管理委会（总经理）批准。

查看年度、季度预算执行情况分析报告，检查预算执行是否存在较大偏差，是否对预算执行情况进行跟踪，并根据实际情况调整预算。

2) 会计核算

访谈并查看有关会计资料（制度、报表、账簿），查看公司会计核算是否遵循会计准则、会计制度及相关规定要求开展；是否制定相关核算规则。

访谈了解公司费用核算规则，查看公司费用核算规则，抽样检查应付手续费计提、手续费及佣金、业务及管理费列支及分摊的规范性。

访谈了解公司固定资产、流动资产核算规则及坏账核销管理规程，查看其是否符合相关监管规定，是否切合公司管控需要，并对其执行情况进行抽查，关注是否存在固定资产费用化、跨期列支费用的现象。

3) 资金管理

查看是否建立完善资金管理规程，查看相关资金管理规程是否符合国家法律法规，是否符合监管要求。

抽查银行账户清单及账户开设相关资料，检查账户开设是否合规。

访谈并核对银行对账单，检查是否存在舞弊情况。

4) 固定资产管理

访谈了解审计对象所在公司固定资产管理规程，查看固定资产购建、处置文件，检查是否存在违规购建固定资产，大宗采购固定资产是否符合管控要求，对在建工程项目进行检查。

5）税务管理

访谈了解公司税务管理情况，检查审计对象及相关人员是否熟悉与公司经营有关的税务法规。

审查公司税款缴纳资料，检查是否按规定缴纳营业税、所得税等各项税款。

查看当地税务部门对公司税务检查的相关报告及处罚决定。

（2）访谈了解审计对象日常管理及授权情况是否合规，所在公司是否建立了财务管理督导机制。查看财务检查报告，访谈了解检查频率、检查内容以及督导效果。查看相关管理建议和整改工作方案，检查审计对象是否就审计发现及时安排了整改工作，整改工作的成效如何。

（3）查看公司按保监会、财政部等监管机构要求报送的各财务报告是否经过审计对象的恰当审核；需要报送董事会批准的，是否及时报送并得到了董事会的批准。

（4）检查审计对象是否安排和审阅了定期的业绩分析，是否组织会议讨论了业绩分析结果，并根据结果制定相关的管理方案。

（5）查看审计对象任职期间的年度审计报告，检查审计意见是否为无保留意见。如果审计意见为非标准意见，应针对出具非标准意见的情况，如重大的财务错报和漏报事项、审计范围受限事项等向审计对象进一步了解原因，判断公司是否存在经营问题或舞弊行为，以及公司是否进行了适当整改。

（6）了解公司是否建立符合业务发展和管理需要的财务信息系统，是否制定了财务信息系统的管理制度，系统开发和改造是否由总公司统一负责。

（7）查看公司按保监会、财政部等监管机构要求报送的各财务报告是否经过审计对象的恰当审核；需要报送董事会批准的，是否及时报送并得到了董事会的批准。

（8）检查公司偿付能力报告的编制是否符合相关监管规定。

（9）查看公司在审计对象任期内的偿付能力充足率，评估其是否根据公司业务进展/变化对相关资产、负债结构进行了调整，有效地保证了偿付能力的充足性。

三、内部控制有效性

1. 内部控制传导机制建立和维护

2. 财务督导及财务质量考核

3. 内部控制检查和测试

4. 组织对管控流程及标准的修订

5. 队伍建设与人才培养

6. 会计档案管理

（1）访谈了解审计对象所在机构是否建立内部控制传导机制，查看公文流转记录，检查是否及时贯彻落实监管机构及上级公司相关财务管理规程。

（2）审查是否开展财务管理考核工作，考核指标是否全面，是否定期组织、开展针对辖区内分支机构的财务管理工作的质量检查。

（3）检查审计对象是否安排和审阅了定期的业绩分析，是否组织会议讨论了业绩分析结果，并根据结果制定相关的管理方案，访谈并查看相关资料。

（4）检查审计对象是否定期组织对公司流程及标准的修订和完善，核查系统设置是否

符合监管及公司内部控制的要求。

（5）获取任职期间所辖部门的人员任职、聘用、培训及会议相关资料；检查审计对象是否定期组织了对财会人员的专业资质的审查以及定期培训。

（6）检查总公司和分公司会计档案管理制度是否符合相关监管规定。

（7）检查审计对象是否按规定审批了会计核算、预算管理、资金管理、收付费平台等系统建设的需求。

保险高管审计指南第9号——负责信息技术职能的高级管理人员审计

对负责信息技术高级管理人员的审计，应紧紧围绕其岗位职责开展，重点对系统自动化控制、信息系统规划、灾备管理等经营活动进行审计。

一、总公司层面审计内容及方法

审计内容　审计要点及方法

一、经营成果真实性

信息化工作战略、规划及年度工作计划的制定

1. 查看经董事会批准的公司信息化规划，查看信息战略到信息化工作规划的制定、分解、执行过程以及各相关职能高管的参与情况。

2. 访谈了解审计对象在制定信息化工作规划时，如何判断信息化基础设施，信息系统功能、性能和安全保障需求的合理性与优先级，查看其判断的依据和标准。

3. 检查公司对信息化基础设施和信息系统功能、性能、安全保障等方面做出的规定，评估该标准的实施执行情况。

4. 查看本年度信息技术部门的工作计划，检查信息技术部门年度工作计划制定、执行和监督的过程，以及审计对象在其中参与的角色和职责，查看审计对象任职期间的业务档案，对计划的完成情况进行抽查复核。

系统自动化控制情况

1. 访谈审计对象，查看内部控制与合规管理信息化的实施、升级或成果，并获取相关文档进行检查。

2. 查看审计对象任期初始与任期结束时的系统清单和系统化内部控制的功能点清单，分析判断其任职期间在促进内部控制流程与信息系统有机结合方面的工作效果。

3. 访谈主要业务部门相关员工，如承保、理赔、再保、精算等，查看其部门提出的但尚未实现的系统化内部控制申请，对超过半年未能落实的申请进行跟进检查。

二、经营行为合规性

信息化规划定期审查、评估和修订机制

1. 查看任职期间信息化规划的审查、评估和修订记录，审阅具体的工作流程及其实施频率、方式。

2. 查看信息化规划修订的审批程序和审批权限。

3. 查看任职期间信息化规划完成的基本情况以及对未完成部分效益效果的跟进情况，抽样检查信息化规划的修订手续是否完备。

4. 查看信息化规划外项目的审批与评估程序，抽样检查任职期间重大规划外项目的审批手续是否完备。

系统开发与改造

1. 查看公司系统开发或重大改造的流程，检查上述流程是否包含功能与性能测试以及安全测评流程，该流程是否清晰可操作，且满足系统开发生命周期的常规要求。

2. 抽查任职期间系统开发或上线活动的相关文档，检查系统测试及签批的合规性。

信息化工作制度、标准和操作流程的制定

1. 获取信息化工作制度、标准和操作流程，查看其发布与更新的流程，检查是否存在定期评估的机制及执行情况。

2. 查看公司信息化工作的技术标准，检查是否存在数据标准、安全基线标准、程序验收标准以及数据修改程序标准，并评估是否存在缺陷。针对上述标准，访谈了解标准建立的依据和过程，以及可能存在的合规风险。

3. 收集整理检查期间内外部发现的合规问题，访谈了解问题产生原因，检查其处罚及整改情况。

灾备管理情况

1. 查看公司信息系统安全管理规范以及灾备计划，结合访谈对比相关技术规范标准和监管要求，检查是否存在合规问题。

2. 询问重要数据的备份制度和策略制定及其实施情况，公司是否建立了同城或异地灾备中心，且灾备中心是否能够实现对应急处理机制和灾难恢复预案的支持。

3. 检查信息系统重大突发事件的应急处理机制及应急预案，检查应急预案是否明确启动机制、责任人员、处置流程、具体方案和外部资源，并评估其可操作性。

三、内部控制有效性

信息技术部门组织构架的建立

1. 查看信息技术部门组织结构图、岗位职责说明书及实际人员岗位对应表是否存在，并且与实际一致。

2. 检查信息技术部门人员配备及重要岗位职责分离的情况。

3. 访谈了解检查期间信息技术部门组织结构和职责的变动情况及决策过程，抽查询问变动主要涉及的部门员工，检查该变动的益弊。

人员考核及培养情况

1. 获取信息技术部门人员能力规划及培训方案的相关资料，检查审计对象在方案的制定、分解与执行过程中的角色和参与方式。

2. 查看相关人员能力规划以及培训方案的执行情况。

3. 查看信息技术部门考核标准的制定与执行程序，检查该考核体系是否能针对公司在信息化工作投入产出的效率效果进行评价，是否存在合理的信息化创新激励机制，并能对相应部门和人员进行合理的激励。

4. 获取信息技术部门及其关键岗位的绩效考核规则以及最近一次完成的考核结果的相关文件，检查二者是否一致。

二、分公司层面审计内容及方法

审计内容 审计要点及方法

一、经营成果真实性

信息管理工作的年度工作计划及中长期发展规划的制定

1. 查看任职期间本公司中长期发展规划、年度计划，检查是否与上级公司发展战略一致。

2. 获取审计对象任职期间信息管理绩效考核的相关指标文件，查看考核指标完成情况，访谈并查看相关资料，检查有关考核指标完成的真实性。

IT财产管理

1. 获取涉及IT设备采购项目的采购申请审批文档，检查是否有申请人和审批人签字，以确定采购是否经过恰当的审批流程；获取IT设备的入库、领用、发放、盘点、报废等审批或记录文档，检查IT设备管理是否严格按照制度执行。

2. 访谈设备管理员和软件管理员，获取设备和软件正式入库时填写的《入库单》，检查是否有经办人和验收人的签字，检查在设备管理系统中是否有登记，检查发生变化的设备信息在设备档案卡片和设备管理系统中的登记记录是否一致。

3. 对于IT设备进行抽盘，检查IT财产数据的真实性。

二、经营行为合规性

信息安全策略的制定

1. 访谈了解审计对象任职期间公司信息安全策略的工作流程及相关规定，并获取相关制度，检查是否符合公司内外部监管要求。

2. 获取主要应用系统的运行维护日志，抽查信息系统漏洞处理运维记录文档，查看系统发现和处理的时间，以确定系统维护处理是否合规。

3. 访谈并查看相关制度、数据修改资料，审阅数据修改是否都经过恰当的审批和授权，检查是否存在人为故意或错误修改数据的情况。

4. 访谈了解服务器等关键信息设备的管理情况，询问关键信息设备存放是否安全，检查是否建立出入机房登记制度，是否安排专人监控机房，是否存在未经授权接触服务器等设备的情况。

5. 查看防病毒服务器设置，是否在服务器端开启了病毒实时防护，并设定了病毒库定义自动下载。

6. 检查防火墙配置，是否通过控制台或远程的方式对防火墙更新，并有安全验证。

7. 获取VPN访问流程和制度，检查是否规定了访问权限的开通必须经过相关部门的审批。从人力资源部获取在职人员清单，询问VPN使用人员是否均为公司在职员工。

8. 通过现场访谈、观察，查看是否存在擅自开发或自行安装并使用未经审批的外挂系统、软件的情况，对外挂系统功能进行了解，分析是否可能对应用系统运行带来负面影响。

数据备份与应急预案

1. 访谈了解系统数据备份机制，是否明确了备份范围、频度、方法、责任人、存放地点、有效性检查等内容。

2. 检查所有关键系统设置，备份日志功能是否已开启，获得对备份日志的检查记录(包括数据库/生产数据)，针对操作系统及应用程序检查是否根据制定的备份策略定期进行备份，是否保留完整备份记录。

3. 检查备份操作手册，是否规定了对所有关键系统进行异地备份；获得异地备份介质的存放记录，检查是否记录了存放介质、日期、时限和地点。

4. 现场检查备份介质的保存情况，是否具有防火、防水、防盗功能。

运用系统的实施 获取数据的检查和校验规则、校验结果及后台操作的记录，核查校验规则是否可行，校验结果的处理是否能保证数据的准确、完整，后台操作流程是否合规，对后台操作的管理和监控是否有效。

系统用户和权限管理

1. 访谈了解审计对象任职期间公司信息系统权限管理的相关规定，并获取相关制度，检查是否符合公司内外部监管要求。

2. 获取系统用户及对应的权限列表，与员工岗位明细核对，检查其权限是否与岗位一致，是否存在员工拥有不相容系统权限情况。

3. 从信息系统现有用户账户列表中选取新增及变更用户账户，检查是否有对应的用户账户维护表格及授权审批记录，权限设置是否与审批记录一致。

4. 获取人力资源部门员工离职记录，信息系统现有用户账户列表、权限设置及账户维护历史记录，检查账户删除或重置是否符合相关管理流程的要求，是否存在顶替冒用的情况。

5. 查看主管人员对系统用户的审阅记录，以确定主管人员是否定期对信息系统的用户账户和权限设置进行审阅。

6. 获取信息系统中当前用户账户的口令策略设置，检查是否与相关管理制度的要求一致，以确定信息系统账户和口令策略是否得到了有效实施。

三、内部控制有效性

信息系统运行政策、制度和操作流程的制定

1. 获取和审阅信息系统运行政策、制度和操作流程等资料，对照主要风险点，对信息技术管理的各环节的控制措施进行分析，判断规定是否健全和合理，并检查其是否定时更新，更新是否经过恰当的审批。

2. 访谈信息技术部负责人，查看是否建立并执行用户管理制度、定期备份制度、信息系统安全保密和泄密责任追究制度等。

3. 访谈了解相关岗位人员对本岗位涉及制度的熟悉程度。

负责领域的队伍建设与部门管理工作 获取任职期间所辖部门的人员聘用、任职、培训及日常会议资料，询问检查对于负责领域的日常管理及授权情况是否合规。

保险高管审计指南第 10 号——负责人力资源与行政职能的高级管理人员审计

第一节　人力资源管理

对负责人力资源高级管理人员的审计，应紧紧围绕其岗位职责开展，重点对用工管理、员工培训、绩效考核、人工成本及薪酬福利机制建立等经营活动进行审计。

审计内容　审计要点及方法

一、经营成果真实性

绩效考核

1. 获取审计对象任职期间制定的，或者上级公司下达的有关人力资源管理绩效考核的相关指标及考核文件，了解考核指标完成情况。

2. 访谈并查阅相关资料，审阅考核指标（如工资总额等）完成的真实性。

3. 取得年度人力资源管理方面工作计划和工作总结，了解计划完成情况。

公司组织结构和职位体系的建立

1. 访谈了解公司本部及下辖机构的部门和岗位设置情况。

2. 获取各部门职责，判断各部门职责是否存在交叉、重复或真空。

3. 获取各岗位说明书，判断是否明确各岗位的职责、权限、具体工作范围等。

4. 判断部门和岗位设置是否符合业务规模、经营管理的需要，是否合理、精简、高效，能否体现相互监督、相互制约、协调合作的原则，核实是否单独设立风险合规、内部控制等部门和岗位。

其他

查看监管机构或者内部检查报告，了解其中提及与经营成果真实性有关的违规人员的追究情况，并查看报告中是否提及由于人力资源管理的违规行为导致经营成果真实性违规行为及后续整改措施和报告。

二、经营行为合规性

制度建设

1. 查看员工聘用、管理、解聘、违规人员追究情况相关的制度和流程；检查相关制度和流程是否符合法律法规，监管机构或者上级公司的要求。

2. 检查是否按照公司整体规划或者上级公司规定编制人员发展规划。

3. 了解公司培训工作开展情况，查看员工培训需求分析报告，并询问是否有针对性开展培训以满足员工的培训需求；查看公司员工培训工作总结，检查是否有针对合规性及内部控制等相关领域开展培训。

4. 查看监管机构或者内部检查报告，了解其中提及的违规人员的追究情况，并查看报告中是否提及人力资源管理范围内是否存在违法违规行为及后续整改措施和报告。

用工管理

1. 获取最近一期的人力资源需求计划，检查是否按照上级公司规定及本公司实际编制人员发展规划，并与实际执行情况进行比较。

2. 获取招聘方面的管理制度和操作流程，并对近期招聘档案、员工个人所得税、社保缴纳资料进行审阅，检查其是否符合程序要求。

3. 了解公司解聘员工、员工辞职的流程及审批权限，获取当年公司解聘员工的清单，核查相关流程是否合规，是否与离司员工签订保密协议及是否存在劳动争议等情况。

三、内部控制有效性

岗位设计及管理

1. 询问公司组织架构设置情况及岗位管理流程。

2. 获取各部门职责，判断各部门职责是否存在交叉、重复、真空或者不兼容。

3. 查看组织架构图及岗位设计计划，查看是否单独设立风险合规、内部控制岗位。

4. 查看外部咨询机构咨询报告（如有），询问针对咨询报告的发展建设建议是否做出相应的改进。

5. 访谈并查阅有关制度资料，检查是否实施各级管理人员及关键岗位员工定期轮岗、强制休假、回避制度。

6. 关键岗位人员离职前，是否进行工作交接或离任审计。

7. 访谈并调阅员工合同资料，检查是否与离司员工签订保密协议。

薪酬管理

1. 查看人力薪酬计划，并查看是否经董事会、薪酬委员会或者上级公司批准。

2. 查看任期内历年人力成本管理预算及年度总结，查看其预算执行情况。

3. 检查是否按规定代扣代缴员工个人所得税款；检查是否按规定为员工办理社会统筹养老保险、失业保险、医疗保险，缴纳住房公积金等。

绩效管理

1. 查看公司绩效管理办法，以及绩效管理、薪酬激励、福利保障等计划和措施，并查看是否得到董事会或者薪酬委员会的批准。

2. 查看监管机构检查报告中是否存在与绩效管理、薪酬激励等措施相关的违反有关规定的情况及后续整改措施和报告。

人力资源信息系统

1. 了解公司人力资源信息系统建设情况。

2. 查看公司人力资源信息系统建设计划（如有），查看信息系统验收报告。

员工培训

1. 了解公司培训工作开展情况，查看员工培训需求分析报告，核实是否有针对性开展培训以满足员工的培训需求。

2. 获取公司最近一年的培训记录和培训档案，检查培训内容是否与员工岗位紧密结合，是否达到预期效果。

第二节 行政管理

对负责行政高级管理人员的审计，应紧紧围绕其岗位职责开展，重点对固定资产、采购、印章、公文、品宣、机构管理等经营活动进行审计。

审计内容 审计要点及方法

一、经营成果真实性

行政工作战略规划及年度工作计划的制定

1. 查看经董事会批准的公司行政工作战略规划，检查行政工作规划的制定、分解、执行过程以及各相关职能高管的参与情况。

2. 查看工作计划，访谈了解部门年度工作计划制定、执行和监督的过程，检查其是否符合公司的战略规划，以及审计对象在其中参与的角色和工作职责。

3. 获取审计对象任职期间有关行政管理绩效考核的相关指标文件，查看考核指标完成情况。

4. 查看任职期间业务档案，对年度工作计划完成情况进行抽查复核。

行政部门费用支出情况

1. 查看行政部门明细费用预算及执行情况。

2. 抽查行政部门明细费用支出，检查支出的真实性、合理性，检查有无虚列行政办公费用套取资金情况，特别关注接受和使用虚假发票问题。

二、经营行为合规性

固定资产管理

1. 访谈了解审计对象任职期间公司对资产实物的管理流程及管理方式，包括固定资产、低值易耗品等。

2. 获取固定资产预算、购置清单等，核查预算是否经有效审批并严格执行，购置流程是否符合有关规定。

3. 检查零星固定资产、低值易耗品管理是否符合规定，低值易耗品是否办理出入库和登记手续。

4. 获取固定资产盘点记录，核查是否定期盘点固定资产，盘点记录是否经有效复核及审签，盘盈盘亏的账务处理是否及时、准确。

5. 获取固定资产总账、明细账，盘点固定资产实物，核查是否账账相符、账实相符，检查房产、土地、车辆等大宗资产产权归属情况，关注有无账外资产。

6. 询问固定资产管理情况，检查有无因管理不当造成固定资产长期闲置、浪费，甚至导致提前报废、毁损的情况。

7. 获取固定资产处置资料，核查固定资产处置流程是否规范，是否存在擅自处置、变卖固定资产的现象。

采购管理

1. 访谈了解审计对象任职期间公司集中采购的方式、程序及主要的采购事项并获取相关资料，核查相关预算是否经有效审批并严格执行，购置、装修、租赁流程是否符合规定。

2. 调取并审查集中采购会议记录、招投标资料、评标记录和评标结果，检查采购项目是否按照制度要求进行招投标处理。

3. 调取集中采购档案资料，检查中标结果的报批流程是否符合制度规定。

公文管理及重大事件上报情况

1. 获取公司公文收发记录，检查有无相应审批记录，收发文是否及时。

2. 检查重大事项有无及时上报、审批是否符合权限分级机制。

机构管理情况

1. 查看机构设立、撤并的相关文件，审查是否存在未经批准私自设立、撤销分支机构及营业场所的行为。

2. 查看有关机构证照的办理及年检情况，审查是否按规定办理工商营业执照、税务登记证、组织机构代码证以及保险业务许可证等证照的新设登记、年检、变更、注销以及相关文件的盖章、负责人签字等事宜。

品牌宣传情况

1. 访谈了解公司品牌策略及标识管理相关要求，并获取相关宣传材料检查其实施情况。

2. 获取公司广告投放、行销辅助品开发的相关资料，审核其合规性。

3. 访谈了解审计对象任职期间媒体危机事件的处理情况并评估其对于公司品牌的影响。

三、内部控制有效性

行政制度建设情况

访谈并查看公司行政管理方面的相关制度，检查公司制度建设情况，是否符合监管机构的要求及公司的实际情况。

行政部门组织构架的建立

1. 查看行政部门组织结构图、人员岗位职责说明书及实际人员岗位对应表是否存在，并且与实际一致。

2. 访谈了解行政序列权限分级管理机制并查看相关资料，评估其合理性。

人员考核及培养情况

1. 获取行政部门人员能力规划及培训方案的相关资料，查看审计对象在方案的制定、分解与执行过程中的角色和参与方式。

2. 查看相关人员能力规划以及培训方案的执行情况。

3. 查看考核标准的制定与执行程序，检查该考核体系是否能对公司在行政工作投入产出的效率效果进行评价，是否存在合理的创新激励机制，并能对相应的部门和人员实施合理的激励。

4. 获取部门人员的绩效考核规则以及最近一次完成的考核结果的相关文件，检查二者是否一致。

保险高管审计指南第 11 号——负责风险管控职能的高级管理人员审计

第一节　风险管理

对负责风险管理高级管理人员的审计，应紧紧围绕其岗位职责开展，重点对风险评估及应对工作、重大风险事件的上报等经营活动进行审计。

审计内容　审计要点及方法

一、经营成果真实性

风险管理工作的年度工作计划及中长期发展规划的制定

1. 查看经董事会批准的公司风控工作规划，检查风控工作规划的制定、分解、执行过程以及各相关职能高管的参与情况。

2. 查看年度工作计划，检查年度工作计划制定、执行和监督的过程，检查其是否符合公司的战略规划，以及审计对象在其中参与的角色和工作职责。

3. 获取审计对象任职期间有关风险管理绩效考核的相关指标文件，查看考核指标完成情况。

4. 查看任职期间业务档案，对年度工作计划完成情况进行抽查复核。

风险管理制度建设情况 访谈并查看相关制度，检查公司是否制定风险管理相关的制度，是否符合监管机构的要求及公司的实际情况。

二、经营行为合规性

风险评估及应对工作

1. 访谈了解公司的风险管理流程，获取公司的风险识别、风险分析、风险预警和报告相关的制度。

2. 获取任期内风险控制矩阵，检查是否所有风险点均有相应控制点对应，查看公司是否对风险点和控制点进行了风险评级，并识别了重要风险和控制。

重大风险事件的上报

1. 获取上报的风险评估报告，检查其上报时间、频率是否符合公司要求。

2. 检查风险管理部门是否及时上报重大风险事件，管理层对于高风险事件的处理情况是否符合权限分级机制。

风险管理工作流程的制定

1. 获取风险评估及报告工作流程的有关资料，对各环节的控制措施进行分析，判断其是否健全和合理，并检查其是否定时更新，更新是否经过管理层审批。

2. 访谈风险管理部门员工，询问其对于相关工作流程等相关规定的了解情况，并抽取工作档案进行复核。

三、内部控制有效性

风险管理部门组织构架的建立

1. 查看风险管理部门组织结构图、人员岗位职责说明书及实际人员岗位对应表是否存在，并且与实际一致。

2. 查看公司风险管理整体人员数字以及公司人员数字，参照保监会相关规定，检查人力资源配备比例是否充足。

3. 访谈了解检查期间风险管理部门组织结构和职责的变动情况及决策过程，抽查询问变动主要涉及的部门员工，检查该变动的益弊。

人员考核及培养情况

1. 获取风险管理部门人员能力规划及培训方案的相关资料，查看审计对象在方案的制定、分解与执行过程中的角色和参与方式。

2. 查看相关人员能力规划以及培训方案的执行情况。

3. 查看考核标准的制定与执行程序，检查该考核体系是否能够对于公司在风险管理工作投入产出的效率效果进行评价，是否存在合理的创新激励机制，并能对相应的部门和人员实施合理的激励。

4. 获取部门人员的绩效考核规则以及最近一次完成的考核结果的相关文件，检查二者是否一致。

第二节　法律合规

对负责法律合规高级管理人员的审计，应紧紧围绕其岗位职责开展，重点对合规检查、法律纠纷案件、文件审核、后续整改等经营活动进行审计。

审计内容　审计要点及方法

一、经营成果真实性

法律合规工作的年度工作计划及中长期发展规划的制定

1. 查看经董事会批准的公司法律合规工作规划，检查法律合规工作规划的制定、分解、执行过程及其各相关职能高管的参与情况。

2. 查看年度工作计划，检查年度工作计划制定、执行和监督的过程，检查其是否符合公司的战略规划，以及审计对象在其中参与的角色和工作职责。

3. 获取审计对象任职期间有关法律合规绩效考核的相关指标文件，查看考核指标完成情况。

4. 查看任职期间业务档案，对年度工作计划完成情况进行抽查复核。

制度建设情况

1. 访谈并查看相关制度，检查公司制度建设情况，是否符合监管机构的要求及公司的实际情况。

2. 访谈了解各项制度是否有效的传达至各级机构并被有效执行。

二、经营行为合规性

合规检查情况

1. 获取合规检查工作档案、记录及报告等资料，审查相关检查是否按照公司规定的流程及要求开展。

2. 获取检查文件流转记录，检查是否按照规定及时、如实地上报。

3. 查看任职期间的合规报告，评估改进建议的合规性及可操作性。

法律纠纷案件的处理 访谈了解任期内发生的法律纠纷案件及其诉讼情况，并获取相关资料进行检查，检查案件的处理是否及时、合规。

文件的审核 获取公司合同、协议登记表，检查重大合同及协议的合规审核情况，检查其是否符合权限分级机制。

内外部检查的整改情况 访谈了解内外部监督检查及处罚情况，取得有关资料，检查是否及时上报发现的问题、组织整改并上报整改报告。

三、内部控制有效性

法律合规部门组织构架的建立

1. 查看法律合规部门组织结构图、人员岗位职责说明书及实际人员岗位对应表是否存在，并且与实际一致。

2. 查看公司法律合规部门整体人员数字以及公司人员数字，参照保监会相关规定，检查人力资源配备比例是否充足。

3. 访谈了解检查期间法律合规部门组织结构和职责的变动情况及决策过程，抽查询问变动主要涉及部门的员工，检查该变动的益弊。

人员考核及培养情况

1. 获取法律合规部门人员能力规划及培训方案的相关资料，查看审计对象在方案的制定、分解与执行过程中的角色和参与方式。

2. 查看相关人员能力规划以及培训方案的执行情况。

3. 查看考核标准的制定与执行程序，检查该考核体系是否能对公司在法律合规工作投入产出的效率效果进行评价，是否存在合理的创新激励机制，并能对相应的部门和人员实施合理的激励。

4. 获取部门人员的绩效考核规则以及最近一次完成的考核结果的相关文件，检查二者是否一致。

第三节 内部控制

对负责内部控制高级管理人员的审计，应紧紧围绕其岗位职责开展，重点对内控检查、内控体系设计及实施、内控自我评估等经营活动进行审计。

审计内容 审计要点及方法

一、经营成果真实性

内控工作的年度工作计划及中长期发展规划的制定

1. 查看经董事会批准的公司内控工作规划，检查内控工作规划的制定、分解、执行过程以及各相关职能高管的参与情况。

2. 查看年度工作计划，检查年度工作计划制定、执行和监督的过程，检查其是否符合公司的战略规划，以及审计对象在其中参与的角色及工作职责。

3. 获取审计对象任职期间有关内控管理绩效考核的相关指标文件，检查考核指标完成情况。

4. 查看任职期间业务档案，对年度工作计划完成情况进行抽查复核。

内控制度的制定与完善

1. 访谈了解公司是否存在完善的内控风险管理体系，并查看公司相关制度，评估是否能够覆盖主要的监管要求。

2. 访谈了解公司对于相关制度的培训、学习情况，取得相关资料，检查各项制度是否有效的传达至各级机构并被执行，访谈公司相关管理人员，询问其对于有关制度的认识情况。

二、经营行为合规性

内控检查情况

1. 访谈并查看工作计划、工作总结及有关报告等资料，审查是否按照公司相关规定及要求认真组织开展内控检查及内控评估等工作。

2. 查看相关工作档案、记录，检查内控工作是否符合工作程序要求。

3. 获取文件流转记录，检查是否按照规定及时、如实地上报检查报告。

4. 访谈并查看有关文件，检查是否及时下发相关检查结论和意见，是否督促被检查单位及时落实整改发现的问题。

反洗钱情况

1. 访谈并查阅相关文件、会议记录，检查是否成立反洗钱相关机构并设置相应岗位。

2. 调阅相关资料，检查是否建立反洗钱的相关制度规定。

3. 访谈并查阅相关资料，检查是否组织反洗钱自查自纠工作并按规定向监管部门报送反洗钱信息及相关报告。

4. 检查是否组织反洗钱相关培训工作。

内控体系的设计及实施

1. 询问公司的内部控制流程、风险点和控制点识别过程，询问公司控制点更新的流程和频率，取得相关资料，检查公司内部控制评估的有效性。

2. 查看审计对象任期初始与任期结束时的内部控制功能点清单，分析判断其任职期间在促进内部控制工作方面的工作效果。

三、内部控制有效性

内部控制部门组织构架的建立

1. 查看内部控制部门组织结构图、人员岗位职责说明书及实际人员岗位对应表是否存在，并且与实际一致。

2. 查看公司内部控制部门整体人员数字以及公司人员数字，参照保监会相关规定，检查人力资源配备比例是否充足。

3. 访谈了解检查期间内部控制部门组织结构和职责的变动情况及其决策过程，抽查询问变动主要涉及的部门员工，检查该变动的益弊。

人员考核及培养情况

1. 获取内部控制部门人员能力规划及培训方案的相关资料，查看审计对象在方案的制定、分解与执行过程中的角色和参与方式。

2. 查看相关人员能力规划以及培训方案的执行情况。

3. 查看考核标准的制定与执行程序，检查该考核体系是否能对公司在内部控制工作投入产出的效率效果进行评价，是否存在合理的创新激励机制，并能对相应的部门、人员实施合理的激励。

4. 获取部门人员的绩效考核规则以及最近一次完成的考核结果的相关文件，检查二者是否一致。

内部控制自我评估情况

1. 检查公司内部控制自我评价的频率、范围、程序，询问内控评估工作是否围绕内部环境、风险评估、控制活动、信息与沟通、内部监督进行。

2. 询问公司的管理层测试计划，查看测试频率、测试范围等内容，评估公司的管理层测试是否覆盖到公司各级机构、各个重要的控制点。

3. 查看执行管理层测试的人员是否具有独立性。

4. 查看管理层测试发现的问题清单以及公司的评估文档，查看公司的评估文档是否客观反映了所发现的问题，询问公司对于测试发现的缺陷，是否有整改计划以及整改计划的落实情况。

5. 查看公司是否向董事会、监事会或管理层汇报了内控缺陷，重大缺陷是否经董事会最终认定。

6. 查看内部控制评价报告是否包含以下内容：

- 董事会声明
- 内部控制评价工作的总体情况及评价依据
- 内部控制的评价范围、程序和方法
- 内部控制缺陷、认定以及整改情况
- 内部控制有效性的结论

7. 查看内控评估报告以及其他内部控制相关的披露，判断内控评估报告是否符合《企业内部控制评价指引》或其他相关规定的要求，查看公司内部控制缺陷的认定是否考虑了定性和定量的要求，根据以上了解，判断内控评估报告是否有明显不合理之处。

第四节 内部审计

对负责内部审计高级管理人员的审计，应紧紧围绕其岗位职责开展，重点对内审检查、后续整改追踪等经营活动进行审计。

审计内容 审计要点及方法

一、经营成果真实性

内部审计工作的年度工作计划及中长期发展规划的制定

1. 查看经董事会批准的公司内部审计工作规划，检查内审工作规划的制定、分解、执行过程以及各相关职能高管的参与情况。

2. 查看年度工作计划，检查年度工作计划制定、执行和监督的过程，检查其是否符合公司的战略规划，以及审计对象在其中参与的角色和工作职责。

3. 获取审计对象任职期间有关内审绩效考核的相关指标文件，检查考核指标完成情况。

4. 查看任职期间业务档案，对年度工作计划完成情况进行抽查复核。

内部审计制度建设情况

获取审计对象任职期间公司内部审计基本制度、审计工作制度和审计实务操作指南，检查其是否符合相关监管要求，并抽取工作档案进行复核。

二、经营行为合规性

内审检查情况

1. 访谈并查看工作计划、工作总结及有关报告等资料，审查是否按照公司内外部相关规定及要求认真组织开展高管审计、专项审计、反洗钱审计等内部审计工作。

2. 查看相关工作档案、记录，审阅工作是否符合工作程序要求。

3. 查看文件流转记录，检查是否按照规定及时、如实地上报检查报告。

4. 访谈并查看有关文件，检查是否及时下发相关检查结论和意见，是否督促被检查单位及时落实整改发现的问题。

内外部检查的整改情况 询问内外部监督检查及处罚情况，并取得有关资料，检查是否对于发现的问题及时上报、组织整改并上报整改报告。

三、内部控制有效性

内部审计部门组织构架的建立

1. 查看内部审计部门组织结构图、人员岗位职责说明书及实际人员岗位对应表是否存在，并且与实际一致。

2. 查看公司内部审计部门整体人员数字以及公司人员数字，参照保监会相关规定，检查人力资源配备比例是否充足。

3. 访谈了解检查期间内部审计部门组织结构和职责的变动情况及决策过程，抽查询问变动主要涉及的部门员工，检查该变动的益弊。

人员考核及培养情况

1. 获取内部审计部门人员能力规划及培训方案的相关资料，查看审计对象在方案的制定、分解与执行过程中的角色和参与方式。

2. 查看相关人员能力规划以及培训方案的执行情况。

3. 查看考核标准的制定与执行程序，检查该考核体系是否能对公司在内部审计工作投入产出的效率效果进行评价，是否存在合理的创新激励机制，并能对相应部门和人员实施合理的激励。

4. 获取部门人员的绩效考核规则以及最近一次完成的考核结果的相关文件，检查二者是否一致。

第三部分

内部审计准则与政策解读

审计署关于内部审计工作的规定

（审计署令第4号，2003年3月4日）

第一条 为了加强内部审计工作，建立健全内部审计制度，根据《中华人民共和国审计法》等有关法律，制定本规定。

第二条 内部审计是独立监督和评价本单位及所属单位财政收支、财务收支、经济活动的真实、合法和效益的行为，以促进加强经济管理和实现经济目标。

第三条 国家机关、金融机构、企业事业组织、社会团体以及其他单位，应当按照国家有关规定建立健全内部审计制度。

法律、行政法规规定设立内部审计机构的单位，必须设立独立的内部审计机构。

法律、行政法规没有明确规定设立内部审计机构的单位，可以根据需要设立内部审计机构，配备内部审计人员。

有内部审计工作需要且不具有设立独立的内部审计机构条件和人员编制的国家机关，可以授权本单位内设机构履行内部审计职责。

设立内部审计机构的单位，可以根据需要设立审计委员会，配备总审计师。

第四条 内部审计机构在本单位主要负责人或者权力机构的领导下开展工作。

第五条 内部审计人员实行岗位资格和后续教育制度，本单位应当予以支持和保障。

第六条 单位主要负责人或者权力机构应当保护内部审计人员依法履行职责，任何单位和个人不得打击报复。

第七条 内部审计人员办理审计事项，应当严格遵守内部审计职业规范，忠于职守，做到独立、客观、公正、保密。

第八条 内部审计机构履行职责所必需的经费，应当列入财务预算，由本单位予以保证。

第九条 内部审计机构按照本单位主要负责人或者权力机构的要求，履行下列职责：

（一）对本单位及所属单位（含占控股地位或者主导地位的单位，下同）的财政收支、财务收支及其有关的经济活动进行审计；

（二）对本单位及所属单位预算内、预算外资金的管理和使用情况进行审计；

（三）对本单位内设机构及所属单位领导人员的任期经济责任进行审计；

（四）对本单位及所属单位固定资产投资项目进行审计；

（五）对本单位及所属单位内部控制制度的健全性和有效性以及风险管理进行评审；

（六）对本单位及所属单位经济管理和效益情况进行审计；

（七）法律、法规规定和本单位主要负责人或者权力机构要求办理的其他审计事项。

第十条 内部审计机构每年应当向本单位主要负责人或者权力机构提出内部审计工作报告。

第十一条 单位主要负责人或者权力机构应当制定相应规定，确保内部审计机构具有履行职责所必需的权限，主要是：

（一）要求被审计单位按时报送生产、经营、财务收支计划、预算执行情况、决算、会计报表和其他有关文件、资料；

（二）参加本单位有关会议，召开与审计事项有关的会议；

（三）参与研究制定有关的规章制度，提出内部审计规章制度，由单位审定公布后施行；

（四）检查有关生产、经营和财务活动的资料、文件和现场勘察实物；

（五）检查有关的计算机系统及其电子数据和资料；

（六）对与审计事项有关的问题向有关单位和个人进行调查，并取得证明材料；

（七）对正在进行的严重违法违规、严重损失浪费行为，作出临时制止决定；

（八）对可能转移、隐匿、篡改、毁弃会计凭证、会计账簿、会计报表以及与经济活动有关的资料，经本单位主要负责人或者权力机构批准，有权予以暂时封存；

（九）提出纠正、处理违法违规行为的意见以及改进经济管理、提高经济效益的建议；

（十）对违法违规和造成损失浪费的单位和人员，给予通报批评或者提出追究责任的建议。

第十二条 单位主要负责人或者权力机构在管理权限范围内，授予内部审计机构必要的处理、处罚权。

第十三条 内部审计机构对本单位有关部门及所属单位严格遵守财经法规、经济效益显著、贡献突出的集体和个人，可以向单位主要负责人或者权力机构提出表扬和奖励的建议。

第十四条 内部审计机构应当遵守内部审计准则、规定，按照单位主要负责人或者权力机构的要求实施审计。

第十五条 内部审计协会是内部审计行业的自律性组织，是社会团体法人。全国设立中国内部审计协会，地方根据需要和法定程序设立具有独立法人资格的地方内部审计协会。

第十六条 内部审计协会依照法律和章程履行职责，并接受审计机关的指导、监督和管理。

第十七条 内部审计机构应当不断提高内部审计业务质量，并依法接受审计机关对内部审计业务质量的检查和评估。

第十八条 被审计单位不配合内部审计工作、拒绝审计或者提供资料、提供虚假资料、拒不执行审计结论或者报复陷害内部审计人员的，单位主要负责人或者权力机构应当及时予以处理；构成犯罪的，移交司法机关追究刑事责任。

第十九条 对认真履行职责、忠于职守、坚持原则、做出显著成绩的内部审计人员，由所在单位给予精神或者物质奖励。

对滥用职权、徇私舞弊、玩忽职守、泄漏秘密的内部审计人员，由所在单位依照有关规定予以处理；构成犯罪的，移交司法机关追究刑事责任。

第二十条 本规定由审计署负责解释。

第二十一条 本规定自2003年5月1日起施行。审计署于1995年7月14日发布的《审计署关于内部审计工作的规定》（审计署令1995年第1号）同时废止。

中国内部审计准则序言

（中内协发［2003］20号，2003年4月12日）

本序言旨在说明中国内部审计准则的制定依据、目标、体系、约束力、适用范围、制定与发布程序、修订和解释权。

一、中国内部审计准则的制定依据与目标

（一）中国内部审计准则依据《中华人民共和国审计法》、《审计署关于内部审计工作的规定》及相关法律法规制定。

（二）制定中国内部审计准则的目标：

1. 贯彻落实《中华人民共和国审计法》、《审计署关于内部审计工作的规定》以及相关法律法规，加强内部审计工作，实现内部审计的制度化、规范化和职业化。

2. 促使内部审计机构和人员按照统一的内部审计准则开展内部审计工作，保障内部审计机构和人员依法行使职权，保证内部审计质量，提高内部审计效率，防范审计风险，促进组织的自我完善与发展。

3. 明确内部审计机构和人员的责任，发挥内部审计在强化内部控制、改善风险管理、完善组织治理结构、促进组织目标实现的作用。

4. 建立与国际内部审计准则相衔接的中国内部审计准则。

二、中国内部审计准则的体系

中国内部审计准则是中国内部审计工作规范体系的重要组成部分，由内部审计基本准则、内部审计具体准则、内部审计实务指南三个层次组成。

（一）内部审计基本准则。内部审计基本准则是内部审计准则的总纲，是内部审计机构和人员进行内部审计时应当遵循的基本规范，是制定内部审计具体准则、内部审计实务指南的基本依据。

（二）内部审计具体准则。内部审计具体准则是依据内部审计基本准则制定的，是内部审计机构和人员在进行内部审计时应当遵循的具体规范。

（三）内部审计实务指南。内部审计实务指南是依据内部审计基本准则、内部审计具体准则制定的，为内部审计机构和人员进行内部审计提供的具有可操作性的指导意见。

三、中国内部审计准则的约束力

（一）内部审计基本准则、内部审计具体准则是内部审计机构和人员进行内部审计的执业规范，内部审计机构和人员在进行内部审计时应当遵照执行。

（二）内部审计实务指南是对内部审计机构和人员实施内部审计的具体指导，内部审计机构和人员在进行内部审计时应当参照执行。

四、中国内部审计准则的适用范围

（一）中国内部审计准则适用于内部审计机构和人员进行内部审计的全过程。

（二）中国内部审计准则适用于各类组织。无论组织是否以盈利为目的，也无论组织规模大小和组织形式如何，内部审计机构和人员在进行内部审计时，都应遵循内部审计准则。

五、中国内部审计准则的制定程序

（一）内部审计准则由中国内部审计协会制定。协会下设准则委员会负责内部审计准则的起草、修改和论证工作。

（二）中国内部审计准则的制定程序：

1. 选定项目。中国内部审计协会准则委员会提出内部审计准则备选项目，经专家咨询论证，征求有关方面意见后，由中国内部审计协会审批立项。

2. 拟定初稿。中国内部审计协会准则委员会根据确定的项目，进行调查研究，起草初稿。中国内部审计协会征询专家和有关方面意见，由中国内部审计协会准则委员会修订

后提交征求意见稿。

3. 征求意见。中国内部审计协会发布征求意见稿，广泛征求各有关方面的意见。

4. 修改定稿。中国内部审计协会准则委员会根据各方面意见修改征求意见稿，中国内部审计协会征询专家及有关方面意见后定稿。

六、中国内部审计准则的发布、修订与解释

中国内部审计准则由中国内部审计协会负责发布、修订与解释。

关于中国内部审计准则制定的若干问题

2003年3月4日，国家审计署发布了新的《关于内部审计工作的规定》，要求中国内部审计协会、各企事业单位及社会团体自5月1日起遵照执行。根据这个规定和《审计法》及相关法律法规，中国内部审计协会组织有关方面的专家、内部审计实务工作者、法律工作者，从2000年初到2002年末，历时3年，制定了一套既符合国际内部审计惯例，又适合中国国情的内部审计准则，首批公布并于2003年6月1日起施行的有《内部审计基本准则》、《内部审计人员职业道德规范》以及10项内部审计具体准则。这是中国内部审计协会着力推进内部审计法制化、制度化和规范化建设的重要举措。笔者自始至终参与了内部审计准则的起草和论证工作，现就其基本问题作简要说明。

（一）近几年，伴随着国有企业改革的日益深入，国有企业的深层次问题表现得越来越突出，如何建立健全公司治理结构，优化内部控制、促进企业资源的有效利用、避免舞弊和浪费，已成为当前全社会面临的重大课题，尤其是最近两年上市公司舞弊案的层出不穷，更使大家认识到：只有建立一套完整的监督控制系统，才能彻底解决舞弊、腐败和管理不当问题。在这一监督控制系统中，内部审计是必不可少的组成部分。内部审计准则是内部审计职业规范体系的重要组成部分，是对内部审计机构及内部审计人员执业行为的规范，也是衡量内部审计质量的权威性标准，这一规范的制定能促进我国内部审计事业的全面发展，更好地为社会主义市场经济服务。

1. 制定内部审计准则有助于社会公众了解内部审计工作的性质和内部审计人员所负的责任，提高社会公众对内部审计职业的信心。内部审计是组织内部的一种独立客观的监督和评价活动。内部审计通过发挥其基本职能，能够审查、揭露违法违规行为。同时，内部审计通过对经营活动及内部控制的审查和评价，能够解决组织本身存在的问题，提高管理效率和效果，从而促进组织目标的实现，这是内部审计更为重要的职能所在。我国的内部审计，从20世纪80年代开始建立，历经近20年的发展，已有了长足的进步，截至2001年全国已有了7.6万个内部审计机构，19.3万名内部审计从业人员，分布在各企事业单位。但是，我国的内部审计工作也存在着一些突出的问题：①许多组织和社会公众没有意识到内部审计工作的重要性，甚至把内部审计定位于经营管理层的对立面；②内部审计工作缺乏科学的理论指导，存在着凭经验办事的操作模式；③内部审计人员所承担的职责及其必须具备的职业道德定位模糊。内部审计准则正是基于上述情况而制定的，这一规范能指导内部审计工作，明确内部审计机构及人员的责任，提高内部审计的质量，增强社会公众对内部审计职业的信心。

2. 制定内部审计准则有助于我国内部审计职业逐步迈向国际化。我国已加入世贸组织，逐渐迈向国际经济舞台。全球经济一体化的趋势要求我国的内部审计职业不能再停留在“闭门造车”的阶段，而应充分借鉴国际内部审计先进的理论，技术及经验，将我国内部审计事业融入世界内部审计的一体化之中，促进我国内部审计事业的发展。国际上许多发达国家的内部审计已走过了几十年的历史，作为内部审计职业的国际性组织——国际内部审计师协会（IIA）已有60年历史，会员数量达到7万多，分布在120多个国家，并有150多个地区分会、29个国家分会。IIA从成立之日起就着手制定内部审计准则，并且根据实际情况不断修改内部审计准则，旨在为内部审计实务提供高质量的执业标准，以推动内部审计职业的发展。2001年6月，IIA颁布了最新的内部审计实务准则，并从2002年元月1日起正式实施，掀起了内部审计发展的又一轮高潮。针对许多大型公司的会计舞弊案件，美国国会制定了一系列的新政策，对公司内部审计给予更多的关注，提高了内部审计的地位，同时也使内部审计面临更大的挑战。

我国在1987年成立了中国内部审计学会，同年12月加入了IIA. 10多年来，中国内部审计学会积极进行国际合作，发展国际内部审计师协会会员3000多人，在中国开设了10多个国际注册内部审计师（CIA）考点，并取得较好效果。2002年，中国内部审计学会正式更名为中国内部审计协会。这次更名不仅是形式上的，更是实质上的，它理顺了我国内部审计职业组织与国家审计署的关系，也使我国内部审计职业组织更加适应市场经济的要求。在这样的背景下，充分借鉴国际内部审计惯例，制定适合我国国情的内部审计准则就成为我国内部审计职业走向国际化的必然需要。

3. 增进内部审计工作的适应性，真正使内部审计人员做到依法审计、适法而为。1994年，我国颁布了《审计法》，将内部审计以法律形式予以规定，明确了其法律地位。1995年，国家审计署又发布了《关于内部审计工作的规定》，对内部审计机构、人员、职责权限等作了进一步规定。根据这些法规的要求，我国的内部审计工作是在国家审计署和中国内部审计协会领导和管理下开展的。与此同时，《会计法》、《中国人民银行法》、《商业银行法》、《上市公司章程指引》、《上市公司治理准则》、《信托投资公司管理办法》、《国有重点金融机构监事会暂行条例》等相关法律法规都对内部审计工作做了相应的规定。

但是，《审计法》及相关法律法规的规定都是总括性的，没有对内部审计工作的具体操作和执行进行规范。我国的内部审计实务中缺乏一套完整、科学和具备相当权威的准则用于指导实务，内部审计人员执行内部审计业务就没有业务规范和统一的业务质量衡量标准，因而对《审计法》及相关法律法规的贯彻就不可能全面和彻底，也无法实现真正意义上的依法审计。同时，法律法规的修订非常不易，无法适时配合形势的变化和实际的需要而进行必要的修订。因此，为了按照国际惯例和我国国情来制定内部审计准则，来规范审计原则、审计方式、审计程序、审计方法及审计报告等审计实务问题，可随着环境的改变而不断修订，并且不必经过立法机构。这样可以大大增加内部审计工作的适应性，实现既依法审计，又适法而为。

4. 制定内部审计准则有助于提高我国内部审计的专业化水准，提高内部审计人员的专业素养并使内部审计工作向制度化迈进。制定内部审计准则是一项十分艰苦细致的工作，需要许多专家和实务工作者协同努力，需要借鉴国外先进的国家内部审计成功的案例，才能顺利完成。而伴随着环境的变化，还需要从理论和实践上去研究内部审计准则如何适应这种变化，比如内部审计已深入企业管理的层面，这就需要关注内部控制、风险管

理和公司治理的配合。那么内部审计准则该如何修订呢？修订哪些条款呢？修订到何种程度呢？这必须进行大量的理论研究和实践研究。因此，制定内部审计准则有助于提高我国内部审计的专业化水准，有助于促进相关学术研究的发展。同时，在整个审计体系中，我国已经制定了独立审计准则和国家审计准则，由于内部审计与民间审计、政府审计在很多方面有相似之处，因此，内部审计准则可就相似之处借用独立审计准则和国家审计准则，相异之处再针对内部审计的特定需要自行研究制定。这样，不仅可以降低成本，而且可以使内部审计与民间审计、政府审计协同发展，协助广大社会公众去理解审计的目的和审计人员在市场经济中的作用，建立社会公众对审计的信心。

我国的内部审计发展历史不长，内部审计人员的专业素养参差不齐。内部审计人员的专业胜任能力和技术水平是决定我国内部审计工作质量的关键因素。内部审计准则对内部审计工作作出了具体规范，对从业人员执行业务进行直接、具体的指导。在内部审计准则指导下执业需要从业人员有一个从理解到熟悉运用的过程，这一过程本身就是内部审计人员不断学习、提高素质和技能的过程。内部审计专业化水准和内部审计人员专业素养的提高、社会公众对内部审计信心的提高、内部审计与民间审计和政府审计距离的拉近，必将使内部审计工作走向制度化、现代化。

（二）内部审计准则的制定是一项复杂且技术性很强的工作。从 2000 年初到 2002 年底，在国家审计署的领导下，中国内部审计协会专设了一个准则委员会来负责内部审计准则的起草、修改和论证工作。准则委员会组织了各方面的专家和实务工作者，对内部审计准则进行了多次研究和系统论证，相继召开了九江会议、北京会议、大连会议、苏州会议、深圳会议、青岛会议。2002 年底，准则委员会在北京就准备首批公布的准则进行了最后的研讨论证，后提交给 2003 年 2 月召开的中国内部审计协会四届三次理事会议讨论并通过。内部审计准则的制定分以下几个步骤：

1. 选定项目。准则委员会根据内部审计实务的需要，结合国际内部审计发展的趋势，征求各方专家和实务工作者的意见，选定急需解决的内部审计问题作为内部审计准则项目（包括职业道德规范、基本准则和若干项具体准则）。由中国内部审计协会审批立项。准则委员会选定项目时具体考虑以下几个因素：

（1）财务审计与管理审计并重。根据国际内部审计师协会的一项调查，54%的高层主管认为内部审计人员应把工作重心放在管理审计上；在亚洲地区，61%的高层主管认为内部审计应重点关注管理审计，扮演企业顾问的角色。根据中国内部审计协会的统计调查，1998 年以前，财务收支审计占 50%以上；1999～2001 年，财务收支审计仅占 32%，管理审计占 68%。这就要求在选定准则项目时，既要考虑财务事项，以发挥内部审计消极防弊、积极兴利的功能，又要考虑管理事项，以充分发挥现代内部审计积极兴利和价值增值的功能。关注财务事项主要是加强内部审计人员对舞弊预防与审查的责任。

（2）信息化对内部审计的影响。伴随着信息系统的发展，内部审计人员的工作环境渐趋自动化，于是电子数据处理（EDP）审计人员与一般内部审计人员的差别日益缩小；由于自动化环境下，信息系统横跨许多部门，这就使以传统的垂直部门为重心的内部审计逐渐演进为跨部门的内部审计。

（3）不良社会环境给内部审计带来的职业风险。就整个社会环境而言，各种欺诈、舞弊层出不穷，社会道德状况也不容乐观，司法界、医学界、审计职业界违背职业道德的事件屡见不鲜。这种不良的社会环境给内部审计界带来了巨大的职业风险，制定内部审计准则时应给予极大的关注。

（4）准则应高于我国内部审计的现实水准。内部审计准则旨在指导内部审计实践，因此必须高于现实，否则，我们要么在低水平上徘徊，要么好高骛远，不切实际。

2. 拟定初稿。准则委员会根据确定的项目，进行调查研究，起草初稿。具体操作办法是每个内部审计准则项目成立一个专门制定小组。各制定小组的成员构成应充分考虑理论与实践相结合的原则，由高校教授、大中型企业（包括国营、民营等不同类型企业）内部审计机构负责人、各地内部审计协会负责人组成。同时也考虑了东部、中部及西部三个经济发展程度不同地区内部审计的差别。在进行大量实践调研后，各制定小组成员经多次讨论整理，形成内部审计准则初稿。

3. 征求意见。中国内部审计协会就准则委员会提交的内部审计准则初稿广泛征求各有关部门及各地方内部审计协会、会员单位、科研院校等方面的意见，并且在 3 年内召开了 7 次内部审计准则研讨会，对内部审计准则初稿进行了认真的研究、讨论。参与会议的专家包括：中国内部审计协会会长、副会长、秘书长及顾问；准则委员会成员；审计署经贸司、法制司、外资司、投资司的领导厦门大学、武汉大学、中山大学、暨南大学、南开大学、上海财经大学、中南财经政法大学、重庆大学、西安交通大学、郑州航空工业管理学院、北方交通大学、西南财经大学、北京工商大学、江西财经大学、东北财经大学、南京审计学院的专家学者；中国航空第二集团公司、铁道部、首都钢铁公司、海洋石油总公司、石油天然气总公司、中国通用技术（集团）控股公司、国家电力公司、广东核电合营公司、中国农业银行等大中型企业的内部审计机构负责人以及各地内部审计协会负责人等。他们对每个内部审计准则项目（包括职业道德规范、基本准则和若干项具体准则）都进行了深入、细致的分析研究，从科学性、现实性、前瞻性等方面对内部审计准则提出了大量修改意见。

4. 修改定稿。准则委员会充分考虑各次内部审计准则研讨会所提出的意见及其他方面反馈的意见，对每个内部审计准则项目都经过了 3～4 次的修改。修改稿交中国内部审计协会秘书处。在适当的时候，中国内部审计协会召开内部审计准则定稿会，邀请多方面专家出席，对准则进行最后的把关和复核，最终定稿。

（三）制定内部审计准则要达到四个目标：①贯彻落实《审计法》及相关法律法规，使内部审计工作做到依法审计、适法而为。②规范内部审计机构和人员的执业行为和执业过程，保证内部审计质量，提高内部审计效率。③明确内部审计机构和人员的责任，发挥内部审计在加强内部控制、改善风险管理和完善公司治理方面的功能。④建立与国际内部审计惯例相衔接、与民间审计和政府审计准则相协调的中国内部审计准则，实现内部审计的制度化、规范化和职业化。

内部审计准则包括三个层次：基本准则、具体准则和实务指南。基本准则是内部审计准则的总纲，是制定具体准则和实务指南的依据。具体准则是内部审计机构和人员在进行内部审计时应当遵循的具体规范。除基本准则、具体准则之外的具有可操作性的指导性意见统称实务指南。

中国内部审计协会一向注重内部审计准则的建设，早在 1990 年，当时的中国内部审计协会就起草了一份《中国内部审计标准（草案）》（简称《标准草案》），并组织翻译了内部审计师协会（IIA）制定的《内部审计职业实务准则（1993 年版）》，这些工作对于我国内部审计的法制化、制度化和规范化都有重要的意义。《标准草案》共计五章，分别是：

第一章，内部审计的组织机构；第二章，内部审计人员；第三章，内部审计作业；第四章，内部审计报告；第五章，内部审计质量控制。中国内部审计协会在继承已有成果的基础上，制定了新的中国内部审计准则体系（简称《新准则》），与《标准草案》相比有以下几方面的进步：

1. 框架结构上的进步。从框架结构上看，《标准草案》的五个章节覆盖了内部审计的整个过程，并且在第二章内部审计人员中对审计人员的道德品质提出了要求，与内部审计活动技术方面的要求结合在同一个标准中进行规范。而《新准则》则将内部审计人员的职业道德规范独立出来，专门制定了《内部审计人员职业道德规范》，将对审计人员职业行为的要求与对内部审计活动技术方面的要求区分开来，并且将准则分为基本准则和具体准则。基本准则针对内部审计过程中一些基本性、纲领性问题进行规范，这些问题属于内部审计活动中不易发生变化，具有相对稳定性的一些重要问题。对这些重要问题的规范，体现了基本准则在《新准则》中的基础地位，以及对具体准则的指导作用。而具体准则根据基本准则的精神，针对内部审计过程中各个环节的具体问题进行规范，可以根据内部审计发展过程中出现的各种新问题，在必要的时候进行修订或者增加。两相比较，《新准则》框架结构更为清晰、稳定，更适应我国蓬勃发展的市场经济的需要；《标准草案》的框架结构较为单薄，且无法针对内部审计发展过程中出现的新问题作出很好的应对，结构上不稳定。

2. 内容上的进步。《标准草案》共分五章，覆盖了内部审计过程中的各个主要环节，但是在对各个环节进行具体规范时，其内容不够完备，没有对各环节的重点作出必要的规定。如在《标准草案》的第一章，关于内部审计机构，仅仅强调了独立性，并没有就内部审计机构管理中应注意的其他重要问题作出规范；又如第三章，关于内部审计作业，仅就审计计划、内部控制系统的评价和审计证据作出原则性的规范。与此相比，《新准则》以具体准则的形式对内部审计过程中的各个步骤、各种程序作了详细的规范。第一批颁布的10个具体准则主要规范的是内部审计活动的基本过程，以后还将陆续发布新的具体准则，对准则所覆盖的内容作进一步完善。

3. 内部审计定义与核心概念的进步。《标准草案》将内部审计定义为“部门、单位的审计机构和人员对本单位的经济活动的真实性、合法性、效益性进行审查和评价的独立性经济监督活动”。《新准则》将内部审计定义为：“组织内部的一种独立客观的监督和评价活动，它通过审查和评价经营活动及内部控制的适当性、合法性和有效性来促进组织目标的实现”。《标准草案》关于内部审计的定义把内部审计的对象限定为“单位经济活动的真实性、合法性、效益性”，它的主要任务是对单位经济活动进行“查错防弊”。以1941年IIA的成立为标志，现代内部审计历经几十年的发展，已经从最初的消极防弊，到积极兴利，到目前的价值增值。而内部审计的对象也并不仅仅限于组织的经济活动，还包括组织的内部控制等内容。《新准则》对内部审计所下的定义，正是在科学认识内部审计的发展状况、借鉴IIA对内部审计的最新定义、结合我国经济发展情况和内部审计现状的情况下作出的，对我国内部审计的进一步发展具有更好的指导意义。

同时，《新准则》结合内部审计理论研究的最新成果，始终围绕着一些核心概念而展开，这一点是《标准草案》所没有的。《新准则》的基本准则和具体准则充分考虑了“风险评估”、“内部控制”、“公司治理”和“成本效益”等现代组织经营管理中的核心概念。这些核心概念使准则既具有理论上的科学性，又具有实务上的先进性，使其成为前后逻辑一致的体系。

（四）在内部审计准则制定过程中，归纳起来，共有 11 个问题：

1. 关于内部审计的定义及职能。内部审计的定义贯穿在基本准则及各项具体准则中，我们提出的内部审计定义为："内部审计是指组织内部的一种独立客观的监督和评价活动，它通过审查和评价经营活动及内部控制的适当性、合法性和有效性来促进组织目标的实现。"上述定义和传统的内部审计定义有一定的差别，传统内部审计定义强调内部审计对财政收支、财务收支及有关经济活动或者经营管理活动进行检查和评价。经过多次研讨，多数意见认为传统的内部审计定义带有较强的政府审计色彩，不适合现代内部审计实务，因此采用此定义。具体而言有以下三点考虑：①内部审计不仅涵盖财务审计，而且更需要考虑管理审计，因此，内部审计职能不仅要考虑传统的监督职能，更要强调通过评价而促进经营管理活动效率的提高；②从经营活动和内部控制两方面来概括内部审计的对象是充分、适当的，这也使内部审计体现出有别于民间审计及政府审计的特点；③借鉴 IIA 内部审计定义的同时充分考虑我国内部审计实务发展水平，采纳 IIA1993 年实务准则中提出的内部审计的监督评价职能，暂时不采纳 2001 年最新实务准则提出的咨询职能。

2. 关于审计计划的层次及内容。在《内部审计具体准则第 1 号——审计计划》中，采用了年度审计计划、项目审计计划和审计方案三个层次的概念，并按风险和审计资源这两个因素考虑年度审计计划的制定。关于审计计划的层次，争论焦点是：是否需要划分审计计划的层次，是否需要将项目审计计划和审计方案分开考虑，是否需要特别考虑年度审计计划的制定。经过多次讨论，大家认为：①内部审计有不同于民间审计的特点，后者不存在选择被审计单位的问题。在内部审计工作中，为提高审计效率，必须把有限的审计资源优先应用到高风险项目上。因此内部审计强调预先对年度的工作进行计划，而这一计划要在对各被审计单位进行风险评估的基础上考虑相应的审计资源的分配，从而确定被审计单位。年度审计计划是内部审计的一个重要特色。②项目审计计划和审计方案具有不同的内容，前者是对审计项目实施的全过程所做的综合安排，后者是对审计项目的审计程序及其时间等所做的详细安排，因此属于不同的层次，必须分开。

3. 关于内部审计通知书的送达时间。《内部审计具体准则第 2 号——审计通知书》规定内部审计机构应当在实施审计前，向被审计单位送达审计通知书，特殊审计业务可在实施审计时送达。关于审计通知书的争论主要集中在审计通知书送达的时间问题上。考虑到内部审计与政府审计的不同，内部审计是一种自主性更强的活动，因此在该准则中不规定时间，期限由各组织内部审计机构自行规定，这样更能适应实务并体现灵活性原则。另外，考虑到一些特殊业务审计程序需要突击执行，因此对这部分业务可以在实施审计时送达通知书，以确保突击性审计程序的效果。

4. 关于审计证据的类型及获取审计证据时要考虑的因素。在《内部审计具体准则第 3 号——审计证据》中对审计证据划分了五种类型：书面、实物、视听、电子、口头及环境证据，关于获取审计证据时要考虑的因素，大家普遍认为必须把最主要的因素列出来，又要充分考虑成本效益原则的例外情况。最终确定的考虑因素是：抽样方法，审计风险水平，成本效益合理程度、重要程度。这些因素基本涵盖了最主要的问题。

5. 关于审计工作底稿的范围界定及复核问题。在《内部审计具体准则第 4 号——审计工作底稿》中界定的审计工作底稿是指内部审计人员在审计过程中形成的工作记录，是联系审计证据和审计结论的桥梁。讨论中主要争论的问题是工作底稿的范围到底应界定到什么程度，是采用广义工作底稿（即包括审计报告在内的一切记录）还是采用狭义工作底稿（从审计计划开始到审计报告前的所有记录）。为了与《内部审计具体准则第 7 号——审计报告》更好地衔接，最后决定采用狭义的工作底稿。属于结论类的由审计报告准则来规范，不在本准则中反映。本准则规定了对审计工作底稿的复核，强调分级复核制度的建立，并规定内部审计机构负责人应对审计工作底稿的复核负完全责任。考虑到不同组织内部审计机构规模的差别，该准则倾向于不具体写明需要几级复核，每一级各应承担什么责任，这样可以保持其灵活性；另外，如果需要对分级复核进行详细的规范，可以在后续颁发的实务指南中详细说明。该准则中的分级复核充分考虑了与计划准则、证据准则及报告准则等准则的衔接。

6. 关于内部控制的构成要素及其审查。《内部审计具体准则第 5 号——内部控制审计》的基本概念“内部控制”采用了国际最新的五要素观点：内部控制包括控制环境、风险管理、控制活动、信息与沟通、监督等五个要素。而我国的独立审计准则采用的是传统的三要素观点：控制环境、会计制度、控制程序。该准则采用五要素观点能够从一定程度上促进内部控制实务的进步，因此必须强调其前瞻性和国际惯例接轨。至于可操作性，由于该准则篇幅有限，可以在后续颁发的实务指南中详细说明相关问题。

7. 关于舞弊的定义及舞弊的预防、检查和报告的出发点。在《内部审计具体准则第 6 号——舞弊的预防、检查与报告》中所称舞弊是指组织内外人员采用欺骗等违法违规手段，损害或谋取组织经济利益，同时可能为个人带来不正当利益的行为。并以常规内部审计工作为出发点考虑舞弊的预防、检查和报告，并不是对专项舞弊审计的规范。本准则在一般原则中强调了“内部审计并非专为检查舞弊而进行。即使审计人员以应有的职业谨慎执行了必要的审计程序，也不能保证发现所有的舞弊行为”，并在预防、检查和报告中都依照此出发点来规范常规审计过程中针对舞弊应执行的审计程序。

8. 关于审计报告所体现的内部审计特点。《内部审计具体准则第 7 号——审计报告》所称审计报告，是指内部审计人员根据审计计划对被审计单位实施必要的审计程序后，就被审计单位经营活动和内部控制的适当性、合法性和有效性出具的书面文件。讨论中的意见主要集中在内部审计报告必须考虑内部审计自身特点，以区别于注册会计师审计。该准则作了两点规定：①内部审计报告定义涵盖期中报告和终结报告。考虑了为及时采取有效的纠正措施而在审计过程中提交期中报告的现实情况。②内部审计报告的内容充分体现了内部审计工作的特点。报告内容涵盖了概况、依据、结论、决定和建议，并在附件中包括了被审计单位的反馈意见。这是符合实务现实的，并具有可操作性。

9. 关于后续审计期限的问题。在《内部审计具体准则第 8 号——后续审计》中对后续审计期限的要求是内部审计机构应在规定的期限内，或与被审计单位约定的期限内执行后续审计。规定的期限指审计报告中要求被审计单位针对审计发现的问题采取纠正措施的期限。后续审计就是为了检查纠正措施及其效果而实施的审计。另外，如果审计报告中并未对纠正措施的期限进行明确规定，内部审计机构应当与被审计单位约定适当的期限，在此期限内执行后续审计。这样的规定主要是考虑到内部审计是为组织服务的，在安排后续审计工作时，应尽量减少对被审计单位业务的影响，因此应当在双方协商的情况下约定适当的后续审计期限。

10. 关于内部审计督导的对象与内容。在《内部审计具体准则第 9 号——内部审计督导》中督导是指内部审计机构负责人和审计项目负责人对实施审计工作的审计人员所进行的监督与指导。督导贯穿于审计项目的全过程。讨论中的主要意见是必须明确督导是对审计人员的监督和指导，其对象是人。督导是内部审计机构质量控制的一部分，内部审计工作是由不同层次的人员共同完成的，为了提高内部审计工作质量，内部审计机构负责人和项目负责人必须对审计人员的工作予以指导、监督和复核，这就是督导。同时，必须强调督导是贯穿于审计项目全过程的，包括审计准备、审计实施和审计终结三个阶段。因此督导必须包括对审计方案的制定及修订、审计程序的实施、审计工作底稿的编制、中计证据的性质、审计报告的撰写以及审计目标的实现等内容的监督与指导。该准则与其他内部审计具体准则的关系较密切，因此必须注意做好与其他准则的协调工作。

11. 关于内部审计与外部审计协调的定位。在《内部审计具体准则第 10 号——内部审计与外部审计的协调》中对协调的定位主要在于：为减少重复审计，提高审计效率，内部审计机构与会计师事务所、国家审计机构在审计工作中的沟通与合作。研讨中主要意见是协调的定位不能歪曲，不能将协调定位在国家审计机构对组织实施政府审计时要求内部审计提供的合作，而应以内部审计为出发点考虑由于审计范围可能存在重复而需要内外之间的沟通，该准则的制定充分考虑了这一点，并借鉴国际惯例和实务经验，对协调的方法和内容进行了规范。

内部审计基本准则

（中内协发［2003］20 号，2003 年 4 月 12 日）

第一章 总 则

第一条 为了规范内部审计工作，明确内部审计机构和人员的责任，根据《中华人民共和国审计法》、《审计署关于内部审计工作的规定》及相关法律法规制定本准则。

第二条 本准则所称内部审计，是指组织内部的一种独立客观的监督和评价活动，它通过审查和评价经营活动及内部控制的适当性、合法性和有效性来促进组织目标的实现。

第三条 本准则适用于各类组织的内部审计机构、内部审计人员及其从事的内部审计活动。

第二章 一般准则

第四条 内部审计机构的设置应考虑组织的性质、规模、内部治理结构及相关规定，并配备一定数量具有执业资格的内部审计人员。

第五条 内部审计机构应建立有效的质量控制制度，并积极了解、参与组织的内部控制建设。

第六条 内部审计人员应具备必要的学识及业务能力，熟悉本组织的经营活动和内部控制，并不断通过后续教育来保持和提高专业胜任能力。

第七条 内部审计人员应当遵循职业道德规范，并以应有的职业谨慎态度执行内部审计业务。

第八条 内部审计机构和人员应保持独立性和客观性，不得负责被审计单位经营活动和内部控制的决策与执行。

第九条 内部审计人员应具有较强的人际交往技能，能恰当地与他人进行有效的沟通。

第三章 作业准则

第十条 内部审计人员在审计过程中，应充分考虑重要性与审计风险的问题。

第十一条 内部审计人员应在考虑组织风险、管理需要及审计资源的基础上，制定审计计划，对审计工作做出合理安排。

第十二条 内部审计人员在实施审计前，应向被审计单位送达内部审计通知书，并做好必要的审计准备工作。

第十三条 内部审计人员应深入调查、了解被审计单位的情况，采用抽样审计等方法，对其经营活动及内部控制的适当性、合法性和有效性进行测试。

第十四条 内部审计人员可以运用审核、观察、询问、函证和分析性复核等方法，获取充分、相关、可靠的审计证据，以支持审计结论和建议。

第十五条 内部审计人员在审计过程中应积极利用计算机进行辅助审计。在计算机信息系统下进行审计，不应改变审计计划确定的目标和范围。

第十六条 内部审计人员应将审计程序的执行过程及收集和评价的审计证据，记录于审计工作底稿。

第四章 报告准则

第十七条 内部审计人员应在实施必要的审计程序后，出具审计报告。审计报告的编制应当以经过核实的审计证据为依据，做到客观、完整、清晰、及时、具有建设性，并体现重要性原则。

第十八条 审计报告应说明审计目的、范围，提出结论和建议，并应当包括被审计单位的反馈意见。

第十九条 审计报告应声明内部审计是按照中国内部审计准则的规定实施，若存在未遵循该准则的情形，审计报告应对其作出解释和说明。

第二十条 内部审计机构应建立审计报告的分级复核制度，明确规定各级复核的要求和责任。

第二十一条 内部审计人员应进行后续审计，促进被审计单位对审计发现的问题及时采取合理、有效的纠正措施。

第五章 内部管理准则

第二十二条 内部审计机构负责人应确定年度审计工作目标，制定年度审计计划，编制人力资源计划和财务预算。

第二十三条 内部审计机构负责人应根据《审计署关于内部审计工作的规定》和中国内部审计准则，结合本组织的实际情况，制定审计工作手册，以指导内部审计人员的工作。

第二十四条 内部审计机构负责人应建立内部激励约束制度，对内部审计人员的工作进行监督、考核，评价其工作业绩。

第二十五条 内部审计机构负责人应在组织适当管理层的支持和监督下，做好与外部审计的协调工作。

第六章 附 则

第二十六条 本准则由中国内部审计协会发布并负责解释。

第二十七条 本准则自 2003 年 6 月月 1 日起施行。

内部审计具体准则第 1 号——审计计划

（中内协发［2003］20 号，2003 年 4 月 12 日）

第一章 总 则

第一条 为了规范内部审计人员编制审计计划，保证及时、有效地执行审计业务，提高审计效率，根据《内部审计基本准则》制定本准则。

第二条 本准则所称审计计划，是指内部审计机构和人员为完成审计业务，达到预期的审计目的，对一段时期的审计工作任务或具体审计项目作出的事先规划。

第三条 本准则适用于各类组织的内部审计机构、内部审计人员及其从事的内部审计活动。

第二章 一般原则

第四条 审计计划一般包括年度审计计划、项目审计计划和审计方案三个层次：

（一）年度审计计划是对年度的审计任务所作的事先规划，是组织年度工作计划的重要组成部分；

（二）项目审计计划是对具体审计项目实施的全过程所作的综合安排；

（三）审计方案是对具体审计项目的审计程序及其时间等所作出的详细安排。

内部审计机构可以根据组织的性质、规模、审计业务的复杂程度等因素决定审计计划层次的繁简。

第五条 年度审计计划应在下年度开始前编制完成，并报组织适当管理层批准，以指导内部审计机构下年度的工作；项目审计计划和审计方案应在审计实施前编制完成，并经内部审计机构负责人批准。

第六条 内部审计机构应当根据批准后的审计计划组织实施内部审计活动。在计划执行过程中，若有必要，应按规定的程序对计划进行修改和补充。

第七条 内部审计机构负责人应定期检查审计计划的执行情况。

第三章 年度审计计划

第八条 内部审计机构负责人负责年度审计计划的制定工作。

第九条 年度审计计划应当包括以下基本内容：

（一）内部审计年度工作目标；

（二）需要执行的具体审计项目及其先后顺序；

（三）各审计项目所分配的审计资源；

（四）后续审计的必要安排。

第十条 在制定年度审计计划时，应当考虑组织风险、管理需要和审计资源，以确定具体审计项目。

第十一条 在制定年度审计计划前，应了解以下情况，以评价各审计项目的风险程度：

（一）组织的发展目标及年度工作重点；

（二）严重影响相关经营活动的法规、政策、计划和合同；

（三）相关内部控制的质量；

（四）相关经营活动的复杂性及其近期变化；

（五）相关人员的能力、品质及其岗位的近期变动；

（六）其他与项目有关的重要情况。

第十二条 内部审计机构负责人应根据审计项目的风险程度规划审计项目执行的先后顺序。

第十三条 内部审计机构负责人应根据审计项目的性质、复杂性及时间限制，合理安排所需的审计资源。

第四章 项目审计计划与审计方案

第十四条 内部审计机构应根据年度审计计划确定的审计项目和时间安排，选派内部审计人员开展审计工作。

第十五条 在具体实施审计项目前，审计项目负责人应充分了解被审计单位的以下情况，以制定项目审计计划：

（一）经营活动概况；

（二）内部控制的设计及运行情况；

（三）财务、会计资料；

（四）重要的合同、协议及会议记录；

（五）上次审计的结论、建议以及后续审计的执行情况；

（六）上次外部审计的审计意见；

（七）其他与项目审计计划有关的重要情况。

第十六条 项目审计计划应当包括以下基本内容：

（一）审计目的和审计范围；

（二）重要性和审计风险的评估；

（三）审计小组构成和审计时间的分配；

（四）对专家和外部审计工作结果的利用；

（五）其他有关内容。

第十七条 审计项目负责人应根据项目审计计划制定审计方案。

第十八条 审计方案应当包括以下基本内容：

（一）具体审计目的；

（二）具体审计方法和程序；

（三）预定的执行人及执行日期；

（四）其他有关内容。

第十九条　审计项目负责人可以根据被审计单位的经营规模、业务复杂程度及审计工作的复杂程度确定项目审计计划和审计方案内容的繁简程度。

第五章　附　　则

第二十条　本准则由中国内部审计协会发布并负责解释。

第二十一条　本准则自2003年6月1日起施行。

内部审计具体准则第2号——审计通知书

（中内协发［2003］20号，2003年4月12日）

第一章　总　　则

第一条　为了规范内部审计通知书的编制与发送，根据《内部审计基本准则》制定本准则。

第二条　本准则所称审计通知书，是指内部审计机构在实施审计前，通知被审计单位或个人接受审计的书面文件。

第三条　本准则适用于各类组织的内部审计机构、内部审计人员及其从事的内部审计活动。

第二章　审计通知书的编制与发送

第四条　审计通知书应包括以下基本内容：

（一）被审计单位及审计项目名称；

（二）审计目的及审计范围；

（三）审计时间；

（四）被审计单位应提供的具体资料和其他必要的协助；

（五）审计小组名单；

（六）内部审计机构及其负责人的签章和签发日期。

第五条　内部审计机构应根据经过批准后的审计计划编制审计通知书。

第六条　内部审计机构应在实施审计前，向被审计单位送达审计通知书。特殊审计业务可在实施审计时送达。

第七条　审计通知书主送被审计单位，必要时可抄送组织内部相关部门。涉及组织内个人责任的审计项目，应抄送被审计者本人。

第三章　附　　则

第八条　本准则由中国内部审计协会发布并负责解释。

第九条 本准则自 2003 年 6 月 1 日起施行。

内部审计具体准则第 3 号——审计证据

（中内协发［2003］20 号，2003 年 4 月 12 日）

第一章 总 则

第一条 为了规范内部审计证据的获取及处理，保证审计证据的充分性、相关性和可靠性，根据《内部审计基本准则》制定本准则。

第二条 本准则所称审计证据，是指内部审计人员在从事审计活动中，通过实施审计程序所获取的，用以证实审计事项，作出审计结论和建议的依据。

第三条 本准则适用于各类组织的内部审计机构、内部审计人员及其从事的内部审计活动。

第二章 一般原则

第四条 内部审计人员应当依据审计目标获取不同类型的审计证据。审计证据包括下列几种：

（一）书面证据；

（二）实物证据；

（三）视听电子证据；

（四）口头证据；

（五）环境证据。

第五条 内部审计人员获取的审计证据应当具备充分性、相关性和可靠性。

（一）充分性是指证据数量足以证实审计事项，作出审计结论和建议；

（二）相关性是指证据和审计目标相关联，所反映的内容能够支持审计结论和建议；

（三）可靠性是指证据能够反映审计事项的客观事实。

第六条 审计项目的各级复核人应在各自责任范围内对审计证据的充分性、相关性和可靠性予以复核。

第七条 内部审计人员在获取审计证据时，应当考虑下列基本因素：

（一）适当的抽样方法。

（二）合理的审计风险水平。证据的充分性与审计风险水平密切相关。可以接受的审计风险水平越低，所需证据的数量就越多。

（三）成本与效益的合理程度。获取审计证据应考虑取证成本与证据效益的对比。但对于重要审计事项，不应将审计成本的高低作为减少必要审计程序的理由。

（四）具体审计事项的重要程度。内部审计人员应当从数量和性质两个方面判断具体审计事项的重要性，以做出获取审计证据的决策。

第三章 审计证据的获取与处理

第八条 内部审计人员可以采用下列方法获取审计证据：

（一）审核；

（二）观察；

（三）监盘；

（四）询问；

（五）函证；

（六）计算；

（七）分析性复核。

第九条　内部审计人员应将获取审计证据的名称、来源、内容、时间等清晰、完整地记录在工作底稿中。

第十条　内部审计人员可聘请其他专业机构或人士对审计项目的某些特殊问题进行鉴定，以鉴定结论作为审计证据。内部审计人员应对引用该证据的可靠性负责。

第十一条　对于被审计单位存有异议的审计证据，内部审计人员应作进一步核实。

第十二条　内部审计人员获取的审计证据，如有必要，应当由证据提供者签名或盖章。如果证据提供者拒绝，内部审计人员应当注明原因和日期，该证据依然可作为支持审计结论和建议的依据。

第十三条　内部审计人员应作好审计证据的分类、筛选和汇总工作，保证已获取审计证据的充分性、相关性和可靠性。

第十四条　在评价审计证据时，应当考虑证据之间的相互印证及证据来源的可靠程度。

第四章　附　　则

第十五条　本准则由中国内部审计协会发布并负责解释。

第十六条　本准则自 2003 年 6 月 1 日起施行。

内部审计具体准则第 4 号——审计工作底稿

（中内协发［2003］20 号，2003 年 4 月 12 日）

第一章　总　　则

第一条　为了规范审计工作底稿的编制和使用，根据《内部审计基本准则》制定本准则。

第二条　本准则所称审计工作底稿，是指内部审计人员在审计过程中形成的工作记录，是联系审计证据和审计结论的桥梁。

第三条　本准则适用于各类组织的内部审计机构、内部审计人员及其从事的内部审计活动。

第二章　一般原则

第四条　内部审计人员在审计工作中应编制审计工作底稿，以达到以下目的：

（一）为形成审计报告提供依据；

（二）说明审计目标的实现程度；

（三）为评价内部审计工作质量提供依据；

（四）证实内部审计机构及人员是否遵循内部审计准则；

（五）为以后的审计工作提供参考；

（六）提高内部审计人员的专业素质。

第五条 审计工作底稿应内容完整、记录清晰、结论明确，客观反映项目审计计划与审计方案的制定及实施情况，并包括与形成审计结论和建议有关的所有重要事项。

第六条 审计工作底稿的形式可以是纸质、磁带、磁盘、胶片或其他有效的信息载体。无纸化的工作底稿应制作备份。

第七条 审计工作底稿主要包括以下记录：

（一）内部审计通知书、项目审计计划、审计方案及其调整的记录；

（二）审计程序执行过程和结果的记录；

（三）获取的各种类型审计证据的记录；

（四）其他与审计事项有关的记录。

第八条 内部审计机构应当建立审计工作底稿的分级复核制度，明确规定各级复核的要求和责任。内部审计机构负责人对审计工作底稿的复核负完全责任。

第三章 审计工作底稿的编制与复核

第九条 审计工作底稿应载明下列事项：

（一）被审计单位的名称；

（二）审计事项及其期间或截止日期；

（三）审计程序的执行过程和执行结果记录；

（四）审计结论；

（五）执行人员姓名和执行日期；

（六）复核人员姓名、复核日期和复核意见；

（七）索引号及页次；

（八）审计标识与其他符号及其说明等。

第十条 审计工作底稿中可使用各种审计标识，但应注明含义并保持前后一致。

第十一条 审计工作底稿应注明索引编号和顺序编号。相关工作底稿之间如存在勾稽关系应予以清晰反映，相互引用时应交叉注明索引编号。

第十二条 审计工作底稿的复核应由内部审计机构中比工作底稿编制人员职位更高或具有丰富经验的人担任。

第十三条 在审计作业中，审计项目负责人应加强对工作底稿的现场复核。

第十四条 如果发现审计工作底稿存在问题，复核人员应在复核意见中加以说明，并要求相关人员补充或重编工作底稿。

第四章 审计工作底稿的整理与使用

第十五条 内部审计人员在审计项目完成后，应及时对审计工作底稿进行分类整理，按相关法规的要求归档、管理和使用。

第十六条 审计工作底稿归组织所有，由内部审计机构或组织内部有关部门保管。

第十七条　内部审计机构应建立工作底稿保密制度。如果内部审计机构以外的组织或个人要求查阅工作底稿，必须由内部审计机构负责人或其主管领导批准。但法院、检察院和其他有权部门依法进行查阅的除外。

第五章　附　　则

第十八条　本准则由中国内部审计协会发布并负责解释。

第十九条　本准则自2003年6月1日起施行。

内部审计具体准则第5号——内部控制审计

（中内协发［2003］20号，2003年4月12日）

第一章　总　　则

第一条　为了规范内部审计人员审查与评价被审计单位的内部控制，根据《内部审计基本准则》制定本准则。

第二条　本准则所称内部控制，是指组织内部为实现经营目标，保护资产安全完整，保证遵循国家法律法规，提高组织运营的效率及效果，而采取的各种政策和程序。

第三条　本准则适用于各类组织的内部审计机构、内部审计人员及其从事的内部审计活动。

第二章　一般原则

第四条　内部控制审计的目的是合理地保证组织实现以下目标：

（一）遵守国家有关法律法规和组织内部规章制度；

（二）信息的真实、可靠；

（三）资产的安全、完整；

（四）经济有效地使用资源；

（五）提高经营效率和效果。

第五条　内部控制包括控制环境、风险管理、控制活动、信息与沟通、监督等五个要素。

第六条　控制环境主要包括以下内容：

（一）经济性质和经营类型；

（二）管理层的经营理念；

（三）管理层倡导的组织文化；

（四）法人治理结构；

（五）各项职责的分工及相应人员的胜任能力；

（六）人力资源政策及其执行。

第七条　风险管理主要包括以下内容：

（一）识别影响组织目标实现的各类风险；

（二）建立风险管理机制。

第八条 控制活动主要包括以下内容：

（一）所有经营活动应有适当的授权；

（二）不相容职务应当分离；

（三）有效控制凭证和记录的真实性；

（四）资产和记录的接近限制；

（五）独立的业务审核。

第九条 信息与沟通主要包括以下内容：

（一）及时、准确、完整地记录所有信息；

（二）保证管理信息系统的有序运行；

（三）保证管理信息系统的安全可靠。

第十条 监督主要包括以下内容：

（一）内部审计机构实施的独立监督；

（二）管理层对内部控制的自我评估。

第十一条 建立、健全内部控制并使之有效运行是组织高级管理层的责任。内部控制目标的实现有赖于组织所有人员的参与。

第十二条 内部控制是对组织目标实现的相对保证。由于人为错误、串通舞弊、超越制度、环境变化及成本效益原则等因素的影响，内部控制可能无法发挥其应有作用。

第三章 内部控制的审查与评价

第十三条 内部审计人员应实施适当的审查程序，以评价被审计单位的控制环境。其审查重点为以下内容：

（一）经营活动的复杂程度；

（二）管理权限的集中程度；

（三）管理行为守则的健全性和有效性；

（四）管理层对逾越既定控制程序的态度；

（五）组织文化的内容及组织成员对此的理解与认同；

（六）法人治理结构的健全性和有效性；

（七）组织各阶层人员的知识与技能；

（八）组织结构和职责划分的合理性；

（九）重要岗位人员的权责相称程度及其胜任能力；

（十）员工聘用程序及培训制度；

（十一）员工业绩考核与激励机制。

第十四条 内部审计人员应实施适当的审查程序，评价组织风险管理机制的健全性和有效性。其审查重点为以下内容：

（一）可能引发风险的内外因素；

（二）风险发生的可能性和预计带来的后果；

（三）对抗风险的能力；

（四）风险管理的具体方法及效果。

第十五条 内部审计人员应实施适当的审查程序，评价控制活动的适当性、合法性、有效性。其审查重点为以下内容：

（一）控制活动建立的适当性；

（二）控制活动对风险的识别和规避；

（三）控制活动对组织目标实现的作用；

（四）控制活动执行的有效性。

第十六条　内部审计人员应实施适当的审查程序，评价组织获取及处理信息的能力。其审查重点为以下内容：

（一）获取财务信息、非财务信息的能力；

（二）信息处理的及时性和适当性；

（三）信息传递渠道的便捷与畅通；

（四）管理信息系统的安全可靠性。

第十七条　内部审计人员对内部控制做出评价时，应选择适当的评价标准。

（一）内部审计人员首先应判断组织已有标准的适当性。如果认为已有标准不合适，应向适当管理层报告；

（二）如果管理层没有制定合适的标准，内部审计人员可以基于组织利益最大化的原则选择适当的评价标准。

第十八条　内部审计人员在评价内部控制时，按照项目的性质和需要，既可以对全部控制要素进行评价，也可以只对部分控制要素进行评价。

第十九条　内部审计人员可以采用文字叙述、调查问卷、流程图等方法对内部控制进行描述和评价，并记录于审计工作底稿中。

第四章　内部控制审计的报告

第二十条　内部审计人员应向组织的适当管理层报告内部控制的审计结果。审计报告应说明审查和评价内部控制的目的、范围、审计结论、审计决定及对改善内部控制的建议；并应当包括被审计单位的反馈意见。

第二十一条　内部审计人员应在必要时进行内部控制的后续审计。

第五章　附　　则

第二十二条　本准则由中国内部审计协会发布并负责解释。

第二十三条　本准则自2003年6月1日起施行

内部审计具体准则第6号——舞弊的预防、检查与报告

（中内协发［2003］20号，2003年4月12日）

第一章　总　　则

第一条　为了规范内部审计机构和人员协助组织预防、检查和报告舞弊行为，明确相关责任，降低组织风险，根据《内部审计基本准则》制定本准则。

第二条 本准则所称舞弊，是指组织内、外人员采用欺骗等违法违规手段，损害或谋取组织经济利益，同时可能为个人带来不正当利益的行为。

第三条 本准则适用于各类组织的内部审计机构、内部审计人员及其从事的内部审计活动。

第二章 一般原则

第四条 组织管理层应对舞弊行为的发生承担责任。建立、健全并有效实施内部控制，预防、发现及纠正舞弊行为是组织管理层的主要责任。

第五条 内部审计机构和人员应当保持应有的职业谨慎，合理关注组织内部可能发生的舞弊行为，以协助组织管理层预防、检查和报告舞弊行为。

第六条 内部审计机构和人员应在以下几个方面保持应有的职业谨慎：

（一）具有预防、识别、检查舞弊的基本知识和技能，在执行审计项目时警惕相关方面可能存在的舞弊风险；

（二）根据被审计事项的重要性、复杂性以及审计的成本效益性，合理关注和检查可能存在的舞弊行为；

（三）运用适当的审计职业判断，确定审计范围和审计程序，以发现、检查和报告舞弊行为；

（四）发现舞弊迹象时，应及时向适当管理层报告，提出进一步检查的建议。

第七条 内部审计并非专为检查舞弊而进行。即使审计人员以应有的职业谨慎执行了必要的审计程序，也不能保证发现所有的舞弊行为。

第八条 损害组织经济利益的舞弊，是指组织内外人员为谋取自身利益，采用欺骗等违法违规手段使组织经济利益遭受损害的不正当行为。有下列情形之一者属于此类舞弊行为：

（一）收受贿赂或回扣；

（二）将正常情况下可以使组织获利的交易事项转移给他人；

（三）贪污、挪用、盗窃组织资财；

（四）使组织为虚假的交易事项支付款项；

（五）故意隐瞒、错报交易事项；

（六）泄露组织的商业秘密；

（七）其他损害组织经济利益的舞弊行为。

第九条 谋取组织经济利益的舞弊，是指组织内部人员为使本组织获得不当经济利益而其自身也可能获得相关利益，采用欺骗等违法违规手段，损害国家和其他组织或个人利益的不正当行为。有下列情形之一者属于此类舞弊：

（一）支付贿赂或回扣；

（二）出售不存在或不真实的资产；

（三）故意错报交易事项、记录虚假的交易事项，使财务报表使用者误解而作出不适当的投融资决策；

（四）隐瞒或删除应对外披露的重要信息；

（五）从事违法违规的经营活动；

（六）偷逃税款；

（七）其他谋取组织经济利益的舞弊行为。

第十条　组织应作好舞弊检查的保密工作。

第三章　舞弊的预防

第十一条　舞弊的预防是指采取适当行动防止舞弊的发生，或在舞弊行为发生时将其危害控制在最低限度以内。

第十二条　建立、健全组织的内部控制并使之得以有效实施是预防舞弊的主要途径。

第十三条　内部审计人员在审查和评价内部控制时，应当关注以下主要内容以协助组织预防舞弊：

（一）组织目标的可行性；

（二）控制意识和态度的科学性；

（三）员工行为规范的合理性和有效性；

（四）经营活动授权制度的适当性；

（五）风险管理机制的有效性；

（六）管理信息系统的有效性。

第十四条　除内部控制的固有局限外，还应考虑可能会导致舞弊发生的下列情况：

（一）管理人员品质不佳；

（二）管理人员遭受异常压力；

（三）经营活动中存在异常交易事项；

（四）组织内部个人利益、局部利益和整体利益存在较大冲突；

（五）内部审计机构在审计中难以获取充分、相关、可靠的证据。

第十五条　内部审计人员应根据审查和评价内部控制时发现的舞弊迹象或从其他来源获取的信息，考虑可能发生的舞弊行为的性质，向组织适当管理层报告，同时就需要实施的舞弊检查提出建议。

第四章　舞弊的检查

第十六条　舞弊的检查是指实施必要的检查程序，以确定舞弊迹象所显示的舞弊行为是否已经发生。

第十七条　舞弊的检查通常由内部审计人员、专业的舞弊调查人员、法律顾问及其他专家实施。

第十八条　内部审计人员应按照以下要求进行舞弊检查：

（一）评估舞弊涉及的范围及复杂程度，避免对可能涉及舞弊的人员提供信息或被其所提供的信息误导；

（二）对参与舞弊检查人员的资格、技能和独立性进行评估；

（三）设计适当的舞弊检查程序，以确定舞弊者、舞弊程度、舞弊手段及舞弊原因；

（四）在舞弊检查过程中与组织适当管理层、专业舞弊调查人员、法律顾问及其他专家保持必要的沟通；

（五）保持应有的职业谨慎，以避免损害相关组织或人员的合法权益。

第十九条　在舞弊检查工作结束后，内部审计人员应评价查明的事实，以满足下列要求：

（一）确定强化内部控制的措施；

（二）设计适当程序，对组织未来检查类似舞弊行为提供指导；

（三）使内部审计人员了解、熟悉相关的舞弊迹象特征。

第五章　舞弊的报告

第二十条　舞弊的报告是指内部审计人员以书面或口头形式向适当管理层报告舞弊预防、检查的情况及结果。

第二十一条　在舞弊检查过程中，出现下列情况时，内部审计人员应及时向适当管理层报告：

（一）可以合理确信舞弊已经发生，并需深入调查；

（二）舞弊行为已导致对外披露的财务报表严重失实；

（三）发现犯罪线索，并获得应当移送司法机关处理的证据。

第二十二条　内部审计人员完成必要的舞弊检查程序后，应从舞弊行为的性质和金额两方面考虑其严重程度，出具相应的审计报告。

（一）报告的内容应包括：舞弊行为的性质、涉及人员、舞弊手段及原因、检查结论、处理意见、提出的建议及纠正措施；

（二）若发现的舞弊行为性质较轻且金额较小时，可一并纳入常规审计报告；

（三）若发现的舞弊行为性质严重或金额较大，应出具专项审计报告，如果涉及敏感的或对公众有重大影响的问题，应征求法律顾问的意见。

第六章　附　　则

第二十三条　本准则由中国内部审计协会发布并负责解释。

第二十四条　本准则自2003年6月1日起施行。

内部审计具体准则第7号——审计报告

（中内协发［2003］20号，2003年4月12日）

第一章　总　　则

第一条　为了规范内部审计人员编制和出具审计报告，根据《内部审计基本准则》制定本准则。

第二条　本准则所称审计报告，是指内部审计人员根据审计计划对被审计单位实施必要的审计程序后，就被审计单位经营活动和内部控制的适当性、合法性和有效性出具的书面文件。

第三条　本准则适用于各类组织的内部审计机构、内部审计人员及其从事的内部审计活动。

第二章　一般原则

第四条　内部审计人员应在审计实施结束后，以经过核实的审计证据为依据，形成审计结论与建议，出具审计报告。如有必要，内部审计人员可以在审计过程中提交期中报告，以便及时采取有效的纠正措施改善经营活动和内部控制。

第五条 审计报告应当客观、完整、清晰、及时、具有建设性，并体现重要性原则。

（一）审计报告的编制应实事求是、不偏不倚地反映审计事项；

（二）审计报告应按照规定的格式及内容编制，作到要素齐全、格式规范，不遗漏审计中发现的重大事项；

（三）审计报告应突出重点、简明扼要、易于理解；

（四）审计报告应及时编制，以便适时采取有效纠正措施；

（五）审计报告应针对被审计单位经营活动和内部控制的缺陷提出可行的改进建议，促进组织目标的实现；

（六）审计报告形成的审计结论与建议应当充分考虑审计项目的重要性和风险水平。

第六条 内部审计机构应该建立健全审计报告分级复核制度，明确规定各级复核的要求和责任。

第七条 审计报告是对被审计单位经营活动及内部控制的适当性、合法性和有效性所做出的相对保证。

第三章 审计报告的内容

第八条 审计报告应当包括以下基本要素：

（一）标题；

（二）收件人；

（三）正文；

（四）附件；

（五）签章；

（六）报告日期。

第九条 审计报告的正文应包括以下主要内容：

（一）审计概况：说明审计立项依据、审计目的和范围、审计重点和审计标准等内容；

（二）审计依据：应声明内部审计是按照内部审计准则的规定实施，若存在未遵循该准则的情形，应对其做出解释和说明；

（三）审计结论：根据已查明的事实，对被审计单位经营活动和内部控制所作的评价；

（四）审计决定：针对审计发现的主要问题提出的处理、处罚意见；

（五）审计建议：针对审计发现的主要问题提出的改善经营活动和内部控制的建议。

第十条 审计报告的附件应包括对审计过程与审计发现问题的具体说明、被审计单位的反馈意见等内容。

第四章 审计报告的编制、复核与分发

第十一条 审计项目负责人应在实施必要的审计程序后，编制审计报告，并向被审计单位征求反馈意见。

第十二条 被审计单位对审计报告持有异议的，审计项目负责人及相关人员应进行研究、核实，必要时应修改审计报告。

第十三条 审计报告经过必要的修改后，应连同被审计单位的反馈意见及时送内部审计机构负责人复核。

第十四条 内部审计机构应将审计报告提交被审计单位和组织适当管理层，并要求被审计单位在规定的期限内落实纠正措施。

第十五条 内部审计机构应当及时地将审计报告归入审计档案，妥善保存。

第五章 附 则

第十六条 本准则由中国内部审计协会发布并负责解释。

第十七条 本准则自2003年6月1日起施行。

内部审计具体准则第8号——后续审计

（中内协发［2003］20号，2003年4月12日）

第一章 总 则

第一条 为了规范内部审计人员的后续审计工作，保证审计的效果，根据《内部审计基本准则》制定本准则。

第二条 本准则所称后续审计，是指内部审计机构为检查被审计单位对审计发现的问题所采取的纠正措施及其效果而实施的审计。

第三条 本准则适用于各类组织的内部审计机构、内部审计人员及其从事的内部审计活动。

第二章 一般原则

第四条 被审计单位管理层的责任是对审计中发现的问题采取纠正措施。内部审计人员的责任是评价被审计单位管理层采取的纠正措施是否及时、合理、有效。

第五条 内部审计机构应在规定的期限内，或与被审计单位约定的期限内执行后续审计。

第六条 内部审计机构负责人应适时安排后续审计工作，并把它作为年度审计计划的一部分。

第七条 内部审计机构负责人如果初步认定被审计单位管理层对审计发现的问题已采取了有效的纠正措施，后续审计可以作为下次审计工作的一部分。

第八条 当被审计单位基于成本或其他考虑，决定对审计发现的问题不采取纠正措施，并做出书面承诺时，内部审计机构负责人应向组织的适当管理层报告。

第三章 后续审计程序

第九条 内部审计机构负责人应根据被审计单位的反馈意见，确定后续审计时间和人员安排，编制审计方案。

第十条 编制后续审计方案时应考虑以下基本因素：

（一）审计决定和建议的重要性；

（二）纠正措施的复杂性；

（三）落实纠正措施所需要的期限和成本；

（四）纠正措施失败可能产生的影响；

（五）被审计单位的业务安排和时间要求。

第十一条 内部审计人员在确定后续审计范围时，应分析原有审计决定和建议是否仍然可行。如果被审计单位的内部控制或其他因素发生变化，使原有审计决定和建议不再适用时，应对其进行必要的修订。

第十二条 对于已采取纠正措施的事项，内部审计人员应判断是否需要深入检查，必要时可提出应在下次审计中予以关注的事项。

第十三条 内部审计人员应根据后续审计的执行过程和结果，向被审计单位及组织适当管理层提交后续审计报告。

第四章 附 则

第十四条 本准则由中国内部审计协会发布并负责解释。

第十五条 本准则自 2003 年 6 月 1 日起施行。

内部审计具体准则第 9 号——内部审计督导

（中内协发［2003］20 号，2003 年 4 月 12 日）

第一章 总 则

第一条 为了规范内部审计的督导工作，保证内部审计的质量，根据《内部审计基本准则》制定本准则。

第二条 本准则所称督导，是指内部审计机构负责人和审计项目负责人对实施审计工作的审计人员所进行的监督与指导。

第三条 本准则适用于各类组织的内部审计机构、内部审计人员及其从事的内部审计活动。

第二章 一般原则

第四条 内部审计机构应根据审计工作的具体情况，建立内部审计督导制度，明确督导的目的、范围及各级督导人员的责任。

第五条 内部审计机构负责人对督导工作负主要责任。审计项目负责人负责审计现场的督导工作。

第六条 对于重大或敏感的审计问题，审计机构负责人应直接进行督导。审计机构负责人应采取适当的措施，尽可能减少内部审计人员的专业判断风险。

第七条 在督导工作中，应遵循重要性、谨慎性和客观性原则。

（一）督导人员应根据内部审计人员的知识与技能，以及审计项目的复杂性，有重点地进行督导工作；

（二）实施督导时，应当保持应有的职业谨慎，进行合理的专业判断，减少审计风险；

（三）实施督导时，必须以事实为依据，做到客观公正。

第八条 督导应当贯穿于审计项目的全过程，包括审计准备、审计实施和审计终结三个阶段。

第三章 审计督导的内容与方法

第九条 督导人员应确保审计人员明确审计目标和审计责任，并具有完成审计项目所必需的知识和技能。

第十条 督导人员应确保审计人员了解被审计单位的业务性质和需要特别关注的重大经营问题，制定可行的审计方案。

第十一条 督导人员应确认审计人员按批准后的审计方案实施必要的审计程序，并针对新发现的重要问题修订审计方案。

第十二条 督导人员应复核审计人员所编工作底稿的质量。

第十三条 督导人员应确认审计证据的充分性、相关性及可靠性。

第十四条 督导人员应确认审计报告的可靠性，审计建议的可行性。

第十五条 对被审计单位提出的异议，督导人员应进行核实、复查，并及时给予答复。

第十六条 督导人员应确认审计目标实现的情况，确定是否存在尚未解决的重要问题。

第十七条 督导人员应确认审计人员遵循内部审计准则的情况。

第四章 附　　则

第十八条 本准则由中国内部审计协会发布并负责解释。

第十九条 本准则自2003年6月1日起施行。

内部审计具体准则第10号——内部审计与外部审计的协调

（中内协发［2003］20号，2003年4月12日）

第一章 总　　则

第一条 为了规范内部审计与外部审计的协调工作，提高审计效率，根据《内部审计基本准则》制定本准则。

第二条 本准则所称内部审计与外部审计的协调，是指内部审计机构与会计师事务所、国家审计机构在审计工作中的沟通与合作。

第三条 本准则适用于各类组织的内部审计机构、内部审计人员及其从事的内部审计活动。

第二章 一般原则

第四条 内部审计应做好与外部审计的协调工作，以实现以下目的：

（一）确保充分的审计范围；

（二）减少重复审计，提高审计效率；

（三）共享审计成果，降低审计成本；

（四）提高内部审计人员素质，改进内部审计机构工作；

（五）维护组织利益。

第五条 内部审计与外部审计的协调工作，应在组织适当管理层的支持和监督下，由内部审计机构负责人具体组织实施。

第六条 内部审计机构负责人应定期对内外部审计的协调工作进行评估，并根据评估结果及时调整、改进协调工作。

第三章 协调的方法及内容

第七条 内部审计机构应在外部审计为本组织提供审计服务时做好协调工作。

第八条 内部审计与外部审计之间的协调，可以通过定期会议、不定期会面或其他沟通方式进行。

第九条 内部审计与外部审计的协调工作包括以下几个方面：

（一）与外部审计机构及人员的沟通；

（二）配合外部审计工作；

（三）评价外部审计工作质量；

（四）利用外部审计工作成果。

第十条 内部审计与外部审计应在审计范围上进行协调。在制定审计计划时，应考虑双方的工作，以确保充分的审计范围，最大限度减少重复性工作。

第十一条 内部审计与外部审计应在必要的范围内互相交流相关审计工作底稿，以便在审阅后相互评价工作质量，利用对方的工作成果。

第十二条 内部审计与外部审计应相互交流审计报告和管理建议书。

第十三条 内部审计与外部审计应在具体审计程序和方法上相互沟通，达成共识，以促进双方的合作。

第四章 附 则

第十四条 本准则由中国内部审计协会发布并负责解释。

第十五条 本准则自 2003 年 6 月 1 日起施行。

内部审计具体准则第 11 号——结果沟通

（中内协发［2003］20 号，2003 年 4 月 12 日）

第一章 总 则

第一条 为了规范内部审计的结果沟通工作，保证审计工作质量，根据《内部审计基本准则》制定本准则。

第二条 本准则所称结果沟通，是指内部审计机构与被审计单位、组织适当管理层就审计概况、依据、结论、决定或建议进行讨论和交流的过程。

第三条 本准则适用于各类组织的内部审计机构、内部审计人员及其从事的内部审计活动。

第二章 一般原则

第四条 结果沟通的目的是为了保证审计结果的客观、公正，并取得被审计单位、组织适当管理层的理解。

第五条 内部审计机构应建立结果沟通制度，明确各级责任，积极有效的进行沟通。

第六条 被审计单位应与内部审计机构进行认真充分的沟通，并及时反馈意见。

第七条 结果沟通一般采取书面或口头方式，也可采用其他适当方式。

第八条 内部审计机构与人员应在审计报告正式提交之前进行结果沟通工作。

第九条 内部审计机构应当把结果沟通的有关书面材料作为审计工作底稿归档保存。

第三章 结果沟通的内容及方法

第十条 结果沟通的主要内容包括：（一）审计概况；（二）审计依据；（三）审计结论。

第十一条 内部审计机构应与被审计单位进行审计结果沟通。被审计单位对审计结果持有异议，审计项目负责人及相关人员应进行研究、核实。

第十二条 内部审计机构负责人应与组织适当管理层就审计过程中发现的重大问题及时进行沟通。

第十三条 内部审计机构与被审计单位进行结果沟通时，应注意沟通技巧，进行平等、诚恳、恰当、充分的交流。

第四章 附 则

第十四条 本准则由中国内部审计协会发布并负责解释。

第十五条 本准则自 2004 年 5 月 1 日起施行。

内部审计具体准则第 12 号——遵循性审计

（中内协发［2003］20 号，2003 年 4 月 12 日）

第一章 总 则

第一条 为了规范内部审计机构和人员实施遵循性审计的行为，明确相关责任，保证遵循性审计工作质量，根据《内部审计基本准则》制定本准则。

第二条 本准则所称遵循性审计，是指内部审计机构和人员审查组织在经营过程中遵守相关法规、政策、计划、预算、程序、合同等遵循性标准的情况并作出相应评价的审计活动。

第三条　本准则适用于各类组织的内部审计机构、内部审计人员及其从事的内部审计活动。

第二章　一般原则

第四条　组织管理层负责确定、制定并执行遵循性标准。为保障遵循性标准的执行，组织管理层应建立适当、合法、有效的内部控制。

第五条　内部审计机构和人员负责审查、评价组织执行有关遵循性标准的情况。

第六条　遵循性审计是内部控制审计的基本内容之一，是实施内部审计过程中不可缺少的环节。

第七条　内部审计机构和人员应当做好遵循性审计中的保密工作。

第三章　遵循性审计的内容和方法

第八条　遵循性审计包括以下主要内容：

（一）国家相关法规的遵循情况；

（二）行业、部门政策的遵循情况；

（三）组织经营计划和财务计划的遵循情况；

（四）组织经营预算和财务预算的遵循情况；

（五）组织所定各种程序标准的遵循情况；

（六）组织签定的各类合同的遵循情况；

（七）其他标准的遵循情况。

第九条　在确定审计目标时，内部审计人员应考虑向以下方面询问相关遵循性标准：

（一）组织经营、财务等相关方面负责人；

（二）组织的法律顾问；

（三）投资人、合同方；

（四）政府及其他主管机构；

（五）外部审计人员；

（六）其他。

第十条　内部审计人员在实施遵循性审计时，应当充分关注组织的以下情况：

（一）受到政府有关部门的调查或处罚；

（二）重要的法律诉讼；

（三）异常的交易或事项；

（四）计划、预算执行结果严重偏离标准；

（五）信息严重失真或资料不完整；

（六）缺乏相关的内部控制或相关内部控制无效；

（七）其他可能导致违反遵循性标准的情况。

第十一条　在实施遵循性审计的过程中，内部审计人员应获取充分、相关、可靠的审计证据，并记录于工作底稿中。

第十二条　在评价遵循性标准的执行情况时，若相关标准之间存在不一致，应当按照以下原则进行处理：

（一）国家制定的法规之间存在不一致时，应当按照《中华人民共和国立法法》的规定处理；

（二）行业、部门的政策之间存在不一致时，应当由其共同的上一级机构进行裁决和解释；

（三）组织内部的计划、预算、程序之间存在不一致时，应当按照标准制定者的管理层次由高至低进行取舍；

（四）涉及合同问题，应按照《中华人民共和国合同法》的规定处理。

第十三条 当有证据表明组织可能存在严重违反遵循性标准的事项，或严重违反遵循性标准的事项发生时，内部审计机构和人员应及时将有关事实告知适当管理层。

第十四条 遵循性审计情况和结果必须反映在审计报告中。对严重违反遵循性标准的审查结果，应出具专项审计报告。

第四章　附　　则

第十五条 本准则由中国内部审计协会发布并负责解释。

第十六条 本准则自 2004 年 5 月 1 日起施行。

内部审计具体准则第 13 号——评价外部审计工作质量

（中内协发［2003］20 号，2003 年 4 月 12 日）

第一章　总　　则

第一条 为了规范内部审计机构对外部审计工作质量的评价工作，有效利用外部审计成果，根据《内部审计基本准则》制定本准则。

第二条 本准则所称评价外部审计工作质量，是指由内部审计机构对外部审计工作过程及结果的质量进行评价的活动。

第三条 本准则适用于各类组织的内部审计机构、内部审计人员及其从事的内部审计活动。

第二章　一般原则

第四条 内部审计机构在需要利用外部审计工作成果，以减少重复工作、提高审计效率时，应对外部审计工作质量进行评价。

第五条 在评价外部审计工作质量时，内部审计机构应根据适当的标准对外部审计工作质量进行客观的评价，合理利用外部审计成果。

第六条 评价外部审计工作质量，可以按照评价准备、评价实施和评价报告三个阶段进行。

第七条 内部审计机构应挑选具有足够专业胜任能力的人员对外部审计工作质量进行评价。

第三章 评价准备

第八条 在评价外部审计工作质量之前，内部审计机构应考虑以下因素：

（一）评价活动的必要性；

（二）评价活动的可行性；

（三）评价活动预期结果的有效性。

第九条 在决定对外部审计工作质量进行评价后，内部审计机构应编制适当的评价方案。评价方案应包括以下主要内容：

（一）评价目的；

（二）评价工作的时间安排；

（三）评价的主要内容与步骤；

（四）评价的依据；

（五）评价工作的主要方法；

（六）评价人员的分工。

第十条 内部审计机构应取得反映外部审计工作质量的审计报告及其他相关资料。

第十一条 内部审计机构应详细了解外部审计所采用的审计准则及其在执业过程中与组织之间协调的情况。

第十二条 如果有必要，内部审计机构可以与外部审计机构就评价事项进行适当的沟通。

第四章 评价实施

第十三条 内部审计机构对外部审计工作质量的评价应重点关注以下内容：

（一）外部审计机构及人员的独立性；

（二）外部审计人员的专业胜任能力；

（三）外部审计人员的职业谨慎性；

（四）外部审计机构的信誉；

（五）外部审计所用审计程序及方法的适当性；

（六）外部审计所用审计依据的有效性；

（七）外部审计范围和内容与内部审计机构要求的一致性。

第十四条 内部审计机构在评价外部审计工作质量时，应充分考虑其与内部审计活动的差异。

第十五条 内部审计机构在评价外部审计工作质量时，可以采用审核、观察、询问等一般方法以及与有关方面沟通、协调的特殊方法。

第十六条 内部审计机构应将评价工作过程记录于工作底稿中。

第五章 评价报告

第十七条 在形成外部审计工作质量的评价结论之前，内部审计机构应征求组织内部有关部门与相关人员的意见。

第十八条 评价外部审计工作质量应编制评价报告。评价报告应包括以下主要内容：

（一）评价报告的名称；
（二）被评价外部审计组织的名称；
（三）评价目的；
（四）评价的主要内容；
（五）评价结果；
（六）评价报告编制的时间。

第十九条 编制对外部审计工作质量的评价报告，应当做到客观、清晰、及时。

第六章 附 则

第二十条 本准则由中国内部审计协会发布并负责解释。

第二十一条 本准则自2004年5月1日起施行。

内部审计具体准则第14号——利用外部专家服务

（中内协发［2003］20号，2003年4月12日）

第一章 总 则

第一条 为了规范内部审计机构利用外部专家服务的行为，获取充分、相关、可靠的审计证据，根据《内部审计基本准则》制定本准则。

第二条 本准则所称利用外部专家服务，是指内部审计机构聘请在某一领域中具有专门技能、知识和经验的个人或单位提供专业服务，并在审计活动中利用其工作结果。

第三条 本准则适用于各类组织的内部审计机构、内部审计人员及其从事的内部审计活动。

第二章 一般原则

第四条 内部审计机构可根据需要，利用外部专家服务。利用外部专家服务是为了获取充分、相关和可靠的审计证据，保证审计工作的质量。

第五条 外部专家应当对选用的假设、方法及其工作结果负责。

第六条 内部审计机构应当对利用外部专家服务结果所形成的审计结论负责。

第七条 内部审计机构和人员可在以下方面利用外部专家服务：

（一）特定资产的评估；
（二）工程项目的评估；
（三）产品或服务质量问题；
（四）信息技术问题；
（五）衍生金融工具问题；
（六）舞弊及安全问题；
（七）法律问题；

（八）风险管理问题；

（九）其他。

第八条　外部专家可由内部审计机构从组织外部聘请，也可在组织内部指派。

第三章　对外部专家的聘请

第九条　在聘请外部专家时，内部审计机构应当对外部专家的独立性进行评价，考虑以下影响独立性的因素：

（一）外部专家与被审计单位之间是否存在重大利益关系；

（二）外部专家与被审计单位管理层重要人员是否存在私人关系；

（三）外部专家与审计事项之间是否存在专业关系；

（四）其他可能影响独立性的因素。

第十条　在聘请外部专家时，内部审计机构应当对外部专家的专业胜任能力进行评价，考虑其专业资格、专业经验与声望等。

第十一条　在利用外部专家服务前，内部审计机构和人员应当与外部专家签订书面协议。协议主要包括以下内容：

（一）外部专家服务的目的、范围及相关责任；

（二）外部专家服务结果的预定用途；

（三）在审计报告中可能提及外部专家的情形；

（四）外部专家利用相关资料的范围；

（五）报酬及其支付方式；

（六）对保密性的要求；

（七）违约责任。

第四章　对外部专家服务结果的评价与利用

第十二条　内部审计机构在利用外部专家服务结果作为审计证据时，应当评价其充分性、相关性及可靠性。

第十三条　内部审计机构和人员在评价外部专家服务结果时，应当考虑下列因素：

（一）外部专家选用的假设和方法的适当性；

（二）外部专家所用资料的充分性、相关性和可靠性。

第十四条　在利用外部专家服务时，如果有必要，应该在审计报告中提及。

第十五条　内部审计机构对外部专家服务评价后，如果认为其服务的结果无法形成充分、相关、可靠的证据，且无法通过实施其他审计程序获取相应的审计证据时，应当在审计报告中具体说明原因。

第五章　附　　则

第十六条　本准则由中国内部审计协会发布并负责解释。

第十七条　本准则自 2004 年 5 月 1 日起施行。

内部审计具体准则第 15 号——分析性复核

（中内协发［2003］20 号，2003 年 4 月 12 日）

第一章　总　　则

第一条　为了规范内部审计人员执行分析性复核的行为，提高审计效率，根据《内部审计基本准则》制定本准则。

第二条　本准则所称分析性复核，是指内部审计人员通过分析和比较信息之间的关系或计算相关的比率，以确定审计重点、获取审计证据和支持审计结论的一种审计方法。

第三条　本准则适用于各类组织的内部审计机构、内部审计人员及其从事的内部审计活动。

第二章　一般原则

第四条　内部审计人员应当合理运用职业判断，在审计准备阶段、实施阶段和完成阶段执行分析性复核。

第五条　内部审计人员执行分析性复核有助于以下目标的实现：

（一）确认经营活动的完成程度；

（二）发现意外差异；

（三）分析潜在的差异和漏洞；

（四）潜在的不合法和不合规的行为。

第六条　内部审计人员执行分析性复核能够获取与以下事项相关的证据：

（一）被审计单位的持续经营能力；

（二）被审计事项的总体合理性；

（三）经营活动与内部控制中可能的差异和漏洞的严重程度；

（四）经营活动的经济性、效率性与效果性；

（五）计划、预算的完成情况；

（六）其他事项。

分析性复核所获取的审计证据主要为间接证据，内部审计人员不能仅依赖分析性复核结果得出审计结论。

第七条　分析性复核所分析的信息主要包括以下几种形式：

（一）财务信息和非财务信息；

（二）实物量信息与货币量信息；

（三）电子数据信息与非电子数据信息；

（四）绝对数信息与相对数信息。

第八条　执行分析性复核时，应考虑信息之间的关联性，以免得出不恰当的结论。

第九条　内部审计人员应保持应有的职业谨慎，考虑以下因素以确定对分析性复核结果的依赖程度：

（一）分析性复核的目标；
（二）被审计单位的性质；
（三）已收集信息资料的充分性、相关性和可靠性；
（四）以往审计中对被审计单位内部控制的评价结果；
（五）以往审计中发现的差异与漏洞。

第三章 分析性复核的执行

第十条 分析性复核的基本内容包括：
（一）将当期信息与历史信息相比较并分析其波动情况及发展趋势；
（二）将当期信息与预测、计划或预算信息相比较并作差异分析；
（三）将当期信息与内部审计人员预期信息相比较并作差异分析；
（四）将被审计单位信息与组织其他部门类似信息相比较并作差异分析；
（五）将被审计单位信息与行业相关信息相比较并作差异分析；
（六）对会计信息与非财务信息之间的关系、比率的计算与分析；
（七）对重要信息内部组成因素的关系、比率的计算与分析。
第十一条 执行分析性复核的方法主要包括：
（一）简易比较法；
（二）比率分析法；
（三）结构分析法；
（四）趋势分析法；
（五）回归分析法；
（六）其他技术方法。
内部审计人员可以单独或联合使用以上方法。

第十二条 内部审计人员在审计准备阶段执行分析性复核，以了解被审计事项的基本情况，确定审计重点，帮助编制审计计划和审计方案。

第十三条 内部审计人员在审计实施阶段执行分析性复核，对经济活动和内部控制进行测试，以获取审计证据。

第十四条 内部审计人员在审计完成阶段执行分析性复核，验证其他审计程序所得结论的合理性，以保证审计质量。

第四章 对分析性复核结果的利用

第十五条 内部审计人员应当考虑以下影响分析性复核效率和效果的因素：
（一）被审计事项的重要性；
（二）内部控制的适当、合法和有效性；
（三）获取信息的便捷性和可靠性；
（四）分析性复核执行人员的素质。

第十六条 内部审计人员应充分考虑分析性复核的结果，在综合分析和评价的基础上得出审计结论。

第十七条 内部审计人员执行分析性复核发现意外差异时，应采用以下方法对其进行调查和评价：

（一）询问管理层获取其解释和答复；

（二）实施必要的审计程序，确认管理层解释和答复的合理性与可靠性；

（三）如果管理层没有作出恰当的解释，应扩大审计测试，执行其他审计程序，作进一步的审查，以便得出结论。

第五章　附　　则

第十八条　本准则由中国内部审计协会发布并负责解释。

第十九条　本准则自 2004 年 5 月 1 日起施行。

内部审计具体准则第 16 号——风险管理审计

（中内协发［2005］5 号，2005 年 3 月 9 日）

第一章　总　　则

第一条　为了规范内部审计人员对组织内部控制中的风险管理状况进行审查与评价，根据《内部审计基本准则》制定本准则。

第二条　本准则所称风险管理，是对影响组织目标实现的各种不确定性事件进行识别与评估，并采取应对措施将其控制在可接受范围内的过程。风险管理旨在为组织目标的实现提供合理保证。

第三条　本准则适用于各类组织的内部审计机构、内部审计人员及其从事的内部审计活动。

第二章　一般原则

第四条　风险管理是组织内部控制的基本要素，内部审计人员对风险管理的审查和评价是内部控制审计的基本内容之一。

第五条　组织管理层负责确定可接受的风险范围，建立、健全风险管理机制并使之有效运行。

第六条　风险管理包括以下主要阶段：

（一）风险识别，即根据组织目标、战略规划等识别所面临的风险；

（二）风险评估，即对已识别的风险评估其发生的可能性及影响程度；

（三）风险应对，即采取应对措施，将风险控制在组织可接受的范围内。

第七条　内部审计机构和人员应当充分了解组织的风险管理过程，审查和评价其适当性和有效性，并提出改进建议。

第八条　风险管理包括组织整体及职能部门两个层面。内部审计人员既可对组织整体风险管理，也可对部门风险管理进行审查与评价。

第三章 风险管理的审查与评价

第九条 内部审计人员应当实施必要的审计程序，对风险识别过程进行审查与评价，重点关注组织面临的内、外部风险是否已得到充分、适当的确认。

第十条 外部风险是指外部环境中对组织目标的实现产生影响的不确定性事件，其主要来源于以下因素：

（一）国家法律、法规及政策的变化；

（二）经济环境的变化；

（三）科技的快速发展；

（四）行业竞争及市场变化；

（五）自然灾害；

（六）其他。

第十一条 内部风险是指内部环境中对组织目标的实现产生影响的不确定性事件，其主要来源于以下因素：

（一）组织治理机制的缺陷；

（二）组织经营活动的特点；

（三）组织资产的性质以及资产管理的特点；

（四）组织信息系统的故障或中断；

（五）组织人员的品质、素质未达到要求；

（六）其他。

第十二条 内部审计人员审查与评价风险评估过程时，应重点关注两个要素：

（一）风险发生的可能性；

（二）风险对组织目标的实现产生影响的严重程度。

第十三条 内部审计人员应当充分了解风险评估的方法。风险评估可以采用定性或定量的方法进行。

（一）定性方法，是指运用定性术语评估并描述风险发生的可能性及其影响程度。

（二）定量方法，是指运用数量方法评估并描述风险发生的可能性及其影响程度。

第十四条 内部审计人员应当对管理层所采用的风险评估方法进行审查，并重点考虑以下因素：

（一）已识别的风险的特征；

（二）相关历史数据的充分性与可靠性；

（三）管理层进行风险评估的技术能力；

（四）成本效益的考量；

（五）其他。

第十五条 内部审计人员在评价风险评估方法的适当性和有效性时，应当遵循以下原则：

（一）定性方法的采用需要充分考虑相关部门或人员的意见，以提高评估结果的客观性；

（二）在风险难以量化、定量评价所需数据难以获取时，一般应采用定性方法；

（三）定量方法一般情况下会比定性方法能够提供更为客观的评估结果。

第十六条 内部审计人员应当实施适当的审计程序，对风险应对措施进行审查。根据风险评估结果作出的风险应对措施主要包括以下几个方面：

（一）回避，是指采取措施避免可产生风险的活动；

（二）接受，是指由于风险已在组织可接受的范围内，因而不采取任何措施；

（三）降低，是指采取行措施将风险降低到组织可接受的范围内；

（四）分担，是指采取措施转移风险。

第十七条 内部审计人员在评价风险应对措施的适当性和有效性时，应当考虑以下因素：

（一）采取风险应对措施之后的剩余风险水平是否在组织可以接受的范围之内；

（二）采取的风险应对措施是否适合本组织的经营、管理特点；

（三）成本效益的考量。

第十八条 内部审计人员应向组织适当管理层报告审查和评价风险管理过程的结果，并提出改进建议。

第十九条 风险管理的审查和评价结果应反映在内部控制审计报告中，必要时应出具专项审计报告。

第四章 附 则

第二十条 本准则由中国内部审计协会发布并负责解释。

第二十一条 本准则自 2005 年 5 月 1 日起施行。

内部审计具体准则第 17 号——重要性与审计风险

（中内协发［2005］5 号，2005 年 3 月 9 日）

第一章 总 则

第一条 为了规范内部审计人员在审计过程中合理运用重要性原则和评估审计风险，根据《内部审计基本准则》制定本准则。

第二条 本准则所称重要性，是指被审计单位经营活动及内部控制中存在偏离特定目标的差异或缺陷的严重程度，这一程度的差异或缺陷在特定环境下可能会影响管理层的判断或决策以及组织目标的实现。

本准则所称审计风险，是指内部审计人员未能发现被审计单位经营活动及内部控制中存在的重大差异或缺陷而做出不恰当审计结论的可能性。

第三条 本准则适用于各类组织的内部审计机构、内部审计人员及其从事的内部审计活动。

第二章 一般原则

第四条 内部审计人员应当保持应有的职业谨慎，合理运用专业判断，确定重要性，评估审计风险。

第五条　内部审计人员在编制项目审计计划、实施审计程序及评价审计结果时，应当合理考虑并运用重要性标准。

第六条　内部审计人员在运用重要性标准时，应当充分考虑差异或缺陷的性质、数量等因素。

第七条　内部审计人员应当对审计风险进行评估，制定并实施相应的审计程序，以便将审计风险降低到可接受的水平。

第八条　内部审计人员应当考虑重要性与审计风险之间存在的反向关系。重要性标准量越高，审计风险越低；重要性标准量越低，审计风险越高。

第九条　内部审计人员应当将重要性标准的确定以及审计风险的评估过程记录于审计工作底稿。

第三章　重要性

第十条　内部审计人员在编制项目审计计划时，应当对重要性作出初步判断，合理估计所需审计证据的数量。重要性标准量越低，应当获取的审计证据越多。

第十一条　内部审计人员对审计范围中各项经营活动及内部控制的重要性作出判断时，应当考虑以下因素：

（一）相关管理层的需要；

（二）被审计单位经营活动受法律、法规的影响程度；

（三）被审计单位在组织中的重要程度；

（四）被审计单位的经营规模、经营风险及各项业务的性质；

（五）内部审计人员对被审计单位内部控制适当性、合法性及有效性的预估。

第十二条　内部审计人员应当合理选用重要性标准的判断基础，采用固定比率、变动比率等确定重要性标准量。判断基础通常包括经营活动的业务量、业务的复杂性、内部控制的执行频率、资产总额、收入总额等。

第十三条　在审计过程中如需修改审计计划，内部审计人员应当重新考虑部分或全部经营活动及内部控制的重要性标准和审计风险。

第十四条　内部审计人员应在审计实施结束后，汇集已发现的差异或缺陷，考虑其性质、数量对管理层决策及对组织目标的实现产生影响的程度。

第十五条　内部审计人员应当根据汇集的差异或缺陷的情况，在审计报告中对被审计单位经营活动及内部控制的适当性、合法性和有效性作出评价。

第十六条　在审计报告提交前，如果被审计单位已就经营活动及内部控制中存在的差异或缺陷作了纠正，内部审计人员应当在审计报告中对此作出说明。

第四章　审计风险

第十七条　审计风险包括两方面内容：

（一）重大差异或缺陷风险，是指被审计单位经营活动及内部控制中存在重大差异或缺陷的可能性；

（二）检查风险，是指审计人员未能通过审计测试发现重大差异或缺陷的可能性。

第十八条 内部审计人员应当合理运用专业判断，考虑下列事项，评估重大差异或缺陷风险：

（一）管理层的品德和能力；

（二）管理层遭受的异常压力；

（三）重要岗位人员的变动情况；

（四）经营活动的复杂性；

（五）影响被审计单位的环境因素；

（六）容易受损失或被挪用的资产；

（七）经营活动中运用估计和判断的程度；

（八）内部控制设计及执行情况的预估；

（九）其他。

第十九条 内部审计人员可以实施以下审计程序，以评估重大差异或缺陷风险：

（一）询问被审计单位相关人员及组织相关管理层；

（二）查阅被审计单位的经营业务手册、内部控制手册等资料；

（三）查阅被审计单位年度经营计划、财务预算等文件；

（四）检查交易或事项的凭证和记录；

（五）观察被审计单位经营活动及内部控制的执行情况；

（六）选择若干交易进行测试。

第二十条 重大差异或缺陷风险对检查风险有直接影响。重大差异或缺陷风险水平越高，内部审计人员就应实施更为详细的检查程序，以便将检查风险降低至可接受的水平。

第二十一条 内部审计人员的检查风险与以下因素有关：

（一）抽样审计方法的应用；

（二）内部审计人员的专业胜任能力及职业道德水准；

（三）内部审计人员所用审计方法的适当性及有效性；

（四）其他。

第二十二条 内部审计人员应在评估审计风险的基础上制定项目审计计划和审计方案。

第五章 附 则

第二十三条 本准则由中国内部审计协会负责解释。

第二十四条 本准则自2005年5月1日起施行。

内部审计具体准则第18号——审计抽样

（中内协发［2005］5号，2005年3月9日）

第一章 总 则

第一条 为了规范内部审计人员运用抽样审计方法，提高审计效率，根据《内部审计基本准则》制定本准则。

第二条　本准则所称审计抽样，是指内部审计人员在内部审计活动中，采用适当的抽样方法从被审查和评价的审计总体中抽取一定数量有代表性的样本进行测试，以样本审查结果推断总体特征并作出相应结论的过程。

第三条　本准则适用于各类组织的内部审计机构、内部审计人员及其从事的内部审计活动。

第二章　一般原则

第四条　确定抽样审计总体、选择抽样审计方法时应当以审计目标为依据并考虑被审计单位与审计项目的具体情况。

第五条　抽样总体的确定应当遵循相关性、完整性和经济性原则。

（一）相关性是指抽样总体与审计目标相关；

（二）完整性是指抽样总体的内容能全面反映项目的实际情况；

（三）经济性是指抽样总体的确定应符合成本效益原则。

第六条　在抽样审计过程中，可以采用统计抽样方法，也可以采用非统计抽样方法，或两种方法结合使用。

第七条　抽取的样本应有代表性，具有与审计总体相似的特征。样本的代表性是保证审计抽样结论正确性的基础。

第八条　内部审计人员在选取样本时，应当对经营活动中存在的重大差异或缺陷风险和审计过程中的检查风险进行评估，并考虑因抽样引起的抽样风险及其他因素引起的非抽样风险。

第九条　评价抽样结果应当充分考虑风险因素对于样本的影响，并从定量和定性两个方面进行评估，合理推断审计总体特征。

第三章　抽样程序和方法

第十条　审计抽样的一般程序包括以下步骤：

（一）根据审计目标制定审计抽样方案；

（二）样本的选取；

（三）对样本的评价；

（四）根据样本评价结果对总体进行推断；

（五）形成结论。

第十一条　内部审计人员应依据审计目标制定审计抽样方案，抽样方案主要包括下列内容：

（一）审计总体，是指作为一定的具体审计对象的各个单位组成的整体；

（二）抽样单位，是指构成审计总体的单位项目；

（三）误差，是指经营活动及内部控制中存在的差异或缺陷；

（四）可容忍误差，是指内部审计人员所愿意接受的差异或缺陷的最大程度；

（五）预计总体误差，是指内部审计人员预先估计的审计总体中差异或缺陷发生的概率；

（六）可靠程度，是指预计抽样结果能够代表审计总体质量特征的概率；

（七）抽样风险，是指内部审计人员依据抽样结果得出的结论与总体特征不相符合的可能性；

（八）样本量，是指能够使内部审计人员对审计总体作出审计结论所确定的抽样单位的数量；

（九）其他因素。

第十二条 内部审计人员应根据审计重要性标准合理确定预计总体误差、可容忍误差和可靠程度的水平。

第十三条 内部审计人员应根据审计目标的要求选择不同的抽样审计方法。抽样审计方法分为统计抽样和非统计抽样两种。

（一）统计抽样是指以数理统计方法为基础，按照随机原则从总体中选取样本进行审查，并对总体特征进行推断的审计抽样方法。主要包括发现抽样、连续抽样等属性抽样方法，以及单位均值抽样、差异估计抽样和货币单位抽样等变量抽样方法；

（二）非统计抽样是审计人员根据自己的专业判断和经验进行抽样和推断总体的方法。

（三）统计抽样和非统计抽样审计方法相互结合使用，可以保证判断和经验与量化技术互相融合，提高推断总体的精确度和可靠程度。

第十四条 内部审计人员应考虑以下因素确定样本量：

（一）审计总体。审计总体的量越大，所需要的样本量越大；

（二）可容忍误差。可容忍误差增大，样本量减少；

（三）预计总体误差。预计总体误差增大，样本量增大；

（四）抽样风险。样本量与抽样风险成反比例，抽样风险数量越小，样本量越大。

（五）可靠程度。可靠程度增大，样本量增大。

第十五条 内部审计人员可以运用以下方法选取样本：

（一）随机数表选样法；

（二）系统选样法；

（三）分层选样法；

（四）分块选样法；

（五）任意选样法。

第十六条 样本选取之后，内部审计人员应当按照审计方案实施必要的审计程序，获取审计证据。

第四章 抽样结果的评价

第十七条 内部审计人员应当根据预先确定的构成误差的条件，确定存在误差的样本。

第十八条 内部审计人员应当对抽样风险和非抽样风险进行评估，以防止对总体实际情况作出不恰当的结论。

第十九条 抽样风险包括以下几类：

（一）错误接受风险，是指样本表明审计项目不存在重大差异或缺陷，而实际上却存在着重大差异或缺陷的可能性；

（二）错误拒绝风险，是指样本表明审计项目存在着重大差异或缺陷，而实际上并没有存在重大差异或缺陷的可能性。

第二十条　非抽样风险是抽样之外的其他原因造成的风险，一般包括以下原因：

（一）审计程序不当；

（二）内部审计人员的抽样审计过程没有按照规范执行；

（三）内部审计人员对样本审查结果的错误解释。

第二十一条　内部审计人员应根据样本误差，采用适当的方法，推断审计总体误差。

第二十二条　内部审计人员应根据抽样结果的评价，确定审计证据是否足以证实某一审计总体特征。如果推断的总体误差超过可容忍误差，应增加样本量或执行替代审计程序。

第二十三条　内部审计人员在上述评价的基础上还应考虑误差性质、误差产生的原因，以及误差对其他审计项目可能产生的影响等。

第五章　附　　则

第二十四条　本准则由中国内部审计协会发布并负责解释。

第二十五条　本准则自 2005 年 5 月 1 日起施行。

内部审计具体准则第 19 号——内部审计质量控制

（中内协发［2005］5 号，2005 年 3 月 9 日）

第一章　总　　则

第一条　为了规范内部审计质量控制工作，保证内部审计质量，根据《内部审计基本准则》制定本准则。

第二条　本准则所称内部审计质量控制，是指内部审计机构为确保其审计质量符合内部审计准则的要求而制定和执行的政策和程序。

第三条　本准则适用于各类组织的内部审计机构、内部审计人员及其从事的内部审计活动。

第二章　一般原则

第四条　内部审计机构负责人对制定并实施系统、有效的质量控制政策与程序负总体责任。

第五条　内部审计质量控制的目标是：

（一）审计活动遵循内部审计准则和本机构审计工作手册的要求；

（二）审计活动的效率及效果达到既定要求；

（三）审计活动能够促进组织目标的实现，增加组织的价值。

第六条　内部审计质量控制一般包括内部审计督导、内部自我质量控制与外部评价三个方面。

第七条　督导是内部审计机构负责人和审计项目负责人对实施审计工作的审计人员所

进行的监督和指导。对内部审计督导的规范应遵照中国内部审计协会发布的《内部审计具体准则第 9 号——内部审计督导》执行。

第八条 内部自我质量控制是内部审计机构负责人和审计项目负责人通过适当的手段对内部审计质量所实施的控制。

第九条 外部评价是由内部审计机构以外的其他机构和人员对内部审计质量所进行的考核与评价。

第三章 内部自我质量控制

第十条 内部自我质量控制包括内部审计机构质量控制与内部审计项目质量控制两个层次。

第十一条 内部审计机构质量控制是为合理保证所有内部审计活动符合内部审计准则的要求而制定的控制政策和程序。

第十二条 内部审计机构负责人在制定机构质量控制政策和程序时，应考虑以下因素：

（一）内部审计机构的组织形式及授权状况；

（二）内部审计人员的素质与专业结构；

（三）内部审计业务的范围与特点；

（四）成本与效益原则的要求；

（五）其他。

第十三条 内部审计机构质量控制主要包括以下内容：

（一）遵守职业道德规范；

（二）保持并不断提升内部审计人员的专业胜任能力；

（三）合理分派内部审计业务；

（四）依据内部审计准则制定操作规程；

（五）适当运用咨询手段；

（六）进行审计质量的内部考核与评价；

（七）评估审计报告的使用效果；

（八）监控内部审计机构质量控制政策与程序的执行。

第十四条 内部审计项目质量控制是为合理保证审计项目的实施符合内部审计准则的要求而制定的控制程序与方法。制定内部审计项目质量控制程序与方法应体现内部审计机构质量控制的要求。

第十五条 内部审计项目负责人在实施项目质量控制程序与方法时，应考虑以下因素：

（一）审计项目的性质及复杂程度；

（二）参与该项目的内部审计人员的专业胜任能力；

（三）其他。

第十六条 内部审计项目质量控制主要包括以下内容：

（一）指导内部审计人员执行审计计划；

（二）监督内部审计过程；

（三）复核审计工作底稿及审计报告。

第十七条　内部审计机构应将内部自我质量控制政策与程序列入审计工作手册，并以适当的方式传达给每一位内部审计人员。

第十八条　内部审计机构应通过持续和定期的检查，对内部审计质量进行考核和评价。

第十九条　内部审计机构对审计质量进行考核和评价可以采取以下方法：

（一）考核审计计划的完成情况；

（二）由内部审计人员进行自我评价；

（三）征求被审计单位和组织其他部门的意见。

第二十条　内部审计机构负责人应当将评价结果及时向组织适当管理层报告。

第四章　外部评价

第二十一条　内部审计机构负责人应按照组织适当管理层的要求，并结合实际情况，建立、实施外部评价制度。

第二十二条　内部审计机构负责确定外部评价机构，并报经组织适当管理层批准。

第二十三条　外部评价机构和人员应当遵循独立、客观、保密的原则，并具有评价工作所需要的专业胜任能力。

第二十四条　内部审计机构可以从以下途径选择外部评价机构和人员：

（一）组织内部其他机构和人员；

（二）会计师事务所；

（三）管理咨询公司；

（四）内部审计协会；

（五）其他组织的内部审计机构。

第二十五条　外部评价应当定期实施，在下述情况下，也可以适当延长外部评价的间隔：

（一）自上次外部评价后，内部审计机构的组织结构、规章制度、人员素质以及审计质量控制具有较大的稳定性；

（二）组织适当管理层在近期对内部审计质量的相关内容进行过考核与评价。

第二十六条　外部评价一般包括以下内容：

（一）内部审计机构组织结构的合理程度；

（二）内部审计人员履行内部审计准则的情况；

（三）内部审计人员的专业胜任能力；

（四）内部审计目标的实现程度；

（五）内部自我质量控制的适当性及有效性；

（六）其他。

第二十七条　外部评价人员在对内部审计质量作出评价后，应当出具外部评价报告，并提交给组织适当管理层。

第二十八条　外部评价报告应包括以下主要内容：

（一）对内部审计活动是否遵循内部审计准则发表意见；

（二）内部审计工作存在的主要问题；

（三）对提高内部审计质量的建议；

（四）内部审计机构的反馈意见。

第二十九条 内部审计机构应当对外部评价报告所提出的重大问题及时拟定改进方案或措施，改善内部审计质量。

第五章 附 则

第三十条 本准则由中国内部审计协会发布并负责解释。

第三十一条 本准则自 2005 年 5 月 1 日起施行。

内部审计具体准则第 20 号——人际关系

（中内协发［2005］5 号，2005 年 3 月 9 日）

第一章 总 则

第一条 为了规范内部审计人员与组织内外相关机构和人员良好人际关系的建立，保证内部审计工作顺利、有效地进行，根据《内部审计基本准则》制定本准则。

第二条 本准则所称人际关系是指内部审计人员与组织内外相关机构和人员之间的相互交往与联系。

第三条 本准则适用于各类组织的内部审计机构、内部审计人员及其从事的内部审计活动。

第二章 一般原则

第四条 内部审计活动中的人际关系主要包括内部审计人员与下列机构和人员之间的相互交往与联系：

（一）组织适当管理层和相关人员；

（二）被审计单位和相关人员；

（三）组织内部各职能部门及相关人员；

（四）组织外部的相关机构和人员；

（五）内部审计机构中的其他成员。

第五条 内部审计人员应当与组织内外相关机构和人员进行必要沟通，保持良好的人际关系，以实现以下目的：

（一）在内部审计工作中与相关机构和人员建立相互信任的关系，促进彼此的交流与沟通；

（二）在内部审计工作中尽量取得相关机构和人员的理解和配合，及时获得相关、可靠的信息，提高内部审计效率；

（三）确保内部审计意见得到有效贯彻，实现内部审计目标。

第六条 内部审计人员应当在遵循有关法律、法规的情况下灵活、妥善地处理人际关系。

第七条 内部审计人员在人际关系的处理中应注意保持内部审计的独立性和客观性。

第八条 内部审计人员应当具备建立良好人际关系的意识和能力。

第九条 内部审计机构负责人应定期对内部审计人员的人际关系进行评价，并根据评价结果及时采取措施改进人际关系。

第三章 处理人际关系的方式和方法

第十条 内部审计人员在处理人际关系时，应主动、及时、有效地进行沟通，以保证信息的快捷传递和充分交流。

第十一条 内部审计人员处理人际关系时采用的主要沟通类型包括以下两种：

（一）人员沟通。内部审计人员与相关人员之间的沟通形式包括：

1. 倾听。是指内部审计人员利用聆听行为接收口头信息，理解其含义并对此作出反应的过程；

2. 语言沟通。是指内部审计人员利用语言行为发送和接收信息而进行信息交流的过程；

3. 非语言沟通。是指内部审计人员利用形体、表情或其他非语言信号进行信息交流的过程；

（二）组织沟通。内部审计人员在特定组织环境下的沟通形式包括：

1. 纵向沟通。是指与上下级部门之间的信息交流；

2. 横向沟通。是指与组织内各平行部门之间的信息交流；

3. 斜向沟通。是指信息在非平行、非隶属部门之间的交流。

第十二条 内部审计人员处理人际关系时采用的主要沟通方式包括以下两种：

（一）口头沟通。内部审计人员利用口头语言进行信息交流的方式，包括询问、会谈、调查、讨论、会议、征求意见等；

（二）书面沟通。内部审计人员利用书面语言进行信息交流的方式，包括审计通知书、问卷调查、内外部审计协调的书面报告、审计报告和管理建议书等。

第十三条 内部审计人员在工作中时常会遇到人际关系的冲突，其主要原因在于：

（一）缺乏必要、及时的信息沟通；

（二）对同一事物的认识存在分歧，导致不同的评价；

（三）各自的价值观、利益观不相一致；

（四）职业道德信念的差异。

第十四条 内部审计人员应当及时、妥善地化解人际冲突，可以采取的化解方法有：

（一）暂时回避，寻找适当的时机再进行协调；

（二）说服、劝导；

（三）适当的妥协；

（四）互相协作；

（五）向适当管理层报告，寻求协调；

（六）其他。

第十五条 内部审计人员应当积极、主动地与对内部审计工作负有领导责任的组织适当管理层进行沟通，可以采取的沟通途径包括：

（一）积极、主动地与组织适当管理层联系；

（二）与组织适当管理层就审计计划进行沟通，以达成共识；

（三）咨询组织适当管理层，了解内部控制环境；

（四）根据审计发现的问题和审计结论，及时向组织适当管理层提出各种审计建议；

（五）发出书面审计报告之前，要利用各种沟通方式征求组织适当管理层对审计结论、决定和建议的意见。

第十六条 内部审计人员应当与被审计单位建立并保持良好的人际关系，采取下列沟通途径获得被审计单位的理解、配合与支持：

（一）在了解被审计单位基本情况时，应当进行及时、有效的沟通和协调；

（二）在实施审计前，利用审计通知书与被审计单位进行书面沟通，审计通知书内容的表述应清晰、简洁，并具备可行性；

（三）通过询问、会谈、会议、问卷调查等沟通方式，了解内部控制的情况；

（四）通过口头方式或其他非正式方式，与被审计单位交流审计发现；

（五）在审计报告提交之前，以书面方式与被审计单位进行正式结果沟通。

第十七条 内部审计人员应当与组织内其他职能部门建立并保持良好的人际关系，确保在以下方面得到支持与配合：

（一）了解组织及相关职能部门的情况；

（二）寻求审计中发现问题的解决方法；

（三）落实审计决定；

（四）有效利用审计成果；

（五）其他。

第十八条 内部审计人员应当与组织外部相关机构和人员之间建立并保持良好的人际关系，以获得更多的认同、支持及协助。

第十九条 内部审计人员应当重视内部审计机构成员间的人际关系、相互协作、相互包容。

第四章 附　　则

第二十条 本准则由中国内部审计协会发布并负责解释。

第二十一条 本准则自 2005 年 5 月 1 日起施行。

内部审计具体准则第 21 号——内部审计的控制自我评估法

第一章 总　　则

第一条 为了规范内部审计人员在审计活动中应用控制自我评估法，提高审计效率，根据《内部审计基本准则》制定本准则。

第二条 本准则所称控制自我评估，是指由对内部控制的制定与执行负有责任的组织相关管理人员对内部控制进行评价的过程。内部审计人员可以应用控制自我评估法来协助内部控制的审查和评价。

第三条 本准则适用于各类组织的内部审计机构、内部审计人员及其从事的内部审计活动。

第二章 一般原则

第四条 内部审计人员在实施内部控制审查与评价之前应适当应用控制自我评估法，根据控制自我评估报告考虑审计重点，以提高审计效率，促进内部控制审计目的的实现。

第五条 内部审计人员应当制定控制自我评估计划，召集组织相关管理人员对内部控制进行自我评估，并做好组织、协调与记录工作。

第六条 内部审计人员可以根据内部控制审计的目的与范围，确定控制自我评估的内容。控制自我评估主要包括以下内容：

（一）确定组织整体或职能部门的目标，识别其主要风险；

（二）评估组织内部控制的适当性、合法性及有效性；

（三）确认内部控制重大缺陷或存在严重风险的业务环节；

（四）评估组织非正式的控制及其有效性；

（五）评估组织的业务流程及其运作效率；

（六）对控制自我评估中发现的问题提出改进建议。

第七条 内部审计机构负责人应当担任控制自我评估的召集人，并加强对控制自我评估过程的督导。

第三章 控制自我评估的程序与方法

第八条 内部审计人员在应用控制自我评估法时，一般包括以下主要程序：

（一）制订控制自我评估的计划；

（二）与组织相关管理人员就控制自我评估的目的、内容及程序进行事先沟通和交流；

（三）确定控制自我评估的时间与方法；

（四）召集组织相关管理人员开展控制自我评估；

（五）在控制自我评估过程中做好协调与记录工作；

（六）在控制自我评估过程结束后，及时反馈并提交控制自我评估报告。

第九条 内部审计人员应用控制自我评估法时，应当根据行业特性、组织文化、管理风格、员工素质等灵活选用适当的方法。控制自我评估的主要方法包括：专题讨论会、问卷调查法和管理分析法。

第十条 专题讨论会是指内部审计人员召集组织相关管理人员就内部控制的特定方面或过程进行讨论及评估的一种方法。专题讨论会一般采用以下主要形式：

（一）以目标为基础的形式，是指围绕实现目标的最佳方式展开讨论，并评价现有内部控制是否能促进组织目标的实现；

（二）以风险为基础的形式，是强调对影响目标实现的各种风险进行识别，并确定现有风险管理过程是否适当、有效；

（三）以控制为基础的形式，是对现有内部控制的运行情况进行讨论，评估其有效性；

（四）以过程为基础的形式，是对组织业务流程的各个环节进行讨论和分析，以提出改善或简化流程的建议。

第十一条 在采用专题讨论会法时，内部审计人员组织会议参与者就会议专题展开自由讨论，并且做好信息的收集与反馈工作。

（一）内部审计人员可以采取电子投票等方式及时收集信息；

（二）内部审计人员应当及时汇总专题讨论会上的投票情况及讨论意见，提出有针对性的内部控制改进措施，并及时向会议参与者反馈，以便其了解情况并采取措施。

第十二条 问卷调查法是指内部审计人员就内部控制的特定方面或过程以书面问卷的形式向组织相关管理人员收集意见的一种方法。

第十三条 管理分析法是指内部审计人员就内部控制的特定方面或过程向相关管理人员收集信息，并将之与其他来源的信息一起进行综合分析的一种方法。

第十四条 内部审计人员应当根据组织特点及内部控制审计的需要适当应用控制自我评估法，一般每季度进行一次，以便对内部控制进行持续的监督。

第十五条 内部审计人员应当将控制自我评估过程中相关管理人员对内部控制的意见、建议以及评估结论等记录于工作底稿中，并据此提出改进内部控制的建议，编制控制自我评估报告。

第十六条 内部审计人员应当将控制自我评估报告及时反馈给参与内部控制评估的相关管理人员。必要时，也可提交给董事会或最高管理层，以便其及时采取有效措施改善经营活动和内部控制。

第四章　附　　则

第十七条 本准则由中国内部审计协会发布并负责解释。

第十八条 本准则自 2006 年 7 月 1 日起施行。

内部审计具体准则第 22 号——内部审计的独立性与客观性

第一章　总　　则

第一条 为保障内部审计的独立性与客观性，根据《内部审计基本准则》制定本准则。

第二条 本准则所称独立性，是指内部审计机构和人员在进行内部审计活动时，不存在影响内部审计客观性的利益冲突的状态。独立性一般指内部审计机构的独立性。

本准则所称客观性，是指内部审计人员在进行内部审计活动时，应以事实为依据，保持公正、不偏不倚的精神状态。客观性一般指内部审计人员的客观性。

第三条 本准则适用于各类组织的内部审计机构、内部审计人员及其从事的内部审计活动。

第二章　一般原则

第四条 内部审计机构负责人应采取措施保障内部审计机构的独立性以及内部审计人员的客观性，以确保审计目的的实现。

第五条 内部审计机构的独立性主要受机构与董事会或最高管理层关系的影响，并需要依靠规范的机构管理工作得以保证。具体而言，受到以下因素的影响：

（一）董事会或最高管理层的支持；

（二）内部审计机构的管理体制；

（三）内部审计机构负责人的权责范围；

（四）内部审计活动受到的外在压力以及干涉程度；

（五）其他可能影响内部审计机构独立性的因素。

第六条 加强内部审计机构的独立性能够促进内部审计人员客观性的提高。除了内部审计机构的独立性之外，内部审计人员的客观性还受到以下因素的影响：

（一）内部审计人员的职业道德素质；

（二）内部审计人员的专业胜任能力；

（三）内部审计活动中是否存在利益冲突的状况；

（四）其他可能影响内部审计人员客观性的因素。

第七条 内部审计人员应提高职业道德素质及专业胜任能力，避免利益冲突，并主动采取措施保证客观性。

第三章 独立性

第八条 内部审计机构应隶属于组织的董事会或最高管理层，接受其指导和监督并取得其支持，以确保内部审计机构的独立性。

第九条 内部审计机构负责人的任免应由组织董事会或最高管理层经过适当的程序确定，内部审计机构负责人应直接向董事会或最高管理层负责。

第十条 内部审计机构应通过内部审计章程的制定明确其职责和权限范围，并报经董事会或最高管理层批准，以确保内部审计活动不受到组织内其他部门的干涉和限制。

第十一条 内部审计机构应向董事会或最高管理层提交审计报告及工作报告，并在日常工作中与其保持有效的沟通。

第十二条 内部审计机构负责人有权出席或参加由董事会或最高管理层举行的与审计、财务报告、内部控制、治理程序等有关的会议，并积极发挥内部审计的作用。

第四章 客观性

第十三条 内部审计人员在进行审计活动前，应主动对客观性进行评估，一般可以采用以下步骤：

（一）识别可能损害客观性的因素；

（二）评估这些因素影响的严重性；

（三）向审计项目负责人或内部审计机构负责人报告，采取措施降低这些因素的影响；

（四）向董事会或最高管理层报告或披露有关客观性受损的情况。

第十四条 内部审计人员在识别可能损害客观性的因素时，应重点考虑以下内容：

（一）内部审计人员审查和评价自己以前负责的经营活动和内部控制；

（二）内部审计人员与被审计单位存在直接的经济利益关系；

（三）内部审计人员与被审计单位管理层有密切的私人关系；

（四）内部审计人员与被审计单位有长期合作关系；

（五）内部审计人员对于被审计单位或其管理层存有文化、种族或性别上的歧视；

（六）内部审计人员对于审计项目存有认知上的偏见；

（七）内部审计人员遭受来自机构内部和外部的压力；

（八）内部审计范围受到限制。

第十五条 内部审计人员识别了可能损害客观性的因素后，应对这些因素的严重性进行评估，并考虑是否已存在降低其影响的措施。

第十六条 当发现存在严重损害客观性的因素时，内部审计人员应及时向审计项目负责人或内部审计机构负责人报告客观性受损的情况。

第十七条 内部审计机构负责人应采取以下主要措施保证客观性：

（一）加强人力资源管理，提高内部审计人员的职业道德素质及专业胜任能力；

（二）增派内部审计人员参加审计项目，并进行适当分工；

（三）采用工作轮换的方式安排审计项目及审计小组；

（四）建立适当、有效的激励机制；

（五）制定并实施系统、有效的内部审计质量控制政策和程序；

（六）停止执行有关业务并及时向董事会或最高管理层报告。

第十八条 在客观性受到严重损害的情况下，内部审计机构负责人应及时向董事会或最高管理层报告，披露客观性受损的具体情况。

第五章 附　　则

第十九条 本准则由中国内部审计协会发布并负责解释。

第二十条 本准则自2006年7月1日起施行。

内部审计具体准则第23号——内部审计机构与董事会或最高管理层的关系

第一章 总　　则

第一条 为了明确和协调内部审计机构与董事会或最高管理层的关系，保证内部审计的独立性，增强内部审计工作的有效性，根据《内部审计基本准则》制定本准则。

第二条 本准则所称内部审计机构与董事会或最高管理层的关系，是指内部审计机构由于隶属于董事会或最高管理层，而形成的协助其工作并向其报告的组织关系。

第三条 本准则适用于各类组织的内部审计机构、内部审计人员及其所从事的内部审计活动。

第二章 一般原则

第四条 内部审计机构应接受董事会或最高管理层的领导，保持与董事会或最高管理层的良好关系，协助董事会或最高管理层履行职责，实现董事会、最高管理层与内部审计在组织治理中的协同作用。

第五条 对内部审计机构有领导作用的董事会和相类似的机构包括：

（一）董事会；

（二）董事会下属的审计委员会；

（三）非盈利组织的理事会。

第六条 对内部审计机构有领导作用的最高管理层包括：

（一）总经理；

（二）与总经理级别相当的人员。

第七条 内部审计机构与董事会或最高管理层的关系包括以下基本内容：

（一）接受董事会或最高管理层的领导；

（二）协助董事会或最高管理层的工作；

（三）向董事会或最高管理层报告工作。

第八条 内部审计机构负责人应积极寻求董事会或最高管理层对内部审计工作的理解与支持。

第九条 内部审计机构应在授权范围内配合监事会工作。

第三章 接受董事会或最高管理层的领导

第十条 内部审计机构应在董事会或最高管理层的领导下，有效履行内部审计职责，确保内部审计活动能满足董事会或最高管理层的需要。

第十一条 内部审计机构接受董事会或最高管理层领导的方式包括：

（一）报请董事会或最高管理层批准审计工作事项；

（二）接受并完成董事会或最高管理层的业务委派。

第十二条 内部审计机构应向董事会或最高管理层报请批准的事项包括：

（一）内部审计章程；

（二）年度审计计划；

（三）人力资源计划；

（四）财务预算；

（五）内部审计政策的制定及变动。

第十三条 董事会或最高管理层根据需要，委派给内部审计机构的业务包括：

（一）进行舞弊调查；

（二）经济责任审计；

（三）执行特别专项审计；

（四）评价会计师事务所的工作质量；

（五）其他。

第四章 协助董事会或最高管理层的工作

第十四条 内部审计机构应协助董事会或最高管理层的工作，充分履行内部审计机构的职责。

第十五条 内部审计机构协助董事会或最高管理层的工作包括以下内容：

（一）协助董事会履行职责，提供与其监督职责相关的合法性、舞弊和内部控制的信息；

（二）协助董事会评估其工作，并提出适当建议；

（三）对组织各项经营活动或内部控制提供咨询意见；

（四）在董事会或最高管理层对外披露内部控制信息的过程中提供协助；

（五）在组织的道德文化建设中提供协助。

第五章　向董事会或最高管理层报告

第十六条　内部审计机构应与董事会或最高管理层保持有效的沟通，除了向董事会或最高管理层提交项目的审计报告之外，还应当定期提交工作报告。

第十七条　内部审计机构应定期向董事会或最高管理层提交工作报告，一般每年至少一次。

第十八条　内部审计机构的工作报告应概括、清晰地说明审计工作的开展以及本机构各类资源的使用情况，具体包括以下主要内容：

（一）年度审计计划的执行情况；

（二）审计项目涉及范围及审计意见的总括说明；

（三）对组织经营活动和内部控制的总体评价；

（四）审计中发现的差异和缺陷的汇总及其原因分析；

（五）重要的审计发现和建议；

（六）财务预算的执行情况；

（七）人力资源计划的执行情况；

（八）内部审计工作的效率和效果；

（九）董事会或最高管理层要求或关注的其他内容。

第十九条　内部审计机构提交工作报告时，还应当对年度审计计划、财务预算以及人力资源计划执行中出现的重大偏差及原因做出说明，并提出应对措施。

第二十条　内部审计机构应向董事会或最高管理层提交审计报告，审计报告应清晰反映重要的审计发现和建议。

第二十一条　日常工作中，内部审计机构还应与董事会或最高管理层就以下事项进行交流：

（一）讨论董事会或最高管理层关注的领域；

（二）内部审计活动是否满足董事会或最高管理层信息需求；

（三）讨论内部审计的新趋势和最佳实务；

（四）内部审计与外部审计之间的协调是否有效。

第六章　附　　则

第二十二条　本准则由中国内部审计协会发布并负责解释。

第二十三条　本准则自 2006 年 7 月 1 日起施行。

内部审计具体准则第 24 号——内部审计机构的管理

第一章　总　　则

第一条　为了规范内部审计机构的管理工作，保证审计质量，提高审计效率，根据《内部审计基本准则》制定本准则。

第二条　本准则所称内部审计机构的管理，是指内部审计机构对内部审计人员和内部审计活动实施的计划、组织、领导、控制、和协调工作。

第三条　本准则适用于各类组织的内部审计机构、内部审计人员及其从事的内部审计活动。

第二章　一般原则

第四条　内部审计机构的管理应达到以下目的：

（一）实现内部审计目标；

（二）使内部审计资源得到经济和有效的利用；

（三）提高内部审计质量，更好地履行监督与评价的职责；

（四）使内部审计活动符合内部审计准则的要求。

第五条　内部审计机构应当接受组织董事会或最高管理层的指导和监督，内部审计机构负责人对内部审计机构管理的适当性和有效性负完全责任。

第六条　内部审计机构应当制定内部审计章程。章程应当采用书面形式对内部审计活动的目标、权限和职责进行正式规范，并报经董事会或最高管理层批准。内部审计章程应包括以下主要内容：

（一）内部审计目标；

（二）内部审计机构在组织中的地位；

（三）内部审计机构的职责和权限范围；

（四）其他需要明确的事项。

第七条　内部审计机构应建立合理、有效的组织结构，多层级组织的内部审计机构可实行集中管理制或分级管理制：

（一）集中管理制下，可对下级组织实行内部审计派驻制或委派制；

（二）分级管理制下，上级内部审计机构应通过适当的组织形式和方式对下级内部审计机构进行指导和监督。

第八条　内部审计机构管理的内容主要包括以下方面：

（一）计划编制；

（二）人力资源管理；

（三）组织协调；

（四）领导与沟通；

（五）审计项目业务控制。

第九条　内部审计机构管理可以分为部门管理和项目管理两个层次。部门管理是指内

部审计机构运行过程中的一般性行政管理。项目管理是内部审计机构对审计项目业务工作的管理与控制。

第三章　部门管理的内容与方法

第十条　内部审计机构应当在考虑组织风险、管理需要和审计资源等因素的基础上，编制年度审计计划。

第十一条　内部审计机构应当根据内部审计目标和管理需要，加强人力资源管理，确保人力资源利用的充分性和有效性。该项管理包括：

（一）内部审计人员的聘用；

（二）内部审计人员的培训；

（三）内部审计人员的工作任务安排；

（四）内部审计人员知识结构及专业能力分析；

（五）内部审计人员的业绩考核与激励机制；

（六）其他有关事项。

第十二条　内部审计机构应当根据年度审计计划和人力资源计划编制财务预算。编制财务预算时应考虑以下因素：

（一）内部审计人员的数量；

（二）审计工作的安排；

（三）内部审计机构的行政管理活动；

（四）内部审计人员的教育及培训要求；

（五）审计工作的研究和发展；

（六）其他有关事项。

第十三条　内部审计机构应当根据组织的性质、规模和特点，编制审计工作手册，以指导内部审计人员的工作。审计工作手册应包括以下主要内容：

（一）内部审计机构的目标、权限和职责的说明；

（二）内部审计机构的组织、管理及工作说明；

（三）内部审计机构的岗位设置及岗位职责说明；

（四）主要审计工作流程；

（五）内部审计质量控制政策与程序；

（六）内部审计道德规范和奖惩措施；

（七）内部审计工作中应注意的事项。

第十四条　内部审计机构和人员，应在组织董事会或最高管理层的支持和监督下，做好与组织其他机构和外部审计的协调工作，以减少重复工作，提高审计效率。

第十五条　内部审计机构应当接受组织董事会或最高管理层的指导和监督，在日常工作中保持经常的沟通，定期向其提交工作报告。

第十六条　内部审计机构应制定内部审计质量控制政策与程序，通过实施持续、有效的督导，内部自我质量控制与外部评价，保证审计质量。

第四章　项目管理的内容与方法

第十七条　内部审计机构应根据年度审计计划确定的审计项目，编制项目审计计划并组织实施，在实施过程中做好审计项目业务管理与控制工作。

第十八条　在审计项目管理过程中，内部审计机构负责人与项目负责人应充分履行各自的职责，以确保审计质量，提高审计效率。

第十九条　内部审计机构负责人对审计项目的管理负领导责任，其职责范围主要包括：

（一）选派审计项目负责人并对其进行有效的授权；

（二）审批项目审计计划；

（三）对审计项目的实施进行总体督导；

（四）审定并签发审计报告；

（五）其他有关事项。

第二十条　审计项目负责人对审计项目的管理负直接责任。其职责范围主要包括：

（一）制定项目审计计划；

（二）制定审计方案；

（三）组织审计项目的实施；

（四）对项目审计工作进行现场督导；

（五）编制审计报告；

（六）组织后续审计的实施；

（七）其他有关事项。

第二十一条　内部审计机构应采取适当的管理辅助手段，完善和改进项目管理工作，保证审计项目管理与控制的有效性。这些管理辅助手段可以包括以下主要内容：

（一）审计工作授权表；

（二）审计任务清单；

（三）审计会议议程；

（四）审计工作底稿检查表；

（五）审计文书跟踪表；

（六）其他管理辅助手段。

第二十二条　内部审计机构应当建立审计档案管理制度，加强审计项目工作底稿的归档、保管、查询、复制、移交和销毁等环节的管理工作，妥善保存审计档案。

第五章　附　　则

第二十三条　本准则由中国内部审计协会发布并负责解释。

第二十四条　本准则自 2006 年 7 月 1 日起施行。

内部审计具体准则第 25 号——经济性审计

第一章　总　　则

第一条　为了规范内部审计机构和人员审查与评价组织经营活动的经济性，根据《内部审计基本准则》制定本准则。

第二条 本准则所称经济性是指组织经营活动过程中获得一定数量和质量的产品和服务及其他成果时所耗费的资源最少。经济性主要关注的是资源投入和使用过程中成本节约的水平和程度及资源使用的合理性。

本准则所称经济性审计是指内部审计机构和人员对组织经营活动的经济性进行审查与评价的活动。经济性审计是管理审计的重要组成部分。

第三条 本准则适用于各类组织的内部审计机构、内部审计人员及其从事的内部审计活动。

第二章 一般原则

第四条 经济性审计的目的是通过审查与评价组织经营活动中资源的取得、使用及管理是否节约及合理，协助管理层改善管理，节约资源，增加组织价值。

第五条 经济性审计既可以针对整个组织的经营活动，也可以针对特定项目、特定业务。

第六条 内部审计机构和人员应当具备必要的专业知识和技能，熟悉组织经营活动过程中投入的人力、财力、物力、信息、技术及时间等资源，掌握经营活动经济性的评价标准，运用恰当的审计方法以获取充分、相关、可靠的审计证据。

第七条 内部审计机构和人员可以根据需要，适当利用外部专家服务，并对利用外部专家服务所形成的审计结论负责。

第八条 内部审计人员在整个审计过程中应当保持高度的职业谨慎性，以识别在资源的取得、使用及管理过程中可能出现的舞弊行为。

第九条 内部审计人员在进行经济性审计时应当避免影响客观性的利益冲突。

第十条 经济性与效果性、效率性有密切关系，内部审计机构和人员根据实际情况，可以同时对组织经营活动的经济性、效果性和效率性进行审查评价，并出具管理审计报告；也可以只对经济性进行审查评价。如果只进行经济性审计，内部审计机构和人员应关注与其他两种审计之间的联系，以提高内部审计的有效性，并出具专项经济性审计报告。

第三章 经济性审计的内容与方法

第十一条 经济性审计审查评价的主要内容包括：

（一）资金的取得和使用是否节约；

（二）人力资源的取得及配置是否恰当；

（三）物资财产的取得及消耗是否节约；

（四）资源取得和配置在时间消耗上的适当性；

（五）资源取得的机会成本；

（六）资源的取得、使用和管理是否合理，是否遵循有关法律、法规；

（七）组织是否建立了健全的管理控制系统，以评价、报告和监督特定业务或项目的经济性；

（八）管理层提供的有关经济性方面的信息是否真实、可靠；

（九）其他有关事项。

第十二条 内部审计机构和人员在选择经济性审计方法时应当与审计对象、审计目标及经济性审计评价标准相适应。除了运用常规的审计方法以外，还可以运用数量分析法、比较分析法、标杆法等。

（一）数量分析法。数量分析法是对经营活动相关数据进行计算分析，并运用抽样技术，对抽样结果进行评价以获得充分、相关、可靠的审计证据的方法。数量分析法包括线性规划法、网络分析法、回归分析法、经济批量分析法等。

（二）比较分析法。比较分析法是通过分析、比较数据间的关系、趋势或比率来取得审计证据、完成审计目标的方法。

（三）标杆法。标杆法是内部审计人员对经营活动状况进行实际观察和检查，通过与组织内外部相同或相似经营活动的最佳实务进行比较而取得审计证据的方法。

第十三条　内部审计机构和人员应当关注资源投入和使用过程，进行事前、事中和事后审计，及时将组织经营活动过程中资源的损失、浪费等情况报告适当管理层，以便其采取纠正措施。

第四章　经济性审计评价标准

第十四条　内部审计机构和人员应当选择适当的经济性审计评价标准。

（一）内部审计人员首先应确定组织管理层已建立标准的适当性。如果此标准是适当的，内部审计人员在经营活动的经济性评价中就应使用这些标准。如果标准不适当，应该向适当管理层报告；

（二）如果管理层没有制定标准，内部审计人员应会同管理层选择适当的评价标准。

第十五条　内部审计机构和人员应当根据不同的审计对象及目标，选择定性或定量的经济性评价标准，或将二者适当结合。

（一）定量的评价标准主要包括计划、预算、定额、目标值、评价标准值等。

（二）定性的评价标准主要包括：国家法律、法规、方针和政策；主管部门的有关规定；组织的规章制度；职业组织推荐的最佳实务等。

第十六条　经济性审计评价标准应具备适当性、先进性和动态性。评价标准可以是组织内部的，也可以是组织外部的；可以是本年度的，也可以是以前年度的。

第五章　经济性审计报告

第十七条　内部审计机构和人员在经济性审计结束后，应当及时形成恰当的审计结论和建议，并出具审计报告。

（一）对组织特定业务或项目进行专门的经济性审计，应当出具专项经济性审计报告；

（二）对组织特定业务或项目同时进行经济性、效果性和效率性审计，可以根据实际情况，将两项或三项审计内容相结合出具管理审计报告；

（三）对组织经营活动和内部控制进行审计时涉及经济性审查和评价，可以一并纳入常规审计报告。

第十八条　内部审计机构和人员应当按照《内部审计具体准则第 7 号——审计报告》的要求出具经济性审计报告。经济性审计报告的正文应当主要包括以下内容：

（一）被审计单位经营活动的基本情况；

（二）开展经济性审计的立项依据；

（三）开展经济性审计的目的；

（四）经营活动经济性的评价标准及评价意见或结论；

（五）经济性审计中发现的主要问题，包括在资源的取得、使用和管理中的损失、浪费等事实，导致上述结果的原因及产生的影响；

（六）对进一步优化组织资源管理、节约资源使用所提出的建议。

第十九条 内部审计机构和人员应当及时将经济性审计报告提交给组织适当管理层，并在必要时实施后续审计，持续追踪问题是否得到解决，以促进组织经营活动投入资源的节约。

第六章 附 则

第二十条 本准则由中国内部审计协会发布并负责解释。

第二十一条 本准则自 2007 年 7 月 1 日起施行。

内部审计具体准则第 26 号——效果性审计

第一章 总 则

第一条 为了规范内部审计机构和人员审查与评价组织经营活动的效果性，根据《内部审计基本准则》制定本准则。

第二条 本准则所称效果性是指组织从事经营活动时实际取得成果与预期取得成果之间的对比关系。效果性主要关注的是既定目标的实现程度及经营活动产生的影响。

本准则所称效果性审计是指内部审计机构和人员对组织经营活动的效果性进行审查与评价的活动。效果性审计是管理审计的重要组成部分。

第三条 本准则适用于各类组织的内部审计机构、内部审计人员及其从事的内部审计活动。

第二章 一般原则

第四条 效果性审计的主要目的是通过审查与评价组织经营活动既定目标实现的程度，以协助组织管理层改善经营水平，提高经营活动的效果。

第五条 效果性审计既可以针对整个组织的经营活动，也可以针对特定项目、特定业务。

第六条 组织经营活动特定项目或业务的效果既要考虑经济目标（例如产值、收入、利润），也要考虑社会目标（例如社会满意度、环保效应、社会责任）。

第七条 内部审计机构和人员应当具备必要的专业知识和技能，熟悉经营活动项目和业务，掌握经营活动效果的评价标准，运用恰当的审计方法以获取充分、相关、可靠的审计证据。

第八条 内部审计机构和人员可以根据需要，适当利用外部专家服务，并对利用外部专家服务所形成的审计结论负责。

第九条　效果性与经济性、效率性有密切关系，内部审计机构和人员根据实际情况，可以同时对组织经营活动的经济性、效果性和效率性进行审查评价，并出具管理审计报告；也可以只对效果性进行审查评价。如果只进行效果性审计，内部审计机构和人员应关注与其他两种审计之间的联系，以提高内部审计的有效性，并出具专项效果性审计报告。

第十条　内部审计机构和人员在对组织经营活动同时进行经济性、效果性和效率性的审查评价时，应当优先考虑效果性。

第三章　效果性审计的内容与方法

第十一条　效果性审计审查评价的主要内容包括：

（一）组织经营活动的目标是否适当、相关及可行；

（二）组织经营活动达到既定目标或实现预期经济和社会效果等情况；

（三）组织为实现既定目标所采取的程序和方法的合法、合理性，以及对有关政策、计划、预算、程序、合同等的遵循情况；

（四）分析组织经营活动未能及时达到既定目标的原因；

（五）分析组织无法按原定计划开展相应项目、业务或者中途停止项目、业务的原因；

（六）组织是否建立了健全的管理控制系统，以评价、报告和监督特定项目或业务的效果性；

（七）管理层提供的有关效果性方面的信息是否真实、可靠；

（八）其他有关事项。

第十二条　内部审计机构及人员在选择效果性审计方法时应当与审计对象、审计目标及效果性审计评价标准相适应。除了运用常规的审计方法外，还可以运用调查法、问题解析法、专题讨论会等方法。

（一）调查法。调查法是凭借一定的手段和方式（如访谈、问卷），对某种或某几种现象或事实进行考察，通过对搜集到的各种事实资料的分析处理，进而得出结论的一种研究方法；

（二）问题解析法。问题解析法是通过确定总括性问题、相关子问题以及用来解答这些问题的具体步骤来开展效果性审计工作的方法；

（三）专题讨论会。专题讨论会是指通过召集组织相关管理人员就经营活动特定项目或业务的具体问题进行讨论及评估的一种方法。

第十三条　内部审计机构和人员应当采取以结果为导向的审计方式，关注经营活动特定项目及业务的结果，确认项目或业务目标的实现程度及其产生的影响。

第四章　效果性审计评价标准

第十四条　内部审计机构和人员应当选择适当的效果性审计评价标准。

（一）内部审计人员首先应确定组织管理层已建立标准的适当性。如果此标准是适当的，内部审计人员在经营活动的效果性评价中就应使用这些标准。如果标准不适当，应该向适当管理层报告；

（二）如果管理层没有制定标准，内部审计人员应当会同管理层选择适当的评价标准。

第十五条 内部审计机构和人员在对经营活动特定项目或业务的效果性进行评价时，应当充分考虑国家宏观政策、经济环境及组织内部条件等的变化对既定目标造成的不同影响，注意社会效果与经济效果、长远效果与短期效果的结合，选择恰当的评价标准。

第十六条 内部审计机构和人员应当根据不同的审计对象及目标，选择定性或定量的效果性评价标准，或将二者适当结合。

第十七条 内部审计机构和人员对组织经营活动特定项目或业务的效果性进行评价时可参照选择以下标准：

（一）项目或业务的设计要求或计划应达到的水平；

（二）项目或业务对完成时间的要求；

（三）其他组织的相同或类似项目及业务已达到的最佳状态；

（四）国家已制定的最高标准或已达到的最佳水平；

（五）国际上已达到的最高水平；

（六）社会有关各方对该项目或业务的社会经济效果的满意程度。

第五章 效果性审计报告

第十八条 内部审计机构和人员在效果性审计结束后，应当形成恰当的审计结论和建议，并出具审计报告。

（一）对组织特定项目或业务进行专门的效果性审计，应当出具专项效果性审计报告；

（二）对组织特定项目或业务同时进行经济性、效果性和效率性审计，可以根据实际情况，将两项或三项审计内容相结合出具管理审计报告；

（三）对组织经营活动和内部控制进行审计时涉及效果性审查和评价，可以一并纳入常规审计报告。

第十九条 内部审计机构和人员应当按照《内部审计具体准则第 7 号——审计报告》的要求出具效果性审计报告。效果性审计报告的正文应当主要包括以下内容：

（一）被审计经营活动特定项目或业务的基本情况；

（二）开展效果性审计的立项依据；

（三）开展效果性审计的目的；

（四）经营活动效果性的评价标准及评价意见或结论；

（五）效果性审计中发现的主要问题，包括审计发现的事实、导致上述结果的原因及产生的影响；

（六）对特定项目或业务经营管理的改善和效果的提高所提出的建议。

第二十条 内部审计机构和人员应当及时将效果性审计报告提交给组织适当管理层，并在必要时实施后续审计，持续追踪问题是否得到解决，以促进管理层持续改善和提高经营活动的效果。

第六章 附 则

第二十一条 本准则由中国内部审计协会发布并负责解释。

第二十二条 本准则自 2007 年 7 月 1 日起施行。

内部审计具体准则第 27 号——效率性审计

第一章 总 则

第一条 为了规范内部审计机构和人员审查与评价组织经营活动的效率性，根据《内部审计基本准则》制定本准则。

第二条 本准则所称效率性是指组织经营活动过程中投入资源与产出成果之间的对比关系。

本准则所称效率性审计是指内部审计机构和人员对组织经营活动的效率性进行审查与评价的活动。效率性审计是管理审计的重要组成部分。

第三条 本准则适用于各类组织的内部审计机构、内部审计人员及其从事的内部审计活动。

第二章 一般原则

第四条 效率性审计的主要目的是通过审查和评价组织经营活动的投入、产出关系，优化业务流程，提高经营活动效率。

第五条 效率性审计既可以针对整个组织的经营活动，也可以针对特定项目、特定业务。

第六条 内部审计机构和人员应当具备必要的专业知识和技能，熟悉经营活动特定业务或项目的流程，掌握国内外先进的生产工艺标准、流程设计方法和评价标准，熟悉计算机和网络技术等信息系统相关知识，运用恰当的审计方法以获取充分、相关、可靠的审计证据。

第七条 内部审计机构和人员可以根据需要，适当利用外部专家服务，并对利用外部专家服务所形成的审计结论负责。

第八条 效率性与经济性、效果性有密切关系，内部审计机构和人员根据实际情况，可以同时对组织经营活动的经济性、效果性和效率性进行审查评价，并出具管理审计报告；也可以只对效率性进行审查评价。如果只进行效率性审计，内部审计机构和人员应关注与其他两种审计之间的联系，以提高内部审计的有效性，并出具专项效率性审计报告。

第九条 在经营活动特定项目或业务有多种效果性目标时，效率性审计应当根据审计目标的要求对效率进行综合评价，这种评价可能因审计目标的不同，对审计内容有不同的关注程度。

第三章 效率性审计的内容与方法

第十条 效率性审计审查评价的主要内容包括：

（一）组织采购、销售等商业活动的效率；

（二）组织研发、生产等技术活动的效率；

（三）组织筹资、投资等财务活动的效率；

（四）组织为确保财产、信息及人员的安全以及对风险的管理所采取措施的效率；

（五）组织计划、控制等管理活动的效率；

（六）为提高上述经营活动效率所采取的措施是否遵循有关法律、法规；

（七）管理层提供的有关效率性方面的信息是否真实、可靠；

（八）其他有关事项。

第十一条 内部审计机构和人员在进行效率性审计时，可以从以下几个方面考虑：

（一）确认与评价经营活动的投入；

（二）确认与评价经营活动的产出；

（三）综合评价投入产出的效率。

第十二条 效率性审计要考虑经营活动中资源投入与成果产出之比。投入的资源主要包括人力、财力、物力、信息、技术、时间等方面的资源；产出则是投入资源后取得的实际效果。

第十三条 效率性审计的基本方法是在计算经营活动效率的基础上，与先进的、可比的效率评价标准进行对比，分析影响组织经营活动效率的主要因素，提出有针对性的、切实可行的改进建议。

第十四条 内部审计机构和人员在进行效率性审计时，除了运用常规的审计方法外，还可以运用比较分析法、因素分析法、量本利分析法等方法，在对影响组织经营效率的各种因素进行综合分析后，提出进一步提高经营活动效率的建议。

（一）比较分析法。比较分析法是通过分析、比较数据间的关系、趋势或比率来取得审计证据、完成审计目标的方法。

（二）因素分析法。因素分析法是查找产生影响的因素，并分析各个因素的影响方向和影响程度的方法。

（三）量本利分析法。量本利分析法是分析一定期间内的业务量、成本和利润三者之间变量关系的方法。

第十五条 效率性审计应当将事中审计和事后审计适当结合。内部审计机构和人员可以在经营活动进行过程中对业务流程的效率进行评价，及时将组织经营活动过程中无效率或低效率的情况报告组织适当管理层，以便采取纠正措施，提高效率。

第四章 效率性审计评价标准

第十六条 内部审计机构和人员应当选择适当的效率性审计评价标准。

（一）首先应确定组织管理层已建立标准的适当性。如果此标准是适当的，内部审计人员在经营活动的效率性评价中就应使用这些标准。如果标准不适当，应该向适当管理层报告；

（二）如果管理层没有制定标准，内部审计人员应当会同管理层选择适当的评价标准。

第十七条 内部审计人员选择的效率性评价标准应当符合以下要求：

（一）可获得性。是指内部审计人员在现有的工作条件下能够以合理成本取得该效率性评价标准。

（二）先进性。是指该效率性评价标准在被评价领域中代表了较优秀的水平。

（三）适用性。是指该效率性评价标准符合审计对象的特征要求，能够恰当地对被审计单位的效率性进行评价。

（四）关联性。是指该效率性评价标准在各个历史时期具有可比的特征。

（五）可验证性。是指效率性评价标准应当能够为组织管理层获取，以使组织管理层能够对效率性审计进行评价。

第十八条　内部审计机构和人员对组织经营活动效率性进行评价时可以参照选择以下标准：

（一）组织经营活动效率的设计水平或计划水平；

（二）组织经营活动效率的历史同期最高水平；

（三）职业组织推荐的最佳实务标准；

（四）组织经营活动效率的国家标准水平；

（五）组织经营活动效率的国际标准水平；

（六）某国家或地区各该项效率指标的先进水平；

（七）国内同行业同类组织各该项效率指标的先进水平。

第五章　效率性审计报告

第十九条　内部审计机构和人员在效率性审计结束后，应当形成恰当的审计结论和建议，并出具审计报告。

（一）对组织特定业务或项目进行专门的效率性审计，应当出具专项效率性审计报告；

（二）对组织特定业务或项目同时进行经济性、效果性和效率性审计，可以根据实际情况，将两项或三项审计内容相结合出具管理审计报告；

（三）对组织经营活动和内部控制进行审计时涉及效率性审查和评价，可以一并纳入常规审计报告。

第二十条　内部审计机构和人员应当按照《内部审计具体准则第 7 号——审计报告》的要求出具效率性审计报告。效率性审计报告的正文应当主要包括以下内容：

（一）组织经营活动与效率性审计有关的基本情况；

（二）开展效率性审计的立项依据；

（三）开展效率性审计的目的；

（四）经营活动效率性的评价标准及评价意见或结论；

（五）效率性审计中发现的经营活动无效率或低效率的问题，导致上述问题的原因及产生的影响；

（六）对优化业务流程、改进经营管理和提高效率所提出的建议。

第二十一条　内部审计机构和人员应当及时将效率性审计报告提交给组织适当管理层，并在必要时实施后续审计，持续追踪问题是否得到解决，以促进管理层改善业务流程和提高经营活动的效率。

第六章　附　　则

第二十二条　本准则由中国内部审计协会发布并负责解释。

第二十三条　本准则自 2007 年 7 月 1 日起施行。

内部审计具体准则第 28 号——信息系统审计

第一章　总　　则

第一条　为了规范组织内部审计机构及人员开展信息系统审计活动，保证审计质量，根据《内部审计基本准则》制定本准则。

第二条　本准则所称信息系统审计，是指由组织内部审计机构及人员对信息系统及其相关的信息技术内部控制和流程开展的一系列综合检查、评价与报告活动。

第三条　本准则适用于各类组织的内部审计机构、内部审计人员及其从事的信息系统审计活动。

第二章　一般原则

第四条　信息系统审计的目的是通过实施信息系统审计工作，对组织是否达成信息技术管理目标进行综合评价，并基于评价意见提出管理建议，协助组织信息技术管理人员有效地履行其受托责任以达成组织的信息技术管理目标。组织的信息技术管理目的是保证组织的信息技术战略充分反映该组织的业务战略目标，提高组织所依赖的信息系统的可靠性、稳定性、安全性及数据处理的完整性和准确性，提高信息系统运行的效果与效率，合理保证信息系统的运行符合法律法规及监管的相关要求。

第五条　组织中信息技术管理人员的责任是信息系统的开发、运行和维护以及信息技术相关的内部控制的设计、执行和监控；信息系统审计人员的责任是实施信息系统审计工作并出具审计报告。

第六条　从事信息系统审计人员的专业胜任能力是指在信息系统审计领域，胜任管理层与其他利益方的委托、履行其信息系统审计职能所应拥有的相关知识、技能和素质。信息系统审计人员应当熟悉内部审计业务并具备必要的信息技术及信息系统审计的专业知识。此外，审计项目负责人员应具有三年以上信息系统审计相关工作经验，或六年以上相关业务的从业经验。由于组织特殊性而产生的例外情况，应当获得组织管理层的特别授权。组织应当建立信息系统审计人员培训制度，鼓励审计人员取得注册信息系统审计师等执业资格，以保证审计人员的专业胜任能力。必要时，信息系统审计可利用外部专家的服务。

第七条　信息系统审计可作为独立的审计项目组织实施、或作为综合性内部审计项目的组成部分实施。

第八条　信息系统审计划分为以下阶段：审计计划阶段、审计实施阶段、审计报告与后续工作阶段。

第九条　审计人员应采用以风险为导向的审计方法进行信息系统审计，风险评估应贯穿审计的计划、实施、报告与后续工作各个阶段。

第三章　审计计划

第十条　内部审计人员在执行信息系统审计之前，需要确定审计目标并初步评估审计风险，估算完成信息系统审计或专项审计所需的资源，确定重点审计领域及审计活动的优先次序，明确审计组成员的职责，并以此制定信息系统审计计划。

第十一条　制定信息系统审计计划时，应遵循其他相关内部审计具体准则规定的因素，同时针对信息系统审计的特殊性，审计人员还应充分考虑以下因素：

（一）高度依赖信息技术、信息系统的关键业务流程及相关的组织战略目标；

（二）信息技术管理的组织架构；

（三）信息系统框架和信息系统的长期发展规划及近期发展计划；

（四）信息系统及其支持的业务流程的变更情况；

（五）信息系统的复杂程度；

（六）以前年度信息系统内、外部审计等相关的审计发现及后续审计情况。

第十二条　信息系统审计作为综合性内部审计项目的一部分时，审计人员在审计计划阶段还应综合考虑相关内部审计的审计目标及要求。

第四章　信息技术风险评估

第十三条　进行信息系统审计时，审计人员应当识别组织所面临的与信息技术相关的内、外部风险，并采用适当的风险评估技术与方法，分析及评价其发生的可能性及影响程度，为确定审计目标、范围和方法提供依据。

第十四条　信息技术风险是指组织在信息处理和信息技术运用过程中产生的、可能影响组织目标实现的各种不确定因素。信息技术风险包括组织层面的信息技术风险、一般性控制层面的信息技术风险及业务流程层面的信息技术风险等。

第十五条　审计人员在识别、评估组织层面、一般性控制层面的信息技术风险时需要关注以下几方面：

（一）业务关注度，即组织的信息技术战略与组织整体发展战略规划的契合度以及信息技术（包括硬件及软件环境）对业务和用户需求的支持度；

（二）信息资产的重要性；

（三）对信息技术的依赖程度；

（四）对信息技术部门人员的依赖程度；

（五）对外部信息技术服务的依赖程度；

（六）信息系统及其运行环境的安全性、可靠性；

（七）信息技术变更；

（八）法律规范环境；

（九）其他。

第十六条　业务流程层面的信息技术风险受行业背景、业务流程的复杂程度、上述组织层面及一般性控制层面的控制有效性等因素的影响而存在差异。一般而言，审计人员应了解业务流程并关注以下几方面信息技术风险：

（一）数据输入；

（二）数据处理；

（三）数据输出。

第十七条　审计人员应充分考虑风险评估的结果，以合理确定信息系统审计的内容及范围，并对组织的信息技术内部控制的设计有效性和执行有效性进行测试。

第五章 信息系统审计的内容

第十八条 信息系统审计通常包括对组织层面信息技术控制、信息技术一般性控制及业务流程层面相关应用控制的审计。

第十九条 信息技术内部控制的各个层面都包括人工控制、自动控制和人工、自动相结合的控制形式，审计人员应根据不同的控制形式采取恰当的审计程序。

第二十条 组织层面信息技术控制是指管理层及治理层对信息技术治理职能及内部控制的重要性的态度、认识和措施，审计人员应考虑以下控制要素中与信息技术相关的内容：

（一）控制环境

审计人员应关注该组织的信息技术战略规划对业务战略规划的契合度、信息技术治理制度体系的建设、信息技术部门的组织结构和关系、信息技术治理相关职权与责任的分配、信息技术人力资源管理、对用户的信息技术教育和培训等方面；

（二）风险评估

审计人员应关注组织的风险评估的总体架构中信息技术风险管理的框架、流程和执行情况、信息资产的分类以及信息资产所有者的职责等方面；

（三）信息与沟通

审计人员应关注组织的信息系统架构及其对财务、业务流程的支持度、管理层及治理层的信息沟通模式、信息技术政策/信息安全制度的传达与沟通等方面；

（四）监控

审计人员应关注组织的监控管理报告系统、监控反馈、跟踪处理程序以及组织对信息技术内部控制的自我评估机制等方面。

第二十一条 信息技术一般性控制是指与网络、操作系统、数据库、应用系统及其相关人员有关的信息技术政策和措施，以确保信息系统持续稳定的运行，支持应用控制的有效性。对信息技术一般性控制的审计应考虑以下控制活动：

（一）信息安全管理

审计人员应关注组织的信息安全管理政策，物理访问及针对网络、操作系统、数据库、应用系统的身份认证和逻辑访问管理机制，系统设置的职责分离控制等；

（二）系统变更管理

审计人员应关注组织的应用系统及相关系统基础架构的变更、参数设置变更的授权与审批，变更测试，变更移植到生产环境的流程控制等；

（三）系统开发和采购管理

审计人员应关注组织的应用系统及相关系统基础架构的开发和采购的授权审批，系统开发的方法论，开发环境、测试环境、生产环境严格分离情况，系统的测试、审核、移植到生产环境等环节；

（四）系统运行管理

审计人员应关注组织的信息技术资产管理、系统容量管理、系统物理环境控制，系统和数据备份及恢复管理，问题管理和系统的日常运行管理等。

第二十二条 业务流程层面应用控制是指在业务流程层面为了合理保证应用系统准确、完整、及时完成业务数据的生成、记录、处理、报告等功能而设计、执行的信息技术控制。对业务流程层面应用控制的审计应考虑以下与数据输入、数据处理以及数据输出环节相关的控制活动：

（一）授权与批准；

（二）系统配置控制；

（三）异常情况报告和差错报告；

（四）接口/转换控制；

（五）一致性核对；

（六）职责分离；

（七）系统访问权限；

（八）系统计算；

（九）其他。

第二十三条　信息系统审计除上述常规的审计内容外，审计人员还可以根据组织当前面临的特殊风险或需求，设计专项审计以满足审计战略，具体包括但不限于下列领域：

（一）信息系统开发实施项目的专项审计；

（二）信息系统安全专项审计；

（三）信息技术投资专项审计；

（四）业务连续性计划的专项审计；

（五）外包条件下的专项审计；

（六）法律法规、行业规范要求的内部控制的合规性的专项审计；

（七）其他专项审计。

第六章　信息系统审计的方法

第二十四条　审计人员在进行审计与信息技术相关内部控制及流程中可以单独或综合应用下列的审计方法来获取充分、适当的审计证据以评估信息技术内部控制的设计有效性和执行有效性：

（一）询问相关的控制人员；

（二）观察特定控制的运用；

（三）审阅文件和报告；

（四）根据信息系统的特性，进行穿行测试，追踪交易在信息系统中的处理过程；

（五）验证系统控制和计算逻辑；

（六）登录信息系统进行系统查询；

（七）利用计算机辅助审计工具和技术；

（八）保证独立性、客观性及职业技能的质量控制前提下，利用其他专业机构的审计结果或组织对信息技术内部控制的自我评估结果；

（九）其他。

第二十五条　信息系统审计人员可以根据需要利用计算机辅助审计工具和技术进行数据的验证、关键系统控制/计算的逻辑的验证、审计样本选取等；审计人员在充分考虑安全的前提下，可以利用可靠的信息安全侦测工具进行渗透性测试等。

第二十六条　审计人员在对信息技术内部控制进行评估时，应获得充分、可靠及相关的审计证据以支持审计结论完成审计目标，并应充分考虑系统自动控制的控制效果的一致性及可靠性的特点，在选取审计样本时可根据情况适当减少样本量。在系统未发生变更的情况下，可考虑适当降低审计频率。

第二十七条 审计人员在审计过程中进行风险评估，并在此基础上依据信息技术内部控制评估的结果重新评估审计风险，并根据剩余风险来进一步设计审计程序。

第二十八条 审计工作底稿应以正式的书面或电子形式进行记录，其中应包含审计程序、审计发现和审计结论以及支持审计结论的审计工作细节及审计证据。审计过程中获取的电子数据应建立严格的电子数据归档措施，并对敏感数据进行严格的保密管理。

第七章　审计报告与后续工作

第二十九条 在审计实施结束后，审计人员应以充分、可靠及相关的审计证据为依据形成审计结论与建议，出具审计报告，形成审计结果，追踪审计建议的落实并执行相应后续审计程序。

第三十条 当信息系统审计作为综合性内部审计项目的一部分时，审计人员应及时与其他相关内部审计人员沟通信息系统内部审计的发现，并考虑依据审计结果调整其他相关审计的范围、时间及性质。

第八章　附　　则

第三十一条 本准则由中国内部审计协会负责解释。

第三十二条 本准则自 2009 年 1 月 1 日起施行。

内部审计具体准则第 29 号——内部审计人员后续教育

第一章　总　　则

第一条 为了规范内部审计人员后续教育，保持和提高内部审计人员的专业胜任能力，根据《内部审计基本准则》、《内部审计人员职业道德规范》制定本准则。

第二条 本准则所称的后续教育，是指内部审计人员为保持和提高其专业胜任能力，掌握和运用相关新知识、新技能和新法规所进行的学习与研究。

本准则所称的内部审计人员，是指取得内部审计人员岗位资格证书或国际注册内部审计师（CIA）资格证书的人员。

第三条 本准则积极引导其他从事内部审计活动的人员参加后续教育，以增强其专业知识和业务能力。

第四条 本准则适用于各级各类的内部审计（师）协会，各类组织的内部审计机构、内部审计人员进行的后续教育。

第二章　一般原则

第五条 内部审计人员应当根据职业发展需要，确定合理的后续教育内容，选择适当的后续教育形式。

第六条 中国内部审计协会、省级内部审计（师）协会应当明确划分其在后续教育中的职责与权限，合理组织并有效实施后续教育。

市、县级内部审计（师）协会，经中国内部审计协会或省级内部审计（师）协会授权，也可组织实施管辖范围内的后续教育。

内部审计机构应当为内部审计人员接受后续教育提供必要的保障。

第七条 中国内部审计协会、省级内部审计（师）协会应当定期检查与考核后续教育情况，确保后续教育质量。

第三章 内容与形式

第八条 后续教育应当讲求实效、学以致用。主要内容包括：

（一）国家颁布的有关法律法规；

（二）内部审计准则及内部审计人员职业道德规范；

（三）内部审计理论与实务；

（四）会计理论与方法；

（五）信息技术理论与应用技术；

（六）公司治理、内部控制和风险管理理论；

（七）其他相关专业知识与技能。

第九条 后续教育应当区分内部审计机构负责人、审计项目负责人和审计助理人员三个层次，突出重点、按需施教。具体内容包括：

（一）内部审计机构负责人应当学习和研究组织领导本单位（部门）内部审计工作方面的知识和技能，包括：相关法律法规、内部审计准则和会计准则及其最新变化，内部审计在公司治理、内部控制、风险管理和企业流程再造过程中的作用及其最新发展，内部审计章程拟订，审计关系处理与协调，审计管理案例，组织文化与政策，以及开展咨询服务业务的有关理论和实务等；

（二）审计项目负责人应当学习和研究独立完成一个审计项目方面的知识和技能，包括：内部审计准则和会计准则，财务管理理论与方法，经济管理理论，项目审计计划与审计方案制定，审计评价标准解读和选择，审计报告撰写与提出，审计案例分析，审计助理人员监督和指导，人际关系沟通等；

（三）审计助理人员应当学习和研究参与完成一个审计项目方面的知识和技能，包括：内部审计准则和会计准则，审计基本理论与技术方法，计算机基础知识，逻辑推理，相关人际关系沟通等。

第十条 内部审计人员接受培训是后续教育的主要方式。一般应当采取以下形式：

（一）参加国际内部审计师协会和亚洲内部审计联合会组织的专业会议及培训活动；

（二）参加中国内部审计协会和省级内部审计（师）协会举办的各种培训及考察活动；

（三）参加中国内部审计协会和省级内部审计（师）协会召开的专业会议及经验交流；

（四）参加中国内部审计协会和省级内部审计（师）协会认可的有关大专院校的专业课程进修；

（五）参加经中国内部审计协会或省级内部审计（师）协会授权的市、县级内部审计（师）协会组织的专业培训及经验交流。

第十一条 内部审计人员自学是后续教育的重要补充方式。一般应当包括以下形式：

（一）参加中国内部审计协会和省级内部审计（师）协会开办的网络教育；

（二）参加由本单位（部门）内部审计机构开展的业务技术培训；

（三）主持或参与完成省级以上内部审计（师）协会发布的课题研究，并取得研究成果；

（四）公开出版专业著作或发表专业论文；

（五）个人专业学习和实务研究；

（六）其他形式。

第四章 组织与实施

第十二条 内部审计人员后续教育由中国内部审计协会和省级内部审计（师）协会负责组织、实施。行业审计协会实施的有关培训活动实行年度认证制，认证工作由中国内部审计协会实施。

第十三条 中国内部审计协会负责组织、实施全国内部审计人员的后续教育。主要职责是：

（一）制定全国后续教育规划；

（二）制定全国后续教育制度、规定、办法；

（三）制定全国后续教育年度培训计划，提出教学大纲；

（四）组织全国后续教育教材的开发、评估、推荐；

（五）组织全国后续教育活动；

（六）组织全国后续教育检查、考核；

（七）指导、督促省级内部审计（师）协会的后续教育工作。

第十四条 省级内部审计（师）协会负责组织、实施管辖范围内的内部审计人员后续教育。主要职责是：

（一）制定管辖范围内后续教育规划；

（二）制定管辖范围内后续教育制度、规定、办法；

（三）制定管辖范围内后续教育年度培训计划，设置教学内容；

（四）组织管辖范围内后续教育教材的评估、遴选；

（五）组织管辖范围内后续教育活动；

（六）组织管辖范围内后续教育检查、考核；

（七）指导、督促市、县级内部审计（师）协会的后续教育工作。

第十五条 市、县级内部审计（师）协会同时符合下列条件的，经中国内部审计协会或省级内部审计（师）协会授权，也可组织实施管辖范围内的后续教育：

（一）具有承担后续教育工作的教学场所和设施；

（二）拥有与承担后续教育工作相适应的师资队伍和管理力量；

（三）能够完成所承担的后续教育任务，保证后续教育质量。

被授权的市、县级内部审计（师）协会在组织后续教育前，应当将实施方案报送相应授权协会备案。实施方案内容包括：教学目的、教学内容、教学方式、教材遴选、教师情况、考核形式、质量控制办法等。

第十六条 内部审计机构应当支持、督促本单位（部门）内部审计人员参加后续教育，保证学习时间和学习费用，提供必要的学习条件。

内部审计机构开展的本单位（部门）业务技术培训，如需申请确认为内部审计人员后续教育学时的，应当提请中国内部审计协会或省级内部审计（师）协会进行评估。评估内容包括：培训条件、培训计划、培训内容、师资来源、教学水平、管理水平、学员满意度和质量监控措施等。

第五章 检查与考核

第十七条 中国内部审计协会负责检查、考核全国内部审计人员的后续教育情况；省级内部审计（师）协会负责检查、考核管辖范围内的内部审计人员后续教育情况；内部审计机构负责检查，并如实填报本单位（部门）的内部审计人员后续教育情况。

第十八条 检查与考核的标准，按内部审计人员接受学习的时间计算，每两年为一个周期，时间不得少于80学时，其中每年接受后续教育的时间不得少于30小时。后续教育的学时计算标准是：

（一）属本准则第十条第（二）项、第（三）项、第（四）项的，第十一条第（一）项的，按设定的学时计算已完成后续教育学时；

（二）属本准则第十条第（五）项的，由市、县级内部审计（师）协会与中国内部审计协会或省级内部审计（师）协会协商后，确定已完成后续教育学时；

（三）属本准则第十条第（一）项的，其设定的学时报中国内部审计协会认定；

（四）属本准则第十一条第（二）项的，由内部审计机构提出申请，经中国内部审计协会或省级内部审计（师）协会评估后，确认已完成后续教育学时；

（五）属本准则第十一条第（三）项、第（四）项的，按每千字2学时计算已完成后续教育学时，全年累计不得超过40学时；

（六）荣获省级以上学术成果奖励的，当年按20学时计算已完成后续教育学时，全年累计不得超过40学时；

（七）取得相关中级以上专业技术职称和国家级执业资格的，当年按20学时计算已完成后续教育学时，全年累计不得超过40学时。

第十九条 有下列情形之一的，内部审计人员后续教育时间可以顺延，在下一年度一并完成规定的后续教育时间：

（一）年度内在境外工作超过六个月的；

（二）年度内病假超过六个月的；

（三）休产假的；

（四）其他情况。

有上述情形的内部审计人员须由个人提出申请，所在单位（部门）人事部门证明，报经中国内部审计协会或省级内部审计（师）协会审核后确认。

第二十条 内部审计人员接受检查、考核时，应当提交记录其后续教育情况的《内部审计人员岗位资格证书》、《国际注册内部审计师资格证书》；其他从事内部审计活动的人员应当提交记录其后续教育情况的《内部审计人员后续教育证书》。

后续教育情况由中国内部审计协会或省级内部审计（师）协会负责记录，包括：培训内容、培训时间、培训地点，以及教师的姓名、职称（职务）和累计培训学时等。

第二十一条 除本准则第十九条列示的情形外，内部审计人员未能提供其后续教育有

效记录或无故未达到后续教育要求的，考核时不予通过；考核未予通过的内部审计人员，其所在单位（部门）内部审计机构应当督促其接受后续教育。

（一）年度内未接受后续教育或未按有关规定完成后续教育学时的内部审计人员，由省级内部审计（师）协会予以警告；

（二）连续二年未接受后续教育或连续二年未按有关规定完成后续教育学时的内部审计人员，省级内部审计（师）协会不予办理内部审计人员岗位资格证书、国际注册内部审计师（CIA）资格证书年检；

（三）连续三年未接受后续教育或连续三年未按有关规定完成后续教育学时的内部审计人员，由省级内部审计（师）协会作出或建议作出吊销其内部审计人员岗位资格证书、国际注册内部审计师（CIA）资格证书。

第二十二条 被授权的市、县级内部审计（师）协会，丧失组织后续教育条件的，由相应授权协会收回其组织实施后续教育的权力。

第二十三条 内部审计机构无故未按规定提供后续教育机会和条件、未按规定如实填报本单位（部门）内部审计人员后续教育情况的，内部审计（师）协会不予受理其申请内部审计先进集体评比，严重的可以取消其会员资格。

第六章 附 则

第二十四条 本准则由中国内部审计协会发布并负责解释。

第二十五条 本准则自 2009 年 1 月 1 日起施行。

内部审计实务指南第 1 号——建设项目内部审计

第一章 总 则

第一条 为了规范建设项目内部审计的内容、程序与方法，根据《内部审计基本准则》及内部审计具体准则制定本指南。

第二条 本指南所称建设项目内部审计，是指组织内部审计机构和人员对建设项目实施全过程的真实、合法、效益性所进行的独立监督和评价活动。

第三条 本指南适用于各类组织的内部审计机构、内部审计人员及其从事的内部审计活动。

第四条 建设项目内部审计的目的是为了促进建设项目实现“质量、速度、效益”三项目标。

（一）质量目标是指工程实体质量和工作质量达到要求；

（二）速度目标是指工程进度和工作效率达到要求；

（三）效益目标是指工程成本及项目效益达到要求。

第五条 建设项目内部审计是财务审计与管理审计的融合，应将风险管理、内部控制、效益的审查和评价贯穿于建设项目各个环节，并与项目法人制、招标投标制、合同制、监理制执行情况的检查相结合。

建设项目内部审计的内容包括对建设项目投资立项、设计（勘察）管理、招投标、合同管理、设备和材料采购、工程管理、工程造价、竣工验收、财务管理、后评价等过程的审查和评价。

第六条　在开展建设项目内部审计时，应考虑成本效益原则，结合本组织内部审计资源和实际情况，既可以进行项目全过程的审计，也可以进行项目部分环节的专项审计。

第七条　建设项目内部审计在工作中应遵循以下原则及方法：

（一）技术经济审查、项目过程管理审查与财务审计相结合；

（二）事前审计、事中审计和事后审计相结合；

（三）注意与项目各专业管理部门密切协调、合作参与。

（四）根据不同的审计对象、审计所需的证据和项目审计各环节的审计目标选择不同的方法，以保证审计工作质量和审计资源的有效配置。

第二章　投资立项审计

第八条　投资立项审计是指对已立项建设项目的决策程序和可行性研究报告的真实性、完整性和科学性进行的审查与评价。

第九条　在投资立项审计中，应主要依据行业主管部门发布的《投资项目可行性研究指南》及组织决策过程的有关资料。

第十条　投资立项审计主要包括以下内容：

（一）可行性研究前期工作审计。即检查项目是否具备经批准的项目建议书，项目调查报告是否经过充分论证。

（二）可行性研究报告真实性审计。即检查市场调查及市场预测中数据获取方式的适当性及合理性；检查财务估算中成本项目是否完整，对历史价格、实际价格、内部价格及成本水平的真实性进行测试。

（三）可行性研究报告内容完整性审计。该项审计包括以下主要内容：

1. 检查可行性研究报告是否具备行业主管部门发布的《投资项目可行性研究指南》规定的内容；

2. 检查可行性研究报告的内容主要包括：报告中是否说明建设项目的目的；是否说明建设项目在工艺技术可行性、经济合理性及决定项目规模、原材料供应、市场销售条件、技术装备水平、成本收益等方面的经济目标；是否说明建设地点及当地的自然条件和社会条件、环保约束条件，并进行选址比较；是否说明投资项目何时开始投资、何时建成投产、何时收回投资；是否说明项目建设的资金筹措方式等。

（四）可行性研究报告科学性审计。该项审计包括以下主要内容：

检查参与可行性研究机构资质及论证的专家的专业结构和资格；检查投资方案、投资规模、生产规模、布局选址、技术、设备、环保等方面的资料来源；检查原材料、燃料、动力供应和交通及公用配套设施是否满足项目要求；检查是否在多方案比较选择的基础上进行决策；检查拟建项目与类似已建成项目的有关技术经济指标和投资预算的对比情况；检查工程设计是否符合国家环境保护的法律法规的有关政策，需要配套的环境治理项目是否编制并与建设项目同步进行等。

（五）可行性研究报告投资估算和资金筹措审计。即检查投资估算和资金筹措的安排是否合理；检查投资估算是否准确，并按现值法或终值法对估算进行测试。

（六）可行性研究报告财务评价审计。即检查项目投资、投产后的成本和利润、借款的偿还能力、投资回收期等的计算方法是否科学适当；检查计算结果是否正确、所用指标是否合理。

（七）决策程序的审计。该项审计包括以下主要内容：

检查决策程序的民主化、科学化，评价决策方案是否经过分析、选择、实施、控制等过程；检查决策是否符合国家宏观政策及组织的发展战略、是否以提高组织核心竞争能力为宗旨；检查对推荐方案是否进行了总体描述和优缺点描述；检查有无主要争论与分歧意见的说明；重点检查内容有无违反决策程序及决策失误的情况等。

第十一条 投资立项审计的主要方法包括审阅法、对比分析法等。

对比分析法是通过相关资料和技术经济指标的对比（拟建项目与国内同类项目对比）来确定差异，发现问题的方法。

第三章 设计（勘察）管理审计

第十二条 设计（勘察）管理审计是指对项目建设过程中勘察、设计环节各项管理工作质量及绩效进行的审查和评价。

设计（勘察）管理审计的目标主要是：审查和评价设计（勘察）环节的内部控制及风险管理的适当性、合法性和有效性；勘察、设计资料依据的充分性和可靠性；委托设计（勘察）、初步设计、施工图设计等各项管理活动的真实性、合法性和效益性。

第十三条 设计（勘察）管理审计应依据以下主要资料：

（一）委托设计（勘察）管理制度；

（二）经批准的可行性研究报告及估算；

（三）设计所需的气象资料、水文资料、地质资料、技术方案、建设条件批准文件、设计界面划分文件、能源介质管网资料、环保资料概预算编制原则、计价依据等基础资料；

（四）勘察和设计招标资料；

（五）勘察和设计合同；

（六）初步设计审查及批准制度；

（七）初步设计审查会议纪要等相关文件；

（八）组织管理部门与勘察、设计商往来函件；

（九）经批准的初步设计文件及概算；

（十）修正概算审批制度；

（十一）施工图设计管理制度；

（十二）施工图交底和会审会议纪要；

（十三）经会审的施工图设计文件及施工图预算；

（十四）设计变更管理制度及变更文件；

（十五）设计资料管理制度等。

第十四条 设计（勘察）管理审计主要包括以下内容：

（一）委托设计（勘察）管理的审计

1. 检查是否建立、健全委托设计（勘察）的内部控制，看其执行是否有效；

2. 检查委托设计（勘察）的范围是否符合已报经批准的可行性研究报告；

3. 检查是否采用招投标方式来选择设计（勘察）商及其有关单位的资质是否合法合规；招投标程序是否合法、公开，其结果是否真实、公正，有无因选择设计（勘察）商失误而导致的委托风险；

4. 检查组织管理部门是否及时组织技术交流，其所提供的基础资料是否准确、及时；

5. 检查设计（勘察）合同的内容是否合法、合规，其中是否明确规定双方权力和义务以及针对设计商的激励条款；

6. 检查设计（勘察）合同的履行情况，索赔和反索赔是否符合合同的有关规定。

（二）初步设计管理的审计

1. 检查是否建立、健全初步设计审查和批准的内部控制，看其执行是否有效；

2. 检查是否及时对国内外初步设计进行协调；

3. 检查初步设计完成的时间及其对建设进度的影响；

4. 检查是否及时对初步设计进行审查，并进行多种方案的比较和选择；

5. 检查报经批准的初步设计方案和概算是否符合经批准的可行性研究报告及估算；

6. 检查初步设计方案及概算的修改情况；

7. 检查初步设计深度是否符合规定，有无因设计深度不足而造成投资失控的风险；

8. 检查概算及修正概算的编制依据是否有效、内容是否完整、数据是否准确；

9. 检查修正概算审批制度的执行是否有效；

10. 检查是否采取限额设计、方案优化等控制工程造价的措施，限额设计是否与类似工程进行比较和优化论证，是否采用价值工程等分析方法；

11. 检查初步设计文件是否规范、完整。

（三）施工图设计管理的审计

1. 检查是否建立、健全施工图设计的内部控制，看其执行是否有效；

2. 检查施工图设计完成的时间及其对建设进度的影响，有无因设计图纸拖延交付而导致的进度风险；

3. 检查施工图设计深度是否符合规定，有无因设计深度不足而造成投资失控的风险；

4. 检查施工图交底、施工图会审的情况以及施工图会审后的修改情况；

5. 检查施工图设计的内容及施工图预算是否符合经批准的初步设计方案、概算及标准；

6. 检查施工图预算的编制依据是否有效、内容是否完整、数据是否准确；

7. 检查施工图设计文件是否规范、完整；

8. 检查设计商提供的现场服务是否全面、及时，是否存在影响工程进度和质量的风险。

（四）设计变更管理的审计

1. 检查是否建立、健全设计变更的内部控制，有无针对因过失而造成设计变更的责任追究制度以及该制度的执行是否有效；

2. 检查是否采取提高工作效率、加强设计接口部位的管理与协调措施；

3. 检查是否及时签发与审批设计变更通知单，是否存在影响建设进度的风险；

4. 检查设计变更的内容是否符合经批准的初步设计方案；

5. 检查设计变更对工程造价和建设进度的影响，是否存在工程量只增不减从而提高

工程造价的风险；

6. 检查设计变更的文件是否规范、完整；

（五）设计资料管理的审计

1. 检查是否建立、健全设计资料的内部控制，看其执行是否有效；

2. 检查施工图、竣工图和其他设计资料的归档是否规范、完整；

第十五条 设计管理审计主要采用分析性复核法、复算法、文字描述法、现场核查法等方法。

第四章 招投标审计

第十六条 招投标审计是指对建设项目的勘察设计、施工等各方面的招标和工程承发包的质量及绩效进行的审查和评价。

招投标审计的目标主要包括：审查和评价招投标环节的内部控制及风险管理的适当性、合法性和有效性；招投标资料依据的充分性和可靠性；招投标程序及其结果的真实性、合法性和公正性，以及工程发包的合法性和有效性等。

第十七条 招投标审计应依据以下主要资料：

（一）招标管理制度；

（二）招标文件；

（三）招标答疑文件；

（四）标底文件；

（五）投标保函；

（六）投标人资质证明文件；

（七）投标文件；

（八）投标澄清文件；

（九）开标记录；

（十）开标鉴证文件；

（十一）评标记录；

（十二）定标记录；

（十三）中标通知书；

（十四）专项合同等。

第十八条 招投标审计主要包括以下内容：

（一）招投标前准备工作的审计

1. 检查是否建立、健全招投标的内部控制，看其执行是否有效；

2. 检查招标项目是否具备相关法规和制度中规定的必要条件；

3. 检查是否存在人为肢解工程项目、规避招投标等违规操作风险；

4. 检查招投标的程序和方式是否符合有关法规和制度的规定，采用邀请招投标方式时，是否有三个以上投标人参加投标；

5. 检查标段的划分是否适当，是否符合专业要求和施工界面衔接需要，是否存在标段划分过细，增加工程成本和管理成本的问题；

6. 检查是否公开发布招标公告、招标公告中的信息是否全面、准确；

7. 检查是否存在因有意违反招投标程序的时间规定而导致的串标风险。

（二）招投标文件及标底文件的审计

1. 检查招标文件的内容是否合法、合规，是否全面、准确地表述招标项目的实际状况；

2. 检查招标文件是否全面、准确的表述招标人的实质性要求；

3. 检查采取工程量清单报价方式招标时，其标底是否按《建设工程工程量清单计价规范》的规定填制；

4. 检查施工现场的实际状况是否符合招标文件的规定；

5. 检查投标保函的额度和送达时间是否符合招标文件的规定；

6. 检查投标文件的送达时间是否符合招标文件的规定、法人代表签章是否齐全，有无存在将废标作为有效标的问题。

（三）开标、评标、定标的审计

1. 检查是否建立、健全违规行为处罚制度，是否按制度对违规行为进行处罚；

2. 检查开标的程序是否符合相关法规的规定；

3. 检查评标标准是否公正，是否存在对某一投标人有利而对其他投标人不利的条款；

4. 检查是否对投标策略进行评估，是否考虑投标人在类似项目及其他项目上的投标报价水平；

5. 检查各投标人的投标文件，对低于标底的报价的合理性进行评价；

6. 检查中标人承诺采用的新材料、新技术、新工艺是否先进，是否有利于保证质量、加快速度和降低投资水平；

7. 检查对于投标价低于标底的标书是否进行答辩和澄清，以及答辩和澄清的内容是否真实、合理；

8. 检查定标的程序及结果是否符合规定；

9. 检查中标价是否异常接近标底，是否有可能发生泄漏标底的情况；

10. 检查与中标人签订的合同是否有悖于招标文件的实质性内容。

第十九条　招投标审计主要采用观察法、询问法、分析性复核法、文字描述法、现场核查法等方法。

第五章　合同管理审计

第二十条　合同管理审计是指对项目建设过程中各专项合同内容及各项管理工作质量及绩效进行的审查和评价。

合同管理审计的目标主要包括：审查和评价合同管理环节的内部控制及风险管理的适当性、合法性和有效性；合同管理资料依据的充分性和可靠性；合同的签订、履行、变更、终止的真实性、合法性以及合同对整个项目投资的效益性。

第二十一条　合同管理审计应依据以下主要资料：

（一）合同当事人的法人资质资料；

（二）合同管理的内部控制；

（三）专项合同书；

（四）专项合同的各项支撑材料等。

第二十二条　合同管理审计主要包括以下内容：

（一）合同管理制度的审计

1. 检查组织是否设置专门的合同管理机构以及专职或兼职合同管理人员是否具备合同管理资格；

2. 检查组织是否建立了适当的合同管理制度；

3. 检查合同管理机构是否建立健全防范重大设计变更、不可抗力、政策变动等的风险管理体系。

（二）专项合同通用内容的审计

1. 检查合同当事人的法人资质、合同内容是否符合相关法律和法规的要求；

2. 检查合同双方是否具有资金、技术及管理等方面履行合同的能力；

3. 检查合同的内容是否与招标文件的要求相符合；

4. 检查合同条款是否全面、合理，有无遗漏关键性内容，有无不合理的限制性条件，法律手续是否完备；

5. 检查合同是否明确规定甲乙双方的权利和义务；

6. 检查合同是否存在损害国家、集体或第三者利益等导致合同无效的风险；

7. 检查合同是否有过错方承担缔约过失责任的规定；

8. 检查合同是否有按优先解释顺序执行合同的规定。

（三）各类专项合同的审计

1. 勘察设计合同的审计

勘察设计合同审计应检查合同是否明确规定建设项目的名称、规模、投资额、建设地点，具体包括以下内容：

（1）检查合同是否明确规定勘察设计的基础资料、设计文件及其提供期限；

（2）检查合同是否明确规定勘察设计的工作范围、进度、质量和勘察设计文件份数；

（3）检查勘察设计费的计费依据、收费标准及支付方式是否符合有关规定；

（4）检查合同是否明确规定双方的权力和义务；

（5）检查合同是否明确规定协作条款和违约责任条款。

2. 施工合同的审计

（1）检查合同是否明确规定工程范围，工程范围是否包括工程地址、建筑物数量、结构、建筑面积、工程批准文号等；

（2）检查合同是否明确规定工期，以及总工期及各单项工程的工期能否保证项目工期目标的实现；

（3）检查合同的工程质量标准是否符合有关规定；

（4）检查合同工程造价计算原则、计费标准及其确定办法是否合理；

（5）检查合同是否明确规定设备和材料供应的责任及其质量标准、检验方法；

（6）检查所规定的付款和结算方式是否合适；

（7）检查隐蔽工程的工程量的确认程序及有关内部控制是否健全，有无防范价格风险的措施；

（8）检查中间验收的内部控制是否健全，交工验收是否以有关规定、施工图纸、施工说明和施工技术文件为依据；

（9）检查质量保证期是否符合有关建设工程质量管理的规定，是否有履约保函；

（10）检查合同所规定的双方权力和义务是否对等，有无明确的协作条款和违约责任；

（11）检查采用工程量清单计价的合同，是否符合《建设工程工程量清单计价规范》

的有关规定。

3. 委托监理合同的审计

(1) 检查监理公司的监理资质与建设项目的建设规模是否相符；

(2) 检查合同是否明确所监理的建设项目的名称、规模、投资额、建设地点；

(3) 检查监理的业务范围和责任是否明确；

(4) 检查所提供的工程资料及时间要求是否明确；

(5) 检查监理报酬的计算方法和支付方式是否符合有关规定；

(6) 检查合同有无规定对违约责任的追究条款。

4. 合同变更的审计

(1) 检查合同变更的原因，以及是否存在合同变更的相关内部控制；

(2) 检查合同变更程序执行的有效性及索赔处理的真实性、合理性；

(3) 检查合同变更的原因以及变更对成本、工期及其他合同条款的影响的处理是否合理；

(4) 检查合同变更后的文件处理工作，有无影响合同继续生效的漏洞。

5. 合同履行的审计

(1) 检查是否全面、真实地履行合同；

(2) 检查合同履行中的差异及产生差异的原因；

(3) 检查有无违约行为及其处理结果是否符合有关规定；

6. 终止合同的审计

(1) 检查终止合同的报收和验收情况；

(2) 检查最终合同费用及其支付情况；

(3) 检查索赔与反索赔的合规性和合理性；

(4) 严格检查合同资料的归档和保管，包括在合同签订、履行分析、跟踪监督以及合同变更、索赔等一系列资料的收集和保管是否完整。

第二十三条 合同管理审计主要采用审阅法、核对法、重点追踪审计法等方法。

第六章 设备和材料采购审计

第二十四条 设备和材料采购审计是指对项目建设过程中设备和材料采购环节各项管理工作质量及绩效进行的审查和评价。

设备和材料采购审计的目标主要包括：审查和评价采购环节的内部控制及风险管理的适当性、合法性和有效性；采购资料依据的充分性与可靠性；采购环节各项经营管理活动的真实性、合法性和有效性等。

第二十五条 设备和材料采购审计应依据以下主要资料：

(一) 采购计划；

(二) 采购计划批准书；

(三) 采购招投标文件；

(四) 中标通知书；

(五) 专项合同书；

(六) 采购、收发和保管等的内部控制制度；

(七) 相关会计凭证和会计账薄等。

第二十六条 设备和材料采购审计主要包括以下内容：

（一）设备和材料采购环节的审计

1. 设备和材料采购计划的审计

（1）检查建设单位采购计划所订购的各种设备、材料是否符合已报经批准的设计文件和基本建设计划；

（2）检查所拟定的采购地点是否合理；

（3）检查采购程序是否规范；

（4）检查采购的批准权与采购权等不相容职务分离及相关内部控制是否健全、有效。

2. 设备和材料采购合同的审计

（1）检查采购是否按照公平竞争、择优择廉的原则来确定供应方；

（2）检查设备和材料的规格、品种、质量、数量、单价、包装方式、结算方式、运输方式、交货地点、期限、总价和违约责任等条款规定是否齐全；

（3）检查对新型设备、新材料的采购是否进行实地考察、资质审查、价格合理性分析及专利权真实性审查；

（4）检查采购合同与财务结算、计划、设计、施工、工程造价等各个环节衔接部位的管理情况，是否存在因脱节而造成的资产流失问题。

3. 设备和材料验收、入库、保管及维护制度的审计

（1）检查购进设备和材料是否按合同签订的质量进行验收，是否有健全的验收、入库和保管制度，检查验收记录的真实性、完整性和有效性；

（2）检查验收合格的设备和材料是否全部入库，有无少收、漏收、错收以及涂改凭证等问题；

（3）检查设备和材料的存放、保管工作是否规范，安全保卫工作是否得力，保管措施是否有效；

4. 各项采购费用及会计核算的审计

（1）检查货款的支付是否按照合同的有关条款执行；

（2）检查代理采购中代理费用的计算和提取方法是否合理；

（3）检查有无任意提高采购费用和开支标准的问题；

（4）检查会计核算资料是否真实可靠；

（5）检查会计科目设置是否合规及其是否满足管理需要；

（6）检查采购成本计算是否准确、合理。

（二）设备和材料领用的审计

1. 检查设备和材料领用的内部控制是否健全，领用手续是否完备；

2. 检查设备和材料的质量、数量、规格型号是否正确，有无擅自挪用、以次充好等问题。

（三）其他相关业务的审计

1. 设备和材料出售的审计。即检查建设项目剩余或不适用的设备和材料以及废料的销售情况。

2. 盘盈盘亏的审计。即检查盘点制度及其执行情况、盈亏状况以及对盘点结果的处理措施。

第二十七条 设备、材料采购审计主要采用审阅法、网上比价审计法、跟踪审计法、

分析性复核法、现场观察法、实地清查法等方法。

第七章 工程管理审计

第二十八条 工程管理审计是指对建设项目实施过程中的工作进度、施工质量、工程监理和投资控制所进行的审查和评价。

工程管理审计的目标主要包括：审查和评价建设项目工程管理环节内部控制及风险管理的适当性、合法性和有效性；工程管理资料依据的充分性和可靠性；建设项目工程进度、质量和投资控制的真实性、合法性和有效性等。

第二十九条 工程管理审计应依据以下主要资料：

（一）施工图纸；

（二）与工程相关的专项合同；

（三）网络图；

（四）业主指令；

（五）设计变更通知单；

（六）相关会议纪要等。

第三十条 工程管理审计主要包括以下内容：

（一）工程进度控制的审计

1. 检查施工许可证、建设及临时占用许可证的办理是否及时，是否影响工程按时开工；

2. 检查现场的原建筑物拆除、场地平整、文物保护、相邻建筑物保护、降水措施及道路疏通是否影响工程的正常开工；

3. 检查是否有对设计变更、材料和设备等因素影响施工进度采取控制措施；

4. 检查进度计划（网络计划）的制定、批准和执行情况，网络动态管理的批准是否及时、适当，网络计划是否能保证工程总进度；

5. 检查是否建立了进度拖延的原因分析和处理程序，对进度拖延的责任划分是否明确、合理（是否符合合同约定），处理措施是否适当；

6. 检查有无因不当管理造成的返工、窝工情况；

7. 检查对索赔的确认是否依据网络图排除了对非关键线路延迟时间的索赔。

（二）工程质量控制的审计

1. 检查有无工程质量保证体系；

2. 检查是否组织设计交底和图纸会审工作，对会审所提出的问题是否严格进行落实；

3. 检查是否按规范组织了隐蔽工程的验收，对不合格项的处理是否适当；

4. 检查是否对进入现场的成品、半成品进行验收，对不合格品的控制是否有效，对不合格工程和工程质量事故的原因是否进行分析，其责任划分是否明确、适当，是否进行返工或加固修补。

5. 检查工程资料是否与工程同步，资料的管理是否规范；

6. 检查评定的优良品、合格品是否符合施工验收规范，有无不实情况；

7. 检查中标人的往来账目或通过核实现场施工人员的身份，分析、判断中标人是否存在转包、分包及再分包的行为；

8. 检查工程监理执行情况是否受项目法人委托对施工承包合同的执行、工程质量、

进度费用等方面进行监督与管理，是否按照有关法律、法规、规章、技术规范设计文件的要求进行工程监理。

（三）工程投资控制的审计

1. 检查是否建立健全设计变更管理程序、工程计量程序、资金计划及支付程序、索赔管理程序和合同管理程序，看其执行是否有效；

2. 检查支付预付备料款、进度款是否符合施工合同的规定，金额是否准确，手续是否齐全；

3. 检查设计变更对投资的影响；

4. 检查是否建立现场签证和隐蔽工程管理制度，看其执行是否有效。

第三十一条 合同管理审计主要采用关键线路跟踪审计法、技术经济分析法、质量鉴定法、现场核定法等方法。

第八章 工程造价审计

第三十二条 工程造价审计是指对建设项目全部成本的真实性、合法性进行的审查和评价。

工程造价审计的目标主要包括：检查工程价格结算与实际完成的投资额的真实性、合法性；检查是否存在虚列工程、套取资金、弄虚作假、高估冒算的行为等。

第三十三条 工程造价审计应依据以下主要资料：

（一）经工程造价管理部门（或咨询部门）审核过的概算（含修正概算）和预算；

（二）有关设计图纸和设备清单；

（三）工程招投标文件；

（四）合同文本；

（五）工程价款支付文件；

（六）工作变更文件；

（七）工程索赔文件等。

第三十四条 工程造价审计主要包括以下内容：

（一）设计概算的审计

1. 检查工程造价管理部门向设计单位提供的计价依据的合规性；

2. 检查建设项目管理部门组织的初步设计及概算审查情况，包括概算文件、概算的项目与初步设计方案的一致性、项目总概算与单项工程综合概算的费用构成的正确性；

3. 检查概算编制依据的合法性等；

4. 检查概算具体内容。包括设计单位向工程造价管理部门提供的总概算表、综合概算表、单位工程概算表和有关初步设计图纸的完整性；组织概算会审的情况，重点检查总概算中各项综合指标和单项指标与同类工程技术经济指标对比是否合理。

（二）施工图预算的审计

施工图预算审计主要检查施工图预算的量、价、费计算是否正确，计算依据是否合理。施工图预算审计包括直接费用审计、间接费用审计、计划利润和税金审计等内容。

1. 直接费用审计包括工程量计算、单价套用的正确性等方面的审查和评价。

（1）工程量计算审计。采用工程量清单报价的，要检查其符合性。在设计变更，发生新增工程量时，应检查工程造价管理部门与工程管理部门的确认情况。

（2）单价套用审计。检查是否套用规定的预算定额、有无高套和重套现象；检查定额换算的合法性和准确性；检查新技术、新材料、新工艺出现后的材料和设备价格的调整情况，检查市场价的采用情况。

2. 其他直接费用审计包括检查预算定额、取费基数、费率计取是否正确。

3. 间接费用审计包括检查各项取费基数、取费标准的计取套用的正确性。

4. 计划利润和税金计取的合理性的审计。

（三）合同价的审计。即检查合同价的合法性与合理性，包括固定总价合同的审计、可调合同价的审计、成本加酬金合同的审计。检查合同价的开口范围是否合适，若实际发生开口部分，应检查其真实性和计取的正确性。

（四）工程量清单计价的审计

1. 检查实行清单计价工程的合规性；

2. 检查招标过程中，对招标人或其委托的中介机构编制的工程实体消耗和措施消耗的工程量清单的准确性、完整性；

3. 检查工程量清单计价是否符合国家清单计价规范要求的“四统一”，即统一项目编码、统一项目名称、统一计量单位和统一工程量计算规则；

4. 检查由投标人编制的工程量清单报价目文件是否响应招标文件；

5. 检查标底的编制是否符合国家清单计价规范。

（五）工程结算的审计

1. 检查与合同价不同的部分，其工程量、单价、取费标准是否与现场、施工图和合同相符；

2. 检查工程量清单项目中的清单费用与清单外费用是否合理；

3. 检查前期、中期、后期结算的方式是否能合理地控制工程造价。

第三十五条 工程造价审计主要采用重点审计法、现场检查法、对比审计法等方法。

重点审计法即选择建设项目中工程量大、单价高，对造价有较大影响的单位工程、分部工程进行重点审查的方法。该方法主要用于审查材料用量、单价是否正确、工资单价、机械台班是否合理。

现场检查法是指对施工现场直接考察的方法，以观察现场工作人员及管理活动，检查工程量、工程进度，所用材料质量是否与设计相符。

第九章 竣工验收审计

第三十六条 竣工验收审计是指对已完工建设项目的验收情况、试运行情况及合同履行情况进行的检查和评价活动。

第三十七条 竣工验收审计应依据以下主要资料：

（一）经批准的可行性研究报告；

（二）竣工图；

（三）施工图设计及变更洽谈记录；

（四）国家颁发的各种标准和现行的施工验收规范；

（五）有关管理部门审批、修改、调整的文件；

（六）施工合同；

（七）技术资料和技术设备说明书；

（八）竣工决算财务资料；

（九）现场签证；

（十）隐蔽工程记录；

（十一）设计变更通知单；

（十二）会议纪要；

（十三）工程档案结算资料清单等。

第三十八条 竣工验收审计主要包括以下内容：

（一）验收审计

1. 检查竣工验收小组的人员组成、专业结构和分工；

2. 检查建设项目验收过程是否符合现行规范，包括环境验收规范、防火验收规范等；

3. 对于委托工程监理的建设项目，应检查监理机构对工程质量进行监理的有关资料；

4. 检查承包商是否按照规定提供齐全有效的施工技术资料；

5. 检查对隐蔽工程和特殊环节的验收是否按规定作了严格的检验；

6. 检查建设项目验收的手续和资料是否齐全有效；

7. 检查保修费用是否按合同和有关规定合理确定和控制；

8. 检查验收过程有无弄虚作假行为。

（二）试运行情况的审计

1. 检查建设项目完工后所进行的试运行情况，对运行中暴露出的问题是否采取了补救措施；

2. 检查试生产产品收入是否冲减了建设成本。

（三）合同履行结果的审计。即检查业主、承包商因对方未履行合同条款或建设期间发生意外而产生的索赔与反索赔问题，核查其是否合法、合理，是否存在串通作弊现象，赔偿的法律依据是否充分。

第三十九条 竣工验收审计主要采用现场检查法、设计图与竣工图循环审查法等方法。

设计图与竣工图循环审查法是指通过分析设计图与竣工图之间的差异来分析评价相关变更、签证等的真实性与合理性的方法。

第十章 财务管理审计

第四十条 财务管理审计是指对建设项目资金筹措、资金使用及其账务处理的真实性、合规性进行的监督和评价。

第四十一条 财务管理审计应依据以下主要资料：

（一）筹资论证材料及审批文件；

（二）财务预算；

（三）相关会计凭证、账薄、报表；

（四）设计概算；

（五）竣工决算资料；

（六）资产交付资料等。

第四十二条 财务管理审计主要包括以下内容：

（一）建设资金筹措的审计

1. 检查筹资备选方案论证的充分性，决策方案选择的可靠性、合理性及审批程序的合法性、合规性；

2. 检查筹资方式的合法性、合理性、效益性；

3. 检查筹资数额的合理性，分析所筹资金的偿还能力；

4. 评价筹资环节的内部控制。

（二）资金支付及账务处理的审计

1. 检查、评价建设项目会计核算制度的健全性、有效性及其执行情况；

2. 检查建设项目税收优惠政策是否充分运用；

3. 检查“工程物资”科目，主要包括以下内容：

（1）检查“专用材料”、“专用设备”明细科目中的材料和设备是否与设计文件相符，有无盲目采购的情况；

（2）检查“预付大型设备款”明细科目所预付的款项是否按照合同支付，有无违规多付的情况；

（3）检查据以付款的原始凭证是否按规定进行了审批，是否合法、齐全；

（4）检查支付物资结算款时是否按合同规定扣除了质量保证期间的保证金；

（5）检查工程完工后剩余工程物资的盘盈、盘亏、报废、毁损等是否做出了正确的账务处理。

4. 检查“在建工程”科目，主要包括以下内容：

（1）检查“在建工程—建筑安装工程”科目累计发生额的真实性。包括是否存在设计概算外其他工程项目的支出；是否将生产领用的备件、材料列入建设成本；据以付款的原始凭证是否按规定进行了审批，是否合法、齐全；是否按合同规定支付预付工程款、备料款、进度款；支付工程结算款时，是否按合同规定扣除了预付工程款、备料款和质量保证期间的保证金。

（2）检查“在建工程—在安装设备”科目累计发生额的真实性。主要包括以下内容：是否将设计概算外的其他工程或生产领用的仪器、仪表等列入本科目；是否在本科目中列入了不需要安装的设备、为生产准备的工具器具、购入的无形资产及其他不属于本科目工程支出的费用。

（3）检查“在建工程—其他支出”科目累计发生额的真实性、合法性、合理性。主要包括以下内容：工程管理费、征地费、可行性研究费、临时设施费、公证费、监理费等各项费用支出是否存在扩大开支范围、提高开支标准以及将建设资金用于集资或提供赞助而列入其他支出的问题；是否存在以试生产为由，有意拖延不办固定资产交付手续，从而增大负荷联合试车费用的问题；是否存在截留负荷联合试车期间发生的收入，不将其冲减试车费用的问题；试生产产品出售价格是否合理；是否存在将应由生产承担的递延费用列入本科目的问题；投资借款利息资本化计算的正确性，有无将应由生产承担的财务费用列入本科目的问题；本科目累计发生额摊销标准与摊销比例是否适当、正确；是否设置了“在建工程其他支出备查薄”，登记按照建设项目概算内容购置的不需要安装设备、现成房屋、无形资产以及发生的递延费用等，登记内容是否完整、准确，有无弄虚作假、随意扩大开支范围及舞弊迹象。

（三）竣工决算的审计

1. 检查所编制的竣工决算是否符合建设项目实施程序，有无将未经审批立项、可行性研究、初步设计等环节而自行建设的项目编制竣工工程决算的问题；

2. 检查竣工决算编制方法的可靠性。有无造成交付使用的固定资产价值不实的问题；

3. 检查有无将不具备竣工决算编制条件的建设项目提前或强行编制竣工决算的情况；

4. 检查“竣工工程概况表”中的各项投资支出，并分别与设计概算数相比较，分析节约或超支情况；

5. 检查“交付使用资产明细表”，将各项资产的实际支出与设计概算数进行比较，以确定各项资产的节约或超支数额；

6. 分析投资支出偏离设计概算的主要原因；

7. 检查建设项目结余资金及剩余设备材料等物资的真实性和处置情况，包括：检查建设项目“工程物资盘存表”，核实库存设备、专用材料账实是否相符；检查建设项目现金结余的真实性；检查应收、应付款项的真实性，关注是否按合同规定预留了承包商在工程质量保证期间的保证金。

第四十三条 财务管理审计主要采用调查法、分析性复核法、抽查法等方法。

第十一章 后评价审计

第四十四条 后评价审计是指对建设项目交付使用经过试运行后有关经济指标和技术指标是否达到预期目标的审查和评价。

后评价审计的目标是：对后评价工作的全面性、可靠性和有效性进行审查。

第四十五条 后评价审计应依据以下主要资料：

（一）后评价人员的简历、学历、专业、职务、技术职称等基本情况表；

（二）建设项目概算、竣工资料；

（三）后评价所采用的经济技术指标；

（四）相关的统计、会计报表；

（五）后评价所采用的方法；

（六）后评价结论性资料。

第四十六条 后评价审计主要包括以下内容：

（一）检查后评价组成人员的专业结构、技术素质和业务水平的合理性；

（二）检查所评估的经济技术指标的全面性和适当性；

（三）检查产品主要指标完成情况的真实性、效益性；

（四）检查建设项目法人履行经济责任后评价的真实性；

（五）检查所使用后评价方法的适当性和先进性；

（六）检查后评价结果的全面性、可靠性和有效性。

第四十七条 后评价审计主要采用文字描述法、对比分析法、现场核查法等方法。

第十二章 附　　则

第四十八条 本指南由中国内部审计协会发布并负责解释。

第四十九条 本指南自 2005 年 1 月 1 日起施行。

内部审计实务指南第 2 号——物资采购审计

第一章 总 则

第一条 为了规范物资采购审计的内容、程序与方法，根据《内部审计基本准则》及内部审计具体准则制定本指南。

第二条 本指南所称物资采购审计是指组织内部审计机构及人员依据有关法律、法规、政策及相关标准，按照一定的程序和方法，对物资采购各部门和环节的经营活动和内部控制等所进行的独立监督和评价活动。本指南所称“物资”是指组织在产品生产、基本建设和专项工程中所使用的主要原材料、辅助材料、燃料、动力、工具、配件和设备等。

第三条 本指南适用于各类组织的内部审计机构、内部审计人员及其从事的内部审计活动。

第四条 物资采购审计的目的是改善物资采购质量，降低采购费用，维护组织的合法权益，促进组织价值的增加及目标的实现。

第五条 物资采购审计是对物资采购全过程实施的监督和评价，是财务审计与管理审计的融合。物资采购审计的主要内容包括审计物资采购内部控制、采购计划、采购合同、采购招标、供货商选择、采购数量、采购价格、采购质量、物资保管、结算付款以及物资采购期后事项等。

第六条 根据组织的管理模式和要求、物资采购业务量的大小、内部审计机构资源等的不同，物资采购审计可以采取项目管理式审计和过程参与式审计两种模式。

（一）项目管理式审计是有重点、有目的地将某物资采购部门、环节或物资品种纳入年度审计计划，形成为特定审计项目，并实施相应审计程序的审计模式。大、中型规模的组织适合采用该模式。

（二）过程参与式审计是由专职内部审计人员参与监督物资采购的全过程或者部分重要过程，实现物资采购审计的日常化。小规模组织可以采用该模式。

第七条 内部审计人员有责任警示被审计单位关注物资采购的现有和潜在风险。

第八条 内部审计人员应具有物资采购管理的相关专业知识，熟悉相关法律、法规、政策和组织内部有关规定，掌握物资采购内部控制原理，了解组织物资采购现状和外部环境的变化。开展专业技术性较强的物资采购审计，内部审计机构可聘请外部专家参与。

第二章 物资采购前期审计

第九条 物资采购前期审计是从制定年度审计计划开始到具体实施物资采购审计程序之前对各项审计工作作出的安排。其基本过程包括：

（一）编制年度审计计划，确定审计对象。内部审计人员应综合考虑以下各种因素：

1. 重要性。选择采购数量较大、采购次数频繁、采购价格较高、采购价格变化频繁、质量问题突出、长期积压或短缺、在 ABC 分类管理法下的 A 类和 B 类物资、群众反映普遍、领导关注、内部控制薄弱和出现错弊概率较高的部门、环节或物资类别等。

2. 物资采购方案、内部控制的重大变化。内部审计应根据外部环境和内部条件的变化，适时审查新的物资采购方案和内部控制的适当性、合法性和有效性，将其列入审计计划。

3. 改进空间。根据成本效益原则，内部审计人员应将工作改进空间较大、在增值性方面有潜力的物资采购部门、环节或物资类别确定为审计项目。

4. 审计资源。

5. 风险因素。风险因素可能来自组织内部或外部。组织规模、经济业务性质、账户余额大小、出现错弊概率、物价变动幅度、技术变化速度、管理人员素质和能力、业务量大小等都是潜在的风险因素。一般而言，风险大的项目应优先作出审计安排。

（二）获取与研究相关资料，制定项目审计计划和审计方案。相关资料包括：

1. 物资采购目标和计划；

2. 前期物资采购审计工作底稿；

3. 组织资料，例如组织结构图和工作说明、政策和程序手册以及重大的组织系统变化等；

4. 财务会计资料；

5. 相关制度规定，例如采购政策、采购程序制度、授权审批制度、供货商管理制度、财产接触制度、合同或协议签定制度、凭证管理制度和定价策略等；

6. 外部信息资料，例如同行业相关资料、物价水平和变化幅度、技术变化程度和供货商资料等；

7. 法律性文件。

内部审计人员应通过审阅资料、咨询技术专家、进行分析性复核、现场观察物资采购流程、询问等方法，研究相关背景资料，初步评价重要性和审计风险，进而制定适合本组织实际情况的物资采购项目审计计划及审计方案。经适当管理层批准后，向被审计单位发出物资采购审计通知书。

（三）审查、评价内部控制。物资采购内部控制包括控制环境、风险管理、控制活动、信息与沟通以及监督五个要素。

1. 采购控制环境。采购控制环境包括以下内容：董事会成员的知识和经验丰富程度、独立性地位、独立董事所占比例、审计委员会的设置情况；管理者对待物资采购内部控制的重视程度、采取的经营理念和管理模式；企业文化所塑造的员工基本信念、价值观念、思维和行为方式；组织结构的适当性、权责划分的明确性、奖惩的分明性、岗位设置的合理性、人员素质的适当性；组织人力资源政策的适当性等。

2. 采购风险管理。采购风险管理包括物资采购风险识别、风险评估和风险应对策略。风险识别包括检查外部因素（如竞争、技术和经济变化等）和内部因素（如员工素质、组织活动性质、信息系统处理特点等）；风险评估包括估计风险的严重程度、评价风险发生的可能性；风险应对策略包括根据风险评估结果作出的回避、接受、降低或分担等风险应对措施等。

3. 采购控制活动。物资采购控制活动包括以下内容：业务授权、职责分离、质量验收控制、物资采购招标控制、凭证和记录控制、资产接触和记录使用控制、独立检查、物价信息控制。

4. 采购信息与沟通。物资采购相关信息除了涉及财务信息外，还涉及非财务信息，如物价变动信息、市场需求信息、经济政策信息、技术信息、供应渠道变化信息、业务流程再造信息等。信息沟通方式包括政策手册、财务报告手册、备查簿、口头交流、例外情况报告和管理事例等。

5. 采购监督。采取的方式包括物资采购内部控制自我评估、内部审计报告、内部控制例外情况报告、操作人员反馈以及顾客投诉等。

物资采购内部控制审计可通过设置采购内部控制调查表等方式进行深入调查、了解和测试，并形成审计工作底稿。物资采购内部控制调查表格式如表 2-1 所示。

表 2-1　物资采购内部控制调查表

被审计单位名称	××部门	日期			索引号		
审计项目名称	物资采购内部控制调查	编制人	××				
会计期间或截止日	200×年度	复核人	××		页次		
问　题		是			否	不适用	备注
		强	弱	一般			
（一）物资采购控制环境问题调查 1. 管理部门是否认为健全的内部控制能促成物资采购目标的实现？ 2. 组织结构的设置是否有利于物资采购各部门职责的明确划分和协调运行？ 3. 有无物资采购程序、手册和详细的岗位说明书？ 4. 物资采购涉及的所有员工是否清楚自己所要履行的岗位职责和必须遵循的政策与程序？ 5. 物资采购政策及其变化是否及时向相关员工进行了传达？ 6. 管理部门是否定期向员工说明道德行为的重要性？ 7. 是否制定了书面的道德政策并使员工了解了这些政策？ 8. 有无制定不合理的采购目标与高业绩挂钩的奖励诱使员工舞弊？ 9. 员工的素质与其从事的物资采购业务是否相称？ 10. 有无对员工进行定期专业培训？ （二）物资采购风险管理问题调查 1. 是否有适当层次的管理部门参与了对物资采购风险的评估？ 2. 有无识别物资采购风险的适当办法？ 3. 物资采购风险的识别是否全面？ 4. 是否对物资采购风险进行了评估？ 5. 是否有物资采购风险的防范和化解措施？ 6. 是否有识别人事、控制程序变化并作出相应反应的机制？ 7. 有无防止物资积压或短缺的有效办法？ 8. 物资安全库存量的确定是否合理？有无进一步降低的可能？ （三）物资采购控制活动问题调查 1. 所有物资采购是否以合法经营需求或目的为依据？ 2. 物资采购是否经过适当的授权批准？ 3. 是否以最具成本效益的方式取得物资？ 4. 是否对物资采购实施合同控制？ 5. 是否对物资采购不相容职务执行了分离？ 6. 是否对承担采购职责的员工进行定期轮岗？ 7. 大宗物资采购是否实行招标控制？ 8. 供货商选择是否做了充分的调查并持续监督供货商业绩？ 9. 采购物资的价格确定是否合理？ 10. 有无健全的物资价格信息控制措施，包括物价信息收集、分类、加工、比较的程序控制，信息的质量要求，信息资料的归档保管等？							

（续表）

被审计单位名称	××部门	日期		索引号		
审计项目名称	物资采购内部控制调查	编制人	××			
会计期间或截止日	200×年度	复核人	××	页次		
问题	是			否	不适用	备注
	强	弱	一般			
11. 是否对到货物资由独立部门组织认真验收？ 12. 对验收不合格的采购物资是否及时查明原因落实责任？ 13. 是否对物资采购进行了永续盘存记录？ 14. 在缺乏永续盘存记录时，是否存在补偿控制措施？ 15. 物资采购是否实施了 ABC 分类管理法？ 16. 是否对物资进行定期盘点？ 17. 是否在有关物资采购票证审核一致、无误的基础上确认应付账款负债？ 18. 是否定期发送供货商对账单？ 19. 有无物资接触和记录使用控制措施？ 20. 对物资采购是否采取了健全的凭证和记录控制？ 21. 是否有针对计算机环境下物资采购信息处理的安全控制标准和措施？ （四）物资采购信息与沟通问题调查 1. 管理部门是否鼓励涉及物资采购的所有各方交流信息？组织内部信息渠道是否通畅？ 2. 信息沟通是否能使员工有效履行职责？ 3. 与组织外部是否有信息沟通？ 4. 是否存在根据截止期信息对物资采购明细账和总账进行控制和调节？ 5. 是否对重大物资采购差异进行了及时调查和处理，是否将调查结果向管理层提交？ 6. 管理部门是否投入充分的资源来支持对信息系统的开发和修改？ 7. 是否保持最新的物资采购会计文件？ 8. 收集的外部信息是否全面，包括物价变动信息、市场需求信息、经济政策信息、技术信息、供应渠道变化信息、业务流程再造信息等？ 9. 有无通畅的例外情况报告渠道？ 10. 员工的反馈以及供货商的投诉渠道是否畅通？ 11. 是否采取措施保证网络环境下信息处理和传递的安全完整和对计算机病毒的防范？ （五）物质采购监督问题调查 1. 是否建立适当管理程序来保证物资采购控制的运行并对运行的效果进行评估？ 2. 是否存在适当的程序对物资采购活动进行持续的日常监督？ 3. 监督活动中发现的控制薄弱环节是否向适当管理层汇报？是否根据需要对政策和程序进行修改？ 4. 是否设立独立稽核员对物资采购实施独立监督？ 5. 审计活动范围是否能够足以证明物资采购内部控制的有效性？						
审计结论：						

第三章　物资采购过程审计

第十条　物资采购过程审计是根据采购内部控制评审结果，确定采购计划、价格、合同、执行等方面的测试范围、重点和方法，以收集审计证据。

第十一条　采购计划审计。采购计划审计是对采购计划中所列物资价格、数量、质量、采购方式和供货商选择等的真实性、合理性和有效性等进行的审计。

（一）应获取的相关资料。包括采购政策、采购计划、物资储备定额补库计划、销售计划、产品产量计划、技术措施计划、生产作业计划、在制品期初存量和期末预计存量、新产品试制计划、物资工艺消耗定额、生产设备大中小修理计划、技术改造计划和物资价格供应状况等。

（二）应关注的风险领域。包括采购计划程序失控、采购计划依据不当、采购计划分解不到位、采购计划执行不彻底、采购计划与其他计划不协调等。

（三）审计内容

1. 采购计划编制依据的可靠性。内部审计人员应审查采购计划的编制是否依据经过批准的物资采购申请单，在MRP环境下，采购计划的编制是否依据主生产计划、主产品结构文件、库存文件和各种零部件的生产时间或订货时间精确计算；采购计划是否与生产计划、销售计划、物资库存控制计划和资金供应计划等相协调；是否符合组织的存货政策、采购政策和资金管理政策。

2. 采购计划审批程序的合规性。审查各物资使用部门是否根据本期生产计划和物资消耗定额确定物资实际需要量，据以填具物资采购申请单；物资管理部门是否每月根据物资实际库存和储备需要填具物资储备定额补库计划表，提交补库申请单；各部门负责人是否按职责分工和授权范围对提交的采购申请单进行分类初审、对口把关；计划部门有无会同物资管理部门核实物资库存；最终下达的《月份物资采购计划》有无报经组织分管领导审批；对不符合规定的采购申请，有无要求请购部门或人员调整采购内容或拒绝批准；重要的和技术性较强的物资采购，是否执行特别授权审批程序，是否组织专家进行论证，实行集体决策和审批；对生产急需和突发性的紧急物资采购，是否以适当形式事先通知价格信息部门，并于规定时日内补齐办妥有关手续。在过程参与式物资采购审计模式下，采购计划在报经组织分管领导审批前，可首先提交内部审计人员审核。

3. 采购计划所列价格的合理性。对于重复购置的物资，如价格未发生变化，则以上次成交价格为依据，将高出确定标准的计划价作为重点审计对象；如价格已发生变化，应掌握最新市场公允价作为审计标准。审计物资采购计划价格时，应将新购物资作为审计的重点。当产品降价时，基于价值链管理的思想，应考虑供货商有无对供应物资协同降价的可能。在过程参与式物资采购审计模式下，经内部审计人员审核后的物资采购计划价格的处理有两种方式，一种是只作为编制采购计划和内部经济核算的价格依据，而不作为实际采购时的价格控制标准，实际采购之前采购部门需重新报送《价格申报单》；另一种是在编制采购计划之前，采购部门需事先提报《价格申报单》，经审查后作为编制采购计划的依据，并同时作为实际采购时的价格控制标准。

4. 采购计划所列物资数量的合理性。审查计划部门对申请单是否做了最有效的归类；物资采购数量是否考虑了经济批量；是否与生产计划和物资库存相适应。

5. 采购方式选择的合理性。物资的取得方式有定点进货和非定点进货，具体包括市场选购、电子商务采购、招标采购、委托加工、互惠购买、融资租赁和企业自制等方式。内部审计人员应审查采购方式的确定是否综合考虑了下列因素：现有资源的充分利用、物资的重要性程度、资金的贴现幅度、供货商的信誉和各种价格构成要素等。采用招标方式，应具体审查如下内容：

（1）监督招标过程和招标标准是否符合"公开选购、公平竞争、公正交易"的原则，确定在招标、开标、评标和定标过程中有无违反规定程序、私自与供货商串通、泄露招标信息等情况。

（2）审查有关招标文书的内容是否完整、严密，有关条款规定是否得到切实遵守。

（3）监督招标方式的选择是否合理。采用公开招标方式的，审查对外发布的招标信息是否全面、准确，发布范围是否具有广泛性，参与招标的投标人是否合格；采用邀请招标的，审查接受邀请的投标单位是否具有良好信誉、资质和财务状况，是否邀请至少三个以上投标人参加；采用议标采购方式的，审查所采购的物资是否确实没有供方投标、没有合格投标者、因技术复杂或性质特殊不能详细确定规格或具体要求、采用招标所需时间不能满足各组织紧急需要、不能预先计算出价格等，参加议标的单位是否在两家以上。

（4）审查招标采购的价格是否合理。复验标底价格，对编制标底的工作底稿所载明的物资数量、价格、人工耗费、各项其他费用及税金等进行复核、验算；审查最高采购限价的合理性和公允性；对于不能编制标底的招标物资或采用议标方式招标的，可根据市场行情对标的进行合理的价位判断。

6. 供货商选择的合理性

根据供货商与组织的业务稳定性，供货商区分为定点供货商和非定点供货商。内部审计人员应重点审查组织对定点供货商选择的合理性，包括供货商选择评价程序是否规范；有无明确的供货商选择目标和评价标准；有无建立供货商评价小组，小组人员组成是否合理；有无完整、真实的供货商资料；供货商资料筛选、排序和审批是否流于形式；是否经集体决策进行供货商优选并形成供货商名单；是否根据供货商和本组织的实际情况采用实地考察、书面调查、样品检验或试用的方式确定供货商；有无过度依赖特定供货商，是否设立了备选供货商团队；有无对供货商档案进行规范管理，建立《合格供货方目录》，定期组织对供货商调查和复审；修改供货商档案是否经过特定授权并进行有效信息沟通等。

（四）审计方法。采购计划审计主要采用分析法、复算法、复核法、检查法、源头审计法、全面审计法、简单审计法和重点审计法等方法。

源头审计法是始终把握问题的根源而不被表象所左右。如一般物资采购的公允价格信息源是市场，在招标采购审计中，内部审计人员不仅要审查是否履行了规范的招标程序，还应关注招标与市场价的差异，关注结算价与中标价之间的差异，关注中标人的实质性运作。

全面审计法是对物资采购涉及的每一个环节、每一项资料和资料的每一个方面进行全面审计的一种方法。优点是细致、审核质量高，缺点是效率低、成本高。

简单审计法是在审计力量不足或者有特殊要求时，仅针对物资采购价格或者物资采购的其他某一方面实施审计的方法。

重点审计法是针对重点物资（如采购数量大、单价高）、敏感性物资、问题较多物资的采购进行重点审查。

第十二条 采购申报价格审计。采购申报价格审计是对采购价格申报内容的完整性、价格标准确定的合理性和申报程序的规范性等方面所进行的审计。

（一）应获取的相关资料。包括组织的物资价格制定政策、物资采购价格申报单、价格标准、物价变动信息、市场需求信息、经济政策信息、技术信息、供应渠道变化信息和业务流程再造信息等。

（二）应关注的风险领域。包括价格标准失控、价格信息系统无效和低效、采购效率降低、价格审查形式化、价格组成内容单一化和串通作弊风险等。

（三）审计内容。

1.《价格申报单》填列的完整性。采购部门应在比质比价的基础上，初步确定物资采购意向，填制《价格申报单》，经采购部门负责人签章后，送交价格信息部门进行价格核定。内部审计人员应审查《价格申报单》是否包括物资品名、规格、型号、数量、单价、金额、使用部门、技术要求、供货单位、货比三家情况等栏目。

2.价格标准确定的合理性。主要内容包括：

（1）审查价格信息收集渠道的广泛性和使用的有效性。可供采用的价格收集渠道有网络、报刊、杂志、电视、广播、行业公报、供货商提供和竞争对手披露等。内部审计人员应审查采购部门和价格信息部门是否充分利用了各种价格来源渠道，建立起容量丰富的价格信息资料库；对于获取的各种信息源，是否按照本组织的物资种类进行了适当分类以提高检索能力，发挥信息使用效率；是否在各部门之间进行了信息共享。

（2）审查价格信息资料收集的准确性和及时性。审查价格来源渠道是否正规，是否根据环境的变化适时地更换价格信息，能否综合各种信息源较准确地预测未来的价格变化趋势，为组织实施战略物资管理提供价格导向。

（3）审查价格标准确定方法的适当性和计算结果的正确性。物资采购价格标准的确定方法有：分别询价法、交叉询价法、调查法、信息资料查询法、历史资料评价法、测算法、专家评估辅助法、集中询价法、公开招标法、提供佐证法、限价法。

（4）审查价格标准构成内容的全面性。物资采购价格包括采购物资的买价、运杂费、保险费、途中损耗、入库前的整理挑选费用、大宗材料的市内运输费、采购资金利息和其他相关费用。其中买价和运费是物资采购价格的主要影响因素。

3.采购申报价的合理性。主要内容包括：

（1）审查是否根据不同的物资采购方式确定申报价；

（2）审查申报单中所列物资品种是否在采购计划范围内，是否列入采购预算；

（3）审查采购申报价有无高估虚报问题；

（4）审查采购申报价的构成是否齐全，是否进行了综合比价；

（5）审查采购部门有无随意压价而忽视物资质量的现象；

（6）对于重复购置的物资，审查申报价是否超过最高限价，最高限价有无根据市场价格变动及时进行相应调整；

（7）审查采购部门是否进行比质比价。

4.申报价格核定程序的规范性。审查价格信息部门是否根据确定的价格标准，在测算评估、对比分析的基础上，确定采购部门报价和相关费用的合理性和公允性，并提出核定意见。对违反规定或报价不合理的，价格信息部门具有否决权，提出重新询价的建议或者核定一个最高控制价格。采购部门应参照核定意见，在核定的价格控制标准范围内进行采购。

（四）审计方法。采购申报价格审计主要采用价格比较法、复算法、复核法、检查法、源头审计法、重点审计法和简单审计法等方法。

第十三条 采购合同审计。采购合同审计是对采购合同的合法性、完整性和有效性等所进行的审计。

（一）应获取的相关资料。包括合同法、组织内部有关合同制度、合同正文和副本以及供货商资料等。

（二）应关注的风险领域。包括盲目签定采购合同风险、合同无效风险、合同条款不利风险、合同违约风险和合同档案管理混乱风险等。

（三）审计内容。

1. 采购合同签订的合规合法性。主要内容包括：

（1）审查供货商是否具有签约资格。

（2）审查合同的签定程序是否合规。合同的签定需经市场调查、业务洽谈、合同起草、合同评审、合同执行以及合同变更、解除或终止等过程。内部审计人员应审查在市场调查阶段是否按“货比三家”的原则进行市场调查，是否取得了供货商完整的档案资料以确认供货商的信誉和履约能力，必要时是否对供货商进行现场考察；参与业务洽谈的代表的业务能力和技术水平是否具备，是否由两人以上参与谈判；合同起草是否使用了正规的合同版本；草签的合同是否经过组织法律部门、财会部门评审；是否根据组织授权要求报经有关领导审批，有无履行分级授权审批手续；是否办理了必要的公证手续；合同变更、解除或终止的理由是否充分，是否签署了书面变更协议并履行了审批手续，对于发现的将严重损害组织利益的已签署合同，是否及时采取了纠正措施。

2. 采购合同条款的完备性和合同内容的合法性。采购合同应包含如下基本内容：合同标的；数量和质量；价格和结算方式；运输方式；履约期限、地点和方式；违约责任等。内部审计人员首先应审查合同中是否包含上述内容，有关规定是否明确、具体。其次，应审查签约双方的权利和义务是否明确并具有对等性。再次，应审查确定有无利用合同从事非法行为的可能性。最后，应审查合同条款规定是否为组织争取到最大的财务利益，如充分考虑付款条件和资金优势，选择合理的货款支付方式等。

3. 采购合同的执行结果。审查合同内容是否得到全面、严格地履行；审查有无合同违约、违约的原因及违约处理结果，如对方违约，是否及时组织索赔。如本方违约，责任人是否向分管领导提交书面报告，经审批后办理赔偿手续，并追究相关责任；协商不成的合同纠纷是否及时上报上级领导和法律部门，通过申请仲裁或向人民法院起诉解决合同纠纷。

4. 审查合同的管理是否规范。主要内容包括：

（1）审查组织有无设置专门的合同管理机构，合同管理人员是否具备相应资格，合同管理制度是否完善，有无重大合同变更的应对防范措施。

（2）审查合同的归档和保管是否完整。审查合同是否按序编号；台账登记是否清晰完整；支持性文件是否齐全，是否包括采购合同正本、合同补充协议、技术协议、采购订单、合同评审表及其他合同附件。

（四）审计方法。采购合同审计主要采用检查法、函证法、询问法和重点审计法等方法。

第十四条 物资采购计划执行情况审计。物资采购计划执行情况审计是指在采购物资运达组织后，对物资验收、入库、计量、价格和货款支付等业务执行的适当性、合法性和有效性等所进行的审查和评价。

（一）应获取的相关资料。包括物资采购申请单、采购计划、采购合同、价格申报单、采购发票、运费单、检验报告单、入库单、退货单、付款凭单、转账凭证、应付账款明细账、材料采购明细账和对账单等。

（二）应关注的风险领域。包括采购方式和供货商改变、价格失控、质量检验失控、计量不实、保管低效、票据失真、付款提前或滞后、付款不实和违规结算风险等。

（三）审计内容。

1. 采购方式执行情况审计。审查采购部门是否按照采购计划、采购申报单确定的采购方式和供货商进行采购。如物资采购执行的是定点供货制度，内部审计人员应取得《物资定点供货目录》作为审计标准，据以确定采购部门是否在合格供货商目录中选择供货商，如有改变，其改变的原因和批准手续是否合理。对于发现的供货商供货问题，采购人员是否及时填写《供货商供货问题信息反馈单》交价格信息部门，价格信息部门是否及时发出《纠正/预防措施通知单》，限期整改并追踪整改结果；整改无效者，是否暂停其供货或取消合格供货商资格。

2. 质量控制执行情况审计。主要内容包括：

(1) 审查是否设置独立的质量检验部门组织物资验收，有无采取适当措施防止采购人员、质检人员与保管人员串通舞弊；

(2) 审查物资验收是否根据货运单、发票和经过批准的采购合同副本、采购价格申报单、采购计划进行；

(3) 审查物资验收是否签署顺序编号的验收报告；

(4) 审查超过采购合同的进货数量和提前到货的采购是否经过适当批准；

(5) 审查短缺物资和不符合质量要求的物资是否查明了原因，有无根据不同情况及时组织索赔，是否每月编制退货报告，以供采购和质检部门进行审查、分析和考核供货商表现等；

(6) 审查对逾期未交货者，有无按合同规定给予罚款或没收违约金；

(7) 审查对大型或数额较大的物资采购，有无取得供货商合格的检验证明，合同中是否规定了必要的质保内容；物资验收是否严格，有无存在由于验收不严造成以次充好、以劣充优、不合格物资入库等问题。

3. 计量执行情况审计。主要内容包括：

(1) 审查计量器具。包括：计量器具是否经过国家法定检验机构的检验并出具了书面证明；内部计量部门是否定期检查和校对计量器具；计量器具的操作是否正确合规；抽查计量记录并核对实物数量，验证计量的准确性。

(2) 审查采购物资途中损耗。包括：是否制订了合理的路耗标准；实际损耗是否控制在标准范围之内；损耗的处理是否合理。

(3) 审查质量检验对计量结果的影响。对于化工、石油、煤炭、矿山等行业的物资采购，应注意审查是否运用质量检验结果对采购物资的数量进行适当的调整。

4. 价格执行情况审计。主要内容包括：

(1) 审查物资采购是否按批准价格执行。审查发票、货运单、验收单等原始资料上载明的价格是否与价格申报单、采购计划、采购合同一致，价格的变动是否经过核准。

(2) 审查运费的组成和数额是否合理。应根据确定的运费价格标准审查物资采购运费，保证实际运费控制在标准范围之内。包括：运输方式的选择、运输里程的确定、运输

商的选择、运价组成等。

5. 仓储保管情况审计。主要内容包括：

(1) 审查仓库的位置与内部空间的布置。审查仓库位置的设置是否有利于组织内物资流动的经济性、合理性；仓库内部空间的布置是否有利于利用仓库的有效面积和提高仓库的作业效率。

(2) 审查仓库面积利用率。通过计算和比较“仓库面积利用率”指标，确定仓库利用效率高低和利用潜力的大小。

(3) 审查仓库存放保管工作。物资是否按分区及编号有序排放；物资包装、标示是否符合规范；易燃、易爆、剧毒等危险物资是否隔离存放；库房防火、防盗、防潮等措施是否到位。

(4) 审查物资保管账卡档案是否建立健全并定期与相关资料、账簿核对。

(5) 审查物资分类保管情况。审查物资保管是否按照物资的重要程度、消耗数量、价值大小等区别对待，实施ABC分类管理法。

(6) 审查物资储备定额制定是否合理。审查物资最高储备、经常储备、保险储备和季节性储备等定额是否经济合理，是否做到既满足生产需要，又最大限度地压缩库存。

6. 采购票据审计。主要内容包括：

(1) 审查物资采购的票据是否齐全，是否按照采购业务发生的先后顺序编号。

(2) 审查各种票据载明的采购数量、单价、金额、品种、规格、产地、型号等是否真实，数量、单价、金额等计算是否正确，各种票据相关内容是否一致。

(3) 审查票据的填写是否合规，手续是否齐全，来源渠道是否正规，保管、领用和注销措施是否完善，传递程序是否合规等。

7. 采购负债确认及付款执行情况审计。主要内容包括：

(1) 审查负债的确认是否正确。审查采购部门是否在物资采购申请单、验收单、供货商发票等核对无误的基础上出具付款申请单，并及时通知财会部门；财会部门是否在进一步审核的基础上，编制记账凭证，登记付款凭单登记簿或应付账款明细账，确认负债。

(2) 审查应付账款的登记是否正确。审查应付账款登记和管理是否由独立于请购、采购、验收、付款以外的职员执行；是否根据不同供货商设置明细账进行明细分类核算；是否根据审核无误的原始凭证和记账凭证及时登记账簿记录，有无遗漏、隐瞒负债情况；是否定期将应付账款明细账余额与供货商寄回的对账单相核对，与应付账款总账相核对，与采购部门台账相核对，对存在的差异是否及时妥善处理；对享有折扣的交易，是否以扣除折扣后的货款净额登记应付账款，以防止在付款时贪污折扣。

(3) 审查付款处理是否合规。审查付款是否符合资金结算制度的要求；付款是否在会计人员审核的基础上，经过授权人审批；是否按确定的付款方式付给指定的收款人；核实付款金额和收款人是否正确；有无使用空白支票；已付货款是否在发票上加盖“付讫”戳记等。

(4) 审查预付账款处理是否合规。审查预付账款是否经过申请、审批；收到采购物资后，是否根据供应商发票及时冲减预付账款；是否与供货商定期对账。

(5) 审查应付账款余额的整体合理性。审查财会部门是否定期编制应付账款账龄分析表、物资已收发票未到情况汇总表；是否每月计算主要业绩指标据以监控应付账款状况；采用分析性复核方法，通过比较本期与上期各应付账款明细账户余额、相关比率和相关费用账户金额，确定应付账款有无异常变动。

（四）审计方法。物资采购计划执行情况审计可以采用检查法、复核法、分析法、复算法、盘点法、鉴证法、抽样法、观察法、函询法和询问法等方法。

第四章 物资采购后续审计

第十五条 物资采购后续审计是内部审计人员在提交了物资采购审计报告后，针对报告中所涉及的审计发现和审计建议所进行的跟踪审计，目的是确定被审计单位对于审计报告中所揭示的问题和偏差的纠正和改进情况以及产生的实际效果。

第十六条 物资采购后续审计应关注的风险领域。包括物资超储积压或储备不足风险、物资使用质量低劣风险、物资价格失控风险、资信低的供货商定点供货风险和审计建议无效风险等。

第十七条 物资采购后续审计的基本过程。

（一）应获取的相关资料。包括审计报告、审计回复、定点供货目录、价格申报单、采购计划和物资质量标准等。

（二）取得被审计单位的反馈意见并进行合理分析。内部审计人员应关注如下事项：被审计单位不做反馈和反馈不充分的事项；被审计单位有异议或误解的事项；反馈意见中说明不采取纠正措施的事项等。内部审计人员应逐项分析上述事项的具体原因，并且特别注意反馈意见中对于问题原因的分析是否具有针对性，拟采取的措施是否具体。

（三）实施适当的审计程序。对重大的审计发现和建议通过现场访问、直接观察、测试和检查文件等方式，编制“后续审计面谈结果小结”和“后续审计跟踪记录表”等工作底稿。

（四）评估采纳审计建议所达到的效果。

（五）提交后续审计报告。

第十八条 审计方法。物资采购后续审计主要采用审计分析方法、详查法、抽查法、终点审计法、重点审计法、函证法和查询法等方法。

终点审计法是通过某一环节的重点审计，反馈前续环节中存在的问题。例如通过物资采购后续审计，验证供货商选择、物资验收、价格执行等方面存在的问题，反馈物资采购审计工作中存在的不足。

第五章 附　　则

第十九条 本指南由中国内部审计协会发布并负责解释。

第二十条 本指南自2005年1月1日起施行。

内部审计实务指南第3号——审计报告

第一章 总　　则

第一条 为了指导内部审计人员编制和出具审计报告，规范内部审计报告及相关活动，根据《内部审计基本准则》和《内部审计具体准则第7号—审计报告》制定本指南。

第二条 本指南所称审计报告是指内部审计人员根据审计计划对被审计单位实施必要的审计程序后，就被审计单位经营活动和内部控制的适当性、合法性和有效性出具的书面文件。

第三条 本指南适用于各类企业的内部审计机构、内部审计人员及其从事的内部审计活动。政府及非盈利组织的内部审计活动，可结合行政管理程度的要求，参照执行。

第四条 内部审计报告应当体现内部审计项目目标的要求，并有助于组织增加价值。内部审计项目目标的要求主要包括但不限于对以下方面的评价：

（一）经营活动合法性；

（二）经营活动的经济性、效果性和效率性；

（三）组织内部控制的健全性和有效性；

（四）组织负责人的经济责任履行状况；

（五）组织财务状况与会计核算状况；

（六）组织的风险管理状况。

第五条 正式立项的审计项目应当在终结审计后编制审计报告；如果存在下述情况之一时，应当根据组织适当管理层的要求和内部审计工作的需要编制并报送中期审计报告：

（一）审计周期过长；

（二）被审计项目内容特别庞杂；

（三）被审计期间比较长；

（四）突发事件引起特殊要求；

（五）组织适当管理层需要审计项目进展情况的信息；

（六）其他需要提供中期审计报告的情况。

中期审计报告不能取代终结审计报告，但中期审计报告能够作为终结审计报告的编制依据。中期审计报告不具有终结审计报告的效力。

第六条 编制审计报告应当遵循以下原则：

（一）客观性。审计报告应以可靠的证据为依据，实事求是地反映审计事项，做出客观、公正的审计结论。

（二）完整性。审计报告应当做到要素齐全，内容完整，不遗漏审计发现的重大事项。

（三）清晰性。审计报告应当做到逻辑性强、突出重点，简明扼要地阐明事实和结论。避免使用不必要的过于专业性和技术性的复杂语言。文字应当通顺流畅，用词准确，避免使用“几个、少数、大量”等模糊字眼说明情况。

（四）及时性。审计报告应当及时编制，以便组织适当管理层适时采取有效纠正措施。在保证审计报告质量的前提下，审计报告应当在完成现场审计后尽快编制，经过征求意见和补充修改后分别送达各有关方面。

（五）实用性。审计报告所提供的信息，应当有利于解决经营管理中存在的重要问题，并有助于组织实现预定的目标。

（六）建设性。审计报告不仅应当发现问题和评价过去，而且还应能解决问题和指导未来，应当针对被审计单位经营活动和内部控制的缺陷提出适当的改进建议。

（七）重要性。在形成审计结论与建议时，应充分考虑审计项目相关的风险水平和重要性，对于被审计单位经营活动和内部控制中存在的严重差异和漏洞以及审计风险高的领域应当在审计报告中有重点的详细说明。同时，内部审计人员还要考虑被审单位接受审计建议、采取相应措施的成本与效益关系。

第七条 内部审计机构应该建立健全审计报告分级复核制度，明确规定各级复核岗位的要求和责任。复核层次级别的具体设置应当视审计项目的复杂程度和内部审计机构的规模、人员配置等各种因素而定。

第八条 审计报告可以手工编制，也可以使用计算机软件自动编制。

第九条 内部审计人员需用联系及综合性的思维方式、以高超的沟通与合作技能来组织和编写审计报告。

第二章 审计报告的构成要素

第十条 内部审计报告因审计项目预定目的的不同而存在差异，一般的内部审计报告应包括以下基本要素：

（一）标题；

（二）收件人；

（三）正文；

（四）附件；

（五）签章；

（六）报告日期；

（七）其他。

第十一条 内部审计报告的标题应能反映审计的性质，力求言简意赅并有利于归档和索引。一般应当主要包括以下内容：

（一）被审计单位名称；

（二）审计事项（类别）；

（三）审计期间；

（四）其他。

第十二条 内部审计报告的收件人应当是与审计项目有管理和监督责任的机构或个人。一般应当包括：

（一）被审计单位适当管理层；

（二）董事会或其下设的审计委员会或者组织中的主要负责人；

（三）组织最高管理当局；

（四）上级主管部门的机构或人员；

（五）其他相关人员。

考虑到各个组织的法人治理结构、管理方式差异，审计报告的送达单位或个人应当根据具体情况确定。

第十三条 内部审计报告的正文是审计报告的核心内容。一般应当包括以下项目：

（一）审计概况；

（二）审计依据；

（三）审计发现；

（四）审计结论；

（五）审计建议；

（六）其他方面。

第十四条 内部审计报告的附件是对审计报告正文进行补充说明的文字和数字材料。一般应当包括：

（一）相关问题的计算及分析性复核审计过程；

（二）审计发现问题的详细说明；

（三）被审计单位及被审计责任人的反馈意见；

（四）记录审计人员修改意见、明确审计责任、体现审计报告版本的审计清单；

（五）需要提供解释和说明的其他内容。

第十五条 内部审计报告应当由主管的内部审计机构盖章，并由以下人员签字：

（一）审计机构负责人；

（二）审计项目负责人；

（三）其他经授权的人员。

第十六条 审计报告日期一般采用内部审计机构负责人批准送出日作为报告日期。以下情况下使用相关的日期：

（一）因采纳组织主管负责人的某些修改意见时；

（二）内部审计人员在本机构负责人审批之后又发现被审计单位存在新的重大问题时；

（三）内部审计报告存在重要疏忽时；

（四）其他情况。

第三章 审计报告的主要内容

第十七条 审计概况是对审计项目的总体情况的介绍和说明。一般主要包括：

（一）立项依据。在审计报告中应当根据实际情况说明审计项目的来源：

1. 审计计划安排的项目；

2. 有关机构（外部审计机构、组织有关部门）委托的项目；

3. 根据工作需要临时安排的项目；

4. 其他项目。

（二）背景介绍。在审计报告中，应当对有助于理解审计项目立项以及审计评价的以下情况进行简要描述：

1. 选择审计项目的目的和理由；

2. 被审计单位的规模、业务性质与特点、组织机构、管理方式、员工数量、主要管理人员等；

3. 上次同类审计的评价情况；

4. 与审计项目相关的环境情况；

5. 与被审计事项有关的技术性文件；

6. 其他情况。

（三）整改情况。如有必要，应当将上次审计后的整改情况在审计报告中加以说明。

（四）审计目标与范围。审计报告中应当明确地陈述本次审计的目标，并应与审计计划中提出的目标相一致；还应当指出本次审计的活动内容和所包含的期间。如果存在未进行审计的领域，应当在报告中指出，特别是某些受到限制无法进行检查的项目，应说明受限制无法审查的原因。

（五）审计重点。审计报告应当对本次审计项目的重点、难点进行详细说明，并指出针对这些方面采取了何种措施及其所产生的效果，也可以对审计中所发现的重点问题做出简短的叙述及评论。

（六）审计标准。财务审计的标准主要是国家有关部门所颁布的会计准则、会计制度以及其他相关规范制度。管理审计的标准主要是组织管理层已制定或已认可的各项标准。

第十八条　审计依据是审计报告应声明内部审计程序是按照内部审计准则的规定实施审计的。当确实无法按照审计准则要求执行必要的审计程序时，应在审计报告中陈述理由，并对由此可能导致的对审计结论和整个审计项目质量的影响做出必要的说明。

第十九条　审计发现是内部审计人员在对被审计单位的经营活动与内部控制的检查和测试过程中所得到的积极或消极的事实，一般应包括以下内容：

（一）所发现事实的现状，即审计发现的具体情况；

（二）所发现事实应遵照的标准，如政策、程序和相关法律法规；

（三）所发现事实与预定标准的差异；

（四）所发现事实已经或可能造成的影响；

（五）所发现事实在目前现状下产生的原因（包括内在原因与环境原因）。

第二十条　审计结论是内部审计人员对审计发现所做出的职业判断和评价结果，表明内部审计人员对被审计单位的经营活动和内部控制所持有的态度和看法。

在做出审计结论时，内部审计人员应针对本次审计的目的和要求，根据已掌握的证据和已查明的事实，对被审计单位的经营活动和内部控制做出评价。内部审计人员提出的结论可以是对经营活动或内部控制的全面评价，也可仅限于对部分经营活动和内部控制进行评价。如果必要，审计结论还应包括对出色业绩的肯定。

第二十一条　审计建议是内部审计人员针对审计发现提出的方案、措施和办法。审计建议可以是对被审计单位经营活动和内部控制存在的缺陷和问题提出的改善和纠正的建议；也可以是对显著经济效益和有效内部控制提出的表彰和奖励的建议。

内部审计人员应该依据审计发现和审计证据，结合组织的实际情况和审计结论的性质，提出审计建议。审计建议可分为以下几种类型：

（一）现有系统运行良好，无需改变；

（二）现有系统需要全部或局部改变：

1. 改进的方案设计；

2. 方案实施的要求；

3. 方案实施效果的预计；

4. 未实施此方案的后果分析。

第四章　审计报告的基本格式

第二十二条　内部审计人员在确认有较大必要性的条件下编制规范的中期审计报告。一般中期审计报告篇幅较短，应当清楚地说明审计发现的事实、不良状况的影响，并提出审计建议。中期审计报告的格式可以根据实际需要选择以下所列格式之一：

（一）中期审计报告的基本格式包括：（1）标题，可由审计项目和“中期审计报告”两部分组成；（2）收件人；（3）审计发现；（4）审计建议；（5）附件；（6）签章；（7）报告日期。

中期审计报告一般格式参考范例如下：

关于“出纳付款程序”的中期审计报告（标题）

公司总经理：（收件人）

从正在进行的公司××年度财务收支审计中，我们发现公司财务部付款内部控制程序存在严重缺陷。出纳员××保管着公司财务专用章及财务经理私章，可随时支取公司款项，在我们的初步审核中，已经发现未经审批的付款××笔，共计××万元，如果不采取紧急措施，将可能导致更大的舞弊风险。（审计发现）

根据上述情况，我们建议财务经理收回相关印鉴，对每一笔公司款项的支付严格审核后才能签发，同时责成出纳员说清××万元款项的去向，采取各种手段追回款项，并建议临时停止出纳员的职务工作。（审计建议）

附件：1. ××

2. ××

3. ××（附件）

审计项目负责人：××

审计小组成员：××、××

××审计机构（签章）

××年××月××日（报告日期）

（二）中期审计报告的备忘格式包括：（1）标题，只简单列示审计项目即可；（2）收件人；（3）审计发现；（4）审计建议；（5）审计人员签章；（6）报告日期。

中期审计报告备忘格式参考范例如下：

资本性支出授权的中期报告（标题）

供销部经理：（收件人）

在审计贵单位资本性项目的过程中，我们发现目前所发生的资本性支出没有取得相应的批准文件。在××个资本性项目中，我们抽取了××个进行检查。累计支出××万元人民币。在档案资料中，均没有发现取得相应的批准文件。（审计发现的事件）

造成这种结果的原因是：最近改组重建的会计部门还没有在项目建设之前授权专门的人员负责批准；另外，采购订单的复核、批准还没有建立相应的程序。（审计发现的原因）

为了确保按照企业管理当局的意图对资本性支出业务进行有效的控制，我们建议贵单位应该授权专门人员负责采购业务的批准；另外，在实施采购之前，采购订单应该与经过批准的文件进行核对验证。（审计建议）

审计员：×××

×××（签章）

××年××月××日（报告日期）

第二十三条 内部审计人员应当编制终结审计报告。终结审计报告的基本格式包括：（1）标题；（2）收件人；（3）审计概况（立项依据及背景介绍，上次审计后的整改情况说明，审计目的和范围，审计重点等）；（4）审计依据；（5）审计发现；（6）审计结论；（7）审计建议；（8）附件；（9）签章；（10）报告日期。

终结审计报告基本格式参考范例如下：

关于××公司内部会计控制的审计报告（标题）

××公司总经理：（收件人）

为了配合今年年底公司组织的行业检查活动，我们临时调整了审计计划，组成了以王××为项目负责人的5人审计小组，对公司内部会计控制制度进行了局部审计，旨在自我评价，消除内部控制的弱点，改善公司管理水平，争取在行业评比中获得优异成绩。我们的审计目标是测试内部会计控制方面是否存在漏洞，寻找与同行业其他企业的差距。审计涉及的期间是20××年1月1日至20××年12月31日。审核的范围包括会计制度设计、会计核算程序、会计工作机构和人员职责，财务管理制度等方面。（审计概况）

我们按照内部审计准则的规定计划和实施本项内部审计工作，并采用了我们认为应当采用的必要的审计程序，根据抽查结果，我们认为，下列情况应当予以关注：

1. 没有定期进行银行对账单调节。截至我们进行审计时，银行对账单的调节工作已延误了四个月，严重削弱了公司对资金安全性的控制。（见附件第××页）

2. 由于没有防止投资收益账户上舞弊行为的控制程序，导致超过100000元的股利被非法挪用。（见附件第××页）

3. ……。（审计发现）

除上述问题外，我们认为，组织管理层对内部会计控制的设计在整体上是符合公司的实际情况的，其运行取得了预期的效果。（审计结论）

我们认为，上述问题的发生，主要原因是相关职位人员配备不足，不相容职务未予以分离。建议财务部门健全资金控制制度，并招聘一名有经验的会计人员充实相关职位。（审计建议）

附件：1. ××
2. ××
3. ××（附件）

审计项目负责人：×××
审计小组成员：×××
×××
××审计机构（签章）
××年××月××日（报告日期）

第五章 审计报告编制的程序和方法

第二十四条 内部审计报告的编制应当在结束现场审计工作之后进行。内部审计人员应当按照以下程序编制审计报告：

（一）做好相关准备工作；

（二）编制审计报告初稿；

（三）征求被审计单位意见；

（四）复核、修订审计报告并最后定稿。

第二十五条 内部审计人员在进行审计报告的准备工作时，应重点关注以下事项：

（一）报告的整体或具体格式；

（二）可能的发送对象，以及报告收件人的姓名和职位；

（三）审计目的、范围等的表述；

（四）审计计划或审计委托书；

（五）审计发现的描述；

（六）用以支持审计发现和建议的各种信息，包括：附录、说明和图表；

（七）特别敏感的内容，包括：在报告中对于机密内容的披露程度；被审计单位对审计发现的可能性反应，以及内部政策等；

（八）其他需要考虑的重要报告事项。

第二十六条 审计报告初稿由审计项目负责人或者由其授权的审计项目小组其他成员起草。如由其他人员起草时，应当由审计项目负责人进行复核。审计报告初稿应当在审计项目小组进行讨论，并根据讨论结果进行适当的修订。编制审计报告充分应当体现审计报告的质量要求。

第二十七条 在审计报告正式提交之前，审计项目小组应与被审计单位及其相关人员进行及时、充分的沟通。

审计项目小组与被审计单位的沟通，应当根据沟通内容的要求，选择会议形式或个人交谈形式。内部审计机构和人员在与被审计单位进行沟通时，应注意沟通技巧，进行平等、诚恳、恰当、充分的交流。

审计项目小组应当根据沟通结果对审计报告适当进行处理。

第二十八条 审计报告应当由被授权的审计项目小组成员以及审计项目负责人、审计机构负责人等相关人员进行严格的复核和适当的修订。审计报告复核、修改后，再经与组织适当管理层充分沟通后，由经授权人员签章，提交给审计项目有责任的机构或个人。

第二十九条 内部审计人员应当在实施必要的审计程序后，采用以下方法编制审计报告：

（一）考虑审计报告使用者的各种合理需求。有些事项或后续审计结果与本次审计结论没有直接关系或关系不重要，但需审计人员向报告收件人如组织管理当局反映提请关注，此类事项和情况应适当写入审计报告。

（二）反映被审计对象的相关成绩。对被审计单位的突出业绩应当在审计报告中予以适当说明。

（三）反映改进的计划和行动。由于受到审计目标和准备工作的制约，或受到审计过程中新发生情况的影响，审计范围可能与年度审计计划或最初拟定的范围不一致，必要时可在审计报告中指出所改进的计划与所采取的行动。

（四）揭示导致问题产生的外部不利因素的影响。

（五）采用正面的、积极的语言。对审计过程中揭示的消极的审计发现，在不损害内部审计独立性和声誉的前提下，应当充分考虑被审计单位的意见及可能对其造成的不利影响，客观准确地以被审计单位可接受的语言写入审计报告。

（六）运用恰当的图表和脚注。审计报告可以运用适当的图表和脚注，以增强灵活性，快速准确直观地揭示和传递提供审计信息。

第六章　审计报告的复核、发送和保存

第三十条　内部审计机构应当建立审计报告的三级复核制度。由审计项目负责人主持现场全面复核；由内部审计机构的业务主管主持非现场重点复核；由内部审计机构负责人主持非现场总体复核。三级复核的分工，可由组织的内部审计机构自行决定。各级复核的主持人在必要时可以授权他人行使权力，但责任仍由主持人承担。

第三十一条　审计报告复核主要包括形式复核和内容复核。

（一）形式复核。一般包括：

1. 审计项目名称是否准确，描述是否恰当；
2. 被审计单位的名称和地址是否可靠；
3. 审计日期是否准确，审计报告格式是否规范；
4. 审计报告收件人是否为适当的发送对象，职位、名称、地址是否正确；
5. 审计报告是否表示希望获得被审计单位的回应；
6. 审计报告是否需要目录页，目录页的位置是否恰当，页码索引是否前后一致；
7. 审计报告中的附件序号与附件的实际编号是否对应；
8. 审计报告是否征求被审计单位意见；
9. 审计报告的复核手续是否完整。

（二）内容复核。一般包括：

1. 背景情况的介绍是否真实，语气是否适当；
2. 审计范围和目标是否明确，审计范围是否受限；
3. 审计发现的描述是否真实，证据是否充分；
4. 签发人是否恰当，签发人与收件人的级别是否相称
5. 参与审计人员的名单是否列示完整，排名是否正确；
6. 报告收件人是否恰当，有无遗漏，姓名与职位是否正确；
7. 标题的使用是否适当；
8. 审计结论的表述是否准确；
9. 审计评价的依据的引用是否适当；
10. 审计建议是否可行。

第三十二条　审计报告的发送范围一般限于组织内部，通常可根据组织的一般要求和审计活动本身的性质来确定发送对象。

第三十三条　内部审计机构应根据具体情况，决定是否将内部审计报告送交组织外部的相关部门和人员，或者是将审计报告的部分内容呈送组织外部的相关部门和人员。在决定对外报送内部审计报告时，应当经过内部审计机构负责人或组织适当管理层的批准程序。

第三十四条　内部审计人员应当根据审计报告的保密性要求，充分考虑审计报告传递方式的恰当性。一般应当采取派专人直接传递、特快专递、邮政服务和办公室当面传递等方式进行报告传递。

第三十五条 组织应当制定制度性文件，对审计报告的发送对象和各种传递方式做出规定，防止报告在传递过程中被延误、丢失或误投。

第三十六条 内部审计机构应当保留审计报告副本。审计报告以及其他业务文档应当按照内部审计机构或组织管理层制定的审计档案管理制度纳入档案管理，加以分类并且妥善保存。

第三十七条 内部审计报告应在适当的范围予以公开。

第七章 附 则

第三十八条 本指南由中国内部审计协会发布并负责解释。

第三十九条 本指南自 2009 年 1 月 1 日起施行。

内部审计实务指南第 4 号——高校内部审计

第一章 总 则

第一条 为了规范高校内部审计的内容、程序与方法，根据内部审计基本准则与具体准则制定本指南。

第二条 本指南所称高校内部审计，是指高校内部审计机构和人员通过对学校与资源利用有关的业务活动及其内部控制的适当性、合法性和有效性的审查，并进行确认、评价、咨询，旨在促进完善管理控制、防范风险、创造效益，从而促进学校事业目标的实现。

第三条 高校应设置内部审计机构，规模较大的高校（年收入 5 亿元以上或教职工人数在 3000 人以上）应设置独立的内部审计机构。

第四条 高校内部审计机构应配备足够的内部审计人员，内部审计人员数量应不低于教职工总数的 2‰。内部审计队伍应由具备经济、管理、法律、建设工程、信息系统等方面专业素质的人员组成，并具备必要的职业资格。

第五条 高校内部审计应遵循以下原则：

（一）高校内部审计应关注学校资源，对本单位利用资源、开展业务、取得绩效的过程和结果进行审计。

（二）高校内部审计应坚持业务活动审查与财务活动审查相结合，运用业务入手审计方法，开展财务审计与业务审计相结合的综合管理审计。

（三）高校内部审计应坚持审计控制与审计评价相结合，根据业务特点，采取事前审计、事中审计、事后审计等方式组织审计业务。

（四）高校内部审计应根据学校治理结构、管理体制等有关内部环境和内部审计资源状况，把握总体、突出重点，科学合理地确定内部审计业务战略。

（五）高校内部审计应着眼于促进问题解决，立足于促进机制建设，通过与相关部门合作促进学校事业发展。

第六条 高校内部审计机构应加强审计质量控制，定期接受各级教育行政主管部门内部审计机构对所属高校内部审计工作进行的质量评估。

第七条 本指南适用于高校的内部审计机构、内部审计人员及其从事的内部审计活动，其他教育部门和单位可以参照执行。

第二章 内部控制审计

第一节 一般原则

第八条 本指南所称内部控制是指为了实现教育事业发展目标，保证资金、资产、资源安全、完整，并得到合理有效利用；保证会计信息真实、准确，保证有关法律、法规、规章的贯彻实施而制定与实施的一系列控制方法、保证措施和业务程序。

第九条 本指南所称内部控制审计是指内部审计机构为了促进完善内部控制，保证其有效执行而对本单位内部控制体系的健全性、有效性所进行的了解、测试和评价活动。

第十条 本指南所称内部控制审计的内容主要包括对教学管理、科研管理、财务管理、资产管理、采购管理等活动中内部控制体系的健全性、有效性进行的审查和评价。

第十一条 被审计单位的各项业务的内部控制体系主要由控制环境、风险管理、控制活动、信息与沟通、监督等要素组成，对高等学校各项业务的内容控制审计主要围绕这些要素来进行。

第十二条 在开展内部控制审计时，要考虑成本效益原则，结合本单位内部审计资源和实际情况，既可以对单位内部控制进行全面审计与评价，也可以对单位内部控制的组成部分进行审计与评价。

第十三条 开展内部控制审计工作时应遵循以下原则与方法。

（一）内部控制审查与业务活动、财务活动审查相结合；

（二）内部控制审查与风险管理审查相结合；

（三）内部控制审查与促进推动内部控制自我评估相结合；

（四）根据不同的审计对象，审计目标和审计所需的证据选择不同的方法，以保证审计工作的质量和审计资源的有效配置。

第十四条 内部控制自我评估是高校完善内部控制体系的有效方式之一。开展内部控制审计应充分关注这一有效方式，利用、指导、推动内部控制自我评估的开展，促进完善内部控制体系建设。

第二节 控制自我评估的应用

第十五条 控制自我评估，是指由对内部控制的制定与执行负有责任的组织相关管理人员对内部控制进行评价的过程。内部审计人员可以应用控制自我评估法来协助内部控制的审查和评价。

第十六条 内部审计人员在实施内部控制审查与评价之前应适当应用控制自我评估法，根据控制自我评估报告考虑审计重点，以提高审计效率，促进内部控制审计目的的实现。

第十七条 内部审计人员应当制定控制自我评估计划，召集组织相关管理人员对内部控制进行自我评估，并做好组织、协调与记录工作。

第十八条 内部审计人员可以根据内部控制审计的目的与范围，确定控制自我评估的

内容。控制自我评估主要包括以下内容：

（一）确定组织整体或职能部门的目标，识别其主要风险；

（二）评估组织内部控制的适当性、合法性及有效性；

（三）确认内部控制重大缺陷或存在严重风险的业务环节；

（四）评估组织非正式的控制及其有效性；

（五）评估组织的业务流程及其运作效率；

（六）对控制自我评估中发现的问题提出改进建议。

第十九条 内部审计人员在应用控制自我评估法时，一般包括以下主要程序：

（一）制订控制自我评估的计划；

（二）与组织相关管理人员就控制自我评估的目的、内容及程序进行事先沟通和交流；

（三）确定控制自我评估的时间与方法；

（四）召集组织相关管理人员开展控制自我评估；

（五）在控制自我评估过程中做好协调与记录工作；

（六）在控制自我评估过程结束后，及时反馈并提交控制自我评估报告。

第二十条 内部审计人员应用控制自我评估法时，应当根据部门或单位特点、组织文化、管理风格、员工素质等灵活选用适当的方法。控制自我评估的主要方法包括：专题讨论会、问卷调查法和管理分析法。

（一）专题讨论会是指内部审计人员召集组织相关管理人员就内部控制的特定方面或过程进行讨论及评估的一种方法。

（二）问卷调查法是指内部审计人员就内部控制的特定方面或过程以书面问卷的形式向组织相关管理人员收集意见的一种方法。

（三）管理分析法是指内部审计人员就内部控制的特定方面或过程向相关管理人员收集信息，并将之与其他来源的信息一起进行综合分析的一种方法。

第二十一条 内部审计人员应当将控制自我评估过程中相关管理人员对内部控制的意见、建议以及评估结论等记录于工作底稿中，并据此提出改进内部控制的建议，编制控制自我评估报告。

第二十二条 内部审计人员应当将控制自我评估报告及时反馈给参与内部控制评估的相关管理人员。必要时，也可提交给学校领导，以便其及时采取有效措施改善有关业务活动及其内部控制。

第三节 教学管理内部控制审计

第二十三条 教学管理内部控制审计是指内部审计机构为保证本单位教学（包括本科生、研究生和继续教育教学等）资金的安全完整、教学资源得到合理有效配置、降低单位教学风险、保证单位遵守教学活动相关法律法规，而对单位教学管理内部控制体系的健全性和有效性进行的分析、测试和评价活动。

第二十四条 教学管理内部控制审计应获取的资料主要有：

（一）学校教务部门、招生部门及学生管理部门的组织结构图，部门职责，岗位职责及工作手册；

（二）各类教学管理规章制度，包括招生、教学实验基地、教学中心、函授站、校际交流、合作办学、助学、助教、助研管理、教学经费管理等方面规章制度；

（三）收费许可证，涉及教学活动及学生管理的各项收费项目、收费标准及审批文件；

（四）各类学生招生计划，招生广告，自主招生方案，自主招生标准，委托招生协议，招生总结报告；

（五）教学实验基地及教学中心可行性论证，建设标准，合作建设协议，资产移交清单，资产管理办法，建设成果报告；

（六）校际交流协议、合作办学协议、合作办学审批表、校际交流及合作办学结算报告；

（七）学生管理信息数据库设计文档，升级文档、数据结构、业务流程；

（八）在校生名单、毕业生名单、结业生名单；

（九）助学金、助研费、助教费发放名册及审批文件；

（十）教学管理经费收支报表、会计账簿及会计凭证等会计资料；

（十一）其他有关资料。

第二十五条 教学管理内部控制审计的内容主要有：

（一）教学管理的控制环境

1. 是否建立“三重一大”事项集体决策机制并形成相关记录；

2. 管理层的分工是否明确，是否严格在授权范围内处理相关事项，分管领导不能处理相关事项时，是否授权其他领导进行处理，授权范围及期限是否明确；

3. 是否贯彻教学廉政责任制，是否在教学管理过程中贯彻遵纪守法思想，并制订了惩防措施；

4. 教学管理内部组织机构的设置是否合理，部门职责及岗位职责是否明确，不相容的职责是否进行了分离，相关业务是否由相关的部门进行处理，处理流程是否清晰；

5. 各项教学管理规章制度是否健全，奖惩措施是否得当；

6. 是否依照有关程序对员工进行招聘和培训；

7. 考核激励机制是否切实可行，是否严格执行此考核激励机制；

8. 是否制订了从业人员职业道德规范，职业道德规范的内容是否明确、切实可行，并得到有效执行。

（二）教学管理的风险管理

1. 是否对不同的教学管理业务建立了不同的风险管理目标，风险管理目标是否明确并切实可行；

2. 是否采取措施加强对乱办班、乱收费、乱发证进行管理；

3. 是否建立定期或不定期的风险评估机制，对风险的考虑是否全面；

4. 是否建立风险预警机制或风险预案，对风险的管理是否灵活有效。

（三）教学管理的控制活动

1. 招生

（1）是否采用各种媒体发布招生广告，是否签订发布协议，是否按发布协议指定的时间和方式发布招生广告；

（2）发布的招生广告是否学校主管部门审批，内容是否清楚，有无存在误导性语言和虚假陈述；

（3）是否采用委托招生方式，是否签订委托招生协议，委托招生协议是否报学校主管部门审批，双方的权利义务规定是否明确；

（4）委托招生协议中是否有最低人数限制条款，是否规定了招生达不到最低人数时的处理措施；

（5）是否按委托招生协议结算相关费用，费用的调整是否补充签订相关协议；

（6）是否存在自主招生模式，是否有自主招生方案，自主招生计划是否符合规定，是否制订明确的自主招生标准，是否严格按自主招生标准执行；

（7）是否组织招生入学考试，是否收取报名费、考务费，是否按规定的标准收取，是否纳入学校统一核算、统一管理；

（8）是否将捐资办学与招生名额相挂钩，是否存在点招现象；

（9）招生过程中是否收费相关费用，收费标准是否按有关规定执行，是否纳入学校统一核算，统一管理。

2. 教学实验基地建设

（1）对教学实验基地建设是否进行可行性研究；

（2）教学实验基地建设目标是否明确，是否存在重复建设情况，是否符合学校的总体战略；

（3）设立教学实验基地是否经学校主管部门批准；

（4）是否签订教学实验基地合作建设协议，协议中双方的责权利是否明确；

（5）协议的签订是否经过授权审批，到期的合同是否及时进行续订，对变化了的情况是否及时对协议进行修改；

（6）是否建立了教学实验基地考核指标，是否对教学实验基地进行定期考核，对考核不合格的实验基地是否有相应的处理措施；

（7）实验基地的资产调拨是否履行相关手续；

（8）是否按协议的约定足额从实验基地收取相关费用。

3. 校际交流

（1）校际交流单位的确定是否符合学校总体目标，目的是否明确；

（2）是否制订了校际交流协议，交流活动是否有专门部门归口管理，交流协议的签订是否得到授权；

（3）交流单位与交流内容是否存在重复建设问题；

（4）交流协议内容是否明确，是否有明确的交流项目及实施措施，交流项目是否有资金及资产的保障并且不违反国家政策；

（5）交流协议是否得到有效执行，执行中是否存在争议，争议是否得到妥善解决；

（6）交流是否收取相关费用，费用的收取是否按协议执行，是否纳入统一核算、统一管理。

4. 合作办学

（1）是否设立专门的合作办学主管机构，合作办学业务是否纳入到该部门统一管理；

（2）是否签订合作办学协议，协议的签订是否经过审批，合作双方的责权利是否明确；

（3）合作办学的主体资格是否明确，是否存在不具备办学主体资格的单位开展合作办学业务，业务主管部门审批时是否严格按标准审批；

（4）合作办学的收费标准是否经过相关部门审批，是否存在低价竞争现象，是否规定了最低收费标准；

（5）合作办学的学生缴费收入是否全额上交学校，并开具正式票据；

（6）合作办学的收入分配比例是否符合学校相关规定，是否按规定的比例与合作单位结算合作办学价款；

（7）合作办学双方费用的分摊是否明确，是否存在合作方用票据套取资金现象；

（8）是否存在未缴学费学生，免缴学费是否经过适当的审批，是否制订了适当的措施收缴欠缴学生学费；

（9）是否存在合作办学纠纷，合作纠纷是否得到有效处理；

（10）合作办学结束后，是否采取措施限制合作方以学校的名义开展其他业务；

（11）合作办学结束后，是否及时对相关档案进行整理，是否对盈亏状况进行分析。

5. 证书管理

（1）证书的发放是否实行归口管理，不具备发放证书的部门是否发放证书；

（2）空白证书是否连续编号，是否由专人进行管理，是否设置了空白证书收发存明细账；

（3）证书发放是否由专人进行审核，审核流程是否清晰，审核重点内容是否明确，已发放证书是否登记备查；

（4）证书发放时是否核对收费情况，欠缴费用的学生是否落实了还款措施，免缴费用的学生是否履行了必要的审批手续；

（5）证书发放前是否审核学生的学习任务完成情况，是否将证书发放给未完成学习任务的学生；

（6）证书发放过程中是否收取相关费用，收费标准是否经过审批，所收取的费用是否全部已纳入单位统一核算、统一管理。

6. 助学、助教、助研管理

（1）是否制订了助学、助教、助研相关实施办法，国家的相关政策是否得到有效落实；

（2）是否制订助学、助教、助研年度总体规划，是否制订资助对象分配方案；

（3）助学、助教、助研学生的申请标准是否明确，是否按此标准执行；

（4）是否有专门的部门对助学、助教、助研学生的申请进行审核，审核的标准与程序是否明确；

（5）受资助学生名单是否在一定范围内经过公示，是否指定部门对公示期内的异议进行处理，公示后的名单是否经相关部门批准；

（6）资助的资金是否落实到位，是否足额及时发放到受资助学生；

（7）是否建立受资助学生档案，档案内容是否得到及时更新；

（8）是否对受资助学生定期不定期进行评估，对不具备资助标准的学生是否按规定程序取消资助；

（9）资助过程中是否收取相关费用，收费标准是否得到批准，收取的费用是否纳入学校统一核算、统一管理。

7. 教学经费管理

（1）是否有收费许可证，是否将收费许可证进行公示，并严格按照收费许可证上列明的收费范围和标准收取相关费用；

（2）是否违反规定向全日制学生跨学年收费，收取重修费、专升本费、转专业费及旁

听费，辅修费等费用；

（3）是否收取学生的讲义复印费、上机费及教材代办费，收取代办费的过程中是否有佣金及回扣收入，收取的各项代办费用和佣金、回扣收入是否纳入到单位统一核算与管理；

（4）是否以进价向学生销售教材，在销售教材的过程中是否存在差价；

（5）部分特殊类学生国家相关部门是否定向下拨专款，是否对以定向下拨专款的学生重复收取培养费；

（6）教学经费是否实行预算管理，是否严格执行预算，对预算的调整是否经过审批；

（7）教学管理过程中收取的各项收入是否在校系二级进行分配，分配标准是否明确；

（8）在教学活动中是否存在教室出租、实验室设备出租等情况，是否签订了出租协议，协议的签订是否得到审批，出租收入是否纳入到单位统一核算与管理；

（9）是否取得教学捐赠钱物，有无捐赠协议，专项捐赠的使用是否按协议执行，收取的资金是否纳入到单位统一核算，收取的实物是否已办理过户手续，并纳入到单位统一管理；

（10）教学支出中有无专项支出，支出范围及标准是否明确，单位是否严格按规定的范围与标准执行，教学支出项目核算是否准确，教学活动支出与其他支出是否有明确划分，如果不能明确划分，是否与其他支出进行了合理分摊；

（11）学生管理数据库是否与财务部门数据库共享，财务部门是否根据共享数据库对学费收缴情况进行核对与分析，并通知教学管理部门对欠缴学费及时进行追缴，确保学生收费收入的真实与完整。

（四）教学管理的信息与沟通

1. 重大决策是否形成会议记录，会议记录是否完整；

2. 各项制度及签订的各项协议是否装订成册，是否根据情况变化及时进行修订；

3. 学生管理信息系统与财务信息系统是否完善，是否安全可靠，两个信息系统是否进行数据共享；

4. 各项信息录入流程是否清晰，修改是否得到授权，对有关信息的接触是否制订了限制规定；

5. 学生管理信息系统与财务信息系统是否定期形成一定的报表，报表内容的设计是否合理，是否将上述报表报送相关人员；

6. 是否依据相关规定将有关信息在一定范围内进行公告。

（五）教学管理的监督

1. 是否定期不定期的对教学管理中的控制环境、风险管理、控制活动、信息与沟通中的相关内容进行评估；

2. 评估的内容是否全面、充分并突出重点，评估的目标是否着眼于内容控制体系的健全、有效；

3. 是否根据评估结果对教学管理中的相关内容加以改进，并对改进的内容进一步评估，在评估的基础上进一步改进，形成一种良性循环机制；

4. 是否将财务部门、资产管理部门等相关部门的检查处理意见落实到位。

第二十六条 教学管理内部控制审计主要采用观察作业现场、询问相关人员、审阅学生管理数据库、审查教学经费收支会计资料、研究分析教学管理制度、对教学管理流程进行穿行测试等方法对内部控制进行了解和测试。

第二十七条 通过对教学管理内部控制的了解、记录和对教学管理内部控制的多项测试后，审计人员在审计报告中要对教学管理内部控制设计的健全性和是否有效运行做出评价，说明内部控制薄弱环节及风险因素，并提出改进措施。

第四节 科研管理内部控制审计

第二十八条 科研管理内部控制审计是指内部审计机构为保证学校科研资金（包括横向科研和纵向科研）和知识产权的安全完整、降低学校科研风险、保证学校遵守科研管理法规制度和提高学校科研资金、资产、资源使用效益，而对学校科研管理内部控制体系的健全性和有效性进行的分析、测试和评价活动。

第二十九条 科研管理内部控制审计应获取的资料主要有：

（一）科研管理机构及科研相关单位的岗位职责、工作手册；

（二）科研申报、立项、实施、结题等制度或程序性文件；

（三）各类科研经费管理制度；

（四）科技合同管理制度；

（五）科技成果鉴定、验收（评审）、奖励制度；

（六）知识产权管理制度；

（七）科研经费收支报表、账簿、凭证等会计资料；

（八）各类科研项目档案，包括申报文件、合同书（任务书）、实施过程记录、科研成果文件等等；

（九）其他有关资料。

第三十条 科研管理内部控制审计的内容主要有：

（一）科研管理的控制环境

1. 学校是否有明确的中长期科研发展规划或目标，并有具体可行的操作计划；

2. 管理层的分工是否明确，是否严格在授权范围内处理相关事项，分管领导不能处理相关事项时，是否授权其他领导进行处理，授权范围及期限是否明确；

3. 是否贯彻科研廉政责任制，是否在科研管理过程中贯彻遵纪守法思想，并制订了惩防措施；

4. 科研管理机构职责是否明确，与校内相关部门、院系等单位之间的科研管理职责划分是否合理；

5. 科研管理机构和校内相关部门、院系等单位的科研管理岗位设置是否合理，各岗位工作人员是否明确自身职责，是否胜任；

6. 科研管理机构是否针对各类科研管理业务制定了完整的业务流程，并能让校内相关部门、单位和人员知悉；

7. 是否依照有关程序对员工进行招聘和培训；

8. 各项科研管理规章制度是否健全，奖惩措施是否得当；

9. 学校是否定期组织人员对校内相关部门、院系等单位的科研管理情况进行检查评估，成效如何；

10. 学校是否有科研人员科研业绩考核评价制度或措施，执行情况如何；是否有完善的考核评价信息系统；

11. 是否制订了从业人员职业道德规范，职业道德规范的内容是否明确、切实可行，并得到有效执行。

（二）科研管理的风险管理

1. 是否对不同的科研管理业务建立了不同的风险管理目标，风险管理目标是否明确并切实可行；

2. 是否采取措施加强对随意编报科研预算、挤占挪用科研经费进行管理；

3. 是否建立定期或不定期的风险评估机制，对风险的考虑是否全面；

4. 是否建立风险预警机制或风险预案，对风险的管理是否灵活有效。

（三）科研管理的控制活动

1. 合作

（1）对横向科研合作与纵向科研合作是否制订了不同的管理措施；

（2）科研合作是否都签订了相关协议，责权利是否明确；

（3）重大的科研合作合同是否经过审批；

（4）是否建立科研合作协调机制，是否对科研合作各方的科研进度进行协调；

（5）对外科研合作拨款是否严格按合同执行，并取得合作单位收款收据；

（6）是否收取科研合作费用，科研费用的收取是否按相关合同执行；

（7）科研合作经费支出是否按预算或科研合作合同执行，科研经费支出是否与其他支出相区别。

2. 项目调整

（1）是否制订项目调整审批流程，该流程是否切实可行；

（2）项目的调整是否有充足的理由，是否得到原审批机关的批准；

（3）项目调整方案是否与原审批文件一起归档保存；

（4）项目调整方案涉及科研资金追加的，追加资金是否得到落实；

（5）项目调整方案涉及减少科研资金的，节省的科研资金是否按有关规定进行了处理。

3. 基地建设

（1）学校成立科研机构，是否有制度规定，明确指导方针、成立条件和审批程序；执行情况如何；

（2）学校是否有与科研发展规划或目标相适应的实验室重点建设计划；是否制定重点建设实验室的申请、遴选、审批制度，是否有建设经费的使用和管理办法、建设验收的管理办法或措施，执行情况如何；

（3）拟进行的实验室重点建设项目是否经过可行性论证，相关的科研人员、建设经费、房屋及水电等资源保障是否充分；

（4）学校是否有检查和评估实验室等各类科研机构的制度或措施，明确评估标准、办法和程序；执行情况如何；

（5）学校是否有实验室设备管理制度，执行情况如何；各类实验室是否有适当的实验技术人员管理仪器设备，各类仪器设备的管理责任是否落实到人；学校是否有仪器设备使用效益的管理评价办法，执行情况如何；是否有机构负责仪器设备的调配，调配效果如何；

（6）国家、部级重点实验室是否有相对独立的人事权和财务权，制定了完善的资产、经费、课题等建设和管理制度；是否按规定成立了建设管理委员会、学术委员会等机构，形成了完善的学校领导下的主任负责制，并按规定配备专职副主任和专职秘书；

（7）学校是否按建设项目任务书的要求安排国家、部级重点实验室的建设配套资金和必要的运行费用；其建设经费是否按规定主要用于先进仪器设备的购置，仪器设备的更新是否纳入学校的重点建设范畴；是否按规定设立主任基金和开放课题研究基金，并按规定使用；财务管理制度是否健全，财务机构的核算和管理是否规范。

4. 验收

（1）学校是否有科研成果鉴定、项目验收（评审）和结题的管理办法，具体规定科研成果鉴定、项目验收（评审）和结题的工作程序和要求，是否严格按程序和要求执行；

（2）按照制度规定需要进行成果鉴定或验收（评审）的科研项目，科研管理机构是否按规定组织鉴定或验收（评审）；

（3）项目结束后，项目负责人是否及时向科研管理机构提交结题申请和最终成果；经过鉴定或验收（评审）的，是否提交鉴定文件或验收报告（评审文件）；

（4）所有结题的横向课题是否都有结题报告，并报科研管理机构备案；结题报告是否经所在校内单位、科研管理机构审查，并加盖所在校内单位、科研管理机构和学校法人印章；

（5）学校是否有完善的科研档案管理制度；所有结题的科研项目，科研管理机构能否及时归档；应由校内相关部门、院系等单位提供的科研档案，提供单位是否对档案材料进行了认真审查、核实；项目所有的实验报告、记录、图纸、手稿等原始资料是否齐备；

（6）验收结束后的科研项目资金是否按规定进行处理，是否按规定进行上缴，是否作为发展基金补充事业发展基金的不足，有无将结余资金发放奖金津贴现象。

5. 成果管理

（1）学校是否有科研成果审核登记制度，明确科研成果审核登记的程序和要求，执行情况如何；

（2）科研管理机构是否有统一的申报和登记文件，统一登记管理学校取得的科研成果；学校工作人员和学生取得的科研成果，以及校外人员以学校名义取得的科研成果，报送前是否都经所在部门、院系等单位审核批准；

（3）学校是否有完善的科研成果奖励制度，详细规定申报条件、申报程序和评审办法，执行情况如何；

（4）学校是否制定知识产权管理制度，明确相关人员在各种条件下取得的知识产权的产权归属，执行情况如何；制度制订是否符合国家相关法规、制度的规定；

（5）项目负责人在科研管理中所作的职务发明创造和形成的职务技术成果，是否及时向科研管理机构提出申请专利的书面文件；科研管理机构是否对其提供的材料进行严格审查，可申请专利的及时申请专利，不宜申请专利的采取措施保护；

（6）学校下属单位对外进行知识产权转让或许可使用，相关协议是否经科研管理机构审查，并报学校批准；校内单位与外单位或个人开展合作科研，涉及知识产权转让或许可使用的，合作双方是否依法签订合同，知识产权的权属及双方权利义务是否规定明确；学校取得的知识产权转让或许可使用收入是否纳入学校财务统一核算与管理；

（7）学校教职工或学生申请非职务专利，登记非职务计算机软件，进行非职务知识产权转让或许可使用的，是否都向科研管理机构申报，科研管理机构是否予以认真审查；

（8）学校是否有促进科技成果转化的制度或措施，执行情况如何；

（9）学校是否有畅通的沟通渠道，及时获得申报科技成果奖励的信息，并及时使校内相关单位和个人知悉；

（10）申报奖励的成果是否已经鉴定或验收，是否已在科研管理机构登记；奖励申请是否经所在单位审核并签署意见，经科研管理机构审批，由科研管理机构代表学校统一申报；

（11）学校所属单位或个人以剽窃、篡改、非法占有等方式侵害他人科研成果，私自转让或许可使用学校知识产权，泄露学校技术秘密，学校是否制定处罚措施，执行情况如何；

（12）学校是否设置有专门用途的专利基金，用途是否明确，是否按规定的用途进行使用。

6. 科研经费管理

（1）所有科研项目经费是否都统一在财务机构管理，且按项目设立专门账号或明细科目进行收支核算；

（2）学校是否有合理的经费到账通知凭证，在科研管理机构、财务机构、项目所在单位及项目负责人之间流转，确认、证明和记录已进账的科研经费；流转程序是否合理，流转凭证是否统一编号；

（3）科研经费不按规定及时到账的，科研管理机构是否积极组织项目负责人进行协调；需要学校配套资金的项目，学校是否按规定拨付配套资金；

（4）财务机构能否提供各项目经费具体收支情况的查询服务，能否定期向科研管理机构、项目所在单位提供科研项目经费收支情况的报告；

（5）科研经费支出是否经项目负责人和所在单位授权的人员签字批准；重大、特殊科研经费支出或向外单位转出科研经费是否按规定经项目所在单位、科研管理机构和财务机构授权的人员签字批准；向外单位转出科研经费是否有合理理由，并有合同等有效财务凭据；

（6）学校是否建立和完善全额成本核算制度，并制定了科研经费管理办法，对从各类科研经费中提取管理费、条件占用费，支出固定资产购置费、人员费等进行具体规定，执行情况如何；学校从科研经费中提取管理费、条件占用费的办法是否符合国家的规定；

（7）科研经费是否按照法规、制度或合同规定使用，纵向科研经费未用于罚款、捐款、赞助、投资、福利等国家规定禁止列支的支出；

（8）用科研经费购置的固定资产是否纳入学校资产进行管理，或按合同规定处理；按合同规定处理的，是否取得合同对方的确认，无损害学校利益的行为；

（9）学校是否设置控制措施，保证科研经费不超预算；

（10）学校是否经常委托社会审计或内部审计对各类科研经费进行专门审计；

（11）学校是否有科研经费结账管理办法，明确项目结账时间和剩余经费的用途，执行情况如何；

（12）所有结题项目的经费决算报表是否都经学校财务机构的审核并签章，按规定需内部审计机构审签的，是否都经内部审计机构审签；

（13）科研项目结题后，是否有书面文件通知财务机构办理结账手续；学校财务是否按规定及时办理结账手续。

（四）科研管理的信息与沟通

1. 重大决策是否形成会议记录，会议记录是否完整；

2. 各项制度及签订的各项协议是否装订成册，是否根据情况变化及时进行修订；

3. 是否有科研管理信息系统，科研管理信息系统与财务信息系统是否完善，是否安全可靠，两个信息系统是否进行数据共享；

4. 各项信息录入流程是否清晰，修改是否得到授权，对有关信息的接触是否制订了限制规定；

5. 科研管理信息系统与财务信息系统是否定期形成一定的报表，报表内容的设计是否合理，是否将上述报表报送相关人员；

6. 是否依据相关规定和程序进行信息公开。

（五）科研管理的监督

1. 是否定期不定期的对科研管理中的控制环境、风险管理、控制活动、信息与沟通中的相关内容进行评估；

2. 评估的内容是否全面、充分并突出重点，评估的目标是否着眼于内容控制体系的健全、有效；

3. 是否根据评估结果对科研管理中的相关内容加以改进，并对改进的内容进一步评估，在评估的基础上进一步改进，形成一种良性循环机制；

4. 是否将财务部门、资产管理部门等相关部门的检查处理意见及时落实到位。

第三十一条　科研管理内部控制审计主要采用观察作业现场、询问相关人员、审阅科研档案、审查科研经费收支会计资料、研究分析科研管理制度、对科研管理流程进行穿行测试等方法对内部控制进行了解和测试。

第三十二条　通过对科研管理内部控制的了解、记录和对科研管理内部控制的多项测试后，审计人员应在审计报告中对科研管理内部控制设计的健全性和是否有效运行做出评价，说明内部控制薄弱环节及风险因素，并提出改进措施。

第五节　财务管理内部控制审计

第三十三条　财务管理内部控制审计是内部审计机构为保证学校财务信息的真实可靠、资产资金安全完整、财务资源得到合理配置、提高资金使用效率效果、降低财务风险、保证学校遵守有关财经法规制度，而对学校财务管理内部控制系统的健全性和有效性进行分析、测试和评价的活动。本指南所述财务管理活动包括货币资金、预算、收入、支出、分配、投资、筹资。

第三十四条　财务管理内部控制审计应获取的资料主要有：

（一）学校制定的财务管理制度；

（二）学校各类财经业务的流程设计；

（三）学校的财务管理相关岗位设置、岗位职责及人员配备文件；

（四）学校制定的与财经业务相关的授权审批制度；

（五）学校预算资料及相关会计凭证、账簿、报表等；

（六）会计核算信息系统的相关资料；

（七）与经济决策有关的会议记录、纪要、形成的文件等；

（八）学校签订的与财经业务相关的经济合同；

（九）学校制定的财务风险控制措施、办法等；

（十）学校制定的与财经业务相关的内部报告制度；

（十一）其他有关资料。

第三十五条 财务管理内部控制审计的内容主要有：

（一）财务管理的控制环境

1. 学校是否有与学校发展规划相适应的中长期财务计划；

2. 学校是否设立了财经领导小组、预算管理委员会、收费立项审核委员会、收费标准审批领导小组、分配审查委员会等经济决策机构，是否有完善的议事和决策制度，各决策机构权限是否合理分散；

3. 学校是否设立健全的财务管理内部控制制度，制度运行是否有效；

4. 学校是否建立管理层约束监督机制，各部门财务负责人是否在其权限范围内执行职责；

5. 学校是否针对各类经济业务制定了完整的财务处理流程，并能让校内相关单位和人员知悉；

6. 学校所采用的会计电算化软件是否经过国家权威部门的认证，各类财务数据的安全能否得到保障，是否配备了一定资质的管理和维护人员；

7. 财务机构各类人员招聘是否履行相关程序，各财务人员是否具备规定的上岗资格，是否定期进行业务培训或后续教育；

8. 财务机构是否制定合理的业绩考核与激励机制；

9. 是否制定从业人员的职业道德规范，职业道德规范内容是否明确、切实可行，并是否得到有效执行。

（二）财务管理的风险管理

1. 风险管理目标是否明确并切实可行；

2. 是否建立识别财务管理风险的适当机制；有无识别财务管理风险的适当办法；

3. 是否有适当层次的管理部门建立财务管理风险的评估机制；对财务管理风险的评估是否全面；是否对人事、控制程序等变化设立反应机制；

4. 是否及时进行风险管理；是否建立财务管理风险的控制机制，包括风险管理的预警机制、监控机制、应急措施等；各项风险管理机制是否有效执行。

（三）财务管理的控制活动

1. 货币资金

（1）学校是否建立货币资金业务的岗位责任制；是否制定了货币业务的不相容岗位相互分离、制约和监督的制度；是否对货币资金业务配备了合适的人员，并根据具体要求进行岗位轮换；

（2）是否建立货币资金收支控制制度，该制度是否得到严格执行；

（3）现金日记账是否如实序时逐笔登记，是否做到日清月结，现金日记账与总账余额是否相符，账实是否相符；

（4）现金结算额度是否符合现金结算规定的标准；是否严格执行现金库存限额管理制度，将超过库存限额现金及时存入银行；现金收入是否及时入账，有无私设“小金库”；

（5）库存现金保管地是否安全，是否仅由指定人员接触，是否进行定期或不定期清点，是否保存盘点记录；

(6) 银行存款日记账是否序时如实逐笔登记；银行存款日记账是否与总账余额相符；银行存款日记账与银行对账单是否定期及时核对，是否由出纳员以外的人员来执行；

(7) 学校是否严格遵守国家及相关部门关于银行账户管理制度；是否定期检查、清理银行账户的开立与使用情况；是否存在违规开立和使用银行账户的现象；是否存在出租、出借或转让银行账号的现象；是否存在以个人名义存放单位资金或为个人或其他单位提供信用的现象；

(8) 是否对银行对账单实行“双签”制度，即每月的银行对账单是否由财务处长审核签字后，再由审计机构负责人复核签字，并报经主管财务的校长或总会计师审签后与当月的会计凭证一同保存；

(9) 二级核算单位在银行或非金融机构开立的账户、账号以及有关会计资料，是否主动上交财务及审计部门备案；是否存在挪用公款、公款私存现象；

(10) 是否严格遵守银行结算纪律，学校签发支票的人员是否经过授权；学校是否存在签发无资金保障票据的现象；是否存在无真实交易票据；非金融机构签发的外来票据是否经仔细的审核验证后才接收；

(11) 学校是否集中统一管理全校的行政事业性收费票据和其他合法票据；是否建立明确的票据的购领、使用登记、背书转让、检查和核销等管理制度和程序；

(12) 行政事业性收费是否按规使用收费票据，是否与其他票据互相串用；对收费票据存根是否妥善保管；

(13) 票据的销毁是否经过校财务部门或其委托的票据管理机构核准；收费单位是否存在私自转让、转借或销毁收费票据现象；

(14) 学校是否设置票据登记簿正确登记票据，空白收据、发票是否有专人保管和登记，作废的收据和发票是否加盖“作废”戳记，并连同存根一并保存；收付款后，是否在收付款凭证及其所附原始凭证上加盖“收讫”、“付讫”戳记；每张付款凭证的制单、复核、审批、付款是否经有关人员盖章；

(15) 财务专用章、法人章是否由经授权的专人分开保管，个人名章是否授权他人保管；支付款项的全部印章是否分开保管。

2. 预算

(1) 预算编制、审批、执行、复核等岗位是否分离，各岗位之间职责、权限是否明确；

(2) 学校是否制定了预算授权批准制度，是否明确审批人、经办人的职责，审批人、经办人是否在授权范围内履行职责；

(3) 学校是否制定预算编制手册，预算编制是否符合学校发展战略、经营目标、投筹资计划和其他重大决议；预算编制是否坚持“量入为出，收支平衡”的原则；

(4) 学校是否建立了预算编报质询制度，即由预算编制单位向预算委员会、预算领导小组等专门机构就编报理由进行解释和答辩；

(5) 预算管理部门是否对各预算执行单位的预算方案进行严格审查，并将审核意见反馈给有关单位予以修正；

(6) 学校是否建立预算调整批准程序，是否按照所制定程序进行预算调整；即学校预算调整是否先由预算执行单位递交调整申请，再由学校预算管理部门对其进行审核，审核通过后，集中编制学校年度预算调整方案，提交学校预算决策机构审议批准执行；

(7) 学校预算管理部门是否根据预算编制单位调修正后的预算，编制出学校年度预算方案；学校年度预算是否及时提交学校预算审批领导小组等专门机构进行审批；预算经批准后，是否及时下达各预算执行单位执行；

(8) 学校是否建立预算执行责任制度，相关部门及人员的责权是否明确；

(9) 学校是否将各项收入纳入了学校预算管理，对补助收入、事业收入、经营收入、附属单位上缴款和其他收入等均纳入学校预算，实行统一管理、统一核算；是否建立相关措施和办法保证各项收入及时足够到位；

(10) 纳入学校预算的资金拨付，是否按照授权审批程序拨付；各预算支出项目是否按预算标准执行，是否存在擅自调整预算项目额度的现象；是否存在列支未纳入单位预算的支出项目或虽已纳入单位预算，但支付手续不健全、凭证不合规的支出项目；是否存在无预算、超预算的支出；

(11) 是否建立预算执行情况报告制度，及时掌握预算执行动态；即预算管理部门是否定期或不定期对预算执行单位的预算执行情况进行监控和分析，并将预算执行进度、执行差异及其对单位预算目标的影响、存在的问题和改进措施等报告给学校决策机构，并反馈给各预算执行单位；

(12) 是否建立预算执行结果质询制度，对预算执行结果和实际结果之间的重大差异进行解释和答辩；

(13) 学校是否建立预算执行情况分析考核制度，是否落实预算责任制，奖惩措施；预算管理部门是否在年度终了后，对预算执行单位进行考核；考核是否坚持了公开、公平、公正的原则，是否有完整的考核记录，考核结果是否是下年度预算的确定依据之一。

3. 收入

(1) 学校各项收费是否获得收费许可证，是否存在乱收费现象；各项收费是否“统一管理、统一核算”，是否严格执行相关收费标准；是否存在擅自扩大收费征收范围、提高征收标准的现象；特殊的收费项目是否经收费标准审批领导小组批准，并按标准收取；收费时是否出具由学校财务机构管理的合法收据；

(2) 集中收费项目是否集中办理；退费时审批、复核等手续是否齐全，收据是否收回；学校收费是否实行公示制度，建立收费透明制度，即将学校的收费项目、收费标准、收费资金的使用情况和投诉电话等向社会公示，主动接受学生、家长和社会的监督；

(3) 学生学费、宿费收入是否按照国家规定的收费项目和收费标准收费；收费收入是否按规定上缴财政专户或国库，实行“收支两条线”管理；对特殊学生的收费减免是否由指定部门审核，报学校审批后交财务管理部门备案；是否向学生收取各种押金；代收性收费项目是否实行专项管理；

(4) 学校是否制定科研经费分配管理制度，以实现科研经费在学校、项目人工费支出和其他支出之间合理分配；分配管理制度是否经过合理程序，决策机构集体决定；分配时是否通过审批，审批是否在授权范围内；科研项目是否按规进行验收或考核，结题后剩余经费是否在有效期限办理财务结题，是否按规定进行再次分配，如不进行分配，是否及时结转为事业发展经费或按项目合并；

(5) 对学校承接科技项目、开展科研协作、转让科技成果、进行科技咨询等收入是否建立相应管理制度，以控制收入进款额是否与服务合同金额相一致；

(6) 学校其他教学服务收费是否按照合规程序办理收费立项申请，是否经物价部门批准或备案，是否按照收费标准进行收费；

（7）学校取得的捐赠收入、利息收入、固定资产出租转让收入及其他零星收入等是否合理、合法，是否符合国家相关规定；是否存在损害国家及学校利益的行为；

（8）基层收款单位的收入款项是否及时足额按规定比例上缴学校统一管理，各单位是否存在截流、谎报收入、拖欠、以收抵支、公款私存、私设“账外账”、“小金库”等现象；收入分配制度是否合理；是否经学校相关决策机构审议通过；是否进行定期修正，以保证收入分配的合理、合规；

（9）学校是否经常组织人员清查各基层单位的收入管理情况，并分析清查结果，编制清查报告；

（10）学校是否建立了签署附属单位缴款任务书管理制度，以确定附属单位当年应缴款额或计提的比例；是否有专职人员负责对附属单位缴款情况进行监督检查和催缴；是否有职能部门对附属单位缴款情况进行监控，并于年末向学校最高决策层报告；

（11）校办企业是否及时、足额按规定比例上缴利润；

（12）学校签订的与取得收入有关的经济合同是否符合相关法规和学校有关规定；是否经单位负责人、学校主管部门及学校领导审批；签订的合同是否有专人登记、保管、归档；

（13）收入科目设置是否合理，核算是否准确；收入的款项是否及时入账；“应缴财政专户”核算的款项，其上缴与返还是否履行完备手续；应收未收的款项是否设置了登记簿进行记录。

4．支出

（1）学校是否建立了资金支付的分层授权审批制度；各项支出是否由指定人员审批；审批人是否在授权范围审批，经办人是否在职责范围内办理业务；对于超出会计人员审核权限范围的，是否报经授权的人员审批；货币资金支付业务是否经过申请、审批、复核程序，支付业务的全过程是否进行恰当分工，是否存在一个人办理支付业务全过程的现象；

（2）对于大额资金的流动，以及非常规资金支付业务（如借出款、为外单位垫款、超预算付款等），是否建立集体讨论决策制度；即先由学校财务机构对其真实性、合理性、合法性进行审查，并根据校内用款部门的书面申请提出初步意见，报校财经领导小组等决策机构审查、讨论和决策；财务机构是否依据决策办理；是否建立责任追究制度；

（3）是否根据实有人数和规定标准发放工资、津贴、补贴和抚恤救济费等；是否取得由本人签字或有法律效力的证明凭证；是否存在擅自增加人数和任意改变标准的现象；

（4）学校每月是否按规定标准和实有人数计提社会保障费、职工福利费和工会经费等；

（5）学校是否建立了报销审核制度；各项费用是否都取得了合法的原始凭证，手续是否完备；是否按照审核报销制度和相应的支出标准列支；费用报销时是否有相关的审批人签字；超过支出标准的，是否经相应主管部门审批；是否存在以领代报、以拨代支等现象；

（6）专项资金（如“985工程”、“211工程”、高校修购等）是否严格按照专项资金有关管理办法和教育部、财政部批准的预算和项目执行，是否实行专款专用、按项核算；是否存在违规挤占、挪用等现象，其中必须实行政府采购或公开招投标的项目或内容，是否按有关规定和程序执行；管理层是否对资金使用的合法性、合理性和有效性实施全面监

督，是否及时、准确地反映项目执行情况；

（7）学校有关部门是否对重大支出项目的支出效果进行效益评价，并向学校决策层提交评价报告；

（8）暂付款是否由专人进行管理；是否建立暂付款卡片；是否正确记录暂付款的单位、日期、借款期限、借款用途及借款人；是否定期、及时对暂付款进行催收、处理；

（9）支出科目设置是否合理；是否准确划分各项支出的界限；是否按规定填写年度决算报表各支出项目，是否存在人员支出占用公用支出等违规现象。

5．分配

（1）是否按照规定的程序、方法对学校结余合理进行结转、分配；事业结余是否全额转入事业基金；经营结余是否单独反映，经营结余是否按照规定弥补以前年度亏损、提取有关专用基金后，将结余转入事业基金；专项基金是否如实结转；

（2）是否制定各项基金提取比例标准；是否按照规定比例提取各项基金；

（3）是否制定各项基金管理制度；是否存在收入、支出直接增加、减少事业基金的现象；是否存在将专用基金占用、挪用等违规现象。

6．投资

（1）学校对外投资业务岗位设置是否科学、合理，是否存在不相容职务混岗现象，人员配备是否合理；

（2）学校是否建立对外投资业务授权批准制度，是否存在越权行为；是否建立责任追究制度；

（3）学校对外投资（包括对校办产业投资）是否经过严格、科学的可行性论证和专家评议，经学校财经领导小组等决策机构集体讨论决策，并指定责任部门和责任人对投资项目进行管理；

（4）学校是否建立对外投资执行控制制度，实际投资内容与发生额是否与批准文件、投资协议等相吻合；是否对投资项目进行跟踪管理，是否定期或不定期与被投资单位核对投资项目，进行对外投资质量分析；对外投资实施方案变更时，是否经学校财经领导小组等决策机构审查批准；

（5）学校是否存在进行股票和风险性债券投资的违规行为；

（6）是否存在将国家拨款、上级补助或者维持事业正常发展、保证完成事业任务的资产转作投资使用的违规行为；是否按照国家有关规定的程序对非经营性资产转经营性资产进行报批；

（7）对校办产业的投资手续是否齐全，是否制定了投资项目管理制度和办法，是否定期对校办产业的经营状况、运营风险、管理情况等进行评价；

（8）投资是否按形式分类列示，是否同时反映了因发生投资活动而导致的资产用途的改变；

（9）学校是否有专门的组织或人员负责对其他对外投资收益核算及监控；年末是否有对各项其他对外投资项目收益情况的监控报告；是否定期清查各项对外投资，是否建立及时有效的控制措施处理经营不善、管理混乱、出现亏损等情况的投资项目；是否及时将投资收益纳入单位统一管理与核算；

（10）对外投资的处置（收获、转让、核销等）是否经过集体决策，是否符合授权批准程序，投资资产的处置是否真实、合法，完整，对外转让时资产是否经过有关机构和专家合理确认价格。

7. 筹资

（1）学校是否建立筹资业务的岗位责任制，明确相关部门和岗位的职责与权限，是否存在由同一部门或个人办理筹资业务全过程的现象；办理筹资业务的人员是否胜任合格；

（2）筹资方案是否符合筹资预算的要求；筹资业务是否建立授权批准制度，明确授权批准方式、程序和相关控制措施；是否存在越权审批现象；

（3）筹资业务是否经过财经领导小组等机构集体决策；是否建立筹资决策责任追究制度，并定期或不定期进行检查。

（4）筹资合同是否按照规定程序签订；重大筹资合同的订立是否征询了法律顾问和专家的意见，筹资合同的变更是否按照原授权审批程序进行；单位是否对筹资合同的合法、合规、完整性进行审核；

（5）是否按照批准的筹资方案办理筹资业务；单位是否及时取得筹资资产，对取得的非货币资产是否合理确认价格；是否合规支付筹资费用；

（6）学校贷款是否有可行性研究报告和明确的使用方向；是否有明确的贷款额和贷款期限；是否制订了举借计划，是否签订了借款合同；

（7）学校是否建立了贷款还款计划和偿债应急计划；是否按合同规定还本付息；

（8）贷款资金是否按计划或方案使用，是否做到专款专用；是否存在超标准，超计划使用资金的现象；是否存在将贷款资金用于对外投资（含对校办产业投资）、科技开发、捐赠、支付罚没款项及平衡预算抵补日常经费开支不足等违反高等学校贷款资金使用方向相关规定的行为；

（9）大额贷款项目是否报主管部门备案，即将所有贷款余额达到本校近三年平均总收入10%的贷款项目的可行性研究报告、分年度贷款额度方案、具体还贷计划和措施等相关材料报送主管部门备案；

（10）学校是否存在为其他单位（包括校办企业）或个人的经济活动提供担保的违法行为。

（四）财务管理的信息与沟通

1. 重大决策是否形成会议记录，会议记录是否完整；

2. 各项制度及签订的各项协议是否装订成册，是否根据情况变化及时进行修订；

3. 财务信息的获取是否及时、完整，财务信息的编制是否规范、恰当、真实；

4. 是否建立信息数据库，信息录入流程是否清晰，修改是否得到授权，对有关信息的接触是否制订了限制规定；是否按照有关规定和程序进行信息公开；

5. 信息系统是否定期形成一定的报表，报表内容的设计是否合理，是否将上述报表报送相关人员，是否对反馈意见及时妥善处理。

（五）财务管理的监督

1. 是否对各财务管理情况定期进行自我评估、自我调整；评估的内容是否全面、充分并突出重点，评估的目标是否着眼于内容控制体系的健全、有效；

2. 是否根据评估结果对相关内容加以改进，并对改进的内容进一步评估，在评估的基础上进一步改进，形成一种良性循环机制；

3. 是否对相关部门的检查处理意见及时落实到位；

4. 财务机构管理层对资金管理的关键岗位和薄弱环节是否实施稽核，并组织定期、

不定期或突击式的抽查、检查。

第三十六条 财务管理内部控制审计主要采用观察作业现场、询问相关财务人员、审查会计资料、查阅决策文件、研究分析财务管理制度、对财务管理流程进行穿行测试等方法对财务管理内部控制进行了解和测试。

第三十七条 通过对财务管理内部控制的了解、记录和对财务管理内部控制的多项测试后，审计人员应在审计报告中对财务管理内部控制设计的健全性和是否有效运行作出评价，说明内部控制薄弱环节及风险因素，并提出改进措施。

第六节 房产管理内部控制审计

第三十八条 房产管理内部控制审计是指内部审计机构为保证学校房产资产信息的真实可靠、资产安全完整、房产资源得到合理有效配置、降低单位房产管理风险、保证学校遵守房产管理活动相关法律法规，而对单位房产管理内部控制体系的健全性和有效性进行的分析、测试和评价活动。本指南所指的房产指对单位有实际控制权的所有房产以及管理的房产。

第三十九条 房产管理内部控制审计应获取的资料主要有：

（一）房产建设发展规划；

（二）房产管理机构及相关单位的部门职责、岗位职责及工作手册；

（三）各类房产管理法律法规及相关制度文件；

（四）房产管理数据库资料；

（五）房产经费收支报表、会计账簿及会计凭证等会计资料；

（六）房产出租协议及修缮合同；

（七）其他有关资料。

第四十条 房产管理内部控制审计的内容主要有：

（一）房产管理的控制环境

1. 单位是否有明确的房产建设发展规划或目标，并有具体可行的操作计划；

2. 房产管理制度建设是否健全，是否根据情况变化及时进行修改；

3. 房产管理部门职责是否明确，与单位其他部门之间的职责划分是否合理；

4. 房产管理内部岗位设置是否合理，岗位职责是否明确；

5. 是否针对不同的房产管理业务活动制定了完整的业务流程，并为各部门及其员工所熟知；

6. 人员招聘是否履行相关程序，对员工是否定期进行培训，及时更新和拓展知识结构，提高其房产管理能力；是否建立明确的奖罚激励机制；

7. 是否制定从业人员的职业道德规范，职业道德规范内容是否明确、切实可行，并是否得到有效执行。

（二）房产管理的风险管理

1. 风险管理目标是否明确并切实可行；

2. 是否建立识别房产管理风险的适当机制；

3. 是否有适当层次的管理部门建立房产管理风险的评估机制；对房产管理风险的评估是否全面；是否对人事、控制程序等变化设立反应机制；

4. 是否及时进行风险管理；是否建立房产管理风险的控制机制，包括风险管理的预警机制、监控机制、应急措施等，比如是否有应对房产紧张的有效办法、是否有房产安全管理措施、是否对特殊房产进行投保等；各项风险管理机制是否有效。

（三）房产管理的控制活动

1. 取得与验收

（1）学校是否设立专门的房产管理部门进行房产管理，是否建立岗位责任制，明确各部门和岗位的职责与权限，是否存在不相容职务混岗的现象；

（2）是否建立授权批准制度，在办理房产资产取得、验收、日常管理和处置的程序中是否严格遵守审批程序和相关规章制度，是否存在越权审批行为；

（3）是否根据学校总体规划要求取得房产，取得房产程序是否合规；

（4）自建房产在征地过程中是否符合相关规定，是否经过相关决策机构集体决策；土地开发费用等支出是否经过规定程序批准支付；自建房产过程中资金、质量等控制是否符合工程项目全过程审计的有关规定；

（5）购置房产是否经决策机构集体决策，购置房产是否通过合规程序；是否及时办理产权证；是否经过相关机构进行价格评估；是否进行风险评估；

（6）是否存在擅自修建、改造房产现象；

（7）房产是否及时验收，填制交接单，验收时是否成立验收小组，小组的组成人员是否合理，是否根据工程设计施工图纸进行验收；

（8）验收中存在的问题是否明确责任并得到及时处理；

（9）验收结束后是否有验收结果报告，结果报告上的签名是否完备，结果报告是否作来房产管理档案进行保存；

（10）验收结束后是否及时办理房产产权和土地使用权证；产权证和土地使用权证是否作为房产管理档案进行保存；是否及时将验收资料交房产数据管理人员，是否将及时进行更新和维护；是否根据有关规定按照不同使用用途建立房产固定资产卡片。

2. 日常管理

（1）是否设立专门部门或人员负责房产的记录、分配使用、保管、维修、处置；房产管理部门是否有明确的职责范围及批准程序；是否存在越权行为；

（2）是否制定了各类房产的使用分配标准及程序，如有量化的使用分配指标是否严格按量化的指标进行分配；

（3）是否制订房产调配使用制度，调配使用是否经专门的部门或机构审批，调配使用程序是否得到有效执行；

（4）是否制订完善的各类房产管理细则，制度是否有效执行；

（5）学校是否定期检查分配给各单位房产的使用情况，并进行不定期抽查；其他单位是否擅自进行房屋调配，是否擅自改变公房结构和使用性质，是否转让或出租，是否将公房作为资产进行投资、入股、抵押；

（6）房产管理部门是否对分配出去而闲置的房产规定处理方法；是否制定违规占房的处理条款；

（7）是否制订房产出租、出借制度及审批程序；出租、出借房产，是否经授权部门或人员按审批程序办理，是否签订出租、出借合同；合同是否明确资产出租、出借期间的修缮保养、税赋缴纳、租金及运杂费的收付、归还期限等事项；特殊情况是否经专门部门或机构审批，如有授权内容，是否在授权范围内进行处理；

(8) 是否制订了房产盘点制度，是否定期或不定期的对单位房产进行清理、盘点，了解房产资产的变动情况；盘点小组的组成人员是否合理，是否有明确的盘点计划和盘点程序，盘点结束是否提供盘点报告，盘点报告是否送达给适当的管理层，对盘盈盘亏是否分清责任并及时进行处理；

(9) 是否制订房产管理责任追究制度，责任界定内容是否明确，事故原因是否及时查明并处理相关责任人，事故处理报告是否已上报适当管理层；

(10) 房产产权证与土地使用权证是否设置专人进行管理，房产产权及土地使用权的任何变动是否及时进行了变更登记；

(11) 是否制订房产维护保养制度，防止因各种自然和人为的因素而遭受损失，以延长其使用寿命；

(12) 重大修缮施工单位的选择是否符合招投标文件的有关规定，修缮工程完工后是否组织相关部门进行验收并采取一定的质保措施；

(13) 是否提供年度房产报告，年度报告是否已提供给适当管理层，年度报告的内容反应是否全面，所涉及问题是否得到及时解决。

3. 处置

(1) 对拟出售的房产，学校是否经过财经领导小组等决策机构审核批准；出售依据是否充分，处置方式是否适当，处置价格是否合理，是否符合国家有关政策，保护资产的安全完整；

(2) 投资转出的房产，是否经决策部门审核批准，是否对其价格进行评估，分析其效益，是否按照对外投资有关规定进行控制；

(3) 对需改建的房产，改建是否符合学校总体规划要求，是否经相关规定批准，是否存在擅自改建等违规行为；

(4) 处置的房产是否及时更新房产数据，相关财务信息资料是否完备。

4. 房产经费管理

(1) 房产修缮经费是否实行预算制度，对实际支出与预算之间有差异或未列入预算的特殊项目，是否采用特别的审批手续；

(2) 修缮经费的支付是否按修缮合同的规定付款，修缮工程结束经验收后是否预留一定的工程质保金；是否对大额维修费用进行评估和经单位负责人或其授权人员批准实施，维修保养费用是否纳入单位预算，并在经批准的预算额度内执行；

(3) 修缮经费是否存在长期未执行情况，修缮经费的预算制订是否合理；

(4) 各类房产的出租收入是否足额收取并纳入单位统一核算与管理，房租收入汇总表是否经过复核，复核错误是否查明原因并及时进行更正；

(5) 房产处置是否符合国家有关政策，货币性房产处置收入是否全部及时纳入单位统一核算与管理，有无长期挂账现象；非货币性房产处置是否合规，取得的各类房产是否纳入房产管理信息系统进行统一核算与管理；

(6) 是否对占房行为进行罚款，罚款是否符合有关政策，罚款收入是否纳入统一核算与管理。

(四) 房产管理的信息与沟通

1. 重大决策是否形成会议记录，会议记录是否完整；

2. 各项制度及签订的各项协议是否装订成册，是否根据情况变化及时进行修订；

3. 是否已建立房产管理信息系统，系统数据是否能满足管理层的需要，信息录入流程是否清晰；

4. 是否定期或不定期对系统资料（如房产数量、金额、分布及使用状况）进行检查、分析、研究和汇总，是否按有关规定如期、准确上报各类统计数据，并及时处理反馈意见，是否按照有关规定和程序进行信息公开；

5. 系统数据是否及时更新，更新是否有相关资料进行支持，数据的接触与修改是否经过适当授权与批准，是否定期与财务部门的记录进行核对。

（五）房产管理的监督

1. 房产管理部门和各部门对房产的使用情况是否定期进行自我评估、自我调整；评估的内容是否全面、充分并突出重点，评估的目标是否着眼于内容控制体系的健全、有效；

2. 是否根据评估结果对相关内容加以改进，并对改进的内容进一步评估，在评估的基础上进一步改进，形成一种良性循环机制；

3. 房产管理部门是否定期或不定期对各单位房产管理情况进行检查、评估、考核；

4. 各部门是否对房产管理部门、财务部门等部门的检查处理意见及时落实到位。

第四十一条 房产管理内部控制审计主要采用观察作业现场、询问相关人员、审阅房产档案、审查房产修缮经费收支会计资料、研究分析房产管理制度、对房产管理流程进行穿行测试等方法对内部控制进行了解和测试。

第四十二条 通过对房产管理内部控制的了解、记录和对房产管理内部控制的多项测试后，审计人员应在审计报告中对房产管理内部控制设计的健全性和是否有效运行作出评价，说明内部控制薄弱环节及风险因素，并提出改进措施。

第七节 设备管理内部控制审计

第四十三条 设备管理内部控制审计是指内部审计机构为保证学校设备信息的真实可靠、资产安全完整、设备资源得到合理有效配置、降低单位设备管理风险、保证学校遵守设备管理相关法律法规，而对单位设备管理内部控制体系的健全性和有效性进行的分析、测试和评价活动。

第四十四条 设备管理内部控制审计应获取的资料主要有：

（一）设备建设发展规划；

（二）设备管理机构及相关单位的部门职责、岗位职责及工作手册；

（三）各类设备管理法律法规及相关制度文件；

（四）设备管理数据库资料；

（五）设备经费收支报表、会计账簿及会计凭证等会计资料；

（六）设备采购合同和出租协议；

（七）其他有关资料。

第四十五条 设备管理内部控制审计的内容主要有：

（一）设备管理的控制环境

1. 单位是否有明确的设备建设发展规划或目标，并有具体可行的操作计划；

2. 设备管理制度建设是否健全，是否根据情况变化及时进行修改；

3. 是否针对不同的设备管理业务活动制定了完整的业务流程，并为校内各单位所

熟知；

4. 设备管理部门职责是否明确，与单位其他部门之间的职责划分是否合理；

5. 设备管理内部岗位设置是否合理，是否配备具有一定专业技术的合格人员，岗位职责是否明确；

6. 人员招聘是否履行相关程序，对员工是否定期进行培训，及时更新和拓展知识结构，提高其设备管理能力；

7. 是否定期对设备管理情况进行考核，并将考核结果进行公布，是否对使用和管理情况制定合理的奖惩制度；

8. 是否制定从业人员的职业道德规范，职业道德规范内容是否明确、切实可行，并是否得到有效执行。

（二）设备管理的风险管理

1. 风险管理目标是否明确并切实可行；

2. 是否建立识别设备管理风险的适当机制；

3. 是否有适当层次的管理部门建立设备管理风险的评估机制；对设备管理风险的评估是否全面；是否对人事、控制程序等变化设立反应机制；

4. 是否及时进行风险管理；是否建立设备管理风险的控制机制，包括风险管理的预警机制、监控机制、应急措施等，比如是否对重大设备进行投保、是否建立设备丢失损坏赔偿办法，对责任事故追求责任、是否制定合理的赔偿制度等；各项风险管理机制是否有效。

（三）设备管理的控制活动

1. 取得与验收

（1）学校是否设立专门的设备管理部门进行设备管理，是否建立设备申请、审批、购置、验收、使用、保养、维修等管理制度，是否明确各部门和个人的职责权限；

（2）学校是否根据教育事业和学科的发展规划，制定设备的购置方案；

（3）国内购置设备时是否通过相应的审批程序，其中大型仪器设备的采购是否进行可行性论证报告，是否组织相关学科专家和有关人员进行论证，并报相关负责人或部门审批或评审；是否合理选择供应商，对符合招标范围的仪器设备采购是否按规定程序进行招、投标采购；

（4）国外购置设备时是否按照金额进行分级论证；是否按规定进行招标采购等竞争性谈判采购；是否按国家规定，通过国家有关审批部门的进口批准；对带有放射性源的设备是否到学校环境保护部门办理相关手续，并经主管部门批准后办理进口审批手续；外贸合同是否经学校规定的有效部门委托合法的对外贸易经营权法人或组织签订；采购免税的科教用品是否按规定进行免税申报；属国家法定检验范围内的科教用品，是否按国家有关规定报国家商品检验检疫机构报验；

（5）根据不同专项资金（“211”工程和“985”工程等）购置设备时，是否严格执行相应的专项资金设备购置管理办法；

（6）接受赠送的仪器是否有正式书面的赠送函，捐赠设备的接收流程是否明确，是否经学校有关部门和领导审核批准，是否及时建账、建卡；

（7）其他方式取得的设备（自建、调拨等）是否及时建账、建卡，是否及时办理相关手续；

(8) 设备验收时是否成立验收小组，小组的组成人员是否合理，是否根据采购合同进行验收，如属于技术性很强的设备进行验收，验收小组成员中是否包括技术专家；

(9) 学校采购仪器设备是否在索赔期完成验收工作，不合格的是否及时提出索赔报告或退货处理；

(10) 验收结束后是否出具验收结果报告，验收小组成员是否在结果报告上的签名，结果报告是否与采购发票一起作为财务人员处理的依据；

(11) 验收结束后是否及时做好文件归档，是否将验收资料交设备数据库管理人员及时更新设备管理数据库，是否及时建卡、入账；放射性源的仪器设备是否将相关资料向学校环境保护办公室备案。

2. 日常管理

(1) 是否对设备的记录、保管、维修、调拨等日常管理根据不同类设备制订管理制度；各部门是否有专门人员负责设备的日常管理；学校设备管理部门是否对设备日常管理起督促作用，是否在权限范围内进行日常管理；

(2) 是否制订设备责任追究制度，事故原因是否及时查明并分清责任后进行处理，事故结果报告是否上报适当管理层；

(3) 是否建立设备使用登记制度，是否根据使用登记资料提供年度设备使用情况报告，对利用率低的设备是否进行了原因分析，并提出了切实可行的改进措施；

(4) 是否制订大型设备开放测试管理办法，开放测试的设备范围是否经过审批，是否采取措施保证开放测试的设备处于最佳使用状态；

(5) 设备对外开放服务是否按学校规定统一收费；

(6) 是否存在闲置浪费、公物私化、私自转让、丢弃等行为；设备拆改或分解使用，是否经过有关程序审批；

(7) 离退休的教学、科研人员，因科研项目仍需继续使用仪器设备的，是否经过相应审批程序批准；

(8) 免税进口的设备，是否在海关监管期内存在挪作他用、转移监管地点、擅自转让等违规行为；

(9) 是否制订设备盘点制度，是否定期或不定期对单位设备进行盘点，盘点小组的组成人员是否合理，是否有明确的盘点计划和盘点程序，盘点结束是否提供盘点报告，盘点报告是否送达给适当的管理层，对盘盈盘亏是否分清责任并及时进行处理；

(10) 设备借用（校内、外）是否经相关部门的批准，并办理借用手续；其中免税进口的仪器设备借用，是否向海关办理相关手续；借出的仪器设备如出现损坏、遗失等问题，是否按规定获得赔偿；借出后设备管理数据库是否及时更新；

(11) 设备调拨（校内、外）是否按规定经相关部门或负责人批准后办理调拨手续，调拨手续是否完善合规，校内各单位的调拨是否及时办理过户手续，向校外调拨设备是否经过设备管理部门批准；免税进口仪器设备的对外调拨，是否经设备管理部门批准后并向海关申请监管变更或办理补交税款等手续。校内、外设备的有价调拨是否及时办理财务手续，数据库数据是否及时更新；

(12) 对多余或积压的仪器设备是否按程序及时进行处理；

(13) 是否制订设备维护保养制度，防止因各种自然和人为的因素而遭受损失，以延长其使用寿命；是否按照国家技术监督局有关规定，定期对仪器设备的性能、指标进行校检和标定，对精度和性能降低的设备是否及时进行修复；

（14）对于需维修的设备是否及时进行维修，是否存在处于保修期的设备故意拖延至保修期外进行维修；

（15）设备在维修前损坏原因是否查明，是否已追究相关人员责任；

（16）维修单位是否具有相关资质，是否存在选择不具有维修资质的单位进行维修，无法完成维修任务情况。

3. 处置

（1）对技术落后、损坏、无零配件或维修费过高等原因需降档或报废的仪器设备，是否及时做降档或报废处理；

（2）设备报损、报废是否按照金额、类别的不同制定相应制度，是否经过审批程序，即由设备所属单位提交报废申请，学校设备管理部门组织有关专家审议，提出技术鉴定报告和意见，其中重大设备的处置是否报上级领导审批；审批程序是否存在越权现象；是否有单位或个人自行处置设备；

（3）报废的仪器设备如系带有放射性同位素的含源装置或射线装置，是否到环境保护办公室及辐射防护办公室办理相关手续；免税进口仪器设备在报废前是否办理撤除海关监管手续；

（4）大批设备的处置是否采用招投标等竞争性谈判方式进行处理。

4. 设备经费管理

（1）设备修理经费是否实行预算制度，对实际支出与预算之间有差异或未列入预算的特殊项目，是否采用特别的审批手续；

（2）修理经费是否存在长期未执行情况，修理经费的预算制订是否合理；

（3）修理经费的使用是否经过审批，是否存在处于保修期的设备故意拖延至保修期外进行维修，以支付修理现象；

（4）开放测试项目是否按已审批的标准进行足额收费，收取的费用是否全部纳入单位统一核算与管理，减免收费是否报经相关部门审批；

（5）设备进行处置时，处置人、收款人与开票人员是否分离，处置收入是否全部纳入单位进行统一核算与管理；

（6）因赔偿获取的经费是否用于补偿仪器设备损坏、遗失，是否纳入账内统一核算。

（7）报废仪器设备收回的残值，是否返回规定部门，是否纳入学校年度设备经费。

（四）设备管理的信息与沟通

1. 重大决策是否形成会议记录，会议记录是否完整；

2. 各项制度及签订的各项协议是否装订成册，是否根据情况变化及时进行修订；

3. 是否建立设备管理信息系统，系统数据录入是否真实、完整；是否建立技术档案，登记设备使用、维修等情况；

4. 是否定期或不定期对系统资料（如设备的种类、数量、金额、分布及使用状况）进行检查、分析、研究和汇总，是否按有关规定如期、准确上报各类统计数据，并对反馈意见及时进行处理，是否按照有关规定和程序进行信息公开；

5. 系统数据是否及时更新，更新是否有相关资料进行支持，数据的接触与修改是否经过适当授权与批准，是否定期与财务部门的记录进行核对。

（五）设备管理的监督

1. 设备管理部门和各部门对设备的使用情况是否定期进行自我评估、自我调整；评估的内容是否全面、充分并突出重点，评估的目标是否着眼于内容控制体系的健全、有效；

2. 是否根据评估结果对相关内容加以改进，并对改进的内容进一步评估，在评估的基础上进一步改进，形成一种良性循环机制；

3. 设备管理部门是否定期或不定期对各单位房地产管理情况进行检查、评估、考核；

4. 各部门是否对设备管理部门、财务部门等部门的检查处理意见及时落实到位。

第四十六条 设备管理内部控制审计主要采用观察作业现场、询问相关人员、审阅设备档案、审查设备经费收支会计资料、研究分析设备管理制度、对设备管理流程进行穿行测试等方法对内部控制进行了解和测试。

第四十七条 通过对设备管理内部控制的了解、记录和对设备管理内部控制的多项测试后，审计人员应在审计报告中对设备管理内部控制设计的健全性和是否有效运行作出评价，说明内部控制薄弱环节及风险因素，并提出改进措施。

第八节 物资采购管理内部控制审计

第四十八条 物资采购内部控制审计是指内部审计机构为保证本单位物资采购信息的可靠透明、资金的安全完整、物资采购资源得到合理有效配置、降低单位物资采购风险、保证遵守物资采购活动相关法律法规，而对单位物资采购内部控制体系的健全性和有效性进行的分析、测试和评价活动。物资采购包括设备采购、图书采购、药品采购等大宗物资采购，但不包括对建设工程等服务采购。

第四十九条 物资采购内部控制审计应获取的资料主要有：

（一）物资采购管理机构及相关单位的部门职责、岗位职责及工作手册；

（二）各类物资采购管理法律法规及相关制度文件；

（三）物资采购申请表、物资采购招标文件、大型设备采购论证文件；

（四）物资采购经费收支报表、会计账簿及会计凭证等会计资料；

（五）物资采购合同；

（六）其他有关资料。

第五十条 物资采购内部控制审计的内容主要有：

（一）物资采购的控制环境

1. 管理部门是否建立物资采购管理制度，是否根据情况变化及时进行修改；

2. 物资采购管理部门职责是否明确，与单位其他部门之间的职责划分是否合理；

3. 物资采购内部岗位设置是否合理，是否对关键岗位进行分工，岗位职责是否明确；

4. 是否针对不同的物资采购活动制定了完整的业务流程，并为单位员工所熟知；

5. 人员招聘是否履行相关程序，是否定期组织员工培训，提高其道德素质和专业能力，是否对员工进行定期考核，是否制定明确的奖罚制度；

6. 是否制定从业人员的职业道德规范，职业道德规范内容是否明确、切实可行，并是否得到有效执行。

（二）物资采购的风险管理

1. 风险管理目标是否明确并切实可行。

2. 是否建立识别物质采购管理风险的适当机制。

3. 是否有适当层次的管理部门建立物质采购管理风险的评估机制；对物质采购管理风险的评估是否全面；是否对人事、控制程序等变化设立反应机制。

4. 是否及时进行风险管理；是否建立物质采购管理风险的控制机制，包括风险管理的预警机制、监控机制、应急措施等，比如是否对重大设备进行投保、是否建立设备丢失损坏赔偿办法，对责任事故；各项风险管理机制是否有效。

5. 风险管理机制是否包括对物质采购流程的监控，比如是否审核供应商资质，是否评估供应商信誉、资质和财务状况，是否对供应商生产产品进行质量检验，是否检查采购人员素质，是否对采购活动流程设计监督机制，是否对采购物质进行验收，验收单的价格和数量是否与采购单一致，付款手续是否健全。

6. 是否设计应急计划回避、降低、防范物资积压和短缺等情况；是否设立了备选供货商团队。

（三）物资采购的控制活动

1. 物资采购计划

（1）采购计划的编制是否符合单位需求，采购申请所要求的技术指标是否明确，是否有采购经费予以保障；采购申请表是否有库管人员的签字，是否已考虑到单位实际库存量状况；

（2）各部门负责人是否按职责分工和授权范围对提交的采购申请进行分类初审，对口把关；

（3）对不符合规定的采购申请，有无要求请购部门或人员调整采购内容或拒绝批准其采购申请；对于紧急采购情况，是否在规定日期内补办相关手续；

（4）对于重要的和技术性较强的物资采购，是否组织专家进行论证，实行集体决策和审批；

（5）大型仪器设备采购计划中所要求的配套设施是否符合设备需要，并已准备到位；

（6）采购计划所列的价格和物质数量是否合理；

（7）是否按要求进行招标采购，招标过程是否公平、公开、公正；是否建立供应商评价小组，小组人员组成是否合理，是否经集体决策择选供货商名单；是否定期调查和复核供货商名单。

2. 物质采购申报价格

（1）是否按照规定程序进行价格申报，是否根据不同的物资采购方式确定申报价；申报价是否高估虚报；申报价格是否经过合理程序进程核定；

（2）申报单中所列物资品种是否在采购计划范围内，是否列入采购预算；是否存在随意压价而忽视物资质量的现象。

3. 物资采购合同

（1）供货商是否具有签约资格；

（2）合同的签订程序是否合规，市场调查阶段是否按“货比三家”的原则进行市场调查，是否取得供货商完整的档案资料以确认供货商的信誉和履约能力，参与业务谈判的代表的业务能力和技术水平是否具备，是否由两人以上参与谈判，合同变更、解除或终止的理由是否充分，是否签署了书面变更协议并履行了审批手续，对于已发现的将严重损害组织利益的已签署合同，是否及时采取了纠正措施；

（3）合同内容是否得到全面、严格的履行，有无合同违约，如对方违约，是否及时组织索赔，如本单位违约，是否追究相关人员的责任；

（4）有无专门合同管理机构，合同的归档和保管是否完整，是否包括采购合同正本、合同补充协议、技术协议、采购订单、合同评审表及其他合同附件。

4. 物资采购计划执行

（1）是否按采购计划、采购申请单确定的采购方式和供货商进行采购；对基建工程和设备、教材、图书等大宗物资的采购，是否按规定实行政府采购或公开招标；

（2）是否设置有独立的部门或人员进行采购验收，是否制定适当措施防止采购人员、质检人员与保管人员串通舞弊；是否存在验收不严造成以好充次等现象；验收是否根据货运单、发票和经过批准的采购合同副本、采购价格申报单、采购计划进行；验收是否签署顺序编号的验收报告；

（3）是否严格按照合同规定进行验收，超过采购合同的进货数量和提前到货的采购是否经过适当批准；逾期未交货者，有无按合同规定给予罚款或没收违约金；短缺物资和不符合质量要求的物资是否根据不同情况及时组织索赔；

（4）审查发票、货运单、验收单等原始资料上载明的价格是否与价格申报单、采购计划、采购合同一致，价格的变动是否经过核准；运费是否符合确定的价格标准；

（5）是否在物资采购申请单、验收单、供货商发票等核对无误的基础上出具付款申请单，财会部门是否是对所有单据进一步审核后编制记账凭证，登记付款凭单登记簿或应付账款明细账，确认负债；

（6）付款是否符合资金结算制度的要求；付款是否在会计人员审核的基础上，经过授权人审批；是否按确定的付款方式付给指定的收款人；核实付款金额和收款人是否正确；有无使用空白支票；已付货款是否在发票上加盖“付讫”戳记等；

（7）预付账款是否经过申请、审批；收到采购物资后，是否根据供应商发票及时冲减预付账款；是否与供货商定期对账；

（8）是否定期编制应付账款账龄分析表、物资已收发票未到情况汇总表；是否每月计算主要业绩指标据以监控应付账款状况；采用分析性复核方法，通过比较本期与上期各应付账款明细账户余额、相关比率和相关费用账户金额，确定应付账款有无异常变动。

5. 物资采购经费管理

（1）专项采购经费是否实行专项管理，有无挪用；

（2）有无长期未使用的采购经费，采购经费预算是否合理；

（3）是否由采购人员以外的人员定期与供货单位进行对账，核对采购及欠款情况；

（4）物资采购的过程中对给予折扣的经营者，是否明示并如实入账，是否存在暗扣情况，收取的回扣收入是否纳入单位统一核算与管理。

（四）物资采购的信息与沟通

1. 重大决策是否形成会议记录，会议记录是否完整；

2. 各项制度及签订的各项协议是否装订成册，是否根据情况变化及时进行修订，相关制度是否按规定公开；

3. 是否建立物质采购信息管理系统，信息录入流程是否清晰，是否投入充分的资源来支持对信息系统的开发和修改，修改是否得到授权，对有关信息的接触是否制订了限制规定；

4. 采购系统是否定期生成报告对报告信息与其他信息（比如财务信息等）存在的差

异是否及时妥善处理，是否将调查结果向管理层提交，是否及时妥善处理管理层反馈意见；是否按规定程序进行信息公开；

5. 有无通畅的例外情况报告渠道，员工的反馈以及供货商的投诉渠道是否畅通，员工是否能在信息畅通的环境下有效履行职责。

（五）物资采购的监督

1. 是否建立适当管理程序保证物资采购控制的运行；是否定期或不定期评估运行效果；并对运行的效果进行评估；评估的内容是否全面、充分并突出重点，评估的目标是否着眼于内容控制体系的健全、有效；

2. 是否根据评估结果对相关内容加以改进，并对改进的内容进一步评估，在评估的基础上进一步改进，形成一种良性循环机制；

3. 是否对相关部门的检查处理意见及时落实到位；

4. 是否对建立物质采购流程持续监督机制，是否定期向管理层汇报监督情况，是否定期对监督机制进行评估更新；采购程序稽核和监督人员是否独立。

第五十一条 物资采购内部控制审计主要采用观察作业现场、询问相关人员、审阅物资采购档案、审查物资采购经费收支会计资料、研究分析物资采购管理制度、对物资采购流程进行穿行测试等方法对内部控制进行了解和测试。

第五十二条 通过对物资采购内部控制的了解、记录和对物资采购内部控制的多项测试后，审计人员应在审计报告中对物资采购内部控制设计的健全性和是否有效运行作出评价，说明内部控制薄弱环节及风险因素，并提出改进措施。

第三章 预算执行和决算审计

第一节 一般原则

第五十三条 本指南所称预算，是指高校根据事业发展计划和任务编制的年度财务收支计划。预算分收入预算和支出预算。

第五十四条 本指南所称决算，是指高校根据年度预算执行的结果而编制的年度财务决算报告，包括决算报表和决算情况说明书。决算是反映学校年度财务状况、年度收支情况和事业发展状况的书面总结文件。

第五十五条 本指南所称预算执行与决算审计，是指由高校内部审计机构依法独立对预算执行与决算的真实性、合法性、效益性进行的审查和评价活动。

第五十六条 高校内部预算执行和决算审计的目标是促进规范学校预算管理，提高预算编制工作的科学性、准确性和透明度，促进更加合理地分配学校资源，提高资源的配置和利用效益。

第五十七条 高校内审部门对预算执行情况进行审计，应做到事前审计、事中审计、事后审计相结合。高校内部审计机构应在预算编制阶段事前介入，了解预算编制和调整情况；在年度预算执行期间对其执行情况进行期中审计；在次年上半年内对上一年度预算执行情况进行事后审计。

第五十八条 高校内审部门应根据上级主管部门的相关政策、学校的具体情况，在预算执行和决算审计中确定重点审计内容。

第五十九条 高校内审部门对预算执行情况进行审计，应将对二级预算单位的延伸审计与本部门所开展的其他类型的审计相结合，相互利用审计成果，提高审计工作效率与效果。

第二节 预算执行审计

第六十条 预算执行审计是在预算内部控制测评的基础上，对预算管理、收入预算执行、支出预算执行等进行的审查和评价。

第六十一条 预算管理审计

预算管理审计是对预算的编制原则、编制程序、编制方法、预算调整、经济责任制等相关管理活动的合法性、适当性和有效性的审查和评价。

（一）应获取的相关资料

主要包括预算政策、预算编制计划、专项经费管理办法、预算管理办法和经济责任制等。

（二）应关注的风险领域

主要包括预算程序失控的风险、预算管理依据不当的风险、预算管理职责不到位的风险等。

（三）审计内容

1. 预算管理中的内部控制制度和各级经济责任制是否健全，是否有效。

2. 预算编制是否遵循“量入为出，收支平衡”的原则，收入预算是否贯彻积极稳妥的原则，支出预算是否贯彻统筹兼顾、保证重点、勤俭节约的原则；预算编制的方法是否符合上级主管部门及本校的规定。

3. 预算方案的编制是否真实、合法、有效；是否编制超越学校财力的赤字预算；预算是否按照规定程序审批；预算经费是否按规定时间足额下达。

4. 预算调整有无确需调整的原因及明确的调整项目、数额等措施有关说明，预算调整是否编制追加和调整方案，并经法定程序审批后执行。

5. 预算下达后是否存在不经法定程序随意调整现象，预算支出有无随意增减项目或项目之间随意调剂使用情况。

（四）审计方法

预算管理审计可以采用检查、调查、分析性复核、复算、鉴证和询问等方法。

第六十二条 收入预算执行审计

收入预算执行审计是对收入预算执行的真实性、合法性和完整性进行审查和评价。

（一）应获取的相关资料

主要包括上级主管部门拨款控制数和预算批复数文件、有关部门的收费批文、学费收费通知和记录、学费收据存根联、预算外资金上缴的相关凭证、收入核算的相关会计资料等。

（二）应关注的风险领域

主要包括收入项目不完整、学费收入依据不当、预算外收入上缴不完整和不及时、收入核算不正确等。

（三）审计内容

1. 各项收入是否全部纳入预算，实行统一管理。

2. 各项收入是否真实、合法、完整，有无隐瞒、少列收入、推迟或提前确认收入行

为；各项收入的款项是否及时足额到位。

3. 是否按预算目标积极组织收入，有上缴任务的单位或部门是否将应上缴的预算收入按规定及时上缴学校，有无截留、挪用预算收入或私设“小金库”行为。

4. 各项收入，包括财务补助收入、上级补助收入、事业收入、经营收入、附属单位上缴收入和其他收入，是否准确分类。

5. 收费的项目、标准和范围是否报经上级主管部门批准，有无擅自增加收费项目、扩大收费范围和提高收费标准等问题；是否贯彻“收支两条线”原则。

6. 收入的会计处理是否合规。有无利用应付及暂存、代管项目等过渡性会计科目挂账隐瞒收入或直接列收列支等问题。

7. 学校是否制订保证收入预算目标实现的控制措施和办法。

8. 分析收入预算的执行情况及其与收入预算之间的差异和原因。

（四）审计方法

收入预算执行审计可以采用调查、审核、观察、函证、计算、分析性复核、抽样和询问等方法。

第六十三条 支出预算执行审计

支出预算执行审计是对支出预算执行的真实性、合法性和有效性进行审查和评价。

（一）应获取的相关资料

主要包括支出预算明细表、预算下拨文件、支出核算的相关会计资料等。

（二）应关注的风险领域

主要包括支出项目不合法、支出项目不真实、支出标准不合规、专项经费未专款专用、支出核算不正确等。

（三）审计内容

1. 支出预算是否严格按照预算确定的经费项目、支出标准和支出用途进行开支或拨付经费，是否严格执行国家有关财务制度以及上级主管部门和学校有关财务规章制度规定，是否存在擅自扩大支出范围和提高开支标准的行为。

2. 各项支出是否真实、合法，有无随意改变支出的确认标准或计价方法，多列、不列或少列支出；支出中有无虚列支出、以领代报、以购代支现象，有无挤占、挪用、损失浪费、滥发钱物、变相对外投资等行为。

3. 各项支出，包括事业支出、经营支出、自筹基本建设支出/和对附属单位补助支出分类是否准确、合规；是否正确划清各类支出的界限，支出是否真实并严格按预算执行，有无预算外或超预算等问题；是否按照标准考核、监督支出。

4. 专项资金是否按特定项目或用途专款专用，有无挤占或虚列行为。

5. 支出的会计核算是否合规、准确。有无利用应收及暂付、应付及暂存、代管项目等过渡性会计科目挂账隐瞒支出或直接列收列支等问题。

6. 支出预算中是否有保证预算目标实现的控制措施和办法。

7. 分析支出预算的执行情况与支出预算之间的差异和原因。

8. 分析与评价支出预算执行的效益和效果。

（四）审计方法

支出预算执行审计可以采用调查、审核、监盘、观察、函证、计算、分析性复核、抽样和询问等方法。

第三节 决算审计

第六十四条 决算审计是对决算报表及其资产、负债、净资产、收入和支出进行的审查和评价。

第六十五条 决算报表审计

决算报表审计是对决算报表的真实性、合法性和完整性进行审查和评价。

（一）应获取的相关资料

主要包括年度预算及其编制与调整说明和批准文件，包括上级主管部门批准的年度预算通知和预算追加调整通知；年度财务决算报表及其编制说明和上级主管部门关于年度决算编报的通知；年度会计账簿、会计凭证及有关的重要经济合同协议、会议记录等资料；学校国有资产处置（包括固定资产与存货的报废、转作投资、无偿调拨、毁损、丢失和坏账处理等）的审批文件和相关资料；其他有关资料。

（二）应关注的风险领域

主要包括报表存在不合法项目的风险、收入和支出中存在不真实项目的风险、支出标准不合规定的风险、专项经费未专款专用的风险、支出核算不正确的风险等。

（三）审计内容

1. 审查财务决算报表是否完整，并进行复核性检查。包括：财务决算报表是否齐全，符合上级主管部门的统一要求；每张报表内容填列是否完整、正确；项目填列是否齐全，表内对应项目之间数据勾稽关系是否正确，应当填写的“报表附注”是否填列；对应报表之间数据勾稽关系是否正确；是否有年度财务情况说明（文字部分）；是否按有关规定签名盖章。

2. 核对报表项目数据填列与对应的账户余额或发生额是否一致，检查表、账是否相符。按照报表所列项目，逐一与会计账簿进行核对。

3. 对报表项目内容的真实性进行检查验证，应用预算执行审计成果对收入、支出类项目进行分析性复核；检查各项资产的实有数与报表填列数是否一致；审查各项净资产的形成过程，分别进行验算。

4. 对会计核算情况进行检查，是否符合《会计法》和《高校会计制度》的规定；是否定期将会计账簿记录与实物、款项（货币资金、有价证券等）及有关报表、资料相互核对、账实、账账、账表是否相符；采用的会计处理方法是否前后期一致，有无随意变更；确有必要变更，是否将变更的原因及影响在年度决算报表情况说明中反映；学校财务管理与会计核算中的内部控制制度是否健全、有效。

5. 审查财务分析指标，包括经费自给率、预算收支完成率、人员支出与公用支出分别占事业支出的比率、资产负债率、生均支出增减率以及其他财务指标等是否真实、准确，能否恰当地反映学校的财务状况、收支结果和事业发展情况。

（四）审计方法

财务决算报表审计可以采用审核、观察、计算、分析性复核和询问等方法。

第六十六条 资产审计

资产审计是对资产的真实性、合法性和效益性进行审查和评价。

（一）应获取的相关资料

主要包括财务报表和相关会计记录、学校固定资产报表和盘点表、报废固定资产清

单、银行对账单、库存现金盘点表、对外投资的资料、全资企业的审计报告等。

（二）应关注的风险领域

主要包括购置资产未入账的风险、报废固定资产未冲销的风险、资产账实不符的风险等。

（三）审计内容

1. 资产的存在是否真实、完整，资产的管理是否安全，资产的变动是否合法，资产的计价是否合理、正确，有无随意改变资产的确认标准或计价方法，虚列、多列、不列或者少列资产的行为。

2. 货币资金和有价证券的管理和使用是否符合规定，内部控制制度是否健全、有效。银行开户是否合规，有无出租、出借或转让等问题；有无公款私存、挪用、白条顶库、非法融资以及舞弊盗用的情况；定期存款是否合规合理，货币资金是否安全完整。

3. 应收及暂付款项、借出款的发生、增减变化是否真实、合法，是否及时清理结算，有无长期挂账、虚挂账等问题，有无呆账、坏账情况；对确实无法收回的应收及暂付款、借出款是否查明原因、分清责任、按规定程序批准后核销。

4. 财产物资的收发、管理和使用是否真实、合法、安全、完整，不相容岗位是否分离，购置有无计划和审批手续，有无被无偿占用、流失、损失浪费等问题，大宗物资的采购是否建立招标制度和集中采购制度；会计核算是否符合规定，内部控制制度是否健全、有效，对固定资产、材料是否进行定期的清查盘点，做到账实相符，盘盈、盘亏是否及时调整和处理。

5. 对外投资是否进行可行性研究，是否履行了法定审批程序；以实物对外投资是否按规定进行资产评估；投资款项的发生和增减变化是否真实、合法、完整；是否责成有关部门或专人对投资项目进行监控、管理，是否及时对投资本金和投资收益进行回收，有无投资失误和损失问题，是否建立目标经济效益项目责任制；投资及其收益的会计核算是否恰当、合规。

6. 无形资产的取得、管理、核算、转让是否符合规定。

（四）审计方法

资产审计可以采用审核、监盘、观察、调查、函证、计算、分析性复核和询问等方法。

第六十七条 负债审计

负债审计是对负债的真实性、合法性和效益性进行审查和评价。

（一）应获取的相关资料

主要包括财务报表和与负债相关的会计记录、账龄分析表、银行贷款合同、贷款项目可行性分析报告等。

（二）应关注的风险领域

主要包括负债资金到位不及时的风险、贷款利息成本过高的风险、不能按时还本付息的风险等。

（三）审计内容

1. 负债的形成、存在是否真实、合法、完整，有无随意改变负债的确认标准或者计价方法，虚列、多列、不列或者少列负债的行为。

2. 对各项负债包括借入款、应付及暂存款、应缴款项、代管款项等分类和会计核算是否合理、合规，是否按规定权限对各项负债进行处理。

3. 对各项负债是否及时清理，按照规定办理结算，并在规定期限内归还或上缴应缴款项，有无长期挂账现象。

4. 学校为发展举债搞建设是否有偿还来源和能力，是否控制在一定的规模内，有无潜在的财务危机。

5. 是否存在未决诉讼案或有关事项。

（四）审计方法

负债审计可以采用调查、审核、函证、计算、分析性复核、抽样和询问等方法。

第六十八条　净资产审计

净资产审计是对净资产的真实性、合法性和效益性进行审查和评价。

（一）应获取的相关资料

主要包括财务报表和与净资产相关的会计记录等。

（二）应关注的风险领域

主要包括基金分类不正确的问题、基金列支不适当的问题、事业基金长期透支的风险等。

（三）审计内容

1. 净资产的存在、发生是否真实、合法、完整，有无随意调节收支配比余额。有无编造虚假或隐瞒事业基金、专用基金、固定基金的余额和增减变化情况，财务结果、收支差额的计算是否正确，有无随意改变净资产的确认标准或者计价方法。

2. 各项结余的分类是否合理、合规，经营收支结余是否单独反映，会计核算与处理是否符合规定；结余分配及比例是否符合国家的有关规定。

3. 事业基金和专用基金的设置、分类、结余、增减变化是否准确、合规，会计核算与处理是否符合规定，是否严格按规定的用途使用，使用效果如何，有无挤占、挪用或虚列的行为；各项专用基金的计入、提取及比例是否符合国家的有关规定，是否及时足额到位。

（四）审计方法

净资产审计可以采用审核、计算、分析性复核、抽样和询问等方法。

第六十九条　收入与支出审计，参照第十一条、第十二条内容执行。

第四章　建设工程项目审计

第一节　一般原则

第七十条　本指南所称建设工程项目审计，是指高等学校内部审计机构依据有关法律法规和制度规范，对建设工程项目各阶段业务管理活动的合法性、适当性、有效性所进行的确认和评价活动。

第七十一条　建设工程项目审计的内容包括对建设工程项目投资立项、勘察设计、施工准备、施工过程、竣工验收等各阶段业务管理活动的审查和评价。

第七十二条　建设工程项目审计的目的是促进有效控制工程造价和有效改善建设工程管理，促进学校建设工程目标的实现。

第七十三条　开展建设工程项目审计，应根据重要性和成本效益原则，结合学校实际

情况和内部审计资源状况，既可以进行工程项目全部阶段或环节的审计，也可以进行工程项目部分阶段或环节的审计。

第七十四条 建设工程项目审计应遵循以下原则和方法：

（一）事前审计、事中审计和事后审计相结合；

（二）技术经济审查与审计控制和审计评价相结合；

（三）以促进控制工程造价和规范工程管理为重点，并充分关注造价、工期、质量三者关系；

（四）注意与建设工程管理部门、工程监理机构、造价咨询机构的协调与沟通。

第七十五条 建设工程项目审计由内部审计机构独立实施，也可由内部审计机构委托具有相应资质的工程造价咨询机构实施。委托造价咨询机构应当按照国家或学校相关规定办理，委托费用按规定列入工程建设成本。

第二节 投资立项阶段的审计

第七十六条 投资立项阶段的审计主要是通过参与建设工程项目的立项论证过程、审查与评价拟上报的可行性研究报告或项目申请报告（实行核准制的非政府投资项目）的真实性、完整性，为领导层提供决策依据，规避投资风险，提高投资效益。

第七十七条 在投资立项阶段的审计中，应主要依据国家有关部门发布的《投资项目可行性研究指南》、《教育部直属单位建设项目核准暂行办法》及地方政府相关规定，以及学校的事业发展规划、学科发展规划和校园建设总体规划。

第七十八条 投资立项阶段审计的主要内容：

（一）可行性研究前期工作的审查与评价。审计机构通过参与项目立项论证工作，分析拟建项目的建设规模、建设功能是否符合学校事业发展规划、学科发展规划和校园建设总体规划，选址是否合理，投资规模是否适度，有否超出学校财力的可支配能力。

（二）可行性研究报告或项目申请报告真实性的审查与评价。主要检查可行性研究报告或项目申请报告编制的依据是否真实；拟建项目建成后的经济、社会、办学效益分析是否客观、真实；投资估算是否准确，工程内容和费用是否齐全，建筑工程费、设备购置费、安装工程费以及其他建设费用和各类预备费的估算是否合理，与类似已建成项目比较是否存在建设标准过高导致浪费或估算偏低导致工程质量难以保证等问题；资金筹措的安排是否合理，投资计划安排是否得当，是否存在因资金不到位而导致工程建设风险等问题。

（三）可行性研究报告或项目申请报告完整性的审查与评价。主要检查可行性研究报告或项目申请报告是否具备国家有关部门发布的《投资项目可行性研究指南》、《教育部直属单位建设项目核准暂行办法》或地方政府相关规定的内容；是否说明建设项目的目的、依据、与单位事业发展规划的关系；是否对资源的需求和经济、社会、办学效益做出分析等。

第三节 勘察设计阶段的审计

第七十九条 勘察设计阶段的审计主要是对工程项目建设过程中勘察、设计阶段各环节业务管理活动的真实、合法和效益进行的审查和评价，目的是提高勘察设计阶段内部控制及风险管理的适当性和有效性，保证勘察、设计资料的充分性和可靠性。

第八十条 勘察设计阶段审计应依据以下主要资料：

（一）经批准的可行性研究报告或经核准的项目申请报告及估算；

（二）概预算编制原则、计价依据等基础资料；

（三）勘察和设计招标投标资料；

（四）勘察和设计合同；

（五）初步设计审查会议纪要等相关文件；

（六）建设工程管理部门与勘察、设计商往来函件；

（七）经批准的初步设计文件及概算；

（八）施工图会审会议纪要等相关文件；

（九）经会审的施工图设计文件。

第八十一条 勘察设计阶段审计的主要内容：

（一）工程勘察的审查与评价

1. 委托勘察与招投标的审查与评价

（1）委托勘察的范围是否符合已报经批准的可行性研究报告或已核准的项目申请报告；

（2）是否采用招投标方式选择勘察单位，招标方式的选择是否合理，是否存在规避招投标等违规操作风险；

（3）招标文件的内容是否合法合规，是否完整、严密，是否全面准确地表述招标项目的实际状况和招标人的实质性要求；

（4）招投标的程序是否符合有关法规和制度的规定，是否存在因有意违反招投标程序而导致的串标风险；

（5）投标单位有无超越其资质等级范围或借其他勘察单位名义投标的情况；

（6）招投标结果是否符合规定，有无因选择勘察单位不当而导致的委托风险。

2. 勘察合同的审查与评价

（1）订立合同的主体是否合格；合同的内容是否合法合规，是否与招标文件规定的范围、内容、要求相符，是否存在有悖于招标文件实质性内容的情况；

（2）是否对勘察单位的服务项目、服务内容、服务质量等做出明确规定；

（3）勘察收费的计费依据、收费标准是否符合规定，计算是否正确，合同确定的勘察收费是否与中标报价相符，支付方式是否妥当；

（4）合同是否明确规定协作条款和违约责任条款。

（二）工程设计的审查与评价

1. 委托设计与招投标的审查与评价

（1）设计的范围是否符合已报经批准的可行性研究报告或已核准的项目申请报告；

（2）是否采取招投标方式选择设计单位，招标方式的选择是否合理，是否存在规避招投标等违规操作风险；

（3）招标文件的内容是否合法合规，是否完整、严密，是否全面准确地表述招标项目的实际状况和招标人的实质性要求；

（4）招投标的程序以及定标结果是否符合有关法规和制度规定。

2. 设计方案选定的审查与评价

（1）设计方案的选定是否符合规定程序，是否经过招标竞争或多方案评选优化确定；

（2）选定的设计方案是否符合可行性研究报告或项目申请报告确定的标准和规模；

（3）设计方案是否体现了经济合理、方案可行的要求。

3. 设计合同的审查与评价

（1）订立合同的主体是否合格；合同的内容是否合法合规，是否与招标文件规定的范围、内容、要求相符合，是否存在有悖于招标文件实质性内容的情况；

（2）是否对设计单位的服务项目、服务内容、服务质量等做出明确规定，特别是对限额设计是否做出具体规定；

（3）设计收费的计费依据、收费标准是否符合规定，计算是否正确；合同确定的设计收费是否与中标报价相符，支付方式是否妥当；

（4）合同是否明确规定协作条款和违约责任条款。

4. 初步设计和概算的审查与评价

（1）初步设计方案和概算是否符合经批准的可行性研究报告或核准的项目申请报告及估算；

（2）初步设计的项目是否齐全，是否采取限额设计、方案优化等控制工程造价的措施；

（3）初步设计是否实施了规范的内部审查程序，结果是否得到落实；

（4）概算编制是否准确，经济评价是否合理，方案比较是否全面；设备投资是否合理，主要设备价格是否符合当前市场价格；

（5）修正概算的依据是否有效，内容是否完整，数据是否准确，是否按规定办理相关审批手续；

（6）分析和评价初步设计完成时间及其对建设项目进度的影响。

5. 施工图设计和预算的审查与评价

（1）施工图设计是否贯彻了限额设计的要求，是否按照批准的初步设计的原则、范围、内容、项目及投资额进行；

（2）施工图设计深度是否符合规定，有无因设计深度不足而造成投资失控的风险；

（3）施工图设计完成的时间及其对建设项目进度的影响，有无因设计图纸拖延交付而导致影响工程进度的风险；

（4）施工图预算是否符合经批准的初步设计方案、概算及标准，有无施工图预算超概算的情况；

（5）施工图交底、施工图会审的情况以及施工图会审后的修改情况。

第四节　施工准备阶段的审计

第八十二条　施工准备阶段的审计主要是对工程项目建设前期的征地、拆迁，组织施工、监理、设备材料采购的招投标以及合同管理等各环节业务管理活动的真实、合法和效益的审查与评价，目的是保证征地拆迁工作的合法性和适当性，促进招投标各环节的内部控制及风险管理的有效性，实现招投标程序及结果的真实、公正，保证工程发包和合同管理的合法、规范。

第八十三条　施工准备阶段审查与评价所依据的主要资料：

（一）征地、拆迁协议；

（二）招标文件和招标答疑文件；

（三）标底文件或施工图预算；

（四）投标文件和投标人资质证明文件；

（五）投标保函；

（六）评标记录和定标记录；

（七）中标通知书；

（八）专项合同书及其各项支撑材料等。

第八十四条 施工准备阶段审计的主要内容：

（一）征地、拆迁等的审查与评价

1. 征地报批程序是否合法，征地协议内容是否合法合规，征地补偿费用是否经过行政主管部门审核，是否在规定时间内付款并及时得到被征用土地；

2. 是否取得拆迁许可证，拆迁费用支出是否真实、合理；

3. 现场“三通一平”、相邻建筑物保护等费用支出是否真实、合理。

（二）招投标的审查与评价

1. 施工招投标的审查与评价

（1）招投标前准备工作的审查与评价。主要检查招标项目是否具备相关法规和制度中规定的必要条件，招投标的程序和方式是否符合有关法规和制度的规定；是否存在人为肢解工程项目、规避招投标等违规操作风险；标段的划分是否适当，有否标段划分过细增加工程和管理成本的问题。

（2）招标文件的审查与评价。主要检查招标文件的内容是否合法合规，是否完整、严密，是否全面准确地表述招标项目的实际状况和招标人的实质性要求。

（3）标底文件的审查与评价。采取工程量清单报价方式时，是否按《建设工程工程量清单计价规范》的规定编制，分部分项工程量及项目特征描述是否准确，有否漏、错，综合单价计算是否合理、准确；采取施工图预算报价方式时，检查其编制依据是否有效、内容是否完整，重点检查工程量计算、单价套用、费用和利润及税金计取是否合理、准确。

（4）开标、评标、定标的审查与评价。主要检查开标程序是否合规；评标时是否对投标人投标策略进行评估，是否对投标报价的合理性和完整性进行分析和比较，定标程序及结果是否符合规定。

2. 监理招投标的审查与评价

（1）招标文件内容是否合法合规，是否全面准确表述招标人的实质性要求；

（2）开标程序是否符合相关法规和制度的规定，评标标准是否公正，定标的程序及结果是否符合规定。

3. 主要材料和设备招投标的审查与评价

（1）招标文件的内容是否合法合规，是否全面准确地表述招标项目的基本要求，招标材料、设备的清单和技术要求是否齐全；

（2）开标程序是否符合相关法规和制度的规定，评标标准是否公正，是否受设计单位推荐厂家意见的限制；

（3）投标单位对其内容澄清解释时是否对投标内容做实质性修改，澄清解释内容是否真实、合理；

（4）定标的程序及结果是否符合规定。

4. 分包工程招投标的审查与评价

（1）招标文件的内容是否合法合规，是否全面准确地表述招标项目的实际状况和招标人的实质性要求；

（2）总包单位是否有意违反招投标程序，恶意串标欺骗建设单位；

（3）评标标准是否公正，定标的程序及结果是否符合规定。

（三）合同的审查与评价

1. 合同通用内容的审查与评价

（1）订立合同的主体是否合格，合同内容是否符合相关法律和法规的规定，是否与招标文件的要求相符合；

（2）合同条款是否全面、合理，有无遗漏关键性内容，有无不合理的限制性条件；

（3）合同是否明确规定当事人双方的权利和义务；

（4）合同是否存在损害国家、集体或第三者利益等导致合同无效的风险。

2. 合同其他内容的审查与评价

（1）施工合同的审查与评价。主要检查合同是否明确规定工程承包范围、工期、质量等，是否与投标承诺一致；合同工程造价计价原则、计费标准及其确定办法是否合理；合同是否明确规定设备和材料供应的责任及其质量标准、检验方法；合同规定的付款和结算方式是否合适，质量保证期是否符合有关规定；合同所规定的双方权力和义务是否对等，有无明确的协作条款和违约责任。

（2）监理合同的审查与评价。主要检查监理单位的资质与工程项目的建设规模是否相符；监理的业务范围、责任及应提供的工程资料和时间要求是否明确；监理报酬的计算方法和支付方式是否符合有关规定；有无明确的协作条款和违约责任。

（3）主要材料和设备合同的审查与评价。主要检查材料和设备的规格、品种、质量、数量、单价、结算方式、运输方式、交货地点、期限、总价和违约责任等条款是否齐全；新材料、新型设备的价格是否合理，专利权是否真实；检查采购合同与财务结算、计划、设计、施工、工程造价等各个环节是否存在脱节的问题。

（4）分包工程合同的审查与评价。主要检查合同是否明确规定工程范围、内容、工期和质量标准；工程计价原则、计费标准及其确定办法是否合理；分包工程中间验收、交工验收是否符合有关规定；合同规定的付款和结算方式是否合适；分包工程质量保证期是否符合有关规定；所规定的双方权力和义务是否对等，有无明确的协作条款和违约责任。

第五节　施工阶段的审计

第八十五条　施工阶段的审计主要是对建设工程项目实施过程中隐蔽工程的勘验、主要材料及设备的价格确认、工程进度款的拨付、设计变更和施工签证的认定以及索赔事项的核实等各环节业务管理活动的真实、合法和效益进行的审查和评价，目的是促进施工过程规范管理，有效控制工程造价。

第八十六条　施工阶段审查与评价所依据的主要资料：

（一）施工图纸；

（二）招标文件、招标答疑文件及投标文件；

（三）与工程相关的专项合同；

（四）设计变更、工程签证的相关资料；

（五）相关会议纪要等。

第八十七条　施工阶段审计的主要内容：

（一）主要隐蔽工程勘验的审查与评价

1. 主要隐蔽工程及其勘验的审查与评价的主要内容：检查综合单价中的项目特征、工作内容是否发生改变，实际施工是否与图纸或变更相一致。

2. 主要隐蔽工程的勘验应由建设工程管理部门、施工单位、监理单位和审计机构参加，未经审计机构参与验收的工程应不予审计和增加费用；勘验不合格的项目审计机构应及时建议建设工程管理部门妥善处理，并明确划分相关责任。

（二）主要材料及设备价格确认的审查与评价

主要材料及设备价格确认的审查与评价的主要内容：

1. 投标文件中对主要材料和设备已明确“厂家、规格、单价”的，进场使用前应由建设工程管理部门、监理单位和审计机构确认。“厂家、规格”与投标文件不同时，经建设工程管理部门、监理单位和审计机构确认和同意使用后，重新确认单价；

2. 投标文件中对主要材料和设备没有明确“厂家、规格”，但材料单价已明确的，进场使用前应由施工单位提供“厂家、规格、单价”，建设工程管理部门、监理单位和审计机构共同对“厂家、规格、单价”进行核实，如果实际价格低于投标价格较多的，应与施工单位共同定价和洽商确认；

3. 招标文件中规定暂估价的主要材料、设备，应由建设工程管理部门按有关规定组织招标；不须招标的应由建设工程管理部门和审计机构分别询价后共同确定；

4. 主要材料及设备在进场使用和安装前，建设工程管理部门、监理单位和审计机构应进行验收。

（三）工程进度款支付的审查与评价

1. 工程进度款支付的审查与评价的主要内容：

（1）工程实际进度与计划进度的偏差，分析由此对工程造价和工期的影响；

（2）施工单位填报并经建设工程管理部门审核后的月度工程价款结算书是否真实、准确，是否与实际完成的工程量相符；

（3）检查工程设计变更和施工签证的真实性，并审核计价方式是否与投标报价一致，当实物工程量与施工图纸不符、施工项目与施工合同不符、施工材料发生变化时，应在洽商基础上对工程进度款进行据实调整。

2. 未经审计机构审核认定的月度工程价款结算书，应不予支付工程进度款。

（四）设计变更和施工签证的审查与评价

1. 设计变更和施工签证审查与评价的主要内容是：

（1）设计变更的程序是否合理、合规，分析变更理由是否充分；对施工单位提出的变更应严格审查，防止施工单位利用变更增加工程造价；对设计单位提出的设计变更应进行分析，属于设计粗糙、错误等原因造成的变更应提出索赔；对建设单位提出的工程变更，应分析变更的理由是否充分，并对不同的变更方案进行测算和筛选，为领导决策提供依据。

（2）检查设计变更的真实性，分析设计变更对工程造价的影响；对工程量清单报价工程，合同中有相同或类似于变更子目的综合单价，按合同中单价执行；合同中没有的价格按招标文件及合同约定执行；只是项目用料（包括规格）改变时按相似或相近项目的综合单价进行换算，且只计算主要材料价差；对综合单价中的项目特征、工作内容发生改变的，应相应调整其单价。

(3) 施工签证的发生是否真实，是否为施工图预算或工程量清单中未包括的内容；施工签证反映的事项是否准确，涉及工程量核算的计算式及图纸是否完整；施工签证内容是否规范，是否存在既签量又签价、既签量又签消耗、既签单价又签总价的问题。

2. 凡涉及费用变动的设计变更、施工签证，审计机构应及时核实和确认，对未经审计机构核实和确认的设计变更和施工签证，应不予增加工程费用。

（五）索赔费用的审查与评价

1. 索赔费用的审查与评价的主要内容：

(1) 施工单位提出的索赔事项是否真实，是否实际发生；索赔的内容是否准确，责任是否划分清楚；索赔的程序是否规范；

(2) 索赔的证据是否真实，各类索赔费用的计算是否准确，依据是否充分。

2. 对未经审计机构审核确认的索赔事项，应不予办理索赔款项的支付。

3. 对由于施工单位、设计单位的过失造成的工期延误及费用的增加，审计机构应向建设工程管理部门提出赔偿的建议和依据。

第八十八条 审计机构应根据施工阶段审计中发现的工程施工和工程管理中存在的主要问题，及时与建设工程管理部门、监理单位等进行沟通，定期或不定期的出具审计报告，提出加强和改进管理的意见与建议。

第六节 竣工验收阶段的审计

第八十九条 竣工验收阶段的审计主要是对建设工程项目的合同履行、工程结算以及工程项目决算等各环节业务管理活动的真实、合法和效益进行的审查和评价，目的是保证工程项目结算和决算的真实、完整、准确，防止虚列工程、套取资金、弄虚作假、高估冒算等行为的发生，促进合同的有效执行，维护学校的合法权益。

第九十条 竣工验收阶段审计依据的主要资料：

（一）经批准的可行性研究报告；

（二）勘察合同和勘察报告；

（三）设计合同和施工图、竣工图；

（四）有关管理部门审批、修改、调整的相关文件；

（五）招标文件、投标文件、中标通知书；

（六）各类施工合同和材料采购合同；

（七）施工图交底和会审会议纪要；

（八）设计变更、施工签证；

（九）工程价款支付文件

（十）工程索赔文件；

（十一）工程结算书及相关资料。

第九十一条 竣工验收阶段审计的主要内容：

（一）工程结算的审查与评价

1. 工程结算的编制依据是否有效，内容是否完整；

2. 工程结算的方式是否正确，是否符合合同的约定；

3. 检查工程设计变更、施工签证内容是否真实，手续是否齐全，资料是否符合要求；

4. 检查工程设计变更、施工签证的结算增减项目及工程量计算是否准确，是否存在工程项目和工程量只增不减从而提高工程造价的风险；

5. 检查工程设计变更、施工签证的结算项目单价是否准确、合理，合同中有相应单价的，应执行相应的单价；合同中没有相应单价的，应参照相似或相近项目单价进行调整；合同中没有相似或相近项目单价的，应重新确定项目单价；

6. 检查工程设计变更、施工签证的取费标准是否准确，是否与合同相符；

7. 检查合同报价中未做项目是否已做减项处理，计算是否准确；材料价差的调整是否合理。

（二）合同履行、变更和终止的审查与评价

1. 合同履行。主要检查是否全面、真实地履行合同，合同履行中的差异及产生差异的原因是否合理、合规，有无违约行为及其处理结果是否符合有关规定。

2. 合同变更。主要检查合同变更的原因是否真实，合同变更的程序是否合规，索赔及反索赔的处理是否合理、合规；检查合同变更对成本、工期及其他合同条款影响的处理是否合理；合同变更后的文件处理有无影响合同继续生效的漏洞。

3. 合同终止。主要检查终止合同是否经过确认和验收；检查最终合同费用及其支付情况；检查索赔及反索赔的处理是否合理、合规，是否符合合同的有关规定。

（三）工程竣工财务决算的审查与评价

1. 竣工财务决算报表的审查与评价。主要检查竣工财务决算报表的填制是否齐全并符合勾稽关系要求，账表是否一致；检查决算说明书反映的数据和情况是否真实、准确，有无将不具备竣工决算编制条件的建设工程项目提前或强行编制竣工财务决算的问题。

2. 项目投资计划执行情况的审查与评价。主要检查各种资金渠道投入的实际金额，有无建设资金不到位问题，分析资金不到位的原因及其影响；核实计划总投资和实际投资完成额，重点检查投资计划调整是否合规，决算的建筑安装工程投资、设备投资、其他投资的核算是否真实，待摊投资支出内容和分摊办法是否合规；分析工程项目完成投资是否超概算，如有超概算的情况应核实其金额并分析产生的原因。

3. 交付使用资产的审查与评价。主要检查交付的资产是否符合交付条件，移交手续是否齐全、合规，有无资产流失问题；检查交付使用资产的核算是否准确。

4. 结余资金的审查与评价。主要检查建设工程项目结余资金及剩余材料、设备等物资的真实性和处置情况，包括核实库存设备、专用材料账实是否相符；银行存款余额是否与银行对账单余额相符，库存现金数额是否与现金日记账账面余额相符，有无“白条”抵库现象；检查应收、应付款项的真实性，债权债务是否及时进行清理，有无虚列往来账隐瞒、转移、挪用结余资金的行为；是否按合同规定预留了承包商在工程质量保证期间的保证金。

5. 按照国家（地方）有关规定，建设工程项目竣工财务决算需委托社会中介机构进行审核的，应由审计机构委托。

第九十二条　审计机构应根据建设工程项目全过程审计的实施情况，对工程建设各阶段的管理情况及其结果进行分析和评价，并出具审计报告。分析和评价的主要内容：

（一）建设项目的实际效益与项目立项决策阶段预测的效益是否存在偏差，分析产生偏差的原因。

（二）勘察工作的深度及其成果是否满足设计、施工的技术要求；设计周期和供图进

度是否符合合同规定的要求，设计质量是否满足工程建设的要求，有无因设计深度不够或设计差错造成工期延长、投资增加及损失浪费的情况。

（三）建设工程项目的工期目标是否控制在规定的范围内，实际建设工期与计划工期是否存在偏差，分析偏差的程度和产生偏差的原因；建设工程质量是否达到合同规定的要求。

（四）建设工程项目的工程决（结）算造价是否控制在概（预）算范围内，工程决（结）算造价的构成是否与概（预）算相符，有无存在结构上的变化；分析工程决（结）算造价与概（预）算之间的差异程度及其产生的原因。

（五）对工程建设过程中各阶段内部管理的规范性和内部控制的有效性进行分析和评价，找出内部管理和内部控制中的薄弱环节，提出加强和完善管理的意见与建议。

第五章　领导干部经济责任审计

第一节　一般原则

第九十三条　本指南所称领导干部经济责任是指领导干部任职期间对其所在部门、单位财务收支以及有关经济活动真实性、合法性和效益性应当负有的责任。

本指南所称领导干部经济责任审计是指高校内部审计机构通过对学校内部领导干部所在部门、单位财务收支以及相关经济活动的审计，鉴证和评价领导干部经济责任履行情况的行为。

第九十四条　高校的领导干部任期届满，或者任期内办理调任、转任、轮岗、免职、辞职、退休等事项前，应当接受经济责任审计。遇有特殊情况，需要离任后审计、暂缓审计或在任期内审计的，由干部管理和监督部门提出意见，报请学校主管领导批准后执行。

第九十五条　高校的领导干部经济责任审计工作根据干部管理部门的委托，一般由内部审计机构组织实施。如需委托社会审计机构实施，应由内部审计机构办理委托事宜。校级领导干部的经济责任审计由上级干部主管部门组织实施。

第九十六条　高校应建立经济责任审计联席会议制度，联席会议一般由组织、人事、纪检、监察、审计等部门组成。

联席会议的主要职责一般包括：

（一）制定年度经济责任审计计划；

（二）指导、检查、协调本单位的经济责任审计工作；

（三）交流和通报经济责任审计情况；

（四）研究、解决经济责任审计中的困难与问题；

（五）其他相关职责。

第二节　经济责任审计的计划、立项和实施

第九十七条　高校的内部审计机构应当制定年度经济责任审计计划。经济责任审计计划应按以下程序制定：

（一）每年年底，由组织、人事、纪检、监察等有关部门向联席会议提出下一年度经济责任审计项目初步意见；

（二）召开经济责任审计工作联席会议，根据有关部门提出的下一年度经济责任审计

项目的初步意见，拟定经济责任审计计划；

（三）经济责任审计计划经学校主管领导（或经济责任审计工作领导小组）同意后，以联席会议文件的形式加以确定，列入内部审计机构的审计工作计划；

（四）干部管理部门根据确定的审计工作计划以书面形式委托内部审计机构实施经济责任审计。

第九十八条 下列无法正常实施经济责任审计的情况，一般不安排经济责任审计：

（一）领导干部任职的单位已被撤并，有关当事人已经无法找到的；

（二）领导干部已定居国外或死亡的；

（三）领导干部已离开任职岗位二年以上的；

（四）领导干部已被纪检监察部门或司法部门立案调查的；

（五）领导干部已被提拔或任用到可能影响经济责任审计公正进行的岗位的；

（六）其他不宜安排经济责任审计的情况。

第九十九条 审计机构对领导干部进行经济责任审计，应当按照干部管理部门的委托进行。经济责任审计委托书的内容主要包括：

（一）委托审计的领导干部姓名及简要情况；

（二）被审计领导干部所在单位的名称及简要情况；

（三）审计期间；

（四）审计范围；

（五）审计重点或应当关注的有关事项；

（六）审计时限；

（七）其他有关事项。

第一百条 审计机构按照干部管理部门的委托进行立项，没有特殊情况，不应变更或调整。因特殊情况确实需要调整时，应经委托部门核准。

第一百零一条 经济责任审计立项后，审计机构应当根据审计工作量和实际工作的需要，安排与审计任务相适应的审计人员组成审计组，并指定审计组组长，明确审计人员分工。审计组实行组长负责制。

第一百零二条 实施经济责任审计的程序主要包括：

（一）进行审前调查；

（二）编制项目审计实施方案；

（三）送达审计通知书；

（四）实施经济责任审计；

（五）起草审计报告并征求被审计领导干部所在部门、单位和被审计领导干部本人的意见；

（六）出具审计结果报告等文书。

第一百零三条 审计组在编制审计实施方案前，应当进行审前调查，了解被审计领导干部所在部门、单位和被审计领导干部的基本情况。审前调查可以采取召开座谈会、实地考察、查阅档案、收集资料等多种方式进行。编制审计实施方案应当根据重要性和谨慎性原则，在评估审计风险的基础上，围绕审计目标确定审计的范围、内容、步骤和方法。

审计实施方案应明确的内容是：编制的依据、被审计领导干部所在部门、单位的名称和基本情况、审计目标、审计的范围以及内容和重点、审计要求、审计方式、延伸审计单

位、预定的审计工作起止日期、审计组组长和审计组成员及分工、编制的日期及其他有关内容。

第一百零四条 在审计组实施审计前，应当要求被审计领导干部及其所在部门、单位对所提供的与审计事项有关的资料的真实性、完整性作出书面承诺。

第一百零五条 审计组在实施审计工作前应召开进点会。审计进点会一般由经济责任审计委托部门和审计部门联合召开，通报审计工作具体安排和要求。

经济责任审计进点会议一般由下列人员参加：

（一）经济责任审计委托部门的有关人员以及审计组成员；

（二）被审计的领导干部及相关的领导班子成员。如果被审计的领导干部已经离职，被审计单位的现任领导干部应参加进点会；

（三）被审计领导干部所在部门、单位内部相关部门负责人和财务人员；

（四）审计组或被审计领导干部认为需要参加会议的其他人员。

第一百零六条 审计组应当要求被审计领导干部提交任职期间履行经济管理职责情况的书面材料，并于审计工作开始后 5 日内送交审计组。

书面材料的内容主要包括：

（一）被审计领导干部经济管理职责范围和分工；

（二）与目标责任制有关的各项经济指标完成情况；

（三）利用资源开展业务的效益、效果情况；

（四）重大经济决策及相关项目情况；

（五）国有资产的安全完整情况；

（六）部门、单位内部控制制度的建立、健全及其执行情况；

（七）部门、单位及本人遵守国家财经法规和领导干部廉政规定的情况；

（八）本人认为在经济责任方面存在的问题及建议；

（九）需要说明的其他情况。

第一百零七条 在经济责任审计过程中，审计人员还可以运用以下审计方法收集了解有关情况：

（一）查阅党委、行政及有关部门与审计事项相关的文件、会议记录、纪要、函件、通知等相关资料；

（二）分别与副职、教职工代表及相关人员进行个别谈话，广泛听取他们对被审计领导干部的反映和评价；

（三）召开教职工座谈会，听取对被审计领导干部的评价，并了解有关情况；

（四）对领导干部进行民主测评，就领导干部经济责任审计内容中的有关问题，以问卷的形式进行审计调查。

第三节 经济责任审计的内容

第一百零八条 高校领导干部经济责任审计的内容应根据被审计领导干部的岗位职责等情况确定。

（一）高校财务部门负责人经济责任审计的主要内容：

1. 是否依法依规履行经济管理职责，经济责任目标的完成情况；

2. 内部控制是否健全、合理、有效；

3. 是否根据国家政策和财经法规，制定、完善和实施经济政策、财务制度，明确财务管理的主要任务，规范校内经济秩序；

4. 是否根据《预算法》、《高校财务制度》的要求编制学校年度财务预算方案，并严格按照国家有关政策规定依法组织收入，控制、监督支出；

5. 是否按《会计法》要求，对有关经济业务事项进行会计核算，财务报告及有关的会计账簿、会计凭证等会计资料是否完整、真实、合法；

6. 专项资金是否专款专用、专项核算；

7. 资金管理是否符合规定，有无乱设银行账户，出租、出借银行账户，现金、转账支票、本票、汇票管理是否安全、合规，筹资、融资、投资活动是否按规定办理；

8. 是否及时清理应收和预付款，对长期应收、预付款项是否督促有关部门查明原因，分清责任，及时处理；

9. 重大经济决策是否按规定程序进行，效果如何，有无重大失误；

10. 是否配合资产管理部门做好资产管理工作，定期核对账目，督促有关部门完善固定资产管理制度；

11. 单位各类资产是否安全完整，使用效益如何；

12. 有无账外账、私设“小金库”问题；

13. 债权、债务是否清楚，有无纠纷和遗留问题；

14. 单位和本人遵守财经法规、财务制度以及廉政规定的情况；

15. 委托部门或审计机构认为需要审计的其他事项。

（二）高校资产管理部门负责人经济责任审计的主要内容：

1. 是否依法依规履行经济管理职责，经济责任目标的完成情况；

2. 财经管理制度和内部控制是否健全、有效，是否建立健全设备的购置、领用、使用、保管、修理、转让、投资、报废、清查等制度，是否定期检查设备使用效益；

3. 重大经济决策是否按规定程序进行，效果如何，有无重大失误；

4. 是否按规定定期进行全面的资产清查盘点，账、卡、物是否相符，是否定期与财务部门对账；

5. 预算经费的使用是否符合国家财经法规和学校制度；

6. 债权、债务是否清楚，有无经济纠纷和遗留问题；

7. 设备处理收入及其他收入是否按规定入账，有无账外账、私设“小金库”问题；

8. 单位和本人是遵守财经法规、财务制度以及廉政规定的情况；

9. 委托部门或审计机构认为需要审计的其他事项。

（三）高校建设工程管理部门负责人经济责任审计的主要内容：

1. 是否依法依规履行经济管理职责，经济责任目标的完成情况；

2. 内部管理制度和内部控制是否健全、有效；

3. 建设工程项目是否纳入计划管理，是否按批准的建设工程项目计划和建设工程投资计划组织开展基本建设工作，有无计划外工程项目和超计划工程项目，有无自行改变批建设项目或扩大建筑面积、提高建筑标准等问题；

4. 建设工程经费是否落实，资金来源是否真实、合法；

5. 工程招标、对外签订承包合同及建设工程材料物资采购合同等是否符合规定程序，手续是否完备、合法，合同协议的执行情况如何；

6. 设计变更、施工签证是否真实；

7. 建设工程经费管理和使用是否符合规定，有无截留、挪用等问题，经费使用效益如何；财务决算报表是否真实、合法；有无超预（概）算工程项目和长期未完工项目；竣工项目是否按期交付使用，并办理相关手续；

8. 工程竣工决算是否真实、合法，是否经过审计后结算工程款；

9. 各项收支是否纳入学校财务部门管理和核算，有无账外账、私设“小金库”问题；

10. 重大经济决策是否按规定程序进行，效果如何，有无重大失误；

11. 债权、债务是否清楚，有无经济纠纷和遗留问题；

12. 单位各类资产是否安全完整，使用效益如何；

13. 单位和本人遵守财经法规、财务制度以及廉政规定的情况；

14. 委托部门或审计机构认为需要审计的其他事项。

（四）高校院、系、所、中心等负责人经济责任审计的主要内容：

1. 是否依法依规履行经济管理职责，经济责任目标的完成情况；

2. 财经管理制度和内部控制制度是否健全、有效；

3. 各项收入是否全部纳入财务部门管理和核算，有无截留收入、公款私存、私设“小金库”等问题；各项支出是否真实、合法，效益如何，有无损失浪费；

4. 重大经济决策是否按规定程序进行，效果如何，有无重大失误；

5. 单位各类资产是否安全完整，使用效益如何；

6. 单位和本人遵守财经法规、财务制度以及廉政规定的情况；

7. 委托部门或审计机构认为需要审计的其他事项。

（五）附属中、小学校长经济责任审计的主要内容：

1. 是否依法履行经济管理职责，经济责任目标是否完成；

2. 财经管理制度和内部控制制度是否健全、有效；

3. 是否按《会计法》要求，对有关经济业务事项进行会计核算，财务报告及有关的会计账簿、会计凭证等会计资料是否完整、真实、合法。

4. 预算经费的使用是否符合国家的财经法规和财务管理制度；

5. 各项经费收支是否真实、合法，各项收费是否符合规定，是否及时、足额纳入财务部门管理和核算，有无账外账、私设“小金库”问题；

6. 经济决策是否按规定程序进行，效益如何，有无重大失误；

7. 单位各类资产是否安全完整，使用效益如何；

8. 债权、债务是否清楚，有无经济纠纷和遗留问题；

9. 单位和本人遵守财经法规、财务制度以及廉政规定的情况；

10. 委托部门或审计机构认为需要审计的其他事项。

（六）高校其他部门或单位负责人经济责任审计可参照上述审计内容实施。

第四节　经济责任审计的评价

第一百零九条　对领导干部经济责任审计，应通过对其所在部门、单位的财务收支以及有关经济活动真实性、合法性和效益性的审计，对其经济责任履行的情况进行综合评价。审计评价应遵循“依法评价、实事求是、客观公正”的基本原则。

第一百一十条　经济责任审计评价的方法主要有：

（一）业绩比较法。包括纵向比较法（即上任时与离任时业绩比较或先确定比较基期再将比较期与之对比的方法）和横向比较法（即将相关业绩与同行业一般状况进行比较的方法）。

（二）量化指标法。即运用能够反映领导干部履行经济责任情况的相关经济指标，分析其完成情况来评价相关经济责任的方法。

（三）环境分析法。将领导干部履行其经济责任的行为放入相关的社会政治、经济环境中加以分析，作出实事求是的客观评价。

（四）主客观因素分析法。即对具体行为或事项进行主客观分析，推究其具体的主客观成因，分析该具体行为或事项是成因于领导干部主观过错或主观创造力，还是成因于客观因素的影响，进而作出审计评价。

（五）责任区分法。包括区分现任责任与前任责任、个人责任与集体责任、主管责任与直接责任、管理责任与领导责任等，正确区分不同责任之间的界限和不同责任人之间的界限，使审计评价做到责任清楚、明确。

第一百一十一条 领导干部任职期间对其所在部门、单位有关经济活动应当负有的责任包括直接责任和主管责任，主管责任又包括管理责任和领导责任，在进行审计评价时应当加以区分。

（一）直接责任

直接责任是指领导干部对其任职期间的下列行为应当负有的责任：

1. 直接违反国家财经法规的行为；

2. 授意、指使、强令、纵容、包庇下属人员违反国家财经法规的行为；

3. 失职、渎职的行为；

4. 其他违反国家财经纪律的行为。

（二）主管责任

主管责任是指领导干部在其任职期间基于其特定的职责而应当负有的除直接责任以外的管理责任和领导责任。

管理责任是指领导干部基于所在部门、单位管理的内部分工而由自己负责管理的事项，进而应负有的相关经济责任。

领导责任即指虽然领导干部按所在部门、单位管理的内部分工没有直接管理有关部门或事项，但由于该单位的所有行为都在其职责范围内，进而应负有的相关经济责任。

第一百一十二条 对被审计领导干部所在部门、单位财务收支真实性、合法性确认和评价：

（一）被审计领导干部所在部门、单位提供的会计资料数据与审计后的认定数据相符，可视为会计资料真实地反映了被审计领导干部所在部门、单位财务收支情况；凡未发现财务收支方面违规事实的，则认定被审计领导干部所在部门、单位财务收支符合财经法规的规定。

（二）被审计领导干部所在部门、单位提供的会计资料数据与审计后的认定数据基本相符，可视为被审计领导干部所在部门、单位提供的会计资料基本真实地反映了财务收支情况；凡财务收支方面有违规事实，但数额较小，情节轻微的，应当揭示违规事实，认定被审计领导干部所在部门、单位财务收支基本符合财经法规的规定，但有一定的违规行为。

（三）被审计领导干部所在部门、单位提供的会计资料数据与审计认定的数据差距较大，可视为被审计领导干部所在部门、单位提供的会计资料未能真实地反映财务收支情况；凡财务收支方面有违规事实的，应当揭示违规事实，视违规行为的情节轻重，认定被审计领导干部所在部门、单位有违反财经法规的行为或严重违反财经法规的行为。

第一百一十三条 采用定量评价方法时，可以参考以下指标：

（一）预算收入完成率

（二）预算支出完成率

（三）收入结余率

（四）人员经费支出比率

（五）公用经费支出比率

（六）资产增长率

（七）负债增长率

（八）净资产（所有者权益）增长率

（九）资产负债率

（十）上缴款项完成率

（十一）科研经费收入年均增长率

（十二）基本建设投资计划完成率

（十三）固定资产交付使用率

（十四）在建工程资金占用率

（十五）工程结算审计审减率

（十六）学生人均经费支出额

（十七）师生比

（十八）长期投资收益率

（十九）暂付款占全部流动资产比率

（二十）违规资金比率

第五节　经济责任审计的结果

第一百一十四条 经济责任审计事项终结后，审计机构应出具审计报告。经济责任审计报告应包含以下主要内容：

（一）实施该经济责任审计项目的法律法规依据和委托、授权依据；

（二）被审计领导干部的职责范围等基本情况，被审计领导干部所在部门、单位的经济性质、管理体制、财务隶属关系等；

（三）被审计领导干部所在部门、单位财务状况，各项工作目标、任务完成情况等；

（四）审计发现的被审计领导干部及所在部门、单位违反财经法规和领导干部廉政规定的主要问题；

（五）对被审计领导干部所在部门、单位财务收支等有关经济活动的真实、合法、效益情况的评价，以及被审计领导干部对审计发现的违反财经法规和廉政规定的问题应当负有的主管责任和直接责任；

（六）对被审计领导干部及所在部门、单位违反财经法规问题的定性，处理、处罚意见及依据，有关改进建议；

（七）需要反映的其他情况。

第一百一十五条 审计机构审定审计报告后，应当向委托部门提交经济责任审计结果报告。

第一百一十六条 审计机构对领导干部及所在部门、单位违反国家财经法规和廉政规定，认为需要依法予以处理、处罚的，应在职权范围内作出处理决定；认为需要依法给予党纪政纪处分的，应移交干部管理和监督部门处理；认为触犯刑律应当追究法律责任的，应建议移交司法机关处理。

第一百一十七条 审计机构应建立被审计领导干部所在部门、单位的基本情况数据库，确定领导干部新任期的基期数据，有利于对下一任期经济责任审计工作的开展，同时也为相关审计事项提供基础性审计资料。

第六章 附 则

第一百一十八条 本指南由中国内部审计协会发布并负责解释。

第一百一十九条 本指南自 2009 年 9 月 1 日起施行。

内部审计实务指南第 5 号——企业内部经济责任审计指南

第一章 总 则

第一条 为规范企业内部经济责任审计工作，提高审计质量，根据国家有关规定和内部审计准则，制定本指南。

第二条 本指南所称企业内部经济责任审计，是指企业内部审计机构对企业内部管理领导干部（以下简称企业内管干部）开展的经济责任审计。

企业内部经济责任审计的对象，包括企业主要业务部门的负责人、企业下属全资或控股企业的法定代表人（包括主持工作一年以上的副职领导干部）等。

第三条 本指南所称经济责任，是指企业内管干部在任职期间因其所任职务，依法对所在企业或部门（以下简称企业内管干部所在企业）的财务收支及有关经济活动应当履行的职责、义务。

第四条 本指南适用于国有和国有控股企业及下属全资或控股企业（含国有和国有控股金融企业）。

其他组织的内部审计机构开展经济责任审计，可以参照本指南执行。

第五条 企业内部经济责任审计包括离任经济责任审计、任中经济责任审计和专项经济责任审计。

离任经济责任审计，指企业内管干部任期届满，或者任期内办理调任、免职、辞职、退休等事项前进行的经济责任审计。

任中经济责任审计，指企业内管干部任职期间进行的经济责任审计，包括实行年薪制及股权激励机制的企业（包括试点企业）在任期内奖励兑现前的审计、任期届满连任时的审计，以及任职时间较长、上级企业根据规定和需要安排的审计。

专项经济责任审计，指企业内管干部存在违反廉洁从业规定和其他违法违纪行为，或其所任职企业发生债务危机、长期经营亏损、资产质量较差等重大财务异常状况，以及发生合并分立、破产关闭、重组改制等重大经济事项情况下进行的经济责任审计。

第六条 经济责任审计期间按照会计年度确定，并以此确定审计和评价财务数据的期初数。企业内管干部的任职时间为某一年度的上半年，则以该年度初作为企业内管干部经济责任审计期间的期初；企业内管干部的任职时间为某一年度的下半年，则以下一年度初作为企业内管干部经济责任审计期间的期初。

专项经济责任审计的时间范围，由企业根据具体审计项目自行确定。

经济责任的界定，以企业内管干部的实际任期为准。

第七条 经济责任审计范围应当遵循重要性原则确定，并充分考虑审计风险。企业总部及重要的下属全资或控股企业（以下简称子企业）应当纳入审计范围，纳入审计范围的资产量一般不低于企业内管干部所在企业资产总额的70％，子企业户数不低于该企业总户数的50％。下列子企业应当纳入经济责任审计范围：

（一）资产或者效益占有重要位置的子企业；

（二）由企业内管干部兼职的子企业；

（三）任期内发生合并分立、重组改制等产权变动的子企业；

（四）任期内关停并转或者出现经营亏损、资不抵债、债务危机等财务异常状况的子企业；

（五）任期内未接受过审计的子企业；

（六）各类金融子企业及内部资金结算中心等。

第八条 内部审计机构可以根据需要委托具有相应资质的社会审计组织实施审计，但应由内部审计机构负责出具审计通知书、审批审计实施方案、做出审计结果报告。

第九条 内部审计机构和审计人员在进行经济责任审计时，应当按照内部审计准则的规定，运用各种审计方法，并根据审计工作的需要，合理使用抽样技术和计算机辅助审计技术，以实现审计目标。

第十条 内部审计机构和内部审计人员应当充分利用企业近期内部审计与外部审计成果。在利用内部审计与外部审计成果时，应当注意以下问题：

（一）利用内部审计成果时，应当评估企业内管干部所在企业内部审计环境及内部审计工作成果的有效性，以合理确信审计结论的可靠性。

（二）在利用外部社会审计成果时，应当采用一定的审计程序进行评估，以合理确信审计结论的真实性。

（三）利用国家审计成果时，可以在给予必要审计关注的基础上加以利用。

（四）在审计企业资产状况时，可以借鉴相关年度的清产核资专项成果。当审计结论与清产核资专项成果不一致时，应当遵循谨慎性原则追加适当的审计程序。

（五）利用企业内管干部所在企业及有关部门的纪检监察工作成果时，对于已经办结的案件，可以在给予必要审计关注的基础上直接利用；对于正在办理的案件，应当注意与企业内管干部所在企业及有关纪检监察机构的沟通配合。

第十一条 企业可以建立经济责任审计工作联席会议（以下简称联席会议）制度。联席会议一般应当由纪检、监察、审计、人力资源和监事会等部门组成。联席会议下设办公室负责日常工作。

联席会议应当定期召开会议，检查、通报审计结果运用情况，协调解决审计结果运用中的问题，督促落实审计结果的运用。

第二章　审计准备阶段

第十二条　审计准备阶段的工作主要包括以下内容：

（一）审计立项；

（二）编制经济责任审计工作方案；

（三）确定审计组；

（四）制发审计通知书。

第十三条　审计立项。内部审计机构根据有关法律法规和企业内部规章制度，接受本企业董事会或高级管理层的委派或相关干部管理部门的委托（以下简称相关单位委派或委托）进行审计立项，作出审计计划安排。特殊情况下，可以调整审计计划，追加审计项目。

第十四条　编制经济责任审计工作方案。经济责任审计工作方案主要包括以下内容：

（一）审计目标；

（二）审计对象；

（三）审计范围；

（四）审计内容与重点；

（五）审计组织与分工；

（六）工作要求。

第十五条　确定审计组。内部审计机构根据经济责任审计事项，选派审计人员组成审计组。审计组实行组长负责制。

审计组应当由具有相关工作经验和专业知识的人员组成；审计组组长由内部审计机构确定，审计组组长应当是具有经济责任审计工作经验或具有较高相关专业技术资格的业务负责人。

第十六条　制发审计通知书。内部审计机构应当在实施审计三日前，向企业内管干部及其所在企业送达审计通知书。具有特殊目的的经济责任审计项目，也可以在审计实施时送达审计通知书。

审计通知书由审计组起草，经内部审计机构审核，报内部审计机构主管领导签发。

审计通知书可以附相关单位委派或委托书、需提供的审计资料清单等。

第十七条　企业内管干部及其所在企业和其他有关单位，应当按照审计通知书的要求提供与企业内管干部履行经济责任有关的下列资料：

（一）企业内管干部任期内财务收支相关资料；

（二）工作计划、工作总结、会议记录、会议纪要、合同、考核指标下达及其检查结果、内部控制制度和业务档案等资料；

（三）主管部门有关批准文件；

（四）相关监督管理部门的检查报告、内部与外部审计结果及其相关资料；

（五）重大事项，包括重大历史遗留问题、重大诉讼事项和重大违纪事项等的处理情况；

（六）企业内管干部履行经济责任情况的述职报告。述职报告主要内容包括：

1. 任职期限、职责范围和分管的工作；

2. 任期内各项目标任务及其完成情况，重要规章制度及内部控制的制定、完善和执行情况，任职前和任期内重大经济遗留问题及其处理情况等；

3. 任期内企业资产、负债、损益情况，重大经济决策事项、决策过程及其执行效果；

4. 任期内存在的主要问题；

5. 任期内个人遵守廉洁从业规定的情况；

6. 其他需要说明的情况。

（七）审计组认为需要的其他资料。

第十八条 企业内管干部及其所在企业应当对所提供资料的真实性、完整性负责，并作出书面承诺。

第十九条 审计通知书送达后，企业内管干部或所在企业要求内部审计人员回避的，内部审计机构应当按照回避制度的规定决定是否回避。应当回避的，调整审计组成员并告知企业内管干部或所在企业。

第三章 审计实施阶段

第二十条 审计实施阶段的工作主要包括以下内容：

（一）召开审计组进点会议；

（二）开展审前调查；

（三）编制审计实施方案；

（四）现场审计取证；

（五）编制审计工作底稿；

（六）撰写经济责任审计报告（征求意见稿）；

（七）征求企业内管干部及其所在企业意见。

第二十一条 召开审计组进点会议。审计组进驻企业内管干部所在企业时，应当召开有审计组主要成员、企业内管干部及其所在单位有关人员参加的进点会议，安排审计工作有关事项。

内部审计机构主管领导或审计组组长应当说明审计目的和依据、审计范围、审计内容、工作程序、参审人员、审计场所、实施时间、审计纪律、举报电话等，并提出需要协助、配合审计的有关事项和要求。

企业内管干部应当就其任职期间履行经济责任的情况进行述职。

第二十二条 开展审前调查。审计组在编制审计实施方案前，应当根据审计项目的规模、性质、紧急程度，安排适当的人员和时间，调查了解企业内管干部及其所在企业的有关情况。

第二十三条 审计组在编写经济责任审计实施方案前，应当熟悉与审计事项有关的法律法规和政策，调查了解企业内管干部及其所在企业的基本情况，并对所在企业的内部控制进行初步测试。需要了解的基本情况包括以下内容：

（一）所在企业的历史沿革、机构设置、人员编制、经营范围、财务状况、财务和业务管理体制、关联方关系等；

（二）企业内管干部的职责范围和分管工作；

（三）经营环境，如国家宏观经济环境、产业政策、经营风险，行业现状和发展趋势等；

（四）相关法律法规、政策，特定的会计、税收、外汇、贸易等惯例的要求及执行情况；

（五）所在企业适用的业绩指标体系以及业绩评价情况；

（六）所在企业内部控制建立健全及执行情况；

（七）以前年度接受审计、监管、检查及其整改情况；

（八）内部组织人事、纪检监察等部门掌握的企业内管干部遵守廉洁从业规定等方面的情况；

（九）信息系统及其电子数据；

（十）其他需要了解的情况。

第二十四条 编制审计实施方案。审计组应根据国家有关法律法规、政策及企业内部有关规定和审前调查的情况，按照重要性和谨慎性原则，在评估风险的基础上，围绕审计目标确定审计的范围、内容、方法和步骤，编制审计实施方案。审计实施方案主要包括以下内容：

（一）编制依据；

（二）企业内管干部所在企业的名称和基本情况；

（三）审计目标、审计范围；

（四）审计内容、重点、方法及具体实施步骤；

（五）预定审计工作起讫日期；

（六）重要性水平及对审计风险的评估；

（七）审计组组长、审计组成员及其分工；

（八）审计质量控制措施；

（九）编制单位、日期；

（十）其他有关内容。

第二十五条 审计实施方案由审计组编制，经审计组组长审核，报内部审计机构主管领导批准实施。

第二十六条 审计组根据实际情况和工作需要，通过访谈、问卷调查、个别询问等调查方式，进一步了解企业内管干部及所在企业的有关情况。调查对象一般包括企业内管干部所在企业董事会、监事会成员，其他领导人员，部门负责人，企业工会、部分职工代表及其他相关人员等。

第二十七条 审计组应当按照审计实施方案，对企业内管干部所在企业内部控制的健全性和有效性进行测试，设计实质性审查的程序和范围。测试的主要方法包括文字表述法、流程图法和测评表法。测试时，可以任选一种方法，也可以几种方法同时并用。

审计人员决定不依赖某项内部控制的，或被审计企业规模较小、业务比较简单的，审计人员可以对审计事项直接进行实质性审查。

第二十八条 在实施审计中，审计组通过调查了解和内部控制测试，如发现存在下列情形之一的，应当及时调整审计实施方案：

（一）审计实施方案的主要内容与所了解的情况存在重大差异的；

（二）内部控制测试结果显示审计组需要调整审计重点、步骤和方法的；

（三）发现重大违法违纪事项，需要改变审计内容和审计重点的；

（四）审计范围受到限制，不能正常开展工作的；

（五）审计组成员及其分工发生重大变化的；

（六）其他需要调整的情形。

第二十九条 经济责任审计实施方案的审计目标、审计组组长、审计重点、预定的审计工作完成时间等内容发生重大变化的，应报经内部审计机构主管领导批准后实施。

第三十条 现场审计取证。审计组实施审计时，可以运用检查、观察、询问、重新计算、重新操作、外部调查等方法，获取充分、适当、可靠的审计证据。对企业内管干部所在企业的信息系统，可以采取复制、截屏、拍照等方法取得审计证据。

审计人员向有关单位和个人进行调查询问取得的审计证据，应当有提供者的签名、盖章。不能取得提供者签名和盖章的，由审计人员注明原因，并由两名以上审计人员签字予以证明。

审计组组长应当对审计人员收集审计证据工作进行督导，并对审计证据进行审核。发现审计证据不符合要求的，应当责成审计人员进一步取证或采取替代审计程序。

第三十一条 编制审计工作底稿。审计人员对审计实施方案确定的审计事项，均应当编制审计工作底稿。

第三十二条 审计工作底稿应当包括以下内容：

（一）审计项目及审计事项名称；

（二）审计过程、审计结论及定性依据；

（三）审计人员姓名、编制日期；

（四）复核人员姓名、复核意见、复核日期；

（五）索引号、所附审计证据的数量及清单；

（六）被审计单位意见、签字及盖章。

第三十三条 审计工作底稿应当经审计组组长或其指定人员复核，并对以下事项提出复核意见：

（一）事实是否清楚；

（二）证据是否充分、适当；

（三）定性依据是否准确；

（四）审计结论是否恰当；

（五）审计意见、建议是否恰当。

第三十四条 现场审计结束前，审计组应当对取得的审计证据进行综合分析，并与企业内管干部及其所在企业就审计事项初步交换审计意见。

第三十五条 对审计中发现的重大问题，审计组应当及时向内部审计机构报告。对特别重大的事项，内部审计机构应当及时向董事会或高级管理层报告。

第三十六条 撰写经济责任审计报告（征求意见稿）。审计组实施审计后，由审计组组长或其指定的审计人员，在对审计工作底稿、审计证据及相关资料进行汇总和分析的基础上，考虑企业内管干部及其所在企业关于审计事项的初步意见，撰写经济责任审计报告（征求意见稿）。

第三十七条 企业内管干部经济责任审计报告应当按照以下格式编写：

（一）标题。＊＊＊（企业名称和企业内管干部职务）＊＊＊（企业内管干部姓名）

同志任期（或任中）经济责任审计报告（征求意见稿）。

（二）主送。委派或委托的相关单位，包括董事会或者主要领导、组织人事部门等。

（三）正文。主要包括审计基本情况说明、被审计企业内管干部及其所在企业情况介绍、审计发现的问题、审计评价、审计意见和建议等内容。

（四）附件。其他资料。

（五）落款。＊＊＊（企业内管干部姓名）同志经济责任审计组、时间。

第三十八条 经济责任审计报告主要包括以下内容：

（一）审计基本情况。主要是概要说明审计依据、审计对象，审计范围、内容、方式和起止时间，延伸、追溯审计重要事项的情况，以及企业内管干部及其所在企业配合审计工作的情况。

（二）被审计企业内管干部及其所在企业基本情况。主要包括企业内管干部的任职期间、职责范围、分管工作，所在企业的历史沿革、机构设置、人员编制、经营范围、财务状况等基本情况。

（三）被审计企业内管干部的主要工作及成绩，包括主要考核指标完成情况。

（四）审计发现的与被审计企业内管干部履行经济责任有关的主要问题。包括财务收支真实、合法、效益情况，重大经济决策的制定和执行情况，内部控制的建立和执行情况，企业内管干部遵守廉洁从业规定情况及其他方面的问题。如有相关单位委托的特别事项，应专门对该事项的审计结果进行报告。“其他方面的问题”主要指责任主体并非企业内管干部或其所在企业的问题、企业内管干部及其所在企业在审计过程中自行纠正的问题等。

报告中应当写明问题事实、违反相关法律法规或内部规章制度的具体内容、所造成的影响或后果等，并逐项说明企业内管干部应当承担的责任及认定原因。

（五）审计评价。主要是在审计职权范围内，概括并评价企业内管干部任职期间开展的主要工作。同时，根据审计查证或者认定的事实，以国家有关法律法规、相关考核目标和行业标准等为依据，对企业内管干部履行经济责任情况进行综合评价。

（六）审计意见和建议。对审计发现的问题，审计组应当提出审计处理意见和审计建议。

第三十九条 征求企业内管干部及其所在企业意见。审计组应当征求企业内管干部及其所在企业对经济责任审计报告（征求意见稿）的意见。

企业内管干部及其所在企业自收到审计报告（征求意见稿）之日起十日内提出书面反馈意见；在规定期限内没有提出书面意见的，视同无异议。

企业内管干部及其所在企业对审计报告（征求意见稿）有异议的，审计组应当研究、核实，撰写审计组关于采纳情况的书面说明，并考虑是否需要修改审计报告（征求意见稿）。审计报告（征求意见稿）经审计组集体讨论，由审计组组长审核定稿。

第四章 审计内容

第四十条 企业内管干部经济责任审计应当重点检查所在企业经营发展情况、财务收支情况、履行国有资产出资人经济管理和监督职责情况、遵守法律法规和贯彻执行国家有关经济工作方针政策和决策部署情况、制定和执行重大经济决策情况、内部控制建立和执行情况以及遵守有关廉洁从业规定情况等。

第四十一条 企业经营发展情况、财务收支情况、履行国有资产出资人经济管理和监督职责情况的审计，可以重点审查企业财务收支的真实性、合法性和效益性。

第四十二条 财务收支的真实性审计。重点审查企业内管干部任职期间企业的财务状况和经营成果是否真实、完整，账实是否相符，会计核算是否准确，合并财务报表范围是否完整等。主要内容包括：

（一）企业财务会计核算是否准确、真实，是否存在财务状况和经营成果不实的问题；

（二）企业财务报表的合并范围、方法、内容和编报是否符合规定，是否存在故意编造虚假财务报表等问题；

（三）企业会计账簿记录与实物、款项和有关资料是否相符；

（四）企业采用的会计确认标准或计量方法是否正确，有无随意变更或者滥用会计估计和会计政策，故意编造虚假利润等问题。

第四十三条 财务收支的合法性审计。重点审查企业内管干部任职期间，企业的财务收支管理和核算是否符合国家有关规定。主要内容包括：

（一）企业收入、成本费用的确认和核算是否符合有关规定，有无虚列、多列、不列或者少列收入及成本费用等问题；

（二）企业资产、负债、所有者权益的确认和核算是否符合有关规定，有无随意改变确认标准或计量方法，以及虚列、多列、不列或者少列资产、负债、所有者权益等问题。

第四十四条 财务收支的效益性审计。重点审查企业的盈利能力状况、资产质量状况、债务风险状况、经营增长状况等方面经济指标完成情况。

（一）盈利能力状况审计。主要通过资本及资产报酬水平、成本费用控制水平和经营现金流量状况等反映企业盈利能力的财务指标，审查企业内管干部在任职期间企业的投入产出水平和盈利能力。可参考指标包括：净资产收益率、总资产报酬率、销售（营业）利润率、成本费用利润率等。

（二）资产质量状况审计。主要通过资产周转速度、资产运行状态、资产结构以及资产有效性等方面的财务指标，审查企业内管干部任职期间企业占用经济资源的利用效率、资产管理水平与资产的安全性。可参考指标包括：总资产周转率、应收账款周转率、不良资产比率、资产现金回收率等。

在资产质量状况审计中应重点对不良资产进行审计，应当按照企业内管干部任期职责、任期时间及不良资产产生原因等情况，分清企业不良资产产生的责任。应注意核实企业内管干部任期以前存在的不良资产、任期内消化的任期以前的不良资产、任期内新增不良资产以及任期内因客观因素新增的不良资产。其中，客观因素主要指国际环境、国家政策、自然灾害等，主观因素主要指决策失误、经营不善等。

（三）债务风险状况审计。主要通过债务负担水平、资产负债结构、或有负债情况、现金偿债能力等方面的财务指标，审查企业内管干部任职期间企业的债务水平、偿债能力及其面临的债务风险。可参考指标包括：资产负债率、速动比率、现金流动负债比率、带息负债比率、或有负债比率等。

（四）经营增长状况审计。主要通过市场拓展、资本积累、效益增长以及技术投入等方面的财务指标，审查企业内管干部任职期间企业的经营增长水平、资本增值状况及持续发展能力。可参考指标包括：销售（营业）增长率、资本保值增值率、任期年均资本增长率、销售（营业）利润增长率、总资产增长率等。

第四十五条 遵守法律法规和贯彻执行国家有关经济工作方针政策和决策部署情况、制定和执行重大经济决策情况审计。审查企业内管干部任职期间，企业重大决策、重要人事任免、重大项目安排和大额度资金运作事项（以下简称“三重一大”事项）的决策规则和程序是否建立健全，经济决策方案是否得到良好的执行以及执行的结果是否达到决策目标要求等内容，明确企业内管干部在重大经济决策中应负的责任。重大经济决策制定和执行情况审计的具体内容包括：

（一）企业是否建立了“三重一大”事项决策机制，制定的基本程序是否符合规定，是否存在未经决策机构集体讨论、由企业内管干部个人或少数人决策的问题。

（二）重大经济决策的内容是否符合国家有关法律法规、政策及规定。

（三）重大经济决策是否经国家有关部门核准或审批，所签订协议或者合同内容是否符合企业实际，是否存在损害本企业利益的条款。

（四）重大经济决策方案是否得到良好执行，是否明确了具体的管理部门，是否进行过程监控。

（五）重大经济决策是否存在重大风险，决策方案中有无预防和控制风险转化为损失的应对措施，决策执行的结果是否达到决策目标要求，是否给企业造成损失或潜在损失等。

第四十六条 内部控制建立及执行情况审计。审查企业内管干部所在企业内部控制的健全性、适当性和有效性，并结合企业内管干部的职责要求确定其在内部控制建立及执行中应承担的责任。应当注意审查以下内容：

（一）内部环境。审查企业治理结构是否合理，机构设置与权责分配是否明确，内部审计机构是否健全，人力资源政策是否有效制定和实施等。

（二）风险评估。审查企业是否能够及时识别经营活动中与实现内部控制目标相关的内、外部风险，是否采用定性与定量相结合的方法，系统分析风险并合理确定风险应对策略等。

（三）控制活动。审查企业不相容职务分离控制、授权审批控制、会计系统控制、财产保护控制、预算控制、运营分析控制和绩效考评控制等控制措施是否恰当、有效，能否运用控制措施，对各种业务和事项的风险控制在可承受度之内。

（四）信息与沟通。审查企业是否建立信息与沟通制度，内部控制相关信息的收集、处理和传递程序是否明确，内部控制相关信息能否在企业内、外部各方面及时沟通和反馈，是否建立反舞弊机制等。

（五）内部监督。审查企业是否制定内部控制监督制度，是否明确内部审计机构和其他内部机构在内部监督中的职责权限，是否制定内部控制缺陷认定标准，是否定期对内部控制有效性进行自我评价等。

第四十七条 企业内管干部遵守廉洁从业规定情况审计。主要审查企业内管干部有无违反国家法律法规和廉政纪律，以权谋私，贪污、挪用、私分公款，转移国家资财，行贿受贿和挥霍浪费等行为。主要内容包括：

（一）有无以权谋私和违反廉洁从业规定的问题；

（二）根据人事、纪检监察部门的意见，需要审计查证的事项；

（三）根据群众反映，需要审计查证的问题；

（四）其他违法、违纪问题。

第四十八条 经济责任审计还应当关注企业内管干部贯彻落实科学发展观，推动经济社会科学发展情况；遵守有关法律法规、贯彻执行党和国家有关经济工作的方针政策和决策部署情况；与履行经济责任有关的管理、决策等活动的经济效益、社会效益和环境效益情况等。

第五章 审计评价及责任界定

第四十九条 内部审计机构对企业内管干部履行经济责任情况实施审计后，应当根据审计查证或者认定的事实，依照法律法规、国家有关政策和规定、责任制考核目标、行业标准等，对企业内管干部履行经济责任情况作出客观公正的评价。审计评价不应超出审计的职权范围和实际实施的审计范围。评价结论应当有充分的审计证据支持。

第五十条 评价企业内管干部经济责任的方法，主要包括业绩比较法、量化指标法、环境分析法、主客观因素分析法、责任区分法等。

（一）业绩比较法。包括纵向比较法（即任期初与任期末业绩比较法，或先确定比较基期再将比较期与之进行对比的方法）和横向比较法（即将相关业绩与同行业平均水平进行比较的方法）。

（二）量化指标法。即运用能够反映企业内管干部履行经济责任情况的相关经济指标，分析其完成情况，总结相关经济责任的方法。

（三）环境分析法。即将企业内管干部履行经济责任的行为置于相关的社会政治经济环境中加以分析，作出客观评价。

（四）主客观因素分析法。即对具体行为或事项进行主客观分析，推究其具体的主客观原因，分析该具体行为或事项是因为企业内管干部的主观过错，还是由于客观因素的影响，进而作出客观评价。

（五）责任区分法。包括区分直接责任、主管责任和领导责任等。

第五十一条 对企业内管干部履行经济责任情况的评价，可以采取分类评价和综合评价相结合的方法。

第五十二条 对企业财务收支真实性的评价，可以根据内部审计机构确认的审计结果，给予“××同志任职期间，企业财务状况真实（基本真实、不真实或严重失真）”的评价意见。

（一）“真实”的评价标准：会计核算和财务报表如实反映了企业财务收支情况及与其相应的经营活动。

（二）“基本真实”的评价标准：会计核算和财务报表虽存在个别不真实事项，但总体上能够如实反映企业财务收支情况及与其相应的经营活动。

（三）“不真实”的评价标准：会计核算和财务报表没有如实反映企业财务收支情况及与其相应的经营活动。

（四）“严重失真”的评价标准：会计核算和财务报表对企业财务收支情况及其相应的经营活动的反映与实际严重不符。

第五十三条 对企业财务收支合法性的评价，可以根据内部审计机构确认的审计结果，给予“××同志任职期间，企业严格遵守（基本遵守、违反或严重违反）国家有关财经法律法规的规定”的评价意见。

（一）“严格遵守规定”的评价标准：严格执行国家的会计核算制度，会计业务处理正确；严格执行国家财务制度规定，审计未发现违反国家相关规定的行为。

（二）“基本遵守规定”的评价标准：较好执行国家的会计核算制度，会计业务处理基本正确；基本执行国家财务制度规定。

（三）“违反规定”的评价标准：没有按国家会计核算制度规定处理会计业务；存在违反国家财务制度规定的行为，但数额不大、性质不够严重。

（四）“严重违反规定”的评价标准：存在做假账、账外账等违反会计核算规定的行为；存在数额较大、性质严重的违反国家财政财务制度规定的行为。

第五十四条 对企业财务收支的效益性进行评价时，应当在定量指标评价的基础上，对企业内管干部任职期间的经营管理水平进行定性分析与综合评判。定量评价可以实行年度考核指标与任期考核指标相结合的方式。年度考核指标包括利润总额和经济增加值，任期考核指标包括国有资本保值增值率和主营业务收入平均增长率。定性评价指标可包括企业发展战略的确立与执行、经营决策、发展创新、风险控制、基础管理、人力资源、行业影响和社会贡献等方面。

第五十五条 对企业制定和执行重大经济决策情况的评价，可以在简要表述企业制定的“三重一大”事项决策机制的基础上，重点对决策程序、决策过程及决策效果进行分类评价。

（一）××等重大经济决策，符合国家有关法律法规和方针政策，决策程序合规，决策得到有效执行并实现预期目标。

（二）××等重大经济决策内容不符合有关规定，或应履行而未履行决策程序。

（三）××等重大经济决策依据不充分，未能实现预期目标。

第五十六条 对内部控制建立健全情况的评价，可以根据所在企业内部控制的健全性、适当性和有效性情况，给予“××同志任职期间，制定和修订了××项管理制度，采取了××措施，内部控制有效（较为有效、无效）”的评价意见。

（一）“有效”的评价标准：内部控制健全、适当；内部控制执行有效，实现管理目标。

（二）“较为有效”的评价标准：内部控制较为健全；内部控制执行较为有效，基本实现管理目标，没有出现重大内部控制缺陷。

（三）“无效”的评价标准：内部控制不健全；内部控制执行无效，出现重大内部控制缺陷，没有实现管理目标。

第五十七条 对企业内管干部遵守廉洁从业情况的评价，依据企业内管干部个人遵守廉政纪律规定的情况，作出“在审计范围内，未发现××同志存在违反领导干部廉洁从业规定的行为”或“在审计范围内，××同志存在××问题（列举违反领导干部廉洁从业规定的具体问题）”的评价意见。

第五十八条 对企业内管干部进行综合评价时，应在前述分类评价的基础上，对其履行经济责任的情况作出“履行、基本履行、未履行”的结论。

第五十九条 对企业内管干部履行经济责任过程中存在问题所应当承担的直接责任、主管责任、领导责任，应当区别不同情况作出界定。

第六十条 企业内管干部在履行经济责任过程中应承担直接责任的行为包括：

（一）直接违反法律法规、国家有关规定和企业内部管理规定；授意、指使、强令、纵容、包庇下属人员违反法律法规、国家有关规定和企业内部管理规定。

（二）未经民主决策、相关会议讨论而直接决定、批准、组织实施重大经济事项，并造成重大经济损失浪费、国有资产（资金、资源）流失等严重后果。

（三）主持相关会议讨论或者以其他方式研究，但是在多数人不同意的情况下直接决定、批准、组织实施重大经济事项，由于决策不当或者决策失误造成重大经济损失浪费、国有资产（资金、资源）流失等严重后果等。

第六十一条 企业内管干部应承担主管责任的行为包括：

（一）对其直接分管的工作不履行或者不正确履行经济责任。

（二）主持相关会议讨论或者以其他方式研究，并且在多数人同意的情况下决定、批准、组织实施重大经济事项，由于决策不当或者决策失误造成重大经济损失浪费、国有资产（资金、资源）流失等严重后果等。

第六十二条 除直接责任和主管责任外，对企业内管干部不履行或者不正确履行经济责任的其他行为，应当界定为承担领导责任。

第六章 审计终结阶段

第六十三条 审计终结阶段主要包括以下工作：

（一）审计组提交经济责任审计报告；

（二）复核与审定经济责任审计报告；

（三）撰写经济责任审计结果报告；

（四）出具审计决定书；

（五）出具移交（移送）处理书；

（六）监督审计决定的执行；

（七）建立审计档案。

第六十四条 审计组提交经济责任审计报告。审计组应当在收到企业内管干部及其所在企业书面意见或征求意见期限届满之日起十日内提交经济责任审计报告，重大、疑难的审计事项经内部审计机构主管领导批准可以在三十日内提交报告，但最长不得超过六十日。

对被审计企业违反国家或企业内部规定的财务收支行为、内部审计机构有权作出处理的，审计组应同时起草审计决定书。审计决定书应载明违反国家或企业内部规定的财务收支行为的事实、定性、处理处罚决定、法律法规或内部规定等依据，以及处理处罚决定的执行期限。

审计组应当将经济责任审计报告、企业内管干部及其所在企业对经济责任审计报告的书面意见、审计组的书面说明、审计实施方案、审计工作底稿、审计证据、审计决定书以及其他有关材料，报送内部审计机构。

第六十五条 审计组组长应当对所提交经济责任审计报告的真实性负责。对审计发现的企业内管干部违反廉洁从业规定的问题，审计组组长和审计人员不得隐瞒不报。

第六十六条 经济责任审计报告的复核与审定。内部审计机构应当对下列事项进行复核，并出具书面复核意见。

（一）审计目标是否实现；

（二）审计实施方案确定的审计事项是否完成；

（三）审计发现的重要问题是否在审计报告中反映；

（四）事实是否清楚、数据是否准确；

（五）审计证据是否充分、适当；

（六）审计评价、定性、处理处罚意见是否适当，适用法律、法规、规章和标准是否适当；

（七）企业内管干部及其所在企业提出的建议是否采纳，如未采纳，理由是否充分；

（八）其他需要复核的事项。

第六十七条 内部审计机构应当将经济责任审计报告、审计决定书、复核意见一并报送内部审计机构主管领导。一般审计事项的经济责任审计报告和审计决定书等审计文书，由内部审计机构主管领导审定；重大审计事项的经济责任审计报告，由审计业务会议审定。

第六十八条 审计业务会议应当在充分讨论的基础上做出决定。内部审计机构应当根据审计业务会议决定修改经济责任审计报告、审计决定书等。

第六十九条 撰写经济责任审计结果报告。经济责任审计报告经审定后，内部审计机构可以根据审定意见，撰写并向委派或委托审计事项的单位报送经济责任审计结果报告。

第七十条 企业内管干部经济责任审计结果报告应当按照以下格式编写：

（一）标题。＊＊＊（内部审计机构）关于＊＊＊（企业名称和企业内管干部职务）＊＊＊（企业内管干部姓名）同志任期（或任中）经济责任审计结果报告。

（二）主送。委派或委托的相关单位，包括董事会或者主要领导、组织人事部门等。

（三）正文。正文格式同经济责任审计报告，但对相关内容表述应进一步提炼汇总和归类整理。

（四）附件。企业内管干部及其所在企业对经济责任审计报告的意见。

（五）落款。内部审计机构（印章）、时间。

（六）抄送。联席会议及有关部门。

第七十一条 出具审计决定书。内部审计机构应当将审定后的审计决定书等审计文书，报送内部审计机构主管领导签发。

第七十二条 出具移交（移送）处理书。对经济责任审计中发现的企业内管干部违法违纪等问题，审计组应起草移交（移送）处理书，由有关部门分别予以处理。

（一）对需要由企业内管干部承担一般经济责任的，移交相应管理部门处理；

（二）对企业内管干部违反党纪政纪的，移交纪检监察部门处理；

（三）对应依法追究企业内管干部刑事责任的，移送司法机关处理。

第七十三条 经济责任审计报告、审计决定书应及时送达企业内管干部及其所在企业，并抄送有关部门。

第七十四条 内部审计机构应向下达审计指令的董事会或高级管理层提交经济责任审计结果报告，并抄送有关部门。

第七十五条 监督审计结果执行落实情况。内部审计机构应对审计发现问题的整改情况进行跟踪监督，并根据实际情况确定是否实施后续审计。后续审计结束后应当出具书面报告。

第七十六条 建立审计档案。审计结束后，内部审计人员应当整理相关资料，并建立、保管审计档案。下列资料应当归入审计档案：

（一）相关单位的委派或委托书、审计工作方案、审计实施方案、审计通知书；

（二）审计工作底稿及相关审计取证材料；

（三）经济责任审计报告征求意见稿及反馈意见；

（四）审计报告复核意见书；

（五）审计报告；

（六）审计决定书、移交（移送）处理书；

（七）企业整改情况报告；

（八）其他相关资料。

第七章　审计结果运用

第七十七条　企业董事会、管理层、干部管理部门或其他相关部门，应当注重对企业内管干部经济责任审计结果的运用，强化经济责任审计效果。

（一）委派或委托内部审计机构对企业内管干部进行经济责任审计的管理层或部门，可以采取适当的方式在一定范围内通报审计结果。

（二）企业内管干部经济责任审计结果，应当作为对企业内管干部考核、任免、奖惩的重要依据，并以适当方式将审计结果运用情况反馈内部审计机构。

（三）经济责任审计结果报告可以归入企业内管干部本人档案。

（四）对于有轻微违纪行为或有苗头性、倾向性问题的企业内管干部，企业可以开展诫勉教育。

（五）若因经济决策失误给企业造成重大损失，或存在资产状况不实、经营成果虚假等问题，企业应当视其影响程度对企业内管干部作出处理。

第七十八条　在经济责任审计工作中，发现企业其他领导干部存在严重问题的，经董事会或高级管理层批准，内部审计机构可以进行延伸审计。

第八章　附　　则

第七十九条　本指南自发布之日起施行。

第八十条　本指南由中国内部审计协会负责解释。

内部审计人员职业道德规范

（中内协发［2003］20号，2003年4月12日）

第一条　内部审计人员在履行职责时，应当严格遵守中国内部审计准则及中国内部审计协会制定的其他规定。

第二条　内部审计人员不得从事损害国家利益、组织利益和内部审计职业荣誉的活动。

第三条　内部审计人员在履行职责时，应当做到独立、客观、正直和勤勉。

第四条　内部审计人员在履行职责时，应当保持廉洁，不得从被审计单位获得任何可能有损职业判断的利益。

第五条 内部审计人员应当保持应有的职业谨慎，并合理使用职业判断。

第六条 内部审计人员应当保持和提高专业胜任能力，必要时可聘请有关专家协助。

第七条 内部审计人员应诚实地为组织服务，不做任何违反诚信原则的事情。

第八条 内部审计人员应当遵循保密性原则，按规定使用其在履行职责时所获取的资料。

第九条 内部审计人员在审计报告中应客观地披露所了解的全部重要事项。

第十条 内部审计人员应具有较强的人际交往技能，妥善处理好与组织内外相关机构和人士的关系。

第十一条 内部审计人员应不断接受后续教育，提高服务质量。

内部审计人员岗位资格证书实施办法

（中内协发［2003］22号，2003年5月22日）

第一条 为了适应内部审计工作的需要，提高内部审计人员的素质，根据《审计署关于内部审计工作的规定》及有关规定，制定本办法。

第二条 内部审计人员岗位资格证书（以下简称资格证书）是从事内部审计工作的专兼职人员应具备的任职资格证明。

第三条 资格证书的取得采取资格认证和考试两种办法。

（一）凡具备下列条件之一者，经省级内部审计（师）协会审批，报中国内部审计协会备案后，可发给资格证书：

1. 具有审计、会计、经济及相关专业中级及中级以上专业技术职称的人员；

2. 具有国际注册内部审计师证书的人员；

3. 具有注册会计师、造价工程师、资产评估师等相关执业证书的人员；

4. 审计、会计及相关专业本科以上学历工作满两年以上，以及大专学历工作满4年以上的人员。

对已取得省（行业）级内部审计（师）协（学）会颁发的内部审计资格证书，时间不超过两年的人员，在本办法实施后可进行一次性的确认，发给资格证书。

（二）不具备上述第（一）款条件者，须参加中国内部审计协会统一组织的资格考试，考试合格者发给资格证书。

第四条 资格证书考试内容：

（一）内部审计原理与技术；

（二）有关法律法规与内部审计准则；

（三）计算机基础知识与应用。

第五条 资格考试一般每年统一举行一次，时间为每年9月第三周的星期六。开始施行阶段，也可由中国内部审计协会授权省级内部审计（师）协会根据实际情况做出考试安排。

第六条 资格证书审核发放程序。凡具备取得资格证书条件的人员，由本人填写《内部审计人员岗位资格证书申请表》（见附件），经所在单位审核签章后，连同资格证明文件

（职称证、执业资格证、学历证、人事部门出具的工作年限证明、考试合格证明）原件及复印件、免冠2寸彩色照片，报省级内部审计（师）协会审核后，发给资格证书。

第七条 资格证书实行年检注册制度，每两年为一个年检注册周期。

符合下列条件的可通过年检，并进行注册：

（一）遵守国家的法律法规；

（二）严格执行《内部审计准则》；

（三）遵守内部审计职业道德；

（四）按照有关规定完成后续教育。

第八条 因借调、出国等原因不能参加后续教育或年检的人员，须持本单位人事部门出具的证明，向所在省的内部审计（师）协会提出延缓年检注册的申请。

第九条 对无故不参加年检和注册的人员，应收回并注销其资格证书。

第十条 因违法犯罪被追究刑事责任或弄虚作假骗取资格证书的人员，一律吊销其资格证书。

第十一条 对已调离内部审计工作岗位满两年和已办理退休手续的人员，须收回其资格证书。

第十二条 中国内部审计协会负责统一组织资格证书的考试、考试大纲的拟定和教材的编写、考试的命题和资格证书的印制，以及对违反本办法人员的处理。

省级内部审计（师）协会负责组织资格证书考前培训，考试的实施，资格证书的发放、管理和年检注册，对违反本办法人员向中国内部审计协会提出查处意见。

第十三条 资格证书不得涂改、转让，资格证书遗失后应及时到省级内部审计（师）协会挂失，经查实后可予以补发。

第十四条 本办法由中国内部审计协会负责解释。

第十五条 本办法自2003年7月1日起施行。

内部审计人员后续教育实施办法

（中内协发［2003］22号，2003.05.22）

第一条 为了规范内部审计人员后续教育，不断提高内部审计人员的专业胜任能力，根据《审计署关于内部审计工作的规定》及有关规定，制定本办法。

第二条 取得内部审计人员岗位资格证书和CIA证书的人员，都应当按照本办法接受后续教育。

第三条 后续教育的主要内容：

（一）法律法规与内部审计准则；

（二）内部审计理论与技术方法；

（三）相关专业知识；

（四）计算机应用技术。

第四条 后续教育一般采取以下形式：

（一）参加中国内部审计协会和省（行业）级内部审计（师）协（学）会举办的境内

外培训和考察活动；

（二）参加中国内部审计协会认可的大专院校学历教育和专业课程进修；

（三）在大专院校或本条第一款规定的培训活动讲授内部审计课程；

（四）参加国际内部审计师协会和亚洲内部审计联合会组织的专业会议和培训活动；

（五）参加中国内部审计协会和省（行业）级内部审计（师）协（学）会召开的专业会议；

（六）在省、部级以上报刊、杂志发表内部审计文章，出版有关内部审计著作，在中国内部审计协会和省（行业）级内部审计（师）协（学）会举行的论文评选中有获奖的论文；

（七）参加与内部审计相关的中级以上专业技术职称和执业资格考试并获取证书；

（八）中国内部审计协会认可的其他培训方式。

第五条 后续教育采取学时累计法，每两年为一个周期，时间不得少于80学时（第一年不得少于30学时）。

第六条 后续教育学时的计算方法：

（一）属本办法第四条第一、二款规定的，按课程设定的学时计算后续教育学时；

（二）属本办法第四条第三款规定的，每授课1学时后续教育按两学时计算，全年累计不得超过20学时；

（三）属本办法第四条第四、五款规定的，按参加会议和培训的实际时间计算后续教育学时；

（四）属本办法第四条第六款规定的，每千字按两学时计算后续教育学时，翻译按每两千字计算后续教育1学时，全年累计不得超过10学时；

（五）取得审计师、会计师、经济师、工程师及以上专业技术职称和国际注册内部审计师、注册会计师、造价工程师、资产评估师职业资格的，当年按50学时计算后续教育学时；

第七条 中国内部审计协会负责后续教育的规划、管理、制订教学大纲、编写教材。

省（行业）级内部审计（师）协会负责管辖范围内的后续教育具体组织实施工作。

第八条 省（行业）级以上内部审计（师）协（学）会，应及时对参加其组织的培训、授课和专业会议的内部审计人员和取得CIA资格人员出具后续教育学时证明。

第九条 省级内部审计（师）协会应根据内部审计人员和取得CIA资格人员提交的后续教育学时证明材料，及时记录于《内部审计人员岗位资格证书》和《国际注册内部审计师资格证书》后续教育栏目中，并按规定进行注册。

第十条 本办法由中国内部审计协会负责解释。

第十一条 本办法自2003年7月1日起施行。

中小企业板上市公司内部审计工作指引

（2007年12月26日）

第一章 总 则

第一条 为进一步规范中小企业板上市公司（以下简称“上市公司”或“公司”）内部审计工作，提高内部审计工作质量，保护投资者合法权益，依据《审计法》、《审计署关

于内部审计工作的规定》等有关法律、法规、规章和《深圳证券交易所股票上市规则》的规定，制定本指引。

第二条 本指引所称内部审计，是指由上市公司内部机构或人员，对其内部控制和风险管理的有效性、财务信息的真实性和完整性以及经营活动的效率和效果等开展的一种评价活动。

第三条 本指引所称内部控制，是指上市公司董事会、监事会、高级管理人员及其他有关人员为实现下列目标而提供合理保证的过程：

（一）遵守国家法律、法规、规章及其他相关规定；

（二）提高公司经营的效率和效果；

（三）保障公司资产的安全；

（四）确保公司信息披露的真实、准确、完整和公平。

第四条 上市公司应当依照国家有关法律、法规、规章及本指引的规定，结合本公司所处行业和生产经营特点，建立健全内部审计制度，防范和控制公司风险，增强公司信息披露的可靠性。内部审计制度应当经董事会审议通过。

第五条 上市公司董事会应当对内部控制制度的建立健全和有效实施负责，重要的内部控制制度应当经董事会审议通过。

上市公司董事会及其全体成员应当保证内部控制相关信息披露内容的真实、准确、完整。

第二章　一般规定

第六条 上市公司应当在董事会下设立审计委员会，制定审计委员会议事规则并予以披露。审计委员会成员应当全部由董事组成，其中独立董事应占半数以上并担任召集人，且至少应有一名独立董事为会计专业人士。

第七条 上市公司应当在股票上市后六个月内建立内部审计制度，并设立内部审计部门，对公司财务信息的真实性和完整性、内部控制制度的建立和实施等情况进行检查监督。内部审计部门对审计委员会负责，向审计委员会报告工作。

第八条 上市公司应当依据公司规模、生产经营特点及有关规定，配置专职人员从事内部审计工作，且专职人员应不少于三人。

第九条 内部审计部门的负责人必须专职，由审计委员会提名，董事会任免。

上市公司应当披露内部审计部门负责人的学历、职称、工作经历、与公司控股股东及实际控制人是否存在关联关系等情况。

第十条 内部审计部门应当保持独立性，不得置于财务部门的领导之下，或者与财务部门合署办公。

第十一条 上市公司各内部机构、控股子公司以及具有重大影响的参股公司应当配合内部审计部门依法履行职责，不得妨碍内部审计部门的工作。

第三章　职责和总体要求

第十二条 审计委员会在指导和监督内部审计部门工作时，应当履行以下主要职责：

（一）指导和监督内部审计制度的建立和实施；

（二）至少每季度召开一次会议，审议内部审计部门提交的工作计划和报告等；

（三）至少每季度向董事会报告一次，内容包括但不限于内部审计工作进度、质量以及发现的重大问题；

（四）协调内部审计部门与会计师事务所、国家审计机构等外部审计单位之间的关系。

第十三条 内部审计部门应当履行以下主要职责：

（一）对本公司各内部机构、控股子公司以及具有重大影响的参股公司的内部控制制度的完整性、合理性及其实施的有效性进行检查和评估；

（二）对本公司各内部机构、控股子公司以及具有重大影响的参股公司的会计资料及其他有关经济资料，以及所反映的财务收支及有关的经济活动的合法性、合规性、真实性和完整性进行审计，包括但不限于财务报告、业绩快报、自愿披露的预测性财务信息等；

（三）协助建立健全反舞弊机制，确定反舞弊的重点领域、关键环节和主要内容，并在内部审计过程中合理关注和检查可能存在的舞弊行为；

（四）至少每季度向审计委员会报告一次，内容包括但不限于内部审计计划的执行情况以及内部审计工作中发现的问题。

第十四条 内部审计部门应当在每个会计年度结束前两个月内向审计委员会提交次一年度内部审计工作计划，并在每个会计年度结束后两个月内向审计委员会提交年度内部审计工作报告。

内部审计部门应当将审计重要的对外投资、购买和出售资产、对外担保、关联交易、募集资金使用及信息披露事务等事项作为年度工作计划的必备内容。

第十五条 内部审计部门应当以业务环节为基础开展审计工作，并根据实际情况，对与财务报告和信息披露事务相关的内部控制设计的合理性和实施的有效性进行评价。

第十六条 内部审计通常应当涵盖公司经营活动中与财务报告和信息披露事务相关的所有业务环节，包括但不限于：销货及收款、采购及付款、存货管理、固定资产管理、资金管理、投资与融资管理、人力资源管理、信息系统管理和信息披露事务管理等。

内部审计部门可以根据公司所处行业及生产经营特点，对上述业务环节进行调整。

第十七条 内部审计人员获取的审计证据应当具备充分性、相关性和可靠性。内部审计人员应当将获取审计证据的名称、来源、内容、时间等信息清晰、完整地记录在工作底稿中。

第十八条 内部审计人员在审计工作中应当按照有关规定编制与复核审计工作底稿，并在审计项目完成后，及时对审计工作底稿进行分类整理并归档。

内部审计部门应当建立工作底稿保密制度，并依据有关法律、法规的规定，建立相应的档案管理制度，明确内部审计工作报告、工作底稿及相关资料的保存时间。

第四章 具体实施

第十九条 内部审计部门应当按照有关规定实施适当的审查程序，评价公司内部控制的有效性，并至少每年向审计委员会提交一次内部控制评价报告。

评价报告应当说明审查和评价内部控制的目的、范围、审查结论及对改善内部控制的建议。

第二十条 内部控制审查和评价范围应当包括与财务报告和信息披露事务相关的内部控制制度的建立和实施情况。

内部审计部门应当将对外投资、购买和出售资产、对外担保、关联交易、募集资金使用、信息披露事务等事项相关内部控制制度的完整性、合理性及其实施的有效性作为检查和评估的重点。

第二十一条 内部审计部门对审查过程中发现的内部控制缺陷，应当督促相关责任部门制定整改措施和整改时间，并进行内部控制的后续审查，监督整改措施的落实情况。

内部审计部门负责人应当适时安排内部控制的后续审查工作，并将其纳入年度内部审计工作计划。

第二十二条 内部审计部门在审查过程中如发现内部控制存在重大缺陷或重大风险，应当及时向审计委员会报告。

审计委员会认为公司内部控制存在重大缺陷或重大风险的，董事会应当及时向本所报告并予以披露。上市公司应当在公告中披露内部控制存在的重大缺陷或重大风险、已经或可能导致的后果，以及已采取或拟采取的措施。

第二十三条 内部审计部门应当在重要的对外投资事项发生后及时进行审计。在审计对外投资事项时，应当重点关注以下内容：

（一）对外投资是否按照有关规定履行审批程序；

（二）是否按照审批内容订立合同，合同是否正常履行；

（三）是否指派专人或成立专门机构负责研究和评估重大投资项目的可行性、投资风险和投资收益，并跟踪监督重大投资项目的进展情况；

（四）涉及委托理财事项的，关注公司是否将委托理财审批权力授予公司董事个人或经营管理层行使，受托方诚信记录、经营状况和财务状况是否良好，是否指派专人跟踪监督委托理财的进展情况；

（五）涉及证券投资事项的，关注公司是否针对证券投资行为建立专门内部控制制度，投资规模是否影响公司正常经营，资金来源是否为自有资金，投资风险是否超出公司可承受范围，是否使用他人账户或向他人提供资金进行证券投资，独立董事和保荐人（包括保荐机构和保荐代表人，下同）是否发表意见（如适用）。

第二十四条 内部审计部门应当在重要的购买和出售资产事项发生后及时进行审计。在审计购买和出售资产事项时，应当重点关注以下内容：

（一）购买和出售资产是否按照有关规定履行审批程序；

（二）是否按照审批内容订立合同，合同是否正常履行；

（三）购入资产的运营状况是否与预期一致；

（四）购入资产有无设定担保、抵押、质押及其他限制转让的情况，是否涉及诉讼、仲裁及其他重大争议事项。

第二十五条 内部审计部门应当在重要的对外担保事项发生后及时进行审计。在审计对外担保事项时，应当重点关注以下内容：

（一）对外担保是否按照有关规定履行审批程序；

（二）担保风险是否超出公司可承受范围，被担保方的诚信记录、经营状况和财务状况是否良好；

（三）被担保方是否提供反担保，反担保是否具有可实施性；

（四）独立董事和保荐人是否发表意见（如适用）；

（五）是否指派专人持续关注被担保方的经营状况和财务状况。

第二十六条 内部审计部门应当在重要的关联交易事项发生后及时进行审计。在审计关联交易事项时，应当重点关注以下内容：

（一）是否确定关联方名单，并及时予以更新；

（二）关联交易是否按照有关规定履行审批程序，审议关联交易时关联股东或关联董事是否回避表决；

（三）独立董事是否事前认可并发表独立意见，保荐人是否发表意见（如适用）；

（四）关联交易是否签订书面协议，交易双方的权利义务及法律责任是否明确；

（五）交易标的有无设定担保、抵押、质押及其他限制转让的情况，是否涉及诉讼、仲裁及其他重大争议事项；

（六）交易对手方的诚信记录、经营状况和财务状况是否良好；

（七）关联交易定价是否公允，是否已按照有关规定对交易标的进行审计或评估，关联交易是否会侵占上市公司利益。

第二十七条 内部审计部门应当至少每季度对募集资金的存放与使用情况进行一次审计，并对募集资金使用的真实性和合规性发表意见。在审计募集资金使用情况时，应当重点关注以下内容：

（一）募集资金是否存放于董事会决定的专项账户集中管理，公司是否与存放募集资金的商业银行、保荐人签订三方监管协议；

（二）是否按照发行申请文件中承诺的募集资金投资计划使用募集资金，募集资金项目投资进度是否符合计划进度，投资收益是否与预期相符；

（三）是否将募集资金用于质押、委托贷款或其他变相改变募集资金用途的投资，募集资金是否存在被占用或挪用现象；

（四）发生以募集资金置换预先已投入募集资金项目的自有资金、用闲置募集资金暂时补充流动资金、变更募集资金投向等事项时，是否按照有关规定履行审批程序和信息披露义务，独立董事、监事会和保荐人是否按照有关规定发表意见（如适用）。

第二十八条 内部审计部门应当在业绩快报对外披露前，对业绩快报进行审计。在审计业绩快报时，应当重点关注以下内容：

（一）是否遵守《企业会计准则》及相关规定；

（二）会计政策与会计估计是否合理，是否发生变更；

（三）是否存在重大异常事项；

（四）是否满足持续经营假设；

（五）与财务报告相关的内部控制是否存在重大缺陷或重大风险。

第二十九条 内部审计部门在审查和评价信息披露事务管理制度的建立和实施情况时，应当重点关注以下内容：

（一）公司是否已按照有关规定制定信息披露事务管理制度及相关制度，包括各内部机构、控股子公司以及具有重大影响的参股公司的信息披露事务管理和报告制度；

（二）是否明确规定重大信息的范围和内容，以及重大信息的传递、审核、披露流程；

（三）是否制定未公开重大信息的保密措施，明确内幕信息知情人的范围和保密责任；

（四）是否明确规定公司及其董事、监事、高级管理人员、股东、实际控制人等相关信息披露义务人在信息披露事务中的权利和义务；

（五）公司、控股股东及实际控制人存在公开承诺事项的，公司是否指派专人跟踪承诺的履行情况；

（六）信息披露事务管理制度及相关制度是否得到有效实施。

第五章　信息披露

第三十条　审计委员会应当根据内部审计部门出具的评价报告及相关资料，对与财务报告和信息披露事务相关的内部控制制度的建立和实施情况出具年度内部控制自我评价报告。内部控制自我评价报告至少应当包括以下内容：

（一）内部控制制度是否建立健全和有效实施；

（二）内部控制存在的缺陷和异常事项及其处理情况（如适用）；

（三）改进和完善内部控制制度建立及其实施的有关措施；

（四）上一年度内部控制存在的缺陷和异常事项的改进情况（如适用）；

（五）本年度内部控制审查与评价工作完成情况的说明。

公司董事会应当在审议年度报告的同时，对内部控制自我评价报告形成决议。监事会和独立董事应当对内部控制自我评价报告发表意见，保荐人应当对内部控制自我评价报告进行核查，并出具核查意见。

第三十一条　上市公司在聘请会计师事务所进行年度审计的同时，应当至少每两年要求会计师事务所对公司与财务报告相关的内部控制有效性出具一次内部控制鉴证报告。本所另有规定的除外。

第三十二条　如会计师事务所对公司内部控制有效性出具非无保留结论鉴证报告的，公司董事会、监事会应当针对鉴证结论涉及事项做出专项说明，专项说明至少应当包括以下内容：

（一）鉴证结论涉及事项的基本情况；

（二）该事项对公司内部控制有效性的影响程度；

（三）公司董事会、监事会对该事项的意见；

（四）消除该事项及其影响的具体措施。

第三十三条　上市公司应当在年度报告披露的同时，在指定网站上披露内部控制自我评价报告和会计师事务所内部控制鉴证报告（如有）。

第六章　监督管理与违反本指引的处理

第三十四条　上市公司应当建立内部审计部门的激励与约束机制，对内部审计人员的工作进行监督、考核，以评价其工作绩效。

如发现内部审计工作存在重大问题，公司应当按照有关规定追究责任，处理相关责任人，并及时向本所报告。

第三十五条　本所对上市公司的内部审计和信息披露相关工作实行日常监督管理，采取问询、发出监管函件、约见谈话、要求会计师事务所和保荐人进行专项核查等措施。

第三十六条　上市公司及相关人员违反本指引规定的，本所视情节轻重给予相应处分。

第七章　附　　则

第三十七条　本指引由本所负责解释。

第三十八条　本指引自发布之日起施行。

内部审计工作暂行规定

（2003 年 3 月 14 日中国出口信用保险公司发布）

目　录

第一章　总　　则

第一条　为规范中国出口信用保险公司（以下简称公司）的内部审计工作，根据《中华人民共和国审计法》、《中华人民共和国审计法实施条例》和《审计署关于内部审计工作的规定》，结合公司实际，制定本规定。

第二条　公司依法实行内部审计，是为了维护国家财经法纪，建立有效的内控机制、监督机制和自我约束机制，防范和化解经营风险，改善经营管理，提高经济效益，促进出口信用保险事业的健康发展。

第三条　公司的内部审计是一种自我控制、自我约束和自我调节的综合性内部监督活动。根据国家法律、法规和政策，以及公司的规章制度，对公司的各项业务活动、财务收支及经营管理进行检查、监督、鉴证、评价和服务。

第四条　审计工作实行公司法人负责制并接受国家审计机关、中国保险监督管理委员会和上级主管部门的业务指导。

第五条　审计部门对公司法人负责，独立行使审计监督权，不受其他部门和个人的干涉。

第六条　审计部门和审计人员办理审计事项，应当坚持原则、客观公正、实事求是、廉洁奉公、保守秘密；不得滥用职权徇私舞弊、泄露秘密、玩忽职守。

第七条　被审计单位应当按照本规定接受审计检查，并如实提供资料，汇报情况。

第二章　审计机构和人员

第八条　公司内设置独立的审计机构，实行内部一级审计制度。总公司设监察审计室，分支机构不再设置审计部门。

第九条　审计机构应当配备与其承担的审计任务相适应的审计人员。必要时，可配备兼职审计员或组织专项审计组。兼职审计员和专项审计组由公司总经理室决定。

第十条　审计机构应当配备具有良好的政治思想素质和较高的政策水平、具备与从事

审计工作相适应的专业知识和业务能力的审计人员。

审计人员应具备如下基本条件：

（一）必须具有审计、财会、经济或相关专业中专以上学历；

（二）中专学历的，需从事过会计或保险业务工作三年以上；

（三）大专以上学历的，非审计、财会、保险专业的，需从事保险工作一年以上。

第十一条 审计人员办理审计事项，与被审计单位或审计事项有利害关系的，应当回避。

第十二条 审计人员按照规定履行职责，受有关法律保护。任何组织和个人不得拒绝、阻碍审计人员执行任务；不得对审计人员进行打击报复。

第十三条 审计人员负有保守国家机密和被审计单位商业秘密的义务和责任。

第三章 审计机构的职责

第十四条 审计部门根据国家的法律、法规，金融、保险方针、政策，公司的规章、制度对本系统下列事项进行审计监督：

（一）国家财政法规和单位规章制度的执行情况；

（二）公司及部门经营目标责任制的经济责任履行情况；

（三）有经营活动的部门主要负责人的离任审计；

（四）内部控制制度的建立、健全和执行情况；

（五）财务收支计划的执行和会计核算、会计决算情况；

（六）保险业务及其相关经济活动的管理和经济效益情况；

（七）资产质量及风险管理情况；

（八）资金、财产的安全管理及保值、增值情况；

（九）基本建设项目（包括大修理）预（概）算、决算情况；

（十）各类经济合同、协议的合法及履行情况；

（十一）其他需要审计事项。

第十五条 审计部门负责组织、指导、检查、监督系统内的审计工作。

第十六条 审计部门适时开展专项调查工作，进行前瞻性研究，为公司经营决策服务。

第十七条 审计部门负责制定审计工作规划、方案、标准、规章、制度。

第十八条 审计部门向公司总经理室汇报本单位经营管理中存在的问题，并提出建议或意见。

第十九条 审计部门向公司总经理室报告当地审计部门、保险监管部门对公司工作的意见和要求。

第二十条 审计部门应根据国家审计机关的要求，向有关审计机关报告工作，重大问题要随时上报。

第四章 审计机构的权限

第二十一条 内部审计机构行使以下职权：

（一）有权要求各部门、各分支机构及时提供或报送计划、决算、报表和经营管理有关文件、资料等；

（二）根据审计任务需要，有权要求被审计单位报送与本审计事项有关的资料。被审计单位不得拒绝、拖延、谎报；

（三）有权审核被审计单位的会计凭证、账表、决算、各类业务单证、重要经济合同，检查资金和财产，检测财务会计、业务软件；

（四）审计部门有权参加本单位财会、业务及公司经营决策管理会议和被审计单位的有关会议；

（五）实施审计时，有权就审计事项的有关问题对有关单位和个人进行调查，并取得证明材料。有关单位和个人应当支持、协助、如实反映情况，并提供证明材料；

（六）对严重违反财经法纪和造成严重损失浪费的直接责任人员，提出处理建议，并按有关规定，向公司法人报告；

（七）对阻挠、妨碍审计工作以及拒绝提供有关资料的，经公司法人或法人代表批准，可以采取必要的临时措施，封存账册、物资、冻结资金等，并提出追究有关人员责任的建议；

（八）对正在进行的严重违反财经法规、严重损失浪费的行为，经公司领导同意，做出临时制止决定；

（九）提出改进管理、提高效益的建议和纠正、处理处罚违反财经法规行为的意见和建议；

（十）内部审计部门按国家有关规定行使经济处罚的权力。

第五章 审计程序

第二十二条 审计工作的主要程序：

（一）根据本单位具体情况，拟订审计项目计划和审计方案，报经公司领导批准后实施。

（二）根据审计事项组成审计小组，并在实施审计三日前，向被审计单位送达审计通知书（临时性专项审计除外），被审计单位应当配合审计小组工作，并提供必要的工作条件。

（三）审计人员通过审计前问卷、审查会计凭证、会计账簿、会计报表、电子计算机数据、各类业务单证、重要经济合同，查阅有关文件、资料，检查现金、实物、有价证券，向有关单位和个人调查取证等方式进行审计。

（四）对审计中发现的问题，可随时向有关单位和人员提出改进的建议。审计终结，提出审计报告，征求被审计单位意见（审计调查除外），报送公司领导审批。经批准的审计意见书和审计决定，送达被审计单位，被审计单位必须执行审计决定。

（五）被审计单位对审计意见书和审计决定如有异议，可以向公司内部审计机构负责人提出，该负责人应当及时按照规定处理。但是，在未做出新的审计决定之前，审计决定不得停止执行。

（六）对重要项目进行后续审计，检查采纳审计意见和执行审计决定的情况。

（七）非现场审计程序分为资料归集审查、计算整理、分析质询、报告处理、信息反馈五个阶段进行，被审计单位按规定要求报送非现场审计有关资料。

第二十三条 审计部门根据不同的工作任务和要求按照上审下的原则，对各分支机构

进行审计。根据需要，在公司法人授权或上级审计机关的委托下，也可对本级机构进行审计。

第二十四条 审计部门应当建立审计档案，按照公司档案管理规定进行管理。

第六章 奖 惩

第二十五条 审计部门对查出的违反国家有关法规及部门规章制度的单位和个人，按照国家及公司有关规定处理、处罚。

第二十六条 审计部门在工作中发现执行内部控制制度好、遵纪守法、经济效益显著的单位，可以向公司总经理室提出给予奖励的建议。

第二十七条 审计人员在工作中发现重大经济问题或挽回经济损失成绩显著的，应给予表彰或奖励。

第二十八条 公司内部审计机构对有下列行为之一的单位或者个人，应当根据情节轻重，向本单位或者有关机关提出给予行政处分的建议；情节严重、构成犯罪的，提交司法机关依法追究刑事责任：

（一）拒绝提供有关文件、凭证、账簿、报表、证明材料和有关业务单证的；

（二）阻挠审计人员行使职权，拒绝、破坏监督检查的；

（三）弄虚作假，隐瞒事实，涂改凭证和账簿的；

（四）打击报复审计人员或者提供线索的人。

第二十九条 审计人员违反本规定滥用职权、徇私舞弊、玩忽职守的，应当按照有关规定给予行政处分；构成犯罪的，依法追究刑事责任。

第七章 附 则

第三十条 本规定未尽事宜，参照国家有关规定办理。

第三十一条 本规定由公司监察审计室负责解释。

第三十二条 本规定自发文之日起施行。

内部审计工作规范的暂行规定

（2003年3月14日中国出口信用保险公司发布）

目 录

第一章　总　　则

第一条　为规范中国出口信用保险公司（以下简称公司）的内部审计工作，根据《中华人民共和国审计法》、《中华人民共和国审计法实施条例》和《审计署关于内部审计工作的规定》，结合公司实际，制定本规定。

第二条　公司依法实行内部审计，是为了维护国家财经法纪，建立有效的内控机制、监督机制和自我约束机制，防范和化解经营风险，改善经营管理，提高经济效益，促进出口信用保险事业的健康发展。

第三条　公司的内部审计是一种自我控制、自我约束和自我调节的综合性内部监督活动。根据国家法律、法规和政策，以及公司的规章制度，对公司的各项业务活动、财务收支及经营管理进行检查、监督、鉴证、评价和服务。

第四条　审计工作实行公司法人负责制并接受国家审计机关、中国保险监督管理委员会和上级主管部门的业务指导。

第五条　审计部门对公司法人负责，独立行使审计监督权，不受其他部门和个人的干涉。

第六条　审计部门和审计人员办理审计事项，应当坚持原则、客观公正、实事求是、廉洁奉公、保守秘密；不得滥用职权徇私舞弊、泄露秘密、玩忽职守。

第七条　被审计单位应当按照本规定接受审计检查，并如实提供资料，汇报情况。

第二章　审计机构和人员

第八条　公司内设置独立的审计机构，实行内部一级审计制度。总公司设监察审计室，分支机构不再设置审计部门。

第九条　审计机构应当配备与其承担的审计任务相适应的审计人员。必要时，可配备兼职审计员或组织专项审计组。兼职审计员和专项审计组由公司总经理室决定。

第十条　审计机构应当配备具有良好的政治思想素质和较高的政策水平、具备与从事审计工作相适应的专业知识和业务能力的审计人员。

审计人员应具备如下基本条件；

（一）必须具有审计、财会、经济或相关专业中专以上学历；

（二）中专学历的，需从事过会计或保险业务工作三年以上；

（三）大专以上学历的，非审计、财会、保险专业的，需从事保险工作一年以上。

第十一条　审计人员办理审计事项，与被审计单位或审计事项有利害关系的，应当回避。

第十二条　审计人员按照规定履行职责，受有关法律保护。任何组织和个人不得拒绝、阻碍审计人员执行任务；不得对审计人员进行打击报复。

第十三条　审计人员负有保守国家机密和被审计单位商业秘密的义务和责任。

第三章　审计机构的职责

第十四条　审计部门根据国家的法律、法规，金融、保险方针、政策，公司的规章、制度对本系统下列事项进行审计监督：

（一）国家财政法规和单位规章制度的执行情况；

（二）公司及部门经营目标责任制的经济责任履行情况；

（三）有经营活动的部门主要负责人的离任审计；

（四）内部控制制度的建立、健全和执行情况；

（五）财务收支计划的执行和会计核算、会计决算情况；

（六）保险业务及其相关经济活动的管理和经济效益情况；

（七）资产质量及风险管理情况；

（八）资金、财产的安全管理及保值、增值情况；

（九）基本建设项目（包括大修理）预（概）算、决算情况；

（十）各类经济合同、协议的合法及履行情况；

（十一）其他需要审计事项。

第十五条 审计部门负责组织、指导、检查、监督系统内的审计工作。

第十六条 审计部门适时开展专项调查工作，进行前瞻性研究，为公司经营决策服务。

第十七条 审计部门负责制定审计工作规划、方案、标准、规章、制度。

第十八条 审计部门向公司总经理室汇报本单位经营管理中存在的问题，并提出建议或意见。

第十九条 审计部门向公司总经理室报告当地审计部门、保险监管部门对公司工作的意见和要求。

第二十条 审计部门应根据国家审计机关的要求，向有关审计机关报告工作，重大问题要随时上报。

第四章 审计机构的权限

第二十一条 内部审计机构行使以下职权：

（一）有权要求各部门、各分支机构及时提供或报送计划、决算、报表和经营管理有关文件、资料等；

（二）根据审计任务需要，有权要求被审计单位报送与本审计事项有关的资料。被审计单位不得拒绝、拖延、谎报；

（三）有权审核被审计单位的会计凭证、账表、决算、各类业务单证、重要经济合同，检查资金和财产，检测财务会计、业务软件；

（四）审计部门有权参加本单位财会、业务及公司经营决策管理会议和被审计单位的有关会议；

（五）实施审计时，有权就审计事项的有关问题对有关单位和个人进行调查，并取得证明材料。有关单位和个人应当支持、协助、如实反映情况，并提供证明材料；

（六）对严重违反财经法纪和造成严重损失浪费的直接责任人员，提出处理建议，并按有关规定，向公司法人报告；

（七）对阻挠、妨碍审计工作以及拒绝提供有关资料的，经公司法人或法人代表批准，可以采取必要的临时措施，封存账册、物资、冻结资金等，并提出追究有关人员责任的建议；

（八）对正在进行的严重违反财经法规、严重损失浪费的行为，经公司领导同意，做出临时制止决定；

（九）提出改进管理、提高效益的建议和纠正、处理处罚违反财经法规行为的意见和建议；

（十）内部审计部门按国家有关规定行使经济处罚的权力。

第五章 审计程序

第二十二条 审计工作的主要程序：

（一）根据本单位具体情况，拟订审计项目计划和审计方案，报经公司领导批准后实施。

（二）根据审计事项组成审计小组，并在实施审计三日前，向被审计单位送达审计通知书（临时性专项审计除外），被审计单位应当配合审计小组工作，并提供必要的工作条件。

（三）审计人员通过审计前问卷、审查会计凭证、会计账簿、会计报表、电子计算机数据、各类业务单证、重要经济合同，查阅有关文件、资料，检查现金、实物、有价证券，向有关单位和个人调查取证等方式进行审计。

（四）对审计中发现的问题，可随时向有关单位和人员提出改进的建议。审计终结，提出审计报告，征求被审计单位意见（审计调查除外），报送公司领导审批。经批准的审计意见书和审计决定，送达被审计单位，被审计单位必须执行审计决定。

（五）被审计单位对审计意见书和审计决定如有异议，可以向公司内部审计机构负责人提出，该负责人应当及时按照规定处理。但是，在未做出新的审计决定之前，审计决定不得停止执行。

（六）对重要项目进行后续审计，检查采纳审计意见和执行审计决定的情况。

（七）非现场审计程序分为资料归集审查、计算整理、分析质询、报告处理、信息反馈五个阶段进行，被审计单位按规定要求报送非现场审计有关资料。

第二十三条 审计部门根据不同的工作任务和要求按照上审下的原则，对各分支机构进行审计。根据需要，在公司法人授权或上级审计机关的委托下，也可对本级机构进行审计。

第二十四条 审计部门应当建立审计档案，按照公司档案管理规定进行管理。

第六章 奖 惩

第二十五条 审计部门对查出的违反国家有关法规及部门规章制度的单位和个人，按照国家及公司有关规定处理、处罚。

第二十六条 审计部门在工作中发现执行内部控制制度好、遵纪守法、经济效益显著的单位，可以向公司总经理室提出给予奖励的建议。

第二十七条 审计人员在工作中发现重大经济问题或挽回经济损失成绩显著的，应给予表彰或奖励。

第二十八条 公司内部审计机构对有下列行为之一的单位或者个人，应当根据情节轻重，向本单位或者有关机关提出给予行政处分的建议；情节严重、构成犯罪的，提交司法机关依法追究刑事责任：

（一）拒绝提供有关文件、凭证、账簿、报表、证明材料和有关业务单证的；

（二）阻挠审计人员行使职权，拒绝、破坏监督检查的；

（三）弄虚作假，隐瞒事实，涂改凭证和账簿的；

（四）打击报复审计人员或者提供线索的人。

第二十九条 审计人员违反本规定滥用职权、徇私舞弊、玩忽职守的，应当按照有关规定给予行政处分；构成犯罪的，依法追究刑事责任。

第七章 附 则

第三十条 本规定未尽事宜，参照国家有关规定办理。

第三十一条 本规定由公司监察审计室负责解释。

第三十二条 本规定自发文之日起施行。

教育系统内部审计工作规定

（教育部令第 17 号，2004 年 4 月 13 日）

第一章 总 则

第一条 为了建立健全教育系统内部审计制度，规范教育系统内部审计工作，根据《中华人民共和国教育法》、《中华人民共和国审计法》和《审计署关于内部审计工作的规定》等法律、法规，制定本规定。

第二条 教育系统依照依法治教、从严管理的原则，应建立内部审计制度，促进教育行政部门和单位遵守国家财经法规，规范内部管理，加强廉政建设，维护自身合法权益，防范风险，提高教育资金使用效益。

第三条 教育系统内部审计是教育系统内部审计机构、审计人员对财务收支、经济活动的真实、合法和效益进行独立监督、评价的行为。

第四条 教育行政部门和单位应当依照国家法律、法规和本规定，实行内部审计制度，设立独立的内部审计机构，配备审计人员，开展内部审计工作。

第五条 本规定所称教育行政部门，是指县级及县级以上的各级教育行政部门；单位是指高等学校及其他教育事业、企业单位。

第二章 组织和领导

第六条 教育部内部审计机构负责指导和检查全国教育系统内部审计工作，并对所属单位实施内部审计。

地方各级教育行政部门内部审计机构负责指导和检查本地区教育系统内部审计工作，并对本部门所属单位实施内部审计。

单位内部审计机构对本单位及所属单位（含占控股地位或者主导地位的单位）实施内部审计。

第七条 内部审计机构在本部门、本单位主要负责人的领导下，依据国家法律、法规和政策，以及上级部门和本部门、本单位的规章制度，独立开展内部审计工作，对本部门、本单位主要负责人负责并报告工作，同时接受国家审计机关和上级主管部门内部审计机构的业务指导和检查。

第八条　教育行政部门和单位主要负责人领导本部门、本单位内部审计工作的主要职责：

（一）建立健全内部审计机构，完善内部审计规章制度；

（二）定期研究、部署和检查审计工作，听取内部审计机构的工作汇报；及时审批年度审计工作计划、审计报告，督促审计意见和审计决定的执行；

（三）支持内部审计机构和审计人员依法履行职责，并提供经费保证和工作条件；

（四）对成绩显著的内部审计机构和审计人员进行表彰和奖励；

（五）加强审计队伍建设，切实解决审计人员在培训、职务评聘和待遇等方面存在的实际困难和问题。

第九条　教育行政部门内部审计机构指导内部审计工作的主要职责是：

（一）依据国家法律、法规和上级主管部门及本部门的有关规定，制定内部审计规章制度；

（二）督促本部门所属单位和下级教育行政部门建立健全内部审计机构，配备审计人员；

（三）及时做出工作部署，指导和督促本地区教育系统内部审计机构和审计人员依法开展工作；

（四）组织审计人员参加岗位资格培训和后续教育，开展内部审计理论研讨；

（五）总结、推广先进经验，表彰先进集体和先进个人的建议；

（六）维护内部审计机构和审计人员的合法权益。

第三章　内部审计机构和审计人员

第十条　教育系统内部审计机构应按照职责分明、科学管理和审计独立性的原则设置；暂时不具备设置条件的，应当配备专门人员负责内部审计工作。

第十一条　教育行政部门和单位应当保证审计工作所必需的专职人员编制，配备具有内部审计岗位资格的审计人员。

教育行政部门和单位，可以根据工作需要，聘请特约审计员和兼职审计人员。

第十二条　内部审计机构的变动和审计机构负责人的任免或调动，应事先征求上一级主管部门内审机构的意见。

第十三条　内部审计机构在审计过程中应当严格执行内部审计制度，保证审计业务质量，提高工作效率。

第十四条　审计人员办理审计事项，应当严格遵守内部审计准则和内部审计人员职业道德规范。

审计人员办理审计事项，与被审计单位或审计事项有直接利害关系的，应当回避。

第十五条　审计人员依法履行职责，受法律保护，任何单位和个人不得设置障碍和打击报复。

第十六条　审计人员应当按照国家的有关规定，参加岗位资格培训和后续教育。

第四章　内部审计机构的职责和权限

第十七条　内部审计机构和审计人员主要对下列事项进行审计：

（一）财务收支及有关经济活动；

（二）预算执行和决算；

（三）预算内、预算外资金的管理和使用；

（四）专项教育资金的筹措、拨付、管理和使用；

（五）固定资产的管理和使用；

（六）建设、修缮工程项目；

（七）对外投资项目；

（八）内部控制制度的健全、有效及风险管理；

（九）经济管理和效益情况；

（十）有关领导人员的任期经济责任；

（十一）本部门、本单位主要负责人和上级主管部门交办的其他事项。

第十八条　教育系统内部审计机构对本部门、本单位和所属单位财务收支及其有关经济活动中的重大事项组织或进行专项审计调查，并向本部门、本单位领导或上级主管部门报告审计调查结果。各单位内部审计机构配合财务部门加强财务管理，对本单位资金收支的真实性、完整性、合法性，以及账务处理的正确性进行严格监督，定期进行审计调查。

第十九条　内部审计机构根据工作需要，经所在部门、单位负责人批准，可委托社会中介机构对有关事项进行审计。

第二十条　内部审计机构在履行审计职责时，具有下列主要权限：

（一）要求有关单位按时报送财务计划、预算执行情况、决算、会计报表和其他有关文件、资料等；

（二）对审计涉及的有关事项，向有关单位和个人进行调查并取得有关文件、资料和证明材料；

（三）审查会计凭证、账簿等，检查资金和财产，检查有关电子数据和资料，勘察现场实物；

（四）参与制定有关的规章制度，起草内部审计规章制度；

（五）参加本部门、本单位的有关会议，召开与审计事项有关的会议；

（六）对正在进行的严重违法违纪、严重损失浪费的行为，做出临时的制止决定；

（七）对可能转移、隐匿、篡改、毁弃的会计凭证、会计账簿、会计报表以及与经济活动有关的资料，经本部门、本单位主要负责人批准，有权采取暂时封存的措施；

（八）提出改进管理、提高经济效益的建议；对模范遵守和维护财经法纪成绩显著的单位和个人提出给予表彰的建议；对违法违规和造成损失浪费的行为提出纠正、处理的意见；对严重违法违规和造成严重损失浪费的有关单位和人员提出移交纪检、监察或司法部门处理的建议；

第二十一条　教育系统内部审计可以利用国家审计机关、上级内部审计机构和社会中介机构的审计结果；内部审计的审计结果经本部门、本单位主要负责人批准同意后，可提供给有关部门。

第五章　内部审计工作程序

第二十二条　内部审计机构应当根据本部门、本单位的中心任务和上级内部审计机构的部署，制定年度审计工作计划，报经本部门、本单位主要负责人批准后组织实施。

第二十三条　内部审计机构实施审计，应组成审计组，编制审计方案，并在实施审计前向被审计单位送达审计通知书。

第二十四条　审计人员对审计事项实施审计，取得有关证明材料，编制审计工作底稿。

第二十五条　审计组对审计事项实施审计后，编制审计报告，并征求被审计单位意见。被审计单位应当自接到审计报告之日起十个工作日内，将书面意见送交审计组，逾期即视为无异议。

第二十六条　内部审计机构负责人对审计报告进行审核后，报本部门、本单位主要负责人审批。

第二十七条　内部审计机构对重要审计事项进行后续审计，检查被审单位对审计发现的问题所采取的纠正措施及其效果。

第二十八条　内部审计机构在审计事项结束后，应当按照有关规定建立和管理审计档案。

第六章　法律责任

第二十九条　违反本规定，有下列行为之一的单位和个人，内部审计机构根据情节轻重，可以提出警告、通报批评、经济处理或移送纪检监察机关处理等建议，报本部门、本单位主要负责人，本部门、本单位主要负责人应及时予以处理：

（一）拒绝或拖延提供与审计事项有关的文件、会计资料和证明材料的；

（二）转移、隐匿、篡改、销毁有关文件和会计资料的；

（三）转移、隐匿违法所得的财产的；

（四）弄虚作假，隐瞒事实真相的；

（五）阻挠审计人员行使职权，抗拒、破坏监督检查的；

（六）拒不执行审计决定的；

（七）报复陷害审计人员和检举人员的。

以上行为构成犯罪的，应当移交司法机关处理。

第三十条　违反本规定，有下列行为之一的内部审计机构和审计人员，其所在部门、单位应根据有关规定给予批评教育或行政处分：

（一）利用职权，谋取私利的；

（二）弄虚作假，徇私舞弊的；

（三）玩忽职守，给国家和单位造成重大损失的；

（四）泄露国家秘密和被审计单位秘密的。

以上行为构成犯罪的，应当移交司法机关处理。

第七章　附　　则

第三十一条　各级教育行政部门和单位可以根据本规定，结合实际情况，制定具体实

施办法，并报上级主管部门备案。民办高等学校可以根据实际情况参照本规定执行。

第三十二条 本规定自二〇〇四年六月一日起施行，一九九六年四月五日国家教育委员会发布的第二十四号令《教育系统内部审计工作规定》同时废止。

中央企业内部审计管理暂行办法

（国务院国有资产监督管理委员会令第8号，2004年8月23日）

第一章 总 则

第一条 为加强对国务院国有资产监督管理委员会（以下简称国资委）履行出资人职责企业（以下简称企业）的内部监督和风险控制，规范企业内部审计工作，保障企业财务管理、会计核算和生产经营符合国家各项法律法规要求，根据《企业国有资产监督管理暂行条例》和国家有关法律法规，制定本办法。

第二条 企业开展内部审计工作，适用本办法。

第三条 本办法所称企业内部审计，是指企业内部审计机构依据国家有关法律法规、财务会计制度和企业内部管理规定，对本企业及子企业（单位）财务收支、财务预算、财务决算、资产质量、经营绩效，以及建设项目或者有关经济活动的真实性、合法性和效益性进行监督和评价工作。

第四条 企业应当按照国家有关规定，依照内部审计准则的要求，认真组织做好内部审计工作，及时发现问题，明确经济责任，纠正违规行为，检查内部控制程序的有效性，防范和化解经营风险，维护企业正常生产经营秩序，促进企业提高经营管理水平，实现国有资产的保值增值。

第五条 国资委依法对企业内部审计工作进行指导和监督。

第二章 内部审计机构设置

第六条 企业应当按照国家有关规定，建立相对独立的内部审计机构，配备相应的专职工作人员，建立健全内部审计工作规章制度，有效开展内部审计工作，强化企业内部监督和风险控制。

第七条 国有控股公司和国有独资公司，应当依据完善公司治理结构和完备内部控制机制的要求，在董事会下设立独立的审计委员会。企业审计委员会成员应当由熟悉企业财务、会计和审计等方面专业知识并具备相应业务能力的董事组成，其中主任委员应当由外部董事担任。

第八条 企业审计委员会应当履行以下主要职责：

（一）审议企业年度内部审计工作计划；

（二）监督企业内部审计质量与财务信息披露；

（三）监督企业内部审计机构负责人的任免，提出有关意见；

（四）监督企业社会中介审计等机构的聘用、更换和报酬支付；

（五）审查企业内部控制程序的有效性，并接受有关方面的投诉；

（六）其他重要审计事项。

第九条 未建立董事会的国有独资公司及国有独资企业，应当按照加强财务监督和完善内部控制机制的要求，依据国家的有关规定，加强内部审计工作的组织领导，明确工作责任，强化企业内部审计工作，做好内部审计机构与内部监察（纪检）、财务、人事等有关部门的协调工作。

第十条 企业内部审计机构依据国家有关规定开展内部审计工作，直接对企业董事会（或主要负责人）负责；设立审计委员会的企业，内部审计机构应当接受审计委员会的监督和指导。

第十一条 企业所属子企业应当按照有关规定设立相应的内部审计机构；尚不具备条件的应当设立专职审计人员。

第十二条 企业内部审计人员应当具备审计岗位所必备的会计、审计等专业知识和业务能力；内部审计机构的负责人应当具备相应的专业技术职称资格。

第三章 内部审计机构主要职责

第十三条 根据国家有关规定，结合出资人财务监督和企业管理工作的需要，企业内部审计机构应当履行以下主要职责：

（一）制定企业内部审计工作制度，编制企业年度内部审计工作计划；

（二）按企业内部分工组织或参与组织企业年度财务决算的审计工作，并对企业年度财务决算的审计质量进行监督；

（三）对国家法律法规规定不适宜或者未规定须由社会中介机构进行年度财务决算审计的有关内容组织进行内部审计；

（四）对本企业及其子企业的财务收支、财务预算、财务决算、资产质量、经营绩效以及其他有关的经济活动进行审计监督；

（五）组织对企业主要业务部门负责人和子企业的负责人进行任期或定期经济责任审计；

（六）组织对发生重大财务异常情况的子企业进行专项经济责任审计工作；

（七）对本企业及其子企业的基建工程和重大技术改造、大修等的立项、概（预）算、决算和竣工交付使用进行审计监督；

（八）对本企业及其子企业的物资（劳务）采购、产品销售、工程招标、对外投资及风险控制等经济活动和重要的经济合同等进行审计监督；

（九）对本企业及其子企业内部控制系统的健全性、合理性和有效性进行检查、评价和意见反馈，对企业有关业务的经营风险进行评估和意见反馈；

（十）对本企业及其子企业的经营绩效及有关经济活动进行监督与评价；

（十一）对本企业年度工资总额来源、使用和结算情况进行检查；

（十二）其他事项。

第十四条 企业内部审计机构对年度财务决算的审计质量监督应当根据企业的内部职责分工，依据独立、客观、公正的原则，保障企业财务管理、会计核算和生产经营符合国家各项法律法规要求。

第十五条 为保证企业年度财务决算报告的真实和完整，企业内部审计机构应按照国资委相关工作要求，对下列特殊情形的子企业组织进行定期内部审计工作：

（一）按照国家有关规定，涉及国家安全不适宜社会中介机构审计的特殊子企业；

（二）依据所在国家及地区法律规定，在境外进行审计的境外子企业；

（三）国家法律、法规未规定须委托社会中介机构审计的企业内部有关单位。

第十六条 企业内部审计机构对本企业及其子企业的经营绩效及有关经济活动的评价工作，依据国家有关经营绩效评价政策进行。

第十七条 企业内部审计机构应当加强对社会中介机构开展本企业及其子企业有关财务审计、资产评估及相关业务活动工作结果的真实性、合法性进行监督，并做好社会中介机构聘用、更换和报酬支付的监督。

第十八条 企业内部审计机构相关审计工作应当与外部审计相互协调，并按有关规定对外部审计提供必要的支持和相关工作资料。

第十九条 企业应当依据国家有关法律法规，完善内部审计管理规章制度，保障内部审计机构拥有履行职责所必需的权限：

（一）参加企业有关经营和财务管理决策会议，参与协助企业有关业务部门研究制定和修改企业有关规章制度并督促落实；

（二）检查被审计单位会计账簿、报表、凭证和现场勘察相关资产，有权查阅有关生产经营活动等方面的文件、会议记录、计算机软件等相关资料；

（三）对与审计事项有关的部门和个人进行调查，并取得相关证明材料；

（四）对正在进行的严重违法违规和严重损失浪费行为，可作出临时制止决定，并及时向董事会（或企业主要负责人）报告；

（五）对可能被转移、隐匿、篡改、毁弃的会计凭证、会计账簿、会计报表以及与经济活动有关的资料，经企业主要负责人或有关权力机构授权可暂予以封存；

（六）企业主要负责人或权力机构在管理权限范围内，应当授予内部审计机构必要的处理权或者处罚权。

第四章 内部审计工作程序

第二十条 企业内部审计机构应当根据国家有关规定，结合企业实际情况，制定企业年度审计工作计划，对内部审计工作作出合理安排，并报经企业主要负责人或审计委员会审核批准后实施。

第二十一条 企业内部审计机构应当充分考虑审计风险和内部管理需要，制定具体项目审计计划，做好审计准备。

第二十二条 企业内部审计机构应当在实施审计前5个工作日，向被审计单位送达审计通知书。对于需要突击执行审计的特殊业务，审计通知书可在实施审计时送达。

被审计单位接到审计通知书后，应当做好接受审计的各项准备。

第二十三条 企业内部审计人员在出具审计报告前应当与被审计单位交换审计意见。被审计单位有异议的，应当自接到审计报告之日起10个工作日内提出书面意见；逾期不提出的，视为无异议。

第二十四条 被审计单位若对审计报告有异议且无法协调时，设立审计委员会的企业，应当将审计报告与被审计单位意见一并报审计委员会协调处理；尚未设立审计委员会的企业，应当将审计报告与被审计单位意见一并报企业主要负责人协调处理。

第二十五条 审计报告上报企业董事会或主要负责人审定后，企业内部审计机构应当根据审计结论，向被审计单位下达审计意见（决定）。

对于报请审计委员会、主要负责人协调处理的审计报告，应当根据审计委员会、主要负责人的审定意见，向被审计单位下达审计意见（决定）。

第二十六条 企业内部审计机构对已办结的内部审计事项，应当按照国家档案管理规定建立审计档案。

第二十七条 企业内部审计机构应当每年向本企业董事会（或主要负责人）和审计委员会提交内部审计工作总结报告。

第二十八条 企业内部审计机构对主要审计项目应当进行后续审计监督，督促检查被审计单位对审计意见的采纳情况和对审计决定的执行情况。

第五章 内部审计工作要求

第二十九条 企业内部审计机构应当根据国家有关规定和企业内部管理需要有效开展内部审计工作，加强内部监督，纠正违规行为，规避经营风险。

第三十条 企业内部审计机构应当对违反国家法律法规和企业内部管理制度的行为及时报告，并提出处理意见；对发现的企业内部控制管理漏洞，及时提出改进建议。

第三十一条 对于被审计单位及相关工作人员不及时落实内部审计意见，给企业造成损失浪费的，企业应当追究相关人员责任；对于给企业造成重大损失的，还应当按有关规定向上一级机构及时反映情况。

第三十二条 企业内部审计机构下列工作事项应当报国资委备案：

（一）企业年度内部审计工作计划和工作总结报告；

（二）重要子企业负责人及企业财务部门负责人的经济责任审计报告；

企业内部审计工作中发现的重大违法违纪问题、重大资产损失情况、重大经济案件及重大经营风险等，应向国资委报送专项报告。

第三十三条 根据出资人财务监督工作需要，企业内部审计机构按照国资委有关工作要求，对企业及其子企业发生重大财务异常等情况组织进行的专项经济责任审计，应当向国资委提交审计报告。

第三十四条 企业内部审计机构要不断提高内部审计业务质量，并依法接受国资委、国家审计机关对内部审计业务质量的检查和评估。

第三十五条 企业内部审计机构应当根据本办法组织开展内部审计工作，并对其出具的内部审计报告的客观真实性承担责任。

第三十六条 为保证内部审计工作的独立、客观、公正，企业内部审计人员与审计事项有利害关系的，应当回避。

第三十七条 企业内部审计人员应当严格遵守审计职业道德规范，坚持原则、客观公正、恪尽职守、保持廉洁、保守秘密，不得滥用职权，徇私舞弊，泄露秘密，玩忽职守。

第三十八条 企业内部审计人员在实施内部审计时，应当在深入调查的基础上，采用检查、抽样和分析性复核等审计方法，获取充分、相关、可靠的审计证据，以支持审计结论和审计建议。

第三十九条 企业董事会（或主要负责人）应当保障内部审计机构和人员依法行使职权和履行职责；企业内部各职能机构应当积极配合内部审计工作。任何组织和个人不得对认真履行职责的内部审计人员进行打击报复。

第四十条 企业对于认真履行职责、忠于职守、坚持原则、作出显著成绩的内部审计人员，应当给予奖励。

第四十一条 企业应当保证内部审计机构所必需的审计工作经费，并列入企业年度财务预算。企业内部审计人员参加国家统一组织的专业技术职务资格的考评、聘任和后续教育，企业应当按照国家有关规定予以执行。

第六章 罚 则

第四十二条 对于企业出现重大违反国家财经法纪的行为和企业内部控制程序出现严重缺陷，除按规定依法追究企业主要负责人、总会计师（或者主管财务工作负责人）及财务部门负责人的有关责任外，同时还相应追究企业审计委员会及内部审计机构相关人员的监督责任。

第四十三条 对于滥用职权、徇私舞弊、玩忽职守、泄漏秘密的内部审计人员，由所在单位依照国家有关规定给予纪律处分；涉嫌犯罪的，依法移交司法机关处理。

第四十四条 对于打击报复内部审计人员问题，企业应及时予以纠正；涉嫌犯罪的，依法移交司法机关处理。受打击报复的企业内部审计人员有权直接向国资委报告相关情况。

第四十五条 被审计单位相关人员不配合企业内部审计工作、拒绝审计或者不提供资料、提供虚假资料、拒不执行审计结论的，企业应当给予纪律处分；涉嫌犯罪的，依法移交司法机关处理。

第七章 附 则

第四十六条 各中央企业可结合本企业实际情况，制定具体实施细则。

第四十七条 各省、自治区、直辖市国有资产监督管理机构可参照本办法，结合本地区实际制定本地区相关工作规范。

第四十八条 本办法自2004年8月30日起施行。

交通行业内部审计工作规定

（交通部令2004年第12号，2004年11月19日）

第一章 总 则

第一条 为加强交通行业经济管理，确保资金安全有效使用，提高经济效益，推动交通行业廉政建设，促进交通事业健康发展，根据《中华人民共和国审计法》、《审计署关于内部审计工作的规定》，结合交通行业的实际情况，制定本规定。

第二条 交通行业内部审计，是交通经济监督工作的重要组成部分，是交通主管部门和企事业单位的内部审计机构依法独立监督和评价本单位及所属单位财政收支、财务收支、经济活动的真实、合法和效益，以及为加强内部控制和风险管理、实现经济目标提供保证和咨询服务的行为。

第三条　各级交通主管部门和企事业单位应当按照本规定，建立健全内部审计工作制度。

第四条　内部审计机构在交通主管部门和企事业单位主要负责人或权力机构的直接领导下，依法独立履行内部审计职责。

第五条　内部审计机构应坚持全面审计、突出重点的工作方针，坚持审计、帮助、促进相结合的原则，规范审计行为，防范审计风险。

内部审计人员办理审计事项，应当严格遵守内部审计职业道德规范和内部审计准则，忠于职守，依法审计，客观公正，廉洁自律，保守秘密。

第六条　交通主管部门和企事业单位主要负责人或权力机构应当支持、保护内部审计机构和审计人员依法履行内部审计职责，任何组织和个人不得干预内部审计工作，打击报复内部审计工作人员。

第二章　审计机构与人员

第七条　为切实履行国务院赋予的管理职能，交通部设立内部审计机构，负责交通内部审计工作。

第八条　地方人民政府交通主管部门应强化审计监督，加强审计机构和队伍建设。

第九条　法律、行政法规规定应当设立内部审计机构的交通企事业单位，必须设立独立的、与本单位其他职能部门同级的内部审计机构。

法律、行政法规没有明确规定设立内部审计机构的交通企事业单位，应按照审计职责落实、分管机构明确、审计人员适任的原则并结合本单位的实际工作需要，设置内部审计机构、配备内部审计人员。

第十条　设立内部审计机构的交通主管部门和企事业单位，可根据需要设立审计委员会，配备总审计师。

第十一条　内部审计机构应配备与其承担的审计任务相适应的内部审计人员。

内部审计机构负责人按照干部管理权限的规定任免。所属单位内部审计机构负责人任免前应征求上级主管单位内部审计机构的意见。

内部审计人员应保持相对稳定。

第十二条　内部审计人员应具备良好的政治素质，具有较高的审计、会计业务水平和必要的经济、法律、工程、信息技术等专业知识。

第十三条　内部审计人员实行岗位资格和后续教育制度，本单位应予以支持和保障。交通主管部门和企事业单位应创造条件，鼓励内部审计人员参加后续教育。

第十四条　内部审计人员专业技术职务资格的取得和聘任，按照国家有关规定执行。

第十五条　内部审计机构履行职责所需的经费，应当列入财务预算，由本单位予以保证。

内部审计人员享受适当岗位补贴，具体标准按照财政部门或比照当地审计机关的有关规定执行。

第三章　审计职责

第十六条　交通部内部审计机构负责管理部属单位的内部审计工作，指导全国交通行

业的内部审计工作。

省级及省级以下交通主管部门的内部审计机构负责管理其所属单位（含驻外机构和占控股地位或主导地位的所属单位，下同）的内部审计工作，指导本地区交通行业内部审计工作。

交通企事业单位的内部审计机构负责管理所属单位的内部审计工作。

第十七条 上级内部审计机构根据工作需要，可授权下级内部审计机构办理审计事项，并指导检查审计工作开展情况。下级内部审计机构应按要求及时办理，并接受指导、报告工作。

第十八条 内部审计机构按照本单位主要负责人或权力机构的要求以及财务隶属关系、国有资产监督管理关系，履行下列职责：

（一）对本单位及所属单位（含驻外机构，下同）的财政收支、财务收支、经济活动进行审计；

（二）对本单位及所属单位预算内、预算外资金的管理和使用情况进行审计；

（三）按照干部管理权限，对本单位内设机构及所属单位领导人员的任期经济责任进行审计；

（四）对本单位及所属单位固定资产投资项目进行审计；

（五）对本单位及所属单位经济管理和效益情况进行审计；

（六）对交通规费征收管理和建设资金管理使用情况进行审计或审计调查；

（七）对本单位及所属单位内部控制制度的健全性和有效性以及风险管理进行评审；

（八）对本单位有关经济合同签订、对外投资决策、产业结构调整、国有资产处置、设备更新和技术改造等重要经济活动进行监督；

（九）对本单位经济管理中的重要问题开展审计调查，对国家财经法规和本单位规章制度的执行情况进行检查；

（十）法律、法规规定和本单位主要负责人或权力机构要求办理的其他审计事项。

第十九条 内部审计机构管理所属单位、指导行业内部审计工作的主要职责是：

（一）研究制定内部审计工作发展规划和规章、制度、办法；

（二）检查、督促所属单位、指导本行业按照国家有关规定建立健全内部审计制度，开展内部审计工作；

（三）下达年度审计工作计划，明确工作重点，提出具体工作要求；

（四）组织开展行业性审计和审计调查；

（五）组织内部审计理论研究，培训内部审计人员；

（六）总结、交流内部审计工作经验，表彰、宣传内部审计工作先进单位（集体）和个人；

（七）配合有关部门对打击报复内部审计人员依法履行审计职责的行为进行调查。

第二十条 下级内部审计机构应当向上级内部审计机构报送下列资料：

（一）内部审计工作发展规划、年度审计工作计划及工作总结；

（二）交通审计统计报表；

（三）审计意见书、审计决定及重要的审计报告、审计调查报告；

（四）严重违法、严重损失浪费、贪污贿赂案件的专案审计报告；

（五）本单位内部审计工作制度；

（六）内部审计工作信息、经验材料；

（七）其他有关资料。

第二十一条 内部审计机构应按有关规定，积极开展审计信息化工作。

第二十二条 交通主管部门和企事业单位可以授权内部审计机构对本单位范围内委托社会审计组织审计的事项进行管理，并对其从业资质和审计质量进行检查监督。

第二十三条 内部审计机构应在年度末就审计计划执行情况向本单位主要负责人或权力机构提交总结报告。

第二十四条 内部审计机构应当不断提高内部审计业务质量和技术水平，并依法接受审计机关和上级内部审计机构对审计业务质量的检查和评估。

第四章 审计权限

第二十五条 交通主管部门和企事业单位应当制定相应规定，确保内部审计机构具有履行职责所必需的权限。

第二十六条 内部审计机构的主要权限是：

（一）要求本单位有关部门及所属单位及时报送生产、经营、财务收支计划、预算及其执行情况、决算、会计报表和其他有关文件、资料；

（二）参加本单位生产、经营、财务和经济管理等方面的有关会议，召开与审计事项有关的会议；

（三）参与研究和制定有关的规章制度，起草内部审计制度、办法，由本单位主要负责人或权力机构审定后公布实施；

（四）检查有关生产、经营、财务活动的资料、文件和现场勘察实物；

（五）检查有关的计算机系统及其电子数据和资料；

（六）对与审计事项有关的问题向有关单位和个人进行调查，并取得证明材料；

（七）对正在进行的严重违法和严重损失浪费的行为，作出临时制止决定；

（八）对可能转移、隐匿、篡改、毁弃的会计凭证、会计账簿、会计报表以及与经济活动有关的资料，经本单位主要负责人或权力机构批准，有权予以暂时封存；

（九）对阻挠、妨碍审计工作及拒绝提供有关资料的，经本单位主要负责人或权力机构批准，可以采取必要的临时措施，并提出追究有关人员责任的建议；

（十）提出纠正、处理违法违规行为的意见以及改进管理、提高效益的建议；

（十一）对违法和造成损失浪费的单位和个人，给予通报批评或提出追究责任的建议；

（十二）对本单位有关部门及所属单位严格遵守财经法规、经济效益显著、贡献突出的集体和个人，可以向本单位主要负责人或权力机构提出表扬和奖励的建议；

（十三）对审计工作中的重大事项，可直接向上级内部审计机构反映。

第二十七条 交通主管部门和企事业单位的主要负责人或权力机构在管理权限范围内，授予内部审计机构必要的处理、处罚权。

第五章 审计程序

第二十八条 内部审计工作的一般程序是：

（一）根据上级部署和本单位的具体情况，拟定年度审计工作计划，报经本单位主要负责人或权力机构批准后实施。

（二）实施审计前，应拟定审计方案，确定审计范围、内容、方式和时间，并提前3天向被审计单位送达审计通知书。

（三）对审计事项，应取得证明材料，记入审计工作记录，写出审计工作底稿；审计工作记录应由相关人员签章认证。

（四）审计终结，提出审计报告，征求被审计单位或有关人员的意见。被审计单位或有关人员应在收到审计报告之日起10个工作日内提交书面意见。在规定时间内未提交书面意见的，视同无异议，但审计组应作出说明。

（五）将审计报告、审计工作底稿、审计工作记录以及被审计单位的书面意见，送审计机构负责人或其授权人员进行复核。复核完毕，拟出审计意见书和审计决定，连同审计报告和被审计单位的书面意见，一并报送本单位主要负责人或权力机构审批。

（六）将经批准的审计意见书和审计决定（或审计报告）送达被审计单位或有关人员；被审计单位必须执行审计决定（或经批准的审计报告），并在规定的期限内以书面形式报告执行结果。

（七）被审计单位或有关人员对审计意见书和审计决定（或经批准的审计报告）如有异议，可向内部审计机构所在单位主要负责人或权力机构提出，该负责人或权力机构应当及时处理；在未作出新的决定之前，原审计意见书和审计决定（或经批准的审计报告）仍然有效。

（八）对采纳审计意见和执行审计决定（或经批准的审计报告）的情况，应进行后续审计。

第二十九条 内部审计机构对办理的审计事项，应建立审计档案，并按档案管理的有关规定办理。

第三十条 交通主管部门和企事业单位的组织（人事）、财务、纪检监察等部门应充分利用内部审计的工作成果。

第六章 奖　惩

第三十一条 对审计工作成绩显著的内部审计机构和忠于职守、坚持原则、有突出贡献的内部审计人员，以及揭发检举违法行为、保护国有财产的有功人员，所在单位和上级主管部门应给予精神或物质奖励。

对滥用职权、徇私舞弊、玩忽职守、泄露秘密的内部审计人员，由所在单位依照有关规定予以处理；构成犯罪的，移交司法机关追究刑事责任。

第三十二条 被审计单位不配合内部审计工作、拒绝审计或提供资料、提供虚假资料、拒不执行审计结论或报复陷害内部审计人员的，单位主要负责人或权力机构应当及时予以处理；构成犯罪的，移交司法机关追究刑事责任。

第七章 附　则

第三十三条 本规定由交通部负责解释。

第三十四条 本规定自2005年1月1日起施行。1996年3月6日发布的《交通行业内部审计工作规定》（交通部令1996年第1号）同时废止。

广播电影电视系统内部审计工作规定

（国家广播电影电视总局令第46号，2004年12月9日）

第一章 总 则

第一条 为了健全广播电影电视系统内部审计制度，强化内部审计工作，依据《中华人民共和国审计法》和《审计署关于内部审计工作的规定》等有关法律法规，制定本规定。

第二条 本规定适用于广播电影电视系统的内部审计工作。

第三条 本规定所称内部审计是指广播电影电视部门、单位（以下简称单位）内部审计机构独立监督和评价本单位及所属单位财政收支、财务收支、经济活动的真实、合法和效益的行为，以促进加强经济管理和实现经济目标。

第四条 广播电影电视单位应当依法建立健全内部审计制度，在主要负责人或者权力机构的领导下开展内部审计工作。

第五条 广播电影电视单位主要负责人或者权力机构负责定期研究布置、检查内部审计工作，授予内部审计机构履行职责所必须的权限。

内部审计人员依法履行职务受法律保护，任何组织和个人不得打击报复。

第六条 广播电影电视内部审计应当按照有关内部审计的法律、行政法规和规章，严格依法进行。

第七条 中国内部审计协会是内部审计行业的自律性组织，是社会团体法人。广播电影电视内部审计协会是中国内部审计协会的分支机构，在国家广播电影电视总局和中国内部审计协会的领导下，依照法律、法规和章程履行职责，负责广播电影电视系统内部审计业务的指导、服务、培训、交流，规范内部审计行为，并接受审计机关的监督。

第二章 内部审计机构和人员

第八条 广播电影电视系统下列单位应当依据《中华人民共和国审计法》设立内部审计机构：

（一）国家广播电影电视总局、中国广播电影电视集团及其所属的财政、财务收支金额较大的事业组织、企业（包括上市公司和控股公司）和社会团体；

（二）县级以上地方人民政府广播电影电视行政部门、集团和总台及其所属的财政、财务收支金额较大的事业组织和企业（包括上市公司和控股公司）。

其他有内部审计工作需要但不具有独立内部审计机构条件的单位，应配备专职内部审计人员或授权内设机构履行内部审计职责。

第九条 设立内部审计机构的单位应配备专职内部审计人员；可以根据工作需要设置审计委员会，配备总审计师。

在设立内部审计机构和设置专职审计员的单位，根据工作需要，可设置处级、科级审计员。

第十条 内部审计机构履行职责的经费应当列入本单位财务预算，并予以保证。

第十一条 依据中国内部审计协会《内部审计人员岗位资格证书实施办法》和《内部审计人员后续教育实施办法》，内部审计人员实行岗位资格和后续教育制度。

内部审计人员应当具备与其从事的内部审计工作相适应的专业知识和业务能力。内部审计人员应持有内部审计从业资格证书，具有审计或相关专业大专以上学历；内部审计机构负责人还应具备审计或相关专业中级以上职称。

内部审计人员每年应有不少于两周的脱产学习、培训或进修，本单位负责人或者权力机构应提供必要的时间和经费保证。

内部审计人员专业技术职务资格的考试、评审和聘任，按照国家有关规定执行。

第十二条 内部审计人员办理审计事项，应当遵守《内部审计人员职业道德规范》，忠于职守，做到独立、客观、公正、保密。

第十三条 内部审计人员与被审计单位或者审计事项有利害关系的，应当回避。

第三章　内部审计机构主要职责

第十四条 内部审计机构按照本单位主要负责人或者权力机构的要求，依法对本单位及其所属单位（含占控股地位或者主导地位的单位，下同）履行下列内部审计职责：

（一）财政收支、财务收支及其有关经济活动的真实性、合法性和效益性审计；

（二）预算内、预算外资金的管理和使用情况审计；

（三）经济管理和效益情况审计；

（四）固定资产投资项目审计；

（五）受人事或组织部门委托，对内设机构和所属单位领导人员进行任期经济责任审计。对离任的领导人员，要坚持先审计后离任；

（六）内部控制制度的健全性和有效性以及风险管理评审；

（七）重大经营决策的可行性、合理性、效益性评审；

（八）政府采购及招标投标情况审计；

（九）重大经济合同的签订及执行情况审计；

（十）广播电影电视产品成本核算与管理审计；

（十一）专项资金及外汇管理和使用情况审计；

（十二）法律、法规规定和本单位主要负责人或者权力机构要求办理的其他审计事项。

第十五条 内部审计机构应当遵守内部审计准则、规定，按照单位主要负责人或者权力机构的要求实施审计。

广播电影电视行政部门、集团和总台内部审计机构对下属单位内部审计工作具有管理、指导的职能。

第十六条 内部审计机构每年应当向本单位主要负责人或者权力机构提出内部审计工作报告。

第十七条 内部审计机构应当不断提高业务质量，并依法接受审计机关的业务检查和评估。

第十八条 内部审计机构根据工作需要对本单位开展审计调查，并配合上级内部审计机构进行审计和审计调查。

第十九条 内部审计机构应当配合纪检监察部门进行大案要案的核查。

第二十条　内部审计机构应当推广先进的审计技术与方法，积极探索信息化环境下新的审计方式，提高工作效率；建立健全内部管理和审计质量控制制度，规范审计行为，防范审计风险。

第四章　内部审计机构主要权限

第二十一条　内部审计机构履行职责具有以下权限：

（一）要求有关单位按时报送生产、经营和财务收支计划，预算和决算、会计报表及其他有关文件、资料；

（二）参加本单位有关会议，负责召开内部审计会议；

（三）参与研究制定内部审计制度；

（四）检查有关生产、经营和财务活动的资料、文件和实物；

（五）检查与财务管理、会计核算有关的计算机系统及其电子数据和资料；

（六）对与审计事项有关的问题向有关单位和个人进行调查，并取得证明材料；

（七）发现严重违法违规、严重损失浪费行为，经本单位主要负责人或者权力机构批准，作出临时制止决定；

（八）对可能被转移、隐匿、篡改、毁弃的会计凭证、会计账簿、会计报表以及其他与审计事项有关的资料，经本单位主要负责人或者权力机构批准，有权予以暂时封存；

（九）提出纠正、处理违法违规行为的意见以及改进经济管理、提高经济效益的建议；

（十）对违法违规和造成损失浪费的单位和人员，提出给予通报批评或者追究责任的建议。

第二十二条　根据工作需要，经本单位主要负责人或权力机构授权，内部审计机构可以委托社会审计组织进行审计，并负责对其监督和管理。

第二十三条　经主要负责人或权力机构授权，内部审计机构可在本单位范围内公告审计结果。

第二十四条　经单位主要负责人或者权力机构授权，内部审计机构在授权范围内可进行相应的处理、处罚和表彰。

第五章　内部审计工作主要程序

第二十五条　内部审计工作的主要程序是：

（一）根据本单位的具体情况，由内部审计机构负责人组织制定年度审计计划，经主要负责人或权力机构批准后实施。

（二）实施审计前，应成立审计小组，根据审前调查编制审计方案，并提前三日送达审计通知书，被审计单位应配合审计工作，并提供必要的工作条件。

（三）审计人员按照预定的审计实施方案实施审计，取得审计证据，编制审计工作底稿。

（四）现场审计工作结束后，审计小组应在二十日之内写出审计报告，征求被审计单位的意见。被审计单位应在收到审计报告之日起十日内将书面意见送交内部审计机构。

内部审计机构应根据审计报告和书面意见拟定审计意见书和审计决定，报送本单位主要负责人或者权力机构批准。

内部审计机构应当及时将审计意见书和审计决定送达被审计单位。经批准的审计意见书和审计决定自送达之日起生效。

（五）对重要审计项目，应坚持后续审计，检查被审计单位执行审计决定及采纳审计建议的情况。

第二十六条 被审计单位应当执行审计意见书和审计决定，并将执行结果书面报送内部审计机构。

被审计单位有异议的，可在收到审计意见书和审计决定之日起十五日内，向内部审计机构所在单位主要负责人或权力机构提出，主要负责人或权力机构应在三十日内做出是否复审或者更改的决定。

内部审计机构应将复审或更改审计决定的情况报上级审计机构或审计机关备案。复审未做出更改决定前，原审计决定不停止执行。

第二十七条 内部审计机构对经办的审计事项，应当及时建立审计档案，并按照有关规定进行管理。

第六章 奖励和处罚

第二十八条 被审计单位不配合内部审计工作、拒绝审计、拒绝提供资料或提供虚假资料、拒不执行审计决定、报复陷害内部审计人员的，上级单位主要负责人或者权力机构应当及时予以处理；构成犯罪的，移交司法机关追究刑事责任。

第二十九条 内部审计人员认真履行职责、忠于职守、坚持原则、做出显著成绩的，由所在单位给予精神或者物质奖励；滥用职权、徇私舞弊、玩忽职守、泄漏秘密的，由所在单位依照有关规定予以处理；构成犯罪的，移交司法机关追究刑事责任。

第七章 附 则

第三十条 广播电影电视系统各单位可根据本规定，结合实际情况制定具体实施办法。

第三十一条 本规定自 2005 年 1 月 10 日起施行。广播电影电视部《广播电影电视系统内部审计工作规定》（广播电影电视部令第 23 号）同时废止。

民政部内部审计工作规定

（民办发［2005］7 号，2005 年 5 月 27 日）

第一条 为了建立健全民政部内部审计制度，加强民政部的内部审计工作，根据《中华人民共和国审计法》和《审计署关于内部审计工作的规定》，结合民政部实际，制定本规定。

第二条 内部审计是独立监督和评价本单位及所属单位财政收支、财务收支、经济活动的真实性、合法性和效益情况的行为。

各直属单位、部管社团和代管单位，应当依法实行内部审计制度，严格内部管理和监督，强化约束机制，遵守国家财经法纪，促进廉政建设，加强财务管理和提高经济效益，维护本单位的经济利益和合法权益，保障国有资产的安全完整和保值增值，为民政事业改革和发展服务。

第三条 财务和机关事务司依法设立内部审计机构，履行内部审计职责。

第四条 民政部内部审计机构依法履行下列职责：

（一）对部直属单位、部管社团和代管单位的财政收支、财务收支，经济活动进行审计，一般每3年审计1次；

（二）对部直属单位、部管社团和代管单位的主要领导干部进行任期经济责任审计；

（三）开展部直属单位、部管社团和代管单位的专项审计；

（四）对部直属单位、部管社团和代管单位内部控制制度的健全性和有效性以及风险管理进行评审；

（五）对部直属单位、部管社团和代管单位的经济管理和效益情况进行审计；

（六）指导和监督部直属单位、部管社团和代管单位的内部审计工作、部审计人员的业务培训；根据各单位规模大小、人员多少等具体情况，指导各单位科学合理设置内审机构或专职内审人员；

（七）按照法律法规要求，结合民政部实际，建立健全内部审计制度；

（八）每年向部长提交内部审计工作报告；

（九）完成部领导交办的其他审计事项。

第五条 部内部审计机构的主要权限：

（一）要求被审计单位按时报送财务收支计划，预算执行情况、决算、会计报表和其他有关文件、资料；

（二）根据需要召开与审计事项有关的会议，向有关单位和个人进行调查，并取得证明材料；

（三）提出纠正、处理违法违规行为的意见以及改进经营管理、提高经济效益的建议；

（四）对在审计中发现的正在进行的违法违规行为，依法制止；

（五）对违法违规和造成损失浪费的单位和人员，给予通报批评或者提出追究责任的建议；

（六）对遵守财经法规、经济效益显著、贡献突出的集体和个人，向部领导提出表扬和奖励的建议。

第六条 部内部审计机构的工作程序：

（一）拟定年度审计工作计划，经领导审核批准后实施；

（二）成立审计小组，实行审计组长负责制，拟定审计工作方案，经领导审核后组织实施；

（三）审计通知书应当在实施审计3日前，送达被审计单位；

（四）审计终结，提出审计报告，征求被审计单位意见，被审计单位应当在10日内将书面意见送交审计组。审计组将审计报告和被审计单位书面意见，一并报送财务和机关事务司主要负责人审核后报分管部长审批。经批准的审计意见书和审计决定送被审计单位执行；

（五）被审计单位对审计意见书和审计决定如有异议，可向财务和机关事务司提出申诉，财务和机关事务司应当及时处理并在30日内答复；

（六）对审计项目进行后续审计或追踪调查，检查审计意见和决定的执行情况；

（七）在审计过程中，及时收集证明材料，编写工作底稿，建立档案，加强管理。

第七条 内部审计机构和人员的职责：

（一）内部审计机构应当遵守国家审计法律、法规以及内部审计准则、规定，按照要求实施审计；

（二）内部审计机构应当不断提高内部审计工作水平；

（三）内部审计人员应当具备良好的政治素质和较高的政策水平，具备与从事内部审计工作相适应的业务能力和专业知识，以及其他必备的有关知识；

（四）内部审计人员办理审计事项、应当严格遵守内部审计职业规范，忠于职守，做到独立、公正、保密。内部审计人员与被审计单位或审计事项有利害关系的，应当回避。

第八条 内部审计人员依法行使职权受国家法律保护，任何单位和个人不得打击报复。

对认真履行职责，坚持原则，做出显著成绩的内部审计人员，可以给予精神或者物质奖励；对滥用职权、玩忽职守、泄漏秘密的内部审计人员，按照有关规定予以处理。

国防科工委委属事业单位内部审计工作规定

（科工审［2005］646号，2005年6月17日）

第一章 总　　则

第一条 为了加强委属事业单位内部审计工作，促进内部审计管理科学化、制度化、规范化，维护经济秩序，促进党风廉政建设，根据《中华人民共和国审计法》和《审计署关于内部审计工作的规定》等有关法律、法规，结合委属事业单位实际，制定本规定。

第二条 本规定适用于国防科工委委属事业单位的内部审计工作。

第三条 本规定所称内部审计，是指委属事业单位内部审计机构、审计人员独立监督和评价本单位及其所属单位财务收支以及与其相关的经济活动的真实、合法和效益的行为。

第四条 委属事业单位应当依照国家法律、法规和本规定，实行内部审计制度，设置独立的内部审计机构，配备审计人员，在本单位主要负责人的领导下开展内部审计工作。

第五条 国防科工委依法对委属事业单位内部审计工作进行指导和监督。

第二章 组织和领导

第六条 国防科工委审计机构负责指导和检查委属事业单位内部审计工作，并可对委属事业单位实施内部审计；委属事业单位内部审计机构对本单位及所属单位（含占控股地位或者主导地位的单位）实施内部审计。

第七条　国防科工委审计机构对委属事业单位内部审计业务进行指导和监督的主要职责：

（一）依据国家法律、法规和其他有关规定，制定内部审计规章制度；

（二）研究、制定加强内部审计业务工作的规划和措施，并组织落实；

（三）指导和监督委属事业单位依据法规和有关规定，建立健全内部审计制度；

（四）要求委属事业单位内部审计机构及时报告内部审计工作情况和结果；

（五）检查和评价委属事业单位内部审计业务工作成果以及审计成果的利用程度；

（六）提出加强委属事业单位内部审计业务工作的意见和建议；

（七）组织内部审计人员参加岗位资格培训和后续教育，开展内部审计理论研讨；

（八）总结推广内部审计工作经验，宣传内部审计工作成果，表彰先进审计集体和先进审计个人；

（九）维护内部审计机构和审计人员的合法权益。

第八条　内部审计机构在本单位主要负责人的领导下，依据国家法律、法规和政策，以及上级部门和本单位的规章制度，独立开展内部审计工作，对本单位主要负责人负责并报告工作，同时接受国家审计机关和上级主管部门内部审计机构的业务指导和检查。

第九条　委属事业单位主要负责人领导本单位内部审计工作的主要职责：

（一）建立健全内部审计机构，完善内部审计规章制度；

（二）定期研究、部署和检查审计工作，听取内部审计机构的工作汇报，及时审批年度审计工作计划、审计报告，督促审计意见和审计决定的执行；

（三）支持内部审计机构和审计人员依法履行职责，并提供经费保证和工作条件；

（四）对成绩显著的内部审计机构和审计人员进行表彰和奖励；

（五）加强内部审计队伍建设，切实解决审计人员在培训、专业职务评聘和待遇等方面存在的实际困难和问题。

第三章　内部审计机构和审计人员

第十条　内部审计机构应按照职责分明、科学管理和审计独立性的原则设置；暂时不具备设置条件的，应当配备专职人员或授权内设机构履行内部审计职责，专职人员或授权内设机构不得从事与审计监督职责相冲突的工作。可以根据工作需要，聘请特约审计人员和兼职审计人员。

第十一条　内部审计机构履行职责的经费应当列入本单位财务预算；各单位可根据本单位具体情况，采取切实有效的措施保障内部审计机构工作的经费。

第十二条　内部审计机构在审计过程中应当严格执行内部审计制度，保证审计业务质量，提高工作效率。

第十三条　内部审计人员办理审计事项，应当严格遵守内部审计准则和内部审计人员职业道德规范。

第十四条　内部审计人员办理审计事项，与被审计单位或审计事项有直接利害关系的，应当回避。

第十五条　内部审计人员依法履行职责受法律保护，任何单位和个人不得设置障碍和打击报复。

第十六条 内部审计人员应当按照国家的有关规定，参加岗位资格培训和后续教育；内部审计人员每年应有不少于两周的脱产学习、培训或进修，本单位负责人应给予必要的时间和经费保证。

第四章 内部审计机构主要职责及权限

第十七条 内部审计机构和审计人员主要对本单位下列事项进行审计：

（一）财务收支及有关经济活动的真实性、合法性和效益性；

（二）预算执行和决算；

（三）预算内、预算外资金的管理和使用；

（四）专项资金的筹措、拨付、管理和使用；

（五）固定资产投资项目、修缮工程项目；

（六）固定资产的管理和使用；

（七）内部控制制度的健全性和有效性以及风险管理评审；

（八）对外投资项目；

（九）重大经济合同的签订及执行情况；

（十）政府采购及招标投标情况；

（十一）银行账户的设立、使用和管理；

（十二）经济管理和效益情况；

（十三）受人事或组织部门委托，对内设机构和所属单位领导人员进行任期经济责任审计。对离任的领导人员，要坚持先审计后离任。

（十四）本部门、本单位主要负责人和上级主管部门交办的其他事项。

第十八条 内部审计机构根据工作需要对本单位开展审计调查，并配合上级内部审计机构进行审计和审计调查。

第十九条 内部审计机构对本单位和所属单位财务收支及有关经济活动中的重大事项组织或进行专项审计调查，并向本单位领导或上级主管部门报告审计调查结果。各单位内部审计机构配合财务部门加强财务管理，对本单位资金收支的真实性、完整性、合法性，以及账务处理的正确性进行严格监督，定期进行审计调查。

第二十条 内部审计机构应当遵守内部审计准则、规定，按照单位主要负责人或上级主管部门的要求实施审计。

第二十一条 内部审计机构每年应当向本单位主要负责人和上级内部审计机构提出内部审计工作报告。

第二十二条 内部审计机构应当不断提高业务质量，并依法接受上级内部审计机构的业务检查和评估。

第二十三条 内部审计机构应当配合纪检监察部门进行经济案件的核查。

第二十四条 内部审计机构应当推广先进的审计技术与方法，积极探索信息化审计方式，提高工作效率；建立健全内部管理和审计质量控制制度，规范审计行为，防范审计风险。

第二十五条 内部审计机构要逐步从单纯的财政财务收支审计向管理审计、效益审计和风险评估转变，逐步由监督型向监督服务型转变，促进本单位加强经济管理，提高经济效益。

第二十六条 内部审计机构根据工作需要，经所在单位负责人批准，可委托社会中介机构对有关事项进行审计。

第二十七条 内部审计机构在履行审计职责时，具有下列主要权限：

（一）要求有关单位按时报送财务收支计划、预算执行情况、决算、会计报表和其他有关文件、资料等；

（二）对审计涉及的有关事项，向有关单位和个人进行调查并取得有关文件、资料和证明材料；

（三）审查会计凭证、账簿等，检查资金和财产，检查有关电子数据和资料，勘察现场实物；

（四）参与制定有关的规章制度，起草内部审计规章制度；

（五）参加本部门、本单位的有关会议，召开与审计事项有关的会议；

（六）对正在进行的严重违法违纪、严重损失浪费的行为，做出临时的制止决定；

（七）对可能转移、隐匿、篡改、毁弃的会计凭证、会计账簿、会计报表以及与经济活动有关的资料，经本单位主要负责人批准，有权采取暂时封存的措施；

（八）提出改进管理、提高经济效益的建议；对模范遵守和维护财经法纪成绩显著的单位和人员提出给予表彰的建议；对违法违规和造成损失浪费的行为提出纠正、处理的意见；对严重违法违规和造成严重损失浪费的有关单位和人员提出移交纪检、监察或司法部门处理的建议。

（九）对内部审计工作中的重大事项，可直接向上级内部审计机构反映。

第二十八条 内部审计可以利用国家审计机关、上级内部审计机构和社会中介机构的审计结果；内部审计机构的审计结果经本单位主要负责人批准同意后，可提供给有关部门。

第二十九条 经单位主要负责人在管理权限范围内授权，内部审计机构可以对被审计单位（部门）的违法违规行为进行处理处罚。

第三十条 经单位主要负责人授权，内部审计机构可在本单位范围内公告审计结果。

第五章 内部审计工作程序

第三十一条 内部审计机构应当根据本部门、本单位的中心任务和上级内部审计机构的部署，制定年度审计工作计划，报经本部门、本单位主要负责人批准后组织实施。

第三十二条 内部审计机构实施审计，应组成审计组，编制审计方案，并在实施审计前3日向被审计单位送达审计通知书，单位负责人认为需要紧急审计的事项除外。被审计单位应配合审计工作并提供必要的工作条件。

第三十三条 审计人员对审计事项实施审计，取得审计证据，编制审计工作底稿；审计工作记录应由相关人员签章认证。

第三十四条 现场审计工作结束后，一般情况下，审计组应在20日之内写出审计报告，并征求被审计单位意见。被审计单位应当自接到审计报告之日起10个工作日内，将书面意见送交审计组，逾期即视为无异议。

第三十五条 内部审计机构负责人对审计报告进行审核后，报本部门、本单位主要负责人审批。

第三十六条 内部审计机构应根据审计报告拟定审计意见书和审计决定，报送本单位

主要负责人批准。

第三十七条 内部审计机构应当将审计意见书和审计决定及时送达被审计单位。经批准的审计意见书和审计决定自送达之日起生效。

第三十八条 被审计单位应当执行审计意见书和审计决定，并将执行结果书面报送内部审计机构。被审计单位有异议的，应在收到审计意见书和审计决定之日起 15 日内，向内部审计机构所在单位主要负责人提出，主要负责人应在 30 日内做出是否复审或者更改的决定。复审未做出更改决定前，原审计决定不停止执行。

第三十九条 内部审计机构应对重要审计事项进行后续审计，检查被审计单位对执行审计决定及采纳审计建议的情况。

第四十条 上级内部审计机构发现不适当或者不合法的内部审计意见、内部审计决定，应责令委属事业单位内部审计机构予以纠正并依法予以处理。

第四十一条 内部审计机构在审计事项结束后，应当及时建立审计档案，并按照有关规定进行管理。

第六章　法律责任

第四十二条 违反本规定，有下列行为之一的单位和个人，内部审计机构应根据情节轻重，提出警告、通报批评、经济处理或移送纪检监察机关处理等建议，报本部门、本单位主要负责人，本部门、本单位主要负责人应及时予以处理：

（一）拒绝或拖延提供与审计事项有关的文件、会计资料和证明材料的；

（二）转移、隐匿、篡改、毁弃有关文件和会计资料的；

（三）转移、隐匿违法所得财产的；

（四）弄虚作假，隐瞒事实真相的；

（五）阻挠审计人员行使职权，抗拒、破坏监督检查的；

（六）拒不执行审计决定的；

（七）报复陷害审计人员或检举人员的。

以上行为构成犯罪的，应当移交司法机关处理。

第四十三条 违反本规定，有下列行为之一的内部审计机构和审计人员，由其所在部门、单位根据有关规定给予批评教育或行政处分：

（一）利用职权，谋取私利的；

（二）弄虚作假，徇私舞弊的；

（三）玩忽职守，给国家和单位造成重大损失的；

（四）泄露国家秘密和被审计单位秘密的。

以上行为构成犯罪的，应当移交司法机关处理。

第七章　附　　则

第四十四条 委属事业单位可以根据本规定，结合本单位实际情况制定具体实施办法，并报上级内部审计机构备案。

第四十五条 本规定由国防科工委审计室负责解释。

第四十六条 本规定自发布之日起施行。

国务院国有资产监督管理委员会关于加强中央企业内部审计工作的通知

（国资发评价［2005］304号，2005年12月11日）

各中央企业：

为进一步做好中央企业内部审计工作，强化企业内部监督与风险控制，提高经营管理水平，保障国有资本保值增值和企业可持续发展，根据《中央企业内部审计管理暂行办法》（国资委令第8号）等有关规定，现将有关事项通知如下：

一、进一步提高对内部审计工作重要性的认识

内部审计是审计监督的重要组成部分，加强企业内部审计，是建立健全现代企业制度不可或缺的重要环节，是推动企业转变经营机制、依法经营、规范管理、增强市场竞争力、实现健康快速发展的重要手段。各中央企业要充分认识内部审计工作的重要性，高度重视内部审计工作，切实加强领导。企业主要负责人要将内部审计工作纳入企业重要议程，保障内部审计工作有效开展，在企业营造“尊重审计、支持审计、自觉接受审计”的工作环境，充分发挥内部审计工作在完善企业内部控制、防范经营风险、提高经营管理水平方面的作用。

二、加强内部审计机构与审计队伍建设

各中央企业应按照内部审计工作的有关规定，积极做好内部审计机构和审计队伍建设工作。一要按照现代企业制度要求建立完善的内部审计机构及监督体系。大型企业集团应当按照现代企业治理结构要求建立独立的内部审计机构，以保障内部审计工作的有效开展。二要加强对内部审计工作的领导。设立董事会的企业，董事会应下设审计委员会，以加强对内部审计工作的指导和监督；尚未设立董事会的企业，审计机构应对企业主要负责人负责，确保内审工作的独立性和权威性。三要加强内部审计队伍建设。要按照建立现代企业制度要求配备既懂财务又懂经营管理的高素质人才，充实审计力量，加强人员业务培训，保障审计工作的有效开展。

三、建立健全企业内部审计制度体系

各中央企业应按照内部审计工作有关要求，结合自身实际情况，建立健全企业内部审计工作制度，推动内部审计工作制度化、程序化和规范化。一要明确内部审计机构工作职责，明确内部审计机构与各职能机构分工，保证内部审计工作规范开展。二要建立健全内部审计工作制度和工作标准，明确审计内容和工作流程，规范操作程序，提高审计工作效率。三要严格审计工作要求，建立审计工作问责制度，坚持依法审计，对企业重要事项做好定期审计，坚持有错必究、过错必追，以促进提高审计工作质量。

四、进一步完善企业内部控制机制

为实现经营管理目标，确保财务信息真实可靠、资产安全完整，提高资产运营效率与效益，各中央企业应按照国家有关规定，建立完善的企业内部控制机制。一要建立和完善内部控制体系，科学设置组织结构，健全内部控制制度。二要加强经营风险评估，增强企业适应环境和防范风险的能力。三要加强对内部控制执行的监督和检查，内部审计部门应当组织开展内部控制有效性的评价工作，充分发挥内部审计在内部控制中的监督作用。四要按照现代企业制度要求，探索与完善企业内部控制有效性审计和评价工作方法，不断完善企业内部控制体系，促进提高企业管理水平。

五、加强对重要子企业的审计监督

中央企业内部审计机构要在立足全面监督的基础上，突出重点，加强对重要子企业的审计监督，揭露存在隐患，堵塞管理漏洞，促进提高企业管理水平。一要认真做好重要子企业的定期财务审计工作，保障企业持续健康发展。二要积极做好对重要子企业内部审计工作的监督和指导，推进重要子企业内部审计工作有序开展。三要加强对重要子企业内控评测和高风险业务等的监控，增强重要子企业的风险防范和可持续发展能力。

六、加强对高风险投资业务的审计监督

要进一步完善高风险投资业务的内部控制体系，规范中央企业高风险投资业务管理，健全风险防范机制。要加大对高风险投资业务审计力度，规范高风险业务会计核算，对从事高风险投资业务的子企业或业务部门，每年必须安排审计，尤其是对重大高风险投资业务，应当强化内部监管工作。要认真做好对高风险投资业务损失的审计调查，要认真查明事实，分析原因，分清责任，做好责任追究工作。

七、认真探索开展境外投资审计

要建立境外企业定期审计制度，充分发挥内部审计监督作用。要加大对境外企业审计力度，认真查找问题，堵塞管理漏洞，防范经营风险，促进提高管理水平。要积极探索境外企业审计的有效方法，认真研究境内外会计制度、税收政策及外汇管理等方面的差异，提高审计效率和质量。

八、全面开展经济责任审计工作

为客观评判中央企业负责人的经营业绩和经济责任，企业要按照《中央企业经济责任审计管理暂行办法》（国资委令第 7 号）等有关规定，认真组织开展经济责任审计工作。一要认真做好各级子企业和重要业务部门负责人任期或离任经济责任审计工作，做到未经审计，不得解除经济责任。二要通过经济责任审计，明确经营管理人员的经济责任，做到审计不合格，不得兑现效益年薪。三要积极探索经济责任审计工作方法，做到财务审计、绩效评价和责任评估相结合，科学评判企业经营者经营业绩和经济责任。

九、认真做好企业财务决算审计工作

中央企业内部审计机构应当充分发挥审计监督作用，按照财务决算审计工作相关要求，根据企业内部分工做好本企业财务决算审计工作。一要认真组织或参与承担财务决算审计社会中介机构的选聘工作。二要做好对企业财务决算审计质量评估，加强对中介机构审计程序的监督和检查，保障审计质量。三要加强与中介机构审计工作的衔接和沟通，充分利用外部审计工作成果，督促企业对外部审计发现的问题进行整改。四要企业所属涉及国家安全或难以实施外部审计的特殊子企业，要按照独立审计要求认真做好财务决算内部审计工作，严格按照规定的格式和内容出具内部审计报告，并承担相应的审计责任。

十、积极探索内部审计的新领域和新方法

各中央企业内部审计机构应当加强审计理论和审计方法研究与创新，推进内部审计职能从单纯财务收支审计逐步向监督与服务并重转变，审计方式从事后审计逐步向全过程审计转变，审计目标从查错纠弊逐步向内控评价和风险评估转变。一要结合企业经营发展目标，在强化财务收支审计、经济责任审计和基建工程审计的同时，积极拓展审计领域，推动管理审计工作开展，积极开展采购审计、招标审计、改制审计、预算审计等工作。二要定位于监督与服务相结合，积极探索企业绩效审计、风险导向审计，提高审计业务增值能力。三要积极探索创新审计方法和审计手段，探索运用先进的审计理念、方法和技术，推进内控测评和风险评估，提高审计工作的质量和效率。

十一、充分发挥内部审计结果的作用

审计结果的落实程度直接关系到审计工作的效果，各企业要发挥审计结果的效力，做到审必严，责必究，使审计工作真正落到实处。一要及时对审计中发现的问题进行研究处理，总结经验，完善制度，改善管理，提升企业管理水平。二要完善审计整改落实制度，积极开展后续审计工作，对审计意见的落实情况进行跟踪，督促有关业务部门或所属子企业认真整改；对未按规定限期整改的，应当追究相关人员责任。三要研究建立企业资产损失责任追究制度，落实经营管理责任，对企业经营管理人员违法、违规以及未履行或未正确履行职责而造成资产损失的，应追究相关人员的责任。四要对审计中发现的涉嫌违法违纪问题，在事实清楚、证据确凿的基础上，要及时移交有关部门进行处理。五要推进建立审计公告制度，提高审计的透明度和影响力。要加强经济责任审计结果的利用，任期审计结果应当作为企业负责人任期考核、干部任免等事项的重要依据。

十二、切实履行内部审计工作责任

为推进内部审计持续有效发展，建立内部审计质量控制体系，加强审计管理，提高审计工作质量，中央企业各级负责人和内部审计人员要认真履行工作职责。一要建立审计责任追究制度，对于审计人员玩忽职守，出现重大审计事项错漏、重大线索遗失和对重大违纪、违法事项不披露的或者未按规定履行审计工作职责的，要追究审计人员责任；对于审计制度不健全，未按要求开展审计业务的，应追究企业负责人和审计部门负责人的责任。二要建立内部审计质量考评体系，公正评价审计人员工作业绩，切实保护审计人员的合法权益，提高审计人员工作积极性。

十三、内部审计工作报告制度

各中央企业应根据有关要求定期向国资委报告内部审计工作情况。一要建立定期报告制度。中央企业应于每年 3 月 31 日前，向国资委报送本年度内部审计工作计划和上年度内部审计工作总结。二要建立重大审计事项报告制度。内部审计中发现的重大违法违纪问题、重大资产损失情况、重大经济案件及重大经营风险等，应当及时向国资委报告。三是对提拔到企业总部领导岗位上的子企业或重要业务部门负责人的经济责任审计工作结果，应当向国资委报告。四是审计部门负责人变更，应当向国资委备案。

加强对中央企业内部审计工作的指导和监督是出资人履行职责的重要手段。各企业要高度重视内部审计在现代企业制度建设中的重要作用，切实采取有效措施，加强内部审计工作，确保内部审计工作有效开展，逐步形成“事前参与、事中监控、事后评价”的内部审计工作格局，推动企业的可持续健康发展。国资委将根据有关规定对企业内部审计工作改进和完善情况组织进行检查和评估。

银行业金融机构内部审计指引

（银监发［2006］51号，2006年6月27日）

第一章　总　　则

第一条　为促进银行业金融机构完善公司治理，加强内部控制，健全内部审计体系，依据《中华人民共和国银行业监督管理法》、《中华人民共和国商业银行法》、《中华人民共和国公司法》、《中华人民共和国审计》和《中华人民共和国审计法实施条例》等法律法规，制定本指引。

第二条　本指引所称银行业金融机构是指在中华人民共和国境内设立的政策性银行和商业银行。

经中国银行业监督管理委员会（以下简称中国银监会）批准设立的其他金融机构可参照执行本指引。

第三条　本指引所称内部审计是一种独立、客观的监督、评价和咨询活动，是银行业金融机构内部控制的重要组成部分。通过系统化和规范化的方法，审查评价并改善银行业金融机构经营活动、风险状况、内部控制和公司治理效果，促进银行业金融机构稳健发展。

第四条　银行业金融机构内部审计的目标是，保证国家有关经济金融法律法规、方针政策、监管部门规章的贯彻执行；在银行业金融机构风险框架内，促使风险控制在可接受水平；改善银行业金融机构的运营，增加价值。

第五条　银行业金融机构内部审计工作应当独立于经营管理，以风险为导向，确保客观公正。

第六条　中国银监会依据本指引检查评价银行业金融机构内部审计工作。

第二章　机构和人员

第七条　银行业金融机构的董事会负责建立和维护健全有效的内部审计体系。没有设立董事会的，由高级管理层负责履行有关职责。

董事会应下设审计委员会。审计委员会成员不少于3人，多数成员应是非执行董事。审计委员会主席应由独立董事担任。没有设立董事会的，审计委员会组成及委员会负责人由高级管理层确定。

第八条　银行业金融机构应建立审计全系统经营管理行为的内部审计部门，可设立一名首席审计官负责全系统的审计工作。首席审计官由董事会任命并纳入银行业金融机构高级管理人员任职资格核准范围，首席审计官岗位变动要事前向中国银监会报告。

第九条　银行业金融机构应建立独立垂直的内部审计管理体系。审计预算、人员薪酬、主要负责人任免由董事会或其专门委员会决定。内部审计人员薪酬不低于本机构其他部门同职级人员平均水年。

第十条　银行业金融机构内部审计人员原则上按员工总人数的1%配备，并建立内部岗位轮换制。

第十一条　内部审计人员应具备相应的专业从业资格：

（一）专业水平。内部审计人员应具备大专以上学历，掌握与银行业金融机构内部审计相关的专业知识，熟悉金融相关法律法规及内部控制制度。

（二）从业经验。内部审计人员至少应具备两年以上金融从业经验；审计项目负责人员至少应具有三年以上审计工作经验，或六年以上金融从业经验。

（三）道德准则。内部审计人员应具有正直、客观、廉洁、公正的职业操守，且从事金融业务以来无不良记录。

第三章 职　责

第十二条 银行业金融机构应以制度形式明确董事会、审计委员会、首席审计官和内部审计部门及人员职责。

第十三条 董事会对内部审计的适当性和有效性承担最终责任，负责批准内部审计章程、中长期审计规划和年度工作计划等，为独立、客观开展内部审计工作提供必要保障，并对审计工作情况进行考核监督。

第十四条 审计委员会对董事会负责，根据董事会授权组织指导内部审计工作。审计委员会应定期召开会议，并可视需要邀请高级管理层人员列席。

第十五条 首席审计官负责组织实施内部审计章程、中长期审计规划和年度工作计划，做好协调工作，及时向董事会和高级管理层主要负责人报告审计工作情况，并对内部审计的整体质量负责。

第十六条 内部审计部门应对董事会和审计委员会负责，制定内部审计程序，评价风险状况和管理情况，落实年度审计工作计划，开展后续审计，监督整改情况，对审计项目质量负责，做好档案管理。

第十七条 内部审计事项主要包括：

（一）经营管理的合规性及合规部门工作情况。

（二）内部控制的健全性和有效性。

（三）风险状况及风险识别、计量、监控程序的适用性和有效性。

（四）信息系统规划设计、开发运行和管理维护的情况。

（五）会计记录和财务报告的准确性和可靠性。

（六）与风险相关的资本评估系统情况。

（七）机构运营绩效和管理人员履职情况等。

第四章 权　限

第十八条 银行业金融机构应当以制度形式明确赋予内部审计部门履行职责所必需的权限。

第十九条 内部审计部门有权列席或参加与内部审计部门职责有关的会议。

第二十条 内部审计部门有权及时、全面了解经营管理信息，并就有关问题向审计对象和相关人员进行调查、质询、取证。

第二十一条 内部审计部门认为必要时有权向董事会直接汇报审计发现。

第二十二条 内部审计部门应具有处理建议权和必要的处罚权。

第二十三条 内部审计部门对拒绝接受或不配合内部审计、拒绝提供或提供虚假资

料、打击报复或陷害审计人员的，有权向上级报告，要求及时予以制止并做出处理。

第五章　质量控制

第二十四条　内部审计部门可就风险管理、内部控制等有关问题提供咨询服务，但不应直接参与或负责内部控制设计和经营管理决策与执行。

第二十五条　内部审计部门应在年度风险评估的基础上确定审计重点，审计频率和程度应与银行业金融机构业务性质、复杂程度、风险状况和管理水平相一致。

对每一营业机构的风险评估每年至少一次，审计每两年至少一次。

第二十六条　内部审计部门和审计人员应严格按照审计程序和审计方法实施审计项目，并定期进行自我评估。

第二十七条　内部审计部门应建立内部审计人员的审计回避制度，确保内部审计的客观性。

第二十八条　内部审计部门应建立内部审计人员后续培训制度，鼓励内部审计人员取得注册会计师、注册内部审计师、注册信息系统审计师等执业资格，以保证内部审计人员的专业胜任能力。

第二十九条　内部审计部门应加强科技手段和信息技术在审计工作中的运用，建立完善非现场内部审计监测体系及内部审计操作系统、信息管理系统。

第三十条　内部审计部门根据工作需要，经董事会批准后，可将部分内部审计项目外包，但需事先对外包机构的独立性、客观性和专业胜任能力进行评估。

第三十一条　内部审计部门应建立审计复议制度，对审计对象提出异议的审计结论，由作出审计结论的审计机构的上级机构进行复议。

第三十二条　董事会可聘请外部机构对内部审计部门的尽职情况进行评价，并保证外部检查人员独立于评价对象、具备专业胜任能力以及与评价对象没有利益冲突。

第六章　报告制度

第三十三条　银行业金融机构应建立与垂直管理体系相适应的内部审计报告制度和报告线路。

第三十四条　审计委员会应按季度向董事会报告审计工作情况，并通报高级管理层和监事会。

第三十五条　首席审计官和内部审计部门应按季向董事会和高级管理层主要负责人报告审计工作情况。每年至少一次向董事会提交包括履职情况、审计发现和建议等内容的审计工作报告。

第三十六条　首席审计官和内部审计部门在审计事项结束后，应及时向董事会和高级管理层主要负责人报送包括审计概况、审计依据、审计结论、审计决定、审计建议、审计对象反馈意见等内容的项目审计报告。

第三十七条　银行业金融机构应建立完善与中国银监会的沟通和报告制度。

董事会和高级管理层应就重大审计发现及时向中国银监会报告。

内部审计部门应就以下事项向中国银监会或中国银监会派出机构报告：

（一）向董事会提交的全面审计工作报告。

（二）内部审计部门开展异地审计的，应同时将审计报告抄报审计对象所在地的中国银监会派出机构。

（三）内部审计部门发现重大问题并报告董事会后，在问题未得到认真查处整改的情况下，应直接向中国银监会报告相关情况。

（四）外部中介机构对银行业金融机构的审计报告。

（五）中国银监会及其派出机构要求报告的其他事项。

第七章 考核与问责

第三十八条 董事会和高级管理层应采取有效措施，确保内部审计成果得以充分利用。

高级管理层对未按要求进行整改的问题，应督促整改，追究相关人员责任，并承担未对审计发现采取纠正措施所产生的责任和风险。

第三十九条 董事会应建立激励约束机制，对内部审计相关各方的尽职、履职情况进行考核评价，建立内部审计工作问责制度，明确内部审计责任追究、免责的认定标准和程序。

第四十条 董事会应对具有以下情节的内部审计部门负责人和直接责任人追究责任：

（一）未执行审计方案、程序和方法导致重大问题未能被发现。

（二）对审计发现问题隐瞒不报或者未如实反映。

（三）审计结论与事实严重不符。

（四）对审计发现问题查处整改工作跟踪不力。

（五）未按要求执行保密制度。

（六）其他有损银行业金融机构利益或声誉的行为。

第四十一条 银行业金融机构经检查监督和责任认定，有充分证据表明内部审计部门和审计人员按照有关法律、法规、规章和本指引以及银行业金融机构内部审计制度勤勉尽职地履行了职责，并及时报告了审查出的问题，在审计对象机关问题暴露时，可视情况免除或部分免除内部审计部门和相关审计人员的责任。

第八章 附 则

第四十二条 银行业金融机构应根据本指引制定实施细则，并报中国银监会备案。

第四十三条 本指引由中国银监会负责解释。

第四十四条 本指引自二〇〇六年七月一日实施。

卫生系统内部审计工作规定

（卫生部令第51号，2006年8月16日）

第一章 总 则

第一条 为加强卫生系统内部审计工作，建立健全各单位内部审计制度，完善内部监督制约机制，规范收支管理，促进卫生事业健康发展，根据《中华人民共和国审计法》和

《审计署关于内部审计工作的规定》，结合卫生系统具体情况，制定本规定。

第二条 卫生系统内部审计是指卫生系统内部审计机构和审计人员，对本单位及所属机构的财务收支、经济活动的真实、合法性进行独立监督审核的行为。

第三条 本规定适用于县级以上卫生行政部门和各类国有卫生企业、事业单位以及其他卫生单位（以下简称各部门、各单位）。

第二章 内部审计机构和审计人员

第四条 内部审计机构及内部审计人员在本部门、本单位主要负责人领导下，依照国家法律、法规以及本规定开展审计工作。

单位主要负责人要加强对内部审计工作的领导，定期听取汇报，研究部署工作，及时批复年度内部审计工作计划、审计报告，并督促有关部门、单位落实审计意见，保证内部审计人员依法行使职权。

第五条 各级卫生行政部门应按照国家法律、法规的规定，设置内部审计机构，配备审计人员，开展审计工作。

年收入 3000 万元以上或拥有 300 张病床以上的医疗机构、年收入 2000 万元以上或所属单位多的企业、事业单位，应当设置独立的内部审计机构，配备专职审计人员。

其他卫生企业、事业单位可以根据需要，设置独立的内部审计机构，配备专职审计人员，也可以授权本单位其他机构履行审计职责，配备专职或者兼职审计人员。

第六条 内部审计人员应当具有审计、会计、经济管理、工程技术等相关专业知识和业务能力。内部审计人员实行岗位资格准入和后续教育制度，各单位应当予以支持和保障。

第七条 内部审计机构负责人必须具备中级以上相关专业技术职称或 5 年以上的审计、会计工作经历。内部审计机构负责人任免应征求上级主管内部审计机构的意见，并按干部管理权限任免。

第八条 内部审计人员办理审计事项，应当严格遵守内部审计准则和内部审计人员职业道德规范，依法审计，忠于职守，做到独立、客观、公正、保密。

内部审计人员与被审计单位或者审计事项有利害关系的，应当回避。任何组织和个人不得干预内部审计工作。

第九条 部门和单位应当支持内部审计工作，及时解决工作中存在的问题，保护内部审计人员依法履行职责，保证内部审计开展工作和培训所必需的经费。

第三章 业务指导与监督

第十条 卫生部内部审计机构负责指导和监督全国卫生系统内部审计工作，并对部属（管）单位组织实施内部审计。

地方各级卫生行政部门内部审计机构负责指导和监督本地区卫生系统内部审计工作，并对所属（管）单位实施内部审计。

各类卫生单位的内部审计机构负责本单位的内部审计工作，并对所属机构进行审计和业务指导、监督。

各部门、各单位内部审计机构接受国家审计机关的指导和监督。

第四章　内部审计职责与任务

第十一条　卫生行政部门内部审计机构对本系统内部审计业务指导和监督的主要职责是：

（一）按照国家法律和法规，制定内部审计制度规定及工作规范；

（二）指导和监督有关部门、单位建立健全内部审计机构，配备内部审计人员，按规定开展内部审计工作；

（三）制定内部审计工作计划，组织行业内部审计及审计调查活动；

（四）组织审计业务培训，开展审计工作研究，交流审计工作经验，表彰内部审计先进单位和个人。

第十二条　内部审计机构履行下列职责：

（一）拟定内部审计规章制度；

（二）审计预算的执行和决算；

（三）审计财务收支及有关经济活动；

（四）按照干部管理权限开展有关领导人员的任期经济责任审计；

（五）审计基本建设投资、修缮工程项目；

（六）审计卫生、科研、教育和各类援助等专项经费的管理和使用；

（七）开展固定资产购置和使用、药品和医用耗材购销、医疗服务价格执行情况、对外投资、工资分配等专项审计调查工作；

（八）审计经济管理和效益情况；

（九）审计内部有关管理制度的落实；

（十）其他审计事项。

第十三条　内部审计机构每年应当向本部门、本单位主要负责人提交工作报告。

第十四条　内部审计机构对审计工作中的重大事项，应及时向上级主管部门内部审计机构报告。

第十五条　内部审计机构根据审计业务的需要，报经所在部门、单位主要负责人批准，可委托具有相应资质的社会中介机构进行审计，并检查监督审计业务质量。

第十六条　内部审计机构在审计工作中应加强与外部审计的沟通与合作。

第五章　内部审计机构权限

第十七条　内部审计机构在履行审计职责时，具有下列权限：

（一）要求被审计单位按时报送财务预算、财务决算、会计报表及有关文件、资料；

（二）参加本单位基建、设备购置、财务、对外投资等相关会议，主持召开与审计事项有关的会议；

（三）参与研究制定有关规章制度；

（四）审核会计凭证、账簿、报表，现场勘察实物；

（五）检查计算机系统有关电子数据和资料；

（六）对与审计有关的问题向被审计单位和个人进行调查，并取得证明材料；

（七）对严重违反财经法规、严重损失浪费的行为，做出临时制止决定；

（八）经本部门、本单位主要负责人批准，对可能转移、隐匿、篡改、毁弃会计凭证、会计账簿、会计报表以及与经济活动有关的资料，予以暂时封存；

（九）根据审计结果，提出纠正、处理违反财经法规行为、改进管理、提高效益的建议；

（十）对模范遵守财经法规的被审计单位和人员，提出表彰建议；对违法违规和造成损失浪费的被审计单位和人员，提出通报批评或者追究责任的建议。

第十八条 本部门、本单位在管理权限范围内，授予内部审计机构必要的处理、处罚权。

第六章 内部审计工作程序

第十九条 内部审计工作的主要程序：

（一）根据本部门、本单位的具体情况，拟定审计项目计划，报经单位主要负责人批准后实施；

（二）内部审计机构实施审计前，应编制审计工作方案，组成审计组，并提前3日以书面形式通知被审计单位；被审计单位应配合审计工作，提供必要的工作条件；

（三）审计组对审计事项实施审计，应取得审计证据，编制审计工作底稿，由被审计单位相关人员签字确认；

（四）审计组对审计事项实施审计后，编制审计报告，并征求被审计对象的意见。被审计对象在收到审计报告之日起10个工作日内，提出书面反馈意见，送交审计组；

（五）内部审计机构对审计组提交的审计报告进行审核后，报本部门、本单位主要负责人审批下达被审计单位，被审计单位应当执行；

（六）内部审计机构应督促被审计单位在规定的期限内落实审计意见，并书面报告执行结果；

（七）内部审计机构应对必要的项目实施后续审计。

第二十条 内部审计机构对办理的审计事项，应当建立完整的审计档案，并按照有关规定保存。

第七章 奖励与处罚

第二十一条 对审计工作成效显著的内部审计机构和履行职责、忠于职守、坚持原则、做出突出成绩的内部审计人员，所在单位和上级主管部门应给予精神或者物质奖励；对不履行审计职责的内部审计人员，由所在单位给予批评；对滥用职权、徇私舞弊、玩忽职守、泄露秘密的内部审计人员，所在单位和上级主管部门依照有关规定严肃处理。

第二十二条 对拒绝或者不配合内部审计工作、拒绝提供或者提供虚假资料、拒不执行审计意见以及打击报复内部审计人员的单位和人员，各部门、各单位主要负责人应当及时做出严肃处理。

第八章 附　　则

第二十三条 各部门、各单位可根据本规定，结合实际情况制定具体规定或实施办法，并报上级内部审计机构备案。

第二十四条 本规定由卫生部负责解释。

第二十五条　本规定自发布之日起施行。1997 年 3 月 17 日发布的《卫生系统内部审计工作规定》（卫生部令 1997 年第 51 号）同时废止。

卫生部办公厅关于建立内部审计工作信息报告与通报制度的通知

（卫办规财发〔2012〕22 号，2012 年 2 月 20 日）

各省、自治区、直辖市卫生厅局，新疆生产建设兵团卫生局，部属（管）各单位：

根据《卫生系统内部审计工作规定》（卫生部部长令第 51 号）和 2011 年全国卫生系统内部审计工作交流会的精神，为及时了解各地区、各单位内部审计工作情况，交流工作信息，促进工作开展，进一步推动卫生经济管理科学化、信息化建设，我部决定建立内部审计工作信息报告与通报制度。现将有关事项通知如下：

一、关于内部审计工作信息报告

（一）上报工作信息内容。主要上报预算执行与决算、经济责任、财务收支、经济效益、专项资金、经济合同、基建和修缮项目等审计工作开展情况。上报信息内容主要包括审计项目数量、审计资金总额、查出有问题资金额度、提出审计处理意见建议条数、发现重大问题线索情况、移交纪检监察部门处理情况以及落实审计意见建议情况等。

（二）报送范围与报送时间。各省、自治区、直辖市卫生厅局和新疆生产建设兵团卫生局每半年组织填报 1 次《××省（区、市）内部审计工作情况报告》、《××省（区、市）专项审计工作情况统计表》和《××省（区、市）基建和修缮项目审计工作情况统计表》（附件 1、附件 2 和附件 3）。报送时间为：每年 7 月 5 日前上报当年上半年工作情况，1 月 5 日前上报上年度全年工作情况（遇到节假日顺延，下同）。

各部属（管）单位每季度报送 1 次《部属（管）单位审计工作情况报告》、《部属（管）单位专项审计工作情况统计表》和《部属（管）单位基建和修缮项目审计工作情况统计表》（附件 4、附件 5 和附件 6）。报送时间为：每个季度第 1 个月的 5 日前报送。

2012 年第 1 次上报信息的时间为：省级卫生行政部门 7 月 5 日前报送，各部属（管）单位 4 月 5 日前报送。

（三）报送方式。为提高工作效率，推动卫生经济管理信息化建设，内部审计工作信息报告所要求的报表全部由各地区、各单位通过卫生规划财务信息交流平台报送，不再报送纸质报表。各地区、各单位可登录规划财务信息平台网址 http：//210.72.11.121/communication 在线填报。

（四）确保上报情况质量。各地区、各单位要重视此项工作，安排专人负责报表填报，从做好内部审计工作日常统计入手，加强报表编报质量管理，确保数据的真实性、准确性。我部将对内部审计工作信息上报质量监督检查，对未能按时报送资料的单位以及报送质量未达到要求的单位予以通报。

二、关于内部审计工作信息通报

我部将对各地区、各单位的内部审计工作信息进行汇总和分析，并及时在卫生规划财务信息平台上予以通报。同时，摘编重要信息专送各地区、各单位负责人。各地区也可以

参照我部做法，将直属单位及本地区内部审计工作情况通过适当形式予以通报。

各地区、各单位在填报过程中如发现问题，请及时与我部规划财务司联系。

联系人：刘锐、程敏

电话：010-68792173、68792019

附件：1. ××省（区、市）内部审计工作情况报告

2. ××省（区、市）专项审计工作情况统计表

3. ××省（区、市）基建和修缮项目审计工作情况统计表

4. 部属（管）单位审计工作情况报告

5. 部属（管）单位专项审计工作情况统计表

6. 部属（管）单位基建和修缮项目审计工作情况统计表

下载地址：附件 1-6

http：//www.moh.gov.cn/publicfiles/business/htmlfiles/mohghcws/s3590/201203/54230.htm

二〇一二年二月二十日

保险公司内部审计指引（试行）

（保监发［2007］26 号，2007 年 4 月 9 日）

第一章 总 则

第一条 为加强内控管理，完善公司治理结构，提高保险公司风险防范能力，依据《保险法》、《审计法》等相关法律法规制定本指引。

第二条 本指引适用于在中华人民共和国境内依法设立的保险公司和保险资产管理公司。

第三条 本指引所称的保险公司内部审计是指保险公司内部机构或者人员，通过系统化、规范化的方法，对其内部控制的健全性和有效性、业务财务信息的真实性和完整性、经营活动的效率和效果以及经营管理人员任期内的经济责任等开展的检查、评价和咨询等活动，以促进保险公司实现经营目标。

第四条 保险公司应当健全内部审计体系，认真开展内部审计工作，及时发现问题，有效防范经营风险，促进公司的稳健发展。

第五条 中国保监会依法对保险公司内部审计工作进行指导、评价和监督。

第二章 机构与人员

第六条 保险公司应当建立与其治理结构、管控模式、业务性质和规模相适应，费用预算、业务管理和工作考核等相对独立的内部审计体系。

第七条 保险公司应当在董事会下设立审计委员会。

审计委员会成员由三名以上不在管理层任职的董事组成。已建立独立董事制度的，应

当由独立董事担任主任委员。

审计委员会成员应当具备与其职责相适应的财务或者法律等方面的专业知识。

第八条 保险公司应当设立审计责任人职位。审计责任人既向管理层负责，也向董事会负责。

审计责任人由总经理提名，报董事会聘任。没有设立董事会的保险公司，审计责任人由管理层聘任。

审计责任人的聘任和解聘应当向中国保监会报告。

第九条 保险公司审计责任人应当具备以下条件：

（一）大学本科以上学历；

（二）从事审计、会计或者财务工作五年以上，熟悉金融保险业务；

（三）具有在企事业单位或者国家机关担任领导或者管理职务的任职经历。

第十条 审计责任人不得同时兼任公司财务或者业务工作的领导职务。

第十一条 保险公司应当建立独立的内部审计部门。内部审计部门的工作不受其他部门的干预或者影响。

鼓励保险公司实行内部审计部门的集中化或者垂直化管理。

第十二条 保险公司应当配备足够数量的内部审计人员。专职内部审计人员原则上应当不低于公司员工人数的千分之五。保险公司员工人数不足一百人的，至少应当有一名专职内部审计人员。

专职内部审计人员应当具有大专以上学历，具备相应的专业知识和工作能力。

第三章 职责与权限

第十三条 保险公司董事会对内部审计体系的建立、运行与维护负有最终责任。没有设立董事会的，公司总经理承担最终责任。

第十四条 保险公司董事会审计委员会履行以下职责：

（一）审核公司内部审计基本制度并向董事会提出意见，批准公司年度审计计划和审计预算；

（二）评估审计责任人工作并向董事会提出意见；

（三）指导公司内部审计工作，监督内部审计质量；

（四）就外部审计机构的聘用和解聘、酬金等问题向董事会提出建议；

（五）协调内部审计与外部审计；

（六）定期检查评估内部控制的健全性和有效性，及时受理和处理关于内部控制方面重大问题的投诉；

（七）监督内部审计和外部审计所发现重大问题的整改和落实；

（八）董事会要求的其他工作。

第十五条 保险公司总经理在内部审计方面履行以下职责：

（一）领导公司内部审计制度建设和内部审计工作；

（二）确保内部审计部门的独立性及履行职责所必需的资源和职权；

（三）负责组织对审计发现的问题进行整改，对相关责任人进行处理。

第十六条 审计责任人主要履行以下职责：

（一）组织公司内部审计系统开展工作；

（二）组织制订公司内部审计制度、年度审计计划和审计预算并推动实施；

（三）组织实施审计项目，确保内部审计工作质量；

（四）及时向公司董事会审计委员会及公司总经理汇报发现的重大问题和重大风险隐患，提出改进意见；

（五）协调处理公司内部审计部门与其他部门的关系。

第十七条 保险公司内部审计部门主要职责如下：

（一）拟定公司内部审计制度，编制年度审计计划和审计预算；

（二）对公司及所属单位各项经营管理活动和财务活动的真实性、合规性进行监督、检查、评价；

（三）对公司及所属单位内部控制体系以及风险管理体系的健全性、合理性和有效性进行监督、检查、评价；

（四）对公司及所属单位负责人开展经济责任审计；

（五）对公司及所属单位经营效益等事项进行专项审计；

（六）对公司信息系统进行审计；

（七）对被审计单位整改情况进行后续审计；

（八）法律法规规定和公司要求的其他审计事项。

第十八条 保险公司应当确保内部审计部门及专职内部审计人员履行职责所需的权限，主要包括：

（一）要求被审计单位按时报送财务收支计划、预算执行情况、决算、会计报表和其他有关文件和资料；

（二）参加或者列席公司经营管理的重要会议，参加公司的相关业务培训；

（三）要求被审计单位提供有助于全面了解公司经营和财务活动的文件、资料、电子数据；

（四）有权进行现场实物勘查，或者就与审计事项有关的问题对有关单位和个人进行调查，取得证明材料；

（五）有权暂时封存可能被转移、隐匿、篡改、毁弃的会计和业务资料；

（六）制止正在进行的违法违规行为；

（七）对违反法律、法规、监管规定或者内部管理制度的单位和人员提出责任追究或者处罚建议；

（八）向董事会或者管理层提出改进管理、提高效益的意见和建议。

第十九条 保险公司内部审计部门应当每年对公司内部控制的健全性、合理性和有效性进行全面评估，出具内部控制评估报告。

内部控制评估报告应当至少包括以下内容：

（一）公司内部控制基本情况；

（二）本年度完善内部控制的措施及上年度内部控制缺陷的改善情况；

（三）目前内部控制存在的问题和缺陷；

（四）下一年度改进内部控制的计划。

第四章　工作机制

第二十条 保险公司董事会审计委员会应当至少每半年一次向董事会报告审计工作情况，并通报管理层和监事会。

第二十一条　保险公司董事会审计委员会和管理层应当至少每季度一次听取审计责任人关于审计工作进展情况的报告。

第二十二条　保险公司董事会审计委员会可以通过聘请中介机构等多种形式，评估内部审计体系的健全性和有效性，监督评价内部审计工作质量。

第二十三条　保险公司董事会审计委员会应当及时对审计责任人提交的内部控制评估报告进行审议，并就公司内部控制存在的问题向董事会提出意见和建议。

第二十四条　保险公司董事会审计委员会对其关注的重大问题，可以要求管理层组织调查，也可以在其职权范围内直接调查，或者委托独立的中介机构调查。

第二十五条　保险公司董事会审计委员会在审议议案和报告时，可以要求内部审计人员列席，对相关事项做出说明或者回答董事的提问。

第二十六条　保险公司内部审计责任人应当至少每年一次向审计委员会和管理层提交内部控制评估报告和审计工作报告。

第二十七条　保险公司内部审计部门应当根据国家相关规定，结合公司发展战略，在分析评估风险分布状况的基础上明确审计重点、制订年度审计计划。

内部审计年度工作计划、审计预算应当在征求管理层意见后，报董事会审计委员会批准。没有设立董事会的，由总经理批准。

第二十八条　内部审计部门和审计人员应当严格按照审计程序，采取科学方法开展审计工作，并定期实施审计质量自我评估。

第二十九条　保险公司监事会可以对内部审计工作进行指导和监督。

第三十条　保险公司应当建立审计复议制度。对审计结论存在异议的，被审计对象可以依照规定向保险公司相关机构提出复议。

第三十一条　保险公司应当建立内部审计信息系统，推广应用辅助审计软件，积极开展非现场审计，提高内部审计的信息化水平和审计效率。

第三十二条　保险公司内部审计部门经董事会审计委员会或者公司管理层批准后，可以聘请中介机构承担内部审计项目。

外聘中介机构应当具备足够的独立性、客观性和专业胜任能力。

第三十三条　保险公司应当建立通畅的投诉举报机制，鼓励员工举报公司经营管理中违法违规及其他不符合内部控制要求的行为，并严格为举报人保密。

第三十四条　保险公司应当按照以下要求向中国保监会报告：

（一）每年四月三十日前向中国保监会提交内部审计工作报告和经董事会审议的内部控制评估报告；

（二）及时向中国保监会报告审计中发现的重大风险问题；

（三）内部审计部门对下属分支公司进行审计的，应当同时将审计报告抄报审计对象所在地的中国保监会派出机构；

（四）保险公司对内部审计中发现的问题未予有效整改处理的，审计责任人应当直接向中国保监会报告相关情况；

（五）中国保监会要求的其他事项。

第五章　责任追究

第三十五条　保险公司应当对审计发现的问题及时组织整改，并严格追究相关责任人

的责任。

对审计发现问题未按照要求及时进行整改处理的，保险公司应当追究有关负责人的责任。

未及时按照前两款的规定追究责任的，中国保监会将追究保险公司管理层及相关董事的责任。

第三十六条 保险公司在考核经济目标、任免所属单位负责人时，应当将内部审计情况作为重要依据，并听取审计负责人的意见。

第三十七条 对拒绝或者不配合内部审计、拒绝提供资料或者提供虚假资料、打击报复或者陷害审计人员的，保险公司应当及时制止，并严肃处理有关单位和人员；涉嫌犯罪的，依法移交司法机关处理。

第三十八条 保险公司内部审计人员应当严格遵守审计职业道德规范。滥用职权、徇私舞弊、隐瞒问题、玩忽职守、泄漏秘密的，应当依照国家和公司有关规定给予处分；涉嫌犯罪的，依法移交司法机关处理。

第三十九条 保险公司董事长、总经理和审计责任人在组织实施内部审计工作中有重大失职行为的，中国保监会将依照相关规定给予处罚。

第四十条 保险公司对坚持原则、忠于职守、认真履行职责并做出显著成绩的内部审计人员，应当给予奖励。

第六章 附 则

第四十一条 各保险公司可依照本指引制定实施细则。

第四十二条 本指引由中国保监会负责解释。

第四十三条 本指引自二〇〇七年七月一日起施行。

国家测绘局内部审计工作管理（暂行）办法

（国测财字［2008］2号，2008年2月13日）

第一章 总 则

第一条 为了加强国家测绘局（以下简称国家局）及所属单位内部审计工作，促进内部审计工作管理科学化、制度化，根据《中华人民共和国审计法》、《审计署关于内部审计工作的规定》等有关法规，结合国家局实际情况，制定本办法。

第二条 本办法适用于国家局及所属单位内部审计工作。

第三条 本办法所指的内部审计是指国家局及所属单位内部审计机构或者履行内部审计职责的机构，依法独立监督和评价单位财务收支及经济活动真实、合法和效益的行为。

第四条 内部审计工作应坚持以下原则：

（一）依法审计的原则。内部审计机构依照有关法律、法规和本办法的规定，行使审计监督权。

（二）独立客观公正的原则。内部审计机构或审计人员办理审计事项，应严格遵守内部审计职业规范，忠于职守，坚持原则，做到独立、客观、公正。

（三）保守秘密的原则。内部审计机构或审计人员应对被审计单位的重要事项保密，不得随意对外公开。

（四）回避的原则。审计人员办理审计事项，与被审计单位主要领导或者责任人有利害关系的，应当回避。

第二章 机构和人员

第五条 国家局及所属单位应当设立内部审计机构或者明确履行内部审计职责的机构，并配备或明确相应的审计人员。

第六条 内部审计机构在本单位主要负责人领导下，依法对本单位的财务收支及有关的经济活动进行审计。

第七条 内部审计机构或者审计人员履行职责受法律保护，任何单位、个人不得设置障碍和打击报复。

第八条 审计人员应当具备审计、会计等相关专业知识和良好的政治素质。

第九条 单位应当支持和保障审计人员参加继续教育。

第十条 审计人员专业技术职务资格的取得和聘任，按照国家有关规定执行。

第十一条 内部审计工作经费，应当列入本单位财务预算。

第三章 职责和权限

第十二条 国家局内部审计机构履行下列主要职责：

（一）拟订内部审计制度；

（二）拟订年度内部审计工作重点和计划并组织实施；

（三）对国家局机关及所属单位的财务收支状况，项目经费使用情况、财经纪律执行情况以及国有资产管理、对外投资情况等进行审计和审计调查；

（四）按照干部管理权限，受人事部门委托组织开展对所属单位主要领导干部经济责任审计；

（五）指导所属单位的内部审计工作，组织内部审计人员业务培训；

（六）承担与审计署等有关部门的联络协调工作；

（七）国家局交办的其他相关工作。

第十三条 国家局所属单位内部审计机构履行下列主要职责：

（一）组织开展对本单位的财务收支、预算执行等进行审计；

（二）按照干部管理权限，受单位人事部门委托组织开展对所属单位主要领导干部经济责任审计；

（三）对有关财经法规、规章制度的执行情况进行监督检查，督促内部控制制度的建立和执行；

（四）接受上级审计机构和本单位交办的其他审计相关事项。

第十四条 内部审计机构在审计工作范围内，具有下列主要权限：

（一）根据审计工作的需要，调阅被审计单位财务计划、预算、决算报表和有关文件资料等；

（二）审计凭证、账表和决算，检查资金和财产，检测财务会计软件；

（三）对审计涉及的有关事项，向有关单位和人员进行调查，并取得有关文件和证明材料；

（四）提出改进管理、提高效益的建议以及相关的处理意见，检查审计决定和审计意见书的执行情况。

第四章　内容和程序

第十五条　内部审计机构主要对本单位下列事项进行审计：

（一）财务收支及有关经济活动的真实性、合法性和效益性；

（二）财务预算和决算；

（三）各项资金的使用和管理；

（四）国有资产的使用和管理；

（五）政府采购及招标投标情况；

（六）国库管理制度实施及银行账户的设立、使用和管理；

（七）重大经济合同的签订及执行情况；

（八）重大测绘项目、修缮购置项目、基本建设项目、对外投资项目、主要业务和重点工作项目等经费使用情况；

（九）对所属单位主要领导进行任期经济责任审计；

（十）对所属单位整建制划转、撤并等财务清算审计；

（十一）内部控制制度的健全性和有效性以及风险管理评审；

（十二）本单位主要负责人和上级主管部门交办的其他审计事项。

第十六条　具体审计事项可由内审机构自行组织或委托社会中介机构实施。

第十七条　内部审计工作按照下列程序进行：

（一）拟定审计项目计划，报单位主要负责人批准后实施；

（二）成立审计工作组，制定审计工作方案；

（三）在实施审计前不少于 7 个工作日向被审计单位下达审计通知书，并向被审计单位提出应当准备的材料和要求；

（四）审计工作组实施审计。按照审计工作方案审核会计凭证、账簿、报表，检查现金、银行账户、有价证券和实物，查阅与审计有关的文件和材料，向有关单位和个人进行调查和询问，做好审计记录和取证工作，形成审计工作底稿；

（五）审计工作组对审计工作底稿进行归纳整理，根据审计结果编制审计报告；

（六）将审计报告送被审计单位征求意见，经济责任审计报告应送达本人征求意见。被审计单位或人员应当自接到审计报告之日起 7 个工作日内，提出对审计报告的书面意见；

（七）审计工作组将修改后的审计报告及被审计单位的书面意见一并报内部审计机构审定；

（八）内部审计机构出具审计意见，经批准后送达被审计单位，并抄送人事、纪检和相关业务部门；

（九）被审计单位按照审计意见的要求进行整改，在规定时间内提交整改报告。

第十八条　内部审计机构应对审计意见书的执行情况进行监督和检查。

第十九条 审计事项结束后，应当建立审计档案，按照规定管理。

第五章 奖励和惩罚

第二十条 对审计工作成绩显著的内部审计机构和有突出贡献的审计人员，所在单位和上级主管部门应给予精神或物质奖励。

对滥用职权、泄露秘密、严重失职的审计人员，由所在单位依照有关规定予以处理。

第二十一条 被审计单位不配合内部审计工作，拒绝审计或提供虚假资料、拒不执行审计结论和报复陷害审计人员的，上级单位应及时予以处理。

第六章 附 则

第二十二条 所属单位可根据本办法和本单位实际，制定具体的实施办法，并报国家局备案。

第二十三条 本办法由国家局负责解释。

第二十四条 本办法自发布之日起施行。

企业内部控制审计指引

第一章 总 则

第一条 为了规范注册会计师执行企业内部控制审计业务，明确工作要求，保证执业质量，根据《企业内部控制基本规范》、《中国注册会计师鉴证业务基本准则》及相关执业准则，制定本指引。

第二条 本指引所称内部控制审计，是指会计师事务所接受委托，对特定基准日内部控制设计与运行的有效性进行审计。

第三条 建立健全和有效实施内部控制，评价内部控制的有效性是企业董事会的责任。按照本指引的要求，在实施审计工作的基础上对内部控制的有效性发表审计意见，是注册会计师的责任。

第四条 注册会计师执行内部控制审计工作，应当获取充分、适当的证据，为发表内部控制审计意见提供合理保证。

注册会计师应当对财务报告内部控制的有效性发表审计意见，并对内部控制审计过程中注意到的非财务报告内部控制的重大缺陷，在内部控制审计报告中增加“非财务报告内部控制重大缺陷描述段”予以披露。

第五条 注册会计师可以单独进行内部控制审计，也可将内部控制审计与财务报表审计整合进行（以下简称整合审计）。

在整合审计中，注册会计师应当对内部控制设计与运行的有效性进行测试，以同时实现下列目标：

（一）获取充分、适当的证据，支持其在内部控制审计中对内部控制有效性发表的意见。

（二）获取充分、适当的证据，支持其在财务报表审计中对控制风险的评估结果。

第二章 计划审计工作

第六条 注册会计师应当恰当地计划内部控制审计工作，配备具有专业胜任能力的项目组，并对助理人员进行适当的督导。

第七条 在计划审计工作时，注册会计师应当评价下列事项对内部控制、财务报表以及审计工作的影响：

（一）与企业相关的风险。

（二）相关法律法规和行业概况。

（三）企业组织结构、经营特点和资本结构等相关重要事项。

（四）企业内部控制最近发生变化的程度。

（五）与企业沟通过的内部控制缺陷。

（六）重要性、风险等与确定内部控制重大缺陷相关的因素。

（七）对内部控制有效性的初步判断。

（八）可获取的、与内部控制有效性相关的证据的类型和范围。

第八条 注册会计师应当以风险评估为基础，选择拟测试的控制，确定测试所需收集的证据。

内部控制的特定领域存在重大缺陷的风险越高，给予该领域的审计关注就越多。

第九条 注册会计师应当对企业内部控制自我评价工作进行评估，判断是否利用企业内部审计人员、内部控制评价人员和其他相关人员的工作以及可利用的程度，相应减少可能本应由注册会计师执行的工作。

注册会计师利用企业内部审计人员、内部控制评价人员和其他相关人员的工作，应当对其专业胜任能力和客观性进行充分评价。

与某项控制相关的风险越高，可利用程度就越低，注册会计师应当更多地对该项控制亲自进行测试。

注册会计师应当对发表的审计意见独立承担责任，其责任不因为利用企业内部审计人员、内部控制评价人员和其他相关人员的工作而减轻。

第三章 实施审计工作

第十条 注册会计师应当按照自上而下的方法实施审计工作。自上而下的方法是注册会计师识别风险、选择拟测试控制的基本思路。注册会计师在实施审计工作时，可以将企业层面控制和业务层面控制的测试结合进行。

第十一条 注册会计师测试企业层面控制，应当把握重要性原则，至少应当关注：

（一）与内部环境相关的控制。

（二）针对董事会、经理层凌驾于控制之上的风险而设计的控制。

（三）企业的风险评估过程。

（四）对内部信息传递和财务报告流程的控制。

（五）对控制有效性的内部监督和自我评价。

第十二条 注册会计师测试业务层面控制，应当把握重要性原则，结合企业实际、企业内部控制各项应用指引的要求和企业层面控制的测试情况，重点对企业生产经营活动中的重要业务与事项的控制进行测试。

注册会计师应当关注信息系统对内部控制及风险评估的影响。

第十三条 注册会计师在测试企业层面控制和业务层面控制时，应当评价内部控制是否足以应对舞弊风险。

第十四条 注册会计师应当测试内部控制设计与运行的有效性。

如果某项控制由拥有必要授权和专业胜任能力的人员按照规定的程序与要求执行，能够实现控制目标，表明该项控制的设计是有效的。

如果某项控制正在按照设计运行，执行人员拥有必要授权和专业胜任能力，能够实现控制目标，表明该项控制的运行是有效的。

第十五条 注册会计师应当根据与内部控制相关的风险，确定拟实施审计程序的性质、时间安排和范围，获取充分、适当的证据。与内部控制相关的风险越高，注册会计师需要获取的证据应越多。

第十六条 注册会计师在测试控制设计与运行的有效性时，应当综合运用询问适当人员、观察经营活动、检查相关文件、穿行测试和重新执行等方法。

询问本身并不足以提供充分、适当的证据。

第十七条 注册会计师在确定测试的时间安排时，应当在下列两个因素之间作出平衡，以获取充分、适当的证据：

（一）尽量在接近企业内部控制自我评价基准日实施测试。

（二）实施的测试需要涵盖足够长的期间。

第十八条 注册会计师对于内部控制运行偏离设计的情况（即控制偏差），应当确定该偏差对相关风险评估、需要获取的证据以及控制运行有效性结论的影响。

第十九条 在连续审计中，注册会计师在确定测试的性质、时间安排和范围时，应当考虑以前年度执行内部控制审计时了解的情况。

第四章 评价控制缺陷

第二十条 内部控制缺陷按其成因分为设计缺陷和运行缺陷，按其影响程度分为重大缺陷、重要缺陷和一般缺陷。

注册会计师应当评价其识别的各项内部控制缺陷的严重程度，以确定这些缺陷单独或组合起来，是否构成重大缺陷。

第二十一条 在确定一项内部控制缺陷或多项内部控制缺陷的组合是否构成重大缺陷时，注册会计师应当评价补偿性控制（替代性控制）的影响。企业执行的补偿性控制应当具有同样的效果。

第二十二条 表明内部控制可能存在重大缺陷的迹象，主要包括：

（一）注册会计师发现董事、监事和高级管理人员舞弊。

（二）企业更正已经公布的财务报表。

（三）注册会计师发现当期财务报表存在重大错报，而内部控制在运行过程中未能发现该错报。

（四）企业审计委员会和内部审计机构对内部控制的监督无效。

第五章　完成审计工作

第二十三条　注册会计师完成审计工作后，应当取得经企业签署的书面声明。书面声明应当包括下列内容：

（一）企业董事会认可其对建立健全和有效实施内部控制负责。

（二）企业已对内部控制的有效性作出自我评价，并说明评价时采用的标准以及得出的结论。

（三）企业没有利用注册会计师执行的审计程序及其结果作为自我评价的基础。

（四）企业已向注册会计师披露识别出的所有内部控制缺陷，并单独披露其中的重大缺陷和重要缺陷。

（五）企业对于注册会计师在以前年度审计中识别的重大缺陷和重要缺陷，是否已经采取措施予以解决。

（六）企业在内部控制自我评价基准日后，内部控制是否发生重大变化，或者存在对内部控制具有重要影响的其他因素。

第二十四条　企业如果拒绝提供或以其他不当理由回避书面声明，注册会计师应当将其视为审计范围受到限制，解除业务约定或出具无法表示意见的内部控制审计报告。

第二十五条　注册会计师应当与企业沟通审计过程中识别的所有控制缺陷。对于其中的重大缺陷和重要缺陷，应当以书面形式与董事会和经理层沟通。

注册会计师认为审计委员会和内部审计机构对内部控制的监督无效的，应当就此以书面形式直接与董事会和经理层沟通。

书面沟通应当在注册会计师出具内部控制审计报告之前进行。

第二十六条　注册会计师应当对获取的证据进行评价，形成对内部控制有效性的意见。

第六章　出具审计报告

第二十七条　注册会计师在完成内部控制审计工作后，应当出具内部控制审计报告。标准内部控制审计报告应当包括下列要素：

（一）标题。

（二）收件人。

（三）引言段。

（四）企业对内部控制的责任段。

（五）注册会计师的责任段。

（六）内部控制固有局限性的说明段。

（七）财务报告内部控制审计意见段。

（八）非财务报告内部控制重大缺陷描述段。

（九）注册会计师的签名和盖章。

（十）会计师事务所的名称、地址及盖章。

（十一）报告日期。

第二十八条　符合下列所有条件的，注册会计师应当对财务报告内部控制出具无保留意见的内部控制审计报告：

（一）企业按照《企业内部控制基本规范》、《企业内部控制应用指引》、《企业内部控制评价指引》以及企业自身内部控制制度的要求，在所有重大方面保持了有效的内部控制。

（二）注册会计师已经按照《企业内部控制审计指引》的要求计划和实施审计工作，在审计过程中未受到限制。

第二十九条 注册会计师认为财务报告内部控制虽不存在重大缺陷，但仍有一项或者多项重大事项需要提请内部控制审计报告使用者注意的，应当在内部控制审计报告中增加强调事项段予以说明。

注册会计师应当在强调事项段中指明，该段内容仅用于提醒内部控制审计报告使用者关注，并不影响对财务报告内部控制发表的审计意见。

第三十条 注册会计师认为财务报告内部控制存在一项或多项重大缺陷的，除非审计范围受到限制，应当对财务报告内部控制发表否定意见。

注册会计师出具否定意见的内部控制审计报告，还应当包括下列内容：

（一）重大缺陷的定义。

（二）重大缺陷的性质及其对财务报告内部控制的影响程度。

第三十一条 注册会计师审计范围受到限制的，应当解除业务约定或出具无法表示意见的内部控制审计报告，并就审计范围受到限制的情况，以书面形式与董事会进行沟通。

注册会计师在出具无法表示意见的内部控制审计报告时，应当在内部控制审计报告中指明审计范围受到限制，无法对内部控制的有效性发表意见。

注册会计师在已执行的有限程序中发现财务报告内部控制存在重大缺陷的，应当在内部控制审计报告中对重大缺陷作出详细说明。

第三十二条 注册会计师对在审计过程中注意到的非财务报告内部控制缺陷，应当区别具体情况予以处理：

（一）注册会计师认为非财务报告内部控制缺陷为一般缺陷的，应当与企业进行沟通，提醒企业加以改进，但无需在内部控制审计报告中说明。

（二）注册会计师认为非财务报告内部控制缺陷为重要缺陷的，应当以书面形式与企业董事会和经理层沟通，提醒企业加以改进，但无需在内部控制审计报告中说明。

（三）注册会计师认为非财务报告内部控制缺陷为重大缺陷的，应当以书面形式与企业董事会和经理层沟通，提醒企业加以改进；同时应当在内部控制审计报告中增加非财务报告内部控制重大缺陷描述段，对重大缺陷的性质及其对实现相关控制目标的影响程度进行披露，提示内部控制审计报告使用者注意相关风险。

第三十三条 在企业内部控制自我评价基准日并不存在、但在该基准日之后至审计报告日之前（以下简称期后期间）内部控制可能发生变化，或出现其他可能对内部控制产生重要影响的因素。注册会计师应当询问是否存在这类变化或影响因素，并获取企业关于这些情况的书面声明。

注册会计师知悉对企业内部控制自我评价基准日内部控制有效性有重大负面影响的期后事项的，应当对财务报告内部控制发表否定意见。

注册会计师不能确定期后事项对内部控制有效性的影响程度的，应当出具无法表示意见的内部控制审计报告。

第七章 记录审计工作

第三十四条 注册会计师应当按照《中国注册会计师审计准则第 1131 号——审计工作底稿》的规定，编制内部控制审计工作底稿，完整记录审计工作情况。

第三十五条 注册会计师应当在审计工作底稿中记录下列内容：

（一）内部控制审计计划及重大修改情况。

（二）相关风险评估和选择拟测试的内部控制的主要过程及结果。

（三）测试内部控制设计与运行有效性的程序及结果。

（四）对识别的控制缺陷的评价。

（五）形成的审计结论和意见。

（六）其他重要事项。

附录：

内部控制审计报告的参考格式

1. 标准内部控制审计报告

内部控制审计报告

××股份有限公司全体股东：

按照《企业内部控制审计指引》及中国注册会计师执业准则的相关要求，我们审计了××股份有限公司（以下简称××公司）××年×月×日的财务报告内部控制的有效性。

一、企业对内部控制的责任

按照《企业内部控制基本规范》、《企业内部控制应用指引》、《企业内部控制评价指引》的规定，建立健全和有效实施内部控制，并评价其有效性是企业董事会的责任。

二、注册会计师的责任

我们的责任是在实施审计工作的基础上，对财务报告内部控制的有效性发表审计意见，并对注意到的非财务报告内部控制的重大缺陷进行披露。

三、内部控制的固有局限性

内部控制具有固有局限性，存在不能防止和发现错报的可能性。此外，由于情况的变化可能导致内部控制变得不恰当，或对控制政策和程序遵循的程度降低，根据内部控制审计结果推测未来内部控制的有效性具有一定风险。

四、财务报告内部控制审计意见

我们认为，××公司按照《企业内部控制基本规范》和相关规定在所有重大方面保持了有效的财务报告内部控制。

五、非财务报告内部控制的重大缺陷

在内部控制审计过程中，我们注意到××公司的非财务报告内部控制存在重大缺陷（描述该缺陷的性质及其对实现相关控制目标的影响程度）。由于存在上述重大缺陷，我们提醒本报告使用者注意相关风险。需要指出的是，我们并不对××公司的非财务报告内部控制发表意见或提供保证。本段内容不影响对财务报告内部控制有效性发表的审计意见。

××会计师事务所　　　　　　　　　　中国注册会计师：×××
（盖章）　　　　　　　　　　　　　　（签名并盖章）

中国注册会计师：×××
（签名并盖章）

中国××市
二〇×二年×月×日

2. 带强调事项段的无保留意见内部控制审计报告

内部控制审计报告

××股份有限公司全体股东：

按照《企业内部控制审计指引》及中国注册会计师执业准则的相关要求，我们审计了××股份有限公司（以下简称××公司）××××年×月×日的财务报告内部控制的有效性。

［“一、企业对内部控制的责任”至“五、非财务报告内部控制的重大缺陷”参见标准内部控制审计报告相关段落表述。］

六、强调事项

我们提醒内部控制审计报告使用者关注，（描述强调事项的性质及其对内部控制的重大影响）。本段内容不影响已对财务报告内部控制发表的审计意见。

××会计师事务所　　　　　　　　　　中国注册会计师：×××
（盖章）　　　　　　　　　　　　　　（签名并盖章）

中国注册会计师：×××
（签名并盖章）

中国××市
二〇×二年×月×日

3. 否定意见内部控制审计报告

内部控制审计报告

××股份有限公司全体股东：

按照《企业内部控制审计指引》及中国注册会计师执业准则的相关要求，我们审计了

××股份有限公司（以下简称××公司）××××年×月×日的财务报告内部控制的有效性。

［“一、企业对内部控制的责任”至“三、内部控制的固有局限性”参见标准内部控制审计报告相关段落表述。］

四、导致否定意见的事项

重大缺陷，是指一个或多个控制缺陷的组合，可能导致企业严重偏离控制目标。

［指出注册会计师已识别出的重大缺陷，并说明重大缺陷的性质及其对财务报告内部控制的影响程度。］

有效的内部控制能够为财务报告及相关信息的真实完整提供合理保证，而上述重大缺陷使××公司内部控制失去这一功能。

五、财务报告内部控制审计意见

我们认为，由于存在上述重大缺陷及其对实现控制目标的影响，××公司未能按照《企业内部控制基本规范》和相关规定在所有重大方面保持有效的财务报告内部控制。

六、非财务报告内部控制的重大缺陷

［参见标准内部控制审计报告相关段落表述。］

××会计师事务所　　　　　　　　　　中国注册会计师：×××
（盖章）　　　　　　　　　　　　　　（签名并盖章）

中国注册会计师：×××
（签名并盖章）

中国××市
二〇×二年×月×日

4. 无法表示意见内部控制审计报告

内部控制审计报告

××股份有限公司全体股东：

我们接受委托，对××股份有限公司（以下简称××公司）××××年×月×日的财务报告内部控制进行审计。

［删除注册会计师的责任段，“一、企业对内部控制的责任”和“二、内部控制的固有局限性”参见标准内部控制审计报告相关段落表述。］

三、导致无法表示意见的事项

［描述审计范围受到限制的具体情况。］

四、财务报告内部控制审计意见

由于审计范围受到上述限制，我们未能实施必要的审计程序以获取发表意见所需的充分、适当证据，因此，我们无法对××公司财务报告内部控制的有效性发表意见。

五、识别的财务报告内部控制重大缺陷（如在审计范围受到限制前，执行有限程序未

能识别出重大缺陷，则应删除本段）

重大缺陷，是指一个或多个控制缺陷的组合，可能导致企业严重偏离控制目标。

尽管我们无法对××公司财务报告内部控制的有效性发表意见，但在我们实施的有限程序的过程中，发现了以下重大缺陷：

[指出注册会计师已识别出的重大缺陷，并说明重大缺陷的性质及其对财务报告内部控制的影响程度。]

有效的内部控制能够为财务报告及相关信息的真实完整提供合理保证，而上述重大缺陷使××公司内部控制失去这一功能。

六、非财务报告内部控制的重大缺陷

[参见标准内部控制审计报告相关段落表述。]

××会计师事务所
（盖章）

中国注册会计师：×××
（签名并盖章）

中国注册会计师：×××
（签名并盖章）

中国××市
二〇×二年×月×日

企业内部控制基本规范

（财会［2008］7号，2008年5月22日）

第一章 总 则

第一条 为了加强和规范企业内部控制，提高企业经营管理水平和风险防范能力，促进企业可持续发展，维护社会主义市场经济秩序和社会公众利益，根据《中华人民共和国公司法》、《中华人民共和国证券法》、《中华人民共和国会计法》和其他有关法律法规，制定本规范。

第二条 本规范适用于中华人民共和国境内设立的大中型企业。

小企业和其他单位可以参照本规范建立与实施内部控制。

大中型企业和小企业的划分标准根据国家有关规定执行。

第三条 本规范所称内部控制，是由企业董事会、监事会、经理层和全体员工实施的、旨在实现控制目标的过程。内部控制的目标是合理保证企业经营管理合法合规、资产安全、财务报告及相关信息真实完整，提高经营效率和效果，促进企业实现发展战略。

第四条 企业建立与实施内部控制，应当遵循下列原则：

（一）全面性原则。内部控制应当贯穿决策、执行和监督全过程，覆盖企业及其所属单位的各种业务和事项。

（二）重要性原则。内部控制应当在全面控制的基础上，关注重要业务事项和高风险

领域。

（三）制衡性原则。内部控制应当在治理结构、机构设置及权责分配、业务流程等方面形成相互制约、相互监督，同时兼顾运营效率。

（四）适应性原则。内部控制应当与企业经营规模、业务范围、竞争状况和风险水平等相适应，并随着情况的变化及时加以调整。

（五）成本效益原则。内部控制应当权衡实施成本与预期效益，以适当的成本实现有效控制。

第五条 企业建立与实施有效的内部控制，应当包括下列要素：

（一）内部环境。内部环境是企业实施内部控制的基础，一般包括治理结构、机构设置及权责分配、内部审计、人力资源政策、企业文化等。

（二）风险评估。风险评估是企业及时识别、系统分析经营活动中与实现内部控制目标相关的风险，合理确定风险应对策略。

（三）控制活动。控制活动是企业根据风险评估结果，采用相应的控制措施，将风险控制在可承受度之内。

（四）信息与沟通。信息与沟通是企业及时、准确地收集、传递与内部控制相关的信息，确保信息在企业内部、企业与外部之间进行有效沟通。

（五）内部监督。内部监督是企业对内部控制建立与实施情况进行监督检查，评价内部控制的有效性，发现内部控制缺陷，应当及时加以改进。

第六条 企业应当根据有关法律法规、本规范及其配套办法，制定本企业的内部控制制度并组织实施。

第七条 企业应当运用信息技术加强内部控制，建立与经营管理相适应的信息系统，促进内部控制流程与信息系统的有机结合，实现对业务和事项的自动控制，减少或消除人为操纵因素。

第八条 企业应当建立内部控制实施的激励约束机制，将各责任单位和全体员工实施内部控制的情况纳入绩效考评体系，促进内部控制的有效实施。

第九条 国务院有关部门可以根据法律法规、本规范及其配套办法，明确贯彻实施本规范的具体要求，对企业建立与实施内部控制的情况进行监督检查。

第十条 接受企业委托从事内部控制审计的会计师事务所，应当根据本规范及其配套办法和相关执业准则，对企业内部控制的有效性进行审计，出具审计报告。会计师事务所及其签字的从业人员应当对发表的内部控制审计意见负责。

为企业内部控制提供咨询的会计师事务所，不得同时为同一企业提供内部控制审计服务。

第二章　内部环境

第十一条 企业应当根据国家有关法律法规和企业章程，建立规范的公司治理结构和议事规则，明确决策、执行、监督等方面的职责权限，形成科学有效的职责分工和制衡机制。

股东（大）会享有法律法规和企业章程规定的合法权利，依法行使企业经营方针、筹资、投资、利润分配等重大事项的表决权。

董事会对股东（大）会负责，依法行使企业的经营决策权。

监事会对股东（大）会负责，监督企业董事、经理和其他高级管理人员依法履行职责。

经理层负责组织实施股东（大）会、董事会决议事项，主持企业的生产经营管理工作。

第十二条　董事会负责内部控制的建立健全和有效实施。监事会对董事会建立与实施内部控制进行监督。经理层负责组织领导企业内部控制的日常运行。

企业应当成立专门机构或者指定适当的机构具体负责组织协调内部控制的建立实施及日常工作。

第十三条　企业应当在董事会下设立审计委员会。审计委员会负责审查企业内部控制，监督内部控制的有效实施和内部控制自我评价情况，协调内部控制审计及其他相关事宜等。

审计委员会负责人应当具备相应的独立性、良好的职业操守和专业胜任能力。

第十四条　企业应当结合业务特点和内部控制要求设置内部机构，明确职责权限，将权利与责任落实到各责任单位。

企业应当通过编制内部管理手册，使全体员工掌握内部机构设置、岗位职责、业务流程等情况，明确权责分配，正确行使职权。

第十五条　企业应当加强内部审计工作，保证内部审计机构设置、人员配备和工作的独立性。

内部审计机构应当结合内部审计监督，对内部控制的有效性进行监督检查。内部审计机构对监督检查中发现的内部控制缺陷，应当按照企业内部审计工作程序进行报告；对监督检查中发现的内部控制重大缺陷，有权直接向董事会及其审计委员会、监事会报告。

第十六条　企业应当制定和实施有利于企业可持续发展的人力资源政策。人力资源政策应当包括下列内容：

（一）员工的聘用、培训、辞退与辞职。

（二）员工的薪酬、考核、晋升与奖惩。

（三）关键岗位员工的强制休假制度和定期岗位轮换制度。

（四）掌握国家秘密或重要商业秘密的员工离岗的限制性规定。

（五）有关人力资源管理的其他政策。

第十七条　企业应当将职业道德修养和专业胜任能力作为选拔和聘用员工的重要标准，切实加强员工培训和继续教育，不断提升员工素质。

第十八条　企业应当加强文化建设，培育积极向上的价值观和社会责任感，倡导诚实守信、爱岗敬业、开拓创新和团队协作精神，树立现代管理理念，强化风险意识。

董事、监事、经理及其他高级管理人员应当在企业文化建设中发挥主导作用。

企业员工应当遵守员工行为守则，认真履行岗位职责。

第十九条　企业应当加强法制教育，增强董事、监事、经理及其他高级管理人员和员工的法制观念，严格依法决策、依法办事、依法监督，建立健全法律顾问制度和重大法律纠纷案件备案制度。

第三章　风险评估

第二十条　企业应当根据设定的控制目标，全面系统持续地收集相关信息，结合实际情况，及时进行风险评估。

第二十一条 企业开展风险评估，应当准确识别与实现控制目标相关的内部风险和外部风险，确定相应的风险承受度。

风险承受度是企业能够承担的风险限度，包括整体风险承受能力和业务层面的可接受风险水平。

第二十二条 企业识别内部风险，应当关注下列因素：

（一）董事、监事、经理及其他高级管理人员的职业操守、员工专业胜任能力等人力资源因素。

（二）组织机构、经营方式、资产管理、业务流程等管理因素。

（三）研究开发、技术投入、信息技术运用等自主创新因素。

（四）财务状况、经营成果、现金流量等财务因素。

（五）营运安全、员工健康、环境保护等安全环保因素。

（六）其他有关内部风险因素。

第二十三条 企业识别外部风险，应当关注下列因素：

（一）经济形势、产业政策、融资环境、市场竞争、资源供给等经济因素。

（二）法律法规、监管要求等法律因素。

（三）安全稳定、文化传统、社会信用、教育水平、消费者行为等社会因素。

（四）技术进步、工艺改进等科学技术因素。

（五）自然灾害、环境状况等自然环境因素。

（六）其他有关外部风险因素。

第二十四条 企业应当采用定性与定量相结合的方法，按照风险发生的可能性及其影响程度等，对识别的风险进行分析和排序，确定关注重点和优先控制的风险。

企业进行风险分析，应当充分吸收专业人员，组成风险分析团队，按照严格规范的程序开展工作，确保风险分析结果的准确性。

第二十五条 企业应当根据风险分析的结果，结合风险承受度，权衡风险与收益，确定风险应对策略。

企业应当合理分析、准确掌握董事、经理及其他高级管理人员、关键岗位员工的风险偏好，采取适当的控制措施，避免因个人风险偏好给企业经营带来重大损失。

第二十六条 企业应当综合运用风险规避、风险降低、风险分担和风险承受等风险应对策略，实现对风险的有效控制。

风险规避是企业对超出风险承受度的风险，通过放弃或者停止与该风险相关的业务活动以避免和减轻损失的策略。

风险降低是企业在权衡成本效益之后，准备采取适当的控制措施降低风险或者减轻损失，将风险控制在风险承受度之内的策略。

风险分担是企业准备借助他人力量，采取业务分包、购买保险等方式和适当的控制措施，将风险控制在风险承受度之内的策略。

风险承受是企业对风险承受度之内的风险，在权衡成本效益之后，不准备采取控制措施降低风险或者减轻损失的策略。

第二十七条 企业应当结合不同发展阶段和业务拓展情况，持续收集与风险变化相关的信息，进行风险识别和风险分析，及时调整风险应对策略。

第四章 控制活动

第二十八条 企业应当结合风险评估结果，通过手工控制与自动控制、预防性控制与发现性控制相结合的方法，运用相应的控制措施，将风险控制在可承受度之内。

控制措施一般包括：不相容职务分离控制、授权审批控制、会计系统控制、财产保护控制、预算控制、运营分析控制和绩效考评控制等。

第二十九条 不相容职务分离控制要求企业全面系统地分析、梳理业务流程中所涉及的不相容职务，实施相应的分离措施，形成各司其职、各负其责、相互制约的工作机制。

第三十条 授权审批控制要求企业根据常规授权和特别授权的规定，明确各岗位办理业务和事项的权限范围、审批程序和相应责任。

企业应当编制常规授权的权限指引，规范特别授权的范围、权限、程序和责任，严格控制特别授权。常规授权是指企业在日常经营管理活动中按照既定的职责和程序进行的授权。特别授权是指企业在特殊情况、特定条件下进行的授权。

企业各级管理人员应当在授权范围内行使职权和承担责任。

企业对于重大的业务和事项，应当实行集体决策审批或者联签制度，任何个人不得单独进行决策或者擅自改变集体决策。

第三十一条 会计系统控制要求企业严格执行国家统一的会计准则制度，加强会计基础工作，明确会计凭证、会计账簿和财务会计报告的处理程序，保证会计资料真实完整。

企业应当依法设置会计机构，配备会计从业人员。从事会计工作的人员，必须取得会计从业资格证书。会计机构负责人应当具备会计师以上专业技术职务资格。

大中型企业应当设置总会计师。设置总会计师的企业，不得设置与其职权重叠的副职。

第三十二条 财产保护控制要求企业建立财产日常管理制度和定期清查制度，采取财产记录、实物保管、定期盘点、账实核对等措施，确保财产安全。

企业应当严格限制未经授权的人员接触和处置财产。

第三十三条 预算控制要求企业实施全面预算管理制度，明确各责任单位在预算管理中的职责权限，规范预算的编制、审定、下达和执行程序，强化预算约束。

第三十四条 运营分析控制要求企业建立运营情况分析制度，经理层应当综合运用生产、购销、投资、筹资、财务等方面的信息，通过因素分析、对比分析、趋势分析等方法，定期开展运营情况分析，发现存在的问题，及时查明原因并加以改进。

第三十五条 绩效考评控制要求企业建立和实施绩效考评制度，科学设置考核指标体系，对企业内部各责任单位和全体员工的业绩进行定期考核和客观评价，将考评结果作为确定员工薪酬以及职务晋升、评优、降级、调岗、辞退等的依据。

第三十六条 企业应当根据内部控制目标，结合风险应对策略，综合运用控制措施，对各种业务和事项实施有效控制。

第三十七条 企业应当建立重大风险预警机制和突发事件应急处理机制，明确风险预警标准，对可能发生的重大风险或突发事件，制定应急预案、明确责任人员、规范处置程序，确保突发事件得到及时妥善处理。

第五章 信息与沟通

第三十八条 企业应当建立信息与沟通制度，明确内部控制相关信息的收集、处理和传递程序，确保信息及时沟通，促进内部控制有效运行。

第三十九条 企业应当对收集的各种内部信息和外部信息进行合理筛选、核对、整合，提高信息的有用性。

企业可以通过财务会计资料、经营管理资料、调研报告、专项信息、内部刊物、办公网络等渠道，获取内部信息。

企业可以通过行业协会组织、社会中介机构、业务往来单位、市场调查、来信来访、网络媒体以及有关监管部门等渠道，获取外部信息。

第四十条 企业应当将内部控制相关信息在企业内部各管理级次、责任单位、业务环节之间，以及企业与外部投资者、债权人、客户、供应商、中介机构和监管部门等有关方面之间进行沟通和反馈。信息沟通过程中发现的问题，应当及时报告并加以解决。

重要信息应当及时传递给董事会、监事会和经理层。

第四十一条 企业应当利用信息技术促进信息的集成与共享，充分发挥信息技术在信息与沟通中的作用。

企业应当加强对信息系统开发与维护、访问与变更、数据输入与输出、文件储存与保管、网络安全等方面的控制，保证信息系统安全稳定运行。

第四十二条 企业应当建立反舞弊机制，坚持惩防并举、重在预防的原则，明确反舞弊工作的重点领域、关键环节和有关机构在反舞弊工作中的职责权限，规范舞弊案件的举报、调查、处理、报告和补救程序。

企业至少应当将下列情形作为反舞弊工作的重点：

（一）未经授权或者采取其他不法方式侵占、挪用企业资产，牟取不当利益。

（二）在财务会计报告和信息披露等方面存在的虚假记载、误导性陈述或者重大遗漏等。

（三）董事、监事、经理及其他高级管理人员滥用职权。

（四）相关机构或人员串通舞弊。

第四十三条 企业应当建立举报投诉制度和举报人保护制度，设置举报专线，明确举报投诉处理程序、办理时限和办结要求，确保举报、投诉成为企业有效掌握信息的重要途径。

举报投诉制度和举报人保护制度应当及时传达至全体员工。

第六章 内部监督

第四十四条 企业应当根据本规范及其配套办法，制定内部控制监督制度，明确内部审计机构（或经授权的其他监督机构）和其他内部机构在内部监督中的职责权限，规范内部监督的程序、方法和要求。

内部监督分为日常监督和专项监督。日常监督是指企业对建立与实施内部控制的情况进行常规、持续的监督检查；专项监督是指在企业发展战略、组织结构、经营活动、业务流程、关键岗位员工等发生较大调整或变化的情况下，对内部控制的某一或者某些方面进行有针对性的监督检查。

专项监督的范围和频率应当根据风险评估结果以及日常监督的有效性等予以确定。

第四十五条 企业应当制定内部控制缺陷认定标准，对监督过程中发现的内部控制缺陷，应当分析缺陷的性质和产生的原因，提出整改方案，采取适当的形式及时向董事会、监事会或者经理层报告。

内部控制缺陷包括设计缺陷和运行缺陷。企业应当跟踪内部控制缺陷整改情况，并就内部监督中发现的重大缺陷，追究相关责任单位或者责任人的责任。

第四十六条　企业应当结合内部监督情况，定期对内部控制的有效性进行自我评价，出具内部控制自我评价报告。

内部控制自我评价的方式、范围、程序和频率，由企业根据经营业务调整、经营环境变化、业务发展状况、实际风险水平等自行确定。

国家有关法律法规另有规定的，从其规定。

第四十七条　企业应当以书面或者其他适当的形式，妥善保存内部控制建立与实施过程中的相关记录或者资料，确保内部控制建立与实施过程的可验证性。

第七章　附　　则

第四十八条　本规范由财政部会同国务院其他有关部门解释。

第四十九条　本规范的配套办法由财政部会同国务院其他有关部门另行制定。

第五十条　本规范自2009年7月1日起实施。

农业部办公厅关于印发《农业部内部审计工作经费管理暂行办法》的通知

（农办财〔2011〕62号，2011年5月16日）

部机关各司局、部属各单位：

为规范内部审计工作经费的管理和使用，强化预算约束，提高资金使用效益，根据《中央本级项目支出预算管理办法》等有关规定并结合内部审计工作实际，我部制定了《农业部内部审计工作经费管理暂行办法》，现予印发，请遵照执行。

附件：农业部内部审计工作经费管理暂行办法

二〇一一年五月十六日

附件：

农业部内部审计工作经费管理暂行办法

第一条　为加强和规范农业部内部审计工作经费管理，强化预算约束，提高资金使用效益，根据《中央本级项目支出预算管理办法》等有关规定，制定本办法。

第二条　农业部内部审计工作经费，是指由部门预算安排，用于组织实施内部审计、资金监管等工作的经常性财政专项业务经费。

第三条　本办法适用于设有独立内部审计部门的有关司局和预算单位。

第四条 内部审计工作经费遵循统一管理、专项申请、逐年核定、专款专用的原则。

第五条 财务司负责内部审计工作经费的预算管理。

第六条 内部审计工作经费按照项目管理程序，由有关单位根据履行业务职能的需要、本年度工作目标和主管部门下达的任务，提出预算申请，部财务司审核下达，纳入单位预算管理。

第七条 内部审计工作经费的支出范围，包括业务工作经费、审计外勤经费。

第八条 业务工作经费。用于内审部门开展日常业务活动中发生的工作支出，包括办公费、邮电费、交通费、差旅费、培训费、咨询费、委托业务费、开展境外审计发生的因公出国（境）费用，以及其他相关支出。业务工作经费的开支标准按照国家相关规定执行。

第九条 审计外勤经费。用于审计人员履行审计职责（含经济责任审计、专项审计）期间发生的符合有关规定的市内交通费、中午误餐费、加班费、差旅费。其标准参照《审计署机关及派出机构审计外勤经费管理办法》（审办发〔2010〕27 号）执行。

第十条 内部审计工作经费不得开支编制内职工的人员工资、奖金、津补贴和福利支出，不得开支罚款、捐赠、赞助、投资等，严禁以任何方式谋取私利。

第十一条 内部审计工作经费要纳入本单位财务统一核算，严格按照预算批复执行，专款专用。属于政府采购范围的项目，必须按照政府采购的有关规定执行。

第十二条 经费使用单位应当遵守国家财政、财务规章制度和财经纪律，自觉接受财政、审计等部门的监督检查，并于每年 1 月向财务司报送上一年度经费使用情况总结。

第十三条 财务司应当加强对内部审计工作经费使用情况的监督检查，确保资金的合理使用和安全有效。对违反国家有关法律和财政、财务规章制度的，依法依规进行处理。

第十四条 本办法由财务司负责解释。

第十五条 本办法自发布之日起施行。

安徽省内部审计条例

（2011 年 8 月 19 日安徽省第十一届人民代表大会常务委员会第二十七次会议通过）

第一章 总　　则

第一条 为了加强内部审计工作，规范内部审计行为，改善经济管理，促进廉政建设，根据《中华人民共和国审计法》和有关法律、行政法规，结合本省实际，制定本条例。

第二条 本条例所称内部审计，是指单位依法独立开展监督和评价本单位及所属单位财政收支、财务收支及其他经济活动的真实、合法和效益的行为。

第三条 本省依法属于审计机关审计监督对象的国家机关、金融机构、企业事业组织、社会团体以及其他单位，应当建立健全内部审计制度，开展内部审计工作。

鼓励和支持非公有制企业、农村集体经济组织等单位建立健全内部审计制度，开展内部审计工作。

第四条 内部审计工作应当遵循依法、独立、客观、公正的原则。

第五条 单位主要负责人或者权力机构领导本单位的内部审计工作，保障内部审计机构或者人员依法履行职责。

第六条 县级以上人民政府审计机关负责指导和监督本行政区域内的内部审计工作。

县级以上人民政府其他有关行政主管部门应当在其职权范围内，加强对本行业、本系统内部审计工作的指导和监督。

第二章 机构与人员

第七条 下列单位应当设立独立的内部审计机构：

（一）国有、国有资本占控股或者主导地位的金融机构；

（二）大中型国有企业和国有资本占控股或者主导地位的企业；

（三）上市公司；

（四）法律、行政法规规定的其他应当设立内部审计机构的单位。

前款规定设立内部审计机构的单位，可以根据需要设立审计委员会，配备总审计师。

第八条 实行省级垂直管理的部门，财政收支、财务收支数额较大或者下属单位较多的国家机关、事业单位、社会团体以及其他单位，应当加强内部审计机构建设，可以根据需要设置内部审计机构，或者授权本单位内设机构履行内部审计职责。

第九条 设立独立的内部审计机构的单位，应当配备相应的内部审计人员。内部审计人员应当具备从事内部审计工作所需的专业知识和业务能力，定期接受内部审计业务岗位培训。

内部审计机构负责人应当具有审计或者相关专业中级以上技术职务资格、执业资格或者具有三年以上审计、会计等相关工作经历。

内部审计机构负责人在任期内没有违法失职或者其他不符合任职条件的情况的，不得随意撤换。

第十条 内部审计机构和内部审计人员履行职责所需经费，应当列入本单位财务预算，予以保障。

第三章 职责与权限

第十一条 内部审计机构和内部审计人员应当按照本单位主要负责人或者权力机构的要求，依法履行下列职责：

（一）对本单位及所属单位的财政收支、财务收支及有关经济活动进行审计；

（二）对本单位及所属单位的基本建设项目、技术改造项目以及重大投资活动进行审计；

（三）对本单位内设机构及所属单位主要负责人任期经济责任履行情况进行审计；

（四）对本单位及所属单位经济管理和效益情况进行审计；

（五）对本单位及所属单位内部控制制度的健全性、有效性以及风险管理情况进行评审；

（六）对本单位及所属单位与财政收支、财务收支有关的经济活动开展专项审计调查；

（七）办理审计机关委托的有关审计或者审计调查事项；

（八）法律、法规规定和本单位主要负责人或者权力机构要求办理的其他审计事项。

第十二条 内部审计机构和内部审计人员按照本单位主要负责人或者权力机构的要求，依法履行职责时享有下列权限：

（一）要求被审计对象按时提供有关财政、财务收支计划、预算执行情况、决算、会计报表及相关经济活动的资料和电子数据以及必要的电子计算机技术文档；

（二）参加或者列席本单位及所属单位召开的重大投资、资产处置、财政收支和财务收支预算、决算及其他与经济活动有关的会议等；

（三）审查财务、会计及经济活动的资料、文件和与审计内容有关的计算机管理信息系统及相关电子数据；

（四）对审计事项中的有关问题，依法向有关单位和个人开展调查和询问，取得相关证明材料；

（五）对可能被转移、隐匿、篡改、毁灭的有关财务会计及相关经济活动的资料或者资产，报经本单位主要负责人或者权力机构批准，予以暂时封存；

（六）对经济活动中的违法、违规行为予以制止，提出纠正、处理意见以及改善管理的建议；

（七）经本单位主要负责人或者权力机构批准，公示有关审计情况和结果；

（八）对本单位内设机构及所属单位严格遵守财经法规、经济效益显著、贡献突出的集体和个人，向本单位主要负责人或者权力机构提出表彰、奖励的建议。

第十三条 内部审计机构和内部审计人员开展内部审计工作，应当遵守内部审计职业规范，依法履行职责。

内部审计人员不得从事可能影响其依法履行职责的经营管理或者财务工作，不得参与原经办业务的审计事项。

内部审计人员实施内部审计时，与被审计对象或者审计事项有利害关系的，应当回避。

第十四条 单位主要负责人或者权力机构在管理权限范围内，可以授予内部审计机构通报、责令改正以及按照有关规定收缴违纪、违规资金的处理权。

第四章 审计程序

第十五条 内部审计机构应当制定年度审计工作计划，报单位主要负责人或者权力机构批准后实施。

第十六条 内部审计机构根据年度审计工作计划确定审计项目，组成审计组实施审计。审计组成员不得少于 2 人。

审计组实施审计前，应当向被审计对象送达审计通知书。

第十七条 审计组实施审计后，应当向内部审计机构提交书面报告。

内部审计机构应当对审计组提交的书面报告进行复核，并报经本单位主要负责人或者权力机构同意后下达审计结论。

审计结论应当对审计事项作出评价，提出纠正和处理违法违规行为以及改进经济管理、提高经济效益的意见和措施。

第十八条 被审计对象应当按照审计结论的要求及时整改，并在规定期限内向内部审计机构报告执行情况。

被审计对象对审计结论有异议的，可以向本单位主要负责人或者权力机构提起申诉。单位主要负责人或者权力机构应当处理。

第十九条　经内部审计，被审计对象有下列情形之一，由单位依照法律、法规规定移交有关机关依法处理：

（一）偷税、逃税；

（二）隐瞒、截留收入和利润；

（三）挤占、挪用专项资金；

（四）不依法设置会计账簿或者私设会计账簿，私存私放公款；

（五）编制虚假财务会计报告；

（六）浪费国家资金或者造成国家资金流失；

（七）违反财经法律、法规的其他情形。

第二十条　内部审计机构在必要时可以开展后续审计，检查被审计对象采取的整改措施及效果，并向本单位主要负责人或者权力机构提交后续审计结果。

第二十一条　审计机关和有关行政主管部门开展有关工作时，可以利用内部审计成果。

依法属于审计机关审计监督对象的单位在考核、奖惩、任免本单位及所属单位有关工作人员时，应当将内部审计结论作为重要依据。

第二十二条　单位应当建立健全内部审计档案管理制度，并按有关规定妥善保管内部审计档案资料。

第五章　指导与监督

第二十三条　审计机关应当对下列事项进行指导和监督：

（一）依据法律、法规和上级审计机关的有关规定，制定内部审计规章制度；

（二）督促审计监督对象建立健全内部审计制度，按照规定设立内部审计机构，配备内部审计人员；

（三）对审计监督对象建立健全内部审计制度和开展内部审计工作的情况进行检查和评价；

（四）总结、推广内部审计工作先进经验，对内部审计工作成效显著的单位和个人给予表彰和奖励；

（五）维护内部审计机构和内部审计人员的合法权益；

（六）指导和监督内部审计协会开展活动；

（七）法律、法规规定的其他事项。

第二十四条　审计机关可以通过内部审计协会，加强对内部审计工作的业务指导和监督。

第二十五条　依法属于审计机关审计监督对象的单位，应当按照规定向审计机关报告内部审计工作情况。

第二十六条　内部审计机构或者内部审计人员对被审计对象的违法、违规行为，经向单位主要负责人或者权力机构报告后，单位主要负责人或者权力机构不予处理或者处理明显不当的，可以向审计机关报告。

第二十七条 审计机关对内部审计工作中的违法、违规行为，应当责令有关单位限期改正。

第六章 法律责任

第二十八条 违反本条例规定，未建立内部审计制度、开展内部审计工作的，由审计机关责令改正；情节严重的，对直接负责的主管人员和其他直接责任人员，审计机关认为应当给予处分的，向有权机关提出给予处分的建议。有权机关应当依法及时处理，并将处理结果书面通知审计机关。

第二十九条 被审计对象有下列情形之一的，由单位主要负责人或者权力机构责令改正，并对直接负责的主管人员和其他直接责任人员依法给予处理：

（一）拒绝接受或者不配合内部审计工作的；

（二）拒绝、拖延提供与内部审计事项有关的资料，或者提供资料不真实、不完整的；

（三）拒绝执行审计结论的。

第三十条 内部审计机构有下列情形之一，未构成犯罪的，由单位主要负责人或者权力机构责令改正，并对直接负责的主管人员和其他直接责任人员依法给予处理：

（一）隐瞒审计查出的问题或者提供虚假审计结论的；

（二）泄露国家秘密或者泄露被审计对象商业秘密的；

（三）滥用职权、徇私舞弊、玩忽职守的；

（四）违反法律、法规规定的其他情形。

第三十一条 单位主要负责人或者权力机构的有关责任人有下列情形之一，未构成犯罪的，由有权机关依法给予处分：

（一）打击、报复、陷害内部审计人员的；

（二）授意、指使、强令内部审计机构或者内部审计人员出具违反法律、法规规定的审计结论的；

（三）违反法律、法规规定的其他情形。

第七章 附　　则

第三十二条 本条例所称单位主要负责人，是指国家机关的行政首长及其他法人组织的法定代表人。

本条例所称权力机构，是指企业法人组织依法行使决策权的机构。

本条例所称被审计对象，是指本单位内设机构、所属单位及个人。

第三十三条 本条例自2012年1月1日起施行。

湖南省内部审计办法

湖南省政府第255号令

《湖南省内部审计办法》已经2011年7月4日省人民政府第87次常务会议通过，2011年10月1日起施行。

湖南省内部审计办法

第一章　总　　则

第一条　为加强内部审计工作，改善管理，提高效益，促进廉政建设，根据《中华人民共和国审计法》和有关法律、法规，结合我省实际，制定本办法。

第二条　本办法适用于在本省行政区域内依法接受审计监督的国家机关、国有以及国有资本占控股地位或者主导地位的金融机构和企业、国家的事业组织和使用财政资金的其他事业组织（以下统称单位）。

第三条　本办法所称内部审计，是指单位内部依法独立、客观地对本单位及其所属单位的经济活动、内部控制的适当性、合法性和有效性进行监督和评价。

第四条　单位主要负责人或者权力机构领导本单位的内部审计工作，建立健全本单位内部审计制度，对内部审计形成的结论性审计文书的真实性、合法性、完整性负责。

第五条　县级以上人民政府审计机关负责指导和监督本行政区域内的内部审计工作，履行下列职责：

（一）制订内部审计工作制度；

（二）监督有关单位建立健全内部审计工作机制；

（三）指导内部审计的开展；

（四）检查、评价内部审计工作；

（五）指导、监督内部审计师协会依法履行职责；

（六）法律、法规和规章规定的其他职责。

第六条　内部审计师协会依照章程为内部审计工作提供协调和服务，依法履行行业管理职能。

第二章　机构和人员

第七条　法律、法规规定应当设立独立内部审计机构的单位，应当按照规定设立独立内部审计机构财政收支、财务收支较大的单位可以根据工作需要，按照规定程序设立独立的内部审计机构或者配备专职内部审计人员，依法开展内部审计工作。不具有设立独立的内部审计机构或者配备专职内部审计人员条件的，可以授权本单位财务、综合、监察等内设机构履行内部审计职责，必要时可以聘请社会审计机构协助本单位进行内部审计工作。

第八条　设立内部审计机构的金融机构、企业事业组织，可以根据需要设立审计委员会，配备总审计师。审计委员会主任应当由单位主要负责人、总审计师或者外部董事担任。

第九条　内部审计人员应当具备与从事内部审计工作相适应的专业知识和业务能力，实行持证上岗，接受内部审计职业培训和后续教育。

内部审计机构负责人应当具有中级以上相关专业技术职务任职资格或者从事经济、管理、法律等相关工作3年以上工作经历，以及法律、法规规定的其他条件。

第十条　内部审计人员办理审计事项，应当遵守职业规范，做到独立、客观、公正、廉洁。

第十一条　内部审计人员不得兼任或者从事可能影响其依法履行职责的经营管理或者财务工作。

实施内部审计时，与被审计对象或者审计事项有利害关系的，应当回避。内部审计人员的回避，由内部审计机构负责人决定；内部审计机构负责人的回避，由本单位主要负责人决定。

第十二条 内部审计机构履行职责所需经费，由本单位予以保证。

第三章 职责和权限

第十三条 内部审计机构履行下列职责：

（一）对本单位及所属单位财政收支、财务收支及相关经济活动进行审计；

（二）对本单位及所属单位固定资产投资项目的概预算执行情况及效益进行审计；

（三）对本单位及所属单位执行计划、预算、合同等情况进行审计；

（四）对本单位及所属单位内部控制制度的健全性和有效性进行评估；

（五）对本单位内设机构及所属单位主要负责人任期经济责任进行审计；

（六）法律、法规规定和本单位主要负责人或者权力机构交办的其他审计事项。

第十四条 内部审计机构履行职责时，具有下列权限：

（一）要求被审计单位或者被审计对象及时提供真实、完整的与审计事项相关的资料；

（二）参加或者列席本单位及所属单位重大投资、资产处置、财政收支、财务收支预算、决算及其他重大经营管理决策的会议；

（三）检查有关的资产、经济活动资料，现场勘查实物；对可能被转移、隐匿、篡改、毁弃的会计凭证、会计报表和财务会计报告及相关经济活动的资料或者资产，报经本单位主要负责人或者权力机构批准，予以暂时封存；

（四）依法向有关单位和个人调查和询问审计事项中的有关问题，取得相关证明材料；

（五）对违反本单位规章制度的行为，以及经营管理活动中存在的违法、违规行为，在职权范围内提出处理建议；

（六）经本单位主要负责人或者权力机构批准，公示有关审计结果，通报、责令改正审计发现的问题，

（七）参与本单位因经营管理活动需要，对相关社会中介机构或者专业人员的选聘工作；

（八）对本单位遵守财经法规、经济效益显著、贡献突出的集体和个人，提出表彰、奖励的建议；

（九）法律、法规和规章规定的其他权限。

第十五条 内部审计机构依法行使职权，被审计单位或者被审计对象应当予以配合，不得拒绝、阻碍。

单位主要负责人或者权力机构应当保护内部审计人员依法履行职责。任何单位和个人不得打击、报复内部审计人员。

第十六条 单位主要负责人或者权力机构可以在法律和管理权限范围内，授予内部审计机构通报、警告、责令改正等权力。

第十七条 内部审计结果应当作为考核、奖惩、任免本单位内设机构及所属单位负责人的重要依据。

第四章 程　序

第十八条 内部审计实行审计项目计划管理。年度审计项目计划报经本单位主要负责

人或者权力机构批准后实施。

第十九条 内部审计机构根据审计项目组成审计组实施审计。审计组成员不得少于2人。

第二十条 审计组应当编制审计方案。根据审计方案实施审计。审计方案和审计方案调整须经内部审计机构负责人批准后实施。

实施审计前，内部审计机构应当向被审计单位或者被审计对象送达审计通知书。必要时，可以直接持审计通知书实施审计。

第二十一条 审计组应当采用专业技术方法和合法程序获取审计证据。

审计证据应当经证据提供者签名或者盖章。证据提供者拒绝签名或者盖章的，审计人员应当注明原因和日期。被审计单位或者被审计对象对审计证据有异议的，审计组应当进行核实。

第二十二条 审计组应当根据审计证据，形成审计报告，征求被审计单位或者被审计对象的意见后。提交内部审计机构。内部审计机构应当对审计组提交的审计报告进行复核，提出复核意见。

被审计单位或者被审计对象应当自收到审计报告征求意见稿之日起10日内向审计组反馈书面意见。

第二十三条 本单位主要负责人或者权力机构应当对审计组的审计报告、被审计单位或者被审计对象的书面反馈意见、内部审计机构的复核意见进行审定，形成本单位的审计报告、审计决定。

审计报告、审计决定应当送达被审计单位和被审计对象。审计报告、审计决定自送达之日起生效。

第二十四条 被审计单位或者被审计对象应当自收到审计报告、审计决定之日起30日内向内部审计机构报告审计决定执行情况。

被审计单位或者被审计对象对审计决定有异议的，可以自收到之日起10内向本单位主要负责人或者权力机构申请复核。单位主要负责人或者权力机构应当自收到申请之日起30日内作出答复。

复核期间，审计决定不停止执行。

第二十五条 内部审计机构在必要时可以开展后续审计，检查被审计单位或者被审计对象对审计报告、审计决定的执行情况，并向本单位主要负责人或者权力机构提交后续审计报告。

第二十六条 单位应当建立健全内部审计档案管理制度，并按有关规定妥善保管内部审计档案资料。

第二十七条 属于审计机关审计监督对象的单位，应当按照规定向其上级单位和审计机关报送内部审计工作计划、统计报表和重大审计事项的审计报告等资料。

第五章　法律责任

第二十八条 被审计单位、被审计对象有下列情形之一的，由本单位主要负责人或者权力机构依法处理；构成犯罪的，依法追究刑事责任：

（一）拒绝或者拖延提供有关资料的，或者提供的资料不真实、不完整的；

（二）转移、隐匿、篡改、毁弃有关资料的；

（三）拒绝执行审计决定的；

（四）打击、报复、诽谤、陷害内部审计人员或者举报人的；

（五）其他违反法律、法规、规章的情形。

第二十九条 内部审计人员有下列情形之一的，由本单位主要负责人或者权力机构依法处理；构成犯罪的，依法追究刑事责任：

（一）利用职权谋取私利的；

（二）弄虚作假，徇私舞弊，隐瞒查出的问题或者出具虚假审计报告的；

（三）玩忽职守，给国家或者被审计单位造成经济损失的；

（四）泄露国家秘密、商业秘密或者个人隐私的；

（五）其他违反法律、法规、规章的情形

第三十条 单位主要负责人或者权力机构的有关责任人有下列情形之一的，由有权机关依法处理；构成犯罪的，依法追究刑事责任：

（一）打击、报复、陷害内部审计人员或者举报人的；

（二）授意、指使、强令内部审计机构或者内部审计人员出具违反法律、法规规定的审计报告的；

（三）对正在损害国家和单位利益行为，不及时制止或者制止不力造成重大危害和损失的；

（四）其他违反法律、法规、规章的情形。

第六章 附 则

第三十一条 本办法所称内部控制是指单位为了维护资产安全完整，保证会计信息资料正确可靠，保障遵守国家法律法规，提高运营管理效率及效果而在单位内部采取的自我调整、约束、规划、评价和控制的一系列方法、程序与措施的总称。

本办法所称单位主要负责人是指国家机关的行政首长及其他法人组织的法定代表人。

本办法所称的单位权力机构是指依法行使决策权的机构。

第三十二条 未设立独立内部审计机构的单位，专职或者兼职内部审计人员的职责、权限及工作程序，依照本办法有关规定执行。

第三十三条 本办法自2011年10月1日起施行。

四川省内部审计条例

四川省第十届人民代表大会常务委员会公告

第111号

《四川省内部审计条例》已由四川省第十届人民代表大会常务委员会第三十一次会议于2007年11月29日通过，现予公布，自2008年1月1日起施行。

四川省人民代表大会常务委员会

2007年11月29日

四川省内部审计条例

第一章 总 则

第一条 为加强内部审计，建立健全内部审计制度，规范内部审计行为，改善管理，提高效益，严肃财经纪律，促进廉政建设，根据《中华人民共和国审计法》和有关法律、行政法规的规定，结合四川省实际，制定本条例。

第二条 本条例所称内部审计，是指单位内部依法独立开展监督和评价本单位及其所属单位的财政收支、财务收支及其他经济活动的真实性、合法性和效益性的活动。

第三条 本条例适用于四川省行政区域内的国家机关，事业单位，国有及国有控股的金融机构、企业，管理使用财政资金及社会公共资金的社会团体和其他组织。

第四条 内部审计遵循依法、独立、客观、公正的原则。

第五条 单位主要负责人或者权力机构直接领导本单位的内部审计工作，对建立健全本单位内部审计制度以及审计报告、审计决定的真实性、合法性、完整性负责。

第六条 县级以上人民政府应当加强对内部审计工作的领导；县级以上国家审计机关指导和监督本行政区域内的内部审计工作。

县级以上行政主管部门在其职权范围内依法领导、指导、监督本行业、本系统的内部审计工作。

第七条 内部审计（师）协会是由内部审计机构和内部审计人员依法成立的自律性组织，依照国家有关规定进行行业自律性管理，接受国家审计机关的指导、监督。

第二章 机构和人员

第八条 下列单位应当设立独立的内部审计机构，配备专职内部审计人员：（一）实行省级垂直管理的部门；（二）财政收支、财务收支金额较大或者下属单位较多的国家机关、事业单位；（三）管理使用社会公共资金金额较大的社会团体和其他组织；（四）国有或者国有控股的地方金融、保险、证券机构；（五）大中型国有企业和国有控股企业；（六）法律、法规规定的其他应当设立内部审计机构的单位。

前款规定以外的单位，可以根据需要设置内部审计机构，配备专职或者兼职内部审计人员。

本条第一款第一项、第二项、第三项规定设立内部审计机构单位的具体条件由省人民政府规定。

第九条 企业可以根据有关法律、法规和实际需要，配备总审计师。总审计师履行法律法规赋予的职责。

第十条 内部审计机构履行职责所需经费，应当列入本单位预算。

第十一条 内部审计人员应当具备从事内部审计工作所需的专业知识和业务能力，定期接受内部审计职业培训和后续教育。

第十二条 内部审计机构负责人应当具备下列条件：（一）具有中级以上专业技术职务任职资格、执业资格或者具有三年以上审计、会计等相关工作经历；（二）法律、法规

规定的其他条件。

第十三条 内部审计机构和内部审计人员应当依法履行职责，遵守行业规范。

内部审计人员不得兼任财务以及其他经营性工作，不得参与原经办业务的审计事项。内部审计人员在实施内部审计时，与被审计对象或者审计事项有利害关系的，应当回避。

第三章 职责和权限

第十四条 内部审计机构履行下列职责：（一）对本单位及所属单位财政收支，财务收支，资产、负债、损益、所有者权益进行审计监督；（二）对本单位及所属单位固定资产投资项目进行审计监督；（三）对本单位及所属单位在经营、管理过程中遵守相关法律、法规、规章，以及执行计划、预算、程序、合同等情况进行审计监督；（四）对本单位内设机构及所属单位主要负责人任期经济责任履行情况进行审计监督；（五）对本单位及所属单位经营、管理、效益情况进行审查和评价；（六）对本单位及所属单位内部控制的健全性和有效性以及风险管理进行审查和评价；（七）开展有关专项审计调查；（八）检查和指导所属单位内部审计工作；（九）办理本单位主要负责人或者权力机构以及上级单位内部审计机构交办的有关审计事项；（十）办理国家审计机关交办的查询、核查等有关审计事项；（十一）法律、法规、规章规定的其他职责。

第十五条 内部审计机构履行职责时，具有下列权限：（一）要求被审计对象及时提供真实和完整的有关计划、预算、决算，财务会计资料，招投标资料，经济合同，统计报表，会议纪要以及其他相关资料；（二）参加或者列席本单位及所属单位召开的有关重大投资、资产处置，财政收支、财务收支预算、决算及其他与经济活动有关的会议等；（三）审查财务、会计及经济活动的资料、文件和与审计内容有关的计算机管理信息系统及相关电子数据，现场勘查实物；（四）就审计事项中的有关问题，依法向有关单位和个人开展调查和询问，取得相关证明材料；（五）对经济活动中的违法、违规行为提出纠正、处理意见以及改善管理的建议；（六）对经济活动中正在进行的违法、违规行为，有权予以制止，制止无效的，及时报告本单位主要负责人或者权力机构予以制止；（七）对可能被转移、隐匿、篡改、毁弃的有关财务会计及相关经济活动的资料或者资产，报经本单位主要负责人或者权力机构批准，予以暂时封存；（八）经本单位主要负责人或者权力机构批准，公示有关审计报告，法律、法规另有规定的从其规定；（九）参与本单位对相关社会中介机构或者专业人员的选聘工作，并对所选聘的社会中介机构或者专业人员的工作质量进行审查和评价；（十）对本单位内设机构及所属单位严格遵守财经法规、经济效益显著、贡献突出的集体和个人，可以向本单位主要负责人或者权力机构提出表彰、奖励的建议；（十一）法律、法规和规章规定的其他权限。

第十六条 内部审计机构依法行使职权，被审计对象应当予以配合，不得拒绝、阻碍。

第十七条 内部审计机构开展内部审计，需要查询被审计对象在金融机构的账户或者有证据证明被审计对象以个人名义存储公款的，被审计对象应当配合查询并提供证明材料。

第十八条 单位主要负责人或者权力机构可以在管理权限范围内，授予内部审计机构必要的通报、责令改2正及按有关规定收缴违纪、违规资金等处理、处罚权。

第十九条 内部审计结果应当作为考核、奖惩、任免本单位内设机构及所属单位负责人的重要依据之一。

第四章 审计程序

第二十条 内部审计机构应当实行审计项目计划管理。年度审计计划应当报经本单位主要负责人或者权力机构批准后实施。

第二十一条 内部审计机构根据年度审计计划确定审计项目，并根据审计项目组成审计组实施审计。审计组成员不得少于2人。

第二十二条 审计组应当编制审计方案，经内部审计机构批准后实施。

实施审计前，内部审计机构应当向被审计对象送达审计通知书。

第二十三条 审计组应当根据审计方案实施审计，采用专业技术方法和合法程序获取审计证据。

审计证据应当经被审计对象或者证据提供者签名或者盖章。被审计对象对审计证据有异议的，审计组应当进行核实，必要时应当重新取证。

被审计对象或者证据提供者拒绝签名或者盖章的，审计组应当注明原因和日期。

第二十四条 审计组应当根据审计证据，形成审计结论和建议，向内部审计机构提交书面报告。

内部审计机构应当对书面报告进行复核并征求被审计对象的意见。

本单位主要负责人或者权力机构应当对书面报告进行审定，形成本单位的审计报告、审计决定，送达被审计对象。

本单位的审计报告、审计决定，自送达被审计对象之日起生效。

第二十五条 被审计对象应当执行审计决定，落实审计报告有关意见和建议，并在规定期限内向内部审计机构报告执行情况，由内部审计机构报本单位主要负责人或者权力机构。

被审计对象对审计证据、审计报告、审计决定有异议的，可以向本单位主要负责人或者权力机构申请复核或者提起申诉，单位主要负责人或者权力机构应当受理。

复核或者申诉期间，不停止审计报告、审计决定的执行。

第二十六条 内部审计机构在必要时可以开展后续审计，检查被审计对象对审计报告、审计决定的执行情况，并向本单位主要负责人或者权力机构提交后续审计报告。

第二十七条 其他审计程序，可以参照《中国内部审计准则》执行。

第二十八条 单位对被审计对象的下列情形，应当作出审计决定：（一）未缴、少缴税款；（二）收受或者支付贿赂；（三）虚报或者隐瞒资产、收入和利润；（四）挤占、挪用、截留预算资金和专项资金；（五）不依法设置会计账簿或者私设会计账簿；（六）编制虚假财务会计报告；（七）乱挤、乱摊成本和费用，虚列支出；（八）挥霍国有资产或者造成国有资产流失；（九）违反票据和现金管理规定；（十）违反财经法律、法规、规章的其他情形。

第二十九条 单位应当建立健全内部审计档案管理制度，并按有关规定妥善保管内部审计档案资料。

第五章 指导与监督

第三十条 县级以上国家审计机关指导和监督内部审计工作的主要职责：

（一）依据法律、法规和上级审计机关的有关规定，制定内部审计配套制度；

（二）督促审计监督对象建立健全内部审计制度，按照规定设立内部审计机构，配备内部审计人员；

（三）对属于审计机关审计监督对象的单位内部审计制度建立健全情况和内部审计工作开展情况进行评价；

（四）总结、推广内部审计工作先进经验，对内部审计工作成效显著的单位和个人给予表彰、奖励；

（五）维护内部审计机构和内部审计人员的合法权益；

（六）指导和监督内部审计（师）协会的活动；

（七）法律、法规规定的其他职责。

第三十一条 县级以上行政主管部门在其职权范围内领导、指导、监督本行业、本系统内部审计工作的主要职责：

（一）依据法律、法规以及国家审计机关和上级行政主管部门的有关规定，制定本行业、本系统的内部审计配套制度；

（二）督促本部门所属单位和下级主管部门建立健全内部审计制度，按照规定设立内部审计机构，配备内部审计人员，开展内部审计工作；

（三）总结、推广本行业、本系统内部审计工作的先进经验，对本行业、本系统内部审计工作成效显著的单位和个人给予表彰、奖励；

（四）维护内部审计机构和内部审计人员的合法权益；

（五）法律、法规规定的其他职责。

第三十二条 属于国家审计机关审计监督对象的单位应当按规定向其上级单位和国家审计机关报送内部审计工作计划、工作总结、统计报表及重大审计事项的审计报告。

国家审计机关和有关行政主管部门在开展工作时，可以利用内部审计成果。

第六章 法律责任

第三十三条 被审计对象或者有关责任人有下列情形之一的，由本单位主要负责人或者权力机构责令改正；拒不改正的，按照有关规定对相关责任人依法处理；涉嫌犯罪的，移送司法机关依法处理：（一）弄虚作假，隐瞒事实真相，转移、隐匿、篡改、毁弃或者拒绝、拖延提供有关文件、资料的；（二）阻挠、抗拒内部审计人员行使职权的；（三）拒绝执行审计决定的；（四）打击、报复、诽谤、陷害内部审计人员或者有关举报人的；（五）违反法律、法规、规章的其他情形。

第三十四条 内部审计人员有下列情形之一的，由本单位主要负责人或者权力机构依法处理；涉嫌犯罪的，移送司法机关依法处理：（一）利用职权谋取私利的；（二）弄虚作假，徇私舞弊，隐瞒查出的问题或者提供虚假审计报告的；（三）泄露国家秘密、被审计对象商业秘密的；（四）违反法律、法规、规章的其他情形。

第三十五条 单位主要负责人或者权力机构的有关责任人有下列情形之一的，由有权机关依法处理；构成犯罪的，依法追究刑事责任：（一）打击、报复、陷害内部审计人员或者有关举报人的；（二）授意、指使、强令内部审计机构或者内部审计人员出具违反法律、法规规定的审计报告的；（三）对正在损害国家和单位利益，不及时制止或者制止不力造成重大危害和损失的；（四）违反法律、法规、规章的其他情形。

第七章 附 则

第三十六条 本条例所称的单位主要负责人是指国家机关的行政首长及其他法人组织的法定代表人。

本条例所称的单位权力机构是指法人组织依法行使决策权的机构。

本条例所称的被审计对象是指所属单位、内设机构及个人。

第三十七条 未设立独立内部审计机构的单位，专职或者兼职内部审计人员的职责、权限，依照本条例执行。

第三十八条 本条例第三条规定以外单位内部审计，可以参照本条例规定执行。

第三十九条 本条例自2008年1月1日起施行。

云南省内部审计条例

（2005年12月2日云南省第十届人民代表大会常务委员会第十九次会议通过）

第一章 总 则

第一条 为了加强内部审计工作和监督，规范内部审计行为，维护经济秩序，提高经济效益，促进廉政建设，根据《中华人民共和国审计法》和有关法律、法规，结合本省实际，制定本条例。

第二条 本条例所称的内部审计是指单位内部审计机构和人员独立客观地监督和评价本单位及所属单位财政、财务收支及其他经济活动的真实性、合法性和效益性的行为。

第三条 本省行政区域内的下列单位，应当建立健全内部审计制度，开展内部审计工作：

（一）使用、管理财政拨款和其他财政性资金、基金，社会性公共基金的机关、事业单位、社会团体和其他组织；

（二）银行、保险、证券等国有及国有控股金融机构；

（三）国有及国有控股企业；

（四）上市公司；

（五）法律、法规规定需要开展内部审计工作的其他单位。

第四条 内部审计工作遵循独立、客观、公正的原则。

内部审计结论应当作为本单位考核、奖惩、任免所属单位负责人的依据之一。

第五条 任何单位和个人不得干涉、拒绝、阻碍内部审计人员依法实施审计，不得打击、报复、陷害内部审计人员。

第六条 省人民政府的审计机关负责指导和监督全省内部审计工作。州（市）、县（市、区）人民政府的审计机关负责指导和监督本行政区域内的内部审计工作。

第七条 县级以上人民政府及其有关部门、单位对在内部审计工作中做出显著成绩的内部审计机构和人员给予表彰奖励。

第二章　机构和人员

第八条　国有及国有控股金融机构、国有及国有控股大中型企业、上市公司等法律、法规规定设立内部审计机构的单位，应当设立内部审计机构；其他单位可以根据需要设立内部审计机构或者配备内部审计人员，也可以聘请专家参与内部审计工作，或者委托社会审计机构开展内部审计。

第九条　内部审计机构和内部审计人员应当在单位权力机构或者主要负责人的领导下开展工作。

单位权力机构或者主要负责人应当支持内部审计工作，保障内部审计机构和内部审计人员依法履行职责。

第十条　内部审计人员应当具备从事内部审计工作所需要的专业知识和业务能力，并有权定期接受法律知识和内部审计业务的培训。

第十一条　内部审计人员应当依法履行职责，客观公正，廉洁奉公，不得隐瞒审计中查出的问题，不得出具虚假的审计报告、审计决定。

第十二条　内部审计人员与被审计单位（人员）或者审计事项有利害关系的，应当回避。

第十三条　内部审计机构应当和财务会计机构相分离。

内部审计人员不得兼任本单位的财务会计工作，不得从事其他可能影响其依法履行职责的经营管理活动。

第十四条　开展内部审计工作及业务培训所需经费应当列入财务预算，由本单位予以保证。

第三章　职责和权限

第十五条　内部审计机构和内部审计人员应当履行下列职责：

（一）审计财政、财务收支及其相关经济活动；

（二）审计对外投资；

（三）审计固定资产投资项目和审签基本建设工程的概算、预算、决算等事项；

（四）审计经济效益；

（五）审计经济合同；

（六）评价内部控制制度；

（七）评价经营风险；

（八）审计所属单位有关人员的任期经济责任；

（九）审计、审计调查单位权力机构或者主要负责人交办的其他事项；

（十）法律、法规规定的其他职责。

第十六条　内部审计机构和内部审计人员具有下列权限：

（一）要求被审计单位提供有关生产经营资料、财务收支计划、预算、预算执行情况及决算、财务会计报告及其他相关文件资料；

（二）参加或者列席本单位及其所属机构召开的有关投资、资产处置、财务收支及其他与经济活动有关的会议，

（三）检查被审计单位有关生产、经营以及财务会计活动资料、文件、计算机财务会计系统及电子数据，对与内部审计事项有关的实物进行现场清查；

（四）对与内部审计事项有关的问题向有关单位和个人进行调查和询问，取得相关证明材料；

（五）对违反财经法律、法规的行为提出处理建议，对正在违反财经法律、法规的行为及时报告单位权力机构或者主要负责人予以制止；

（六）对可能被转移、隐匿、篡改、毁弃的有关财务会计、生产经营的资料，经单位权力机构或者主要负责人批准，可以封存；

（七）对被审计单位和有关人员违反财政、财务收支法规的行为，经单位权力机构或者主要负责人批准，责令改正、调整相关会计账目；

（八）对遵守财经法律、法规，经济效益显著的单位和个人，以及与违反财经法律法规的行为作斗争有突出贡献的，提出表彰奖励建议。

第十七条　内部审计机构和内部审计人员开展内部审计需要查询被审计单位账户的，被审计单位应当配合查询，并提供证明材料。

第四章　审计程序

第十八条　内部审计机构应当制定年度审计计划，报经权力机构或者单位主要负责人批准后实施。

第十九条　内部审计机构根据年度审计计划确定审计项目，组成审计组，指定审计项目负责人。

第二十条　在开展内部审计前，审计项目负责人应当制定项目审计方案，经单位权力机构或者主要负责人批准后实施。

第二十一条　内部审计机构应当根据批准的项目审计方案编制审计通知书，并在开展审计前的3日内送达被审计单位。涉及个人经济责任的审计项目，应当抄送被审计人员。特殊审计业务应当在开展审计前即时送达。

第二十二条　内部审计人员根据审计方案实施审计，在审计过程中可以采用审核、观察、监盘、询问、函证、计算、分析性复核等方法获取审计证据。

第二十三条　审计组对审计事项实施审计后，应当提出审计报告。

审计报告应当征求被审计单位（人员）的意见，被审计单位（人员）应当自收到审计报告之日起10日内提出书面意见，逾期视为无异议。

内部审计机构负责人应当对审计报告和被审计单位（人员）的意见进行复核，报单位权力机构或者主要负责人同意后下达审计决定。

第二十四条　被审计单位应当执行审计决定。对审计决定有异议的，可以向内部审计机构所在单位的权力机构或者主要负责人。提出申诉。申诉期间不影响审计决定的执行。单位权力机构或者主要负责人应当自收到申诉申请之日起30日内作出答复。

第二十五条　审计工作完成后，内部审计机构应当及时整理审计资料，形成审计档案。

第二十六条　内部审计机构必要时开展后续审计，检查被审计单位对存在问题采取的整改措施及效果，并向单位权力机构或者主要负责人提交后续审计报告。

第二十七条　末设立内部审计机构的单位，内部审计人员应当按照本章规定的有关审计程序开展内部审计工作。

第五章　法律责任

第二十八条　被审计单位（人员）违反本条例规定，拒绝接受或者不配合开展内部审计工作，或者拒不执行审计决定的，由单位主要负责人责令改正；拒不改正的，依法对直接负责的主管人员和其他直接责任人员给予纪律处分或者行政处分。

第二十九条　被审计单位（人员）转移、隐匿、篡改、毁弃有关财务会计资料、生产经营资料以及其他文件资料的，依照有关规定予以处理；构成犯罪的，依法追究刑事责任。

第三十条　打击、报复、陷害内部审计人员的，由所在单位或者上级主管单位、机关依法给予纪律处分或者行政处分；构成犯罪的，依法追究刑事责任。

第三十一条　内部审计机构或者内部审计人员隐瞒审计中查出的问题，或者出具虚假的审计报告、审计决定，县级以上人民政府的审计机关应当责令改正，并建议有关部门追究相关责任人的责任。

第六章　附　　则

第三十二条　本条例规定范围以外的其他单位开展内部审计工作，参照本条例执行。

第三十三条　本条例自 2006 年 1 月 1 日起施行。

广州市内部审计条例

第一条　为加强内部审计监督，规范内部审计行为，维护财政经济秩序，促进廉政建设，保障国民经济的健康发展，根据《中华人民共和国审计法》和有关法律、法规，结合本市实际情况，制定本条例。

第二条　本条例所称的内部审计是指单位实施内部监督，依法对本单位及其所属单位的会计报表、会计账簿、会计凭证及有关经济活动进行检查，对财政收支、财务收支的真实性、合法性和效益进行监督和评价的活动。

第三条　本条例适用于市、区、县级市属的下列单位：

（一）行使国有资产监管职能或者具有管理财政拨款、社会公共基金、资金职能的部门；

（二）有行政事业性收费、罚没收入的机关、部门；

（三）国有独资和国有资产占控股地位．或者主导地位的企业及金融机构；

（四）事业单位和受委托管理财政性资金或者管理公共基金、资金包括社会捐赠资金的部门、社会团体。

（五）法律、法规规定的其他单位。

第四条　市审计机关指导、监督本市内部审计工作，负责组织本条例的实施。

区、县级市审计机关对本行政区属单位的内部审计进行业务指导和监督。

第五条　内部审计实行单位负责人负责制。

单位负责人是指单位法定代表人或者法律、行政法规规定代表单位行使职权的主要负责人。

第六条　适用本条例的单位应当依照下列规定建立健全内部审计制度：

（一）根据本单位资产状况和经济规模，制定内部审计工作规程；

（二）内部审计每年至少一次，并将结果在单位内部进行通报；

（三）年度终结前应当向主管部门或者投资主体以及审计管辖的审计机关报送内部审计年度工作总结和下年度工作计划；

（四）依照审计机关的要求向其报送审计结果和报告内部审计负责人的任免变动情况。

第七条 适用本条例的单位应当按照与财务机构相分离的原则，配备专职或者兼职内部审计人员；设有内部审计机构的，也应当与财务机构相分离。人员较少或者财政、财务收支数额较小的单位，经审计机关同意，可以委托社会审计组织进行内部审计。

内部审计机构或者内部审计人员在本单位负责人直接领导下独立行使审计监督权，并对其负责和报告工作。

第八条 内部审计机构或者内部审计人员对本单位及其所属单位下列事项进行审计监督或者审计评价：

（一）预算执行和决算及其他财政收支、财务收支；

（二）预算外资金的管理和使用的情况；

（三）国有资产在合资、合作企业及项目中的使用情况；

（四）固定资产、技术改造等重大投资项目的预算和决算；

（五）业务经营、资产管理的内部控制制度的建立和健全情况及实施效果；

（六）所属单位领导人员任期经济责任；

（七）国家法律、法规、规章规定应当进行内部审计的事项。

第九条 内部审计机构或者内部审计人员行使下列职权：

（一）列席本单位及其所属单位的重大投资、资产处理、资金调度和其他重要经济业务事项决策等会议；

（二）召开与审计事项有关的会议；

（三）审查会计凭证、会计账簿、会计报表。查阅运用电子计算机管理的财务会计核算系统中涉及的资料、检查现金、核对资产；

（四）向相关单位或者个人调查审计涉及的事项，取得证明材料；

（五）被审计单位或者人员不提供与审计事项相关资料的，经单位负责人批准，可以对相关账册、资料等采取必要的临时措施；

（六）发现被审计单位或者人员违反财经制度的行为，报告单位负责人并予以制止；

（七）督促被审计单位或者人员执行审计机关的审计意见和审计决定。

违反财经制度的行为经向单位负责人报告后，单位负责人不采取措施处理或者处理明显不当的，内部审计机构或者内部审计人员可以向审计机关报告。

第十条 内部审计人员应当依法履行职责，客观公正、实事求是、廉洁奉公；保守在实施内部审计中知悉的国家秘密和商业秘密。

第十一条 内部审计人员应当具备与其从事的内部审计工作相适应的专业知识和业务能力。

内部审计工作负责人应当具备审计师或者会计师以上专业技术职务资格，或者有从事审计、会计专业工作三年以上经历。

第十二条 内部审计人员依法履行内部审计职责时，所属单位和个人不得拒绝、阻挠，不得对内部审计人员进行打击报复。

第十三条 被审计单位或者人员应当按照要求的期限提供相关资料，并对所提供资料的真实性、完整性负责。

第十四条 内部审计人员办理审计事项，遇有下列情形之一的，应当自行回避，被审计单位或者人员也有权申请审计人员回避：

（一）与被审计单位的负责人、相关主管人员或者与被审计人员之间有夫妻关系、直系血亲关系、三代以内旁系血亲以及近姻亲关系的；

（二）与被审计单位、人员或者审计事项有其他利害关系，可能影响公正审计的。

内部审计人员的回避，由单位负责人决定。

第十五条 内部审计机构或者内部审计人员实施审计；应当在三个工作日前把审计内容通知被审计单位或者人员，单位负责人认为需要紧急审计的事项除外。被审计单位或者人员应当配合内部审计工作并提供必要的工作条件。

第十六条 内部审计人员向有关单位和个人调查取得的证明材料，应当有提供者的签名或者盖章；不能取得提供者的签名或者盖章的，应当注明原因。

第十七条 内部审计人员应当编制审计工作底稿，对审计中发观的问题，作出详细、准确的记录，并注明资料来源。

第十八条 内部审计人员实施审计后，应当将审计报告稿征求被审计单位或者人员的意见。被审计单位或者人员有异议的。应当自接到审计报告稿之日起十日内提出书面意见，逾期不提出的，视为无异议。

第十九条 内部审计机构或者内部审计人员对审计事项作出审计评价或者要求纠正的，应当出具《内部审计意见书》；需要进行处理的，应当出具《内部审计决定书》。

依照审计机关、主管部门或者投资主体要求报送的《内部审计意见书》和《内部审计决定书》由单位负责人签发。

第二十条 《内部审计意见书》和《内部审计决定书》自送达被审计单位或者人员之日起生效，被审计单位或者人员必须执行。

被审计单位或者人员对内部审计意见或者内部审计决定有异议的，可以向单位负责人提出，单位负责人应当及时处理；在处理之前，不停止内部审计意见或者内部审计决定的执行。

第二十一条 内部审计机构或者内部审计人员对已办结的内部审计事项，应当按照国家档案管理规定建立审计档案。

第二十二条 内部审计结果经测试评估后，可以作为审计机关、社会审计组织进行相关工作的参考依据。

第二十三条 审计机关发现不适当或者不合法的内部审计意见、内部审计决定，应当责令单位负责人纠正或者依法予以处理，并告知其主管部门或者投资主体。

第二十四条 适用本条例的单位有关人员有下列情形之一的，审计机关应当责令其限期改正并根据情节轻重和不同责任，提出给予行政处分的建议，该单位或者其主管部门或者监察部门应当依法及时作出处理决定：

（一）未按本条例规定建立内部审计制度的；

（二）违反本条例规定任用内部审计负责人的；

（三）未依照本条例规定报送内部审计资料的；

（四）未按本条例规定建立内部审计档案的；

（五）拒绝提供与审计事项相关的资料或者提供虚假资料、阻碍审计实施的；

（六）对履行职责的内部审计人员打击报复的。

第二十五条 对受打击报复被调岗、解聘或者降级、撤职、开除的内部审计人员，应当恢复其名誉和原有职务、级别。

第二十六条 内部审计人员有下列行为之一的，由其所在单位给予行政处分；构成犯罪的，依法追究刑事责任：

（一）对被审计单位或者人员的违法违纪问题隐匿不报；

（二）泄露国家秘密或者被审计单位的商业秘密；

（三）滥用职权、徇私舞弊、玩忽职守及其违法违纪行为。

第二十七条 本条例自2002年7月1日起施行。

黑龙江省内部审计条例

（2004年8月20日黑龙江省第十届人民代表大会
常务委员会第十次会议通过）

第一章 总 则

第一条 为加强内部审计工作，规范内部审计行为，维护经济秩序，促进廉政建设，提高经济效益，根据《中华人民共和国审计法》和有关法律、法规规定，结合本省实际，制定本条例。

第二条 本条例所称内部审计，是指独立监督和评价本单位及其所属单位财政收支、财务收支以及与其相关的经济活动的真实、合法和效益的行为。

第三条 在本省行政区域内，下列单位应当依照本条例开展内部审计工作：

（一）使用、管理财政拨款和其他财政性资金、社会公共基金（资金）的机关、事业单位和其他组织；

（二）国有金融机构；

（三）国有企业以及国有资产占控股地位的企业；

（四）股份有限公司；

（五）法律、法规规定需要开展内部审计工作的其他单位。

第四条 省审计机关指导和监督本省内部审计工作，并负责组织实施本条例。

市（行署）、县（市、区）审计机关负责指导和监督管辖范围内的内部审计工作。

第五条 内部审计协会是内部审计行业的非营利、自律性民间组织，依照章程为内部审计工作提供协调和服务，依法履行行业管理职能。

第六条 单位应当建立健全内部审计制度，内部审计实行单位负责人负责制。

单位负责人是指单位法定代表人或者法律、行政法规规定代表单位行使职权的主要负责人。

单位负责人应当支持内部审计工作，保证内部审计机构或者人员依法履行职责，及时协调解决工作中遇到的问题，承担相应的失察责任。

第七条 内部审计机构或者人员应当在单位负责人的直接领导下独立实施审计。任何单位和个人不得拒绝、阻碍内部审计人员独立实施审计。

第八条 内部审计人员办理审计事项，应当遵守内部审计职业规范，忠于职守，做到独立、客观、公正、保密。

第九条　单位应当将内部审计经费列入预算，保证内部审计必需的经费。

第二章　机构和人员

第十条　下列单位应当设立内部审计机构：

（一）实行省级垂直管理的机关；

（二）年度行政事业性收费、罚没收入、预算外资金、专项资金数额较大的机关以及事业单位；

（三）国有地方金融机构；

（四）上市公司；

（五）大中型国有企业和国有资产占控股地位的企业；

（六）法律、法规规定的其他应当设立内部审计机构的单位。

前款规定以外的单位，可以根据需要设置内部审计机构或者配备内部审计人员，或者委托社会审计组织进行审计。

本条第一款第二项规定数额较大的标准，由省审计机关会同省财政、机构编制部门具体规定。

第十一条　设立内部审计机构的单位，审计人员不得少于二人。

资产总额一亿元以上的单位，应当设立审计委员会。审计委员会主任由单位负责人或者总审计师担任。审计委员会主要负责审理、审定审计事项的结论性意见、内部处理决定和建议等。

第十二条　内部审计人员应当按照法律、行政法规规定取得内部审计从业资格，并定期接受内部审计业务培训。

第十三条　内部审计机构负责人应当具备下列条件：

（一）具有内部审计从业资格；

（二）具有审计师或者其他经济类中级以上专业技术职务任职资格；

（三）从事三年以上审计、会计或者相关工作。

机关所属的内部审计机构负责人，可以不具备前款第二项规定的专业技术职务任职资格。

第十四条　内部审计人员不得兼任财务以及其他经营性工作，不得参与原经办业务的内部审计工作。

第十五条　内部审计人员办理审计事项应当遵守《中华人民共和国审计法实施条例》有关回避的规定。

第三章　职责和权限

第十六条　内部审计机构或者人员在本单位及其所属单位范围内履行下列职责：

（一）审计财政收支、财务收支及其有关经济活动；

（二）审计长期和短期投资；

（三）固定资产投资项目的事前、事中、事后审计以及审签基本建设工程概算（预算）、决算等事项；

（四）审计本单位内设机构、所属单位有关人员的经济责任；

（五）审计经济效益情况，审签有关合同；

（六）评审内部经济控制制度；

（七）根据需要开展有关专项审计调查；

（八）法律、法规规定和本单位负责人要求办理的其他事项。

第十七条　内部审计机构或者人员履行职责时，具有下列权限：

（一）要求被审计单位报送生产、经营、财务收支计划，预算执行情况和决算，会计报表和其他有关文件、资料；

（二）参加或者列席本单位及其所属单位的重大投资、资产处理、资金调度和其他重要经营决策等会议；

（三）审查有关生产、经营和财务活动的资料、文件，现场勘察实物，检查计算机财务会计管理系统及其电子数据和资料；

（四）向有关单位和个人调查；

（五）对违反有关法律、法规、规章或者其他有关规定的行为提出处理意见；

（六）对可能被转移、隐匿、篡改、毁弃的会计凭证、会计账簿、会计报表以及与经济活动有关的资料，经本单位负责人批准，予以封存；

（七）公示审计结论性文件，但法律、法规规定的涉密事项除外。

内部审计机构或者人员对正在进行的严重违反有关法律、法规、规章或者其他有关规定，以及可能造成严重损失浪费的行为，应当报告单位负责人并予以制止。

第十八条　内部审计机构或者人员就审计事项中的有关问题，有权责令被审计单位配合查询其在金融机构的各项存款，并取得证明材料；有关部门、金融机构应当予以协助。

第十九条　单位负责人可以在管理权限范围内，授予内部审计机构通报、警告、内部罚款、收缴违纪资金、责令改正等权力。

第四章　审计程序

第二十条　内部审计机构或者人员应当拟订当年审计项目计划，报单位负责人批准后实施。

第二十一条　审计项目确定后，单位应当选派内部审计人员组成审计组，实施审计。

第二十二条　内部审计机构或者人员应当进行审前调查，制定审计实施方案。在实施审计三日前，向被审计单位或者人员送达审计通知书。

第二十三条　审计结束后，审计组应当提出审计组报告，征求被审计单位或者人员的意见后，提交单位负责人审定，形成审计报告。

第二十四条　其他内部审计程序，按照国家有关规定执行。

第五章　审计处理

第二十五条　审计报告应当对审计事项、审计结果作出评价，并反馈给被审计单位或者有关人员。

第二十六条　在实施内部审计过程中，对于被审计单位或者人员的下列情形，应当作出审计决定：

（一）应缴未缴、偷逃税款；

（二）隐瞒、截留收入和利润，乱挤、乱摊成本和费用；

（三）挤占、挪用专项资金；

（四）不依法设置会计账簿或者私设会计账簿；

（五）编制虚假财务会计报告；

（六）虚报产量、产值和原材料消耗；

（七）挥霍国家资产或者造成国家资产流失；

（八）违反发票和现金管理规定；

（九）违反财经法律、法规、规章的其他情形。

有前款情形，需要执法机关追究法律责任的，内部审计机构或者人员应当向有关执法机关提出追究法律责任的建议。

第二十七条 被审计单位或者人员有下列情形之一，尚未造成严重后果的，由内部审计机构或者人员根据本单位内部管理制度进行通报批评，责令改正；逾期未改正的，由单位给予内部处理：

（一）拒绝提供或者谎报与审计事项有关的文件、资料；

（二）拒绝、阻碍检查；

（三）转移、隐匿违反国家规定取得的资产；

（四）转移、隐匿、篡改、毁弃会计凭证、会计账簿、会计报表以及其他与财务收支有关的文件、资料；

（五）拒不执行审计决定。

由于前款情形造成严重后果的，由单位依照法律、法规规定转交有关部门查处。

第二十八条 单位在考核经济目标、兑现奖惩、任免所属单位和内设机构负责人时，应当将内部审计机构或者人员的有关审计结论作为重要依据。

第二十九条 内部审计报告可以作为审计机关、有关部门或者社会审计组织进行相关工作的参考依据。

第三十条 内部审计机构或者人员对已办结的审计事项，应当按照国家档案管理规定建立审计档案。

第三十一条 被审计单位或者人员对审计报告或者审计决定有异议的，可以在十五日内向单位负责人或者其上级内部审计机构提出意见，单位负责人或者上级内部审计机构应当在十日内予以答复，并根据单位内部管理制度予以处理。

第六章 法律责任

第三十二条 审计机关发现内部审计报告不适当或者不合法，应当责令其单位限期改正。

第三十三条 内部审计人员有下列情形之一的，所在单位应当给予警告或者通报批评；情节严重的，依法给予处分，并由审计机关按照国家规定取消从业资格：

（一）隐瞒审计查出的问题或者提出虚假审计报告、审计决定；

（二）利用职权徇私舞弊；

（三）玩忽职守给国家或者被审计单位造成经济损失；

（四）应当回避而没有申请回避；

（五）泄露国家秘密或者商业秘密；

（六）违反法律、法规、规章的其他情形。

单位领导人员指使、授意内部审计人员出具虚假审计报告的，由审计机关会同主管部门依法查处。

第三十四条　审计机关、主管部门发现单位领导人员或者被审计对象打击报复内部审计人员的，应当责令改正；拒不改正的，按照管理权限给予责任人行政处分。

第七章　附　　则

第三十五条　本条例第三条规定范围以外的单位开展内部审计工作可以参照本条例执行。

第三十六条　本条例自 2004 年 10 月 1 日起施行。

江苏省内部审计规定

（江苏省人民政府第 142 号令）

第一章　总　　则

第一条　为加强内部审计监督，维护单位合法权益，改善经营管理，提高经济效益，根据《中华人民共和国审计法》等有关法律、法规的规定，结合本省实际，制定本规定。

第二条　内部审计是政府部门、企业事业单位和法律、法规、规章规定的其他组织（以下简称部门、单位）加强自我约束和监督，依法检查会计账目及相关资产，监督财政、财务收支真实、合法、效益的行为。

第三条　在本省行政区域内的政府部门、国有企业事业单位以及国有资产占控股地位或主导地位的企业应当依法建立健全内部审计制度，加强内部审计工作，其他经济组织可以根据需要建立内部审计制度。

第四条　地方各级审计机关依法指导和本地区的内部审计工作，其主要职责是：

（一）按照法律、法规、规章的规定，制定内部审计的具体办法和制度；

（二）指导和监督有关部门、单位内部审计人员、内部审计机构依照有关规定开展内部审计工作；

（三）开展内部审计理论研究，总结、交流内部审计工作经验，组织内部审计人员的业务培训和考核。

部门、单位内部审计机构负责指导本系统的内部审计工作。

第二章　内部审计人员和内部审计机构

第五条　实行内部审计制度的部门、单位根据需要配置内部审计人员，下列部门、单位依法根据需要设立内部审计机构：

（一）财政、财务收支金额较大或者所属单位较多的政府部门；

（二）受政府授权或委托经营国有资产的控股集团公司；

（三）国有金融、保险机构；

（四）国有大中型企业；

（五）国有资产占控股地位的股份制企业；

（六）财务收支金额较大的国有事业单位；

（七）国家大型建设项目的建设单位；

（八）其他需要设立内部审计机构的部门和单位。

第六条 内部审计人员、内部审计机构在本单位主要负责人直接领导下，独立行使内部审计监督权，对本单位领导负责并报告工作。

内部审计人员、内部审计机构开展内部审计工作应当接受审计机关的指导和监督。

第七条 内部审计人员应当具备与其从事的审计工作相适应的专业知识和业务能力，并符合一定的条件。

第八条 内部审计人员应当客观公正、实事求是、廉洁奉公、保守秘密。内部审计人员依法行使职权受法律保护，任何单位个人不得对其实施打击报复。

第九条 实行内部审计制度的部门、单位应当保持内部审计人员的相对稳定，不得随意更换。

第三章 内部审计人员、内部审计机构的职责和权利

第十条 内部审计人员、内部审计机构实施内部审计工作的内容是：

（一）财务计划或者单位预算的执行和决算；

（二）财政、财务收支及其有关的经济活动；

（三）经济效益；

（四）内部控制制度；

（五）经济责任；

（六）资产运行状况及质量；

（七）建设项目预算、决算；

（八）国家财经法律、法规和规章的执行；

（九）其他需要审计的事项。

第十一条 内部审计人员、内部审计机构可以对所属行业经济管理中的重要问题开展专项审计或审计调查。

第十二条 审计机关、社会审计组织应当尊重内部审计机构的评价和处理意见；经过测评认定的内部审计工作成果，可以作为国家审计、社会审计工作的参考依据。

第十三条 实行内部审计制度的部门、单位应当根据要求向本级国家审计机关报送报表及相关资料。

第十四条 内部审计人员、内部审计机构实施内部审计时有权采取下列措施：

（一）根据内部审计工作的需要，要求被审计单位提供有关文件资料；

（二）审核凭证、账表、决算，检查资金和财产，检测财务会计软件，查阅有关文件和资料；

（三）参加有关会议；

（四）对审计涉及有关事项进行调查，并索取有关文件、资料等证明材料；

（五）按照部门、单位的要求，对正在进行的违反财经法规的行为，采取制止措施；

（六）提出改进管理、提高效益的建议和纠正、处理违反财经法规行为的意见；

（七）对在审计中发现的问题，有权向所在部门、单位的负责人报告，并提出处理或

者改进建议。

第四章 内部审计程序

第十五条 内部审计的主要程序：

（一）根据上级部署和本部门、本单位的具体情况，拟订审计项目计划，报经本部门、本单位负责人批准；

（二）实施审计前，应当通知被审计单位；

（三）根据批准的项目审计计划实施审计；

（四）提出审计报告，征求被审计单位意见后，报送本部门、单位负责人审定；

（五）经本部门、单位负责人批准，下达审计意见书、审计决定；

（六）进行后续审计，检查审计意见书、审计决定的执行情况。

第十六条 被审计单位应当执行下达的审计意见书、审计决定，对审计意见书和审计决定有异议的，可以向内部审计人员、内部审计机构所在部门、单位的负责人提出申诉。

第十七条 内部审计人员、内部审计机构对办理的审计事项，应当建立审计档案，并按照规定加强管理。

第五章 奖 惩

第十八条 内部审计人员技术职务资格的考试、聘任以及待遇，按照国家有关规定执行。

第十九条 对作出显著成绩的内部审计机构和内部审计人员，由审计机关和所在部门、单位给予表彰。

第二十条 对违反本规定的内部审计人员，由其主管部门或单位在法定职权范围内，根据情节轻重，责令改正、批评教育或给予行政处分。

第六章 附 则

第二十一条 集体经济组织开展内部审计工作，国家有规定的，按照国家有关规定执行；国家没有规定的，参照本规定执行。

第二十二条 本规定自发布之日起施行。

南京市内部审计管理办法

（南京市人民政府令第39号）

第一章 总 则

第一条 为加强国家规定的审计范围内单位内部审计工作，根据《中华人民共和国审计法》和审计署《关于内部审计工作的规定》，结合本市实际，制定本办法。

第二条 内部审计机构在本单位主要领导人领导下，依照国家法律、法规和政策，对本单位和下属单位的财务收支及其经济效益进行审计监督，独立行使内部审计职权，对本单位领导人负责并报告工作。

第三条 市、区、县审计机关依照审计范围负责指导本辖区的内部审计工作；审计机关驻政府部门派出机构负责指导直属单位和行业的内部审计工作；上级内部审计机构负责指导所属单位的内部审计工作。

第四条 内部审计工作应当遵循客观公正、实事求是的原则。

第二章 内部审计机构和人员

第五条 下列单位应当根据工作需要，设置独立的内部审计机构，并配备专业专职审计人员：

（一）审计机关未设立派出机构的政府部门；

（二）国有金融、保险机构；

（三）国有大中型企业（集团）；

（四）国有资产占控股地位的股份制企业（公司、集团）；

（五）承担行政管理职能的行政性公司（集团）；

（六）财务收支金额较大的全民所有制事业单位；

（七）国有资金比例较大的大型基建项目的建设单位；

审计业务较少的单位，可以设立专职内部审计人员。

第六条 目有资产占控股地位的股份制企业的内部审计机构，应当隶属于监事会。

第七条 内部审计机构至少应当有一名专职人员。专职人员应当具备下列条件：

（一）财经类大专以上学历；

（二）中级以上审计或会计专业技术职称；

（三）从事财经工作三年以上。

第八条 内部审计人员应当依法审计、忠于职守、客观公正、廉洁奉公、保守秘密，不得滥用职权、徇私舞弊、玩忽职守、泄露秘密。

内部审计人员依法行使职权受国家法律保护，任何单位和个人不得打击报复。

第三章 内部审计机构的任务

第九条 内部审计机构对审计范围内的下列事项进行内部审计监督：

（一）财务计划或单位预算的执行和决算；

（二）与财务收支有关的经济活动及其经济效益；

（三）内部各项控制制度的健全、有效；

（四）国家和单位资产的管理和使用情况；

（五）国家财经法纪的执行情况；

（六）承包、租赁经营的有关审计事项；

（七）所在单位领导人交办的和审计机关委托的其他审计事项。

第十条 内部审计机构对本单位与境内、外经济组织兴办合资、合作经营企业以及合作项目所投入资金、财产的使用及效益，进行内部审计监督。

第十一条 内部审计机构根据所在单位的规定，可以对有关经济活动实行审鉴制定。

第十二条 内部审计机构可以制定本系统和单位内部审计规章制度和业务规范。

第十三条 下属单位内部审计机构应当按照要求，向其主管的内部审计机构报送内部审计工作计划、报表、工作总结及重大审计事项的报告。

第四章　内部审计机构的职权

第十四条　内部审计机构的主要职权：

（一）检查会计凭证、报表、决算、资金和财产，查阅有关的文件和资料；

（二）参加有关经济决策、计划拟定等会议；

（三）对审计中的有关事项进行调查并索取证据；

（四）对正在进行的严重违反财经法纪或者严重损失浪费的行为，作出临时的制止决定；

（五）提出改进管理、加强内部约束、提高经济效益的建议，以及纠正、处理违反财经法纪行为的意见。

第十五条　内部审计机构根据工作需要，有权要求下属被审计单位报送有关计划、预算、决算、报表和文件、资料等。有关单位必须及时报送。

第十六条　内部审计机构对阻挠、破坏审计工作以及拒绝提供有关资料的单位和个人，经单位领导人批准，可以采取必要的临时措施，并提出追究有关人员责任的建议。

第十七条　内部审计机构所在单位，可以在管理权限范围内，规定内部审计机构作出经济处理、处罚的权限。

第十八条　下属单位内部审计机构对审计工作中的重大事项，应当向上级内部审计机构和审计机关反映。

第五章　内部审计工作程序

第十九条　内部审计工作的主要程序：

（一）根据上级部署，结合本单位的具体情况，拟定审计工作计划，报经本单位领导人批准后实施；

（二）实施审计前，应当通知被审计单位；

（三）根据审计计划实施审计；

（四）审计终结，提出审计报告，征求被审计单位意见后，报送本单位领导人。经批准的审计结论和决定，被审计单位必须执行。

第二十条　被审计单位对审计结论和决定有异议的，可以向内部审计机构所在单位的领导人提出申诉，该领导人应当及时处理。

第二十一条　内部审计机构对办理的审计事项，必须建立审计档案，按照规定管理。

第六章　附　　则

第二十二条　对违反本办法的单位和个人，由其主管单位根据情节轻重，给予行政处分、经济处罚；或者提请有关部门处理。

第二十三条　集体经济组织的内部审计工作，可以参照本办法执行。

第二十四条　本办法由南京市审计局负责解释。

第二十五条　本办法自发布之日起施行。南京市人民政府 1984 年 3 月 1 日批转市审计局《关于建立部门、单位内部审计的报告》的通知同时废止。

第四部分

外部审计准则与政策解读

中国注册会计师执业准则指南简介

（2007年1月1日）

中国注册会计师执业准则已于2006年2月15日由财政部发布，自2007年1月1日起在所有会计师事务所施行。为了帮助广大注册会计师正确理解和运用注册会计师执业准则，中国注册会计师协会在注册会计师执业准则框架下，制定了实施指南。准则指南覆盖所有准则项目，共48项，计100余万字，自2007年1月1日起与中国注册会计师执业准则同步施行。

一、起草过程

在审计准则体系发布后，中注协开始着手指南起草工作。指南起草工作大体上经历了以下几个阶段：

一是初稿起草阶段。审计准则一发布，中注协即投入了指南制定工作。成立了指南起草工作组，制定了工作方案，提出了每个指南的框架、总体要求、工作步骤和任务分工等。起草工作组由审计准则委员会委员、外国及港澳台专家咨询组成员和审计准则组成员组成，既有理论界的权威，又有实务界的专家。在时间紧、任务重的情况下，起草工作组成员加班加点，连续作战，工作富有成效，4月中旬形成了指南初稿。4月下旬至6月上旬，组织专家对指南初稿进行审议和修改，形成了内部征求意见稿。

二是研讨论证阶段。中注协于6月中旬至7月上旬在北京举行了两期研讨班，每期10天。来自具有执行证券期货业务资格的会计师事务所64名主管技术的负责人参加了研讨。研讨班采取了边宣讲，边研讨的模式，对指南内部征求意见稿的体例、可操作性和适用性等进行论证。

7月下旬，中注协又召开为期14天的定向征求意见会，邀请15名资深注册会计师，对指南内部征求意见稿进行仔细推敲和斟酌。

7月至8月，利用举办三期中国注册会计师执业准则培训面授班的机会，中注协把指南内部征求意见稿以讲义的形式印发，由起草人讲授，同时听取学员意见。

通过研讨论证，起草组成员了解了指南内部征求意见稿修改的方向和重点，经过加班加点、日夜苦干、反复修改、数易其稿，形成了征求意见稿。

三是公开征求意见阶段。8月15日，中注协印发指南征求意见稿，向社会公开征求意见，收到各地注协和相关部门意见80多份。

四是审计准则委员会审议阶段。10月8日召开财政部会计准则委员会暨中注协审计准则委员会联席会议。会上，各位委员对指南的质量表示认可，同时也提出了技术上的完善意见。会后，中注协又将完善后的指南向审计准则委员会和相关部门第二次征求意见。各位委员和相关部门对指南草案表示肯定，建议发布。

二、指南的特点

指南是对注册会计师执业准则的细化、深化和具体化，为注册会计师如何正确理解和运用准则提供可操作性的指导意见，与注册会计师执业准则构成一个完整的注册会计师执业规范体系。指南具有以下特点：

第一，内容全面。中国注册会计师执业准则包括鉴证业务基本准则、审计准则、审阅准则、其他鉴证业务准则、相关服务准则和会计师事务所质量控制准则，共计 48 项。执业准则按其功能区分为两大类型，一是具有概念框架功能的准则，重点阐明执业的目标、一般原则、理念和方法论。二是具有实务操作功能的准则。为了使注册会计师掌握不同类别准则的要旨，将所有准则转化为正确的执业理念和行为，针对每项准则，都起草了相应的指南。

第二，可操作性强。增强可操作性是指南的基本定位。与体例相适应，准则主要规范注册会计师应当做什么，不应当做什么，而没有阐明为什么这样规定和怎样操作。指南利用体例相对灵活的特点，对于具有概念框架功能的准则，系统阐述准则的理论基础、规范的理由和对执业的影响，指导注册会计师如何理解执业理念和方法论；对于具有实务操作功能的准则，重点阐述准则的核心程序和具体方法，增加大量的解释、说明、举例和图示，指导注册会计师如何正确运用程序和具体方法。为了方便读者阅读和检索，指南尽可能做到与准则对应，指出准则的条目。

第三，贴近实务。由于执业准则在理念和方法上变化较大，指南密切结合我国目前的执业环境和以往的执业实践，以使注册会计师顺利实现由老准则向新准则过渡。例如，为了指导注册会计师正确运用审计风险准则，提高注册会计师识别、评估和应对重大错报风险的能力，指南通过举例方式系统讲解了注册会计师如何设计和实施风险评估程序、控制测试和实质性程序，以及如何通过工作底稿贯彻风险导向审计的理念，把重大错报风险评估与应对的过程用工作底稿进行勾稽。同时，指南中提供了大量范例，如新版的业务约定书、前后任注册会计师沟通函、各类询证函、管理层声明书、业务报告、风险评估程序工作底稿等，具有很强的实用性。

第四，坚持国际趋同的要求。执业准则在框架体系、项目构成和核心内容等方面体现了与国际准则趋同的要求。例如在审计准则的内容上，充分采用了国际审计准则所有的基本原则和核心程序，在审计的目标与原则、风险的评估与应对、审计证据的获取和分析、审计结论的形成和报告等所有重大方面，与国际审计准则保持一致。对国际审计准则中包含的举例等解释说明性材料，由于我国准则是财政部规范性文件，未能写入准则正文。在此次起草指南时，根据中国审计准则委员会与国际审计与鉴证准则理事会发表联合声明的精神，将国际审计准则解释说明性材料写入指南，以进一步体现与国际审计准则趋同的要求。

三、指南的成果

指南以执业准则为依据，结合审计理论和实务成果，重点解决了注册会计师在运用准则时面临的问题。

——如何运用审计风险模型。审计风险准则确立了新的审计风险模型，以明确注册会计师识别、评估和应对财务报表重大错报风险的思路。审计风险模型构成了风险导向审计方法的基础，在审计实务中不易把握，指南详细阐述了注册会计师如何使用审计风险模型开展审计工作。

——如何计划审计工作。计划审计工作包括制定总体审计策略和具体审计计划两个层面。指南对总体审计策略进行了细化，对实务中如何确定审计范围、时间和方向列出了具体考虑因素。借助于风险评估程序和进一步审计程序工作底稿示例，指南详细演示了具体审计计划的制定。

——如何进行风险评估。对重大错报风险识别和评估是审计准则建设中新增的重点内容，也是一个难点。指南从六个方面系统阐述了注册会计师如何识别和评估重大错报风险，特别是利用审计程序举例的方式，详细讲解了进行风险评估的过程和关键环节。

——如何实施控制测试。由于我国内部控制理论和实践相对滞后，注册会计师在实施控制测试时或者不知从何下手，或者具有很大的盲目性，不能为审计提供有价值的基础。指南指导注册会计师从宏观层面和业务流程层面对内部控制进行测试，具有很强的适用性。同时，通过“认定”的概念和审计风险模型，把控制测试和实质性程序贯通起来。

——如何应对舞弊风险。指南以重大错报风险的识别、评估和应对为基础，系统阐述了企业管理层财务舞弊的动机和风险因素，针对新形势下财务舞弊的特点，有针对性地提供了应对舞弊风险的技巧、方法和案例，为注册会计师发现舞弊提供全方位的指导。

——如何编制工作底稿。风险导向审计方法重塑了审计流程，严格了审计程序，要求注册会计师对实施的风险评估程序、控制测试和实质性程序形成恰当的工作记录。针对这个问题，指南系统地讲解了风险导向审计模式下如何编制工作底稿，特别是如何建立风险评估结果与实施进一步审计程序的联系，风险评估工作底稿如何与进一步审计程序工作底稿相勾稽。

——如何运用重要性水平。重要性水平是衡量注册会计师出具恰当审计报告的依据，也是影响财务报表使用者正确决策的关键因素。在审计实务中，注册会计师从定量角度运用重要性水平比较到位，但从定性角度运用有所欠缺，指南细化了如何从定量角度运用重要性水平，并详细介绍了从定性角度运用重要性水平的原理。

——如何确定抽样规模。正确运用审计抽样原理，是注册会计师获取充分、适当审计证据的关键。指南系统阐述了在控制测试和实质性程序中如何确定恰当的样本规模，如何评价样本结果，以提高审计效率和效果。

——如何确定审计意见。指南总结最近几年证券市场审计意见存在的缺陷，系统阐述了注册会计师如何评价财务报表的合法性和公允性，如何针对具体情况确定恰当审计意见类型，防止随意调控审计意见，并列举了各种类型审计报告的参考格式。

——如何审计新兴和复杂领域。目前企业会计核算中判断和估计事项日益复杂，会计确认、计量和报告涉及领域日益宽广，针对公允价值、金融工具等新兴和复杂领域，指南提供了详细的应对程序和方法。

中国注册会计师鉴证业务基本准则

（财会［2006］4号2006年2月15日修订）

第一章 总 则

第一条 为了规范注册会计师执行鉴证业务，明确鉴证业务的目标和要素，确定中国注册会计师审计准则、中国注册会计师审阅准则、中国注册会计师其他鉴证业务准则（分别简称审计准则、审阅准则和其他鉴证业务准则）适用的鉴证业务类型，根据《中华人民共和国注册会计师法》，制定本准则。

第二条 鉴证业务包括历史财务信息审计业务、历史财务信息审阅业务和其他鉴证

业务。

注册会计师执行历史财务信息审计业务、历史财务信息审阅业务和其他鉴证业务时，应当遵守本准则以及依据本准则制定的审计准则、审阅准则和其他鉴证业务准则。

第三条 本准则所称注册会计师，是指取得注册会计师证书并在会计师事务所执业的人员，有时也指其所在的会计师事务所。

本准则所称鉴证业务要素，是指鉴证业务的三方关系、鉴证对象、标准、证据和鉴证报告。

第四条 注册会计师执行鉴证业务时，应当遵守中国注册会计师职业道德规范（简称职业道德规范）和会计师事务所质量控制准则。

第二章 鉴证业务的定义和目标

第五条 鉴证业务是指注册会计师对鉴证对象信息提出结论，以增强除责任方之外的预期使用者对鉴证对象信息信任程度的业务。

鉴证对象信息是按照标准对鉴证对象进行评价和计量的结果。如责任方按照会计准则和相关会计制度（标准）对其财务状况、经营成果和现金流量（鉴证对象）进行确认、计量和列报（包括披露，下同）而形成的财务报表（鉴证对象信息）。

第六条 鉴证对象信息应当恰当反映既定标准运用于鉴证对象的情况。如果没有按照既定标准恰当反映鉴证对象的情况，鉴证对象信息可能存在错报，而且可能存在重大错报。

第七条 鉴证业务分为基于责任方认定的业务和直接报告业务。在基于责任方认定的业务中，责任方对鉴证对象进行评价或计量，鉴证对象信息以责任方认定的形式为预期使用者获取。如在财务报表审计中，被审计单位管理层（责任方）对财务状况、经营成果和现金流量（鉴证对象）进行确认、计量和列报（评价或计量）而形成的财务报表（鉴证对象信息）即为责任方的认定，该财务报表可为预期报表使用者获取，注册会计师针对财务报表出具审计报告。这种业务属于基于责任方认定的业务。

在直接报告业务中，注册会计师直接对鉴证对象进行评价或计量，或者从责任方获取对鉴证对象评价或计量的认定，而该认定无法为预期使用者获取，预期使用者只能通过阅读鉴证报告获取鉴证对象信息。如在内部控制鉴证业务中，注册会计师可能无法从管理层（责任方）获取其对内部控制有效性的评价报告（责任方认定），或虽然注册会计师能够获取该报告，但预期使用者无法获取该报告，注册会计师直接对内部控制的有效性（鉴证对象）进行评价并出具鉴证报告，预期使用者只能通过阅读该鉴证报告获得内部控制有效性的信息（鉴证对象信息）。这种业务属于直接报告业务。

第八条 鉴证业务的保证程度分为合理保证和有限保证。

合理保证的鉴证业务的目标是注册会计师将鉴证业务风险降至该业务环境下可接受的低水平，以此作为以积极方式提出结论的基础。如在历史财务信息审计中，要求注册会计师将审计风险降至可接受的低水平，对审计后的历史财务信息提供高水平保证（合理保证），在审计报告中对历史财务信息采用积极方式提出结论。这种业务属于合理保证的鉴证业务。

有限保证的鉴证业务的目标是注册会计师将鉴证业务风险降至该业务环境下可接受的水平，以此作为以消极方式提出结论的基础。如在历史财务信息审阅中，要求注册会计师将审阅风险降至该业务环境下可接受的水平（高于历史财务信息审计中可接受的低水平），对审阅后的历史财务信息提供低于高水平的保证（有限保证），在审阅报告中对历史财务信息采用消极方式提出结论。这种业务属于有限保证的鉴证业务。

第三章 业务承接

第九条 在接受委托前，注册会计师应当初步了解业务环境。

业务环境包括业务约定事项、鉴证对象特征、使用的标准、预期使用者的需求、责任方及其环境的相关特征，以及可能对鉴证业务产生重大影响的事项、交易、条件和惯例等其他事项。

第十条 在初步了解业务环境后，只有认为符合独立性和专业胜任能力等相关职业道德规范的要求，并且拟承接的业务具备下列所有特征，注册会计师才能将其作为鉴证业务予以承接：

（一）鉴证对象适当；

（二）使用的标准适当且预期使用者能够获取该标准；

（三）注册会计师能够获取充分、适当的证据以支持其结论；

（四）注册会计师的结论以书面报告形式表述，且表述形式与所提供的保证程度相适应；

（五）该业务具有合理的目的。如果鉴证业务的工作范围受到重大限制，或委托人试图将注册会计师的名字和鉴证对象不适当地联系在一起，则该业务可能不具有合理的目的。

第十一条 当拟承接的业务不具备本准则第十条规定的鉴证业务的所有特征，不能将其作为鉴证业务予以承接时，注册会计师可以提请委托人将其作为非鉴证业务（如商定程序、代编财务信息、管理咨询、税务服务等相关服务业务），以满足预期使用者的需要。

第十二条 如果某项鉴证业务采用的标准不适当，但满足下列条件之一时，注册会计师可以考虑将其作为一项新的鉴证业务：

（一）委托人能够确认鉴证对象的某个方面适用于所采用的标准，注册会计师可以针对该方面执行鉴证业务，但在鉴证报告中应当说明该报告的内容并非针对鉴证对象整体；

（二）能够选择或设计适用于鉴证对象的其他标准。

第十三条 对已承接的鉴证业务，如果没有合理理由，注册会计师不应将该项业务变更为非鉴证业务，或将合理保证的鉴证业务变更为有限保证的鉴证业务。

当业务环境变化影响到预期使用者的需求，或预期使用者对该项业务的性质存在误解时，注册会计师可以应委托人的要求，考虑同意变更该项业务。如果发生变更，注册会计师不应忽视变更前获取的证据。

第四章 鉴证业务的三方关系

第十四条 鉴证业务涉及的三方关系人包括注册会计师、责任方和预期使用者。

责任方与预期使用者可能是同一方，也可能不是同一方。

第十五条 注册会计师可以承接符合本准则第十条规定的各类鉴证业务。

如果鉴证业务涉及的特殊知识和技能超出了注册会计师的能力，注册会计师可以利用专家协助执行鉴证业务。在这种情况下，注册会计师应当确信包括专家在内的项目组整体已具备执行该项鉴证业务所需的知识和技能，并充分参与该项鉴证业务和了解专家所承担的工作。

第十六条 责任方是指下列组织或人员：

（一）在直接报告业务中，对鉴证对象负责的组织或人员；

（二）在基于责任方认定的业务中，对鉴证对象信息负责并可能同时对鉴证对象负责的组织或人员。

责任方可能是鉴证业务的委托人，也可能不是委托人。

第十七条 注册会计师通常提请责任方提供书面声明，表明责任方已按照既定标准对鉴证对象进行评价或计量，无论该声明是否能为预期使用者获取。

在直接报告业务中，当委托人与责任方不是同一方时，注册会计师可能无法获取此类书面声明。

第十八条 预期使用者是指预期使用鉴证报告的组织或人员。责任方可能是预期使用者，但不是唯一的预期使用者。

注册会计师可能无法识别使用鉴证报告的所有组织和人员，尤其在各种可能的预期使用者对鉴证对象存在不同的利益需求时。注册会计师应当根据法律法规的规定或与委托人签订的协议识别预期使用者。

在可行的情况下，鉴证报告的收件人应当明确为所有的预期使用者。

第十九条 在可行的情况下，注册会计师应当提请预期使用者或其代表，与注册会计师和责任方（如果委托人与责任方不是同一方，还包括委托人）共同确定鉴证业务约定条款。

无论其他人员是否参与，注册会计师都应当负责确定鉴证业务程序的性质、时间和范围，并对鉴证业务中发现的、可能导致对鉴证对象信息作出重大修改的问题进行跟踪。

第二十条 当鉴证业务服务于特定的使用者，或具有特定目的时，注册会计师应当考虑在鉴证报告中注明该报告的特定使用者或特定目的，对报告的用途加以限定。

第五章 鉴证对象

第二十一条 鉴证对象与鉴证对象信息具有多种形式，主要包括：

（一）当鉴证对象为财务业绩或状况时（如历史或预测的财务状况、经营成果和现金流量），鉴证对象信息是财务报表；

（二）当鉴证对象为非财务业绩或状况时（如企业的运营情况），鉴证对象信息可能是反映效率或效果的关键指标；

（三）当鉴证对象为物理特征时（如设备的生产能力），鉴证对象信息可能是有关鉴证对象物理特征的说明文件；

（四）当鉴证对象为某种系统和过程时（如企业的内部控制或信息技术系统），鉴证对象信息可能是关于其有效性的认定；

（五）当鉴证对象为一种行为时（如遵守法律法规的情况），鉴证对象信息可能是对法律法规遵守情况或执行效果的声明。

第二十二条 鉴证对象具有不同特征，可能表现为定性或定量、客观或主观、历史或预测、时点或期间。这些特征将对下列方面产生影响：

（一）按照标准对鉴证对象进行评价或计量的准确性；

（二）证据的说服力。

鉴证报告应当说明与预期使用者特别相关的鉴证对象特征。

第二十三条　适当的鉴证对象应当同时具备下列条件：

（一）鉴证对象可以识别；

（二）不同的组织或人员对鉴证对象按照既定标准进行评价或计量的结果合理一致；

（三）注册会计师能够收集与鉴证对象有关的信息，获取充分、适当的证据，以支持其提出适当的鉴证结论。

第六章　标　　准

第二十四条　标准是指用于评价或计量鉴证对象的基准，当涉及列报时，还包括列报的基准。

标准可以是正式的规定，如编制财务报表所使用的会计准则和相关会计制度；也可以是某些非正式的规定，如单位内部制定的行为准则或确定的绩效水平。

第二十五条　注册会计师在运用职业判断对鉴证对象作出合理一致的评价或计量时，需要有适当的标准。

适当的标准应当具备下列所有特征：

（一）相关性：相关的标准有助于得出结论，便于预期使用者作出决策；

（二）完整性：完整的标准不应忽略业务环境中可能影响得出结论的相关因素，当涉及列报时，还包括列报的基准；

（三）可靠性：可靠的标准能够使能力相近的注册会计师在相似的业务环境中，对鉴证对象作出合理一致的评价或计量；

（四）中立性：中立的标准有助于得出无偏向的结论；

（五）可理解性：可理解的标准有助于得出清晰、易于理解、不会产生重大歧义的结论。

注册会计师基于自身的预期、判断和个人经验对鉴证对象进行的评价和计量，不构成适当的标准。

第二十六条　注册会计师应当考虑运用于具体业务的标准是否具备本准则第二十五条所述的特征，以评价该标准对此项业务的适用性。在具体鉴证业务中，注册会计师评价标准各项特征的相对重要程度，需要运用职业判断。

标准可能是由法律法规规定的，或由政府主管部门或国家认可的专业团体依照公开、适当的程序发布的，也可能是专门制定的。采用标准的类型不同，注册会计师为评价该标准对于具体鉴证业务的适用性所需执行的工作也不同。

第二十七条　标准应当能够为预期使用者获取，以使预期使用者了解鉴证对象的评价或计量过程。标准可以通过下列方式供预期使用者获取：

（一）公开发布；

（二）在陈述鉴证对象信息时以明确的方式表述；

（三）在鉴证报告中以明确的方式表述；

（四）常识理解，如计量时间的标准是小时或分钟。

如果确定的标准仅能为特定的预期使用者获取，或仅与特定目的相关，鉴证报告的使用也应限于这些特定的预期使用者或特定目的。

第七章 证　据

第一节 总体要求

第二十八条 注册会计师应当以职业怀疑态度计划和执行鉴证业务，获取有关鉴证对象信息是否不存在重大错报的充分、适当的证据。

注册会计师应当及时对制定的计划、实施的程序、获取的相关证据以及得出的结论作出记录。

第二十九条 注册会计师在计划和执行鉴证业务，尤其在确定证据收集程序的性质、时间和范围时，应当考虑重要性、鉴证业务风险以及可获取证据的数量和质量。

第二节 职业怀疑态度

第三十条 职业怀疑态度是指注册会计师以质疑的思维方式评价所获取证据的有效性，并对相互矛盾的证据，以及引起对文件记录或责任方提供的信息的可靠性产生怀疑的证据保持警觉。

第三十一条 鉴证业务通常不涉及鉴定文件记录的真伪，注册会计师也不是鉴定文件记录真伪的专家，但应当考虑用作证据的信息的可靠性，包括考虑与信息生成和维护相关的控制的有效性。

如果在执行业务过程中识别出的情况使其认为文件记录可能是伪造的或文件记录中的某些条款已发生变动，注册会计师应当作出进一步调查，包括直接向第三方询证，或考虑利用专家的工作，以评价文件记录的真伪。

第三节 证据的充分性和适当性

第三十二条 证据的充分性是对证据数量的衡量，主要与注册会计师确定的样本量有关。证据的适当性是对证据质量的衡量，即证据的相关性和可靠性。

所需证据的数量受鉴证对象信息重大错报风险的影响，即风险越大，可能需要的证据数量越多；所需证据的数量也受证据质量的影响，即证据质量越高，可能需要的证据数量越少。

尽管证据的充分性和适当性相关，但如果证据的质量存在缺陷，注册会计师仅靠获取更多的证据可能无法弥补其质量上的缺陷。

第三十三条 证据的可靠性受其来源和性质的影响，并取决于获取证据的具体环境。

注册会计师通常按照下列原则考虑证据的可靠性：

（一）从外部独立来源获取的证据比从其他来源获取的证据更可靠；

（二）内部控制有效时内部生成的证据比内部控制薄弱时内部生成的证据更可靠；

（三）直接获取的证据比间接获取或推论得出的证据更可靠；

（四）以文件记录形式（无论是纸质、电子或其他介质）存在的证据比口头形式的证据更可靠；

（五）从原件获取的证据比从传真或复印件获取的证据更可靠。

在运用本条第二款第（一）项至第（五）项所述原则评价证据的可靠性时，注册会计师应当注意可能出现的重大例外情况。

第三十四条 如果针对某项认定从不同来源获取的证据或获取的不同性质的证据能够相互印证，与该项认定相关的证据通常具有更强的说服力。

如果从不同来源获取的证据或获取的不同性质的证据不一致，可能表明某项证据不可靠，注册会计师应当追加必要的程序予以解决。

第三十五条 针对一个期间的鉴证对象信息获取充分、适当的证据，通常要比针对一个时点的鉴证对象信息获取充分、适当的证据更困难。

针对过程提出的结论通常限于鉴证业务涵盖的期间，注册会计师不应对该过程是否在未来以特定方式继续发挥作用提出结论。

第三十六条 注册会计师可以考虑获取证据的成本与所获取信息有用性之间的关系，但不应仅以获取证据的困难和成本为由减少不可替代的程序。

在评价证据的充分性和适当性以支持鉴证报告时，注册会计师应当运用职业判断，并保持职业怀疑态度。

第四节 重 要 性

第三十七条 在确定证据收集程序的性质、时间和范围，评估鉴证对象信息是否不存在错报时，注册会计师应当考虑重要性。在考虑重要性时，注册会计师应当了解并评估哪些因素可能会影响预期使用者的决策。

注册会计师应当综合数量和性质因素考虑重要性。在具体业务中评估重要性以及数量和性质因素的相对重要程度，需要注册会计师运用职业判断。

第五节 鉴证业务风险

第三十八条 鉴证业务风险是指在鉴证对象信息存在重大错报的情况下，注册会计师提出不恰当结论的可能性。

在直接报告业务中，鉴证对象信息仅体现在注册会计师的结论中，鉴证业务风险包括注册会计师不恰当地提出鉴证对象在所有重大方面遵守标准的结论的可能性。

第三十九条 在合理保证的鉴证业务中，注册会计师应当将鉴证业务风险降至具体业务环境下可接受的低水平，以获取合理保证，作为以积极方式提出结论的基础。

在有限保证的鉴证业务中，由于证据收集程序的性质、时间和范围与合理保证的鉴证业务不同，其风险水平高于合理保证的鉴证业务；但注册会计师实施的证据收集程序至少应当足以获取有意义的保证水平，作为以消极方式提出结论的基础。

当注册会计师获取的保证水平很有可能在一定程度上增强预期使用者对鉴证对象信息的信任时，这种保证水平是有意义的保证水平。

第四十条 鉴证业务风险通常体现为重大错报风险和检查风险。

重大错报风险是指鉴证对象信息在鉴证前存在重大错报的可能性。

检查风险是指某一鉴证对象信息存在错报，该错报单独或连同其他错报是重大的，但注册会计师未能发现这种错报的可能性。

注册会计师对重大错报风险和检查风险的考虑受具体业务环境的影响，特别受鉴证对象性质，以及所执行的是合理保证鉴证业务还是有限保证鉴证业务的影响。

第六节 证据收集程序的性质、时间和范围

第四十一条 证据收集程序的性质、时间和范围因业务的不同而不同。注册会计师应当清楚表达证据收集程序，并以适当的形式运用于合理保证的鉴证业务和有限保证的鉴证业务。

第四十二条 在合理保证的鉴证业务中，为了能够以积极方式提出结论，注册会计师应当通过下列不断修正的、系统化的执业过程，获取充分、适当的证据：

（一）了解鉴证对象及其他的业务环境事项，在适用的情况下包括了解内部控制；

（二）在了解鉴证对象及其他的业务环境事项的基础上，评估鉴证对象信息可能存在的重大错报风险；

（三）应对评估的风险，包括制定总体应对措施以及确定进一步程序的性质、时间和范围；

（四）针对已识别的风险实施进一步程序，包括实施实质性程序，以及在必要时测试控制运行的有效性；

（五）评价证据的充分性和适当性。

第四十三条 合理保证提供的保证水平低于绝对保证。由于下列因素的存在，将鉴证业务风险降至零几乎不可能，也不符合成本效益原则：

（一）选择性测试方法的运用；

（二）内部控制的固有局限性；

（三）大多数证据是说服性而非结论性的；

（四）在获取和评价证据以及由此得出结论时涉及大量判断；

（五）在某些情况下鉴证对象具有特殊性。

第四十四条 合理保证的鉴证业务和有限保证的鉴证业务都需要运用鉴证技术和方法，收集充分、适当的证据。与合理保证的鉴证业务相比，有限保证的鉴证业务在证据收集程序的性质、时间、范围等方面是有意识地加以限制的。

无论是合理保证还是有限保证的鉴证业务，如果注意到某事项可能导致对鉴证对象信息是否需要作出重大修改产生疑问，注册会计师应当执行其他足够的程序，追踪这一事项，以支持鉴证结论。

第七节 可获取证据的数量和质量

第四十五条 可获取证据的数量和质量受下列因素的影响：

（一）鉴证对象和鉴证对象信息的特征；

（二）业务环境中除鉴证对象特征以外的其他事项。

第四十六条 对任何类型的鉴证业务，如果下列情形对注册会计师的工作范围构成重大限制，阻碍注册会计师获取所需要的证据，注册会计师提出无保留结论是不恰当的：

（一）客观环境阻碍注册会计师获取所需要的证据，无法将鉴证业务风险降至适当水平；

（二）责任方或委托人施加限制，阻碍注册会计师获取所需要的证据，无法将鉴证业务风险降至适当水平。

第八节 记 录

第四十七条 注册会计师应当记录重大事项，以提供证据支持鉴证报告，并证明其已按照鉴证业务准则的规定执行业务。

第四十八条 对需要运用职业判断的所有重大事项，注册会计师应当记录推理过程和相关结论。

如果对某些事项难以进行判断，注册会计师还应当记录得出结论时已知悉的有关事实。

第四十九条 注册会计师应当将鉴证过程中考虑的所有重大事项记录于工作底稿。

在运用职业判断确定工作底稿的编制和保存范围时，注册会计师应当考虑，使未曾接触该项鉴证业务的有经验的专业人士了解实施的鉴证程序，以及作出重大决策的依据。

第八章 鉴证报告

第五十条 注册会计师应当出具含有鉴证结论的书面报告，该鉴证结论应当说明注册会计师就鉴证对象信息获取的保证。

注册会计师应当考虑其他报告责任，包括在适当时与治理层沟通。

第五十一条 在基于责任方认定的业务中，注册会计师的鉴证结论可以采用下列两种表述形式：

（一）明确提及责任方认定，如“我们认为，责任方作出的‘根据×标准，内部控制在所有重大方面是有效的’这一认定是公允的”。

（二）直接提及鉴证对象和标准，如“我们认为，根据×标准，内部控制在所有重大方面是有效的”。

在直接报告业务中，注册会计师应当明确提及鉴证对象和标准。

第五十二条 在合理保证的鉴证业务中，注册会计师应当以积极方式提出结论，如“我们认为，根据×标准，内部控制在所有重大方面是有效的”或“我们认为，责任方作出的‘根据×标准，内部控制在所有重大方面是有效的’这一认定是公允的”。

在有限保证的鉴证业务中，注册会计师应当以消极方式提出结论，如“基于本报告所述的工作，我们没有注意到任何事项使我们相信，根据×标准，×系统在任何重大方面是无效的”或“基于本报告所述的工作，我们没有注意到任何事项使我们相信，责任方作出的‘根据×标准，×系统在所有重大方面是有效的’这一认定是不公允的”。

第五十三条 当存在本准则第五十四条至第五十六条所述情况时，注册会计师应当对其影响程度作出判断。如果这些情况影响重大，注册会计师不能出具无保留结论的报告。

第五十四条 对任何类型的鉴证业务，如果注册会计师的工作范围受到限制，注册会计师应当视受到限制的重大与广泛程度，出具保留结论或无法提出结论的报告。

在某些情况下，注册会计师应当考虑解除业务约定。

第五十五条 如果存在下列情形，注册会计师应当视其影响的重大与广泛程度，出具保留结论或否定结论的报告：

（一）注册会计师的结论提及责任方的认定，且该认定未在所有重大方面作出公允表达；

（二）注册会计师的结论直接提及鉴证对象和标准，且鉴证对象信息存在重大错报。

第五十六条 在承接业务后，如果发现标准或鉴证对象不适当，可能误导预期使用者，注册会计师应当视其重大与广泛程度，出具保留结论或否定结论的报告。

如果发现标准或鉴证对象不适当，造成工作范围受到限制，注册会计师应当视受到限制的重大与广泛程度，出具保留结论或无法提出结论的报告。

在某些情况下，注册会计师应当考虑解除业务约定。

第五十七条 当注册会计师针对鉴证对象信息出具报告，或同意将其姓名与鉴证对象联系在一起时，则注册会计师与该鉴证对象发生了关联。

如果获知他人不恰当地将其姓名与鉴证对象相关联，注册会计师应当要求其停止这种行为，并考虑采取其他必要的措施，包括将不恰当使用注册会计师姓名这一情况告知所有已知的使用者或征询法律意见。

第九章 附 则

第五十八条 注册会计师执行司法诉讼中涉及会计、审计、税务或其他事项的鉴定业务，除有特定要求者外，应当参照本准则办理。

第五十九条 某些业务可能符合本准则第五条鉴证业务的定义，使用者可能从业务报告的意见、观点或措辞中推测出某种程度的保证，但如果满足下列所有条件，注册会计师执行这些业务不必遵守本准则：

（一）注册会计师的意见、观点或措辞对整个业务而言仅是附带性的；

（二）注册会计师出具的书面报告被明确限定为仅供报告中所提及的使用者使用；

（三）与特定预期使用者达成的书面协议中，该业务未被确认为鉴证业务；

（四）在注册会计师出具的报告中，该业务未被称为鉴证业务。

第六十条 本准则自 2007 年 1 月 1 日起施行。

中国注册会计师审计准则第 1101 号——注册会计师的总体目标和审计工作的基本要求

（2010 年 11 月 1 日修订）

第一章 总 则

第一条 为了规范注册会计师按照中国注册会计师审计准则执行财务报表审计工作，确立注册会计师的总体目标，明确注册会计师为实现总体目标而需要执行审计工作的性质和范围，以及在执行财务报表审计业务时承担的责任，制定本准则。

第二条 审计准则适用于注册会计师执行财务报表审计业务。

当执行其他历史财务信息审计业务时，注册会计师可以根据具体情况遵守适用的相关审计准则，以满足此类业务的要求。

第二章 定 义

第三条 注册会计师，是指取得注册会计师证书并在会计师事务所执业的人员，通常是指项目合伙人或项目组其他成员，有时也指其所在的会计师事务所。

当审计准则明确指出应由项目合伙人遵守的规定或承担的责任时，使用“项目合伙人”而非“注册会计师”的称谓。

第四条 本准则所称财务报表，是指依据某一财务报告编制基础对被审计单位历史财务信息作出的结构性表述，包括相关附注，旨在反映某一时点的经济资源或义务或者某一时期经济资源或义务的变化。相关附注通常包括重要会计政策概要和其他解释性信息。财务报表通常是指整套财务报表，有时也指单一财务报表。整套财务报表的构成应当根据适用的财务报告编制基础的规定确定。

第五条 历史财务信息，是指以财务术语表述的某一特定实体的信息，这些信息主要来自特定实体的会计系统，反映了过去一段时间内发生的经济事项，或者过去某一时点的经济状况或情况。

第六条 适用的财务报告编制基础，是指法律法规要求采用的财务报告编制基础；或者管理层和治理层（如适用）在编制财务报表时，就被审计单位性质和财务报表目标而言，采用的可接受的财务报告编著基础。

财务报告编制基础分为通用目的编制基础和特殊目的编制基础。

通用目的编制基础，是指旨在满足广大财务报表使用者共同的财务信息需求的财务报告编制基础，主要是指会计准则和会计制度。

特殊目的编制基础，是指旨在满足财务报表特定使用者对财务信息需求的财务报告编制基础，包括计税核算基础、监管机构的报告要求和合同的约定等。

第七条 管理层，是指对被审计单位经营活动的执行负有经营管理责任的人员。在某些被审计单位，管理层包括部分或全部的治理层成员，如治理层中负有经营管理责任的人员，或参与日常经营管理的业主（以下简称业主兼经理）。

第八条 治理层，是指对被审计单位战略方向以及管理层履行经营管理责任负有监督责任的人员或组织。治理层的责任包括监督财务报告过程。在某些被审计单位，治理层可能包括管理层，如治理层中负有经营管理责任的人员，或业主兼经理。

第九条 与管理层和治理层责任相关的执行审计工作的前提（以下简称执行审计工作的前提），是指管理层和治理层（如适用）认可并理解其应当承担下列责任，这些责任构成注册会计师按照审计准则的规定执行审计工作的基础：

（一）按照适用的财务报告编制基础编制财务报表，并使其实现公允反映（如适用）；

（二）设计、执行和维护必要的内部控制，以使财务报表不存在由于舞弊或错误导致的重大错报；

（三）向注册会计师提供必要的工作条件，包括允许注册会计师接触与编制财务报表相关的所有信息（如记录、文件和其他事项），向注册会计师提供审计所需的其他信息，允许注册会计师在获取审计证据时不受限制地接触其认为必要的内部人员和其他相关人员。

第十条 错报，是指某一财务报表项目的金额、分类、列报或披露，与按照适用的财务报告编制基础应当列示的金额、分类、列报或披露之间存在的差异。错报可能是由于错误或舞弊导致的。

当注册会计师对财务报表是否在所有重大方面按照适用的财务报告编制基础编制并实现公允反映发表审计意见时，错报还包括根据注册会计师的判断，为使财务报表在所有重大方面实现公允反映，需要对金额、分类、列报或披露作出的必要调整。

第十一条 审计证据，是指注册会计师为了得出审计结论和形成审计意见而使用的信息。审计证据包括构成财务报表基础的会计记录所含有的信息和其他信息。

审计证据的充分性，是对审计证据数量的衡量。注册会计师需要获取的审计证据的数量受其对重大错报风险评估的影响，并受审计证据质量的影响。

审计证据的适当性，是对审计证据质量的衡量，即审计证据在支持审计意见所依据的结论方面具有的相关性和可靠性。

第十二条 合理保证，是指注册会计师在财务报表审计中提供的一种高水平但非绝对的保证。

第十三条 审计风险，是指当财务报表存在重大错报时，注册会计师发表不恰当审计意见的可能性。审计风险取决于重大错报风险和检查风险。

第十四条 重大错报风险，是指财务报表在审计前存在重大错报的可能性。重大错报风险分为财务报表层次的重大错报风险和认定层次的重大错报风险。认定层次的重大错报风险由固定风险和控制风险两个部分组成。

固有风险，是指在考虑相关的内部控制之前，某类交易、账户余额或披露的某一认定易于发生错报（该错报单独或连同其他错报可能是重大的）的可能性。

控制风险，是指某类交易、账户余额或披露的某一认定发生错报，该错报单独或连同其他错报可能是重大的，但没有被内部控制及时防止或发现并纠正的可能性。

第十五条 检查风险，是指如果存在某一错报，该错报单独或连同其他错报可能是重大的，注册会计师为将审计风险降至可接受的低水平而实施程序后没有发现这种错报的风险。

第十六条 职业判断，是指在审计准则、财务报告编制基础和职业道德要求的框架下，注册会计师综合运用相关知识、技能和经验，作出适合审计业务具体情况、有根据的行动决策。

第十七条 职业怀疑，是指注册会计师执行审计业务的一种态度，包括采取质疑的思维方式，对可能表明由于错误或舞弊导致错报的迹象保持警觉，以及对审计证据进行审慎评价。

第三章　财务报表审计

第十八条 审计的目的是提高财务报表预期使用者对财务报表的信赖程度。这一目的可以通过注册会计师对财务报表是否在所有重大方面按照适用的财务报告编制基础编制发表审计意见得以实现。就大多数通用目的财务报告框架而言，注册会计师针对财务报表是否在所有重大方面按照财务报告编制基础编制并实现公允反映发表审计意见。注册会计师按照审计准则和相关职业道德要求执行审计工作，能够形成这样的意见。

第十九条 财务报表是由被审计单位管理层在治理层的监督下编制的。审计准则不对管理层或治理层设定责任，也不超越法律法规对管理层或治理层责任作出的规定。

管理层和治理层（如适用）认可与财务报表相关的责任，是注册会计师执行审计工作的前提，构成注册会计师按照审计准则的规定执行审计工作的基础。

财务报表审计并不减轻管理层或治理层的责任。

第二十条 注册会计师应当按照审计准则的规定，对财务报表整体是否不存在由于舞弊或错误导致的重大错报获取合理保证，以作为发表审计意见的基础。

合理保证是一种高水平保证。当注册会计师获取充分、适当的审计证据将审计风险降至可接受的低水平时，就获取了合理保证。

由于审计存在固有限制，注册会计师据以得出结论和形成审计意见的大多数审计证据是说服性而非结论性的，因此，审计只能提供合理保证，不能提供绝对保证。

第二十一条　在计划和执行审计工作，以及评价已识别出的错报对审计的影响和未更正的错报（如有）对财务报表的影响时，注册会计师应当运用重要性概念。

如果合理预期某一错报（包括漏报）单独或连同其他错报可能影响财务报表使用者依据财务报表作出的经济决策，则该项错报通常被认为是重大的。

重要性取决于在具体环境下对错报金额或性质的判断，或同时受到两者的影响，并受到注册会计师对于财务报表使用者对财务信息需求的了解的影响。

注册会计师针对财务报表整体发表审计意见，因此没有责任发现对财务报表整体影响并不重大的错报。

第二十二条　审计准则旨在规范和指导注册会计师对财务报表整体是否不存在重大错报获取合理保证，要求注册会计师在整个审计过程中运用职业判断和保持职业怀疑。

需要运用职业判断并保持职业怀疑的重要审计环节主要包括：

（一）通过了解被审计单位及其环境，识别和评估由于舞弊或错误导致的重大错报风险；

（二）通过对评估的风险设计和实施恰当的应对措施，针对是否存在重大错报获取充分、适当的审计证据；

（三）依据从获取的审计证据中得出的结论，对财务报表形成审计意见。

第二十三条　注册会计师发表审计意见的形式取决于适用的财务报告编制基础以及相关法律法规的规定。

第二十四条　按照审计准则和相关法律法规的规定，注册会计师还可能就审计中出现的事项，负有与管理层、治理层和其他财务报表使用者进行沟通和向其报告的责任。

第四章　总体目标

第二十五条　在执行财务报表审计工作时，注册会计师的总体目标是：

（一）对财务报表整体是否不存在由于舞弊或错误导致的重大错报获取合理保证，使得注册会计师能够对财务报表是否在所有重大方面按照适用的财务报告编制基础编制发表审计意见；

（二）按照审计准则的规定，根据审计结果对财务报表出具审计报告，并与管理层和治理层沟通。

第二十六条　在任何情况下，如果不能获取合理保证，并且在审计报告中发表保留意见也不足以实现向财务报表预期使用者报告的目的，注册会计师应当按照审计准则的规定出具无法表示意见的审计报告，或者在法律法规允许的情况下终止审计业务或解除业务约定。

第五章　要　　求

第一节　与财务报表审计相关的职业道德要求

第二十七条　注册会计师应当遵守与财务报表审计相关的职业道德要求，包括遵守有

关独立性的要求。

第二节 职业怀疑

第二十八条 在计划和实施审计工作时，注册会计师应当保持职业怀疑，认识到可能存在导致财务报表发生重大错报的情形。

第三节 职业判断

第二十九条 在计划和实施审计工作时，注册会计师应当运用职业判断。

第四节 审计证据和审计风险

第三十条 为了获取合理保证，注册会计师应当获取充分、适当的审计证据，以将审计风险降至可接受的低水平，使其能够得出合理的结论，作为形成审计意见的基础。

第五节 按照审计准则的规定执行审计工作

第三十一条 注册会计师应当遵守与审计工作相关的所有审计准则。如果某项审计准则有效且所适用的情形存在，则该项审计准则与审计工作相关。

第三十二条 注册会计师应当掌握每项审计准则及应用指南的全部内容，以理解每项审计准则的目标并恰当地遵守其要求。

第三十三条 除非注册会计师已经遵守本准则以及与审计工作相关的其他所有审计准则，否则，注册会计师不得在审计报告中声称遵守了审计准则。

第三十四条 为了实现注册会计师的总体目标，在计划和实施审计工作时，注册会计师应当运用相关审计准则规定的目标。在运用规定的目标时，注册会计师应当认真考虑各项审计准则之间的相互关系，以采取下列措施：

（一）为了实现审计准则规定的目标，确定是否有必要实施除审计准则规定以外的其他审计程序；

（二）评价是否已获取充分、适当的审计证据。

第三十五条 除非存在下列情况之一，注册会计师应当遵守审计准则的所有要求：

（一）某项审计准则的全部内容与具体审计工作不相关；

（二）由于审计准则的某项要求存在适用条件，而该条件并不存在，导致该项要求不适用。

第三十六条 在极其特殊的情况下，注册会计师可能认为有必要偏离某项审计准则的相关要求。在这种情况下，注册会计师应当实施替代审计程序以实现相关要求的目的。只有当相关要求的内容是实施某项特定审计程序，而该程序无法在具体审计环境下有效地实现要求的目的时，注册会计师才能偏离该项要求。

第三十七条 如果不能实现相关审计准则规定的目标，注册会计师应当评价这是否使其不能实现总体目标。如果不能实现总体目标，注册会计师应当按照审计准则的规定出具非无保留意见的审计报告，或者在法律法规允许的情况下解除业务约定。

不能实现相关审计准则规定的目标构成重大事项，注册会计师应当按照《中国注册会计师审计准则第 1131 号——审计工作底稿》的规定予以记录。

第六章　附　　则

第三十八条　本准则自2012年1月1日起施行。

中国注册会计师审计准则第1111号——就审计业务约定条款达成一致意见

（2010年11月1日修订）

第一章　总　　则

第一条　为了规范注册会计师确定审计的前提条件是否存在，以及与管理层就审计业务约定条款达成一致意见，制定本准则。

第二条　本准则规范被审计单位控制范围内的，注册会计师与管理层有必要达成一致意见的事项。《中国注册会计师审计准则第1121号——对财务报表审计实施的质量控制》规范注册会计师控制范围内的业务承接的有关事项。

第二章　定　　义

第三条　审计的前提条件，是指管理层在编制财务报表时采用可接受的财务报告编制基础，以及管理层对注册会计师执行审计工作的前提的认同。

第四条　在本准则中单独提及的管理层，应当理解为管理层和治理层（如适用）。

第三章　目　　标

第五条　注册会计师的目标是，只有通过实施下列工作就执行审计工作的基础达成一致意见，才承接或保持审计业务：

（一）确定审计的前提条件存在；

（二）确认注册会计师和管理层已就审计业务约定条款达成一致意见。

第四章　要　　求

第一节　审计的前提条件

第六条　为了确定审计的前提条件是否存在，注册会计师应当：

（一）确定管理层在编制财务报表时采用的财务报告编制基础是否是可接受的；

（二）就管理层认可并理解其责任与管理层达成一致意见。

管理层的责任包括：

（一）按照适用的财务报告编制基础编制财务报表，并使其实现公允反映（如适用）；

（二）设计、执行和维护必要的内部控制，以使财务报表不存在由于舞弊或错误导致的重大错报；

（三）向注册会计师提供必要的工作条件，包括允许注册会计师接触与编制财务报表相关的所有信息（如记录、文件和其他事项），向注册会计师提供审计所需要的其他信息，允许注册会计师在获取审计证据时不受限制地接触其认为必要的内部人员和其他相关人员。

第七条 如果管理层或治理层在拟议的审计业务约定条款中对审计工作的范围施加限制，以致注册会计师认为这种限制将导致其对财务报表发表无法表示意见，注册会计师不应将该项业务作为审计业务予以承接，除非法律法规另有规定。

第八条 如果审计的前提条件不存在，注册会计师应当就此与管理层沟通。在下列情况下，除非法律法规另有规定，注册会计师不应承接拟议的审计业务：

（一）除本准则第十九条规定的情形外，注册会计师确定被审计单位在编制财务报表时采用的财务报告编制基础不可接受；

（二）注册会计师未能与管理层达成本准则第六条第一款第（二）项提及的一致意见。

第二节 就审计业务约定条款达成一致意见

第九条 注册会计师应当就审计业务约定条款与管理层或治理层（如适用）达成一致意见。

第十条 注册会计师应当将达成一致意见的审计业务约定条款记录于审计业务约定书或其他适当形式的书面协议中。审计业务约定条款应当包括下列主要内容：

（一）财务报表审计的目标与范围；

（二）注册会计师的责任；

（三）管理层的责任；

（四）指出用于编制财务报表所适用的财务报告编制基础；

（五）提及注册会计师拟出具的审计报告的预期形式和内容，以及对在特定情况下对出具的审计报告可能不同于预期形式和内容的说明。

第十一条 如果法律法规足够详细地规定了审计业务约定条款，注册会计师除了记录适用的法律法规以及管理层认可并理解其责任的事实外，不必将本准则第十条规定的事项记录于书面协议。

第十二条 如果法律法规规定的管理层的责任与本准则第六条第二款的规定相似，注册会计师根据判断可能确定法律法规规定的责任与本准则第六条第二款的规定在效果上是等同的。如果等同，注册会计师可以使用法律法规的措辞，在书面协议中描述管理层的责任；如果不等同，注册会计师应当使用本准则第六条第二款的措辞，在书面协议中描述这些责任。

第三节 连续审计

第十三条 对于连续审计，注册会计师应当根据具体情况评估是否要求对审计业务约定条款作出修改，以及是否需要提醒被审计单位注意现有的条款。

第四节 审计业务约定条款的变更

第十四条 在缺乏合理理由的情况下，注册会计师不应同意变更审计业务约定条款。

第十五条 在完成审计业务前，如果被审计单位或委托人要求将审计业务变更为保证程度较低的业务，注册会计师应当确定是否存在合理理由予以变更。

第十六条　如果审计业务约定条款发生变更，注册会计师应当与管理层就新的业务约定条款达成一致意见，并记录于业务约定书或其他适当形式的书面协议中。

第十七条　如果注册会计师不同意变更审计业务约定条款，而管理层又不允许继续执行原审计业务，注册会计师应当：

（一）在适用的法律法规允许的情况下，解除审计业务约定；

（二）确定是否有约定义务或其他义务向治理层、所有者或监管机构等报告该事项。

第五节　业务承接时的其他考虑

第十八条　如果相关部门对涉及财务会计的事项作出补充规定，注册会计师在承接审计业务时应当确定该补充规定是否与企业会计准则存在冲突。

如果存在冲突，注册会计师应当与管理层沟通补充规定的性质，并就下列事项之一达成一致意见：

（一）在财务报表中作出额外披露能否满足补充规定的要求；

（二）对财务报表中关于适用的财务报告编制基础的描述是否可以作出相应修改。

如果无法采取上述任何措施，按照《中国注册会计师审计准则第 1502 号——在审计报告中发表非无保留意见》的规定，注册会计师应当确定是否有必要发表非无保留意见。

第十九条　如果相关部门要求采用的财务报告编制基础不可接受，只有同时满足下列所有条件，注册会计师才能承接该项审计业务：

（一）管理层同意在财务报表中作出额外披露，以避免财务报表产生误导；

（二）在审计业务约定条款中明确，注册会计师按照《中国注册会计师审计准则第 1503 号——在审计报告中增加强调事项段和其他事项段》的规定，在审计报告中增加强调事项段，以提醒使用者关注额外披露；注册会计师在对财务报表发表的审计意见中不使用“财务报表在所有重大方面按照［适用的财务报告编制基础］编制，公允反映了……”等措辞，除非法律法规另有规定。

第二十条　如果不具备本准则第十九条规定的条件，但相关部门要求注册会计师承接审计业务，注册会计师应当：

（一）评价财务报表误导的性质对审计报告的影响；

（二）在审计业务约定条款中适当提及该事项。

第二十一条　如果相关部门规定的审计报告的结构或措辞与审计准则要求的明显不一致，注册会计师应当评价：

（一）使用者是否可能误解从财务报表审计中获取的保证；

（二）如果可能存在误解，审计报告中作出的补充解释是否能够减轻这种误解。

如果认为审计报告中作出的补充解释不能减轻可能的误解，除非法律法规另有规定，注册会计师不应承接该项审计业务。

按照相关部门的这类规定执行的审计工作，并不符合审计准则的要求。因此，注册会计师不应在审计报告中提及已按照审计准则的规定执行了审计工作。

第五章　附　　则

第二十二条　本准则自 2012 年 1 月 1 日起施行。

中国注册会计师审计准则第 1121 号——对财务报表审计实施的质量控制

（2010 年 11 月 1 日修订）

第一章 总 则

第一条 为了规范注册会计师对财务报表审计实施质量控制程序的责任，以及项目质量控制复核人员的责任，制定本准则。

第二条 注册会计师在使用本准则时，需要结合相关职业道德要求。

第三条 建立和保持质量控制制度（包括政策和程序），是会计师事务所的责任。按照《质量控制准则第 5101 号——会计师事务所对执行财务报表审计和审阅、其他鉴证和相关服务业务实施的质量控制》的规定，会计师事务所有义务建立和保持质量控制制度，以合理保证：

（一）会计师事务所及其人员遵守职业准则和适用的法律法规的规定；

（二）会计师事务所和项目合伙人出具适合具体情况的审计报告。

本准则基于这样的前提，即会计师事务所遵守《质量控制准则第 5101 号——会计师事务所对执行财务报表审计和审阅、其他鉴证和相关服务业务实施的质量控制》的规定。

第四条 在会计师事务所质量控制制度框架下，项目组有责任实施适用于审计业务的质量控制程序，并向会计师事务所提供相关信息，以使质量控制制度中有关独立性的内容发挥作用。

第五条 在实施适用于审计业务质量控制程序时，项目组可以依赖会计师事务所质量控制制度，除非会计师事务所或者其他机构或人员提供的信息表明其不可信赖。

第二章 定 义

第六条 项目质量控制复核，是指在审计报告日或审计报告日之前，项目质量控制复核人员对项目组作出的重大判断和在编制审计报告时得出的结论进行客观评价的过程。

项目质量控制复核适用于上市实体财务报表审计，以及会计师事务所确定需要实施项目质量控制复核的其他审计业务。

第七条 上市实体，是指其股份、股票或债券在法律法规认可的证券交易所报价或挂牌，或在法律法规认可的证券交易所或其他类似机构的监管下进行交易的实体。

第八条 项目质量控制复核人员，是指项目组成员以外的，具有足够、适当的经验和权限，对项目组作出的重大判断和在准备审计报告时得出的结论进行客观评价的合伙人、会计师事务所其他人员、具有适当资格的外部人员或由这类人员组成的小组。

第九条 人员，是指会计师事务所的合伙人和员工。

第十条 合伙人，是指在执行专业服务业务方面有权代表会计师事务所的个人。

第十一条 员工，是指合伙人以外的专业人员，包括会计师事务所的内部专家。

第十二条　具有适当资格的外部人员，是指会计师事务所以外的具有担任项目合伙人的胜任能力和必要素质的个人，如其他会计师事务所的合伙人，注册会计师协会或提供相关质量控制服务的组织中具有适当经验的人员。

第十三条　项目合伙人，是指会计师事务所中负责某项审计业务及其执行，并代表会计师事务所在出具的审计报告上签字的合伙人。如果项目合伙人以外的其他注册会计师在审计报告上签字，本准则对项目合伙人作出的规定也适用于该签字注册会计师。

第十四条　项目组，是指执行某项审计业务的所有合伙人和员工，以及会计师事务所或网络事务所聘请的为该项业务实施审计程序的所有人员，但不包括会计师事务所或网络事务所聘请的外部专家。

第十五条　网络事务所，是指属于某一网络的会计师事务所或实体。

第十六条　网络，是指由多个实体组成，旨在通过合作实现下列一个或多个目的的联合体：

（一）共享收益或分担成本；

（二）共享所有权、控制权或管理权；

（三）共享统一的质量控制政策和程序；

（四）共享同一经营战略；

（五）使用同一品牌；

（六）共享重要的专业资源。

第十七条　职业准则，是指中国注册会计师鉴证业务基本准则、中国注册会计师审计准则、中国注册会计师审阅准则、中国注册会计师其他鉴证业务准则、中国注册会计师相关服务准则、质量控制准则和相关职业道德要求。

第十八条　相关职业道德要求，是指项目组和项目质量控制复核人员应当遵守的职业道德规范，通常包括中国注册会计师职业道德守则中与财务报表审计相关的规定。

第十九条　监控，是指对会计师事务所质量控制制度进行持续考虑和评价的过程，包括定期选取已完成的业务进行检查，以使会计师事务所能够合理保证其质量控制制度正在有效运行。

第二十条　检查，是指实施程序以获取证据，确定项目组在已完成的业务中是否遵守会计师事务所质量控制政策和程序。

第三章　目　　标

第二十一条　注册会计师的目标是，在业务层面实施质量控制程序，以合理保证注册会计师：

（一）在审计工作中遵守职业准则和适用的法律法规的规定；

（二）出具适合具体情况的审计报告。

第四章　要　　求

第一节　对审计质量承担的领导责任

第二十二条　项目合伙人应当对会计师事务所分派的每项审计业务的总体质量负责。

第二节　相关职业道德要求

第二十三条　在整个审计过程中，项目合伙人应当通过观察和必要的询问，对项目组成员违反相关职业道德要求的迹象保持警觉。

第二十四条　如果通过会计师事务所质量控制制度或其他途径注意到项目组成员违反相关职业道德要求，项目合伙人应当在与会计师事务所相关人员讨论后，确定采取的适当措施。

第二十五条　项目合伙人应当就适用于审计业务的独立性要求的遵守情况形成结论。

在形成结论时，项目合伙人应当：

（一）从会计师事务所或网络事务所获取相关信息，识别、评价对独立性产生不利影响的情形；

（二）评价识别出的有关违反会计师事务所独立性政策和程序的信息，以确定其是否对审计业务的独立性产生不利影响；

（三）采取适当的行动，运用防范措施以消除对独立性的不利影响或将其降至可接受的水平，或在必要时解除审计业务约定（除非法律法规禁止）；对未能解决的事项，项目合伙人应当立即向会计师事务所报告，以便采取适当的行动。

第三节　客户关系和审计业务的接受与保持

第二十六条　项目合伙人应当确信，有关客户关系和审计业务的接受与保持的质量控制程序已得到遵守，并确定得出的有关结论是恰当的。

第二十七条　如果项目合伙人在接受审计业务后获知了某项信息，而该信息若在接受业务前获知，可能导致会计师事务所拒绝该项业务，项目合伙人应当立即将该信息告知会计师事务所，以使会计师事务所和项目合伙人能够采取必要的行动。

第四节　项目组的工作委派

第二十八条　项目合伙人应当确信，项目组和项目组以外的专家整体上具有适当的胜任能力和必要素质，以便能够：

（一）按照职业准则和适用的法律法规的规定执行审计业务；

（二）出具适合具体情况的审计报告。

第五节　业务执行

第二十九条　项目合伙人应当对下列事项负责：

（一）按照职业准则和适用的法律法规的规定指导、监督与执行审计业务；

（二）出具适合具体情况的审计报告。

第三十条　项目合伙人应当对项目组按照会计师事务所复核政策和程序实施的复核负责。

第三十一条　在审计报告日或审计报告日之前，项目合伙人应当通过复核审计工作底稿和与项目组讨论，确信已获取充分、适当的审计证据，支持得出的结论和拟出具的审计报告。

第三十二条　在涉及咨询时，项目合伙人应当：

（一）对项目组就疑难问题或争议事项进行适当咨询承担责任；

（二）确信项目组成员在审计过程中已就相关事项进行了适当咨询，咨询可能在项目组内部进行，或者在项目组与会计师事务所内部或外部的其他适当人员之间进行；

（三）确信这些咨询的性质、范围以及形成的结论已由被咨询者认可；

（四）确定这些咨询形成的结论已得到执行。

第三十三条 对于上市实体财务报表审计以及会计师事务所确定需要实施项目质量控制复核的其他审计业务，项目合伙人应当：

（一）确定会计师事务所已委派项目质量控制复核人员；

（二）与项目质量控制复核人员讨论在审计过程中遇到的重大事项，包括在项目质量控制复核过程中识别出的重大事项；

（三）只有完成了项目质量控制复核，才能签署审计报告。

第三十四条 项目质量控制复核人员应当客观地评价项目组作出的重大判断以及编制审计报告时得出的结论。

评价工作应当涉及下列内容：

（一）与项目合伙人讨论重大事项；

（二）复核财务报表和拟出具的审计报告；

（三）复核选取的与项目组作出的重大判断和得出的结论相关的审计工作底稿；

（四）评价在编制审计报告时得出的结论，并考虑拟出具审计报告的恰当性。

第三十五条 对于上市实体财务报表审计，项目质量控制复核人员在实施项目质量控制复核时，还应当考虑：

（一）项目组就具体审计业务对会计师事务所独立性作出的评价；

（二）项目组是否已就涉及意见分歧的事项，或者其他疑难问题或争议事项进行适当咨询，以及咨询得出的结论；

（三）选取的用于复核的审计工作底稿，是否反映了项目组针对重大判断执行的工作，以及是否支持得出的结论。

第三十六条 如果项目组内部、项目组与被咨询者之间、项目合伙人与项目质量控制复核人员之间出现意见分歧，项目组应当遵守会计师事务所处理及解决意见分歧的政策和程序。

第六节 监　　控

第三十七条 有效的质量控制制度应当包括监控过程，以合理保证质量控制制度中的政策和程序具有相关性和适当性，并正在有效运行。

第三十八条 项目合伙人应当根据会计师事务所和网络事务所通报的最新监控信息考虑实施监控过程的结果，并考虑监控信息提及的缺陷是否会对审计业务产生影响。

第七节 审计工作底稿

第三十九条 注册会计师应当就下列事项形成审计工作底稿：

（一）识别出的与遵守相关职业道德要求有关的问题，以及这些问题是如何得到解决的；

（二）针对适用于审计业务的独立性要求的遵守情况得出的结论，以及为支持该结论

与会计师事务所进行的讨论；

（三）得出的有关客户关系和审计业务的接受与保持的结论；

（四）在审计过程中咨询的性质、范围和形成的结论。

第四十条 针对已复核的审计业务，项目质量控制复核人员应当就下列事项形成审计工作底稿：

（一）会计师事务所项目质量控制复核政策要求的程序已得到实施；

（二）项目质量控制复核在审计报告日或审计报告日之前已完成；

（三）项目质量控制复核人员没有注意到任何尚未解决的事项，使其认为项目组作出的重大判断和得出的结论不适当。

第五章 附 则

第四十一条 本准则自2012年1月1日起施行。

中国注册会计师审计准则第1131号——审计工作底稿

（2010年11月1日修订）

第一章 总 则

第一条 为了规范审计工作底稿的格式、内容和范围以及审计工作底稿的归档，明确注册会计师在财务报表审计中编制审计工作底稿的责任，制定本准则。

第二条 本准则附录中列示的其他审计准则，对在特定情况下就相关事项编制审计工作底稿提出具体要求，但并不构成对本准则普遍适用性的限制。相关法律法规也可能对编制审计工作底稿提出额外要求。

第三条 在符合本准则和其他相关审计准则要求的情况下，审计工作底稿能够实现下列目的：

（一）提供证据，作为注册会计师得出实现总体目标结论的基础；

（二）提供证据，证明注册会计师按照审计准则和相关法律法规的规定计划和执行了审计工作。

第四条 审计工作底稿还可以实现下列目的：

（一）有助于项目组计划和执行审计工作；

（二）有助于负责督导的项目组成员按照《中国注册会计师审计准则第1121号——对财务报表审计实施的质量控制》的规定，履行指导、监督与复核审计工作的责任；

（三）便于项目组说明其执行审计工作的情况；

（四）保留对未来审计工作持续产生重大影响的事项的记录；

（五）便于会计师事务所按照《质量控制准则第5101号——会计师事务所对执行财务报表审计和审阅、其他鉴证和相关服务业务实施的质量控制》的规定，实施质量控制复核与检查；

（六）便于监管机构和注册会计师协会根据相关法律法规或其他相关要求，对会计师事务所实施执业质量检查。

第二章 定 义

第五条 审计工作底稿，是指注册会计师对制定的审计计划、实施的审计程序、获取的相关审计证据，以及得出的审计结论作出的记录。

第六条 审计档案，是指一个或多个文件夹或其他存储介质，以实物或电子形式存储构成某项具体业务的审计工作底稿的记录。

第七条 有经验的专业人士，是指会计师事务所内部或外部的具有审计实务经验，并且对下列方面有合理了解的人士：

（一）审计过程；

（二）审计准则和相关法律法规的规定；

（三）被审计单位所处的经营环境；

（四）与被审计单位所处行业相关的会计和审计问题。

第三章 目 标

第八条 注册会计师的目标是，编制审计工作底稿以便：

（一）提供充分、适当的记录，作为出具审计报告的基础；

（二）提供证据，证明注册会计师已按照审计准则和相关法律法规的规定计划和执行了审计工作。

第四章 要 求

第一节 及时编制审计工作底稿

第九条 注册会计师应当及时编制审计工作底稿。

第二节 记录实施的审计程序和获取的审计证据

第十条 注册会计师编制的审计工作底稿，应当使得未曾接触该项审计工作的有经验的专业人士清楚了解：

（一）按照审计准则和相关法律法规的规定实施的审计程序的性质、时间安排和范围；

（二）实施审计程序的结果和获取的审计证据；

（三）审计中遇到的重大事项和得出的结论，以及在得出结论时作出的重大职业判断。

第十一条 在记录已实施审计程序的性质、时间安排和范围时，注册会计师应当记录：

（一）测试的具体项目或事项的识别特征；

（二）审计工作的执行人员及完成审计工作的日期；

（三）审计工作的复核人员及复核的日期和范围。

第十二条 注册会计师应当记录与管理层、治理层和其他人员对重大事项的讨论，包括所讨论的重大事项的性质以及讨论的时间、地点和参加人员。

第十三条 如果识别出的信息与针对某重大事项得出的最终结论不一致，注册会计师

应当记录如何处理该不一致的情况。

第十四条 在极其特殊的情况下，如果认为有必要偏离某项审计准则的相关要求，注册会计师应当记录实施的替代审计程序如何实现相关要求的目的以及偏离的原因。

第十五条 在某些例外情况下，如果在审计报告日后实施了新的或追加的审计程序，或者得出新的结论，注册会计师应当记录：

（一）遇到的例外情况；

（二）实施的新的或追加的审计程序，获取的审计证据，得出的结论，以及对审计报告的影响；

（三）对审计工作底稿作出相应变动的时间和人员，以及复核的时间和人员。

第十六条 编制审计工作底稿的文字应当使用中文。少数民族自治地区可以同时使用少数民族文字。中国境内的中外合作会计师事务所、国际会计公司成员所可以同时使用某种外国文字。会计师事务所执行涉外业务时可以同时使用某种外国文字。

第三节 审计工作底稿的归档

第十七条 注册会计师应当在审计报告日后及时将审计工作底稿归整为审计档案，并完成归整最终审计档案过程中的事务性工作。

审计工作底稿的归档期限为审计报告日后六十天内。

如果注册会计师未能完成审计业务，审计工作底稿的归档期限为审计业务中止后的六十天内。

第十八条 在完成最终审计档案的归整工作后，注册会计师不应在规定的保存期限届满前删除或废弃任何性质的审计工作底稿。

第十九条 会计师事务所应当自审计报告日起，对审计工作底稿至少保存十年。

如果注册会计师未能完成审计业务，会计师事务所应当自审计业务中止日起，对审计工作底稿至少保存十年。

第二十条 除本准则第十五条规定的情况外，在完成最终审计档案归整工作后，如果注册会计师发现有必要修改现有审计工作底稿或增加新的审计工作底稿，无论修改或增加的性质如何，注册会计师均应当记录：

（一）修改或增加审计工作底稿的理由；

（二）修改或增加审计工作底稿的时间和人员，以及复核的时间和人员。

第五章 附 则

第二十一条 本准则自 2012 年 1 月 1 日起施行。

附录：

其他审计准则对编制审计工作底稿的具体要求

本附录列示了其他审计准则对注册会计师在特定情况下就相关事项编制审计工作底稿的具体要求。考虑本附录中列示的事项，并不能代替考虑本准则和应用指南中的规定。

1.《中国注册会计师审计准则第 1111 号——就审计业务约定条款达成一致意见》第十条至第十二条；

2.《中国注册会计师审计准则第 1121 号——对财务报表审计实施的质量控制》第三十九条和第四十条；

3.《中国注册会计师审计准则第 1141 号——财务报表审计中与舞弊相关的责任》第四十八条至第五十一条；

4.《中国注册会计师审计准则第 1142 号——财务报表审计中对法律法规的考虑》第二十九条；

5.《中国注册会计师审计准则第 1151 号——与治理层的沟通》第二十四条；

6.《中国注册会计师审计准则第 1201 号——计划审计工作》第十二条；

7.《中国注册会计师审计准则第 1211 号——通过了解被审计单位及其环境识别和评估重大错报风险》第三十五条；

8.《中国注册会计师审计准则第 1221 号——计划和执行审计工作时的重要性》第十四条；

9.《中国注册会计师审计准则第 1231 号——针对评估的重大错报风险采取的应对措施》第二十八条至第三十条；

10.《中国注册会计师审计准则第 1251 号——评价审计过程中识别出的错报》第十六条；

11.《中国注册会计师审计准则第 1321 号——审计会计估计（包括公允价值会计估计）和相关披露》第二十八条；

12.《中国注册会计师审计准则第 1323 号——关联方》第二十九条；

13.《中国注册会计师审计准则第 1401 号——对集团财务报表审计的特殊考虑》第六十三条；

14.《中国注册会计师审计准则第 1411 号——利用内部审计人员的工作》第十三条。

中国注册会计师审计准则第 1141 号——财务报表审计中与舞弊相关的责任

（2010 年 11 月 1 日修订）

第一章 总 则

第一条 为了规范注册会计师在财务报表审计中与舞弊相关的责任，制定本准则。

第二条 在涉及识别、评估和应对由于舞弊导致的重大错报风险时，本准则是对注册会计师如何应用《中国注册会计师审计准则第 1211 号——通过了解被审计单位及其环境识别和评估重大错报风险》和《中国注册会计师审计准则第 1231 号——针对评估的重大错报风险采取的应对措施》的进一步扩展。

第三条 财务报表的错报可能由于舞弊或错误所致。舞弊和错误的区别在于，导致财务报表发生错报的行为是故意行为还是非故意行为。

第四条 舞弊是一个宽泛的法律概念，但注册会计师关注导的是致财务报表发生重大错报的舞弊。

与财务报表审计相关的故意错报，包括编制虚假财务报告导致的错报和侵占资产导致的错报。

尽管注册会计师可能怀疑被审计单位存在舞弊，甚至在极少数情况下识别出发生的舞弊，但注册会计师并不对舞弊是否已实际发生作出法律意义上的判定。

第五条 被审计单位治理层和管理层对防止或发现舞弊负有主要责任。

管理层在治理层的监督下，高度重视对舞弊的防范和遏制是非常重要的。对舞弊进行防范可以减少舞弊发生的机会；对舞弊进行遏制，即发现和惩罚舞弊行为，能够警示被审计单位人员不要实施舞弊。对舞弊的防范和遏制需要管理层营造诚实守信和合乎道德的文化，并且这一文化能够在治理层的有效监督下得到强化。

治理层的监督包括考虑管理层凌驾于控制之上或对财务报告过程施加其他不当影响的可能性，例如，管理层为了影响分析师对被审计单位业绩和盈利能力的看法而操纵利润。

第六条 在按照审计准则的规定执行审计工作时，注册会计师有责任对财务报表整体是否不存在由于舞弊或错误导致的重大错报获取合理保证。

由于审计的固有限制，即使注册会计师按照审计准则的规定恰当计划和执行了审计工作，也不可避免地存在财务报表中的某些重大错报未被发现的风险。

第七条 在舞弊导致错报的情况下，固有限制的潜在影响尤其重大。舞弊导致的重大错报未被发现的风险，大于错误导致的重大错报未被发现的风险。其原因是舞弊可能涉及精心策划和蓄意实施以进行隐瞒（如伪造证明或故意漏记交易），或者故意向注册会计师提供虚假陈述。如果涉及串通舞弊，注册会计师可能更加难以发现蓄意隐瞒的企图。串通舞弊可能导致原本虚假的审计证据被注册会计师误认为具有说服力。

注册会计师发现舞弊的能力取决于舞弊者实施舞弊的技巧、舞弊者操纵会计记录的频率和范围、舞弊者操纵的每笔金额的大小、舞弊者在被审计单位的职位级别、串通舞弊的程度等因素。

即使可以识别出实施舞弊的潜在机会，但对于诸如会计估计等判断领域的错报，注册会计师也难以确定这类错报是由于舞弊还是错误导致的。

第八条 管理层舞弊导致的重大错报未被发现的风险，大于员工舞弊导致的重大错报未被发现的风险。其原因是管理层往往可以利用职务之便，直接或间接操纵会计记录，提供虚假的财务信息，或凌驾于为防止其他员工实施类似舞弊而建立的控制之上。

第九条 在获取合理保证时，注册会计师有责任在整个审计过程中保持职业怀疑，考虑管理层凌驾于控制之上的可能性，并认识到对发现错误有效的审计程序未必对发现舞弊有效。

本准则的规定旨在帮助注册会计师识别和评估舞弊导致的重大错报风险，以及设计用以发现这类错报的审计程序。

第二章　定　　义

第十条 舞弊，是指被审计单位的管理层、治理层、员工或第三方使用欺骗手段获取不当或非法利益的故意行为。

第十一条 舞弊风险因素，是指表明实施舞弊的动机或压力，或者为实施舞弊提供机会的事项或情况。

第三章　目　　标

第十二条　注册会计师的目标是：

（一）识别和评估由于舞弊导致的财务报表重大错报风险；

（二）通过设计和实施恰当的应对措施，针对评估的由于舞弊导致的重大错报风险，获取充分、适当的审计证据；

（三）恰当应对审计过程中识别出的舞弊或舞弊嫌疑。

第四章　要　　求

第一节　职业怀疑

第十三条　按照《中国注册会计师审计准则第 1101 号——注册会计师的总体目标和审计工作的基本要求》的规定，注册会计师应当在整个审计过程中保持职业怀疑，认识到存在由于舞弊导致的重大错报的可能性，而不应受到以前对管理层、治理层正直和诚信形成的判断的影响。

第十四条　除非存在相反的理由，注册会计师可以将文件和记录作为真品。但如果在审计过程中识别出的情况使注册会计师认为文件可能是伪造的或文件中的某些条款已发生变动但未告知注册会计师，注册会计师应当作出进一步调查。

第十五条　如果管理层或治理层对询问作出的答复相互之间不一致或与其他信息不一致，注册会计师应当对这种不一致加以调查。

第二节　项目组内部的讨论

第十六条　按照《中国注册会计师审计准则第 1211 号——通过了解被审计单位及其环境识别和评估重大错报风险》的规定，项目组成员之间应当进行讨论，并由项目合伙人确定将哪些事项向未参与讨论的项目组成员通报。

项目组内部讨论的重点应当包括财务报表易于发生由于舞弊导致的重大错报的方式和领域，包括舞弊可能如何发生。

在讨论过程中，项目组成员不应假定管理层和治理层是正直和诚信的。

第三节　风险评估程序和相关活动

第十七条　当按照《中国注册会计师审计准则第 1211 号——通过了解被审计单位及其环境识别和评估重大错报风险》的规定实施风险评估程序和相关活动，以了解被审计单位及其环境时，注册会计师应当实施本准则第十八条至第二十五条规定的审计程序，以获取用以识别由于舞弊导致的重大错报风险所需的信息。

第十八条　注册会计师应当向管理层询问：

（一）管理层对财务报表可能存在由于舞弊导致的重大错报风险的评估，包括评估的性质、范围和频率等；

（二）管理层对舞弊风险的识别和应对过程，包括管理层识别出的或注意到的特定舞

弊风险，或可能存在舞弊风险的各类交易、账户余额或披露；

（三）管理层就其对舞弊风险的识别和应对过程向治理层的通报；

（四）管理层就其经营理念和道德观念向员工的通报。

第十九条 注册会计师应当询问管理层和被审计单位内部的其他人员（如适用），以确定其是否知悉任何影响被审计单位的舞弊事实、舞弊嫌疑或舞弊指控。

第二十条 如果被审计单位设有内部审计，注册会计师应当询问内部审计人员，以确定其是否知悉任何影响被审计单位的舞弊事实、舞弊嫌疑或舞弊指控，并获取这些人员对舞弊风险的看法。

第二十一条 除非治理层全部成员参与管理被审计单位，注册会计师应当了解治理层如何监督管理层对舞弊风险的识别和应对过程，以及为降低舞弊风险而建立的内部控制。

第二十二条 除非治理层全部成员参与管理被审计单位，注册会计师应当询问治理层，以确定其是否知悉任何影响被审计单位的舞弊事实、舞弊嫌疑或舞弊指控。治理层对这些询问的答复，还可在一定程度上作为管理层答复的佐证信息。

第二十三条 注册会计师应当评价在实施分析程序时识别出的异常或偏离预期的关系（包括与收入账户有关的关系），是否表明存在由于舞弊导致的重大错报风险。

第二十四条 注册会计师应当考虑获取的其他信息是否表明存在由于舞弊导致的重大错报风险。

第二十五条 注册会计师应当评价通过其他风险评估程序和相关活动获取的信息，是否表明存在舞弊风险因素。

存在舞弊风险因素并不必然表明发生了舞弊，但在舞弊发生时通常存在舞弊风险因素，因此，舞弊风险因素可能表明存在由于舞弊导致的重大错报风险。

第四节 识别和评估由于舞弊导致的重大错报风险

第二十六条 按照《中国注册会计师审计准则第 1211 号——通过了解被审计单位及其环境识别和评估重大错报风险》的规定，注册会计师应当在财务报表层次和各类交易、账户余额、披露的认定层次识别和评估由于舞弊导致的重大错报风险。

第二十七条 在识别和评估由于舞弊导致的重大错报风险时，注册会计师应当基于收入确认存在舞弊风险的假定，评价哪些类型的收入、收入交易或认定导致舞弊风险。

如果认为收入确认存在舞弊风险的假定不适用于业务的具体情况，从而未将收入确认作为由于舞弊导致的重大错报风险领域，注册会计师应当按照本准则第五十一条的规定形成相应的审计工作底稿。

第二十八条 注册会计师应当将评估的由于舞弊导致的重大错报风险作为特别风险。如果此前未了解与此类风险相关的控制，注册会计师应当了解相关控制，包括了解控制活动。

第五节 应对评估的由于舞弊导致的重大错报风险

第二十九条 按照《中国注册会计师审计准则第 1231 号——针对评估的重大错报风险采取的应对措施》的规定，注册会计师应当针对评估的由于舞弊导致的财务报表层次重大错报风险确定总体应对措施。

第三十条 在针对评估的由于舞弊导致的财务报表层次重大错报风险确定总体应对措施时，注册会计师应当：

（一）在分派和督导项目组成员时，考虑承担重要业务职责的项目组成员所具备的知识、技能和能力，并考虑由于舞弊导致的重大错报风险的评估结果；

（二）评价被审计单位对会计政策（特别是涉及主观计量和复杂交易的会计政策）的选择和运用，是否可能表明管理层通过操纵利润对财务信息作出虚假报告；

（三）在选择审计程序的性质、时间安排和范围时，增加审计程序的不可预见性。

第三十一条 按照《中国注册会计师审计准则第 1231 号——针对评估的重大错报风险采取的应对措施》的规定，注册会计师应当设计和实施进一步审计程序，审计程序的性质、时间安排和范围应当能够应对评估的由于舞弊导致的认定层次重大错报风险。例如，针对由于舞弊导致的认定层次重大错报风险，注册会计师应当考虑实施函证程序以获取更多的相互印证的信息。

第三十二条 管理层处于实施舞弊的独特地位，其原因是管理层有能力通过凌驾于控制之上操纵会计记录并编制虚假财务报表，而这些控制却看似有效运行。

尽管管理层凌驾于控制之上的风险水平因被审计单位而异，但所有被审计单位都存在这种风险。

由于管理层凌驾于控制之上的行为发生方式不可预见，这种风险属于由于舞弊导致的重大错报风险，从而也是一种特别风险。

第三十三条 无论对管理层凌驾于控制之上的风险的评估结果如何，注册会计师都应当设计和实施审计程序，用以：

（一）测试日常会计核算过程中作出的会计分录以及编制财务报表过程中作出的调整是否适当；

（二）复核会计估计是否存在偏向，并评价产生这种偏向的环境是否表明存在由于舞弊导致的重大错报风险；

（三）对于超出被审计单位正常经营过程的重大交易，或基于对被审计单位及其环境的了解以及在审计过程中获取的其他信息而显得异常的重大交易，评价其商业理由（或缺乏商业理由）是否表明被审计单位从事交易的目的是为了对财务信息作出虚假报告或掩盖侵占资产的行为。

第三十四条 在设计和实施审计程序，以测试日常会计核算过程中作出的会计分录以及编制财务报表过程中作出的其他调整是否适当时，注册会计师应当：

（一）向参与财务报告过程的人员询问与处理会计分录和其他调整相关的不恰当或异常的活动；

（二）选择在报告期末作出的会计分录和其他调整；

（三）考虑是否有必要测试整个会计期间的会计分录和其他调整。

第三十五条 在复核会计估计是否存在偏向时，注册会计师应当：

（一）评价管理层在作出会计估计时所作的判断和决策是否反映出管理层的某种偏向（即使判断和决策单独看起来是合理的），从而可能表明存在由于舞弊导致的重大错报风险。如果存在偏向，注册会计师应当从整体上重新评价会计估计。

（二）追溯复核与以前年度财务报表反映的重大会计估计相关的管理层判断和假设。

第三十六条 当按照本准则第三十三条至第三十五条实施的程序无法涵盖特定的管理

层凌驾于控制之上的其他风险时，注册会计师还应当确定是否有必要实施其他审计程序，以应对识别出的管理层凌驾于控制之上的风险。

第六节 评价审计证据

第三十七条 在就财务报表与所了解的被审计单位的情况是否一致形成总体结论时，注册会计师应当评价在临近审计结束时实施的分析程序，是否表明存在此前尚未识别的由于舞弊导致的重大错报风险。

第三十八条 如果识别出某项错报，注册会计师应当评价该项错报是否表明存在舞弊。

如果存在舞弊的迹象，鉴于舞弊不太可能是孤立发生的事项，注册会计师应当评价该项错报对审计工作其他方面的影响，特别是对管理层声明可靠性的影响。

第三十九条 如果识别出某项错报，并有理由认为该项错报是或可能是由于舞弊导致的，且涉及管理层，特别是涉及较高级别的管理层，无论该项错报是否重大，注册会计师都应当重新评价对由于舞弊导致的重大错报风险的评估结果，以及该结果对旨在应对评估的风险的审计程序的性质、时间安排和范围的影响。

在重新考虑此前获取的审计证据的可靠性时，注册会计师还应当考虑相关的情形是否表明可能存在涉及员工、管理层或第三方的串通舞弊。

第四十条 如果确认财务报表存在由于舞弊导致的重大错报，或无法确定财务报表是否存在由于舞弊导致的重大错报，注册会计师应当评价这两种情况对审计的影响。

第七节 无法继续执行审计业务

第四十一条 如果由于舞弊或舞弊嫌疑导致出现错报，致使注册会计师遇到对其继续执行审计业务的能力产生怀疑的异常情形，注册会计师应当：

（一）确定适用于具体情况的职业责任和法律责任，包括是否需要向审计业务委托人或监管机构报告；

（二）在相关法律法规允许的情况下，考虑是否需要解除业务约定。

第四十二条 如果决定解除业务约定，注册会计师应当采取下列措施：

（一）与适当层级的管理层和治理层讨论解除业务约定的决定和理由；

（二）考虑是否存在职业责任或法律责任，需要向审计业务委托人或监管机构报告解除业务约定的决定和理由。

第八节 书面声明

第四十三条 注册会计师应当就下列事项向管理层和治理层（如适用）获取书面声明：

（一）管理层和治理层认可其设计、执行和维护内部控制以防止和发现舞弊的责任；

（二）管理层和治理层已向注册会计师披露了管理层对由于舞弊导致的财务报表重大错报风险的评估结果；

（三）管理层和治理层已向注册会计师披露了已知的涉及管理层、在内部控制中承担重要职责的员工以及其他人员（在舞弊行为导致财务报表出现重大错报的情况下）的舞弊或舞弊嫌疑；

（四）管理层和治理层已向注册会计师披露了从现任和前任员工、分析师、监管机构等方面获知的、影响财务报表的舞弊指控或舞弊嫌疑。

第九节 与管理层和治理层的沟通

第四十四条 如果识别出舞弊或获取的信息表明可能存在舞弊，注册会计师应当及时将此类事项向适当层级的管理层通报，以便管理层告知对防止和发现舞弊事项负有主要责任的人员。

第四十五条 如果确定或怀疑舞弊涉及下列人员，注册会计师应当及时将此类事项向治理层通报，除非治理层全部人员参与管理被审计单位：

（一）管理层；

（二）在内部控制中承担重要职责的员工；

（三）其他人员（在舞弊行为导致财务报表重大错报的情况下）。

如果怀疑舞弊涉及管理层，注册会计师应当将此怀疑向治理层通报，并与其讨论为完成审计工作所必需的审计程序的性质、时间安排和范围。

第四十六条 如果根据判断认为还存在与治理层职责相关的、涉及舞弊的其他事项，注册会计师应当就此与治理层沟通。

第十节 向监管机构和执法机构报告

第四十七条 如果识别出舞弊或怀疑存在舞弊，注册会计师应当确定是否有责任向被审计单位以外的机构报告。

尽管注册会计师对客户信息负有的保密义务可能妨碍这种报告，但如果法律法规要求注册会计师履行报告责任，注册会计师应当遵守法律法规的规定。

第十一节 审计工作底稿

第四十八条 《中国注册会计师审计准则第 1211 号——通过了解被审计单位及其环境识别和评估重大错报风险》规定注册会计师应当记录对被审计单位及其环境的了解以及对重大错报风险的评估结果。注册会计师应当将下列内容形成审计工作底稿：

（一）项目组内部就由于舞弊导致财务报表重大错报的可能性进行的讨论所得出的重要结论；

（二）识别和评估的由于舞弊导致的财务报表层次和认定层次的重大错报风险。

第四十九条 《中国注册会计师审计准则第 1231 号——针对评估的重大错报风险采取的应对措施》规定注册会计师应当记录对评估的重大错报风险采取的应对措施。注册会计师应当将下列内容形成审计工作底稿：

（一）对评估的由于舞弊导致的财务报表层次的重大错报风险采取的总体应对措施；

（二）审计程序的性质、时间安排和范围；

（三）审计程序与评估的由于舞弊导致的认定层次的重大错报风险之间的联系；

（四）实施审计程序（包括用于应对管理层凌驾于控制之上的风险而实施的审计程序）的结果。

第五十条 注册会计师应当在审计工作底稿中记录与管理层、治理层、监管机构或其他相关各方就舞弊事项进行沟通的情况。

第五十一条 如果认为收入确认存在舞弊风险的假定不适用于业务的具体情况，注册会计师应当在审计工作底稿中记录得出该结论的理由。

第五章 附 则

第五十二条 本准则自 2012 年 1 月 1 日起施行。

中国注册会计师审计准则第 1142 号——财务报表审计中对法律法规的考虑

（2010 年 11 月 1 日修订）

第一章 总 则

第一条 为了规范注册会计师在财务报表审计中对法律法规的考虑，制定本准则。

第二条 本准则不适用于注册会计师接受专项委托，对被审计单位遵守特定法律法规进行单独测试并出具报告的鉴证业务。

第三条 不同的法律法规对财务报表的影响差异很大。被审计单位需要遵守的所有法律法规，构成注册会计师在财务报表审计中需要考虑的法律法规框架。

某些法律法规的规定对财务报表有直接影响，决定财务报表中报告的金额和披露。而有些法律法规需要管理层遵守，或规定了允许被审计单位开展经营活动的条件，但不会对财务报表产生直接影响。某些被审计单位处于高度管制的行业，如银行或化工企业等。而有些被审计单位仅受到通常与经营活动相关的法律法规的制约，如安全生产和公平就业等。

违反法律法规可能导致被审计单位面临罚款、诉讼或其他对财务报表产生重大影响的后果。

第四条 在治理层的监督下，保证被审计单位按照法律法规的规定开展经营活动（包括遵守那些决定财务报表中报告的金额和披露的法律法规的规定），是管理层的责任。

第五条 本准则旨在帮助注册会计师识别由于违反法律法规导致的财务报表重大错报。注册会计师没有责任防止被审计单位违反法律法规行为，也不能期望其发现所有的违反法律法规行为。

第六条 注册会计师有责任对财务报表整体不存在由于舞弊或错误导致的重大错报获取合理保证。

在执行财务报表审计时，注册会计师需要考虑适用于被审计单位的法律法规框架。由于审计的固有限制，即使注册会计师按照审计准则的规定恰当地计划和执行审计工作，也不可避免地存在财务报表中的某些重大错报未被发现的风险。

就法律法规而言，由于下列原因，审计的固有限制对注册会计师发现重大错报的能力的潜在影响会加大：

（一）许多法律法规主要与被审计单位经营活动相关，通常不影响财务报表，且不能被与财务报告相关的信息系统所获取；

（二）违反法律法规可能涉及故意隐瞒的行为，如共谋、伪造、故意漏记交易、管理层凌驾于控制之上或故意向注册会计师提供虚假陈述；

（三）某行为是否构成违反法律法规，最终只能由法院认定。

通常情况下，违反法律法规与财务报表反映的交易和事项越不相关，就越难以被注册会计师关注或识别。

第七条 本准则对注册会计师的责任的界定，是根据被审计单位需要遵守的下列两类不同的法律法规而作出的：

（一）通常对决定财务报表中的重大金额和披露有直接影响的法律法规（如税收和企业年金方面的法律法规）；

（二）对决定财务报表中的金额和披露没有直接影响的其他法律法规，但遵守这些法律法规（如遵守经营许可条件、监管机构对偿债能力的规定或环境保护要求）对被审计单位的经营活动、持续经营能力或避免大额罚款至关重要；违反这些法律法规，可能对财务报表产生重大影响。

第八条 针对本准则第七条提及的两类不同的法律法规，本准则对注册会计师的责任作出不同的规定。

针对本准则第七条第（一）项提及的法律法规，注册会计师的责任是，就被审计单位遵守这些法律法规的规定获取充分、适当的审计证据。

针对本准则第七条第（二）项提及的法律法规，注册会计师的责任仅限于实施特定的审计程序，以有助于识别可能对财务报表产生重大影响的违反这些法律法规的行为。

第九条 为了对财务报表形成审计意见所实施的其他审计程序，可能使注册会计师识别出或怀疑被审计单位存在违反法律法规行为，本准则要求注册会计师对此保持警觉。

考虑到法律法规对被审计单位产生影响的范围，按照《中国注册会计师审计准则第1101号——注册会计师的总体目标和审计工作的基本要求》的规定，注册会计师在整个审计过程中保持职业怀疑尤为重要。

第二章 定 义

第十条 本准则所称违反法律法规，是指被审计单位有意或无意违背除适用的财务报告编制基础以外的现行法律法规的行为。例如，被审计单位进行的或以被审计单位名义进行的违反法律法规的交易，或者治理层、管理层或员工代表被审计单位进行的违反法律法规的交易。违反法律法规不包括由治理层、管理层或员工实施的、与被审计单位经营活动无关的不当个人行为。

第三章 目 标

第十一条 注册会计师的目标是：

（一）针对通常对决定财务报表中的重大金额和披露有直接影响的法律法规的规定，获取被审计单位遵守这些规定的充分、适当的审计证据；

（二）针对其他法律法规，实施特定的审计程序，以有助于识别可能对财务报表产生重大影响的违反这些法律法规的行为；

（三）恰当应对在审计过程中识别出的或怀疑存在的违反法律法规行为。

第四章　要　　求

第一节　注册会计师对被审计单位遵守法律法规的考虑

第十二条　按照《中国注册会计师审计准则第 1211 号——通过了解被审计单位及其环境识别和评估重大错报风险》的规定，在了解被审计单位及其环境时，注册会计师应当总体了解下列事项：

（一）适用于被审计单位及其所处行业或领域的法律法规框架；

（二）被审计单位如何遵守这些法律法规框架。

第十三条　针对通常对决定财务报表中的重大金额和披露有直接影响的法律法规的规定，注册会计师应当获取被审计单位遵守这些规定的充分、适当的审计证据。

第十四条　注册会计师应当实施下列审计程序，以有助于识别可能对财务报表产生重大影响的违反其他法律法规的行为：

（一）向管理层和治理层（如适用）询问被审计单位是否遵守了这些法律法规；

（二）检查被审计单位与许可证颁发机构或监管机构的往来函件。

第十五条　在审计过程中实施的其他审计程序可能使注册会计师识别出或怀疑存在违反法律法规行为，注册会计师应当对此保持警觉。

第十六条　注册会计师应当要求管理层和治理层（如适用）提供书面声明，以表明被审计单位已向注册会计师披露了所有知悉的、且在编制财务报表时应当考虑其影响的违反法律法规行为或怀疑存在的违反法律法规行为。

第十七条　在没有识别出或不怀疑被审计单位违反法律法规的情况下，除执行本准则第十二条至第十六条所述的工作外，注册会计师不必针对被审计单位遵守法律法规实施其他审计程序。

第二节　识别出或怀疑存在违反法律法规行为时实施的审计程序

第十八条　如果注意到与识别出的或怀疑存在的违反法律法规行为相关的信息，注册会计师应当：

（一）了解违反法律法规行为的性质及其发生的环境；

（二）获取进一步的信息，以评价对财务报表可能产生的影响。

第十九条　如果怀疑被审计单位存在违反法律法规行为，注册会计师应当就此与管理层和治理层（如适用）进行讨论。

如果管理层或治理层不能提供充分的信息，证明被审计单位遵守了法律法规，并且注册会计师根据判断认为怀疑存在的违反法律法规行为可能对财务报表产生重大影响，注册会计师应当考虑是否需要征询法律意见。

第二十条　如果针对怀疑存在的违反法律法规行为不能获取充分的信息，注册会计师应当评价缺乏充分、适当的审计证据对审计意见的影响。

第二十一条　注册会计师应当评价违反法律法规行为对审计的其他方面可能产生的影响，包括对注册会计师风险评估和被审计单位书面声明可靠性的影响，并采取适当措施。

第三节　对识别出的或怀疑存在的违反法律法规行为的报告

第二十二条　除非治理层全部成员参与管理被审计单位，因而知悉注册会计师已沟通的、涉及识别出的或怀疑存在的违反法律法规行为的事项，注册会计师应当与治理层沟通审计过程中注意到的有关违反法律法规的事项，但不必沟通明显不重要的事项。

第二十三条　如果根据判断认为本准则第二十二条提及的需要沟通的违反法律法规行为是故意和重大的，注册会计师应当就此尽快向治理层通报。

第二十四条　如果怀疑违反法律法规行为涉及管理层或治理层，注册会计师应当向被审计单位审计委员会或监事会等更高层级的机构通报。

如果不存在更高层级的机构，或者注册会计师认为被审计单位可能不会对通报作出反应，或者注册会计师不能确定向谁报告，注册会计师应当考虑是否需要征询法律意见。

第二十五条　如果认为违反法律法规行为对财务报表具有重大影响，且未能在财务报表中得到充分反映，注册会计师应当按照《中国注册会计师审计准则第 1502 号——在审计报告中发表非无保留意见》的规定，发表保留意见或否定意见。

第二十六条　如果因管理层或治理层阻挠而无法获取充分、适当的审计证据，以评价是否存在或可能存在对财务报表产生重大影响的违反法律法规行为，注册会计师应当按照《中国注册会计师审计准则第 1502 号——在审计报告中发表非无保留意见》的规定，根据审计范围受到限制的程度，发表保留意见或无法表示意见。

第二十七条　如果由于审计范围受到管理层或治理层以外的其他方面的限制而无法确定被审计单位是否存在违反法律法规行为，注册会计师应当按照《中国注册会计师审计准则第 1502 号——在审计报告中发表非无保留意见》的规定，评价这一情况对审计意见的影响。

第二十八条　如果识别出或怀疑存在违反法律法规行为，注册会计师应当考虑是否有责任向被审计单位以外的相关机构或人员报告。

第四节　审计工作底稿

第二十九条　注册会计师应当在审计工作底稿中记录识别出的或怀疑存在的违反法律法规行为，以及与管理层、治理层和被审计单位以外的相关机构或人员（如可行）进行讨论的结果。

第五章　附　　则

第三十条　本准则自 2012 年 1 月 1 日起施行。

中国注册会计师审计准则第 1151 号——与治理层的沟通

（2010 年 11 月 1 日修订）

第一章　总　　则

第一条　为了明确注册会计师在财务报表审计中与治理层沟通的责任，制定本准则。

第二条 本准则适用于各种治理结构和规模的被审计单位的财务报表审计，并针对治理层全部成员参与管理的情形以及上市实体提出了特殊考虑。本准则并不规范注册会计师与管理层或所有者的沟通，除非他们同时履行治理职责。

第三条 本准则是针对财务报表审计制定的，但对于其他历史财务信息审计，如果治理层对其他历史财务信息的编制负有监督责任，注册会计师可以根据具体情况遵守本准则的相关规定。

第四条 考虑到有效的双向沟通在财务报表审计中的重要性，本准则为注册会计师与治理层的沟通提供了一个基础框架，并明确了应当与其沟通的一些具体事项。

作为对本准则沟通要求的补充，附录列示的其他审计准则对需要沟通的补充事项作出了规定。此外，《中国注册会计师审计准则第 1152 号——向治理层和管理层通报内部控制缺陷》针对注册会计师向治理层通报在审计过程中识别出的值得关注的内部控制缺陷，提出了具体要求。

法律法规、业务约定或其他规定可能要求沟通本准则或其他审计准则没有规定的其他事项，本准则并不禁止注册会计师就此与治理层沟通。

第五条 本准则主要规范由注册会计师向治理层提议的沟通。但是，有效的双向沟通十分重要，这有助于：

（一）注册会计师和治理层了解与审计相关的背景事项，并建立建设性的工作关系；在建立这种关系时，注册会计师需要保持独立性和客观性；

（二）注册会计师向治理层获取与审计相关的信息，例如，治理层可以帮助注册会计师了解被审计单位及其环境，确定审计证据的适当来源，以及提供有关具体交易或事项的信息；

（三）治理层履行其对财务报告过程的监督责任，从而降低财务报表重大错报风险。

第六条 注册会计师有责任与治理层沟通本准则要求的事项，管理层也有责任与治理层沟通有关治理的事项，但注册会计师的沟通并不减轻管理层的这种责任。同样，管理层与治理层就注册会计师需要沟通的事项进行的沟通，也不减轻注册会计师沟通这些事项的责任。但是，管理层就这些事项进行的沟通可能会影响注册会计师与治理层沟通的形式或时间安排。

第七条 清晰地沟通审计准则要求的具体事项是每项审计业务的必要组成部分。但是，审计准则并不要求注册会计师专门实施程序，以识别与治理层沟通的任何其他事项。

第八条 法律法规可能限制注册会计师就某些事项与治理层沟通。例如，法律法规可能特别禁止某些沟通或其他行为，以避免妨碍有关机关调查实际发生的或涉嫌的非法行为。

在某些情形下，注册会计师的保密义务与沟通义务之间的潜在冲突可能十分复杂，此时注册会计师可以考虑获取法律咨询意见。

第二章 定 义

第九条 治理层，是指对被审计单位战略方向以及管理层履行经营管理责任负有监督责任的人员或组织。治理层的责任包括对财务报告过程的监督。在某些被审计单位，治理层可能包括管理层成员。

第十条 管理层，是指对被审计单位经营活动的执行负有管理责任的人员。在某些被审计单位，管理层包括部分或全部的治理层成员。

第三章　目　　标

第十一条　注册会计师的目标是：

（一）就注册会计师与财务报表审计相关的责任、计划的审计范围和时间安排的总体情况，与治理层进行清晰地沟通；

（二）向治理层获取与审计相关的信息；

（三）及时向治理层通报审计中发现的与治理层监督财务报告过程的责任相关的重大事项；

（四）推动注册会计师和治理层之间有效的双向沟通。

第四章　要　　求

第一节　沟通的对象

第十二条　注册会计师应当确定与被审计单位治理结构中的哪些适当人员进行沟通。

第十三条　如果注册会计师与治理层的下设组织（如审计委员会）或个人沟通，应当确定是否还需要与治理层整体进行沟通。

第十四条　在某些情况下，治理层全部成员参与管理被审计单位，例如，在一家小企业中，仅有的一名业主管理该企业，并且没有其他人负有治理责任。此时，如果就本准则第十七条第（三）项要求沟通的事项已与负有管理责任的人员沟通，且这些人员同时负有治理责任，注册会计师无需就这些事项再次与负有治理责任的相同人员沟通。然而，注册会计师应当确信与负有管理责任人员的沟通能够向所有负有治理责任的人员充分传递应予沟通的内容。

第二节　沟通的事项

第十五条　注册会计师应当与治理层沟通注册会计师与财务报表审计相关的责任，包括：

（一）注册会计师负责对管理层在治理层监督下编制的财务报表形成和发表意见；

（二）财务报表审计并不减轻管理层或治理层的责任。

第十六条　注册会计师应当与治理层沟通计划的审计范围和时间安排的总体情况。

第十七条　注册会计师应当与治理层沟通审计工作中发现的下列问题：

（一）注册会计师对被审计单位会计实务（包括会计政策、会计估计和财务报表披露）重大方面的质量的看法。在适当的情况下，注册会计师应当向治理层解释为何某项在适用的财务报告编制基础下可以接受的重大会计实务，并不一定最适合被审计单位的具体情况；

（二）审计工作中遇到的重大困难；

（三）已与管理层讨论或需要书面沟通的、审计中出现的重大事项，以及注册会计师要求提供的书面声明，除非治理层全部成员参与管理被审计单位；

（四）审计中出现的、根据职业判断认为对监督财务报告过程重大的其他事项。

第十八条 如果被审计单位是上市实体，注册会计师还应当与治理层沟通下列内容：

（一）就审计项目组成员、会计师事务所其他相关人员以及会计师事务所和网络事务所按照相关职业道德要求保持了独立性作出声明；

（二）根据职业判断，注册会计师认为会计师事务所、网络事务所与被审计单位之间存在的可能影响独立性的所有关系和其他事项，包括会计师事务所和网络事务所在财务报表涵盖期间为被审计单位和受被审计单位控制的组成部分提供审计、非审计服务的收费总额；这些收费应当分配到适当的业务类型中，以帮助治理层评估这些服务对注册会计师独立性的影响；

（三）为消除对独立性的不利影响或将其降至可接受的水平，已经采取的相关防范措施。

第三节　沟通的过程

第十九条 注册会计师应当就沟通的形式、时间安排和拟沟通的基本内容与治理层沟通。

第二十条 对于审计中的重大发现，如果根据职业判断认为采用口头形式沟通不适当，注册会计师应当以书面形式与治理层沟通。书面沟通不必包括审计过程中的所有事项。

第二十一条 注册会计师应当就本准则第十八条要求的注册会计师的独立性，以书面形式与治理层沟通。

第二十二条 注册会计师应当及时与治理层沟通。

第二十三条 注册会计师应当评价其与治理层之间的双向沟通对实现审计目的是否充分。如果认为双向沟通不充分，注册会计师应当评价其对重大错报风险评估以及获取充分、适当的审计证据的能力的影响，并采取适当措施。

第四节　审计工作底稿

第二十四条 如果本准则要求沟通的事项是以口头形式沟通的，注册会计师应当将其包括在审计工作底稿中，并记录沟通的时间和对象。

如果本准则要求沟通的事项是以书面形式沟通的，注册会计师应当保存一份沟通文件的副本，作为审计工作底稿的一部分。

第五章　附　　则

第二十五条 本准则自 2012 年 1 月 1 日起施行。

附录：

质量控制准则和其他审计准则对与治理层沟通的具体要求

质量控制准则和下列审计准则要求注册会计师与治理层沟通特定事项，但其规定并不影响本准则的普遍适用性：

1.《中国注册会计师审计准则第 1141 号——财务报表审计中与舞弊相关的责任》第二十二条，第四十二条第（一）项，第四十四条至第四十六条；

2.《中国注册会计师审计准则第 1142 号——财务报表审计中对法律法规的考虑》第十四条，第十九条，第二十二条至第二十四条；

3.《中国注册会计师审计准则第 1152 号——向治理层和管理层通报内部控制缺陷》第十条；

4.《中国注册会计师审计准则第 1251 号——评价审计过程中识别出的错报》第十三条和第十四条；

5.《中国注册会计师审计准则第 1312 号——函证》第十六条；

6.《中国注册会计师审计准则第 1331 号——首次审计业务涉及的期初余额》第九条；

7.《中国注册会计师审计准则第 1323——关联方》第二十八条；

8.《中国注册会计师审计准则第 1324 号——持续经营》第二十二条；

9.《中国注册会计师审计准则第 1332 号——期后事项》第十条第二款第（二）项和第（三）项，第十三条第二款第（一）项，第十六条第（二）项，第二十条；

10.《中国注册会计师审计准则第 1401 号——对集团财务报表审计的特殊考虑》第五十九条、第六十一条和第六十二条；

11.《中国注册会计师审计准则第 1502 号——在审计报告中发表非无保留意见》第十三条，第十五条，第二十条第（一）项，第二十九条；

12.《中国注册会计师审计准则第 1503 号——在审计报告中增加强调事项段和其他事项段》第十条；

13.《中国注册会计师审计准则第 1511 号——比较信息：对应数据和比较财务报表》第二十一条；

14.《中国注册会计师审计准则第 1521 号——注册会计师对含有已审计财务报表的文件中的其他信息的责任》第十二条、第十五条和第十八条；

15.《质量控制准则第 5101 号——会计师事务所对执行财务报表审计和审阅、其他鉴证和相关服务业务实施的质量控制》第四十五条第（一）项。

中国注册会计师审计准则第 1152 号——向治理层和管理层通报内部控制缺陷

（2010 年 11 月 1 日制定）

第一章　总　　则

第一条　为了规范注册会计师向治理层和管理层恰当通报在财务报表审计中识别出的内部控制缺陷，制定本准则。

第二条　《中国注册会计师审计准则第 1211 号——通过了解被审计单位及其环境识别和评估重大错报风险》和《中国注册会计师审计准则第 1231 号——针对评估的重大错报风险采取的应对措施》规范了注册会计师了解内部控制以及设计和实施控制测试的责

任，本准则不对注册会计师在这方面的责任提出额外要求。

《中国注册会计师审计准则第 1151 号——与治理层的沟通》进一步规范了注册会计师与治理层沟通审计相关事项的责任。

第三条 在识别和评估重大错报风险时，审计准则要求注册会计师了解与审计相关的内部控制。在进行风险评估时，注册会计师了解内部控制的目的是设计适合具体情况的审计程序，而不是对内部控制的有效性发表意见。

无论在风险评估过程中，还是在审计工作的其他阶段，注册会计师都有可能识别出内部控制缺陷。本准则具体规定了注册会计师应当向治理层和管理层通报哪些识别出的内部控制缺陷。

第四条 本准则并不禁止注册会计师向治理层和管理层通报在审计过程中识别出的其他内部控制事项。

第二章 定　　义

第五条 内部控制缺陷，是指在下列任一情况下内部控制存在的缺陷：

（一）某项控制的设计、执行或运行不能及时防止或发现并纠正财务报表错报；

（二）缺少用以及时防止或发现并纠正财务报表错报的必要控制。

第六条 值得关注的内部控制缺陷，是指注册会计师根据职业判断，认为足够重要从而值得治理层关注的内部控制的一个缺陷或多个缺陷的组合。

第三章 目　　标

第七条 注册会计师的目标是，向治理层和管理层恰当通报注册会计师在审计过程中识别出的，根据职业判断认为足够重要从而值得治理层和管理层各自关注的内部控制缺陷。

第四章 要　　求

第八条 注册会计师应当根据已执行的审计工作，确定是否识别出内部控制缺陷。

第九条 如果识别出内部控制缺陷，注册会计师应当根据已执行的审计工作，确定该缺陷单独或连同其他缺陷是否构成值得关注的内部控制缺陷。

第十条 注册会计师应当以书面形式及时向治理层通报审计过程中识别出的值得关注的内部控制缺陷。

第十一条 注册会计师还应当及时向相应级别的管理层通报下列内部控制缺陷：

（一）已向或拟向治理层通报的值得关注的内部控制缺陷，除非在具体情况下不适合直接向管理层通报；

（二）在审计过程中识别出的、其他方尚未向管理层通报而注册会计师根据职业判断认为足够重要从而值得管理层关注的内部控制其他缺陷。

本条第一款第（一）项所述事项应当采取书面方式通报。

第十二条 值得关注的内部控制缺陷的书面沟通文件应当包括以下内容：

（一）对缺陷的描述以及对其潜在影响的解释；

（二）使治理层和管理层能够了解沟通背景的充分的信息。

在向治理层和管理层提供信息时，注册会计师应当特别说明下列事项：

（一）注册会计师执行审计工作的目的是对财务报表发表审计意见；

（二）审计工作包括考虑与财务报表编制相关的内部控制，其目的是设计适合具体情况的审计程序，并非对内部控制的有效性发表意见（如果结合财务报表审计对内部控制的有效性发表意见，应当删除“并非对内部控制的有效性发表意见”的措辞）；

（三）报告的事项仅限于注册会计师在审计过程中识别出的、认为足够重要从而值得向治理层报告的缺陷。

第五章　附　　则

第十三条　本准则自2012年1月1日起施行。

中国注册会计师审计准则第1201号——计划审计工作

（2010年11月1日修订）

第一章　总　　则

第一条　为了规范注册会计师计划财务报表审计工作，制定本准则。

第二条　本准则基于连续审计业务作出规定，同时也对首次审计业务作出补充规定。

第三条　计划审计工作包括针对审计业务制定总体审计策略和具体审计计划。

计划审计工作有利于注册会计师执行财务报表审计工作，具体包括：

（一）有助于注册会计师适当关注重要的审计领域；

（二）有助于注册会计师及时发现和解决潜在的问题；

（三）有助于注册会计师恰当地组织和管理审计业务，以有效的方式执行审计业务；

（四）有助于选择具备必要的专业素质和胜任能力的项目组成员应对预期的风险，并有助于向项目组成员分派适当的工作；

（五）有助于指导和监督项目组成员并复核其工作；

（六）在适用的情况下，有助于协调组成部分注册会计师和专家的工作。

第二章　目　　标

第四条　注册会计师的目标是，计划审计工作，以使审计工作以有效的方式得到执行。

第三章　要　　求

第一节　项目组关键成员的参与

第五条　项目合伙人和项目组其他关键成员应当参与计划审计工作，包括参与项目组成员的讨论。

第二节　初步业务活动

第六条　注册会计师应当在本期审计业务开始时开展下列初步业务活动：

（一）按照《中国注册会计师审计准则第 1121 号——对财务报表审计实施的质量控制》的规定，针对保持客户关系和具体审计业务，实施相应的质量控制程序；

（二）按照《中国注册会计师审计准则第 1121 号——对财务报表审计实施的质量控制》的规定，评价遵守相关职业道德要求（包括评价遵守独立性要求）的情况；

（三）按照《中国注册会计师审计准则第 1111 号——就审计业务约定条款达成一致意见》的规定，就审计业务约定条款与被审计单位达成一致意见。

第三节　计划活动

第七条　注册会计师应当制定总体审计策略，以确定审计工作的范围、时间安排和方向，并指导具体审计计划的制定。

第八条　在制定总体审计策略时，注册会计师应当：

（一）确定审计业务的特征，以界定审计范围；

（二）明确审计业务的报告目标，以计划审计的时间安排和所需沟通的性质；

（三）根据职业判断，考虑用以指导项目组工作方向的重要因素；

（四）考虑初步业务活动的结果，并考虑项目合伙人对被审计单位执行其他业务时获得的经验是否与审计业务相关（如适用）；

（五）确定执行业务所需资源的性质、时间安排和范围。

第九条　注册会计师应当制定具体审计计划。

具体审计计划应当包括下列内容：

（一）按照《中国注册会计师审计准则第 1211 号——通过了解被审计单位及其环境识别和评估重大错报风险》的规定，计划实施的风险评估程序的性质、时间安排和范围；

（二）按照《中国注册会计师审计准则第 1231 号——针对评估的重大错报风险采取的应对措施》的规定，在认定层次计划实施的进一步审计程序的性质、时间安排和范围；

（三）根据审计准则的规定，计划应当实施的其他审计程序。

第十条　在审计过程中，注册会计师应当在必要时对总体审计策略和具体审计计划作出更新和修改。

第十一条　注册会计师应当制定计划，确定对项目组成员的指导、监督以及对其工作进行复核的性质、时间安排和范围。

第四节　审计工作底稿

第十二条　注册会计师应当就下列事项形成审计工作底稿：

（一）总体审计策略；

（二）具体审计计划；

（三）在审计过程中对总体审计策略或具体审计计划作出的任何重大修改及其理由。

第五节　首次审计业务的补充考虑

第十三条　在首次审计业务开始前，注册会计师应当开展下列活动：

（一）按照《中国注册会计师审计准则第 1121 号——对财务报表审计实施的质量控制》的规定，针对接受客户关系和具体审计业务，实施相应的质量控制程序；

（二）如果被审计单位变更了会计师事务所，按照相关审计准则和职业道德要求的规定，与前任注册会计师进行沟通。

第四章　附　　则

第十四条　本准则自 2012 年 1 月 1 日起施行。

中国注册会计师审计准则第 1211 号——通过了解被审计单位及其环境识别和评估重大错报风险

（2010 年 11 月 1 日修订）

第一章　总　　则

第一条　为了规范注册会计师通过了解被审计单位及其环境，识别和评估财务报表重大错报风险，制定本准则。

第二章　定　　义

第二条　本准则所称内部控制，与适用的法律法规有关内部控制的概念一致。

控制，是指内部控制一个或多个要素，或要素表现出的各个方面。

第三条　认定，是指管理层在财务报表中作出的明确或隐含的表达，注册会计师将其用于考虑可能发生的不同类型的潜在错报。

第四条　风险评估程序，是指注册会计师为了解被审计单位及其环境，以识别和评估财务报表层次和认定层次的重大错报风险（无论错报由于舞弊或错误导致）而实施的审计程序。

第五条　经营风险，是指可能对被审计单位实现目标和实施战略的能力产生不利影响的重要状况、事项、情况、作为（或不作为）而导致的风险，或由于制定不恰当的目标和战略而导致的风险。

第六条　特别风险，是指注册会计师识别和评估的、根据判断认为需要特别考虑的重大错报风险。

第三章　目　　标

第七条　注册会计师的目标是，通过了解被审计单位及其环境，识别和评估财务报表层次和认定层次的重大错报风险（无论该错报由于舞弊或错误导致），从而为设计和实施针对评估的重大错报风险采取的应对措施提供基础。

第四章 要 求

第一节 风险评估程序和相关活动

第八条 注册会计师应当实施风险评估程序，为识别和评估财务报表层次和认定层次的重大错报风险提供基础。但是，风险评估程序本身并不能为形成审计意见提供充分、适当的审计证据。

第九条 风险评估程序应当包括：

（一）询问管理层以及被审计单位内部其他人员；

（二）分析程序；

（三）观察和检查。

需要询问的被审计单位内部其他人员，是注册会计师根据判断认为可能拥有某些信息的人员，这些信息有助于识别由于舞弊或错误导致的重大错报风险。

第十条 注册会计师应当考虑在客户接受或保持过程中获取的信息是否与识别重大错报风险相关。

第十一条 如果项目合伙人已为被审计单位执行了其他业务，项目合伙人应当考虑所获取的信息是否与识别重大错报风险相关。

第十二条 如果拟利用以往与被审计单位交往的经验和以前审计中实施审计程序获取的信息，注册会计师应当确定被审计单位及其环境自以前审计后是否已发生变化，进而可能影响这些信息对本期审计的相关性。

第十三条 项目合伙人和项目组其他关键成员应当讨论被审计单位财务报表存在重大错报的可能性，以及如何根据被审计单位的具体情况运用使用的财务报告编制基础。项目合伙人应当确定向未参与讨论的项目组成员通报哪些事项。

第二节 了解被审计单位及其环境

第十四条 注册会计师应当从下列方面了解被审计单位及其环境：

（一）相关行业状况、法律环境和监管环境及其他外部因素，包括适用的财务报告编制基础；

（二）被审计单位的性质，包括经营活动、所有权和治理结构、正在实施和计划实施的投资（包括对特殊目的实体的投资）的类型、组织结构和筹资方式。了解被审计单位的性质，可以使注册会计师了解预期在财务报表中反映的各类交易、账户余额和披露；

（三）被审计单位对会计政策的选择和运用，包括变更会计政策的原因。注册会计师应当根据被审计单位的经营活动，评价会计政策是否适当，并与适用的财务报告编制基础、相关行业使用的会计政策保持一致；

（四）被审计单位的目标、战略以及可能导致重大错报风险的相关经营风险；

（五）对被审计单位财务业绩的衡量和评价；

（六）被审计单位的内部控制。

注册会计师应当根据本章第三节的规定了解内部控制。

第三节 了解内部控制

第十五条 注册会计师应当了解与审计相关的内部控制。虽然大部分与审计相关的控制可能与财务报告相关，但并非所有与财务报告相关的控制都与审计相关。确定一项控制单独或连同其他控制是否与审计相关，需要注册会计师作出职业判断。

第十六条 在了解与审计相关的控制时，注册会计师应当综合运用询问被审计单位内部人员和其他程序，以评价这些控制的设计，并确定其是否得到执行。

第十七条 注册会计师应当了解控制环境。作为了解控制环境的一部分，注册会计师应当评价：

（一）管理层在治理层的监督下，是否营造并保持了诚实守信和合乎道德的文化；

（二）控制环境总体上的优势是否为内部控制的其他要素奠定了适当的基础，以及这些其他要素是否未被控制环境中存在的缺陷所削弱。

第十八条 注册会计师应当了解被审计单位是否已建立风险评估过程，包括：

（一）识别与财务报告目标相关的经营风险；

（二）估计风险的重要性；

（三）评估风险发生的可能性；

（四）决定应对这些风险的措施。

第十九条 如果被审计单位已建立风险评估过程，注册会计师应当了解风险评估过程及其结果。

如果识别出管理层未能识别出的重大错报风险，注册会计师应当评价是否存在这类风险，即注册会计师预期被审计单位风险评估过程应当识别出而未识别出的风险。如果存在这类风险，注册会计师应当了解风险评估过程未能识别出的原因，并评价风险评估过程是否适合具体情况，或者确定与风险评估过程相关的内部控制是否存在值得关注的内部控制缺陷。

第二十条 如果被审计单位未建立风险评估过程，或具有非正式的风险评估过程，注册会计师应当与管理层讨论是否识别出与财务报告目标相关的经营风险以及如何应对这些风险。注册会计师应当评价缺少记录的风险评估过程是否适合具体情况，或确定是否表明存在值得关注的内部控制缺陷。

第二十一条 注册会计师应当从下列方面了解与财务报告相关的信息系统（包括相关业务流程）：

（一）在被审计单位经营过程中，对财务报表具有重大影响的各类交易；

（二）在信息技术和人工系统中，被审计单位的交易生成、记录、处理、必要的更正、结转至总账以及在财务报表中报告的程序；

（三）用以生成、记录、处理和报告（包括纠正不正确的信息以及信息如何结转至总账）交易的会计记录、支持性信息和财务报表中的特定账户；

（四）被审计单位的信息系统如何获取除交易以外的对财务报表重大的事项和情况；

（五）用于编制被审计单位财务报表（包括作出的重大会计估计和披露）的财务报告过程；

（六）与会计分录相关的控制，这些分录包括用以记录非经常性的、异常的交易或调整的非标准会计分录。

第二十二条 注册会计师应当了解被审计单位如何沟通与财务报告相关的人员的角色

和职责以及与财务报告相关的重大事项。这种沟通包括：

（一）管理层与治理层之间的沟通；

（二）外部沟通，如与监管机构的沟通。

第二十三条 注册会计师应当了解与审计相关的控制活动。与审计相关的控制活动，是注册会计师为评估认定层次重大错报风险并设计进一步审计程序应对评估的风险而认为有必要了解的控制活动。审计并不要求了解与财务报表中每类重大交易、账户余额和披露或与其每项认定相关的所有控制活动。

第二十四条 在了解被审计单位控制活动时，注册会计师应当了解被审计单位如何应对信息技术导致的风险。

第二十五条 注册会计师应当了解被审计单位用于监督与财务报告相关的内部控制的主要活动，包括了解针对与审计相关的控制活动的监督，以及被审计单位如何对控制缺陷采取补救措施。

第二十六条 如果被审计单位设有内部审计，注册会计师应当了解下列事项，以确定内部审计是否可能与审计相关：

（一）内部审计的职能范围以及内部审计在被审计单位组织结构中的地位和作用；

（二）内部审计已实施或拟实施的活动。

第二十七条 注册会计师应当了解被审计单位监督活动所使用信息的来源，以及管理层认为信息对于实现目的足够可靠的依据。

第四节 识别和评估重大错报风险

第二十八条 注册会计师应当在下列两个层次识别和评估重大错报风险，为设计和实施进一步审计程序提供基础：

（一）财务报表层次；

（二）各类交易、账户余额和披露的认定层次。

第二十九条 在识别和评估重大错报风险时，注册会计师应当实施下列审计程序：

（一）在了解被审计单位及其环境（包括与风险相关的控制）的整个过程中，结合对财务报表中各类交易、账户余额和披露的考虑，识别风险；

（二）评估识别出的风险，并评价其是否更广泛地与财务报表整体相关，进而潜在地影响多项认定；

（三）结合对拟测试的相关控制的考虑，将识别出的风险与认定层次可能发生错报的领域相联系；

（四）考虑发生错报的可能性（包括发生多项错报的可能性），以及潜在错报的重大程度是否足以导致重大错报。

第三十条 作为本准则第二十八条所述的风险评估的一部分，注册会计师应当根据职业判断，确定识别出的风险是否为特别风险。在进行判断时，注册会计师不应考虑识别出的控制对相关风险的抵消效果。

第三十一条 在判断哪些风险是特别风险时，注册会计师应当至少考虑下列方面：

（一）风险是否属于舞弊风险；

（二）风险是否与近期经济环境、会计处理方法或其他方面的重大变化相关，因而需要特别关注；

（三）交易的复杂程度；

（四）风险是否涉及重大的关联方交易；

（五）财务信息计量的主观程度，特别是计量结果是否具有高度不确定性；

（六）风险是否涉及异常或超出正常经营过程的重大交易。

第三十二条 如果认为存在特别风险，注册会计师应当了解被审计单位与该风险相关的控制（包括控制活动）。

第三十三条 对于某些风险，注册会计师可能认为仅从实质性程序中获取充分、适当的审计证据是不可能或不可行的。这些风险可能与对日常和重大类别的交易或账户余额作出的不准确或不完整的记录相关，对这些交易或账户余额通常可以采用高度自动化处理，不存在或存在很少人工干预。在这种情况下，被审计单位针对这类风险建立的控制与审计相关，注册会计师应当了解这些控制。

第三十四条 注册会计师对认定层次重大错报风险的评估，可能随着审计过程中不断获取审计证据而作出相应的变化。

如果实施进一步审计程序获取的审计证据，或获取的新信息，与注册会计师之前作出评估所依据的审计证据不一致，注册会计师应当修正风险评估结果，并相应修改原计划实施的进一步审计程序。

第五节 审计工作底稿

第三十五条 注册会计师应当就下列事项形成审计工作底稿：

（一）根据本准则第十三条的规定，项目组进行的讨论以及得出的重要结论；

（二）根据本准则第十四条的规定，对被审计单位及其环境各个方面的了解要点、根据本准则第十七条至第二十七条的规定对内部控制各项要素的了解要点，获取上述了解的信息来源，以及实施的风险评估程序；

（三）根据本准则第二十八条的规定，在财务报表层次和认定层次识别和评估的重大错报风险；

（四）根据本准则第三十条至第三十三条的规定，识别出的风险和了解的相关控制。

第五章 附 则

第三十六条 本准则自2012年1月1日起施行。

中国注册会计师审计准则第1221号——计划和执行审计工作时的重要性

（2010年11月1日修订）

第一章 总 则

第一条 为了规范注册会计师在计划和执行财务报表审计工作时运用重要性概念，制定本准则。

第二条 《中国注册会计师审计准则第 1251 号——评价审计过程中识别出的错报》规范注册会计师在评价识别出的错报对审计的影响以及未更正错报对财务报表的影响时，如何运用重要性概念。

第三条 财务报告编制基础通常从编制和列报财务报表的角度阐释重要性概念。财务报告编制基础可能以不同的术语解释重要性，但通常而言，重要性概念可从下列方面进行理解：

（一）如果合理预期错报（包括漏报）单独或汇总起来可能影响财务报表使用者依据财务报表作出的经济决策，则通常认为错报是重大的；

（二）对重要性的判断是根据具体环境作出的，并受错报的金额或性质的影响，或受两者共同作用的影响；

（三）判断某事项对财务报表使用者是否重大，是在考虑财务报表使用者整体共同的财务信息需求的基础上作出的。由于不同财务报表使用者对财务信息的需求可能差异很大，因此不考虑错报对个别财务报表使用者可能产生的影响。

第四条 适用的财务报告编制基础对重要性概念的规定，为注册会计师在审计工作中确定重要性提供了参考依据。如果适用的财务报告编制基础未对重要性概念作出规定，本准则第三条为注册会计师确定重要性提供了参考依据。

第五条 注册会计师对重要性的确定属于职业判断，受注册会计师对财务报表使用者对财务信息需求的认识的影响。就审计而言，注册会计师针对财务报表使用者作出下列假定是合理的：

（一）拥有经营、经济活动和会计方面的适当知识，并有意愿认真研究财务报表中的信息；

（二）理解财务报表是在运用重要性水平基础上编制、列报和审计的；

（三）认可建立在对估计和判断的应用以及对未来事项的考虑的基础上的会计计量具有固有的不确定性；

（四）依据财务报表中的信息作出合理的经济决策。

第六条 在计划和执行审计工作，评价识别出的错报对审计的影响，以及未更正错报对财务报表和审计意见的影响时，注册会计师需要运用重要性概念。

第七条 在计划审计工作时，注册会计师需要对认为重大的错报金额作出判断。

作出的判断为下列方面提供了基础：

（一）确定风险评估程序的性质、时间安排和范围；

（二）识别和评估重大错报风险；

（三）确定进一步审计程序的性质、时间安排和范围。

在计划审计工作时确定的重要性（即确定的某一金额），并不必然表明单独或汇总起来低于该金额的未更正错报一定被评价为不重大。即使某些错报低于重要性，与这些错报相关的具体情形可能使注册会计师将其评价为重大。

尽管设计审计程序以发现仅因其性质而可能被评价为重大的错报并不可行，但是注册会计师在评价未更正错报对财务报表的影响时，不仅要考虑错报金额的大小，还要考虑错报的性质以及错报发生的特定环境。

第二章　定　　义

第八条 实际执行的重要性，是指注册会计师确定的低于财务报表整体的重要性的一个或多个金额，旨在将未更正和未发现错报的汇总数超过财务报表整体的重要性的可能性降至适当的低水平。如果适用，实际执行的重要性还指注册会计师确定的低于特定类别的交易、账户余额或披露的重要性水平的一个或多个金额。

第三章　目　　标

第九条　注册会计师的目标是，在计划和执行审计工作时恰当地运用重要性概念。

第四章　要　　求

第一节　计划审计工作时确定重要性和实际执行的重要性

第十条　在制定总体审计策略时，注册会计师应当确定财务报表整体的重要性。根据被审计单位的特定情况，如果存在一个或多个特定类别的交易、账户余额或披露，其发生的错报金额虽然低于财务报表整体的重要性，但合理预期可能影响财务报表使用者依据财务报表作出的经济决策，注册会计师还应当确定适用于这些交易、账户余额或披露的一个或多个重要性水平。

第十一条　注册会计师应当确定实际执行的重要性，以评估重大错报风险并确定进一步审计程序的性质、时间安排和范围。

第二节　审计过程中修改重要性

第十二条　如果在审计过程中获知了某项信息，而该信息可能导致注册会计师确定与原来不同的财务报表整体的重要性或者特定类别的交易、账户余额或披露的一个或多个重要性水平（如适用），注册会计师应当予以修改。

第十三条　如果认为运用低于最初确定的财务报表整体的重要性和特定类别的交易、账户余额或披露的一个或多个重要性水平（如适用）是适当的，注册会计师应当确定是否有必要修改实际执行的重要性，并确定进一步审计程序的性质、时间安排和范围是否仍然适当。

第三节　审计工作底稿

第十四条　注册会计师应当在审计工作底稿中记录下列金额以及在确定这些金额时考虑的因素：

（一）财务报表整体的重要性；

（二）特定类别的交易、账户余额或披露的一个或多个重要性水平（如适用）；

（三）实际执行的重要性；

（四）随着审计过程的推进，对本条第（一）项至第（三）项内容作出的任何修改。

第五章　附　　则

第十五条　本准则自 2012 年 1 月 1 日起施行。

中国注册会计师审计准则第1231号——针对评估的重大错报风险采取的应对措施

（2010年11月1日修订）

第一章　总　　则

第一条　为了规范注册会计师针对评估的重大错报风险设计和实施应对措施，制定本准则。

第二章　定　　义

第二条　实质性程序，是指用于发现认定层次重大错报的审计程序。实质性程序包括下列两类程序：

（一）对各类交易、账户余额和披露的细节测试；

（二）实质性分析程序。

第三条　控制测试，是指用于评价内部控制在防止或发现并纠正认定层次重大错报方面的运行有效性的审计程序。

第三章　目　　标

第四条　注册会计师的目标是，针对评估的重大错报风险，通过设计和实施恰当的应对措施，获取充分、适当的审计证据。

第四章　要　　求

第一节　总体应对措施

第五条　注册会计师应当针对评估的财务报表层次重大错报风险，设计和实施总体应对措施。

第二节　进一步审计程序

第六条　注册会计师应当针对评估的认定层次重大错报风险，设计和实施进一步审计程序，包括审计程序的性质、时间安排和范围。

第七条　在设计拟实施的进一步审计程序时，注册会计师应当：

（一）考虑形成某类交易、账户余额和披露的认定层次重大错报风险评估结果的依据；

（二）评估的风险越高，需要获取越有说服力的审计证据。

形成某类交易、账户余额和披露的认定层次重大错报风险评估结果的依据包括：

（一）因相关交易类别、账户余额或披露的具体特征而导致重大错报的可能性（即固有风险）；

（二）风险评估是否考虑了相关控制（即控制风险），从而要求注册会计师获取审计证据以确定控制是否有效运行（即注册会计师在确定实质性程序的性质、时间安排和范围时，拟信赖控制运行的有效性）。

第三节 控制测试

第八条 当存在下列情形之一时，注册会计师应当设计和实施控制测试，针对相关控制运行的有效性，获取充分、适当的审计证据：

（一）在评估认定层次重大错报风险时，预期控制的运行是有效的（即在确定实质性程序的性质、时间安排和范围时，注册会计师拟信赖控制运行的有效性）；

（二）仅实施实质性程序并不能够提供认定层次充分、适当的审计证据。

第九条 在设计和实施控制测试时，对控制有效性的信赖程度越高，注册会计师应当获取越有说服力的审计证据。

第十条 在设计和实施控制测试时，注册会计师应当：

（一）将询问与其他审计程序结合使用，以获取有关控制运行有效性的审计证据；

（二）确定拟测试的控制是否依赖其他控制（间接控制）。如果依赖其他控制，确定是否有必要获取支持这些间接控制有效运行的审计证据。

注册会计师获取的有关控制运行有效性的证据应当包括：

（一）控制在所审计期间的相关时点是如何运行的；

（二）控制是否得到一贯执行；

（三）控制由谁或以何种方式执行。

第十一条 注册会计师应当按照本准则第十二条和第十五条的规定，测试其拟信赖的特定时点或整个期间的控制，为预期信赖程度提供恰当的依据。

第十二条 如果已获取有关控制在期中运行有效性的审计证据，注册会计师应当：

（一）获取这些控制在剩余期间发生重大变化的审计证据；

（二）确定针对剩余期间还需获取的补充审计证据。

第十三条 在确定利用以前审计获取的有关控制运行有效性的审计证据是否适当，以及再次测试控制的时间间隔时，注册会计师应当考虑下列因素：

（一）内部控制其他要素的有效性，包括控制环境、被审计单位对控制的监督以及被审计单位的风险评估过程；

（二）控制特征（人工控制还是自动化控制）产生的风险；

（三）信息技术一般控制的有效性；

（四）控制设计及其运行的有效性，包括在以前审计中发现的控制运行偏差的性质和程度，以及是否发生对控制运行产生重大影响的人员变动；

（五）是否存在由于环境发生变化而特定控制缺乏相应变化导致的风险；

（六）重大错报风险和对控制的信赖程度。

第十四条 如果拟利用以前审计获取的有关控制运行有效性的审计证据，注册会计师应当通过获取这些控制在以前审计后是否发生重大变化的审计证据，确定以前审计获取的审计证据是否与本期审计持续相关。

注册会计师应当通过实施询问并结合观察或检查程序，获取这些控制是否发生重大变化的审计证据，以确认对这些控制的了解，并根据下列情况作出不同处理：

（一）如果已发生变化，且这些变化对以前审计获取的审计证据的持续相关性产生影响，注册会计师应当在本期审计中测试这些控制运行的有效性；

（二）如果未发生这些变化，注册会计师应当每三年至少对控制测试一次，并且在每年审计中测试部分控制，以避免将所有拟信赖控制的测试集中于某一年，而在之后的两年中不进行任何测试。

第十五条 如果确定评估的认定层次重大错报风险是特别风险，并拟信赖针对该风险实施的控制，注册会计师应当在本期审计中测试这些控制运行的有效性。

第十六条 在评价相关控制运行的有效性时，注册会计师应当评价通过实施实质性程序发现的错报是否表明控制未得到有效运行。但通过实质性程序未发现错报，并不能证明与所测试认定相关的控制是有效的。

第十七条 如果发现拟信赖的控制出现偏差，注册会计师应当进行专门询问以了解这些偏差及其潜在后果，并确定：

（一）已实施的控制测试是否为信赖这些控制提供了适当的基础；

（二）是否有必要实施追加的控制测试；

（三）是否需要针对潜在的错报风险实施实质性程序。

第四节　实质性程序

第十八条 无论评估的重大错报风险结果如何，注册会计师都应当针对所有重大类别的交易、账户余额和披露，设计和实施实质性程序。

第十九条 注册会计师应当考虑是否将函证程序用作实质性程序。

第二十条 注册会计师实施的实质性程序应当包括下列与财务报表编制完成阶段相关的审计程序：

（一）将财务报表与其所依据的会计记录进行核对或调节；

（二）检查财务报表编制过程中作出的重大会计分录和其他调整。

第二十一条 如果认为评估的认定层次重大错报风险是特别风险，注册会计师应当专门针对该风险实施实质性程序。如果针对特别风险实施的程序仅为实质性程序，这些程序应当包括细节测试。

第二十二条 如果在期中实施了实质性程序，注册会计师应当针对剩余期间实施下列程序之一，以将期中测试得出的结论合理延伸至期末：

（一）结合对剩余期间实施的控制测试，实施实质性程序；

（二）如果认为对剩余期间拟实施的实质性程序是充分的，仅实施实质性程序。

第二十三条 如果期中检查出注册会计师在评估重大错报风险时未预期到的错报，注册会计师应当评价是否需要修改相关的风险评估结果以及针对剩余期间拟实施的实质性程序的性质、时间安排或范围。

第五节　列报与披露的恰当性

第二十四条 注册会计师应当实施审计程序，评价财务报表的总体列报与相关披露是否符合适用的财务报告编制基础的规定。

第六节　评价审计证据的充分性和适当性

第二十五条 在得出总体结论之前，注册会计师应当根据实施的审计程序和获取的审计证据，评价对认定层次重大错报风险的评估是否仍然适当。

第二十六条　注册会计师应当确定是否已获取充分、适当的审计证据。

在形成审计意见时，注册会计师应当考虑所有相关的审计证据，无论该证据与财务报表认定相互印证还是相互矛盾。

第二十七条　如果对重大的财务报表认定没有获取充分、适当的审计证据，注册会计师应当尽可能获取进一步的审计证据。

如果仍然不能获取充分、适当的审计证据，注册会计师应当对财务报表发表保留意见或无法表示意见。

第七节　审计工作底稿

第二十八条　注册会计师应当就下列事项形成审计工作底稿：

（一）针对评估的财务报表层次重大错报风险采取的总体应对措施，以及实施的进一步审计程序的性质、时间安排和范围；

（二）实施的进一步审计程序与评估的认定层次风险之间的联系；

（三）实施进一步审计程序的结果，包括在结果不明显时得出的结论。

第二十九条　如果拟利用在以前审计中获取的有关控制运行有效性的审计证据，注册会计师应当记录信赖这些控制的理由和结论。

第三十条　注册会计师的审计工作底稿应当能够证明财务报表与其所依据的会计记录是一致的或调节相符的。

第五章　附　　则

第三十一条　本准则自2012年1月1日起施行。

中国注册会计师审计准则第1251号——评价审计过程中识别出的错报

（2010年11月1日修订）

第一章　总　　则

第一条　为了规范注册会计师评价识别出的错报对审计的影响以及未更正错报对财务报表的影响，制定本准则。

第二条　《中国注册会计师审计准则第1501号——对财务报表形成审计意见和出具审计报告》规定了在对财务报表形成审计意见时，注册会计师应当针对财务报表整体是否不存在重大错报，确定是否已就此获取合理保证得出结论。

注册会计师按照《中国注册会计师审计准则第1501号——对财务报表形成审计意见和出具审计报告》的规定得出的结论，考虑了对未更正错报的评价及其对财务报表的影响。

《中国注册会计师审计准则第1221号——计划和执行审计工作时的重要性》规范了注

册会计师在计划和执行财务报表审计工作时恰当运用重要性概念的责任。

第二章　定　　义

第三条　错报，是指某一财务报表项目的金额、分类、列报或披露，与按照适用的财务报告编制基础应当列示的金额、分类、列报或披露之间存在的差异；或根据注册会计师的判断，为使财务报表在所有重大方面实现公允反映，需要对金额、分类、列报或披露作出的必

要调整。错报可能是由于错误或舞弊导致的。

第四条　未更正错报，是指注册会计师在审计过程中累积的且被审计单位未更正的错报。

第三章　目　　标

第五条　注册会计师的目标是：

（一）评价识别出的错报对审计的影响；

（二）评价未更正错报对财务报表的影响。

第四章　要　　求

第一节　累积识别出的错报

第六条　注册会计师应当累积审计过程中识别出的错报，除非错报明显微小。

第二节　随着审计的推进考虑识别出的错报

第七条　如果出现下列情况之一，注册会计师应当确定是否需要修改总体审计策略和具体审计计划：

（一）识别出的错报的性质以及错报发生的环境表明可能存在其他错报，并且可能存在的其他错报与审计过程中累积的错报合计起来可能是重大的；

（二）审计过程中累积的错报合计数接近按照《中国注册会计师审计准则第 1221 号——计划和执行审计工作时的重要性》的规定确定的重要性。

第八条　如果管理层应注册会计师的要求，检查了某类交易、账户余额或披露并更正了已发现的错报，注册会计师应当实施追加的审计程序，以确定错报是否仍然存在。

第三节　沟通和更正错报

第九条　除非法律法规禁止，注册会计师应当及时将审计过程中累积的所有错报与适当层级的管理层进行沟通。注册会计师还应当要求管理层更正这些错报。

第十条　如果管理层拒绝更正沟通的部分或全部错报，注册会计师应当了解管理层不更正错报的理由，并在评价财务报表整体是否不存在重大错报时考虑该理由。

第四节　评价未更正错报的影响

第十一条　在评价未更正错报的影响之前，注册会计师应当重新评估按照《中国注册

会计师审计准则第1221号——计划和执行审计工作时的重要性》的规定确定的重要性，以根据被审计单位的实际财务结果确认其是否仍然适当。

第十二条　注册会计师应当确定未更正错报单独或汇总起来是否重大。在确定时，注册会计师应当考虑：

（一）相对某类交易、账户余额或披露以及财务报表整体而言，错报的金额和性质以及错报发生的特定环境；

（二）与以前期间相关的未更正错报对相关类别的交易、账户余额或披露以及财务报表整体的影响。

第十三条　除非法律法规禁止，注册会计师应当与治理层沟通未更正错报，以及这些错报单独或汇总起来可能对审计意见产生的影响。

注册会计师在沟通时应当逐项指明重大的未更正错报。注册会计师应当要求被审计单位更正未更正错报。

第十四条　注册会计师应当与治理层沟通与以前期间相关的未更正错报对相关类别的交易、账户余额或披露以及财务报表整体的影响。

第五节　书面声明

第十五条　注册会计师应当要求管理层和治理层（如适用）提供书面声明，说明其是否认为未更正错报单独或汇总起来对财务报表整体的影响不重大。这些错报项目的概要应当包含在书面声明中或附在其后。

第六节　审计工作底稿

第十六条　注册会计师应当就下列事项形成审计工作底稿：

（一）设定的某一金额，低于该金额的错报视为明显微小；

（二）审计过程中累积的所有错报，以及是否已得到更正；

（三）注册会计师就未更正错报单独或汇总起来是否重大得出的结论，以及得出结论的基础。

第五章　附　　则

第十七条　本准则自2012年1月1日起施行。

中国注册会计师审计准则第1301号——审计证据

（2010年11月1日修订）

第一章　总　　则

第一条　为了规范注册会计师在财务报表审计中确定审计证据的构成，明确注册会计师设计和实施审计程序以获取充分、适当的审计证据的责任，制定本准则。

第二条　本准则适用于注册会计师在审计过程中获取和评价所有审计证据。其他审计准则，对获取和评价审计证据提出了进一步要求。例如，《中国注册会计师审计准则第1211号——通过了解被审计单位及其环境识别和评估重大错报风险》等准则规范了审计的具体方面对审计证据的要求；《中国注册会计师审计准则第1324号——持续经营》等准则规范了针对特定问题需要获取的审计证据；《中国注册会计师审计准则第1313号——分析程序》等准则规范了获取审计证据需要实施的具体程序；《中国注册会计师审计准则第1101号——注册会计师的总体目标和审计工作的基本要求》和《中国注册会计师审计准则第1231号——针对评估的重大错报风险采取的应对措施》等准则规范了对已获取审计证据的充分性和适当性的评价。

第三条　审计证据的可靠性受其来源和性质的影响，并取决于获取审计证据的具体环境。判断审计证据可靠性的一般原则包括：

（一）从被审计单位外部独立来源获取的审计证据比从其他来源获取的审计证据更可靠；

（二）相关控制有效时内部生成的审计证据比控制薄弱时内部生成的审计证据更可靠；

（三）直接获取的审计证据比间接获取或推论得出的审计证据更可靠；

（四）以文件记录形式（包括纸质、电子或其他介质）存在的审计证据比口头形式的审计证据更可靠；

（五）从原件获取的审计证据比从复印、传真或通过拍摄、数字化或其他方式转化成电子形式的文件获取的审计证据更可靠。

通常情况下，注册会计师以函证方式直接从被询证者获取的审计证据，比被审计单位内部生成的审计证据更可靠。通过函证等方式从独立来源获取的相互印证的信息，可以提高注册会计师从会计记录或管理层书面声明中获取的审计证据的保证水平。

第二章　定　　义

第四条　审计证据，是指注册会计师为了得出审计结论和形成审计意见而使用的信息。审计证据包括构成财务报表基础的会计记录所含有的信息和其他信息。

第五条　会计记录，是指对初始会计分录形成的记录和支持性记录。例如，支票、电子资金转账记录、发票和合同；总分类账、明细分类账、会计分录以及对财务报表予以调整但未在账簿中反映的其他分录；支持成本分配、计算、调节和披露的手工计算表和电子数据表。

第六条　审计证据的充分性，是对审计证据数量的衡量。注册会计师需要获取的审计证据的数量受其对重大错报风险评估的影响，并受审计证据质量的影响。

第七条　审计证据的适当性，是对审计证据质量的衡量，即审计证据在支持审计意见所依据的结论方面具有的相关性和可靠性。

第八条　管理层的专家，是指在会计、审计以外的某一领域具有专长的个人或组织，其工作被管理层利用以协助编制财务报表。

第三章　目　　标

第九条　注册会计师的目标是，通过恰当的方式设计和实施审计程序，获取充分、适当的审计证据，以得出合理的结论，作为形成审计意见的基础。

第四章 要 求

第一节 充分、适当的审计证据

第十条 注册会计师应当根据具体情况设计和实施恰当的审计程序，以获取充分、适当的审计证据。

第二节 用作审计证据的信息

第十一条 在设计和实施审计程序时，注册会计师应当考虑用作审计证据的信息的相关性和可靠性。

第十二条 如果用作审计证据的信息在编制时利用了管理层的专家的工作，注册会计师应当考虑管理层的专家的工作对实现注册会计师目的的重要性，并在必要的范围内实施下列程序：

（一）评价管理层的专家的胜任能力、专业素质和客观性；

（二）了解管理层的专家的工作；

（三）评价将管理层的专家的工作用作相关认定的审计证据的适当性。

第十三条 在使用被审计单位生成的信息时，注册会计师应当评价该信息对实现注册会计师的目的是否足够可靠，包括根据具体情况在必要时实施下列程序：

（一）获取有关信息准确性和完整性的审计证据；

（二）评价信息对实现审计目的是否足够准确和详细。

第三节 选取测试项目以获取审计证据

第十四条 在设计控制测试和细节测试时，注册会计师应当确定选取测试项目的方法以有效实现审计程序的目的。

第四节 审计证据之间存在不一致或对审计证据可靠性存有疑虑

第十五条 如果存在下列情形之一，注册会计师应当确定需要修改或追加哪些审计程序予以解决，并考虑存在的情形对审计其他方面的影响：

（一）从某一来源获取的审计证据与从另一来源获取的不一致；

（二）注册会计师对用作审计证据的信息的可靠性存有疑虑。

第五章 附 则

第十六条 本准则自 2012 年 1 月 1 日起施行。

中国注册会计师审计准则第1311号——对存货、诉讼和索赔、分部信息等特定项目获取审计证据的具体考虑

（2010年11月1日修订）

第一章 总 则

第一条 为了规范注册会计师在财务报表审计中对存货、诉讼和索赔、分部信息等特定项目的某些方面获取充分、适当的审计证据的具体考虑，制定本准则。

第二条 本准则适用于注册会计师按照《中国注册会计师审计准则第1231号——针对评估的重大错报风险采取的应对措施》、《中国注册会计师审计准则第1301号——审计证据》和其他相关审计准则的规定对本准则第一条提及的特定项目的某些方面获取审计证据。

第二章 目 标

第三条 注册会计师的目标是，针对特定项目的下列方面获取充分、适当的审计证据：

（一）存货的存在和状况；

（二）涉及被审计单位的诉讼和索赔事项的完整性；

（三）按照适用的财务报告编制基础对分部信息的列报与披露。

第三章 要 求

第一节 存 货

第四条 如果存货对财务报表是重要的，注册会计师应当实施下列审计程序，对存货的存在和状况获取充分、适当的审计证据：

（一）在存货盘点现场实施监盘（除非不可行）；

（二）对期末存货记录实施审计程序，以确定其是否准确反映实际的存货盘点结果。

在存货盘点现场实施监盘时，注册会计师应当实施下列审计程序：

（一）评价管理层用以记录和控制存货盘点结果的指令和程序；

（二）观察管理层制订的盘点程序的执行情况；

（三）检查存货；

（四）执行抽盘。

第五条 如果存货盘点在财务报表日以外的其他日期进行，注册会计师除实施本准则第四条规定的审计程序外，还应当实施其他审计程序，以获取审计证据，确定存货盘点日与财务报表日之间的存货变动是否已得到恰当的记录。

第六条 如果由于不可预见的情况，无法在存货盘点现场实施监盘，注册会计师应当另择日期实施监盘，并对间隔期内发生的交易实施审计程序。

第七条 如果在存货盘点现场实施存货监盘不可行，注册会计师应当实施替代审计程序，以获取有关存货的存在和状况的充分、适当的审计证据。

如果不能实施替代审计程序，注册会计师应当按照《中国注册会计师审计准则第1502号——在审计报告中发表非无保留意见》的规定，在审计报告中发表非无保留意见。

第八条 如果由第三方保管或控制的存货对财务报表是重要的，注册会计师应当实施下列一项或两项审计程序，以获取有关该存货存在和状况的充分、适当的审计证据：

（一）向持有被审计单位存货的第三方函证存货的数量和状况；

（二）实施检查或其他适合具体情况的审计程序。

第二节 诉讼和索赔

第九条 注册会计师应当设计和实施审计程序，以识别涉及被审计单位的可能导致重大错报风险的诉讼和索赔事项。

这些审计程序包括：

（一）询问管理层和被审计单位其他内部人员，包括询问被审计单位内部法律顾问；

（二）查阅治理层的会议纪要和被审计单位与外部法律顾问之间的往来信函；

（三）复核法律费用账户记录。

第十条 如果评估识别出的诉讼或索赔事项存在重大错报风险，或者实施的审计程序表明可能存在其他的重大诉讼或索赔事项，注册会计师除实施其他审计准则规定的审计程序外，还应当寻求与被审计单位外部法律顾问进行直接沟通。注册会计师应当通过亲自寄发由管理层编制的询证函，要求外部法律顾问直接与注册会计师沟通。

如果法律法规禁止被审计单位的外部法律顾问与注册会计师进行直接沟通，注册会计师应当实施替代审计程序。

第十一条 如果管理层不同意注册会计师与外部法律顾问沟通或会面，或者外部法律顾问拒绝对询证函恰当回复或被禁止回复，并且注册会计师无法通过实施替代审计程序获取充分、适当的审计证据，注册会计师应当按照《中国注册会计师审计准则第1502号——在审计报告中发表非无保留意见》的规定在审计报告中发表非无保留意见。

第十二条 注册会计师应当要求管理层和治理层（如适用）提供书面声明，确认已向注册会计师披露所有其知悉的、已经或可能发生的、在编制财务报表时应当考虑其影响的诉讼和索赔事项，并确认已按照适用的财务报告编制基础进行了会计处理和披露。

第三节 分部信息

第十三条 针对被审计单位按照适用的财务报告编制基础列报与披露的分部信息，注册会计师应当实施下列审计程序，获取充分、适当的审计证据：

（一）了解管理层在确定分部信息时使用的方法；

（二）实施分析程序或其他适合具体情况的审计程序。

在了解管理层确定分部信息使用的方法时，注册会计师应当实施下列审计程序：

（一）评价使用的方法是否以使分部信息按照适用的财务报告编制基础披露；

（二）在适当的情况下，测试对这些方法的应用。

第四章 附 则

第十四条 本准则自2012年1月1日起施行。

中国注册会计师审计准则第 1312 号——函证

（2010 年 11 月 1 日修订）

第一章　总　　则

第一条　为了规范注册会计师按照《中国注册会计师审计准则第 1231 号——针对评估的重大错报风险采取的应对措施》和《中国注册会计师审计准则第 1301 号——审计证据》的规定使用函证程序，以获取相关、可靠的审计证据，制定本准则。

第二条　本准则不适用于注册会计师对被审计单位诉讼和索赔事项实施询问程序。《中国注册会计师审计准则第 1311 号——对存货、诉讼和索赔、分部信息等特定项目获取审计证据的具体考虑》规定了有关诉讼和索赔的审计程序。

第三条　《中国注册会计师审计准则第 1301 号——审计证据》规定，审计证据的可靠性受其来源和性质的影响，并取决于获取审计证据的具体环境。

判断审计证据可靠性的一般原则包括：

（一）从被审计单位外部独立来源获取的审计证据比从其他来源获取的审计证据更可靠；

（二）直接获取的审计证据比间接获取或推论得出的审计证据更可靠；

（三）以文件记录形式（包括纸质、电子或其他介质）存在的审计证据比口头形式的审计证据更可靠。

通常情况下，注册会计师以函证方式直接从被询证者获取的审计证据，比被审计单位内部生成的审计证据更可靠。

第四条　下列审计准则明确了实施函证程序以获取审计证据的重要性：

（一）《中国注册会计师审计准则第 1231 号——针对评估的重大错报风险采取的应对措施》规定，注册会计师应当针对评估的财务报表层次重大错报风险，设计和实施总体应对措施，针对评估的认定层次重大错报风险，设计和实施进一步审计程序（包括审计程序的性质、时间安排和范围）；无论评估的重大错报风险结果如何，注册会计师都应当针对所有重大类别的交易、账户余额和披露，设计和实施实质性程序；注册会计师应当考虑是否将函证程序用作实质性程序。

（二）《中国注册会计师审计准则第 1231 号——针对评估的重大错报风险采取的应对措施》规定，评估的风险越高，需要获取越有说服力的审计证据。为此，注册会计师可以增加审计证据的数量或者获取更相关、更可靠的审计证据，或将两种方式结合使用。例如，注册会计师更加重视直接从第三方获取审计证据，或从不同的独立来源获取相互印证的审计证据。实施函证程序，可以帮助注册会计师获取可靠性高的审计证据，以应对由于舞弊或错误导致的特别风险。

（三）《中国注册会计师审计准则第 1141 号——财务报表审计中与舞弊相关的责任》规定，针对由于舞弊导致的认定层次重大错报风险，注册会计师应当考虑实施函证程序以获取更多的相互印证的信息。

（四）《中国注册会计师审计准则第 1301 号——审计证据》规定，通过函证等方式从独立来源获取的相互印证的信息，可以提高注册会计师从会计记录或管理层书面声明中获取的审计证据的保证水平。

第二章 定 义

第五条 函证（即外部函证），是指注册会计师直接从第三方（被询证者）获取书面答复作为审计证据的过程，书面答复可以采用纸质、电子或其他介质等形式。

第六条 积极式函证，是指要求被询证者直接向注册会计师回复，表明是否同意询证函所列示的信息，或填列所要求的信息的一种询证方式。

第七条 消极式函证，是指要求被询证者只有在不同意询证函所列示的信息时才直接向注册会计师回复的一种询证方式。

第八条 未回函，是指被询证者对积极式询证函未予回复或回复不完整，或询证函因未被送达而退回。

第九条 不符事项，是指被询证者提供的信息与询证函要求确认的信息不一致，或与被审计单位记录的信息不一致。

第三章 目 标

第十条 在使用函证程序时，注册会计师的目标是，设计和实施函证程序，以获取相关、可靠的审计证据。

第四章 要 求

第一节 函证程序

第十一条 注册会计师应当确定是否有必要实施函证程序以获取认定层次的相关、可靠的审计证据。在作出决策时，注册会计师应当考虑评估的认定层次重大错报风险，以及通过实施其他审计程序获取的审计证据如何将检查风险降至可接受的水平。

第十二条 注册会计师应当对银行存款、借款（包括零余额账户和在本期内注销的账户）、借款及与金融机构往来的其他重要信息实施函证程序，除非有充分证据表明某一银行存款、借款及与金融机构往来的其他重要信息对财务报表不重要且与之相关的重大错报风险很低。

如果不对这些项目实施函证程序，注册会计师应当在审计工作底稿中说明理由。

第十三条 注册会计师应当对应收账款实施函证程序，除非有充分证据表明应收账款对财务报表不重要，或函证很可能无效。

如果认为函证很可能无效，注册会计师应当实施替代审计程序，获取相关、可靠的审计证据。

如果不对应收账款函证，注册会计师应当在审计工作底稿中说明理由。

第十四条 当实施函证程序时，注册会计师应当对询证函保持控制，包括：

（一）确定需要确认或填列的信息；

（二）选择适当的被询证者；

（三）设计询证函，包括正确填列被询证者的姓名和地址，以及被询证者直接向注册

会计师回函的地址等信息；

（四）发出询证函并予以跟进，必要时再次向被询证者寄发询证函。

第二节 管理层不允许寄发询证函

第十五条 如果管理层不允许寄发询证函，注册会计师应当：

（一）询问管理层不允许寄发询证函的原因，并就其原因的正当性及合理性收集审计证据；

（二）评价管理层不允许寄发询证函对评估的相关重大错报风险（包括舞弊风险），以及其他审计程序的性质、时间安排和范围的影响；

（三）实施替代程序，以获取相关、可靠的审计证据。

第十六条 如果认为管理层不允许寄发询证函的原因不合理，或实施替代程序无法获取相关、可靠的审计证据，注册会计师应当按照《中国注册会计师审计准则第 1151 号——与治理层的沟通》的规定，与治理层进行沟通。注册会计师还应当按照《中国注册会计师审计准则第 1502 号——在审计报告中发表非无保留意见》的规定，确定其对审计工作和审计意见的影响。

第三节 实施函证程序的结果

第十七条 如果存在对询证函回函的可靠性产生疑虑的因素，注册会计师应当进一步获取审计证据以消除这些疑虑。

第十八条 如果认为询证函回函不可靠，注册会计师应当评价其对评估的相关重大错报风险（包括舞弊风险），以及其他审计程序的性质、时间安排和范围的影响。

第十九条 在未回函的情况下，注册会计师应当实施替代程序以获取相关、可靠的审计证据。

第二十条 如果注册会计师认为取得积极式函证回函是获取充分、适当的审计证据的必要程序，则替代程序不能提供注册会计师所需要的审计证据。在这种情况下，如果未获取回函，注册会计师应当按照《中国注册会计师审计准则第 1502 号——在审计报告中发表非无保留意见》的规定，确定其对审计工作和审计意见的影响。

第二十一条 注册会计师应当调查不符事项，以确定是否表明存在错报。

第四节 消极式函证

第二十二条 消极式函证比积极式函证提供的审计证据的说服力低。除非同时满足下列条件，注册会计师不得将消极式函证作为唯一实质性程序，以应对评估的认定层次重大错报风险：

（一）注册会计师将重大错报风险评估为低水平，并已就与认定相关的控制的运行的有效性获取充分、适当的审计证据；

（二）需要实施消极式函证程序的总体由大量的小额、同质的账户余额、交易或事项构成；

（三）预期不符事项的发生率很低；

（四）没有迹象表明接收询证函的人员或机构不认真对待函证。

第五节 评价获取的审计证据

第二十三条 注册会计师应当评价实施函证程序的结果是否提供了相关、可靠的审计证据，或是否有必要进一步获取审计证据。

第五章 附　　则

第二十四条 本准则自2012年1月1日起施行。

中国注册会计师审计准则第1313号——分析程序

（2010年11月1日修订）

第一章 总　　则

第一条 为了规范注册会计师在财务报表审计中将分析程序用作实质性程序（即实质性分析程序），以及在临近审计结束时设计和实施分析程序以有助于对财务报表形成总体结论，制定本准则。

第二条 除本准则以外，其他审计准则也对注册会计师使用分析程序作出了规定。《中国注册会计师审计准则第1211号——通过了解被审计单位及其环境识别和评估重大错报风险》规定了注册会计师将分析程序用作风险评估程序。《中国注册会计师审计准则第1231号——针对评估的重大错报风险采取的应对措施》规定了注册会计师针对评估的重大错报风险实施审计程序的性质、时间安排和范围，这些程序可能包括实质性分析程序。因此，注册会计师在审计过程中使用分析程序时，还需要遵守这些准则的规定。

第二章 定　　义

第三条 分析程序，是指注册会计师通过分析不同财务数据之间以及财务数据与非财务数据之间的内在关系，对财务信息作出评价。分析程序还包括在必要时对识别出的、与其他相关信息不一致或与预期值差异重大的波动或关系进行调查。

第三章 目　　标

第四条 注册会计师的目标是：

（一）在实施实质性分析程序时，获取相关、可靠的审计证据；

（二）在临近审计结束时，设计和实施分析程序，帮助注册会计师对财务报表形成总体结论，以确定财务报表是否与其对被审计单位的了解一致。

第四章 要　　求

第一节 实质性分析程序

第五条 在设计和实施实质性分析程序时，无论单独使用或与细节测试结合使用，注册会计师都应当：

（一）考虑针对所涉及认定评估的重大错报风险和实施的细节测试（如有），确定特定实质性分析程序对这些认定的适用性；

（二）考虑可获得信息的来源、可比性、性质和相关性以及与信息编制相关的控制，评价在对已记录的金额或比率作出预期时使用数据的可靠性；

（三）对已记录的金额或比率作出预期，并评价预期值是否足够精确地识别重大错报（包括单项重大的错报和单项虽不重大但连同其他错报可能导致财务报表产生重大错报的错报）；

（四）确定已记录金额与预期值之间可接受的，且无需按本准则第七条的要求作进一步调查的差异额。

第二节　有助于形成总体结论的分析程序

第六条　在临近审计结束时，注册会计师应当设计和实施分析程序，帮助其对财务报表形成总体结论，以确定财务报表是否与其对被审计单位的了解一致。

第三节　调查分析程序的结果

第七条　如果按照本准则的规定实施分析程序，识别出与其他相关信息不一致的波动或关系，或与预期值差异重大的波动或关系，注册会计师应当采取下列措施调查这些差异：

（一）询问管理层，并针对管理层的答复获取适当的审计证据；

（二）根据具体情况在必要时实施其他审计程序。

第五章　附　　则

第八条　本准则自 2012 年 1 月 1 日起施行。

中国注册会计师审计准则第 1314 号
——审计抽样

（2010 年 11 月 1 日修订）

第一章　总　　则

第一条　为了规范注册会计师在实施审计程序时使用审计抽样，制定本准则。

第二条　《中国注册会计师审计准则第 1301 号——审计证据》要求注册会计师设计和实施审计程序，获取充分、适当的审计证据，以得出合理的结论，作为形成审计意见的基础。该准则还要求注册会计师确定用以选取测试项目的方法能够有效实现审计程序的目的，审计抽样是其中的一种方法。

第三条　本准则作为对《中国注册会计师审计准则第 1301 号——审计证据》的补充，规范了注册会计师在设计和选择审计样本以实施控制测试和细节测试，以及评价样本结果时对统计抽样和非统计抽样的使用。

第二章 定 义

第四条 审计抽样（即抽样），是指注册会计师对具有审计相关性的总体中低于百分之百的项目实施审计程序，使所有抽样单元都有被选取的机会，为注册会计师针对整个总体得出结论提供合理基础。

第五条 总体，是指注册会计师从中选取样本并期望据此得出结论的整个数据集合。

第六条 抽样单元，是指构成总体的个体项目。

第七条 统计抽样，是指同时具备下列特征的抽样方法：

（一）随机选取样本项目；

（二）运用概率论评价样本结果，包括计量抽样风险。

不同时具备前款提及的两个特征的抽样方法为非统计抽样。

第八条 抽样风险，是指注册会计师根据样本得出的结论，可能不同于如果对整个总体实施与样本相同的审计程序得出的结论的风险。

抽样风险可能导致两种类型的错误结论：

（一）在实施控制测试时，注册会计师推断的控制有效性高于其实际有效性；或在实施细节测试时，注册会计师推断某一重大错报不存在而实际上存在。注册会计师主要关注这类错误结论，原因是其影响审计效果，非常有可能导致发表不恰当的审计意见。

（二）在实施控制测试时，注册会计师推断的控制有效性低于其实际有效性；或在实施细节测试时，注册会计师推断某一重大错报存在而实际上不存在。这类错误结论影响审计效率，原因是其通常导致注册会计师实施额外的工作，以证实初始结论是错误的。

第九条 非抽样风险，是指注册会计师由于任何与抽样风险无关的原因而得出错误结论的风险。

第十条 异常误差，是指对总体中的错报或偏差明显不具有代表性的错报或偏差。

第十一条 分层，是指将总体划分为多个子总体的过程，每个子总体由一组具有相同特征（通常为货币金额）的抽样单元组成。

第十二条 可容忍错报，是指注册会计师设定的货币金额，注册会计师试图对总体中的实际错报不超过该货币金额获取适当水平的保证。

第十三条 可容忍偏差率，是指注册会计师设定的偏离规定的内部控制程序的比率，注册会计师试图对总体中的实际偏差率不超过该比率获取适当水平的保证。

第三章 目 标

第十四条 在使用审计抽样时，注册会计师的目标是，为得出有关抽样总体的结论提供合理的基础。

第四章 要 求

第一节 样本设计、样本规模和选取测试项目

第十五条 在设计审计样本时，注册会计师应当考虑审计程序的目的和抽样总体的特征。

第十六条 注册会计师应当确定足够的样本规模，以将抽样风险降至可接受的低水平。

第十七条 注册会计师在选取样本项目时，应当使总体中的每个抽样单元都有被选取的机会。

第二节 实施审计程序

第十八条 注册会计师应当针对选取的每个项目，实施适合具体目的的审计程序。

第十九条 如果审计程序不适用于选取的项目，注册会计师应当针对替代项目实施该审计程序。

第二十条 如果未能对某个选取的项目实施设计的审计程序或适当的替代程序，注册会计师应当将该项目视为控制测试中对规定的控制的一项偏差，或细节测试中的一项错报。

第三节 偏差和错报的性质与原因

第二十一条 注册会计师应当调查识别出的所有偏差或错报的性质和原因，并评价其对审计程序的目的和审计的其他方面可能产生的影响。

第二十二条 在极其特殊的情况下，如果认为样本中发现的某项偏差或错报是异常误差，注册会计师应当对该项偏差或错报对总体不具有代表性获取高度肯定。

在获取这种高度肯定时，注册会计师应当实施追加的审计程序，获取充分、适当的审计证据，以确定该项偏差或错报不影响总体的其余部分。

第四节 推断错报

第二十三条 当实施细节测试时，注册会计师应当根据样本中发现的错报推断总体错报。

第五节 评价审计抽样结果

第二十四条 注册会计师应当对下列方面进行评价：

（一）样本结果；

（二）使用审计抽样是否已为注册会计师针对所测试的总体得出的结论提供合理基础。

第五章 附　　则

第二十五条 本准则自 2012 年 1 月 1 日起施行。

中国注册会计师审计准则第 1321 号——审计会计估计（包括公允价值会计估计）和相关披露

（2010 年 11 月 1 日修订）

第一章 总　　则

第一条 为了规范注册会计师在财务报表审计中与会计估计（包括公允价值会计估计）和相关披露有关的责任，制定本准则。

第二条 在涉及审计会计估计时，本准则是对注册会计师如何应用《中国注册会计师审计准则第 1211 号——通过了解被审计单位及其环境识别和评估重大错报风险》、《中国注册会计师审计准则第 1231 号——针对评估的重大错报风险采取的应对措施》和其他相关审计准则的进一步扩展。

本准则还涉及如何处理个别会计估计的错报和可能存在管理层偏向的迹象。

第三条 某些财务报表项目不能精确计量，只能进行估计。在本准则中，对这些财务报表项目的计量作为会计估计。

管理层可获得的用以支持作出会计估计的信息的性质和可靠性差别很大，并因此影响与会计估计相关的估计不确定性的程度。估计不确定性的程度影响与会计估计相关的重大错报风险，包括会计估计对有意或无意的管理层偏向的敏感性。

第四条 会计估计的计量目标可能因适用的财务报告编制基础和所报告的报表项目而存在差异。

一些会计估计的计量目标是，在需要作出会计估计的情况下，预测一项或多项交易、事项或情况的结果。而对于包括许多公允价值会计估计在内的其他一些会计估计，计量目标有所不同，表现为按照计量日普遍存在的状况（如对某一特定类型资产或负债估计的市场价格）反映某一当前交易或财务报表项目的价值。例如，适用的财务报告编制基础可能要求公允价值计量以公平交易中熟悉情况的交易双方自愿进行的假定的当前交易为基础，而不是过去或者未来时点的交易为基础。

第五条 会计估计的结果与财务报表中原来已确认或披露的金额存在差异，并不必然表明财务报表存在错报。这对于公允价值会计估计而言尤其如此，因为任何已观察到的结果都不可避免地受到作出会计估计的时点后所发生的事项或情况的影响。

第二章 定 义

第六条 本准则所称会计估计，是指在缺乏精确计量手段的情况下采用的某项金额的近似值。会计估计一般包括存在估计不确定性时以公允价值计量的金额，以及其他需要估计的金额。

当仅针对涉及公允价值计量的会计估计时，本准则采用“公允价值会计估计”的术语。

第七条 注册会计师的点估计或区间估计，是指从审计证据中得出的、用于评价管理层点估计的金额或金额区间。

第八条 估计不确定性，是指会计估计和相关披露在计量方面对固有不精确性的敏感性。

第九条 管理层偏向，是指管理层在编制和列报信息时缺乏中立性。

第十条 管理层的点估计，是指管理层在财务报表中确认或披露一项会计估计而选择的金额。

第十一条 会计估计的结果，是指需要作出会计估计的交易、事项或情况得以解决时发生的实际货币金额。

第三章 目 标

第十二条 注册会计师的目标是，获取充分、适当的审计证据以确定：

（一）根据适用的财务报告编制基础，财务报表中确认或披露的会计估计（包括公允价值会计估计）是否合理；

（二）根据适用的财务报告编制基础，财务报表中的相关披露是否充分。

第四章 要 求

第一节 风险评估程序和相关活动

第十三条 当实施《中国注册会计师审计准则第 1211 号——通过了解被审计单位及其环境识别和评估重大错报风险》要求的风险评估程序和相关活动，以了解被审计单位及其环境时，注册会计师应当了解下列内容，作为识别和评估会计估计重大错报风险的基础：

（一）与会计估计（包括相关披露）相关的适用的财务报告编制基础的规定；

（二）管理层如何识别可能需要作出会计估计并在财务报表中确认或披露的交易、事项和情况。在进行了解时，注册会计师应当向管理层询问可能导致新的或需要修改现有的会计估计的环境变化；

（三）管理层如何作出会计估计，以及会计估计所依据的数据。

管理层作出会计估计的方法和依据包括：

（一）用以作出会计估计的方法，包括模型（如适用）；

（二）相关控制；

（三）管理层是否利用专家的工作；

（四）会计估计所依据的假设；

（五）用以作出会计估计的方法是否已经发生或应当发生不同于上期的变化，以及变化的原因；

（六）管理层是否评估以及如何评估估计不确定性的影响。

第十四条 注册会计师应当复核上期财务报表中会计估计的结果，或者复核管理层在本期财务报表中对上期会计估计作出的后续重新估计（如适用）。

在确定复核的性质和范围时，注册会计师应当考虑会计估计的性质，以及复核时获取的信息是否可能与识别和评估本期财务报表中会计估计的重大错报风险相关。

但是，注册会计师复核的目的不是质疑上期依据当时可获得的信息而作出的判断。

第二节 识别和评估重大错报风险

第十五条 当按照《中国注册会计师审计准则第 1211 号——通过了解被审计单位及其环境识别和评估重大错报风险》的规定识别和评估重大错报风险时，注册会计师应当评价与会计估计相关的估计不确定性的程度。

第十六条 注册会计师应当根据职业判断确定识别出的具有高度估计不确定性的会计估计是否会导致特别风险。

第三节 应对评估的重大错报风险

第十七条 基于评估的重大错报风险，注册会计师应当确定：

（一）管理层是否恰当运用与会计估计相关的适用的财务报告编制基础的规定；

（二）作出会计估计的方法是否恰当，并得到一贯运用，以及会计估计或作出会计估计的方法不同于上期的变化是否适合于具体情况。

第十八条　当按照《中国注册会计师审计准则第 1231 号——针对评估的重大错报风险采取的应对措施》的规定应对评估的重大错报风险时，注册会计师应当考虑会计估计的性质，并实施下列一项或多项程序：

（一）确定截至审计报告日发生的事项是否提供有关会计估计的审计证据；

（二）测试管理层如何作出会计估计以及会计估计所依据的数据；在进行测试时，注册会计师应当评价采用的计量方法在具体情况下是否恰当，以及根据适用的财务报告编制基础确定的计量目标，管理层使用的假设是否合理；

（三）测试与管理层如何作出会计估计相关的控制的运行有效性，并实施恰当的实质性程序；

（四）作出注册会计师的点估计或区间估计，以评价管理层的点估计。

在执行本条第一款第（四）项的规定时，注册会计师应当针对下列两种情况分别予以处理：

（一）如果使用有别于管理层的假设或方法，注册会计师应当充分了解管理层的假设或方法，以确定注册会计师在作出点估计或区间估计时已考虑了相关变量，并评价与管理层的点估计存在的任何重大差异；

（二）如果认为使用区间估计是恰当的，注册会计师应当基于可获得的审计证据来缩小区间估计，直至该区间估计范围内的所有结果均可被视为合理。

第十九条　在确定第十七条规定的事项，或者根据第十八条的规定应对评估的重大错报风险时，注册会计师应当考虑是否需要具备与会计估计的一个或多个方面相关的专门技能或知识，以获取充分、适当的审计证据。

第四节　实施进一步实质性程序以应对特别风险

第二十条　对导致特别风险的会计估计，除实施《中国注册会计师审计准则第 1231 号——针对评估的重大错报风险采取的应对措施》规定的其他实质性程序外，注册会计师还应当：

（一）评价管理层如何考虑替代性的假设或结果，以及拒绝采纳的原因，或者在管理层没有考虑替代性的假设或结果的情况下，评价管理层在作出会计估计时如何处理估计不确定性；

（二）评价管理层使用的重大假设是否合理；

（三）当管理层实施特定措施的意图和能力与其使用的重大假设的合理性或对适用的财务报告编制基础的恰当应用相关时，评价这些意图和能力。

第二十一条　如果根据职业判断认为管理层没有适当处理估计不确定性对导致特别风险的会计估计的影响，注册会计师应当在必要时作出用于评价会计估计合理性的区间估计。

第二十二条　对导致特别风险的会计估计，注册会计师应当获取充分、适当的审计证据，以确定下列方面是否符合适用的财务报告编制基础的规定：

（一）管理层对会计估计在财务报表中予以确认或不予确认的决策；

（二）作出会计估计所选择的计量基础。

第五节　评价会计估计的合理性并确定错报

第二十三条　注册会计师应当根据获取的审计证据，评价财务报表中的会计估计在适用的财务报告编制基础下是合理的还是存在误导。

第六节　与会计估计相关的披露

第二十四条　注册会计师应当获取充分、适当的审计证据，以确定与会计估计相关的财务报表披露是否符合适用的财务报告编制基础的规定。

第二十五条　对导致特别风险的会计估计，注册会计师还应当评价在适用的财务报告编制基础下，财务报表中对估计不确定性的披露的充分性。

第七节　可能存在管理层偏向的迹象

第二十六条　注册会计师应当复核管理层在作出会计估计时的判断和决策，以识别是否可能存在管理层偏向的迹象。在得出某项会计估计是否合理的结论时，可能存在管理层偏向的迹象本身并不构成错报。

第八节　书面声明

第二十七条　注册会计师应当向管理层和治理层（如适用）获取书面声明，以确定其是否认为在作出会计估计时使用的重要假设是合理的。

第九节　审计工作底稿

第二十八条　注册会计师应当就下列事项形成审计工作底稿：

（一）对导致特别风险的会计估计的合理性及其披露的充分性，注册会计师得出结论的基础；

（二）可能存在管理层偏向的迹象。

第五章　附　　则

第二十九条　本准则自 2012 年 1 月 1 日起施行。

中国注册会计师审计准则第 1323 号——关联方

（2010 年 11 月 1 日修订）

第一章　总　　则

第一条　为了规范注册会计师在财务报表审计中与关联方关系及其交易的责任，制定本准则。

第二条　在涉及与关联方关系及其交易相关的重大错报风险时，本准则是对注册会计师如何应用《中国注册会计师审计准则第 1211 号——通过了解被审计单位及其环境识别和评估重大错报风险》、《中国注册会计师审计准则第 1231 号——针对评估的重大错报风险采取的应对措施》和《中国注册会计师审计准则第 1141 号——财务报表审计中与舞弊相关的责任》的进一步扩展。

第三条 许多关联方交易是在正常经营过程中发生的，与类似的非关联方交易相比，这些关联方交易可能并不具有更高的财务报表重大错报风险。但是，在某些情况下，关联方关系及其交易的性质可能导致关联方交易比非关联方交易具有更高的财务报表重大错报风险。例如：

（一）关联方可能通过广泛而复杂的关系和组织结构进行运作，相应增加关联方交易的复杂程度；

（二）信息系统可能无法有效识别或汇总被审计单位与关联方之间的交易和未结算项目的金额；

（三）关联方交易可能未按照正常的市场交易条款和条件进行，例如，某些关联方交易可能没有相应的对价。

第四条 由于关联方之间彼此并不独立，为使财务报表使用者了解关联方关系及其交易的性质，以及关联方关系及其交易对财务报表实际或潜在的影响，许多财务报告编制基础对关联方关系及其交易的会计处理和披露作出了规定。

在适用的财务报告编制基础作出这些规定的情况下，注册会计师有责任实施审计程序，以识别、评估和应对被审计单位未能按照适用的财务报告编制基础对关联方关系及其交易进行恰当会计处理或披露导致的重大错报风险。

第五条 即使适用的财务报告编制基础对关联方作出很少的规定或没有作出规定，注册会计师仍然需要了解被审计单位的关联方关系及其交易，以足以确定财务报表（就其受到关联方关系及其交易的影响而言）是否实现公允反映。

第六条 由于关联方之间更容易发生舞弊，因此注册会计师了解被审计单位的关联方关系及其交易，与其按照《中国注册会计师审计准则第 1141 号——财务报表审计中与舞弊相关的责任》的规定评价是否存在一项或多项舞弊风险因素相关。

第七条 由于审计的固有限制，即使注册会计师按照审计准则的规定恰当计划和实施了审计工作，也不可避免地存在财务报表中的某些重大错报未被发现的风险。就关联方而言，由于下列原因，审计的固有限制对注册会计师发现重大错报能力的潜在影响会加大：

（一）管理层可能未能识别出所有关联方关系及其交易，特别是在适用的财务报告编制基础没有对关联方作出规定时；

（二）关联方关系可能为管理层的串通舞弊、隐瞒或操纵行为提供更多机会。

第八条 由于存在未披露关联方关系及其交易的可能性，注册会计师按照《中国注册会计师审计准则第 1101 号——注册会计师的总体目标和审计工作的基本要求》的规定，在计划和实施与关联方关系及其交易有关的审计工作时，保持职业怀疑态度尤为重要。

本准则的规定旨在帮助注册会计师识别和评估与关联方关系及其交易有关的重大错报风险，以及设计审计程序以应对评估的风险。

第二章 定 义

第九条 在适用的财务报告编制基础对关联方作出规定的情况下，是指财务报告编制基础定义的关联方。

第十条 公平交易，是指按照互不关联、各自独立行事且追求自身最大利益的自愿的买方和自愿的卖方达成的条款和条件进行的交易。

第三章 目 标

第十一条 注册会计师的目标是：

（一）无论适用的财务报告编制基础是否对关联方作出规定，充分了解关联方关系及其交易，以便能够确认由此产生的、与识别和评估由于舞弊导致的重大错报风险相关的舞弊风险因素（如有）；根据获取的审计证据，就财务报表受到关联方关系及其交易的影响而言，确定财务报表是否实现公允反映。

（二）如果适用的财务报告编制基础对关联方作出规定，获取充分、适当的审计证据，确定关联方关系及其交易是否已按照适用的财务报告编制基础得到恰当识别、会计处理和披露。

第四章 要 求

第一节 风险评估程序和相关工作

第十二条 《中国注册会计师审计准则第 1211 号——通过了解被审计单位及其环境识别和评估重大错报风险》和《中国注册会计师审计准则第 1141 号——财务报表审计中与舞弊相关的责任》规定了注册会计师在审计过程中实施的风险评估程序和相关工作。作为风险评估程序和相关工作的一部分，注册会计师应当实施本准则第十三条至第十八条规定的审计程序和相关工作，以获取与识别关联方关系及其交易相关的重大错报风险的信息。

第十三条 项目组按照《中国注册会计师审计准则第 1211 号——通过了解被审计单位及其环境识别和评估重大错报风险》和《中国注册会计师审计准则第 1141 号——财务报表审计中与舞弊相关的责任》的规定进行内部讨论时，应当特别考虑由于关联方关系及其交易导致的舞弊或错误使得财务报表存在重大错报的可能性。

第十四条 注册会计师应当向管理层询问下列事项：

（一）关联方的名称和特征，包括关联方自上期以来发生的变化；

（二）被审计单位和关联方之间关系的性质；

（三）被审计单位在本期是否与关联方发生交易，如发生，交易的类型、定价策略和目的。

第十五条 如果管理层建立了下列与关联方关系及其交易相关的控制，注册会计师应当询问管理层和被审计单位内部其他人员，实施其他适当的风险评估程序，以获取对相关控制的了解：

（一）按照适用的财务报告编制基础，对关联方关系及其交易进行识别、会计处理和披露；

（二）授权和批准重大关联方交易和安排；

（三）授权和批准超出正常经营过程的重大交易和安排。

第十六条 某些安排或其他信息可能显示管理层以前未识别或未向注册会计师披露的

关联方关系或关联方交易，在审计过程中检查记录或文件时，注册会计师应当对这些安排或其他信息保持警觉。

注册会计师应当检查下列记录或文件，以确定是否存在管理层以前未识别或未向注册会计师披露的关联方关系或关联方交易：

（一）注册会计师实施审计程序时获取的银行和律师的询证函回函；

（二）股东会和治理层会议的纪要；

（三）注册会计师认为必要的其他记录或文件。

第十七条　在实施本准则第十六条规定的审计程序或其他审计程序时，如果识别出被审计单位超出正常经营过程的重大交易，注册会计师应当向管理层询问这些交易的性质以及是否涉及关联方。

第十八条　在整个审计过程中，注册会计师应当与项目组其他成员分享获取的关联方的相关信息。

第二节　识别和评估与关联方关系及其交易相关的重大错报风险

第十九条　注册会计师应当按照《中国注册会计师审计准则第 1211 号——通过了解被审计单位及其环境识别和评估重大错报风险》的规定，识别和评估关联方关系及其交易导致的重大错报风险，并确定这些风险是否为特别风险。在确定时，注册会计师应当将识别出的、超出被审计单位正常经营过程的重大关联方交易导致的风险确定为特别风险。

第二十条　如果在实施与关联方有关的风险评估程序和相关工作中识别出舞弊风险因素，包括与能够对被审计单位或管理层施加支配性影响的关联方有关的情形，注册会计师应当按照《中国注册会计师审计准则第 1141 号——财务报表审计中与舞弊相关的责任》的规定，在识别和评估由于舞弊导致的重大错报风险时考虑这些信息。

第三节　针对与关联方关系及其交易相关的重大错报风险的应对措施

第二十一条　注册会计师应当按照《中国注册会计师审计准则第 1231 号——针对评估的重大错报风险采取的应对措施》的规定，针对评估的与关联方关系及其交易相关的重大错报风险，设计和实施进一步审计程序，以获取充分、适当的审计证据。这些程序应当包括本准则第二十二条至第二十五条规定的审计程序。

第二十二条　如果识别出可能表明存在管理层以前未识别或未向注册会计师披露的关联方关系或关联方交易的安排或信息，注册会计师应当确定相关情况是否能够证实关联方关系或关联方交易的存在。

第二十三条　如果识别出管理层以前未识别出或未向注册会计师披露的关联方关系或重大关联方交易，注册会计师应当：

（一）立即将相关信息向项目组其他成员通报；

（二）在适用的财务报告编制基础对关联方作出规定的情况下，要求管理层识别与新识别出的关联方之间发生的所有交易，以便注册会计师作出进一步评价；询问与关联方关系及其交易相关的控制为何未能识别或披露关联方关系或交易；

（三）对新识别出的关联方或重大关联方交易实施恰当的实质性审计程序；

（四）重新考虑可能存在管理层以前未识别出或未向注册会计师披露的其他关联方或重大关联方交易的风险，如有必要，实施追加的审计程序；

（五）如果管理层不披露关联方关系或交易看似是有意的，因而显示可能存在由于舞弊导致的重大错报风险，评价这一情况对审计的影响。

第二十四条 对于识别出的超出正常经营过程的重大关联方交易，注册会计师应当：

（一）检查相关合同或协议（如有）；

（二）获取交易已经恰当授权和批准的审计证据。

如果检查相关合同或协议，注册会计师应当评价：

（一）交易的商业理由（或缺乏商业理由）是否表明被审计单位从事交易的目的可能是为了对财务信息作出虚假报告或为了隐瞒侵占资产的行为；

（二）交易条款是否与管理层的解释一致；

（三）关联方交易是否已按照适用的财务报告编制基础得到恰当会计处理和披露。

第二十五条 如果管理层在财务报表中作出认定，声明关联方交易是按照等同于公平交易中通行的条款执行的，注册会计师应当就该项认定获取充分、适当的审计证据。

第四节 评价识别出的关联方关系及其交易的会计处理和披露

第二十六条 当按照《中国注册会计师审计准则第1501号——对财务报表形成审计意见和出具审计报告》的规定对财务报表形成审计意见时，注册会计师应当评价：

（一）识别出的关联方关系及其交易是否已按照适用的财务报告编制基础得到恰当会计处理和披露；

（二）关联方关系及其交易是否导致财务报表未实现公允反映。

第五节 书面声明

第二十七条 如果适用的财务报告编制基础对关联方作出规定，注册会计师应当向管理层和治理层（如适用）获取下列书面声明：

（一）已经向注册会计师披露了全部已知的关联方名称和特征、关联方关系及其交易；

（二）已经按照适用的财务报告编制基础的规定，对关联方关系及其交易进行了恰当的会计处理和披露。

第六节 与治理层的沟通

第二十八条 除非治理层全部成员参与管理被审计单位，注册会计师应当与治理层沟通审计工作中发现的与关联方相关的重大事项。

第七节 审计工作底稿

第二十九条 注册会计师应当就识别出的关联方名称、关联方关系的性质以及关联方交易类型和交易要素形成审计工作底稿。

第五章 附 则

第三十条 本准则自2012年1月1日起施行。

中国注册会计师审计准则第 1324 号——持续经营

（2010 年 11 月 1 日修订）

第一章 总 则

第一条 为了规范注册会计师在财务报表审计中与管理层编制财务报表时运用持续经营假设相关的责任，制定本准则。

第二条 在持续经营假设下，被审计单位被视为在可预见的将来会继续经营下去。

通用目的财务报表是在持续经营基础上编制的，除非管理层计划将被审计单位予以清算或终止经营，或者除此之外没有其他现实可行的选择。特殊目的财务报表可以根据需要按照（或不按照）以持续经营为基础的财务报告编制基础编制（例如，在特定国家或地区，持续经营基础与某些按照计税核算基础编制的财务报表无关）。

如果运用持续经营假设是适当的，则被审计单位对其资产和负债的记录是建立在正常经营过程中能够变现资产、清偿债务的基础上的。

第三条 某些适用的财务报告编制基础明确要求管理层对持续经营能力作出评估，并规定了与此相关的需要考虑的事项和作出的披露。相关法律法规还可能对管理层评估持续经营能力的责任和相关财务报表披露作出具体规定。

第四条 其他财务报告编制基础可能没有明确要求管理层对持续经营能力作出评估。然而，正如本准则第二条所述，由于持续经营假设是编制财务报表的基本原则，即使其他财务报告编制基础没有对此作出明确规定，管理层也需要在编制财务报表时评估持续经营能力。

第五条 管理层对持续经营能力的评估涉及在特定时点对事项或情况的未来结果作出判断，这些事项或情况的未来结果具有固有不确定性。下列因素与管理层的判断相关：

（一）某一事项或情况或其结果出现的时点距离管理层作出评估的时点越远，与事项或情况的结果相关的不确定性程度将显著增加。因此，明确要求管理层对持续经营能力作出评估的大多数财务报告编制基础可能规定了管理层应当考虑的所有可获得信息的期间。

（二）被审计单位的规模和复杂程度、经营活动的性质和状况以及被审计单位受外部因素影响的程度，将影响对事项或情况的结果作出的判断。

（三）对未来的所有判断都以作出判断时可获得的信息为基础。管理层作出的判断在当时情况下可能是合理的，但之后发生的事项可能导致事项或情况的结果与作出的判断不一致。

第六条 注册会计师的责任是，就管理层在编制和列报财务报表时运用持续经营假设的适当性获取充分、适当的审计证据，并就持续经营能力是否存在重大不确定性得出结论。

即使编制财务报表时采用的财务报告编制基础没有明确要求管理层对持续经营能力作出专门评估，注册会计师的这种责任仍然存在。

第七条 如果存在可能导致被审计单位不再持续经营的未来事项或情况，审计的固有限制对注册会计师发现重大错报能力的潜在影响会加大。注册会计师不能对这些未来事项

或情况作出预测。相应地，注册会计师未在审计报告中提及持续经营的不确定性，不能被视为对被审计单位持续经营能力的保证。

第二章　目　　标

第八条　注册会计师的目标是：

（一）就管理层编制财务报表时运用持续经营假设的适当性，获取充分、适当的审计证据；

（二）根据获取的审计证据，就可能导致对被审计单位持续经营能力产生重大疑虑的事项或情况是否存在重大不确定性得出结论；

（三）确定对审计报告的影响。

第三章　要　　求

第一节　风险评估程序和相关活动

第九条　在按照《中国注册会计师审计准则第 1211 号——通过了解被审计单位及其环境识别和评估重大错报风险》的规定实施风险评估程序时，注册会计师应当考虑是否存在可能导致对被审计单位持续经营能力产生重大疑虑的事项或情况。在进行考虑时，注册会计师应当确定管理层是否已对被审计单位持续经营能力作出初步评估。

如果管理层已对持续经营能力作出初步评估，注册会计师应当与管理层进行讨论，并确定管理层是否已识别出单独或汇总起来可能导致对被审计单位持续经营能力产生重大疑虑的事项或情况。如果管理层已识别出这些事项或情况，注册会计师应当与其讨论应对计划。

如果管理层未对持续经营能力作出初步评估，注册会计师应当与管理层讨论其拟运用持续经营假设的基础，询问管理层是否存在单独或汇总起来可能导致对被审计单位持续经营能力产生重大疑虑的事项或情况。

第十条　针对有关可能导致对被审计单位持续经营能力产生重大疑虑的事项或情况的审计证据，注册会计师应当在整个审计过程中保持警觉。

第二节　评价管理层的评估

第十一条　注册会计师应当评价管理层对被审计单位持续经营能力作出的评估。

第十二条　在评价管理层对被审计单位持续经营能力作出的评估时，注册会计师的评价期间应当与管理层按照适用的财务报告编制基础或法律法规（如果法律法规要求的期间更长）的规定作出评估的涵盖期间相同。

如果管理层评估持续经营能力涵盖的期间短于自财务报表日起的十二个月，注册会计师应当提请管理层将其至少延长至自财务报表日起的十二个月。

第十三条　在评价管理层作出的评估时，注册会计师应当考虑该评估是否已包括注册会计师在审计过程中注意到的所有相关信息。

第三节　询问超出管理层评估期间的事项或情况

第十四条　注册会计师应当询问管理层是否知悉超出评估期间的、可能导致对持续经营能力产生重大疑虑的事项或情况。

第四节 识别出事项或情况时实施追加的审计程序

第十五条 如果识别出可能导致对持续经营能力产生重大疑虑的事项或情况，注册会计师应当通过实施追加的审计程序（包括考虑缓解因素），获取充分、适当的审计证据，以确定是否存在重大不确定性。

这些程序应当包括：

（一）如果管理层尚未对被审计单位持续经营能力作出评估，提请其进行评估；

（二）评价管理层与持续经营评估相关的未来应对计划，这些计划的结果是否可能改善目前的状况，以及管理层的计划对于具体情况是否可行；

（三）如果被审计单位已编制现金流量预测，且对预测的分析是评价管理层未来应对计划时所考虑的事项或情况的未来结果的重要因素，评价用于编制预测的基础数据的可靠性，并确定预测所基于的假设是否具有充分的支持；

（四）考虑自管理层作出评估后是否存在其他可获得的事实或信息；

（五）要求管理层和治理层（如适用）提供有关未来应对计划及其可行性的书面声明。

第五节 审计结论与报告

第十六条 注册会计师应当根据获取的审计证据，运用职业判断，确定是否存在与事项或情况相关的重大不确定性，且这些事项或情况单独或汇总起来可能导致对被审计单位持续经营能力产生重大疑虑。

如果注册会计师根据职业判断认为，鉴于不确定性潜在影响的重要程度和发生的可能性，为了使财务报表实现公允反映，有必要适当披露该不确定性的性质和影响，则表明存在重大不确定性。

第十七条 如果认为运用持续经营假设适合具体情况，但存在重大不确定性，注册会计师应当确定：

（一）财务报表是否已充分描述可能导致对持续经营能力产生重大疑虑的主要事项或情况，以及管理层针对这些事项或情况的应对计划；

（二）财务报表是否已清楚披露可能导致对持续经营能力产生重大疑虑的事项或情况存在重大不确定性，并由此导致被审计单位可能无法在正常的经营过程中变现资产和清偿债务。

第十八条 如果财务报表已作出充分披露，注册会计师应当发表无保留意见，并在审计报告中增加强调事项段，强调可能导致对持续经营能力产生重大疑虑的事项或情况存在重大不确定性的事实，并提醒财务报表使用者关注财务报表附注中对本准则第十七条所述事项的披露。

第十九条 如果财务报表未作出充分披露，注册会计师应当按照《中国注册会计师审计准则第 1502 号——在审计报告中发表非无保留意见》的规定，恰当发表保留意见或否定意见。

注册会计师应当在审计报告中说明，存在可能导致对被审计单位持续经营能力产生重大疑虑的重大不确定性。

第二十条 如果财务报表已在持续经营基础上编制，但根据判断认为管理层在财务报表中运用持续经营假设是不适当的，注册会计师应当发表否定意见。

第二十一条 如果管理层不愿按照注册会计师的要求作出评估或延长评估期间，注册会计师应当考虑这一情况对审计报告的影响。

第六节 与治理层沟通

第二十二条 注册会计师应当与治理层就识别出的可能导致对被审计单位持续经营能力产生重大疑虑的事项或情况进行沟通，除非治理层全部成员参与管理被审计单位。

与治理层的沟通应当包括下列方面：

（一）这些事项或情况是否构成重大不确定性；

（二）在财务报表编制和列报中运用持续经营假设是否适当；

（三）财务报表中的相关披露是否充分。

第七节 严重拖延对财务报表的批准

第二十三条 如果管理层或治理层在财务报表日后严重拖延对财务报表的批准，注册会计师应当询问拖延的原因。如果认为拖延可能涉及与持续经营评估相关的事项或情况，注册会计师应当实施本准则第十五条所述的有必要实施的追加的审计程序，并考虑本准则第十六条所述的存在重大不确定性对审计结论的影响。

第四章 附 则

第二十四条 本准则自2012年1月1日起开始施行。

中国注册会计师审计准则第1331号——首次审计业务涉及的期初余额

（2010年11月1日修订）

第一章 总 则

第一条 为了规范注册会计师在执行首次审计业务时对期初余额的责任，制定本准则。

第二条 当财务报表包括比较财务信息时，《中国注册会计师审计准则第1511号——比较信息：对应数据和比较财务报表》的规定同样适用。《中国注册会计师审计准则第1201号——计划审计工作》对首次审计业务开始前的活动提出补充要求。

第二章 定 义

第三条 首次审计业务，是指在上期财务报表未经审计，或上期财务报表由前任注册会计师审计的情况下承接的审计业务。

第四条 期初余额，是指期初存在的账户余额。期初余额以上期期末余额为基础，反映了以前期间的交易和事项以及上期采用的会计政策的结果。期初余额也包括期初存在的需要披露的事项，如或有事项和承诺事项。

第五条 前任注册会计师，是指已对被审计单位上期财务报表进行审计，但被现任注册会计师接替的其他会计师事务所的注册会计师。

第三章 目　　标

第六条 在执行首次审计业务时，注册会计师针对期初余额的目标是，获取充分、适当的审计证据以确定：

（一）期初余额是否含有对本期财务报表产生重大影响的错报；

（二）期初余额反映的恰当的会计政策是否在本期财务报表中得到一贯运用，或会计政策的变更是否已按照适用的财务报告编制基础作出恰当的会计处理和充分的列报与披露。

第四章 要　　求

第一节 审计程序

第七条 注册会计师应当阅读最近期间的财务报表和前任注册会计师出具的审计报告（如有），获取与期初余额相关的信息，包括披露。

第八条 注册会计师应当通过采取下列措施，获取充分、适当的审计证据，以确定期初余额是否包含对本期财务报表产生重大影响的错报：

（一）确定上期期末余额是否已正确结转至本期，或在适当的情况下已作出重新表述；

（二）确定期初余额是否反映对恰当会计政策的运用；

（三）实施一项或多项审计程序。

注册会计师实施的一项或多项审计程序包括：

（一）如果上期财务报表已经审计，查阅前任注册会计师的工作底稿，以获取有关期初余额的审计证据；

（二）评价本期实施的审计程序是否提供了有关期初余额的审计证据；

（三）实施其他专门的审计程序，以获取有关期初余额的审计证据。

第九条 如果获取的审计证据表明期初余额存在可能对本期财务报表产生重大影响的错报，注册会计师应当实施适合具体情况的追加的审计程序，以确定对本期财务报表的影响。

如果认为本期财务报表中存在这类错报，注册会计师应当按照《中国注册会计师审计准则第 1251 号——评价审计过程中识别出的错报》的规定，就这类错报与适当层级的管理层和治理层进行沟通。

第十条 注册会计师应当获取充分、适当的审计证据，以确定期初余额反映的会计政策是否在本期财务报表中得到一贯运用，以及会计政策的变更是否已按照适用的财务报告编制基础作出恰当的会计处理和充分的列报与披露。

第十一条 如果上期财务报表已由前任注册会计师审计，并发表了非无保留意见，注册会计师应当按照《中国注册会计师审计准则第 1211 号——通过了解被审计单位及其环境识别和评估重大错报风险》的规定，在评估本期财务报表重大错报风险时，评价导致发表非无保留意见的事项的影响。

第二节　审计结论和审计报告

第十二条　如果不能获取有关期初余额的充分、适当的审计证据，注册会计师应当按照《中国注册会计师审计准则第 1502 号——在审计报告中发表非无保留意见》的规定，对财务报表发表保留意见或无法表示意见。

第十三条　如果认为期初余额存在对本期财务报表产生重大影响的错报，且错报的影响未能得到恰当的会计处理或适当的列报与披露，注册会计师应当按照《中国注册会计师审计准则第 1502 号——在审计报告中发表非无保留意见》的规定，对财务报表发表保留意见或否定意见。

第十四条　如果认为按照适用的财务报告框架，与期初余额相关的会计政策未能在本期得到一贯运用，或者会计政策的变更未能得到恰当的会计处理或适当的列报与披露，注册会计师应当按照《中国注册会计师审计准则第 1502 号——在审计报告中发表非无保留意见》的规定，对财务报表发表保留意见或否定意见。

第十五条　如果前任注册会计师对上期财务报表发表了非无保留意见，并且导致发表非无保留意见的事项对本期财务报表仍然相关和重大，注册会计师应当按照《中国注册会计师审计准则第 1502 号——在审计报告中发表非无保留意见》和《中国注册会计师审计准则第 1511 号——比较信息：对应数据和比较财务报表》的规定，对本期财务报表发表非无保留意见。

第五章　附　　则

第十六条　本准则自 2012 年 1 月 1 日起施行。

中国注册会计师审计准则第 1332 号
——期后事项

（2010 年 11 月 1 日修订）

第一章　总　　则

第一条　为了规范注册会计师在财务报表审计中对期后事项的责任，制定本准则。

第二条　财务报表可能受到财务报表日后发生的事项的影响。

适用的财务报告编制基础通常专门提及期后事项，将其区分为下列两类：

（一）对财务报表日已经存在的情况提供证据的事项；

（二）对财务报表日后发生的情况提供证据的事项。

审计报告的日期向财务报表使用者表明，注册会计师已考虑其知悉的、截至审计报告日发生的事项和交易的影响。

第二章　定　　义

第三条　期后事项，是指财务报表日至审计报告日之间发生的事项，以及注册会计师在审计报告日后知悉的事实。

第四条　财务报表日，是指财务报表涵盖的最近期间的截止日期。

第五条　审计报告日，是指注册会计师按照《中国注册会计师审计准则第 1501 号——对财务报表形成审计意见和出具审计报告》的规定在对财务报表出具的审计报告上签署的日期。

第六条　财务报表报出日，是指审计报告和已审计财务报表提供给第三方的日期。

第七条　财务报表批准日，是指构成整套财务报表的所有报表（包括相关附注）已编制完成，并且被审计单位的董事会、管理层或类似机构已经认可其对财务报表负责的日期。

第三章　目　　标

第八条　注册会计师的目标是：

（一）获取充分、适当的审计证据，以确定财务报表日至审计报告日之间发生的、需要在财务报表中调整或披露的事项是否已经按照适用的财务报告编制基础在财务报表中得到恰当反映；

（二）恰当应对在审计报告日后注册会计师知悉的、且如果在审计报告日知悉可能导致注册会计师修改审计报告的事实。

第四章　要　　求

第一节　财务报表日至审计报告日之间发生的事项

第九条　注册会计师应当设计和实施审计程序，获取充分、适当的审计证据，以确定所有在财务报表日至审计报告日之间发生的、需要在财务报表中调整或披露的事项均已得到识别。但是，注册会计师并不需要对之前已实施审计程序并已得出满意结论的事项执行追加的审计程序。

第十条　注册会计师应当按照本准则第九条的规定实施审计程序，以使审计程序能够涵盖财务报表日至审计报告日（或尽可能接近审计报告日）之间的期间。

在确定审计程序的性质和范围时，注册会计师应当考虑风险评估的结果。这些程序应当包括：

（一）了解管理层为确保识别期后事项而建立的程序；

（二）询问管理层和治理层（如适用），确定是否已发生可能影响财务报表的期后事项；

（三）查阅被审计单位的所有者、管理层和治理层在财务报表日后举行会议的纪要，在不能获取会议纪要的情况下，询问此类会议讨论的事项；

（四）查阅被审计单位最近的中期财务报表（如有）。

第十一条　在实施本准则第九条和第十条规定的审计程序后，如果注册会计师识别出需要在财务报表中调整或披露的事项，应当确定这些事项是否按照适用的财务报告编制基础的规定在财务报表中得到恰当反映。

第十二条　注册会计师应当按照《中国注册会计师审计准则第 1341 号——书面声明》

的规定，要求管理层和治理层（如适用）提供书面声明，确认所有在财务报表日后发生的、按照适用的财务报告编制基础的规定应予调整或披露的事项均已得到调整或披露。

第二节　注册会计师在审计报告日后至财务报表报出日前知悉的事实

第十三条　在审计报告日后，注册会计师没有义务针对财务报表实施任何审计程序。

在审计报告日后至财务报表报出日前，如果知悉了某事实，且若在审计报告日知悉可能导致修改审计报告，注册会计师应当：

（一）与管理层和治理层（如适用）讨论该事项；

（二）确定财务报表是否需要修改；

（三）如果需要修改，询问管理层将如何在财务报表中处理该事项。

第十四条　如果管理层修改财务报表，注册会计师应当：

（一）根据具体情况对有关修改实施必要的审计程序；

（二）除非本准则第十五条所述的情形适用，将本准则第九条和第十条规定的审计程序延伸至新的审计报告日，并针对修改后的财务报表出具新的审计报告。新的审计报告日不应早于修改后的财务报表被批准的日期。

第十五条　在有关法律法规或适用的财务报告编制基础未禁止的情况下，如果管理层对财务报表的修改仅限于反映导致修改的期后事项的影响，被审计单位的董事会、管理层或类似机构也仅对有关修改进行批准，注册会计师可以仅针对有关修改将本准则第九条和第十条所述的审计程序延伸至新的审计报告日。在这种情况下，注册会计师应当选用下列处理方式之一：

（一）修改审计报告，针对财务报表修改部分增加补充报告日期，从而表明注册会计师对期后事项实施的审计程序仅限于财务报表相关附注所述的修改；

（二）出具新的或经修改的审计报告，在强调事项段或其他事项段中说明注册会计师对期后事项实施的审计程序仅限于财务报表相关附注所述的修改。

第十六条　在某些国家或地区，法律法规或财务报告框架可能不要求管理层报出经修改的财务报表，相应地，注册会计师也无需出具经修改的或新的审计报告。然而，如果认为管理层应当修改财务报表而没有修改，注册会计师应当分别以下情况予以处理：

（一）如果审计报告尚未提交给被审计单位，注册会计师应当按照《中国注册会计师审计准则第 1502 号——在审计报告中发表非无保留意见》的规定发表非无保留意见，然后再提交审计报告；

（二）如果审计报告已经提交给被审计单位，注册会计师应当通知管理层和治理层（除非治理层全部成员参与管理被审计单位）在财务报表作出必要修改前不要向第三方报出。如果财务报表在未经必要修改的情况下仍被报出，注册会计师应当采取适当措施，以设法防止财务报表使用者信赖该审计报告。

第三节　注册会计师在财务报表报出后知悉的事实

第十七条　在财务报表报出后，注册会计师没有义务针对财务报表实施任何审计程序。

在财务报表报出后，如果知悉了某事实，且若在审计报告日知悉该事实可能导致修改审计报告，注册会计师应当：

（一）与管理层和治理层（如适用）讨论该事项；

（二）确定财务报表是否需要修改；

（三）如果需要修改，询问管理层将如何在财务报表中处理该事项。

第十八条 如果管理层修改了财务报表，注册会计师应当：

（一）根据具体情况对有关修改实施必要的审计程序；

（二）复核管理层采取的措施能否确保所有收到原财务报表和审计报告的人士了解这一情况；

（三）除非本准则第十五条所述的情形适用，将本准则第九条和第十条规定的审计程序延伸至新的审计报告日，并针对修改后的财务报表出具新的审计报告，新的审计报告日不应早于修改后的财务报表被批准的日期；

（四）如果本准则第十五条所述的情形适用，应当按照本准则第十五条的规定修改审计报告或提供新的审计报告。

第十九条 注册会计师应当在新的或经修改的审计报告中增加强调事项段或其他事项段，提醒财务报表使用者关注财务报表附注中有关修改原财务报表的详细原因和注册会计师提供的原审计报告。

第二十条 如果管理层没有采取必要措施确保所有收到原财务报表的人士了解这一情况，也没有在注册会计师认为需要修改的情况下修改财务报表，注册会计师应当通知管理层和治理层（除非治理层全部成员参与管理被审计单位）其将设法防止财务报表使用者信赖该审计报告。

如果注册会计师已经通知管理层或治理层，而管理层或治理层没有采取必要措施，注册会计师应当采取适当措施，以设法防止财务报表使用者信赖该审计报告。

第五章 附 则

第二十一条 本准则自2012年1月1日起施行。

中国注册会计师审计准则第1341号——书面声明

（2010年11月1日修订）

第一章 总 则

第一条 为了规范注册会计师在财务报表审计中向管理层获取书面声明，制定本准则。

第二条 本准则附录中列示的其他审计准则，对注册会计师在特定情况下就相关事项获取书面声明提出具体要求，但并不构成对本准则普遍适用性的限制。

第三条 审计证据是注册会计师为了得出审计结论和形成审计意见而使用的信息。书面声明是注册会计师在财务报表审计中需要获取的必要信息，也是审计证据。

第四条 尽管书面声明提供必要的审计证据，但其本身并不为所涉及的任何事项提供充分、适当的审计证据。而且，管理层已提供可靠书面声明的事实，并不影响注册会计师就管理层责任履行情况或具体认定获取的其他审计证据的性质和范围。

第二章 定 义

第五条 书面声明，是指管理层向注册会计师提供的书面陈述，用以确认某些事项或支持其他审计证据。

书面声明不包括财务报表及其认定，以及支持性账簿和相关记录。

第六条 在本准则中单独提及管理层时，应当理解为管理层和治理层（如适用）。管理层负责按照适用的财务报告编制基础编制财务报表并使其实现公允反映。

第三章 目 标

第七条 注册会计师的目标是：

（一）向管理层获取其认为自身已履行编制财务报表和向注册会计师提供完整信息的责任的书面声明；

（二）如果注册会计师认为有必要或其他审计准则有要求，通过书面声明支持与财务报表或具体认定相关的其他审计证据；

（三）恰当应对管理层提供的书面声明或管理层不提供注册会计师要求的书面声明的情况。

第四章 要 求

第一节 提供书面声明的管理层

第八条 注册会计师应当要求对财务报表承担相应责任并了解相关事项的管理层提供书面声明。

第二节 针对管理层责任的书面声明

第九条 针对财务报表的编制，注册会计师应当要求管理层提供书面声明，确认其根据审计业务约定条款，履行了按照适用的财务报告编制基础编制财务报表并使其实现公允反映（如适用）的责任。

第十条 针对提供的信息和交易的完整性，注册会计师应当要求管理层就下列事项提供书面声明：

（一）按照审计业务约定条款，已向注册会计师提供所有相关信息，并允许注册会计师不受限制地接触所有相关信息以及被审计单位内部人员和其他相关人员。

（二）所有交易均已记录并反映在财务报表中。

第十一条 注册会计师应当要求管理层按照审计业务约定条款中对管理层责任的描述方式，在本准则第九条和第十条要求的书面声明中对管理层责任进行描述。

第三节 其他书面声明

第十二条 除本准则和其他审计准则要求的书面声明外，如果注册会计师认为有必要获取一项或多项其他书面声明，以支持与财务报表或者一项或多项具体认定相关的其他审计证据，注册会计师应当要求管理层提供这些书面声明。

第四节　书面声明的日期和涵盖的期间

第十三条　书面声明的日期应当尽量接近对财务报表出具审计报告的日期，但不得在审计报告日后。书面声明应当涵盖审计报告针对的所有财务报表和期间。

第五节　书面声明的形式

第十四条　书面声明应当以声明书的形式致送注册会计师。如果法律法规要求管理层就其责任作出书面公开陈述，并且注册会计师认为这些陈述提供了本准则第九条和第十条要求的部分或全部声明，则这些陈述所涵盖的相关事项不必包括在声明书中。

第六节　对书面声明可靠性的疑虑以及管理层不提供要求的书面声明

第十五条　如果对管理层的胜任能力、诚信、道德价值观或勤勉尽责存在疑虑，或者对管理层在这些方面的承诺或贯彻执行存在疑虑，注册会计师应当确定这些疑虑对书面或口头声明和审计证据总体的可靠性可能产生的影响。

第十六条　如果书面声明与其他审计证据不一致，注册会计师应当实施审计程序以设法解决这些问题。如果问题仍未解决，注册会计师应当重新考虑对管理层的胜任能力、诚信、道德价值观或勤勉尽责的评估，或者重新考虑对管理层在这些方面的承诺或贯彻执行的评估，并确定书面声明与其他审计证据的不一致对书面或口头声明和审计证据总体的可靠性可能产生的影响。

第十七条　如果认为书面声明不可靠，注册会计师应当采取适当措施，包括本准则第十九条所提及的按照《中国注册会计师审计准则第1502号——在审计报告中发表非无保留意见》的规定，确定其对审计意见可能产生的影响。

第十八条　如果管理层不提供要求的一项或多项书面声明，注册会计师应当：

（一）与管理层讨论该事项；

（二）重新评价管理层的诚信，并评价该事项对书面或口头声明和审计证据总体的可靠性可能产生的影响；

（三）采取适当措施，包括本准则第十九条提及的按照《中国注册会计师审计准则第1502号——在审计报告中发表非无保留意见》的规定，确定该事项对审计意见可能产生的影响。

第十九条　按照《中国注册会计师审计准则第1502号——在审计报告中发表非无保留意见》的规定，如果存在下列情形之一，注册会计师应当对财务报表发表无法表示意见：

（一）注册会计师对管理层的诚信产生重大疑虑，以至于认为其按照本准则第九条和第十条的要求作出的书面声明不可靠；

（二）管理层不提供本准则第九条和第十条要求的书面声明。

第五章　附　　则

第二十条　本准则自2012年1月1日起施行。

附录：

其他审计准则对书面声明的具体要求

下列审计准则要求注册会计师在特定情况下就相关事项获取书面声明，但其规定并不影响本准则的普遍适用性。

1.《中国注册会计师审计准则第 1141 号——财务报表审计中与舞弊相关的责任》第四十三条；

2.《中国注册会计师审计准则第 1142 号——财务报表审计中对法律法规的考虑》第十六条；

3.《中国注册会计师审计准则第 1251 号——评价审计过程中识别出的错报》第十五条；

4.《中国注册会计师审计准则第 1311 号——对存货等、诉讼和索赔、分部信息等特定项目获取审计证据的具体考虑》第十二条；

5.《中国注册会计师审计准则第 1321 号——审计会计估计（包括公允价值会计估计）和相关披露》第二十七条；

6.《中国注册会计师审计准则第 1323 号——关联方》第二十六条；

7.《中国注册会计师审计准则第 1324 号——持续经营》第十五条第二款第（五）项；

8.《中国注册会计师审计准则第 1332 号——期后事项》第十二条；

9.《中国注册会计师审计准则第 1511 号——比较信息：对应数据和比较财务报表》第十二条。

中国注册会计师审计准则第 1401 号——对集团财务报表审计的特殊考虑

（2010 年 11 月 1 日修订）

第一章 总 则

第一条 为了规范注册会计师执行集团审计时的特殊考虑，特别是涉及组成部分注册会计师的特殊考虑，制定本准则。

第二条 本准则规范集团审计的特定方面，其他审计准则同样适用于集团审计。

第三条 在执行非集团审计时，如果利用其他注册会计师的工作（如委托其他注册会计师对存放在偏远地点的存货实施监盘或对存放在偏远地点的固定资产实施检查），注册会计师可以根据具体情况遵守本准则的相关规定。

第四条 因法律法规要求或其他原因，组成部分注册会计师可能需要对组成部分财务报表发表审计意见。集团项目组可以决定利用组成部分注册会计师对组成部分财务报表发表审计意见所依据的审计证据，作为集团审计的审计证据，但仍需要遵守本准则的规定。

第五条　按照《中国注册会计师审计准则第1121号——对财务报表审计实施的质量控制》的规定，集团项目合伙人应当确信执行集团审计业务的人员（包括组成部分注册会计师）从整体上具备适当的胜任能力和必要素质。

集团项目合伙人还需要对指导、监督和执行集团审计业务承担责任。

第六条　无论是集团项目组还是组成部分注册会计师对组成部分财务信息执行相关工作，集团项目合伙人都需要遵守《中国注册会计师审计准则第1121号——对财务报表审计实施的质量控制》的相关规定。

当组成部分注册会计师对组成部分财务信息执行相关工作时，本准则有助于集团项目合伙人满足《中国注册会计师审计准则第1121号——对财务报表审计实施的质量控制》的要求。

第七条　审计风险取决于重大错报风险和检查风险。在集团审计中，审计风险包括组成部分注册会计师可能没有发现组成部分财务信息存在的错报（该错报导致集团财务报表发生重大错报）的风险，以及集团项目组可能没有发现该错报的风险。

本准则规定了在组成部分注册会计师对组成部分财务信息实施风险评估程序和进一步审计程序时，集团项目组在确定参与组成部分注册会计师工作的性质、时间安排和范围时需要考虑的事项。集团项目组参与组成部分注册会计师工作的目的是为了获取充分、适当的审计证据，以作为形成集团财务报表审计意见的基础。

第二章　定　　义

第八条　集团，是指由所有组成部分构成的整体，并且所有组成部分的财务信息包括在集团财务报表中。集团至少拥有一个以上的组成部分。

第九条　集团财务报表，是指包括一个以上组成部分财务信息的财务报表。集团财务报表也指没有母公司但处在同一控制下的各组成部分编制的财务信息所汇总生成的财务报表。

第十条　本准则所称适用的财务报告编制基础，是指适用于集团财务报表的财务报告编制基础。

第十一条　集团管理层，是指负责编制集团财务报表的管理层。

第十二条　集团层面控制，是指集团管理层设计、执行和维护的与集团财务报告相关的控制。

第十三条　集团审计，是指对集团财务报表进行的审计。

第十四条　集团审计意见，是指对集团财务报表发表的审计意见。

第十五条　集团项目合伙人，是指会计师事务所中负责某项集团审计业务及其执行，并代表会计师事务所在对集团财务报表出具的审计报告上签字的合伙人。如果集团项目合伙人以外的其他注册会计师在对集团财务报表出具的审计报告上签字，本准则对集团项目合伙人的规定也适用于该签字注册会计师。

如果联合注册会计师执行集团审计，联合项目合伙人及其项目组整体上构成集团项目合伙人和集团项目组。但是，本准则并不规范联合注册会计师之间的关系，或参与联合审计的一方注册会计师执行的工作与另一方注册会计师执行的工作之间的关系。

第十六条　集团项目组，是指参与集团审计的，包括集团项目合伙人在内的所有合伙人和员工。集团项目组负责制定集团总体审计策略，与组成部分注册会计师沟通，针对合

并过程执行相关工作，并评价根据审计证据得出的结论，作为形成集团财务报表审计意见的基础。

第十七条 组成部分，是指某一实体或某项业务活动，其财务信息由集团或组成部分管理层编制并包括在集团财务报表中。

第十八条 重要组成部分，是指集团项目组识别出的具有下列特征之一的组成部分：

（一）单个组成部分对集团具有财务重大性；

（二）由于单个组成部分的特定性质或情况，可能存在导致集团财务报表发生重大错报的特别风险。

第十九条 组成部分管理层，是指负责编制组成部分财务信息的管理层。

第二十条 组成部分注册会计师，是指基于集团审计目的，按照集团项目组的要求，对组成部分财务信息执行相关工作的注册会计师。

第二十一条 组成部分重要性，是指集团项目组为组成部分确定的重要性。

第二十二条 合并过程，是指：

（一）通过合并、比例合并、权益法或成本法，在集团财务报表中对组成部分财务信息进行确认、计量、列报和披露；

（二）对没有母公司但处在同一控制下的各组成部分编制的财务信息进行汇总。

第三章 目 标

第二十三条 注册会计师的目标是：

（一）确定是否担任集团审计的注册会计师；

（二）如果担任集团审计的注册会计师，就组成部分注册会计师对组成部分财务信息执行工作的范围、时间安排和发现的问题，与组成部分注册会计师进行清晰地沟通；针对组成部分财务信息和合并过程，获取充分、适当的审计证据，以对集团财务报表是否在所有重大方面按照适用的财务报告框架编制发表审计意见。

第四章 要 求

第一节 责 任

第二十四条 集团项目合伙人应当按照职业准则和适用的法律法规的规定，负责指导、监督和执行集团审计业务，并确定出具的审计报告是否适合具体情况。注册会计师对集团财务报表出具的审计报告不应提及组成部分注册会计师，除非法律法规另有规定。如果法律法规要求在审计报告中提及组成部分注册会计师，审计报告应当指明，这种提及并不减轻集团项目合伙人及其所在的会计师事务所对集团审计意见承担的责任。

第二节 集团审计业务的承接与保持

第二十五条 在具体运用《中国注册会计师审计准则第 1121 号——对财务报表审计实施的质量控制》时，集团项目合伙人应当确定是否能够合理预期获取与合并过程和组成部分财务信息相关的充分、适当的审计证据，以作为形成集团审计意见的基础。因此，集团项目组应当了解集团及其环境、集团组成部分及其环境，以足以识别可能的重要组成部

分。如果组成部分注册会计师对重要组成部分财务信息执行相关工作，集团项目合伙人应当评价集团项目组参与组成部分注册会计师工作的程度是否足以获取充分、适当的审计证据。

第二十六条　如果集团项目合伙人认为由于集团管理层施加的限制，使集团项目组不能获取充分、适当的审计证据，由此产生的影响可能导致对集团财务报表发表无法表示意见，集团项目合伙人应当视具体情况采取下列措施：

（一）如果是新业务，拒绝接受业务委托，如果是连续审计业务，在法律法规允许的情况下，解除业务约定；

（二）如果法律法规禁止注册会计师拒绝接受业务委托，或者注册会计师不能解除业务约定，在可能的范围内对集团财务报表实施审计，并对集团财务报表发表无法表示意见。

第二十七条　集团项目合伙人应当按照《中国注册会计师审计准则第 1111 号——就审计业务约定条款达成一致意见》的规定，就集团审计业务约定条款与管理层或治理层（如适用）达成一致意见。

第三节　总体审计策略和具体审计计划

第二十八条　集团项目组应当按照《中国注册会计师审计准则第 1201 号——计划审计工作》的规定，制定集团总体审计策略和具体审计计划。

第二十九条　集团项目合伙人应当复核集团总体审计策略和具体审计计划。

第四节　了解集团及其环境、集团组成部分及其环境

第三十条　注册会计师应当通过了解被审计单位及其环境，识别和评估财务报表重大错报风险。

集团项目组应当：

（一）在业务承接或保持阶段获取信息的基础上，进一步了解集团及其环境、集团组成部分及其环境，包括集团层面控制；

（二）了解合并过程，包括集团管理层向组成部分下达的指令。

第三十一条　集团项目组应当对集团及其环境、集团组成部分及其环境获取充分的了解，以足以：

（一）确认或修正最初识别的重要组成部分；

（二）评估由于舞弊或错误导致集团财务报表发生重大错报的风险。

第五节　了解组成部分注册会计师

第三十二条　如果计划要求组成部分注册会计师执行组成部分财务信息的相关工作，集团项目组应当了解下列事项：

（一）组成部分注册会计师是否了解并将遵守与集团审计相关的职业道德要求，特别是独立性要求；

（二）组成部分注册会计师是否具备专业胜任能力；

（三）集团项目组参与组成部分注册会计师工作的程度是否足以获取充分、适当的审计证据；

（四）组成部分注册会计师是否处于积极的监管环境中。

第三十三条 如果组成部分注册会计师不符合与集团审计相关的独立性要求，或集团项目组对本准则第三十二条第（一）项至第（三）项所列事项存有重大疑虑，集团项目组应当就组成部分财务信息获取充分、适当的审计证据，而不应要求组成部分注册会计师对组成部分财务信息执行相关工作。

第六节 重 要 性

第三十四条 集团项目组应当确定与重要性相关的下列事项：

（一）在制定集团总体审计策略时，确定集团财务报表整体的重要性。

（二）根据集团的特定情况，如果存在特定类别的交易、账户余额或披露，其发生的错报金额低于集团财务报表整体的重要性，但合理预期将影响财务报表使用者依据集团财务报表作出的经济决策，则确定适用于这些交易、账户余额或披露的一个或多个重要性水平。

（三）如果组成部分注册会计师对组成部分财务信息实施审计或审阅，基于集团审计目的，为这些组成部分确定组成部分重要性。为将未更正和未发现错报的汇总数超过集团财务报表整体的重要性的可能性降至适当的低水平，组成部分重要性应当低于集团财务报表整体的重要性。

（四）设定临界值，不能将超过该临界值的错报视为对集团财务报表明显微小的错报。

第三十五条 如果基于集团审计目的，由组成部分注册会计师对组成部分财务信息执行审计工作，集团项目组应当评价在组成部分层面确定的实际执行的重要性的适当性。

第三十六条 如果因法律法规或其他原因要求对组成部分进行审计，并且集团项目组决定利用该审计为集团审计提供审计证据，集团项目组应当确定下列方面是否符合本准则的规定：

（一）组成部分财务报表整体的重要性；

（二）组成部分层面的实际执行的重要性。

第七节 针对评估的风险采取的应对措施

第三十七条 注册会计师应当针对评估的财务报表重大错报风险设计和实施恰当的应对措施。

对于组成部分财务信息，集团项目组应当确定由其亲自执行或由组成部分注册会计师代为执行的相关工作的类型。集团项目组还应当确定参与组成部分注册会计师工作的性质、时间安排和范围。

第三十八条 在确定对合并过程或组成部分财务信息拟实施的工作的性质、时间安排和范围时，如果预期集团层面控制运行有效，或者仅实施实质性程序不能提供认定层次的充分、适当的审计证据，集团项目组应当测试或要求组成部分注册会计师测试这些控制运行的有效性。

第三十九条 就集团而言，对于具有财务重大性的单个组成部分，集团项目组或代表集团项目组的组成部分注册会计师应当运用该组成部分的重要性，对组成部分财务信息实施审计。

第四十条 对由于其特定性质或情况，可能包括导致集团财务报表发生重大错报的特别风险的重要组成部分，集团项目组或代表集团项目组的组成部分注册会计师应当执行下列一项或多项工作：

（一）使用组成部分重要性对组成部分财务信息实施审计；

（二）针对与可能导致集团财务报表发生重大错报的特别风险相关的一个或多个账户余额、某类交易或披露事项实施审计；

（三）针对可能导致集团财务报表发生重大错报的特别风险实施特定的审计程序。

第四十一条 对于不重要的组成部分，集团项目组应当在集团层面实施分析程序。

第四十二条 如果集团项目组认为执行下列工作不能获取形成集团审计意见所依据的充分、适当的审计证据，应当采取本条第二款规定的措施：

（一）对重要组成部分财务信息执行的工作；

（二）对集团层面控制和合并过程执行的工作；

（三）在集团层面实施的分析程序。

集团项目组应当选择某些不重要的组成部分，并对已选择的组成部分财务信息亲自执行或由代表集团项目组的组成部分注册会计师执行下列一项或多项工作：

（一）使用组成部分重要性对组成部分财务信息实施审计；

（二）对一个或多个账户余额、一类或多类交易或披露实施审计；

（三）使用组成部分重要性对组成部分财务信息实施审阅；

（四）实施特定程序。

集团项目组应当在一段时间之后更换所选择的组成部分。

第四十三条 如果组成部分注册会计师对重要组成部分财务信息执行审计，集团项目组应当参与组成部分注册会计师实施的风险评估程序，以识别导致集团财务报表发生重大错报的特别风险。集团项目组参与的性质、时间安排和范围受其对组成部分注册会计师所了解情况的影响，但至少应当包括：

（一）与组成部分注册会计师或组成部分管理层讨论对集团而言重要的组成部分业务活动；

（二）与组成部分注册会计师讨论由于舞弊或错误导致组成部分财务信息发生重大错报的可能性；

（三）复核组成部分注册会计师对识别出的导致集团财务报表发生重大错报的特别风险形成的审计工作底稿。审计工作底稿可以采用备忘录的形式，反映组成部分注册会计师针对识别出的特别风险得出的结论。

第四十四条 如果在由组成部分注册会计师执行相关工作的组成部分内，识别出导致集团财务报表发生重大错报的特别风险，集团项目组应当评价针对识别出的特别风险拟实施的进一步审计程序的恰当性。根据对组成部分注册会计师的了解，集团项目组应当确定是否有必要参与进一步审计程序。

第八节 合并过程

第四十五条 根据本准则第三十条的规定，集团项目组应当了解集团层面的控制和合并过程，包括集团管理层向组成部分下达的指令。

根据本准则第三十八条的规定，如果对合并过程执行工作的性质、时间安排和范围基于预期集团层面控制有效运行，或者仅实施实质性程序不能提供认定层次的充分、适当的

审计证据，集团项目组应当亲自测试或要求组成部分注册会计师代为测试集团层面控制运行的有效性。

第四十六条 集团项目组应当针对合并过程设计和实施进一步审计程序，以应对评估的、由合并过程导致的集团财务报表发生重大错报的风险。设计和实施的进一步审计程序应当包括评价所有组成部分是否均已包括在集团财务报表中。

第四十七条 集团项目组应当评价合并调整和重分类事项的适当性、完整性和准确性，并评价是否存在舞弊风险因素或可能存在管理层偏向的迹象。

第四十八条 如果组成部分财务信息没有按照集团财务报表采用的会计政策编制，集团项目组应当评价组成部分财务信息是否已得到适当调整，以满足编制和列报集团财务报表的要求。

第四十九条 集团项目组应当确定，组成部分注册会计师按照本准则第五十四条的规定进行的沟通中提及的财务信息是否就是包括在集团财务报表中的财务信息。

第五十条 如果集团财务报表包括的组成部分财务报表的报告期末不同于集团财务报表，集团项目组应当评价是否已按照适用的财务报告编制基础对这些财务报表作出恰当调整。

第九节 期后事项

第五十一条 如果集团项目组或组成部分注册会计师对组成部分财务信息实施审计，集团项目组或组成部分注册会计师应当实施审计程序，以识别组成部分自组成部分财务信息日至对集团财务报表出具审计报告日之间发生的、可能需要在集团财务报表中调整或披露的事项。

第五十二条 如果组成部分注册会计师执行组成部分财务信息审计以外的工作，集团项目组应当要求组成部分注册会计师告知其注意到的、可能需要在集团财务报表中调整或披露的期后事项。

第十节 与组成部分注册会计师的沟通

第五十三条 集团项目组应当及时向组成部分注册会计师通报工作要求。通报的内容应当明确组成部分注册会计师应执行的工作和集团项目组对其工作的利用，以及组成部分注册会计师与集团项目组沟通的形式和内容。

通报的内容还应当包括：

（一）在组成部分注册会计师知悉集团项目组将利用其工作的前提下，要求组成部分注册会计师确认其将配合集团项目组的工作。

（二）与集团审计相关的职业道德要求，特别是独立性要求。

（三）在对组成部分财务信息实施审计或审阅的情况下，组成部分的重要性和针对特定的某类交易、账户余额或披露采用的一个或多个重要性水平（如适用）以及临界值，超过临界值的错报不能视为对集团财务报表明显微小的错报。

（四）识别出的与组成部分注册会计师工作相关的、由于舞弊或错误导致集团财务报表发生重大错报的特别风险。集团项目组应当要求组成部分注册会计师及时沟通所有识别出的、在组成部分内的其他由于舞弊或错误可能导致集团财务报表发生重大错报的特别风险，以及组成部分注册会计师针对这些特别风险采取的应对措施。

（五）集团管理层编制的关联方清单和集团项目组知悉的任何其他关联方。集团项目组应当要求组成部分注册会计师及时沟通集团管理层或集团项目组以前未识别出的关联方。集团项目组应当确定是否需要将新识别的关联方告知其他组成部分注册会计师。

第五十四条　集团项目组应当要求组成部分注册会计师沟通与得出关于集团审计的结论相关的事项。沟通的内容应当包括：

（一）组成部分注册会计师是否已遵守与集团审计相关的职业道德要求，包括对独立性和专业胜任能力的要求；

（二）组成部分注册会计师是否已遵守集团项目组的要求；

（三）指出作为组成部分注册会计师出具报告对象的组成部分财务信息；

（四）因违反法律法规而可能导致集团财务报表发生重大错报的信息；

（五）组成部分财务信息中未更正错报的清单（清单不必包括低于集团项目组通报的临界值且明显微小的错报）；

（六）表明可能存在管理层偏向的迹象；

（七）描述识别出的组成部分层面值得关注的内部控制缺陷；

（八）组成部分注册会计师向组成部分治理层已通报或拟通报的其他重大事项，包括涉及组成部分管理层、在组成部分层面内部控制中承担重要职责的员工以及其他人员（在舞弊行为导致组成部分财务信息出现重大错报的情况下）的舞弊或舞弊嫌疑；

（九）可能与集团审计相关或者组成部分注册会计师期望集团项目组加以关注的其他事项，包括在组成部分注册会计师要求组成部分管理层提供的书面声明中指出的例外事项；

（十）组成部分注册会计师的总体发现、得出的结论和形成的意见。

第十一节　评价审计证据的充分性和适当性

第五十五条　集团项目组应当评价与组成部分注册会计师的沟通。集团项目组应当：

（一）与组成部分注册会计师、组成部分管理层或集团管理层（如适用）讨论在评价过程中发现的重大事项；

（二）确定是否有必要复核组成部分注册会计师审计工作底稿的相关部分。

第五十六条　如果认为组成部分注册会计师的工作不充分，集团项目组应当确定需要实施哪些追加的程序，以及这些程序是由组成部分注册会计师还是由集团项目组实施。

第五十七条　注册会计师应当获取充分、适当的审计证据，将审计风险降至可接受的低水平，从而得出合理的结论以作为形成审计意见的基础。

集团项目组应当评价，通过对合并过程实施的审计程序以及由集团项目组和组成部分注册会计师对组成部分财务信息执行的工作，是否已获取充分、适当的审计证据，作为形成集团审计意见的基础。

第五十八条　集团项目合伙人应当评价未更正错报（无论该错报是由集团项目组识别出的还是由组成部分注册会计师告知的）和未能获取充分、适当的审计证据的情况对集团审计意见的影响。

第十二节　与集团管理层和集团治理层的沟通

第五十九条　集团项目组应当按照《中国注册会计师审计准则第 1152 号——向治理

层和管理层通报内部控制缺陷》的规定，确定哪些识别出的内部控制缺陷需要向集团治理层和集团管理层通报。

在确定通报的内容时，集团项目组应当考虑：

（一）集团项目组识别出的集团层面内部控制缺陷；

（二）集团项目组识别出的组成部分层面内部控制缺陷；

（三）组成部分注册会计师提请集团项目组关注的内部控制缺陷。

第六十条 如果集团项目组识别出舞弊或组成部分注册会计师提请集团项目组关注舞弊，或者有关信息表明可能存在舞弊，集团项目组应当及时向适当层级的集团管理层通报，以便管理层告知主要负责防止和发现舞弊事项的人员。

第六十一条 因法律法规要求或其他原因，组成部分注册会计师可能需要对组成部分财务报表发表审计意见。在这种情况下，集团项目组应当要求集团管理层告知组成部分管理层其尚未知悉的、集团项目组注意到的可能对组成部分财务报表产生重要影响的事项。

如果集团管理层拒绝向组成部分管理层通报该事项，集团项目组应当与集团治理层进行讨论。

如果该事项仍未得到解决，集团项目组在遵守法律法规和职业准则有关保密要求的前提下，应当考虑是否建议组成部分注册会计师在该事项得到解决之前，不对组成部分财务报表出具审计报告。

第六十二条 除《中国注册会计师审计准则第 1151 号——与治理层的沟通》和其他审计准则要求沟通的事项外，集团项目组还应当与集团治理层沟通下列事项：

（一）对组成部分财务信息拟执行工作的类型的概述；

（二）在组成部分注册会计师对重要组成部分财务信息拟执行的工作中，集团项目组计划参与其工作的性质的概述；

（三）对组成部分注册会计师的工作作出的评价，引起集团项目组对其工作质量产生疑虑的情形；

（四）集团审计受到的限制，如集团项目组接触某些信息受到的限制；

（五）涉及集团管理层、组成部分管理层、在集团层面控制中承担重要职责的员工以及其他人员（在舞弊行为导致集团财务报表出现重大错报的情况下）的舞弊或舞弊嫌疑。

第十三节　审计工作底稿

第六十三条 集团项目组应当就下列事项形成审计工作底稿：

（一）对组成部分的分析，指明重要组成部分以及对组成部分财务信息执行工作的类型；

（二）对于重要组成部分，集团项目组参与该组成部分注册会计师工作的性质、时间安排和范围，如果适用，还包括集团项目组对组成部分注册会计师审计工作底稿的相关部分进行的复核以及由此得出的结论；

（三）集团项目组与组成部分注册会计师就集团项目组提出的工作要求的书面沟通函件。

第五章　附　　则

第六十四条 本准则自 2012 年 1 月 1 日起施行。

中国注册会计师审计准则第1411号——利用内部审计人员的工作

（2010年11月1日修订）

第一章 总 则

第一条 为了规范注册会计师在获取充分、适当的审计证据时利用内部审计人员的工作，明确注册会计师利用内部审计人员工作的责任，制定本准则。

第二条 本准则适用于内部审计可能与注册会计师审计相关的情况，但不适用于内部审计人员在注册会计师实施审计程序时提供直接帮助的情况。

第三条 内部审计的目标是由管理层和治理层确定的。尽管内部审计的目标和注册会计师的目标不同，但用以实现各自目标的某些方式可能是相似的。

第四条 不论内部审计的自主程度和客观性如何，都不能像注册会计师那样对财务报表发表审计意见时独立于被审计单位。

注册会计师对发表的审计意见独立承担责任，这种责任并不因利用内部审计人员的工作而减轻。

第二章 定 义

第五条 内部审计职责（简称内部审计），是指由被审计单位建立的或由外部机构以服务形式提供的一种评价活动。内部审计的职能包括检查、评价和监督内部控制的恰当性和有效性等。

第六条 内部审计人员，是指执行内部审计活动的人员。内部审计人员可能属于内部审计部门或履行内部审计职责的类似部门。

第三章 目 标

第七条 在被审计单位设有内部审计，且注册会计师认为可能与其审计相关的情况下，注册会计师的目标是：

（一）确定是否利用以及在多大程度上利用内部审计人员的特定工作；

（二）如果利用内部审计人员的特定工作，确定该项工作是否足以实现审计目的。

第四章 要 求

第一节 确定是否利用以及在多大程度上利用内部审计人员的工作

第八条 注册会计师应当确定：

（一）内部审计人员的工作是否可能足以实现审计目的；

（二）如果可能足以实现审计目的，内部审计人员的工作对注册会计师审计程序的性质、时间安排和范围产生的预期影响。

第九条 在确定内部审计人员的工作是否可能足以实现审计目的时，注册会计师应当评价：

（一）内部审计的客观性；

（二）内部审计人员的专业胜任能力；

（三）内部审计人员在执行工作时是否可能保持应有的职业关注；

（四）内部审计人员和注册会计师之间是否可能进行有效的沟通。

第十条 在确定内部审计人员的工作对注册会计师审计程序的性质、时间安排和范围产生的预期影响时，注册会计师应当考虑：

（一）内部审计人员已执行或拟执行的特定工作的性质和范围；

（二）针对特定的某类交易、账户余额和披露，评估的认定层次重大错报风险；

（三）在评价支持相关认定的审计证据时，内部审计人员的主观程度。

第二节　利用内部审计人员的特定工作

第十一条 如果拟利用内部审计人员的特定工作，注册会计师应当评价内部审计人员的特定工作并实施审计程序，以确定该项工作是否足以实现审计目的。

第十二条 在确定内部审计人员的特定工作是否足以实现审计目的时，注册会计师应当评价：

（一）内部审计工作是否由经过充分技术培训且精通业务的人员执行；

（二）内部审计人员的工作是否得到适当的监督、复核和记录；

（三）内部审计人员是否已经获取充分、适当的审计证据，使其能够得出合理的结论；

（四）内部审计人员得出的结论是否恰当，编制的报告是否与已执行工作的结果一致；

（五）内部审计人员披露的例外或异常事项是否得到恰当解决。

第三节　审计工作底稿

第十三条 如果利用内部审计人员的特定工作，注册会计师应当就下列事项形成审计工作底稿：

（一）针对内部审计人员工作的恰当性进行评价得出的结论；

（二）针对内部审计人员的工作实施的审计程序。

第五章　附　　则

第十四条 本准则自 2012 年 1 月 1 日起施行。

中国注册会计师审计准则第 1421 号——利用专家的工作

（2010 年 11 月 1 日修订）

第一章　总　　则

第一条 为了规范注册会计师在获取充分、适当的审计证据时利用专家的工作，明确注册会计师利用专家的工作的责任，制定本准则。

第二条　本准则不适用于下列情况：

（一）项目组拥有在会计或审计专业领域中具有专长的成员，或向在会计或审计专业领域中具有专长的个人或组织咨询。《中国注册会计师审计准则第 1121 号——对财务报表审计实施的质量控制》及其应用指南这种情况进行了规范。

（二）注册会计师利用在会计、审计以外的某一领域具有专长的个人或组织的工作，并且其工作被管理层利用以协助编制财务报表（即利用管理层的专家的工作）。《中国注册会计师审计准则第 1301 号——审计证据》及其应用指南对这种情况进行了规范。

第三条　注册会计师对发表的审计意见独立承担责任，这种责任不因利用专家的工作而减轻。

如果注册会计师按照本准则的规定利用了专家的工作，并得出结论认为专家的工作足以实现审计目的，注册会计师可以接受专家在其专业领域的工作结果或结论，并作为适当的审计证据。

第二章　定　　义

第四条　专家，即注册会计师的专家，是指在会计或审计以外的某一领域具有专长的个人或组织，并且其工作被注册会计师利用，以协助注册会计师获取充分、适当的审计证据。专家既可能是会计师事务所内部专家（如会计师事务所或其网络事务所的合伙人或员工，包括临时员工），也可能是会计师事务所外部专家。

第五条　专长，是指在某一特定领域中拥有的专门技能、知识和经验。

第六条　管理层的专家，是指在会计或审计以外的某一领域具有专长的个人或组织，其工作被管理层利用以协助编制财务报表。

第三章　目　　标

第七条　注册会计师的目标是：

（一）确定是否利用专家的工作；

（二）如果利用专家的工作，确定专家的工作是否足以实现审计目的。

第四章　要　　求

第一节　确定是否利用专家的工作

第八条　如果在会计或审计以外的某一领域的专长对获取充分、适当的审计证据是必要的，注册会计师应当确定是否利用专家的工作。

第二节　审计程序的性质、时间安排和范围

第九条　本准则第十条至第十四条规定的审计程序的性质、时间安排和范围，将随着具体情况的变化而变化。

在确定本准则第十条至第十四条规定的审计程序的性质、时间安排和范围时，注册会计师应当考虑下列事项：

（一）与专家工作相关的事项的性质；

（二）与专家工作相关的事项中存在的重大错报风险；

（三）专家的工作在审计中的重要程度；

（四）注册会计师对专家以前所做工作的了解，以及与之接触的经验；

（五）专家是否需要遵守会计师事务所的质量控制政策和程序。

第三节　专家的胜任能力、专业素质和客观性

第十条　注册会计师应当评价专家是否具有实现审计目的所必需的胜任能力、专业素质和客观性。在评价外部专家的客观性时，注册会计师应当询问可能对外部专家客观性产生不利影响的利益和关系。

第四节　了解专家的专长领域

第十一条　注册会计师应当充分了解专家的专长领域，以能够：

（一）为了实现审计目的，确定专家工作的性质、范围和目标；

（二）评价专家的工作是否足以实现注册会计师的目的。

第五节　与专家达成一致意见

第十二条　注册会计师应当与专家就下列事项达成一致意见，并根据需要形成书面协议：

（一）专家工作的性质、范围和目标；

（二）注册会计师和专家各自的角色和责任；

（三）注册会计师和专家之间沟通的性质、时间安排和范围，包括专家提供的报告的形式；

（四）对专家遵守保密规定的要求。

第六节　评价专家工作的恰当性

第十三条　注册会计师应当评价专家的工作是否足以实现审计目的，包括：

（一）专家的工作结果或结论的相关性和合理性，以及与其他审计证据的一致性；

（二）如果专家的工作涉及使用重要的假设和方法，这些假设和方法在具体情况下的相关性和合理性；

（三）如果专家的工作涉及使用重要的原始数据，这些原始数据的相关性、完整性和准确性。

第十四条　如果确定专家的工作不足以实现审计目的，注册会计师应当采取下列措施之一：

（一）就专家拟执行的进一步工作的性质和范围，与专家达成一致意见；

（二）根据具体情况，实施追加的审计程序。

第七节　在审计报告中提及专家

第十五条　注册会计师不应在无保留意见的审计报告中提及专家的工作，除非法律法规另有规定。

如果法律法规要求提及专家的工作，注册会计师应当在审计报告中指明，这种提及并不减轻注册会计师对审计意见承担的责任。

第十六条 如果注册会计师在审计报告中提及专家的工作，并且这种提及与理解审计报告中的非无保留意见相关，注册会计师应当在审计报告中指明，这种提及并不减轻注册会计师对审计意见承担的责任。

第五章 附 则

第十七条 本准则自2012年1月1日起施行。

中国注册会计师审计准则第1501号——对财务报表形成审计意见和出具审计报告

（2010年11月1日修订）

第一章 总 则

第一条 为了规范注册会计师对财务报表形成审计意见，以及作为财务报表审计结果所出具的审计报告的格式和内容，制定本准则。

第二条 《中国注册会计师审计准则第1502号——在审计报告中发表非无保留意见》和《中国注册会计师审计准则第1503号——在审计报告中增加强调事项段和其他事项段》规定了注册会计师在审计报告中发表非无保留意见或者增加强调事项段或其他事项段时，审计报告的格式和内容如何受到影响。

第三条 本准则适用于注册会计师执行整套通用目的财务报表审计业务。

《中国注册会计师审计准则第1601号——对按照特殊目的编制基础编制的财务报表审计的特殊考虑》，规定了注册会计师对按照特殊目的编制基础编制的财务报表审计的特殊考虑。

《中国注册会计师审计准则第1603号——对单一财务报表和财务报表特定要素审计的特殊考虑》，规定了注册会计师对单一财务报表或财务报表特定要素、账户或项目审计的特殊考虑。

第四条 本准则要求注册会计师保持审计报告的一致性。在按照中国注册会计师审计准则执行了审计工作的情况下，注册会计师保持审计报告的一致性，将有助于使用者更容易识别已按照中国注册会计师审计准则执行的审计业务，从而增强审计报告的可信性，同时有助于使用者理解以及识别发生的异常情况。

第二章 定 义

第五条 本准则所称财务报表，是指整套通用目的财务报表，包括相关附注。相关附注通常包括重要会计政策概要和其他解释性信息。适用的财务报告编制基础的规定决定了财务报表的形式和内容，以及整套财务报表的构成。

第六条 通用目的财务报表，是指按照通用目的编制基础编制的财务报表。

第七条 通用目的编制基础，是指旨在满足广大财务报表使用者共同的财务信息需求的财务报告编制基础。

第八条 审计报告，是指注册会计师根据审计准则的规定，在执行审计工作的基础上，对财务报表发表审计意见的书面文件。

第九条 无保留意见，是指当注册会计师认为财务报表在所有重大方面按照适用的财务报告编制基础编制并实现公允反映时发表的审计意见。

第十条 标准审计报告，是指不含有说明段、强调事项段、其他事项段或其他任何修饰性用语的无保留意见的审计报告。

包含其他报告责任段，但不含有强调事项段或其他事项段的无保留意见的审计报告也被视为标准审计报告。

第十一条 非标准审计报告，是指带强调事项段或其他事项段的无保留意见的审计报告和非无保留意见的审计报告。

第三章 目 标

第十二条 注册会计师的目标是：

（一）在评价根据审计证据得出的结论的基础上，对财务报表形成审计意见；

（二）通过书面报告的形式清楚地表达审计意见，说明其形成基础。

第四章 要 求

第一节 对财务报表形成审计意见

第十三条 注册会计师应当就财务报表是否在所有重大方面按照适用的财务报告编制基础编制并实现公允反映形成审计意见。

第十四条 为了形成审计意见，针对财务报表整体是否不存在由于舞弊或错误导致的重大错报，注册会计师应当得出结论，确定是否已就此获取合理保证。

在得出结论时，注册会计师应当考虑下列方面：

（一）按照《中国注册会计师审计准则第 1231 号——针对评估的重大错报风险采取的应对措施》的规定，是否已获取充分、适当的审计证据；

（二）按照《中国注册会计师审计准则第 1251 号——评价审计过程中识别出的错报》的规定，未更正错报单独或汇总起来是否构成重大错报；

（三）本准则第十五条至第十八条要求作出的评价。

第十五条 注册会计师应当评价财务报表是否在所有重大方面按照适用的财务报告编制基础编制。

在评价时，注册会计师应当考虑被审计单位会计实务的质量，包括表明管理层的判断可能出现偏向的迹象。

第十六条 注册会计师应当依据适用的财务报告编制基础特别评价下列内容：

（一）财务报表是否充分披露了选择和运用的重要会计政策；

（二）选择和运用的会计政策是否符合适用的财务报告编制基础，并适合于被审计单位的具体情况；

（三）管理层作出的会计估计是否合理；

（四）财务报表列报的信息是否具有相关性、可靠性、可比性和可理解性；

（五）财务报表是否作出充分披露，使财务报表预期使用者能够理解重大交易和事项对财务报表所传递的信息的影响；

（六）财务报表使用的术语（包括每一财务报表的标题）是否适当。

第十七条 按照本准则第十五条和第十六条的规定作出的评价还应当包括财务报表是否实现公允反映。

在评价财务报表是否实现公允反映时，注册会计师应当考虑下列内容：

（一）财务报表的整体列报、结构和内容是否合理；

（二）财务报表（包括相关附注）是否公允地反映了相关交易和事项。

第十八条 注册会计师应当评价财务报表是否恰当提及或说明适用的财务报告编制基础。

第二节 审计意见的类型

第十九条 如果认为财务报表在所有重大方面按照适用的财务报告编制基础编制并实现反映，注册会计师应当发表无保留意见。

第二十条 当存在下列情形之一时，注册会计师应当按照《中国注册会计师审计准则第 1502 号——在审计报告中发表非无保留意见》的规定，在审计报告中发表非无保留意见：

（一）根据获取的审计证据，得出财务报表整体存在重大错报的结论；

（二）无法获取充分、适当的审计证据，不能得出财务报表整体不存在重大错报的结论。

第二十一条 如果财务报表没有实现公允反映，注册会计师应当就该事项与管理层讨论，并视适用的财务报告编制基础的规定和该事项得到解决的情况，决定是否有必要按照《中国注册会计师审计准则第 1502 号——在审计报告中发表非无保留意见》的规定在审计报告中发表非无保留意见。

第三节 审计报告

第二十二条 审计报告应当采用书面形式。

第二十三条 审计报告应当包括下列要素：

（一）标题；

（二）收件人；

（三）引言段；

（四）管理层对财务报表的责任段；

（五）注册会计师的责任段；

（六）审计意见段；

（七）注册会计师的签名和盖章；

（八）会计师事务所的名称、地址和盖章；

（九）报告日期。

第二十四条 审计报告应当具有标题，统一规范为“审计报告”。

第二十五条 审计报告应当按照审计业务约定的要求载明收件人。

第二十六条 审计报告的引言段应当包括下列方面：

（一）指出被审计单位的名称；

（二）说明财务报表已经审计；

（三）指出构成整套财务报表的每一财务报表的名称；

（四）提及财务报表附注，包括重要会计政策概要和其他解释性信息；

（五）指明构成整套财务报表的每一财务报表的日期或涵盖的期间。

第二十七条 审计报告应当包含标题为“管理层对财务报表的责任”的段落。

第二十八条 管理层对财务报表的责任段描述被审计单位中负责编制财务报表的人员的责任。

第二十九条 管理层对财务报表的责任段应当说明，编制财务报表是管理层的责任，这种责任包括：

（一）按照适用的财务报告编制基础编制财务报表，并使其实现公允反映；

（二）设计、执行和维护必要的内部控制，以使财务报表不存在由于舞弊或错误导致的重大错报。

第三十条 审计报告应当包含标题为“注册会计师的责任”的段落。

第三十一条 注册会计师的责任段应当说明下列内容：

（一）注册会计师的责任是在执行审计工作的基础上对财务报表发表审计意见。

（二）注册会计师按照中国注册会计师审计准则的规定执行了审计工作。中国注册会计师审计准则要求注册会计师遵守中国注册会计师职业道德守则，计划和执行审计工作以对财务报表是否不存在重大错报获取合理保证。

（三）审计工作涉及实施审计程序，以获取有关财务报表金额和披露的审计证据。选择的审计程序取决于注册会计师的判断，包括对由于舞弊或错误导致的财务报表重大错报风险的评估。在进行风险评估时，注册会计师考虑与财务报表编制和公允列报相关的内部控制，以设计恰当的审计程序，但目的并非对内部控制的有效性发表意见。审计工作还包括评价管理层选用会计政策的恰当性和作出会计估计的合理性，以及评价财务报表的总体列报。

（四）注册会计师相信获取的审计证据是充分、适当的，为其发表审计意见提供了基础。

如果结合财务报表审计对内部控制的有效性发表意见，注册会计师应当删除本条第一款第（三）项中“但目的并非对内部控制的有效性发表意见”的措辞。

第三十二条 审计报告应当包含标题为“审计意见”的段落。

第三十三条 如果对财务报表发表无保留意见，除非法律法规另有规定，审计意见应当使用“财务报表在所有重大方面按照［适用的财务报告编制基础（如企业会计准则等）］编制，公允反映了……”的措辞。

第三十四条 如果在审计意见中提及的适用的财务报告编制基础不是企业会计准则，而是国际财务报告准则、国际公共部门会计准则或者其他国家或地区的财务报告准则，注册会计师应当在审计意见段中指明国际财务报告准则或国际公共部门会计准则，或者财务报告准则所属的国家或地区。

第三十五条 除审计准则规定的注册会计师对财务报表出具审计报告的责任外，相关法律法规可能对注册会计师设定了其他报告责任。如果注册会计师在对财务报表出具的审计报告中履行其他报告责任，应，当在审计报告中将其单独作为一部分，并以“按照相关法律法规的要求报告的事项”为标题。

第三十六条 如果审计报告包含“按照相关法律法规的要求报告的事项”部分，审计报告应当区分为“对财务报表出具的审计报告”和“按照相关法律法规的要求报告的事项”两部分。本准则第二十六条至第三十四条提及的标题和段落属于第一部分，置于“对财务报表出具的审计报告”标题下；“按照相关法律法规的要求报告的事项”属于第二部分，置于“对财务报表出具的审计报告”部分之后。

第三十七条 注册会计师出具非标准审计报告时，应当遵守《中国注册会计师审计准则第1502号——在审计报告中发表非无保留意见》、《中国注册会计师审计准则第1503号——在审计报告中增加强调事项段和其他事项段》和本准则的相关规定。

第三十八条 审计报告应当由注册会计师签名和盖章。

第三十九条 审计报告应当载明会计师事务所的名称和地址，并加盖会计师事务所公章。

第四十条 审计报告应当注明报告日期。审计报告的日期不应早于注册会计师获取充分、适当的审计证据，并在此基础上对财务报表形成审计意见的日期。

在确定审计报告日期时，注册会计师应当确信已获取下列两方面的审计证据：

（一）构成整套财务报表的所有报表（包括相关附注）已编制完成；

（二）被审计单位的董事会、管理层或类似机构已经认可其对财务报表负责。

第四十一条 注册会计师在按照中国注册会计师审计准则执行审计工作时，还可能同时被要求按照其他国家或地区审计准则执行审计工作。在这种情况下，审计报告除了提及中国注册会计师审计准则外，还可能同时提及其他国家或地区审计准则。只有在同时符合下列条件时，注册会计师才应当同时提及：

（一）其他国家或地区审计准则与中国注册会计师审计准则不存在冲突，即不会导致注册会计师形成不同的审计意见，也不会导致在中国注册会计师审计准则要求增加强调事项段的情况下而其他国家或地区的审计准则不要求增加强调事项段；

（二）如果使用其他国家或地区审计准则规定的结构和措词，审计报告至少应当包括在本准则第二十四条规定的每一要素，并且指明其他国家或地区审计准则。

第四十二条 如果审计报告同时提及中国注册会计师审计准则和其他国家或地区审计准则，审计报告应当指明审计准则所属的国家或地区。

第四节 与财务报表一同列报的补充信息

第四十三条 如果被审计单位将适用的财务报告编制基础没有要求的补充信息与已审计财务报表一同列报，注册会计师应当评价被审计单位是否清楚地将这些补充信息与已审计财务报表予以区分。

如果被审计单位未能清楚地将补充信息与已审计财务报表予以区分，注册会计师应当要求管理层改变未审计补充信息的列报方式。如果管理层拒绝改变，注册会计师应当在审计报告中说明补充信息未审计。

第四十四条 对于适用的财务报告编制基础没有要求的补充信息，如果由于其性质和列报方式导致不能使其清楚地与已审计财务报表予以区分，从而构成财务报表必要的组成部分，这些补充信息应当涵盖在审计意见中。

第五章　附　　则

第四十五条　本准则自2012年1月1日起施行。

中国注册会计师审计准则第1502号——在审计报告中发表非无保留意见

（2010年11月1日修订）

第一章　总　　则

第一条　为了规范注册会计师在财务报表审计中出具非无保留意见的审计报告，制定本准则。

第二条　当按照《中国注册会计师审计准则第1501号——对财务报表形成审计意见和出具审计报告》的规定形成审计意见时，如果认为有必要发表非无保留意见，注册会计师应当遵守本准则。

第三条　本准则规定了三种类型的非无保留意见，即保留意见、否定意见和无法表示意见。

注册会计师确定恰当的非无保留意见类型，取决于下列事项：

（一）导致非无保留意见的事项的性质，是财务报表存在重大错报，还是在无法获取充分、适当的审计证据的情况下，财务报表可能存在重大错报；

（二）注册会计师就导致非无保留意见的事项对财务报表产生或可能产生影响的广泛性作出的判断。

第二章　定　　义

第四条　非无保留意见，是指保留意见、否定意见或无法表示意见。

第五条　广泛性，是描述错报影响的术语，用以说明错报对财务报表的影响，或者由于无法获取充分、适当的审计证据而未发现的错报（如存在）对财务报表可能产生的影响。

根据注册会计师的判断，对财务报表的影响具有广泛性的情形包括：

（一）不限于对财务报表的特定要素、账户或项目产生影响；

（二）虽然仅对财务报表的特定要素、账户或项目产生影响，但这些要素、账户或项目是或可能是财务报表的主要组成部分；

（三）当与披露相关时，产生的影响对财务报表使用者理解财务报表至关重要。

第三章　目　　标

第六条　注册会计师的目标是，当存在下列情形之一时，对财务报表清楚地发表恰当的非无保留意见：

（一）根据获取的审计证据，得出财务报表整体存在重大错报的结论；

（二）无法获取充分、适当的审计证据，不能得出财务报表整体不存在重大错报的结论。

第四章　要　　求

第一节　应当发表非无保留意见的情形

第七条　当存在下列情形之一时，注册会计师应当在审计报告中发表非无保留意见：

（一）根据获取的审计证据，得出财务报表整体存在重大错报的结论；

（二）无法获取充分、适当的审计证据，不能得出财务报表整体不存在重大错报的结论。

第二节　确定非无保留意见的类型

第八条　当存在下列情形之一时，注册会计师应当发表保留意见：

（一）在获取充分、适当的审计证据后，注册会计师认为错报单独或累计起来对财务报表影响重大，但不具有广泛性；

（二）注册会计师无法获取充分、适当的审计证据以作为形成审计意见的基础，但认为未发现的错报（如存在）对财务报表可能产生的影响重大，但不具有广泛性。

第九条　在获取充分、适当的审计证据后，如果认为错报单独或累计起来对财务报表的影响重大且具有广泛性，注册会计师应当发表否定意见。

第十条　如果无法获取充分、适当的审计证据以作为形成审计意见的基础，但认为未发现的错报（如存在）对财务报表可能产生的影响重大且具有广泛性，注册会计师应当发表无法表示意见。

第十一条　在极其特殊的情况下，可能存在多个不确定事项。尽管注册会计师对每个单独的不确定事项获取了充分、适当的审计证据，但由于不确定事项之间可能存在相互影响，以及可能对财务报表产生累积影响，注册会计师不可能对财务报表形成审计意见。在这种情况下，注册会计师应当发表无法表示意见。

第十二条　在承接审计业务后，如果注意到管理层对审计范围施加了限制，且认为这些限制可能导致对财务报表发表保留意见或无法表示意见，注册会计师应当要求管理层消除这些限制。

第十三条　如果管理层拒绝消除本准则第十二条提及的限制，除非治理层全部成员参与管理被审计单位，注册会计师应当就此事项与治理层沟通，并确定能否实施替代程序以获取充分、适当的审计证据。

第十四条　如果无法获取充分、适当的审计证据，注册会计师应当通过下列方式确定其影响：

（一）如果未发现的错报（如存在）可能对财务报表产生的影响重大，但不具有广泛性，注册会计师应当发表保留意见；

（二）如果未发现的错报（如存在）可能对财务报表产生的影响重大且具有广泛性，以至于发表保留意见不足以反映情况的严重性，注册会计师应当在可行时解除业务约定（除非法律法规禁止）；如果在出具审计报告之前解除业务约定被禁止或不可行，应当发表无法表示意见。

第十五条 如果根据本准则第十四条第（二）项的规定解除业务约定，注册会计师应当在解除业务约定前，与治理层沟通在审计过程中发现的、将会导致发表非无保留意见的所有错报事项。

第十六条 如果认为有必要对财务报表整体发表否定意见或无法表示意见，注册会计师不应在同一审计报告中对按照相同财务报告编制基础编制的单一财务报表或者财务报表特定要素、账户或项目发表无保留意见。在同一审计报告中包含无保留意见，将会与对财务报表整体发表的否定意见或无法表示意见相矛盾。

第三节 非无保留意见审计报告的格式和内容

第十七条 如果对财务报表发表非无保留意见，除在审计报告中包含《中国注册会计师审计准则第 1501 号——对财务报表形成审计意见和出具审计报告》规定的审计报告要素外，注册会计师还应当增加一个段落，说明导致发表非无保留意见的事项。

注册会计师应当直接在审计意见段之前增加该段落，并使用恰当的标题，如“导致保留意见的事项”、“导致否定意见的事项”或“导致无法表示意见的事项”。

第十八条 如果财务报表中存在与具体金额（包括定量披露）相关的重大错报，注册会计师应当在导致非无保留意见的事项段中说明并量化该错报的财务影响。如果无法量化财务影响，注册会计师应当在导致非无保留意见的事项段中说明这一情况。

第十九条 如果财务报表中存在与叙述性披露相关的重大错报，注册会计师应当在导致非无保留意见的事项段中解释该错报错在何处。

第二十条 如果财务报表中存在与应披露而未披露信息相关的重大错报，注册会计师应当：

（一）与治理层讨论未披露信息的情况；

（二）在导致非无保留意见的事项段中描述未披露信息的性质；

（三）如果可行并且已针对未披露信息获取了充分、适当的审计证据，在导致非无保留意见的事项段中包含对未披露信息的披露，除非法律禁止。

第二十一条 如果无法获取充分、适当的审计证据而导致发表非无保留意见，注册会计师应当在导致非无保留意见的事项段中说明无法获取审计证据的原因。

第二十二条 即使发表了否定意见或无法表示意见，注册会计师也应当在导致非无保留意见的事项段中说明注意到的、将导致发表非无保留意见的所有其他事项及其影响。

第二十三条 在发表非无保留意见时，注册会计师应当对审计意见段使用恰当的标题，如“保留意见”、“否定意见”或“无法表示意见”。

第二十四条 当由于财务报表存在重大错报而发表保留意见时，注册会计师应当根据适用的财务报告编制基础在审计意见段中说明：注册会计师认为，除了导致保留意见的事项段所述事项产生的影响外，财务报表在所有重大方面按照适用的财务报告编制基础编制，并实现公允反映。

当无法获取充分、适当的审计证据而导致发表保留意见时，注册会计师应当在审计意见段中使用“除……可能产生的影响外”等措辞。

第二十五条 当发表否定意见时，注册会计师应当根据适用的财务报告框架在审计意见段中说明：

（一）注册会计师认为，由于导致否定意见的事项段所述事项的重要性，财务报表没有在所有重大方面按照适用的财务报告框架编制，未能实现公允反映（当财务报表按照公允列报框架编制时）；

（二）注册会计师认为，由于导致否定意见的事项段所述事项的重要性，财务报表没有在所有重大方面按照适用的财务报告框架编制（当财务报表按照遵循性框架编制时）。

第二十六条 当由于无法获取充分、适当的审计证据而发表无法表示意见时，注册会计师应当在审计意见段中说明：由于导致无法表示意见的事项段所述事项的重要性，注册会计师无法获取充分、适当的审计证据以为发表审计意见提供基础，因此，注册会计师不对这些财务报表发表审计意见。

第二十七条 当发表保留意见或否定意见时，注册会计师应当修改对注册会计师责任的描述，以说明：注册会计师相信，注册会计师已获取的审计证据是充分、适当的，为发表非无保留意见提供了基础。

第二十八条 当由于无法获取充分、适当的审计证据而发表无法表示意见时，注册会计师应当修改审计报告的引言段，说明注册会计师接受委托审计财务报表。

注册会计师还应当修改对注册会计师责任和审计范围的描述，并仅能作出如下说明：“我们的责任是在按照中国注册会计师审计准则的规定执行审计工作的基础上对财务报表发表审计意见。但由于导致无法表示意见的事项段中所述的事项，我们无法获取充分、适当的审计证据以为发表审计意见提供基础”。

第四节 与治理层的沟通

第二十九条 当拟在审计报告中发表非无保留意见时，注册会计师应当与治理层沟通导致拟发表非无保留意见的情况，以及拟使用的非无保留意见措辞。

第五章 附 则

第三十条 本准则自 2012 年 1 月 1 日起施行。

中国注册会计师审计准则第 1503 号——在审计报告中增加强调事项段和其他事项段

（2010 年 11 月 1 日修订）

第一章 总 则

第一条 为了规范注册会计师在审计报告中增加强调事项段和其他事项段，以提供必要的补充信息，制定本准则。

第二条 如果认为有必要，注册会计师可以在审计报告中提供下列补充信息，以提醒使用者关注：

（一）尽管已在财务报表中列报或披露，但对使用者理解财务报表至关重要的事项；

（二）未在财务报表中列报或披露，但与使用者理解审计工作、注册会计师的责任或审计报告相关的事项。

第三条 本准则附录1和附录2列示的其他审计准则，对在审计报告中增加强调事项段和其他事项段提出具体要求。在这些情况下，本准则对强调事项段或其他事项段的格式和放置位置的要求同样适用。

第二章 定 义

第四条 强调事项段，是指审计报告中含有的一个段落，该段落提及已在财务报表中恰当列报或披露的事项，根据注册会计师的职业判断，该事项对财务报表使用者理解财务报表至关重要。

第五条 其他事项段，是指审计报告中含有的一个段落，该段落提及未在财务报表中列报或披露的事项，根据注册会计师的职业判断，该事项与财务报表使用者理解审计工作、注册会计师的责任或审计报告相关。

第三章 目 标

第六条 注册会计师的目标是，在对财务报表形成审计意见后，如果根据职业判断认为有必要在审计报告中增加强调事项段或其他事项段，通过明确提供补充信息的方式，提醒财务报表使用者关注下列事项：

（一）尽管已在财务报表中恰当列报或披露，但对财务报表使用者理解财务报表至关重要的事项；

（二）未在财务报表中列报或披露，但与财务报表使用者理解审计工作、注册会计师的责任或审计报告相关的其他事项。

第四章 要 求

第一节 审计报告中的强调事项段

第七条 如果认为有必要提醒财务报表使用者关注已在财务报表中列报或披露，且根据职业判断认为对财务报表使用者理解财务报表至关重要的事项，注册会计师在已获取充分、适当的审计证据证明该事项在财务报表中不存在重大错报的条件下，应当在审计报告中增加强调事项段。强调事项段应当仅提及已在财务报表中列报或披露的信息。

第八条 如果在审计报告中增加强调事项段，注册会计师应当采取下列措施：

（一）将强调事项段紧接在审计意见段之后；

（二）使用“强调事项”或其他适当标题；

（三）明确提及被强调事项以及相关披露的位置，以便能够在财务报表中找到对该事项的详细描述；

（四）指出审计意见没有因该强调事项而改变。

第二节 审计报告中的其他事项段

第九条 对于未在财务报表中列报或披露，但根据职业判断认为与财务报表使用者理解审计工作、注册会计师的责任或审计报告相关且未被法律法规禁止的事项，如果认为有必要沟通，注册会计师应当在审计报告中增加其他事项段，并使用“其他事项”或其他适当标题。注册会计师应当将其他事项段紧接在审计意见段和强调事项段（如有）之后。如果其他事项段的内容与其他报告责任部分相关，这一段落也可以置于审计报告的其他位置。

第三节　与治理层的沟通

第十条　如果拟在审计报告中增加强调事项段或其他事项段，注册会计师应当就该事项和拟使用的措辞与治理层沟通。

第五章　附　　则

第十一条　本准则自 2012 年 1 月 1 日起施行。

附录 1：

其他审计准则对强调事项段的具体要求

下列审计准则要求注册会计师在特定情况下在审计报告中增加强调事项段，但其规定并不影响本准则的普遍适用性。

1.《中国注册会计师审计准则第 1111 号——就审计业务约定条款达成一致意见》第十九条第（二）项；

2.《中国注册会计师审计准则第 1324 号——持续经营》第十八条；

3.《中国注册会计师审计准则第 1332 号——期后事项》第十五条第（二）项和第十九条；

4.《中国注册会计师审计准则第 1601 号——对按照特殊目的编制基础编制的财务报表审计的特殊考虑》第十五条。

附录 2：

其他审计准则对其他事项段的具体要求

下列审计准则要求注册会计师在特定情况下在审计报告中增加其他事项段，但其规定并不影响本准则的普遍适用性。

1.《中国注册会计师审计准则第 1332 号——期后事项》第十五条第（二）项和第十九条；

2.《中国注册会计师审计准则第 1511 号——比较信息：对应数据和比较财务报表》第十六条、第十七条、第十九条、第二十条和第二十二条；

3.《中国注册会计师审计准则第 1521 号——注册会计师对含有已审计财务报表的文件中的其他信息的责任》第十二条第二款第（一）项。

中国注册会计师审计准则第 1511 号——比较信息：对应数据和比较财务报表

（2010 年 11 月 1 日修订）

第一章 总 则

第一条 为了规范注册会计师在财务报表审计中与比较信息相关的责任，制定本准则。

第二条 当上期财务报表已由前任注册会计师审计或未经审计时，《中国注册会计师审计准则第 1331 号——首次审计业务涉及的期初余额》对期初余额的相关规定同样适用。

第三条 财务报表中列报的比较信息的性质取决于适用的财务报告编制基础的要求。比较信息包括对应数据和比较财务报表，相应地，注册会计师履行比较信息的报告责任有两种不同的方法。采用的方法通常由法律法规规定，但也可能在业务约定条款中作出约定。

第四条 本准则第三条提及的两种方法导致审计报告存在下列主要差异：

（一）对于对应数据，审计意见仅提及本期；

（二）对于比较财务报表，审计意见提及列报的财务报表所属的各期。

本准则对每种方法分别提出不同的审计报告要求。

第二章 定 义

第五条 比较信息，是指包含于财务报表中的、符合适用的财务报告编制基础的、与一个或多个以前期间相关的金额和披露。

第六条 对应数据，属于比较信息，是指作为本期财务报表组成部分的上期金额和相关披露，这些金额和披露只能和与本期相关的金额和披露（称为“本期数据”）联系起来阅读。对应数据列报的详细程度主要取决于其与本期数据的相关程度。

第七条 比较财务报表，属于比较信息，是指为了与本期财务报表相比较而包含的上期金额和相关披露。比较财务报表包含信息的详细程度与本期财务报表包含信息的详细程度相似。如果上期金额和相关披露已经审计，则将在审计意见中提及。

第八条 当比较信息包括一期以上的金额和相关披露时，本准则所称“上期”应理解为“以前数期”。

第三章 目 标

第九条 注册会计师的目标是：

（一）获取充分、适当的审计证据，确定在财务报表中包含的比较信息是否在所有重大方面按照适用的财务报告编制基础有关比较信息的要求进行列报；

（二）按照注册会计师的报告责任出具审计报告。

第四章 要 求

第一节 审计程序

第十条 注册会计师应当确定财务报表中是否包括适用的财务报告编制基础要求的比较信息，以及比较信息是否得到恰当分类。

基于上述目的，注册会计师应当评价：

（一）比较信息是否与上期财务报表列报的金额和相关披露一致，如果必要，比较信息是否已经重述；

（二）在比较信息中反映的会计政策是否与本期采用的会计政策一致，如果会计政策已发生变更，这些变更是否得到恰当处理并得到充分列报和披露。

第十一条 在实施本期审计时，如果注意到比较信息可能存在重大错报，注册会计师应当根据实际情况追加必要的审计程序，获取充分、适当的审计证据，以确定是否存在重大错报。

如果上期财务报表已经审计，注册会计师还应当遵守《中国注册会计师审计准则第1332号——期后事项》的相关规定。如果上期财务报表已经得到更正，注册会计师应当确定比较信息与更正后的财务报表是否一致。

第十二条 注册会计师应当按照《中国注册会计师审计准则第1341号——书面声明》的规定，获取与审计意见中提及的所有期间相关的书面声明。对于管理层作出的、更正上期财务报表中影响比较信息的重大错报的任何重述，注册会计师还应当获取特定书面声明。

第二节 审计报告：对应数据

第十三条 当财务报表中列报对应数据时，除本准则第十四条、第十五条和第十七条描述的情形外，审计意见不应提及对应数据。

第十四条 如果以前针对上期财务报表发表了保留意见、无法表示意见或否定意见，且导致非无保留意见的事项仍未解决，注册会计师应当对本期财务报表发表非无保留意见。

在审计报告的导致非无保留意见的事项段中，注册会计师应当分下列两种情况予以处理：

（一）如果未解决事项对本期数据的影响或可能的影响是重大的，注册会计师应当在导致非无保留意见事项段中同时提及本期数据和对应数据；

（二）如果未解决事项对本期数据的影响或可能的影响不重大，注册会计师应当说明，由于未解决事项对本期数据和对应数据之间可比性的影响或可能的影响，因此发表了非无保留意见。

第十五条 如果注册会计师已经获取上期财务报表存在重大错报的审计证据，而以前对该财务报表发表了无保留意见，且对应数据未经适当重述或恰当披露，注册会计师应当就包括在财务报表中的对应数据，在审计报告中对本期财务报表发表保留意见或否定意见。

第十六条 如果上期财务报表已由前任注册会计师审计，注册会计师在审计报告中可以提及前任注册会计师对对应数据出具的审计报告。

当注册会计师决定提及时，应当在审计报告的其他事项段中说明：

（一）上期财务报表已由前任注册会计师审计；

（二）前任注册会计师发表的意见的类型（如果是非无保留意见，还应当说明发表非无保留意见的理由）；

（三）前任注册会计师出具的审计报告的日期。

第十七条 如果上期财务报表未经审计，注册会计师应当在审计报告的其他事项段中说明对应数据未经审计。但这种说明并不减轻注册会计师获取充分、适当的审计证据，以确定期初余额不含有对本期财务报表产生重大影错报的责任。

第三节 审计报告：比较财务报表

第十八条 当列报比较财务报表时，审计意见应当提及列报财务报表所属的各期，以及发表的审计意见涵盖的各期。

第十九条 当因本期审计而对上期财务报表发表审计意见时，如果对上期财务报表发表的意见与以前发表的意见不同，注册会计师应当按照《中国注册会计师审计准则第1503号——在审计报告中增加强调事项段和其他事项段》的规定，在其他事项段中披露导致不同意见的实质性原因。

第二十条 如果上期财务报表已由前任注册会计师审计，除非前任注册会计师对上期财务报表出具的审计报告与财务报表一同对外提供，注册会计师除对本期财务报表发表意见外，还应当在其他事项段中说明：

（一）上期财务报表已由前任注册会计师审计；

（二）前任注册会计师发表的意见的类型（如果是非无保留意见，还应当说明发表非无保留意见的理由）；

（三）前任注册会计师出具审计报告的日期。

第二十一条 如果认为存在影响上期财务报表的重大错报，而前任注册会计师以前出具了无保留意见的审计报告，注册会计师应当就此与适当层级的管理层沟通，并要求告知前任注册会计师。注册会计师还应当与治理层进行沟通，除非治理层全部成员参与管理被审计单位。如果上期财务报表已经更正，且前任注册会计师同意对更正后的上期财务报表出具新的审计报告，注册会计师应当仅对本期财务报表出具审计报告。

第二十二条 如果上期财务报表未经审计，注册会计师应当在其他事项段中说明比较财务报表未经审计。但这种说明并不减轻注册会计师获取充分、适当的审计证据，以确定期初余额不含有对本期财务报表产生重大影响的错报的责任。

第五章 附 则

第二十三条 本准则自2012年1月1日起施行。

中国注册会计师审计准则第1521号——含有注册会计师对含有已审计财务报表的文件中的其他信息的责任

(2010年11月1日修订)

第一章 总　　则

第一条 为了规范注册会计师对含有已审计财务报表的文件中的其他信息的责任，制定本准则。

第二条 在审计业务没有提出专门要求的情况下，审计意见不涵盖其他信息，注册会计师没有专门责任确定其他信息是否得到适当陈述。然而，由于已审计财务报表与其他信息之间可能存在的重大不一致将损害已审计财务报表的可信性，注册会计师需要阅读其他信息。

第三条 含有已审计财务报表的文件是被审计单位向股东（或类似的利益相关方）公布的含有已审计财务报表和审计报告的年度报告或类似文件。

对含有已审计财务报表的其他文件，如在证券发行中使用的文件，注册会计师可以根据具体情况遵守本准则的规定。

第二章 定　　义

第四条 其他信息，是指根据法律法规的规定或惯例，在含有已审计财务报表的文件中包含的除已审计财务报表和审计报告以外的财务信息和非财务信息。

第五条 不一致，是指其他信息与已审计财务报表中的信息相矛盾。重大不一致可能导致注册会计师对依据以前获取的审计证据得出的审计结论产生怀疑，甚至对形成审计意见的基础产生怀疑。

第六条 对事实的错报，是指在其他信息中，对与已审计财务报表所反映事项不相关的信息作出的不正确陈述或列报。对事实的重大错报可能损害含有已审计财务报表的文件的可信性。

第三章 目　　标

第七条 注册会计师的目标是，当含有已审计财务报表的文件中的其他信息可能损害财务报表和审计报告的可信性时，作出恰当的应对。

第四章 要　　求

第一节 阅读其他信息

第八条 注册会计师应当阅读其他信息，以识别其是否与已审计财务报表存在重大不一致。

第九条 注册会计师应当与管理层或治理层作出适当安排，以便在审计报告日前获取其他信息。如果在审计报告日前无法获取所有其他信息，注册会计师应当在审计报告日后尽早阅读其他信息。

第二节 重大不一致

第十条 在阅读其他信息时，如果识别出重大不一致，注册会计师应当确定已审计财务报表或其他信息是否需要作出修改。

第十一条 如果在审计报告日前获取的其他信息中识别出重大不一致，并且需要对已审计财务报表作出修改，但管理层拒绝作出修改，注册会计师应当按照《中国注册会计师审计准则第 1502 号——在审计报告中发表非无保留意见》的规定，在审计报告中发表非无保留意见。

第十二条 如果在审计报告日前获取的其他信息中识别出重大不一致，并且需要对其他信息作出修改，但管理层拒绝作出修改，除非治理层的所有成员参与管理被审计单位，注册会计师应当就该事项与治理层进行沟通。

此外，注册会计师还应当采取下列措施之一：

（一）按照《中国注册会计师审计准则第 1503 号——在审计报告中增加强调事项段和其他事项段》的规定，在审计报告中增加其他事项段，说明重大不一致；

（二）拒绝提交审计报告；

（三）解除业务约定。

第十三条 如果在审计报告日后获取的其他信息中识别出重大不一致，并且需要对已审计财务报表作出修改，注册会计师应当遵守《中国注册会计师审计准则第 1332 号——期后事项》的相关规定。

第十四条 如果在审计报告日后获取的其他信息中识别出重大不一致，并且需要对其他信息作出修改，同时管理层同意修改，注册会计师应当根据具体情况实施必要的程序。

第十五条 如果在审计报告日后获取的其他信息中识别出重大不一致，并且需要对其他信息作出修改，但管理层拒绝作出修改，除非治理层的所有成员参与管理被审计单位，注册会计师应当将对其他信息的疑虑告知治理层，并采取适当的进一步措施。

第三节 对事实的重大错报

第十六条 在阅读其他信息以识别重大不一致时，如果注意到明显的对事实的重大错报，注册会计师应当与管理层讨论该事项。

第十七条 如果在讨论后仍然认为存在明显的对事实的重大错报，注册会计师应当提请管理层咨询被审计单位的法律顾问等有资格的第三方的意见。注册会计师应当考虑管理层收到的咨询意见。

第十八条 如果认为在其他信息中存在对事实的重大错报，但管理层拒绝作出修改，除非治理层的所有成员参与管理被审计单位，注册会计师应当将对其他信息的疑虑告知治理层，并采取适当的进一步措施。

第五章 附 则

第十九条 本准则自 2012 年 1 月 1 日起施行。

中国注册会计师审计准则第 1601 号——对按照特殊目的编制基础编制的财务报表审计的特殊考虑

（2010 年 11 月 1 日修订）

第一章 总 则

第一条 为了规范注册会计师对按照特殊目的编制基础编制的财务报表审计的特殊考虑，制定本准则。

第二条 中国注册会计师审计准则第 1101 号至第 1521 号适用于所有财务报表审计，本准则规范注册会计师运用这些审计准则对按照特殊目的编制基础编制的财务报表进行审计时的特殊考虑。

第三条 本准则是针对按照特殊目的编制基础编制的整套财务报表审计制定的。《中国注册会计师审计准则第 1603 号——对单一财务报表和财务报表特定要素审计的特殊考虑》规范注册会计师对单一财务报表，财务报表的特定要素、账户或项目审计相关的特殊考虑。

第四条 本准则并不超越其他审计准则的要求，也未涵盖注册会计师在执行特殊目的的财务报表审计业务时需要根据业务的具体情况作出的所有特殊考虑。

第二章 定 义

第五条 特殊目的财务报表，是指按照特殊目的编制基础编制的财务报表。

第六条 特殊目的的编制基础，是指用以满足财务报表特定使用者财务信息需求的财务报告编制基础。特殊目的的编制基础包括公允列报编制基础和遵循性编制基础。

公允列报编制基础，是指要求管理层和治理层（如适用）遵守其规定并包含下列内容之一的财务报告编制基础：

（一）明确或隐含地认可，为了实现财务的公允列报，管理层和治理层（如适用）可能有必要提供除编制基础具体要求之外的其他披露；

（二）明确地认可，为了实现财务报表的公允列报，在极其特殊的情况下管理层和治理层（如适用）可能有必要偏离编制基础的某项要求。

遵循性编制基础，是指要求管理层和治理层（如适用）遵守其规定的财务报告编制基础，但不包含本条第二款第（一）项或第（二）项中的任何一项内容。

第七条 本准则所称财务报表，是指整套特殊目的的财务报表包括相关附注。相关附注通常包含重要会计政策概要和其他解释性信息。适用的财务报告编制基础的规定决定了财务报表的形式和内容，以及整套财务报表的构成。

第三章 目 标

第八条 注册会计师的目标是，在运用审计准则执行特殊目的的财务报表审计时，恰当处理与下列方面相关的特殊考虑：

（一）业务的承接；

（二）业务的计划和执行；

（三）对财务报表形成审计意见并出具报告。

第四章　要　　求

第一节　业务承接时的考虑

第九条　注册会计师应当按照《中国注册会计师审计准则第 1111 号——就审计业务约定条款达成一致意见》的规定，确定管理层编制财务报表时采用的财务报告编制基础的可接受性。

在特殊目的财务报表审计中，注册会计师应当了解下列方面：

（一）财务报表的编制目的；

（二）财务报表预期使用者；

（三）管理层为确定财务报告编制基础在具体情况下的可接受性所采取的措施。

第二节　计划和执行审计工作时的考虑

第十条　注册会计师应当按照《中国注册会计师审计准则第 1101 号——注册会计师的总体目标和审计工作的基本要求》的规定，遵守与审计相关的所有审计准则。

在计划和执行特殊目的财务报表审计工作时，注册会计师应当确定在运用这些审计准则时是否需要根据业务的具体情况作出特殊考虑。

第十一条　注册会计师应当按照《中国注册会计师审计准则第 1211 号——通过了解被审计单位及其环境识别和评估重大错报风险》的规定，了解被审计单位会计政策选择和运用的情况。

在财务报表按照合同条款编制的情况下，注册会计师应当了解被审计单位管理层在编制的财务报表中时对合同作出的所有重要解释。如果采用其他合理解释将导致财务报表中列报的信息产生重大差异，则管理层对合同作出的解释就是重要的。

第三节　形成审计意见和出具报告时的考虑

第十二条　当对特殊目的财务报表形成审计意见并出具报告时，注册会计师应当遵守《中国注册会计师审计准则第 1501 号——对财务报表形成审计意见和出具审计报告》的规定。

第十三条　注册会计师应当按照《中国注册会计师审计准则第 1501 号——对财务报表形成审计意见和出具审计报告》的规定，评价财务报表是否恰当提及或说明适用的财务报告编制基础。

在财务报表按照合同条款编制的情况下，注册会计师应当评价财务报表是否恰当说明对财务报表编制所依据的合同作出的所有重要解释。

第十四条　《中国注册会计师审计准则第 1501 号——对财务报表形成审计意见和出具审计报告》规定了审计报告的格式和内容。

对于特殊目的财务报表审计，审计报告的内容还应当包括：

（一）说明财务报表的编制目的，并在必要时说明财务报表预期使用者，或者提及含有这些信息的特殊目的财务报表附注；

（二）如果管理层在编制特殊目的财务报表时可以选择财务报告编制基础，在说明管理层对财务报表的责任时，提及管理层负责确定适用的财务报告编制基础在具体情况下的可接受性。

第十五条　注册会计师对特殊目的财务报表出具的审计报告应当增加强调事项段，以提醒审计报告使用者关注财务报表按照特殊目的编制基础编制，因此，财务报表可能不适用于其他目的。注册会计师应当将强调事项段置于适当的标题下。

第五章　附　　则

第十六条　本准则自2012年1月1日起施行。

中国注册会计师审计准则第1602号——验资

（2006年2月15日修订）

第一章　总　　则

第一条　为了规范注册会计师执行验资业务，明确工作要求，制定本准则。

第二条　注册会计师在执行验资业务时，应当将本准则与相关审计准则结合使用。

第三条　本准则所称验资，是指注册会计师依法接受委托，对被审验单位注册资本的实收情况或注册资本及实收资本的变更情况进行审验，并出具验资报告。

验资分为设立验资和变更验资。设立验资是指注册会计师对被审验单位申请设立登记时的注册资本实收情况进行的审验。变更验资是指注册会计师对被审验单位申请变更登记时的注册资本及实收资本的变更情况进行的审验。

本准则所称被审验单位，是指在中华人民共和国境内拟设立或已设立的，依法应当接受验资的有限责任公司和股份有限公司。

第四条　按照法律法规以及协议、合同、章程的要求出资，提供真实、合法、完整的验资资料，保护资产的安全、完整，是出资者和被审验单位的责任。

第五条　按照本准则的规定，对被审验单位注册资本的实收情况或注册资本及实收资本的变更情况进行审验，出具验资报告，是注册会计师的责任。

注册会计师的责任不能减轻出资者和被审验单位的责任。

第六条　注册会计师执行验资业务，应当遵守相关的职业道德规范，恪守独立、客观、公正的原则，保持专业胜任能力和应有的关注，并对执业过程中获知的信息保密。

第二章　业务约定书

第七条　注册会计师应当了解被审验单位基本情况，考虑自身独立性和专业胜任能力，初步评估验资风险，以确定是否接受委托。

第八条　注册会计师应当就下列主要事项与委托人沟通，并达成一致意见：

（一）委托目的；

（二）出资者和被审验单位的责任以及注册会计师的责任；

（三）审验范围；

（四）时间要求；

（五）验资收费；

（六）报告分发和使用的限制。

第九条 如果接受委托，注册会计师应当与委托人就双方达成一致的事项签订业务约定书。

第三章 计划、程序与记录

第十条 注册会计师执行验资业务，应当编制验资计划，对验资工作作出合理安排。

第十一条 注册会计师应当向被审验单位获取注册资本实收情况明细表或注册资本、实收资本变更情况明细表。

第十二条 设立验资的审验范围一般限于与被审验单位注册资本实收情况有关的事项，包括出资者、出资币种、出资金额、出资时间、出资方式和出资比例等。

第十三条 变更验资的审验范围一般限于与被审验单位注册资本及实收资本增减变动情况有关的事项。

增加注册资本及实收资本时，审验范围包括与增资相关的出资者、出资币种、出资金额、出资时间、出资方式、出资比例和相关会计处理，以及增资后的出资者、出资金额和出资比例等。

减少注册资本及实收资本时，审验范围包括与减资相关的减资者、减资币种、减资金额、减资时间、减资方式、债务清偿或债务担保情况、相关会计处理，以及减资后的出资者、出资金额和出资比例等。

第十四条 对于出资者投入的资本及其相关的资产、负债，注册会计师应当分别采用下列方法进行审验：

（一）以货币出资的，应当在检查被审验单位开户银行出具的收款凭证、对账单及银行询证函回函等的基础上，审验出资者的实际出资金额和货币出资比例是否符合规定。对于股份有限公司向社会公开募集的股本，还应当检查证券公司承销协议、募股清单和股票发行费用清单等。

（二）以实物出资的，应当观察、检查实物，审验其权属转移情况，并按照国家有关规定在资产评估的基础上审验其价值。如果被审验单位是外商投资企业，注册会计师应当按照国家有关外商投资企业的规定，审验实物出资的价值。

（三）以知识产权、土地使用权等无形资产出资的，应当审验其权属转移情况，并按照国家有关规定在资产评估的基础上审验其价值。如果被审验单位是外商投资企业，注册会计师应当按照国家有关外商投资企业的规定，审验无形资产出资的价值。

（四）以净资产折合实收资本的，或以资本公积、盈余公积、未分配利润转增注册资本及实收资本的，应当在审计的基础上按照国家有关规定审验其价值。

（五）以货币、实物、知识产权、土地使用权以外的其他财产出资的，注册会计师应当审验出资是否符合国家有关规定。

（六）外商投资企业的外方出资者以本条第（一）项至第（五）项所述方式出资的，注册会计师还应当关注其是否符合国家外汇管理有关规定，向企业注册地的外汇管理部门发出外方出资情况询证函，并根据外方出资者的出资方式附送银行询证函回函、资本项目外汇业务核准件及进口货物报关单等文件的复印件，以询证上述文件内容的真实性、合规性。

第十五条　对于出资者以实物、知识产权和土地使用权等非货币财产作价出资的，注册会计师应当在出资者依法办理财产权转移手续后予以审验。

第十六条　对于设立验资，如果出资者分次缴纳注册资本，注册会计师应当关注全体出资者的首次出资额和出资比例是否符合国家有关规定。

第十七条　对于变更验资，注册会计师应当关注被审验单位以前的注册资本实收情况，并关注出资者是否按照规定的期限缴纳注册资本。

第十八条　注册会计师在审验过程中利用专家协助工作时，应当考虑其专业胜任能力和客观性，并对利用专家工作结果所形成的审验结论负责。

第十九条　注册会计师应当向出资者和被审验单位获取与验资业务有关的重大事项的书面声明。

第二十条　注册会计师应当对验资过程及结果进行记录，形成验资工作底稿。

第四章　验资报告

第二十一条　注册会计师应当评价根据审验证据得出的结论，以作为形成审验意见和出具验资报告的基础。

第二十二条　验资报告应当包括下列要素：

（一）标题；

（二）收件人；

（三）范围段；

（四）意见段；

（五）说明段；

（六）附件；

（七）注册会计师的签名和盖章；

（八）会计师事务所的名称、地址及盖章；

（九）报告日期。

第二十三条　验资报告的标题应当统一规范为“验资报告”。

第二十四条　验资报告的收件人是指注册会计师按照业务约定书的要求致送验资报告的对象，一般是指验资业务的委托人。验资报告应当载明收件人的全称。

第二十五条　验资报告的范围段应当说明审验范围、出资者和被审验单位的责任、注册会计师的责任、审验依据和已实施的主要审验程序等。

第二十六条　验资报告的意见段应当说明已审验的被审验单位注册资本的实收情况或注册资本及实收资本的变更情况。

对于变更验资，注册会计师仅对本次注册资本及实收资本的变更情况发表审验意见。

第二十七条　验资报告的说明段应当说明验资报告的用途、使用责任及注册会计师认为应当说明的其他重要事项。

对于变更验资，注册会计师还应当在验资报告说明段中说明对以前注册资本实收情况审验的会计师事务所名称及其审验情况，并说明变更后的累计注册资本实收金额。

第二十八条　如果在注册资本及实收资本的确认方面与被审验单位存在异议，且无法协商一致，注册会计师应当在验资报告说明段中清晰地反映有关事项及其差异和理由。

第二十九条 验资报告的附件应当包括已审验的注册资本实收情况明细表或注册资本、实收资本变更情况明细表和验资事项说明等。

第三十条 验资报告应当由注册会计师签名并盖章。

第三十一条 验资报告应当载明会计师事务所的名称和地址，并加盖会计师事务所公章。

第三十二条 验资报告日期是指注册会计师完成审验工作的日期。

第三十三条 注册会计师在审验过程中，遇有下列情形之一时，应当拒绝出具验资报告并解除业务约定：

（一）被审验单位或出资者不提供真实、合法、完整的验资资料的；

（二）被审验单位或出资者对注册会计师应当实施的审验程序不予合作，甚至阻挠审验的；

（三）被审验单位或出资者坚持要求注册会计师作不实证明的。

第三十四条 验资报告具有法定证明效力，供被审验单位申请设立登记或变更登记及据以向出资者签发出资证明时使用。

验资报告不应被视为对被审验单位验资报告日后资本保全、偿债能力和持续经营能力等的保证。委托人、被审验单位及其他第三方因使用验资报告不当所造成的后果，与注册会计师及其所在的会计师事务所无关。

第五章　附　　则

第三十五条 注册会计师执行有限责任公司和股份有限公司以外的其他单位的验资业务，除有特定要求者外，应当参照本准则办理。

第三十六条 本准则自 2007 年 1 月 1 日起施行。

中国注册会计师审计准则第 1603 号——对单一财务报表和财务报表特定要素审计的特殊考虑

（2010 年 11 月 1 日修订）

第一章　总　　则

第一条 为了规范注册会计师对单一财务报表和财务报表特定要素审计时的特殊考虑，制定本准则。

第二条 中国注册会计师审计准则第 1101 号至第 1521 号适用于所有财务报表审计。当执行其他历史财务信息（包括单一财务报表和财务报表特定要素）审计业务时，注册会计师可以根据具体情况遵守这些准则的相关规定，以满足此类业务的要求。

第三条 单一财务报表和财务报表特定要素可能按照通用目的编制基础或按照特殊目的的编制基础编制。如果按照特殊目的编制基础编制，《中国注册会计师审计准则第 1601 号——对按照特殊目的编制基础编制的财务报表审计的特殊考虑》也适用于对单一财务报表和财务报表特定要素的审计。

第四条 本准则不适用于组成部分注册会计师应集团项目组的要求，基于集团财务报表审计目的，对组成部分财务信息执行工作并出具报告的情况。

第五条 本准则并不超越其他审计准则的要求，也未涵盖注册会计师在执行单一财务报表和财务报表特定要素审计业务时需要根据业务的具体情况作出的所有特殊考虑。

第二章 定 义

第六条 财务报表特定要素（即特定要素），是指财务报表特定的要素、账户或项目。

第七条 单一财务报表或财务报表特定要素包括相关附注。相关附注通常包含重要会计政策概要以及与财务报表或要素相关的其他解释性信息。

第三章 目 标

第八条 注册会计师的目标是，在运用审计准则执行单一财务报表和财务报表特定要素的审计时，恰当处理与下列方面相关的特殊考虑：

（一）业务的承接；

（二）业务的计划和执行；

（三）对单一财务报表和财务报表特定要素形成审计意见并出具审计报告。

第四章 要 求

第一节 业务承接时的考虑

第九条 《中国注册会计师审计准则第 1101 号——注册会计师的总体目标和审计工作的基本要求》规定注册会计师应当遵守与审计工作相关的所有审计准则。在单一财务报表或财务报表特定要素审计中，无论注册会计师是否同时接受委托审计整套财务报表，该要求仍然适用。如果没有同时接受委托审计整套财务报表，注册会计师应当确定按照审计准则对单一财务报表或财务报表特定要素进行审计是否可行。

第十条 《中国注册会计师审计准则第 1111 号——就审计业务约定条款达成一致意见》要求注册会计师确定管理层在编制财务报表时采用的财务报告编制基础的可接受性。

在单一财务报表或财务报表特定要素审计中，前款提及的要求包括确定采用财务报告编制基础是否能够提供充分的披露或列报，以使财务报表预期使用者能够理解单一财务报表或财务报表特定要素所传递的信息，以及重大交易和事项对单一财务报表或财务报表特定要素所传递的信息的影响。

第十一条 《中国注册会计师审计准则第 1111 号——就审计业务约定条款达成一致意见》要求审计业务约定条款包括注册会计师拟出具审计报告的预期形式。

在单一财务报表或财务报表特定要素审计中，注册会计师应当考虑审计意见的预期形式是否适合具体情况。

第二节 计划和执行审计工作时的考虑

第十二条 《中国注册会计师审计准则第 1101 号——注册会计师的总体目标和审计

工作的基本要求》指出，审计准则适用于注册会计师执行财务报表审计业务。当执行其他历史财务信息审计业务时，注册会计师可以根据具体情况遵守适用的相关审计准则，以满足此类业务的要求。

在计划和执行单一财务报表或财务报表特定要素的审计工作时，注册会计师应当根据业务的具体情况，遵守与审计工作相关的所有审计准则。

第三节　形成审计意见和出具审计报告时的考虑

第十三条　当对单一财务报表或财务报表特定要素形成审计意见和出具审计报告时，注册会计师应当根据业务的具体情况，遵守《中国注册会计师审计准则第 1501 号——对财务报表形成审计意见和出具审计报告》的相关规定。

第十四条　如果接受业务委托对单一财务报表或财务报表特定要素出具审计报告，并同时接受业务委托对整套财务报表进行审计，注册会计师应当针对每项业务分别发表审计意见。

第十五条　已审计的单一财务报表或财务报表特定要素可能连同已审计的整套财务报表一同公布。如果注册会计师认为管理层对单一财务报表或财务报表特定要素的列报与整套财务报表没有作出清楚的区分，注册会计师应当要求管理层纠正这种情况。

除遵守本准则第十七条和第十八条的规定外，注册会计师还应当将对单一财务报表或财务报表特定要素发表的审计意见与对整套财务报表发表的审计意见予以区分。

只有认为管理层进行了清楚的区分，注册会计师才应当对单一财务报表或财务报表特定要素发表审计意见，并出具审计报告。

第十六条　如果对整套财务报表出具非无保留意见的审计报告，或出具包含强调事项段或其他事项段的审计报告，注册会计师应当确定对单一财务报表或财务报表特定要素出具的审计报告可能因此受到的影响。

相应地，如果认为适当，注册会计师应当对单一财务报表或财务报表特定要素出具非无保留意见的审计报告，或者出具包含强调事项段或其他事项段的审计报告。

第十七条　如果认为有必要对整套财务报表整体发表否定意见或无法表示意见，按照《中国注册会计师审计准则第 1502 号——在审计报告中发表非无保留意见》的规定，注册会计师不应在同一审计报告中对构成整套财务报表组成部分的单一财务报表或财务报表特定要素发表无保留意见。这是因为，在同一审计报告中包含的无保留意见，将与对整套财务报表整体发表的否定意见或无法表示意见相矛盾。

第十八条　如果注册会计师认为有必要对整套财务报表整体发表否定意见或无法表示意见，但又对该整套财务报表中的特定要素单独审计，只有在同时满足下列条件时，注册会计师才可以认为对特定要素发表无保留意见是适当的：

（一）法律法规并未禁止注册会计师对该特定要素发表无保留意见；

（二）注册会计师对特定要素出具的无保留意见审计报告，并不与包含否定意见或无法表示意见的审计报告一同公布；

（三）特定要素并不构成整套财务报表的主要部分。

第十九条　如果已对整套财务报表整体发表否定意见或无法表示意见，注册会计师不应对整套财务报表中的单一财务报表发表无保留意见。

即使注册会计师对单一财务报表出具的审计报告并不与包含否定意见或无法表示意见

的审计报告一同公布，注册会计师也不应对整套财务报表中的单一财务报表发表无保留意见。这是因为单一财务报表被视为构成整套财务报表整体的主要部分。

第五章　附　　则

第二十条　本准则自 2012 年 1 月 1 日起施行。

中国注册会计师审计准则第 1604 号——对简要财务报表出具报告的业务

（2010 年 11 月 1 日修订）

第一章　总　　则

第一条　为了规范注册会计师对简要财务报表出具报告的责任，制定本准则。

第二条　简要财务报表来源于由同一注册会计师按照审计准则的规定审计的财务报表。

第二章　定　　义

第三条　简要财务报表，是指来源于财务报表但详细程度低于财务报表的历史财务信息。简要财务报表对被审计单位某一特定日期的经济资源或义务或某一会计期间的经济资源或义务变化情况提供了与财务报表一致的结构性表述。

第四条　已审计财务报表，是指注册会计师按照审计准则的规定审计的财务报表，是简要财务报表的编制来源。

第五条　采用的标准，是指管理层在编制简要财务报表时采用的标准。

第三章　目　　标

第六条　注册会计师的目标是：

（一）确定承接对简要财务报表出具报告的业务是否适当；

（二）如果承接该项业务，在评价根据审计证据得出的结论的基础上对简要财务报表形成审计意见，并通过书面报告的形式清楚地表达审计意见，说明其形成基础。

第四章　要　　求

第一节　业务的承接

第七条　只有当注册会计师已接受业务委托按照审计准则的规定执行财务报表审计，并且财务报表构成简要财务报表的来源时，才可以按照本准则的规定承接对简要财务报表出具报告的业务。

第八条　在承接对简要财务报表出具报告的业务之前，注册会计师应当：

（一）确定采用的标准是否可接受；

（二）就管理层认可并理解其责任与管理层达成一致意见；

（三）与管理层就拟对简要财务报表发表意见的形式达成一致意见。

本条第一款第（二）项提及的管理层的责任是：

（一）按照采用的标准编制简要财务报表；

（二）使简要财务报表的预期使用者能够比较方便地获取已审计财务报表（如果法律法规规定，已审计财务报表无需提供给简要财务报表的预期使用者，并且为编制简要财务报表制定了标准，在简要财务报表中说明法律法规的相关规定）；

（三）在含有简要财务报表并指明注册会计师已对其出具报告的所有文件中，包括注册会计师对简要财务报表出具的审计报告。

第九条 如果认为管理层采用的标准不可接受或未能按照本准则第八条第一款第（二）项的规定就管理层认可并理解其责任与管理层达成一致意见，注册会计师不应承接对简要财务报表出具报告的业务，除非法律法规另有规定。如果法律法规要求注册会计师承接该业务，由于业务的执行不符合本准则的规定，注册会计师对简要财务报表出具的审计报告不应指出已按照本准则的规定执行了该业务。注册会计师应当在业务约定条款中适当提及这一情况。注册会计师还应当确定这一情况对作为简要财务报表来源的财务报表审计业务可能产生的影响。

第二节　程序的性质

第十条 注册会计师应当实施下列程序及其可能认为必要的其他程序，作为对简要财务报表形成审计意见的基础：

（一）评价简要财务报表是否充分披露其简化的性质，并指出作为其来源的已审计财务报表；

（二）当简要财务报表未与已审计财务报表附在一起时，评价简要财务报表是否清楚地说明已审计财务报表的获取渠道；如果法律法规规定已审计财务报表无需提供给简要财务报表的预期使用者，并且为编制简要财务报表制定了标准，评价简要财务报表是否清楚地说明了相关法律法规；

（三）评价简要财务报表是否充分披露了采用的标准；

（四）将简要财务报表与已审计财务报表中的相关信息进行比较，以确定两者是否一致，或能否依据已审计财务报表中的相关信息重新计算得出简要财务报表；

（五）评价简要财务报表是否按照采用的标准编制；

（六）根据简要财务报表的目的，评价简要财务报表是否包含必要的信息，并在适当的层次进行了汇总，以使其在具体情况下不产生误导；

（七）评价简要财务报表的预期使用者能否比较方便地获取已审计财务报表，除非法律法规规定已审计财务报表无需提供给简要财务报表的预期使用者，并且为编制简要财务报表制定了标准。

第三节　意见的形式

第十一条 如果认为对简要财务报表发表无保留意见是恰当的，除非法律法规另有规定，注册会计师应当使用下列措辞之一：

（一）按照［×标准］（具体指出采用的标准），简要财务报表在所有重大方面与已审计财务报表保持了一致；

（二）按照［×标准］（具体指出采用的标准），简要财务报表公允概括了已审计财务报表。

第十二条 如果法律法规规定了对简要财务报表发表意见的措辞，并且与本准则第十一条规定的措辞存在差异，注册会计师应当实施下列程序：

（一）按照本准则第十条规定实施程序及其他必要的进一步程序，以使注册会计师能够发表符合规定的意见；

（二）评价简要财务报表的使用者是否可能误解注册会计师对简要财务报表发表的审计意见；如果可能出现误解，评价对简要财务报表出具的审计报告中的补充解释能否减轻可能出现的误解。

第十三条 在本准则第十二条第（二）项所述的情况下，如果认为对简要财务报表出具的审计报告中的补充解释不能减轻可能出现的误解，注册会计师不应承接该业务，除非法律法规另有规定。如果按照法律法规要求注册会计师承接该业务，由于业务的不执行不符合本准则的规定，注册会计师在对简要财务报表出具的审计报告中不应指出已按照本准则的规定执行了该业务。

第四节 工作的时间安排和期后事项

第十四条 简要财务报表的审计报告日可能迟于已审计财务报表的审计报告日。在这种情况下，对简要财务报表出具的审计报告应当说明，简要财务报表和已审计财务报表均未反映在已审计财务报表的审计报告日后发生的、可能需要在已审计财务报表中进行调整或披露的事项的影响。

第十五条 注册会计师可能知悉在已审计财务报表的审计报告日已经存在但以前并不知悉的事实。在这种情况下，只有在按照《中国注册会计师审计准则第1332号——期后事项》的规定，考虑了与已审计财务报表相关的这种事实后，注册会计师才应当对简要财务报表出具审计报告。

第五节 对简要财务报表出具的审计报告

第十六条 对简要财务报表出具的审计报告应当包括下列要素：

（一）标题；

（二）收件人；

（三）引言段；

（四）管理层对简要财务报表的责任段；

（五）注册会计师的责任段；

（六）审计意见段；

（七）注册会计师的签名和盖章；

（八）会计师事务所的名称、地址和盖章；

（九）报告日期。

第十七条 审计报告的标题应当统一规范为“对简要财务报表出具的审计报告”。

第十八条 审计报告应当按照审计业务约定条款的要求载明收件人。如果对简要财务报表出具的审计报告的收件人不同于已审计财务报表的审计报告的收件人，注册会计师应当评价使用不同收件人名称的适当性。

第十九条 引言段应当包括下列方面：

（一）指出注册会计师出具审计报告所针对的简要财务报表，包括每张简要财务报表的名称；

（二）指出已审计财务报表；

（三）提及对已审计财务报表出具的审计报告和报告日期，除本准则第二十四条和第二十五条规定的情形外，对已审计财务报表发表无保留意见这一事实；

（四）如果简要财务报表的审计报告日迟于已审计财务报表的审计报告日，说明简要财务报表和已审计财务报表均未反映在已审计财务报表的审计报告日后发生的事项的影响；

（五）指出简要财务报表未包含编制财务报表时所采用的财务报告编制基础要求披露的全部事项，因此，对简要财务报表的阅读不能替代对已审计财务报表的阅读。

第二十条 管理层对简要财务报表的责任段应当说明，按照采用的标准编制简要财务报表是管理层的责任。

第二十一条 注册会计师的责任段应当说明，注册会计师的责任是在实施本准则规定的程序的基础上对简要财务报表发表审计意见。

第二十二条 审计意见段应当清楚地表达对简要财务报表的意见。

第二十三条 简要财务报表的审计报告日期不应早于下列日期：

（一）注册会计师已获取充分、适当的证据并在此基础上形成审计意见的日期，这些证据包括简要财务报表已编制完成以及法律法规规定的被审计单位董事会、管理层或类似机构已经认可其对简要财务报表负责；

（二）已审计财务报表的审计报告日。

第二十四条 如果对已审计财务报表出具的审计报告包含保留意见、强调事项段或其他事项段，但注册会计师确信，简要财务报表按照采用的标准在所有重大方面与已审计财务报表保持一致或公允概括了已审计财务报表，对简要财务报表出具的审计报告除包括本准则第十六条规定的要素外，还应当：

（一）在引言段中说明对已审计财务报表出具的审计报告包含保留意见、强调事项段或其他事项段；

（二）在审计意见段中描述对已审计财务报表发表保留意见的依据，对已审计财务报表出具的审计报告中的保留意见，或者强调事项段或其他事项段，以及由此对简要财务报表的影响（如有）。

第二十五条 如果对已审计财务报表发表了否定意见或无法表示意见，对简要财务报表出具的审计报告除包括本准则第十六条规定的要素之外，还应当：

（一）在引言段中说明对已审计财务报表发表了否定意见或无法表示意见；

（二）在审计意见段中描述发表否定意见或无法表示意见的依据；

（三）在审计意见段中说明由于对已审计财务报表发表否定意见或无法表示意见，因此，对简要财务报表发表意见是不适当的。

第二十六条 如果简要财务报表没有按照采用的标准在所有重大方面与已审计财务报表保持一致或公允概括已审计财务报表，而管理层又不同意作出必要的修改，注册会计师应当对简要财务报表发表否定意见。

第六节 对审计报告分发或使用的限制或提醒阅读者关注编制基础

第二十七条 如果已审计财务报表出具的审计报告存在分发或使用的限制，或对已审计财务报表出具的审计报告提醒财务报表使用者关注已审计财务报表按照特殊目的编制基础编制，注册会计师应当在对简要财务报表出具的审计报告中包含相同的限制或提醒说明。

第七节 比较信息

第二十八条 如果已审计财务报表包含比较信息而简要财务报表未包含，注册会计师应当根据业务的具体情况确定这种省略是否合理。注册会计师应当确定不合理的省略对针对简要财务报表出具的审计报告的影响。

第二十九条 如果简要财务报表包含已由其他注册会计师出具审计报告的比较信息，对简要财务报表出具的审计报告还应当包含《中国注册会计师审计准则第 1511 号——比较信息：对应数据和比较财务报表》要求注册会计师在对已审计财务报表出具的审计报告中包含的事项。

第八节 与简要财务报表一同列报的未审计的补充信息

第三十条 注册会计师应当评价与简要财务报表一同列报的未审计补充信息是否清楚地与简要财务报表予以区分。如果认为被审计单位未清楚地将未审计的补充信息与简要财务报表予以区分，注册会计师应当要求管理层改变对未审计的补充信息的列报方式。如果管理层拒绝改变，注册会计师应当在对简要财务报表出具的审计报告中说明本报告未涵盖该补充信息。

第九节 含有简要财务报表的文件中的其他信息

第三十一条 注册会计师应当阅读在含有简要财务报表及其审计报告的文件中的其他信息，以识别其是否与简要财务报表存在重大不一致。

如果在阅读其他信息时识别出重大不一致，注册会计师应当确定简要财务报表或其他信息是否需要作出修改。

如果在阅读其他信息时注意到明显的对事实的重大错报，注册会计师应当就此与管理层进行讨论。

第十节 与注册会计师相关联

第三十二条 如果注意到被审计单位计划在含有简要财务报表的文件中说明注册会计师已对简要财务报表出具报告，但被审计单位并未计划在文件中包含该报告，注册会计师应当要求管理层将该报告包含在文件中。

如果管理层拒绝，注册会计师应当确定并采取其他适当的措施，以防止管理层在文件中将注册会计师与简要财务报表不适当地相关联。

第三十三条 注册会计师可能接受委托对被审计单位的财务报表出具报告，但未接受委托对简要财务报表出具报告。在这种情况下，如果注意到被审计单位计划在含有简要财务报表的文件中作出说明，包括提及注册会计师和简要财务报表来源于已审计财务报表，注册会计师应当确信：

（一）仅在提及对已审计财务报表出具的审计报告时，提及注册会计师；

（二）作出的说明不会导致简要财务报表的使用者产生注册会计师已对简要财务报表出具报告的误解。

如果注册会计师不能确信前款第（一）项或第（二）项所述事项，可以选择的方法包括：

（一）注册会计师应当要求管理层修改作出的说明以符合前款的规定，或在文件中不提及注册会计师；

（二）被审计单位可以委托注册会计师对简要财务报表出具报告，并将相关报告包含在文件中。

当采取前款第（一）项方法时，如果管理层不修改作出的说明，拒绝删除提及注册会计师的表述，或者当采取前款第（二）项方法时，管理层拒绝在含有简要财务报表的文件中包含对简要财务报表出具的审计报告，注册会计师应当告知管理层不同意提及注册会计师，并确定和采取其他适当措施，以防止管理层不恰当地提及注册会计师。

第五章 附　　则

第三十四条 本准则自 2012 年 1 月 1 日起施行。

中国注册会计师审计准则第 1611 号——商业银行财务报表审计

（2006 年 2 月 15 日修订）

第一章 总　　则

第一条 为了规范注册会计师执行商业银行财务报表审计业务，制定本准则。

第二条 注册会计师在执行商业银行财务报表审计业务时，应当将本准则与相关审计准则结合使用。

第三条 本准则所称商业银行，是指依照《中华人民共和国公司法》和《中华人民共和国商业银行法》设立的从事吸收公众存款、发放贷款、办理结算等业务的企业法人。

第四条 商业银行通常具有下列主要特征：

（一）经营大量货币性项目，要求建立健全严格的内部控制；

（二）从事的交易种类繁多、次数频繁、金额巨大，要求建立严密的会计信息系统，并广泛使用计算机信息系统及电子资金转账系统；

（三）分支机构众多、分布区域广、会计处理和控制职能分散，要求保持统一的操作规程和会计信息系统；

（四）存在大量不涉及资金流动的资产负债表表外业务，要求采取控制程序进行记录和监控；

（五）高负债经营，债权人众多，与社会公众利益密切相关，受到银行监管法规的严格约束和政府有关部门的严格监管。

第五条　商业银行具有下列主要风险：

（一）信用风险；

（二）国家风险和转移风险；

（三）市场风险；

（四）利率风险；

（五）流动性风险；

（六）操作风险；

（七）法律风险；

（八）声誉风险。

第六条　由于商业银行具有的特征和风险，注册会计师应当保持应有的职业谨慎，以将审计风险降至可接受的低水平。

第二章　接受业务委托

第七条　注册会计师应当初步了解商业银行的基本情况，评价自身独立性和专业胜任能力，初步评估审计风险，以确定是否接受业务委托。

第八条　在评价自身专业胜任能力时，注册会计师应当考虑：

（一）是否具备商业银行审计所需要的专门知识和技能；

（二）是否熟悉商业银行计算机信息系统及电子资金转账系统；

（三）是否具有对商业银行国内外分支机构实施审计的充足人力资源。

第九条　注册会计师在接受业务委托时，应当就审计目标和范围、双方的责任、审计报告的用途等事项与商业银行达成一致意见。

第三章　计划审计工作

第十条　在计划审计工作前，注册会计师应当了解商业银行下列主要情况：

（一）宏观经济形势对商业银行的影响；

（二）适用的银行监管法规及银行监管机构的监管程度；

（三）特殊会计惯例及问题；

（四）组织结构及资本结构；

（五）金融产品、服务及市场状况；

（六）风险及管理策略；

（七）相关内部控制；

（八）计算机信息系统及电子资金转账系统；

（九）资产、负债结构及信贷资产质量；

（十）主要贷款对象所处行业状况；

（十一）重大诉讼。

第十一条　在了解上述情况时，注册会计师应当重点查阅商业银行下列资料：

（一）章程、营业执照、经营许可证等法律文件；
（二）组织结构图；
（三）股东会、董事会、监事会及管理委员会的会议纪要；
（四）年度财务报表和中期财务报表；
（五）分部报告；
（六）风险管理策略和相关报告；
（七）有关控制程序和会计信息系统的文件；
（八）计算机信息系统和电子资金转账系统硬件、软件清单及流程图；
（九）信贷、投资等经营政策；
（十）银行监管机构的检查报告和有关文件；
（十一）内部审计报告；
（十二）经营计划、资本补足计划；
（十三）重大诉讼法律文书；
（十四）金融产品和服务营销手册；
（十五）新近颁布的影响商业银行经营的法规。

第十二条 在制定总体审计策略时，注册会计师应当考虑下列主要事项：
（一）重要性水平；
（二）预期的重大错报风险；
（三）商业银行使用计算机信息系统和电子资金转账系统的程度；
（四）商业银行内部控制的预期可信赖程度；
（五）重点审计领域；
（六）商业银行持续经营假设的合理性；
（七）利用内部审计的工作；
（八）利用专家的工作；
（九）利用其他注册会计师的工作；
（十）利用银行监管机构的检查报告及有关文件；
（十一）审计工作的组织与安排。

第十三条 在确定重要性水平时，注册会计师应当考虑：

（一）相对小的错报对资产负债表的影响可能不重要，但对利润表和资本充足率可能产生重大影响；

（二）既影响资产负债表又影响利润表的错报，比只影响资产、负债和资产负债表表外承诺的错报更重要；

（三）重要性水平有助于识别导致商业银行严重违反监管法规的错报。

第十四条 商业银行的重大错报风险较高，内部控制对防止或发现并纠正舞弊与错误至关重要；注册会计师应当评估重大错报风险，以确定检查风险的可接受水平。

第十五条 商业银行的计算机信息系统和电子资金转账系统具有下列重要作用，注册会计师应当关注其使用的方式和程度：
（一）计算和记录利息收入和支出；
（二）计算外汇和证券交易头寸，并记录相关的损益；
（三）提供资产、负债余额的最新记录；

（四）每日处理大量巨额交易。

第十六条 由于商业银行具有的特征和风险，注册会计师通常需要依赖控制测试而不能完全依赖实质性程序。

第十七条 注册会计师应当关注下列可能导致财务报表发生重大错报风险的重点审计领域：

（一）贷款损失准备；

（二）资产负债表表外业务；

（三）不符合银行监管法规的交易和事项；

（四）发生重大变动的财务报表项目；

（五）资产负债表日前后发生的重大一次性交易；

（六）高度复杂或投机性强的交易；

（七）非常规贷款；

（八）关联方交易；

（九）新金融产品或服务；

（十）受新近颁布的监管法规影响的业务领域。

第十八条 注册会计师应当考虑商业银行编制财务报表所依据的持续经营假设的合理性。

第十九条 内部审计是商业银行内部控制的重要组成部分，注册会计师应当考虑是否利用内部审计的工作。

第二十条 在评价计算机信息系统和电子资金转账系统等特殊领域时，注册会计师应当考虑是否利用专家的工作。

第二十一条 商业银行拥有的分支机构众多且分布区域广，注册会计师应当考虑是否利用其他注册会计师的工作。

第二十二条 注册会计师应当查阅商业银行持有的银行监管机构的检查报告和有关文件，以获取对确定重点审计领域有用的信息，提高审计效率。

第二十三条 在组织和安排审计工作时，注册会计师应当考虑：

（一）项目组组成及分工；

（二）其他注册会计师参与的程度；

（三）计划利用内部审计工作的程度；

（四）计划利用专家工作的程度；

（五）出具审计报告的时间要求；

（六）需要商业银行管理层提供的专项分析资料。

第二十四条 注册会计师应当根据总体审计策略制定具体审计计划，以合理确定进一步审计程序的性质、时间和范围。

第四章 了解和测试内部控制

第二十五条 注册会计师应当充分了解商业银行的相关内部控制，以确定有效的审计方案。

第二十六条 商业银行的相关内部控制应当实现下列目标：

（一）所有交易经管理层一般授权或特别授权方可执行；

（二）所有交易和事项以正确的金额，在恰当的会计期间及时记录于适当的账户，使编制的财务报表符合适用的会计准则和相关会计制度的规定；

（三）只有经过管理层授权才能接触资产和记录；

（四）将记录的资产与实有资产定期核对，并在出现差异时采取适当的措施；

（五）恰当履行受托保管协议规定的职责。

第二十七条 注册会计师应当了解商业银行分级授权体系的下列要素：

（一）有权批准特定交易的人员；

（二）授权遵守的程序；

（三）授权限额及条件；

（四）风险报告及监控。

第二十八条 注册会计师应当检查授权控制，以确定为各类交易设定的风险限额是否得到遵守，超出风险限额是否及时向适当层次管理人员报告。

第二十九条 由于临近资产负债表日发生的交易往往尚未完成，或在确定取得资产、承担债务的价值时缺乏依据，注册会计师应当重点检查这些交易的授权控制。

第三十条 在评价与交易和事项记录有关的内部控制的有效性时，注册会计师应当考虑：

（一）商业银行处理大量交易，其中单笔或数笔交易可能涉及巨额资金，需要定期执行试算平衡和调节程序，以及时发现差错并进行调查和纠正，将造成损失的风险降至最低；

（二）许多交易的会计核算有特殊规定，商业银行需要采取控制程序以保证这些规定得以遵守；

（三）有些交易不在资产负债表中列示，甚至不在财务报表附注中披露，商业银行需要采取控制程序保证这些交易以适当的方式被记录和监控，并能及时确认因交易状况变化而产生的损益；

（四）商业银行不断推出新的金融产品和服务，需要及时更新会计信息系统和相关内部控制；

（五）每日余额可能并不反映当日系统处理的全部交易量或最大损失风险，商业银行需要对最大交易量或最大损失风险保持控制；

（六）对大多数交易的记录应便于商业银行内部、商业银行客户及交易对方核对。

第三十一条 计算机信息系统和电子资金转账系统的广泛使用，对注册会计师评价商业银行的内部控制有重要影响。

注册会计师应当对影响系统开发、修改、接触、数据登录、网络安全和应急计划的相关内部控制进行评价。

注册会计师应当考虑商业银行使用电子资金转账系统的程度，评价交易前监督控制和交易后确认及调节程序的完整性。

第三十二条 商业银行的资产易于转移，金额巨大，仅通过实物控制难以奏效，管理层通常实施下列控制程序：

（一）凭借密码和接触控制，只有获得授权的人员才能操作计算机信息系统和电子资金转账系统；

（二）将资产接触与记录职责分离；

（三）由独立人员向第三方函证和调节资产余额。

注册会计师应当合理确信上述所有控制是否有效运行，必要时，复核或参与年末函证和调节程序。

第三十三条 将记录的资产与实有资产定期进行核对是一项重要的调节控制，该项控制具有下列重要作用：

（一）验证现金、有价证券等资产的存在性，及时发现舞弊与错误；

（二）检查易发生价值波动的资产计价的正确性；

（三）验证资产接触和授权控制运行的有效性。

注册会计师应当运用检查和询问等程序，测试该项控制的有效性。

第三十四条 在评价调节控制的有效性时，注册会计师应当考虑：

（一）需要调节的账户较多且调节频率较高；

（二）调节结果具有累积性；

（三）调节项目可能被不适当地结转到同一时期内未被调节和调查的账户。

第三十五条 在评价受托保管业务的内部控制有效性时，注册会计师应当考虑：

（一）是否由专门部门履行受托保管职责；

（二）是否将自有资产与受托保管资产适当分离；

（三）是否已对受托保管资产作出适当记录。

第三十六条 在评价特定控制程序有效性时，注册会计师应当考虑下列控制环境因素的影响：

（一）组织结构和权力、责任的划分；

（二）管理层监控工作的质量；

（三）内部审计工作的范围和效果；

（四）关键管理人员的素质；

（五）银行监管机构的监管程度。

第三十七条 对审计过程中注意到的商业银行内部控制的重大缺陷，注册会计师应当及时与治理层和管理层沟通。

第五章 实质性程序

第三十八条 注册会计师应当在评估商业银行财务报表重大错报风险的基础上，确定可接受的检查风险水平和实质性程序的性质、时间和范围。

第三十九条 注册会计师对重大错报风险的评估是一种判断，可能无法充分识别所有的重大错报风险，并且由于内部控制存在固有局限性，无论评估的重大错报风险结果如何，注册会计师都应当针对所有重大的各类交易、账户余额、列报（包括披露）实施实质性程序。

第四十条 在实施实质性程序时，注册会计师应当特别考虑运用下列重要审计程序：

（一）分析程序；

（二）监盘；

（三）检查；

（四）询问和函证。

第四十一条 注册会计师应当考虑对下列项目实施分析程序，以测试其总体合理性：

（一）利息收入、支出；

（二）手续费收入；

（三）贷款损失准备。

第四十二条 注册会计师应当考虑对下列项目实施监盘程序，以测试其存在性：

（一）现金；

（二）贵金属；

（三）有价证券；

（四）其他易转移资产。

第四十三条 在实施监盘程序时，注册会计师应当关注受托保管资产是否存在，是否与自有资产相混淆。

第四十四条 注册会计师应当考虑实施检查程序，以了解贷款协议、承诺协议等重要协议的条款，评价其约束力及相关会计处理的适当性。

第四十五条 注册会计师应当考虑实施询问和函证程序，以实现下列目的：

（一）确认货币性资产、负债和资产负债表表外承诺的存在性和完整性；

（二）获取经商业银行客户或交易对方确认的某项交易金额、条款和状况的审计证据；

（三）获取不能直接从商业银行会计记录中得到的其他信息。

第四十六条 注册会计师应当考虑对下列事项实施函证程序：

（一）存款、贷款和同业往来等账户的余额；

（二）特定贷款抵押品的状况；

（三）因担保、承诺和承兑等资产负债表表外业务产生的或有负债；

（四）资产回购和返售协议以及未履约期权；

（五）与远期外汇合约和其他未履行合约有关的信息；

（六）委托保管的有价证券等项目。

第四十七条 为了提高审计效率，注册会计师应当考虑：

（一）在资产负债表日前实施某些测试；

（二）使用计算机辅助审计技术；

（三）当存在大量同质账户或交易时，使用统计抽样技术。

第四十八条 在审计资产负债表表外业务时，注册会计师应当检查相应收入的来源，并实施其他审计程序，以证实：

（一）相关会计记录是否完整；

（二）计提的损失准备是否充足；

（三）披露是否充分。

第四十九条 在审计关联方和关联方交易时，注册会计师应当实施必要的审计程序，以确定：

（一）所有重要的关联方和关联方交易是否都已被识别；

（二）所有重要的关联方交易是否都经适当授权；

（三）关联方和关联方交易是否已按照适用的会计准则和相关会计制度的规定予以充分披露。

第五十条 在实施下列审计程序时，注册会计师可能注意到商业银行持续经营假设不再合理的迹象：

（一）分析程序；
（二）检查资产负债表日后事项；
（三）检查债务协议条款的遵守情况；
（四）查阅股东会、董事会、监事会及管理委员会的会议纪要；
（五）向商业银行的法律顾问询问有关诉讼、索赔等情况；
（六）函证关联方或第三方向商业银行提供财务支持的详细情况；
（七）查阅商业银行持有的银行监管机构的检查报告和有关文件；
（八）检查法定资本要求的遵守情况。

第五十一条 注册会计师应当关注商业银行持续经营假设不再合理的下列主要迹象：
（一）贷款业务量显著下降；
（二）不良贷款剧增；
（三）大量贷款集中于陷入困境的行业；
（四）过度依赖少数存款人的大额存款；
（五）存款大量流失；
（六）信用等级下降；
（七）未能达到银行监管机构规定的流动性监管指标；
（八）未能达到最低法定资本要求或未能遵守银行监管机构批准的资本补足计划；
（九）银行监管法规的变化已对商业银行经营产生重大不利影响；
（十）严重违反银行监管法规；
（十一）银行监管机构已对商业银行的不审慎经营表示关注或采取措施。

第五十二条 注册会计师应当就下列主要事项获取商业银行管理层声明：
（一）持有的银行监管机构的检查报告和有关文件已提供给注册会计师；
（二）长期投资和短期投资的分类准确地反映了管理层的计划和意图；
（三）确定公允价值所依据的假设是合理的；
（四）资本补足计划及其实施符合银行监管机构的要求，并已作充分的披露；
（五）或有负债已在财务报表中充分披露；
（六）关联方交易符合银行监管法规的规定，并已作充分的披露；
（七）对资产负债表日持有的有价证券、贷款等资产可能发生的损失计提充足的准备；
（八）具有重大风险的资产负债表表外业务已作充分的披露。

第六章 审计报告

第五十三条 注册会计师应当在实施必要的审计程序后，对财务报表进行总体复核，根据经过核实的审计证据形成审计意见，出具审计报告。

第五十四条 在评价审计证据、形成审计意见时，注册会计师应当考虑商业银行会计处理和报告的特殊规定。

第五十五条 在出具审计报告之前，注册会计师应当根据银行监管法规的有关要求，确定是否需要将重大事项告知银行监管机构。

第七章 附 则

第五十六条 本准则自 2007 年 1 月 1 日起施行。

中国注册会计师审计准则第 1612 号——银行间函证程序

（2006 年 2 月 15 日修订）

第一章　总　　则

第一条　为了规范注册会计师在商业银行财务报表审计中实施银行间函证程序，制定本准则。

第二条　本准则所称银行间函证程序，是指注册会计师为了获取影响商业银行财务报表或相关披露认定的项目的信息，以商业银行的名义向确认银行寄发询证函，获取和评价审计证据的过程。

本准则所称确认银行，是指接收商业银行的询证函并被请求回函的银行。

第三条　在实施银行间函证程序时，注册会计师应当保持应有的关注，对函证全过程进行控制。

第二章　询证函的编制与寄发

第四条　注册会计师在选择确认银行时，应当考虑与商业银行的账户余额或其他信息有关的下列主要因素：

（一）账户余额的大小；

（二）交易的性质、数量和金额；

（三）相关内部控制的可信赖程度；

（四）重要性与审计风险。

第五条　注册会计师应当采用积极的函证方式，要求确认银行对所函证的账户余额或其他信息予以回函。

第六条　注册会计师在编制询证函时，可选用下列方法：

（一）在询证函中列示账户余额或其他信息，要求确认银行确认其准确性和完整性；

（二）要求确认银行在询证函中列示账户余额或其他信息的详细情况，据以与商业银行的记录相比较。

在选用上述方法时，注册会计师应当考虑函证的目的、对审计证据质量的要求及回函的可能性。

第七条　注册会计师应当经商业银行同意，以商业银行的名义向确认银行寄发询证函，并要求确认银行直接向注册会计师所在的会计师事务所回函。

第八条　注册会计师应当根据函证事项的性质等因素确定寄发询证函的时间。

第三章　函证的内容

第九条　注册会计师应当根据函证目的及商业银行会计信息系统等情况确定函证的内容。

第十条 注册会计师函证的内容主要包括：

（一）商业银行与确认银行之间的存款、贷款和同业往来等账户（包括零余额的往来账户和在函证日之前十二个月内注销的往来账户）的余额及到期日、利息条款、未使用的授信额度、抵销权、抵押权和质押权等详细情况。询证函应当载明账户摘要、账号和币种等有关信息。

（二）商业银行与确认银行之间因担保、承诺和承兑等资产负债表表外业务产生的或有负债。询证函应当载明或有负债的性质、币种和金额等有关信息。

（三）资产回购和返售协议以及未履约期权。询证函应当载明协议标的、签订日、到期日和达成交易的条件等有关信息。

（四）与远期外汇合约和其他未履行合约有关的信息。询证函应当载明每项合约的编号、交易日、到期日、成交价格、币种和金额等有关信息。

（五）确认银行代为保管的有价证券等项目。询证函应当载明项目摘要和权属等有关信息。

第四章 回函的评价

第十一条 在评价通过函证程序获取的审计证据是否充分时，注册会计师应当考虑：

（一）函证程序的可靠性；

（二）不符事项的性质和金额；

（三）实施其他审计程序获取的审计证据。

第十二条 当未收到确认银行的回函时，注册会计师应当实施替代审计程序。

第十三条 如果通过函证、替代审计程序和其他审计程序所获取的审计证据不充分，注册会计师应当扩大函证范围或追加审计程序。

第五章 附 则

第十四条 本准则自 2007 年 1 月 1 日起施行。

中国注册会计师审计准则第 1613 号——与银行监管机构的关系

（2006 年 2 月 15 日制定）

第一章 总 则

第一条 为了明确在商业银行财务报表审计中商业银行治理层、管理层的责任和注册会计师的责任，促进注册会计师与银行监管机构之间的理解与合作，提高审计的有效性，制定本准则。

第二条 本准则适用于注册会计师执行商业银行财务报表审计业务，并适用于接受银行监管机构委托执行专项业务。

第二章　商业银行治理层和管理层的责任

第三条　商业银行的治理层和管理层应当按照《中华人民共和国公司法》、《中华人民共和国商业银行法》及其他法律法规的规定履行治理责任和管理责任。

第四条　商业银行的经营管理主要由治理层及其任命的管理层负责。这种责任旨在确保实现下列主要目的：

（一）商业银行工作人员具备充分的专业技能和诚信，关键岗位工作人员具有丰富的工作经验；

（二）针对商业银行各项业务建立并实施恰当的政策、制度和程序；

（三）建立适当的管理信息系统；

（四）具有适当的风险管理政策和程序；

（五）遵守包括有关偿付能力和流动性要求在内的法律法规及监管规定；

（六）充分保障股东、存款人及其他债权人的利益。

第五条　管理层负责建立会计信息系统，保持足以支持财务报表的会计记录，并按照适用的会计准则和相关会计制度的规定编制财务报表。管理层的责任还包括确保注册会计师完整地、不受限制地获得对财务报表和审计意见产生重大影响的所有必需信息。

第六条　治理层有责任确保建立并维护有效的内部控制，并根据法律法规的规定成立审计委员会履行有关职责。为提高工作有效性，审计委员会应当允许和鼓励内部审计人员、注册会计师参加审计委员会会议。

第七条　管理层有责任按照相关法律法规的规定和治理层的要求，设立与商业银行规模及业务性质相适应的内部审计部门并保证其有效运行。

第八条　为保证审计工作充分有效，内部审计部门应当独立于所审计或核查的业务活动，并独立于日常内部控制过程。

商业银行的所有业务活动以及分支机构、子公司和其他组成部分都应纳入内部审计部门的核查范围。

内部审计部门应当定期向治理层和管理层报告内部控制及风险管理系统的运行情况，以及内部审计目标完成情况。管理层应当建立能够确保内部审计建议得到考虑、并在适当时得以实施的程序。

第九条　注册会计师对商业银行财务报表的审计不能减轻商业银行治理层和管理层的责任。

第三章　注册会计师的责任

第十条　注册会计师的责任是按照中国注册会计师审计准则（以下简称审计准则）的规定，对商业银行财务报表是否按照适用的会计准则和相关会计制度的规定编制，是否在所有重大方面公允反映商业银行的财务状况、经营成果和现金流量发表审计意见。

第十一条　注册会计师应当根据业务约定恰当致送审计报告，致送对象通常为股东或董事会，但审计报告也可能被存款人、债权人及银行监管机构等方面获取。

注册会计师的审计意见可以提高商业银行财务报表的可信赖程度，但不是对商业银行未来生存能力或管理层经营效率、效果提供的保证。

第十二条 注册会计师应当了解商业银行及其环境，以足够识别和评估财务报表重大错报风险、设计和实施进一步审计程序。

第十三条 在评估商业银行财务报表重大错报风险时，注册会计师应当考虑商业银行的特征，主要包括：

（一）经营大量货币性项目，要求建立健全严格的内部控制；

（二）从事的交易种类繁多、次数频繁、金额巨大，要求建立严密的会计信息系统，并广泛使用信息技术及电子资金转账系统；

（三）分支机构众多，分布区域广，会计处理和控制职能分散，要求保持统一的操作规程和会计信息系统；

（四）存在大量不涉及资金流动的资产负债表表外业务，要求采取控制程序进行记录和监控；

（五）高负债经营，债权人众多，与社会公众利益密切相关，受到商业银行监管法规的严格约束和政府有关部门的严格监管。

第十四条 注册会计师应当针对评估的财务报表层次重大错报风险确定总体应对措施，并针对认定层次重大错报风险设计和实施进一步审计程序。

第十五条 商业银行的内部审计工作有助于注册会计师执行审计业务，注册会计师应当评价和考虑利用内部审计工作。

注册会计师在评价内部审计工作时，应当考虑内部审计部门在组织结构中的地位、工作范围、内部审计人员的专业胜任能力以及能否保持职业谨慎。

第十六条 职业判断贯穿于注册会计师审计工作的全过程。注册会计师主要在下列方面运用职业判断：

（一）评估重大错报风险；

（二）确定审计程序的性质、时间和范围；

（三）评价审计程序的实施结果；

（四）评估管理层在编制财务报表时所作出的判断和估计的合理性。

第十七条 注册会计师应当从财务报表层次和各类交易、账户余额、列报（包括披露）认定层次考虑重要性。

注册会计师审计商业银行财务报表时使用的重要性水平可能与其向银行监管机构提交专项报告时使用的重要性水平不同。

第十八条 注册会计师应当获取商业银行财务报表整体不存在重大错报的合理保证。但由于存在下列固有限制，注册会计师即使按照审计准则的规定恰当地计划和实施审计工作，也不可能绝对保证发现商业银行财务报表中的所有重大错报：

（一）选择性测试方法的运用；

（二）内部控制的固有局限性；

（三）大多数审计证据是说服性而非结论性的；

（四）为形成审计意见而实施的审计工作涉及大量判断；

（五）某些特殊性质的交易和事项可能影响审计证据的说服力。

第十九条 注册会计师应当考虑商业银行财务报表是否存在舞弊或错误导致的重大错报。

在考虑由舞弊导致的重大错报时，注册会计师应当关注：

（一）由于舞弊者可能通过精心策划以掩盖其舞弊行为，舞弊导致的重大错报未被发现的风险，通常大于错误导致的重大错报未被发现的风险。尤其是在串谋的情况下，舞弊导致的重大错报更难发现；

（二）由于管理层往往能够凌驾于内部控制之上，直接或间接地操纵会计记录并编报虚假财务信息，管理层舞弊导致的重大错报未被发现的风险，通常大于员工舞弊导致的重大错报未被发现的风险。

第二十条 如果发现财务报表存在重大错报，注册会计师应当提请商业银行予以更正。如果商业银行拒绝更正，注册会计师应当对财务报表出具保留意见或否定意见的审计报告。

如果商业银行未能提供审计工作所要求的所有必需信息，注册会计师应当就这些事项与商业银行管理层和治理层沟通。如果仍未获得所有必需信息，注册会计师应当对财务报表出具保留意见或无法表示意见的审计报告。

第二十一条 注册会计师应当按照《中国注册会计师审计准则第 1151 号——与治理层的沟通》的规定，及时和管理层、治理层沟通与财务报表审计相关的事项。

在某些情况下，注册会计师可以向管理层或银行监管机构提交一份长式报告，详细说明某些重大事项，如账户余额或贷款组合的明细项目、某些财务比率、内部控制的有效性、商业银行风险分析及合规情况。

第二十二条 如果存在下列事项，注册会计师应当根据相关法律法规的规定，考虑是否需要及时将这些事项告知银行监管机构：

（一）构成重大违反法律法规的事项；

（二）影响商业银行持续经营的事项或情况；

（三）出具非标准审计报告。

第四章 注册会计师与银行监管机构的关系

第二十三条 注册会计师与银行监管机构对下列事项关注的角度可能存在差异，但可以相互补充：

（一）注册会计师主要关心的是对商业银行财务报表出具审计报告，为此，应当评价管理层在编制财务报表时采用持续经营假设的合理性。银行监管机构主要关心的是保持商业银行系统的稳定性，促进各商业银行安全、稳健运行，以保证存款人的利益，因而银行监管机构需要依据财务报表评价商业银行经营状况和业绩，监控其现在和未来的生存能力。

（二）注册会计师关心的是评价内部控制，以确定在计划和实施审计工作时对内部控制的信赖程度。银行监管机构关心的是商业银行是否存在健全的内部控制，以作为商业银行安全经营和审慎管理的基础。

（三）注册会计师关心的是商业银行是否具有充分和可靠的会计记录，以使其编制的财务报表不存在重大错报。银行监管机构关心的是商业银行是否依据一贯的会计政策，保持充分的会计记录，并按规定定期公布财务报表。

第二十四条 如果银行监管机构在监管活动中使用已审计财务报表，注册会计师应当考虑以适当的方式提请商业银行管理层说明下列事项：

（一）商业银行编制财务报表的首要目的并非满足监管的需要；

（二）注册会计师依据审计准则实施审计工作旨在对财务报表整体不存在重大错报获取合理保证；

（三）商业银行在编制财务报表时，按照会计准则和相关会计制度的规定，需要在判断的基础上选择并运用会计政策；

（四）财务报表中包含的信息建立在管理层判断和估计的基础上；

（五）商业银行的财务状况可能受财务报表期后事项的影响；

（六）银行监管机构与注册会计师评价和测试内部控制的目的可能不同，银行监管机构不应假定注册会计师为审计目标而作出的有关内部控制的评价能够充分满足监管目的；

（七）注册会计师考虑的内部控制和会计政策可能不同于商业银行为银行监管机构提供信息时依据的内部控制和会计政策。

第二十五条　如果银行监管机构对商业银行出具了监管报告，注册会计师应当考虑向商业银行获取该报告。

第二十六条　基于履行保密责任的需要，注册会计师与银行监管机构进行必要联系时，通常需要事先告知商业银行管理层或请其到场。

如果需要沟通的事项涉及商业银行违反法规行为、治理层或管理层重大舞弊等事项，注册会计师应当考虑征询法律意见，以及时采取适当措施。

第二十七条　某些涉及治理层责任的事项可能为银行监管机构所关注，特别是那些需要银行监管机构采取紧急措施的事项。如果法律法规要求直接与银行监管机构沟通，注册会计师应当及时就这些事项与银行监管机构沟通。

如果法律法规没有要求直接与银行监管机构沟通，注册会计师应当提请管理层或治理层与银行监管机构沟通。如果管理层或治理层没有及时与银行监管机构沟通，注册会计师应当征询法律意见，考虑是否有必要直接与银行监管机构沟通。

第二十八条　注册会计师应当予以关注并需要提请银行监管机构采取紧急措施的事项主要包括：

（一）显示商业银行未能满足某项银行许可要求的信息；

（二）商业银行决策机构内部发生严重冲突或关键职能部门经理突然离职；

（三）显示商业银行可能严重违反法律法规、银行章程、规章或行业规范的信息；

（四）注册会计师拟辞聘或被解聘；

（五）银行经营风险的重大不利变化及影响未来经营的潜在风险。

注册会计师应当考虑就这些事项与治理层沟通。

第二十九条　注册会计师可以根据银行监管机构的委托，就商业银行的下列事项出具专项报告，以协助银行监管机构履行监管职能：

（一）是否满足许可条件；

（二）保持会计记录和其他记录的信息系统是否适当，内部控制是否有效；

（三）为银行监管机构编制的报告所使用的方法是否适当，这些报告中包含的诸如资产负债率及其他审慎指标的信息是否准确；

（四）是否根据银行监管机构规定的标准建立恰当的组织机构；

（五）是否遵守相关法律法规；

（六）是否采用恰当的会计政策。

第五章　协助完成特定监管任务时的补充要求

第三十条　如果银行监管机构依据明确的法律法规或与商业银行签订的协议，委托注册会计师协助完成特定监管任务，注册会计师应当另行签订业务约定书。

第三十一条　向银行监管机构提供完整、准确的信息是商业银行管理层的责任，注册会计师的责任是就该信息或特定程序的实施出具报告。注册会计师不承担任何监管责任，而是通过提供报告使银行监管机构更有效地对商业银行的状况作出判断。

第三十二条　注册会计师与商业银行的正常关系应被保护。如果没有法定要求或制约注册会计师工作的合约安排，注册会计师应当提请银行监管机构在商业银行的安排下进行沟通。

第三十三条　在接受银行监管机构的任务前，注册会计师应当考虑是否产生利益冲突。如果产生利益冲突，注册会计师应在工作开始前予以解决，解决方法通常是获得商业银行管理层的批准。

第三十四条　注册会计师应当提请银行监管机构以书面形式对监管要求作出详细、清楚的说明，并尽量详细描述对银行经营状况的评价标准，以便对商业银行是否符合监管要求出具报告。

注册会计师应当与银行监管机构就重要性及其运用达成一致的理解。

第三十五条　注册会计师在接受银行监管机构的委托时，应当考虑是否具有必要的素质和专业胜任能力。

第三十六条　注册会计师应当对执业过程中知悉的信息保密，尤其不应将通过业务关系获得的其他客户信息披露给被审计商业银行或公众。

第六章　附　　则

第三十七条　本准则自 2007 年 1 月 1 日起施行。

中国注册会计师审计准则第 1631 号——财务报表审计中对环境事项的考虑

（2006 年 2 月 15 日制定）

第一章　总　　则

第一条　为了规范注册会计师在财务报表审计中对被审计单位环境事项的考虑，制定本准则。

第二条　本准则适用于注册会计师执行财务报表审计业务。

第三条　本准则所称环境事项是指：

（一）被审计单位按照有关环境保护的法律法规（以下简称环境法律法规）或合同要求，或自愿为预防、减轻或弥补对环境造成的破坏，或为保护可再生资源和不可再生资源而采取的措施；

（二）因违反环境法律法规可能导致的后果；

（三）环境的破坏对他人或自然资源造成的后果；

（四）法律法规规定的代偿责任，包括由原使用者（或所有者）造成的环境破坏引起的责任。

第四条　影响财务报表的环境事项主要包括：

（一）因环境法律法规的实施导致资产减值，需要计提资产减值准备；

（二）因没有遵守环境法律法规，需要计提补救、赔偿或诉讼费用，或支付罚款等；

（三）某些被审计单位，如石油、天然气开采企业，化工厂或废弃物管理公司，因其核心业务而随之带来的环境保护义务；

（四）被审计单位自愿承担的环境保护推定义务；

（五）被审计单位需要在财务报表附注中披露的与环境事项相关的或有负债；

（六）在特殊情况下，违反环境法律法规可能对被审计单位的持续经营产生影响，并由此影响财务报表的编制基础。

第五条　对环境事项的恰当确认、计量和列报（包括披露，下同）是被审计单位管理层的责任。

注册会计师在财务报表审计中应当考虑可能导致财务报表重大错报风险的环境事项。

第六条　注册会计师是否需要考虑环境事项以及考虑的范围，取决于其对环境事项是否会引起财务报表重大错报风险作出的职业判断。

第七条　注册会计师对财务报表的审计，并非专为发现被审计单位可能违反环境法律法规的行为，所实施的审计程序也不足以就被审计单位环境法律法规的遵守情况，或与环境事项相关的内部控制的有效性得出结论。

第二章　实施风险评估程序时对环境事项的考虑

第一节　了解环境保护要求和问题

第八条　注册会计师在实施风险评估程序时，应当从下列方面考虑对被审计单位所处行业及其业务产生重大影响的环境保护要求和问题：

（一）所处行业存在的重大环境风险，包括已有的和潜在的风险；

（二）所处行业通常面临的环境保护问题；

（三）适用于被审计单位的环境法律法规；

（四）被审计单位的产品或生产过程中使用的原材料、技术、工艺及设备等是否属于法律法规强制要求淘汰或行业自愿淘汰之列；

（五）监管机构采取的行动或发布的报告是否对被审计单位及其财务报表可能产生重大影响；

（六）被审计单位为预防、减轻或弥补对环境造成的破坏，或为保护可再生资源和不可再生资源拟采取的措施；

（七）被审计单位因环境事项遭受处罚和诉讼的记录及其原因；

（八）是否存在与遵守环境法律法规相关的未决诉讼；

（九）所投保险是否涵盖环境风险。

第九条　对具体审计业务而言，注册会计师拥有的环境事项知识程度通常不如管理层

或环境专家。但注册会计师应当具备足够的环境事项知识，以识别和了解与环境事项相关的，可能对财务报表及其审计产生重大影响的交易、事项和惯例。

第十条 某些行业因性质特殊存在重大环境风险，如石油天然气、化工、制药、冶金、采矿、造纸、制革、印染和公用事业等行业，注册会计师应当特别关注被审计单位存在因环境事项导致负债和或有负债的可能性。

第十一条 某些被审计单位并不一定处于本准则第十条所述的存在重大环境风险的行业，但如果存在下列情况，可能面临潜在的重大环境风险：

（一）在很大程度上受到环境法律法规的约束；

（二）拥有被原使用者（或所有者）污染的场地，或为之担保而可能承担代偿责任；

（三）某些业务可能会造成土壤、地下水和地表水及空气的污染；使用有害物质；产生或处理有害废弃物；或可能对顾客、员工或附近居民造成不利影响。

第二节　了解内部控制

第十二条 设计和执行内部控制，以有序、有效地开展业务活动（包括环境方面的活动）是管理层的责任。

不同被审计单位的管理层可能对环境事项采取下列不同的控制方式：

（一）处于环境风险较低行业的被审计单位或小型被审计单位，管理层可能把监控环境事项作为日常内部控制的一部分；

（二）处于环境风险较高行业的被审计单位，管理层可能针对环境事项设计和执行一套单独的内部控制子系统，以符合现有的环境管理系统标准；

（三）对某些被审计单位，管理层可能在一个整合的控制系统内设计和执行其所有的控制，包括与会计、环境和其他事项（如质量、健康和安全）相关的政策和程序。

第十三条 注册会计师的审计目标并不受管理层对环境事项实施控制方式的影响，但注册会计师应当考虑与环境事项相关的内部控制是否有效。

第十四条 根据职业判断，只有认为环境事项可能对财务报表产生重大影响，注册会计师才有必要了解与环境事项相关的内部控制。

第十五条 注册会计师应当主要从下列方面了解与环境事项相关的控制环境：

（一）治理层对与环境事项相关的内部控制承担的职责；

（二）管理层对于环境事项的诚信和道德价值观念、管理理念、经营风格及其处理方法；

（三）被审计单位管理环境事项的机构以及职权与责任的划分；

（四）控制系统，包括内部审计、环境审计、与环境事项相关的人力资源政策与实务以及恰当的职责分离。

第十六条 注册会计师应当主要从下列方面了解与环境事项相关的风险评估过程：

（一）被审计单位是否建立风险评估程序以识别环境风险，并评估该风险的重要性和发生的可能性，以及针对该风险采取的措施；

（二）管理层是否识别出环境风险，并考虑这些风险是否可能导致财务报表发生重大错报。

第十七条 注册会计师应当主要从下列方面了解有关环境事项的信息系统与沟通：

（一）按照环境法律法规的规定或自身对环境风险评估的需要，被审计单位是否建立适当的信息系统，以记录排放物和有害废弃物的数量、产品的环境特征、利益相关者的投诉、监管机构的监测结果、环保事故的发生及其影响等；

（二）该信息系统是否能够为与环境事项相关的财务数据和列报提供信息支持，如为计算废弃物的处置成本提供的废弃物数量等；

（三）被审计单位是否就环境事项进行有效沟通。

第十八条 注册会计师应当从授权、业绩评价、信息处理、实物控制和职责分离等方面，了解与环境事项相关的控制活动。

注册会计师在了解与环境事项相关的控制活动时，应当特别关注被审计单位的下列行为：

（一）是否执行环境管理系统标准并取得独立机构的认证；

（二）是否发布环境绩效报告，并经独立第三方验证；

（三）是否建立适当程序，处理员工或第三方对环境事项的投诉；

（四）是否按照环境法律法规的规定，建立适当的程序处理有害物和废弃物。

第十九条 注册会计师应当主要从下列方面了解被审计单位对与环境事项相关的控制的监督：

（一）被审计单位是否及时评价与环境事项相关的内部控制设计的合理性和运行的有效性，是否遵守环境法律法规和内部规定；

（二）被审计单位是否根据环境事项的变化，及时采取必要的纠正措施。

第三节 考虑与环境事项相关的法律法规

第二十条 保证经营活动符合环境法律法规要求，防止或发现并纠正违反环境法律法规行为，是管理层的责任。

第二十一条 注册会计师应当考虑通过下列途径了解相关环境法律法规及其遵守情况：

（一）利用在了解被审计单位所处行业和业务性质时获取的信息；

（二）向管理层和负责环境事项的关键管理人员询问为遵守相关环境法律法规而采用的政策和程序；

（三）向管理层询问对经营活动具有根本性影响的环境法律法规；

（四）与管理层讨论其采用的对诉讼和索赔进行识别、评价及会计处理的政策和程序。

第二十二条 注册会计师应当按照《中国注册会计师审计准则第 1142 号——财务报表审计中对法律法规的考虑》的规定，保持职业怀疑态度，充分考虑可能导致财务报表发生重大错报的违反环境法律法规行为。

第四节 评估重大错报风险

第二十三条 注册会计师应当利用风险评估程序收集的信息，识别和评估由于环境事项引起的财务报表层次以及各类交易、账户余额、列报认定层次的重大错报风险。

第二十四条 注册会计师应当重点关注下列与财务报表层次相关的环境风险：

（一）遵守环境法律法规或执行合同的成本；

（二）违反环境法律法规的风险；

（三）顾客对环境事项的具体要求以及对被审计单位环境保护行为作出的反应可能产

生的影响。

第二十五条 注册会计师应当将环境风险的评估结果与重要的交易、账户余额、列报认定层次相联系，以设计和实施进一步审计程序。

注册会计师应当重点关注下列与各类交易、账户余额、列报认定层次相关的环境风险：

（一）账户余额依据与环境事项相关的会计估计的复杂程度；

（二）账户余额受与环境事项相关的异常或非常规交易的影响程度。

第三章 针对评估的重大错报风险实施审计程序时对环境事项的考虑

第二十六条 注册会计师应当针对评估的环境事项导致的财务报表层次重大错报风险确定总体应对措施，并针对评估的环境事项导致的认定层次重大错报风险设计和实施进一步审计程序。

第二十七条 针对环境事项，注册会计师实施的实质性程序主要包括：

（一）询问管理层和负责环境事项的关键管理人员，包括询问被审计单位商业保险是否涵盖环境事项；

（二）检查与环境事项相关的文件或记录；

（三）利用环境专家的工作；

（四）利用环境审计的工作；

（五）利用内部审计的工作；

（六）执行分析程序；

（七）检查与环境事项相关的财务报表项目；

（八）检查被审计单位因环境事项作出的会计估计；

（九）检查财务报表列报的适当性；

（十）获取管理层关于环境事项的书面声明。

第二十八条 由于确认和计量环境事项的结果存在下列困难，注册会计师运用职业判断显得尤为重要：

（一）环境问题从发生到被识别通常经历较长的时间；

（二）由于会计估计建立在假设的基础上，假设的数量和性质可能导致会计估计不存在既定的模式，或会计估计在很大的区间内似乎都是合理的；

（三）环境法律法规不断变化，对其解释可能面临困难或不明确；

（四）除法定义务或合同义务引起的负债外，还可能存在其他情况产生的负债。

第二十九条 注册会计师应当检查下列与环境事项相关的文件或记录：

（一）治理层及专职负责环境事项的委员会的会议纪要或工作记录；

（二）包含环境事项的公开行业信息；

（三）环境专家报告，如场地评估报告、环境影响研究报告；

（四）环境审计报告；

（五）内部审计报告；

（六）尽职调查报告；

（七）监管机构报告及被审计单位与监管机构的往来函件；

（八）可获取的生态环境恢复公开记录或规划；

（九）被审计单位的环境绩效报告；

（十）与监管机构和律师的往来函件。

第三十条　注册会计师在利用环境专家的工作时，应当按照《中国注册会计师审计准则第 1421 号——利用专家的工作》的规定，考虑环境专家的工作对于实现审计目标是否充分，并考虑专家的专业胜任能力、客观性、经验和声誉。

第三十一条　注册会计师应当考虑将环境审计的结果作为适当的审计证据。在这种情况下，注册会计师应当按照《中国注册会计师审计准则第 1411 号——利用内部审计人员的工作》和《中国注册会计师审计准则第 1421 号——利用专家的工作》的规定，考虑利用环境审计工作的适当性。

第三十二条　如果内部审计人员已将被审计单位经营活动的环境方面作为内部审计工作的一部分，注册会计师应当按照《中国注册会计师审计准则第 1411 号——利用内部审计人员的工作》的规定，考虑利用内部审计工作的适当性。

第三十三条　注册会计师可以实施分析程序，考虑相关财务信息与环境记录中的数量信息之间的关系。

第三十四条　在实施实质性程序时，注册会计师应当重点关注下列与环境事项相关的交易或事项：

（一）本期增加的土地、房屋建筑物和机器设备；

（二）受环境事项影响的长期投资项目；

（三）因环境事项需要计提的资产减值准备；

（四）因环境事项发生的支出和取得的索赔收入；

（五）因环境事项导致的负债和或有负债。

第三十五条　在检查与环境事项相关的会计估计时，注册会计师应当遵守《中国注册会计师审计准则第 1321 号——审计会计估计（包括公允价值会计估计）和相关披露》的有关规定。

第三十六条　在整个审计过程中，如果注意到下列情形显示财务报表存在因环境事项导致的重大错报风险，注册会计师应当对此予以关注：

（一）环境专家或内部审计人员出具的报告中显示有重大环境问题；

（二）被审计单位与监管机构的往来函件或监管机构发布的报告中提及存在违反环境法律法规行为；

（三）在生态环境恢复的公开记录或规划中列有被审计单位的名称；

（四）媒体评论涉及被审计单位的重大环境问题；

（五）律师函中对环境事项的评价意见；

（六）有证据表明被审计单位购买与环境事项相关的商品或服务，相对于常规业务活动而言属于异常交易；

（七）因违反环境法律法规导致诉讼费用、环境咨询费用或罚金增加或异常。

如果出现上述情形，注册会计师应当考虑是否需要重新评估重大错报风险。

第三十七条　注册会计师应当就环境事项向管理层获取下列书面声明：

（一）没有发现由环境事项引起的重大负债和或有负债；

（二）没有发现对财务报表产生重大影响的其他环境事项；

（三）如果发现上述第（一）项或第（二）项所述的环境事项，已在财务报表中进行了恰当的列报。

第四章　出具审计报告时对环境事项的考虑

第三十八条　在形成审计意见时，注册会计师应当考虑被审计单位是否已按照适用的会计准则和相关会计制度的规定对环境事项的影响作出适当的处理，并进行恰当的列报。

注册会计师还应当阅读含有已审计财务报表的文件中的其他信息所涉及的环境事项，以识别其是否与已审计财务报表存在重大不一致。

第三十九条　注册会计师在判断不确定事项对审计报告的影响时，应当重点考虑管理层对不确定事项的评价及披露程度。

如果认为环境事项对财务报表的影响具有重大不确定性或相关披露不充分，或根据职业判断认为环境事项可能导致持续经营假设不再合理，注册会计师应当按照《中国注册会计师审计准则第 1502 号——在审计报告中发表非无保留意见》、《中国注册会计师审计准则第 1503 号——在审计报告中增加强调事项段和其他事项段》和《中国注册会计师审计准则第 1324 号——持续经营》的规定，出具恰当的审计报告。

第五章　附　　则

第四十条　本准则自 2007 年 1 月 1 日起实施。

中国注册会计师审计准则第 1632 号——衍生金融工具的审计

（2006 年 2 月 15 日制定）

第一章　总　　则

第一条　为了规范注册会计师针对与衍生金融工具相关的财务报表认定计划和实施审计程序，制定本准则。

第二条　本准则适用于注册会计师在财务报表审计中，对被审计单位作为最终使用者持有的衍生金融工具的审计。

第三条　本准则所称最终使用者，是指为了达到套期、资产负债管理或投机目的，通过交易所或经纪商进行金融交易的单位。

第二章　衍生金融工具及活动

第四条　衍生金融工具是指同时具备下列特征，并形成一个单位的金融资产及其他单位的金融负债或权益工具的合同：

（一）其价值随特定利率、金融工具价格、商品价格、汇率、价格指数、费率指数、信用等级、信用指数或其他类似变量的变动而变动；变量为非金融变量的，该变量与合同的任一方不存在特定关系；

（二）不要求初始净投资，或与对市场情况变化有类似反应的其他类型合同相比，要求很少的初始净投资；

（三）在未来某一日期结算。

衍生金融工具包括金融远期合同、金融期货合同、金融互换和期权，以及具有金融远期合同、金融期货合同、金融互换和期权中一种或一种以上特征的工具。

第五条　被审计单位从事衍生活动的主要目的包括：

（一）管理当前或预期的与经营和财务状况有关的风险；

（二）通过未平仓或投机性头寸从预期市场变化中获利。

第六条　所有金融工具都有一定的风险，而衍生金融工具通常具有风险杠杆效应的特征，包括：

（一）在交易到期前不要求现金流出或流入，或只要求很少的现金流出或流入；

（二）不要求支付或收取本金或其他固定的金额；

（三）潜在的风险和回报可能远远大于目前的支出；

（四）衍生金融资产或负债的价值可能超过其在财务报表中已确认的金额，特别是那些在财务报表中未采用公允价值计量的衍生金融工具。

第七条　衍生金融工具和衍生活动的固有特征可能导致某些被审计单位经营风险的增加，注册会计师应当关注由此增加的审计风险。

第三章　管理层和治理层的责任

第八条　按照适用的会计准则和相关会计制度的规定编制财务报表是被审计单位管理层的责任。在编制财务报表时，管理层需要作出下列与衍生金融工具相关的认定：

（一）在财务报表中记录的所有衍生金融工具是存在的；

（二）在资产负债表日不存在未记录的衍生金融工具；

（三）在财务报表中记录的衍生金融工具得到恰当的计价和列报；

（四）在财务报表中作出了所有与衍生金融工具相关的披露。

第九条　被审计单位治理层通过监督管理层对下列方面负责：

（一）设计和实施内部控制，以便对风险和财务控制进行监督，合理保证被审计单位在其风险管理政策允许的范围内使用衍生金融工具，以及确保被审计单位遵守适用的法律法规；

（二）确保财务报告信息系统的完备性，以保证衍生活动的财务报告的可靠性。

第十条　财务报表审计不能减轻被审计单位管理层和治理层的责任。

第四章　注册会计师的责任

第十一条　在财务报表审计中，注册会计师对审计衍生金融工具的责任是，考虑管理层作出的与衍生金融工具相关的认定是否使得已编制的财务报表符合适用的会计准则和相关会计制度的规定。

第十二条　财务报表审计的目标是对财务报表发表审计意见，而不是对被审计单位与衍生活动相关的风险管理或控制的充分性提供保证。注册会计师应当考虑和管理层讨论与衍生活动相关的审计工作的性质和范围，以免发生误解。

第十三条 注册会计师可能需要特殊的知识和技能，以计划和实施与衍生金融工具相关的特定认定的审计程序。

这些特殊的知识和技能包括：

（一）了解被审计单位所处行业的经营特征和风险状况；

（二）了解被审计单位使用的衍生金融工具及其特征；

（三）了解被审计单位关于衍生金融工具的信息系统，包括服务机构提供的服务；

（四）了解衍生金融工具的估值方法；

（五）熟悉适用的会计准则和相关会计制度有关衍生金融工具的规定。

第十四条 在下列情形下，注册会计师应当考虑利用专家的工作：

（一）衍生金融工具本身非常复杂；

（二）简单的衍生金融工具应用于复杂的情形；

（三）衍生金融工具交易活跃；

（四）衍生金融工具的估值基于复杂的定价模型。

第五章 了解可能影响衍生活动及其审计的因素

第十五条 注册会计师应当从下列方面了解可能对衍生活动及其审计产生影响的因素：

（一）经济环境；

（二）行业状况；

（三）被审计单位相关情况；

（四）主要财务风险；

（五）与衍生金融工具认定相关的错报风险；

（六）持续经营；

（七）会计处理方法；

（八）会计信息系统；

（九）内部控制。

注册会计师应当按照本章第十六条至第二十三条的规定了解本条前款第（一）项至第（八）项，按照第六章的规定了解本条前款第（九）项。

第十六条 注册会计师应当了解经济环境对衍生活动的影响。

经济环境因素主要包括：

（一）经济活动的总体水平；

（二）利率（包括利率的期限结构）和融资的可获得性；

（三）通货膨胀和币值调整；

（四）汇率和外汇管制；

（五）与被审计单位使用的衍生金融工具相关的市场特征，包括该市场的流动性和波动性。

第十七条 注册会计师应当了解被审计单位所处行业状况对衍生活动的影响。

被审计单位所处行业状况主要包括：

（一）价格风险；

（二）市场和竞争；

（三）生产经营的季节性和周期性；

（四）经营业务的扩张或衰退；

（五）外币交易、折算或经济风险。

第十八条　注册会计师应当了解被审计单位的相关情况对衍生活动的影响。

被审计单位相关情况主要包括：

（一）管理层、治理层的知识和经验；

（二）及时和可靠的管理信息的可获得性；

（三）利用衍生金融工具的目标。

第十九条　注册会计师应当了解与衍生活动相关的主要财务风险。

与衍生活动相关的主要财务风险包括：

（一）市场风险，是指因权益价格、利率、汇率、商品价格或其他市场因素的变动导致衍生金融工具公允价值的不利变动而引起损失的风险，包括价格风险、流动性风险、模型风险、基准风险等；

（二）信用风险，是指客户或交易对方在到期时或之后期间内没有全额履行义务的风险；

（三）结算风险，是指被审计单位已履行交易义务，但没有从客户或交易对方收到对价的风险；

（四）偿债风险，是指被审计单位在付款承诺到期时没有资金履行承诺的风险；

（五）法律风险，是指某项法律法规或监管措施阻止被审计单位或交易对方执行合同条款或相关总互抵协议，或使其执行无效，从而给被审计单位带来损失的风险。

第二十条　注册会计师应当考虑下列因素，以了解与衍生金融工具认定相关的错报风险：

（一）衍生活动的经济和业务目的；

（二）衍生金融工具的复杂性；

（三）交易是否产生了涉及现金交换的衍生金融工具；

（四）被审计单位在衍生金融工具方面的经验；

（五）衍生金融工具是否嵌入在一项协议中；

（六）外部因素是否影响认定；

（七）衍生金融工具是在国内交易所交易还是跨国交易。

第二十一条　衍生金融工具潜在的损失可能足以引起对被审计单位持续经营能力的重大疑虑，注册会计师应当按照《中国注册会计师审计准则第 1324 号——持续经营》的规定，考虑被审计单位持续经营假设的合理性。

第二十二条　注册会计师应当了解被审计单位对衍生金融工具的会计处理方法，包括是否将衍生金融工具指定为套期工具并采用套期会计，以及套期关系是否高度有效。

第二十三条　注册会计师应当了解被审计单位会计信息系统的设计、变更及其运行。

如果认为会计信息系统或其中的某些方面较为薄弱，注册会计师应当关注是否有必要修改审计方案。

第六章　了解内部控制

第一节　控制环境

第二十四条　注册会计师在了解控制环境及其变化时，应当考虑治理层、管理层对衍生活动的总体态度和关注程度。

治理层负责确定被审计单位对风险的态度，管理层负责监控和管理被审计单位面临的风险。注册会计师应当了解衍生金融工具的控制环境如何对管理层的风险评估结果作出反应。

第二十五条 注册会计师应当特别关注控制环境的下列方面对衍生活动控制的潜在影响：

（一）管理层是否通过清晰表述的既定政策，指导衍生金融工具的买进、卖出和持有；

（二）衍生活动的交易、结算和记录的职责是否适当分离；

（三）总体控制环境是否已经影响负责衍生活动的人员。

第二十六条 如果被审计单位对涉及衍生活动的人员实施激励机制，注册会计师应当考虑被审计单位是否已经制定适当的规范、限额和控制，以确定执行的激励机制是否可能导致背离总体风险管理战略目标的交易。

第二十七条 如果被审计单位采用电子商务进行衍生金融工具交易，注册会计师应当按照《中国注册会计师审计准则第 1633 号——电子商务对财务报表审计的影响》的规定，考虑被审计单位如何处理与公共网络使用相关的安全和控制问题。

第二节 控制活动

第二十八条 注册会计师应当了解与衍生金融工具相关的控制活动，包括充分的职责分离、风险管理监控、管理层的监督和其他为实现控制目标而设计的政策和程序。

第二十九条 与衍生金融工具的买入、卖出和持有相关的内部控制的复杂程度因下列事项而存在差异：

（一）衍生金融工具的复杂程度和错报风险；

（二）相对于使用的资本，衍生交易的风险敞口；

（三）交易量。

第三十条 如果被审计单位在未对内部控制进行相应调整的情况下扩展其衍生活动的类型，注册会计师应当对此予以关注。

第三十一条 注册会计师应当考虑计算机信息系统环境对审计工作的影响，了解计算机信息系统活动的复杂性和重要程度、数据的可获得性以及资金转账的方法。

第三十二条 注册会计师应当了解与衍生活动相关的调节程序。

调节程序主要包括下列类型：

（一）交易员的记录与用于持续监控过程的记录以及与在总分类账中反映的头寸或利得和损失的调节；

（二）明细分类账与总分类账的调节；

（三）为保证所有尚未结清的项目及时得到识别和结算，所有的结算账户、银行账户与经纪商对账单的调节；

（四）在适用的情况下，被审计单位会计记录与服务机构持有记录的调节。

第三十三条 注册会计师应当了解被审计单位的初始成交记录是否明确反映单笔交易的性质和目的，以及每个衍生合同产生的权利和义务。

除基本财务信息外，注册会计师还应当关注下列信息：

（一）交易员的身份；

（二）记录交易人员的身份；

（三）交易的日期和具体时间；

（四）交易的性质和目的，包括是否为了某项敞口进行套期；

（五）在采用套期会计时，符合套期会计要求的信息。

第三十四条　注册会计师应当了解被审计单位是否将衍生金融工具的交易记录保存在数据库、登记簿或明细分类账中，并就记录的准确性与从交易对方收到的独立的确认信息相核对。

第三十五条　注册会计师应当了解与保持衍生交易记录完整性相关的控制，包括被审计单位是否将自身记录与交易对方的确认函进行独立比较和核对。

第三节　内部审计

第三十六条　注册会计师应当按照《中国注册会计师审计准则第 1411 号——利用内部审计人员的工作》的规定，考虑内部审计人员是否具备与审计衍生活动相适应的知识和技能，以及内部审计工作范围涵盖衍生活动的程度。

第三十七条　内部审计工作可能有助于注册会计师评价内部控制，进而评价重大错报风险。

可能与注册会计师审计相关的内部审计工作包括：

（一）编制衍生金融工具使用范围的概况；

（二）复核政策和程序的适当性及管理层的遵守情况；

（三）复核控制程序的有效性；

（四）复核用以处理衍生交易的会计信息系统；

（五）复核与衍生活动相关的系统；

（六）确保被审计单位所有部门及人员，尤其是最有可能产生风险敞口的经营部门，完全了解衍生金融工具的管理目标；

（七）评价与衍生金融工具相关的新风险是否能够被即时识别、评估和管理；

（八）评价衍生金融工具的会计处理是否符合适用的会计准则和相关会计制度的规定，包括采用套期会计处理的衍生金融工具是否满足套期关系的条件；

（九）进行定期复核，以向管理层提供衍生活动得到恰当控制的保证，并确保新风险及为管理这些风险使用的衍生金融工具被即时识别、评估和管理。

第三十八条　当拟利用内部审计的特定工作时，注册会计师应当评价和测试其适当性，以确定能否满足审计目标。

第四节　服务机构

第三十九条　被审计单位可能使用服务机构进行衍生金融工具的买入、卖出或代为记录衍生交易。

注册会计师应当按照《中国注册会计师审计准则第 1241 号——对被审计单位使用服务机构的考虑》的规定，考虑使用服务机构对被审计单位内部控制的影响。

第四十条　如果服务机构担任被审计单位的投资顾问，注册会计师应当考虑与服务机构相关的风险。

在评价该风险时，注册会计师应当考虑的因素包括：

（一）被审计单位如何监督服务机构提供的服务；

（二）用以保护信息完备性及保密性的程序；

（三）应急安排；

（四）如果服务机构是被审计单位的关联方，又同时作为交易对方与被审计单位进行衍生交易，将产生关联方交易的问题。

第七章　控制测试

第四十一条　在了解相关内部控制后，如果预期控制运行是有效的，注册会计师应当实施控制测试，以获取支持重大错报风险评估结果的证据。

如果认为仅实施实质性程序获取的审计证据无法将认定层次的重大错报风险降至可接受的低水平，注册会计师应当实施相关的控制测试，以获取控制运行有效性的审计证据。

当被审计单位只进行少数几笔的衍生交易，或相对被审计单位整体规模而言，衍生金融工具具有特别的重要性，注册会计师应当考虑主要实施实质性方案，包括在某些情况下结合实施控制测试。

第四十二条　注册会计师在实施控制测试时，应当选取适当规模的交易样本，重点对下列方面进行评价：

（一）衍生金融工具是否根据既定的政策、操作规范并在授权范围内使用；

（二）适当的决策程序是否已得到运用，交易的原因是否可以清楚理解；

（三）执行的交易是否符合衍生交易政策，包括条款、限额、跨境交易或关联方交易；

（四）交易对方是否具有适当的信用风险等级；

（五）衍生金融工具是否由独立于交易员的其他人员适当、及时地计量，并报告风险敞口；

（六）是否已将确认函发给交易对方；

（七）是否已对交易对方的确认回函进行适当比较、核对和调节；

（八）衍生金融工具的提前终止或延期是否受到与新的衍生交易同样的控制；

（九）投机或套期的指定及其变更是否经过适当授权；

（十）是否适当地记录交易，并将其完整、准确地反映在会计信息系统中；

（十一）是否有足够措施保证电子资金转账密码的安全。

第四十三条　在实施控制测试时，注册会计师应当考虑实施下列程序：

（一）阅读治理层的会议纪要，以获取被审计单位定期复核衍生活动和套期有效性并遵守既定政策的证据；

（二）将衍生交易（包括已结算的衍生交易）与被审计单位政策相比较，以确定这些政策是否得到遵守。

第四十四条　在确定衍生交易的政策是否得到遵守时，注册会计师应当考虑：

（一）测试交易是否依据被审计单位政策中的特定授权执行；

（二）测试买入前是否进行相关投资政策要求的敏感性分析；

（三）测试交易，以确定被审计单位是否获得了从事相关交易的批准以及是否仅使用了经授权的经纪商或交易对方；

（四）向管理层询问衍生金融工具及相关交易是否得到及时监控和报告，并阅读相关支持文件；

（五）测试已记录的衍生金融工具的买入交易，包括测试衍生金融工具的分类、价格以及相关分录；

（六）测试是否及时调查和解决调节的差异，测试是否由监督人员复核和批准调节事项；

（七）测试与未记录交易相关的控制，包括检查被审计单位的第三方确认函，及其对确认函中例外事项的处理；

（八）测试与数据安全和备份相关的控制，并考虑被审计单位对电子化记录场所进行年度检查和维护的程序。

第八章　实质性程序

第一节　总体要求

第四十五条　由于衍生金融工具性质特殊，注册会计师在确定重要性时，除了考虑资产负债表金额外，还应当考虑衍生金融工具对财务报表中各类交易或账户余额的潜在影响。

第四十六条　注册会计师在设计衍生金融工具的实质性程序时，应当考虑下列因素：

（一）会计处理的适当性；

（二）服务机构的参与程度；

（三）期中实施的审计程序；

（四）衍生交易是常规还是非常规交易；

（五）在财务报表其他领域实施的程序。

第四十七条　在审计衍生活动时，注册会计师可能将分析程序作为实质性程序，以获取有关被审计单位经营业务的信息。

由于影响衍生金融工具价值的各种因素之间复杂的相互作用往往掩盖可能出现的异常趋势，分析程序本身通常不能提供衍生金融工具相关认定的充分证据。

第四十八条　如果获得了负责衍生活动人员对衍生活动结果分析的资料，注册会计师应当在评价其完整性和准确性以及分析人员的能力和经验的基础上，考虑利用这些资料，进一步了解被审计单位的衍生活动。

第四十九条　如果被审计单位在套期策略中使用衍生金融工具，而分析程序的结果表明已发生大额的利得或损失，注册会计师应当怀疑套期的有效性，以及运用套期会计的适当性。

第五十条　由于存在下列原因，注册会计师在评价衍生金融工具认定的审计证据时，需要运用较多的职业判断：

（一）衍生金融工具的性质特殊；

（二）适用的会计政策和会计处理方法复杂；

（三）相关认定尤其是计价认定依据高度主观的假设作出，或对基本假设的变化极其敏感。

第二节　存在和发生认定

第五十一条　对衍生金融工具存在和发生认定实施的实质性程序通常包括：

（一）向衍生金融工具持有者或交易对方进行函证；

（二）检查支持报告金额的协议或其他支持文件，包括被审计单位收到的有关报告金额的书面或电子形式的确认函；

（三）检查报告期后实现或结算的支持文件；

（四）询问和观察。

第三节　权利和义务认定

第五十二条　对衍生金融工具权利和义务认定实施的实质性程序通常包括：

（一）向衍生金融工具的持有者或交易对方函证重要的条款；

（二）检查书面或电子形式的协议和其他支持文件。

第四节　完整性认定

第五十三条　对衍生金融工具完整性认定实施的实质性程序通常包括：

（一）向衍生金融工具的持有者或交易对方进行函证，要求其提供所有与被审计单位相关的衍生金融工具和交易的详细信息；

（二）对余额为零的衍生金融工具账户，向可能的持有者或交易对方发出询证函；

（三）复核经纪商的对账单以测试是否存在被审计单位未记录的衍生交易和持有的头寸；

（四）复核收到的但与交易记录不匹配的交易对方的询证函回函；

（五）复核尚未解决的调节事项；

（六）检查贷款或权益协议、销售合同等，以了解这些协议或合同是否包含嵌入衍生金融工具；

（七）检查报告期后发生的活动的支持文件；

（八）询问和观察；

（九）阅读治理层的会议纪要，以及治理层收到的与衍生活动相关的文件和报告等其他信息。

第五节　计价认定

第五十四条　注册会计师应当根据计量或披露所采用的估值方法设计计价认定的实质性程序。

对衍生金融工具计价认定实施的实质性程序通常包括：

（一）检查买入价格的支持文件；

（二）向衍生金融工具的持有者或交易对方进行函证；

（三）复核交易对方的信用状况；

（四）对按照公允价值计量或披露的衍生金融工具，获取支持其公允价值的证据。

第五十五条　如果公允价值信息由衍生金融工具交易对方提供，注册会计师应当考虑这些信息的客观性。在某些情况下，注册会计师需要从独立的第三方获取对公允价值的估计结果。

第五十六条　从财经出版物或交易所获得的市场报价通常可为衍生金融工具的价值提供充分的证据，但注册会计师在使用市场报价测试计价认定时，可能需要特别了解报价形成的环境。

在某些情况下，注册会计师可能认为有必要从经纪商或其他第三方获取对公允价值的估计。如果某一价格来源与被审计单位可能存在损害客观性的关系，注册会计师应当考虑从多个价格来源获取估计结果。

第五十七条　如果被审计单位使用估值模型估计衍生金融工具的价值，注册会计师可以通过下列程序，测试运用模型确定的公允价值的相关认定：

（一）评价估值模型的合理性和适当性；

（二）使用自身或专家开发的估值模型进行重新计算，以印证公允价值的合理性；

（三）将被审计单位估计的公允价值与最近交易价格相比较；

（四）考虑估值对变量和假设变动的敏感性；

（五）检查报告期后发生的衍生交易实现和结算的支持文件，以获取有关资产负债表日估值的进一步证据。

第五十八条　当管理层确定衍生金融工具公允价值能够可靠计量的假定不成立时，注册会计师应当获取支持管理层作出这项决定的审计证据，并确定衍生金融工具是否按照适用的会计准则和相关会计制度的规定进行恰当的会计处理。如果管理层不能提出该假定不成立的合理理由，注册会计师应当出具保留意见或否定意见的审计报告。

如果无法获取充分的审计证据确定该假定是否成立，注册会计师应当将其视为审计工作范围受到限制，出具保留意见或无法表示意见的审计报告。

第六节　列报认定

第五十九条　注册会计师应当通过对下列事项的判断，评价衍生金融工具的列报（包括披露）是否符合适用的会计准则和相关会计制度的规定：

（一）选用的会计政策和会计处理方法是否符合适用的会计准则和相关会计制度的规定；

（二）会计政策和会计处理方法是否与具体情况相适应；

（三）财务报表（包括相关附注）是否提供了可能影响其使用和理解的事项的信息；

（四）披露是否充分，以确保被审计单位完全遵守适用的会计准则和相关会计制度对披露的规定；

（五）财务报表列报信息的分类和汇总是否合理；

（六）财务报表是否在能够合理和可行地获取信息的范围内列报财务状况、经营成果和现金流量，从而反映相关的交易和事项。

第九章　对套期活动的额外考虑

第六十条　注册会计师应当考虑被审计单位对套期交易进行会计处理时，管理层是否在交易之初指定衍生金融工具为套期，并记录下列事项：

（一）套期关系；

（二）套期风险管理目标和战略；

（三）被审计单位如何评估套期工具抵销被套期项目公允价值变动风险，或被套期交易现金流量变动风险的有效性。

第六十一条　注册会计师应当获取审计证据，以确定管理层是否遵守适用的会计准则和相关会计制度有关套期会计的规定，包括指定要求和记录要求。

第十章 管理层声明

第六十二条 尽管管理层声明书通常由被审计单位负责人及财务负责人签署，注册会计师仍应当考虑向被审计单位负责衍生活动的人员获取关于衍生活动的声明。

第六十三条 管理层关于衍生金融工具的声明通常包括：

（一）持有衍生金融工具的目的；

（二）关于衍生金融工具的财务报表认定，包括已记录所有的衍生交易、已识别所有的嵌入衍生金融工具、估值模型已采用合理的假设和方法；

（三）所有的交易是否按照正常公平交易条件和公允市价进行；

（四）衍生交易的条款；

（五）是否存在与衍生金融工具相关的附属协议；

（六）是否订立签出期权；

（七）是否符合适用的会计准则和相关会计制度有关套期的记录要求。

第十一章 与管理层和治理层的沟通

第六十四条 如果注意到与衍生金融工具相关的内部控制在设计或运行方面存在重大缺陷，注册会计师应当按照《中国注册会计师审计准则第1152号——向治理层和管理层送报内部控制缺陷》的规定，尽早与管理层和治理层沟通。

第六十五条 在审计衍生金融工具时，注册会计师应当考虑与治理层职责相关的下列事项，并及时与治理层沟通：

（一）内部控制在设计或运行方面存在的重大缺陷；

（二）管理层对衍生活动的性质、范围以及相关风险缺乏了解；

（三）缺乏关于使用衍生金融工具的目标和战略的全面政策，包括业务控制、对套期关系有效性的界定、风险敞口监控以及财务报告政策；

（四）不相容职务缺乏分离。

第十二章 附　　则

第六十六条 本准则自2007年1月1日起施行。

中国注册会计师审计准则第1633号——电子商务对财务报表审计的影响

（2006年2月15日制定）

第一章 总　　则

第一条 为了规范注册会计师在财务报表审计中对被审计单位电子商务的考虑，制定本准则。

第二条　本准则适用于注册会计师执行财务报表审计业务。

第三条　本准则所称电子商务，是指被审计单位利用互联网等公共网络从事的商品购买和销售、劳务接受和提供等交易活动。

第四条　广泛使用互联网从事电子商务，产生了新的风险因素，需要被审计单位有效应对。注册会计师应当考虑电子商务在被审计单位业务活动中的重要性，以及对重大错报风险评估的影响。

第五条　注册会计师按照本准则的规定对电子商务进行考虑，旨在对财务报表形成审计意见，而非对电子商务系统或活动本身提出鉴证结论或咨询意见。

第二章　知识和技能的要求

第六条　当电子商务对被审计单位的业务活动具有重大影响时，注册会计师应当具备适当水平的信息技术和互联网商务知识，以实现下列目的：

（一）了解开展电子商务对财务报表的影响；

（二）确定审计程序的性质、时间和范围，评价审计证据；

（三）考虑被审计单位依赖电子商务的程度对持续经营能力的影响。

第七条　由于电子商务的特殊性和复杂性，必要时，注册会计师应当考虑利用专家的工作。

第三章　对被审计单位电子商务的了解

第一节　总体要求

第八条　注册会计师应当考虑电子商务导致的被审计单位经营环境的变化，以及识别出的对财务报表产生影响的电子商务风险。

第九条　在了解被审计单位及其环境时，注册会计师应当考虑下列事项对财务报表的影响：

（一）业务活动和所处行业；

（二）电子商务战略；

（三）开展电子商务的程度；

（四）外包安排。

第二节　被审计单位的业务活动和所处行业

第十条　在了解被审计单位的业务活动和所处行业时，注册会计师应当关注与电子商务相关的下列特点：

（一）电子商务可能是对传统业务活动的补充，也可能是新的业务类型；

（二）电子商务不具备货物和服务等实体贸易所具有的清晰、固定的运送路线这一传统特征；

（三）某些行业运用电子商务的程度较高，可能增大对财务报表产生影响的经营风险。

第三节　被审计单位的电子商务战略

第十一条　被审计单位的电子商务战略，包括在电子商务中运用信息技术的方式以及

对可接受风险水平的评估，可能对财务记录的安全性和相关财务信息的完整性与可靠性产生影响。

在考虑被审计单位的电子商务战略时，注册会计师应当结合对控制环境的了解，关注下列事项：

（一）在整合电子商务与总体经营战略的过程中，治理层的参与程度；

（二）被审计单位开展电子商务的目的，是为新业务提供支持，还是提高现有业务的效率，抑或为现有业务开辟新的市场；

（三）被审计单位的收入来源及其正在发生的变化；

（四）管理层对电子商务如何影响盈利状况和财务需求的评价；

（五）管理层对风险的态度及其对风险总体状况可能产生的影响；

（六）管理层在多大程度上识别出电子商务战略所描述的机遇和风险，或者管理层仅在机遇和风险出现时才临时制定应对措施；

（七）管理层对执行相关最佳实务规则或者网络签章程序的信守程度。

第四节　被审计单位开展电子商务的程度

第十二条　不同的被审计单位可能以不同的方式开展电子商务。电子商务可能用于下列方面：

（一）仅提供关于被审计单位及其活动的信息，供投资者、顾客、供应商、资金提供者和员工等访问；

（二）通过互联网处理交易，方便已有的顾客；

（三）通过在互联网上提供信息和处理交易，开拓新市场和发展新客户；

（四）访问应用服务提供商；

（五）创立一种全新的经营模式。

第十三条　随着被审计单位开展电子商务程度的加深，以及内部系统更加集成化和复杂化，新的交易方式与传统业务活动的差异可能更加明显，并可能导致新的风险。

注册会计师应当了解电子商务的开展程度如何影响被审计单位需要应对的风险的性质。

第五节　被审计单位的外包安排

第十四条　被审计单位可能在下列方面使用服务机构的工作：

（一）提供电子商务运作所需的全部或部分信息技术支持；

（二）与电子商务相关的其他工作，包括订单履行、商品交付、呼叫中心运转，以及某些会计工作等。

被审计单位使用的服务机构包括互联网服务提供商、应用服务提供商和数据服务公司等。

第十五条　在被审计单位使用服务机构的情况下，服务机构采用和保持的某些政策、程序和记录可能与被审计单位财务报表审计相关，注册会计师应当按照《中国注册会计师审计准则第 1241 号——对被审计单位使用服务机构的考虑》的规定，考虑被审计单位的外包安排及相关风险的应对措施，以确定其对审计的影响。

第四章 识别风险

第十六条 管理层可能面临下列各种与电子商务相关的经营风险：

（一）无法保证交易的完备性，尤其在缺少充分的审计轨迹（无论是纸质还是电子形式）时，该风险的影响将更大；

（二）电子商务安全风险，包括顾客、员工和其他人士通过未经授权的访问实施舞弊的可能性，以及病毒攻击；

（三）运用不恰当的会计政策，包括收入确认、网站开发成本等支出的处理、与产品质量保证相关的预计负债的确认、外币折算等问题；

（四）未能遵守税法和其他法律法规，尤其在通过互联网开展跨国或跨地区电子商务时更易出现此类情况；

（五）无法保证仅以电子形式存在的合同具有约束力；

（六）过度依赖电子商务；

（七）系统和基础架构失效或崩溃。

第十七条 注册会计师应当利用对被审计单位及其环境的了解，识别电子商务中可能导致经营风险的事项、交易和惯例。

第十八条 注册会计师应当关注被审计单位是否运用适当的安全基础架构和相关控制，应对电子商务中出现的某些经营风险。

第十九条 注册会计师应当考虑被审计单位是否已恰当处理与电子商务环境密切相关的下列法律法规问题：

（一）隐私权保护；

（二）对特定行业的管制；

（三）合同的强制执行效力；

（四）特殊交易或事项的合法性；

（五）反洗钱；

（六）知识产权保护。

第二十条 在跨国或跨地区的电子商务中，注册会计师应当考虑被审计单位是否对电子商务涉及的不同司法管辖区内的法律法规差异有足够的了解，并遵守所有适用的法律法规；注册会计师尤其要考虑被审计单位有无适当的程序确认其在不同司法管辖区内的纳税义务（特别是营业税、增值税等流转税）。

可能导致电子商务交易产生相应纳税义务的因素包括：

（一）被审计单位的法定注册地；

（二）被审计单位的实际经营所在地；

（三）被审计单位网络服务器所在地；

（四）商品和服务的来源地；

（五）顾客所在地，或商品交付地和劳务提供地。

第二十一条 注册会计师应当按照《中国注册会计师审计准则第 1142 号——财务报表审计中对法律法规的考虑》的规定，实施相关程序，充分考虑被审计单位可能存在的违反与电子商务有关的法律法规的行为及其可能对财务报表产生的重大影响。必要时，应当考虑征询法律意见。

第五章 对内部控制的考虑

第一节 总体要求

第二十二条 注册会计师应当按照《中国注册会计师审计准则第 1211 号——了解被审计单位及其环境识别和评估重大错报风险》和《中国注册会计师审计准则第 1231 号——针对评估的重大错报风险采取的应对措施》的规定，考虑被审计单位在电子商务中运用的与审计相关的内部控制。

在某些情况下，仅依靠实施实质性程序不足以将审计风险降至可接受的低水平，注册会计师应当实施控制测试，并考虑使用计算机辅助审计技术。这些情况主要包括：

（一）电子商务系统高度自动化；

（二）交易量过大；

（三）未保留包含审计轨迹的电子证据。

第二十三条 当被审计单位从事电子商务时，注册会计师应当考虑与电子商务相关的安全性控制、交易完备性控制和流程整合。

注册会计师还应当考虑内部控制中与审计特别相关的下列方面：

（一）在快速变化的电子商务环境中保持控制程序的完备性；

（二）确保能够访问相关记录，以满足被审计单位和注册会计师审计的需要。

第二节 安全性控制

第二十四条 注册会计师应当考虑被审计单位安全基础架构和相关控制是否足以应对与电子商务交易的记录和处理相关的安全性风险。

第二十五条 注册会计师应当考虑下列事项对财务报表认定的潜在影响：

（一）有效使用防火墙和病毒防护软件；

（二）有效使用加密技术；

（三）对用于支持电子商务活动的系统的开发和运行的控制；

（四）当出现的新技术可能危害互联网安全时，现有的安全控制是否仍然有效；

（五）控制环境能否对所采用的控制程序提供支持。

第三节 交易完备性控制

第二十六条 注册会计师应当考虑交易完备性控制，包括被审计单位会计处理所依据信息的完整性、准确性、及时性以及是否经过授权。

第二十七条 注册会计师针对会计系统中与电子商务交易相关的信息完备性所实施的审计程序，主要涉及评估用于采集和处理此类信息的系统的可靠性。

在针对复杂电子商务实施审计程序时，注册会计师应当重点考虑在交易信息的采集和即时自动化处理中与交易完备性相关的自动化控制。

第二十八条 在电子商务环境中，与交易完备性相关的控制通常用于：

（一）验证输入；

（二）防止交易的重复记录或遗漏；

（三）确保在处理订单之前，交易双方已就交货条件和信用条件等交易条款达成一致；

（四）区分顾客的浏览和正式订单，确保交易的一方事后不能否认已达成一致的特定条款，必要时还应确保交易是与经核准的交易方进行的；

（五）确保所有步骤均已完成并得以记录，或拒绝未完成所有步骤的订单，以防止出现处理不完整的情况；

（六）确保交易的详细信息在同一网络内的多个系统之间适当分配；

（七）确保记录得到适当保管、备份和保护。

第四节　流程整合

第二十九条　流程整合是指将多个信息技术系统集成，使之实质上如同一个系统运转的过程。

第三十条　注册会计师应当关注被审计单位采集电子商务交易数据并将其传递至会计系统的方式可能对下列事项产生影响：

（一）交易处理和信息存储的完整性和准确性；

（二）销售收入、采购和其他交易的确认时点；

（三）有争议交易的识别和记录。

第三十一条　当下列控制与财务报表认定相关时，注册会计师应当予以考虑：

（一）针对电子商务交易与内部系统的集成实施的控制；

（二）针对系统改变和数据转换实施的控制。

第六章　电子记录对审计证据的影响

第三十二条　注册会计师应当考虑被审计单位实施的信息安全政策和安全控制措施，是否足以防止未经授权修改会计系统或会计记录，或修改向会计系统提供数据的系统。

第三十三条　在考虑电子证据的充分性和适当性时，注册会计师可能需要测试自动化控制（如记录完备性检查、电子日戳、数字签章和版本控制），并根据对这些控制的评价结论，考虑是否需要实施追加的审计程序，比如向第三方函证交易细节或账户余额。

第七章　附　　则

第三十四条　本准则自 2007 年 1 月 1 日起施行。

中国注册会计师审阅准则第 2101 号
——财务报表审阅

（2006 年 2 月 15 日制定）

第一章　总　　则

第一条　为了规范注册会计师执行财务报表审阅业务，明确执业责任，制定本准则。

第二条　财务报表审阅的目标，是注册会计师在实施审阅程序的基础上，说明是否注意到某些事项，使其相信财务报表没有按照适用的会计准则和相关会计制度的规定编制，

未能在所有重大方面公允反映被审阅单位的财务状况、经营成果和现金流量。

第三条 注册会计师应当遵守相关的职业道德规范，恪守独立、客观、公正的原则，保持专业胜任能力和应有的关注，并对执业过程中获知的信息保密。

第四条 注册会计师应当按照本准则的规定执行财务报表审阅业务。

第五条 在计划和实施审阅工作时，注册会计师应当保持职业怀疑态度，充分考虑可能存在导致财务报表发生重大错报的情形。

第六条 注册会计师应当主要通过询问和分析程序获取充分、适当的证据，作为得出审阅结论的基础。

第二章 审阅范围和保证程度

第七条 审阅范围是指为实现财务报表审阅目标，注册会计师根据本准则和职业判断实施的恰当的审阅程序的总和。

注册会计师应当根据本准则确定执行财务报表审阅业务所要求的程序。必要时，还应当考虑业务约定条款的要求。

第八条 由于实施审阅程序不能提供在财务报表审计中要求的所有证据，审阅业务对所审阅的财务报表不存在重大错报提供有限保证，注册会计师应当以消极方式提出结论。

第三章 业务约定书

第九条 注册会计师应当与被审阅单位就业务约定条款达成一致意见，并签订业务约定书。

第十条 业务约定书应当包括下列主要内容：

（一）审阅业务的目标；

（二）管理层对财务报表的责任；

（三）审阅范围，其中应提及按照本准则的规定执行审阅工作；

（四）注册会计师不受限制地接触审阅业务所要求的记录、文件和其他信息；

（五）预期提交的报告样本；

（六）说明不能依赖财务报表审阅揭示错误、舞弊和违反法规行为；

（七）说明没有实施审计，因此注册会计师不发表审计意见，不能满足法律法规或第三方对审计的要求。

第四章 审阅计划

第十一条 注册会计师应当计划审阅工作，以有效执行审阅业务。

第十二条 在计划审阅工作时，注册会计师应当了解被审阅单位及其环境，或更新以前了解的内容，包括考虑被审阅单位的组织结构、会计信息系统、经营管理情况以及资产、负债、收入和费用的性质等。

第五章 审阅程序和审阅证据

第十三条 在确定审阅程序的性质、时间和范围时，注册会计师应当运用职业判断，并考虑下列因素：

（一）以前期间执行财务报表审计或审阅所了解的情况；

（二）对被审阅单位及其环境的了解，包括适用的会计准则和相关会计制度、行业惯例；

（三）会计信息系统；

（四）管理层的判断对特定项目的影响程度；

（五）各类交易和账户余额的重要性。

第十四条 在考虑重要性水平时，注册会计师应当采用与执行财务报表审计业务相同的标准。

第十五条 财务报表审阅程序通常包括：

（一）了解被审阅单位及其环境；

（二）询问被审阅单位采用的会计准则和相关会计制度、行业惯例；

（三）询问被审阅单位对交易和事项的确认、计量、记录和报告的程序；

（四）询问财务报表中所有重要的认定；

（五）实施分析程序，以识别异常关系和异常项目；

（六）询问股东会、董事会以及其他类似机构决定采取的可能对财务报表产生影响的措施；

（七）阅读财务报表，以考虑是否遵循指明的编制基础；

（八）获取其他注册会计师对被审阅单位组成部分财务报表出具的审计报告或审阅报告。

注册会计师应当向负责财务会计事项的人员询问下列事项：

（一）所有交易是否均已记录；

（二）财务报表是否按照指明的编制基础编制；

（三）被审阅单位业务活动、会计政策和行业惯例的变化；

（四）在实施本条前款第（一）项至第（八）项程序时所发现的问题。

必要时，注册会计师应当获取管理层书面声明。

第十六条 注册会计师应当询问在资产负债表日后发生的、可能需要在财务报表中调整或披露的期后事项。注册会计师没有责任实施程序以识别审阅报告日后发生的事项。

第十七条 如果有理由相信所审阅的财务报表可能存在重大错报，注册会计师应当实施追加的或更为广泛的程序，以便能够以消极方式提出结论或确定是否出具非无保留结论的报告。

第十八条 在利用其他注册会计师或专家的工作时，注册会计师应当考虑其工作是否满足财务报表审阅的需要。

第十九条 注册会计师应当记录为审阅报告提供证据的重大事项，以及按照本准则的规定执行审阅业务的证据。

第六章 结论和报告

第二十条 审阅报告应当清楚地表达有限保证的结论。

注册会计师应当复核和评价根据审阅证据得出的结论，以此作为表达有限保证的基础。

第二十一条 根据已实施的工作，注册会计师应当评估在审阅过程中获知的信息是否表明财务报表没有按照适用的会计准则和相关会计制度的规定编制，未能在所有重大方面公允反映被审阅单位的财务状况、经营成果和现金流量。

第二十二条 审阅报告应当包括下列要素：

（一）标题；

（二）收件人；

（三）引言段；

（四）范围段；

（五）结论段；

（六）注册会计师的签名和盖章；

（七）会计师事务所的名称、地址及盖章；

（八）报告日期。

第二十三条 审阅报告的标题应当统一规范为“审阅报告”。

第二十四条 审阅报告的收件人应当为审阅业务的委托人。审阅报告应当载明收件人的全称。

第二十五条 审阅报告的引言段应当说明下列内容：

（一）所审阅财务报表的名称；

（二）管理层的责任和注册会计师的责任。

第二十六条 审阅报告的范围段应当说明审阅的性质，包括下列内容：

（一）审阅业务所依据的准则；

（二）审阅主要限于询问和实施分析程序，提供的保证程度低于审计；

（三）没有实施审计，因而不发表审计意见。

第二十七条 注册会计师应当根据实施审阅程序的情况，在审阅报告的结论段中提出下列之一的结论：

（一）根据注册会计师的审阅，如果没有注意到任何事项使其相信财务报表没有按照适用的会计准则和相关会计制度的规定编制，未能在所有重大方面公允反映被审阅单位的财务状况、经营成果和现金流量，注册会计师应当提出无保留的结论。

（二）如果注意到某些事项使其相信财务报表没有按照适用的会计准则和相关会计制度的规定编制，未能在所有重大方面公允反映被审阅单位的财务状况、经营成果和现金流量，注册会计师应当在审阅报告的结论段前增设说明段，说明这些事项对财务报表的影响，并提出保留结论。

如果这些事项对财务报表的影响非常重大和广泛，以至于认为仅提出保留结论不足以揭示财务报表的误导性或不完整性，注册会计师应当对财务报表提出否定结论，即财务报表没有按照适用的会计准则和相关会计制度的规定编制，未能在所有重大方面公允反映被审阅单位的财务状况、经营成果和现金流量。

（三）如果存在重大的范围限制，注册会计师应当在审阅报告中说明，假定范围不受限制，注册会计师可能发现需要调整财务报表的事项，因而提出保留结论。

如果范围限制的影响非常重大和广泛，以至于注册会计师认为不能提供任何程度的保证时，不应提供任何保证。

第二十八条　审阅报告应当由注册会计师签名并盖章。

第二十九条　审阅报告应当载明会计师事务所的名称和地址，并加盖会计师事务所公章。

第三十条　审阅报告应当注明报告日期。审阅报告的日期是指注册会计师完成审阅工作的日期，不应早于管理层批准财务报表的日期。

第七章　附　　则

第三十一条　本准则自2007年1月1日起施行。

附录：

审阅报告参考格式

1. 无保留结论的审阅报告

审 阅 报 告

ABC股份有限公司全体股东：

我们审阅了后附的ABC股份有限公司（以下简称ABC公司）财务报表，包括20×1年12月31日的资产负债表，20×1年度的利润表、股东权益变动表和现金流量表以及财务报表附注。这些财务报表的编制是ABC公司管理层的责任，我们的责任是在实施审阅工作的基础上对这些财务报表出具审阅报告。

我们按照《中国注册会计师审阅准则第2101号——财务报表审阅》的规定执行了审阅业务。该准则要求我们计划和实施审阅工作，以对财务报表是否不存在重大错报获取有限保证。审阅主要限于询问公司有关人员和对财务数据实施分析程序，提供的保证程度低于审计。我们没有实施审计，因而不发表审计意见。

根据我们的审阅，我们没有注意到任何事项使我们相信财务报表没有按照企业会计准则和《××会计制度》的规定编制，未能在所有重大方面公允反映被审阅单位的财务状况、经营成果和现金流量。

××会计师事务所　　　　　　中国注册会计师：×××
（盖章）　　　　　　　　　　（签名并盖章）

中国注册会计师：×××
（签名并盖章）

中国××市
二○×二年×月×日

2. 保留结论的审阅报告

审阅报告

ABC股份有限公司全体股东：

我们审阅了后附的ABC股份有限公司（以下简称ABC公司）财务报表，包括20×1年12月31日的资产负债表，20×1年度的利润表、股东权益变动表和现金流量表以及财务报表附注。这些财务报表的编制是ABC公司管理层的责任，我们的责任是在实施审阅工作的基础上对这些财务报表出具审阅报告。

我们按照《中国注册会计师审阅准则第2101号——财务报表审阅》的规定执行了审阅业务。该准则要求我们计划和实施审阅工作，以对财务报表是否不存在重大错报获取有限保证。审阅主要限于询问公司有关人员和对财务数据实施分析程序，提供的保证程度低于审计。我们没有实施审计，因而不发表审计意见。

ABC公司管理层告知我们，存货以高于可变现净值的成本计价。由ABC公司管理层编制并经过我们审阅的计算表显示，如果根据企业会计准则规定的成本与可变现净值孰低法计价，存货的账面价值将减少×元，净利润和股东权益将减少×元。

根据我们的审阅，除了上述存货价值高估所造成的影响外，我们没有注意到任何事项使我们相信财务报表没有按照适用的会计准则和相关会计制度的规定编制，未能在所有重大方面公允反映被审阅单位的财务状况、经营成果和现金流量。

××会计师事务所　　　　　　　　　　中国注册会计师：×××
（盖章）　　　　　　　　　　　　　　（签名并盖章）

中国注册会计师：×××
（签名并盖章）

中国××市
二〇×二年×月×日

3. 否定结论的审阅报告

审阅报告

ABC股份有限公司全体股东：

我们审阅了后附的ABC股份有限公司（以下简称ABC公司）财务报表，包括20×1年12月31日的资产负债表，20×1年度的利润表、股东权益变动表和现金流量表以及财务报表附注。这些财务报表的编制是ABC公司管理层的责任，我们的责任是在实施审阅工作的基础上对这些财务报表出具审阅报告。

我们按照《中国注册会计师审阅准则第2101号——财务报表审阅》的规定执行了审阅业务。该准则要求我们计划和实施审阅工作，以对财务报表是否不存在重大错报获取有限保证。审阅主要限于询问公司有关人员和对财务数据实施分析程序，提供的保证程度低于审计。我们没有实施审计，因而不发表审计意见。

如财务报表附注×所述，ABC公司在编制财务报表时未将各子公司纳入合并范围，且对这些子公司的长期股权投资以成本法核算。根据企业会计准则的规定，ABC公司应当对子公司的长期股权投资采用权益法核算，并将子公司纳入合并范围。

根据我们的审阅，由于受到前段所述事项的重大影响，财务报表未能按照企业会计准则和《××会计制度》的规定编制。

××会计师事务所　　　　中国注册会计师：×××
（盖章）　　　　（签名并盖章）

中国注册会计师：×××
（签名并盖章）

中国××市
二〇×二年×月×日

中国注册会计师其他鉴证业务准则第3101号——历史财务信息审计或审阅以外的鉴证业务

（2006年2月15日制定）

第一章 总 则

第一条 为了规范注册会计师执行历史财务信息审计或审阅以外的鉴证业务，制定本准则。

第二条 本准则适用于注册会计师执行历史财务信息审计或审阅以外的鉴证业务（以下简称其他鉴证业务）。

第三条 注册会计师执行其他鉴证业务，应当遵守《中国注册会计师鉴证业务基本准则》和其他鉴证业务准则，以及职业道德规范和会计师事务所质量控制准则。

第四条 其他鉴证业务的保证程度分为合理保证和有限保证。

合理保证的其他鉴证业务的目标是注册会计师将鉴证业务风险降至该业务环境下可接受的低水平，以此作为以积极方式提出结论的基础。

有限保证的其他鉴证业务的目标是注册会计师将鉴证业务风险降至该业务环境下可接受的水平，以此作为以消极方式提出结论的基础。

有限保证的其他鉴证业务的风险水平高于合理保证的其他鉴证业务的风险水平。

第二章 承接与保持业务

第五条 只有符合下列所有条件，会计师事务所才能承接或保持其他鉴证业务：

（一）鉴证对象由预期使用者和注册会计师以外的第三方负责；

（二）在初步了解业务环境的基础上，未发现不符合职业道德规范和《中国注册会计师鉴证业务基本准则》要求的情况；

（三）确信执行其他鉴证业务的人员在整体上具备必要的专业胜任能力。

第六条 注册会计师应当向责任方获取书面声明，以明确责任方对鉴证对象的责任。如果无法获取责任方的书面声明，注册会计师应当考虑：

（一）承接业务是否适当，法律法规或合同是否明确了相关责任；

（二）如果承接业务，是否在鉴证报告中披露该情况。

第七条 注册会计师应当考虑职业道德规范中有关独立性的要求，以及拟承接的其他鉴证业务是否具备《中国注册会计师鉴证业务基本准则》第十条规定的所有特征。

第八条 在某些情况下，鉴证对象要求的专业知识和技能可能超出注册会计师通常具有的专业胜任能力。在这种情况下，注册会计师应当考虑利用专家工作或拒绝接受业务委托。

第九条 注册会计师应当在其他鉴证业务开始前，与委托人就其他鉴证业务约定条款达成一致意见，并签订业务约定书，以避免双方对其他鉴证业务的理解产生分歧。如果委托人与责任方不是同一方，业务约定书的性质和内容可以有所不同。

第十条 在完成其他鉴证业务前，如果委托人要求将其他鉴证业务变更为非鉴证业务，或将合理保证的其他鉴证业务变更为有限保证的其他鉴证业务，注册会计师应当考虑这一要求的合理性。如果没有合理的理由，注册会计师不应当同意这一变更。

当业务环境变化影响到预期使用者的需求，或预期使用者对该项业务的性质存在误解时，注册会计师可以应委托人的要求，考虑同意变更该项业务。如果发生变更，注册会计师不应忽视变更前获取的证据。

第三章　计划与执行业务

第一节　总体要求

第十一条 注册会计师应当计划其他鉴证业务工作，以有效执行其他鉴证业务。

计划工作包括制定总体策略和具体计划。总体策略包括确定其他鉴证业务的范围、重点、时间安排和实施。具体计划包括拟执行的证据收集程序的性质、时间和范围以及选择这些程序的理由。

计划工作的性质和范围因被鉴证单位的规模、复杂程度以及注册会计师的相关经验等情况的不同而存在差异。在计划其他鉴证业务工作时，注册会计师应当考虑下列主要因素：

（一）业务约定条款；

（二）鉴证对象特征和既定标准；

（三）其他鉴证业务的实施过程和可能的证据来源；

（四）对被鉴证单位及其环境的了解，包括对鉴证对象信息可能存在重大错报风险的了解；

（五）确定预期使用者及其需要，考虑重要性以及鉴证业务风险要素；

（六）对参与业务的人员及其技能的要求，包括专家参与的性质和范围。

第十二条 计划其他鉴证业务工作不是一个孤立阶段，而是整个其他鉴证业务中持续的、不断修正的过程。

由于未预期事项、业务情况变化或获取的证据等因素，注册会计师可能需要在业务实施过程中修订总体策略和具体计划，进而修改计划实施的进一步程序的性质、时间和范围。

第十三条 在计划和执行其他鉴证业务时，注册会计师应当保持职业怀疑态度，以识别可能导致鉴证对象信息发生重大错报的情况。

第十四条 注册会计师应当了解鉴证对象和其他的业务环境事项，以足够识别和评估鉴证对象信息发生重大错报的风险，并设计和实施进一步的证据收集程序。

第十五条 在计划和执行其他鉴证业务时，注册会计师应当了解鉴证对象和其他的业务环境事项，以便为在下列关键环节作出职业判断提供重要基础：

（一）考虑鉴证对象特征；

（二）评估标准的适当性；

（三）确定需要特殊考虑的领域，比如显示存在舞弊的迹象、需要特殊技能或利用专家工作的领域；

（四）确定重要性水平，评价其数量的持续适当性，并考虑其性质因素；

（五）实施分析程序时确定期望值；

（六）设计和实施进一步的证据收集程序，以将鉴证业务风险降至适当水平；

（七）评价证据，包括评价责任方口头声明和书面声明的合理性。

第十六条 注册会计师应当运用职业判断，确定需要了解鉴证对象及其他的业务环境事项的程度，并考虑这种了解是否足以评估鉴证对象信息发生重大错报的风险。

第二节 评估鉴证对象的适当性

第十七条 注册会计师应当评估鉴证对象的适当性。

适当的鉴证对象应当具备下列所有条件：

（一）鉴证对象可以识别；

（二）不同的组织或人员按照既定标准对鉴证对象进行评价或计量的结果合理一致；

（三）注册会计师能够收集与鉴证对象有关的信息，获取充分、适当的证据，以支持其提出适当的鉴证结论。

第十八条 只有当对业务环境的初步了解表明鉴证对象适当时，会计师事务所才能承接其他鉴证业务。

在承接其他鉴证业务后，如果认为鉴证对象不适当，注册会计师应当出具保留结论、否定结论或无法提出结论的报告。必要时，注册会计师应当考虑解除业务约定。

第三节 评估标准的适当性

第十九条 注册会计师应当评估用于评价或计量鉴证对象的标准的适当性。

适当的标准应当具备下列所有特征：

（一）相关性：相关的标准有助于得出结论，便于预期使用者作出决策；

（二）完整性：完整的标准不应忽略业务环境中可能影响得出结论的相关因素，当涉及列报时，还包括列报的基准；

（三）可靠性：可靠的标准能够使能力相近的注册会计师在相似的业务环境中，对鉴证对象作出合理一致的评价或计量；

（四）中立性：中立的标准有助于得出无偏向的结论；

（五）可理解性：可理解的标准有助于得出清晰、易于理解、不会产生重大歧义的结论。

第二十条 只有当对业务环境的初步了解表明使用的标准适当时，会计师事务所才能承接其他鉴证业务。

在承接其他鉴证业务后，如果认为使用的标准不适当，注册会计师应当出具保留结论、否定结论或无法提出结论的报告。必要时，注册会计师应当考虑解除业务约定。

第二十一条 标准可能是由法律法规规定的，或由政府主管部门或国家认可的专业团体依照公开、适当的程序发布的（以下简称公开发布标准），也可能是专门制定的。在通常情况下，只有当与预期使用者的需求相关时，公开发布标准才是适当的。

如果某鉴证对象存在公开发布标准，而特定的预期使用者出于特定目的使用其他标准，或专门建立一套标准满足其特殊需要，在这种情况下，注册会计师应当在鉴证报告中指明：

（一）使用的标准不是公开发布标准；

（二）使用的标准仅供特定的预期使用者使用，且仅适用于特殊目的。

第二十二条 对某些鉴证对象，可能不存在公开发布标准，而需要专门制定标准。注册会计师应当考虑专门制定的标准是否会导致鉴证报告对预期使用者产生误导。注册会计师应当尽可能使预期使用者或委托人确认专门制定的标准符合预期使用者的目的。

如果未获得对专门制定标准的确认，注册会计师应当考虑这种情况对评估既定标准适当性的影响，以及对鉴证报告中有关该标准的信息的影响。

第四节 重要性与鉴证业务风险

第二十三条 在计划和执行其他鉴证业务时，注册会计师应当考虑重要性和鉴证业务风险。

第二十四条 在确定证据收集程序的性质、时间和范围，评价鉴证对象信息是否不存在错报时，注册会计师应当考虑重要性。

在考虑重要性时，注册会计师应当了解并评价哪些因素可能会影响预期使用者的决策。

注册会计师应当综合数量和性质因素考虑重要性。在具体业务中，注册会计师需要运用职业判断，评估重要性以及数量和性质因素的相对重要程度。

第二十五条 注册会计师应当将鉴证业务风险降至该业务环境下可接受的水平。

在合理保证的其他鉴证业务中，注册会计师应当将鉴证业务风险降至该业务环境下可接受的低水平，以此作为以积极方式提出结论的基础。

由于证据收集程序的性质、时间和范围不同，有限保证的其他鉴证业务的风险水平高于合理保证的其他鉴证业务的风险水平。但在有限保证的其他鉴证业务中，证据收集程序的性质、时间和范围应当至少足以使注册会计师获得某种有意义的保证水平，以此作为注册会计师以消极方式提出结论的基础。

当注册会计师获取的保证水平很有可能在一定程度上增强预期使用者对鉴证对象信息

的信任时，这种保证水平是有意义的保证水平。

第二十六条 鉴证业务风险通常体现为重大错报风险和检查风险。

重大错报风险是指鉴证对象信息在鉴证前存在重大错报的可能性。

检查风险是指注册会计师未能发现存在的重大错报的可能性。

注册会计师对重大错报风险和检查风险的考虑受具体业务环境的影响，特别受鉴证对象性质，以及所执行的是合理保证还是有限保证的其他鉴证业务的影响。

第四章 利用专家的工作

第二十七条 在收集和评价证据时，对于某些其他鉴证业务的鉴证对象和相关标准，可能需要运用特殊知识和技能。在这种情况下，注册会计师应当考虑利用专家的工作。

第二十八条 当利用专家的工作收集和评价证据时，注册会计师与专家作为一个整体，应当具备与鉴证对象和标准相关的足够的专业知识和技能。

第二十九条 参与其他鉴证业务的所有人员（包括专家），都应当保持应有的关注。

在执行其他鉴证业务时，尽管并不要求专家在所有方面与注册会计师具备同样的专业知识和技能，但注册会计师应当确定专家已充分了解其他鉴证业务准则，以使专家能够按照具体业务目标开展工作。

第三十条 注册会计师应当实施质量控制程序，明确执行其他鉴证业务人员的责任，包括专家的工作责任，以确保其遵守其他鉴证业务准则。

第三十一条 注册会计师应当充分参与其他鉴证业务和了解专家所承担的工作，以足以对鉴证对象信息形成的结论承担责任。

在形成鉴证结论时，注册会计师应当考虑利用专家工作的程度是否合理。

第三十二条 尽管并不期望注册会计师具备与专家相同的专业知识和技能，但注册会计师应当具备足够的知识和技能，以实现下列目的：

（一）界定专家工作的目标及其如何与鉴证业务目标相联系；

（二）考虑专家使用的假设、方法和原始数据的合理性；

（三）考虑专家发现的问题和得出结论的合理性。

第三十三条 注册会计师应当获取充分、适当的证据，确定专家的工作是否符合其他鉴证业务的目标。

在评估专家提供证据的充分性和适当性时，注册会计师应当评价：

（一）专家的专业胜任能力，包括专家的经验和客观性；

（二）专家使用的假设、方法和原始数据的合理性；

（三）专家发现的问题和得出结论的合理性及其重要性。

第五章 获取证据

第一节 总体要求

第三十四条 注册会计师应当获取充分、适当的证据，据此形成鉴证结论。

证据的充分性是对证据数量的衡量。证据的适当性是对证据质量的衡量，即证据的相关性和可靠性。

第三十五条 注册会计师可以考虑获取证据的成本与所获取信息有用性之间的关系，但不应仅以获取证据的困难和成本为由减少不可替代的程序。

第三十六条 在评价证据的充分性和适当性以支持鉴证结论时，注册会计师应当运用职业判断，并保持职业怀疑态度。

第三十七条 其他鉴证业务通常不涉及鉴定文件记录的真伪，注册会计师也不是鉴定文件记录真伪的专家，但应当考虑用作证据的信息的可靠性，包括考虑与信息生成和维护相关的控制的有效性。

如果在执行业务过程中识别出的情况使其认为文件记录可能是伪造的或文件记录中的某些条款已发生变动，注册会计师应当作进一步调查，包括直接向第三方询证，或考虑利用专家的工作，以评价文件记录的真伪。

第三十八条 在合理保证的其他鉴证业务中，注册会计师应当通过下列不断修正的、系统化的执业过程，获取充分、适当的证据：

（一）了解鉴证对象及其他的业务环境事项，必要时包括了解内部控制；

（二）在了解鉴证对象及其他的业务环境事项的基础上，评估鉴证对象信息可能存在的重大错报风险；

（三）应对评估的风险，包括制定总体应对措施以及确定进一步程序的性质、时间和范围；

（四）针对识别的风险实施进一步程序，包括实施实质性程序，以及在必要时测试控制运行的有效性；

（五）评价证据的充分性和适当性。

第三十九条 合理保证提供的保证水平低于绝对保证。由于存在下列因素，将鉴证业务风险降至零几乎不可能，也不符合成本效益原则：

（一）选择性测试方法的运用；

（二）内部控制的固有局限性；

（三）大多数证据是说服性而非结论性的；

（四）在获取和评价证据以及由此得出结论时涉及大量判断；

（五）在某些情况下鉴证对象具有特殊性。

第四十条 合理保证的其他鉴证业务和有限保证的其他鉴证业务都需要运用鉴证技术和方法，收集充分、适当的证据。与合理保证的其他鉴证业务相比，有限保证的其他鉴证业务在证据收集程序的性质、时间、范围等方面是有意识地加以限制的。

第四十一条 无论是合理保证还是有限保证的其他鉴证业务，如果注意到某事项可能导致对鉴证对象信息是否需要作出重大修改产生疑问，注册会计师应当执行其他足够的程序，追踪这一事项，以支持鉴证结论。

第二节 责任方声明

第四十二条 注册会计师在必要时应当向责任方获取声明。责任方声明包括书面声明和口头声明。责任方对口头声明的书面确认，可以减少注册会计师和责任方之间产生误解的可能性。

注册会计师应当要求责任方就其按照既定标准对鉴证对象进行评价或计量出具书面声明，无论该声明作为责任方的认定能否为预期使用者获取。如果无法获取该项书面声明，注册会计师应当根据工作范围受到限制的程度，考虑出具保留结论或无法提出结论的鉴证报告，并考虑是否需要对鉴证报告的使用作出限制。

第四十三条　在其他鉴证业务中，责任方可能主动提供声明或以回复注册会计师询问的方式提供声明。当责任方声明与某一事项相关，且该事项对鉴证对象的评价或计量有重大影响时，注册会计师应当实施下列程序：

（一）评价责任方声明的合理性及其与其他证据（包括其他声明）的一致性；

（二）考虑作出声明的人员是否充分知晓所声明的特定事项；

（三）在合理保证的其他鉴证业务中，获取佐证性的证据；在有限保证的其他鉴证业务中，考虑是否有必要寻求佐证性的证据。

第四十四条　责任方声明不能替代注册会计师合理预期能够获取的其他证据。如果某事项对评价或计量鉴证对象产生重大影响或可能产生重大影响，且对该事项无法获取在正常情况下能够获取的充分、适当的证据，即使已从责任方获取相关声明，注册会计师应将其视为工作范围受到限制。

第六章　考虑期后事项

第四十五条　注册会计师应当考虑截至鉴证报告日发生的事项对鉴证对象信息和鉴证报告的影响。

第四十六条　注册会计师对期后事项的考虑程度，取决于这些事项对鉴证对象信息和鉴证结论适当性的潜在影响。

在某些其他鉴证业务中，由于鉴证对象性质特殊，注册会计师可能无需考虑期后事项，如对某一时点统计报表的准确性提出鉴证结论。

第七章　形成工作记录

第四十七条　注册会计师应当记录重大事项，以提供证据支持鉴证报告，并证明其已按照其他鉴证业务准则的规定执行业务。

第四十八条　对需要运用职业判断的所有重大事项，注册会计师应当记录推理过程和相关结论。

如果对某些事项难以进行判断，注册会计师还应当记录得出结论时已知悉的有关事实。

第四十九条　注册会计师应当将鉴证过程中考虑的所有重大事项记录于工作底稿。

在运用职业判断确定工作底稿的编制和保存范围时，注册会计师应当考虑，使未曾接触该项其他鉴证业务的有经验的专业人士了解实施的鉴证程序，以及作出重大决策的依据。

第八章　编制鉴证报告

第一节　总体要求

第五十条　注册会计师应当判断是否已获取充分、适当的证据，以支持鉴证结论。

在形成鉴证结论时，注册会计师应当考虑所有相关的证据，包括能够印证鉴证对象信息的证据和与之相矛盾的证据。

第五十一条 注册会计师应当以书面报告形式提出鉴证结论，鉴证报告应当清晰表述注册会计师对鉴证对象信息提出的结论。

第五十二条 注册会计师应当根据具体业务环境选择短式报告或长式报告，将信息有效地传达给预期使用者。

短式报告通常包括本准则第五十三条所述的鉴证报告基本内容。长式报告除包括基本内容外，还包括：

（一）对业务约定条款的详细说明；

（二）在特定方面发现的问题以及提出的相关建议。

在长式报告中，注册会计师应当将发现的问题及相关建议与鉴证结论清楚分开，并以适当措辞指出这些问题和建议不会影响鉴证结论。

第二节 鉴证报告的内容

第五十三条 鉴证报告应当包含下列基本内容：

（一）标题；

（二）收件人；

（三）对鉴证对象信息（适当时也包括鉴证对象）的界定与描述；

（四）使用的标准；

（五）适当时，对按照标准评价或计量鉴证对象存在的所有重大固有限制的说明；

（六）必要时，对报告使用者和使用目的的限定；

（七）责任方的界定，以及对责任方和注册会计师各自责任的说明；

（八）按照其他鉴证业务准则的规定执行业务的说明；

（九）工作概述；

（十）鉴证结论；

（十一）注册会计师的签名及盖章；

（十二）会计师事务所的名称、地址及盖章；

（十三）报告日期。

第五十四条 鉴证报告的标题应当清晰表述其他鉴证业务的性质。

第五十五条 鉴证报告的收件人是指鉴证报告应当提交的对象，在可行的情况下，鉴证报告的收件人应当明确为所有的预期使用者。

第五十六条 鉴证报告中对鉴证对象信息（适当时也包括鉴证对象）的界定与描述主要包括：

（一）与评价或计量鉴证对象相关的时点或期间；

（二）鉴证对象涉及的被鉴证单位或其组成部分的名称；

（三）对鉴证对象或鉴证对象信息的特征及其影响的解释，包括解释这些特征如何影响对鉴证对象按照既定标准进行评价或计量的准确性，以及如何影响所获取证据的说服力。

如果在鉴证结论中提及责任方的认定，注册会计师应当将该认定附于鉴证报告后，或在鉴证报告中复述该认定，或指明预期使用者能够从何处获取该认定。

第五十七条 鉴证报告应当指出评价或计量鉴证对象所使用的标准，以使预期使用者能够了解注册会计师提出结论的依据。

注册会计师可以将该标准直接包括在鉴证报告中。如果预期使用者能够获取的责任方认定中已包括该标准，或容易从其他来源获取该标准，注册会计师也可以仅在鉴证报告中提及该标准。

第五十八条　注册会计师应当根据具体业务环境考虑是否披露：

（一）标准的来源，以及标准是否为公开发布标准；如果不是公开发布标准，应当说明采用该标准的理由；

（二）当标准允许选用多种计量方法时，采用的计量方法；

（三）使用标准时作出的重要解释；

（四）采用的计量方法是否发生变更。

第五十九条　如果根据标准评价或计量鉴证对象存在重大固有限制，且预期鉴证报告的使用者不能充分理解，注册会计师应当在鉴证报告中明确提及该限制。

第六十条　如果用于评价或计量鉴证对象的标准仅能为特定使用者所获取，或仅与特定目的相关，注册会计师应当在鉴证报告中指明该鉴证报告的使用仅限于特定使用者或特定目的。

第六十一条　注册会计师应当在鉴证报告中界定责任方以及责任方和注册会计师各自的责任。

对于直接报告业务，注册会计师应当指明责任方对鉴证对象负责；对于基于认定的业务，注册会计师应当指明责任方对鉴证对象信息负责。

注册会计师的责任是对鉴证对象信息独立地提出结论。

第六十二条　注册会计师应当在鉴证报告中说明，该项其他鉴证业务是按照其他鉴证业务准则的规定执行的。如果存在针对该项其他鉴证业务的具体准则，注册会计师应当根据该准则的规定决定是否在鉴证报告中特别提及该准则。

第六十三条　为使预期使用者了解鉴证报告所表达的保证性质，注册会计师应当参照相关的审计准则和审阅准则，在鉴证报告中概述已执行的鉴证工作。

如果没有相关鉴证业务准则对特定鉴证对象的证据收集程序作出规定，注册会计师应当在概述时更具体地说明已执行的工作。

第六十四条　在有限保证的其他鉴证业务中，为使预期使用者理解以消极方式表达的结论所传达的保证性质，注册会计师对已执行工作的概述通常比在合理保证的其他鉴证业务中更加详细。

在有限保证的其他鉴证业务中，对已执行工作的概述应当包括下列内容：

（一）指出证据收集程序的性质、时间和范围存在的限制，必要时，说明没有执行合理保证的其他鉴证业务中通常实施的程序；

（二）说明由于证据收集程序比合理保证的其他鉴证业务更为有限，因此，获得的保证程度低于合理保证的其他鉴证业务的保证程度。

第六十五条　注册会计师应当在鉴证报告中清楚地说明鉴证结论。如果鉴证对象信息由多个方面组成，注册会计师可就每个方面分别提出结论。

虽然提出这些结论并非都需要执行相同水平的证据收集程序，但注册会计师应当根据某一方面执行的工作是合理保证还是有限保证，决定该方面结论的适当表达方式。

第六十六条　在适当情况下，注册会计师应当在鉴证报告中告知预期使用者提出该结论的背景，比如注册会计师的结论中可能包括“本结论是在受到鉴证报告中指出的固有限制的条件下形成的”的措辞。

第六十七条 在合理保证的其他鉴证业务中，注册会计师应当以积极方式提出结论，如“我们认为，根据×标准，内部控制在所有重大方面是有效的”或“我们认为，责任方作出的‘根据×标准，内部控制在所有重大方面是有效的’这一认定是公允的”。

第六十八条 在有限保证的其他鉴证业务中，注册会计师应当以消极方式提出结论，如“基于本报告所述的工作，我们没有注意到任何事项使我们相信，根据×标准，×系统在任何重大方面是无效的”或“基于本报告所述的工作，我们没有注意到任何事项使我们相信，责任方作出的‘根据×标准，×系统在所有重大方面是有效的’这一认定是不公允的”。

第六十九条 如果提出无保留结论之外的其他结论，注册会计师应当在鉴证报告中清楚地说明提出该结论的理由。

第七十条 鉴证报告应当注明报告日期，以使预期使用者了解注册会计师已考虑截至报告日发生的事项对鉴证对象信息和鉴证报告的影响。

第七十一条 注册会计师可以在鉴证报告中增加不会影响鉴证结论的其他信息或解释。这些信息或解释主要包括：

（一）注册会计师和其他参加具体业务的人员的资格和经验；

（二）重要性水平；

（三）在该业务的特定方面发现的问题及相关建议。

鉴证报告中是否包含此类信息取决于该信息对预期使用者需求的重要程度。增加的信息应当与注册会计师的结论清楚分开，并在措辞上不影响鉴证结论。

第三节 保留结论、否定结论和无法提出结论

第七十二条 如果存在下列事项，且判断该事项的影响重大或可能重大，注册会计师不应当提出无保留结论：

（一）由于工作范围受到业务环境、责任方或委托人的限制，注册会计师不能获取必要的证据将鉴证业务风险降至适当水平，在这种情况下，应当出具保留结论或无法提出结论的报告；

（二）如果结论提及责任方认定，且该认定未在所有重大方面作出公允表达，注册会计师应当提出保留结论或否定结论；如果结论直接提及鉴证对象及标准，且鉴证对象信息存在重大错报，注册会计师应当提出保留结论或否定结论；

（三）在承接业务后，如果发现标准或鉴证对象不适当，可能误导预期使用者，注册会计师应当提出保留结论或否定结论；如果发现标准或鉴证对象不适当，造成工作范围受到限制，注册会计师应当出具保留结论或无法提出结论的报告。

第七十三条 如果某事项造成影响的重大与广泛程度不足以导致出具否定结论或无法提出结论的报告，注册会计师应当提出保留结论，并在报告中使用“除……的影响外”等措辞。

第七十四条 如果责任方认定已指出并适当说明鉴证对象信息存在重大错报，注册会计师应当选择下列一种方式提出鉴证结论：

（一）直接对鉴证对象和使用的标准提出保留结论或否定结论；

（二）如果业务约定条款特别要求针对责任方认定提出结论，注册会计师应当提出无保留结论，并在鉴证报告中增加强调事项段，说明鉴证对象信息存在重大错报且责任方认定已对此作出了适当说明。

第九章　其他报告责任

第七十五条　注册会计师应当考虑其他报告责任，包括考虑就执行业务过程中注意到的与治理层责任相关的事项与治理层沟通的适当性。

如果委托人并非责任方，注册会计师直接与责任方或责任方的治理层沟通可能是不适当的。

第七十六条　如果业务约定条款没有特殊要求，注册会计师不必设计专门的程序以识别与治理层责任相关的事项。

第十章　附　　则

第七十七条　本准则自2007年1月1日起施行。

中国注册会计师其他鉴证业务准则第3111号——预测性财务信息的审核

（2006年2月15日修订）

第一章　总　　则

第一条　为了规范注册会计师执行预测性财务信息审核业务，制定本准则。

第二条　本准则所称预测性财务信息，是指被审核单位依据对未来可能发生的事项或采取的行动的假设而编制的财务信息。

预测性财务信息可以表现为预测、规划或两者的结合，可能包括财务报表或财务报表的一项或多项要素。

本准则所称预测，是指管理层在最佳估计假设的基础上编制的预测性财务信息。最佳估计假设是指截至编制预测性财务信息日，管理层对预期未来发生的事项和采取的行动作出的假设。

本准则所称规划，是指管理层基于推测性假设，或同时基于推测性假设和最佳估计假设编制的预测性财务信息。推测性假设是指管理层对未来事项和采取的行动作出的假设，该事项或行动预期在未来未必发生。

第三条　在执行预测性财务信息审核业务时，注册会计师应当就下列事项获取充分、适当的证据：

（一）管理层编制预测性财务信息所依据的最佳估计假设并非不合理；在依据推测性假设的情况下，推测性假设与信息的编制目的是相适应的；

（二）预测性财务信息是在假设的基础上恰当编制的；

（三）预测性财务信息已恰当列报，所有重大假设已充分披露，包括说明采用的是推

测性假设还是最佳估计假设；

（四）预测性财务信息的编制基础与历史财务报表一致，并选用了恰当的会计政策。

第四条 管理层负责编制预测性财务信息，包括识别和披露预测性财务信息依据的假设。

注册会计师接受委托对预测性财务信息实施审核并出具报告，可增强该信息的可信赖程度。

第二章 保证程度

第五条 注册会计师不应对预测性财务信息的结果能否实现发表意见。

第六条 当对管理层采用的假设的合理性发表意见时，注册会计师仅提供有限保证。

第三章 接受业务委托

第七条 在承接预测性财务信息审核业务前，注册会计师应当考虑下列因素：

（一）信息的预定用途；

（二）信息是广为分发还是有限分发；

（三）假设的性质，即假设是最佳估计假设还是推测性假设；

（四）信息中包含的要素；

（五）信息涵盖的期间。

第八条 如果假设明显不切实际，或认为预测性财务信息并不适合预定用途，注册会计师应当拒绝接受委托，或解除业务约定。

第九条 注册会计师应当与委托人就业务约定条款达成一致意见，并签订业务约定书。

第四章 了解被审核单位情况

第十条 注册会计师应当充分了解被审核单位情况，以评价管理层是否识别出编制预测性财务信息所要求的全部重要假设。

注册会计师还应当通过考虑下列事项，熟悉被审核单位编制预测性财务信息的过程：

（一）与编制预测性财务信息相关的内部控制，以及负责编制预测性财务信息人员的专业技能和经验；

（二）支持管理层作出假设的文件的性质；

（三）运用统计、数学方法及计算机辅助技术的程度；

（四）形成和运用假设时使用的方法；

（五）以前期间编制预测性财务信息的准确性，及其与实际情况出现重大差异的原因。

第十一条 注册会计师应当考虑被审核单位编制预测性财务信息时依赖历史财务信息的程度是否合理。

注册会计师应当了解被审核单位的历史财务信息，以评价预测性财务信息与历史财务信息的编制基础是否一致，并为考虑管理层假设提供历史基准。

注册会计师应当确定相关历史财务信息是否已经审计或审阅，是否选用了恰当的会计政策。

第十二条　如果对上期历史财务信息出具了非标准审计报告或非标准审阅报告，或被审核单位尚处于营业初期，注册会计师应当考虑各项相关的事实及其对预测性财务信息审核的影响。

第五章　涵盖期间

第十三条　注册会计师应当考虑预测性财务信息涵盖的期间。

随着涵盖期间的延长，假设的主观性将会增加，管理层作出最佳估计假设的能力将会减弱。预测性财务信息涵盖的期间不应超过管理层可作出合理假设的期间。

第十四条　注册会计师可以从下列方面考虑预测性财务信息涵盖的期间是否合理：

（一）经营周期；

（二）假设的可靠程度；

（三）使用者的需求。

第六章　审核程序

第十五条　在确定审核程序的性质、时间和范围时，注册会计师应当考虑下列因素：

（一）重大错报的可能性；

（二）以前期间执行业务所了解的情况；

（三）管理层编制预测性财务信息的能力；

（四）预测性财务信息受管理层判断影响的程度；

（五）基础数据的恰当性和可靠性。

第十六条　注册会计师应当评估支持管理层作出最佳估计假设的证据的来源和可靠性。注册会计师可以从内部或外部来源获取支持这些假设的充分、适当的证据，包括根据历史财务信息考虑这些假设，以及评价这些假设是否依据被审核单位有能力实现的计划。

第十七条　当使用推测性假设时，注册会计师应当确定这些假设的所有重要影响是否已得到考虑。

对推测性假设，注册会计师不需要获取支持性的证据，但应当确定这些假设与编制预测性财务信息的目的相适应，并且没有理由相信这些假设明显不切合实际。

第十八条　注册会计师应当通过检查数据计算准确性和内在一致性等，确定预测性财务信息是否依据管理层确定的假设恰当编制。

内在一致性是指管理层拟采取的各项行动相互之间不存在矛盾，以及根据共同的变量确定的金额之间不存在不一致。

第十九条　注册会计师应当关注对变化特别敏感的领域，并考虑该领域影响预测性财务信息的程度。

第二十条　当接受委托审核预测性财务信息的一项或多项要素时，注册会计师应当考虑该要素与财务信息其他要素之间的关联关系。

第二十一条　当预测性财务信息包括本期部分历史信息时，注册会计师应当考虑对历史信息需要实施的程序的范围。

第二十二条 注册会计师应当就下列事项向管理层获取书面声明：

（一）预测性财务信息的预定用途；

（二）管理层作出的重大假设的完整性；

（三）管理层认可对预测性财务信息的责任。

第七章 列　报

第二十三条 在评价预测性财务信息的列报（包括披露）时，注册会计师除考虑相关法律法规的具体要求外，还应当考虑下列事项：

（一）预测性财务信息的列报是否提供有用信息且不会产生误导；

（二）预测性财务信息的附注中是否清楚地披露会计政策；

（三）预测性财务信息的附注中是否充分披露所依据的假设，是否明确区分最佳估计假设和推测性假设；对于涉及重大且具有高度不确定性的假设，是否已充分披露该不确定性以及由此导致的预测结果的敏感性；

（四）预测性财务信息的编制日期是否得以披露，管理层是否确认截至该日期止，编制该预测性财务信息所依据的各项假设仍然适当；

（五）当预测性财务信息的结果以区间表示时，是否已清楚说明在该区间内选取若干点的基础，该区间的选择是否不带偏见或不产生误导；

（六）从最近历史财务信息披露以来，会计政策是否发生变更、变更的原因及其对预测性财务信息的影响。

第八章 审核报告

第二十四条 注册会计师对预测性财务信息出具的审核报告应当包括下列内容：

（一）标题；

（二）收件人；

（三）指出所审核的预测性财务信息；

（四）提及审核预测性财务信息时依据的准则；

（五）说明管理层对预测性财务信息（包括编制该信息所依据的假设）负责；

（六）适当时，提及预测性财务信息的使用目的和分发限制；

（七）以消极方式说明假设是否为预测性财务信息提供合理基础；

（八）对预测性财务信息是否依据假设恰当编制，并按照适用的会计准则和相关会计制度的规定进行列报发表意见；

（九）对预测性财务信息的可实现程度作出适当警示；

（十）注册会计师的签名及盖章；

（十一）会计师事务所的名称、地址及盖章；

（十二）报告日期。报告日期应为完成审核工作的日期。

第二十五条 审核报告应当说明：

（一）根据对支持假设的证据的检查，注册会计师是否注意到任何事项，导致其认为这些假设不能为预测性财务信息提供合理基础；

（二）对预测性财务信息是否依据这些假设恰当编制，并按照适用的会计准则和相关会计制度的规定进行列报发表意见。

第二十六条 审核报告还应当说明：

（一）由于预期事项通常并非如预期那样发生，并且变动可能重大，实际结果可能与预测性财务信息存在差异；同样，当预测性财务信息以区间形式表述时，对实际结果是否处于该区间内不提供任何保证。

（二）在审核规划的情况下，编制预测性财务信息是为了特定目的（列明具体目的）。在编制过程中运用了一整套假设，包括有关未来事项和管理层行动的推测性假设，而这些事项和行动预期在未来未必发生。因此，提醒信息使用者注意，预测性财务信息不得用于该特定目的以外的其他目的。

第二十七条 如果认为预测性财务信息的列报不恰当，注册会计师应当对预测性财务信息出具保留或否定意见的审核报告，或解除业务约定。

第二十八条 如果认为一项或者多项重大假设不能为依据最佳估计假设编制的预测性财务信息提供合理基础，或在给定的推测性假设下，一项或者多项重大假设不能为依据推测性假设编制的预测性财务信息提供合理基础，注册会计师应当对预测性财务信息出具否定意见的审核报告，或解除业务约定。

第二十九条 如果审核范围受到限制，导致无法实施必要的审核程序，注册会计师应当解除业务约定，或出具无法表示意见的审核报告，并在报告中说明审核范围受到限制的情况。

第九章 附 则

第三十条 本准则自 2007 年 1 月 1 日起施行。

附录：

审核报告参考格式

1. 对预测性财务报表出具无保留意见的报告（以预测为基础）

审 核 报 告

ABC 股份有限公司：

我们审核了后附的 ABC 股份有限公司（以下简称 ABC 公司）编制的预测（列明预测涵盖的期间和预测的名称）。我们的审核依据是《中国注册会计师其他鉴证业务准则第 3111 号——预测性财务信息的审核》。ABC 公司管理层对该预测及其所依据的各项假设负责。这些假设已在附注×中披露。

根据我们对支持这些假设的证据的审核，我们没有注意到任何事项使我们认为这些假设没有为预测提供合理基础。而且，我们认为，该预测是在这些假设的基础上恰当编制的，并按照××编制基础的规定进行了列报。

由于预期事项通常并非如预期那样发生，并且变动可能重大，实际结果可能与预测性财务信息存在差异。

××会计师事务所　　　　　　　　中国注册会计师：×××
（盖章）　　　　　　　　　　　（签名并盖章）

中国注册会计师：×××
（签名并盖章）

中国××市
二○×二年×月×日

2. 对预测性财务报表出具无保留意见的报告（以规划为基础）

审核报告

ABC股份有限公司：

我们审核了后附的ABC股份有限公司（以下简称ABC公司）编制的规划（列明规划涵盖的期间和规划的名称）。我们的审核依据是《中国注册会计师其他鉴证业务准则第3111号——预测性财务信息的审核》。ABC公司管理层对该规划及其所依据的各项假设负责。这些假设已在附注×中披露。

ABC公司编制规划是为了××目的。由于ABC公司尚处于营业初期，在编制规划时运用了一整套假设，包括有关未来事项和管理层行动的推测性假设，而这些事项和行动预期在未来未必发生。因此，我们提醒信息使用者注意，该规划不得用于××目的以外的其他目的。

根据我们对支持这些假设的证据的审核，在推测性假设（列明推测性假设）成立的前提下，我们没有注意到任何事项使我们认为这些假设没有为规划提供合理基础。我们认为，该规划是在这些假设的基础上恰当编制的，并按照××编制基础的规定进行了列报。

即使在推测性假设中所涉及的事项发生，但由于预期事项通常并非如预期那样发生，并且变动可能重大，因此实际结果仍然可能与预测性财务信息存在差异。

××会计师事务所　　　　　　　　中国注册会计师：×××
（盖章）　　　　　　　　　　　（签名并盖章）

中国注册会计师：×××
（签名并盖章）

中国××市
二○×二年×月×日

中国注册会计师相关服务准则第4101号——对财务信息执行商定程序

（2006年2月15日修订）

第一章 总 则

第一条 为了规范注册会计师对财务信息执行商定程序业务，明确执业责任，制定本准则。

第二条 对财务信息执行商定程序的目标，是注册会计师对特定财务数据、单一财务报表或整套财务报表等财务信息执行与特定主体商定的具有审计性质的程序，并就执行的商定程序及其结果出具报告。

本准则所称特定主体，是指委托人和业务约定书中指明的报告致送对象。

第三条 注册会计师执行商定程序业务，仅报告执行的商定程序及其结果，并不提出鉴证结论。报告使用者自行对注册会计师执行的商定程序及其结果作出评价，并根据注册会计师的工作得出自己的结论。

第四条 商定程序业务报告仅限于参与协商确定程序的特定主体使用，以避免不了解商定程序的人对报告产生误解。

第五条 注册会计师执行商定程序业务，应当遵守相关职业道德规范，恪守客观、公正的原则，保持专业胜任能力和应有的关注，并对执业过程中获知的信息保密。

第六条 本准则不对商定程序业务提出独立性要求；但如果业务约定书或委托目的对注册会计师的独立性提出要求，注册会计师应当从其规定。

如果注册会计师不具有独立性，应当在商定程序业务报告中说明这一事实。

第七条 注册会计师应当按照本准则的规定和业务约定书的要求执行商定程序业务。

第二章 业务约定书

第八条 注册会计师应当与特定主体进行沟通，确保其已经清楚理解拟执行的商定程序和业务约定条款。

注册会计师应当就下列事项与特定主体沟通，并达成一致意见：

（一）业务性质，包括说明执行的商定程序并不构成审计或审阅，不提出鉴证结论；

（二）委托目的；

（三）拟执行商定程序的财务信息；

（四）拟执行的具体程序的性质、时间和范围；

（五）预期的报告样本；

（六）报告分发和使用的限制。

第九条 如果无法与所有的报告致送对象直接讨论拟执行的商定程序，注册会计师应当考虑采取下列措施：

（一）与报告致送对象的代表讨论拟执行的商定程序；

（二）查阅来自报告致送对象的相关信函和文件；

（三）向报告致送对象提交报告样本。

第十条 如果接受委托，注册会计师应当与委托人就双方达成一致的事项签订业务约定书，以避免双方对商定程序业务的理解产生分歧。

第三章 计划、程序与记录

第十一条 注册会计师应当合理制定工作计划，以有效执行商定程序业务。

第十二条 注册会计师应当执行商定的程序，并将获取的证据作为出具报告的基础。

第十三条 执行商定程序业务运用的程序通常包括：

（一）询问和分析；

（二）重新计算、比较和其他核对方法；

（三）观察；

（四）检查；

（五）函证。

第十四条 注册会计师应当记录支持商定程序业务报告的重大事项，并记录按照本准则的规定和业务约定书的要求执行商定程序的证据。

第四章 报　　告

第十五条 商定程序业务报告应当详细说明业务的目的和商定的程序，以便使用者了解所执行工作的性质和范围。

第十六条 商定程序业务报告应当包括下列内容：

（一）标题；

（二）收件人；

（三）说明执行商定程序的财务信息；

（四）说明执行的商定程序是与特定主体协商确定的；

（五）说明已按照本准则的规定和业务约定书的要求执行了商定程序；

（六）当注册会计师不具有独立性时，说明这一事实；

（七）说明执行商定程序的目的；

（八）列出所执行的具体程序；

（九）说明执行商定程序的结果，包括详细说明发现的错误和例外事项；

（十）说明所执行的商定程序并不构成审计或审阅，注册会计师不提出鉴证结论；

（十一）说明如果执行商定程序以外的程序，或执行审计或审阅，注册会计师可能得出其他应报告的结果；

（十二）说明报告仅限于特定主体使用；

（十三）在适用的情况下，说明报告仅与执行商定程序的特定财务数据有关，不得扩展到财务报表整体；

（十四）注册会计师的签名和盖章；

（十五）会计师事务所的名称、地址及盖章；

（十六）报告日期。

第五章 附　　则

第十七条 如果注册会计师具备专业胜任能力，且存在合理的判断标准，可参照本准则对非财务信息执行商定程序业务。

第十八条 本准则自2007年1月1日起施行。

中国注册会计师相关服务准则第4111号
——代编财务信息

（2006年2月15日制定）

第一章 总 则

第一条 为了规范注册会计师执行代编财务信息业务（以下简称代编业务），制定本准则。

第二条 代编业务的目标是注册会计师运用会计而非审计的专业知识和技能，代客户编制一套完整或非完整的财务报表，或代为收集、分类和汇总其他财务信息。

注册会计师执行代编业务使用的程序并不旨在、也不能对财务信息提出任何鉴证结论。

第三条 注册会计师执行代编业务，应当遵守相关职业道德规范，恪守客观、公正的原则，保持专业胜任能力和应有的关注，并对执业过程中获知的信息保密。

第四条 本准则不对代编业务提出独立性要求。但如果注册会计师不具有独立性，应当在代编业务报告中说明这一事实。

第五条 在任何情况下，如果注册会计师的姓名与代编的财务信息相联系，注册会计师应当出具代编业务报告。

第二章 业务约定书

第六条 注册会计师应当在代编业务开始前，与客户就代编业务约定条款达成一致意见，并签订业务约定书，以避免双方对代编业务的理解产生分歧。

第七条 业务约定书应当包括下列主要事项：

（一）业务的性质，包括说明拟执行的业务既非审计也非审阅，注册会计师不对代编的财务信息提出任何鉴证结论；

（二）说明不能依赖代编业务揭露可能存在的错误、舞弊以及违反法规行为；

（三）客户提供的信息的性质；

（四）说明客户管理层应当对提供给注册会计师的信息的真实性和完整性负责，以保证代编财务信息的真实性和完整性；

（五）说明代编财务信息的编制基础，并说明将在代编财务信息和出具的代编业务报告中对该编制基础以及任何重大背离予以披露；

（六）代编财务信息的预期用途和分发范围；

（七）如果注册会计师的姓名与代编的财务信息相联系，说明注册会计师出具的代编业务报告的格式；

（八）业务收费；

（九）违约责任；

（十）解决争议的方法；

（十一）签约双方法定代表人或其授权代表的签字盖章，以及签约双方加盖的公章。

第三章 计划、程序与记录

第八条 注册会计师应当制定代编业务计划，以有效执行代编业务。

第九条 注册会计师应当了解客户的业务和经营情况，熟悉其所处行业的会计政策和惯例，以及与具体情况相适应的财务信息的形式和内容。

第十条 注册会计师应当了解客户业务交易的性质、会计记录的形式和财务信息的编制基础。

注册会计师通常利用以前经验、查阅文件记录或询问客户的相关人员，获取对这些事项的了解。

第十一条 除本准则规定的程序外，注册会计师通常不需要执行下列程序：

（一）询问管理层，以评价所提供信息的可靠性和完整性；

（二）评价内部控制；

（三）验证任何事项；

（四）验证任何解释。

第十二条 如果注意到管理层提供的信息不正确、不完整或在其他方面不令人满意，注册会计师应当考虑执行本准则第十一条提及的程序，并要求管理层提供补充信息。

如果管理层拒绝提供补充信息，注册会计师应当解除该项业务约定，并告知客户解除业务约定的原因。

第十三条 注册会计师应当阅读代编的财务信息，并考虑形式是否恰当，是否不存在明显的重大错报。

本条前款所述的重大错报包括下列情形：

（一）错误运用编制基础；

（二）未披露所采用的编制基础和获知的重大背离；

（三）未披露注册会计师注意到的其他重大事项。

注册会计师应当在代编财务信息中披露采用的编制基础和获知的重大背离，但不必报告背离的定量影响。

第十四条 如果注意到存在重大错报，注册会计师应当尽可能与客户就如何恰当地更正错报达成一致意见。如果重大错报仍未得到更正，并且认为财务信息存在误导，注册会计师应当解除该项业务约定。

第十五条 注册会计师应当从管理层获取其承担恰当编制财务信息和批准财务信息的责任的书面声明。该声明还应当包括管理层对会计数据的真实性和完整性负责，以及已向注册会计师完整提供所有重要且相关的信息。

第十六条 注册会计师应当记录重大事项，以证明其已按照本准则的规定和业务约定书的要求执行代编业务。

第四章 代编业务报告

第十七条 代编业务报告应当包括下列内容：

（一）标题；

（二）收件人；

（三）说明注册会计师已按照本准则的规定执行代编业务；

（四）当注册会计师不具有独立性时，说明这一事实；

（五）指出财务信息是在管理层提供信息的基础上代编的，并说明代编财务信息的名称、日期或涵盖的期间；

（六）说明管理层对注册会计师代编的财务信息负责；

（七）说明执行的业务既非审计，也非审阅，因此不对代编的财务信息提出鉴证结论；

（八）必要时，应当增加一个段落，提醒注意代编财务信息对采用的编制基础的重大背离；

（九）注册会计师的签名及盖章；

（十）会计师事务所的名称、地址及盖章；

（十一）报告日期。

第十八条　注册会计师应当在代编财务信息的每页或一套完整的财务报表的首页明确标示“未经审计或审阅”、“与代编业务报告一并阅读”等字样。

第五章　附　　则

第十九条　注册会计师执行代编非财务信息业务，除有特定要求者外，应当参照本准则办理。

第二十条　本准则自 2007 年 1 月 1 日起施行。

附录：

代编业务报告参考格式

1. 代编财务报表业务报告

代编财务报表业务报告

（收件人名称）：

在 ABC 公司管理层提供信息的基础上，我们按照《中国注册会计师相关服务准则第 4111 号——代编财务信息》的规定，代编了 ABC 公司 20××年 12 月 31 日的资产负债表，20××年度的利润表、股东权益变动表和现金流量表以及财务报表附注。管理层对这些财务报表负责。我们未对这些财务报表进行审计或审阅，因此不对其提出鉴证结论。

××会计师事务所　　　　　　中国注册会计师：×××
（盖章）　　　　　　　　　　（签名并盖章）

中国注册会计师：×××
（签名并盖章）

中国××市
二○×二年×月×日

2. 代编财务报表业务报告，增加段落以引起对背离编制基础的关注

代编财务报表业务报告

（收件人名称）：

在ABC公司管理层提供信息的基础上，我们按照《中国注册会计师相关服务准则第4111号——代编财务信息》的规定，代编了ABC公司20××年12月31日的资产负债表，20××年度的利润表、股东权益变动表和现金流量表以及财务报表附注。管理层对这些财务报表负责。我们未对这些财务报表进行审计或审阅，因此不对其提出鉴证结论。

我们提请注意，如财务报表附注×所述，管理层对融资租赁的机器设备未予资本化，该事项不符合企业会计准则和《××会计制度》的规定。

××会计师事务所
（盖章）

中国注册会计师：×××
（签名并盖章）

中国注册会计师：×××
（签名并盖章）

中国××市
二○×二年×月×日

会计师事务所质量控制准则第5101号——会计师事务所对执行财务报表审计和审阅、其他鉴证和相关服务业务实施的质量控制

（2010年11月1日修订）

第一章　总　　则

第一条　为了规范会计师事务所建立并保持有关财务报表审计和审阅、其他鉴证和相关服务业务的质量控制制度，制定本准则。

第二条　会计师事务所在使用本准则时，需要结合相关职业道德要求。

第三条　本准则适用于会计师事务所建立和保持业务质量控制制度。其他执业准则规定了会计师事务所人员对特定类型业务实施质量控制程序的责任，例如，《中国注册会计师审计准则第 1121 号——对财务报表审计实施的质量控制》规定了财务报表审计的质量控制程序。

第四条　质量控制制度包括为实现本准则第二十七条规定的目标而制定的政策，以及为执行政策和监督政策的遵守情况而制定的必要程序。

第五条　本准则适用于执行财务报表审计和审阅、其他鉴证和相关服务业务的所有会计师事务所。

会计师事务所按照本准则的要求制定的质量控制政策和程序的性质和范围，取决于会计师事务所的规模和运行特征以及是否是网络的一部分等诸多因素。

第六条　本准则包括会计师事务所在遵守本准则时应实现的目标，以及旨在使会计师事务所实现该目标而提出的要求。

第七条　本准则的目标为提出的要求提供了框架基础，旨在帮助会计师事务所了解需要完成的工作，以及确定是否需要完成更多的工作。

第八条　本准则的应用指南对本准则的要求提供了进一步解释，并为如何执行这些要求提供了指引。特别是，应用指南可以更为清楚地解释本准则要求的确切含义或所针对的情形，并举例说明适合具体情况的政策和程序。

尽管应用指南本身并不对会计师事务所提出要求，但与恰当运用本准则的要求是相关的。应用指南提供本准则所涉及的事项的背景信息，并包括与小型会计师事务所相关的特殊考虑（如适用）。这些特殊考虑有助于会计师事务所运用本准则的要求，但并不限制或减轻其运用和遵守本准则要求的责任。

第二章　定　　义

第九条　职业准则，是指中国注册会计师鉴证业务基本准则、中国注册会计师审计准则、中国注册会计师审阅准则、中国注册会计师其他鉴证业务准则、中国注册会计师相关服务准则、质量控制准则和相关职业道德要求。

第十条　相关职业道德要求，是指项目组和项目质量控制复核人员应当遵守的职业道德规范，通常是指中国注册会计师职业道德守则。

第十一条　人员，是指会计师事务所的合伙人和员工。

第十二条　合伙人，是指在执行专业服务业务方面有权代表会计师事务所的个人。

第十三条　员工，是指合伙人以外的专业人员，包括会计师事务所的内部专家。

第十四条　项目合伙人，是指会计师事务所中负责某项业务及其执行，并代表会计师事务所在出具的报告上签字的合伙人。

如果项目合伙人以外的其他注册会计师在报告上签字，本准则对项目合伙人作出的规定也适用于该签字注册会计师。

第十五条　项目组，是指执行某项业务的所有合伙人和员工，以及会计师事务所或网络事务所聘请的为该项业务实施程序的所有人员，但不包括会计师事务所或网络事务所聘请的外部专家。

第十六条　网络事务所，是指属于某一网络的会计师事务所或实体。

第十七条　网络，是指由多个实体组成，旨在通过合作实现下列一个或多个目的的联

合体：

（一）共享收益或分担成本；

（二）共享所有权、控制权或管理权；

（三）共享统一的质量控制政策和程序；

（四）共享同一经营战略；

（五）使用同一品牌；

（六）共享重要的专业资源。

第十八条 项目质量控制复核，是指在报告日或报告日之前，项目质量控制复核人员对项目组作出的重大判断和在准备报告时得出的结论进行客观评价的过程。

项目质量控制复核适用于上市实体财务报表审计，以及会计师事务所确定需要实施项目质量控制复核的其他业务。

第十九条 上市实体，是指其股份、股票或债券在法律法规认可的证券交易所报价或挂牌，或在法律法规认可的证券交易所或其他类似机构的监管下进行交易的实体。

第二十条 项目质量控制复核人员，是指项目组成员以外的，具有足够、适当的经验和权限，对项目组作出的重大判断和在编制报告时得出的结论进行客观评价的合伙人、会计师事务所的其他人员、具有适当资格的外部人员或由这类人员组成的小组。

第二十一条 具有适当资格的外部人员，是指会计师事务所以外的具有担任项目合伙人的胜任能力和必要素质的个人，如其他会计师事务所的合伙人、注册会计师协会或提供相关质量控制服务的组织中具有适当经验的人员。

第二十二条 业务工作底稿，是指注册会计师对执行的工作、获取的结果和得出的结论作出的记录。

第二十三条 报告日，是指注册会计师在出具的报告上签署的日期。

第二十四条 监控，是指对会计师事务所质量控制制度进行持续考虑和评价的过程，包括定期选取已完成的业务进行检查，以使会计师事务所能够合理保证其质量控制制度正在有效运行。

第二十五条 检查，是指实施程序以获取证据，确定项目组在已完成的业务中是否遵守会计师事务所质量控制政策和程序。

第二十六条 合理保证，是指一种高度但非绝对的保证水平。

第三章 目　　标

第二十七条 会计师事务所的目标是建立并保持质量控制制度，以合理保证：

（一）会计师事务所及其人员遵守职业准则和适用的法律法规的规定；

（二）会计师事务所和项目合伙人出具适合具体情况的报告。

第四章 要　　求

第一节 运用和遵守相关要求

第二十八条 会计师事务所内部负责建立并保持质量控制制度的人员应当了解本准则及应用指南的全部内容，以理解本准则的目标并恰当遵守其要求。

第二十九条　会计师事务所应当遵守本准则的所有要求，除非在某些情况下，本准则的某项要求与会计师事务所执行的财务报表审计和审阅、其他鉴证和相关服务业务不相关。

第三十条　本准则的要求旨在使会计师事务所能够实现本准则设定的目标。正确运用这些要求预期可以为实现目标提供充分的依据，但由于实际情况变化很大，且无法预料，会计师事务所应当考虑是否存在特殊事项或情况，要求其制定除本准则要求外的政策和程序，以实现本准则设定的目标。

第二节　质量控制制度的要素

第三十一条　会计师事务所应当建立并保持质量控制制度。

质量控制制度包括针对下列要素而制定的政策和程序：

（一）对业务质量承担的领导责任；

（二）相关职业道德要求；

（三）客户关系和具体业务的接受与保持；

（四）人力资源；

（五）业务执行；

（六）监控。

第三十二条　会计师事务所应当将质量控制政策和程序形成书面文件，并传达到全体人员。

第三节　对业务质量承担的领导责任

第三十三条　会计师事务所应当制定政策和程序，培育以质量为导向的内部文化。这些政策和程序应当要求会计师事务所主任会计师或类似职位的人员对质量控制制度承担最终责任。

第三十四条　会计师事务所应当制定政策和程序，使受会计师事务所主任会计师或类似职位的人员委派负责质量控制制度运作的人员具有足够、适当的经验和能力以及必要的权限以履行其责任。

第四节　相关职业道德要求

第三十五条　会计师事务所应当制定政策和程序，以合理保证会计师事务所及其人员遵守相关职业道德要求。

第三十六条　会计师事务所应当制定政策和程序，以合理保证会计师事务所及其人员和其他受独立性要求约束的人员（包括网络事务所的人员），保持相关职业道德要求规定的独立性。

这些政策和程序应当使会计师事务所能够：

（一）向会计师事务所人员以及其他受独立性要求约束的人员传达独立性要求；

（二）识别和评价对独立性产生不利影响的情形，并采取适当的行动消除这些不利影响；或通过采取防范措施将其降至可接受的水平；或如果认为适当，在法律法规允许的情况下解除业务约定。

第三十七条　本准则第三十六条提及的政策和程序应当要求：

（一）项目合伙人向会计师事务所提供与客户委托业务相关的信息（包括服务范围），以使会计师事务所能够评价这些信息对保持独立性的总体影响；

（二）会计师事务所人员立即向会计师事务所报告对独立性产生不利影响的情形，以便会计师事务所采取适当行动；

（三）会计师事务所收集相关信息，并向适当人员传达。

会计师事务所应当向适当人员传达收集的相关信息，以便：

（一）会计师事务所及其人员能够容易地确定自身是否满足独立性要求；

（二）会计师事务所能够保持和更新与独立性相关的记录；

（三）会计师事务所能够针对识别出的、对独立性产生超出可接受水平的不利影响采取适当的行动。

第三十八条 会计师事务所应当制定政策和程序，以合理保证能够获知违反独立性要求的情况，并能够采取适当行动予以解决。

这些政策和程序应当包括下列要求：

（一）会计师事务所人员将注意到的、违反独立性要求的情况立即报告会计师事务所；

（二）会计师事务所将识别出的违反这些政策和程序的情况，立即传达给需要与会计师事务所共同处理这些情况的项目合伙人、需要采取适当行动的会计师事务所和网络内部的其他相关人员以及受独立性要求约束的人员；

（三）项目合伙人、会计师事务所和网络内部的其他相关人员以及受独立性要求约束的人员，在必要时立即向会计师事务所报告他们为解决有关问题而采取的行动，以使会计师事务所能够决定是否应当采取进一步的行动。

第三十九条 会计师事务所应当每年至少一次向所有需要按照相关职业道德要求保持独立性的人员获取其遵守独立性政策和程序的书面确认函。

第四十条 会计师事务所应当制定下列政策和程序：

（一）明确标准，以确定长期委派同一名合伙人或高级员工执行某项鉴证业务时，是否需要采取防范措施，将因密切关系产生的不利影响降至可接受的水平；

（二）对所有上市实体财务报表审计业务，按照相关职业道德要求和法律法规的规定，在规定期限届满时轮换项目合伙人、项目质量控制复核人员，以及受轮换要求约束的其他人员。

第五节　客户关系和具体业务的接受与保持

第四十一条 会计师事务所应当制定有关客户关系和具体业务接受与保持的政策和程序，以合理保证只有在下列情况下，才能接受或保持客户关系和具体业务：

（一）能够胜任该项业务，并具有执行该项业务必要的素质、时间和资源；

（二）能够遵守相关职业道德要求；

（三）已考虑客户的诚信，没有信息表明客户缺乏诚信。

第四十二条 本准则第四十一条提及的政策和程序应当要求：

（一）在接受新客户的业务前，或者决定是否保持现有业务和考虑接受现有客户的新业务时，会计师事务所根据具体情况获取必要信息；

（二）在接受新客户或现有客户的新业务时，如果识别出潜在的利益冲突，会计师事务所确定接受该业务是否适当；

（三）当识别出问题而又决定接受或保持客户关系或具体业务时，会计师事务所记录问题是如何得到解决的。

第四十三条 如果在接受业务后获知某项信息，而该信息若在接受业务前获知，可能导致会计师事务所拒绝接受业务，会计师事务所应当针对这种情况制定保持具体业务和客户关系的政策和程序。

这些政策和程序应当考虑下列方面：

（一）适用于这种情况的职业责任和法律责任，包括是否要求会计师事务所向委托人报告或在某些情况下向监管机构报告；

（二）解除业务约定或同时解除业务约定和客户关系的可能性。

第六节 人力资源

第四十四条 会计师事务所应当制定政策和程序，合理保证拥有足够的具有胜任能力和必要素质并承诺遵守职业道德要求的人员，以使：

（一）会计师事务所按照职业准则和适用的法律法规的规定执行业务；

（二）会计师事务所和项目合伙人能够出具适合具体情况的报告。

第四十五条 会计师事务所应当对每项业务委派至少一名项目合伙人，并制定政策和程序，明确下列要求：

（一）将项目合伙人的身份和作用告知客户管理层和治理层的关键成员；

（二）项目合伙人具有履行职责所要求的适当的胜任能力、必要素质和权限；

（三）清楚界定项目合伙人的职责，并告知该项目合伙人。

第四十六条 会计师事务所应当制定政策和程序，委派具有必要胜任能力和素质的适当人员，以便：

（一）按照职业准则和适用的法律法规的规定执行业务；

（二）会计师事务所和项目合伙人能够出具适合具体情况的报告。

第七节 业务执行

第四十七条 会计师事务所应当制定政策和程序，以合理保证按照职业准则和适用的法律法规的规定执行业务，使会计师事务所和项目合伙人能够出具适合具体情况的报告。

这些政策和程序应当包括：

（一）与保持业务执行质量一致性相关的事项；

（二）监督责任；

（三）复核责任。

第四十八条 会计师事务所在安排复核工作时，应当由项目组内经验较多的人员复核经验较少的人员的工作。会计师事务所应当根据这一原则，确定有关复核责任的政策和程序。

第四十九条 会计师事务所应当制定政策和程序，以合理保证：

（一）就疑难问题或争议事项进行适当咨询；

（二）能够获取充分的资源进行适当咨询；

（三）咨询的性质和范围以及咨询形成的结论得以记录，并经过咨询者和被咨询者的认可；

（四）咨询形成的结论得到执行。

第五十条 会计师事务所应当制定政策和程序，要求对特定业务实施项目质量控制复核，以客观评价项目组作出的重大判断以及在编制报告时得出的结论。

这些政策和程序应当包括下列要求：

（一）要求对所有上市实体财务报表审计实施项目质量控制复核；

（二）明确标准，据此评价所有其他的历史财务信息审计和审阅、其他鉴证和相关服务业务，以确定是否应当实施项目质量控制复核；

（三）要求对所有符合本条第二款第（二）项所提及标准的业务实施项目质量控制复核。

第五十一条 会计师事务所应当制定政策和程序，以明确项目质量控制复核的性质、时间安排和范围。这些政策和程序应当要求，只有完成项目质量控制复核，才可以签署业务报告。

第五十二条 会计师事务所应当制定政策和程序，要求项目质量控制复核包括下列工作：

（一）就重大事项与项目合伙人进行讨论；

（二）复核财务报表或其他业务对象信息及拟出具的报告；

（三）复核选取的与项目组作出重大判断和得出的结论相关的业务工作底稿；

（四）评价在编制报告时得出的结论，并考虑拟出具报告的恰当性。

第五十三条 针对上市实体财务报表审计，会计师事务所应当制定政策和程序，要求实施的项目质量控制复核包括对下列事项的考虑：

（一）项目组就具体业务对会计师事务所独立性作出的评价；

（二）项目组是否已就涉及意见分歧的事项，或者其他疑难问题或争议事项进行适当咨询，以及咨询得出的结论；

（三）选取的用于复核的业务工作底稿，是否反映项目组针对重大判断执行的工作，以及是否支持得出的结论。

第五十四条 会计师事务所应当制定政策和程序，解决项目质量控制复核人员的委派问题，明确项目质量控制复核人员的资格要求，包括：

（一）履行职责需要的技术资格，包括必要的经验和权限；

（二）在不损害其客观性的前提下，项目质量控制复核人员能够提供业务咨询的程度。

第五十五条 会计师事务所应当制定政策和程序，以使项目质量控制复核人员保持客观性。

第五十六条 会计师事务所的政策和程序应当规定，在项目质量控制复核人员客观实施复核的能力可能受到损害时，替换该项目质量控制复核人员。

第五十七条 会计师事务所应当制定有关项目质量控制复核记录的政策和程序，要求记录：

（一）会计师事务所有关项目质量控制复核的政策所要求的程序已得到实施；

（二）项目质量控制复核在报告日或报告日之前已完成；

（三）复核人员没有发现任何尚未解决的事项，使其认为项目组作出的重大判断和得出的结论不适当。

第五十八条 会计师事务所应当制定政策和程序，以处理和解决项目组内部、项目组与被咨询者之间以及项目合伙人与项目质量控制复核人员之间的意见分歧。

第五十九条 本准则第五十八条提及的政策和程序应当要求：

（一）得出的结论已得到记录和执行；

（二）只有问题得到解决，才可以签署业务报告。

第六十条 会计师事务所应当制定政策和程序，以使项目组在出具业务报告后及时完成最终业务档案的归整工作。

对历史财务信息审计和审阅业务、其他鉴证业务，业务工作底稿的归档期限为业务报告日后六十天内。

第六十一条 会计师事务所应当制定政策和程序，以满足下列要求：

（一）安全保管业务工作底稿并对业务工作底稿保密；

（二）保证业务工作底稿的完整性；

（三）便于使用和检索业务工作底稿。

第六十二条 会计师事务所应当制定政策和程序，以使业务工作底稿的保存期限满足会计师事务所的需要和法律法规的规定。

对历史财务信息审计和审阅业务、其他鉴证业务，会计师事务所应当自业务报告日起对业务工作底稿至少保存十年。如果组成部分业务报告日早于集团业务报告日，会计师事务所应当自集团业务报告日起对组成部分业务工作底稿至少保存十年。

第八节 监 控

第六十三条 会计师事务所应当制定监控政策和程序，以合理保证与质量控制制度相关的政策和程序具有相关性和适当性，并正在有效运行。

监控过程应当：

（一）包括持续考虑和评价会计师事务所质量控制制度；

（二）要求委派一个或多个合伙人，或会计师事务所内部具有足够、适当的经验和权限的其他人员负责监控过程；

（三）要求执行业务或实施项目质量控制复核的人员不参与该项业务的检查工作。

持续考虑和评价会计师事务所质量控制制度应当包括：

（一）周期性地选取已完成的业务进行检查，周期最长不得超过三年；

（二）在每个周期内，对每个项目合伙人，至少检查一项已完成的业务。

第六十四条 会计师事务所应当评价在监控过程中注意到的缺陷的影响，并确定缺陷是否属于下列情况之一：

（一）该缺陷并不必然表明会计师事务所的质量控制制度不足以合理保证会计师事务所遵守职业准则和适用的法律法规的规定，以及会计师事务所和项目合伙人出具适合具体情况的报告；

（二）该缺陷是系统性的、反复出现的或其他需要及时纠正的重大缺陷。

第六十五条 会计师事务所应当将实施监控程序注意到的缺陷以及建议采取的适当补救措施，告知相关项目合伙人及其他适当人员。

第六十六条 针对注意到的缺陷，建议采取的适当补救措施应当包括：

（一）采取与某项业务或某个人员相关的适当补救措施；

（二）将发现的缺陷告知负责培训和职业发展的人员；

（三）改进质量控制政策和程序；

（四）对违反会计师事务所政策和程序的人员，尤其是对反复违规的人员实施惩戒。

第六十七条 会计师事务所应当制定政策和程序，以应对下列两种情况：

（一）实施监控程序的结果表明出具的报告可能不适当；

（二）实施监控程序的结果表明在执行业务过程中遗漏了应实施的程序。

这些政策和程序应当要求会计师事务所确定采取哪些进一步行动以遵守职业准则和适用的法律法规的规定，并考虑是否征询法律意见。

第六十八条 会计师事务所应当每年至少一次将质量控制制度的监控结果，向项目合伙人及会计师事务所内部的其他适当人员通报。这种通报应当足以使会计师事务所及其相关人员能够在其职责范围内及时采取适当的行动。

通报的信息应当包括：

（一）对已实施的监控程序的描述；

（二）实施监控程序得出的结论；

（三）如果相关，对系统性的、反复出现的缺陷或其他需要及时纠正的重大缺陷的描述。

第六十九条 如果会计师事务所是网络的一部分，可能实施以网络为基础的某些监控程序，以保持在同一网络内实施的监控程序的一致性。

如果网络内部的会计师事务所在符合本准则要求的共同的监控政策和程序下运行，并且这些会计师事务所信赖该监控制度，为了网络内部的项目合伙人信赖网络内实施监控程序的结果，会计师事务所的政策和程序应当要求：

（一）每年至少一次就监控过程的总体范围、程度和结果，向网络事务所的适当人员通报；

（二）立即将识别出的质量控制制度缺陷，向相关网络事务所的适当人员通报，以便使其采取必要的行动。

第七十条 会计师事务所应当制定政策和程序，以合理保证能够适当处理下列事项：

（一）投诉和指控会计师事务所执行的工作未能遵守职业准则和适用的法律法规的规定；

（二）指控未能遵守会计师事务所质量控制制度。

作为处理投诉和指控过程的一部分，会计师事务所应当明确投诉和指控渠道，以使会计师事务所人员能够没有顾虑地提出关注的问题。

第七十一条 如果在调查投诉和指控的过程中识别出会计师事务所质量控制政策和程序在设计或运行方面存在缺陷，或存在违反质量控制制度的情况，会计师事务所应当按照本准则第六十六条的规定采取适当行动。

第九节 对质量控制制度的记录

第七十二条 会计师事务所应当制定政策和程序，要求形成适当的工作记录，以对质量控制制度的每项要素的运行情况提供证据。

第七十三条 会计师事务所应当制定政策和程序，要求对工作记录保管足够的期限，以使执行监控程序的人员能够评价会计师事务所遵守质量控制制度的情况。

第七十四条　会计师事务所应当制定政策和程序，要求记录投诉、指控以及应对情况。

第五章　附　则

第七十五条　本准则自2012年1月1日起施行。

中国注册会计师协会关于印发《医院财务报表审计指引》的通知

（会协［2011］3号，2011年1月14日）

各省、自治区、直辖市注册会计师协会：

为了指导注册会计师执行医院财务报表审计业务，明确工作要求，提高执业质量，我会起草了《医院财务报表审计指引》，现予印发，自2011年7月1日施行。执行中有何问题，请及时反馈我会。

附件：医院财务报表审计指引

中国注册会计师协会

二〇一一年一月十四日

保险中介机构外部审计指引

（保监发［2005］1号，2005年1月6日）

第一章　总　则

第一条　为提高保险中介机构内部管理水平，保护保险当事人的合法权益，促进保险中介市场的健康发展，依据《中华人民共和国保险法》、《保险代理机构管理规定》、《保险经纪机构管理规定》和《保险公估机构管理规定》，制定本指引。

第二条　本指引所称保险中介机构是指经中国保险监督管理委员会（以下简称“中国保监会”）批准取得营业许可证，从事保险中介服务的保险代理机构、保险经纪机构和保险公估机构。

第三条　本指引适用于保险中介机构聘请会计师事务所进行外部审计，包括年度会计报表审计、中国保监会要求的特殊目的审计。

第四条　保险中介机构应当遵守法律、行政法规和中国保监会的有关规定进行外部审计，按时向中国保监会提交审计报告。

第五条　鼓励保险中介机构建立完善的外部审计制度，进行保险监管法规规定以外的外部审计。

第二章　审计事项

第一节　会计师事务所选择

第六条　保险中介机构选择会计师事务所应当充分考虑会计师事务所的资质，确保审计质量，并应当与会计师事务所保持形式上和实质上的独立。

第七条　保险中介机构聘请会计师事务所进行保险监管法规规定的外部审计，应当根据中国保监会的要求在实施审计外勤工作前向中国保监会提交以下材料：

（一）会计师事务所简介；

（二）执行审计的注册会计师资格年检记录和个人履历；

（三）审计业务约定书。

第八条　保险中介机构变更会计师事务所，应当向中国保监会提交变更原因说明。

第二节　审计业务约定书

第九条　在进行审计前，保险中介机构应当与会计师事务所签定审计业务约定书，明确双方权利和义务。

第十条　保险中介机构与会计事务所签定年度会计报表审计业务约定书时，应当在约定书上提请会计师事务所重点关注以下事项：

（一）保险中介机构是否按照国家统一的会计制度和《保险中介公司会计核算办法》的规定，设置会计科目，进行会计核算。

（二）保险中介机构确认收入和成本的方法是否恰当，年度利润的核算是否正确；

（三）保险中介机构是否按照有关规定，对客户资金和自有资金分设账户进行管理，以及是否未经委托人同意，占用挪用保费资金，未及时进行保费结算；

（四）保险中介机构是否及时、足额缴存营业保证金，以及是否违规动用营业保证金，未缴存营业保证金的，是否投保职业责任保险；

（五）保险监管费是否及时、足额上缴。

保险中介机构应在会计报表附注中对上述事项进行披露。

第十一条　保险中介机构聘请会计师事务所进行年度会计报表审计，还可以与会计师事务所约定出具管理建议书，重点关注以下事项：

（一）信息化系统能否满足各项业务发展的需要；

（二）法人治理结构是否健全；

（三）各项内控制度的设定能否保护本机构和业务委托人的利益，是否有效执行。

第十二条　根据中国保监会要求进行的特殊目的审计，审计业务约定书应当列明中国保监会要求审计的具体审计项目和内容。

第三节　审计协调

第十三条　保险中介机构应当积极配合会计师事务所的审计工作，及时、完整、真实地向注册会计师提供审计工作需要的资料。

第十四条　保险中介机构内审人员应当发挥自身的专业知识，促进本机构和会计师事务所的沟通。

第十五条 保险中介机构监事会等内部机构应当充分发挥监督职能，为外部审计人员不受干扰地完成审计工作，客观地发表审计意见创造条件。

第十六条 根据审计工作需要，会计师事务所可以向中国保监会取证和请求协助，使审计工作顺利进行。

第四节 审计报告

第十七条 年度会计报表审计报告应当包括以下内容：

（一）会计报表真实性和公允性的审计意见；

（二）注册会计师认为重要的其他信息。

第十八条 年度会计报表审计报告所附的管理建议书，内容应当包括第十一条列示事项的情况。

第十九条 根据中国保监会要求进行的特殊目的审计，审计报告应当按规定的审计项目和内容分别列示审计意见。

第三章 监督管理

第二十条 保险中介机构应当在会计年度结束后3个月内将年度会计报表审计报告及约定出具的管理建议书报送中国保监会，同时以电子文件格式报送。

第二十一条 根据中国保监会要求进行的特殊目的审计，保险中介机构应当在中国保监会规定的时间内报送审计报告。

第二十二条 保险中介机构进行保险监管法规规定以外的外部审计，可以向中国保监会报送审计报告。

第二十三条 保险中介机构应当如实报送审计报告，不得修改和删节会计师事务所签发的审计报告和其他资料。

第二十四条 若会计师事务所出具了保留意见、否定意见和无法表示审计意见的审计报告，保险中介机构应当对导致会计师事务所出具上述审计意见的相关事项作详细说明。

第二十五条 中国保监会对外部审计事项进行事后抽查，如发现保险中介机构提供有遗漏、虚假内容的材料，或者以利诱、强迫等方式要求注册会计师和会计师事务所出具内容虚假的审计报告的，将按有关规定进行严肃处理。

第二十六条 会计师事务所在审计过程中存在违法违规行为，中国保监会可以要求保险中介机构解除审计业务约定，并转交有关外部审计业务监管部门处理。

第二十七条 保险中介机构不按规定进行外部审计，或者在审计过程中不予以配合导致注册会计师无法进行正常审计工作的，中国保监会将按有关规定进行严肃处理并直接实施业务检查。

第四章 附 则

第二十八条 本指引由中国保监会负责解释。

第二十九条 本指引自发布之日起施行。

会计师事务所以投标方式承接审计业务指导意见

（2006年2月5日）

第一章 总 则

第一条 为了规范会计师事务所以投标方式承接审计业务的行为，维护会计服务市场秩序，树立良好职业形象，保护招标人利益、社会公众利益和投标会计师事务所的合法权益，根据《中华人民共和国招标投标法》、《中华人民共和国注册会计师法》以及中国注册会计师审计准则（以下简称审计准则）和职业道德规范，制定本指导意见。

第二条 会计师事务所可以依法参加招标人的公开招标或邀请招标。

第三条 会计师事务所在投标过程中，应当诚实守信，不得以不正当手段排挤其他投标人的公平竞争，损害招标人或者其他投标人的合法权益。

第四条 会计师事务所通过投标承接和执行审计业务，应当具备专业胜任能力，恪守独立、客观、公正的原则，遵守审计准则和职业 道德规范，不得通过降低执业质量缓解投标带来的价格竞争压力。

第二章 投标准备

第五条 会计师事务所应当初步了解被审计单位的基本情况，评价自身专业胜任能力及独立性，初步评估审计风险，以确定是否响应招标。

第六条 会计师事务所应当合理保证只有在下列情况下才参与投标：

（一）已考虑客户的诚信，没有信息表明客户缺乏诚信；

（二）具有执行该项审计业务必要的素质、专业胜任能力、时间和资源；

（三）能够遵守与审计业务有关的职业道德规范。

第七条 在确定是否具有接受新业务所需的必要素质、专业胜任能力、时间和资源时，会计师事务所应当考虑下列事项，以评价新业务的特定要求和所有相关层次的现有人员的基本情况：

（一）会计师事务所人员是否熟悉相关行业或业务对象；

（二）会计师事务所人员是否具有执行类似业务的经验，或是否具备有效获取必要技能和知识的能力；

（三）会计师事务所是否拥有足够的具有必要素质和专业胜任能力的人员；

（四）会计师事务所是否符合国家财政、证券、金融等主管部门对招标单位审计业务的管理要求；

（五）在需要时，是否能够得到专家的帮助；

（六）根据会计师事务所质量控制准则，如果需要项目质量控制复核，是否具备符合标准和资格要求的项目质量控制复核人员；

（七）会计师事务所是否能够在提交报告的最后期限内完成业务。

第八条 会计师事务所决定参与投标后，应当按照招标文件的要求编制投标文件。投标文件应当对招标文件中提出的实质性要求和条件作出响应。

会计师事务所应当在投标文件中载明以下事项：

（一）会计师事务所的基本情况；

（二）拟参与招标项目的人员组成及专业资格和工作业绩；

（三）审计工作的总体安排；

（四）费用报价、报价所涵盖的服务范围及收费的计算基础。

第三章　投标报价

第九条　会计师事务所应当根据提供的专业服务价值确定投标报价，确保独立性和执业质量不会受到损害。

第十条　会计师事务所应当在考虑下列因素的基础上，确定专业服务的价值：

（一）执行该项审计业务的各类人员的级别、专业资格、经验和技能；

（二）每一专业服务人员提供服务所需的时间；

（三）审计项目所需承担的风险和责任；

（四）其他相关费用。

第十一条　会计师事务所确定的投标报价不得低于按照审计准则的要求执行该项审计业务所花费的成本。

会计师事务所应当通过当期的审计收费补偿当期的审计成本，不得通过未来各期的审计收费或提供其他服务的收入来补偿当期的审计成本。

第十二条　如果投标报价明显低于其他投标人时，会计师事务所应当确保能够遵守审计准则和质量控制准则，审计工作质量不受损害。

第十三条　投标人不得相互串通投标报价，不得排挤其他投标人的公平竞争，损害招标人或者其他投标人的合法权益。

第四章　投标与中标

第十四条　会计师事务所应当在招标文件要求提交投标文件的截止时间前，将投标文件送达投标地点。

第十五条　投标人不得与招标人串通投标，损害国家利益、社会公众利益或者他人的合法权益。

禁止投标人以向招标人或者评标委员会成员行贿的手段谋取中标。

第十六条　如果会计师事务所中标，应当在与委托人签订业务约定书之前与前任注册会计师进行必要的沟通。

第十七条　会计师事务所在中标后应当与委托人签订业务约定书。

第十八条　会计师事务所中标后，不得以报价低为借口，不遵守审计准则和质量控制准则，降低执业质量，并不得分拆转包中标的审计业务。

第五章　附　　则

第十九条　任何单位和个人有权举报会计师事务所以不正当手段进行投标的行为。中国注册会计师协会和各省、自治区、直辖市注册会计师协会一经查实，将按规定予以

惩戒。

第二十条 会计师事务所以投标方式承接其他鉴证业务和相关服务业务，应参照本指导意见办理。

第二十一条 本指导意见自 2006 年 3 月 1 日起施行。

财政部　国务院国有资产监督管理委员会关于会计师事务所承担中央企业财务决算审计有关问题的通知

（财会〔2011〕24 号，2011 年 12 月 29 日）

各省、自治区、直辖市、计划单列市财政厅（局）、国资委，新疆生产建设兵团国资委，各中央管理企业：

为了进一步规范会计师事务所承担中央企业财务决算审计行为，提高财务决算审计质量，促进会计师事务所做大做强和规范发展，现就会计师事务所承担中央企业财务决算审计有关事项通知如下：

一、承担中央企业财务决算审计的主审会计师事务所，应当进入全国会计师事务所综合评价排名前 50 位，承担中央企业财务决算审计的参审会计师事务所，原则上应进入全国会计师事务所综合评价排名前 100 位，具体名单以中国注册会计师协会每年公布的会计师事务所综合评价排名前百家信息为准（下同）。

经财政部、证监会审核推荐从事 H 股企业审计且已经完成特殊普通合伙转制的大型会计师事务所，在同等条件下可优先承担中央企业财务决算审计工作。

二、会计师事务所连续承担同一家中央企业财务决算审计业务应不少于 2 年，不超过 5 年；进入全国会计师事务所综合评价排名前 15 位且审计质量优良的会计师事务所，经相关企业申请、国资委核准，可适当延长审计年限，但连续审计年限应不超过 8 年。经财政部、证监会审核推荐从事 H 股企业审计且已经完成特殊普通合伙转制的大型会计师事务所，连续审计年限达到上述规定的，经相关企业申请、国资委核准，可自完成转制工商登记当年起延缓 2 年轮换，但连续审计年限最长不超过 10 年。超过上述审计年限规定的，企业应当予以轮换。中外合作会计师事务所完成特殊普通合伙转制的情况由财政部认定，认定结果抄送国资委。

会计师事务所连续审计年限按上述规定可以超过 5 年的，应当自第 6 年起更换审计项目合伙人和签字注册会计师。

三、财政部、国资委鼓励证券资格的会计师事务所尤其是大型会计师事务所在中央企业“走出去”的重点国家和地区设立分支机构或办事机构，为“走出去”的中央企业提供财务决算审计和相关咨询服务。具体办法由财政部、国资委商国务院有关部门另行制定。

四、会计师事务所承担中央企业财务决算审计，应当严格遵守国家保密法规制度的规定。会计师事务所的外籍员工（含合伙人、经理和其他从业人员），不得以任何方式接触中央企业的涉密资料和信息，不得进入军工等涉密中央企业财务决算审计现场。涉密资料、信息和涉密中央企业的认定，按照国家保密主管部门的规定执行。

承担中央企业财务决算审计的会计师事务所，其信息系统和数据库（含相应的软硬件设备）应当置于境内。该会计师事务所为国际会计公司的成员所、联系所、合作所或者与国际会计公司存在其他业务合作关系的，其信息系统和数据库应当与国际会计公司物理隔离。

会计师事务所承担中央企业所属境外上市公司财务决算审计和其他审计、咨询服务的，对于资料、信息保密和档案管理的要求，执行证监会、保密局、档案局联合制定的《关于加强在境外发行证券与上市相关保密和档案管理工作的规定》（证监会公告〔2009〕29 号）。

不符合本条款规定的会计师事务所，不得承担中央企业财务决算审计工作和相关咨询服务工作。

五、在 2013 年 6 月 30 日之前完成合伙制或者特殊普通合伙制转制工作的证券资格会计师事务所承担中央企业财务决算审计，其轮换年限可比照本通知第二条大型会计师事务所的有关规定执行。

除本通知有明确规定外，会计师事务所承担中央企业财务决算审计继续执行国资委《关于加强中央企业财务决算审计工作的通知》（国资厅发评价〔2005〕43 号）和《关于印发〈中央企业财务决算审计有关问题解答〉的通知》（国资厅发评价〔2006〕23 号）的有关规定。

财政部　民政部关于加强和完善基金会注册会计师审计制度的通知

（财会［2011］23 号，2011 年 12 月 26 日）

各省、自治区、直辖市财政厅（局）、民政厅（局），深圳市财政委员会，新疆生产建设兵团民政局：

为了规范基金会的行为，提高基金会的财务管理和会计工作水平，扩大基金会的公开、透明程度，加强政府部门对基金会的监管，充分发挥注册会计师审计监督作用，维护基金会、捐赠人和受益人的合法权益，根据《基金会管理条例》（国务院令第 400 号）、《国务院办公厅转发财政部关于加快发展我国注册会计师行业若干意见的通知》（国办发［2009］56 号）和《民间非营利组织会计制度》（财会［2004］7 号）等法规文件的相关要求，财政部和民政部决定加大基金会注册会计师审计制度的实施力度，现就有关事项通知如下：

一、审计的类别与形式

基金会应当聘用会计师事务所对本单位的财务会计报告及相关信息进行审计，并依法披露财务会计报告和审计报告，接受社会公众的监督。登记管理机关为履行监管职责，也可以直接委托会计师事务所对基金会进行审计。

（一）年度审计。

基金会应当于每年3月31日前向登记管理机关报送上一年度经注册会计师审计的年度财务会计报告和会计师事务所出具的审计报告，接受年度检查；同时将年度财务会计报告在登记管理机关指定的统一信息公开平台上公布，接受社会公众的查询和监督。

基金会年度财务会计报告可以单独予以披露，也可以包含在年度工作报告中一并披露。基金会在依照相关法律法规申请公益性捐赠税前扣除资格、非营利组织免税资格以及办理免税手续时，应当按照有关文件的规定，将年度财务会计报告和审计报告等相关资料分别报送登记管理机关和与其同级的财政、税务部门。

（二）离任和换届审计。

1. 基金会在法定代表人变更时，应当向登记管理机关报送注册会计师出具的对法定代表人任职期间经济责任的履行情况作出审计评价并提出审计建议的审计报告，并按照登记管理机关的要求向社会公布。

2. 基金会在理事会换届时，应当向登记管理机关报送注册会计师出具的对理事会任期内财务收支真实、合法和效益等情况作出审计评价并提出审计建议的审计报告，并按照登记管理机关的要求向社会公布。

（三）专项审计。

基金会开展以下活动的，应当实施专项审计，在活动结束后向登记管理机关报送经注册会计师审计的专项审计报告，并按照登记管理机关的要求向社会公布。

1. 符合以下条件之一的重大公益项目：

（1）当年该项目的捐赠收入占基金会当年捐赠总收入的1/5以上且金额超过人民币50万元的；

（2）当年该项目的支出占基金会当年总支出的1/5以上且金额超过人民币50万元的；

（3）持续时间超过3年的。

2. 因参与处理自然灾害等突发事件需要开展的募捐活动。

3. 登记管理机关要求进行专项审计的其他活动。

二、审计经费来源和支付方式

基金会审计经费由下列一项或多项来源构成：

（一）基金会自行承担。

基金会应当根据《基金会管理条例》及其他有关要求，自行承担审计费用。

（二）财政资金。

按照基金会管理权限，中央财政和地方财政安排一定的资金，由登记管理机关在以下三种情形下使用：

1. 基金会确因资金困难无法承担审计费用的，可以向登记管理机关提出资助申请，登记管理机关视困难程度给予全额或一定比例的资助。相关申请和管理办法由登记管理机关商同级财政部门另行制定。

2. 对于内部治理结构完善、财务管理透明、公益项目运作规范、评估等级较高且同时具备公益性捐赠税前扣除资格和非营利组织免税资格的基金会，登记管理机关可以奖励形式全额或部分承担审计费用。

3. 登记管理机关为履行监管职责直接委托会计师事务所对基金会进行的审计，审计费用由登记管理机关承担。

登记管理机关应当按照国库集中支付管理制度和合同约定，将审计费用支付给受托会计师事务所。

（三）会计师事务所公益审计。

财政部门和民政部门鼓励会计师事务所为部分确有困难的基金会提供公益审计服务。会计师事务所提供公益审计服务，是履行社会责任的一种重要形式，中国注册会计师协会和地方注册会计师协会在具体开展全国及各省（自治区、直辖市）会计师事务所年度综合评价排名时应当予以考虑。

三、会计师事务所选聘范围和方式

（一）选聘范围。

对在民政部登记的基金会实施审计的会计师事务所，应当进入中国注册会计师协会公布的上一年度全国会计师事务所综合评价前 100 名；或具备三年以上（含三年）从事基金会或其他非营利组织审计工作经验，且注册会计师人数在 15 人以上，上一年度审计业务收入在 600 万元以上。

对在省级及以下民政部门登记的基金会实施审计的会计师事务所，应当进入全国会计师事务所综合评价前 100 名；或具备三年以上（含三年）从事基金会或其他非营利组织审计工作经验，且注册会计师人数在 10 人以上，上一年度审计业务收入在 300 万元以上。

（二）选聘方式。

基金会及其登记管理机关可以从上述范围内自行选聘会计师事务所；其中，使用财政资金聘请会计师事务所的，应当按照政府采购制度有关规定选聘会计师事务所。

四、相关要求

加强审计工作，强化社会监督，既是提高基金会公信力的有效举措，也是登记管理机关和其他有关部门依法监管的重要手段。

（一）各级财政部门和民政部门要高度重视这项工作，为会计师事务所依法依规做好审计工作提供保障，加强对会计师事务所和基金会的业务培训，加大检查力度，确保本通知的有关规定落到实处。

（二）各基金会应当深刻领会加强和完善审计制度的重要意义，积极配合注册会计师的审计工作，及时提供审计所需资料，并对所提供资料的真实性、合法性负责。基金会应当以此为契机，加强项目管理、收支管理和成本核算，不断提高财务管理和会计工作水平。

（三）参与基金会审计的会计师事务所应当按照法律法规和委托方要求，组织具有胜任能力的审计人员开展工作，严格遵守审计准则和职业道德的规定，认真完成各项审计工作，对审计报告的真实性和合法性负责。

（四）本通知自 2012 年 1 月 1 日起施行。考虑到基金会审计工作的连续性，如确有必要，基金会在参加 2011 年年度检查工作时可以继续聘请原会计师事务所开展审计工作。但在 2012 年年检工作启动时，必须根据本通知的要求聘请符合规定的会计师事务所开展审计工作。

（五）本通知适用于在民政部门登记注册的基金会、境外基金会代表机构和其他具有公益性捐赠税前扣除资格的公益性社会团体。

财政部　民政部

二〇一一年十二月二十六日

高新技术企业认定专项审计指引

（会协［2008］83号，2008年11月12日）

目　　录

第一章　总　　则

一、制定目的与依据

为了规范注册会计师执行高新技术企业认定专项审计业务，明确工作要求，保证执业质量，增强申报企业财务信息的可信度，满足高新技术企业认定管理工作的需要，根据中国注册会计师审计准则（以下简称审计准则）、《高新技术企业认定管理办法》和《高新技术企业认定管理工作指引》，制定本指引。

二、相关定义

本指引所称高新技术企业，是指在国家重点支持的高新技术领域内，持续进行研究开发与技术成果转化，形成企业核心自主知识产权，并以此为基础开展经营活动，在中国境内（不包括港、澳、台地区）注册一年以上的居民企业。

本指引所称申报企业，是指拟向有关部门申请进行高新技术企业认定的被审计单位。

本指引所称高新技术企业认定专项审计，是指注册会计师接受申报企业委托，对其最近三个会计年度（实际经营不满三年的按实际经营年限）的研究开发费用结构明细表和最近一个会计年度的高新技术产品（服务）收入明细表进行审计，并出具专项审计报告。

本指引所称申报明细表，是指在适用的会计准则和相关会计制度框架下，申报企业根据《高新技术企业认定管理办法》和《高新技术企业认定管理工作指引》的规定编制的研究开发费用结构明细表和高新技术产品（服务）收入明细表及有关编制说明。申报明细表是以申报企业个别财务报表相关数据为基础编制的。

本指引所称研究开发活动，是指为获得科学与技术（不包括人文、社会科学）新知识，创造性运用科学技术新知识，或实质性改进技术、产品（服务）而持续进行的具有明确目标的活动。

本指引所称研究开发项目，是指不重复的，具有独立时间、财务安排和人员配置的研究开发活动。

三、申报企业管理层的责任

在适用的会计准则和相关会计制度框架下，按照《高新技术企业认定管理办法》和《高新技术企业认定管理工作指引》的规定，如实编制研究开发费用结构明细表和高新技术产品（服务）收入明细表，是申报企业管理层的责任。这种责任包括：

（一）设计、实施和维护与研究开发费用结构明细表和高新技术产品（服务）收入明细表相关的内部控制，以使研究开发费用结构明细表和高新技术产品（服务）收入明细表不存在由于舞弊或错误导致的重大错报；

（二）选择和运用恰当的会计政策；

（三）作出合理的会计估计；

（四）恰当界定研究开发项目、高新技术产品（服务）的具体范围。

根据《高新技术企业认定管理工作指引》的规定，申报企业应当建立健全有关核算体系，正确归集研究开发费用和高新技术产品（服务）收入，提供相关凭证及明细表，如实反映企业的研究开发费用和高新技术产品（服务）收入情况。

四、注册会计师的责任

按照本指引的要求，对申报企业最近三个会计年度（实际经营不满三年的按实际经营年限）的研究开发费用结构明细表、最近一个会计年度高新技术产品（服务）收入明细表进行审计，并对研究开发费用结构明细表和高新技术产品（服务）收入明细表发表审计意见，出具专项审计报告，是注册会计师的责任。

五、职业道德要求

注册会计师执行高新技术企业认定专项审计业务，应当遵守相关的职业道德规范，恪守独立、客观、公正的原则，保持专业胜任能力和应有的关注，并对执业过程中获知的信息保密。

六、职业怀疑态度

在计划和实施高新技术企业认定专项审计工作时，注册会计师应当保持职业怀疑态度，充分考虑可能存在的导致申报企业研究开发费用结构明细表和高新技术产品（服务）收入明细表发生重大错报的情形。

注册会计师应当以质疑的思维方式评价所获取证据的有效性，并对相互矛盾的证据，以及引起对文件记录或管理层和治理层提供信息的可靠性产生怀疑的证据保持警觉。

七、审计目标

高新技术企业认定专项审计的目标，是注册会计师通过实施审计工作对申报企业申报明细表的下列方面发表审计意见：

（一）研究开发费用结构明细表和高新技术产品（服务）收入明细表是否在适用的会计准则和相关会计制度框架下，按照《高新技术企业认定管理办法》和《高新技术企业认定管理工作指引》的规定编制；

（二）研究开发费用结构明细表和高新技术产品（服务）收入明细表是否在所有重大方面公允反映申报企业在所审计期间的研究开发费用和高新技术产品（服务）收入情况。

八、总体要求

注册会计师应当了解申报企业基本情况，考虑自身独立性和专业胜任能力，在初步评估风险的基础上，确定是否接受业务委托。在承接业务时，注册会计师应当与申报企业就业务性质、审计范围、时间要求、审计收费、专项审计报告的格式和内容，以及专项审计报告的分发和使用等达成一致意见并签订业务约定书。

在执行高新技术企业认定专项审计业务时，注册会计师应当实施风险评估程序，识别和评估研究开发费用结构明细表和高新技术产品（服务）收入明细表的重大错报风险。风险评估程序本身并不足以为发表审计意见提供充分、适当的审计证据，注册会计师还应当在实施风险评估程序的基础上设计和实施进一步审计程序，包括实施控制测试（必要时或决定测试时）和实质性程序，获取充分、适当的审计证据，得出合理的审计结论，作为形成审计意见的基础。

九、合理保证

注册会计师按照审计准则和本指引的规定执行高新技术企业认定专项审计业务，能够对申报企业的研究开发费用结构明细表和高新技术产品（服务）收入明细表不存在重大错报获取合理保证。

由于审计中存在的固有限制影响注册会计师发现重大错报的能力，注册会计师不能对申报企业的研究开发费用结构明细表和高新技术产品（服务）收入明细表不存在重大错报获取绝对保证。

十、适用范围

本指引适用于注册会计师执行高新技术企业认定专项审计业务。注册会计师可以结合年度财务报表审计实施专项审计业务，也可以单独实施专项审计业务。如果单独实施专项审计业务，注册会计师除遵守本指引外，还应当运用职业判断，确定是否实施其他必要的审计程序。

本指引着重规范高新技术企业认定专项审计业务的特殊方面，对于专项审计业务涉及的事项而本指引未予规范的，注册会计师应当遵守相关审计准则的规定。

第二章　初步业务活动

一、初步业务活动的目的

（一）初步业务活动的基本要求

开展初步业务活动的目的是帮助注册会计师制定审计计划，确保在计划审计工作时达到下列要求：

1. 注册会计师已具备执行业务所需要的独立性和专业胜任能力；

2. 不存在因申报企业管理层诚信问题而影响注册会计师承接该项业务意愿的情况；

3. 与申报企业不存在对业务约定条款的误解。

（二）接受委托时应当考虑的事项

在接受高新技术企业认定专项审计业务委托时，注册会计师应当考虑下列事项：

1. 与申报企业管理层和治理层讨论有关申报明细表审计的重大问题，包括这些重大问题对总体审计策略和具体审计计划的影响；

2. 针对预见到的特别风险，分派熟悉高新技术企业认定政策、专业胜任能力较强的人员；

3. 根据会计师事务所有关接受专项审计委托的质量控制制度实施的其他程序；

4. 申报企业最近三个会计年度财务报表接受审计的情况。

二、初步业务活动的内容

注册会计师在开展初步业务活动中应当考虑下列主要事项：

（一）申报企业的主要股东、关键管理人员和治理层是否诚信

注册会计师应当查阅相关资料，分析判断申报企业主要股东、关键管理人员和治理层的诚信情况。

（二）项目组是否具备专业胜任能力及必要的时间和资源

高新技术企业认定专项审计要求注册会计师具备财务、会计、审计方面的经验并熟悉高新技术企业认定的相关政策，在评价专业胜任能力时，注册会计师还应当考虑是否接受过高新技术企业认定专项审计的相关培训。

（三）会计师事务所和项目组能否遵守职业道德规范

评价遵守职业道德规范的情况也是一项非常重要的初步业务活动。质量控制准则对包括独立性在内的有关职业道德问题提出了要求，注册会计师应当按照其规定执行。

职业道德规范要求项目组成员恪守独立、客观、公正的原则，保持专业胜任能力和应有的关注，并对审计过程中获知的信息保密。

值得注意的是，由于审计过程中情况会发生变化，因此注册会计师对上述事项的考虑应当贯穿审计业务的全过程。例如，在审计过程中，如果注册会计师发现申报明细表存在舞弊迹象，而对管理层、治理层的诚信产生了极大疑虑，注册会计师需要针对这一新情况，考虑是否继续承办该项业务。

三、业务约定书

会计师事务所在确定接受该项业务后应当与申报企业签订《高新技术企业认定专项审计业务约定书》（以下简称专项审计业务约定书）。

（一）签订专项审计业务约定书的总体要求

注册会计师应当在专项审计业务开始前，与申报企业就专项审计业务约定条款达成一致意见，并以书面形式签订专项审计业务约定书，以避免双方对专项审计业务的理解产生分歧。

（二）专项审计业务约定书的内容

专项审计业务约定书的内容，包括专项审计业务约定书的必备条款和应当考虑增加的其他条款等。专项审计业务约定书的具体内容可参考《中国注册会计师审计准则第1111号——审计业务约定书》。

1. 专项审计业务约定书的必备条款

专项审计业务约定书应当对下列方面予以说明：

（1）申报明细表审计的目标；

（2）管理层对申报明细表的责任；

（3）注册会计师的责任；

（4）申报明细表的编制基础；

申报明细表的编制基础是《高新技术企业认定管理办法》和《高新技术企业认定管理工作指引》。

（5）审计范围；

注册会计师应当确定审计业务的特征，包括采用的会计准则和会计制度、专项审计的特殊要求以及申报企业组成部分的分布等，以确定审计范围。

2. 应当考虑增加的其他条款

注册会计师应当考虑在专项审计业务约定书中增加下列条款，明确说明专项审计的特殊性：

（1）应当说明专项审计报告仅供申报企业申报高新技术企业认定时使用，不得用于其他目的；

（2）逐一说明审计对象，包括最近三个会计年度的研究开发费用结构明细表与最近一年的高新技术产品（服务）收入明细表；

（3）在某些方面利用专家的工作情况；

（4）申报企业含有分支机构时，如果注册会计师仅审计申报企业总部申报明细表，或在审计总部申报明细表的同时只审计部分分支机构申报明细表，其余分支机构的申报明细表由其他注册会计师实施审计的，应当在专项审计业务约定书中明确说明。

专项审计业务约定书参考格式见本指引附录 1。注册会计师在使用时可以根据具体情况作适当修改。

第三章　计划审计工作

一、总体审计策略

注册会计师应当为审计工作制定总体审计策略以确定审计范围、时间、方向和如何调配审计资源，并指导制定具体审计计划。

（一）审计范围

注册会计师应结合申报企业执行的企业会计准则和相关会计制度、《高新技术企业认定管理办法》和《高新技术企业认定管理工作指引》的要求，以及申报企业分支机构的分布等，确定审计范围。主要考虑下列事项：

1. 高新技术企业认定专项审计的报告要求；

2. 预期的审计工作涵盖范围，包括需审计的分支机构的数量及所在地点；

3. 其他注册会计师参与分支机构审计的范围；

4. 拟利用年度财务报表审计工作中获取的审计证据的程度。

（二）审计时间

审计时间包括执行专项审计的时间安排，与管理层和治理层沟通的重要日期安排以及提交专项审计报告的时间要求等。

（三）审计方向

总体审计策略的制定应当考虑影响专项审计业务的重要因素，以确定项目组工作方向，包括确定适当的重要性水平，初步识别可能存在重大错报风险的领域，初步识别重要账户及交易金额，评价是否需要针对内部控制的有效性获取审计证据，识别申报企业所处行业、专项审计的报告要求及其他相关方面最近发生的重大变化等。

注册会计师在确定重要性水平时，应当结合具体环境考虑重要性性质和数量两方面的因素。在考虑性质因素时，注册会计师需要重点关注错报的性质属于错误还是舞弊。例如，某项错报使申报企业高新技术研究开发费用虚增××万元，从金额绝对值上看并不重要，但该项错报可能使得申报企业从不符合高新技术企业认定条件变为符合高新技术企业认定条件，注册会计师应当判断该项错报是否源于管理层的主观故意。

注册会计师在确定重要性水平时还应当考虑专项审计的特殊要求，包括：

1. 因高新技术企业认定专项审计涉及较多的科学技术因素，并且申报企业管理层存在获得高新技术企业资格以降低税负的动机，所以注册会计师应当对申报企业管理层对高新技术研究开发费用与高新技术产品（服务）收入的发生、截止、分类的认定予以充分关注。

2. 由于专项审计对象涉及不同的申报明细表，两者并不相互依赖、互为条件，在确定重要性水平时，注册会计师应当对研究开发费用结构明细表与高新技术产品（服务）收入明细表分别采用不同的重要性水平。对于不同年度的研究开发费用结构明细表，还应分别确定不同年度的重要性水平。

3. 鉴于专项审计的特点，确定的重要性水平（包括申报明细表层次与认定层次）应当低于相应财务报表审计的重要性水平。

（四）审计资源调配

总体审计策略中应当清楚地说明下列审计资源调配情况：

1. 向具体审计领域调配的资源，包括向复杂的研究开发项目分派熟悉高新技术企业认定政策、具有相关审计经验的项目组成员，就复杂的研究开发项目技术问题利用专家工作等；

2. 向具体审计领域分配资源的数量，包括项目组成员数量，审计时间预算等；

3. 如何管理、指导、监督审计资源的利用，包括何时召开项目组预备会和总结会，项目负责人如何进行复核，是否需要实施项目质量控制复核等。

二、具体审计计划

注册会计师应当为审计工作制定具体审计计划，以将审计风险降至可接受的低水平。具体审计计划应当包括风险评估程序、计划实施的进一步审计程序和其他审计程序。

（一）研究开发费用支出

注册会计师在制定具体审计计划时，应当考虑专项审计的特殊情况，包括：

1. 对于简单研究开发项目、研究开发费用支出发生频率不高或内部控制薄弱的申报企业，注册会计师采用实质性方案可能最为有效；

2. 由于高新技术企业研究开发费用支出的审计范围涵盖了三个会计年度，每个会计年度内研究开发费用的发生情况可能不尽相同，对每个会计年度的研究开发费用支出均应设计相应的审计程序；

3. 在测试申报企业对高新技术研究开发费用分类认定时，应当设计相关程序以测试研究开发费用与研究开发项目之间的关联性；

4. 当申报企业的指标接近高新技术企业认定标准时，应当特别关注高新技术研究开发费用支出的发生、截止与分类认定是否正确。

（二）高新技术产品（服务）收入

1. 在设计高新技术产品（服务）收入审计程序时，应当设计相关程序测试高新技术产品（服务）的确认标识，确认申报企业是否混淆高新技术产品（服务）收入与非高新技术产品（服务）收入的界限，是否虚增高新技术产品（服务）收入。

2. 注册会计师在确定测试样本时，针对高新技术产品（服务）收入的测试样本应当涵盖各类高新技术产品（服务）。在确定样本数量时，注册会计师应当关注专项审计的样本量与年度财务报表审计的样本量可能存在差异。

3. 对于高新技术产品（服务）收入发生频率不高或内部控制薄弱的申报企业，注册会计师采用实质性方案可能最为有效。

4. 当申报企业的指标接近高新技术企业认定标准时，应当特别关注高新技术产品（服务）收入的发生、截止与分类认定是否正确。

三、更改审计计划

计划审计工作并非审计业务的一个孤立阶段，而是一个持续的、不断修正的过程，贯穿于整个审计业务的始终。例如，注册会计师在风险评估过程中评估固定资产内部控制风险水平较低，但在实施控制测试时获取的审计证据不支持评估的风险水平，此时，注册会计师应当修改审计计划并设计新的审计程序。

如果注册会计师在审计过程中对审计计划作出重大更改，应当记录重大更改及其理由，以及对导致此类更改的事项、条件或审计程序结果采取的应对措施。

第四章 风险评估

了解申报企业及其环境并评估重大错报风险是注册会计师实施进一步审计程序的基础。本章重点规范了解申报企业及其环境以及评估重大错报风险，第五章规范了解申报企业内部控制。

一、了解申报企业及其环境

（一）行业状况、法律环境与监管环境以及其他外部因素

注册会计师可能需要了解与分析下列主要情况：

1. 所处行业的市场供求与竞争状况

产品（服务）关键技术指标值与行业指标值相比较是否存在较大差异，从而影响申报企业的产品销售价格（服务价格）或数量，申报企业需要进行技术研究开发活动以增强竞争能力。

2. 产品（服务）技术变化

产品（服务）是否含有较高的技术含量，产品更新换代或服务升级是否较快，申报企业是否为保持技术领先从而需要进行较多的技术研究开发。如通讯产品制造业因其产品更新换代较快，开展的研究开发项目较多。

3. 能源供应与成本

产品是否为高耗能产品，申报企业是否因能源供应日趋紧张、成本上升，需要开展研究开发活动以降低产品能耗与产品成本。

4. 法律监管环境

近年颁布的法律法规是否对申报企业的产品销售产生重大不利影响而需要进行技术研究开发活动以使产品适应法律监管要求。如汽车制造业，因尾气排放标准不断提高而需要不断进行关于降低尾气污染物排放的研究开发项目。

（二）申报企业的性质

注册会计师应当从下列方面了解申报企业的性质：

1. 所有权结构

注册会计师应当了解申报企业的所有权结构与主要所有者，识别关联方，并分析主要所有者与申报企业关联方之间的关系是否会对高新技术产品（服务）销售等数据归集的真实性产生不利影响。

2. 治理结构

注册会计师应当考虑申报企业治理层是否能够在独立于管理层的情况下对申报相关事项（包括申报明细表）作出客观判断。

3. 组织结构

注册会计师应当了解申报企业研究开发部门的设置与分布，分析是否存在专门的机构与人员从事研究开发活动，包括：

（1）研究开发部门数量及其人员；

（2）研究开发项目组成员与来源，技术职称结构；

（3）研究开发人员的考核奖励制度等。

4. 经营活动

注册会计师应当了解申报企业主要高新技术产品（服务）的种类、最近三个会计年度的研究开发计划与主要研究开发成果、目前实施的研究开发项目名称与性质、研究开发工作外包等情况，以分析判断研究开发项目的真实性。

注册会计师应当重点了解与申报企业研究开发项目相关的各种情况，包括：

（1）研究开发项目的目的、性质与类型，关注是否属于《国家重点支持的高新技术领域》范围，获得相关审批的情况（如需要）以及目前的进展情况；

（2）研究开发项目的立项过程；

（3）是否委托关联方或者其他外部机构进行实质性研究开发；

（4）产学研的合作方式、合作研究开发项目的所有权归属等。

在了解上述研究开发项目内容时，注册会计师应当考虑利用专家的工作。

5. 投资活动

注册会计师应当重点了解为开展研究开发项目而投入的主要研究设备，考虑实施观察程序以实地考察研究开发项目所使用的固定资产是否未用于研究开发项目。

6. 筹资活动

了解申报企业的借款情况，重点分析研究开发项目是否使用了金融机构的贷款，包括是否采用融资租赁方式租赁研究开发设备。

（三）申报企业对会计政策的选择与运用

注册会计师应当分析申报企业研究开发费用和高新技术产品（服务）收入核算时所确定的会计政策与编制财务报表时所确定的会计政策是否一致，并特别考虑下列情况：

1. 了解申报企业多个研究开发项目之间费用的分配方法，分析费用分配方法是否合理；

2. 识别与确定高新技术产品（服务）收入归集的对象是否属于《高新技术认定管理办法》规定的范围，包括申报企业如何确定相关产品（服务）的识别标志、技术属性等；

3. 销售截止认定相关证据的性质，包括服务收入确认的主要标志与确认文件。

（四）申报企业的目标、战略以及相关经营风险

注册会计师应当了解申报企业的目标、战略以及相关经营风险，包括：

1. 申报企业是否制定了涉足新的业务领域与地区的经营目标。是否出于适应新的业务领域与地区消费者需求及法律监管要求等原因而增加研究开发投入；

2. 申报企业是否确立了创建科技创新型企业的发展战略，从而增加研究开发投入；

3. 申报企业是否由于涉足新的业务领域与地区、跨国界经营等因素，产生经营业绩不佳的经营风险而需要获得高新技术企业资格以降低税负、改善经营业绩指标，从而可能产生申报明细表的重大错报。

（五）申报企业财务业绩的衡量与评价

注册会计师应当了解申报企业的下列方面：

1. 高新技术产品（服务）收入是否作为主要业绩考核指标，并与管理层薪酬制度、股权激励政策相联系；

2. 计划实施的研究开发项目支出是否制定了相应的年度预算，并将实际支出与预算的差异作为研究开发人员的业绩考核指标。

二、评估重大错报风险

注册会计师应当识别和评估申报明细表层次以及各类交易、列报认定层次的重大错报

风险。

（一）识别和评估重大错报风险的程序

在识别与评估重大错报风险时，注册会计师应当实施下列程序：

1. 在了解申报企业及其环境的整个过程中识别风险；

2. 将识别的风险与认定层次可能发生的错报领域相联系；

3. 考虑识别的风险是否重大；

4. 考虑识别的风险导致申报明细表发生重大错报的可能性。

（二）识别与评估申报明细表层次的重大错报风险

注册会计师应当确定所识别的重大错报风险是否与申报明细表整体广泛相关。例如，申报企业未能提供研究开发项目的相关计划与实施方案、研究开发工作记录，则其编制的研究开发费用结构明细表整体上就可能存在重大错报风险。

申报明细表层次的重大错报风险很可能源于薄弱的控制环境。薄弱的控制环境带来的风险可能对申报明细表产生广泛影响，例如申报企业未建立完善的内部控制制度，申报明细表则可能产生重大错报风险；管理层因薪酬制度、实施股权激励等原因可能凌驾于内部控制制度之上，伪造或篡改编制申报明细表所依据的会计记录或相关文件，随意变更与高新技术研究开发费用支出或产品（服务）收入相关的会计政策与会计估计，形成申报明细表层次的重大错报风险。

注册会计师应当针对申报明细表层次的重大错报风险采取总体应对措施。

（三）识别与评估认定层次重大错报风险

注册会计师应当确定所识别的重大错报风险是否与特定的某类交易和列报的认定相关。例如，申报企业对某笔较大金额的研究开发费用支出未能提供相关合同以证实其确为研究开发费用，则该笔支出将影响研究开发费用的“发生”认定。

注册会计师在识别和评估认定层次重大错报风险时，应当考虑下列情况：

1. 通过实施询问、检查文件记录程序了解研究开发项目的相关信息，包括该项目的实施进度，分析申报企业对研究开发费用归集的真实性，判断申报企业管理层对费用的发生、截止、分类等认定是否存在重大错报，考虑是否存在高估研究开发费用支出的风险。

2. 通过了解高新技术产品（服务）的识别标志与技术属性，分析高新技术产品（服务）销售收入归集的准确性，判断管理层关于收入的发生、截止、分类的认定是否存在故意误用等情况，考虑是否存在高估高新技术产品（服务）收入的风险。

（四）内部控制对评估认定层次重大错报风险的影响

在评估重大错报风险时，注册会计师应当将所了解的控制与特定认定相联系。例如，高新技术产品（服务）收入的截止、分类认定存在重大错报可能与销售收入循环的内部控制相关。

（五）需要特别考虑的重大错报风险

注册会计师应当运用职业判断，确定识别的风险中哪些是需要特别考虑的重大错报风险。在确定风险的性质时，注册会计师应当考虑下列事项：

1. 申报企业管理层可能存在为了申请高新技术企业资格以享受税收优惠政策的动机，导致高新技术研究开发费用支出与高新技术产品（服务）收入存在重大错报风险。

注册会计师应当假定申报企业的高新技术研究开发费用支出和高新技术产品（服务）收入存在舞弊风险；

2. 错报风险是否与申报企业近期高新技术产品（服务）收入、申报企业的经营状况、会计处理方法和其他方面的重大变化有关；

3. 研究开发项目的复杂程度。例如，大型复杂的研究开发项目可能涉及多个分支机构与多个部门，注册会计师应当考虑研究开发费用的归集是否完整；

4. 高新技术产品（服务）收入是否涉及重大的关联方交易；

5. 申报明细表信息计量。例如，高新技术系统集成产品收入的确认是否可能存在较大的随意性从而产生高新技术产品（服务）收入确认的风险；

6. 高新技术产品（服务）收入是否涉及异常或与商业惯例不符的重大交易。

（六）考虑与特别风险相关的控制

了解与特别风险相关的控制，有助于注册会计师制定有效的审计方案予以应对。针对特别风险，注册会计师应当评价相关控制的设计情况，并确定其是否已经得到执行。如果申报企业管理层未能实施控制以恰当应对特别风险，注册会计师应当认为内部控制存在重大缺陷，并考虑其对风险评估的影响。在此情况下，注册会计师应当就此类事项与治理层沟通。

（七）仅通过实质性程序无法应对的重大错报风险

如果申报企业对日常交易的处理高度自动化，审计证据可能仅以电子形式存在，其充分性和适当性通常取决于自动化信息系统相关控制的有效性。注册会计师应当考虑仅通过实施实质性程序不能获取充分、适当审计证据的可能性。如果认为仅通过实施实质性程序不能获取充分、适当的审计证据，注册会计师应当考虑依赖相关的内部控制。

第五章 了解内部控制

内部控制是被审计单位为了合理保证财务报告的可靠性、经营的效率和效果以及对法律法规的遵守，由治理层、管理层和其他人员设计和执行的政策和程序。了解申报企业与申报明细表相关的内部控制是识别和评估重大错报风险、设计和实施进一步审计程序的基础。

一、内部控制要素

内部控制包括下列要素：

（1）控制环境；

（2）风险评估过程；

（3）信息系统与沟通；

（4）控制活动；

（5）对控制的监督。

注册会计师实施专项审计的目的是对申报企业编制的申报明细表发表审计意见，并非对申报企业内部控制的有效性发表意见，注册会计师需要了解和评价的内部控制只是与申报明细表相关的内部控制，并非申报企业所有的内部控制。

与申报明细表相关的内部控制，包括申报企业为实现申报明细表可靠性目标设计和实施的控制。注册会计师应当运用职业判断，考虑一项控制单独或连同其他控制是否与评估重大错报风险以及针对评估的风险设计和实施的进一步审计程序有关。

在运用职业判断时，注册会计师应当考虑下列因素：（1）注册会计师确定的重要性水平；（2）申报企业的性质，包括组织结构和所有制性质；（3）申报企业的规模；（4）申报企业经营的多样性和复杂性；（5）法律法规和监管要求；（6）作为内部控制组成部分的系统（包括利用服务机构）的性质和复杂性。

注册会计师通常实施下列风险评估程序，以获取有关控制设计和执行的审计证据：（1）询问申报企业的人员；（2）观察特定控制的运用；（3）检查文件和报告；（4）追踪交易在与申报明细表相关的信息系统中的处理过程（穿行测试）。这些程序是风险评估程序在了解申报企业内部控制方面的具体运用。

在了解内部控制时，注册会计师应当考虑内部控制的人工和自动化特征及其影响。

（一）控制环境

控制环境包括治理职能和管理职能，以及治理层和管理层对内部控制及其重要性的态度、认识和措施。控制环境设定了内部控制的基调，影响员工对内部控制的认识和态度。良好的控制环境是实施有效内部控制的基础。

在评价控制环境的设计时，注册会计师应当考虑构成控制环境的下列要素，以及这些要素如何被纳入申报企业的业务流程：（1）对诚信和道德价值观念的沟通与落实；（2）对胜任能力的重视；（3）治理层的参与程度；（4）管理层的理念和经营风格；（5）组织结构；（6）职权与责任的分配；（7）人力资源政策与实务。

在评价控制环境各个要素时，注册会计师应当考虑控制环境各个要素是否得到执行。

在确定构成控制环境的要素是否得到执行时，注册会计师应当考虑将询问与其他风险评估程序相结合以获取审计证据。

控制环境对重大错报风险的评估具有广泛影响。注册会计师在评估重大错报风险时，存在令人满意的控制环境是一个积极的因素。控制环境影响进一步审计程序的性质、时间和范围。虽然令人满意的控制环境并不能绝对防止舞弊的发生，但却有助于降低发生舞弊的风险。

控制环境本身并不能防止或发现并纠正各类交易、账户余额、列报认定层次的重大错报，注册会计师在评估重大错报风险时，应当将控制环境连同其他内部控制要素产生的影响一并考虑。例如，将控制环境与对控制的监督和具体控制活动一并考虑。

（二）风险评估过程

企业在经营活动中会面临各种各样的风险，风险对其生存和竞争能力产生影响。很多风险并不为企业所控制，但企业管理层应当确定可以承受的风险水平，识别风险并采取相应的应对措施。可能产生风险的事项和情形包括：监管和经营环境的变化、新员工的加入、新信息系统的使用或对原系统进行升级、业务快速发展、新技术运用、新生产型号、产品和业务活动、企业重组、发展海外经营、实施新会计准则等。

风险评估过程的作用是识别、评估和管理影响申报企业实现经营目标的各种风险。

在评价申报企业风险评估过程的设计和执行时，注册会计师应当确定管理层如何识别与申报明细表相关的经营风险，如何估计该风险的重要性，如何评估风险发生的可能性，以及如何采取措施管理这些风险。如果申报企业的风险评估过程符合其具体情况，了解申报企业的风险评估过程和结果有助于注册会计师识别申报明细表的重大错报风险。

（三）信息系统与沟通

信息系统与沟通是收集与交换申报企业执行、管理和控制业务活动所需信息的过程。信息系统与沟通的质量直接影响到管理层对经营活动作出正确决策和编制可靠申报明细表的能力。

注册会计师应当从下列方面了解与申报明细表相关的信息系统：（1）在申报企业经营过程中，对申报明细表具有重大影响的各类交易；（2）在信息技术和人工系统中，交易生成、记录、处理和报告的程序；（3）与交易生成、记录、处理和报告相关的会计记录、支持性信息和申报明细表中的特定项目；（4）信息系统如何获取除各类交易之外的对申报明细表具有重大影响的事项和情况的信息；（5）申报企业编制申报明细表的过程。

与申报明细表相关的沟通通常包括使员工了解各自在与申报明细表有关的内部控制方面的角色和职责，员工之间的工作联系，以及向适当级别的管理层报告例外事项的方式。注册会计师应当了解申报企业内部如何对与申报明细表相关的岗位职责，以及与申报明细表相关的重大事项进行沟通。注册会计师还应当了解管理层与治理层（特别是审计委员会）之间的沟通，以及申报企业与外部（包括监管部门）的沟通。

（四）控制活动

控制活动是指有助于确保管理层的指令得以执行的政策和程序，包括与授权、业绩评价、信息处理、实物控制和职责分离等相关的活动。

在了解控制活动时，注册会计师应当重点考虑一项控制活动单独或连同其他控制活动是否能够以及如何防止或发现并纠正各类交易、账户余额、列报存在的重大错报。

（五）对控制的监督

管理层的重要职责之一就是建立和维护控制并保证其持续有效运行，对控制的监督可以实现这一目标。监督是由适当的人员在适当、及时的基础上，评估控制的设计和运行情况的过程。

注册会计师应当了解申报企业对控制的持续监督活动和专门的评价活动。通常，申报企业通过持续的监督活动、专门的评价活动或两者相结合，实现对控制的监督。

持续的监督活动通常贯穿于申报企业的日常经营活动与常规管理工作中。例如，管理层在履行其日常管理活动时，取得内部控制持续发挥功能的信息。当业务报告、申报明细表与他们获取的信息有较大差异时，将对重大差异提出疑问，并作出必要的追踪调查和处理。

申报企业可能使用内部审计人员或具有类似职能的人员对内部控制的设计和执行进行专门的评价，以找出内部控制的优点和不足，并提出改进建议。

申报企业也可能利用与外部有关各方沟通或交流所获取的信息监督相关的控制活动。在某些情况下，外部信息（如顾客投诉和监管机构的意见）可能显示内部控制存在的问题和需要改进之处。

用于监督活动的信息大多由申报企业的信息系统产生，这些信息可能会存在错报，从而导致管理层从监督活动中得出错误的结论。因此，注册会计师应当了解与申报企业监督活动相关的信息来源，以及管理层认为信息具有可靠性的依据。如果拟利用申报企业监督活动使用的信息（包括内部审计报告），注册会计师应当考虑该信息是否具有可靠的基础，是否足以实现审计目标。

二、了解和评价与研究开发费用相关的控制活动和信息系统

这里以研究开发费用常见的业务流程为主线，以示例的形式说明注册会计师如何了解和评价申报企业与研究开发费用相关的控制活动及信息系统。

需要说明的是，申报企业的情况千差万别，本指引不可能涵盖所有的情况。在执行审计业务时，注册会计师应当结合申报企业的实际情况，对具体业务流程作出相应的调整和取舍。

（一）了解业务流程的主要步骤

对申报企业研究和开发费用相关的内部控制的了解，应当从了解研究开发的背景开始，以便于注册会计师更好地理解申报企业的研发控制活动。对研究开发背景的了解可以围绕下列内容展开：（1）申报企业拥有自主知识产权的情况；（2）从事研究开发的主要领域；（3）在研究开发方面的获奖情况；（4）从事研究开发人员的基本情况；（5）研究开发活动使用的材料、燃料、电力情况；（6）研究开发活动使用的固定资产、无形资产情况等。

研究开发费用控制通常属于申报企业费用和成本控制的重要组成部分，在对研究开发费用控制进行了解时，注册会计师需要考虑那些针对研究开发费用完整性、发生、准确性和分类等认定的控制。

研究开发业务流程通常包括下列主要活动：

1. 立项和预算管理

（1）项目的申请和批准；

（2）预算的编制和批准。

2. 人员管理

（1）研发机构的设立、研发人员的组织和聘用；

（2）工作记录；

（3）绩效考核；

（4）薪酬的计算、支付和记录。

3. 设备、材料管理

（1）设备、材料的购置申请；

（2）设备、材料的验收；

（3）设备、材料的领用和记录。

4. 委托外部研究开发

（1）委托外部研究开发的申请和审批；

（2）委托外部开发成果的验收；

（3）付款和记录。

5. 结项管理

（1）项目的总体评议和成果鉴定；

（2）预算差异分析。

了解控制的程序包括检查申报企业相关控制手册和其他书面指引，询问各部门的相关人员，观察操作流程等。例如，注册会计师可以询问研究开发项目负责人，了解研究开发项目的立项和预算情况；可以询问仓库人员，了解设备、材料管理流程；也可以询问会计人员，了解有关账务处理的流程。注册会计师应当考虑流程在各部门之间如何衔接，如单据的流转和核对，以及各部门人员的职责分工等。

注册会计师可以通过文字叙述、流程图等方式记录上述业务流程。

（二）确定错报可能发生的环节

注册会计师应当结合上述了解的结果，确定申报企业需要在哪些环节设置控制，以防止或发现并纠正交易流程中的错报，即确定错报可能发生的环节。下表列举了研究开发业务流程中错报可能发生的环节，以说明注册会计师如何确定申报企业的控制目标是否得到实现。

“错报可能发生的环节”示例表

“错报可能发生的环节”示例	认　定
1. 人工费用	
怎样确保所有的研发工资/奖金费用均已入账?	完整性
怎样确保非研发人员的工资/奖金不计入研发费用?	发生
怎样确保研发工资/奖金费用记录于正确的期间?	截止
怎样避免记录重复的研发人员工资费用?	发生
怎样确保工资费用在不同研究开发项目间正确分配?	分类
2. 材料、工装准备	
怎样确保所有的研发材料费用均已入账?	完整性
怎样确保研发材料费用记录于正确的期间?	截止
怎样避免记录重复的研发活动材料费用?	发生
怎样确保非研发活动的材料支出不计入研发费用?	发生
怎样确保非研发活动的工装准备支出不计入研发费用?	发生
怎样确保研发材料费用在不同研究开发项目间正确分配?	分类
怎样确保研发活动的工装准备费用在不同研究开发项目间正确分配?	分类
3. 长期资产摊销	
怎样确保非研发活动的长期资产（固定资产、无形资产、长期待摊费用）计提的折旧或摊销的费用不计入研发费用?	发生
怎样确保研发活动相关长期资产计提的折旧或摊销的费用计算正确?	准确性/计价
怎样确保长期资产计提的折旧或摊销的费用在不同研究开发项目间正确分配?	分类
4. 外包	
怎样确保非研发活动的外包支出不计入研发费用?	发生
怎样确保委托境外的外部研发投入不计入境内的外部研发支出?	发生
怎样确保外包费用计入正确的研究开发项目?	分类
5. 预算	
怎样确保研发费用预算的合理性?	发生/完整性
怎样确保研发费用预算得到执行?	发生/完整性

值得注意的是，一方面，某项控制目标可能涉及几项控制。注册会计师应当重点考虑某项控制活动单独或连同其他控制活动是否能够防止或发现并纠正重大错报。另一方面，某些控制可能涉及多项控制目标。因此，在实务中，为提高审计效率，注册会计师应当考虑了解和识别能针对多项控制目标的控制。

（三）了解和识别相关控制

注册会计师应当根据申报企业的实际情况，通过询问、观察、检查、穿行测试等审计程序，了解和识别相关控制，并对其结果形成审计工作记录，包括记录控制由谁执行以及如何执行。

注册会计师了解和识别内部控制时，应当将重点放在能够发现并纠正错误的关键控制，并且对控制的描述应当说明控制活动与最终的研究开发费用结构明细表的逻辑关系。

（四）执行穿行测试

执行穿行测试，证实对研发流程和相关控制的了解，并确定相关控制是否得到执行。注册会计师应当选择一笔或几笔交易进行穿行测试。例如，针对人工费用，追踪从职工薪酬标准采用→员工人数统计→工时统计→支付审批→项目工时归集→项目人工费用分配→各研究开发项目人工费用数据生成的整个流程，考虑之前对相关内部控制的了解是否正确和完整，并确定相关控制是否得到执行。

在执行穿行测试时，注册会计师应当询问执行交易流程和控制的相关人员，并根据需要检查有关单据和文件，询问其对已发现的错报的处理。需要注意的是，如果不打算依赖控制，注册会计师仍应执行穿行测试，以确定之前对业务流程及可能发生错报环节的了解是否正确和完整。注册会计师还应当按照审计准则的规定，对相关控制的设计是否合理和得到执行进行评价，以确定进一步审计程序。

三、了解与高新技术产品（服务）收入相关的控制活动和信息系统

由于高新技术产品收入与技术性收入的业务流程具有很高的相似性，本指引以高新技术产品收入常见的业务流程为主线，以示例的形式说明注册会计师如何了解和评价申报企业与高新技术产品收入相关的控制活动和信息系统。

需要说明的是，申报企业的情况千差万别，本指引不可能涵盖所有情况。在执行审计业务时，注册会计师应当结合申报企业实际情况，对具体业务流程作出相应的调整和取舍。

（一）了解业务流程的主要步骤

销售在申报企业中通常属于重要业务流程和重要交易类别，营业收入也通常被确定为存在较高重大错报风险的重要账户。对某些企业来说，销售退回的处理可能也是重要的交易类别。

高新技术产品销售的业务流程通常包括下列主要活动：

1. 一般销售的业务流程

（1）接到客户订单；

（2）将订单输入系统；

（3）核准信用状况及赊销条款；

（4）检查订单并准备发货；

（5）编制发运凭证（或提货单）；

（6）递交发运凭证（或提货单）至客户；

（7）开具销售发票；

（8）复核销售发票的准确性并递交至客户；

（9）生成销售明细账；

（10）汇总销售明细账并过入总账。

2. 销售退回、折扣与折让的业务流程

（1）处理销售退回、折扣与折让的请求；

（2）批准请求；

（3）收到退货；

（4）编制销售退回、折扣与折让的表单，即销售方同意贷记购买方应收账款的凭证；

（5）记录销售退回、折扣与折让；

（6）更新应收账款账户。

3. 维护客户档案的业务流程

（1）提交变更申请；

（2）审核、批准；

（3）更新客户档案。

了解的程序包括检查申报企业相关控制手册和其他书面指引，询问各部门的相关人员，观察操作流程等。例如，注册会计师可以询问销售人员，了解订单处理和开票的流程；可以询问仓库人员，了解发货的流程；也可以询问会计人员，了解有关账务处理的流程。注册会计师还应当考虑流程在各部门之间如何衔接，如单据的流转和核对，以及各部门人员的职责分工等。

注册会计师可以通过文字叙述、流程图等方式记录上述业务流程。

（二）确定错报可能发生的环节

注册会计师应当结合了解的结果，确定申报企业需要在哪些环节设置控制，以防止或发现并纠正业务流程中的错报，即确定错报可能发生的环节。下表列举了一般销售、销售退回、销售折扣与折让以及维护客户档案等业务流程中错报可能发生的环节，以说明注册会计师如何确定申报企业的控制目标是否得到实现。

“错报可能发生的环节”示例表

“错报可能发生的环节”示例	认　　定
1. 一般销售	
怎样确保已记录销售订单内容的准确性？	准确性
怎样确保销售订单经过管理层核准？	发生
怎样确保销售订单均已得到有效处理？	完整性
怎样确保发货记录于正确的期间？	截止
怎样确保已记录的销售均已发货？	发生
怎样确保及时开具发票？	完整性/截止
怎样确保发票开具和销售价格经过管理层批准？	准确性/计价
怎样确保登记入账的销售数量系经核准的已发货数量？	准确性/计价
怎样确保所有销售均已登记入账？	完整性
怎样确保已记录的销售均为真实发生？	发生
怎样确保销售得到及时记录？	截止
怎样确保销售记录于正确的期间？	截止
怎样确保销售均已准确记录并对高新技术产品收入进行恰当分类？	分类
2. 销售退回、折扣与折让	
怎样确保已记录的销售退回、折扣与折让均为真实发生？	完整性

（续表）

"错报可能发生的环节"示例	认 定
怎样确保已发生的销售退回、折扣与折让均已准确记录?	准确性/分类
怎样确保已发生的销售退回、折扣与折让记录于正确的期间?	截止
怎样确保已发生的销售退回、折扣与折让均已记录?	发生
3. 维护客户档案	
怎样确保对客户档案的变更均为真实有效?	完整性/发生
怎样确保对客户档案变更是准确的?	准确性/分类
怎样确保将客户档案变更记录于正确的期间?	完整性/发生
怎样确保客户档案数据及时更新?	完整性/发生

值得注意的是，一方面，某项控制目标可能涉及几项控制，注册会计师应当重点考虑某项控制活动单独或连同其他控制活动，是否能够防止或发现并纠正重大错报。另一方面，某些控制可能涉及多项控制目标。因此，在实务中，为提高审计效率，注册会计师应当考虑了解和识别能针对多项控制目标的控制。

（三）了解和识别相关控制

注册会计师应当根据申报企业的实际情况，通过询问、观察、检查、穿行测试等审计程序，了解和识别相关控制，并对其结果形成审计工作记录，包括记录控制由谁执行以及如何执行。

在了解和识别内部控制时，注册会计师应当将重点放在能够发现并纠正错误的关键控制，并且对控制的描述应当说明控制活动与最终的高新技术产品（服务）收入明细表的逻辑关系。

（四）执行穿行测试

注册会计师应当选择一笔或几笔交易进行穿行测试。例如，针对销售，追踪从接到客户订单→将订单输入系统→核准信用状况及赊销条款→核准订单并准备发货→编制发运凭证（或提货单）→递交发运凭证（或提货单）至客户→开具销售发票→复核发票的准确性并递交至客户→生成销售明细账→汇总销售明细账过入总账等交易的整个流程，考虑之前对相关控制的了解是否正确和完整，并确定相关控制是否得到执行。

在执行穿行测试时，注册会计师应当询问执行业务流程和控制的相关人员，并根据需要检查有关单据和文件，询问其对已发现错报的处理。需要注意的是，如果不打算信赖控制，注册会计师仍应当执行穿行测试，以确定之前对业务流程及可能发生错报环节的了解是否准确和完整。注册会计师还应当按照审计准则的相关规定，对相关控制设计是否合理和得到执行进行评价，以确定进一步审计程序。

第六章 对研究开发费用实施的进一步审计程序

一、控制测试

（一）一般要求

当在评估认定层次重大错报风险时，预期控制的运行是有效的，或者实施实质性程序不足以提供认定层次充分、适当的审计证据时，注册会计师应当实施控制测试，以获取其运行有效的审计证据。注册会计师只对那些设计合理，能够防止、发现并纠正认定层次重大错报的内部控制进行测试以验证其运行是否有效。这种测试主要是出于成本效益的考虑。

需要说明的是，申报企业在所审计期间内可能由于技术更新或组织管理变更而更换了信息系统，从而导致在不同时期使用了不同的控制。如果申报企业在所审计期间内的不同时期使用了不同的控制，注册会计师应当考虑不同时期控制运行的有效性。

1. 控制测试的性质

控制测试的性质是指控制测试审计程序的类型，通常包括询问、观察、检查、穿行测试和重新执行。

注册会计师应当根据特定控制的性质选择所需实施审计程序的类型。

注册会计师不仅应当考虑与认定直接相关的控制，而且还应当考虑这些控制所依赖的与认定间接相关的控制，以获取支持控制运行有效性的审计证据。

对于一项自动化的应用控制，由于信息技术处理过程的内在一贯性，注册会计师可以利用该项控制得以执行的审计证据和信息技术一般控制（特别是对系统变动的控制）运行有效性的审计证据，作为支持该项控制在相关期间运行有效性的重要审计证据。

如果通过实施实质性程序未发现某项认定存在错报，这本身并不能说明与该认定有关的控制是有效运行的；但如果通过实施实质性程序发现某项认定存在错报，注册会计师应当在评价相关控制的运行有效性时予以考虑。

2. 控制测试的时间

对特定时点的控制进行测试，注册会计师仅得到该时点控制运行有效性的审计证据；对某一期间的控制进行测试，注册会计师可获取控制在该期间有效运行的审计证据。

注册会计师对研究开发费用进行专项审计，需要获取研究开发费用内部控制在被审计期间运行有效的审计证据，并需要对被审计期间进行测试。

研究开发费用专项审计涉及三个完整的会计年度，如果注册会计师拟信赖内部控制，应对三个完整会计年度与研究开发费用相关的内部控制进行测试。

3. 控制测试的范围

注册会计师应当设计控制测试，以获取控制在整个拟信赖的期间有效运行的充分、适当的审计证据。注册会计师在确定控制测试范围时，一般应当考虑下列因素：

（1）在整个拟信赖的期间，申报企业执行控制的频率。控制执行的频率越高，控制测试的范围越大。

（2）在所审计期间，注册会计师拟信赖控制运行有效性的时间长度。拟信赖控制运行有效性的时间长度不同，在该时间长度内发生的控制活动次数也不同。注册会计师需要根据拟信赖控制的时间长度确定控制测试的范围。拟信赖期间越长，控制测试的范围越大。

（3）为证实控制能够防止或发现并纠正认定层次重大错报，所需获取审计证据的相关性和可靠性。对审计证据的相关性和可靠性要求越高，控制测试的范围越大。

（4）通过测试与认定相关的其他控制获取的审计证据的范围。针对同一认定，可能存在不同的控制。当针对其他控制获取审计证据的充分性和适当性较高时，测试该控制的范围可适当缩小。

（5）在风险评估时拟信赖控制运行有效性的程度，并依据对控制的信赖程度相应减少实质性程序。注册会计师在风险评估时对控制运行有效性的拟信赖程度越高，需要实施控制测试的范围越大。

（6）控制的预期偏差。预期偏差可以用控制未得到执行的预期次数占控制应当得到执行次数的比率加以衡量。控制的预期偏差率越高，需要实施控制测试的范围越大。如果控制的预期偏差率过高，针对某一认定实施控制测试可能是无效的。

（二）控制测试的程序

注册会计师对内部控制的测试应涵盖内部控制的五个要素，这里重点说明对研究开发费用相关的控制活动和信息系统的测试，其他要素的测试要求应当遵循《中国注册会计师审计准则第1231号——针对评估的重大错报风险实施的程序》。

下面以示例的形式说明针对申报企业研究开发业务的常用的控制测试。需要注意的是，由于申报企业的情况千差万别，本指引中的相关内部控制测试并不可能涵盖所有情况，在执行审计业务时，注册会计师应当结合申报企业实际情况，作出相应的调整和取舍。

控制目标	认定	常用的控制活动	常用的控制测试
1. 人工费用			
所有研发工资薪金均已入账	完整性	员工的录用、辞退应经过研究开发项目相关负责人批准，员工名册的变更与经研究开发项目相关负责人批准的录用、辞退等支持性文件核对一致以确保员工的变动得到正确记录。	检查员工的变更是否与录用、辞退等支持性文件一致。
		对员工变更单进行连续编号，以确保所有变更都已处理。	检查员工的录用、辞退记录单据是否连续编号。
		将记入研究开发费用的工时数与考勤记录的工时数调节相符。	检查内部调节及审核的标记。
非研发人员的工资薪金不计入研发费用	发生	研究开发项目管理部门统计工时，负责工资计算的部门依据研究开发项目管理部门统计的工时和规定的工资标准制作工资表。	检查工时统计是否由研究开发项目管理部门统计、检查工资计算标准是否符合规定。
研发工资薪金记录于正确的期间	截止	研发人员的工资表经过研究开发项目有关负责人签署后报财务部门发放工资，会计人员依据研究开发项目有关负责人签署后的工资表记录工资费用。	检查研发人员的工资表是否经过研究开发项目有关负责人签署后报财务部门发放工资，会计人员是否依据研究开发项目有关负责人签署后的工资表记录工资费用。
		每月的×日前，研究开发项目有关负责人应签署上月的研发人员的工资，×日前，会计人员依据研究开发项目有关负责人签署后的工资表记录工资费用。	检查研究开发项目有关负责人是否在每月的×日前签署上月的研发人员工资表，会计人员记录的工资费用是否在每月的×日前完成。
避免记录重复的研发人员工资薪金	发生	人事部门对工资表进行复核。	检查人事部门是否每月复核工资表。

（续表）

控制目标	认定	常用的控制活动	常用的控制测试
工资薪金在不同研究开发项目间正确分配	分类	财务部门依据各研究开发项目的工时统计计算各项目的工资费用。	检查财务部门是否依据各研究开发项目的工时统计计算各项目的工资费用。
2. 材料、工装准备			
所有的研发材料费用均已入账	完整性	研发部门对领料单进行连续编号。	检查领料单是否连续编号。
研发材料费用记录于正确的期间	截止	财务部门在每月的月底处理完所有的研究开发项目的领料单、出库单。	执行领料单、出库单的截止测试。
避免记录重复的研发活动材料费用	发生	财务部门和研发部门每月核对领料情况。	检查财务部门和研发部门是否每月核对记录。
非研发活动的原材料费用不计入研发费用。	发生	财务部门作为研发费用记账依据的原材料领用单必须经过研发部门有关负责人签署。	检查研发费用的原材料领用单等单据是否经过研发部门有关负责人签署。
非研发活动的工装准备支出不计入研发费用	发生	财务部门作为研发费用记账依据的工装准备支出单据必须经过研发部门有关负责人签署。	检查作为研发费用记账依据的工装准备支出单据是否经过研发部门有关负责人签署。
材料费用在不同研究开发项目间正确分配	分类	财务部门依据各研究开发项目的领料单计算各项目的材料费用。	检查财务部门是否依据各研究开发项目的领料单计算各项目的材料费用。
研发活动工装准备费用在不同研究开发项目间正确分配	分类	财务部门依据各研究开发项目的工装准备费用单据计算各项目的工装准备费用。	检查财务部门是否依据各研究开发项目的工装准备费用单据计算各项目的工装准备费用。
3. 长期资产摊销			
非研发活动的长期资产摊销不计入研发费用	发生	研发活动所需的长期资产的购置必须经过研究开发项目相关负责人批准。	检查研发活动的长期资产的购置是否经过研究开发项目相关负责人批准。
		经过研发部门相关负责人批准购置的长期资产的摊销费用才能计入研发费用。	检查计入研发费用的长期资产的摊销费用是否限于研发活动的长期资产的摊销。
研发活动相关长期资产的摊销计算正确	准确性/计价	摊销的会计政策经过申报企业的董事会批准，会计部门执行经过批准的会计政策。	检查会计部门执行的长期资产摊销的会计政策是否经过董事会批准。
长期资产摊销费用在不同研究开发项目间正确分配	分类	长期资产摊销费用在不同研究开发项目之间按照机器工时或其他合理标准分配，各研究开发项目的机器工时或其他标准统计单据须经过研发部门相关负责人签署。	检查财务部门是否依据各研究开发项目的机器工时或其他标准统计单据分配长期资产摊销费用，机器工时或其他标准统计单据是否经过研发部门相关负责人签署。

（续表）

控制目标	认定	常用的控制活动	常用的控制测试
4. 外包			
非研发活动的外包支出不计入研发费用	发生	所有研发活动的外包合同必须经过研究开发项目负责人签署。财务部门依据经过签署的研发活动外包合同和对方提供的有效付款凭证，以及表明经过研究开发项目负责人签署的外包研发活动进展情况的验收确认单据付款，会计人员核对合同和付款单据后记账。	检查外包合同是否经过研究开发项目负责人签署。 检查账务处理是否与付款单据、合同一致。
委托境外的外部研发投入不计入境内的外部研发支出	发生	研发机构对委托境外的外部研发投入和境内的外部研发支出在费用单据上进行标注，并经相关负责人审批。	检查委托境外的外部研发投入和境内的外部研发支出在费用单据上是否分别标注，并经相关负责人审批。
		财务部门对委托境外的外部研发投入和境内的外部研发支出分别账户核算。	检查财务部门是否依据研发部门的不同标注计入不同账户。
外包费用计入正确的项目	分类	所有的外包支付申请必须说明外包所属的研究开发项目名称、项目编号。财务部门依据研究开发项目名称、项目编号将外包费用计入相应的研究开发项目。	检查费用记录与外包支付申请的研究开发项目名称、项目编号是否一致。
5. 预算			
研发费用预算的合理性	发生/完整性	研究开发项目小组编制预算，董事会审批预算。	检查研发费用预算是否经过董事会审批。
研发费用预算得到执行	发生/完整性	财务部门每月分析研发费用的实际发生额同预算的差异，分析报告经财务经理签署后报总经理。	检查财务部门是否每月分析研发费用的实际发生额同预算的差异。

二、实质性程序

（一）一般要求

实质性程序是指注册会计师针对评估的重大错报风险实施的直接用以发现认定层次重大错报的审计程序。

1. 实质性程序的性质

实质性程序的性质，是指实质性程序的类型及其组合。实质性程序的基本类型包括细节测试和实质性分析程序。

2. 实质性程序的时间

在申报企业研究开发费用专项审计中，通常不存在对期中审计证据和对以前审计获取的审计证据的考虑，因而应当在本次专项审计中实施实质性程序。

3. 实质性程序的范围

在确定实质性程序的范围时，注册会计师应当考虑评估的认定层次重大错报风险和实施控制测试的结果。注册会计师评估的认定层次的重大错报风险越高，需要实施实质性程序的范围越广；如果对控制测试结果不满意，注册会计师应当考虑扩大实质性程序的范围。

在设计细节测试时，注册会计师应当采用适当方法（包括选取全部项目、选取特定项目和审计抽样等）以选取测试项目，其中，在确定样本规模时，应当考虑能否将抽样风险降至可接受的低水平。

（二）审计目标和实质性程序

1. 审计目标与认定的对应关系

研究开发费用专项审计的对象是申报企业编制的研究开发费用结构明细表，其审计目标与研究开发费用结构明细表认定的对应关系如下：

（1）发生：研究开发费用结构明细表中记录的研究开发费用，包括人员人工、直接投入、折旧费用与长期待摊费用摊销、设计费用、设备调试费、无形资产摊销、委托外部研究开发费用、其他费用等，在所审计会计期间已发生且与申报企业及研究开发项目有关。

（2）完整性：所有应当记录的研究开发费用均已记录。

（3）准确性：与研究开发费用有关的金额及其他数据已恰当记录。

（4）截止：研究开发费用已记录于正确的会计期间。

（5）分类：研究开发费用已记录于恰当的账户。

（6）列报：研究开发费用已按照《高新技术企业认定管理工作指引》的规定恰当地列报和披露。

2. 实质性程序

申报企业进行研究开发活动需要发生费用，在按照适用的会计准则和相关会计制度的规定进行会计核算时，这些费用或列为费用而计入当期损益，或予以资本化而形成资产。基于专项审计的目的，注册会计师审计时应当重点关注研究开发费用结构明细表中列报的研究开发项目、研究开发费用是否符合《高新技术企业认定管理工作指引》的相关规定，申报企业是否存在将其他费用列报为研究开发费用的错报风险。研究开发费用专项审计常用的实质性程序如下：

（1）获取研究开发费用结构明细表，复核加计是否正确。

（2）检查研究开发费用结构明细表中列报的研究开发项目是否符合《高新技术企业认定管理工作指引》的相关规定，包括：

①获取申报企业按单一项目填报的企业研究开发项目情况表，并取得各研究开发项目的有关立项批复，如董事会或类似权力机构的决议、政府有关主管部门的立项计划或批复等；

②取得各项研究开发项目的实施方案、阶段性报告或工作总结、验收报告或政府有关主管部门的批复等；

③关注各项研究开发项目是否属于常规性升级或对某项科研成果的直接应用，必要时，利用专家的工作。

（3）根据实际情况，实施下列实质性分析程序：

①将各项研究开发项目的研究开发费用项目（科目）进行结构性分析，判断其合理性，作出相应记录；

②将各项研究开发项目的研究开发费用的实际金额与预算金额进行比较，并记录差异的原因。

（4）检查研究开发费用项目（科目）的分类、各项目（科目）归集范围和核算内容是否符合《高新技术企业认定管理工作指引》的相关规定，若存在费用分类错误，提请申报企业调整。

（5）人员人工

①获取申报企业编制的研究开发人数统计表和申报企业缴纳职工“五险一金”的相关资料，检查两者之间是否相符，必要时，抽查劳动合同；

②检查研究开发人数统计表中研发人员的认定是否符合《高新技术企业认定管理工作指引》的相关规定；

③对各研究开发项目企业研究开发项目情况表中的本项目研发人员数进行汇总，将汇总数与研究开发人数统计表中的合计数核对，并记录差异的原因；

④检查工资发放记录、奖金核准及发放记录，核实人员人工中的基本工资、津贴、补贴等以及奖金、年终加薪与相关记录是否相符；

⑤检查管理层相关决议及相关支付记录，核实与研发人员任职或者受雇有关的其他支出（包括股份支付，同时取得股东大会决议及监管部门批复）与相关资料是否相符；

⑥检查是否存在将非研发人员工资薪金列入研究开发费用的情况，若有，提请申报企业调整；

⑦若存在人工相关费用在各项研究开发项目之间的分摊，检查分摊方法是否合理且前后各期是否保持一致。

（6）直接投入

①检查开支范围是否符合《高新技术企业认定管理工作指引》的相关规定；

②检查为实施研究开发项目而购买的原材料等相关支出，例如，水和燃料（包括煤气和电）使用费等，用于中间试验和产品试制达不到固定资产标准的模具、样品、样机及一般测试手段购置费、试制产品的检验费等，以及用于研究开发活动的仪器设备的简单维护费，核实其是否与相关原始凭证相符；

③对以经营租赁方式租入的固定资产所发生的租赁费，检查相关合同或协议、付款记录；

④检查是否存在将为实施研究开发项目以外的项目而发生的采购费用、水电费、租赁费等列入直接投入的情形，若有，提请申报企业调整；

⑤检查是否存在将达到固定资产、无形资产确认标准的支出一次性计入直接投入的情形，如不符合规定，提请申报企业调整。

（7）折旧费用与长期待摊费用摊销

①检查是否属于为执行研究开发活动而购置的仪器和设备或研究开发项目在用建筑物的折旧费用；

②检查固定资产折旧计提、长期待摊费用摊销所采用的会计政策、会计估计是否与财务报表所采用的一致，且前后各期是否保持一致，折旧或摊销的计算是否正确；

③对于研究开发项目和非研究开发项目共用的资产，检查折旧或摊销的分配方法是否合理，且前后各期是否保持一致，分配的金额是否正确。

（8）设计费用

①检查是否为新产品和新工艺的构思、开发和制造，进行工序、技术规范、操作特性方面的设计等所发生的费用；

②检查设计费用的核准、支付是否符合内部管理办法的规定，是否与原始凭证相符；

③检查是否存在列入与研究开发项目无关的设计费的情形，若有，提请申报企业调整。

（9）设备调试费

①检查是否属于工装准备过程中研究开发活动（如研制生产机器、模具和工具，改变生产和质量控制程序，或制定新方法及标准等）所发生的费用；

②检查相关费用的核准、支付是否符合内部管理办法的规定，是否与原始凭证相符；

③检查是否存在列入为大规模批量化和商业化生产所进行的常规性工装准备及工业工程发生的费用的情形，若有，提请申报企业调整。

（10）无形资产摊销

①检查是否属于因研究开发活动需要而购入的专利、非专利发明、许可证、专有技术、设计和计算方法等所发生的费用摊销；

②取得相关无形资产初始购置时的协议或合同、发票、付款凭证等，检查无形资产原值的确认是否正确；

③检查无形资产摊销的政策是否正确，且前后各期是否保持一致，摊销的金额是否正确；

④检查是否存在列入与研究开发项目无关的其他无形资产摊销的情形，若有，提请申报企业调整。

（11）其他费用

①检查是否属于为研究开发活动所发生的其他费用，如办公费、通讯费、专利申请维护费、高新科技研发保险费等；

②检查相关费用的核准、支付是否符合内部管理办法的规定，是否与原始凭证相符；

③检查是否存在列入与研究开发项目无关的其他费用的情形，若有，提请申报企业调整；

④若存在其他费用在研究开发项目与其他项目之间分摊的情形，检查分摊方法是否合理，且前后各期是否保持一致，分摊的金额是否正确；

⑤检查列报的其他费用是否超过研究开发费用总额的10%，若超过10%，提请申报企业调整；

⑥检查研究开发费用中列支的借款费用是否符合资本化条件，资本化金额的计算是否正确。

（12）委托外部研究开发投入

①检查是否属于申报企业委托境内其他企业、大学、研究机构、转制院所、技术专业服务机构和境外机构进行研究开发活动所发生的费用，关注项目成果是否为申报企业拥有且与申报企业的主要经营业务紧密相关；

②检查委托外部研究开发费用的定价是否按照非关联方交易的原则确定；

③取得相关协议或合同、付款记录，检查其是否与账面记录相符；

④检查是否存在列入研究开发项目以外的其他委托外部支出的情形，若有，提请申报企业调整；

⑤检查研究开发项目中委托外部研究开发的投入额是否按80%计入研究开发费用总额，若超过80%，提请申报企业调整；

⑥检查是否存在列入委托境外机构完成研究开发活动所发生的费用的情形，若有，提请申报企业调整。

（13）选择重要或异常的研究开发费用，检查费用的开支标准是否符合申报企业的相关规定，原始凭证是否合法，金额计算和会计处理是否正确。

（14）检查是否存在向关联方支付研究开发费用的情形，若有，应关注计价是否公允，原始凭证是否合法，会计处理是否正确。

（15）抽取会计年度终了日前、后若干天的记账凭证，实施截止测试，若存在异常迹象，考虑是否有必要追加审计程序，对于重大跨期项目，提请申报企业调整。

（16）检查研究开发费用的列报与披露是否恰当。

3. 研究开发费用总额占销售收入总额比例的复核

根据《高新技术企业认定管理办法》的规定，高新技术企业认定必须满足最近三个会计年度研究开发费用总额占销售收入总额一定比例的要求，具体要求如下：

（1）最近一年销售收入小于5000万元的企业，比例不低于6%；

（2）最近一年销售收入在5000万元至20000万元的企业，比例不低于4%；

（3）最近一年销售收入在20000万元以上的企业，比例不低于3%。

其中，企业在中国境内发生的研究开发费用总额占全部研究开发费用总额的比例不低于60%。

结合审定的研究开发费用，复核研究开发费用总额占销售收入总额比例的常用程序如下：

（1）获取经具有资质的会计师事务所审计的申报企业最近三个会计年度的财务报表。

（2）复算加计最近三个会计年度的销售收入，按《高新技术企业认定申请书》填报说明，销售收入是指产品收入和技术服务收入之和。

（3）复算加计最近三个会计年度的研究开发费用。

（4）复算研究开发费用总额占销售收入总额的比例，与申报企业计算的结果核对是否一致。

（5）复算在中国境内发生的研究开发费用总额占全部研究开发费用总额的比例，与申报企业计算的结果核对是否一致。

第七章 对高新技术产品（服务）收入实施的进一步审计程序

一、控制测试

（一）一般要求

由于高新技术产品（服务）收入控制测试的一般要求在性质、时间和范围上与研究开发费用控制测试的一般要求基本一致，具体要求可以参见研究开发费用控制测试的相应内容，这里不再赘述。

（二）控制测试的程序

注册会计师对内部控制的测试应当涵盖内部控制的五个要素，这里重点说明对与高新技术产品（服务）收入相关的控制活动和信息系统的测试，其他要素的测试要求应当遵循《中国注册会计师审计准则第1231号——针对评估的重大错报风险实施的程序》。

下面以示例的形式说明针对申报企业高新技术产品销售业务常见流程的相关内部控制测试。需要注意的是，由于申报企业的情况千差万别，本指引中的相关内部控制测试并不

可能涵盖所有情况，在执行审计业务时，注册会计师应当结合申报企业的实际情况，作出相应的调整和取舍。

控制目标	认定	常用的控制活动	常用的控制测试
1. 一般销售			
已记录的销售订单内容准确	准确性	由不负责输入销售订单的人员比较销售订单数据与支持性文件是否相符。	询问具有独立性的比较人员，观察比较过程，检查比较记录。
管理层核准销售订单	发生	管理层必须审批所有销售订单，向关联方以及其他超过特定金额或毛利异常的销售应取得较高管理层核准。	检查销售订单是否经过适当授权批准。
销售订单均已得到有效处理	完整性	销售订单、销售发票已连续编号、编号连续性已被核对。	检查销售订单和销售发票是否连续编号并经核对。
发货记录于正确的期间	截止	定期对仓库进行盘点。	检查有关盘点记录。
		仓库信息系统不接受销售订单、销售发票和发运凭证（或提货单）期间不一致的情况。	重新执行以验证仓库信息系统是否确实不接受销售订单、销售发票和发运凭证（或提货单）期间不一致的情况。
已记录的销售均已发货	发生	销售发票开具前应与销售订单和发运凭证（或提货单）进行核对，如有不符应及时调查和处理。	检查有关核对记录。
		开票信息系统在核对销售订单后在开具发运凭证（或提货单）时自动生成发票。	观察开票过程，必要时进行重新执行。
及时开具发票	完整性/截止	开票信息系统在核对销售订单后在开具发运凭证（或提货单）时自动生成发票。	观察开票过程，必要时进行重新执行。
管理层批准发票的开具和销售价格	准确性/计价	发票的开具和销售价格的确定已经适当的授权批准。	检查发票的开具和销售价格是否经适当的授权批准。
登记入账的销售数量系经核准的已发货数量	准确性/计价	由独立人员对销售发票的编制进行内部核查。	检查有关凭证上的内部核查标记。
所有销售均已登记入账	完整性	总账与辅助账根据发货自动更新。	观察或重新执行发货和记账。
		销售订单、发运凭证（或提货单）和销售发票已连续编号、编号连续性已被核对。	检查销售订单、发运凭证（或提货单）和销售发票是否连续编号并经核对。
		每月将销售货物的开票数与发运数调节一致。	检查货物开票数与发运数调节表。
		分不同产品和客户对销售进行复核。	检查分部报告。

（续表）

控制目标	认定	常用的控制活动	常用的控制测试
已记录的销售均为真实发生	发生	销售是以经过批准或审核的客户订单和发运凭证（或提货单）为依据登记入账。	检查销售发票记账联是否附有客户订货单和发运凭证（或提货单）。
		定期与客户对账，如有差异应及时进行调查和处理。	观察是否寄发对账单，并检查客户回函档案。
		由独立人员对应收账款明细账作内部核查。	检查内部核查标记。
销售得到及时的记录	截止	采用尽量能在销售发生时开具销售发票和登记入账的控制方法。	检查尚未开具收款账单的发货和尚未登记入账的销售。
销售记录于正确的期间	截止	及时、准确地进行结账处理。	检查资产负债表日前、后发出的货物，以确保销售收入记录于正确的期间。
销售均已准确记录并对高新技术产品收入进行恰当分类	分类	建有区分不同产品归类的专项制度和分类方法，特别是对高新技术产品收入作出明确规定。	检查相关制度，询问分类方法，并检查高新技术产品是否属于国家重点支持的高新技术领域。
		对高新技术产品收入分类进行内部复核和检查。	检查有关数据上的内部复核和检查标记。
		核对高新技术产品收入分类方式的变更，并已正确处理。	检查变更依据。
		采用适当的会计科目记录并进行内部复核和检查。	检查会计科目记录是否适当；检查有关凭证上的内部复核和检查标记。
2. 销售退回、折扣与折让			
已记录的销售退回、折扣与折让均为真实发生	完整性	管理层制定有关销售退回、折扣与折让的政策和程序，并监督其执行。	询问具体操作人员，检查相关文件资料。
已发生的销售退回、折扣与折让均已准确记录	准确性/分类	管理层复核和批准对营业收入和应收账款的调整。	检查销售退回、折扣与折让的会计处理是否经过授权批准。
已发生的销售退回、折扣与折让记录于正确期间	截止	及时、准确地进行结账处理。	检查资产负债表日前、后发生的销售退回、折扣与折让是否记录于正确期间。
已发生的销售退回、折扣与折让均已记录	存在	定期与客户对账，如有差异应及时进行调查和处理。	观察是否寄发对账单，并检查客户回函档案。
		用以记录销售退回、折扣与折让事项的表单连续编号，编号连续性已被核对。	检查记录销售退回、折扣与折让事项的表单是否连续编号并经核对。

（续表）

控制目标	认定	常用的控制活动	常用的控制测试
3. 维护客户档案			
对客户档案的变更均为真实有效	完整性/发生	核对客户档案变更记录和原始授权文件，确定已正确处理。	检查客户档案变更记录和原始授权文件。
对客户档案变更是准确的	准确性/分类	核对客户档案变更记录和原始授权文件，确定已正确处理。	检查客户档案变更记录和原始授权文件。
对客户档案变更记录于正确的期间	完整性/发生	变更客户档案申请应连续编号，编号顺序已被记录。	检查变更客户档案申请表单连续编号的完整性。
确保客户档案数据及时更新	完整性/发生	管理层定期复核客户档案的正确性并确保其及时更新。	检查定期复核记录。

二、实质性程序

（一）一般要求

申报企业高新技术产品（服务）收入实质性程序的一般要求与研究开发费用实质性程序相同，参见第六章“对研究开发费用实施的进一步审计程序”。

（二）审计目标和实质性程序

1. 审计目标与认定的对应关系

申报企业高新技术产品（服务）收入审计的对象是申报企业编制的高新技术产品（服务）收入明细表，其审计目标与高新技术产品（服务）收入明细表认定的对应关系如下：

（1）发生：高新技术产品（服务）收入明细表中记录的收入为申报企业通过技术创新、开展研发活动而形成的符合《国家重点支持的高新技术领域》要求的产品（服务）收入，且真实发生。

（2）准确性：与高新技术产品（服务）收入有关的金额和其他数据已恰当记录。

（3）完整性：所有应当记录的高新技术产品（服务）收入均已记录。

（4）截止：高新技术产品（服务）收入已记录于正确的会计期间。

（5）分类：高新技术产品（服务）收入已记录于恰当的账户。

（6）列报：高新技术产品（服务）收入已按照《高新技术企业认定管理工作指引》的规定恰当地列报和披露。

2. 产品收入实质性程序

申报企业主营高新技术产品的研发、生产和销售时，高新技术产品收入通常是该企业的主要收入。基于专项审计的目的，注册会计师审计时应重点关注高新技术产品（服务）收入明细表中列报的产品收入是否属于《国家重点支持的高新技术领域》规定领域的产品收入，申报企业是否存在将一般产品收入列报为高新技术产品收入的错报风险。高新技术产品收入审计常用的实质性程序如下：

（1）获取高新技术产品（服务）收入明细表：

①复核加计是否正确，并与高新技术产品收入明细账合计数核对是否相符；

②检查以非记账本位币结算的产品收入的折算汇率及折算结果是否正确；

③取得知识产权证书（包括发明、实用新型、外观设计等的专利证书，软件著作权证

书）或独占许可合同、生产批文、新产品或新技术证明、产品质量检验报告、省级以上科技计划立项证明以及其他相关证明材料，检查产品收入是否属于《国家重点支持的高新技术领域》规定领域的产品实现的收入，必要时，应当利用专家的工作。

（2）根据实际情况，实施下列实质性分析程序：

①将本期的高新技术产品收入与上期的高新技术产品收入进行比较，分析产品销售的数量和价格变动是否异常，并分析异常变动的原因；

②比较本期各月各品种高新技术产品收入的波动情况，分析其变动趋势是否正常，是否符合申报企业的经营规律（如季节性、周期性等），查明异常现象和重大波动的原因；

③将本期主要高新技术产品的销售数量、价格、毛利率与同行业企业本期相关资料进行对比分析，检查是否存在异常；

④计算本期主要高新技术产品的毛利率并与上期比较，关注收入与成本是否配比，检查是否异常，两期之间是否存在异常波动，如有异常波动，应当查明原因。

（3）检查高新技术产品收入的确认方法是否与财务报表所采用的收入确认方法一致，是否符合适用的会计准则和相关会计制度的规定，前后各期是否保持一致；关注周期性、偶然性的高新技术产品收入是否符合既定的收入确认原则、方法。

（4）获取申报企业高新技术产品价格目录，抽查售价是否符合价格政策，并关注销售给关联方或关系密切的重要客户的产品价格是否合理，有无以高价结算的方法向申报企业转移收入的现象。

（5）抽取与高新技术产品收入相关的记账凭证，核查入账日期、品名、数量、单价、金额等是否与发票、发货单、销售合同等一致。

（6）抽取与高新技术产品收入相关的发货单，核查出库日期、品名、数量等是否与发票、销售合同、记账凭证等一致。

（7）针对毛利率异常的高新技术产品，关注其成本结转是否正常，检查相关销售合同或协议、原始凭证等相关资料，分析交易的实质，必要时对毛利率异常的大额销售进行函证。

（8）选择高新技术产品销售主要客户、本期销售增幅较大的客户、关联方客户或其他异常客户，函证本期高新技术产品销售的数量和金额。

（9）对于出口销售，应当将出口销售记录与出口报关单、货运提单、销售发票等出口销售单据进行核对，必要时向海关函证。

（10）对于软件销售，应当将软件销售记录与增值税申报表、增值税退税收入表中列示的相应计税（退税）收入核对是否相符，如不相符，应当查明原因。

（11）销售的截止测试：

①检查会计年度终了日前、后若干天的账簿记录、销售发票存根联及货运单，检查销售收入有无提前确认或延迟确认的情形；

②取得会计年度终了日后若干月内所有的销售退回记录，检查是否存在不当确认收入或提前确认收入的情形；

③结合函证程序，检查有无未取得对方认可的大额销售；

④重大跨期销售的建议调整。

（12）存在销货退回的，检查退货手续是否符合规定，结合销售凭证检查其会计处理是否正确。

(13) 取得申报企业销售折扣与折让的相关资料，了解折扣与折让的具体规定，与实际执行情况进行核对；抽查大额折扣与折让发生额，检查是否经授权批准，确认其合法性、真实性；检查销售折扣与折让的会计处理是否正确。

(14) 检查有无特殊的销售行为，如委托代销、分期收款销售、商品需要安装和检验的销售、附有退回条件的销售、售后租回、售后回购、以旧换新等，选择恰当的审计程序进行审核。

(15) 调查向关联方销售高新技术产品的情况，记录其交易品种、价格、数量、金额和比例，并记录其占总销售收入的比例。

(16) 对于财务报表汇总范围内的内部销售活动，记录应予汇总抵销的金额。

(17) 获取申报企业按单一产品（服务）填报的上年度高新技术产品（服务）情况表，加计各种产品上年度销售收入，核对其与高新技术产品（服务）收入明细表中产品收入小计数是否相符。

(18) 确定高新技术产品收入的列报和披露是否恰当。

3. 技术性收入实质性程序

申报企业主营高新技术产品（服务）的研发、生产和销售时，还可能兼营技术服务、技术转让和受托技术开发等业务并取得收入，这些收入通常通过“其他业务收入”或“营业外收入”核算。对于主营技术开发和转让、技术服务的申报企业来说，技术转让收入、技术承包收入、技术服务收入和接受委托科研收入则是其主营业务收入。基于专项审计的目的，注册会计师审计时同样应当重点关注高新技术产品（服务）收入明细表中列报的技术性收入是否属于《国家重点支持的高新技术领域》规定领域的技术收入，申报企业是否存在将非技术性收入列报为技术性收入的错报风险。技术性收入审计常用的实质性程序如下：

(1) 获取高新技术产品（服务）收入明细表：

①复核加计正确，并与技术性收入明细账合计数核对是否相符；

②检查以非记账本位币结算的技术性收入的折算汇率及折算结果是否正确；

③取得知识产权证书（包括发明、实用新型、外观设计等的专利证书，软件著作权证书）或独占许可合同、生产批文、新产品或新技术证明、产品质量检验报告、省级以上科技计划立项证明以及其他相关证明材料，检查技术性收入是否属于《国家重点支持的高新技术领域》规定的技术所实现的收入，必要时，应当利用专家的工作。

(2) 实质性分析程序

将本期各类技术性收入与上期技术性收入相比较，检查是否存在重大波动，如有，应当查明原因。

(3) 检查技术性收入的确认方法是否与财务报表所采用的收入确认方法相一致，是否符合适用的会计准则和相关会计制度的规定，前后各期是否保持一致。

①检查技术转让收入是否在该项技术对应的无形资产所有权的主要风险和报酬转移时加以确认，包括检查相关合同或协议、财产移交手续和收款记录；

②对于当期发生并在年度内完成的技术承包、技术服务、接受委托科研等合同，检查其收入是否及时、完整地于当期确认，包括检查相关合同或协议、交易对方（技术发包方、技术服务接受方、科研委托方）的确认函或验收报告以及收款记录；

③对于当期开始提供劳务、跨期完工的技术承包、技术服务、接受委托科研等合同，

检查其是否采用完工百分比法确认收入，包括检查相关合同或协议、完工进度确认文件以及收款记录，关注完工进度的确认方法是否合理。

(4) 关注技术性收入对应的成本，如无成本或成本较少，检查相关合同或协议、原始凭证等相关资料，分析交易的实质。

(5) 选择技术性收入的主要客户、本期收入增幅较大的客户、关联方客户或其他异常客户，函证本期技术性收入的业务内容及其金额。

(6) 将技术性收入记录与营业税申报表中列示的应税技术性收入核对是否相符，如有不符，应当查明原因。

(7) 截止测试：

①抽查会计年度终了日前、后若干天与技术性收入相关的记账凭证，实施截止测试，追踪到发票、收据，确定入账时间是否正确，对于重大跨期项目作必要的调整建议；

②取得会计年度终了日后若干月所有的技术性收入冲回记录，检查是否存在非实质性交易或提前确认收入的情形。

(8) 调查向关联方提供的技术性收入情况，记录其交易类型、价格、金额和比例，并记录其占技术性收入总额的比例。

(9) 对于财务报表汇总范围内的技术性收入，记录应予汇总抵销的金额。

(10) 获取申报企业上年度高新技术产品（服务）情况表，加计各类技术性服务的上年度收入，核对其与高新技术产品（服务）收入明细表中技术性收入小计数是否相符。

(11) 确定技术性收入的列报和披露是否恰当。

4. 高新技术产品（服务）收入占企业当年总收入比例的复核

根据《高新技术企业认定管理办法》的规定，高新技术企业认定必须满足“最近一个会计年度高新技术产品（服务）收入占企业当年总收入的60%以上”的条件。结合审定的高新技术产品（服务）收入，复核高新技术产品（服务）收入占企业当年总收入比例的常用程序如下：

(1) 获取经具有资质的会计师事务所审计的申报企业最近一个会计年度的财务报表。

(2) 复算最近一个会计年度高新技术产品（服务）收入占申报企业当年总收入（主营业务收入与其他业务收入之和）的比例，与申报企业计算的结果核对是否一致。

第八章 专项审计报告

注册会计师应当获取充分、适当的审计证据，复核和评价审计证据及由此得出的结论，作为发表审计意见、出具专项审计报告的基础。注册会计师应当以书面报告的形式清晰地表达审计意见。

一、完成审计工作

在实施了上述所有审计程序后，注册会计师应当汇总审计测试的结果，进行更具综合性的审计工作，如编制审计差异调整表和试算平衡表，执行分析程序，撰写审计总结以及完成审计工作底稿的复核等。在此基础上，注册会计师应当评价审计结果，在与申报企业管理层和治理层沟通后，确定应出具专项审计报告的意见类型和措辞，进而编制并致送专项审计报告，终结审计工作。

在复核和评价审计证据时，注册会计师应当根据已获取的审计证据，评价是否已对所审计的申报企业研究开发费用结构明细表和高新技术产品（服务）收入明细表整体不存在

重大错报获取了合理保证。这种评价包括：

1. 是否已获取充分、适当的审计证据，并将所审计的研究开发费用结构明细表和高新技术产品（服务）收入明细表的审计风险降至可接受的低水平。

2. 已识别但尚未更正的错报的影响。

3. 研究开发费用结构明细表和高新技术产品（服务）收入明细表是否在适用的会计准则和相关会计制度框架下，按照《高新技术企业认定管理办法》和《高新技术企业认定管理工作指引》的规定编制和列报。包括：

（1）研究开发费用结构明细表和高新技术产品（服务）收入明细表中使用的术语（包括标题）是否恰当；

（2）选择和运用的会计政策是否恰当；

（3）如果管理层作出了会计估计，评价其会计估计是否合理；

（4）管理层是否完整、准确地披露了关联方及其交易；

（5）研究开发费用和高新技术产品（服务）收入（包括运用的会计政策）是否具有相关性、可靠性、可比性和可理解性；

（6）研究开发费用结构明细表和高新技术产品（服务）收入明细表的编制说明是否充分描述了编制基础、编制原则和方法；

（7）申报企业是否充分披露了所运用的重大会计政策以及管理层对监管机构、法律或合同的特殊要求所作出的重要解释；

（8）申报企业是否充分披露了可能对预期使用者理解研究开发费用结构明细表和高新技术产品（服务）收入明细表产生影响的所有重大交易及事项。

在复核、评价审计证据是否充分、适当时，需要考虑已确定审计程序是否按照计划全部得以实施。如果认为获取的证据不足以对研究开发费用结构明细表和高新技术产品（服务）收入明细表是否存在重大错报形成结论，或者发现研究开发费用结构明细表和高新技术产品（服务）收入明细表可能存在重大不符合编报规定的情况，注册会计师应当追加必要的审计程序。

根据申报企业的实际情况，如果认为研究开发费用结构明细表或高新技术产品（服务）收入明细表会误导信息使用者，注册会计师应当与管理层进行讨论，并考虑其对审计意见的影响。必要时，还应当与治理层进行沟通。

在完成审计工作前，注册会计师还应当按照《中国注册会计师审计准则第 1341 号——管理层声明》的要求，获取管理层对研究开发费用和高新技术产品（服务）收入有重大影响的事项作出的书面声明。

管理层声明书范例：

管理层声明书

××会计师事务所并××、××注册会计师：

本公司已委托贵事务所对本公司 20×1 年、20×2 年、20×3 年的研究开发费用结构明细表，20×3 年度的高新技术产品（服务）收入明细表（以下简称申报明细表）进行审计，并出具专项审计报告。

为配合贵事务所的审计工作，本公司就已知的全部事项作出如下声明：

1. 本公司承诺，在企业会计准则框架下，按照《高新技术企业认定管理办法》和《高新技术企业认定管理工作指引》的规定，如实编制研究开发费用结构明细表和高新技术产品（服务）收入明细表及其编制说明是我们的责任。这种责任包括：

（1）设计、实施和维护与研究开发费用结构明细表和高新技术产品（服务）收入明细表相关的内部控制，以使研究开发费用结构明细表和高新技术产品（服务）收入明细表不存在由于舞弊或错误而导致的重大错报；

（2）选择和运用恰当的会计政策；

（3）作出合理的会计估计；

（4）恰当界定研究开发项目、高新技术产品（服务）的具体范围。

2. 本公司已按照有关规定编制了研究开发费用结构明细表和高新技术产品（服务）收入明细表，本公司管理层对上述申报明细表的真实性、合法性和完整性承担责任。本公司承诺上述申报明细表不存在重大错报。贵事务所在审计过程中发现的未更正错报，无论是单独还是汇总起来，对上述申报明细表整体均不具有重大影响。未更正错报汇总表附后。

3. 本公司已向贵事务所提供了：

（1）与编制上述申报明细表相关的全部财务信息和其他相关数据；

（2）与高新技术研究开发和高新技术产品（服务）收入相关的决议、合同、协议、章程等相关资料；

（3）与高新技术研究开发和高新技术产品（服务）收入相关的全部股东会和董事会的会议记录；

（4）就运用的重大会计政策以及管理层对监管机构、法律法规或合同的特殊要求所作出的重要解释。

4. 本公司所有高新技术研究开发支出和高新技术产品（服务）收入均已按规定入账，不存在账外资产或未计负债。

5. 本公司已根据企业会计准则的规定识别和披露了所有重大关联方交易，并已恰当地反映在本公司编制的高新技术产品（服务）收入明细表编制说明中。

本公司已提供所有与关联方及其交易相关的资料。

6. 本公司已提供全部或有事项的相关资料。除财务报表附注中披露的事项外，本公司不存在其他应披露而未披露的与高新技术研究开发、高新技术产品销售与劳务提供相关的诉讼、赔偿、承兑、担保等或有事项。

7. 除财务报表附注中披露的承诺事项外，本公司不存在其他应披露而未披露的承诺事项。

8. 本公司不存在未披露的影响申报明细表公允性的重大不确定事项。

9. 本公司已采取必要措施防止或发现舞弊及其他违反法规行为，未发现：

（1）涉及管理层的任何舞弊行为或舞弊嫌疑的信息；

（2）涉及对内部控制产生重大影响的员工的任何舞弊行为或舞弊嫌疑的信息；

（3）涉及对申报明细表的编制具有重大影响的其他人员的任何舞弊行为或舞弊嫌疑的信息。

10. 本公司严格遵守了合同规定的条款，不存在因未履行合同而对申报明细表产生重

大影响的事项。

11. 本公司已提供上述申报明细表日后事项的相关资料，除财务报表附注中披露的日后事项外，本公司不存在其他应披露而未披露的重大日后事项。

12. 本公司管理层确信：

（1）对单独占有的核心知识产权不存在任何纠纷；

（2）无高新技术研究开发方面的任何权属纠纷。

××公司（盖章）
法定代表人：（签名）
财务负责人：（签名）
技术负责人：（签名）
二〇×四年×月×日

二、专项审计报告的要素

注册会计师执行高新技术企业认定专项审计业务，应当针对研究开发费用结构明细表、高新技术产品（服务）收入明细表分别出具专项审计报告。专项审计报告应当包括下列要素：（1）标题；（2）收件人；（3）引言段；（4）管理层的责任段；（5）注册会计师的责任段；（6）说明段；（7）审计意见段；（8）编制基础及使用限制段；（9）注册会计师的签名和盖章；（10）会计师事务所的名称、地址及盖章；（11）报告日期。

（一）标题

专项审计报告的标题应当统一规范为“专项审计报告”。

（二）收件人

专项审计报告的收件人是指注册会计师按照专项审计业务约定书的要求致送专项审计报告的对象，一般是指申报企业。专项审计报告应当载明收件人的全称。

注册会计师应当与申报企业在专项审计业务约定书中约定致送专项审计报告的对象，以防止在此问题上发生分歧或专项审计报告被申报企业滥用。

（三）引言段

专项审计报告的引言段应当说明申报企业的名称和研究开发费用结构明细表［高新技术产品（服务）收入明细表］已经过审计，并包括下列内容：

（1）指出所审计申报明细表的名称；

（2）提及申报明细表编制说明；

（3）指明申报明细表的涵盖期间。

（四）管理层的责任段

管理层的责任段应当说明，在适用的会计准则和相关会计制度框架下，按照《高新技术企业认定管理办法》和《高新技术企业认定管理工作指引》的规定，如实编制研究开发费用结构明细表［高新技术产品（服务）收入明细表］，是管理层的责任。这种责任包括：

1. 设计、实施和维护与研究开发费用结构明细表［高新技术产品（服务）收入明细表］相关的内部控制，以使研究开发费用结构明细表［高新技术产品（服务）收入明细表］不存在由于舞弊或错误而导致的重大错报；

2. 选择和运用恰当的会计政策；

3. 作出合理的会计估计；

4. 恰当界定研究开发项目、高新技术产品（服务）的具体范围。

（五）注册会计师的责任段

注册会计师的责任段应当说明下列内容：

1. 注册会计师的责任是在实施审计工作的基础上对研究开发费用结构明细表［高新技术产品（服务）收入明细表］发表审计意见。注册会计师按照《高新技术企业认定专项审计指引》的规定执行了审计工作。《高新技术企业认定专项审计指引》要求注册会计师遵守职业道德规范，计划和实施审计工作以对研究开发费用结构明细表［高新技术产品（服务）收入明细表］是否不存在重大错报获取合理保证。

2. 审计工作涉及实施审计程序，以获取有关研究开发费用结构明细表［高新技术产品（服务）收入明细表］金额和披露的审计证据。选择的审计程序取决于注册会计师的判断，包括对由于舞弊或错误导致的研究开发费用结构明细表［高新技术产品（服务）收入明细表］重大错报风险的评估。在进行风险评估时，注册会计师考虑与研究开发费用结构明细表［高新技术产品（服务）收入明细表］编制相关的内部控制，以设计恰当的审计程序，但目的并非对内部控制的有效性发表意见。审计工作还包括评价管理层选用会计政策的恰当性和作出会计估计的合理性，以及评价研究开发费用结构明细表［高新技术产品（服务）收入明细表］的总体列报。

3. 注册会计师相信已获取的审计证据是充分、适当的，为其发表审计意见提供了基础。

（六）说明段

当出具非无保留意见的专项审计报告时，注册会计师应当在注册会计师的责任段之后、审计意见段之前增加说明段，清楚地说明导致发表保留意见、否定意见或无法发表意见的所有原因，并在可能的情况下，指出其对研究开发费用结构明细表［高新技术产品（服务）收入明细表］的影响程度。

（七）审计意见段

审计意见段应当说明，研究开发费用结构明细表［高新技术产品（服务）收入明细表］是否在适用的会计准则和相关会计制度框架下，按照《高新技术企业认定管理办法》和《高新技术企业认定管理工作指引》的规定编制，是否在所有重大方面公允反映了申报企业在所审计期间的研究开发费用［高新技术产品（服务）收入］情况。

（八）编制基础及使用限制段

编制基础及使用限制段应当说明研究开发费用结构明细表［高新技术产品（服务）收入明细表］是在适用的会计准则和相关会计制度框架下，按照《高新技术企业认定管理办法》和《高新技术企业认定管理工作指引》的规定编制的，可能不适用于其他目的。专项审计报告仅供申报企业申报高新技术企业认定时使用，不得用于其他目的。

（九）注册会计师的签名和盖章

专项审计报告应当由两名符合条件的注册会计师签名并盖章。

（十）会计师事务所的名称、地址及盖章

专项审计报告应当载明会计师事务所的名称和地址，并加盖会计师事务所公章。

（十一）报告日期

专项审计报告应当注明报告日期。专项审计报告的日期不应早于注册会计师获取充分、适当的审计证据（包括管理层认可对研究开发费用结构明细表［高新技术产品（服务）收入明细表］的责任且已批准申报明细表的证据），并在此基础上对研究开发费用结构明细表［高新技术产品（服务）收入明细表］形成审计意见的日期。

注册会计师在确定专项审计报告日期时，应当考虑：(1) 应当实施的审计程序已经完成；(2) 应当提请申报企业调整的事项已经提出，申报企业已经作出调整或拒绝作出调整；(3) 管理层已经正式签署研究开发费用结构明细表［高新技术产品（服务）收入明细表］。

注册会计师应当将已审计的研究开发费用结构明细表［高新技术产品（服务）收入明细表］及其编制说明分别附于相应的专项审计报告后。研究开发费用结构明细表［高新技术产品（服务）收入明细表］及其编制说明的格式参见本指引附录3。

三、专项审计报告的类型

高新技术企业认定专项审计业务的专项审计报告可以分为无保留意见的审计报告、保留意见的审计报告、否定意见的审计报告和无法表示意见的审计报告。

当注册会计师出具的无保留意见的审计报告不附加说明段、强调事项段或任何修饰性用语时，该报告称为标准专项审计报告。非标准专项审计报告，是指标准专项审计报告以外的其他专项审计报告，包括带强调事项段的无保留意见的专项审计报告和非无保留意见的专项审计报告。非无保留意见的专项审计报告包括保留意见的专项审计报告、否定意见的专项审计报告和无法表示意见的专项审计报告。

（一）无保留意见的专项审计报告

如果认为研究开发费用结构明细表［高新技术产品（服务）收入明细表］符合下列所有条件，注册会计师应当出具无保留意见的专项审计报告：

(1) 研究开发费用结构明细表［高新技术产品（服务）收入明细表］已在适用的会计准则和相关会计制度框架下，按照《高新技术企业认定管理办法》和《高新技术企业认定管理工作指引》的规定编制，在所有重大方面公允反映了申报企业在所审计期间的研究开发费用［高新技术产品（服务）收入］情况；

(2) 注册会计师已经按照中国注册会计师审计准则的规定计划和实施审计工作，在审计过程中未受到限制。

当出具无保留意见的专项审计报告时，注册会计师应当以“我们认为”作为意见段的开头，并使用“在所有重大方面”、“公允反映”等术语。

无保留意见的专项审计报告意味着，注册会计师通过实施审计工作，认为申报企业的研究开发费用结构明细表［高新技术产品（服务）收入明细表］的编制符合合法性和公允性的要求，合理保证其不存在重大错报。

（二）带强调事项段的专项审计报告

1. 强调事项段的含义

专项审计报告的强调事项段是指注册会计师在审计意见段之后，在编制基础及使用限制段之前增加的对重大事项予以强调的段落。

强调事项应当同时符合下列条件：

(1) 可能对研究开发费用结构明细表［高新技术产品（服务）收入明细表］产生重大影响，但申报企业进行了恰当的处理，且在申报明细表及其编制说明中作了充分披露；

(2) 不影响注册会计师发表的审计意见。

注册会计师在审计意见段之前增加说明段，用来说明发表保留意见、否定意见和无法表示意见的理由；而在意见段之后增加强调事项段，只是增加专项审计报告的信息含量，提高专项审计报告的有用性，不影响发表的审计意见。如果以强调事项段代替发表审计意见，就会导致专项审计报告类型出现混乱。

2. 增加强调事项段的情形

当存在可能对研究开发费用结构明细表［高新技术产品（服务）收入明细表］产生重大影响的不确定事项、但不影响已发表的审计意见时，注册会计师应当考虑在审计意见段之后增加强调事项段对此予以强调。

不确定事项是指其结果依赖于未来行动或事项，不受申报企业的直接控制，但可能影响研究开发费用结构明细表［高新技术产品（服务）收入明细表］的事项。

注册会计师在理解不确定事项时，应当把握下列特征：（1）不确定事项的结果依赖于未来行动或事项；（2）不确定事项不受申报企业的直接控制，在管理层批准研究开发费用结构明细表［高新技术产品（服务）收入明细表］日，不可能获得更多信息消除该不确定事项；（3）不确定事项可能影响研究开发费用结构明细表［高新技术产品（服务）收入明细表］，但影响并不遥远，可以预计在未来时日得到解决。

（三）保留意见的专项审计报告

如果认为研究开发费用结构明细表［高新技术产品（服务）收入明细表］整体是公允的，但还存在下列情形之一，注册会计师应当出具保留意见的专项审计报告：

（1）注册会计师与管理层在有关研究开发费用或高新技术产品（服务）收入的会计政策的选用、会计估计的作出或披露方面存在分歧，或者认为管理层未按照《高新技术企业认定管理办法》和《高新技术企业认定管理工作指引》的规定编制研究开发费用结构明细表［高新技术产品（服务）收入明细表］，虽影响重大，但不至于出具否定意见的专项审计报告；

（2）因审计范围受到限制，不能获取充分、适当的审计证据，虽影响重大，但不至于出具无法表示意见的专项审计报告。

当出具保留意见的专项审计报告时，注册会计师应当在审计意见段中使用“除……的影响外”等术语。如果因审计范围受到限制，还应当在注册会计师的责任段中提及这一情况。

应当指出的是，只有当注册会计师认为研究开发费用结构明细表［高新技术产品（服务）收入明细表］就其整体而言是公允的，但还存在对研究开发费用结构明细表［高新技术产品（服务）收入明细表］产生重大影响的情形，才能出具保留意见的专项审计报告。如果注册会计师认为所报告的情形对研究开发费用结构明细表［高新技术产品（服务）收入明细表］产生的影响极为严重，则应出具否定意见的专项审计报告或无法表示意见的专项审计报告。

如果有关研究开发费用或高新技术产品（服务）收入的会计政策的选用、会计估计的作出或披露不符合适用的会计准则和相关会计制度，或研究开发费用结构明细表［高新技术产品（服务）收入明细表］未按照《高新技术企业认定管理办法》和《高新技术企业认定管理工作指引》的规定编制，注册会计师在判断其影响是否重大时，应当考虑该影响所涉及的金额或性质并与确定的重要性水平进行比较。

注册会计师因审计范围受到限制而出具保留意见的专项审计报告，取决于无法实施的审计程序对形成审计意见的重要性。注册会计师在判断重要性时，应当考虑有关事项潜在

影响的性质和范围以及在研究开发费用结构明细表［高新技术产品（服务）收入明细表］中的重要程度。当注册会计师因审计范围受到限制而出具保留意见的专项审计报告时，意见段的措辞应当表明保留意见是针对审计范围对研究开发费用结构明细表［高新技术产品（服务）收入明细表］可能产生的影响而不是针对审计范围限制本身。

（四）否定意见的专项审计报告

如果认为研究开发费用或高新技术产品（服务）收入的会计政策的选用、会计估计的作出或披露不符合适用的会计准则和相关会计制度，或者认为研究开发费用结构明细表［高新技术产品（服务）收入明细表］未按照《高新技术企业认定管理办法》和《高新技术企业认定管理工作指引》的规定编制，未能在所有重大方面公允反映申报企业在所审计期间的研究开发费用［高新技术产品（服务）收入］情况，注册会计师应当出具否定意见的专项审计报告。

当出具否定意见的专项审计报告时，注册会计师应当在审计意见段中使用“由于上述问题造成的重大影响”、“由于受到前段所述事项的重大影响”等术语。

（五）无法表示意见的专项审计报告

如果审计范围受到限制可能产生的影响非常重大和广泛，不能获取充分、适当的审计证据，以至于无法对研究开发费用结构明细表［高新技术产品（服务）收入明细表］发表审计意见，注册会计师应当出具无法表示意见的专项审计报告。

当出具无法表示意见的专项审计报告时，注册会计师应当删除注册会计师的责任段，并在审计意见段中使用“由于审计范围受到限制可能产生的影响非常重大和广泛”、“我们无法对上述研究开发费用结构明细表［高新技术产品（服务）收入明细表］发表意见”等术语。

无法表示意见不同于否定意见，它通常仅仅适用于注册会计师不能获取充分、适当的审计证据的情形。如果注册会计师发表否定意见，必须获取充分、适当的审计证据。无论是无法表示意见还是否定意见，都只有在非常严重的情形下采用。

专项审计报告的参考格式参见本指引附录 2。

四、出具专项审计报告的特殊考虑

（一）专项审计报告不应后附整套财务报表

根据《中国注册会计师审计准则第 1601 号——对特殊目的的审计业务出具审计报告》的规定，为避免信息使用者误认为对财务报表组成部分出具的审计报告与整套财务报表相关，注册会计师不应将整套财务报表附于专项审计报告后。

（二）对年度财务报表审计报告的特殊考虑

1. 注册会计师应当考虑在实施年度财务报表审计时与研究开发费用结构明细表［高新技术产品（服务）收入明细表］审计有关的审计结论，关注年度财务报表审计报告的类型，是否存在与申报企业研究开发费用、高新技术产品（服务）收入相关的非标准审计报告的情况，并考虑其对本专项审计业务及审计意见的影响。

2. 如果已对整套财务报表出具否定意见或无法表示意见的审计报告，只有在企业年度研究开发费用和高新技术产品（服务）收入并不构成财务报表的主要部分时，注册会计师才可以对其出具专项审计报告。否则，会对整套财务报表的审计报告产生影响。

第九章　附　　则

本指引自 2008 年 11 月 12 日起施行。

附录 1： 专项审计业务约定书参考格式

专项审计业务约定书

甲方：ABC 股份有限公司
乙方：××会计师事务所

兹由甲方委托乙方对甲方 20×1 年度、20×2 年度、20×3 年度研究开发费用结构明细表和 20×3 年度高新技术产品（服务）收入明细表进行审计，经双方协商，达成以下约定：

一、业务范围与审计目标

1. 乙方接受甲方委托，对甲方在企业会计准则框架下，按照《高新技术企业认定管理办法》和《高新技术企业认定管理工作指引》的规定编制的 20×1 年度、20×2 年度、20×3 年度研究开发费用结构明细表和 20×3 年度高新技术产品（服务）收入明细表及有关编制说明（以下简称申报明细表）进行专项审计。

2. 乙方通过执行审计工作，对申报明细表的下列方面发表审计意见：（1）申报明细表是否在企业会计准则框架下，按照《高新技术企业认定管理办法》和《高新技术企业认定管理工作指引》的规定编制；（2）申报明细表是否在所有重大方面公允反映申报企业在所审计期间的研究开发费用［高新技术产品（服务）收入］情况。

二、甲方的责任与义务

（一）甲方的责任

根据《中华人民共和国会计法》及《企业财务会计报告条例》，甲方及甲方管理层有责任保证会计资料的真实性和完整性。因此，在企业会计准则框架下，按照《高新技术企业认定管理办法》和《高新技术企业认定管理工作指引》的规定，如实编制研究开发费用结构明细表和高新技术产品（服务）收入明细表是甲方管理层的责任。这种责任包括：（1）设计、实施和维护与研究开发费用结构明细表和高新技术产品（服务）收入明细表相关的内部控制，以使研究开发费用结构明细表和高新技术产品（服务）收入明细表不存在由于舞弊或错误而导致的重大错报；（2）选择和运用恰当的会计政策；（3）作出合理的会计估计；（4）恰当界定研究开发项目、高新技术产品（服务）的具体范围。

（二）甲方的义务

1. 及时为乙方的审计工作提供其所要求的全部会计资料和其他有关资料（在 20×4 年×月×日之前提供审计所需的全部资料），并保证所提供资料的真实性和完整性。

2. 确保乙方不受限制地接触任何与本次专项审计有关的记录、文件和所需的其他信息。

3. 甲方管理层对其作出的与本次专项审计有关的声明予以书面确认。

4. 为乙方派出的有关工作人员提供必要的工作条件和协助，主要事项将由乙方于外勤工作开始前提供清单。

5. 按本约定书的约定及时足额支付专项审计费用以及乙方人员在审计期间的交通、食宿和其他相关费用。

三、乙方的责任和义务

（一）乙方的责任

1. 乙方的责任是在实施专项审计工作的基础上对甲方申报明细表发表审计意见。乙

方按照《高新技术企业认定专项审计指引》的规定进行专项审计，该指引要求注册会计师遵守职业道德规范，计划和实施审计工作，以对申报明细表是否不存在重大错报获取合理保证。

2. 审计工作涉及实施审计程序，以获取有关申报明细表金额和披露的审计证据。选择的审计程序取决于乙方的判断，包括对由于舞弊或错误导致的申报明细表重大错报风险的评估。在进行风险评估时，乙方考虑与申报明细表编制相关的内部控制，以设计恰当的审计程序，但目的并非对内部控制的有效性发表意见。专项审计工作还包括评价管理层编制申报明细表时选用会计政策的恰当性和作出会计估计的合理性，以及评价申报明细表的总体列报。

3. 乙方需要合理计划和实施专项审计工作，以使乙方能够获取充分、适当的审计证据，为甲方申报明细表是否不存在重大错报获取合理保证。

4. 乙方有责任在专项审计报告中指明所发现的研究开发费用结构明细表［高新技术产品（服务）收入明细表］中会计政策的选用、会计估计的作出或披露不符合企业会计准则的规定，或者未按照《高新技术企业认定管理办法》和《高新技术企业认定管理工作指引》的规定编制，且未按乙方建议进行调整的事项。

5. 由于测试的性质和审计的其他固有限制，以及内部控制的固有局限性，不可避免地存在着某些重大错报在审计后可能仍然未被乙方发现的风险。

6. 在专项审计过程中，乙方若发现甲方内部控制存在乙方认为的重要缺陷，应与甲方治理层或管理层沟通。但乙方沟通的各种事项，并不代表已全面说明所有可能存在的缺陷或已提出所有可行的改善建议。甲方在实施乙方提出的改善建议前应全面评估其影响。未经乙方书面许可，甲方不得向任何第三方提供乙方出具的沟通文件。

7. 乙方的审计工作不能减轻甲方及甲方管理层的责任。

（二）乙方的义务

1. 按照约定时间完成审计工作，出具专项审计报告。乙方应于20×4年×月×日前出具专项审计报告。

2. 除下列情况外，乙方应当对执行业务过程中知悉的甲方信息予以保密：（1）取得甲方的授权；（2）根据法律法规的规定，为法律诉讼准备文件或提供证据；（3）接受行业协会和监管机构依法进行的执业质量检查；（4）监管机构对乙方进行行政处罚（包括监管机构处罚前的调查、听证）以及乙方对此提起行政复议。

四、审计收费

1. 本次专项审计服务的收费是以乙方各级别工作人员在本次工作中所耗费的时间为基础计算的。乙方预计本次专项审计服务的费用总额为人民币××万元。

2. 甲方应于本约定书签署之日起××日内支付×%的审计费用，其余款项于［审计报告草稿完成日］结清。

3. 如果由于无法预见的原因，致使乙方从事本约定书所涉及的专项审计服务实际时间较本约定书签订时预计的时间有明显增加或减少时，甲乙双方应通过协商，相应调整本约定书第四条第1项下所述的审计费用。

4. 如果由于无法预见的原因，致使乙方人员抵达甲方的工作现场后，本约定书所涉及的专项审计服务不再进行，甲方不得要求退还预付的审计费用；如上述情况发生于乙方人员完成现场审计工作，并离开甲方的工作现场之后，甲方应另行向乙方支付人民币××

元的补偿费，该补偿费应于甲方收到乙方的收款通知之日起××日内支付。

5. 与本次专项审计有关的其他费用（包括交通费、食宿费等）由甲方承担。

五、审计报告的出具及使用

1. 乙方按照《高新技术企业认定专项审计指引》规定的格式，针对研究开发费用结构明细表和高新技术产品（服务）收入明细表分别出具专项审计报告。

2. 乙方向甲方致送针对研究开发费用结构明细表和高新技术产品（服务）收入明细表分别出具的专项审计报告一式××份，仅供甲方申报高新技术企业认定时使用，不得用于其他目的。

3. 甲方在向高新技术企业认定机构提交专项审计报告时，不得修改乙方出具的专项审计报告及其后附的已审申报明细表。当甲方认为有必要修改申报明细表数据、编制说明时，应当事先通知乙方，乙方将考虑有关修改对专项审计报告的影响，必要时，将重新出具专项审计报告。

六、本约定书的有效期间

本约定书自签署之日起生效，并在双方履行完毕本约定书约定的所有义务后终止。但其中第三（二）2. 四、五、六、八、九、十项并不因本约定书终止而失效。

七、约定事项的变更

如果出现不可预见的情况，影响审计工作如期完成，或需要提前出具专项审计报告，甲、乙双方均可要求变更约定事项，但应及时通知对方，并由双方协商解决。

八、终止条款

1. 如果根据乙方的职业道德及其他有关专业职责、适用的法律法规或其他任何法定的要求，乙方认为已不适宜继续为甲方提供本约定书约定的专项审计服务时，乙方可以采取向甲方提出合理通知的方式终止履行本约定书。

2. 在终止业务约定的情况下，乙方有权就其于本约定书终止之日前对约定的专项审计服务项目所做的工作收取合理的审计费用。

九、违约责任

甲、乙双方按照《中华人民共和国合同法》的规定承担违约责任。

十、适用法律和争议解决

本约定书的所有方面均应适用中华人民共和国法律进行解释并受其约束。本约定书履行地为乙方出具专项审计报告所在地，因本约定书所引起的或与本约定书有关的任何纠纷或争议（包括关于本约定书条款的存在、效力或终止，或无效之后果），双方选择以下第种解决方式：

（1）向有管辖权的人民法院提起诉讼；

（2）提交××仲裁委员会仲裁。

十一、双方约定的其他有关事项

本约定书一式两份，甲、乙方各执一份，具有同等法律效力。

甲方：ABC股份有限公司（盖章）	乙方：××会计师事务所（盖章）
授权代表：（签名并盖章）	授权代表：（签名并盖章）
二〇×四年×月×日	二〇×四年×月×日

附录 2：专项审计报告参考格式

（一）标准专项审计报告

1. 针对研究开发费用结构明细表的无保留意见专项审计报告

专项审计报告

ABC 股份有限公司：

我们审计了后附的 ABC 股份有限公司（以下简称 ABC 公司）20×1.20×2 和 20×3 年度的研究开发费用结构明细表及有关编制说明。

一、管理层的责任

在企业会计准则框架下，按照《高新技术企业认定管理办法》和《高新技术企业认定管理工作指引》的规定，如实编制研究开发费用结构明细表，是申报企业管理层的责任。这种责任包括：（1）设计、实施和维护与研究开发费用结构明细表相关的内部控制，以使研究开发费用结构明细表不存在由于舞弊或错误而导致的重大错报；（2）选择和运用恰当的会计政策；（3）作出合理的会计估计；（4）恰当界定研究开发项目的具体范围。

二、注册会计师的责任

我们的责任是在实施审计工作的基础上对研究开发费用结构明细表发表审计意见。我们按照《高新技术企业认定专项审计指引》的规定执行了审计工作。《高新技术企业认定专项审计指引》要求我们遵守职业道德规范，计划和实施审计工作以对研究开发费用结构明细表是否不存在重大错报获取合理保证。

审计工作涉及实施审计程序，以获取有关研究开发费用结构明细表金额和披露的审计证据。选择的审计程序取决于注册会计师的判断，包括对由于舞弊或错误导致的研究开发费用结构明细表重大错报风险的评估。在进行风险评估时，我们考虑与研究开发费用结构明细表编制相关的内部控制，以设计恰当的审计程序，但目的并非对内部控制的有效性发表意见。审计工作还包括评价管理层选用相关会计政策的恰当性和作出相关会计估计的合理性，以及评价研究开发费用结构明细表的总体列报。

我们相信，我们获取的审计证据是充分、适当的，为发表审计意见提供了基础。

三、审计意见

我们认为，ABC 公司 20×1.20×2 和 20×3 年度的研究开发费用结构明细表已在企业会计准则框架下，按照《高新技术企业认定管理办法》和《高新技术企业认定管理工作指引》的规定编制，在所有重大方面公允反映了 ABC 公司在所审计期间的研究开发费用情况。

四、编制基础及使用限制

我们注意到如研究开发费用结构明细表编制说明第××所述，ABC 公司 20×1.20×2 和 20×3 年度的研究开发费用结构明细表是在企业会计准则框架下，按照《高新技术企业认定管理办法》和《高新技术企业认定管理工作指引》的规定编制的，可能不适用于其他目的。本报告仅供 ABC 公司申报高新技术企业认定时使用，不得用于其他目的。本段内容不影响已发表的审计意见。

××会计师事务所 中国注册会计师：×××
（盖章） （签名并盖章）

中国注册会计师：×××
（签名并盖章）

中国××市
二〇×二年×月×日

2. 针对高新技术产品（服务）收入明细表的无保留意见专项审计报告

专项审计报告

ABC股份有限公司：

我们审计了后附的ABC股份有限公司（以下简称ABC公司）20×3年度的高新技术产品（服务）收入明细表及有关编制说明。

一、管理层的责任

在企业会计准则框架下，按照《高新技术企业认定管理办法》和《高新技术企业认定管理工作指引》的规定，如实编制高新技术产品（服务）收入明细表，是申报企业管理层的责任。这种责任包括：(1) 设计、实施和维护与高新技术产品（服务）收入明细表相关的内部控制，以使高新技术产品（服务）收入明细表不存在由于舞弊或错误而导致的重大错报；(2) 选择和运用恰当的会计政策；(3) 作出合理的会计估计；(4) 恰当界定高新技术产品（服务）的具体范围。

二、注册会计师的责任

我们的责任是在实施审计工作的基础上对高新技术产品（服务）收入明细表发表审计意见。我们按照《高新技术企业认定专项审计指引》的规定执行了审计工作。《高新技术企业认定专项审计指引》要求我们遵守职业道德规范，计划和实施审计工作以对高新技术产品（服务）收入明细表是否不存在重大错报获取合理保证。

审计工作涉及实施审计程序，以获取有关高新技术产品（服务）收入明细表金额和披露的审计证据。选择的审计程序取决于注册会计师的判断，包括对由于舞弊或错误导致的高新技术产品（服务）收入明细表重大错报风险的评估。在进行风险评估时，我们考虑与高新技术产品（服务）收入明细表编制相关的内部控制，以设计恰当的审计程序，但目的并非对内部控制的有效性发表意见。审计工作还包括评价管理层选用相关会计政策的恰当性和作出相关会计估计的合理性，以及评价高新技术产品（服务）收入明细表的总体列报。

我们相信，我们获取的审计证据是充分、适当的，为发表审计意见提供了基础。

三、审计意见

我们认为，ABC公司20×3年度的高新技术产品（服务）收入明细表已在企业会计准则框架下，按照《高新技术企业认定管理办法》和《高新技术企业认定管理工作指引》的规定编制，在所有重大方面公允反映了ABC公司在20×3年度的高新技术产品（服务）收入情况。

四、编制基础及使用限制

我们注意到如高新技术产品（服务）收入明细表编制说明第××所述，ABC公司20×3年度的高新技术产品（服务）收入明细表是在企业会计准则框架下，按照《高新技术企业认定管理办法》和《高新技术企业认定管理工作指引》的规定编制的，可能不适用于其他目的。本报告仅供ABC公司申报高新技术企业认定时使用，不得用于其他目的。本段内容不影响已发表的审计意见。

××会计师事务所　　　　　　　　　　中国注册会计师：×××
（盖章）　　　　　　　　　　　　　　（签名并盖章）

中国注册会计师：×××
（签名并盖章）

中国××市
二○×二年×月×日

（二）非标准专项审计报告

以下以研究开发费用结构明细表或高新技术产品（服务）收入明细表的专项审计报告为例，列示了各类非标准专项审计报告的参考格式。

1. 带强调事项段的无保留意见的专项审计报告

专项审计报告

ABC股份有限公司：

我们审计了后附的ABC股份有限公司（以下简称ABC公司）20×1.20×2和20×3年度的研究开发费用结构明细表及有关编制说明。

一、管理层的责任

在企业会计准则框架下，按照《高新技术企业认定管理办法》和《高新技术企业认定管理工作指引》的规定，如实编制研究开发费用结构明细表，是申报企业管理层的责任。这种责任包括：（1）设计、实施和维护与研究开发费用结构明细表相关的内部控制，以使研究开发费用结构明细表不存在由于舞弊或错误而导致的重大错报；（2）选择和运用恰当的会计政策；（3）作出合理的会计估计；（4）恰当界定研究开发项目的具体范围。

二、注册会计师的责任

我们的责任是在实施审计工作的基础上对研究开发费用结构明细表发表审计意见。我们按照《高新技术企业认定专项审计指引》的规定执行了审计工作。《高新技术企业认定专项审计指引》要求我们遵守职业道德规范，计划和实施审计工作以对研究开发费用结构明细表是否不存在重大错报获取合理保证。

审计工作涉及实施审计程序，以获取有关研究开发费用结构明细表金额和披露的审计证据。选择的审计程序取决于注册会计师的判断，包括对由于舞弊或错误导致的研究开发费用结构明细表重大错报风险的评估。在进行风险评估时，我们考虑与研究开发费用结构明细表编制相关的内部控制，以设计恰当的审计程序，但目的并非对内部控制的有效性发表意见。审计工作还包括评价管理层选用相关会计政策的恰当性和作出相关会计估计的合理性，以及评价研究开发费用结构明细表的总体列报。

我们相信，我们获取的审计证据是充分、适当的，为发表审计意见提供了基础。

三、审计意见

我们认为，ABC 公司 20×1.20×2 和 20×3 年度的研究开发费用结构明细表已在企业会计准则框架下，按照《高新技术企业认定管理办法》和《高新技术企业认定管理工作指引》的规定编制，在所有重大方面公允反映了 ABC 公司在所审计期间的研究开发费用情况。

四、强调事项

我们提醒研究开发费用结构明细表使用者关注，如 ABC 公司研究开发费用结构明细表编制说明××所述，[说明存在重大不确定性的事项]。本段内容不影响已发表的审计意见。

五、编制基础及使用限制

我们注意到如研究开发费用结构明细表编制说明××所述，ABC 公司 20×1.20×2 和 20×3 年度的研究开发费用结构明细表是在企业会计准则框架下，按照《高新技术企业认定管理办法》和《高新技术企业认定管理工作指引》的规定编制的，可能不适用于其他目的。本报告仅供 ABC 公司申报高新技术企业认定时使用，不得用于其他目的。本段内容不影响已发表的审计意见。

××会计师事务所 （盖章）	中国注册会计师：××× （签名并盖章）
	中国注册会计师：××× （签名并盖章）
	中国××市 二〇×二年×月×日

2. 保留意见的专项审计报告（审计范围受到限制）

专项审计报告

ABC 股份有限公司：

我们审计了后附的 ABC 股份有限公司（以下简称 ABC 公司）20×3 年度的高新技术产品（服务）收入明细表及有关编制说明。

一、管理层的责任

在企业会计准则框架下，按照《高新技术企业认定管理办法》和《高新技术企业认定管理工作指引》的规定，如实编制高新技术产品（服务）收入明细表，是申报企业管理层的责任。这种责任包括：(1) 设计、实施和维护与高新技术产品（服务）收入明细表相关的内部控制，以使高新技术产品（服务）收入明细表不存在由于舞弊或错误而导致的重大错报；(2) 选择和运用恰当的会计政策；(3) 作出合理的会计估计；(4) 恰当界定高新技术产品（服务）的具体范围。

二、注册会计师的责任

我们的责任是在实施审计工作的基础上对高新技术产品（服务）收入明细表发表审计意见。除下段“三、导致保留意见的事项”所述事项外，我们按照《高新技术企业认定专项审计指引》的规定执行了审计工作。《高新技术企业认定专项审计指引》要求我们遵守职业道德规范，计划和实施审计工作以对高新技术产品（服务）收入明细表是否不存在重大错报获取合理保证。

审计工作涉及实施审计程序，以获取有关高新技术产品（服务）收入明细表金额和披露的审计证据。选择的审计程序取决于注册会计师的判断，包括对由于舞弊或错误导致的高新技术产品（服务）收入明细表及有关编制说明重大错报风险的评估。在进行风险评估时，我们考虑与高新技术产品（服务）收入明细表编制相关的内部控制，以设计恰当的审计程序，但目的并非对内部控制的有效性发表意见。审计工作还包括评价管理层选用相关会计政策的恰当性和作出相关会计估计的合理性，以及评价高新技术产品（服务）收入明细表的总体列报。

我们相信，我们获取的审计证据是充分、适当的，为发表审计意见提供了基础。

三、导致保留意见的事项

ABC 公司 20×3 年度的高新技术产品（服务）收入明细表反映的 20×3 年度高新技术产品（服务）收入合计为××万元，其中××万元的技术转让收入，由于 ABC 公司未能提供相关文件及凭证，致使我们无法就其获取充分、适当的审计证据。

四、审计意见

我们认为，除前段所述事项可能产生的影响外，ABC 公司 20×3 年度高新技术产品（服务）收入明细表已在企业会计准则框架下，按照《高新技术企业认定管理办法》和《高新技术企业认定管理工作指引》的规定编制，在所有重大方面公允反映了 ABC 公司 20×3 年度的高新技术产品（服务）收入情况。

五、编制基础及使用限制

我们注意到如高新技术产品（服务）收入明细表编制说明××所述，ABC 公司 20×3 年度的高新技术产品（服务）收入明细表是在企业会计准则框架下，按照《高新技术企业认定管理办法》和《高新技术企业认定管理工作指引》的规定编制的，可能不适用于其他目的。本报告仅供 ABC 公司申报高新技术企业认定时使用，不得用于其他目的。本段内容不影响已发表的审计意见。

××会计师事务所　　　　　　中国注册会计师：×××
（盖章）　　　　　　　　　　（签名并盖章）

中国注册会计师：×××
（签名并盖章）

中国××市
二〇×二年×月×日

3. 否定意见的专项审计报告

专项审计报告

ABC股份有限公司：

我们审计了后附的ABC股份有限公司（以下简称ABC公司）20×3年度的高新技术产品（服务）收入明细表及有关编制说明。

一、管理层的责任

在企业会计准则框架下，按照《高新技术企业认定管理办法》和《高新技术企业认定管理工作指引》的规定，如实编制高新技术产品（服务）收入明细表，是申报企业管理层的责任。这种责任包括：（1）设计、实施和维护与高新技术产品（服务）收入明细表相关的内部控制，以使高新技术产品（服务）收入明细表不存在由于舞弊或错误而导致的重大错报；（2）选择和运用恰当的会计政策；（3）作出合理的会计估计；（4）恰当界定高新技术产品（服务）的具体范围。

二、注册会计师的责任

我们的责任是在实施审计工作的基础上对高新技术产品（服务）收入明细表发表审计意见。我们按照《高新技术企业认定专项审计指引》的规定执行了审计工作。《高新技术企业认定专项审计指引》要求我们遵守职业道德规范，计划和实施审计工作以对高新技术产品（服务）收入明细表是否不存在重大错报获取合理保证。

审计工作涉及实施审计程序，以获取有关高新技术产品（服务）收入明细表金额和披露的审计证据。选择的审计程序取决于注册会计师的判断，包括对由于舞弊或错误导致的高新技术产品（服务）收入明细表重大错报风险的评估。在进行风险评估时，我们考虑与高新技术产品（服务）收入明细表编制相关的内部控制，以设计恰当的审计程序，但目的并非对内部控制的有效性发表意见。审计工作还包括评价管理层选用相关会计政策的恰当性和作出相关会计估计的合理性，以及评价高新技术产品（服务）收入明细表的总体列报。

我们相信，我们获取的审计证据是充分、适当的，为发表审计意见提供了基础。

三、导致否定意见的事项

ABC公司20×3年度高新技术产品（服务）收入明细表反映的20×3年度的高新技术产品（服务）收入合计为××万元，其中××万元不符合《高新技术企业认定管理工作指引》关于高新技术产品（服务）收入分类的规定，如果予以剔除，ABC公司20×3年度的高新技术产品（服务）收入应为××万元，占ABC公司20×3年度总收入的比例将减少至××%。我们提出了调整建议，但ABC公司未予采纳。

四、审计意见

由于受到前段所述事项的重大影响，ABC公司20×3年度的高新技术产品（服务）收入明细表没有按照《高新技术企业认定管理办法》和《高新技术企业认定管理工作指引》的规定编制，未能在所有重大方面公允反映ABC公司20×3年度的高新技术产品（服务）收入情况。

××会计师事务所　　　　　　　　　　　　中国注册会计师：×××
（盖章）　　　　　　　　　　　　　　　（签名并盖章）

中国注册会计师：×××
（签名并盖章）

中国××市
二〇×二年×月×日

4. 无法表示意见的专项审计报告

专项审计报告

ABC 股份有限公司：

我们接受委托，审计后附的 ABC 股份有限公司（以下简称 ABC 公司）20×1.20×2 和 20×3 年度的研究开发费用结构明细表及有关编制说明。

一、管理层的责任

在企业会计准则框架下，按照《高新技术企业认定管理办法》和《高新技术企业认定管理工作指引》的规定，如实编制研究开发费用结构明细表，是申报企业管理层的责任。这种责任包括：（1）设计、实施和维护与研究开发费用结构明细表相关的内部控制，以使研究开发费用结构明细表不存在由于舞弊或错误而导致的重大错报；（2）选择和运用恰当的会计政策；（3）作出合理的会计估计；（4）恰当界定研究开发项目的具体范围。

二、导致无法表示意见的事项

贵公司未提供科研项目的计划和预算，对研发费用支出缺乏相关的内部控制，也未见科研项目的研究记录。因此，我们无法就 ABC 公司 20×1.20×2 和 20×3 年度的研发费用支出获取充分、适当的审计证据。

三、审计意见

由于上述审计范围受到限制可能产生的影响非常重大和广泛，我们无法对 ABC 公司 20×1.20×2 和 20×3 年度的研究开发费用结构明细表发表意见。

××会计师事务所　　　　　　　　　　　　中国注册会计师：×××
（盖章）　　　　　　　　　　　　　　　（签名并盖章）

中国注册会计师：×××
（签名并盖章）

中国××市
二〇×二年×月×日

附录 3：研究开发费用结构明细表和高新技术产品（服务）收入明细表及其编制说明参考格式

研究开发费用结构明细表（按近 3 年每年分别填报）
××年度

编制单位：ABC 股份有限公司　　　　单位：人民币万元

研究开发项目编号 科目/本期发生数	RD01	RD02	RD03	RD…	RD…	合计
一、内部研究开发投入额						
其中：人员人工						
直接投入						
折旧费用与长期待摊费用摊销						
设计费						
设备调试费						
无形资产摊销						
其他费用						
二、委托外部研究开发投入额						
其中：境内的外部研发投入额						
三、研究开发投入额（内、外部）小计						

公司法定代表人：
主管会计工作的公司负责人：
公司会计机构负责人：
公司盖章：

ABC 股份有限公司
研究开发费用结构明细表编制说明

20×1 年 1 月 1 日至 20×3 年 12 月 31 日　　　　金额单位：人民币万元

一、公司基本情况

> 提示：公司基本情况应当采用简洁的语言，一般应分段表述。其内容主要包括基本沿革、所处行业、经营范围、主要产品或提供的劳务、分支机构等有关资料。

ABC 股份有限公司（以下简称公司或本公司）系经××批准，由××发起设立，于××年×月×日在××工商行政管理局登记注册，取得注册号为××的《企业法人营业执照》，现有注册资本××元。

本公司属××行业。经营范围：××。主要产品或提供的劳务：××。

[本公司下设××、××等分支机构。]

二、研究开发费用结构明细表的编制基础

本公司在企业会计准则框架下，按照《高新技术企业认定管理办法》和《高新技术企业认定管理工作指引》的规定编制研究开发费用结构明细表。

三、公司采用的编制原则和方法

提示：研究开发费用结构明细表是根据《高新技术企业认定管理办法》和《高新技术企业认定管理工作指引》的规定，对研究开发费用进行归集而编制的。公司应当说明各项研究开发费用的归集方法、依据以及重要估计。

（一）人员人工

人员人工是指从事研究开发活动人员（也称开发人员）的工资薪金，包括基本工资、奖金、津贴、补贴、年终加薪、加班工资以及与其任职或者受雇有关的其他支出。

本公司研发人员是指从事研究开发活动的，全年累计工作时间在183天以上的全时工作人员，具体包括……

……

（二）直接投入

直接投入是指为实施研究开发项目而购买的原材料等相关支出，包括用于研究开发的原材料、水和燃料（包括煤气和电）使用费等；用于中间试验和产品试制达不到固定资产标准的模具、样品、样机及一般测试手段购置费、试制产品的检验费等；用于研究开发活动的仪器设备的简单维护费；以经营租赁方式租入的固定资产发生的租赁费等。

……

（三）折旧费用与长期待摊费用摊销

折旧费用是指为执行研究开发活动而购置的仪器和设备以及研究开发项目在用建筑物的折旧费用。本公司各类固定资产的折旧年限、残值率如下：

固定资产类别	折旧年限	残值率
1.		
2.		
……		

（四）设计费用

设计费用是指为新产品和新工艺的构思、开发和制造，进行工序、技术规范、操作特性方面的设计等发生的费用。

……

（五）装备调试费

装备调试费是指工装准备过程中研究开发活动所发生的费用，包括研究生产机器、模具和工具，改变生产和质量控制程序，或制定新方法及标准等。为大规模批量化和商业化生产所进行的常规性工装准备和工业工程发生的费用不计入。

……

（六）无形资产摊销

无形资产摊销是指因研究开发活动而需要购入的专有技术（包括专利、非专利发明、许可证、专有技术、设计和计算方法等）所发生的支出的摊销费用。各类无形资产摊销方法如下：

无形资产类别	摊销年限	净残值率
1.		
2.		
……		

（七）委托外部研究开发费用

委托外部研究开发费用是指委托境内其他企业、大学、研究机构、转制院所、技术专业服务机构和境外机构进行的项目成果为公司所有，且与公司的主要经营业务紧密相关的研究开发活动所发生的费用。

委托外部研究开发发生的费用按独立交易的原则确定，按发生额的80%归集。

……

（八）其他费用

其他费用是指为研究开发活动所发生的其他费用，包括办公费、通讯费、专利申请维护费、高新技术研究保险费等。此项费用按不超过研究开发费用总额的10%确认。

……

四、报告期内主要研究开发项目的基本情况说明

包括项目内容、立项情况、审批情况（如需要）、项目预算情况和截至目前进展情况等。

五、其他说明

> 提示：详细阐述研究开发费用结构明细表中需要特别说明的有关项目（如关联交易）和公司认为需要说明的其他事项，如申报明细表中对前期已审财务报表中涉及研究开发支出的重大会计差错的更正情况等。

ABC股份有限公司

二〇×四年×月×日

高新技术产品（服务）收入明细表
20×3年度

编制单位：ABC股份有限公司　　　　单位：人民币万元

项　　目	金　额
一、产品收入	
1.	
2.	

（续表）

项 目	金 额
3.	
4.	
小计	
二、技术性收入	
1. 技术转让收入	
2. 技术承包收入	
3. 技术服务收入	
4. 接受委托科研收入	
5.	
6.	
小计	
三、高新技术产品（服务）收入合计	

公司法定代表人：

主管会计工作的公司负责人：

公司会计机构负责人：

公司盖章：

ABC股份有限公司
高新技术产品（服务）收入明细表编制说明
20×3年度

金额单位：人民币万元

一、公司基本情况

> 提示：公司基本情况应当采用简洁的语言，一般应分段表述。其内容主要包括基本沿革、所处行业、经营范围、主要产品或提供的劳务、分支机构等有关资料。

ABC股份有限公司（以下简称公司或本公司）系经××批准，由××发起设立，于××年×月×日在××工商行政管理局登记注册，取得注册号为××的《企业法人营业执照》，现有注册资本××元。

本公司属××行业。经营范围：××。主要产品或提供的劳务：××。

[本公司下设××、××等分支机构。]

二、高新技术产品（服务）收入明细表的编制基础

本公司在企业会计准则框架下，按照《高新技术企业认定管理办法》和《高新技术企业认定管理工作指引》的规定编制高新技术产品（服务）收入明细表。

三、公司采用的编制原则和方法

> 提示：高新技术产品（服务）收入明细表是根据《高新技术企业认定管理办法》和《高新技术企业认定管理工作指引》的规定，对高新技术产品（服务）收入归集而编制的。公司应当说明各项高新技术产品（服务）收入的归集方法、依据以及重要估计。

（一）产品收入

产品收入是指通过技术创新、开展研发活动，形成符合《国家重点支持的高新技术领域》要求的产品的销售收入。

（二）技术性收入

1. 技术转让收入

技术转让收入是指技术创新成果通过技术贸易、技术转让所获得的收入。

……

2. 技术承包收入

技术承包收入是指技术项目设计、技术工程实施所获得的收入。

……

3. 技术服务收入

技术服务收入是指利用自己的人力、物力和数据系统等为社会和本公司外的用户提供技术方案、数据处理、测试分析及其他类型的服务所获得的收入。

……

4. 接受委托科研收入

接受委托科研收入是指承担社会各方面委托研究开发、中间试验及新产品开发所获得的收入。

……

四、其他说明

> 提示：详细阐述高新技术产品（服务）收入明细表中需要特别说明的有关项目（如关联交易）和公司认为需要说明的其他事项。

ABC股份有限公司

二〇×四年×月×日

最高人民法院关于审计（师）事务所执业审计师可以接受清算组的聘任参与企业破产清算的通知

（法［1993］72号，1993年8月28日）

各省、自治区、直辖市高级人民法院：

审计（师）事务所是依法成立的社会审计组织，根据《中华人民共和国审计条例》第三十二条第一款第（二）项之规定，社会审计组织可以接受国家机关、企事业单位、个人委托，承办经济案件的鉴定事项。因此，在审理破产案件中，清算组织可以聘任审计（师）事务所一定数量的执业审计师参与企业破产清算。

一九九三年八月二十八日

最高人民法院关于会计师事务所、审计事务所脱钩改制前民事责任承担问题的通知

（法［2001］100号，2001年7月18日）

各省、自治区、直辖市高级人民法院，解放军军事法院，新疆维吾尔自治区高级人民法院生产建设兵团分院：

根据《中华人民共和国民法通则》、《中华人民共和国注册会计师法》等有关法律规定，现对审理涉及会计师事务所、审计事务所（以下统称事务所）的民事案件中，有关脱钩改制后的事务所对原事务所民事责任的承担问题，通知如下：

对原事务所的应承担的民事责任，应当由其开办单位在所接收的原事务所的剩余财产和风险基金范围内承担清算责任。但如开办单位将原事务所的剩余财产和风险基金留给脱钩改制后的新事务所，则应当由新事务所在所接收的资产范围内对原事务所的债务承担民事责任。

内部控制审核指导意见

（会协［2002］41号，2002年2月9日）

第一章 总 则

第一条 为了规范注册会计师执行内部控制审核业务，明确工作要求，保证执业质量，根据国家有关法规的要求，提出本指导意见。

第二条 本意见所称内部控制审核，是指注册会计师接受委托，就被审核单位管理当局对特定日期与会计报表相关的内部控制有效性的认定进行审核，并发表审核意见。

第三条 按照国家有关法规的要求，建立健全内部控制并保持其有效性，是被审核单位管理当局的责任。

按照本意见的要求，了解、测试和评价内部控制，出具审核报告，是注册会计师的责任。

第四条 注册会计师应当保持应有的职业谨慎，关注内部控制的固有限制，获取充分、适当的证据，将审核风险降低至可接受的水平。

第五条 注册会计师对特定期间与会计报表相关的内部控制的有效性执行审核业务，可参照本意见办理。

第二章　业务约定书

第六条　注册会计师应当在了解被审核单位基本情况的基础上，考虑自身能力和能否保持独立性，初步评估审核风险，确定是否接受委托。

如果接受委托，会计师事务所应当与委托人就约定事项达成一致意见，并签订业务约定书。

第七条　业务约定书应当包括以下主要内容：

（一）委托目的；

（二）委托业务的性质；

（三）审核范围；

（四）被审核单位管理当局的责任和注册会计师的责任；

（五）内部控制的固有限制；

（六）评价内部控制有效性的标准；

（七）报告分发和使用的限制。

第三章　审核计划

第八条　在制定审核计划前，注册会计师应当向被审核单位管理当局获取有关内部控制有效性的书面认定，以及内部控制手册、流程图、调查问卷和备忘录等文件。

第九条　在制定审核计划时，注册会计师应当考虑以下主要因素：

（一）被审核单位所在行业的情况，包括行业景气程度、经营风险、技术进步等；

（二）被审核单位的内部情况，包括组织结构、经营特征、资本构成、生产和业务流程、员工素质等；

（三）被审核单位近期在经营和内部控制方面的变化；

（四）管理当局的诚信、能力及发生舞弊的可能性；

（五）管理当局评价内部控制有效性的方法和证据；

（六）对重要性水平、固有风险及其他与确定内部控制重大缺陷有关的因素的初步判断；

（七）特定内部控制的性质及其在内部控制整体中的重要性；

（八）对内部控制有效性的初步判断；

（九）从其他专业服务中了解到的有关被审核单位内部控制的情况。

第十条　如果被审核单位有多个经营场所，注册会计师应当选择某些经营场所的内部控制进行了解和测试。

在选择了解和测试的经营场所时，注册会计师除考虑第九条列举的有关因素外，还应当考虑以下因素：

（一）不同场所之间经营活动和内部控制的相似性；

（二）会计处理的集中程度；

（三）控制环境的有效性，尤其是管理当局对各经营场所行使授权的控制和有效监督经营活动的能力；

（四）各经营场所发生交易的性质和金额。

第十一条 内部审计的工作结果是管理当局评价内部控制有效性的重要基础，注册会计师应当考虑被审核单位内部审计人员的专业能力、独立性及工作范围。

第四章 审核程序

第十二条 注册会计师应当根据审核计划，实施以下工作步骤：

（一）了解内部控制的设计；

（二）评价内部控制设计的合理性；

（三）测试和评价内部控制执行的有效性。

第十三条 注册会计师应当实施以下程序，以了解内部控制的设计：

（一）询问被审核单位的有关人员；

（二）检查内部控制生成的文件和记录；

（三）观察被审核单位的经营管理活动。

第十四条 注册会计师应当在了解内部控制各要素的基础上，根据内部控制能否防止和发现会计报表有关认定的重大错报，评价内部控制设计的合理性。

第十五条 在评价内部控制设计的合理性时，注册会计师应当关注内部控制整体能否实现控制目标，而不应孤立地关注特定内部控制。

第十六条 在确定评价特定内部控制设计合理性的程序时，注册会计师应当考虑以下因素：

（一）特定内部控制的性质；

（二）特定内部控制的描述方式；

（三）经营活动及其管理系统的复杂性。

第十七条 注册会计师应当对相关内部控制进行测试，获取充分、适当的证据，以评价内部控制执行的有效性。

在测试内部控制执行的有效性时，注册会计师应当关注该项内部控制是否得到执行、如何执行、由谁执行以及是否得到一贯执行。

第十八条 在测试内部控制执行的有效性时，注册会计师通常实施以下程序：

（一）询问被审核单位的有关人员；

（二）检查内部控制生成的文件和记录；

（三）观察被审核单位的经营管理活动；

（四）重新执行有关内部控制。

第十九条 在评价获取的证据是否充分、适当时，注册会计师应当运用专业判断，并考虑以下因素：

（一）特定内部控制的性质；

（二）特定内部控制在实现控制目标中的重要性；

（三）被审核单位对特定内部控制执行有效性进行测试的性质和范围；

（四）特定内部控制未得到遵循的风险。

第二十条 在评价内部控制执行的有效性时，注册会计师可考虑利用管理当局对内部控制执行有效性的测试结果，但应获取充分、适当的证据进行印证。

第二十一条 在评价特定内部控制未得到遵循的风险时，注册会计师应当考虑以下因素：

（一）交易的数量和性质是否发生变化，以致对特定内部控制的设计和执行产生不利影响；

（二）内部控制是否发生变化；

（三）特定内部控制对其他内部控制有效性的依赖程度；

（四）执行或监控内部控制的关键人员是否发生变动；

（五）特定内部控制的执行是依赖人工还是电子设备；

（六）特定内部控制的复杂程度；

（七）特定控制目标的实现是否依赖于多项内部控制。

第二十二条 某些内部控制是连续执行的，而某些内部控制只在特定时间执行，注册会计师应当根据内部控制的性质及其执行的时间和频率，合理确定控制测试的性质、时间和范围。

第二十三条 当管理当局在作出内部控制有效性认定之前已对内部控制作了改进时，如果注册会计师确定新的内部控制能够实现相关目标，并且已有效执行了适当的时间，可不考虑改进前内部控制设计的合理性和执行的有效性。

第二十四条 对已发现的内部控制重大缺陷，注册会计师应当及时以书面形式与被审核单位进行沟通。

第二十五条 在判断某项内部控制缺陷单独或连同其他内部控制缺陷是否为重大缺陷时，注册会计师应当考虑潜在的错误或舞弊可能导致错报的金额和性质。

第二十六条 注册会计师应当就以下重要事项向管理当局获取书面声明：

（一）管理当局对建立健全内部控制并保持其有效性负责；

（二）管理当局已对内部控制的有效性进行了评价；

（三）管理当局已作出特定日期与会计报表相关的内部控制有效性的认定；

（四）管理当局已向注册会计师告知内部控制在设计和执行方面存在的重大缺陷；

（五）管理当局已向注册会计师告知发生的重大舞弊，以及虽不重大但涉及管理人员或在内部控制过程中起关键作用的员工的其他舞弊；

（六）期后发生的内部控制变化和可能影响内部控制的其他因素，包括管理当局针对重大缺陷采取的各项改进措施。

第二十七条 如果管理当局拒绝提供有关内部控制的书面声明，注册会计师应当将其视为审核范围受到限制，并考虑管理当局其他声明的可靠性。

第二十八条 注册会计师应当将实施的审核程序及其结果，连同取得的有关资料，形成审核工作底稿。

第五章 审核报告

第二十九条 注册会计师应当复核与评价审核证据，形成审核意见，出具审核报告。

第三十条 审核报告应当包括以下基本内容：

（一）标题；

（二）收件人；

（三）引言段；

（四）范围段；

（五）固有限制段；

（六）意见段；

（七）签章和会计师事务所地址；

（八）报告日期。

第三十一条 审核报告的标题应当统一规范为“内部控制审核报告”。

第三十二条 审核报告的收件人应当为审核业务的委托人。审核报告应当载明收件人的全称。

第三十三条 审核报告的引言段应当说明以下内容：

（一）被审核单位管理当局对特定日期与会计报表相关的内部控制有效性的认定；

（二）被审核单位管理当局的责任；

（三）注册会计师的责任。

第三十四条 审核报告的范围段应当说明以下内容：

（一）审核依据，即《内部控制审核指导意见》；

（二）审核程序；

（三）实施的审核程序为注册会计师发表审核意见提供了合理的基础。

第三十五条 审核报告的固有限制段应当说明以下内容：

（一）内部控制的固有限制；

（二）根据内部控制评价结果推测未来内部控制有效性的风险。

第三十六条 审核报告的意见段应当说明被审核单位于特定日期在所有重大方面是否保持了与会计报表相关的有效的内部控制。

第三十七条 审核报告应当由注册会计师签名并盖章，加盖会计师事务所公章，标明会计师事务所地址。

第三十八条 报告日期是指注册会计师完成外勤审核工作的日期。

第三十九条 如果注册会计师认为被审核单位内部控制存在重大缺陷，而管理当局已在书面声明及认定中恰当地说明了内部控制的重大缺陷及其对实现控制目标的影响，注册会计师应当在审核意见段前增设说明段说明重大缺陷，并视其重要程度发表保留意见或否定意见。

第四十条 如果注册会计师认为被审核单位内部控制存在重大缺陷，而管理当局未在其书面声明及认定中说明内部控制的重大缺陷及其对实现控制目标的影响，或虽已说明重大缺陷，却认定其内部控制依然有效，注册会计师应当发表否定意见。

第四十一条 如果审核范围受到限制，注册会计师应当视其重要程度，发表保留意见或拒绝表示意见。

第四十二条 当存在下列情况时，注册会计师应当考虑其对审核报告的影响：

（一）管理当局的认定仅涉及部分内部控制的有效性；

（二）管理当局的认定仅涉及内部控制设计的合理性。

第四十三条 如果认为期后事项严重影响内部控制的有效性，注册会计师应当视其重要程度，发表保留意见或否定意见；如果不能确定其影响，注册会计师应当发表拒绝表示意见。

附录：内部控制审核报告参考格式

1. 无保留意见

内部控制审核报告

×股份有限公司：

我们接受委托，审核了贵公司管理当局对×年×月×日与会计报表相关的内部控制有效性的认定。贵公司管理当局的责任是建立健全内部控制并保持其有效性，我们的责任是对贵公司内部控制的有效性发表意见。

我们的审核是依据《内部控制审核指导意见》进行的。在审核过程中，我们实施了包括了解、测试和评价内部控制设计的合理性和执行的有效性，以及我们认为必要的其他程序。我们相信，我们的审核为发表意见提供了合理的基础。

内部控制具有固有限制，存在由于错误或舞弊而导致错报发生和未被发现的可能性。此外，由于情况的变化可能导致内部控制变得不恰当，或降低对控制政策、程序遵循的程度，根据内部控制评价结果推测未来内部控制有效性具有一定的风险。

我们认为，贵公司按照×标准于×年×月×日在所有重大方面保持了与会计报表相关的有效的内部控制。

×会计师事务所（公章） 中国注册会计师（签名并盖章）
地 址 年 月 日

2. 保留意见

内部控制审核报告

×股份有限公司：

我们接受委托，审核了贵公司管理当局对×年×月×日与会计报表相关的内部控制有效性的认定。贵公司管理当局的责任是建立健全内部控制并保持其有效性，我们的责任是对贵公司内部控制的有效性发表意见。

我们的审核是依据《内部控制审核指导意见》进行的。在审核过程中，我们实施了包括了解、测试和评价内部控制设计的合理性和执行的有效性，以及我们认为必要的其他程序。我们相信，我们的审核为发表意见提供了合理的基础。

内部控制具有固有限制，存在由于错误或舞弊而导致错报发生和未被发现的可能性。此外，由于情况的变化可能导致内部控制变得不恰当，或降低对控制政策、程序遵循的程度，根据内部控制评价结果推测未来内部控制有效性具有一定的风险。

（描述内部控制的重大缺陷及其对实现控制目标的影响）有效的内部控制能够为企业及时防止或发现会计报表中的重大错报提供合理保证，而上述重大缺陷使贵公司内部控制失去这一功能。

我们认为，除上述内部控制的重大缺陷及其对实现控制目标的影响外，贵公司按照×标准于×年×月×日在所有重大方面保持了与会计报表相关的有效的内部控制。

×会计师事务所（公章） 中国注册会计师（签名并盖章）
地 址 年 月 日

3. 否定意见

内部控制审核报告

×股份有限公司：

我们接受委托，审核了贵公司管理当局对×年×月×日与会计报表相关的内部控制有效性的认定。贵公司管理当局的责任是建立健全内部控制并保持其有效性，我们的责任是对贵公司内部控制的有效性发表意见。

我们的审核是依据《内部控制审核指导意见》进行的。在审核过程中，我们实施了包括了解、测试和评价内部控制设计的合理性和执行的有效性，以及我们认为必要的其他程序。我们相信，我们的审核为发表意见提供了合理的基础。

内部控制具有固有限制，存在由于错误或舞弊而导致错报发生和未被发现的可能性。此外，由于情况的变化可能导致内部控制变得不恰当，或降低对控制政策、程序遵循的程度，根据内部控制评价结果推测未来内部控制有效性具有一定的风险。

（描述内部控制的重大缺陷及其对实现控制目标的影响）有效的内部控制能够为企业及时防止或发现会计报表中的重大错报提供合理保证，而上述重大缺陷使贵公司内部控制失去这一功能。

我们认为，由于上述内部控制的重大缺陷及其对实现控制目标的影响，贵公司未能按照×标准于×年×月×日保持与会计报表相关的有效的内部控制。

×会计师事务所（公章）　　　　　　　　　　中国注册会计师（签名并盖章）
地　　址　　　　　　　　　　　　　　　　　年　月　日

4. 拒绝表示意见

内部控制审核报告

×股份有限公司：

我们接受委托审核贵公司管理当局对×年×月×日与会计报表相关的内部控制有效性的认定。贵公司管理当局的责任是建立健全内部控制并保持其有效性。

内部控制具有固有限制，存在由于错误或舞弊而导致错报发生和未被发现的可能性。此外，由于情况的变化可能导致内部控制变得不恰当，或降低对控制政策、程序遵循的程度，根据内部控制评价结果推测未来内部控制有效性具有一定的风险。

由于管理当局（描述范围限制），我们未能实施必要的审核程序以获取充分的证据，因此，我们无法对贵公司内部控制的有效性发表意见。

×会计师事务所（公章）　　　　　　　　　　中国注册会计师（签名并盖章）
地　　址　　　　　　　　　　　　　　　　　年　月　日

中国注册会计师职业道德规范指导意见

（会协［2002］160号，2002年6月25日）

第一章　总　　则

第一条　为了规范注册会计师职业道德行为，提高注册会计师职业道德水准，维护注册会计师职业形象，根据《中华人民共和国注册会计师法》和《中国注册会计师职业道德基本准则》，制定本指导意见。

第二条　注册会计师应当遵守职业道德准则，履行相应的社会责任，维护社会公众利益。

第三条　注册会计师执行审计、审核和审阅等鉴证业务，应当恪守独立、客观、公正的原则。

第四条　注册会计师应当保持应有的职业谨慎，保持和提高专业胜任能力，遵守独立审计准则等职业规范，勤勉尽责。

第五条　注册会计师应当履行对客户的责任，对执业过程中获知的客户信息保密。

第六条　注册会计师应当与同行保持良好的工作关系，配合同行的工作。

第二章　独立性

第七条　注册会计师执行鉴证业务时应当保持实质上和形式上的独立，不得因任何利害关系影响其客观、公正的立场。

第八条　可能损害独立性的因素包括经济利益、自我评价、关联关系和外界压力等。

第九条　会计师事务所和注册会计师应当考虑经济利益对独立性的损害，可能损害独立性的情形主要包括：

（一）与鉴证客户存在专业服务收费以外的直接经济利益或重大的间接经济利益；

（二）收费主要来源于某一鉴证客户；

（三）过分担心失去某项业务；

（四）与鉴证客户存在密切的经营关系；

（五）对鉴证业务采取或有收费的方式；

（六）可能与鉴证客户发生雇佣关系。

第十条　会计师事务所和注册会计师应当考虑自我评价对独立性的损害，可能损害独立性的情形主要包括：

（一）鉴证小组成员曾是鉴证客户的董事、经理、其他关键管理人员或能够对鉴证业务产生直接重大影响的员工；

（二）为鉴证客户提供直接影响鉴证业务对象的其他服务；

（三）为鉴证客户编制属于鉴证业务对象的数据或其他记录。

第十一条　会计师事务所和注册会计师应当考虑关联关系对独立性的损害，可能损害独立性的情形主要包括：

（一）与鉴证小组成员关系密切的家庭成员是鉴证客户的董事、经理、其他关键管理人员或能够对鉴证业务产生直接重大影响的员工；

（二）鉴证客户的董事、经理、其他关键管理人员或能够对鉴证业务产生直接重大影响的员工是会计师事务所的前高级管理人员；

（三）会计师事务所的高级管理人员或签字注册会计师与鉴证客户长期交往；

（四）接受鉴证客户或其董事、经理、其他关键管理人员或能够对鉴证业务产生直接重大影响的员工的贵重礼品或超出社会礼仪的款待。

第十二条 会计师事务所和注册会计师应当考虑外界压力对独立性的损害，可能损害独立性的情形主要包括：

（一）在重大会计、审计等问题上与鉴证客户存在意见分歧而受到解聘威胁；

（二）受到有关单位或个人不恰当的干预；

（三）受到鉴证客户降低收费的压力而不恰当地缩小工作范围。

第十三条 当识别出损害独立性的因素时，会计师事务所和注册会计师应当采取必要的措施以消除影响或将其降至可接受水平。

第十四条 会计师事务所应当从整体上维护其独立性。

维护独立性的措施主要包括：

（一）会计师事务所的高级管理人员重视独立性，并要求鉴证小组成员保持独立性；

（二）制定有关独立性的政策和程序，包括识别损害独立性的因素、评价损害的严重程度以及采取相应的维护措施；

（三）建立必要的监督及惩戒机制以促使有关政策和程序得到遵循；

（四）及时向所有高级管理人员和员工传达有关政策和程序及其变化；

（五）制定能使员工向更高级别人员反映独立性问题的政策和程序。

第十五条 在承办具体鉴证业务时，会计师事务所应当维护其独立性。

维护独立性的措施主要包括：

（一）安排鉴证小组以外的注册会计师进行复核；

（二）定期轮换项目负责人及签字注册会计师；

（三）与鉴证客户的审计委员会或监事会讨论独立性问题；

（四）向鉴证客户的审计委员会或监事会告知服务性质和收费范围；

（五）制定确保鉴证小组成员不代替鉴证客户行使管理决策或承担相应责任的政策和程序；

（六）将独立性受到损害的鉴证小组成员调离鉴证小组。

第十六条 当维护措施不足以消除损害独立性因素的影响或将其降至可接受水平时，会计师事务所应当拒绝承接业务或解除业务约定。

第三章 专业胜任能力

第十七条 注册会计师应当通过教育、培训和执业实践保持和提高专业胜任能力。

第十八条 注册会计师不得宣称自己具有本不具备的专业知识、技能或经验。

第十九条 注册会计师不得提供不能胜任的专业服务。

第二十条 在提供专业服务时，注册会计师可以在特定领域利用专家协助其工作。

第二十一条 在利用专家工作时，注册会计师应当对专家遵守职业道德的情况进行监督和指导。

第四章 保　　密

第二十二条 注册会计师应当对在执业过程中获知的客户信息保密，这一保密责任不因业务约定的终止而终止。

第二十三条 注册会计师应当采取措施，确保业务助理人员和专家遵守保密原则。

第二十四条 注册会计师不得利用在执业过程中获知的客户信息为自己或他人谋取不正当的利益。

第二十五条 注册会计师在以下情况下可以披露客户的有关信息：

（一）取得客户的授权；

（二）根据法规要求，为法律诉讼准备文件或提供证据，以及向监管机构报告发现的违反法规行为；

（三）接受同业复核以及注册会计师协会和监管机构依法进行的质量检查。

第二十六条 在决定披露客户的有关信息时，注册会计师应当考虑以下因素：

（一）是否了解和证实了所有相关信息；

（二）信息披露的方式和对象；

（三）可能承担的法律责任和后果。

第五章 收费与佣金

第二十七条 在确定收费时，会计师事务所应当考虑以下因素，以客观反映为客户提供专业服务的价值：

（一）专业服务所需的知识和技能；

（二）所需专业人员的水平和经验；

（三）每一专业人员提供服务所需的时间；

（四）提供专业服务所需承担的责任。

第二十八条 在专业服务得到良好的计划、监督及管理的前提下，收费通常以每一专业人员适当的小时费用率或日费用率为基础计算。

第二十九条 专业服务的收费依据、收费标准及收费结算方式与时间应在业务约定书中予以明确。

第三十条 如果收费报价明显低于前任注册会计师或其他会计师事务所的相应报价，会计师事务所应当确保：

（一）在提供专业服务时，工作质量不会受到损害，并保持应有的职业谨慎，遵守执业准则和质量控制程序；

（二）客户了解专业服务的范围和收费基础。

第三十一条 除法规允许外，会计师事务所不得以或有收费方式提供鉴证服务，收费与否或多少不得以鉴证工作结果或实现特定目的为条件。

第三十二条 会计师事务所和注册会计师不得为招揽客户而向推荐方支付佣金，也不得因向第三方推荐客户而收取佣金。

第三十三条 会计师事务所和注册会计师不得因宣传他人的产品或服务而收取佣金。

第六章　与执行鉴证业务不相容的工作

第三十四条　注册会计师不得从事有损于或可能有损于其独立性、客观性、公正性或职业声誉的业务、职业或活动。

第三十五条　注册会计师应当就其向鉴证客户提供的非鉴证服务与鉴证服务是否相容做出评价。

第三十六条　会计师事务所不得为上市公司同时提供编制会计报表和审计服务。

第三十七条　会计师事务所的高级管理人员或员工不得担任鉴证客户的董事（包括独立董事）、经理或其他关键管理职务。

第七章　接任前任注册会计师的审计业务

第三十八条　后任注册会计师在接任前任注册会计师的审计业务时不得蓄意侵害前任注册会计师的合法权益。

第三十九条　在接受审计业务委托前，后任注册会计师应当向前任注册会计师询问审计客户变更会计师事务所的原因，并关注前任注册会计师与审计客户之间在重大会计、审计等问题上可能存在的意见分歧。

第四十条　后任注册会计师应当提请审计客户授权前任注册会计师对其询问作出充分的答复。

如果审计客户拒绝授权，或限制前任注册会计师作出答复的范围，后任注册会计师应当向审计客户询问原因，并考虑是否接受业务委托。

第四十一条　前任注册会计师应当根据所了解的情况对后任注册会计师的询问作出及时、充分的答复。

如果受到审计客户的限制或存在法律诉讼的顾虑，决定不向后任注册会计师作出充分答复，前任注册会计师应当向后任注册会计师表明其答复是有限的。

第四十二条　如果审计客户委托注册会计师对已审计会计报表进行重新审计，接受委托的注册会计师应视为后任注册会计师，而之前已发表审计意见的注册会计师则视为前任注册会计师。

第四十三条　如果后任注册会计师发现前任注册会计师所审计的会计报表存在重大错报，应当提请审计客户告知前任注册会计师，并要求审计客户安排三方会谈，以便采取措施进行妥善处理。

第八章　广告、业务招揽和宣传

第四十四条　注册会计师应当维护职业形象，在向社会公众传递信息时，应当客观、真实、得体。

第四十五条　会计师事务所不得利用新闻媒体对其能力进行广告宣传，但刊登设立、合并、分立、解散、迁址、名称变更、招聘员工等信息以及注册会计师协会为会员所作的统一宣传不在此限。

第四十六条　会计师事务所和注册会计师不得采用强迫、欺诈、利诱或骚扰等方式招揽业务。

第四十七条 会计师事务所和注册会计师在招揽业务时不得有以下行为：

（一）暗示有能力影响法院、监管机构或类似机构及其官员；

（二）作出自我标榜的陈述，且陈述无法予以证实；

（三）与其他注册会计师进行比较；

（四）不恰当地声明自己是某一特定领域的专家；

（五）作出其他欺骗性的或可能导致误解的声明。

第四十八条 会计师事务所和注册会计师进行宣传时，不得有以下行为：

（一）利用政府委托或特别奖励谋取不正当利益；

（二）当会计师事务所将其名称、地址、电话号码以及其他必要的联系信息载入电话簿、信纸或其他载体时，含有自我标榜的措辞；

（三）当注册会计师就专业问题参与演讲、访谈或广播、电视节目时，抬高自己及其会计师事务所；

（四）当会计师事务所通过新闻媒体发布招聘信息时，含有抬高自己的成分。

第四十九条 会计师事务所可以将印制的手册向客户发放，也可以应非客户的要求向非客户发放，但手册的内容应当真实、客观。

第五十条 注册会计师在名片上可以印有姓名、专业资格、职务及其会计师事务所的地址和标识等，但不得印有社会职务、专家称谓以及所获荣誉等。

第九章 附 则

第五十一条 本指导意见自2002年7月1日起施行。

高级审计师资格评价办法（试行）

（人发［2002］58号，2002年6月6日）

第一章 总 则

第一条 为加强审计专业队伍建设，提高审计人员的整体素质，科学、客观、公正地评价审计专业人员的学识水平和业务能力，健全和完善审计专业技术人才选拔机制，根据《中华人民共和国审计法》、《中华人民共和国审计法实施条例》和国家关于专业技术职务聘任制的有关规定，制定本办法。

第二条 本办法适用于从事审计专业技术工作的人员。

第三条 高级审计师资格实行考试与评审相结合的评价办法。考试和评审是评价工作的两个环节，凡要求参加高级审计师资格评价的人员，须参加全国统一组织的考试并在同一次考试中取得双科合格成绩后，方可申请参加评审。

第四条 按照本办法取得高级审计师资格的人员，表明其已具备担任高级审计师专业技术职务的水平和能力。

第五条 高级审计师资格评价工作在人事部、审计署的统一领导下进行。审计署、人事部审计专业技术资格考试办公室（下简称“全国审计考办”）负责高级审计师资格评价

工作的组织实施和日常管理。各省、自治区、直辖市高级审计师资格考试的考务管理和评审工作由各地人事、审计部门共同负责实施。具体职责分工，由各地协商确定。

第二章 考 试

第六条 考试采取闭卷笔答方式。考试科目为《经济理论与宏观经济政策》和《审计理论与审计案例分析》。

第七条 考试原则上每年举行一次，分两个半天进行。各科目的考试时间均为3个小时。

第八条 凡遵守《中华人民共和国宪法》和各项法律，具有良好职业道德和敬业精神，并符合下列条件之一者，均可报名参加考试：

（一）获得博士学位，取得审计师或相关专业中级专业技术资格后，从事审计工作满2年；

（二）获得硕士学位，取得审计师或相关专业中级专业技术资格后，从事审计工作满4年；

（三）大学本科毕业，取得审计师或相关专业中级专业技术资格后，从事审计工作满5年；

（四）大学专科毕业，取得审计师或相关专业中级专业技术资格后，从事审计工作满6年；

（五）对虽不具备上述条件规定的学历、任职资格或从事审计工作年限，但审计工作业绩突出的人员，其破格报名条件由各省、自治区、直辖市审计、人事部门根据本地实际情况制定，并报审计署、人事部备案。

第九条 凡符合考试报名条件的人员，由本人提出申请，单位审核同意后，携带有关证件到当地考试管理机构报名。经考试管理机构审核合格后，发给准考证。考生凭准考证和身份证在规定和时间和地点参加考试。中央和国务院各部门及其所属单位的人员参加考试，实行属地管理原则。

第十条 考场原则上设置在省会城市。确需在其他城市设置考场的，须经省、自治区、直辖市人事部门批准，并报全国审计考办备案。

第十一条 全国审计考办确定国家统一的合格标准。各省、自治区、直辖市人事、审计部门可根据本地区人才需求情况，确定当地当年的使用标准，并报全国审计考办备案。

第十二条 对达到国家合格标准的人员，由全国审计考办颁发高级审计师资格考试成绩合格证书，该证书在全国范围内3年有效；对符合当地当年使用标准的人员，由各省、自治区、直辖市审计专业技术资格考试管理机构颁发考试成绩有效证明，该证明在本地区范围本年度的评聘工作有效。

第三章 评 审

第十三条 高级审计师资格评审工作以省、自治区、直辖市为单位进行。各省、自治区、直辖市审计厅（局）应经人事厅（局）的批准后组织成立高级审计师评审委员会。中央和国务院各部门及其所属的在京单位的评审工作，原则上由审计署高级审计师评审委员会统一负责，驻各地的国务院各部门所属单位和中央管理的企业的评审工作，原则上实行属地管理，亦可根据情况委托审计署高级审计师评审委员会代为进行。

第十四条 评审工作每年进行一次。各省、自治区、直辖市的评审工作原则上应在考试成绩公布后的3个月内完成。

第十五条 申请参加评审的人员须同时具备以下条件：

（一）具有在有效期之内的高级审计师资格考试成绩合格证书或有效证明；

（二）具有评聘专业技术职务所需的职称外语和计算机运用能力的有效证明；

（三）取得中级资格以后各年度或任职期满综合考核“称职”以上的证明。

第十六条 评审条件包括以下三个方面：

（一）取得审计师或相关专业中级专业技术资格后，其审计工作经历符合下列条件之一：

1. 担任大中型审计项目的主审5次以上。

2. 主持实施全国性行业审计或审计调查2项以上，或省级行业审计或审计调查3项以上，或地市级行业审计或审计调查4项以上。

3. 担任审计署或省级以上党委、人民政府交办的专案审计项目的主审2次以上，或担任县级以上党委、政府及上级审计机关交办的专案审计项目的主审3次以上。

4. 主持或承担由审计署、国务院其他有关部门或省级人民政府下达的审计科研课题、政策研究课题、调查研究课题1项以上（如果仅参与课题研究，其排名须在前三位），或由审计署、国务院其他有关部门所属科研机构、各省、自治区、直辖市审计部门或省级人民政府其他有关部门、地市级人民政府下达的前述课题2项以上。

（二）取得审计师或相关专业中级专业技术资格后，其审计业务成果符合下列条件之一：

1. 在担任主审的大中型审计项目中，有1项以上在省部级审计项目评选中被评为优秀审计项目，或有3项以上在地市级审计项目评选中被评为优秀审计项目。

2. 在承担的审计或审计调查工作中，所反映的问题具有典型性或预见性，所提出的建议、意见对工作有指导意义，其中有1项以上被国务院采用，或有2项以上被审计署或国务院其他有关部门、省级人民政府采用，或有3项以上被省级审计部门或省级人民政府其他有关部门、地市级人民政府采用，或有4项以上得到被审计单位或委托单位采用，并取得显著成效。

3. 承担有关部门交办的专案审计工作，其审计结果成为司法机关、纪检部门案件审理的重要依据。

4. 在主持一个行业或一个大中型企业的审计工作期间，有过审计方法创新或先进经验总结，被省部以上业务主管部门认可，且相应的审计机关已决定予以推广或有材料表明已被其他单位正式采用。

5. 作为主要执笔人制定过地市以上行业或一个大中型企业的审计操作规程、审计工作制度或审计发展规划，并经主管部门批准实施。

6. 主持或承担的审计科研课题、政策研究课题、调查研究课题（如果仅参与课题研究，其排名须在前三位），有独到见解或理论创新，对审计或相关工作具有指导意义，其成果经同行专家鉴定，被认为具有国内较高水平。

（三）取得审计师或相关专业中级专业技术资格后，其审计及相关理论研究成果经两位具有副高以上专业技术资格的专家鉴定为有较高学术价值，并符合下列条件之一：

1. 在正式出版社出版过有统一书号（ISBN）的审计或相关专业著作，本人独立撰写5万字以上；或编写一部已正式出版的审计或相关专业教材，本人独立撰写8万字以上。对未注明作者所撰写章节的著作或教材，须由主编或出版社出具作者写作分工的证明。

2. 在有国内统一刊号（CN）的核心类报纸、期刊上或在有国际统一刊号（ISSN）的国外报纸、期刊上发表2篇以上（每篇不少于2000字，下同）独立完成的论文、调查报告。

3. 在有国内统一刊号（CN）的非核心类报纸、期刊上发表3篇以上或在省级新闻出版部门认定的有内部刊号的报纸、期刊上发表4篇以上独立完成的论文、调查报告。

第十七条 审计署或各省、自治区、直辖市高级审计师评审委员会的评审结果，需经同级的人事部门审核批准，并颁发审计署或各省、自治区、直辖市人事部门用印的高级审计师资格证书。国务院所属单位和中央管理的企业，应根据受委托的高级审计师评审委员会评审结果的通知，由本单位人事（干部）部门审核批准，并颁发高级审计师资格证书。

第四章 评价工作组织纪律

第十八条 各级考试管理机构应严格执行考试工作的组织纪律，切实做好考试命题、试卷管理、考场组织以及其他各个环节的保密工作，对泄密、舞弊行为，要严肃处理并追究有关领导的责任。

第十九条 评审委员会应坚持客观公正的原则，认真执行保密和回避制度，确保评审结果公平、公正，对违反规定的，要严肃处理并追究有关领导的责任。

第二十条 参加高级审计师资格考试、评审的人员，有下列情形之一的，取消其考试、评审资格或由发证机关收回其高级审计师资格证书，三年内不得再参加高级审计师资格评价：

（一）伪造、涂改证件、证明。

（二）提交虚假申报材料。

（三）其他严重违反考试和评审规定的行为。

第五章 附 则

第二十一条 本办法中的“相关专业中级专业技术资格”是指会计师、经济师、统计师、工程师等。

第二十二条 本办法申报条件中所规定的从事审计工作年限，其截止日期为考试报名年度当年年底。

第二十三条 本办法中的大中型审计项目是指：县级以上政府财政收支审计、县级以上党政领导干部任期经济责任审计；大中型国有企业及国有控股企业领导人员任期经济责任审计；地市以上金融机构资产负债损益审计；大中型企业审计；省级以上重点建设项目审计；省（部）级以上政府部门及所属事业单位以及相应的其他经济单位审计。

第二十四条 本办法中的大中型企业是指：国家经贸委和国家统计局确定的标准中地、市级以上重点企业。

第二十五条 本办法所称“以上”均含本级。

第二十六条 军队系统的高级审计师资格评价工作由解放军总政治部统一组织进行。

第二十七条 本办法由人事部、审计署按职责分工负责解释。

第二十八条 本办法自发布30日后施行。以前相关规定与本办法不一致的，均以本办法的规定为准。1995年8月8日由人事部、审计署联合颁发的《高级审计师资格评审条件（试行）》（人职发［1995］84号）自本办法施行之日起废止。

水利部委托社会审计业务管理办法

（水监［2003］54号，2003年4月21日）

第一条 为了规范水利部门及所属单位（以下均简称为“单位”）委托社会审计业务，明确内部审计职责，加强单位内部管理和监督，根据《中华人民共和国审计法》、《中华人民共和国会计法》、《审计署关于内部审计工作的规定》和水利部《关于进一步加强财务管理监督的若干意见》（水经调［2002］394号），制定本办法。

第二条 本办法适用于水利部直属各单位及其所属工程建设项目法人单位。各单位所属国有控股企业、集体企业可参照本办法执行。

第三条 委托社会审计机构进行的审计业务，是单位扩大内部审计监督覆盖面的重要实现形式，是内部审计、财务监督部门的重要职责，单位所有委托社会审计业务应统一由内部审计、财务监督部门负责办理。财务检查委托社会审计业务，以财务监督部门管理为主；其他审计业务，以审计部门管理为主。

单位应加强对委托社会审计业务的管理和监督，进一步完善单位内部控制制度，充分合理地利用现有的内部审计、财务监督人力资源。

第四条 内部审计、财务监督部门负责办理委托社会审计业务的范围为：验资、年度报表查证、资产评估、基建工程预决算、经济责任、财务收支、经济效益等审计业务。但领导专门批示交办、纪检监察部门交办的审计业务一般不直接对外委托。

第五条 单位需要进行委托社会审计的业务，应向上级内部审计部门提出申请；单位的职能部门需要进行委托社会审计业务，应向单位内部审计部门提出申请。内部审计部门接到申请后，应根据国家相关规定、单位全年审计工作计划和现有内审人力资源，确定是否对外委托。如需对外委托应由接受申请的内部审计部门商财务监督部门制定出委托审计工作方案，报经批准后实施。

第六条 内部审计、财务监督部门应当收集社会审计机构的资信、业务质量、收费标准等信息。内部审计、财务监督部门委托一般性的社会审计业务，应当初选两个以上的社会审计机构，在审查资格资质，比质量、比信誉、比服务的基础上，在单位监察部门的监督指导下，选定社会审计机构。对大型和有特殊要求的审计项目，采取招标的方式选定社会审计机构。

第七条 单位内部审计、财务监督部门委托社会审计业务，应当签订书面协议，并且要求社会审计机构出具承诺函。

在审计实施过程中，内部审计、财务监督部门应负责社会审计机构与被审计单位之间的协调，监督社会审计机构的审计业务质量。

第八条 社会审计机构审计结束后，应直接向内部审计、财务监督部门提交审计报告和相关资料，内部审计、财务监督部门要严格按照相关规定和委托审计工作方案，进行审核。对领导干部经济责任审计等业务，需将审计底稿原件交单位内部审计部门归档。社会审计机构应保守被审计对象的秘密，不得在单位内部审计、财务监督部门主持的场所之外使用委托审计业务资料。

第九条 内部审计、财务监督部门应依据社会审计机构出具的正式审计报告，提出审计和检查的意见和建议，经单位主管领导批准后监督落实，必要时可进行后续审计。

第十条 单位负责人应当支持内部审计、财务监督部门做好委托社会审计业务工作。

第十一条 单位应当建立健全委托社会审计业务的委托程序和方法、质量监督机制和后续审计和检查制度。根据委托社会审计业务的内容和性质，实行分级分权管理，明确各级内部审计、财务监督部门及审计、财务检查人员责任，制定考核办法并严格执行。

第十二条 各级水利审计、财务监督部门要加强对单位委托社会审计业务的监督指导，保证对委托社会审计业务严格管理，对成绩显著的单位应当给予表彰，对委托社会审计业务管理混乱、造成损失和严重后果的单位应当给予批评。对社会审计机构不能正确有效履行审计业务的，内部审计、财务监督部门应当给予纠正，并逐级上报，必要时向社会审计机构行业管理部门反映，对社会审计机构的违规行为进行通报；建立准入制度和措施，在一定时限内，单位不得对被通报社会审计机构委托办理审计业务。

第十三条 本办法执行情况接受纪检、监察部门的监督检查。

第十四条 本办法由水利部负责解释。

第十五条 本办法自发布之日起施行。

企业集团会计报表审计指导意见

（会协［2004］27号，2004年5月1日）

第一章 总 则

第一条 为了规范注册会计师执行企业集团（以下简称集团）会计报表审计业务，明确工作要求，保证执业质量，根据《独立审计基本准则》，制定本指导意见。

第二条 本指导意见使用的下列术语含义为：

（一）集团会计报表，是指通过合并程序、权益法或汇总程序将两个以上（含两个）组成部分会计信息包括在内的会计报表。

（二）组成部分，是指集团总部、母公司、分部、分公司、子公司、合营企业、联营企业以及其他需要按照合并程序、权益法或汇总程序纳入集团会计报表的主体。

（三）集团管理当局，是指负责编制集团会计报表的管理当局。

（四）组成部分管理当局，是指负责编制组成部分会计信息的管理当局。

（五）集团注册会计师，是指负责对集团会计报表实施审计、并在审计报告上签字和盖章的注册会计师及其所在的会计师事务所。

（六）其他注册会计师，是指负责对组成部分会计信息实施审计、除集团注册会计师之外的注册会计师及其所在的会计师事务所。

第三条 集团管理当局的责任是按照国家颁布的企业会计准则和相关会计制度的规定

编制集团会计报表，公允反映集团的财务状况、经营成果和现金流量；保证与集团会计报表相关的内部控制设计的合理性和执行的有效性。

集团注册会计师的责任是对集团会计报表的合法性和公允性发表审计意见。

第四条 如果决定利用其他注册会计师的工作，集团注册会计师应当确定其他注册会计师的工作对集团会计报表审计的影响。

第五条 其他注册会计师应当配合集团注册会计师的工作，并在征得组成部分管理当局同意后，提供集团注册会计师需要的信息。

第六条 在对集团会计报表发表审计意见时，集团注册会计师应当对审计意见独自承担责任，除第二十九条规定的情形外，不应在审计报告中提及其他注册会计师的工作。

第二章 接受业务委托

第七条 在承接集团会计报表审计业务之前，集团注册会计师应当考虑对集团会计报表直接审计的程度是否足以承担集团注册会计师的责任。

在确定对集团会计报表直接审计的程度时，集团注册会计师应当考虑以下因素的影响：

（一）集团注册会计师直接审计的集团会计报表的比重是否占集团资产总额或主营业务收入的50%以上；

（二）是否存在可能导致集团会计报表产生重大错报的组成部分，以及这些组成部分的会计信息是否由其他注册会计师审计；

（三）集团会计报表的复杂程度；

（四）集团注册会计师对其他注册会计师的职业资格、独立性、专业胜任能力、审计资源以及质量控制程序的初步了解；

（五）集团管理当局和组成部分管理当局是否允许集团注册会计师不受限制地接触集团管理当局、组成部分管理当局、组成部分的信息或其他注册会计师（包括审计工作底稿），是否允许集团注册会计师在必要时对组成部分会计信息实施进一步的审计；

（六）集团管理当局聘用其他注册会计师审计组成部分会计信息的理念。

第八条 如果对集团会计报表直接审计的程度不足以接受业务委托，集团注册会计师应当考虑能否通过适当参与其他注册会计师的工作得到解决。

集团注册会计师通常采用以下方式参与其他注册会计师的工作：

（一）与组成部分管理当局会谈；

（二）直接或与其他注册会计师共同制定审计计划和实施审计程序；

（三）参与其他注册会计师评价审计证据的过程；

（四）参与其他注册会计师和组成部分管理当局之间举行的重要会议；

（五）复核其他注册会计师的审计工作底稿。

如果无法适当参与其他注册会计师的工作，集团注册会计师不应接受业务委托。

第九条 集团注册会计师在接受业务委托时，除按照《独立审计具体准则第2号——审计业务约定书》的要求就有关事项与集团管理当局达成一致意见外，还应当在业务约定书中明确以下事项：

（一）集团注册会计师和其他注册会计师之间的沟通不应受到任何限制；

（二）如果集团管理当局、组成部分管理当局或客观环境对其他注册会计师实施审计的范围施加了限制，集团管理当局和组成部分管理当局应当及时告知集团注册会计师；

（三）集团注册会计师应当及时获悉其他注册会计师与组成部分管理当局之间的重要沟通（包括就内部控制重大缺陷进行的沟通）；

（四）集团注册会计师应当及时获悉组成部分管理当局与监管机构就财务报告事项进行的重要沟通；

（五）集团管理当局应当在集团注册会计师认为必要时允许其接触组成部分的信息、组成部分管理当局或其他注册会计师（包括审计工作底稿），并允许其对组成部分会计信息实施审计程序。

第三章　确定工作范围

第十条　集团注册会计师应当针对评估的集团会计报表重大错报风险，确定对报表合并所需实施的审计程序，以及需要对组成部分会计信息直接实施、或由其他注册会计师实施的工作范围。

第十一条　在确定对组成部分会计信息所需实施的工作范围时，集团注册会计师应当识别单个组成部分是否具有财务重大性，即组成部分是否占集团财务状况或经营成果的较大比重。例如，组成部分是否占集团资产总额、主营业务收入或净利润的10%以上。

如果单个组成部分具有财务重大性，集团注册会计师应当对组成部分会计信息直接实施审计，或要求其他注册会计师根据集团注册会计师确定的重要性实施审计。

第十二条　如果单个组成部分不具有财务重大性，集团注册会计师应当识别该组成部分是否可能导致集团会计报表产生重大错报风险。例如，某组成部分负责从事期货、外汇等高风险领域的经济交易，即使不具有财务重大性，也可能导致集团会计报表产生重大错报风险。

如果单个组成部分不具有财务重大性，但可能导致集团会计报表产生重大错报风险，集团注册会计师应当直接实施、或要求其他注册会计师实施以下一项或多项工作：

（一）根据集团注册会计师确定的重要性对组成部分会计信息实施审计；

（二）针对特定账户余额实施特殊目的审计；

（三）针对重大风险领域实施特定审计程序。

第十三条　如果单个组成部分不具有财务重大性，且很可能不会导致集团会计报表产生重大错报风险，但与其他类似的组成部分累积在一起时，可能具有财务重大性，或导致集团会计报表产生重大错报风险，集团注册会计师应当考虑直接实施、或要求其他注册会计师实施以下一项或多项工作：

（一）根据集团注册会计师确定的重要性对组成部分会计信息实施审计；

（二）针对重大风险领域实施特定审计程序；

（三）对组成部分会计信息进行审阅；

（四）在集团层次实施分析性程序。

第十四条　如果单个组成部分不具有财务重大性，也很可能不会导致集团会计报表产生重大错报风险，且与其他类似的组成部分累积在一起时仍不具有财务重大性或导致集团会计报表产生重大错报风险，集团注册会计师通常在集团层次上对此类组成部分实施分析性程序。

第四章 接触信息和沟通情况

第十五条 如果无法充分接触组成部分的信息、组成部分管理当局或其他注册会计师（包括审计工作底稿），集团注册会计师应当要求集团管理当局安排与组成部分管理当局接触，以获取必要的信息。

第十六条 如果对组成部分的信息、组成部分管理当局或其他注册会计师（包括审计工作底稿）的接触存在限制，且这种限制不能通过集团管理当局或采取其他措施予以解决时，集团注册会计师应当考虑这种限制对集团会计报表审计的影响。

第十七条 如果决定利用其他注册会计师的工作，集团注册会计师应当了解其他注册会计师的职业资格、独立性、专业胜任能力、审计资源以及质量控制程序。

在了解其他注册会计师的情况时，集团注册会计师可以向其进行问卷调查，或向注册会计师协会、政府监管机构进行询问。

第十八条 集团注册会计师应当与其他注册会计师进行沟通，以便使其了解集团注册会计师的要求。

沟通通常采用书面文件形式。集团注册会计师应当在书面沟通文件中说明由其他注册会计师实施的工作范围，并要求其他注册会计师确认以下事项：

（一）确认已收到集团注册会计师的书面沟通文件，并告知集团注册会计师是否存在不能遵循特定要求的情形，或由于要求不清楚而需要集团注册会计师予以澄清；

（二）知悉组成部分会计信息将纳入集团会计报表；

（三）充分了解并遵循《中国注册会计师职业道德基本准则》和《中国注册会计师职业道德规范指导意见》；

（四）充分了解适用于集团会计报表的企业会计准则和相关会计制度；

（五）充分了解适用于集团会计报表审计的独立审计准则和相关要求，并按照准则和相关要求对组成部分会计信息实施审计；

（六）充分了解并遵循《中国注册会计师质量控制基本准则》等有关规定；

（七）知悉集团注册会计师将考虑利用自己的工作，以满足集团会计报表审计的要求。

第十九条 集团注册会计师应当向其他注册会计师获取书面沟通文件，包括其他注册会计师在审计工作开始前提交的确认函，以及在完成审计工作时提交的报告或备忘录。

报告或备忘录的内容包括：

（一）说明由其他注册会计师出具报告的组成部分会计信息；

（二）说明由其他注册会计师实施的工作范围；

（三）确认已遵循集团注册会计师的要求；

（四）说明其他注册会计师发现的问题、得出的结论以及形成的意见；

（五）列出已发现但尚未调整的组成部分会计信息的错报。

第二十条 其他注册会计师应当将书面沟通文件直接提交给集团注册会计师，无需向第三方分发。

第五章 考虑其他注册会计师工作的充分性

第二十一条 集团注册会计师应当确定其他注册会计师的工作是否充分，以满足集团

会计报表审计的要求。

第二十二条 集团注册会计师在确定其他注册会计师工作的充分性时，应当考虑以下因素：

（一）单个组成部分的财务重大性；

（二）组成部分是否可能导致集团会计报表产生重大错报风险，以及风险的性质，例如舞弊风险；

（三）在集团会计报表审计期间引起集团注册会计师关注的事项；

（四）与其他注册会计师的合作经历，对其他注册会计师职业资格、独立性、专业胜任能力、审计资源以及质量控制程序的评价；

（五）对其他注册会计师工作的参与程度。

第二十三条 如果集团注册会计师没有充分参与其他注册会计师的工作，而其他注册会计师审计的组成部分具有财务重大性，或可能导致集团会计报表产生重大错报风险，集团注册会计师应当直接复核其他注册会计师的审计工作底稿。

第二十四条 如果认为其他注册会计师的工作不充分，集团注册会计师应当要求其他注册会计师实施进一步的审计程序，也可在必要时直接实施、或与其他注册会计师共同实施进一步的审计程序。

第二十五条 集团注册会计师应当考虑其他注册会计师发现的问题对集团会计报表审计的影响。

第二十六条 集团注册会计师应当与其他注册会计师和组成部分管理当局讨论影响组成部分会计信息的重要事项，并在必要时直接实施、或与其他注册会计师共同实施进一步的审计程序。

第六章　出具审计报告时的考虑

第二十七条 集团注册会计师在出具审计报告时应当严格遵守《独立审计具体准则第 7 号——审计报告》，不得变动准则规定的审计报告的基本内容、格式和类型。

第二十八条 如果审计委托人、集团管理当局或其他利益相关者要求集团注册会计师披露《独立审计具体准则第 7 号——审计报告》规定之外的其他信息，例如集团审计情况、组成部分审计情况、内部控制重大缺陷、资本保值增值以及经济效益指标等，集团注册会计师应当以专项报告或说明予以披露，不在审计报告中列示。

第二十九条 如果集团注册会计师认为其他注册会计师的工作不能提供充分、适当的审计证据，且集团注册会计师无法获取相关的审计证据，集团注册会计师应当考虑这种范围限制对出具审计报告的影响。

第三十条 集团注册会计师应当考虑与其他注册会计师沟通所发现的问题对出具审计报告的影响。

第三十一条 如果存在对组成部分会计信息不重要且尚未调整的错报，当与其他组成部分尚未调整的错报汇总在一起时，集团注册会计师应当考虑汇总的错报对出具审计报告的影响。

第七章　形成审计工作底稿

第三十二条 集团注册会计师除了遵循《独立审计具体准则第 6 号——审计工作底

稿》和其他独立审计准则中有关审计工作底稿的要求外，还应当在审计工作底稿中记录以下内容：

（一）集团注册会计师对其他注册会计师的职业资格、独立性、专业胜任能力、审计资源以及质量控制程序得出的评价结论；

（二）对集团会计报表产生重大错报风险（可能由单个组成部分单独或连同其他组成部分导致）的评估，以及集团注册会计师对风险做出的反应；

（三）对组成部分会计信息以及报表合并实施的工作范围；

（四）集团注册会计师是否获取充分、适当的审计证据，表明其他注册会计师的工作是充分的，以及集团注册会计师对组成部分会计信息实施的进一步审计程序是否足以实现审计目的；

（五）集团注册会计师就其他注册会计师发现的重大问题得出的结论；

（六）与集团管理当局、组成部分管理当局或其他注册会计师就重大的会计、审计和财务报告事项进行的讨论。

第八章 附 则

第三十三条 本指导意见自2004年5月1日起施行。

外汇收支情况表审核指导意见

（2005年1月30日）

第一章 总 则

第一条 为了规范注册会计师执行外汇收支情况表审核业务，明确工作要求，保证执业质量，根据中国注册会计师独立审计准则，制定本指导意见。

第二条 本指导意见所称外汇收支情况表审核，是指注册会计师接受外商投资企业（以下简称被审核单位）委托，对其外汇收支情况表的编制是否符合国家外汇管理的有关规定进行审核，并发表意见。

第三条 按照国家外汇管理的有关规定，真实、完整地编制外汇收支情况表是被审核单位管理当局的责任。

按照本指导意见的要求，在实施审核工作的基础上对外汇收支情况表出具审核报告是注册会计师的责任。

第四条 注册会计师应当在年度会计报表审计的基础上对外汇收支情况表进行审核。

如果被审核单位年度会计报表审计由其他注册会计师实施，注册会计师应当考虑利用其他注册会计师的工作，或实施必要的审计程序以作为外汇收支情况表审核的基础。

第五条 注册会计师应当获取充分、适当的审核证据，以得出恰当的审核结论，作为形成审核意见的基础。

第六条 注册会计师的审核意见旨在合理保证外汇收支情况表的真实性和完整性，但不应被视为是对被审核单位外汇收支行为的合规性提供的保证。

如果在审核过程中注意到被审核单位存在严重违反国家外汇管理有关规定的情形，注册会计师应当在审核报告中予以恰当反映。

第二章　接受业务委托

第七条　在承接外汇收支情况表审核业务前，注册会计师应当了解下列基本情况，考虑自身专业胜任能力和业务风险，以确定是否接受委托：

（一）国家外汇管理的有关法规；

（二）被审核单位与外汇收支有关的经营内容；

（三）被审核单位外汇核算的原则和方法；

（四）被审核单位外汇登记情况；

（五）被审核单位与外汇收支有关的内部控制；

（六）被审核单位以前年度外汇收支情况表的审核情况；

（七）被审核单位年度会计报表是否由其他注册会计师审计。

第八条　如果接受委托，注册会计师应当就委托目的、审核范围、双方的责任、审核报告的用途、审核收费等事项与委托人沟通，并签订业务约定书。

第三章　审核程序

第九条　注册会计师应当根据被审核单位外汇业务的具体情况，合理运用重要性原则，计划和实施审核工作。

第十条　注册会计师应当在年度会计报表审计的基础上，对外汇收支情况表实施第十一条至第二十二条规定的程序。

如果发现外汇收支情况表存在重大不符合编制规定的迹象，注册会计师应当追加必要的审核程序。

注册会计师应当根据重要性水平、被审核单位与外汇收支有关的内部控制的有效性、外汇收支情况表项目的错报风险等因素确定审核程序的性质、时间和范围。

第十一条　注册会计师应当对外汇货币资金实施下列审核程序：

（一）获取外汇货币资金余额明细表，将明细余额相对应的人民币金额和非外汇账户明细余额的合计数与已审计会计报表有关项目金额进行核对；

（二）将外汇账户明细余额的分类汇总数与外汇收支情况表相关项目进行核对；

（三）获取外汇开户核准文件，检查填列项目的账户类型是否符合外汇收支情况表的编制规定；

（四）检查非美元外币的折算是否正确。

第十二条　注册会计师应当对外汇应收、应付类项目（含预付、预收类项目，不含应付外汇利息）实施下列审核程序：

（一）获取外汇应收、应付类项目余额明细表，将明细余额相对应的人民币金额和非外汇账户明细余额的合计数与已审计会计报表有关项目金额进行核对；

（二）将外汇账户明细余额的分类汇总数与外汇收支情况表相关项目进行核对；

（三）检查被审核单位是否按照外汇收支情况表的指标说明，对明细账户重新分类，外汇应付类项目账龄的划分是否正确；

（四）检查非美元外币的折算是否正确。

第十三条 注册会计师应当对境外投资和境内外汇投资实施下列审核程序：

（一）获取各被投资单位的验资报告或相关的出资证明，检查是否与外汇收支情况表相关项目金额一致；

（二）将验资报告或相关的出资证明载明的出资方式、金额与外汇收支情况表相关项目填列的金额相核对；

（三）检查本年实际取得的投资收益是否恰当反映在经常项目差额中；

（四）检查非美元外币的折算是否正确。

第十四条 注册会计师应当对非外汇形式资产实施下列审核程序：

（一）获取各类非外汇形式资产本年增减变动情况表，检查非外汇形式资产的本年变动情况；

（二）检查其他相关外汇项目余额的本年增减变动及相关文件资料，确定是否存在未包含在所获取的各类非外汇形式资产本年增减变动情况表中的非外汇形式资产；

（三）检查以外币计价而以人民币结算的债权、债务填列金额是否正确；

（四）检查以增加、减少资本方式而形成的非外汇形式资产填列金额是否正确；

（五）检查非美元外币的折算是否正确。

第十五条 注册会计师应当对结购汇差额实施下列审核程序：

（一）获取本年结汇与购汇的明细汇总表，重新计算本年结购汇差额，并与外汇收支情况表相应项目金额核对；

（二）通过分析资产负债表、利润表相关项目，检查未通过外汇账户核算、由银行直接办理的结购汇业务，是否已包含在本年结汇与购汇的明细汇总表中；

（三）检查非美元外币的折算是否正确。

第十六条 注册会计师应当对汇率折算差额实施下列审核程序：

（一）检查编制外汇收支情况表时使用的折算汇率是否符合规定；

（二）实施分析程序，评价汇率折算差额本年变动金额的合理性。

第十七条 注册会计师应当对其他资产实施下列审核程序：

（一）检查本年其他资产的形成和数据来源；

（二）如果其他资产金额较大（例如占期末资产合计数的比率超过 0.5%），应当进一步检查外汇收支情况表其他项目的真实性和完整性；

（三）如经进一步检查仍无法将其他资产金额降至可接受的低水平，应当视错报的重要程度出具保留意见或否定意见的审核报告。

第十八条 注册会计师应当对借款类项目（含应付外汇利息）实施下列审核程序：

（一）获取外汇借款明细余额表，并将外汇借款明细余额相应的人民币金额和非外汇借款明细余额的合计数与已审计会计报表相应项目金额进行核对；

（二）检查被审核单位是否按照外汇收支情况表的指标说明，对外汇借款明细余额重新分类计算，填列金额是否正确；

（三）获取外债登记证和借款合同，检查借款类项目填列金额是否完整；

（四）对计提的借款利息实施分析程序，评价应付外汇利息本年发生额的合理性，并确定其对经常项目差额的影响；

（五）检查非美元外币的折算是否正确。

第十九条 注册会计师应当对实收外汇资本实施下列审核程序：

（一）获取本年外汇资本增减变动的验资报告及相关文件，检查外汇资本增减变动金额与验资报告及相关文件载明的金额是否相符；

（二）检查本年是否发生资本对价转移及单方面资本转移的情况；如果发生，则获取相关文件，检查资本对价转移及单方面资本转移后的填列金额是否正确，同时检查资产方相应项目填列信息的一致性；

（三）检查非美元外币的折算是否正确。

第二十条 注册会计师应当对经常项目差额实施下列审核程序：

（一）如果被审核单位不存在与经常项目差额相关的编报系统，注册会计师应当对经常项目差额的本年发生额实施重新计算程序，检查填列金额是否正确；

（二）如果被审核单位存在与经常项目差额相关的编报系统，注册会计师应当在对相关编报系统有效性实施测试的基础上，对经常项目差额的本年发生额实施实质性分析程序，检查填列金额是否正确；

（三）检查非美元外币的折算是否正确。

第二十一条 如果发现外汇收支情况表项目期初数存在错报，注册会计师应当提请被审核单位调整相关项目的本年期末数，并视错报的重要程度在审核报告中予以恰当反映。

第二十二条 注册会计师应当对外汇收支情况表附注内容实施下列审核程序：

（一）对于对外担保本年变动及余额，应当结合被审核单位年度会计报表审计中针对对外担保实施的审计程序，检查填列金额是否正确；

（二）对于按股权或约定比例计算外方所有的未分配利润年末余额，应当根据已审计会计报表，检查填列金额是否正确；

（三）对于其他资产占资产合计的比率，应当根据外汇收支情况表的审核结果，检查填列数是否正确。

第二十三条 注册会计师应当就被审核单位管理当局按照国家外汇管理的有关规定真实、完整地编制外汇收支情况表获取书面声明。

第二十四条 注册会计师应当对实施的审核程序及其结果形成工作记录。

第四章　审核报告

第二十五条 注册会计师应当复核与评价审核证据，考虑在实施年度会计报表审计时与外汇收支有关的审计工作及相应审计结论，形成审核意见，出具审核报告。

第二十六条 审核报告应当包括下列要素：

（一）标题；

（二）收件人；

（三）引言段；

（四）范围段；

（五）意见段；

（六）对审核报告分发使用的限制性说明；

（七）注册会计师的签名及盖章；

（八）会计师事务所的名称、地址及盖章；

（九）报告日期。

注册会计师可以根据需要，在审核报告的意见段之前增加说明段，或在意见段之后增加强调事项段。

第二十七条　审核报告的标题应当统一规范为“外汇收支情况表审核报告”。

第二十八条　审核报告的收件人应当为审核业务的委托人。审核报告应当载明收件人全称。

第二十九条　审核报告的引言段应当说明下列内容：

（一）已审核外汇收支情况表的名称和日期；

（二）被审核单位管理当局的责任和注册会计师的责任。

第三十条　审核报告的范围段应当说明下列内容：

（一）审核的依据是中国注册会计师协会制定的《外汇收支情况表审核指导意见》；

（二）审核工作主要包括检查记录和文件、询问以及实施分析程序；

（三）审核工作为注册会计师发表意见提供了合理的基础。

第三十一条　审核报告的意见段应当说明外汇收支情况表的编制在所有重大方面是否符合国家外汇管理的有关规定。

第三十二条　注册会计师应当根据实施审核工作得出的结果，参照《独立审计具体准则第7号——审计报告》，对外汇收支情况表出具无保留意见、保留意见、否定意见或无法表示意见的审核报告。

第三十三条　如果在审核过程中注意到被审核单位存在严重违反国家外汇管理有关规定的情形，或发现外汇收支情况表项目期初数存在重大错报且已在本年作出调整，注册会计师应当在意见段之后增加强调事项段予以说明。

注册会计师应当在强调事项段中指明，该段内容仅用于提醒外汇收支情况表使用人关注，并不影响已发表的意见。

第三十四条　注册会计师应当在审核报告中说明，审核报告仅供被审核单位向国家外汇管理部门报送外汇收支情况表时使用，不得用于其他用途。

第三十五条　审核报告应当由注册会计师签名并盖章，载明会计师事务所的名称和地址，并加盖会计师事务所公章。

第三十六条　审核报告日期是指注册会计师完成审核工作的日期。审核报告日期不应早于被审核单位管理当局签署外汇收支情况表的日期，且通常不早于被审核单位年度会计报表审计报告的日期。

第三十七条　注册会计师出具的审核报告应当后附已审核的外汇收支情况表。

第五章　附　　则

第三十八条　本指导意见自2005年1月15日起施行。

委托会计师事务所审计招标规范

（财会［2006］2号，2006年1月26日）

各省、自治区、直辖市财政厅（局），深圳市财政局，国务院有关部委、有关直属机构，中央管理企业：

为了规范招标委托会计师事务所从事审计业务的活动，促进注册会计师行业的公平竞争，保护招标单位和投标会计师事务所的合法权益，我部制定了《委托会计师事务所审计招标规范》，现印发给你们。自2006年3月1日起执行。

附件：委托会计师事务所审计招标规范

中华人民共和国财政部（章）

二〇〇六年一月二十六日

附件：

委托会计师事务所审计招标规范

第一条 为了规范招标委托会计师事务所（以下简称事务所）从事审计业务的活动，促进注册会计师行业的公平竞争，保护招标单位和投标事务所的合法权益，根据《中华人民共和国招标投标法》、《中华人民共和国注册会计师法》及相关法律，制定本规范。

第二条 招标单位采用招标方式委托事务所从事审计业务的，应当遵守《中华人民共和国招标投标法》，并符合本规范的规定。

第三条 招标投标活动应当遵循公开、公平、公正和诚实信用的原则。

任何单位和个人不得违反法律、行政法规规定，限制或者排斥事务所参加投标，不得以任何方式非法干涉招标投标活动。

事务所通过投标承接和执行审计业务的，应当遵守审计准则和职业道德规范，严格按照业务约定书履行义务、完成中标项目。

第四条 招标委托事务所从事审计业务，按照下列程序进行：

（一）招标，包括确定招标方式、发布招标公告（公开招标方式下）或发出投标邀请书（邀请招标方式下）、编制招标文件、向潜在投标事务所发出招标文件；

（二）开标；

（三）评标；

（四）确定中标事务所，发出中标通知书，与中标事务所签订业务约定书。

第五条 招标单位一般应当采用公开招标方式委托事务所。

对于符合下列情形之一的招标项目，可以采用邀请招标方式：

（一）具有特殊性，只能从有限范围的事务所中选择的；

（二）具有突发性，按公开招标程序无法在规定时间内完成委托事宜的。

第六条 采用公开招标方式的，应当发布招标公告。采用邀请招标方式的，应当向3家以上事务所发出投标邀请书。

招标公告和投标邀请书应当载明招标单位的名称和地址、招标项目的性质、数量、实施地点和时间以及获取招标文件的办法等事项。

第七条 招标单位可以根据招标项目本身的要求，在招标公告或者投标邀请书中，要求潜在投标事务所提供有关资质证明文件和业绩情况，并对潜在投标事务所进行资格审查。

在资格审查过程中，招标单位应当充分利用财政部门和注册会计师协会公开的行业信息，并执行财政部有关审计的管理规定。

第八条　招标单位应当根据招标项目的特点和需要编制招标文件。招标文件应当包括下列内容：

（一）招标项目介绍；

（二）对投标事务所资格审查的标准；

（三）投标报价要求；

（四）评标标准；

（五）拟签定业务约定书的主要条款。

第九条　招标单位应当在招标文件中详细披露便于投标事务所确定工作量、制定工作方案、提出合理报价、编制投标文件的招标项目信息，包括被审计单位的组织架构、所处行业、业务类型、地域分布、财务信息（如资产规模及结构、负债水平、年业务收入水平、其他相关财务指标）等。

第十条　招标单位应当根据招标项目要求，综合考虑投标事务所的工作方案、人员配备、相关工作经验、职业道德记录和质量控制水平、商务响应程度、报价等方面，合理确定评审内容、设定评审标准、设计各项评审内容分值占总分值的权重。投标事务所报价分值的权重不应高于20%。

评标标准的具体设计可以参考所附《评审内容及其权重设计参考表》。

第十一条　招标项目需要确定工期的，招标单位应当考虑注册会计师行业服务的特殊性，合理确定事务所完成相应工作的工期，并在招标文件中载明。

第十二条　招标单位可以根据招标项目的具体情况，组织潜在投标事务所座谈、答疑。潜在投标事务所需要查询招标项目详细资料的，招标单位应当在可能的情况下提供便利。

第十三条　招标单位在做出投标事务所编制投标文件的时限要求时，应当考虑注册会计师行业服务的特殊性，自招标文件开始发出之日起至投标事务所提交投标文件截止之日止，一般不得少于20日。

第十四条　招标单位应当公开进行开标，并邀请所有投标事务所参加。

第十五条　招标单位应当组建评标委员会，由评标委员会负责评标。

评标委员会由招标单位的代表和熟悉注册会计师行业的专家组成，与投标单位有利害关系的人不得进入相关项目的评标委员会。

评标委员会成员（以下简称评委）人数应当为5人以上单数，其中熟悉注册会计师行业的专家一般不应少于成员总数的2/3。

评委名单在中标结果确定前应当保密。

第十六条　招标单位应当采取必要的措施，保证评标在严格保密的情况下进行。任何单位和个人不得非法干预、影响评标的过程和结果。

第十七条　评委应当依据评标标准对投标事务所进行评分。

评标委员会应当按照各投标事务所得分高低次序排出名次，并根据名次推荐中标候选事务所。

第十八条　评标委员会完成评标后，应当向招标单位提出书面评标报告。

招标单位应当根据评标委员会提出的书面评标报告和推荐的中标候选事务所确定中标事务所。招标单位也可以授权评标委员会直接确定中标事务所。

第十九条　中标事务所确定后，招标单位应当向中标事务所发出中标通知书，同时将

中标结果通知所有未中标的投标事务所。

第二十条 招标单位应当自中标通知书发出之日起30日内，以招标文件和中标事务所投标文件的内容为依据，与中标事务所签订业务约定书。

招标单位不得向中标事务所提出改变招标项目实质性内容、提高招标项目的技术要求、降低支付委托费用等要求，不得以各种名目向中标事务所索要回扣。

招标单位不得与中标事务所再行订立背离业务约定书实质性内容的其他协议。

第二十一条 财政部和各省、自治区、直辖市财政部门应当对审计招标投标活动进行监督，对审计招标投标活动中的违法违规行为予以制止并依法进行处理。

第二十二条 招标单位招标委托事务所从事其他鉴证业务和相关服务业务的，参照执行本规范。

第二十三条 本规范由财政部负责解释。

第二十四条 本规范自2006年3月1日起施行。

附表：

评审内容及其权重设计参考表

评　审　内　容	权　重　范　围
工作方案	20%—30%
人员配备	20%—30
相关工作经验	15%—25%
职业首先记录和质量控制水平	10%—15%
商务响应程度	5%
报价	10%—20%

注：对于报价的评审，应当以报价与平均报价差异的绝对值作为评审标准，差异绝对值越小，所得分值越高。

财政部关于取消外国会计师事务所在中国境内临时执行审计业务行政许可收费的通知

（财会［2006］7号，2006年3月2日）

各省、自治区、直辖市财政厅（局），深圳市财政局：

根据《注册会计师法》，外国会计师事务所需要在中国境内临时办理有关业务，须经有关省、自治区、直辖市人民政府财政部门批准。根据《行政许可法》，本通知自发布之日起，取消外国会计师事务所在中国境内临时执行审计业务的行政许可收费。

中华人民共和国财政部

二〇〇六年三月二日

会计师事务所综合评价办法（试行）

（2006 年 11 月 3 日）

第一条　为综合评价会计师事务所（以下简称事务所）的整体质量，引导提升专业素质和执业水平，促进注册会计师行业健康快速发展，提高服务社会经济发展的能力，制定本办法。

第二条　中国注册会计师协会（以下简称中注协）负责组织事务所综合评价工作，并公布综合评价的有关信息。

第三条　事务所综合评价每年进行一次。

第四条　经批准设立的事务所，除具有下列情形之一者外，均可参加综合评价：

（一）未持续达到规定的设立条件；

（二）未按时履行会员义务；

（三）填报综合评价信息严重失实；

（四）因故终止；

（五）中注协认定不能参加综合评价的其他情形。

第五条　符合本办法第四条规定的事务所，可自愿申请参加综合评价。每年 3 月 31 日前，填写《会计师事务所综合评价基本情况表》（以下简称《情况表》），上报所在地的省、自治区、直辖市注册会计师协会（以下简称省级协会）审核。

事务所跨省级行政区设立的分所，每年 3 月 31 日前，填写《会计师事务所分所综合评价基本情况表》（以下简称《分所情况表》），上报分所所在地的省级协会审核。

事务所在所在省级行政区内设立的分所的相关数据在《情况表》内合并填报。

第六条　事务所在填报《情况表》前已合并、分立的，可以以合并、分立后的事务所参加综合评价。

合并、分立的事务所应提交工商管理部门变更登记手续的证明、相关决议、协议等证明材料。

第七条　事务所及其分所应对《情况表》、《分所情况表》内容的真实性负责。

第八条　省级协会负责审核本地区事务所填报的《情况表》和本地区分所填报的《分所情况表》，在每年的 4 月 30 日前，上报中注协。

第九条　每年 5 月份，中注协根据情况进行抽查。如发现填报情况严重失实，取消事务所当年及下一年度综合评价资格，并通报批评。

第十条　每年 6 月份，中注协根据事务所上报的数据，按照本办法的规定，计算并确认事务所的综合评价得分。

第十一条　每年 7 月份，中注协通过认定的网站和报刊，公布综合评价得分前百家的信息。

对于在公布前终止的事务所的信息，不予公布。

第十二条　对事务所的综合评价包括：总收入、注册会计师人数、培训完成率、行业领军人才后备人选人数（以下称领军人才人数）、处罚和惩戒情况等五项指标。

（一）总收入，是指事务所上报的、经过审计的上一年度会计报表数据，不包括具有独立法人资格的成员所的收入。

（二）注册会计师人数，是指截至上一年12月31日，事务所在中注协认定的管理系统中登记的数据。

（三）培训完成率，是指截至上一年12月31日，事务所完成规定继续教育学时的注册会计师人数占本所注册会计师人数的比率。

（四）领军人才人数，是指事务所在填报《情况表》、《分所情况表》时，已通过中注协组织的测试并选拔的领军人才人数。

（五）处罚和惩戒情况，是指截至上一年12月31日的前3年，事务所及其注册会计师在执业中受到刑事处罚、行政处罚和行业惩戒的情况。

第十三条 综合评价指标中的总收入、注册会计师人数、培训完成率，按照一定的权重计算得分。

领军人才人数为直接加分项，每名加0.5分。

处罚和惩戒为直接减分项，按照下列不同处罚和惩戒种类减分：

（一）事务所受到暂停业务处罚及与其他处罚并处的，一次减5分；单处警告、没收违法所得、罚款及以上三项或者两项处罚并处的，一次减4分；受到公开谴责的，一次减3分；受到通报批评的，一次减2分；受到训诫的，一次减1分。

（二）注册会计师受到吊销注册会计师证书、撤销会员资格的，减4分；受到其他行政处罚和行业惩戒的应减分值，分别按照事务所受到相应行政处罚和行业惩戒应减分值的50％计算；受到刑事处罚的，按照对事务所的最高处罚减分。

第十四条 综合得分的计算公式如下：

综合评价得分＝总收入得分＋注册会计师人数得分＋培训完成率得分＋领军人才人数得分－事务所和注册会计师的处罚、惩戒应减分值

（一）总收入得分＝(某事务所总收入/上一评价年度前100家事务所收入平均值)×70

（二）注册会计师人数得分＝(某事务所注册会计师人数/上一评价年度前100家事务所的注册会计师人数平均值)×10

（三）培训完成率得分＝(某事务所完成继续教育的注册会计师人数/该事务所的注册会计师人数)×20

（四）领军人才人数得分＝领军人才人数×0.5

（五）事务所和注册会计师的处罚、惩戒应减分值＝∑［刑事处罚、行政处罚和行业惩戒的次数（人数）×相关分值］

第十五条 本办法自发布之日起试行。

中国注册会计师协会关于规范注册会计师执行企业年度检验审计业务的通知

（会协［2007］17号，2007年4月5日）

各省、自治区、直辖市注册会计师协会：

《中华人民共和国公司法》和《企业年度检验办法》（国家工商行政管理总局令第23

号）修订实施以来，对于注册会计师依法执行审计业务起到了积极作用。但注册会计师在为了满足企业年度检验的需要而针对其财务报表执行审计业务（以下简称年检审计业务）时，遇到了一些新情况、新问题。为进一步规范注册会计师执行年检审计业务，保证审计质量，现就有关问题通知如下：

一、注册会计师执行年检审计业务时，应当遵守法律法规、职业道德规范和审计准则的规定，合理计划和实施审计工作，获取充分、适当的审计证据，出具恰当的审计报告。

二、注册会计师应当按照审计准则的要求对实收资本（股本）及其有关项目实施必要的审计程序，并充分关注企业与重要出资者之间的资金往来情况。

三、注册会计师应当根据企业会计准则和相关会计制度的规定，对企业的资产负债表、利润表、现金流量表等报表及其附注发表意见，并出具审计报告。在出具审计报告时，注册会计师应当遵守《中国注册会计师审计准则第 1501 号——审计报告》和《中国注册会计师审计准则第 1502 号——非标准审计报告》的规定。

对于小企业，如果《小企业会计制度》允许不编制现金流量表，注册会计师可只针对资产负债表和利润表（损益表）及其附注发表意见，并出具审计报告（参考格式见附件）。

四、会计师事务所依法执行年检审计业务，任何单位和个人不应实行地区封锁和垄断，也不得阻挠、干预和限定注册会计师的审计工作。

五、会计师事务所应当按照国家有关中介服务收费管理的规定和中国注册会计师职业道德规范的规定收取审计费，不得恶意压价竞争，损害执业质量，或以任何名义支付回扣或其他形式的好处费。

六、中国注册会计师协会和地方注册会计师协会要加强对注册会计师执行年检审计业务的监管，组织执业质量检查，对不按审计准则和职业道德规范的要求执行年检审计业务的会计师事务所及注册会计师，将按规定予以惩戒。

附件：针对小企业资产负债表和利润表（损益表）出具的审计报告的参考格式（无保留意见）

审计报告

ABC 有限责任公司全体股东：

我们审计了后附的 ABC 有限责任公司（以下简称 ABC 公司）20×1 年 12 月 31 日的资产负债表、20×1 年度的利润表及其附注（以下简称财务报表）。

一、管理层对财务报表的责任

按照《小企业会计制度》的规定编制财务报表是 ABC 公司管理层的责任。这种责任包括：（1）设计、实施和维护与财务报表编制相关的内部控制，以使财务报表不存在由于舞弊或错误而导致的重大错报；（2）选择和运用恰当的会计政策；（3）作出合理的会计估计。

二、注册会计师的责任

我们的责任是在实施审计工作的基础上对财务报表发表审计意见。我们按照中国注册会计师审计准则的规定执行了审计工作。中国注册会计师审计准则要求我们遵守职业道德规范，计划和实施审计工作以对财务报表是否不存在重大错报获取合理保证。

审计工作涉及实施审计程序，以获取有关财务报表金额和披露的审计证据。选择的审计程序取决于注册会计师的判断，包括对由于舞弊或错误导致的财务报表重大错报风险的评估。在进行风险评估时，我们考虑与财务报表编制相关的内部控制，以设计恰当的审计程序，但目的并非对内部控制的有效性发表意见。审计工作还包括评价管理层选用会计政策的恰当性和作出会计估计的合理性，以及评价财务报表的总体列报。

我们相信，我们获取的审计证据是充分、适当的，为发表审计意见提供了基础。

三、审计意见

我们认为，ABC 公司财务报表已经按照《小企业会计制度》的规定编制，在所有重大方面公允反映了 ABC 公司 20×1 年 12 月 31 日的财务状况以及 20×1 年度的经营成果。

××会计师事务所
（盖章）

中国注册会计师：×××
（签名并盖章）

中国注册会计师：×××
（签名并盖章）

中国××市
二〇×二年×月×日

最高人民法院关于审理涉及会计师事务所在审计业务活动中民事侵权赔偿案件的若干规定

（法释［2007］12 号，2007 年 6 月 11 日）

为正确审理涉及会计师事务所在审计业务活动中民事侵权赔偿案件，维护社会公共利益和相关当事人的合法权益，根据《中华人民共和国民法通则》、《中华人民共和国注册会计师法》、《中华人民共和国公司法》、《中华人民共和国证券法》等法律，结合审判实践，制定本规定。

第一条 利害关系人以会计师事务所在从事注册会计师法第十四条规定的审计业务活动中出具不实报告并致其遭受损失为由，向人民法院提起民事侵权赔偿诉讼的，人民法院应当依法受理。

第二条 因合理信赖或者使用会计师事务所出具的不实报告，与被审计单位进行交易或者从事与被审计单位的股票、债券等有关的交易活动而遭受损失的自然人、法人或者其他组织，应认定为注册会计师法规定的利害关系人。

会计师事务所违反法律法规、中国注册会计师协会依法拟定并经国务院财政部门批准后施行的执业准则和规则以及诚信公允的原则，出具的具有虚假记载、误导性陈述或者重大遗漏的审计业务报告，应认定为不实报告。

第三条 利害关系人未对被审计单位提起诉讼而直接对会计师事务所提起诉讼的，人民法院应当告知其对会计师事务所和被审计单位一并提起诉讼；利害关系人拒不起诉被审计单位的，人民法院应当通知被审计单位作为共同被告参加诉讼。

利害关系人对会计师事务所的分支机构提起诉讼的，人民法院可以将该会计师事务所列为共同被告参加诉讼。

利害关系人提出被审计单位的出资人虚假出资或者出资不实、抽逃出资，且事后未补足的，人民法院可以将该出资人列为第三人参加诉讼。

第四条　会计师事务所因在审计业务活动中对外出具不实报告给利害关系人造成损失的，应当承担侵权赔偿责任，但其能够证明自己没有过错的除外。

会计师事务所在证明自己没有过错时，可以向人民法院提交与该案件相关的执业准则、规则以及审计工作底稿等。

第五条　注册会计师在审计业务活动中存在下列情形之一，出具不实报告并给利害关系人造成损失的，应当认定会计师事务所与被审计单位承担连带赔偿责任：

（一）与被审计单位恶意串通；

（二）明知被审计单位对重要事项的财务会计处理与国家有关规定相抵触，而不予指明；

（三）明知被审计单位的财务会计处理会直接损害利害关系人的利益，而予以隐瞒或者作不实报告；

（四）明知被审计单位的财务会计处理会导致利害关系人产生重大误解，而不予指明；

（五）明知被审计单位的会计报表的重要事项有不实的内容，而不予指明；

（六）被审计单位示意其作不实报告，而不予拒绝。

对被审计单位有前款第（二）至（五）项所列行为，注册会计师按照执业准则、规则应当知道的，人民法院应认定其明知。

第六条　会计师事务所在审计业务活动中因过失出具不实报告，并给利害关系人造成损失的，人民法院应当根据其过失大小确定其赔偿责任。

注册会计师在审计过程中未保持必要的职业谨慎，存在下列情形之一，并导致报告不实的，人民法院应当认定会计师事务所存在过失：

（一）违反注册会计师法第二十条第（二）、（三）项的规定；

（二）负责审计的注册会计师以低于行业一般成员应具备的专业水准执业；

（三）制定的审计计划存在明显疏漏；

（四）未依据执业准则、规则执行必要的审计程序；

（五）在发现可能存在错误和舞弊的迹象时，未能追加必要的审计程序予以证实或者排除；

（六）未能合理地运用执业准则和规则所要求的重要性原则；

（七）未根据审计的要求采用必要的调查方法获取充分的审计证据；

（八）明知对总体结论有重大影响的特定审计对象缺少判断能力，未能寻求专家意见而直接形成审计结论；

（九）错误判断和评价审计证据；

（十）其他违反执业准则、规则确定的工作程序的行为。

第七条　会计师事务所能够证明存在以下情形之一的，不承担民事赔偿责任：

（一）已经遵守执业准则、规则确定的工作程序并保持必要的职业谨慎，但仍未能发现被审计的会计资料错误；

（二）审计业务所必须依赖的金融机构等单位提供虚假或者不实的证明文件，会计师

事务所在保持必要的职业谨慎下仍未能发现其虚假或者不实；

（三）已对被审计单位的舞弊迹象提出警告并在审计业务报告中予以指明；

（四）已经遵照验资程序进行审核并出具报告，但被验资单位在注册登记后抽逃资金；

（五）为登记时未出资或者未足额出资的出资人出具不实报告，但出资人在登记后已补足出资。

第八条 利害关系人明知会计师事务所出具的报告为不实报告而仍然使用的，人民法院应当酌情减轻会计师事务所的赔偿责任。

第九条 会计师事务所在报告中注明"本报告仅供年检使用"、"本报告仅供工商登记使用"等类似内容的，不能作为其免责的事由。

第十条 人民法院根据本规定第六条确定会计师事务所承担与其过失程度相应的赔偿责任时，应按照下列情形处理：

（一）应先由被审计单位赔偿利害关系人的损失。被审计单位的出资人虚假出资、不实出资或者抽逃出资，事后未补足，且依法强制执行被审计单位财产后仍不足以赔偿损失的，出资人应在虚假出资、不实出资或者抽逃出资数额范围内向利害关系人承担补充赔偿责任。

（二）对被审计单位、出资人的财产依法强制执行后仍不足以赔偿损失的，由会计师事务所在其不实审计金额范围内承担相应的赔偿责任。

（三）会计师事务所对一个或者多个利害关系人承担的赔偿责任应以不实审计金额为限。

第十一条 会计师事务所与其分支机构作为共同被告的，会计师事务所对其分支机构的责任部分承担连带赔偿责任。

第十二条 本规定所涉会计师事务所侵权赔偿纠纷未经审判，人民法院不得将会计师事务所追加为被执行人。

第十三条 本规定自公布之日起施行。本院过去发布的有关会计师事务所民事责任的相关规定，与本规定相抵触的，不再适用。

在本规定公布施行前已经终审，当事人申请再审或者按照审判监督程序决定再审的会计师事务所民事侵权赔偿案件，不适用本规定。

在本规定公布施行后尚在一审或者二审阶段的会计师事务所民事侵权赔偿案件，适用本规定。

会计从业资格管理办法

中华人民共和国财政部令

第 73 号

《会计从业资格管理办法》已经 2012 年 12 月 5 日财政部部务会议修订通过，现将修订后的《会计从业资格管理办法》公布，自 2013 年 7 月 1 日起施行。

财政部

2012 年 12 月 6 日

会计从业资格管理办法

第一章 总 则

第一条 为了加强会计从业资格管理，规范会计人员行为，根据《中华人民共和国会计法》（以下简称《会计法》）及相关法律的规定，制定本办法。

第二条 会计从业资格的取得和管理适用本办法。

第三条 在国家机关、社会团体、企业、事业单位和其他组织（以下统称单位）中担任会计机构负责人（会计主管）的人员，以及从事下列会计工作的人员应当取得会计从业资格：

（一）出纳；

（二）稽核；

（三）资本、基金核算；

（四）收入、支出、债权债务核算；

（五）职工薪酬、成本费用、财务成果核算；

（六）财产物资的收发、增减核算；

（七）总账；

（八）财务会计报告编制；

（九）会计机构内会计档案管理；

（十）其他会计工作。

第四条 单位不得任用（聘用）不具备会计从业资格的人员从事会计工作。

不具备会计从业资格的人员，不得从事会计工作，不得参加会计专业技术资格考试或评审、会计专业技术职务的聘任，不得申请取得会计人员荣誉证书。

第五条 除本办法另有规定外，县级以上地方人民政府财政部门负责本行政区域内的会计从业资格管理。

第六条 财政部委托中共中央直属机关事务管理局、国务院机关事务管理局按照各自权限分别负责中央在京单位的会计从业资格的管理。

新疆生产建设兵团财务局负责所属单位的会计从业资格的管理。

财政部委托铁道部负责铁路系统的会计从业资格的管理。

财政部委托中国人民解放军总后勤部、中国人民武装警察部队后勤部分别负责中国人民解放军、中国人民武装警察部队系统的会计从业资格的管理。

第二章 会计从业资格的取得

第七条 国家实行会计从业资格考试制度。

第八条 符合下列条件的人员，可以申请参加会计从业资格考试：

（一）遵守会计和其他财经法律、法规；

（二）具备良好的道德品质；

（三）具备会计专业基础知识和技能。

因有《会计法》第四十二条、第四十三条、第四十四条所列违法情形，被依法吊销会计从业资格证书的人员，自被吊销之日起5年以内不得参加会计从业资格考试，不得重新取得会计从业资格证书。

因有提供虚假财务会计报告，做假账，隐匿或者故意销毁会计凭证、会计账簿、财务会计报告，贪污、挪用公款，职务侵占等与会计职务有关的违法行为，被依法追究刑事责任的人员，不得参加会计从业资格考试，不得取得或者重新取得会计从业资格证书。

第九条 县级以上地方人民政府财政部门、新疆生产建设兵团财务局、中共中央直属机关事务管理局、国务院机关事务管理局、铁道部、中国人民解放军总后勤部、中国人民武装警察部队后勤部（以下简称会计从业资格管理机构）应当对申请参加会计从业资格考试人员的条件进行审核，符合条件的，允许其参加会计从业资格考试。

第十条 会计从业资格考试科目为：财经法规与会计职业道德、会计基础、会计电算化（或者珠算）。

会计从业资格考试大纲、考试合格标准由财政部统一制定和公布。

会计从业资格考试科目实行无纸化考试，无纸化考试题库由财政部统一组织建设。会计从业资格无纸化考试管理相关规定由财政部另行制定。

第十一条 会计从业资格各考试科目应当一次性通过。

会计从业资格管理机构应当在考试结束后及时公布考试结果，通知考试通过人员在考试结果公布之日起6个月内，到指定的会计从业资格管理机构领取会计从业资格证书。

通过会计从业资格考试的人员，应当持本人有效身份证件原件，在规定的期限内，到指定的地点领取会计从业资格证书。

通过会计从业资格考试的人员，可以委托代理人领取会计从业资格证书。代理人领取会计从业资格证书时，应当持本人和委托人的有效身份证件原件。

第十二条 各省、自治区、直辖市、计划单列市财政厅（局）（以下简称省级财政部门），新疆生产建设兵团财务局，中共中央直属机关事务管理局、国务院机关事务管理局、铁道部、中国人民解放军总后勤部、中国人民武装警察部队后勤部（以下简称中央主管单位），应当按照本办法第五条、第六条规定的管理范围，负责组织实施会计从业资格考试的下列事项：

（一）制定会计从业资格考试考务规则；

（二）组织会计从业资格考试软件系统的建设及管理；

（三）接收并管理财政部下发的会计从业资格无纸化考试题库；

（四）组织开展会计从业资格考试；

（五）监督检查会计从业资格考试考风、考纪，并依法对违规违纪行为进行处理处罚。

省级财政部门、新疆生产建设兵团财务局和中央主管单位应当根据本办法制定、公布会计从业资格考试的报考办法、考务规则、考试相关要求、报名条件和考试科目。

第十三条 会计从业资格考试收费标准按照国家物价管理部门的有关规定执行。

第十四条 财政部统一规定会计从业资格证书样式和编号规则。

省级财政部门负责本地区会计从业资格证书的印制；新疆生产建设兵团财务局和中央主管单位分别负责本部门、本系统会计从业资格证书的印制。

第十五条 会计从业资格证书是具备会计从业资格的证明文件，在全国范围内有效。

持有会计从业资格证书的人员（以下简称持证人员）不得涂改、出借会计从业资格证书。

第三章　会计从业资格管理

第十六条　持证人员应当接受继续教育，提高业务素质和会计职业道德水平。

持证人员参加继续教育采取学分制管理制度。持证人员继续教育相关规定由财政部另行制定。

第十七条　会计从业资格管理机构应当加强对持证人员继续教育工作的监督、指导。

单位应当鼓励和支持持证人员参加继续教育，保证学习时间，提供必要的学习条件。

第十八条　会计从业资格管理机构应当对开展会计人员继续教育的培训机构进行监督和指导，规范培训市场，确保培训质量。

第十九条　会计从业资格实行信息化管理。会计从业资格管理机构应当建立持证人员从业档案信息系统，及时记载、更新持证人员下列信息：

（一）持证人员的相关基础信息；

（二）持证人员从事会计工作情况；

（三）持证人员的变更、调转登记情况；

（四）持证人员换发会计从业资格证书情况；

（五）持证人员接受继续教育情况；

（六）持证人员受到表彰奖励情况；

（七）持证人员因违反会计法律、法规、规章和会计职业道德被处罚情况。

第二十条　持证人员的姓名、有效身份证件及号码、照片、学历或学位、会计专业技术职务资格、开始从事会计工作时间等基础信息，以及第十九条第（五）和第（六）项内容发生变化的，应当持相关有效证明和会计从业资格证书，到所属会计从业资格管理机构办理从业档案信息变更。会计从业资格管理机构应当在核实相关信息后，为持证人员办理从业档案信息变更。

持证人员的其他相关信息发生变化的，应当登陆所属会计从业资格管理机构指定网站进行信息变更，也可以到所属会计从业资格管理机构办理。

第二十一条　持证人员所属会计从业资格管理机构发生变化的，应当及时办理调转登记手续。

持证人员所属会计从业资格管理机构在各省级财政部门、新疆生产建设兵团财务局、中央主管单位各自管辖范围内发生变化的，应当持会计从业资格证书、工作证明（或户籍证明、居住证明）到调入地所属会计从业资格管理机构办理调转登记。

持证人员所属会计从业资格管理机构在各省级财政部门、新疆生产建设兵团财务局、中央主管单位管辖范围之间发生变化的，应当及时填写调转登记表，持会计从业资格证书，到原会计从业资格管理机构办理调出手续。持证人员应当自办理调出手续之日起3个月内，持会计从业资格证书、调转登记表和在调入地的工作证明（或户籍证明、居住证明），到调入地会计从业资格管理机构办理调入手续。

第二十二条　持证人员应当妥善保管会计从业资格证书。如有遗失，持证人员应当在履行公告程序后，填写补发申请表，持有关证明材料，向所属会计从业资格管理机构申请补发会计从业资格证书。会计从业资格管理机构核实无误后，应当自受理之日起20个工作日内予以补发。

如有毁损，持证人员应当填写补发申请表，持毁损证书原件，向所属会计从业资格管理机构申请补发会计从业资格证书。会计从业资格管理机构核实无误后，应当自受理之日起 20 个工作日内予以补发。

第二十三条 会计从业资格证书实行 6 年定期换证制度。

持证人员应当在会计从业资格证书到期前 6 个月内，填写定期换证登记表，持有效身份证件原件和会计从业资格证书，到所属会计从业资格管理机构办理换证手续。

第二十四条 有下列情形之一的，会计从业资格管理机构可以撤销持证人员的会计从业资格：

（一）会计从业资格管理机构工作人员滥用职权、玩忽职守，作出给予持证人员会计从业资格决定的；

（二）超越法定职权或者违反法定程序，作出给予持证人员会计从业资格决定的；

（三）对不具备会计从业资格的人员，作出给予会计从业资格决定的。

持证人员以欺骗、贿赂、舞弊等不正当手段取得会计从业资格的，会计从业资格管理机构应当撤销其会计从业资格。

第二十五条 持证人员具有下列情形之一的，会计从业资格管理机构应当注销其会计从业资格：

（一）死亡或者丧失行为能力的；

（二）会计从业资格被依法吊销的。

第二十六条 会计从业资格管理机构应当将领取会计从业资格证书和办理会计从业资格证书换发、调转、变更登记的条件、程序、期限以及需要提交的材料和相关申请登记表格示范文本等在办公场所公示，或者在会计从业资格管理机构指定网站进行公示。相关申请登记表格示范文本应当置放于会计从业资格管理机构办公场所，免费提供，或者由申请人从会计从业资格管理机构指定网站下载。

第二十七条 会计从业资格管理机构应当对下列情况实施监督检查：

（一）从事会计工作的人员持有会计从业资格证书情况；

（二）持证人员换发、调转、变更登记会计从业资格证书情况；

（三）持证人员从事会计工作和执行国家统一的会计制度情况；

（四）持证人员遵守会计职业道德情况；

（五）持证人员接受继续教育情况。

会计从业资格管理机构在实施监督检查时，持证人员应当如实提供有关情况和材料，有关单位应当予以配合。

第二十八条 单位和个人对违反本办法规定的行为有权检举，会计从业资格管理机构应当及时核实、处理，并为检举人保密。

第二十九条 持证人员对会计从业资格管理机构的处理处罚决定，享有陈述权、申辩权；有权依法申请行政复议或者提起行政诉讼。

第四章 法律责任

第三十条 参加会计从业资格考试舞弊的，2 年内不得参加会计从业资格考试，由会计从业资格管理机构取消其考试成绩，已取得会计从业资格的，由会计从业资格管理机构撤销其会计从业资格。

第三十一条 持证人员具有下列情形之一的，由会计从业资格管理机构责令其限期改正：

（一）不参加继续教育或参加继续教育未取得规定学分的；

（二）未按照本办法规定办理调转登记的；

（三）未按照本办法规定进行信息更新的。

第三十二条　会计从业资格管理机构及其工作人员在实施会计从业资格管理中滥用职权、玩忽职守、徇私舞弊的，依法给予处分。构成犯罪的，依法追究刑事责任。

第三十三条　会计从业资格管理机构工作人员违反本办法第二十八条规定，将检举人姓名和检举材料转给被检举单位或个人，或者将应当保密的检举信息对外泄露的，由所在单位或者有关单位依法给予处分。构成犯罪的，依法追究刑事责任。

第五章　附　　则

第三十四条　省级财政部门、新疆生产建设兵团财务局和中央主管单位可以根据本办法制定具体实施办法，报财政部备案。

第三十五条　香港特别行政区、澳门特别行政区、台湾地区居民和外国居民在境内取得会计从业资格及相关管理适用本办法。

第三十六条　本办法施行之日前已被聘任为高级会计师或者从事会计工作满 20 年，且年满 50 周岁、目前尚在从事会计工作的，经本人申请并提供单位证明等相关材料，会计从业资格管理机构核实无误后，发给会计从业资格证书。

取得注册会计师证书，目前尚在从事会计工作的，经本人申请并提供单位证明等相关材料，会计从业资格管理机构核实无误后，发给会计从业资格证书。

第三十七条　本办法自 2013 年 7 月 1 日起施行。财政部 2005 年 1 月 22 日发布的《会计从业资格管理办法》（财政部令第 26 号）同时废止。

注册会计师转所规定

（会协〔2008〕105 号，2008 年 12 月 3 日）

第一条　为规范注册会计师转所工作，保证注册会计师正常、合理流动，维护注册会计师与会计师事务所的合法权益。根据《中华人民共和国注册会计师法》及《会计师事务所审批和监督暂行办法》（财政部令第 24 号）、《注册会计师注册办法》（财政部令第 25 号）的相关规定，制定本规定。

第二条　各省、自治区、直辖市注册会计师协会及深圳市注册会计师协会（以下简称地方注协）负责办理注册会计师转所事宜。

第三条　注册会计师申请设立会计师事务所，或离开原会计师事务所加入其他会计师事务所，应当办理转所手续。

注册会计师在同一会计师事务所与分所（含分所与分所）之间调动时，其注册会计师关系的变更，按本规定的相关要求办理。

会计师事务所分所负责人，应当将其注册会计师关系转入分所。有特殊情况不能将注册会计师关系转入分所的，应当报分所所在地注协备案。

第四条 具有下列情形之一的注册会计师，不得申请转所：

（一）会计师事务所清算期间，负责清算工作的该所股东（合伙人）代表。

（二）因执业行为受到司法、行政机关和行业协会等部门检查、调查，检查或调查结论未下达之前。

（三）原会计师事务所股东（合伙人），拟成为其他会计师事务所的股东（合伙人）时，尚未办理完成股权转让（退伙）手续的。

（四）受暂停执业处罚期间的。

（五）地方注协规定不得转所的其他情形。

第五条 注册会计师申请转所，应当按照与转出会计师事务所（以下简称转出所）签订的劳动合同或者其他协议、约定，办理财务、业务等方面的交接事宜，认真填写“注册会计师转所申请表”（附表1，以下简称《转所申请表》）。

注册会计师为转出所股东（合伙人）的，还应当办理股权转让（退伙）手续。

第六条 注册会计师应当先将《转所申请表》送转出所，转出所同意的，应当由主任会计师或其授权的该所其他负责人（以下简称主任会计师）在《转所申请表》上签字，并加盖转出所公章。转出所不同意的，应当说明理由。主任会计师授权该所其他负责人签署转所意见的，应将授权文件报所在地注协备案。

会计师事务所无正当理由拒绝办理注册会计师转所手续及股权转让（退伙）手续的，注册会计师可以向所在地注协提出书面投诉。地方注协接到注册会计师投诉后，应当在10个工作日内进行调解。

自地方注协调解之日起满1个月，注册会计师与会计师事务所仍未达成一致的，除第四条规定的情形外，地方注协可以直接为注册会计师办理转出手续。注册会计师与会计师事务所的纠纷，由相关当事人通过劳动仲裁和诉讼等法律途径解决。

第七条 注册会计师应当将经转出所同意的《转所申请表》送转入会计师事务所（以下简称转入所）；具有第十二条规定情形的注册会计师，应当将《转所申请表》暂存在转出地注协，待新所设立或确定转入所后，再将《转所申请表》送转入所。

转入所同意的，应当由主任会计师在《转所申请表》上签字并加盖转入所公章。

在分所工作的注册会计师，其转出或者转入，经会计师事务所授权，可由分所负责人在《转所申请表》上签字并加盖分所公章。会计师事务所应将授权文件报分所所在地注协备案。

第八条 在转入所同意后的15个工作日内，注册会计师应当持经转出所和转入所签章同意的《转所申请表》、注册会计师证书，在所在地注协办理转所手续。

注册会计师跨省级行政区域转所时，应当在转入所同意后的15个工作日内，在转出地注协办理转出手续；并在转出地注协同意后的15个工作日内，在转入地注协办理转入手续。

新设会计师事务所（含合并、分立后新设）的注册会计师，应当自会计师事务所办理完成工商登记手续之日起60日内，办理完成转入该所的手续。被吸收合并的会计师事务所的注册会计师，应自合并协议正式生效之日起30个工作日内，办理完成注册会计师的转所手续。

超过上述规定期限的，转入所签署的意见失效，注册会计师应当经转入所重新确认。

第九条 地方注协应对转所申请人提交的《转所申请表》的相关内容进行审查，对未按规定填写《转所申请表》的，应当当场或者在5个工作日内一次告知申请人需要补正的全部内容。必要时，地方注协可要求注册会计师提供《转所申请表》中相关内容的证明材料。

对于《转所申请表》的相关内容齐全或者申请人按照要求补正相关内容的，地方注协应当当场或在5个工作日内（本规定另有规定者除外），在《转所申请表》、注册会计师证书上盖章并签署意见。

第十条 因会计师事务所合并、分立需批量办理注册会计师转所的，可以简化相关手续。具体程序如下：

（一）会计师事务所向地方注协申请，跨省级行政区域转所的，应当先向转出地注协申请，再向转入地注协申请；

（二）会计师事务所提交“注册会计师批量转所、迁移汇总表”（附表2，以下简称《注册会计师汇总表》）、会计师事务所合并（分立）相关协议或决议复印件、注册会计师证书；

（三）地方注协同意的，应当在《注册会计师汇总表》及注册会计师证书上签署相关意见。

第十一条 会计师事务所跨省迁移的，应当自迁入地财政部门下达批准文件之日起30日内，由会计师事务所统一办理注册会计师的迁出、迁入手续。具体程序如下：

（一）会计师事务所向迁出地注协申请，同时提交《注册会计师汇总表》、迁入地财政部门批准迁入文件复印件、注册会计师证书；

（二）迁出地注协同意后，会计师事务所应当将上述材料提交迁入地注协；

（三）地方注协应当在《注册会计师汇总表》及注册会计师证书上签署相关意见。

第十二条 注册会计师有下列情况之一时，应当将《转所申请表》暂存转出地注协，注册会计师关系转为该协会代管：

（一）拟成为新设会计师事务所股东（合伙人）的。

（二）已办理完转出手续，尚无其他事务所同意转入的。

（三）地方注协认为可以代管的其他情形。

由地方注协代管的注册会计师，其注册会计师关系保留1年。超过1年仍未转入其他会计师事务所的，地方注协应撤销其注册，收回注册会计师证书。

第十三条 会计师事务所应加强对注册会计师的管理。注册会计师离开会计师事务所，不再执行注册会计师业务时，会计师事务所在为注册会计师办理相关人事调动手续或解除和终止劳动合同、聘用合同时，应在20个工作日内向地方注协书面报告并上交该注册会计师证书。地方注协应当按相关规定注销注册，收回其注册会计师证书。

第十四条 注册会计师、会计师事务所应当对《转所申请表》内容的真实性负责。

地方注协认为必要时，可对《转所申请表》所填内容的真实性进行实地检查，对于弄虚作假的，地方注协应予通报批评；符合撤销、注销注册的，应根据《中华人民共和国注册会计师法》、《注册会计师注册办法》的相关规定进行处理。

第十五条 注册会计师提出转所申请至转出地注协办理期间，尚未离开转出所的，经转出所同意可以执行业务并签署报告。

注册会计师转所手续未办理完毕时，不得在转入所执行业务并签署报告。

第十六条 注册会计师、会计师事务所、地方注协在办理注册会计师转所时，应当同时在会计行业管理网（www. acc. gov. cn）中完成转所操作。地方注协在批准注册会计师转所后的5个工作日内，在行业管理信息系统（cmis. cicpa. org. cn）中录入注册会计师转所情况。

第十七条 地方注协应将注册会计师转所信息在网站上进行公告。具有第六条第三款情形的，地方注协应将涉及会计师事务所、注册会计师的相关事由，在网站上予以公布。

第十八条 《转所申请表》及其他附件应当至少保存二年。

第十九条 本规定自印发之日起施行。

中国注册会计师协会颁发的《注册会计师办理转所手续的暂行规定》（会协字［1995］101号）、《中国注册会计师协会关于注册会计师转所有关问题的答复》（会协字［1998］369号）及《中国注册会计师协会关于具有股东（合伙人）身份的注册会计师办理转所转为非执业会员等有关事宜的批复》（会协［2006］68号）同时废止。

注册会计师考试制度改革方案

（会协［2009］5号，2009年1月15日）

为了做好中国注册会计师考试制度改革工作，加快行业人才培养，实现行业人才国际化，推动实现中国注册会计师行业发展战略目标，提出如下改革方案：

一、注册会计师考试制度改革的必要性、指导思想和总体目标

中国注册会计师全国统一考试制度于1991年创立，至今已举办17次考试。经过不断的改革完善，建立健全了考试基本制度体系、质量保证体系和组织管理体系，累计14万余人取得全科合格证，为中国注册会计师行业的健康发展提供了重要的人才支撑。注册会计师考试已成为国内声誉最高的执业资格考试之一。

随着中国经济社会的全面进步和改革开放的持续深化，特别是中国经济与世界经济的日益融合，对注册会计师行业建设提出了更高的要求。为此，中国注册会计师行业实施了包括人才战略、国际趋同战略和做大做强战略在内的行业发展战略，行业建设取得令人瞩目的新突破。

行业发展的关键在人才。注册会计师考试制度是人才建设的基础工程。社会主义市场经济发展的新形势和企业国际化发展的新需求，对注册会计师行业人才选拔和培养提出了新的要求，现行考试制度需要改革和完善。

为不断提高注册会计师胜任能力，加快培养国际化人才，深入实施会计审计准则体系，财政部注册会计师考试委员会于2007年初作出决定，启动注册会计师考试制度改革工作，进一步发挥注册会计师考试对深入实施行业发展战略的重要支持作用。

注册会计师考试制度改革的指导思想是，深入贯彻落实科学发展观，认真总结和继承中国注册会计师考试的基本经验，充分借鉴有关国家和地区会计职业组织的成功做法，通过比较、分析、提炼、吸收，科学改革考试制度，发挥注册会计师考试在行业人才建设中的导向作用。

注册会计师考试制度改革的总体目标是，以《中国注册会计师胜任能力指南》和《职业会计师国际教育准则》为指导，提升考试理念、充实考试内容、完善考试方式，建立起符合终身学习理念和充分体现胜任能力评价要求的考试制度，促进中国注册会计师胜任能力和执业水平的提高，使中国注册会计师考试制度与国际普遍认可的注册会计师考试制度相趋同，将中国注册会计师考试打造成中国注册会计师走向国际的“通行证”。

二、注册会计师考试制度改革的主要内容

注册会计师考试制度包括报名条件、考试阶段、科目设置、实务经历要求等基本制度，考试命题、考试评卷、考试合格标准等考试质量保证制度，以及考试组织、考场设置、考试纪律等考试组织管理制度。这次改革主要涉及注册会计师考试基本制度。主要内容如下：

（一）将注册会计师考试划分为两个阶段

第一阶段，即专业阶段，主要测试考生是否具备注册会计师执业所需的专业知识，是否掌握基本技能和职业道德要求。

第二阶段，即综合阶段，主要测试考生是否具备在注册会计师执业环境中运用专业知识，保持职业价值观、职业态度与职业道德，有效解决实务问题的能力。

考生在通过第一阶段的全部考试科目后，才能参加第二阶段的考试。两个阶段的考试，每年各举行 1 次。

基于第二阶段的考试侧重于考查考生的胜任能力，建议考生在参加第二阶段考试前注意积累必要的实务经验。

（二）调整考试科目

在现行考试制度 5 个科目的基础上，进行分拆、补充和整合，对考试科目作以下调整：

第一阶段，设会计、审计、财务成本管理、公司战略与风险管理、经济法、税法等 6 科。

第二阶段，设综合 1 科。

第一阶段和第二阶段各科目均不设英文附加题。

（三）调整成绩有效期

第一阶段的单科合格成绩 5 年有效。对在连续 5 年内取得第一阶段 6 个科目合格成绩的考生，发放专业阶段合格证。

第二阶段考试科目应在取得专业阶段合格证后 5 年内完成。对取得第二阶段考试合格成绩的考生，发放全科合格证。

三、新的考试制度与现行考试制度的衔接

新的考试制度于 2009 年开始实施。现行考试制度在 2009 年仍继续实施一年。

2009 年，具有现行考试制度下有效期内任一考试科目合格成绩的考生，可以选择按新的考试制度或现行考试制度报名参加考试。

按新的考试制度报名参加考试的，其至 2009 年尚在有效期内的单科合格成绩转换为新的考试制度下有关科目的合格成绩。

按现行考试制度报名参加考试，取得全部 5 个科目合格成绩的，发放全科合格证；未取得全部 5 个科目合格成绩的，其至 2010 年尚在有效期内的单科合格成绩转换为新的考试制度下有关科目的合格成绩。

单科合格成绩的转换方式是，现行考试制度下单科合格成绩自动转换为新的考试制度下同名科目的合格成绩。其中，现行考试制度下财务成本管理科目的合格成绩，转换为新

的考试制度下的财务成本管理和公司战略与风险管理 2 个科目的合格成绩。新的考试制度下，以转换方式取得的单科合格成绩有效期限统一至 2013 年。

其他考生从 2009 年起均按新的考试制度报名参加考试。

关于《注册会计师考试制度改革方案》的说明

（会协［2009］5 号，2009 年 1 月 15 日）

经财政部注册会计师考试委员会（以下简称“全国考委会”）批准，中国注册会计师协会（以下简称“中注协”）发布了《注册会计师考试制度改革方案》（以下简称“改革方案”）。现就改革方案有关事项说明如下：

一、注册会计师考试制度改革的必要性和可行性

我国注册会计师考试制度于 1991 年创立，至今已经举办了 17 次考试，累计 14 万多人取得了全科合格证书。在这一过程中，建立健全了注册会计师考试基本制度、质量保证制度和组织管理制度，注册会计师考试已经成为国内声誉最高的执业资格考试之一。

随着我国经济社会的全面进步和改革开放的持续深化，特别是我国经济与国际市场的日益融合，对注册会计师的胜任能力提出了新的更高的要求。现行考试制度，对于加快培养和选拔适应社会主义市场经济新形势和企业国际化发展新需求的行业人才，尚存在一定差距，迫切需要我们认真总结我国注册会计师考试工作的基本经验，充分借鉴注册会计师考试的国际经验，在深入探索和认识注册会计师行业人才成长规律和考试规律的基础上，对我国注册会计师考试制度进行改革。

第一，改革注册会计师考试制度，是不断提高注册会计师胜任能力的需要。

我国市场经济不断深化和公司治理不断完善，为注册会计师专业服务提供了新的巨大需求。注册会计师的业务范围在传统审计鉴证、税务服务、管理咨询等业务的基础上，不断扩大到风险管理、战略规划、司法会计、破产管理、内部控制鉴证等新的领域。这就要求注册会计师加快更新知识，不断提高知识整合能力、职业判断能力和职业道德水准。这就需要对注册会计师考试制度进行改革，提升考试理念，充实考试内容，将新的执业环境对注册会计师专业知识、专业技能和职业道德要求充实到注册会计师考试中，为选拔和培养适应社会主义市场经济新形势需要的行业专业人才提供有力的引导。

第二，改革注册会计师考试制度，是加快培养国际化人才的需要。

随着“走出去”战略的实施，我国企业跨国投资、跨国并购和国际化经营日益增多。国际化企业需要能够提供信息引导、国际鉴证、战略咨询服务的国际化会计师事务所，国际化会计师事务所需要熟悉国际经济环境、通晓国际会计审计惯例、能够承担国际业务的会计专业人才。为此，我们通过“走出去、请进来”等措施加强注册会计师国际化人才的培养，取得了一定成效，但很不够。培养注册会计师国际化人才，最有效的途径，是按照国际标准建立自己的人才培养和选拔体系。借鉴国际经验，改革注册会计师考试制度，无疑是培养和选拔注册会计师国际化人才的重要环节。

第三，改革注册会计师考试制度，是深入实施会计审计准则体系的需要。

随着会计审计准则国际趋同战略的有效实施，我国会计审计准则体系实现了与国际会计审计准则的国际趋同，并平稳过渡。内地与香港会计审计准则实现了等效，与有关国家和地区会计审计准则的等效谈判正在进一步推进。为了保证会计审计准则体系切实发挥其规范市场经济秩序、促进市场经济公平公正的重要作用，要求我们坚持不懈地做好会计审计准则体系的培训和实施工作。按会计审计准则体系的要求充实注册会计师考试内容，将有效地引导注册会计师后备人才学习和掌握会计审计准则体系，把注册会计师队伍建设推上一个新台阶，把注册会计师专业水平推上一个新台阶。

改革注册会计师考试制度，是必要的，也是可行的。

第一，《中国注册会计师胜任能力指南》为改革注册会计师考试制度提供了理论指导。

中国注册会计师协会以国际会计师联合会发布的《职业会计师国际教育准则》为指导，以中国注册会计师执业实际为背景，制定发布了《中国注册会计师胜任能力指南》，对注册会计师所必需的专业知识、职业技能、职业道德、实务经历等胜任能力要素进行了全面描述，提供了注册会计师培养和选拔的衡量标准，为全面指导注册会计师考试制度的改革，提供了有力的理论指导。

第二，我国注册会计师考试组织实践为改革注册会计师考试制度提供了经验基础。

我国注册会计师考试制度经过 10 多年的发展，积累了丰富的经验。建立健全了包括基本制度、质量保证制度和组织管理制度在内的制度体系，以及以全国考委会为主体的领导决策体系，为改革注册会计师考试制度提供了重要的经验基础。

第三，其他国家和地区会计职业组织考试工作经验，为我国注册会计师考试制度改革提供了有益借鉴。

在建立和完善我国注册会计师考试制度的过程中，我们十分重视学习其他国家和地区会计职业组织考试工作的成功经验，及时掌握其他国家和地区注册会计师考试制度发展趋势和改革动向，深入研究注册会计师考试规律。其他国家和地区注册会计师考试工作成功经验，为我们改革注册会计师考试制度提供了有益的借鉴。

二、注册会计师考试制度改革方案的研究起草过程

在全国考委会的指导下，中注协对考试制度改革工作高度重视，制订了详细的工作规划，全力投入，围绕考试制度改革总体目标、基本思路、工作机制、改革内容、衔接办法等，进行了全面的研究论证。主要工作如下：

第一，建立健全工作机制。

在全国考委会领导下，中注协成立考试制度改革工作组、境内外专家咨询组，建立了包括全国考委会决策、工作组研究起草和境内外专家咨询三个层次的工作机制。

第二，开展课题研究，进行理论论证。

就注册会计师考试制度改革中的关键问题和重要领域，组织相关专家开展了“注册会计师考试基本制度改革研究”、“命题制度改革研究”、“注册会计师资格互惠研究”等课题的研究工作。

在这一过程中，搜集并编译了有关国家和地区会计职业组织考试制度文献，达 60 万字。在此基础上，对有关国家和地区会计职业组织考试制度进行了辨析、梳理和分析，对各个国家和地区注册会计师考试制度进行了比较研究，对我国注册会计师考试制度与其他国家和地区考试制度进行了比较研究，加深了我们对注册会计师考试制度和考试规律的理解。

第三，组织起草和征求意见。

在深入调研的基础上，于 2008 年 3 月底完成了《注册会计师考试制度改革工作方案

（初稿）》。初稿完成后，组织内部征求意见，前后达10次。其中包括，征求全国考委会委员的意见，征求中注协理事的意见，征求地方注协意见，征求境内和境外两个专家咨询组的意见，征求会计师事务所意见，征求开设注册会计师专业方向院校的意见等。在内部征求意见的基础上，分别于2008年8—9月，以及11—12月，先后两次公开征求意见。

内部征求意见和公开征求意见过程中，各方面给予了高度重视。在充分肯定考试制度改革方向的同时，大家对改革方案中科目结构、考查内容、衔接办法等具体方面提出了许多宝贵的建议。这些建议为方案的形成和最终定稿给予了极大的指导和帮助。

三、注册会计师考试制度改革的主要内容

注册会计师考试制度包括基本制度、质量保证制度和组织管理制度。本次改革主要涉及基本制度中考试阶段划分、科目设置、考试内容等几个方面。改革方案提出的改革内容主要是，在现行考试制度规定的5个科目基础上，进行分拆、补充和整合，将一个阶段的考试划分为两个阶段的考试；将第一阶段考试设为会计、审计、财务成本管理、公司战略与风险管理、经济法、税法等6个科目，将第二阶段考试设为综合1个科目；第二阶段考试着重考查考生在注册会计师执业环境中有效解决实务问题的能力。

第一，关于考试阶段的划分。

考试阶段的划分与报名条件密切相关。根据对其他国家和地区注册会计师考试制度的考察，报名条件对学历的要求越高，对专业的限定越多，考试阶段和考试科目越少，反之，则越多。

考试阶段的划分与考试理念也有着密切的联系。注册会计师的成长是一个学习知识、掌握技能、不断提升的过程，是一个理解职业道德、在实践中建立职业价值观、形成良好职业态度的过程。《中国注册会计师胜任能力指南》指出“注册会计师应当在取得执业资格前具备相关的实务经历”。

基于《注册会计师法》对“高等专科”等报名条件的规定，改革方案将注册会计师考试划为两个阶段，第一阶段主要考查考生是否具备注册会计师执业所需的专业知识，是否掌握基本技能和职业道德要求。第二阶段主要考查考生是否具备在注册会计师执业环境中运用专业知识和基本技能，保持职业价值观、职业态度与职业道德，有效解决实务问题的能力。

第二，关于考试科目的设置。

注册会计师考试科目的设置应当充分体现注册会计师胜任能力的要求，与考试阶段的划分相配合。改革方案在现行考试制度5个科目基础上进行分拆、补充、整合，使各阶段考试目的更加清晰，使各科目考查内容更加明确。

其中，公司战略与风险管理科目，是在现行考试制度财务成本管理科目相关内容的基础上分拆和补充形成的；第二阶段综合科目，主要是对现行考试制度各主要科目相关实务要求进行归并与整合而成。

第三，关于实务经历要求。

改革方案对考生参加第二阶段考试前的实务经历要求作出了提示。其中指出，“基于第二阶段的考试侧重于考查考生的胜任能力，建议考生在参加第二阶段考试前注意积累必要的实务经验。”也就是说，考生在参加第二阶段考试前的实务经历并非强制要求，而是提示和引导。第二阶段的考试侧重于考查考生解决实际问题的能力，而解决实际问题的能力更多的是在实践中积累。如果有了一定的经验积累，无疑会有助于考生更好地应对第二阶段考试。这里所讲的实务经历，既指独立审计实务经历，也指会计实务经历、理财实务经历等。

第四，关于英文附加题。

为培养和选拔能够在英语环境中从事注册会计师业务的国际化人才，进一步提高英语水平测试的国际认可度和实际效用，改革方案提出，两个阶段各科考试不再设英文附加题。拟将注册会计师考试英文附加题制度与英语测试制度进行整合，与有关国家和地区会计职业组织联合举办“英语水平测试”。

基本设想是，重点考查注册会计师在英语环境中工作的能力；考生在取得注册会计师全国统一考试全科合格证后自愿参加英语水平测试。英语水平测试的合格证独立于注册会计师全科合格证。

四、关于两种考试制度的衔接

为实现新的考试制度与现行考试制度的顺利过渡，改革方案提出了两种考试制度的衔接办法。主要包括以下两点：

第一，规定了单科合格成绩的转换方式。

现行考试制度下单科合格成绩自动转换为新的考试制度下同名科目的合格成绩。其中，现行考试制度下财务成本管理科目的合格成绩，转换为新的考试制度下的财务成本管理和公司战略与风险管理两个科目的合格成绩。

第二，规定了现行考试制度下有效期内合格成绩转换为新的考试制度下合格成绩的有效期限。

2009 年，具有现行考试制度下有效期内任一考试科目合格成绩的考生，可以选择按新的考试制度报名参加考试，也可以按现行考试制度报名参加考试。按新的考试制度报名参加考试的，其至 2009 年尚在有效期内的单科合格成绩转换为新的考试制度下有关科目的合格成绩。

2009 年按现行考试制度报名参加考试的考生，未取得全部 5 个科目合格成绩的，其至 2010 年尚在有效期内的单科合格成绩转换为新的考试制度下有关科目的合格成绩。

以转换方式取得的单科合格成绩有效期限统一至 2013 年。

关于印发《境外会计师事务所在中国内地临时执行审计业务暂行规定》的通知

（财会［2011］4 号，2011 年 3 月 21 日）

各省、自治区、直辖市财政厅（局），深圳市财政委员会：

为了进一步规范境外会计师事务所在中国内地临时执行审计业务行为，我部制定了《境外会计师事务所在中国内地临时执行审计业务暂行规定》，现予印发，请遵照执行。自本《暂行规定》发布之日起，一律使用新版《境外会计师事务所临时执行审计业务许可证》。各省级财政部门应当根据需要，及时向我部申领新版证书。

附件：境外会计师事务所在中国内地临时执行审计业务暂行规定

财政部

二〇一一年三月二十一日

附件：

境外会计师事务所在中国内地临时执行审计业务暂行规定

第一条 为了进一步规范境外会计师事务所在中国内地临时执行审计业务的行为，根据《中华人民共和国注册会计师法》和其他有关法律法规，制定本暂行规定。

第二条 本暂行规定所称的境外会计师事务所，是指在香港特别行政区、澳门特别行政区、台湾地区以及外国注册设立的会计师事务所。

本暂行规定所称的临时执行审计业务（以下简称临时执业），是指境外会计师事务所接受境外委托方的委托，对中国内地设立的公司或其他相关机构（以下简称境内相关机构）临时性执行审计业务。

临时执业的业务范围仅限于境外委托方委托的审计业务，临时执业报告在中国内地不具有法律效力。

中国法律法规规定应当由内地会计师事务所及其注册会计师执行的业务，境外会计师事务所及其注册会计师不得执行。

第三条 境外会计师事务所在中国内地临时执业应当向临时执业所在地的省级财政部门提出书面申请。境外会计师事务所需在中国内地两个或两个以上省、自治区、直辖市临时执业的，应当向财政部提出申请。经财政部门批准并颁发临时执业许可证后，境外会计师事务所方可在中国内地临时执业。

第四条 鼓励境外会计师事务所与内地会计师事务所加强在临时执业中的业务合作，并以签订业务合作协议等方式明确双方的权利和义务。

内地会计师事务所及相关单位和个人，不得与尚未取得临时执业许可证或临时执业许可证已废止的境外会计师事务所开展临时执业方面的合作，也不得向其提供审计工作底稿等相关业务资料。

第五条 申请办理临时执业许可证的境外会计师事务所，应当向财政部门提交下列书面材料：

（一）境外会计师事务所在中国内地临时执行审计业务申请表（附表1）；

（二）境外会计师事务所所在国家或地区的开业证书复印件和营业执照复印件；

（三）境外委托方与境内相关机构信息表（附表2）；

（四）拟派注册会计师和其他境外相关工作人员信息表（附表3）；

（五）拟派注册会计师的执业证书复印件和其他境外相关工作人员的合法身份有效证明复印件；

（六）境外委托方委托书复印件；

（七）境内相关机构接受境外会计师事务所临时执业的确认书复印件。

境外会计师事务所、境外委托方、境内相关机构对上述申请材料的真实性、完整性负责。

第六条 财政部门批准境外会计师事务所在中国内地临时执业，应当按照下列要求办理：

（一）自受理申请之日起20个工作日内作出批准或者不予批准的决定。情况复杂，不能在规定期限内作出决定的，经财政部门负责人批准，可以适当延长，并告知申请人，但是延长期限最多不超过10个工作日。作出批准决定的，应当同时颁发《境外会计师事务所临时执行审计业务许可证》；

（二）财政部门批准临时执业的决定应当予以公告；

（三）财政部门应当自作出批准决定之日起15个工作日内将审批情况录入注册会计师行业管理信息系统；

（四）省级财政部门应当自作出批准决定之日起15个工作日内将批准文件报送财政部。

第七条　香港、澳门特别行政区会计师事务所临时执业许可证有效期为5年。

台湾地区会计师事务所临时执业许可证有效期为1年。

外国会计师事务所临时执业许可证有效期为半年。

临时执业许可证逾期的，应当重新申请办理。

第八条　境外会计师事务所在临时执业许可证有效期内新增或变更临时执业项目的，以及《境外会计师事务所临时执行审计业务许可证》上载明信息发生变更的，应当及时向审批机关报告。因前述事项变更需换发临时执业许可证的，应当提交相应的证明材料。

第九条　在临时执业许可证有效期内，境外会计师事务所终止经营或被境外相关机构撤销执业资格的，其所取得的在中国内地的临时执业许可证相应废止。

第十条　在中国内地临时执业的境外会计师事务所应当在每年5月31日之前，向临时执业许可证颁发机关报备上年度临时执业业务报告表（附表4）。向省级财政部门报备的，应当同时抄报财政部。

第十一条　临时执业许可证到期前即结束临时执业业务且在临时执业许可证有效期内不再临时执业的，应当在临时执业结束后3个月内报备临时执业业务报告表，交回临时执业许可证，并由财政部门予以公告。

第十二条　财政部门应当加强对境外会计师事务所在中国内地临时执业的监督和管理，采取约谈境外会计师事务所和境内相关机构、现场走访、定期核查等多种形式监督检查临时执业情况。

对临时执业审批和管理中发现的不当行为，按下列规定处理：

（一）未按规定办理临时执业许可证，或者临时执业许可证已过期但仍在中国内地临时执业的，责令其停止执业活动，予以公告，5年以内不再受理其临时执业申请。

（二）在申请临时执业许可证过程中弄虚作假的，不予批准，5年以内不再受理其临时执业申请。

（三）境外会计师事务所终止经营或被境外相关机构撤销执业资格后，仍以原获得的临时执业许可证在中国内地临时执业的，责令其停止执业活动，予以公告。对其执业的注册会计师，予以公告，5年以内不再受理与其相关的临时执业申请。

（四）未按临时执业申请的时间、地点、人员和境内相关机构名单开展临时执业活动且未及时向审批机关报告的，责令其限期改正；情节较重的，予以公告，5年以内不再受理其临时执业申请。

（五）未按规定报备临时执业业务活动的，责令其限期改正；情节较重的，予以公告，5年以内不再受理其临时执业申请。

（六）境外会计师事务所和境内相关机构、个人存在违反中国保密法律法规的，责令其限期改正，不再受理其临时执业申请；涉嫌犯罪的，移交司法机关处理。

第十三条 本规定自发布之日起施行。

第十四条 自本规定施行之日起，财政部于1993年12月6日发布的《外国会计师事务所在中国境内临时执行审计业务的暂行规定》（财会协字［1993］119号）、1993年12月27日发布的《〈外国会计师事务所在中国境内临时执行审计业务的暂行规定〉的补充规定》（财会协字［1993］134号）、1994年5月26日发布的《港、澳、台地区会计师事务所来内地临时执行审计业务的暂行规定》（财会协字［1994］81号）、2003年3月10日发布的《关于使用新版临时执行审计业务许可证书的通知》（财办会［2003］10号）、2003年11月26日发布的《〈港、澳、台地区会计师事务所来内地临时执行审计业务的暂行规定〉的补充规定》（财会［2003］33号）、2005年11月28日发布的《关于延长临时执行审计业务许可证有效期的通知》（财会［2005］21号）和2008年9月16日发布的《关于延长港澳地区会计师事务所来内地临时执行审计业务许可证有效期的通知》（财会［2008］12号）同时废止。

附表1：境外会计师事务所在中国内地临时执行审计业务申请表

附表2：境外委托方与境内相关机构信息表

附表3：拟派注册会计师和其他境外相关工作人员信息表

附表4：境外会计师事务所临时执业业务报告表

财政部关于适当简化港澳会计师事务所来内地临时执行审计业务申请材料的通知

（财会［2012］16号，2012年9月4日）

各省、自治区、直辖市财政厅（局）、深圳市财政委员会，财政部驻各省、自治区、直辖市、计划单列市财政监察专员办事处：

根据《〈内地与香港关于建立更紧密经贸关系的安排〉补充协议九》和《〈内地与澳门关于建立更紧密经贸关系的安排〉补充协议九》的规定，现对适当简化香港、澳门特别行政区会计师事务所（以下简称港澳事务所）来内地临时执业相关申请材料通知如下：

一、港澳事务所来内地临时执业的非注册会计师人员，无需再提供前述人员的身份证明复印件，改由港澳事务所统一提供人员清单，清单应列明人员姓名、性别、国籍、身份证号码等信息。申请临时执业的港澳事务所对该清单内容的真实性负责。

二、申请临时执业的港澳事务所无需再提供境内相关机构的确认书，改由该事务所统一提供境内相关机构清单，清单应以中文列明境内相关机构名称、地址和联系电话等信息，并注明境外委托方与境内相关机构的关系。申请临时执业的港澳事务所对该清单内容的真实性负责。

除上述修订外，《境外会计师事务所在中国内地临时执行审计业务暂行规定》（财会〔2011〕4号）的其他规定继续执行。

财政部

2012年9月4日

第五部分

其他审计制度与政策解读

水利部直属预算单位政府采购审计办法

（水审计［2006］311号，2006年8月15日）

第一章　总　　则

第一条　为了加强部直属预算单位政府采购的审计监督，规范审计行为，保障政府采购活动公开、公平、公正，提高政府采购资金使用效益，加强廉政建设，根据《中华人民共和国政府采购法》、《中央单位政府采购管理实施办法》、《水利部直属预算单位政府采购管理实施办法》及有关规定，制定本办法。

第二条　本办法所称政府采购审计，是指部直属预算单位审计机构（以下简称"审计机构"）在本单位主要负责人领导下，依法对本级及其所属单位政府采购预算、计划的编制和执行情况进行的审计和审计调查。

第三条　本办法适用于与中央预算有直接经费领拨款关系的水利部本级、部直属行政事业单位和社会团体的政府采购审计工作。

第四条　政府采购审计包括：政府采购预算、计划的编制和审批，政府集中采购、部门集中采购、单位分散采购的范围和工作程序，政府采购事项的审批、备案与合同管理，政府采购资金的审计等。

第五条　上级审计机构对下级审计机构的政府采购审计工作进行指导和监督。

第六条　政府采购审计工作由审计机构负责组织实施，也可由审计机构委托具有专业资质的社会审计机构承担。

审计机构应当依照本办法及《水利部委托社会审计业务管理办法》的有关规定，对被委托的社会审计机构的政府采购审计工作进行指导和监督。

第七条　政府采购审计的主要内容：

（一）政府采购有关法规、制度和政策的执行情况；

（二）政府采购预算和实施计划的编制和执行情况；

（三）政府采购目录及标准的执行情况；

（四）政府采购备案或审批事项的落实情况；

（五）政府采购信息在财政部指定媒体上和水利部指定媒体上的发布情况；

（六）政府采购合同的订立、履行、验收和资金支付情况；

（七）政府采购内部控制制度建设情况；

（八）对供应商询问和质疑的处理情况；

（九）政府采购的招投标及其他采购方式情况；

（十）其他需要审计的内容。

第二章　政府采购预算和计划执行审计

第八条　政府采购预算及执行审计

（一）政府采购项目是否编制政府采购预算；

（二）政府采购项目及采购资金预算是否在政府采购预算表中单列，有无应列而未列的问题；

（三）政府采购预算编制是否进行调查研究、有无弄虚作假问题；

（四）年中因追加预算、政府采购目录及标准调整或不可预见的原因而需要补报的政府采购项目，是否在政府采购活动开始前补报政府采购预算；

（五）是否存在未列入政府采购预算、未办理预算调整或补报手续的政府采购、突破预算实施的采购项目；

（六）纳入政府采购预算的项目是否正确、完整。

第九条 政府采购计划执行审计

（一）政府采购计划是否按照本单位经批复的政府采购预算编制；

（二）政府采购计划是否按照规定进行报送；

（三）政府采购计划的变更是否依照程序进行，有无随意变更采购计划的情况和计划外私自采购的行为，有无任意追加突破限额的情况；

（四）因特殊情况，政府采购计划需要调整项目技术指标或需求数量的，是否在该项目实施前向有关部门提出变更要求；属于政府集中采购的项目是否报送水利部、集中采购机构调整后再组织采购。

第三章 政府采购审批与备案执行情况审计

第十条 下列事项是否报经财政部审批后实施：

（一）政府（部门）集中采购项目达到公开招标数额标准，因特殊情况需要采用其他采购方式；

（二）因特殊情况需要采购非本国货物、工程或服务；

（三）法律、行政法规规定其他需要审批的事项。

第十一条 分散采购项目达到公开招标数额标准的，因特殊情况需要采用公开招标以外的其他采购方式，是否经水利部主管部门审批。

第十二条 下列事项是否备案：

（一）部门预算追加应当补报的政府采购预算、已经批复政府采购预算的变更；

（二）政府集中采购计划和部门集中采购计划；

（三）达到公开招标数额标准、经批准采用公开招标以外采购方式进行采购项目的执行情况；

（四）限额标准以上，公开招标数额以下的政府采购项目，采用单一来源采购方式进行采购项目的情况；

（五）限额标准以上政府采购项目的合同副本；

（六）法律、法规规定的其他需要备案的事项。

第四章 政府采购形式和方式审计

第十三条 政府采购组织形式的审计

（一）列入政府集中采购和部门集中采购目录的项目，是否按规定办理集中采购，有无采用化整为零、分解整体项目、增加采购批次等手段规避集中采购控制的情况；

（二）集中采购和分散采购是否按规定程序和权限进行，有无随意采购，擅自扩大范围、提高标准，有无规避政府采购监管的问题。

第十四条　政府采购方式的审计

（一）政府采购方式的选择是否符合法律规定，是否贯彻了以公开招标作为政府采购的主要方式，采用非公开招标方式的理由是否真实、充分；

（二）是否将应以公开招标方式采购的货物、工程或服务化整为零，有无以其他方式规避公开招标采购或擅自采用其他采购方式；

（三）是否严格按照已确定的采购方式和要求进行采购，有无在执行过程中自行改变采购方式等。

第五章　政府采购程序审计

第十五条　公开招投标程序的审计

（一）招标审计

1. 自行招标是否符合有关条件，委托代理招标是否签订委托协议，明确委托代理的事项；

2. 是否在财政部指定的政府采购信息媒体上发布招标公告；

3. 自招标文件开始发出之日起至投标人提交投标文件截止之日止的时间是否符合规定的时间；

4. 招标文件的内容是否符合法律规定，是否完整，有无以不合理的要求限制或排斥潜在投标供应商，对潜在供应商实行差别待遇或歧视待遇，招标文件指定特定的供应商，是否含有倾向性或排斥潜在供应商的其他内容的；

5. 是否存在招标机构、采购单位和供应商相互恶意串通，虚假招标行为；

6. 已发出的招标文件进行必要澄清或者修改的，是否在招标文件要求提交投标文件截止日期规定的时间前，是否以书面形式通知所有投标人，招标过程中是否存在擅自修改招标文件和投标文件的违法行为等。

（二）投标审计

1. 投标人是否具备政府采购项目所需的资质（资格），是否具备招标文件中列举的要求；

2. 投标文件的编写、密封、撤回、更正、补充、替代方案等是否符合有关规定及招标文件的要求；

3. 两个或两个以上单位联合投标的，其资质是否符合法律规定和采购人规定的特定条件；

4. 投标人在递交投标文件的同时，是否递交了投标保证金；

5. 投标人是否向招标采购单位、评标委员会成员提供不正当利益手段谋取中标。

（三）开标、评标与定标审计

1. 参加开标会议的人员、开标时间、开标记录及开标程序是否符合规定，无效标的处理是否符合规定，开标是否在有关监督机关监督下进行，是否公正、公开；

2. 评标是否符合法定程序，评标委员会是否由招标人的代表和技术、经济等方面的专家组成，评标专家是否按规定抽取，与投标人有利害关系的人员是否按规定回避，评标标准和方法是否在招标文件中载明，在评标时是否另行制定或修改、补充任何评标标准和方法，评标标准和方法是否对所有投标人都相同，评标的指标、标准是否科学合理，标底

的编制和确定是否合规、合理、科学，评标委员会是否按规定进行评标，是否执行了评标纪律或受单位非法干预、影响，评标过程是否在有关监督机关监督下进行；

3. 评标委员会完成评标后，是否向招标人提供书面评标报告，并推荐合格中标候选人，中标候选人的基本条件是否符合规定的条件，是否按规定进行了排序，采购人是否按照评标报告中推荐的中标候选供应商顺序确定中标供应商或事先授权评标委员会直接确定中标供应商；

4. 中标供应商确定后，中标结果是否在财政部指定的政府采购信息媒体上发布公告，并向中标供应商发出中标通知书；

5. 投标供应商对中标公告是否有异议，招标采购单位是否在规定时间内对质疑内容作出答复。

（四）中标审计

1. 采购人或采购代理机构是否在规定期限内与中标供应商签订书面合同，所签订的合同是否对招标文件和中标供应商投标文件作实质性修改，采购单位有无提出不合理的要求作为签订合同的条件，是否与中标供应商私下订立背离合同实质性内容的协议，是否存在中标书发出后无正当理由不与中标人签订采购合同的行为；

2. 对中标人放弃中标、拒签合同的，将中标项目转让给他人的，在投标文件中没有说明且未经采购招标机构同意，将中标项目分包给他人的，拒绝履行合同义务的，是否按规定处理。

第十六条　邀请招标及其他采购方式程序的审计

（一）邀请招标程序的审计

主要审查采购项目是否符合邀请招标方式的条件，供应商是否根据资信和业绩进行选择，供应商是否在三家以上。

（二）竞争性谈判程序的审计

主要审查采购单位是否按照规定成立谈判小组，谈判小组人数和组成是否符合规定，被邀请的供应商是否符合相应资格条件，是否不少于三家，谈判文件是否符合要求。

（三）询价采购程序的审计

主要审查采购单位是否按照规定成立询价小组，询价小组人数和组成是否符合规定，被询价的供应商是否符合相应资格条件，是否不少于三家，询价方案是否符合要求，报价方式是否符合规定，是否按照符合采购需求、质量和服务相等且报价最低的原则确定成交供应商等。

（四）单一来源采购程序的审计

主要审查其采购行为是否符合该采购方式条件，采购项目质量是否符合要求，采购价格是否合理等。

第十七条　政府采购文件完整性审计

主要审查政府采购文件，包括采购活动记录、采购预算、招标文件、投标文件、评标标准、评标报告、定标文件、合同文本、验收证明、质疑答复、投诉处理决定及其他有关文件、资料等是否齐全并得到妥善保存。

第六章　政府采购合同审计

第十八条　政府采购合同签订审计

（一）政府采购合同的合法性、合规性

1. 政府采购合同的主体、内容、形式、程序等是否符合国家法律、法规和政策的规定；

2. 政府采购合同的签订是否符合政府采购预算、采购计划的要求，合同的主要条款是否符合招标文件的要求等；

3. 有关经济合同是否按照《水利经济合同审计签证和备案暂行办法》进行了审计签证；

4. 采购代理机构以采购单位名义与供应商签订的政府采购合同，是否取得采购单位的授权委托；

5. 采购单位追加与合同标的相同的货物或服务，与供应商签订补充合同，原采购合同其他条款是否变更，所有补充合同的采购金额是否超过原采购合同金额的百分之十。

（二）政府采购合同条款和内容是否完整、明确、具体，意思表达是否清楚准确

1. 商品或服务的名称是否规范；

2. 数量、规格、质量、性能表述是否正确；

3. 价款和酬金是否明确合理；

4. 合同履行的期限、地点和方式是否明确合理；

5. 违反合同的责任是否明确。

第十九条 政府采购合同履行审计

（一）采购单位或其政府采购代理机构是否按照合同约定，对合同履约情况进行验收；

（二）政府采购合同的验收是否由专业人员来进行，验收记录、验收证明书是否齐全、完整等。重大采购项目是否委托国家认可的专业检测机构办理验收事项，验收方成员是否在验收书上签字；

（三）政府采购合同的双方当事人是否擅自变更、中止或终止合同，如合同双方当事人协商一致需要变更合同，或者合同继续履行将损害国家利益和社会公共利益必须变更、中止、终止的合同，审查合同变更、中止、终止是否经过政府采购管理部门审批，相关法律手续是否完备；

（四）合同纠纷、合同违约责任是否按法律规定或者合同约定的条款进行及时、合理、合法的处理；

（五）采购人或采购代理机构是否将应当备案的文件资料提交财政部门备案。

第七章 政府采购资金审计

第二十条 政府采购资金审计

政府采购资金的来源是否合法、合规并及时足额到位，有无挤占、挪用其他专项资金的情况。

第二十一条 采购资金支付审计

（一）采购资金的申请和划拨是否根据批准的年度采购预算，科学编制用款计划，按照规定的程序进行资金支付；

（二）预付款是否符合采购合同所约定的条件（工程采购还应审查是否符合招标文件的要求和工程进度）；

（三）支付资金是否符合采购预算、采购计划、采购合同的要求；

（四）预付和结算是否由财务部门直接向供应商、劳务提供者或施工企业支付，有无采购部门或采购机构违规支付的情况；

（五）结算时是否扣除了预付款，是否预留了质量保证金，有无提前支付的情况。

第八章　责任追究

第二十二条　预算单位有下列行为之一的，审计机构视情节轻重进行责任追究。责令改正，给以通报批评；责令退还或者追回政府采购预算资金；根据违规金额建议预算主管部门核减下年度政府采购预算；建议有关部门、单位对其直接负责的主管人员和其他直接责任人员，给予行政处分或纪律处分；构成犯罪的，移交司法机关追究刑事责任。

（一）拒绝、拖延审计机构要求提供的与政府采购预算及其有关的财务情况和会计资料的；

（二）拒绝、阻碍审计机构执行政府采购审计的；

（三）编制虚假政府采购预算，骗取政府采购预算资金的；

（四）擅自变更政府采购预算，改变政府采购预算用款方向或性质，造成政府采购预算资金损失浪费的；

（五）政府采购预算执行中相互挤占、挪用、转移、虚列支出的；

（六）造成政府采购的国有资产流失的。

第二十三条　被审计单位（部门）有关责任人员干扰、阻挠、破坏政府采购审计，审计机构应当向有关部门提出处理、处罚的建议。对审计人员进行打击报复的有关责任人，由所在单位或者上级水行政主管部门追究责任。

第二十四条　审计机构和审计人员进行政府采购审计时，应当严格执行审计程序，做到客观公正、廉洁奉公、保守秘密。对滥用职权、徇私舞弊、玩忽职守的，由所在单位或上级主管部门依照有关规定追究责任。构成犯罪的，由司法机关依法追究刑事责任。

第九章　附　　则

第二十五条　水利部直属预算单位可依据本办法，结合本单位实际，制定实施细则。

第二十六条　本办法由水利部负责解释。

第二十七条　本办法自印发之日起施行。

涉外企业联合税务审计工作规程

（国税发〔2007〕35号，2007年3月27日）

第一章　总　　则

第一条　为规范和加强外商投资企业和外国企业（以下简称涉外企业）联合税务审计工作，根据《中华人民共和国税收征收管理法》及其实施细则、《涉外税务审计规程》（以下简称《规程》）和《涉外企业联合税务审计暂行办法》（以下简称《办法》），制定本规程。

第二条 涉外企业联合税务审计工作由各级税务机关国际（涉外）税务管理部门负责实施或组织实施。

第三条 对于跨区域联合税务审计，总机构或负责合并申报缴纳企业所得税的营业机构（以下简称汇缴机构）所在地主管税务机关负责前期的纳税评估初评和疑点的提供，与所属分支机构或营业机构（以下简称营业机构）所在地主管税务机关的联络和承办协调会以及资料和数据的汇总工作。营业机构所在地主管税务机关应按照汇缴机构所在地主管税务机关的统一步骤和时间安排开展工作。

第四条 对于国地税联合税务审计，国税局、地税局应成立联合税务审计领导小组，制定联席会议制度，组织、指导和监督联合税务审计工作的开展。国税局、地税局在开展联合税务审计时，应在履行好各自职责的基础上，加强配合，协调一致地开展工作。

第二章 审计对象的选择与确定

第五条 跨区域联合税务审计的对象，按照以下程序确定：

（一）跨省（含自治区、直辖市和计划单列市，下同）联合税务审计的对象，由国家税务总局国际税务司从各地上报的跨省经营的涉外企业中确定。

（二）跨市（含州、盟，下同）和县（含县级市、区和旗，下同）联合税务审计的对象，分别由省级和市级税务局根据所辖涉外企业的实际情况选择确定。

第六条 国地税联合税务审计的对象，按照以下程序确定：

（一）对涉外企业所得税和其主体业务适用的流转税均由同一税务局主管的涉外企业，由该主管税务局提出备选纳税人名单，与其他适用税种的主管税务机关共同研究确定审计对象。

（二）对涉外企业所得税和其主体业务适用的流转税由国税局、地税局分别主管的涉外企业，由主管国税局和地税局分别提出备选纳税人名单，双方共同研究确定审计对象。

（三）国地税联合税务审计对象的确定，应报经联合税务审计领导小组批准。

第三章 案头准备

第七条 跨省联合税务审计对象确定后，按照以下程序进行案头准备：

（一）汇缴机构所在地省级税务局应在一个月内组织完成以下工作：对汇缴机构的纳税评估初评；《规程》所规定的纳税人信息资料的收集整理、审计项目分析与评价、会计制度及内部控制的分析与评价；起草被审计纳税人基本情况的报告并上报总局，报告应包括纳税人投资和生产经营情况、纳税和享受税收优惠情况、案头准备情况、可能存在的问题以及联合税务审计要点提示等内容。

（二）总局在接到报告后10个工作日内，向汇缴机构和营业机构所在地省级税务局下文部署联合税务审计的具体工作和进度安排。

（三）各营业机构所在地省级税务局在收到总局文件后，应在规定时限内组织完成对营业机构的案头准备和相关报告工作。

在案头准备阶段，应注意结合联合税务审计要点提示，按照《规程》要求采用分析性复核、会计制度和内部控制评价等方法，提高案头分析的质量。

案头准备阶段结束后，应分别向总局和汇缴机构所在地省级税务局报送案头分析报告。报告内容应包括：纳税人基本情况（注册资本、核算方式、经营范围等）、财务管理及内控水平分析（包括收支内控、发票管理、资金运转和流向等）、税务登记和纳税情况、审计所属期经营状况、案头分析情况（主要为财务报表重要指标分析）、案头分析发现的可能存在问题的领域以及联系人姓名、联系电话等。

（四）汇缴机构所在地省级税务局应在收到各地案头分析报告后15个工作日内汇总完毕案头分析情况，拟定重点审计项目，并向总局报告。

（五）总局通过下文或召开工作协调会等形式，确定重点审计项目，部署现场实施阶段的工作。

（六）汇缴机构和营业机构所在地省级税务局接到总局现场实施阶段的部署后，应根据确定的重点审计项目，组织编制审计计划。

（七）汇缴机构所在地主管税务机关向汇缴机构发出《税务审计通知书》，并抄送各营业机构所在地主管税务机关。在《税务审计通知书》中，应注明委托营业机构所在地主管税务机关同期进行税务审计事项。各营业机构所在地主管税务机关按照授权分别向营业机构下发《税务审计通知书》。

第八条 国地税联合税务审计对象确定后，按照以下程序进行案头准备：

（一）国税局、地税局应根据需要收集资料，做到信息共享，并充分使用现有的税收征管信息资料。需要纳税人额外提供资料的，国税局、地税局应共同商定后以书面形式告知纳税人，不得重复收集资料。

（二）国税局、地税局应根据职责范围合理分工，按照《规程》要求采用分析性复核、会计制度和内部控制评价等方法，寻找可能存在问题的领域。

（三）国税局、地税局根据各自情况编制会计制度和内部控制调查问卷，经双方汇总整理后，共同向纳税人发放和回收。根据回收的调查问卷，由国、地税双方共同对纳税人会计制度及内部控制的有效性、完整性和准确性进行初步分析评价。

（四）国税局、地税局应共同研究确定重点审计项目，并按照《规程》的要求制定统一的审计计划，保证现场实施阶段的进度协调一致。

（五）国税局、地税局应分别填制《税务审计通知书》，同时送达纳税人。

第四章　现场实施

第九条 对于跨省联合税务审计，按照以下程序组织现场实施：

（一）汇缴机构和营业机构所在地主管税务机关应按照《规程》的要求，分别完成对所属汇缴机构和营业机构会计制度及内部控制的遵行性测试、确定性审计等程序。

（二）各营业机构所在地主管税务机关应根据审计中发现的问题形成《税务审计报告》，在规定时限内层报总局，并抄送汇缴机构所在地主管税务机关。

（三）汇缴机构所在地主管税务机关对各营业机构所在地主管税务机关的《税务审计报告》进行汇总，确定需进一步审计的问题，形成总的《税务审计报告》，并结合审计终结的需要编制《联合税务审计汇总表》（见附件），一并层报总局。

（四）总局根据现场审计结果，通过下文或召开工作协调会等形式，确定税务审计结论，部署审计终结阶段的工作。

第十条 对于国地税联合税务审计，按照以下程序组织现场实施：

（一）国、地税双方应共同派员调取或现场查阅纳税人账簿资料。

（二）在确定性审计中，国、地税双方应在规定的时间内优先完成共同需要的审计项目工作底稿。所形成的工作底稿应一式两份，一份留存，一份传递给另一方。

（三）现场实施阶段结束后，国、地税双方应及时汇总情况、交换意见、核实结果，确保相关数据口径一致，问题定性公正、准确。双方按分工对所辖税种进行汇总整理，按照《规程》要求编制《审计汇总表》，并形成《税务审计报告》。

第五章 审计终结

第十一条 对于跨省联合税务审计，按照以下程序进行审计终结：

（一）对于现场实施阶段遗漏或需进一步确认的问题，汇缴机构和营业机构所在地主管税务机关应向纳税人进一步核实。

（二）根据总局部署，各营业机构所在地主管税务机关应就发现的问题形成《初审意见通知书》，送交各营业机构确认。

（三）各营业机构所在地主管税务机关应及时将《税务审计报告》、纳税人确认的《初审意见通知书》和已填制好的《联合税务审计汇总表》及相关工作底稿报汇缴机构所在地主管税务机关汇总。

（四）汇缴机构所在地主管税务机关应在汇总各地《初审意见通知书》和整理相应工作底稿的基础上，编制总体的《初审意见通知书》，送交汇缴机构确认。

（五）汇缴机构所在地主管税务机关应根据总体的《初审意见通知书》和汇缴机构回复意见，研究下发《税务处理决定书》，同时抄送各营业机构所在地主管税务机关，并按入库级次办理税款退补、滞纳金和罚款入库事宜。

（六）审计终结阶段结束后，汇缴机构所在地省级税务局应在15个工作日内向总局上报联合税务审计工作情况报告。该报告应包括纳税人基本情况、汇缴机构和各营业机构案头准备情况、现场实施情况、审计结论和处理结果以及对此次联合税务审计的体会、存在的问题和改进建议等。

第十二条 对于国地税联合税务审计，按照以下程序进行审计终结：

（一）国税局、地税局应分别制作《初审意见通知书》，并共同派员送达纳税人确认。

（二）根据《初审意见通知书》和纳税人回复意见，国税局、地税局应共同研究，分别制作《税务处理决定书》，同时送达纳税人，并按入库级次办理税款退补、滞纳金和罚款入库事宜。

（三）审计终结阶段结束后，国税局、地税局应在年度终了后15个工作日内联合向总局上报联合税务审计工作情况报告。该报告应包括纳税人基本情况、案头准备情况、现场实施情况、审计结论和处理结果以及对此次联合税务审计的体会、存在的问题和改进建议等。

第六章 后续管理

第十三条 联合税务审计中发现纳税人有避税嫌疑的，应在联合税务审计结束后，将相关案头分析疑点、税务审计相关案卷副本移交国际税务管理部门实施反避税调查。必要时，联合税务审计和反避税调查可结合进行。

第十四条 联合税务审计中发现纳税人有重大偷、逃、骗税嫌疑的，应在联合税务审计结束后 10 个工作日内，将相关案头分析疑点、税务审计相关案卷副本移交税务稽查部门处理。

第十五条 联合税务审计结束后，汇缴机构和营业机构所在地主管税务机关或国、地税双方应按照《规程》要求按户归档，并加强跟踪管理。

第七章 附 则

第十六条 跨市、县的联合税务审计，由省级局或市级局主办，比照跨省联合税务审计的有关程序办理。

第十七条 根据需要，跨区域联合税务审计和国地税联合税务审计可合并进行。

第十八条 本规程由国家税务总局负责解释。各省、自治区、直辖市和计划单列市税务机关可根据本规程制定具体实施方案，并报总局备案。

第十九条 本规程自下发之日起执行。

附件：联合税务审计汇总表（略）

水利工程建设项目招标投标审计办法

（2007 年 12 月 29 日）

第一章 总 则

第一条 为了加强对水利工程建设项目招标投标的审计监督，规范水利招标投标行为，提高投资效益，根据《中华人民共和国审计法》、《中华人民共和国招标投标法》、《中华人民共和国政府采购法》等法律、法规，结合水利工作实际，制定本办法。

第二条 各级水利审计部门（以下简称"审计部门）在本单位负责人领导下，依法对本单位及其所属单位水利工程建设项目的招标投标进行审计监督。

上级水利审计部门对下级单位的招标投标审计工作进行指导和监督。

第三条 本办法适用于《水利工程建设项目招标投标管理规定》所规定的水利工程建设项目的勘察设计、施工、监理以及与水利工程建设项目有关的重要设备、材料采购等的招标投标的审计监督。

第四条 审计部门根据工作需要，对水利工程建设项目的招标投标进行事前、事中、事后的审计监督，对重点水利建设项目的招标投标进行全过程跟踪审计，对有关招标投标的重要事项进行专项审计或审计调查。

第二章 审计职责

第五条 在招标投标审计中，审计部门具有以下职责：

（一）对招标人、招标代理机构及有关人员执行招标投标有关法律、法规和行业制度的情况进行审计监督；

（二）对招标项目评标委员会成员执行招标投标有关法律、法规和行业制度的情况进行审计监督；

（三）对属于审计监督对象的投标人及有关人员遵守招标投标有关法律、法规和行业制度的情况进行审计监督；

（四）对与招标投标项目有关的投资管理和资金运行情况进行审计监督；

（五）协同行政监督部门、行政监察部门查处招标投标中的违法违纪行为。

第三章　审计权限

第六条　在招标投标审计中，审计部门具有以下权限：

（一）有权参加招标人或其代理机构组织的开标、评标、定标等活动，招标人或其代理机构应当通知同级审计部门参加。

（二）有权要求招标人或其代理机构提供与招标投标活动有关的文件、资料，招标人或其代理机构应当按照审计部门的要求提供相关文件、资料；

（三）对招标人或其代理机构正在进行的违反国家法律、法规规定的招标投标行为，有权予以纠正或制止；

（四）有权向招标人、投标人、招标代理机构等调查了解与招标投标有关的情况；

（五）监督检查招标投标结果执行情况。

第四章　审计内容

第七条　审计部门对水利工程建设项目招标投标中的下列事项进行审计监督：

（一）招标项目前期工作是否符合水利工程建设项目管理规定，是否履行规定的审批程序；

（二）招标项目资金计划是否落实，资金来源是否符合规定；

（三）招标文件确定的水利工程建设项目的标准、建设内容和投资是否符合批准的设计文件；

（四）与招标投标有关的取费是否符合规定；

（五）招标人与中标人是否签订书面合同，所签合同是否真实、合法；

（六）与水利工程建设项目招标投标有关的其他经济事项。

第八条　审计部门会同行政监督部门、行政监察部门对招标投标中的下列事项进行审计监督：

（一）招标项目的招标方式、招标范围是否符合规定；

（二）招标人是否符合规定的招标条件，招标代理机构是否具有相应资质，招标代理合同是否真实、合法；

（三）招标项目的招标、投标、开标、评标和中标程序是否合法；

（四）招标项目评标委员会、评标专家的产生及人员组成、评标标准和评标方法是否符合规定；

（五）对招投标过程中泄露保密资料、泄露标底、串通招标、串通投标、规避招标、歧视排斥投标等违法行为进行审计监督；

（六）对勘察、设计、施工单位转包、违法分包和监理单位违法转让监理业务，以及无证或借用资质承接工程业务等违法违规行为进行审计监督。

第九条　审计部门和审计人员对招标投标工作中涉及保密的事项负有保密责任。

第五章　审计程序

第十条　招标人编制的年度招标工作计划，以及重大水利工程建设项目的招投标文件，应当报送同级审计部门备案。

第十一条　审计部门根据年度审计工作计划、招标人年度招标计划和招标项目具体情况，确定招标投标项目审计计划，经单位主管审计工作负责人批准后实施审计。

第十二条　审计部门根据审计项目计划确定的审计事项组成审计组，并应在实施审计三日前，向被审计单位送达审计通知书。

被审计单位以及与招标投标活动有关的单位、部门，应当配合审计部门的工作，并提供必要的工作条件。

第十三条　审计人员通过审查招标投标文件、合同、会计资料，以及向有关单位和个人进行调查等方式实施审计，并取得证明材料。

第十四条　审计组对招标投标事项实施审计后，应当向派出的审计部门提出审计报告。审计报告应当征求被审计单位的意见。被审计单位应当自接到审计报告之日起十日内，将其书面意见送交审计组或者审计部门。

第十五条　审计部门审定审计报告，对审计事项作出评价，出具审计意见书；对违反国家规定的招标投标行为，需要依法给予处理、处罚的，在职权范围内作出审计决定或者向有关主管部门提出处理、处罚意见。

被审计单位应当执行审计决定并将结果反馈审计部门；有关主管部门对审计部门提出的处理、处罚意见应及时进行研究，并将结果反馈审计部门。

第六章　罚　　则

第十六条　被审计单位违反本办法，拒绝或者拖延提供与审计事项有关的资料，或者拒绝、阻碍审计的，审计部门责令改正；拒不改正的，可以通报批评，对负有直接责任的主管人员和其他直接责任人员提出给予行政处分的建议，被审计单位或者其主管单位、监察部门应当及时作出处理，并将结果抄送审计部门。

第十七条　被审计单位拒不执行审计决定的，对负有直接责任的主管人员和其他直接责任人员提出给予行政处分的建议，被审计单位或者其主管单位、监察部门应当及时作出处理，并将结果抄送审计部门。

第十八条　招标人、招标代理机构及其有关人员违反国家招标投标的法律、法规的，依照《中华人民共和国招标投标法》予以处理。

第十九条　审计人员滥用职权、徇私舞弊、玩忽职守，涉嫌犯罪的，依法移送司法机关处理；不构成犯罪的，给予行政处分。

第七章　附　　则

第二十条　各省、自治区、直辖市水行政主管部门、流域机构、新疆生产建设兵团，可以根据本办法制定实施细则并报部备案。

第二十一条　本办法由水利部负责解释。

第二十二条　本办法自 2008 年 4 月 1 日起执行。

农村集体经济组织审计规定

（农办经［2008］1号，2008年1月2日）

第一章　总　　则

第一条　为了加强农村集体经济组织的审计监督，严肃财经法纪，提高经济效益，保护农村集体经济组织的合法权益，促进农村经济的发展，根据《中华人民共和国审计法》、《农民承担费用和劳务管理条例》、《审计署关于内部审计工作的规定》和有关法律、法规、政策，结合农村集体经济组织发展的具体情况，制定本规定。

第二条　农业部负责全国农村集体经济组织的审计工作。

审计业务接受国家审计机关和上级主管部门内审机构的指导。

第三条　县级以上地方人民政府农村经营管理部门负责指导农村集体经济组织的审计工作，乡级农村经营管理部门负责农村集体经济组织的审计工作。

第四条　凡建立农村集体经济组织审计机构的，都应配备相应的审计人员。

审计人员应当经过考核，发给审计证，凭证开展审计工作。

第五条　农村集体经济组织审计机构工作人员应当依法审计，忠于职守，坚持原则，客观公正，廉洁奉公，保守秘密。

第二章　审计范围和任务

第六条　农村集体经济组织审计机构的审计监督范围为村、组集体经济组织。

第七条　农村集体经济组织审计机构对前条所列单位的下列事项进行审计监督：

（一）资金、财产的验证和使用管理情况；

（二）财务收支和有关的经济活动及其经济效益；

（三）财务管理制度的制定和执行情况；

（四）承包合同的签订和履行情况；

（五）收益（利润）分配情况；

（六）承包费等集体专项资金的预算、提取和使用情况；

（七）村集体公益事业建设筹资筹劳情况；

（八）村集体经济组织负责人任期目标和离任经济责任；

（九）侵占集体财产等损害农村集体经济组织利益的行为；

（十）乡经营管理站代管的集体资金管理情况；

（十一）当地人民政府、国家审计机关和上级业务主管部门等委托的其他审计事项。

第三章　审计职权

第八条　农村集体经济组织审计机构在审计过程中有下列职权：

（一）要求被审计单位报送和提供财务计划、会计报表及有关资料；

（二）检查被审计单位的有关账目、资产，查阅有关文件资料，参加被审计单位的有

关会议；

（三）向有关单位和人员进行调查，被调查的单位和人员应当如实提供有关资料及证明材料；

（四）对正在进行的损害农村集体经济组织利益、违反财经法纪的行为，有权制止；

（五）对阻挠、破坏审计工作的被审计单位，有权采取封存有关账册、资产等临时措施。

第九条 农村集体经济组织审计工作人员依法行使职权，受法律保护，任何人不得打击报复。

第四章 审计程序

第十条 农村集体经济组织审计机构根据同级人民政府和上级业务主管部门的要求，结合本地实际，确定审计工作的重点，编制审计项目计划和工作方案。

农村集体经济组织审计机构确定审计事项后，应当通知被审计单位。

第十一条 农村集体经济组织审计人员根据审计项目，审查凭证、账表，查阅文件、资料，检查现金、实物，向有关单位和人员进行调查，并取得证明材料。

证明人提供的书面证明材料应当由提供者签名或盖章。

第十二条 农村集体经济组织审计人员，在审计过程中，应当主动听取农民群众和民主理财组织的意见。

第十三条 农村集体经济组织审计人员对审计事项进行审计后，向委派其进行审计的农村集体经济组织审计机构提出审计报告。重大审计事项的审计报告，应当分别报送同级人民政府、上级农村集体经济组织审计机构和有关主管部门。

审计报告在报送之前，应当征求被审计单位的意见。被审计单位应当在收到审计报告之日起十日内提出书面意见。

第十四条 农村集体经济组织审计机构审定审计报告，作出审计结论和决定，通知被审计单位和有关单位执行，并向农民群众公布。

第十五条 被审计单位对农村集体经济组织审计机构作出的审计结论和决定如有异议，可在收到审计结论和决定之日起十五日内，向上一级农村集体经济组织审计机构申请复审。上一级农村集体经济组织审计机构应当在收到复审申请之日起三十日内，作出复审结论和决定。特殊情况下，作出复审结论和决定的期限，可适当延长。

复审期间，不停止原审计结论和决定的执行。

第十六条 农村集体经济组织审计机构应当检查审计结论和决定的执行情况。

第十七条 农村集体经济组织审计机构对办理的审计事项必须建立审计档案，加强档案管理。

第十八条 农村集体经济组织审计机构应当对农村集体经济组织财务收支按月或按季进行经常、全面的审计监督。

第五章 奖 惩

第十九条 对遵守和维护财经法纪成绩显著的单位和个人，提出通报表扬和奖励。

第二十条 农村集体经济组织审计机构对被审计单位违反规定的收支、用工和非法所得的收入，应当在审计结论和决定中明确，分别按规定上缴国家，或退还农村集体经济组织和农户。

第二十一条 违反本规定，有下列行为之一的单位负责人、直接责任人员及其他有关人员，应当给予行政处分的，由农村集体经济组织审计机构建议当地人民政府或有关主管部门处理：

（一）拒绝提供账簿、凭证、会计报表、资料和证明材料的；

（二）阻挠审计工作人员依法行使审计职权，抗拒、破坏监督检查的；

（三）弄虚作假，隐瞒事实真相的；

（四）拒不执行审计结论和决定的；

（五）打击报复审计工作人员和检举人的。

第二十二条 违反本规定，有下列行为之一的农村集体经济组织审计人员，可由农村集体经济组织审计机构给予处分，或向同级人民政府和有关部门提出给予行政处分的建议：

（一）利用职权，谋取私利的；

（二）弄虚作假，徇私舞弊的；

（三）玩忽职守，给被审计单位和个人造成损失的；

（四）泄露秘密的。

第二十三条 对经济处理决定不服的单位和个人，可向作出处理决定机构的上一级机构提出申诉。

第二十四条 对有本规定第二十一条、第二十二条所列行为，情节严重，构成犯罪的，提请司法机关依法追究刑事责任。

第六章 附 则

第二十五条 农村集体经济组织审计机构可接受委托向农村集体经济组织以外的单位提供审计服务，其收费标准，由省、自治区、直辖市农业行政主管部门会同同级财政、物价主管部门制定。

第二十六条 各省、自治区、直辖市可根据本规定制定实施办法。

第二十七条 本规定由农业部负责解释。

第二十八条 本规定自发布之日起施行。

交通建设项目委托审计管理办法

（交通部令2007年第4号，2007年4月11日）

第一条 为了规范交通建设项目委托审计管理工作，提高委托审计质量，防范审计风险，根据《中华人民共和国审计法》、《中华人民共和国招标投标法》，制定本办法。

第二条 列入各级交通主管部门、企事业单位固定资产投资计划的建设项目办理委托审计事项，适用本办法。

本办法所称建设项目委托审计，是指各级交通主管部门、企事业单位根据审计工作需

要，将建设项目审计业务委托给包括会计师事务所、工程造价咨询企业等在内的社会审计组织实施的行为。

第三条 建设项目委托审计的业务范围包括建设项目前期审计、期间审计、竣工决算审计以及全过程跟踪审计。

第四条 建设项目委托审计管理工作由各级交通主管部门、企事业单位的审计部门或其他办理委托审计事项的部门归口管理（以下统称“委托审计归口管理部门”）。

第五条 建设项目委托审计管理工作主要包括提出委托审计项目建议、审核受托人资质、审核审计费用、监督委托过程、检查审计质量、协调处理有关问题等。

各级交通主管部门、企事业单位可结合实际情况，确定委托审计管理工作职责的具体内容。

第六条 交通部的委托审计归口管理部门负责监督管理部属单位的建设项目委托审计工作，指导全国交通行业的建设项目委托审计管理工作。

省级及其以下交通主管部门的委托审计归口管理部门负责监督管理本级及所属单位的建设项目委托审计工作，指导本辖区内交通行业的建设项目委托审计管理工作。

交通企事业单位的委托审计归口管理部门负责本单位及其所属单位的建设项目委托审计管理工作。

第七条 上级委托审计归口管理部门可检查下级的建设项目委托审计工作，并对检查发现的问题要求有关部门和单位进行整改。

第八条 委托审计归口管理部门及其工作人员办理委托审计管理工作，应严格遵守有关法律、法规和审计纪律，遵循公开、公平、公正原则。

第九条 委托人可以采取指定委托、竞争性谈判委托、招投标委托等方式选择受托人。

指定委托是指委托人指定一家符合本办法第十一条、第十二条、第十三条规定的社会审计组织为受托人的方式。指定委托适用于涉及国家安全或具有行业特殊规定的委托审计业务。

竞争性谈判委托是指委托人选择三家以上符合本办法第十一条、第十二条、第十三条规定的社会审计组织，通过谈判确定受托人的方式。竞争性谈判委托适用于指定委托和招投标委托范围以外的委托审计业务。

招投标委托是指委托人根据《中华人民共和国招标投标法》的要求确定符合本办法第十一条、第十二条、第十三条规定的受托人的方式。招投标委托适用于概算投资额在5000万元以上或根据国家收费标准估算审计基本费用在20万元以上以及其他依法需要实行招投标委托的建设项目的委托审计业务。

第十条 采取招投标委托方式确定受托人的，委托审计招投标活动应严格遵守《中华人民共和国招标投标法》、《中华人民共和国合同法》等法律和法规。

第十一条 委托人选择受托人应遵循审计质量高、信誉好、服务优、价格低的原则，且选择的受托人应符合以下要求：

（一）具有中华人民共和国法人资格；

（二）具有良好的职业道德记录和信誉；

（三）注册资本不低于50万元，上年度或最近两年年平均业务收入不少于100万元；

（四）有10名以上注册会计师；

（五）建设项目审计规定的其他条件。

委托人采取招投标方式选择的受托人，除满足本条第一款第（一）、（二）、（五）项条件外，其注册资本不得低于100万元，上年度或最近两年年平均业务收入不少于400万元，且有20名以上注册会计师。

第十二条 建设项目委托审计业务涉及工程造价审计（审核）的，委托人选择的受托人还应符合以下要求：

（一）从事一级以上公路项目（含独立特大桥梁、特长隧道）、国家高等级航道、500吨级以上通航建筑物、千吨及5万标箱以上内河港口项目以及概算投资额在5000万元以上的其他交通建设项目工程造价审计（审核）的，应具有建设行政主管部门颁发的工程造价咨询企业甲级资质或交通主管部门颁发的相应等级证书，且有5名以上从事过交通建设项目审计业务的注册造价师；

（二）从事上述第（一）项以外的交通建设项目工程造价审计（审核）的，应具有建设行政主管部门颁发的工程造价咨询企业乙级以上资质或交通主管部门颁发的相应等级证书，且有3名以上从事过交通建设项目审计业务的注册造价师。

第十三条 具有以下情形之一的社会审计组织，委托人不得委托其实施审计：

（一）不具备相应资质和能力的；

（二）受到审计、财政、监察、税务、工商、证券监管、银行监管等有关部门查处且尚未解除从业限制的；

（三）依据本办法第二十四条规定受到从业限制的。

第十四条 委托审计费用在国家规定的收费标准范围内，由委托人与受托人协商确定。委托审计费用按照国家有关规定列支。

第十五条 拟实行委托审计的建设项目，应由委托审计归口管理部门填写《交通建设项目委托审计管理审批表》，提出建设项目委托审计建议，经单位领导批准同意后，方可办理委托审计的相关事宜。

《交通建设项目委托审计管理审批表》中涉及的相关资料由委托人或有关业务管理部门提供。

第十六条 确定受托人后，委托人应填写《社会审计组织资质备案表》，与受托人协商签订《审计业务约定书》。

第十七条 委托人应当向受托人及时提供真实、完整的相关资料。

第十八条 委托人应在《审计业务约定书》中要求受托人在出具审计（审核）报告时，对审计（审核）的会计报表是否符合国家有关基本建设财务管理规定和会计制度作出明确表述。

第十九条 委托人应将审计（审核）报告报其上级主管部门的委托审计归口管理部门备案。

第二十条 委托审计归口管理部门应及时审核并合理使用审计（审核）报告。必要时可组织力量对受托人的审计情况进行质量检查或复审。

第二十一条 建设项目委托审计工作完成后，委托人应建立建设项目委托审计档案。档案主要包括《交通建设项目委托审计管理审批表》、委托审计招投标资料、《社会审计组织资质备案表》、《审计业务约定书》、审计（审核）报告及相关资料等。

第二十二条 受托人未按《审计业务约定书》实施审计或提供审计（审核）报告时，

委托人应要求其补充相关资料或者重新审计。

第二十三条 受托人提供的审计（审核）报告严重失实、审计结论意见不准确，且拒绝进行重新审计或纠正的，委托人应终止委托审计业务，停止支付审计费用。

第二十四条 对存在以下问题的社会审计组织，交通主管部门、企事业单位应按以下要求进行处理，并在系统内部予以通报：

（一）未按《审计业务约定书》的要求实施审计或提供审计（审核）报告、审计工作不规范、审计结论避重就轻，且拒绝纠正的，一年内不得委托其从事审计业务；

（二）提供的审计（审核）报告存在严重失实、结论意见不准确，且拒绝进行重新审计或纠正的，两年内不得委托其从事审计业务；

（三）存在未披露应当披露的重大财务事项等重大错漏的，三年内不得委托其从事审计业务；

（四）有关部门在事后检查中发现审计（审核）报告未真实、客观反映情况或揭露问题，给委托人或交通行业造成损失和不良影响的，五年内不得委托其从事审计业务；

（五）有弄虚作假、串通作弊、泄露秘密等重大违法行为，以及通过不正当手段取得委托审计业务的，不得再次委托其从事审计业务。

第二十五条 委托人不按本办法规定实施委托审计的，上级委托审计归口管理部门应责令其改正，并责成重新实施审计。

第二十六条 参与交通建设项目委托审计管理工作的人员滥用职权、徇私舞弊、玩忽职守或泄露国家秘密、商业秘密的，依法给予处分；构成犯罪的，依法追究刑事责任。

第二十七条 本办法自 2007 年 6 月 1 日起施行。

救捞系统建设项目委托审计管理办法（试行）

（2008 年 10 月 28 日）

第一条 为了规范救捞系统建设项目委托审计管理工作，提高委托审计质量，防范审计风险，根据《中华人民共和国审计法》、《中华人民共和国招标投标法》、《交通建设项目委托审计管理办法》（中华人民共和国交通部令 2007 年第 4 号），结合救捞系统建设项目实际情况，制定本办法。

第二条 部救捞局及各救助局、打捞局、飞行队列入救捞系统固定资产投资计划的建设项目和自筹资金投资的建设项目办理委托审计事项，适用本办法。

本办法所称建设项目委托审计，是指部救捞局及各救助局、打捞局、飞行队根据审计工作需要，将建设项目审计业务委托给包括会计师事务所、工程造价咨询企业等在内的社会审计组织实施的行为。

第三条 建设项目委托审计的业务范围包括建设项目前期审计、期间审计、竣工决算审计以及全过程跟踪审计。

第四条 建设项目委托审计管理工作由项目建设单位的审计部门或其他办理委托事项的部门归口管理（以下统称“委托审计管理部门”）。

部救捞局审计处负责监督管理部救捞局及所属各单位的建设项目委托审计工作，指导系统内的建设项目委托审计管理工作。

各所属单位的委托审计管理部门负责本单位的建设项目委托审计管理工作。

第五条 建设项目委托审计管理工作主要包括提出委托审计项目建议、审核受托人资质、审核审计费用、监督委托过程、检查审计质量、协调处理有关问题等。

第六条 部救捞局审计处将定期、不定期地检查各救助局、打捞局、飞行队的建设项目委托审计工作，并对检查发现的问题要求有关部门和单位进行整改。

第七条 委托审计归口管理部门及其工作人员办理委托审计管理工作，应严格遵守有关法律、法规和审计纪律，遵循公开、公平、公正的原则。

第八条 部救捞局根据《交通建设项目委托审计管理办法》（中华人民共和国交通部令2007年第4号）要求，建立《救捞系统建设项目社会审计组织备选库》（以下简称《备选库》），对委托审计的社会审计组织实行统一管理。

部救捞局对《备选库》中登记备案的社会审计组织的资质进行跟踪，对资质不符的社会审计组织取消其《备选库》资格，每5年对《备选库》更新一次。

第九条 救捞系统委托社会审计组织参与建设项目审计，实行分级负责、归口管理。

救捞系统建设项目委托审计，对全部自筹资金投资和列入固定资产投资计划、概算投资额在3000万元以下（含3000万元）的建设项目，项目法人单位在《备选库》登记备案的社会审计组织中综合考虑报价和审计质量后确定受托人。

对列入固定资产投资计划、概算投资额在3000万元以上，5000万元以下（不含5000万元）的建设项目，项目法人单位提出委托审计申请，部救捞局在《备选库》登记备案的社会审计组织中综合考虑报价和审计质量后确定受托人。

对列入固定资产投资计划、概算投资额在5000万元以上或根据国家收费标准估算审计基本费用在20万元以上以及其他依法需要实行招投标委托的建设项目，项目法人单位提出委托审计申请，部救捞局在《备选库》登记备案的社会审计组织中通过竞争性谈判方式确定受托人。

第十条 为明确职责，提高办事效率，规范建设项目委托审计工作，拟实施委托审计的建设项目，应按照以下程序办理：

（一）对全部自筹资金投资和列入固定资产投资计划概算、投资额在3000万元以下（含3000万元）的建设项目，实施委托审计的程序为：建设项目法人单位委托审计管理部门确定社会审计组织后，填写《救捞系统建设项目委托审计管理审批表》，报经本单位负责人批准后实施。建设项目法人单位应将审计（审核）报告报部救捞局审计处备案，并负责对审计（审核）报告中指出的问题进行落实整改。

（二）对列入固定资产投资计划概算、投资额在3000万元以上5000万元以下（不含5000万元）的建设项目，实施委托审计的程序为：建设项目法人单位向部救捞局提交书面申请和《救捞系统建设项目委托审计管理审批表》，部救捞局审计处在接到书面申请后15个工作日内确定社会审计组织，报主管局领导、局长审批后向建设项目法人单位下达委托审计通知书，协调跟踪审计全过程。项目法人单位负责对审计（审核）报告中指出的问题进行落实整改，并将整改情况报部救捞局。

（三）对列入固定资产投资计划、概算投资额在5000万元以上（含5000万元）或根据国家收费标准估算审计基本费用在20万元以上的建设项目，实施委托审计的程序为：建设项目法人单位向部救捞局提交书面申请、《救捞系统建设项目委托审计管理审批表》及项目从设立至竣工决算期间相关文件。部救捞局审计处在接到书面申请后15个工作日

内提出建设项目委托审计竞争性谈判的申请，经主管局领导、局长审批后组织在《备选库》中登记备案的社会审计组织范围内实施竞争性谈判。确定受托人后，向建设项目法人单位下达委托审计通知书，协调跟踪审计全过程。项目法人单位负责按部局下达的审计决定进行整改，将整改情况报部救捞局。

对于部救捞局组织实施的委托审计项目，建设项目法人单位应积极配合部救捞局做好委托审计工作，部救捞局审计处应将审计（审核）报告报上级委托审计归口管理部门备案。

第十一条 委托人应当向受托人及时提供真实、完整的相关资料。

第十二条 委托审计费用在国家规定的收费标准范围内，由委托人与受托人协商确定。委托审计费用按照国家有关规定列支。

由建设项目法人单位与社会审计组织签订《审计业务约定书》的，建设项目法人单位直接支付审计费用；由部救捞局与社会审计组织签订《审计业务约定书》的，社会审计组织以书面形式向部救捞局提出支付审计费的申请，部救捞局审计处审核后报主管局领导、局长审批后，部救捞局向建设项目法人单位开具付款通知书，建设项目法人单位在收到付款通知书10个工作日内支付审计费用。

第十三条 委托人应在《审计业务约定书》中要求受托人在出具审计（审核）报告时，对审计（审核）的会计报表是否符合国家有关基本建设财务管理规定和会计制度做出明确表述。

第十四条 委托审计归口管理部门应及时审核并合理使用审计（审核）报告。必要时可组织力量对受托人的审计情况进行质量检查或复审。

第十五条 建设项目委托审计工作完成后，委托人应建立建设项目委托审计档案。档案主要包括《救捞系统建设项目委托审计管理审批表》、委托审计招投标资料、《社会审计组织资质备案表》、《审计业务约定书》、审计（审核）报告及相关资料等。

第十六条 受托人未按《审计业务约定书》实施审计或提供审计（审核）报告时，委托人应要求其补充相关资料或者重新审计。

第十七条 受托人提供的审计（审核）报告严重失实、审计结论意见不准确，且拒绝进行重新审计或纠正的，委托人应终止委托审计业务，停止支付审计费用。

第十八条 对存在以下问题的社会审计组织，部救捞局及所属单位应按以下要求进行处理，并在系统内部予以通报：

（一）未按《审计业务约定书》的要求实施审计或提供审计（审核）报告、审计工作不规范、审计结论避重就轻，且拒绝纠正的，一年内不得委托其从事审计业务；

（二）提供的审计（审核）报告存在严重失实、结论意见不准确，且拒绝进行重新审计或纠正的，两年内不得委托其从事审计业务；

（三）存在未披露应当披露的重大财务事项等重大错漏的，三年内不得委托其从事审计业务；

（四）有关部门在事后检查中发现审计（审核）报告未真实、客观反映情况或揭露问题，给救捞系统或交通运输行业造成损失和不良影响的，五年内不得委托其从事审计业务；

（五）有弄虚作假、串通作弊、泄露秘密等重大违法行为，以及通过不正当手段取得委托审计业务的，不得再次委托其从事审计业务。

凡有以上情况的社会审计组织，在其不得从事救捞系统委托审计业务期间，取消其《备选库》资格。

第十九条　委托人不按本办法规定实施委托审计的，上级委托审计归口管理部门应责令其改正，并责成重新实施审计。

第二十条　参与救捞系统建设项目委托审计管理工作的人员滥用职权、徇私舞弊、玩忽职守或泄露国家秘密、商业秘密的，依法给予处分；构成犯罪的，依法追究刑事责任。

第二十一条　建设项目法人单位有内审部门的，应在其职责范围内适当安排对建设项目的内部审计。

第二十二条　国家审计机关、上级审计机构和各单位审计部门已纳入审计计划并进行审计的建设项目，原则上不再委托社会审计组织审计。

第二十三条　本办法由部救捞局负责解释。

第二十四条　本办法自 2009 年 1 月 1 日起施行。

正版图书★品质保障